Großkommentare der Praxis

Das Bürgerliche Gesetzbuch

mit besonderer Berücksichtigung der Rechtsprechung des Reichsgerichts und des Bundesgerichtshofes

Kommentar

herausgegeben von Mitgliedern des Bundesgerichtshofes

12. neubearbeitete Auflage

Band V, 2. Teil

§§ 2147 bis 2385

bearbeitet von

Professor Kurt Herbert Johannsen und Dr. Wilhelm Kregel
Richter am Bundesgerichtshof Präsident des Oberlandesgerichts Celle

(Zitierweise: BGB – RGRK)

1975

Walter de Gruyter · Berlin · New York

Es haben bearbeitet:

§§ 2147 bis 2264, 2274 bis 2302, 2339 bis 2345, 2353 bis 2385: Kregel
§§ 2265 bis 2273, 2303 bis 2338, 2346 bis 2352: Johannsen

Erscheinungsdaten der Lieferungen:

§§ 2147–2196 (Lieferung 3): März 1974
§§ 2197–2273 (Lieferung 11): Dezember 1974
§§ 2274–2385 (Lieferung 15): Mai 1975

ISBN 3 11 005990 8

Printed in Germany.

Satz und Druck: H. Heenemann KG, Berlin 42
Bindearbeiten: Lüderitz & Bauer, Berlin 61

Inhalt

FÜNFTES BUCH

Erbrecht

VIERTER TITEL

Vermächtnis

Vorbemerkungen

Übersicht

I. Rechtsgeschichte und Rechtsvergleichung 1

1. Römisch-rechtlicher Ursprung

Eine letztwillige Zuwendung kann durch Erbeinsetzung oder durch ein Vermächtnis erfolgen. Während die Erbeinsetzung zu einer Gesamtrechtsnachfolge führt, hat das Vermächtnis eine Einzelzuwendung zum Gegenstand. Diese Form der letztwilligen Zuwendung geht auf das Legatum des älteren römischen Rechts zurück. An strenge Formen gebunden, hatte das Legatum, je nachdem welche der vier zur Verfügung stehenden Formeln verwandt worden war, entweder dingliche oder auch nur obligatorische Wirkung. Daneben entwickelte sich das unfeierliche bloß bittweise angeordnete Vermächtnis, das Fideikommiß. Dieses wurde durch den Kaiser Augustus gleichfalls als ein obligatorisch wirkendes, rechtsverbindliches Vermächtnis anerkannt. Das Legat und das Fideikommiß verschmolzen allmählich, so daß es im justinianischen Recht nur noch ein Vermächtnis gab. Dieses Vermächtnis begründete stets eine Verpflichtung des Beschwerten zur Erfüllung. Hierauf gründete sich die persönliche Legatsklage. Das Vermächtnis wirkte aber zugleich dinglich, wenn der Erblasser direkt das Eigentum oder ein sonstiges dingliches Recht an einer Sache vermacht hatte, die sich in der Erbschaft befand.

Dieses Recht wurde gemeines Recht.

2. Das Vermächtnisrecht des BGB 2

Das Vermächtnisrecht des BGB hat an die gemeinrechtliche Tradition angeknüpft. Jedoch hat das Vermächtnis des BGB nur noch rein obligatorische Wirkung. Ein dinglich wirkendes Vermächtnis kennt das bürgerliche Recht nicht. Diese Form des Vermächtnisses wurde nicht übernommen, da das Sachenrecht des BGB auch sonst grundsätzlich keinen Übergang des Eigentums an einer Sache durch einen bloßen Willensentschluß kennt und da angenommen wurde, ein dinglich wirkendes Vermächtnis werde Schwierigkeiten im Grundbuchrecht machen. Maßgebend war aber vor allem die Erwägung, daß der vermachte Gegenstand auch für die Schulden des Erblassers haften muß und daß es den Erben möglich sein muß, den Gegenstand zu verwerten, um Nachlaßverbindlichkeiten zu begleichen. Diese Möglichkeit hätten sie nicht, wenn der Gegenstand einem Vermächtnisnehmer gehörte. Die Erben hätten dann nur einen persönlichen Ersatzanspruch gegen diesen, der unter Umständen wertlos sein kann. In solchem Fall würden auch die Nachlaßgläubiger mittelbar betroffen (Mot. 5, 133 ff).

3 Das nur schuldrechtlich wirkende Vermächtnis muß wie jedes andere obligatorische Rechtsgeschäft durch ein dingliches Geschäft erfüllt werden. Ebenso wie bereits vorher der Code civil, das ALR und das ABGB läßt auch das BGB das Vermächtnis wirksam werden ohne Rücksicht darauf, ob der mit dem Vermächtnis beschwerte Erbe die Erbschaft annimmt oder nicht. Ferner wurde der noch im gemeinen Recht geltende Grundsatz, daß den beschwerten Erben eine bestimmte Quote des Nachlasses verbleiben muß, die Falzidische Quart, aufgegeben. Der Gesetzgeber sah darin eine Einschränkung der Testierfreiheit des Erblassers, die ihm nicht gerechtfertigt schien. Auch nahm er an, daß die praktische Durchführung dieses Rechtsinstituts erhebliche Schwierigkeiten böte (Mot. 5, 205).

4 **3. Ausländisches Recht**

Im Gegensatz zum BGB kennen das französische, das italienische und auch das neue schwedische Erbrecht auch das dinglich wirkende Vermächtnis, während das österreichische und das schweizerische Recht ebenso wie das deutsche nur das obligatorisch wirkende kennen.

5 **II. Allgemeines**

1. Begriffsbestimmung

Der Begriff des Vermächtnisses ist in § 1939 bestimmt. Danach besteht das Vermächtnis in der Zuwendung eines Vermögensvorteiles, die keine Erbeinsetzung sein darf. Der Begriff Vermögensvorteil ist im weitesten Sinne zu verstehen. Ein Vermögensvorteil kann auch das vom Erblasser einem Erben eingeräumte Recht sein, bei der Erbauseinandersetzung ein Grundstück gegen Zahlung des vollen Wertes zu übernehmen (BGH **36,** 115; mit Anm. *Mattern,* LM BGB § 2084 Nr. 4; LM § 2048 Nr. 5a; Urt. v. 23. 3. 1960, V ZR 14/59; OGH **1,** 165; OLG Hamburg, MDR **50,** 420; vgl. weiter § 2150 Rdn. 12 und § 1939 Rdn. 4—6). Entscheidend dafür, ob es sich in einem solchen Fall um ein Vermächtnis oder eine Teilungsanordnung handelt, ist der Wille des Erblassers. Ein Vermächtnis liegt nur vor, wenn dieser dem Bedachten einen Vermögensvorteil zuwenden wollte (BGH **36, 114** dazu auch WM **72,** 866 f). Bei der Einräumung des Rechts, ein zum Nachlaß gehörendes Grundstück gegen Zahlung des vollen Wertes an den Nachlaß oder Anrechnung zum vollen Wert bei der Erbauseinandersetzung liegt der objektive Vermögensvorteil für den Bedachten darin, daß er entscheiden kann, ob er von diesem Recht Gebrauch machen will (BGH Urt. v. 16. 10. 1963 V ZR 4/62).

Ebenso kann einem Dritten das Recht zugewandt werden, einen bestimmten Gegenstand gegen Zahlung eines bestimmten Preises von dem Beschwerten zu erwerben. Der Bedachte erwirbt damit einen Anspruch auf Leistung dieses Gegenstandes unter der aufschiebenden Bedingung, daß er von diesem Recht Gebrauch macht und sich verpflichtet, den festgesetzten Übernahmepreis zu zahlen (BGH NJW **59,** 2252).

Zu beachten ist, daß das Wort Vermächtnis allgemein und auch vom Gesetz in verschiedenem Sinne gebraucht wird. Es bezeichnet einmal die letztwillige Verfügung, durch die die Zuwendung angeordnet wird. Ferner wird dadurch der Erfolg der Verfügung als solcher ausgedrückt, der für den Beschwerten eine Belastung und für den bedachten Vermächtnisnehmer einen Vorteil darstellt. Schließlich wird mit dem Wort Vermächtnis auch der vermachte Gegenstand selbst bezeichnet.

2. Sonstiges 6

Über Anordnung und Gegenstand des Vermächtnisses vgl. § 1939 Rdn. 3—6.

Über die Aufwertung, Umstellung, Vertragshilfe und die Auswirkung des Lastenausgleichsgesetzes auf Vermächtnisse vgl. § 2174 Rdn. 37 ff, 48 f, 50 ff, 25 ff.

III. Systematische Übersicht 7

1. Der Beschwerte

Mit einem Vermächtnis kann nach § 2147 sowohl der Erbe als auch ein Vermächtnisnehmer beschwert werden. In diesem Fall spricht man von einem Untervermächtnis. Hat der Erblasser keine nähere Bestimmung darüber getroffen, wer beschwert sein soll, dann ist im Zweifel der Erbe beschwert. § 2148 enthält sodann eine Auslegungsregel dafür, wie sich die durch das Vermächtnis begründete Last verteilt, wenn mehrere Personen beschwert sind. Der Verteilungsmaßstab ist, wenn mehrere Erben beschwert sind, das Verhältnis ihrer Erbteile, und wenn mehrere Vermächtnisnehmer beschwert sind, das Verhältnis des Wertes der ihnen zugewandten Vermächtnisse.

Das Vermächtnis wird nach § 2161, falls nicht ein anderer Wille des Erblassers anzunehmen ist, nicht dadurch unwirksam, daß der Beschwerte nicht Erbe oder Vermächtnisnehmer wird. Beschwert ist dann derjenige, dem der Wegfall des zunächst Beschwerten unmittelbar zustatten kommt. 8

2. Unwirksamwerden des Vermächtnisses 9

Das Vermächtnis ist nach § 2160 unwirksam, wenn der Bedachte zur Zeit des Erbfalls nicht mehr lebt. Diese Regel entspricht dem Grundsatz, daß auch der Erbe den Erbfall erlebt haben muß.

Das Vermächtnis kann schließlich noch durch Zeitablauf unwirksam werden. Der Gesetzgeber hat sich zu dem Grundsatz bekannt, daß der Erblasser den Erben nicht auf unabsehbare Zeit in der freien Verfügung über die Erbschaft einengen darf. Dieser Gedanke ist im Gesetz an verschiedenen Stellen zum Ausdruck gelangt. § 2210 läßt die Testamentsvollstreckung in bestimmten Fällen nach Ablauf von 30 Jahren enden. § 2109 beschränkt den Anfall der Erbschaft an einen Nacherben zeitlich. Entsprechendes bestimmen hier §§ 2162, 2163 für den Anfall eines Vermächtnisses, das unter einer aufschiebenden Bedingung oder unter der Bestimmung eines Anfangstermins angeordnet ist. Tritt der Termin oder die Bedingung nicht vorher ein, dann wird das Vermächtnis grundsätzlich mit dem Ablauf von 30 Jahren nach dem Erbfall unwirksam. § 2162 Abs. 2 behandelt entsprechend den Fall, daß der Bedachte zur Zeit des Erbfalls noch nicht erzeugt oder bestimmt ist. § 2163 regelt Ausnahmen von dem in § 2162 aufgestellten Grundsatz. 10

3. Der Bedachte 11

Bezüglich der Person des Bedachten stellt § 2150 klar, daß auch dem Erben selbst ein Vermächtnis zugewandt werden kann. Ein solches Vermächtnis bezeichnet das Gesetz als Vorausvermächtnis. Schließlich schränkt das Gesetz die in § 2065 Abs. 2 enthaltene Regel, daß der Erblasser die Bestimmung der Person, die eine Zuwendung erhalten soll, nicht einem anderen überlassen kann, für das Vermächtnis ein. Der Gesetzgeber gestattet in § 2151 dem Erblasser, einen Dritten die Auswahl des Vermächtnisnehmers unter mehreren von den Erblassern bestimmten Personen vornehmen zu lassen. Falls der Erblasser angeordnet hat, daß die eine oder andere Person ein Vermächtnis erhalten soll, ist nach § 2152 anzunehmen, daß der Beschwerte bestimmen soll, wer das Vermächtnis erhält.

12 In § 2190 ermöglicht das Gesetz, ähnlich wie bei der Erbfolge, auch für das Vermächtnis, einen Ersatzvermächtnisnehmer zu bestimmen, und § 2191 sieht gleichfalls die Möglichkeit vor, ein der Nacherbfolge entsprechendes Nachvermächtnis anzuordnen.

13 Besondere Bestimmungen sind in §§ 2157, 2158, 2159 für den Fall getroffen, daß mehreren Personen derselbe Gegenstand vermacht worden ist. § 2157 betrifft die Bestimmung der Anteile der mehreren Vermächtnisnehmer. Die §§ 2089—93, die die Bestimmung der Anteile mehrerer Erben regeln, sollen entsprechend angewandt werden. Jedoch kann der Erblasser es nach § 2153 auch dem Beschwerten oder einem Dritten überlassen zu bestimmen, was jeder von dem vermachten Gegenstand erhalten soll. Auch diese Bestimmung enthält eine Ausnahme von dem Grundsatz des § 2065 Abs. 2. Die §§ 2158 und 2159 regeln die Anwachsung, im Falle daß einer der mehreren Bedachten vor oder nach dem Eintritt des Erbfalls wegfällt.

14 **4. Wahl- und Gattungsvermächtnis**

Weitere Ausnahmen von dem Grundsatz des § 2065 Abs. 2 enthalten die §§ 2154, 2155 und 2156. § 2154 behandelt das Wahlvermächtnis. Der Erblasser kann bestimmen, daß der Vermächtnisnehmer nur den einen oder anderen Gegenstand erhalten soll. Er kann die Wahl einem Dritten überlassen. Falls dieser die Wahl nicht treffen kann, geht das Wahlrecht auf den Beschwerten über. § 2155 regelt den Fall, daß der Erblasser die vermachte Sache nur der Gattung nach bestimmt hat. Schließlich ermöglicht § 2156 dem Erblasser, sich damit zu begnügen, die Person des Bedachten und den Zweck des Vermächtnisses zu bestimmen. In diesem Fall kann er die Bestimmung der Leistung dem billigen Ermessen eines Dritten oder des Beschwerten überlassen.

15 **5. Umfang und Inhalt des Vermächtnisses**

Umfang und Inhalt des Vermächtnisses bestimmen die §§ 2164—2173. § 2164 enthält den Grundsatz, daß das Vermächtnis sich im Zweifel auch auf das Zubehör der vermachten Sache erstreckt, das zur Zeit des Erbfalls vorhanden ist, und daß Ersatzansprüche für Beschädigungen, die die vermachte Sache nach der Anordnung des Vermächtnisses erlitten hat, im Zweifel mit vermacht sind. § 2165 behandelt die auf den vermachten Gegenstand ruhenden Lasten. Der Vermächtnisnehmer kann grundsätzlich nicht verlangen, daß sie beseitigt werden. Wenn aber dem Erblasser ein Anspruch auf ihre Beseitigung zusteht, ist dieser im Zweifel mit vermacht. § 2165 Abs. 2—§ 2168 enthalten noch besondere Regeln für die Belastungen eines vermachten Grundstücks. § 2165 Abs. 2 betrifft die Belastung mit Grundpfandrechten, die dem Erblasser selbst zustehen. Hier soll aus den Umständen entnommen werden, ob die Grundpfandrechte mit vermacht sind. § 2166 betrifft den Fall, daß das vermachte Grundstück mit einer Hypothek belastet ist. Da der Vermächtnisnehmer nicht verlangen kann, daß die Lasten beseitigt werden, ist es folgerichtig, wenn das Gesetz ausspricht, daß der Vermächtnisnehmer im Zweifel dem Erben gegenüber verpflichtet ist, den Hypothekengläubiger rechtzeitig zu befriedigen. Allerdings kann diese Verpflichtung nur so weit gehen, wie die Schuld durch den Wert des Grundstücks gedeckt wird. Die Höchstbetragshypothek ist von dieser Regel ausgenommen. Die §§ 2167 und 2168 behandeln die Verpflichtung des Vermächtnisnehmers, den Gläubiger einer Gesamthypothek oder einer Gesamtgrundschuld zu befriedigen. § 2168 a läßt die in § 2165 Abs. 2—2167 aufgestellten Grundsätze sinngemäß für eingetragene Schiffe, Schiffsbauwerke und für Schiffshypotheken gelten.

16 § 2169 regelt den Fall, daß der vermachte Gegenstand zur Zeit des Erbfalls nicht zur Erbschaft gehört. Das Vermächtnis ist in diesem Fall unwirksam, falls es

nicht nach dem Willen des Erblassers als Verschaffungsvermächtnis gelten soll. Über dieses enthält § 2170 nähere Bestimmungen. Falls das Vermächtnis des bestimmten Gegenstandes nach § 2169 Abs. 1 als solches unwirksam ist, kann es nach Abs. 2 und 3 in anderer Form gelten. Der Besitz gilt im Zweifel als vermacht, wenn der Erblasser den Besitz der vermachten Sache hatte. Als vermacht gilt im Zweifel auch der Anspruch auf Leistung des Gegenstandes, wenn dem Erblasser ein solcher zustand, und der Anspruch auf Ersatz des Wertes, wenn der Gegenstand nach der Anordnung des Vermächtnisses untergegangen oder dem Erblasser entzogen ist. Unwirksam ist nach § 2171 auch ein Vermächtnis, das auf eine zur Zeit des Erbfalls unmögliche Leistung gerichtet ist oder das gegen ein zu dieser Zeit bestehendes gesetzliches Verbot verstößt. Soweit es sich nur um eine vorübergehende Unmöglichkeit handelt, gilt § 308 entsprechend. § 2172 regelt die Rechtsfolgen, die sich ergeben, wenn der vermachte Gegenstand mit einem anderen verbunden oder vermischt worden ist, so daß das Eigentum an der anderen Sache sich auf den vermachten Gegenstand erstreckt oder daß Miteigentum eingetreten ist. Er regelt ferner den Fall, daß der Gegenstand in der Weise verarbeitet oder umgebildet worden ist, daß der Verarbeiter nach § 950 Eigentümer geworden ist. Hat der Erblasser die Verbindung, Vermischung oder Verarbeitung vorgenommen, dann ist das Vermächtnis unwirksam. Ist die Verbindung, Vermischung oder Verarbeitung durch einen anderen vorgenommen, dann sind nach § 2172 Abs. 2 im Zweifel die etwaigen Ersatzrechte des Erblassers vermacht. § 2173 behandelt schließlich den Fall, daß der Erblasser eine Forderung vermacht hat, die noch vor dem Erbfall durch Leistung erfüllt worden ist. Ist der geleistete Gegenstand noch in der Erbschaft vorhanden, dann gilt er im Zweifel als vermacht. Handelt es sich um eine Geldforderung, dann gilt im Zweifel die entsprechende Geldsumme als vermacht ohne Rücksicht darauf, ob ein solcher Geldbetrag in der Erbschaft vorhanden ist. Die mit dem Erbfall eingetretene Konfusion kann nicht dazu führen, die Leistung des vermachten Gegenstandes unmöglich zu machen. Das folgt aus § 2175. Falls eine Forderung gegen den Erben oder ein Recht, das auf einer Sache oder einem Recht des Erben ruht, vermacht ist, gilt das infolge der Konfusion durch den Erbfall eingetretene Erlöschen der Forderung oder des Rechts in Ansehung des Vermächtnisses als nicht erfolgt.

Die Rechtsnatur des Vermächtnisses als eines nur schuldrechtlichen Anspruchs bestimmt § 2174.

6. Anfall des Vermächtnisses **17**

Das Vermächtnis fällt nach § 2176 grundsätzlich mit dem Erbfall an. Vorher kann es nie anfallen, dagegen kann es nach §§ 2177, 2178 in einem späteren Zeitpunkt anfallen, wenn es unter einer aufschiebenden Bedingung oder einem Anfangstermin angeordnet ist und die Bedingung oder der Termin zur Zeit des Erbfalls noch nicht eingetreten sind. Entsprechendes gilt, wenn der Bedachte zur Zeit des Erbfalls noch nicht geboren oder bestimmt ist. In den Fällen, in denen das Vermächtnis erst nach dem Erbfall anfällt, sind nach § 2179 für die Zeit zwischen dem Erbfall und dem Anfall des Vermächtnisses die Vorschriften anzuwenden, die gelten, wenn eine Leistung unter einer aufschiebenden Bedingung geschuldet wird.

Ebenso wie die Erbschaft kann auch das Vermächtnis angenommen und ausgeschlagen werden. Darüber bestimmt § 2180.

7. Erfüllung des Anspruchs aus dem Vermächtnis. Mängelhaftung. Herausgabe von Früchten **18**

Die §§ 2181—2185 enthalten Bestimmungen darüber, wie die Forderung aus dem Vermächtnis zu erfüllen ist. Von dem Zeitpunkt, in dem das Vermächtnis anfällt, ist der

Zeitpunkt, in dem die Forderung aus dem Vermächtnis fällig wird, zu unterscheiden. § 2181 enthält als Auslegungsregel den Satz, daß das Vermächtnis, falls die Zeit seiner Erfüllung dem freien Belieben des Beschwerten überlassen ist, im Zweifel erst beim Tode des Beschwerten fällig wird. Bestimmungen über die Gewährleistungspflicht für Rechts- und Sachmängel enthalten die §§ 2182 und 2183. Zu beachten ist, daß die Sachmängelhaftung nur für das Gattungsvermächtnis und die Rechtsmängelhaftung nur für das Gattungs- und das Verschaffungsvermächtnis in Betracht kommen. Falls ein bestimmter, zur Erbschaft gehörender Gegenstand vermacht ist, behandelt das Gesetz den Vermächtnisnehmer hinsichtlich des Fruchtgenusses und der Pflicht, die Lasten zu tragen, so als sei er mit dem Anfall des Vermächtnisses Eigentümer des Gegenstandes geworden. Nach § 2184 hat der Beschwerte ihm die seit dem Anfall des Vermächtnisses gezogenen Früchte und das sonst auf Grund des vermachten Rechts Erlangte herauszugeben. Jedoch hat er für Nutzungen, die keine Früchte sind, keinen Ersatz zu leisten. Andererseits trifft den Vermächtnisnehmer für diese Zeit, wenn es sich um das Vermächtnis einer bestimmten, zur Erbschaft gehörenden Sache handelt, nach § 2185 eine Ersatzpflicht. Er hat dem Beschwerten die Verwendungen zu ersetzen, die dieser auf die vermachte Sache nach dem Erbfall gemacht hat. Er hat ihm ferner die Aufwendungen zu ersetzen, die der Beschwerte nach dem Erbfall gemacht hat, um Lasten zu bestreiten, die auf der vermachten Sache ruhen. Maßgeblich sind dafür die Vorschriften, die für das Verhältnis zwischen dem Eigentümer und dem Besitzer gelten.

19 **8. Auf dem Vermächtnis ruhende Beschwerungen**

Die §§ 2186—2189 betreffen schließlich das Untervermächtnis oder die Auflage, mit der ein Vermächtnisnehmer beschwert werden kann. Das Untervermächtnis wird nach § 2186 nicht fällig, bevor nicht das Vermächtnis, auf dem es lastet, fällig geworden ist. § 2187 beschränkt die Haftung des Hauptvermächtnisnehmers, wenn das ihm Zugewandte nicht ausreicht, um das Untervermächtnis oder die Auflage zu erfüllen. Falls aus dem eben angeführten Grunde oder mit Rücksicht auf die beschränkte Haftung des Erben der Vermächtnisnehmer sich selbst eine Kürzung seines Vermächtnisses gefallen lassen muß, kann er nach § 2188, falls nicht ein anderer Wille des Erblassers anzunehmen ist, die ihm auferlegten Untervermächtnisse und Auflagen verhältnismäßig kürzen. § 2189 sieht vor, daß der Erblasser bei derartigen Kürzungen bestimmten Vermächtnissen oder Auflagen einen Vorrang vor anderen Beschwerungen einräumen kann.

§ 2147

Mit einem Vermächtnisse kann der Erbe oder Vermächtnisnehmer beschwert werden. Soweit nicht der Erblasser ein anderes bestimmt hat, ist der Erbe beschwert.

E I 1756 Abs. 2, 1842 II 2018; M **5** 10, 136, 137; P **5** 6, 160, 161.

Entsprechend anwendbar auf die Auflage § 2192.

Neueres Schrifttum:

Bühler, Das Verschaffungsvermächtnis, DNotZ **64**, 581; *Dobroschke*, Die Unternehmensnachfolge Minderjähriger, Betrieb **67**, 803; *Haegele*, Möglichkeiten und Grenzen der Bestimmung von Erben und Vermächtnisnehmern durch einen Dritten, DRpfl. **65**, 355; *Gudian*, Kann der mit einem Vermächtnis Beschwerte wie ein Vorerbe befreit werden? NJW **67**, 431; *Rudolf*, Teilungsanordnung und Vorausvermächtnis — Tübinger Dissertation 1966; *Bühler*, Zum Inhalt der Vermächtnisanwartschaft im Vergleich zur Anwartschaft des Nacherben, Mitteilungen aus der Praxis **67**, 174; *Bungeroth*, Zur Wirksamkeit von Verfügungen über bedingt vermachte Gegenstände, NJW **67**, 1357; *Ruhloff*, Nießbrauchsvermächtnis oder Vor- und Nacherbschaft im Unternehmenstestament. Göttinger Dissertation 1968; *Müller,* Das erbrechtliche Übernahmerecht, Teilungsanordnung oder Vorausvermächtnis. Freiburger Dissertation 1970; *Haegele,* Zulässigkeit der Bezeichnung eines Erben oder eines Vermächtnisnehmers durch einen Dritten, Zeitschrift für das Notariat in Baden-Württemberg **72,** 74; *Johannsen,* Die Rechtsprechung des Bundesgerichtshofs auf dem Gebiete des Erbrechts — 8. Teil — Das Vermächtnis, WM **72,** 866; Ergänzungen WM **73,** 549.

Beschwerter

Übersicht

I. Die Anordnung des Vermächtnisses 1

Begriff des Vermächtnisses § 1939. Ein Vermächtnis kann nur durch Testament oder Erbvertrag angeordnet werden, im Erbvertrage sowohl durch vertragsmäßige Verfügung, die sich auch auf das Vermächtnis beschränken kann, Vermächtnisvertrag (§ 2278), als durch einseitige Verfügung (§ 2299). Auch die nicht sogleich vollzogene Schenkung von Todes wegen wird als Vermächtnis behandelt, § 2301.

II. Der Beschwerte 2

Der Beschwerte ist Schuldner, der Bedachte Gläubiger in dem durch das Vermächtnis begründeten Schuldverhältnis, § 2174. Es entsteht hiermit eine Nachlaßverbindlichkeit, § 1967 Rdn. 17. Nur der Erbe oder der Vermächtnisnehmer kann beschwert werden.

1. Der Erbe als Beschwerter 3

Beschwert sein kann der Erbe, und zwar sowohl der gewöhnliche, der gesetzliche oder gewillkürte, Testaments- oder Vertragserbe, der bedingt eingesetzte Erbe, derjenige, dem nach § 1934 a nur ein Erbersatzanspruch zusteht sowie der Vor- oder Nacherbe. Wenn ein nichteheliches Kind durch vorzeitigen Erbausgleich nach § 1934 b abgefunden ist, können denjenigen, die nach § 1934 e nicht gesetzliche Erben und nicht pflichtteilsberechtigt sind, auch keine Vermächtnisse auferlegt werden, wenn der Erblasser ihnen keine Zuwendung gemacht hat. Dem Vertragserben muß das Vermächtnis in dem Vertrag auferlegt werden, durch den er als Erbe eingesetzt wird. Später kann ihm ein Vermächtnis nur auferlegt werden, wenn die Voraussetzungen gegeben sind, unter denen das vertragsmäßige Erbrecht aufgehoben oder geändert werden könnte (§§ 2289 Abs. 1 Satz 2, 2290 ff).

Ein dem Vertragserben vor Abschluß des Erbvertrages auferlegtes Vermächtnis 4
tritt, wenn es in dem Erbvertrag nicht ausdrücklich oder stillschweigend wiederholt wird, nach § 2289 Abs. 1 durch dessen Abschluß außer Kraft.

Das dem Ersatzerben auferlegte Vermächtnis kann nur wirksam werden, wenn 5
er tatsächlich zur Erbschaft berufen ist, weil der vorher Berufene vor oder nach Eintritt des Erbfalls weggefallen ist. Ebenso kann das Vermächtnis, das dem unter einer aufschiebenden Bedingung eingesetzten Erben auferlegt ist, nur gelten, wenn die Bedingung eingetreten ist. Beschwert ist jeder Erbe für seine Person oder schlechthin die Erbschaft mit der Wirkung, daß der das Vermächtnis erfüllende Vorerbe dieserhalb dem Nacherben einen Abzug machen kann (§ 2126 Rdn. 2, 5).

6 Sind dem Nacherben Leistungen auferlegt, die er schon vor Eintritt der Nacherbfolge bewirken soll, so kann es sich nur um die Setzung einer Bedingung für das Nacherbenrecht oder um einen unverbindlichen Wunsch des Erblassers handeln. Solche Leistungen können ihm weder im Wege einer Vermächtnisanordnung noch durch eine Auflage auferlegt werden (BayObLG NJW **67,** 446; *von Lübtow,* I 375 Anm. 34; *Erman/Hense,* § 2147 Rdn. 4).

7 Nicht beschwert werden kann der Erbeserbe, obschon er in die Lage kommen kann, ein erst beim Tode des Erben fällig gewordenes Vermächtnis aus der ihm angefallenen Erbschaft zu entrichten (§ 2181 Rdn. 2, RG WarnRspr. 1919 Nr. 198). Die Verfügung, durch die dem Erbeserben oder den Erben eines Vermächtnisnehmers ein Vermächtnis auferlegt worden ist, wird, worauf *Planck/Flad,* 4. Aufl. § 2147 Anm. 2 a zutreffend hinweist, häufig als ein dem Erben oder dem Vermächtnisnehmer auferlegtes, auf seinen Tod befristetes Vermächtnis ausgelegt werden müssen. In diesen Fällen hat der Erbeserbe oder der Erbe des Vermächtnisnehmers das Vermächtnis als eine Nachlaßverbindlichkeit zu erfüllen. Über die Beschwerung des als Erben berufenen Pflichtteilsberechtigten mit Vermächtnissen vgl. § 2306.

8 **2. Vermächtnisnehmer als Beschwerter**

Ist der Vermächtnisnehmer selbst wiederum mit einem Vermächtnis beschwert (§§ 2186—2188), so spricht man von einem Untervermächtnis. Nachvermächtnis § 2191, sog. gesetzliche Vermächtnisse § 1939 Rdn. 8. Auch derjenige, dem ein gesetzliches Vermächtnis angefallen ist, der überlebende Ehegatte, dem nach § 1932 der Voraus gebührt, oder derjenige, dem nach § 1969 der Dreißigste zusteht, kann mit einem Vermächtnis beschwert werden (*Planck/Flad,* 4. Aufl. § 2147 Anm. I b; *Staudinger/Seybold,* 11. Aufl. § 2147 Rdn. 5). Das Untervermächtnis ist auch dann wirksam, wenn sein Wert den des beschwerten Vermächtnisses übersteigt (BGH Urt. v. 27. 11. 1967 III ZR 142/65).

9 Der von Todes wegen Beschenkte kann nur, soweit er als Vermächtnisnehmer zu gelten hat, mit einem Vermächtnis beschwert werden, also nicht der Empfänger einer bereits vollzogenen, wenn auch unter Vorbehalt des Widerrufs erklärten Schenkung (§ 2301). Hier kann nur eine Auflage im Sinne von § 525 in Frage kommen.

Eine Besonderheit gilt für das landwirtschaftliche Höferecht. Ist der Hoferbe mit einem Vermächtnis beschwert und ist ihm der Hof schon zu Lebzeiten des Erblassers übergeben worden, dann wird dieses Rechtsgeschäft unter Lebenden entsprechend den in § 17 Abs. 2 HöfeO enthaltenen Rechtsgedanken wie ein Anfall des Hofes beim Erbfall behandelt. Der Hoferbe haftet danach auch dann für das Vermächtnis, wenn er den Hof nicht durch Erbfall, sondern im Wege der vorweggenommenen Hoferbfolge erhalten hat (BGH **37,** 192 mit Anmerkung *Hückinghaus,* LM HöfO § 17 Nr. 20). Auf andere Fälle einer vorweggenommenen Erbfolge außerhalb des Höferechts können die in der Entscheidung enthaltenen Grundsätze nicht ohne weiteres angewandt werden.

10 Ferner kann mit einem Vermächtnis nicht beschwert werden, wer nur mittelbar aus der Erbschaft etwas erlangt. So der Empfänger einer Leistung, die ein unter einer Bedingung Bedachter zur Erfüllung dieser Bedingung bewirkt (§ 1939 Rdn. 7), oder der Ehemann oder Gewalthaber, dem nach früherem Recht (§§ 1363, 1369, 1383; 1651, 1652, 1686 in der vor dem 1. Juli 1958 geltenden Fassung) die Nutznießung an den der Frau oder den Gewaltunterworfenen gemachten Zuwendungen zustand. Im Falle des § 331 kann der Versprechensempfänger die für den Dritten ausbedungene Leistung zwar vertragsmäßig von anderweiten erst durch den Dritten zu erfüllenden Leistungen abhängig machen. Dies kann nach § 332 auf Grund vertragsmä-

ßigen Vorbehalts, z. B. in einem Lebensversicherungsvertrag, auch einseitig in einer Verfügung von Todes wegen geschehen. Eine eigentliche Beschwerung des Dritten mit einem Vermächtnis liegt aber auch hierin nicht (s. dazu *Kipp/Coing* § 54 I 3 und *Bartholomeyczik* § 43 II 1 c).

III. Auslegungsregel (Satz 2) 11

Der Erbe ist beschwert kraft verfügender, den Willen des Erblassers ergänzender Bestimmung. Der abweichende Wille braucht jedoch nicht ausdrücklich erklärt zu sein. Das Vermächtnis bleibt regelmäßig auch nach Wegfall des Beschwerten wirksam, § 2161.

IV. Testamentsvollstrecker 12

Hat der Erblasser einen Testamentsvollstrecker eingesetzt, so ist es nach § 2203 dessen Aufgabe, die angeordneten Vermächtnisse zu erfüllen, falls nicht nach dem Willen des Erblassers ihm dieses Recht nicht zustehen soll (§ 2208). Der Erblasser kann nach § 2223 einen Testamentsvollstrecker allein zu dem Zweck ernennen, daß dieser für die Ausführung der einem Vermächtnisnehmer auferlegten Beschwerungen sorgt.

V. Nichtigkeit wegen Verstoßes gegen die guten Sitten 13

Eine Vermächtnisanordnung kann nach § 138 wegen Verstoßes gegen die guten Sitten nichtig sein (vgl. dazu § 2078 Rdn. 2 ff).

§ 2148

Sind mehrere Erben oder mehrere Vermächtnisnehmer mit demselben Vermächtnisse beschwert, so sind im Zweifel die Erben nach dem Verhältnisse der Erbteile, die Vermächtnisnehmer nach dem Verhältnisse des Wertes der Vermächtnisse beschwert.

E I 1843 II 2019; M 5 137; P 5 161.

Entsprechend anwendbar auf die Auflage § 2192.

Mehrere Beschwerte

1 Gegenüber der gesetzlichen Auslegungsregel steht der Nachweis offen, daß der Erblasser insbesondere mit Rücksicht auf die Art der Vermächtnisleistung und die persönlichen Verhältnisse der mehreren Beschwerten eine andere Verteilung gewollt habe. Ob er bei der Anordnung die mehreren Beschwerten namentlich oder nur in ihrer Erben- usw. Eigenschaft bezeichnet hat, macht keinen Unterschied. Die mehreren Erben sind, wenn sie sämtlich beschwert sind, dem Bedachten gegenüber Gesamtschuldner, §§ 2058 ff. Die Erbteile sind nur im Verhältnisse der Miterben zueinander maßgebend (§ 426). Maßgebend für die Ausgleichspflicht der Erben untereinander ist nach dieser Gesetzesbestimmung das Verhältnis ihrer Erbteile. Danach haben Vorausvermächtnisse, die dem einzelnen Erben zugewandt sind, ebenso außer Betracht zu bleiben, wie Vermächtnisse, die ihm allein auferlegt sind.

2 § 2148 kann nicht unmittelbar angewandt werden, wenn **Erben und Vermächtnisnehmer gemeinsam beschwert** sind. In einem solchen Fall ist er entsprechend anzuwenden, so daß das Verhältnis des Wertes der verschiedenen Zuwendungen maßgebend ist. Dabei muß, falls das zugleich beschwerte Vermächtnis auf dem gleichfalls beschwerten Erbteil ruht, jenes bei der Ermittlung des Wertes des beschwerten Erb-

teils berücksichtigt werden. Nicht erforderlich ist es, zunächst unter Berücksichtigung des Wertes der Zuwendungen die ganzen Beschwerungen der beteiligten Erben und die der Vermächtnisse zu ermitteln und dann innerhalb der beiden Gruppen § 2148 anzuwenden, wie *Staudinger/Seybold*, 11. Aufl. § 2148 Rdn. 2 vorschlägt.

3 Sind nur einige von mehreren Miterben (§ 2046 Abs. 2) oder sind mehrere Vermächtnisnehmer beschwert, so sind sie, wenn die Vermächtnisleistung teilbar ist, im Zweifel nach § 420 (zu vgl. mit § 421) dem Bedachten von vornherein nur nach Anteilen verpflichtet, die gemäß § 2148 zu bemessen sein werden. Dementsprechend kann in diesem Falle jeder das Vermächtnis zu seinem Anteil anfechten (§§ 2078, 2080).

4 Für die Ermittlung des Wertes der von dem streitigen Vermächtnis betroffenen Vermächtnisse ist die Zeit des Erbfalls, gegebenenfalls unter Berücksichtigung der Zwischenzinsen (§§ 272, 813 Abs. 2) maßgebend. Falls der Erblasser nicht etwas anderes bestimmt hat, sind bei der Wertermittlung Beschwerungen der einzelnen Miterben oder Vermächtnisnehmer durch Vermächtnisse oder Auflagen unberücksichtigt zu lassen.

5 Ist die Vermächtnisleistung unteilbar, so sind zwar auch dann, wenn einige von mehreren Miterben oder mehrere Vermächtnisnehmer beschwert sind, die Beschwerten Gesamtschuldner (§ 431). Trotzdem wird jeder von ihnen für sich anfechten können mit der Folge, daß er aus dem Gesamtschuldverhältnis ausscheidet (§ 425). Anders, wenn die mehreren Erben sämtlich beschwert sind; dann greift § 2038 Abs. 1 ein (*Reichel* AcP 138, 213).

6 Die **alternative Beschwerung** (A oder B soll zahlen) wird in der Regel als Auferlegung eines gesamtschuldnerischen Vermächtnisses aufzufassen sein (§ 421). Über die Möglichkeit, ein Vermächtnis, das gegenüber einem Teile der mehreren Belasteten unwirksam ist, teilweise aufrechtzuerhalten, s. § 2085 Rdn. 6.

§ 2149

Hat der Erblasser bestimmt, daß dem eingesetzten Erben ein Erbschaftsgegenstand nicht zufallen soll, so gilt der Gegenstand als den gesetzlichen Erben vermacht. Der Fiskus gehört nicht zu den gesetzlichen Erben im Sinne dieser Vorschrift.

E I 1791 II 2020; M **5** 64; P **5** 74, 79, 80.

Vermächtnis an die gesetzlichen Erben

1 **I. Dem Erben vorenthaltene Gegenstände (Satz 1)**

Die Bestimmung ist nur anzuwenden, wenn der Erblasser in der letztwilligen Verfügung seinen Willen dahin ausgedrückt hat, daß der eingesetzte Erbe den betreffenden Gegenstand nicht haben soll. Hat der Erblasser ein Vermächtnis angeordnet, so ist darin, falls die Anordnung unwirksam ist, in der Regel nicht die Bestimmung enthalten, daß die den Gegenstand des Vermächtnisses bildende Sache dem Erben nicht zufallen soll. Das Testament gilt vielmehr regelmäßig so, wie wenn das Vermächtnis überhaupt nicht angeordnet wäre. Anders wäre es, wenn durch Auslegung des Testaments als Wille des Erblassers zu ermitteln wäre, daß die Erben den betreffenden Gegenstand unter keinen Umständen haben sollen. In diesem Fall hätte der Erblasser seinen letzten Willen nur lückenhaft geäußert, da er nicht wirksam bestimmt hat, wem der Gegenstand zufallen soll. Diese Lücke seines Willens wird durch § 2149 geschlossen, der eine ähnliche Aufgabe hat wie der § 2088, wenn der Erblasser seinen Nachlaß nicht vollständig vergeben hat, oder die §§ 2104, 2105, wenn er es unterlassen hat, den Nacherben oder den Vorerben zu bestimmen. Ebenso wie in den genannten Bestimmungen wird die Lücke auch hier dadurch geschlossen, daß die gesetzlichen Erben als Berechtigte eintreten. Der den Erben vorenthaltene Gegenstand gilt den gesetzlichen Erben als vermacht.

§ 2149 kann nicht angewandt werden, wenn der Erblasser sich vorbehalten hat, **2**
noch über bestimmte Gegenstände zu verfügen. In diesem Fall gilt § 2086, so daß die Verfügung ohne den Vorbehalt gilt, falls der Erblasser die vorbehaltene Verfügung nicht getroffen hat. § 2149 ist dagegen anzuwenden, wenn sich aus dem Vorbehalt ausnahmsweise ergibt, daß die eingesetzten Erben die genannten Gegenstände unter keinen Umständen erhalten sollen.

Falls der Erblasser seine gesetzlichen Erben eingesetzt hat, kann er eine Bestim- **3**
mung, daß ihnen einzelne Gegenstände nicht zufallen sollen, nicht treffen, ohne zu bestimmen, wem diese Gegenstände zufallen sollen. Die bloße Bestimmung, daß die Gegenstände den eingesetzten gesetzlichen Erben nicht zufallen sollen, wäre unwirksam. In der Regel wird das Testament so gültig sein, als wäre diese Bestimmung nicht getroffen.

Ein Verbot des Erblassers, über einen Nachlaßgegenstand unter Lebenden oder **4**
von Todes wegen zu verfügen, ist regelmäßig unwirksam, wenn es nicht als Nachvermächtnis aus §§ 2191, 2338 aufrechtzuerhalten ist. Ebensowenig steht es in der Macht des Erblassers, eine Zuwendung an den Bedachten dem Zugriffe der Gläubiger des Bedachten zu entziehen, wenn der Bedachte nicht zugleich selbst in der Verfügung wirksam beschränkt ist. Ein durch Pfändung, z. B. der vermachten Rente, auflösend bedingtes Vermächtnis ist zulässig (RG LZ **15,** 1097).

II. Ausschluß des Fiskus **5**

Ausschluß des Fiskus (§ 1936) wie bei der Nacherbfolge § 2104 Satz 2. Beim Mangel gesetzlicher Erben verbleibt mithin der ausgenommene Gegenstand dem eingesetzten Erben.

§ 2150

Das einem Erben zugewendete Vermächtnis (Vorausvermächtnis) gilt als Vermächtnis auch insoweit, als der Erbe selbst beschwert ist.

E I 1845 Abs. 1, 2 II 2021; M **5** 139, 140; P **5** 162, 163.

Vorausvermächtnis

Übersicht

Neueres Schrifttum:

Coing, Vorausvermächtnis und Teilungsanordnung, JZ **62**, 529; *Mattern*, Einzelzuweisungen von Todes wegen. Zur Problematik des Zusammentreffens von Vermächtnis und Teilungsanordnung mit einer Erbeinsetzung und der Abgrenzung untereinander, DNotZ **63**, 450; *Natter*, Teilungsanordnung und Vermächtnis, JZ **59**, 151.

1 **I. Vorausvermächtnis des Alleinerben**

1. Vermächtnis des alleinigen Vollerben

Handelt es sich um einen Alleinerben, so ist die Anordnung, er solle einen Erbschaftsgegenstand im voraus als Vermächtnis erhalten, an sich bedeutungslos. Sie ist aber wirksam, insofern sie dem Erben in der Eigenschaft als Vermächtnisnehmer eine günstigere Stellung gewährt (RG ZBlFG **14**, 236; WarnRspr. 1913 Nr. 428). So hat die Unwirksamkeit der Erbeinsetzung regelmäßig nicht auch die Unwirksamkeit des Vermächtnisses zur Folge (§ 2085). Schlägt er die Erbschaft aus, so kann er doch das Vermächtnis annehmen, wenn er nicht mit diesem nur unter der Bedingung, daß er Erbe werde, bedacht ist. Eine Bedingung, unter der der Bedachte als Erbe eingesetzt ist, gilt in der Regel nicht zugleich für das Vorausvermächtnis.

2 Beim Erbschaftskauf gilt das Vorausvermächtnis im Zweifel als nicht mitverkauft, § 2373. In allen Fällen, wo auch sonst die durch Vereinigung von Rechten und Verbindlichkeiten erlöschenden Rechtsverhältnisse nicht erlöschen, kann der Bedachte seine Rechtsstellung als Nachlaßgläubiger (§ 1967) unbeschränkt geltend machen. So im Falle der Nachlaßverwaltung und des Nachlaßkonkurses (§§ 1976, 1984; KO § 226 Nr. 5; über das Nachlaßvergleichsverfahren s. VerglO § 113 Nr. 7 in Verbindung mit KO § 226 Nr. 5), der Unzulänglichkeitseinrede (§ 1991 Abs. 2), beim Erbschaftskauf (§ 2377). Ebenso gegen den Testamentsvollstrecker (§ 2213).

3 **2. Vermächtnis des Vorerben im besonderen**

Im Falle der Nacherbfolge verbleibt das Vorausvermächtnis im Zweifel dem Vorerben, § 2110 Abs. 2. Ein Grundstück, das dem Vorerben als Vorausvermächtnis zugewandt ist, gehört ihm als alleinigem und unbeschränktem Eigentümer. Im Grundbuch kann daher auch kein Nacherbenvermerk eingetragen werden. Bei Eintritt des Nacherbfalls verbleibt dieses Grundstück dem Vorerben, ohne daß es etwa von dem Nacherben dem Vorerben aufgelassen werden müßte (München JFG 23, 300; vgl. auch BGH 32, 60). Im Erbschein muß angegeben werden, daß sich das Recht des Nacherben nicht auf den Gegenstand des Vorausvermächtnisses erstreckt (KG JFG 21, 122). Aus der Tatsache allein, daß der Erblasser Gegenstände anführt, die der alleinige Vorerbe erhalten soll, kann noch nicht geschlossen werden, daß sie ihm als Vorausvermächtnis zugewandt sind. Es ist denkbar, daß der Erblasser sie nur als besonders wichtige Teile seines Nachlasses hervorheben wollte (BGH **32**, 60).

4 **II. Vorausvermächtnis eines von mehreren Miterben**

1. Bedachter Miterbe ist mitbeschwert

a) Geltendmachen des Anspruchs gegen die anderen Miterben. Daß der Bedachte seine Rechtsstellung als Nachfolger geltend machen kann, tritt besonders hervor, wenn einer von mehreren Erben im voraus bedacht und zugleich selbst mit beschwert ist. Er kann seine Vermächtnisforderung gegen die Miterben, wie jeder andere Miterbengläubiger, mit der Gesamthandsklage aus § 2059 Abs. 2 geltend machen.

Grundsätzlich kann er den vermachten Gegenstand von dem Miterben schon vor der Auseinandersetzung fordern, jedoch muß er sich unter Umständen, § 2046 11. Aufl.

Anm. 2, darauf verweisen lassen, seine Befriedigung bei der Auseinandersetzung zu suchen (BGH Urt. v. 5.7. 1954 IV ZR 35/54; RG **93**, 196). Der Vermächtnisnehmer, der zugleich Miterbe ist, ist verpflichtet, dazu beizutragen, daß der Nachlaß bis zur Auseinandersetzung der Erbengemeinschaft ungeschmälert erhalten und vor unnötigen Verlusten bewahrt bleibt. Die Geltendmachung des Vorausvermächtnisses kann daher gegen Treu und Glauben verstoßen, wenn die Befriedigung dieses Anspruchs vor der Auseinandersetzung für den Nachlaß sonst vermeidliche Verluste bringen würde, oder wenn es zweifelhaft ist, ob der Vorausvermächtnisnehmer mit Rücksicht auf frühere Zuwendungen bei der Teilung überhaupt noch etwas beanspruchen kann (BGH Urt. v. 5.7. 1954 IV ZR 35/54; RG **93**, 196).

Der mit dem Vorausvermächtnis bedachte Miterbe kann vor der Auseinanderset- 5
zung nicht gegen einen einzelnen Miterben auf Erfüllung des Vermächtnisses klagen, da der einzelne Miterbe nach §§ 2059 Abs. 1 Satz 1, 2063 einem anderen Miterben gegenüber stets nur beschränkt und bis zur Teilung nur mit seinem Anteil am Nachlaß haftet.

b) Vorausvermächtnis eines Gegenstandes an mehrere Miterben. Ist mehreren 6
Miterben dasselbe Vorausvermächtnis vermacht, so gelten sie nach §§ 2157, 2091 im Zweifel nicht als nach dem Verhältnis ihrer Erbteile, sondern als nach gleichen Teilen bedacht. Die allgemeinen, für das Vermächtnis geltenden Regeln sind auch anzuwenden, wenn der Vorausvermächtnisnehmer zusammen mit anderen Personen mit demselben Gegenstand bedacht ist.

c) Rang des Vorausvermächtnisses im Verhältnis zu anderen Vermächtnissen. 7
Der Vorausvermächtnisnehmer genießt anderen Vermächtnisnehmern gegenüber, wenn der Erblasser gemäß § 2189 nicht etwas anderes angeordnet hat, keinen Vorrang. Bei der Berichtigung ihrer Forderungen haben die Vermächtnisnehmer nach §§ 1992, 1991 und im Nachlaßkonkurs nach § 226 Nr. 5 KO gleichen Rang. An dem Vergleichsverfahren über den Nachlaß sind sie nach § 113 Nr. 7 VerglO nicht beteiligt. Für die Anrechnung des Vorausvermächtnisses auf den Pflichtteil s. § 2307.

2. Bedachter Miterbe ist nicht mitbeschwert 8

a) Allgemeine Regeln. Ist der mit dem Vermächtnis bedachte Miterbe selbst nicht mitbeschwert, ist das Vermächtnis vielmehr lediglich den anderen Miterben auferlegt, so gelten die allgemeinen Grundsätze (§ 2046 11. Aufl. Anm. 7).

b) Teilungsanordnungen als Vorausvermächtnis. Ein Vorausvermächtnis, bei 9
dem der Bedachte selbst nicht mitbeschwert ist, kann auch in einer Bestimmung liegen, die sich äußerlich als Teilungsanordnung darstellt. So namentlich dann, wenn sich hinter einer Teilungsanordnung eine Bevorzugung des einen Erben auf Kosten der übrigen Erben verbirgt und in Wahrheit damit ein Vermächtnis gewollt ist (vgl. § 2048 11. Aufl. Anm. 1, 2087 Rdn. 13). Ob das der Fall ist, muß durch Auslegung des Testaments ermittelt werden.

Ein Vorausvermächtnis kann vorliegen, wenn die Übernahme des zugewandten 10
Gegenstandes zu einem besonders günstigen oder einem besonders hohen Preis erfolgen soll. In diesem Fall ist der den Gegenstand übernehmende Erbe zugunsten der Miterben beschwert, in jenem sind die Miterben zugunsten desjenigen beschwert, der den Gegenstand erhalten soll.

Falls der Erblasser den Übernahmepreis noch in Reichsmark bezeichnet hat, 11
tritt, wenn der Erbfall nach dem 20. Juni 1948 eingetreten ist, an die Stelle dieser Rechnungseinheit nach § 2 WährG die Rechnungseinheit Deutsche Mark. Dadurch

kann das Vorausvermächtnis wirtschaftlich eine ganz andere Bedeutung erlangt haben, als der Erblasser es beabsichtigte. Es ist daher in diesen Fällen stets zu prüfen, ob diese Änderung dem Willen des Erblassers entspricht. Notfalls im Wege der ergänzenden Testamentsauslegung ist festzustellen, was der Erblasser bestimmt hätte, wenn er den Währungswechsel vorausschauend bedacht hätte.

12 Die Anordnung, daß ein Miterbe das Recht erhält, einen bestimmten Nachlaßgegenstand zu übernehmen, kann aber auch dann ein Vorausvermächtnis sein, wenn die Übernahme zum normalen Preis erfolgen soll. Schon das Recht, den Gegenstand nach Belieben zu erwerben oder nicht zu erwerben, kann ein Vermögensvorteil sein und damit den Gegenstand des Vermächtnisses bilden (BGH **36,** 115 mit Anm. *Mattern,* LM § 2048 Nr. 4; dazu *Coing,* JZ **62,** 529 und *Emmerich,* JuS **62,** 269; *Grunsky,* JZ **63,** 250; BGH Urt. v. 25. 3. 1960 V ZR 14/59; OGH **1,** 165; OLG Hamburg, MDR **50,** 420). Eine derartige Zuwendung unterscheidet sich dadurch von der Teilungsanordnung, daß der Erbe den zugewandten Gegenstand neben seinem Erbteil erhält, während er ihn sich bei der Teilungsanordnung auf den Erbfall anrechnen lassen muß (RG **170,** 170; OGH **1,** 165).

Das einen Vermögensvorteil darstellende Recht, einen zur Erbschaft gehörenden Gegenstand unter Anrechnung auf den Erbteil zu übernehmen, ist Vermächtnis und Teilungsanordnung zugleich (BGH LM BGB § 2048 Nr. 5 a).

13 **III. Besonderheiten**

Gegenstand eines Vorausvermächtnisses kann auch ein einem Miterben an einem Nachlaßgrundstück zu bestellendes dingliches Vorkaufsrecht sein (RG **108,** 84).

14 Die letztwillige Anordnung über die Ausgleichung einer Schenkung kann als ein den Gegenstand der Schenkung betreffendes Vorausvermächtnis ausgelegt werden, wenn die Schenkung unter Lebenden unwirksam war (RG **82,** 149).

15 Ob in der Einsetzung als Ersatzerbe zugleich eine Ersatzberufung auf das Vorausvermächtnis (§ 2190) liegt, ist eine (nicht aus den §§ 2110 Abs. 2, 2373 zu entscheidende) Auslegungsfrage (Kiel OLG **34,** 283).

§ 2151

Der Erblasser kann mehrere mit einem Vermächtnis in der Weise bedenken, daß der Beschwerte oder ein Dritter zu bestimmen hat, wer von den mehreren das Vermächtnis erhalten soll.

Die Bestimmung des Beschwerten erfolgt durch Erklärung gegenüber demjenigen, welcher das Vermächtnis erhalten soll; die Bestimmung des Dritten erfolgt durch Erklärung gegenüber dem Beschwerten.

Kann der Beschwerte oder der Dritte die Bestimmung nicht treffen, so sind die Bedachten Gesamtgläubiger. Das gleiche gilt, wenn das Nachlaßgericht dem Beschwerten oder dem Dritten auf Antrag eines der Beteiligten eine Frist zur Abgabe der Erklärung bestimmt hat und die Frist verstrichen ist, sofern nicht vorher die Erklärung erfolgt. Der Bedachte, der das Vermächtnis erhält, ist im Zweifel nicht zur Teilung verpflichtet.

E I 1770 Satz 2 1769 Abs. 2 II 2022; M **5** 33—36; P **5** 23—30, 42, 43.

Bestimmung des Bedachten durch den Beschwerten oder durch Dritte

Übersicht

Neueres Schrifttum:

Haegele, Möglichkeiten und Grenzen der Bestimmung von Erben und Vermächtnisnehmer durch einen Dritten, DRpfl. **65,** 355; *Haegele,* Zulässigkeit der Bezeichnung eines Erben oder eines Vermächtnisnehmers durch einen Dritten, Zeitschrift für das Notariat in Baden-Württemberg **72,** 74; *Sünner,* Drittbestimmung bei letztwilligen Zuwendungen nach engl. und deutschem Recht, Diss. Regensburg 1970, 87 ff.

I. Allgemeines 1

In § 2065 Abs. 2 ist der Grundsatz aufgestellt, daß der Erblasser die Bestimmung der Person, die eine Zuwendung erhalten soll, oder die Bestimmung des Gegenstandes der Zuwendung keinem Dritten überlassen kann. Von diesem Grundsatz machen die §§ 2151, 2152 eine Ausnahme, soweit es sich um die Bestimmung der Person handelt, die ein Vermächtnis erhalten soll, und die §§ 2153—2156 hinsichtlich der Bestimmung des Gegenstandes des Vermächtnisses.

Während der erste Entwurf vorsah, daß der Erblasser auch bei einem Vermächt- 2
nis die Person des Bedachten selbst zu bestimmen hatte, hat die II. Kommission es entsprechend dem bisherigen Recht für notwendig gehalten, bei den Vermächtnissen den Grundsatz des § 2065 Abs. 2 weitgehend aufzugeben. Bestimmend war der Gedanke, daß der Erblasser oft die künftige Entwicklung nicht voraussehen kann und daß es ihm gestattet sein muß, sich auf das Urteil einsichtiger und vertrauenswürdiger Dritter zu verlassen. Die Gründe, die eine entsprechende Regelung für die Erbeinsetzung ausschließen, gelten hier nicht. Einmal handelt es sich bei dem Vermächtnis nur um die Zuwendung einzelner Gegenstände, nicht um eine Gesamtrechtsnachfolge, und zum anderen ist bei der Zuwendung eines Vermächtnisses häufig mehr der damit verfolgte Zweck als die Person des Bedachten maßgebend.

§ 2151 gilt auch für das Vorausvermächtnis (§ 2150; KG JW **37,** 2200).

II. Mehrere Bedachte 3

Vorausgesetzt ist, daß der Kreis der mehreren — mindestens zwei — Personen, unter denen zu wählen ist, vom Erblasser wenigstens so genau umgrenzt ist, daß es nicht zweifelhaft ist, wer überhaupt zu diesem Kreis zählt, so daß ein sachlicher Anhalt dafür gegeben ist, wer als Bedachter bestimmt werden kann. Wo die Grenze liegt, ist Tatfrage. RG **96,** 15 hat die hiernach erforderliche Umgrenzung bei einer Verfügung vermißt, nach der eine bestimmte Geldsumme „an verschiedene Vereine und wohltätige oder gemeinnützige Anstalten sowie bedürftige Personen" einer Stadt verteilt werden sollte. Die Verfügung wurde aber als die Anordnung einer Auflage nach § 2193 gelten gelassen; s. auch Düsseldorf JW **25,** 2147 Nr. 5. Da für die Auflage nach §§ 2192, 2193 die Bestimmung des Zweckes genügt und die Bestimmung der Person, an die die Leistung erfolgen soll, dem Beschwerten oder einem Dritten überlassen werden kann, liegt es allgemein nahe, eine Vermächtnisanordnung, in der der Kreis der im Sinne des § 2151 Bedachten nicht genügend bestimmt ist, in eine Auflage umzudeuten.

4 Der Erblasser kann es nach § 2065 Abs. 1 nicht dem Beschwerten oder einem Dritten überlassen zu bestimmen, ob die Vermächtnisanordnung überhaupt gelten soll. Der zur Bestimmung berechtigte Dritte oder auch der Beschwerte, und zwar selbst dann, wenn er die Bestimmung selbst zu treffen hat, kann auch zu dem Kreis der bedachten Personen gehören.

5 Zu dem Kreis der Bedachten gehören nach § 2160 nur diejenigen Personen, die zur Zeit des Erbfalls noch gelebt haben. Soweit sie nach dem Erbfall verstorben sind, können sie grundsätzlich weiterhin als bedacht mit der Wirkung bestimmt werden, daß ihre Erben den Gegenstand der Zuwendung erhalten. § 2069 kann anzuwenden sein, vgl. § 2069 Rdn. 18.

6 III. Die Auswahl des Bedachten (Abs. 2)

Die Auswahl kann dem Beschwerten (§ 2147) oder einem Dritten, insbesondere dem Testamentsvollstrecker, auch mehreren Personen gemeinsam übertragen sein. Die Bestimmung kann dem Belieben des Bestimmenden überlassen sein. Der Erblasser kann aber auch anordnen, daß die Bestimmung nach bestimmten Gesichtspunkten zu erfolgen hat. Eine Verweisung auf die Billigkeit wie in den Fällen der §§ 2155 Abs. 3, 2156 oder 319 fehlt hier, da es grundsätzlich nicht als Verstoß gegen die Billigkeit angesehen werden kann, wenn eine Person bestimmt wird, die der Erblasser selbst als in Betracht kommend bezeichnet hat (ebenso *Lange*, § 27 III 2 b; *Erman/Hense*, § 2151 Rdn. 2; im Ergebnis auch *Staudinger/Seybold*, § 2151 Rdn. 7; a.A. *Palandt/Keidel*, § 2151 Anm. 1).

7 Die Bestimmung kann deshalb, selbst wenn der Erblasser für die Auswahl bestimmte Weisungen erteilt hat und wenn hiergegen verstoßen ist, grundsätzlich nicht durch das Gericht überprüft werden. Sie ist aber unwirksam, wenn sie arglistig erfolgt ist. Diese Unwirksamkeit kann gerichtlich festgestellt werden.

8 Gehört derjenige, der die Bestimmung zu treffen hat, selbst zu dem Kreis der bedachten Personen und hat er sich als Empfänger der Zuwendung bezeichnet, so ist zu prüfen, ob dies mit dem Willen des Erblassers zu vereinbaren ist. Die Bestimmung wäre arglistig und unwirksam, wenn der Bestimmende sich dem Willen des Erblassers zuwider als der Bedachte bezeichnet hat. Ergibt sich bereits aus der letztwilligen Verfügung, daß der die Auswahl Treffende sich nicht selbst bezeichnen darf, dann hat der Erblasser ihn schon dadurch aus dem Kreis der Bedachten, zu dem er sonst gehören würde, ausgenommen.

9 Die Bestimmung ist eine einem andern gegenüber abzugebende Willenserklärung und unwiderruflich (§§ 130—132). Sie kann nach den allgemeinen Bestimmungen wegen Willensmängel, Irrtums, Täuschung und Drohung angefochten werden. Wenn der Beschwerte sich selbst als bedacht bestimmen kann, genügt es, wenn er nach außen zu erkennen gibt, daß er den Gegenstand der Zuwendung erhalten will. Ist sie mehreren übertragen, so gilt § 317 Abs. 2, bei mehreren Testamentsvollstreckern § 2224.

10 IV. Die Bestimmung kann nicht erfolgen (Abs. 3 Satz 1)

Die Bedachten sind Gesamtgläubiger, wenn der Beschwerte die Bestimmung nicht treffen kann, sei es, weil er verstorben ist, sei es, weil er keine rechtswirksame Willenserklärung abgeben kann (§ 428 ff). Die Vorschrift weicht von § 2157 ab, nach der die mehreren regelmäßig nach Bruchteilen bedacht sind.

11 Der Schlußsatz des § 2151 schließt die aus § 430 folgende Verpflichtung eines Berechtigten aus, das ausgezahlte Vermächtnis den Mitberechtigten anteilig zukom-

men zu lassen. Vielmehr sichert ihm der erste Zugriff das ganze Vermächtnis. Da die Bestimmung aber nur im Zweifel gilt, ist stets zu prüfen, ob der Erblasser nicht etwas anderes gewollt hat.

Der Beschwerte kann gemäß § 428 nach seinem Belieben an jeden Berechtigten leisten. Praktisch ist daher, wenn er leistet, das Bestimmungsrecht auf ihn übergegangen. Gegenüber einer mehrfachen Verurteilung ist er durch ZPO § 767 mit dem Nachweise geschützt, daß er inzwischen die Bestimmung getroffen oder geleistet habe. **12**

V. Verzögerung der Bestimmung (Abs. 3 Satz 2) **13**

Im Falle der Verzögerung durch die Wahlberechtigten steht den möglichen Bedachten kein Klagerecht zu, vielmehr setzt auf ihren Antrag das Nachlaßgericht Frist nach FGG § 80. Als Beteiligter kommt, wenn die Bestimmung einem Dritten übertragen ist, auch der Beschwerte in Betracht. Die sofortige Beschwerde des § 80 kann rügen, daß der Aufgeforderte überhaupt nicht zur Erklärung verpflichtet sei oder daß er sich bereits erklärt habe, oder sie kann die Art der Fristsetzung betreffen. Gegen Ablehnung der Verfügung einfache Beschwerde nach FGG §§ 19 ff. Hat der Dritte die Frist verstreichen lassen, so kann der Beschwerte nach seinem Belieben leisten. Eine nach Fristablauf, sei es auch vor der Leistung abgegebene Erklärung des Dritten bindet ihn nicht.

VI. Beweislast **14**

Wer das Vermächtnis fordert, hat zu beweisen, daß er als Berechtigter bestimmt ist. Klagt er als Gesamtgläubiger, so hat er zu beweisen, daß die Bestimmung (z. B. wegen Todes oder Geschäftsunfähigkeit des hierzu Berufenen) nicht erfolgen kann oder daß die Frist bestimmt und verstrichen ist. Der Beschwerte kann einwenden, daß die Frist gewahrt sei, oder, wenn er selbst wahlberechtigt ist, jetzt noch die Wahl treffen (Kosten ZPO § 93).

§ 2152

Hat der Erblasser mehrere mit einem Vermächtnis in der Weise bedacht, daß nur der eine oder der andere das Vermächtnis erhalten soll, so ist anzunehmen, daß der Beschwerte bestimmen soll, wer von ihnen das Vermächtnis erhält.

E I 1769 Abs. 2 II 2023; M 5 34; P 5 23—26, 42, 43.

Alternativ Bedachte

Sind mehrere alternativ bedacht, so ergänzt das Gesetz in Übereinstimmung mit § 262 den Willen des Erblassers dahin, daß die Bestimmung gemäß § 2151 Abs. 2, 3 durch den Beschwerten erfolgen soll. Die Bestimmung gilt nicht nur, wenn der Erblasser nur zwei Bedachte bezeichnet hat, sondern allgemein, wenn er mehrere Personen bezeichnet hat, ohne anzugeben, wer die Auswahl vorzunehmen hat. Kann der Beschwerte die Bestimmung nicht treffen oder verzögert er sie, dann gilt auch hier § 2151 Abs. 3. — Alternative Beschwerung § 2148 Rdn. 6.

§ 2153

Der Erblasser kann mehrere mit einem Vermächtnis in der Weise bedenken, daß der Beschwerte oder ein Dritter zu bestimmen hat, was jeder von dem vermachten Gegenstand erhalten soll. Die Bestimmung erfolgt nach § 2151 Abs. 2.

Kann der Beschwerte oder der Dritte die Bestimmung nicht treffen, so sind die Bedachten zu gleichen Teilen berechtigt. Die Vorschrift des § 2151 Abs. 3 Satz 2 findet entsprechende Anwendung.

E I 1777 Satz 2 II 2024; M **5** 41, 42; P **5** 39—42

Die Verteilung eines mehreren Personen vermachten Gegenstandes

Übersicht

1 **I. Bestimmung der Anteile an dem vermachten Gegenstand**

Abweichend von dem Grundsatze des § 2065 Abs. 2 läßt das Gesetz zu, die Bestimmung der Anteile an einem vermachten Gegenstande (Summe, Sache, Recht § 90) einem andern zu überlassen. Die Anteile können körperlich oder, so bei unteilbaren Sachen (Landgut), nach ideellen Bruchteilen bestimmt werden.

Nach § 2151 Abs. 2 erklärt der Beschwerte die Bestimmung gegenüber dem, der das Vermächtnis erhalten soll, der Dritte gegenüber dem Beschwerten.

2 Der Bestimmungsberechtigte kann nach dem Willen des Erblassers auch als ermächtigt gelten, ungleich zu teilen, sogar einen der Bedachten ganz zu übergehen. Die Bestimmung braucht nicht gleichzeitig, sie kann aber, weil einen Teilungsausspruch enthaltend, nur einheitlich in dem Sinne erfolgen, daß sie für die Beteiligten erst dann verbindlich wird, wenn die völlige Aufteilung des Gegenstandes durchgeführt ist (streitig; die gegenteilige Ansicht führt praktisch zu erheblichen Schwierigkeiten, worauf *Planck/Flad* 4. Aufl. § 2153 Anm. 2 zutreffend hinweist; wie hier auch *Staudinger/Seybold* 11. Aufl. § 2153 Rdn. 4). Verzögerungen bei der Zuwendung wird durch Fristsetzung nach § 2151 Abs. 3 Satz 2 abgeholfen.

3 Ist die vollzogene Aufteilung in sich widerspruchsvoll, sind z. B. mehr Teile vergeben als das Ganze hergibt, so ist sie im vollen Umfange nichtig. Nach Abs. 2 Satz 1 sind dann die Bedachten nach gleichen Teilen berechtigt.

4 **II. Die Verteilung**

Die einmal vollzogene Verteilung ist für den Bestimmenden unwiderruflich und für die Bedachten, außer im Falle der Arglist, unanfechtbar (§ 2151 Rdn. 7). Kommt es nicht zur Verteilung, so werden die mehreren Bedachten abweichend von § 2151 Abs. 3 nicht als Gesamtgläubiger, sondern als Bruchteilsgläubiger zu gleichen Teilen auf den Gegenstand des Vermächtnisses berechtigt.

§ 2151 Abs. 3 Satz 2 behandelt die Fristsetzung durch das Nachlaßgericht.

5 Die §§ 2151 u. 2153 können verbunden anwendbar werden, wenn der Erblasser es dem Beschwerten oder einem Dritten überlassen hat, sowohl die Empfänger aus einem Kreise mehrerer Personen als auch die ihnen zuzuwendenden Vermächtnisanteile zu bestimmen (RG **96**, 17). Kommt es in diesem Falle nicht zur Bestimmung, so kann jeder Angehörige des bedachten Personenkreises den Gegenstand als Gesamtgläubiger fordern (§ 2151 Rdn. 10—12), muß aber jedem Mitbedachten den ihm gebührenden gleichen Anteil zukommen lassen.

§ 2154

Der Erblasser kann ein Vermächtnis in der Art anordnen, daß der Bedachte von mehreren Gegenständen nur den einen oder den anderen erhalten soll. Ist in einem solchen Falle die Wahl einem Dritten übertragen, so erfolgt sie durch Erklärung gegenüber dem Beschwerten.

Kann der Dritte die Wahl nicht treffen, so geht das Wahlrecht auf den Beschwerten über. Die Vorschrift des § 2151 Abs. 3 Satz 2 findet entsprechende Anwendung.

E I 1862 II 2025; M 5 170—172; P 5 193—196.

Entsprechend anwendbar auf die Auflage § 2192.

Wahlvermächtnis

Übersicht

I. Allgemeines 1

Gleichgültig ist, ob die mehreren Gegenstände individuell oder nur der Gattung nach (§ 2155) bestimmt sind, ob sie bereits zur Erbschaft gehören oder dem Bedachten erst noch zu verschaffen sind (§§ 2169, 2170). Die Voraussetzung des Gesetzes ist auch gegeben, wenn der Erblasser das Vermächtnis in einer Weise bezeichnet hat, die auf mehrere in der Erbschaft vorhandene Gegenstände zutrifft. Dagegen handelt es sich um ein bedingtes Vermächtnis, wenn die Bestimmung des Gegenstandes von einem Ereignis abhängig gemacht ist (Losziehung, das gewinnende Pferd). Das Wahlrecht begründet ein alternatives Schuldverhältnis, auf das die allgemeinen Bestimmungen der §§ 262 bis 265 anzuwenden sind.

II. Wahlrecht des Beschwerten 2

Das Wahlrecht steht nach § 262 im Zweifel dem Beschwerten zu. Die Wahl erfolgt dann durch Erklärung gegenüber dem Bedachten. Die gewählte Leistung gilt nach § 263 als die von Anfang an geschuldete.

Nimmt der Beschwerte die Wahl nicht vor dem Beginn der Zwangsvollstreckung vor, so kann der Vermächtnisnehmer nach § 264 Abs. 1 die Zwangsvollstreckung nach seiner Wahl auf den einen oder anderen Gegenstand richten. Der Beschwerte kann aber, solange der Vermächtnisnehmer den von ihm gewählten Gegenstand nicht ganz oder teilweise empfangen hat, sich durch Leistung des anderen Gegenstandes von seiner Verpflichtung befreien.

Ist die Leistung des einen Gegenstandes von Anfang an unmöglich oder wird 3
sie später unmöglich, so beschränkt sich das Vermächtnis auf die übrigen Gegenstände; es sei denn, daß die Unmöglichkeit infolge eines Umstandes eingetreten ist, den der Bedachte zu vertreten hat (§ 265). In diesem Fall kann der Beschwerte sich nach § 275 dadurch befreien, daß er die durch das Verschulden des Bedachten unmöglich gewordene Leistung wählt.

Für die Erklärung des Dritten gegenüber dem Beschwerten vgl. § 2151 Rdn. 9.

4 **III. Wahlrecht des Bedachten**

Der Erblasser kann aber auch bestimmen, daß der Bedachte die Wahl vornehmen soll. Die Wahl erfolgt dann nach § 263 Abs. 1 durch Erklärung gegenüber dem Beschwerten, und auch dann gilt die gewählte Leistung als von Anfang an geschuldet. Der Beschwerte kann nach § 264 Abs. 2 den Bedachten unter Bestimmung einer angemessenen Frist zur Wahl auffordern, wenn dieser mit ihrer Vornahme in Verzug ist. Läßt der Bedachte die Frist ungenutzt verstreichen, dann geht das Wahlrecht auf den Beschwerten über.

Falls die Leistung eines der in Betracht kommenden Gegenstände von Anfang an unmöglich ist oder später unmöglich wird, gilt wiederum § 265.

Der Vermächtnisnehmer kann nach § 280 Schadensersatz fordern, wenn er eine Leistung wählt, die durch das Verschulden des Beschwerten unmöglich geworden ist.

5 **IV. Wahlrecht eines Dritten**

Schließlich kann der Erblasser bestimmen, daß ein Dritter die Wahl vornehmen soll. Für diesen Fall trifft § 2154 besondere Bestimmungen.

Wird die Wahl durch den Dritten unmöglich, so wird die Regel des § 262, Wahlrecht des Schuldners, wiederhergestellt.

Wird die Wahl verzögert, so greift die Fristsetzung durch das Nachlaßgericht (§ 2151 Rdn. 13), nach Fristablauf wiederum das Wahlrecht des Beschwerten ein.

6 **V. Mehrere Wahlberechtigte**

Sind hüben oder drüben mehrere Wahlberechtigte vorhanden, so können sie regelmäßig (§ 747, bei beschwerten Miterben auch § 2040 Abs. 1) die Wahl nur gemeinschaftlich vornehmen. Für die Wahl ist Übereinstimmung aller erforderlich. Erst wenn diese gegeben ist, ist die Wahl vorgenommen. Dazu ist, wenn die mehreren Beschwerten wahlberechtigt sind, notwendig, daß alle die Erklärung gegenüber dem Bedachten abgegeben haben. Es kann jedoch einer von ihnen durch die anderen bevollmächtigt werden, die Erklärung auch für sie abzugeben. Kommt es nicht zu einer übereinstimmenden Erklärung der mehreren Wahlberechtigten, so gilt, wenn das Wahlrecht den Bedachten zusteht, § 264 Abs. 2, und wenn es den Beschwerten zusteht, § 264 Abs. 1.

7 § 317 Abs. 2 ist entsprechend anzuwenden, wenn mehrere Dritte wahlberechtigt sind. Falls mehrere Testamentsvollstrecker wahlberechtigt sind, ist § 2224 anzuwenden.

Ist in verschiedenen letztwilligen Verfügungen das Wahlrecht nacheinander verschiedenen Personen übertragen, ohne daß die jüngere die ältere aufhebt, so sind alle wahlberechtigt, und die zuerst ausgeübte Wahl entscheidet.

8 **VI. Pflicht, die Gegenstände vorzuweisen**

Die Pflicht zur Vorzeigung der für die Wahl in Betracht kommenden Gegenstände liegt dem Beschwerten nach §§ 242, 809 ob.

§ 2155

Hat der Erblasser die vermachte Sache nur der Gattung nach bestimmt, so ist eine den Verhältnissen des Bedachten entsprechende Sache zu leisten.

Ist die Bestimmung der Sache dem Bedachten oder einem Dritten übertragen, so finden die nach § 2154 für die Wahl des Dritten geltenden Vorschriften Anwendung.

Entspricht die von dem Bedachten oder dem Dritten getroffene Bestimmung den Verhältnissen des Bedachten offenbar nicht, so hat der Beschwerte so zu leisten, wie wenn der Erblasser über die Bestimmung der Sache keine Anordnung getroffen hätte.

E I 1863 II 2026; M 5 173, 174; P 5 193—201.

Entsprechend anwendbar auf die Auflage § 2192.

Gattungsvermächtnis

Übersicht

I. Gattungsvermächtnis und gemischtes Vermächtnis 1

Die vermachte (körperliche) Sache kann schlechthin nur der Gattung nach bestimmt sein (§ 243). Dabei ist es gleichgültig, ob Sachen der fraglichen Art zum Nachlaß gehören. § 2169, der die Unwirksamkeit eines Vermächtnisses anordnet, wenn der vermachte Gegenstand zur Zeit des Erbfalls nicht zur Erbschaft gehört, bezieht sich nur auf das Vermächtnis eines bestimmten Gegenstandes, nicht auf das Gattungsvermächtnis. Das Vermächtnis kann aber auch auf eine im Nachlaß vorhandene Gattungssache beschränkt sein. Man spricht dann von einem gemischten Gattungsvermächtnis. Im letzteren Falle kann es sich auch um ein Wahlvermächtnis nach § 2154 handeln. Der Wille des Erblassers entscheidet, ob es sich um das eine oder das andere handelt. Wenn die Verhältnisse des Bedachten eine unterschiedliche Auswahl rechtfertigen, sollte im Zweifel ein Gattungsvermächtnis angenommen werden.

II. Die geschuldete Leistung 2

Die individuelle Sachleistung bestimmt sich nach den Verhältnissen (nicht den Bedürfnissen des Bedachten). Jedoch richten sich die Bedürfnisse oft nach seinen Verhältnissen (vgl. auch *Lange*, § 27 S. 277 Anm. 3). Ist z. B. dem X und dem Z je ein Kraftwagen vermacht und sind im Nachlasse ein kleiner Pkw und ein kleiner Lieferwagen vorhanden, so gebührt dem Studenten X der Pkw, dem Kaufmann Z der Lieferwagen. Wenn dieser Maßstab versagt, hat der Beschwerte nach § 243 Sachen von mittlerer Art und Güte zu leisten.

Hat der Erblasser dem Bedachten eine Sache der vermachten Art in der Ab- 3
sicht, das Vermächtnis im voraus zu erfüllen, schon unter Lebenden zugewendet, so wird das Gattungsvermächtnis dadurch allein noch nicht hinfällig. In der Regel wird aber anzunehmen sein, daß der Erblasser das Vermächtnis nur unter der stillschweigenden Bedingung angeordnet hat, daß er die Zuwendung nicht noch unter Lebenden vornehmen werde (RG *Gruchot* **63**, 476 f; § 2174 Rdn. 15). Ein in dieser Weise bedingtes Vermächtnis wird dadurch, daß der Erblasser dem Bedachten den Gegenstand schon zu seinen Lebzeiten zuwendet, gegenstandslos. Ändert der Erblasser später seinen Willen und will er die Bedingung nicht mehr, dann muß er eine neue letztwillige Verfügung treffen. Durch seine Willensänderung allein tritt das gegenstandslos gewordene Vermächtnis nicht wieder in Kraft (RG WarnRspr. 1930 Nr. 60). Es kann aber auch ein unbedingt angeordnetes Vermächtnis des Erblassers schon zu

dessen Lebzeiten erfüllt werden. Die Leistungen werden dann unter der Bedingung erbracht, daß die Schuld später entsteht (RG WarnRspr. 1941 Nr. 56).

4 **III. Die Bestimmung der Leistung**

1. Der Bestimmende (Abs. 2)

Die Bestimmung der Sache liegt nach § 243 grundsätzlich dem Beschwerten ob.

Ist sie dem Bedachten oder einem Dritten übertragen, so hat sich der Bestimmungsberechtigte nach § 2154, gegebenenfalls nachdem ihm auf Antrag des Beschwerten gemäß § 2151 Abs. 3 Satz 2 Frist gesetzt ist, gegenüber dem Beschwerten zu erklären. Im Falle der Unmöglichkeit einer Erklärung oder des Verstreichens der Frist fällt das Bestimmungsrecht an den Beschwerten zurück.

5 **2. Offenbare Unbilligkeit der Bestimmung (Abs. 3)**

Auch für die von dem Bedachten oder dem Dritten zu treffende Bestimmung sind nach Abs. 1 die Verhältnisse des Bedachten maßgebend. Die von ihnen getroffene Bestimmung ist zwar unwiderruflich, aber abweichend von §§ 2151 Rdn. 7, 8, 10, 2153 Rdn. 5, 2154 Rdn. 4 nicht unanfechtbar. Sie ist vielmehr unwirksam, wenn sie offenbar unbillig ist. Das trifft zu, wenn sie im Hinblick auf die Verhältnisse des Bedachten den Maßstab von Treu und Glauben in grober Weise verletzt und ihre Unrichtigkeit sich dem Blick eines sachkundigen und unbefangenen Beurteilers sofort aufdrängen muß. Damit ist nicht etwa gesagt, daß nicht eine Beweisaufnahme notwendig sein kann, um die offenbare Unbilligkeit festzustellen. Im einzelnen vgl. dazu § 319 11. Aufl. Anm. 2, 3; vgl. auch §§ 2048, 2217.

6 Grundsätzlich ist der Wille des Erblassers, daß die von ihm bezeichnete Person die Bestimmung vornehmen soll, zu beachten. Deswegen kann nicht schon jede Abweichung in der Auffassung des Richters oder des Beschwerten von der des Bestimmenden dazu führen, dessen Bestimmungen wirkungslos zu machen. Diese Folge kann nur eintreten, wenn der Bestimmende die ihm übertragene Befugnis mißbraucht hat oder wenn er einem groben Irrtum unterlegen ist. In diesem Fall widerspricht seine Anordnung den eigentlichen Absichten des Erblassers (vgl. Prot. 5, 198).

7 Die offenbare Unbilligkeit der Bestimmung hat den Rückfall des Bestimmungsrechts an den Beschwerten zur Folge (der mit einem Pferde bedachte Gutsverwalter wählt aus dem auch mit Gebrauchspferden besetzten Stalle das teuerste Rennpferd).

8 **3. Vom Beschwerten dem Abs. 1 zuwider getroffene Bestimmung**

Entspricht die von dem Beschwerten getroffene Bestimmung nicht den Verhältnissen des Bedachten, dann braucht dieser die Leistung nicht als Erfüllung seines Vermächtnisanspruchs anzunehmen. Er kann vielmehr, auch wenn keine offenbare Unbilligkeit gegeben ist, auf Leistung einer seinen Verhältnissen entsprechenden Sache klagen. Das Gericht muß dann die Grundsätze aufstellen, nach welchen die zu leistende Sache auszuwählen ist (Prot. 5, 200). Befinden sich Sachen der fraglichen Art im Nachlaß, dann hat die Zwangsvollstreckung nach Maßgabe des § 884 ZPO zu erfolgen. Andernfalls kann der Bedachte, wenn der Beschwerte keine Leistung in der bestimmten Art macht, nach § 893 ZPO auf Leistung des Interesses klagen (ebenso *Planck/Flad* 4. Aufl. § 2155 Anm. 1 und *Staudinger/Seyboldt* 11. Aufl. § 2155 Rdn. 6; *Erman/Hense* § 2155 Rdn. 3).

Über die Gewährleistungspflicht vgl. §§ 2182 Abs. 1 und 2183.

IV. Beweislast 9

Der Bedachte hat zu beweisen, daß die von ihm beanspruchte Sache seinen Verhältnissen entspricht oder nach Abs. 2 vom Dritten bestimmt ist. Will der Beschwerte hiervon abweichen, so hat er die offenbare Unbilligkeit der getroffenen Bestimmung zu beweisen.

V. Vermächtnis eines Sachinbegriffs 10

Das Vermächtnis eines Sachinbegriffs (§ 92 Abs. 2) mit wechselndem Bestand (Hausrat, Weinkeller, Bücherei, Warenlager, Herde) umfaßt im Zweifel, entsprechend der in § 2071 für die Zuwendung an einen Personeninbegriff gegebenen Vorschrift, diejenigen Gegenstände, welche zur Zeit des Erbfalls (nicht der Testamentserrichtung) dazu gehören. Darüber, ob durch ein derartiges Vermächtnis eine einheitliche Schuld oder eine Mehrheit von Einzelschulden begründet wird, und über die sich hieraus für die Ausschlagung, die Anfechtung und die Erfüllung ergebenden Folgerungen s. *Reichel* AcP **138**, 199 f.

§ 2156

Der Erblasser kann bei der Anordnung eines Vermächtnisses, dessen Zweck er bestimmt hat, die Bestimmung der Leistung dem billigen Ermessen des Beschwerten oder eines Dritten überlassen. Auf ein solches Vermächtnis finden die Vorschriften der §§ 315 bis 319 entsprechende Anwendung.

E I 1777 Satz 1 II 2037; M **5** 41; P **5** 39, 43.

Entsprechend anwendbar auf die Auflage § 2192.

Bestimmung der Leistung nach billigem Ermessen

Übersicht

I. Zweckbestimmung 1

Vorausgesetzt ist, daß der Erblasser die Vermächtnisanordnung selbst getroffen (nicht bloß einen Dritten hierzu ermächtigt hat, RG WarnRspr. 1911 Nr. 42), daß die Person des Bedachten bestimmt oder doch nach §§ 2151, 2152 bestimmbar ist (weitergehend bei Auflagen § 2193), daß aber der Gegenstand der Leistung nur aus dem angegebenen Zwecke ermittelt werden kann. Inwieweit diese Zweckangabe ausreicht, ist Tatfrage (Vermächtnis an X zur Bestreitung seiner Studienkosten, zu einer Reise nach Indien). Sie muß so weit gehen, daß sie genügend Anhaltspunkte für die Bestimmung der Leistung nach billigem Ermessen bietet.

Hat der Erblasser die Person des Bedachten nicht bestimmt und auch keinen 2
Personenkreis angegeben, aus dem der Bedachte nach §§ 2151, 2152 ausgewählt werden kann, dann ist das Vermächtnis unwirksam. Es wird aber in der Regel als Auf-

lage aufrecht erhalten werden können (vgl. dazu § 2151 Rdn. 3). Unwirksam ist es auch und es kann auch nicht als Auflage aufrechterhalten werden, wenn der Erblasser den Zweck des Vermächtnisses nicht bestimmt hat (BGH Urt. v. 6.6.1966 III ZR 161/64).

3 **II. Billiges Ermessen**

Der Erblasser kann die Bestimmung der Leistung nicht dem freien Belieben des Beschwerten oder eines Dritten überlassen. Die Anordnung, daß der Beschwerte oder der Dritte nach billigem Ermessen zu entscheiden hat, braucht aber nicht wörtlich in dem Testament enthalten zu sein. Es genügt auch hier, wenn dieser Wille des Erblassers durch Auslegung aus dem Testament entnommen werden kann. Nach *Erman/Hense,* § 2156 Rdn. 1 soll die Bestimmung auch dem Bedachten übertragen werden können. Dagegen mit Recht *Bartholomeyczik,* § 43 IV 2c; *Kipp/Coing,* § 57 II 3; *Lange,* § 27 V 2aβ; *Palandt/Keidel,* § 2156 Anm. 1.

III. Entsprechende Anwendung der §§ 315 bis 319

Nach § 2156 Satz 2 sind die §§ 315—319 entsprechend anzuwenden.

4 **1. Bestimmung durch den Beschwerten oder durch einen Dritten**

Nach § 315 Abs. 2 erfolgt die von dem Beschwerten zu treffende Bestimmung durch Erklärung gegenüber dem Bedachten. Die von einem Dritten zu treffende Bestimmung erfolgt nach § 318 Abs. 1 durch eine Erklärung gegenüber dem Beschwerten oder dem Bedachten.

5 **2. Bestimmung durch mehrere Personen**

Für den Fall, daß mehrere die Bestimmung zu treffen haben, gilt § 317 Abs. 2. Danach ist im Zweifel Übereinstimmung aller erforderlich. Wenn aber nur die Höhe eines Vermächtnisses bestimmt werden soll, so ist, wenn verschiedene Summen genannt werden, im Zweifel die Durchschnittssumme maßgebend.

6 **3. Anfechtung der Bestimmung**

Die Bestimmung kann wegen Irrtums, Drohung oder arglistiger Täuschung angefochten werden. Die Anfechtung steht nach § 318 Abs. 2 nur dem Beschwerten oder dem Bedachten zu. Sie ist jeweils unverzüglich, nachdem der Anfechtende von dem Anfechtungsgrund Kenntnis erlangt hat, dem anderen Teil gegenüber zu erklären. Nach 30 Jahren, seitdem die Bestimmung getroffen ist, ist keine Anfechtung mehr möglich. Der Dritte, der die Bestimmung getroffen hat, kann seine Erklärung nicht anfechten.

7 **4. Unverbindlichkeit der Bestimmung**

Die Bestimmung ist nicht verbindlich, wenn sie dem Beschwerten überlassen und unbillig ist (§ 315 Abs. 3) oder einem Dritten überlassen und offenbar unbillig ist (§ 319 Abs. 1). Wenn der Erblasser seinen Ehegatten zum Erben eingesetzt und ein Vermächtnis auferlegt hat mit der Anordnung, daß dieser die Leistung zu bestimmen habe, liegt kein Verstoß gegen die Billigkeit vor, wenn der Beschwerte den Bedachten benachteiligt, weil dieser die persönlichen Beziehungen zu ihm abgebrochen oder sich ihm gegenüber in anderer Weise unbotmäßig verhalten hat. Er handelt regelmäßig nicht unbillig, wenn er bei seinen Verfügungen das Verhältnis eines Kindes ihm oder seinem Ehegatten gegenüber berücksichtigt. Das gilt auch entsprechend für denjenigen, der auf Grund einer Anordnung des Erblassers gemäß §§ 2156, 315—319 das einem Kinde zufallende Vermächtnis nach billigem Ermessen zu bestimmen hat. Es können dann alle Umstände berücksichtigt werden, die bei letztwilligen Zuwendungen normalerweise eine Rolle spielen (BGH, Urt. v. 6.6.1966 III ZR 161/64).

5. Bestimmung durch Urteil 8

Die Bestimmung erfolgt durch Urteil, wenn sie in den in Rdn. 7 erwähnten Fällen nicht verbindlich ist, wenn der Beschwerte, der die Bestimmung zu treffen hat, sie verzögert oder wenn der Dritte, dem sie überlassen ist, sie nicht treffen kann oder will oder wenn er sie verzögert (§§ 315 Abs. 3, 319 Abs. 1). Eine Fristbestimmung durch das Nachlaßgericht wie in den §§ 2151, 2153—2155 ist nicht vorgesehen.

§ 2157

Ist mehreren derselbe Gegenstand vermacht, so finden die Vorschriften der §§ 2089 bis 2093 entsprechende Anwendung.

E I 1846 II 2028; M 5 140, 141; P 5 163.

Gemeinschaftliches Vermächtnis

I. Teilungsverhältnis 1

Derselbe Gegenstand kann den mehreren in derselben oder in mehreren nacheinander errichteten Verfügungen (s. jedoch § 2258) vermacht sein. Nach den für die Einsetzung mehrerer Erben geltenden Vorschriften sind die mehreren Vermächtnisnehmer, soweit sich nicht aus §§ 2066, 2069 (gesetzliche Erben, Abkömmlinge) ein anderes ergibt, zu gleichen Teilen bedacht (§§ 2091, 2093). Es entsteht mithin unter ihnen Gemeinschaft nach Bruchteilen, §§ 741 ff.

II. Verminderung und Erhöhung der Teile 2

Sind die Bruchteile oder Summen bestimmt und übersteigen sie das den mehreren zugewendete Ganze oder erschöpfen sie das Ganze nicht, so tritt entsprechende Verminderung oder Erhöhung der Teile ein (§§ 2089, 2090). Zuwendung teils nach Bruchteilen, teils ohne Bruchteile § 2092.

III. Vermächtnis einer teilbaren Leistung 3

Ob beim Vermächtnis einer teilbaren Leistung, insbesondere beim Summenvermächtnis, ein gemeinschaftliches oder ob mehrere Vermächtnisse anzunehmen sind (§ 420), ist Auslegungsfrage.

§ 2158

Ist mehreren derselbe Gegenstand vermacht, so wächst, wenn einer von ihnen vor oder nach dem Erbfalle wegfällt, dessen Anteil den übrigen Bedachten nach dem Verhältnis ihrer Anteile an. Dies gilt auch dann, wenn der Erblasser die Anteile der Bedachten bestimmt hat. Sind einige der Bedachten zu demselben Anteile berufen, so tritt die Anwachsung zunächst unter ihnen ein.

Der Erblasser kann die Anwachsung ausschließen.

E I 1870, 1871 II 2029; M 5 184—186; P 5 215, 216.

Das Anwachsungsrecht

1 **I. Voraussetzungen für die Anwachsung**

Das Anwachsungsrecht beim Vermächtnis entspricht der Anwachsung der Erbteile in §§ 2094, 2095. Voraussetzung für die Anwachsung ist ein gemeinschaftliches Vermächtnis im Sinne von § 2157 und der Wegfall eines Mitbedachten.

1. Gemeinschaftliches Vermächtnis

Ein gemeinschaftliches Vermächtnis im Sinne von § 2157 ist immer gegeben bei Unteilbarkeit der Leistung. Es ist aber bei teilbaren Leistungen auch dann nicht ohne weiteres ausgeschlossen, wenn der Erblasser die Anteile nach Bruchteilen oder Summen bestimmt hat. Sind 1000 oder ist eine Forderung von 1000 dem A, B, C mit 5/10, 3/10, 2/10 oder auch mit 500, 300, 200 vermacht, so ist es Auslegungsfrage, ob ein Vermächtnis zu 1000 oder ob drei Einzelvermächtnisse zu 500, 300 und 200 vorliegen.

2 **2. Wegfall eines Mitbedachten**

Der Wegfall eines Mitbedachten kann eintreten vor dem Erbfalle durch Tod, Verzicht (§§ 2160, 2352), oder nach dem Erbfalle, aber mit Rückbeziehung auf den Zeitpunkt des Erbfalls durch Ausschlagung, Unwürdigkeit (§§ 2180, 2345), Unwirksamwerden der Zuwendung infolge Anfechtung (§ 2078 Rdn. 65 ff), Ausfalls der Bedingung (§§ 2074, 2177), insbesondere auch nach §§ 2162, 2163 oder infolge Nichterteilung der nach Art. 86 EG erforderlichen staatlichen Genehmigung.

3 Fällt der Mitbedachte erst nach der Annahme durch Eintritt einer auflösenden Bedingung (oder mit Eintritt eines Endtermins; RG **148,** 336: Ableben eines von mehreren mit der lebenslänglichen Nutznießung am Nachlaß Bedachten) weg, so wird mit *Planck/Flad* Anm. 5 gegen *Strohal* § 29 Anm. 27 anzunehmen sein, daß die übrigen Bedachten für diesen Fall aufschiebend (oder befristet) mitbedacht sind. Über die sonstigen Wirkungen der Anwachsung vgl. § 2094 Rdn. 3.

4 **II. Berufung einiger Bedachter zum selben Anteil (Abs. 1 Satz 2)**

Abs. 1 Satz 2 regelt den Fall, daß bei einem gemeinschaftlichen Vermächtnis ein bestimmter Anteil mehreren Personen zugewandt ist. Falls von diesen eine wegfällt, tritt die Anwachsung zunächst unter denjenigen ein, denen dieser Anteil gleichfalls zugewandt ist. Die Bestimmung entspricht dem § 2094 Abs. 1 Satz 2 (vgl. § 2094 Rdn. 5).

5 **III. Ausschließung der Anwachsung (Abs. 2)**

Die Vorschrift entspricht dem § 2094 Abs. 3 (vgl. § 2094 Rdn. 7 ff). Die Ausschließung kann erfolgen durch Berufung eines Ersatzvermächtnisnehmers (§§ 2190, 2099) oder dadurch, daß der Erblasser zu erkennen gibt, das Vermächtnis solle beim Wegfall des Bedachten hinfällig werden, d. h. dem Beschwerten zugute kommen.

§ 2159

Der durch Anwachsung einem Vermächtnisnehmer anfallende Anteil gilt in Ansehung der Vermächtnisse und Auflagen, mit denen dieser oder der wegfallende Vermächtnisnehmer beschwert ist, als besonderes Vermächtnis.

E I 1872 II 2030; M **5** 186; P **5** 215, 216.

Selbständigkeit der Vermächtnisanteile

Wörtlich übereinstimmend (bis auf die hier nicht in Betracht kommende Ausgleichungspflicht) mit § 1935, Erhöhung des gesetzlichen Erbteils, und § 2095, Anwachsung eines Erbteils. Der Vermächtnisnehmer, dem durch Anwachsung ein Anteil anfällt, kann deshalb von dem Unterbedachten nur bis zum Werte des beschwerten Anteils in Anspruch genommen werden (§ 2187). Kommt der Wegfall des Bedachten infolge Ausschließung der Anwachsung dem Erben oder einem sonstigen Beschwerten zustatten (§ 2158 Rdn. 5), so haftet auch dieser für das auf dem frei gewordenen Anteil ruhende Untervermächtnis oder die Auflage nur mit der gleichen Beschränkung (§ 2187 Abs. 2).

§ 2160

Ein Vermächtnis ist unwirksam, wenn der Bedachte zur Zeit des Erbfalls nicht mehr lebt.

E I 1868 II 2031; M 5 181; P 5 212.

Erleben des Vermächtnisanfalls 1

Der Bedachte muß den Anfall des Vermächtnisses (vgl. dazu §§ 2176, 2177) ebenso wie der Erbe den Anfall der Erbschaft (§§ 1923 Abs. 1, 2074) erlebt haben. Die Zuwendung ist nur unter dieser Bedingung wirksam.

Im Gegensatz zum Erben (§ 1923 Abs. 2), aber entsprechend der Nacherbfolge 2
(§§ 2101 Rdn. 1, 2108 Rdn. 1), braucht jedoch der Vermächtnisnehmer zur Zeit des Erbfalls nicht bereits erzeugt oder sonst bestimmt zu sein (§ 2178).

Die Unwirksamkeit tritt nur ein, wenn kein Ersatzvermächtnisnehmer (§ 2190, 3
auch nicht stillschweigend § 2069 Rdn. 1) berufen ist und keine Anwachsung (§ 2158) stattfindet. Sie kommt dem Beschwerten zugute, nicht etwa dem gesetzlichen Erben (vgl. § 2149) oder beim Untervermächtnisse dem eingesetzten Erben.

§ 2161

Ein Vermächtnis bleibt, sofern nicht ein anderer Wille des Erblassers anzunehmen ist, wirksam, wenn der Beschwerte nicht Erbe oder Vermächtnisnehmer wird. Beschwert ist in diesem Falle derjenige, welchem der Wegfall des zunächst Beschwerten unmittelbar zustatten kommt.

E I 1876 II 2032; M 5 189—191; P 5 221.

Entsprechend anwendbar auf die Auflage § 2192.

Wegfall des Beschwerten

I. Wirksambleiben des Vermächtnisses 1

Entsprechend dem Gedanken des § 2085 bleibt die Wirksamkeit des Vermächtnisses von dem Wegfall des damit beschwerten Erben oder Vermächtnisnehmers grundsätzlich unberührt. Dies gilt auch dann, wenn infolge Wegfalls des beschwerten Erben der mit dem Vermächtnisse Bedachte gesetzlicher Miterbe wird (§ 2150; RG Recht **13** Nr. 1615).

Ein anderer Wille des Erblassers braucht nicht notwendig in der letztwilligen 2
Verfügung erklärt zu sein, er kann sich auch aus den Umständen, insbesondere aus

einem Inhalt des Vermächtnisses ergeben, der nur von dem eigentlich Beschwerten geleistet werden kann (Erteilung von Unterricht).

3 **II. Unmittelbares Zustattenkommen des Wegfalls**

Es kommt darauf an, wem der Wegfall rein rechtlich unmittelbar zustatten kommt. Unerheblich ist, ob damit auch ein wirtschaftlicher Vorteil verbunden ist. Der an die Stelle des Weggefallenen Tretende haftet daher auch dann, wenn ihm die Zuwendung überhaupt keinen wirtschaftlichen Vorteil gebracht hat. Der Wegfall des zunächst beschwerten Erben oder Vermächtnisnehmers kommt je nachdem dem Ersatzberufenen, dem Anwachsungsberechtigten oder an Stelle des eingesetzten Erben dem gesetzlichen und an Stelle des nächstberufenen gesetzlichen Erben dem entfernteren, evtl. auch dem Fiskus zustatten. Der Bedachte soll aber aus dem Wegfall auch keinen Vorteil haben. Der nachrückende Vermächtnisnehmer haftet deshalb nach § 2187 Abs. 2 nicht weiter, als der Weggefallene gehaftet haben würde.

§ 2162

Ein Vermächtnis, das unter einer aufschiebenden Bedingung oder unter Bestimmung eines Anfangstermins angeordnet ist, wird mit dem Ablaufe von dreißig Jahren nach dem Erbfall unwirksam, wenn nicht vorher die Bedingung oder der Termin eingetreten ist.

Ist der Bedachte zur Zeit des Erbfalls noch nicht erzeugt oder wird seine Persönlichkeit durch ein erst nach dem Erbfall eintretendes Ereignis bestimmt, so wird das Vermächtnis mit dem Ablaufe von dreißig Jahren nach dem Erbfall unwirksam, wenn nicht vorher der Bedachte erzeugt oder das Ereignis eingetreten ist, durch das seine Persönlichkeit bestimmt wird.

E I 1869 II 2033; M **5** 182, 183; P **5** 212—215.

Begrenzung der zeitlichen Wirksamkeit des Vermächtnisses
30jährige Frist

1 §§ 2162, 2163 beschränken die zeitliche Wirksamkeit der Vermächtnisse in demselben Maße, wie § 2109 diejenige der Nacherbschaft. Bedingtes und betagtes Vermächtnis §§ 2177, 2074. Auch das Untervermächtnis (§ 2186) und das Nachvermächtnis (§ 2191) fallen hierunter.

2 Nach § 2178 fällt in den Fällen des Abs. 2 das Vermächtnis an mit der Geburt des Bedachten oder mit Eintritt des maßgebenden Ereignisses. Die dreißigjährige Frist kann sich deshalb noch um die Empfängniszeit verlängern.

§ 2163

Das Vermächtnis bleibt in den Fällen des § 2162 auch nach dem Ablaufe von dreißig Jahren wirksam:

1. **wenn es für den Fall angeordnet ist, daß in der Person des Beschwerten oder des Bedachten ein bestimmtes Ereignis eintritt, und derjenige, in dessen Person das Ereignis eintreten soll, zur Zeit des Erbfalls lebt;**
2. **wenn ein Erbe, ein Nacherbe oder ein Vermächtnisnehmer für den Fall, daß ihm ein Bruder oder eine Schwester geboren wird, mit einem Vermächtnisse zugunsten des Bruders oder der Schwester beschwert ist.**

Ist der Beschwerte oder der Bedachte, in dessen Person das Ereignis eintreten soll, eine juristische Person, so bewendet es bei der dreißigjährigen Frist.

E II 2034; P 5 212—215, 225, 237—240; 6 91, 92.

Ausnahmen von der 30jährigen Frist

Die beiden hier zugelassenen Ausnahmen von der Regel des § 2162 entsprechen wörtlich den für die Nacherbschaft gegebenen Vorschriften des § 2109, s. dort. Das in der Person des Beschwerten oder des Bedachten eintretende Ereignis braucht kein solches zu sein, das den Beschwerten oder Bedachten unmittelbar in seiner Person berührt, sondern es genügt, wenn die vermögensrechtliche Stellung des Beschwerten oder Bedachten betroffen wird. Ein Vermächtnis kann somit für den Fall angeordnet werden, daß der Beschwerte ein zum Nachlaß gehörendes Grundstück veräußert. Das Vermächtnis wird dann auch wirksam, wenn die Veräußerung mehr als 30 Jahre nach dem Ableben des Erblassers erfolgt (BGH LM BGB § 2163 Nr. 1).

§ 2164

Das Vermächtnis einer Sache erstreckt sich im Zweifel auf das zur Zeit des Erbfalls vorhandene Zubehör.

Hat der Erblasser wegen einer nach der Anordnung des Vermächtnisses erfolgten Beschädigung der Sache einen Anspruch auf Ersatz der Minderung des Wertes, so erstreckt sich im Zweifel das Vermächtnis auf diesen Anspruch.

E I 1859 II 2035; M 5 163, 164; P 5 179, 180.

Erstreckung des Vermächtnisses auf das Zubehör

Übersicht

I. Wesentliche Bestandteile und Bestandteile als Gegenstand eines Vermächtnisses 1

Der Umfang und Bestand der vermachten Sache bestimmt sich allgemein nach dem Zeitpunkt des Erbfalls. Verbesserungen, die der Erblasser vorgenommen hat und die Sachen, die er der vermachten Sache als Bestandteile eingefügt hat, kommen dem Bedachten zugute. Eine Bestimmung darüber, daß das Vermächtnis sich auf die wesentlichen und sonstigen Bestandteile der vermachten Sache erstreckt, war daher entbehrlich.

Möglich ist es aber, Teile einer Sache oder deren wesentliche Bestandteile zum Gegenstand eines Vermächtnisses zu machen. Das Vermächtnis begründet nur einen schuldrechtlichen Anspruch auf Leistung der vermachten Sache. Der Eigentümer kann dadurch, daß er die einfachen oder wesentlichen Bestandteile von der Sache trennt, die Bestandteilseigenschaft aufheben und die abgetrennten Teile dem Bedachten zur Erfüllung des Vermächtnisanspruchs übereignen.

Umgekehrt kann der Erblasser auch einzelne einfache oder wesentliche Bestandteile einer Sache von dem Vermächtnis ausnehmen. Eine dahingehende Bestimmung ist darauf zu prüfen, ob nach dem Willen des Erblassers die Bestandteile getrennt und dem Beschwerten verbleiben sollen, oder ob der Bedachte sie zwar übernehmen, dem Beschwerten aber ihren Wert zu ersetzen hat (vgl. dazu *Planck/Flad* 4. Aufl. § 2164 Anm. 3; *Staudinger/Seybold* 11. Aufl. § 2164 Rdn. 1). 2

3 **II. Zubehör**

Das Zubehör ist nach Abs. 1 im Zweifel mit vermacht, soweit es beim Erbfall vorhanden war. Es handelt sich um eine Auslegungsregel. Ähnliche Vorschriften enthält das BGB in den §§ 314, 498, 926, 1031, 1062, 1096, 1120 und 1551.

Darüber, was Zubehör ist, entscheidet allein das Gesetz und nicht die Meinung des Erblassers; es sei denn, daß die Anordnung des Vermächtnisses eine über das Gesetz hinausgehende Tragweite haben soll.

4 Die §§ 97, 98 bestimmen, was Zubehör einer Sache ist. Eine Sache, die zur Zeit des Erbfalls nur vorübergehend für den wirtschaftlichen Zweck der Hauptsache benutzt wird, ist nach § 97 Abs. 2 nicht Zubehör und daher nicht mit vermacht (vgl. dazu 11. Aufl. § 97 Anm. 27—32). Anderseits geht die Zubehöreigenschaft nicht dadurch verloren, daß die Sache vorübergehend von der Hauptsache getrennt worden ist. Mitvermacht sind daher im Zweifel auch diejenigen Zubehörsachen, die im Zeitpunkt des Erbfalls vorübergehend von der Hauptsache getrennt waren.

5 Es ist nicht notwendig, daß das Zubehör auch Eigentum des Erblassers ist. Grundsätzlich gilt nach § 2164 auch solches Zubehör als mitvermacht, das dem Erblasser nicht gehört. In solchen Fällen ist aber zu prüfen, ob der Erblasser diese Zubehörstücke von dem Vermächtnis nicht ausnehmen wollte oder ob er den Bedachten nicht nur dieselben Rechte zuwenden wollte, die er selbst an diesen Gegenständen hatte. Hatte der Erblasser Gegenstände, die der Bewirtschaftung des vermachten Gutes dienten, nur gemietet, dann kann es sein, daß er dem Bedachten nur die Rechte aus diesen Mietverträgen zuwenden wollte. Dabei wäre wiederum zu prüfen, ob nach dem Willen des Erblassers der Bedachte den Mietzins zu entrichten hat, oder ob diese Verpflichtung dem Beschwerten obliegen soll.

6 Mit Recht weisen *Staudinger/Seybold* 11. Aufl. § 2164 Rdn. 2 auch darauf hin, daß es regelmäßig näher liegt anzunehmen, der Bedachte habe die noch offenstehenden Kaufpreisraten für ein Zubehörstück zu zahlen, das auf Raten unter Eigentumsvorbehalt gekauft ist, als anzunehmen, der Beschwerte habe dem Bedachten das Eigentum an diesem Zubehörstück zu verschaffen.

7 § 2169 ist allerdings nicht anzuwenden. Wenn daher ein anderer Wille des Erblassers weder unmittelbar noch durch Auslegung aus dem Testament zu ermitteln ist, ist das in fremdem Eigentum stehende Zubehör nach der Regel des § 2164 mit vermacht, und es handelt sich insoweit um ein Verschaffungsvermächtnis im Sinne des § 2170.

8 Entscheidend für die Frage, welches Zubehör mitvermacht ist, ist auch dann, wenn es sich um ein aufschiebend bedingtes oder betagtes Vermächtnis handelt, bei dem der Anfall nach § 2177 erst später eintritt, der Zeitpunkt des Erbfalls (aM *Planck/Flad* § 2164 Anm. 1).

9 Der Wortlaut des Abs. 1 ist unzweideutig, § 2177 stellt den Anfall ausdrücklich in Gegensatz zum Erbfall, ein Übersehen scheint deshalb ausgeschlossen. Auch innere Gründe sprechen dafür, hinsichtlich des Zubehörs den bedingt Beschwerten schon vom Erbfall ab als gebunden zu behandeln (vgl. auch §§ 160 Abs. 1 und 2179).

10 **III. Ersatzansprüche wegen Beschädigung (Abs. 2)**

Sie können hervorgehen aus schon bestehenden Schuldverhältnissen (gegen den Mieter) oder sonstwie aus Rechtsgeschäft (Versicherung) oder aus unerlaubter Handlung. Es dürfte im Sinne des Gesetzes liegen, auch die Gewährleistungsansprüche wegen Mängel der Sache (§§ 459 ff) zu den hier gemeinten Ansprüchen zu zählen. Nur der

Wandlungsanspruch ist auszunehmen, weil er nicht auf Ersatz einer Wertminderung gerichtet ist.

11 Ersatzanspruch des Beschwerten wegen Verwendungen: § 2185.

Ist das vermachte Grundstück von Kriegsschäden betroffen und sind deswegen nach dem Tode des Erblassers für den Erben nach §§ 232 Abs. 2 LAG am 1. 4. 1952 Lastenausgleichsansprüche entstanden, so hat der beschwerte Erbe diese nach den in den §§ 2164 Abs. 2, 2169 Abs. 3, 2184 Satz 1 enthaltenen Rechtsgedanken an den Bedachten abzutreten (BGH LM BGB § 2164 Nr. 1; dazu WM **73**, 549).

Wenn die Sache vollständig zerstört oder dem Eigentümer entzogen ist, ist § 2164 Abs. 2 nicht anzuwenden. In dem Fall gelten nach § 2169 der Anspruch auf Ersatz des Wertes oder nach § 2172 die dort bezeichneten Rechte als vermacht.

§ 2164 Abs. 2 erstreckt sich auch nicht auf die Ansprüche, die der Erblasser dadurch erworben hat, daß er die Sache nach Anordnung des Vermächtnisses veräußert hat. Das Vermächtnis erstreckt sich nicht auf die dadurch erworbene Gegenleistung.

Ebenso fallen unter diese Bestimmung nicht die Ersatzansprüche, die der Erblasser wegen einer Beschädigung erworben hat, die eingetreten ist, bevor er das Vermächtnis angeordnet hatte. Zu beachten ist, daß der Entschädigungsanspruch (§§ 249 ff) bereits bei Lebzeiten des Erblassers, aber erst nach Anordnung des Vermächtnisses entstanden sein muß, wenn die Auslegungsregel Platz greifen soll.

12 Nach § 2174 steht ferner dem Bedachten der Anspruch auf Abtretung des Ersatzanspruchs nur dem Beschwerten gegenüber zu. Er kann ihn nicht ohne weiteres gegen den Dritten geltend machen.

IV. Mitvermachte andere Sachen 13

Andere Sachen können als mitvermacht gelten, wenn sie nach dem Willen des Erblassers erforderlich sind, um die vermachte Sache so zu nutzen, wie der Erblasser es gewollt hat. Hierauf hat *Planck/Flad* 4. Aufl. § 2164 Anm. 4 zutreffend hingewiesen und als Beispiel angeführt, daß dem Bedachten ein Grundstück zugewandt ist, das nur über ein dem Beschwerten verbleibendes Grundstück Zugang zu einem öffentlichen Weg hat. Der Vermächtnisnehmer kann dann nach § 918 Abs. 2 verlangen, daß der Beschwerte den Notweg über das ihm verbliebene Grundstück duldet. Es dürfte dem Willen des Erblassers entsprechen, daß der Bedachte hierfür keine Entschädigung nach § 917 zu zahlen hat. Man muß daher annehmen, daß ein entsprechendes Wegerecht mitvermacht ist.

§ 2165

Ist ein zur Erbschaft gehörender Gegenstand vermacht, so kann der Vermächtnisnehmer im Zweifel nicht die Beseitigung der Rechte verlangen, mit denen der Gegenstand belastet ist. Steht dem Erblasser ein Anspruch auf die Beseitigung zu, so erstreckt sich im Zweifel das Vermächtnis auf diesen Anspruch.

Ruht auf einem vermachten Grundstück eine Hypothek, Grundschuld oder Rentenschuld, die dem Erblasser selbst zusteht, so ist aus den Umständen zu entnehmen, ob die Hypothek, Grundschuld oder Rentenschuld als mitvermacht zu gelten hat.

E I 1861 II 2036; M **5** 165—169; P **5** 181—188.

Beseitigung von Lasten

Übersicht

1 **I. Anwendungsbereich der Vorschrift**

1. Rechtsnatur als Auslegungsregel

Die §§ 2165—2168 a enthalten Bestimmungen darüber, welche Ansprüche dem Vermächtnisnehmer zustehen, wenn die ihm vermachte Sache mit einem dinglichen Recht belastet ist. Sie sind Auslegungsregeln und gelten daher nur im Zweifel. Grundsätzlich gilt, daß der Vermächtnisnehmer die Beseitigung der auf dem vermachten Gegenstand ruhenden dinglichen Rechte nicht verlangen kann.

2 Ein der Auslegungsregel des § 2165 Abs. 1 Satz 1 entgegenstehender Wille des Erblassers ist regelmäßig anzunehmen, wenn die vermachte Sache mit dem gesetzlichen Pfandrecht des Vermieters (§ 559) oder mit dem Unternehmerpfandrecht (§ 647) belastet ist. Dasselbe ist anzunehmen, wenn die vermachten Wertpapiere nur zu einem vorübergehenden Zweck lombardiert sind (ebenso *Planck/Flad* 4. Aufl. § 2165 Anm. 1; *Staudinger/Seybold* 11. Aufl. § 2165 Rdn. 6).

3 **2. Unanwendbarkeit auf Verschaffungs- und Gattungsvermächtnisse**

§ 2165 setzt voraus, daß der vermachte Gegenstand, sei es eine bewegliche, eine unbewegliche Sache oder ein Recht (§ 90) im Zeitpunkt des Erbfalls zur Erbschaft gehört. Die Vorschrift ist daher nicht anwendbar auf das Verschaffungsvermächtnis § 2170. Der Vermächtnisnehmer kann vielmehr im Zweifel verlangen, daß ihm der Gegenstand lastenfrei verschafft wird (§§ 2169, 2170, 2182). Bildet ein Grundstück den Gegenstand des Verschaffungsvermächtnisses, so haftet allerdings der Beschwerte im Zweifel nicht dafür, daß das Grundstück frei von Grunddienstbarkeiten, beschränkten persönlichen Dienstbarkeiten und Reallasten ist (§ 2182 Abs. 3). Auch beim Gattungsvermächtnis können die §§ 2165—2168 a nicht angewandt werden. Es gelten vielmehr die §§ 2155, 2182 Abs. 1, 2183. Dagegen kann § 2165 Abs. 1 wiederum angewandt werden bei dem gemischten Gattungsvermächtnis, einem Vermächtnis, das auf die im Nachlaß vorhandenen Sachen der betreffenden Gattung beschränkt ist (§ 2155 Rdn. 1).

Die Zuwendung des Erbschaftsgegenstandes muß ferner unmittelbar den Inhalt des Vermächtnisses bilden. Wäre nur das Recht vermacht, einen solchen Gegenstand aus der Erbschaft zu kaufen, so käme die Gewährleistung des Beschwerten nach §§ 434 ff in Frage (RG WarnRspr. 1913 Nr. 242).

4 **3. Zuwendung von zur Sicherheit an Dritte übereigneten Gegenständen**

Nicht nur zur Erbschaft gehören Gegenstände, die einem Dritten zur Sicherheit übereignet sind. Da diese Gegenstände wirtschaftlich zum Vermögen des Erblassers gehören, ist in der Regel anzunehmen, daß der Wille des Erblassers im Sinne des § 2169 war, daß der Beschwerte den Gegenstand dem Bedachten verschaffen soll. Die §§ 2165 bis 2168 a sind nicht anzuwenden, sondern die §§ 2182 Abs. 2 und 2183. Der Beschwerte muß dafür sorgen, daß das Sicherungsrecht abgelöst wird. Ergibt die Auslegung, daß der Beschwerte nicht verpflichtet sein soll, dem Bedachten den zur Sicherheit übereigneten Gegenstand zu verschaffen, dann gilt der Anspruch auf Rückübereignung nach § 2169 Abs. 3 als vermacht. Dazu muß durch Auslegung des Testaments ermittelt werden, ob der Bedachte nach dem Willen des Erblassers verpflichtet sein soll, die durch die Übereignung gesicherte Schuld zu tilgen oder dem Erben die für die Tilgung dieser Schuld gemachten Auslagen zu ersetzen. Falls ein dahingehender Wille des Erblassers nicht festzustellen ist, hat der Erbe als Gesamtrechtsnachfolger die Schuld zu tilgen, ohne daß er von dem Vermächtnisnehmer seine Auslagen ersetzt verlangen kann.

II. Keine Befreiung von dinglichen Lasten (Abs. 1 Satz 1) 5

1. Grundsatz

Als Grundsatz gilt, daß der Gegenstand auf den Vermächtnisnehmer übergeht in derjenigen nicht bloß tatsächlichen (§ 2164 Rdn. 1, 3—5, 8), sondern auch rechtlichen Beschaffenheit, in welcher er sich zur Zeit des Anfalls befindet, also auch mit den dem Erblasser gegen das den Gegenstand belastende Recht etwa entstandenen Einreden (§§ 1137, 1211, 1254). In Betracht kommen nur dingliche Belastungen, diese aber auch dann, wenn der Beschwerte der Berechtigte ist (§ 2175 Rdn. 5).

2. Rückstände wiederkehrender Leistungen 6

Handelt es sich um Rückstände von wiederkehrenden dinglichen Leistungen, so wird meist Befreiung des Bedachten von der nachträglichen Erfüllung gewollt sein. Gleichgültig ist, ob der Erblasser die Belastung gekannt hat. Trifft dies zu, so ist um so mehr anzunehmen, daß der Bedachte die Belastung tragen solle.

3. Keine Haftung für die persönliche Schuld 7

Der Vermächtnisnehmer muß zwar das Pfandrecht, das auf dem belasteten Gegenstand ruht, dulden. Er ist aber nicht verpflichtet, die persönliche Schuld, für die der vermachte Gegenstand haftet, zu tragen. Falls der Erblasser nichts anderes bestimmt hat, kann der Erbe, wenn er die persönliche Schuld getilgt hat, keinen Ersatz von dem Vermächtnisnehmer fordern. Hat dagegen der Vermächtnisnehmer die persönliche Schuld getilgt, so ist die Forderung gegen den Erben nach §§ 1249, 268 Abs. 3 auf ihn übergegangen. Wegen der Belastung des vermachten Gegenstandes mit Hypotheken und Grundschulden vgl. auch §§ 2166—2168 a.

4. Miet- und Pachtrechte 8

Zu den dinglichen Belastungen gehört nicht das Miet- und Pachtrecht. Der Vermächtnisnehmer tritt vielmehr regelmäßig in den Vertrag ein (§ 571) und muß die Verfügung des Erblassers gegen sich gelten lassen (§ 573).

III. Anspruch des Erblassers auf Beseitigung der Lasten (Abs. 1 Satz 2) 9

Absatz 1 Satz 2 bestimmt, daß sich das Vermächtnis im Zweifel auf einen dem Erblasser zustehenden Anspruch auf Beseitigung der auf dem vermachten Gegenstand ruhenden Rechte erstreckt. Das gilt auch dann, wenn der Beseitigungsanspruch gegen den Erben selbst oder gegen den sonstigen Beschwerten gerichtet ist. Das durch den Erbfall durch Vereinigung von Recht und Verbindlichkeit erloschene Rechtsverhältnis gilt nach § 2175 in Ansehung des Vermächtnisses nicht als erloschen. Der Vermächtnisnehmer hat den Beseitigungsanspruch durch Klage oder Einrede geltend zu machen. Er kann die Beseitigung regelmäßig nicht von dem Beschwerten verlangen.

10 **IV. Belastung mit einem dem Erblasser zustehenden Grundpfandrecht (Abs. 2)**

Absatz 2 betrifft den Fall, daß ein vermachtes Grundstück mit einer dem Erblasser selbst zustehenden Hypothek, Grund- oder Rentenschuld belastet ist. Dabei ist es unerheblich, ob das Grundrecht auf den Namen des Erblassers eingetragen ist oder ob es noch auf den Namen eines anderen lautet. Entscheidend ist, ob es sachlich-rechtlich dem Erblasser zusteht (vgl. §§ 1163, 1168, 1170 Abs. 2, 1171, 1177, 1196). Für diese Fälle hat das Gesetz keine Vermutung aufgestellt. Es soll vielmehr nach den Umständen entschieden werden, ob das Grundpfandrecht als mitvermacht zu gelten hat. *Staudinger/Seybold* 11. Aufl. § 2165 Rdn. 8 weist zutreffend darauf hin, daß ein Grundstückseigentümer, der keine Rechtskenntnisse und auch keine besonderen Erfahrungen besitzt, in der Regel annimmt, das Grundstück sei durch die Tilgung der Schuld, für die ein Grundpfandrecht haftete, insoweit lastenfrei geworden. Unter diesen Voraussetzungen sprechen die Umstände dafür, daß der Vermächtnisnehmer einen Anspruch auf Freistellung von den noch eingetragenen Belastungen haben soll, daß wenigstens das dem Erblasser insoweit zustehende Recht mitvermacht und daher dem Vermächtnisnehmer mitzuübertragen ist.

11 **V. Beweislast**

Der Vermächtnisnehmer ist dafür beweispflichtig, daß der Erblasser seine Befreiung von den Lasten gewollt habe. Beweist er, daß der Beseitigungsanspruch bereits dem Erblasser erwachsen war (Rdn. 9), so trifft den Beschwerten der Gegenbeweis, daß dieser Anspruch gleichwohl nicht mit vermacht sei. Der Bedachte ist auch dafür beweispflichtig, daß ihm die Eigentümergrundschuld vermacht sei (Rdn. 10).

§ 2166

Ist ein vermachtes Grundstück, das zur Erbschaft gehört, mit einer Hypothek für eine Schuld des Erblassers oder für eine Schuld belastet, zu deren Berichtigung der Erblasser dem Schuldner gegenüber verpflichtet ist, so ist der Vermächtnisnehmer im Zweifel dem Erben gegenüber zur rechtzeitigen Befriedigung des Gläubigers insoweit verpflichtet, als die Schuld durch den Wert des Grundstücks gedeckt wird. Der Wert bestimmt sich nach der Zeit, zu welcher das Eigentum auf den Vermächtnisnehmer übergeht; er wird unter Abzug der Belastungen berechnet, die der Hypothek im Range vorgehen.

Ist dem Erblasser gegenüber ein Dritter zur Berichtigung der Schuld verpflichtet, so besteht die Verpflichtung des Vermächtnisnehmers im Zweifel nur insoweit, als der Erbe die Berichtigung nicht von dem Dritten erlangen kann.

Auf eine Hypothek der im § 1190 bezeichneten Art finden diese Vorschriften keine Anwendung.

E II 2037; P **5** 182, 183, 188—192; **6** 396.

Belastung eines vermachten Grundstücks mit Hypotheken

Übersicht

I. Grund und Zweck der Vorschrift 1

1. Allgemeines

§ 2166 enthält eine Auslegungsregel für den Fall, daß ein vermachtes Grundstück belastet ist mit einer Hypothek zugunsten eines Dritten für eine persönliche Schuld des Erblassers oder für eine Schuld, zu deren Berichtigung dieser dem Schuldner gegenüber verpflichtet ist. Die Vorschrift bezieht sich nicht auf das Verschaffungsvermächtnis § 2170, das vermachte Grundstück muß vielmehr (wie in § 2165) zur Erbschaft gehören. Die Verpflichtung, im Zweifel die Geltendmachung dinglicher Rechte in das vermachte Grundstück geschehen zu lassen, ergibt sich schon aus § 2165 Abs. 1. Die in § 2166 enthaltene Vorschrift war notwendig, da andernfalls der bereits mit § 2165 Abs. 1 Satz 1 vom Gesetzgeber beabsichtigte Gedanke nicht voll zur Geltung gelangt wäre. Nach dieser Vorschrift wäre der Vermächtnisnehmer zwar verpflichtet gewesen, die Befriedigung des Hypothekengläubigers aus dem vermachten Grundstück geschehen zu lassen, ohne Ersatzansprüche gegen den Erben geltend machen zu können. Wenn er aber, um die Zwangsvollstreckung in das Grundstück abzuwenden, die infolge des Erbfalls den Erben treffende persönliche Schuld tilgt, würde die persönliche Forderung des Gläubigers gegen den Erben nach § 1143 auf ihn übergehen. Anderseits würde der Erbe, wenn er die persönliche Schuld tilgt, keinen Ersatzanspruch gegen den Vermächtnisnehmer erwerben. Wirtschaftlich gesehen würde daher entgegen der in § 2165 Abs. 1 Satz 1 zum Ausdruck gelangten Absicht des Gesetzgebers die Belastung doch den Erben treffen. Um diese Folge auszuschließen, erstreckt sich die aus § 2165 Abs. 1 Satz 1 ergebende Verpflichtung bis zu einem persönlichen Schuldverhältnis des Vermächtnisnehmers gegenüber dem Erben (auch wenn er nicht der Beschwerte ist) des Inhalts, daß er rechtzeitig für Befriedigung des Gläubigers zu sorgen hat und dem Erben aus der Verzögerung schadensersatzpflichtig wird. Der Gläubiger erwirbt dadurch (so auch § 329) keine unmittelbaren Rechte. Die gesteigerte Verpflichtung tritt jedoch nur unter der Voraussetzung ein, daß der Erblasser entweder persönlicher Schuldner der durch die Hypothek gesicherten Forderung war oder daß er, wenn die Hypothek für eine fremde Schuld bestellt war (§ 1113), dem Schuldner persönlich aufzukommen hatte. Nicht also, wenn der Erblasser überhaupt nur mit dem Grundstück haftete.

2. Entsprechende Anwendung auf die Belastung mit einer Grundschuld 2

Wegen der wirtschaftlichen und rechtlichen Unterschiede, die zwischen Hypothek und Grundschuld bestehen, enthält das Gesetz für diese keine dem § 2166 entsprechende Bestimmung. Im modernen Wirtschaftsleben ist aber die Grundschuld weitgehend zu einem Sicherungsmittel für die Einräumung persönlicher Kredite geworden. Deswegen wird § 2166 mit Recht auf solche Grundschulden entsprechend angewandt, die zur Sicherung einer persönlichen Forderung dienen. Im Hinblick auf § 2166 Abs. 3 soll dies jedoch nicht gelten, wenn die Grundschuld zur Sicherung einer der Höhe nach nicht fest bestimmten, sondern wandelbaren Forderung eingetragen ist (BGH **37,** 233). Der Bundesgerichtshof hat jedoch für diese Einschränkung eine Grenze gezogen. Zur Sicherung einer wandelbaren Forderung dient die Grundschuld, wenn sie einen für eine laufende Rechnung gewährten Kredit sichern soll und das Kreditverhältnis auch nach dem Erbfall fortbesteht, so daß auch weiterhin Änderungen hinsichtlich der Höhe der Forderungen eintreten können. Absatz 1 ist dagegen entsprechend anzuwenden, wenn das Kontokorrentverhältnis mit dem Erbfall endet, so daß die Grundschuld von diesem Zeitpunkt an eine der Höhe nach bestimmte Forderung sichert. Entsprechendes gilt, wenn die Grundschuld zur Sicherung einer bestimmten Fremdwährungsverbindlichkeit oder einer anderen auf wertbeständiger Grundlage eingetragenen dient, so daß die Schwankungen in der Höhe der Verbindlichkeit sich nur aus der Veränderung des Wertes der fremden Währung oder dem des zu Grunde gelegten Wertmaßstabes ergeben (BGH LM BGB § 2166 Nr. 2).

3 **II. Begrenzung der Haftung des Vermächtnisnehmers**

Die Haftung des Vermächtnisnehmers ist durch den Wert des Grundstücks begrenzt. Er ist nur insoweit verpflichtet, als die Schuld durch den Wert des Grundstücks gedeckt wird. Daraus folgt, daß der Vermächtnisnehmer, der den Gläubiger durch freiwillige Zahlung befriedigt, nach § 1143 die Forderung gegen den persönlichen Schuldner in der Höhe erwirbt, in der sie durch den Grundstückswert nicht mehr gedeckt war. Umgekehrt geht die Hypothek, wenn der Erbe den Gläubiger befriedigt, nach § 1164 auf jenen in der Höhe über, in der sie durch den Grundstückswert gedeckt ist, da der Vermächtnisnehmer insoweit verpflichtet war, den Gläubiger zu befriedigen.

4 **III. Die Bestimmung des Grundstückswerts**

1. Gemeiner Verkaufswert als Regel

Für die Wertbestimmung ist nicht die Zeit des Vermächtnisanfalls (§§ 2176—2178), sondern der zufällige Zeitpunkt entscheidend, in dem das vermachte Grundstück dem Bedachten aufgelassen worden ist (§§ 873, 925). § 2166 enthält, abgesehen von der Vorschrift über den Abzug bestimmter Belastungen, keine Bestimmung darüber, wie der Wert des Grundstücks zu berechnen ist. Ähnlich wie bei der Berechnung des Pflichtteils (vgl. dazu BGH **13,** 45; § 2311 11. Aufl. Anm. 17) ist auch hier grundsätzlich der wahre, innere Wert maßgebend. Ein besonderer Liebhaberwert, den das Grundstück gerade für den Vermächtnisnehmer hat, bleibt unberücksichtigt. In der Regel wird sich der innere Wert mit dem Verkaufswert decken.

5 **2. Höchstpreise**

Abweichungen können aber bestehen, wenn für den Verkauf bestimmte Höchstpreise vorgeschrieben sind. Dieser auf rein wirtschaftspolitischen Erwägungen beruhende Wert gibt die wahren Wertverhältnisse nicht richtig wieder. Er kann daher für die nach § 2166 zu treffenden Entscheidungen grundsätzlich nicht maßgebend sein. Falls jedoch der Gläubiger zu einer Zeit zu befriedigen ist, während der der Höchstpreis noch galt, muß geprüft werden, inwieweit unter Berücksichtigung dieses Umstandes der Vermächtnisnehmer nach dem Willen des Erblassers dem Erben gegenüber verpflichtet ist, die an sich durch den wahren Wert des Grundstücks gedeckte Schuld zu tilgen. Der Wille des Erblassers kann dahin gegangen sein, daß diese Verpflichtung nur insoweit bestehen soll, als die Schuld durch den im Zeitpunkt der Befriedigung des Gläubigers geltenden gemeinen Verkaufswert unter Abzug der vorgehenden Belastungen gedeckt sein würde.

3. Abzug der Belastungen 6

Von dem so ermittelten Wert sind die der Hypothek im Range vorgehenden Belastungen abzuziehen. Dazu rechnen Belastungen jeder Art, also auch Nießbrauchsrechte, Altenteile usw.

Da nach Absatz 3 die Bestimmungen auf die Höchstbetragshypothek nicht anzuwenden sind, sind etwa im Range vorgehende Sicherungshöchstbetragshypotheken ebenfalls bei der Wertberechnung nicht abzuziehen. Der Grundgedanke des Gesetzes ist der, daß der Vermächtnisnehmer mit dem ganzen ihm zugewandten Grundstückswert haften soll, aber nicht darüber hinaus. Deswegen sind bei der Wertberechnung auch diejenigen Grundpfandrechte, die dem Erblasser selbst zustanden und die mitvermacht sind, nicht abzuziehen (*Staudinger/Seybold* 11. Aufl. § 2166 Rdn. 4). Anders ist es, wenn der durch Auslegung zu ermittelnde Wille des Erblassers ergibt, daß der Wert dieser Pfandrechte dem Vermächtnisnehmer auf jeden Fall erhalten bleiben soll.

4. Bei der Zwangsversteigerung sich ergebender Minder- oder Mehrerlös 7

Der hiernach festgestellte Grundstückswert bleibt im Verhältnis zwischen Erben und Vermächtnisnehmer maßgebend, auch wenn sich bei der späteren Zwangsversteigerung ein höherer oder geringerer Wert herausstellen sollte. Der bei der Zwangsversteigerung erzielte Mehrerlös verbleibt dem Vermächtnisnehmer. Umgekehrt bleibt der Vermächtnisnehmer dem Erben gegenüber verpflichtet, wenn der Gläubiger bei der Zwangsversteigerung nicht voll befriedigt wird, obwohl die Hypothek in dem maßgebenden Zeitpunkt durch den Grundstückswert gedeckt war.

IV. Verpflichtung eines Dritten zur Berichtigung der Schuld (Abs. 2) 8

Abs. 2 regelt den Fall, daß ein Dritter dem Erblasser gegenüber verpflichtet ist, die Schuld zu befriedigen. In diesen Fällen ist es angebracht, daß der Erbe zunächst den Dritten auf Erfüllung seiner Verpflichtung in Anspruch nimmt. Der Vermächtnisnehmer haftet daher nach Abs. 2 nur insoweit, als der Erbe bei dem Dritten keine Befriedigung finden kann. Der Vermächtnisnehmer kann daher auch, wenn er den Hypothekengläubiger voll befriedigt, vom Erben verlangen, daß dieser ihm seinen Rückgriffsanspruch gegen den Dritten abtritt.

Der Erbe ist jedoch nicht genötigt, bevor er den Vermächtnisnehmer in Anspruch nimmt, gegen den Dritten zu klagen, wenn er dessen Zahlungsfähigkeit auf andere Weise nachweisen kann.

V. Höchstbetragshypotheken (Abs. 3) 9

Abs. 3 nimmt die Höchstbetragshypothek des § 1190 von der in § 2166 getroffenen Regelung aus (vgl. Rdn. 6). Die Ausnahme hat ihren Grund darin, daß die Höchstbetragshypothek in der Regel zur Sicherung von Forderungen aus laufender Geschäftsverbindung eingetragen wird. Da diese Geschäftsverbindung oftmals auch, nachdem das Vermächtnis angefallen ist, noch fortbesteht, ist es angemessen, den Vermächtnisnehmer für die sich daraus ergebenden persönlichen Verbindlichkeiten einstehen zu lassen. Die Bestimmung greift daher nicht durch, wenn es sich zur Zeit des Erbfalls nur noch dem Namen nach um eine Höchstbetragshypothek handelt, diese in Wahrheit aber eine der Höhe nach bestimmte unveränderliche Forderung sichert. So ist es, wenn die Hypothek für einen Kredit aus laufender Geschäftsverbindung bestellt worden ist, die mit dem Erbteil ihr Ende gefunden hat (vgl. dazu entsprechend für die Grundschuld oben Rdn. 2 und *Johannsen*, WM **73**, 874).

10 **VI. Beweislast**

§ 2166 enthält eine Auslegungsvorschrift. Sie gilt im Zweifel. Derjenige, der behauptet, der Erblasser habe etwas anderes gewollt, als es in dieser Vorschrift bestimmt ist, hat diejenigen Umstände darzulegen und zu beweisen, aus denen sich der entgegenstehende Wille des Erblasser ergibt.

11 **VII. Mit Pfandrechten belastete bewegliche Sachen**

Sind bewegliche Sachen, die mit einem Pfandrecht belastet sind, Gegenstand eines Vermächtnisses, so kann der Vermächtnisnehmer zwar nicht Beseitigung des Pfandrechts verlangen (§ 2165), er ist aber auch nicht, wie bei der Hypothek, zur Befriedigung des Gläubigers verpflichtet. Tut er es doch, so erwirbt er gemäß §§ 1249, 268 Abs. 3 dessen Forderung gegen den Erben.

§ 2167

Sind neben dem vermachten Grundstück andere zur Erbschaft gehörende Grundstücke mit der Hypothek belastet, so beschränkt sich die im § 2166 bestimmte Verpflichtung des Vermächtnisnehmers im Zweifel auf den Teil der Schuld, der dem Verhältnisse des Wertes des vermachten Grundstücks zu dem Werte der sämtlichen Grundstücke entspricht. Der Wert wird nach § 2166 Abs. 1 Satz 2 berechnet.

E II 2038; P **5** 182, 183, 188—193; **6** 396.

Belastung des vermachten Grundstücks mit einer Gesamthypothek

Übersicht

1 **I. Umfang der Haftung des Vermächtnisnehmers**

Die Auslegungsvorschrift des § 2166 ist für den Fall näher ergänzt, daß eine Gesamthypothek sowohl auf dem vermachten, als auch auf anderen Nachlaßgrundstücken eingetragen ist. Der Vermächtnisnehmer ist dem Gläubiger der Gesamthypothek selbstverständlich mit dem Grundstück unbeschränkt verhaftet (§ 1132 Abs. 1). Im Verhältnis zum Erben beschränkt sich aber seine Haftung auf den zu ermittelnden verhältnismäßigen Teilbetrag (vgl. auch § 1172 Abs. 2).

Um den Umfang der Verpflichtung des Vermächtnisnehmers festzustellen, ist zunächst nach § 2167 zu ermitteln, in welchem Verhältnis der Wert des vermachten Grundstücks zu dem Wert aller zum Nachlaß gehörenden mit der Gesamthypothek belasteten Grundstücke steht. Der Vermächtnisnehmer haftet dem Erben gegenüber höchstens für einen diesem Verhältnis entsprechenden Teil der Gesamthypothek.

Nach § 2166 ist weiter zu ermitteln, inwieweit der Vermächtnisnehmer dem Erben gegenüber verpflichtet ist, in Ansehung dieses Teiles den Gläubiger zu befriedigen. Die

Verpflichtung besteht nur insoweit, als der Teil, für den der Vermächtnisnehmer nach § 2167 dem Erben gegenüber überhaupt nur haftet, im Sinne des § 2166 durch den Wert des vermachten Grundstücks gedeckt ist.

II. Die Bestimmung der Grundstückswerte 2

Der Wert der in Betracht kommenden Grundstücke wird nach den in § 2166 Abs. 1 Satz 2 enthaltenen Grundsätzen berechnet. Maßgebender Zeitpunkt für die Wertbestimmung aller Grundstücke ist danach derjenige, in dem der Vermächtnisnehmer Eigentümer des ihm vermachten Grundstücks geworden ist. Bei sämtlichen Grundstükken werden von deren Wert die der Gesamthypothek vorgehenden Belastungen abgezogen. Im einzelnen vgl. § 2166 Rdn. 4—7.

III. Gesamthypothek auf Nachlaßgrundstücken und nicht zum Nachlaß gehörenden Grundstücken 3

Haftet die Hypothek noch auf anderen nicht zur Erbschaft gehörenden Grundstücken, so kommen für das Rechtsverhältnis zwischen Erben und Vermächtnisnehmer diese Grundsätze überhaupt nicht in Betracht. Es verbleibt bei der Regel des § 2166. Danach ist der Vermächtnisnehmer dem Erben gegenüber verpflichtet, den Gläubiger rechtzeitig zu befriedigen.

Sofern auch noch andere zur Erbschaft gehörige Grundstücke mit der Hypothek belastet sind, beschränkt sich diese Verpflichtung auf den sich nach § 2167 ergebenden Betrag, der sich allein nach dem Verhältnis der zum Nachlaß gehörenden mit der Gesamthypothek belasteten Grundstücke bestimmt. Die gleichfalls mithaftenden, nicht zum Nachlaß gehörenden Grundstücke bleiben unberücksichtigt. 4

Dasselbe gilt in entsprechender Anwendung des § 2168 Abs. 2, wenn bei einer Gesamthypothek der Erblasser zur Zeit des Erbfalls dem Eigentümer des zur Erbschaft nicht gehörenden, mit der Hypothek belasteten Grundstücks oder einem Rechtsvorgänger des Eigentümers zur Befriedigung des Gläubigers verpflichtet ist (*Planck/Flad* 4. Aufl. § 2167 Anm. 2). 5

Ist dagegen der Eigentümer des nicht zum Nachlaß gehörenden Grundstücks dem Erben gegenüber zur Berichtigung der Schuld verpflichtet, für die die Gesamthypothek haftet, so besteht die Verpflichtung des Vermächtnisnehmers nach § 2166 Abs. 2 nur insoweit, als der Erbe die Berichtigung nicht von dem Dritten verlangen kann (vgl. dazu § 2166 Rdn. 8). 6

IV. Vermächtnis eines ideellen Anteiles an einem mit einer Hypothek belasteten Grundstück 7

§ 2167 ist entsprechend anzuwenden, wenn ein ideeller Anteil an einem mit einer Hypothek belasteten, zum Nachlaß gehörenden Grundstück den Gegenstand des Vermächtnisses bildet (vgl. *Stillschweig* JW **14,** 7 ff, 13). Für den Anteil an einem Schiff, der zusammen mit anderen Anteilen mit einer Schiffshypothek belastet ist, ergibt sich das bereits aus § 28 Abs. 1 SchiffsrechteG v. 15. 11. 1940, RGBl. I 1499 (vgl. dazu § 2168 a Rdn. 7).

§ 2168

Besteht an mehreren zur Erbschaft gehörenden Grundstücken eine Gesamtgrundschuld oder eine Gesamtrentenschuld und ist eines dieser Grundstücke vermacht, so ist der Vermächtnisnehmer im Zweifel dem Erben gegenüber zur Befriedigung des Gläubigers in Höhe des Teiles der Grundschuld oder der Rentenschuld verpflichtet, der dem Verhältnisse des Wertes des vermachten Grundstücks zu dem Werte der sämtliche Grundstücke entspricht. Der Wert wird nach § 2166 Abs. 1 Satz 2 berechnet.

Ist neben dem vermachten Grundstück ein nicht zur Erbschaft gehörendes Grundstück mit einer Gesamtgrundschuld oder einer Gesamtrentenschuld belastet, so finden, wenn der Erblasser zur Zeit des Erbfalls gegenüber dem Eigentümer des anderen Grundstücks oder einem Rechtsvorgänger des Eigentümers zur Befriedigung des Gläubigers verpflichtet ist, die Vorschriften des § 2166 Abs. 1 und des § 2167 entsprechende Anwendung.

E II 2039; P **5** 182, 183, 188—193; **6** 396.

Belastung eines vermachten Grundstücks mit Gesamtgrund- oder Gesamtrentenschulden

1 **I. Ausschließliche Belastung von Nachlaßgrundstücken (Abs. 1)**

Die Auslegungsgrundsätze der §§ 2166, 2167 sind weiter ergänzt für den Fall, daß auf dem vermachten Grundstück eine Gesamtgrundschuld oder Gesamtrentenschuld eingetragen ist (§§ 1132, 1192, 1199). Abs. 1 setzt voraus, daß nur Nachlaßgrundstücke damit belastet sind. In diesem Falle tritt der Vermächtnisnehmer, falls er nicht die Beseitigung der Grundschuld verlangen kann (§ 2165 Rdn. 2, 9), zu dem Erben in ein persönliches Schuldverhältnis, kraft dessen er dem Erben gegenüber — unbeschadet seiner vollen Haftung gegenüber dem Gläubiger — nur auf den verhältnismäßigen Teilbetrag der Grundschuld (§ 2167), sowie selbstverständlich nur mit dem nach § 2166 Abs. 1 Satz 2 zu bestimmenden Werte des Grundstücks als verhaftet gilt. Nur innerhalb der hierdurch gezogenen Grenzen findet § 1173 in Verbindung mit § 1192 Anwendung.

2 **II. Belastung von Nachlaßgrundstücken und nicht zum Nachlaß gehörenden Grundstücken (Abs. 2)**

Sind neben dem vermachten noch andere nicht zur Erbschaft gehörende Grundstücke belastet, so kommt es darauf an, ob der Erblasser zur Zeit des Erbfalls gegenüber dem Eigentümer eines der anderen Grundstücke oder einem Rechtsvorgänger des Eigentümers zur Befriedigung des Gesamtgrundschuldgläubigers verpflichtet war (z. B. aus der Schuldübernahme im Falle des § 415 Abs. 3, vgl. auch § 1173). Trifft dies zu, dann wird, wie die Verweisungen ergeben, der Vermächtnisnehmer dem Erben bis zum Werte des ihm zugewendeten Grundstücks verpflichtet, wenn dieses das einzige mit der Gesamtgrundschuld belastete Nachlaßgrundstück ist (§ 2166 Abs. 1). Sind daneben noch andere Nachlaßgrundstücke belastet, dann vermindert sich seine Verpflichtung weiter bis zu dem auf das vermachte Grundstück entfallenden Teilbetrag (§ 2167). War der Erblasser den sonstigen Grundschuldnern oder ihren Rechtsvorgängern gegenüber nicht verpflichtet, den Gläubiger zu befriedigen, so entstehen zwischen Erben und Vermächtnisnehmer überhaupt keine besonderen Verpflichtungen, der Bedachte ist vielmehr von der Auflassung ab Gesamtgrundschuldner neben den anderen Eigentümern.

§ 2168 a

§ 2165 Abs. 2, §§ 2166, 2167 gelten sinngemäß für eingetragene Schiffe, Schiffsbauwerke und für Schiffshypotheken.

Schiffe, Schiffsbauwerke und Schiffshypotheken

I. Ursprung der Bestimmung 1

Die Bestimmung ist eingefügt durch Art. II Nr. 29 DV zum Ges. über Rechte an eingetragenen Schiffen und Schiffsbauwerken v. 21. 12. 1940, RGBl. I 1609. Sie ist gleichzeitig mit dem Gesetz über Rechte an eingetragenen Schiffen und Schiffsbauwerken v. 15. 11. 1940, RGBl. I 1499, am 1. Januar 1941 in Kraft getreten.

II. Wesen der Schiffshypothek 2

§ 2168 ist nicht mit aufgeführt, da das Gesetz als dingliche Rechte an eingetragenen Schiffen nur die Schiffshypothek und den Nießbrauch, an Schiffsbauwerken nur die Schiffshypothek kennt. Die Schiffshypothek entspricht der Sicherungshypothek des BGB. § 8 Abs. 1 SchiffsrechteG bestimmt, daß das Recht des Gläubigers aus der Schiffshypothek sich nur nach der Forderung bestimmt. Trotz Eintragung besteht daher keine Schiffshypothek, wenn die Forderung nicht entstanden ist.

III. Erlöschen der Schiffshypothek 3

Die Schiffshypothek erlischt mit dem Erlöschen der Forderung (§ 57 Abs. 1 SchiffsrechteG), durch Verzicht des Gläubigers (§ 57 Abs. 2 SchiffsrechteG) und dadurch, daß sich Hypothek und Eigentum in einer Person vereinigen (§ 64 Abs. 1 SchiffsrechteG). Eine Ausnahme macht § 64 Abs. 2 SchiffsrechteG für den Fall, daß die Forderung bestehen bleibt oder zugunsten eines Dritten als bestehend gilt.

IV. Recht zur Eintragung einer Ersatzhypothek (§ 57 Abs. 3 SchiffsrechteG) 4

Da die Schiffshypothek regelmäßig erlischt, wenn sie auf den Schiffseigentümer übergeht, bleibt für eine entsprechende Anwendung des § 2165 Abs. 2 nur in den seltenen Fällen des § 64 Abs. 2 SchiffsrechteG Raum.

§ 2165 Abs. 2 kann nicht entsprechend angewandt werden auf das nach § 57 Abs. 3 SchiffsrechteG dem Eigentümer zustehende Recht, an die Stelle einer erloschenen, aber im Register noch nicht gelöschten Schiffshypothek eine andere eintragen zu lassen. Dieses Recht ist untrennbar mit dem Eigentum verbunden. Es geht mit der Übereignung des Schiffes an den Vermächtnisnehmer auf diesen über und kann nicht bei dem beschwerten Erben verbleiben. 5

Falls der beschwerte Erbe, bevor er das Vermächtnis durch Übereignung des Schiffes erfüllt, von dem Recht nach § 57 Abs. 3 SchiffsrechteG für sich Gebrauch macht, kann der Vermächtnisnehmer die Beseitigung dieser Last verlangen. Dieser Anspruch steht ihm nicht zu, wenn der Erblasser dem beschwerten Erben das Recht eingeräumt hat, das vermachte Schiff, bevor es dem Vermächtnisnehmer übereignet wird, für sich zu belasten. 6

V. Vermächtnis eines Anteils an einem Schiff 7

§ 2167 ist auch entsprechend anzuwenden, wenn ein Anteil an einem Schiff vermacht ist und wenn außer diesem Anteil auch andere Schiffsanteile mit der Hypothek belastet sind. Das folgt schon daraus, daß § 28 Abs. 1 SchiffsrechteG als Gesamtschiffshypothek eine Hypothek bezeichnet, die für eine Forderung besteht, und entweder auf mehreren Schiffen oder auf mehreren Anteilen an einem Schiff ruht.

§ 2169

Das Vermächtnis eines bestimmten Gegenstandes ist unwirksam, soweit der Gegenstand zur Zeit des Erbfalls nicht zur Erbschaft gehört, es sei denn, daß der Gegenstand dem Bedachten auch für den Fall zugewendet sein soll, daß er nicht zur Erbschaft gehört.

Hat der Erblasser nur den Besitz der vermachten Sache, so gilt im Zweifel der Besitz als vermacht, es sei denn, daß er dem Bedachten keinen rechtlichen Vorteil gewährt.

Steht dem Erblasser ein Anspruch auf Leistung des vermachten Gegenstandes oder, falls der Gegenstand nach der Anordnung des Vermächtnisses untergegangen oder dem Erblasser entzogen worden ist, ein Anspruch auf Ersatz des Wertes zu, so gilt im Zweifel der Anspruch als vermacht.

Zur Erbschaft gehört im Sinne des Abs. 1 ein Gegenstand nicht, wenn der Erblasser zu dessen Veräußerung verpflichtet ist.

E I 1848 II 2040; M **5** 142—148; P **5** 165—170.

Vermächtnis eines bestimmten Gegenstandes

Übersicht

Neueres Schrifttum:

Bühler, Das Verschaffungsvermächtnis, Inhalt und Durchsetzung, DNotZ **64**, 581; *Haegele*, Verschaffungsvermächtnis, Rpfl. **64**, 138.

1 **I. Unwirksamkeit des Vermächtnisses nach Abs. 1 Halbsatz 1**

1. Grund der Bestimmung

§ 2169 gilt sowohl für das durch einfaches wie auch für das in einem gemeinschaftlichen Testament oder Erbvertrag angeordnete Vermächtnis. Die Vorschrift bezieht sich nur auf das Vermächtnis bestimmter Gegenstände, Sachen oder Rechte. Auf die Zugehörigkeit zum Nachlaßvermögen kommt es für die Wirksamkeit eines Gattungsvermächtnisses nicht an. Dafür gilt vielmehr § 2155.

§ 2169 gilt entsprechend, wenn das Recht zugewandt ist, von dem Beschwerten einen bestimmten Gegenstand käuflich zu erwerben (BGH Urt. v. 30. 9. 1959 V ZR 66/58).

2 Der in Abs. 1 Halbsatz 1 enthaltene Grundsatz knüpft an eine ähnliche im gemeinen Recht enthaltene Regel an, die sich bereits im klassischen römischen Recht entwickelt hatte. Er beruht auf der Erwägung, daß nach dem eigentlichen Sinn und

Zweck der letztwilligen Verfügung in der Regel davon auszugehen ist, daß der Erblasser nur über diejenigen Vermögensgegenstände verfügen will, die zu seinem Nachlaß gehören. Die Bestimmung beruht daher nicht darauf, daß ein nachträglicher stillschweigender Widerruf des Vermächtnisses durch den Erblasser angenommen wird, sondern auf dem Gedanken eines zur Zeit der Testamentserrichtung vorhandenen stillschweigenden, mindestens hypothetischen Willen des Erblassers (BGH **31**, 14). Zur Wirksamkeit eines Vermächtnisses ist daher grundsätzlich erforderlich, daß der vermachte Gegenstand, Sache oder Recht (§ 90), oder der Gegenstand, an dem durch Vermächtnis ein Recht begründet werden soll, wenn auch nicht zur Zeit der Anordnung, so doch zur Zeit des Erbfalls sich im Vermögen des Erblassers befindet. Danach wird auf die Zugehörigkeit des vermachten Gegenstandes zur Erbschaft im Zeitpunkt des Erbfalls abgestellt.

2. Zugehörigkeit des vermachten Gegenstandes zur Erbschaft 3

a) Maßgeblichkeit der tatsächlichen Rechtslage im Zeitpunkt des Erbfalls. Entscheidend ist, ob der vermachte Gegenstand in dem maßgeblichen Zeitpunkt nach der tatsächlichen Rechtslage zur Erbschaft gehörte. Es ist unerheblich, welche Vorstellungen der Erblasser sich hiervon machte.

Unerheblich ist auch, ob der vermachte Gegenstand bereits zum Vermögen des 4
Erblassers gehörte, als er das Vermächtnis anordnete, oder welches rechtliche Schicksal er in der Zeit zwischen der Anordnung des Vermächtnisses und dem Erbfall gehabt hat. Das Vermächtnis ist daher auch dann gültig, wenn der Erblasser den vermachten Gegenstand, nachdem er ihn einem Dritten vermacht hatte, veräußert, aber später wieder zurückerworben hat. Dabei spielt es keine Rolle, ob er den Rückerwerb von vornherein beabsichtigt hatte.

Ist das Vermächtnis unwirksam, weil der Gegenstand im Zeitpunkt des Erbfalls 5
nicht zur Erbschaft gehört, dann kommt es auch nicht darauf an, aus welchem Grund der Gegenstand aus dem Vermögen des Erblassers ausgeschieden ist, insbesondere, ob dies gegen oder mit dem Willen des Erblassers geschah. Es macht auch keinen Unterschied, ob der Gegenstand dem Beschwerten, dem Bedachten oder einem Dritten gehört.

§ 2288 ist zu beachten, wenn das Vermächtnis durch gemeinschaftliches Testament oder Erbvertrag angeordnet war. Im letzteren Fall ist auch daran zu denken, daß der Erblasser sich dem vertraglich Bedachten gegenüber stillschweigend schuldrechtlich verpflichtet haben kann, nicht über den vermachten Gegenstand zu verfügen. Handelt er einer solchen Verpflichtung zuwider und wird das Vermächtnis dadurch unwirksam, dann hat der Bedachte Schadensersatzansprüche gegen die Erben (BGH **31**, 14, 18).

b) Veräußerung vor Testamentserrichtung an nichtbevollmächtigte Vertreter 6
eines Dritten. Hatte der Erblasser den Gegenstand des Vermächtnisses bereits vor Errichtung des Testaments durch Vertrag mit einem nichtbevollmächtigten Vertreter des Dritten veräußert, so ist das Vermächtnis nach der Regel des Abs. 1 auch dann unwirksam, wenn der Vertrag durch den Dritten erst nach dem Tode des Erblassers genehmigt wird; insbesondere kann die das Vermächtnis enthaltende letztwillige Verfügung nicht aus § 184 Abs. 2 aufrechterhalten werden, da diese Vorschrift eine vor der Genehmigung von dem Genehmigungsberechtigten selbst oder aus dessen Recht zugunsten eines Dritten vorgenommene Verfügung voraussetzt (§ 184 11. Aufl. Anm. 10).

c) Unterbliebene Eintragung bei Veräußerung von Grundstücken. Unwirksam 7
ist das Vermächtnis auch, wenn das vermachte Grundstück, zu dessen Übereignung

der Erblasser sich bindend verpflichtet hatte, von ihm bereits aufgelassen, die Umschreibung im Grundbuch bei seinem Tode aber noch nicht erfolgt war, so daß das Grundstück ihm formell noch gehörte (RG **164,** 202).

8 **II. Wirksamkeit des Vermächtnisses als Verschaffungsvermächtnis (Abs. 1 Halbsatz 2)**

1. Ausnahmecharakter der Vorschrift

Auch das Vermächtnis eines individuell bestimmten Gegenstandes kann trotz der Nichtzugehörigkeit zur Erbschaft ausnahmsweise wirksam sein, wenn die Anordnung dahin auszulegen ist, daß sie auch für diesen Fall in Kraft treten solle (Begründung eines Insitzrechts oder Nutzungsrechts an einem nicht zum Nachlasse gehörigen Hause oder landwirtschaftlichen Grundstücke, RG WarnRspr. 1911 Nr. 278; SeuffArch 80 Nr. 14). Es handelt sich dann um das Verschaffungsvermächtnis des § 2170.

9 **2. Feststellung des Willens des Erblassers**

Durch Auslegung der letztwilligen Verfügung ist zu ermitteln, ob der Erblasser ein Verschaffungsvermächtnis gewollt hat. Es ist der Wille zu ermitteln, den der Erblasser gehabt hat, als er das Testament errichtete (aA *Foer* AcP 153, 492, 512; danach ist auch ein später formlos erklärter Wille erheblich; dagegen wie hier BGH **31,** 14). Anhaltspunkte für die Ermittlung des Willens des Erblassers können insbesondere auch aus dem Umstand entnommen werden, ob der Gegenstand, als der Erblasser das Vermächtnis anordnete, zu seinem Vermögen gehörte. In der Regel kann angenommen werden, daß der Erblasser ein Verschaffungsvermächtnis gewollt hat, wenn er, als er das Vermächtnis anordnete, wußte, daß der Gegenstand nicht zu seinem Vermögen gehörte (Celle HEZ **3,** 39).

10 Anders ist es, wenn er die Absicht hatte, diesen Gegenstand nach Errichtung seiner Verfügung zu erwerben. Ein Verschaffungsvermächtnis wird dann, wenn der Erblasser seine Absicht nicht verwirklicht hat, in der Regel nicht angenommen werden können.

11 Für die Auslegung bedeutsam kann es auch sein, aus welchem Grunde der vermachte Gegenstand, nachdem der Erblasser das Vermächtnis angeordnet hatte, aus seinem Vermögen ausgeschieden ist und ob der Gegenstand nach den Vorstellungen des Erblassers oder dem Zweck des Rechtsgeschäfts nur vorübergehend aus dessen Vermögen ausscheiden sollte.

12 Bei Gegenständen, die infolge Sicherungsübereignung aus dem Vermögen des Erblassers ausgeschieden sind, ist in der Regel als Wille des Erblassers anzunehmen, daß der Erbe sie dem Bedachten verschaffen soll (*Staudinger/Seybold* 11. Aufl. § 2169 Rdn. 3; *Lange* § 27 V 2b). Dasselbe gilt, wenn der Erblasser einem Dritten eine Grundschuld vermacht hat, die er sicherungshalber an einen Kreditgeber abgetreten hat. Der Beschwerte ist dann im Zweifel nicht berechtigt, das Vermächtnis um den Betrag zu kürzen, den er aufwenden muß, um die Grundschuld zu verschaffen (vgl. dazu Kiel SchlHA **39,** 37).

13 Regelmäßig von Bedeutung für die Auslegung der Vermächtnisanordnung ist es, ob der Erblasser die Nichtzugehörigkeit gekannt hat oder nicht (RG HRR **34,** 815).

14 **III. Beweislast für Abs. 1**

Der Beweis, daß der Gegenstand nicht zur Erbschaft gehört, ist vom Beschwerten, der Gegenbeweis, daß die Zuwendung auch für diesen Fall gewollt war, vom Bedachten zu führen (RG **164,** 202; SeuffArch **80** Nr. 14).

IV. Besondere Fälle des Abs. 1 15

Sind nur Teile des vermachten Gegenstandes vorhanden, so bleibt das Vermächtnis „soweit" in Kraft (ebenso *Lange* § 27 V 2 b — S. 274 Anm. 1; *Staudinger/Seybold* § 2169 Rdn. 2).

Gehört der vermachte Gegenstand zu dem noch ungeteilten Nachlaß eines Dritten, an dem der Erblasser als Miterbe beteiligt ist (RG **105,** 246), oder zum Gesamtgut einer ehelichen oder fortgesetzten Gütergemeinschaft, deren Teilhaber der Erblasser ist (RG HRR **34,** 815), so gehört der Gegenstand auch nicht zu einem Bruchteile zur Erbschaft dieses Erblassers. Das Vermächtnis ist nach der Regel des § 2169 Abs. 1 unwirksam. Ob es, wenn kein Verschaffungsvermächtnis vorliegt, im ersten Falle in das Vermächtnis eines Teiles des Anteils des Erblassers an dem Nachlasse des Dritten umzudeuten ist, ist Auslegungsfrage. 16

Wirksam ist danach auch das Vermächtnis, durch das ein Recht an einer Sache begründet werden soll, die nur zu einem ideellen Anteil im Eigentum des Erblassers steht (Celle HEZ **3,** 39). In diesem Fall wird in der Regel anzunehmen sein, daß der Erblasser ein Verschaffungsvermächtnis gewollt hat. 17

Unter Umständen kann auch erst die ergänzende Testamentsauslegung dazu führen, ein Verschaffungsvermächtnis anzunehmen (vgl. RG **164,** 196). 18

Ist die in der Erbschaft steckende Erbschaft eines Dritten selbst vermacht, so betrifft das Vermächtnis eine Rechtsgesamtheit, nicht bestimmte einzelne Gegenstände im Sinne der §§ 2169, 2170 (RG WarnRspr. 1917 Nr. 122). 19

V. Zuwendung des Besitzes nach Abs. 2 20

Wenn der Erblasser dem Vermächtnisnehmer eine Sache zugewandt hat, die nicht zur Erbschaft gehört, die er aber im Zeitpunkt des Erbfalls in Besitz hatte, ist zunächst zu prüfen, ob ein Verschaffungsvermächtnis gewollt ist. Läßt sich ein dahingehender Wille nicht ermitteln, dann ist das Vermächtnis nach § 2169 Abs. 1 nicht ganz unwirksam. Vielmehr gilt nach Abs. 2 im Zweifel der Besitz als vermacht. Denn auch der bloße Besitz kann als Vermögensvorteil (§ 1939) vermacht werden. Ein auf Zuwendung des Gegenstandes selbst (des Hauses, des Autos) lautendes Vermächtnis soll deshalb nach der Auslegungsregel des Gesetzes in eine Zuwendung des Besitzes am Gegenstande umgedeutet werden, wenn der Erblasser selbst hieran nur den — mittelbaren oder unmittelbaren — Besitz gehabt hat (der Erblasser hatte das Haus nur gemietet). Auch hier kommt es auf die Vorstellung des Erblassers über sein Recht an der besessenen Sache nicht an.

Der Beschwerte kann sich mit dem Gegenbeweis befreien, daß der Besitz dem Bedachten keinen rechtlichen Vorteil gewähre. Dies kann jedoch nur bei dem wissentlich unrechtmäßigen Besitz zutreffen, da sonst schon die Tatsache des Besitzes Rechte erzeugt (Besitzschutz §§ 858 ff, Ersitzung §§ 937 ff, Nutzungsrechte §§ 987 ff, Ersatz wegen Verwendungen §§ 994 ff, Vermutung des Eigentums § 1006). 21

VI. Zuwendung der Leistungs- oder Ersatzansprüche nach Abs. 3 22

Auch hier ist Voraussetzung, daß die Vermächtnisanordnung auf einen bestimmten, zur Zeit des Erbfalls aber noch nicht oder nicht mehr im Nachlaß vorhandenen Gegenstand lautet. Die Anordnung wird dann (ähnliche Surrogationsgrundsätze §§ 2041, 2111, 2146, 2374) in das Vermächtnis des betreffenden Ersatzanspruchs umgedeutet. Dies hat auch zu gelten, wenn der Ersatzanspruch bereits vor Anordnung des Vermächtnisses entstanden, dem Erblasser aber hiervon nichts bekannt geworden war.

23 Zu den Ersatzansprüchen gehört auch der Bereicherungsanspruch, wie für den besonderen Fall des § 951 in § 2172 Rdn. 6 anerkannt ist.

§ 2169 Abs. 3 ist entsprechend anzuwenden, wenn der vermachte Gegenstand durch Kriegseinwirkungen beschädigt oder zerstört worden ist und die Erben deswegen nach dem Tode des Erblassers Lastenausgleichsansprüche erworben haben (BGH LM BGB § 2164 Nr. 1; dazu *Johannsen*, WM **73**, 549).

24 Wenn der Wertersatz schon vor Eintritt des Erbfalls geleistet worden ist, gilt nach § 2173 im Zweifel dieser als zugewandt. Wenn der Erblasser für den in der Vermächtnisanordnung bezeichneten bestimmten Gegenstand selbst Ersatz beschafft hat, ist es eine Auslegungsfrage, ob dieser Ersatzgegenstand zugewandt ist. Der Erblasser hat für den vermachten, unbrauchbar gewordenen Volkswagen einen anderen etwas größeren Kraftwagen angeschafft.

25 Der in Abs. 3 enthaltene Rechtsgedanke kann aber nicht allgemein dahin erweitert werden, daß stets oder in der Regel der Gegenstand als vermacht gilt, der an die Stelle des vermachten, ausgeschiedenen getreten ist (vgl. *Planck/Flad* 4. Aufl. § 2169 Anm. 5; *Staudinger/Seybold* § 2169 Rdn. 7; a. A. *Lange* S. 274 Anm. 4). Demnach tritt auch, wenn der Erblasser den vermachten Gegenstand veräußert hat, nicht der dafür erzielte Erlös an dessen Stelle. Das gilt auch dann, wenn der Erlös selbst noch im Nachlaß vorhanden ist und wenn der Erblasser aus wirtschaftlichen Gründen genötigt war, den Gegenstand zu veräußern. Dieser Verlust ist der in Abs. 3 vorausgesetzten Entziehung des vermachten Gegenstandes nicht rechtsähnlich. Entscheidend ist, daß auch in dem erwähnten Fall die Veräußerung auf einem Willensentschluß des Erblassers beruht, so daß der vermachte Gegenstand nicht ohne den Willen des Erblassers aus dessen Vermögen ausgeschieden ist (BGH **22**, 357).

Das schließt aber nicht aus, im Wege der ergänzenden Testamentsauslegung festzustellen, daß der erzielte, im Nachlaß noch vorhandene Erlös vermacht sein soll. Jedoch muß eine dahingehende Willensrichtung durch Auslegung aus der letztwilligen Verfügung entnommen werden können. Hierfür kommt es wesentlich darauf an, welchen Zweck der Erblasser mit der Anordnung des Vermächtnisses verfolgte. Die Zuwendung des Erlöses kann nicht angenommen werden, wenn es dem Erblasser allein darauf angekommen ist, gerade den vermachten Gegenstand dem Bedachten zuzuwenden, z. B. einen Kunstgegenstand, weil er diesen bei dem Bedachten am besten aufgehoben glaubte. Anders kann es sein, wenn es dem Erblasser wesentlich darauf ankam, dem Bedachten überhaupt etwas zuzuwenden und wenn der vermachte Gegenstand nur ein Mittel war, um diese Absicht zu verwirklichen. Vgl. darüber BGH **22**, 357, 360, dazu die Anmerkung LM BGB § 2169 Nr. 1, und BGH **31**, 14, 22).

26 **VII. Veräußerungspflicht des Erblassers (Abs. 4)**

Die hinsichtlich eines Gegenstandes bestehende Veräußerungspflicht hebt seine Zugehörigkeit zur Erbschaft an sich nicht auf, hat aber trotzdem die Unwirksamkeit des den Gegenstand betreffenden Vermächtnisses grundsätzlich zur Folge. Das Vermächtnis wird auch dadurch nicht wirksam, daß die Veräußerungspflicht nach dem Erbfall wieder wegfällt. Nach Abs. 2 kann auch an einer solchen Sache der Besitz bis zur Herausgabe vermacht sein. Ebensowenig wie der erzielte Erlös für den vom Erblasser veräußerten vermachten Gegenstand in entsprechender Anwendung des Abs. 3 als vermacht angesehen werden kann (Rdn. 25), kann im Falle des Abs. 4 die dem Erben für die Veräußerung gebührende Gegenleistung als vermacht angesehen werden, wenn der Erblasser sich rechtsgeschäftlich verpflichtet hatte, den Gegenstand zu veräußern. Auch hier ist zu prüfen, ob notfalls im Wege der ergänzenden Testamentsauslegung ein dahingehender Wille des Erblassers festgestellt werden kann (Nürnberg NJW **56**, 1882).

VIII. Begründung von Rechten an nicht zum Nachlaß gehörenden Gegenständen durch Vermächtnis 27

Die zu § 2169 entwickelten Rechtssätze sind, worauf bereits in Rdn. 2 hingewiesen ist, sinngemäß anzuwenden, wenn durch Vermächtnis ein Recht an einem Gegenstand begründet werden soll. Für die Wirksamkeit dieses Vermächtnisses kommt es grundsätzlich darauf an, ob der Gegenstand, an dem das Recht begründet werden soll, zum Nachlaß des Erblassers gehört und ob der Erblasser, falls diese Voraussetzung nicht gegeben ist, ein Verschaffungsvermächtnis gewollt hat.

§ 2170

Ist das Vermächtnis eines Gegenstandes, der zur Zeit des Erbfalls nicht zur Erbschaft gehört, nach § 2169 Abs. 1 wirksam, so hat der Beschwerte den Gegenstand dem Bedachten zu verschaffen.

Ist der Beschwerte zur Verschaffung außerstande, so hat er den Wert zu entrichten. Ist die Verschaffung nur mit unverhältnismäßigen Aufwendungen möglich, so kann sich der Beschwerte durch Entrichtung des Wertes befreien.

E I 1849 II 2041; M **5** 148, 149; P **5** 170, 171.

Verschaffungsvermächtnis

Übersicht

A. Allgemeine Pflichten des Beschwerten 1

I. Leistungspflicht

Gehört der vermachte individuell bestimmte Gegenstand (§ 2169 Rdn. 8 ff) einem Dritten, so hat ihn der Beschwerte vom Dritten zu erwerben und nebst dem Zubehör (§ 2164) auf den Bedachten zu übertragen. Ist ein noch zu begründendes Recht an einem solchen Gegenstand vermacht (§ 2169 Rdn. 27; RG LZ **23**, 454 Nr. 7), so hat der Beschwerte dem Bedachten das Recht vom Dritten zu verschaffen. Gehört der Gegenstand dem Beschwerten, so ist dieser kraft § 2174 dem Bedachten unmittelbar zur Leistung verpflichtet.

Um ein Verschaffungsvermächtnis handelt es sich auch dann, wenn der Erblasser, der mit seinen Kindern in fortgesetzter Gütergemeinschaft lebt, ein zum Gesamtgut gehörendes Grundstück einem Dritten vermacht. Die als Erben berufenen erben seinen Anteil an der Gütergemeinschaft. Sie sind verpflichtet, den mit dem Vermächtnis Bedachten das Grundstück zu verschaffen (BGH LM BGB § 1518 Nr. 1 und § 1992 Nr. 1; vgl. weiter § 2171 Rdn. 4).

Die Verpflichtung, dem Bedachten den vermachten Gegenstand zu vermachen, ist eine Nachlaßverbindlichkeit, die den Beschwerten, das sind im Zweifel alle Miterben als Gesamtschuldner, obliegt. Über die Haftung bei überschuldetem Nachlaß siehe § 1992 Rdn. 8.

2 **II. Gewährleistungspflicht**

Die Gewährleistungspflicht des Beschwerten bestimmt sich nach § 2182 Abs. 2 u. 3. Er haftet wie ein Verkäufer nach den Vorschriften der §§ 433 Abs. 1, 434—437, 440 Abs. 2—4 und der §§ 441—444. Ist ein Grundstück Gegenstand des Vermächtnisses, so haftet der Beschwerte nach § 2182 Abs. 3 im Zweifel nicht für die Freiheit des Grundstücks von Grunddienstbarkeiten, beschränkten persönlichen Dienstbarkeiten und Reallasten. Eine Haftung für Sachmängel trifft ihn nicht, da der Gegenstand in der Beschaffenheit vermacht ist, in der er sich befindet.

3 **III. Vermächtnis von dem Bedachten gehörenden Gegenständen**

Gehört der vermachte Gegenstand bereits dem Bedachten, so ist das Vermächtnis in der Regel gegenstandslos (*Planck/Flad,* § 2170 Anm. 3; *Staudinger/Seybold,* § 2169 Rdn. 6; *von Lübtow,* I 383; *Erman/Hense,* § 2170 Rdn. 1; *Palandt/Keidel,* § 2170 Anm. 1). Das trifft insbesondere zu, wenn der Erblasser selbst dem Bedachten den Gegenstand bereits zu seinen Lebzeiten zugewandt hat (dazu § 2174 Rdn. 15). Falls der Erblasser den Besitz an dem Gegenstand hat, kann dieser nach § 2169 Abs. 2 vermacht sein (vgl. § 2169 Rdn. 20).

Das Vermächtnis kann unter Umständen auch dahin auszulegen sein, daß der Beschwerte die auf dem Gegenstand ruhenden Belastungen zu beseitigen habe, unter Umständen, daß er dem Bedachten seine etwaigen Anschaffungskosten, vielleicht auch den Wert des Gegenstandes zu vergüten habe. War der Bedachte dem Erblasser zur Herausgabe verpflichtet, so liegt ein Befreiungsvermächtnis vor.

4 **IV. Erstreckung des Nacherbenrechts auf Vorempfänge**

Zur Ausgleichung zu bringende Vorempfänge (§§ 2050, 2052) bilden keinen Bestandteil des Nachlasses. Eine vom Erblasser angeordnete Nacherbfolge erstreckt sich deshalb nicht darauf. Ein dem Nacherben zugedachtes Recht auf diese Gegenstände kann daher nur im Wege des Verschaffungsvermächtnisses begründet werden.

5 **B. Unmöglichkeit der Erfüllung des Vermächtnisses**

I. Objektive Unmöglichkeit der Leistung

1. Zur Zeit des Erbfalls bestehende objektive Unmöglichkeit

War die Leistung zur Zeit des Erbfalls objektiv unmöglich, dann ist das Vermächtnis nach § 2171 überhaupt unwirksam.

Unwirksam ist das Vermächtnis auch dann, wenn die darin enthaltene Verpflichtung wirksam nur mit einer behördlichen Genehmigung begründet werden kann und wenn diese versagt wird. Bis zur Entscheidunq über die Genehmigung ist das Vermächtnis schwebend unwirksam (BGH **37,** 233 für die Genehmigungspflicht nach dem Wohnsiedlungsgesetz vom 22. 9. 1937/27. 9. 1938 mit Anmerkung *Mattern,* LM BBauG § 19 Nr. 1).

2. Nach dem Erbfall eintretende objektive Unmöglichkeit 6

a) Vom Beschwerten nicht zu vertretende. Ist die Leistung nach Eintritt des Erbfalls infolge eines Umstandes, den der Beschwerte nicht zu vertreten hat, objektiv unmöglich geworden, so wird dieser nach der allgemeinen Vorschrift des § 275 Abs. 1 von der Verpflichtung zur Leistung frei. Objektive Unmöglichkeit kann z. B. dadurch eingetreten sein, daß die vermachte Sache untergegangen ist. Nachträgliche Unmöglichkeit kann weiter dadurch eintreten, daß die für die Leistung erforderliche behördliche Genehmigung versagt wird (BGH **37**, 233 mit Anm. *Mattern*, LM BBauG § 19 Nr. 1; *Erman/Hense*, § 2171 Rdn. 2. *Staudinger/Seybold*, § 2171 Rdn. 2 und die 11. Aufl. dieses Kommentars, § 2171 Anm. 2 nehmen hier den Fall einer anfänglichen Unmöglichkeit an). Ob anfängliche oder nachträgliche Unmöglichkeit vorliegt, kann praktisch bedeutsam sein, wenn die Leistung aus einem vom Beschwerten zu vertretenden Umstand unmöglich geworden ist, bevor über die Genehmigung entschieden worden ist (vgl. *Johannsen*, WM **72**, 876).

Der Bedachte kann, falls der Beschwerte infolge des Umstandes, der die Leistung unmöglich macht, für den geschuldeten Gegenstand einen Ersatz oder Ersatzanspruch erlangt, nach § 281 Abs. 1 Herausgabe des Ersatzes oder Abtretung des Ersatzanspruchs verlangen. Ein dahingehender Anspruch wird dem Beschwerten in der Regel nur zustehen, wenn ihm der vermachte Gegenstand selbst gehörte oder wenn er einen Anspruch auf Lieferung dieses Gegenstandes gegen einen Dritten hatte.

b) Vom Beschwerten zu vertretende. Wird die Leistung infolge eines Umstandes unmöglich, den der Beschwerte zu vertreten hat, so hat er dem Bedachten nach § 280 Abs. 1 den durch die Nichterfüllung entstandenen Schaden zu ersetzen. Das trifft zu, wenn der Erblasser dem Bedachten ein Wohnrecht an einem zum Nachlaß gehörenden Grundstück vermacht hat und der Beschwerte die Erfüllung dieses Vermächtnisses dadurch vereitelt, daß er das Grundstück veräußert, ohne zuvor das Wohnrecht dinglich sicherzustellen (Düsseldorf HRR **42**, 139). 7

Nach § 287 ist der Beschwerte, wenn er sich im Verzug befindet, auch für eine durch Zufall eingetretene Unmöglichkeit verantwortlich, es sei denn, daß der Schaden auch bei rechtzeitiger Leistung eingetreten wäre. 8

Hat der Beschwerte die teilweise Unmöglichkeit der Leistung verschuldet, so kann der Bedachte nach § 280 Abs. 2, wenn die teilweise Erfüllung für ihn kein Interesse hat, den noch möglichen Teil der Leistung ablehnen und Schadensersatz wegen Nichterfüllung der ganzen Verbindlichkeit fordern. 9

II. Das subjektive Unvermögen zur Leistung (Abs. 2 Satz 1) 10

Für den Fall, daß der Beschwerte die an sich objektiv mögliche Leistung nicht erbringen kann, trifft § 2170 Abs. 2 Satz 1 eine Regel, die von der allgemeinen des § 275 Abs. 2 abweicht. Der Beschwerte wird nicht, wie diese Vorschrift bestimmt, von der Leistung frei, sondern er hat den Wert der vermachten Sache zu ersetzen.

Das subjektive Unvermögen des Beschwerten ist anzunehmen, wenn der Dritte, dem der Gegenstand gehört, sich weigert, diesen dem Beschwerten zur Verfügung zu stellen. Das auf Verschaffung des Gegenstandes gerichtete Vermächtnis wandelt sich dann in einen Anspruch des Bedachten auf Wertersatz. 11

Der Beschwerte wird aber auch in diesem Fall von der Verpflichtung, Wertersatz zu leisten, frei, wenn die ursprünglich angeordnete Leistung, nachdem das Schuldverhältnis sich in die Verpflichtung zum Wertersatz umgewandelt hat, objektiv unmöglich geworden ist. Die eigentlich geschuldete Leistung ist die Verschaffung 12 des Gegenstandes. Die Verpflichtung, Wertersatz zu leisten, soll nur das etwaige subjektive Unvermögen des Beschwerten, seine Verpflichtung zu erfüllen, ausgleichen. Sie soll dem Bedachten keine bessere Rechtstellung verschaffen als er sie hätte, wenn für den Beschwerten die ihn persönlich treffenden Hinderungsgründe der Leistung nicht bestehen würden. Ebensowenig soll der Umstand, daß der Beschwerte aus subjektiven Gründen nicht zu leisten vermag, seine Verpflichtung nicht über den Rahmen hinaus erweitern, der gegeben wäre, wenn diese Hinderungsgründe nicht bestünden. Nach dem Sinn und Zweck des Gesetzes muß daher der Beschwerte im Falle einer von ihm nicht verschuldeten objektiven Unmöglichkeit der Leistung von seiner Verpflichtung frei werden, ohne Rücksicht darauf, ob diese sich bereits nach § 2170 Abs. 2 Satz 1 in die Pflicht, Wertersatz zu leisten, umgewandelt hat (aA Prot. 5, 171; *Strohal* I § 34 Anm. 5. Daqegen mit Recht *Planck/Flad* 4. Aufl. § 2170 Anm. 2b; vgl. auch *Staudinger/Seybold* 11. Aufl. § 2170 Rdn. 4, der auf die erheblichen praktischen Bedenken, die gegen die gegenteilige Ansicht bestehen, hinweist).

13 Steht das subjektive Unvermögen des Beschwerten fest, dann wandelt sich damit das Schuldverhältnis endgültig. Der Bedachte kann nur noch Wertersatz fordern. Die Verschaffung des Gegenstandes kann er auch dann nicht verlangen, wenn der Eigentümer sich nachträglich bereit erklärt, dem Beschwerten den Gegenstand zur Verfügung zu stellen.

14 **III. Unverhältnismäßige Aufwendungen zur Beschaffung des Gegenstandes (Abs. 2 Satz 2)**

Dem subjektiven Unvermögen stellt das Gesetz in Abs. 2 Satz 2 den Fall gleich, daß der Beschwerte unverhältnismäßige Aufwendungen machen müßte, um den Gegenstand zu verschaffen (der Dritte fordert einen übermäßig hohen Preis). In diesem Falle bleibt jedoch der ursprüngliche Verschaffungsanspruch bestehen, bis sich der Beschwerte durch die Wertentrichtung davon befreit (vgl. auch §§ 251 Abs. 2, 633 Abs. 2).

15 **IV. Wertersatz**

Der zu ersetzende Wert bemißt sich nach objektiven, durch die Verkehrsanschauung bestimmten Maßstäben. Ein besonderer Liebhaberwert, den der vermachte Gegenstand für den Bedachten hat, bleibt unberücksichtigt, wenn sich nicht durch Auslegung der letztwilligen Verfügung ergibt, daß der Erblasser diesen Wert maßgebend sein lassen wollte.

16 Als Zeitpunkt, der für die Bestimmung des Wertes maßgebend ist, kommt beim subjektiven Unvermögen des Abs. 2 Satz 1 derjenige in Betracht, in dem die Wertersatzpflicht entsteht. Das ist der Zeitpunkt, in dem sich das subjektive Unvermögen des Beschwerten endgültig herausstellt. Im Falle des Abs. 2 Satz 2 (unverhältnismäßige Aufwendungen) ist für die Wertfestsetzung der Zeitpunkt der tatsächlichen Leistung des Ersatzes maßgebend, da bis dahin die Verpflichtung zur Leistung des Gegenstandes fortbesteht (ebenso *Staudinger/Seybold* 11. Aufl. § 2170 Rdn. 5).

17 **C. Erbvertrag**

Über die bösliche Vereitelung des Vermächtnisses vgl. § 2288.

§ 2171

Ein Vermächtnis, das auf eine zur Zeit des Erbfalls unmögliche Leistung gerichtet ist oder gegen ein zu dieser Zeit bestehendes gesetzliches Verbot verstößt, ist unwirksam. Die Vorschriften des § 308 finden entsprechende Anwendung.

E I 1853 II 2042; M 5 154—156; P 5 172, 173.

Entsprechend anwendbar auf die Auflage § 2192.

Das auf eine unmögliche Leistung gerichtete Vermächtnis

Übersicht

I. Rechtsfolge im Falle nach dem Erbfall eintretender Unmöglichkeit 1

§ 2171 regelt den Fall, daß ein Vermächtnis bereits zur Zeit des Erbfalls auf eine unmögliche Leistung gerichtet ist. Falls die objektive Unmöglichkeit erst nach dem Erbfall eintritt, sind die allgemeinen Vorschriften der §§ 275 ff anzuwenden. Danach wird der Beschwerte von der Leistungspflicht frei, soweit er die eingetretene Unmöglichkeit nicht zu vertreten hat. Hat er die Unmöglichkeit zu vertreten, so hat er nach § 280 Abs. 1 dem Bedachten den durch die Nichterfüllung entstandenen Schaden zu ersetzen. Nach § 287 ist er, wenn er sich im Verzug befindet, auch für eine durch Zufall eintretende Unmöglichkeit verantwortlich, es sei denn, daß der Schaden auch bei rechtzeitiger Leistung eingetreten wäre.

Für das Verschaffungsvermächtnis enthält § 2170 Abs. 2 für den Fall des subjektiven Unvermögens zur Leistung eine besondere Regel (vgl. § 2170 Rdn. 10—14). § 2172 behandelt den Fall einer Verbindung, Vermischung oder Verarbeitung der vermachten Sache unter dem Gesichtspunkt der Unmöglichkeit.

II. Unwirksamkeit des Vermächtnisses nach Satz 1 2

1. Objektive Unmöglichkeit zur Zeit des Erbfalls

a) Objektive Unmöglichkeit. Das Vermächtnis ist auf eine unmögliche Leistung gerichtet, wenn die Leistung objektiv unmöglich ist, also von niemand erbracht werden kann. Gleichgültig ist, ob die Leistung aus tatsächlichen oder aus Rechtsgründen nicht erbracht werden kann. Dagegen ist das Vermächtnis nicht auf eine unmögliche Leistung gerichtet, wenn nur eine behördliche Genehmigung für die Leistung erforderlich ist. Wird diese versagt, dann handelt es sich um eine nachträgliche Unmöglichkeit (anders die 11. Aufl. an dieser Stelle; vgl. dazu § 2170 Rdn. 6).

Die Leistung ist im Zeitpunkt des Erbfalls gleichfalls nicht unmöglich, wenn sie nicht erbracht werden kann, weil die Behörde nach Eintritt des Erbfalls über den Gegenstand anders verfügt hat. So ist § 2171 in folgendem Fall nicht angewandt worden: Der Erblasser hatte dem Bedachten eine Wohnung in seinem Hause zugewandt. Der Erbe konnte das Vermächtnis nicht erfüllen, weil die zuständige Be- 3 hörde den Wohnraum für einen anderen Mieter in Anspruch nahm und den Abschluß eines Mietvertrages mit diesem Mieter erzwang (RG DR **44**, 292). § 2171 konnte deswegen nicht angewandt werden, weil die Leistung im Zeitpunkt des Erbfalls noch möglich war. Es bestand nur eine Rechtslage, nach der sie unmöglich werden konnte. In diesem Fall gebührt dem Vermächtnisnehmer nach § 281 der von dem Zwangsmieter gezahlte Mietzins als Ersatz. Ein Fall des § 2171 würde dagegen vorliegen, wenn die Wohnung im Zeitpunkt des Erbfalls nach dem RLG in Anspruch genommen gewesen wäre, so daß der Erbe über sie nicht hätte verfügen können. In derartigen Fällen muß aber das Vermächtnis in der Regel dahin ausgelegt werden, daß es für den Fall gelten soll, daß die Wohnung freigegeben wird (vgl. unten Rdn. 8).

4 Nicht auf eine unmögliche Leistung gerichtet und daher gültig ist das Vermächtnis des überlebenden Ehegatten, der in allgemeiner Gütergemeinschaft und dann mit den Kindern in fortgesetzter Gütergemeinschaft gelebt hatte, das darauf gerichtet ist, einem der Abkömmlinge einen zum Gesamtgut gehörenden Gegenstand zu verschaffen. Der Erblasser kann daher bestimmen, daß eines der Kinder das zum Gesamtgut gehörende Anwesen gegen Auszahlung der anderen Kinder erhalten soll (Tübingen DRZ **50**, 519); vgl. weiter § 2170 Rdn. 1).

5 **b) Ersatzansprüche oder Ersatzleistungen.** Falls der vermachte Gegenstand nach der Anordnung des Vermächtnisses dem Erblasser entzogen worden oder untergegangen ist und falls der Erblasser deswegen einen Anspruch auf Ersatz des Wertes erlangt hat, gilt nach § 2169 Abs. 3 im Zweifel dieser Anspruch als vermacht. Für den Fall, daß eine den Gegenstand des Vermächtnisses bildende Forderung des Erblassers bereits zu seinen Lebzeiten durch Erfüllung untergegangen ist, bestimmt § 2173, daß im Zweifel der geleistete Gegenstand, wenn er noch in der Erbschaft vorhanden ist, als vermacht gilt. Wenn die Forderung auf Zahlung einer Geldsumme gerichtet war, gilt im Zweifel eine entsprechende Summe als vermacht, auch wenn sich eine solche in der Erbschaft nicht vorfindet.

6 **2. Verstoß gegen ein gesetzliches Verbot zur Zeit des Erbfalls**

Der Unmöglichkeit der Leistung ist der Fall gleichzustellen, daß die durch das Vermächtnis angeordnete Leistung gegen ein gesetzliches Verbot verstößt, z. B. ein Ein- oder Ausfuhrverbot. Falls das gesetzliche Verbot erst nach dem Erbfall erlassen wird, handelt es sich um den Fall einer nachträglich eintretenden, vom Beschwerten nicht zu vertretenden objektiven Unmöglichkeit. Der Beschwerte wird, sofern er sich nicht im Verzug befindet, von der Leistung frei (vgl. oben Rdn. 1).

7 **3. Verstoß gegen die guten Sitten**

Da die ein Vermächtnis enthaltende letztwillige Verfügung ein Rechtsgeschäft ist, ist das gegen die guten Sitten verstoßende Vermächtnis nach § 138 BGB nichtig. Wegen der Nichtigkeit von Zuwendungen insbesondere eines verheirateten Erblassers an seine Geliebte vgl. § 2078 Rdn. 3 ff.

8 **III. Ausnahmsweise Wirksamkeit des Vermächtnisses (Satz 2)**

Die zur Zeit des Erbfalls bestehende Unmöglichkeit oder Verbotswidrigkeit der Leistung steht der Wirksamkeit des Vermächtnisses dann nicht entgegen, wenn das Hindernis gehoben werden kann und das Vermächtnis für den Fall ausgesetzt ist, daß das Hindernis wegfällt; ferner dann nicht, wenn die Leistung unter einer anderen aufschiebenden Bedingung oder unter Bestimmung eines Anfangstermins vermacht ist; in diesem Fall ist das Vermächtnis wirksam, wenn die Unmöglichkeit der Leistung oder das entgegenstehende Verbot vor dem Eintritt der Bedingung oder des Termins, also vor dem Anfall des Vermächtnisses (§ 2177), gehoben wird. Das ergibt die Bezugnahme auf § 308 und damit auch auf § 309 in § 2171.

IV. Vermächtnisse mit aufschiebenden und auflösenden unmöglichen Bedingungen 9

Ist das Vermächtnis aufschiebend oder auflösend unter einer unmöglichen Bedingung (Verheiratung mit der Schwester) angeordnet, so ist nach allgemeinen Grundsätzen im ersteren Falle die Zuwendung als unwirksam, die auflösende Bedingung dagegen als nicht beigefügt zu behandeln.

§ 2172

Die Leistung einer vermachten Sache gilt auch dann als unmöglich, wenn die Sache mit einer anderen Sache in solcher Weise verbunden, vermischt oder vermengt worden ist, daß nach den §§ 946 bis 948 das Eigentum an der anderen Sache sich auf sie erstreckt oder Miteigentum eingetreten ist, oder wenn sie in solcher Weise verarbeitet oder umgebildet worden ist, daß nach § 950 derjenige, welcher die neue Sache hergestellt hat, Eigentümer geworden ist.

Ist die Verbindung, Vermischung oder Vermengung durch einen anderen als den Erblasser erfolgt und hat der Erblasser dadurch Miteigentum erworben, so gilt im Zweifel das Miteigentum als vermacht; steht dem Erblasser ein Recht zur Wegnahme der verbundenen Sache zu, so gilt im Zweifel dieses Recht als vermacht. Im Falle der Verarbeitung oder Umbildung durch einen anderen als den Erblasser bewendet es bei der Vorschrift des § 2169 Abs. 3.

E I 1854 II 2043; M **5** 173, 174; **6** 396.

Unmöglichkeit infolge Verbindung, Vermischung und Verarbeitung

Übersicht

I. Allgemeines 1

Die Verbindung beweglicher Sachen mit einem Grundstück (§ 946) oder mit anderen beweglichen Sachen (§ 947) oder die Vermischung beweglicher Sachen miteinander (§ 948) bewirkt Untergang der Sache im Rechtssinn und deshalb Unmöglichkeit der Leistung. Das gleiche gilt, wenn die vermachte Sache im Wege der Verarbeitung oder Umbildung als Stoff zur Herstellung einer neuen Sache benutzt worden ist und der Wert des Stoffes nicht überwiegt (§ 950).

2 **II. Verbindung, Vermischung, Verarbeitung durch den Erblasser selbst oder in seinem Auftrage**

Hat der Erblasser selbst oder hat mit seinem Willen ein Dritter nach Anordnung des Vermächtnisses die Verbindungen vorgenommen, so gilt das Vermächtnis als erledigt. Die Sache, mit der der vermachte Gegenstand vermischt oder verbunden wird, kann gleichfalls dem Erblasser gehören, so daß ein Eigentumswechsel nicht eingetreten ist. Das Gesetz stellt darauf ab, daß die Sache, die den Gegenstand des Vermächtnisses bildete, als solche durch die Verbindung, Vermischung oder Verarbeitung untergegangen und in einer anderen Sache aufgegangen oder zu einer anderen verarbeitet ist. Das ist stets der Fall, wenn die Eigentumsverhältnisse sich geändert hätten, falls die betroffenen Sachen verschiedenen Eigentümern gehört hätten.

3 Unter Umständen kann der Vermächtniswille auch dahin ausgelegt werden, daß die neugebildete Sache oder daß Wertersatz für die untergegangene Sache vermacht sein sollte. Auch Miteigentum oder ein Wegnahmeanspruch gegen den Beschwerten im Sinne von Abs. 2 kann als vermacht gelten, obwohl bei einer vom Erblasser selbst vorgenommenen Umgestaltung seiner eigenen Sachen von Rechten solchen Inhalts, die schon in seiner Person entstanden wären, nicht eigentlich gesprochen werden kann.

4 Unberührt bleibt das Vermächtnis, wenn die Verbindung, Vermischung oder Verarbeitung eine solche war, daß unter der Voraussetzung, daß die davon betroffenen Sachen verschiedenen Eigentümern gehört hätten, das Eigentum an der den Gegenstand des Vermächtnisses bildenden Sache unverändert geblieben wäre. Bei einer Verbindung und Vermischung träfe das nach §§ 947 Abs. 2, 948 zu, wenn die vermachte Sache als Hauptsache anzusehen war, bei der Verarbeitung nach § 950, wenn der Wert der Verarbeitung oder der Umbildung erheblich geringer war als der Wert des vermachten Stoffes.

5 **III. Verbindung, Vermischung, Verarbeitung durch einen anderen als den Erblasser**

Ist die Verbindung durch einen andern als den Erblasser und ohne seinen Willen erfolgt, so verbleibt es zwar bei der Unmöglichkeit der Leistung und infolgedessen der Unwirksamkeit dieses Vermächtnisses. Es wird aber nach gesetzlicher Auslegungsregel („im Zweifel" bis zum Gegenbeweis des Beschwerten) dahin umgedeutet, daß an Stelle des ursprünglichen Gegenstandes die dem Erblasser aus §§ 947, 948, 951 Abs. 2 entstandenen Miteigentums- und Wegnahmerechte als vermacht gelten.

6 **IV. Bereicherungsansprüche bei der Verarbeitung und Umbildung**

Soweit dem Erblasser, wie insbesondere im Falle der Verarbeitung und Umbildung der Bereicherungsanspruch aus § 951 Abs. 1 zustand, gilt nunmehr dieser als vermacht (§ 2169 Anm. 23).

7 **V. Verbindung oder Vermischung der dem Erblasser gehörenden Sachen durch einen anderen**

Falls die von einem anderen verbundenen und vermischten Sachen sämtlich dem Erblasser gehören, entsteht kein Miteigentum, das als vermacht gelten könnte. In diesem Fall liegt es nahe, anzunehmen, der Beschwerte sei nach dem Willen des Erblassers verpflichtet, für den Bedachten Miteigentum an der entstandenen einheitlichen Sache oder an dem Gemisch nach dem Verhältnis des Wertes der verbundenen oder vermischten Sachen zu begründen (*Planck/Flad* 4. Aufl. § 2172 Anm. 1 b). Hatte der Erblasser ein

Wegnahmerecht nach §§ 951, 997, dann kann als Wille des Erblassers angenommen werden, daß der Beschwerte, der das Eigentum an der Hauptsache erlangt hat, verpflichtet sein soll, die Wegnahme durch den Bedachten zu dulden.

§ 2173

Hat der Erblasser eine ihm zustehende Forderung vermacht, so ist, wenn vor dem Erbfalle die Leistung erfolgt und der geleistete Gegenstand noch in der Erbschaft vorhanden ist, im Zweifel anzunehmen, daß dem Bedachten dieser Gegenstand zugewendet sein soll. War die Forderung auf die Zahlung einer Geldsumme gerichtet, so gilt im Zweifel die entsprechende Geldsumme als vermacht, auch wenn sich eine solche in der Erbschaft nicht vorfindet.

E I 1855 II 2044; M **5** 157, 158; P **5** 174—176.

Zuwendung beim Erbfall bereits getilgter Forderungen

Übersicht

I. Erfüllung einer vermachten Forderung vor dem Erbfall 1

Das Gesetz regelt den Fall, daß die vermachte Forderung dem Erblasser selbst als Gläubiger zustand und daß sie vor dem Erbfall durch Erfüllung untergegangen ist. Unerheblich ist es, ob die Forderung dem Erblasser schon zustand, als er das Vermächtnis anordnete, ob er sie erst später erworben hat oder ob das Vermächtnis ursprünglich auf einen anderen Gegenstand gerichtet war und sich erst später wegen Beschädigung oder Untergangs der vermachten Sache nach §§ 2164 Abs. 2, 2169 Abs. 3 auf eine Ersatzforderung gerichtet hat.

Das Forderungsvermächtnis kann im übrigen auch durch das Vermächtnis der Schuldurkunde, des Sparkassenbuchs usw. ausgedrückt sein (s. aber auch RG SeuffArch **75** Nr. 107: Das Vermächtnis eines „Schreibtisches mit Inhalt" braucht nicht auf die Brief- und Buchhypotheken bezogen zu werden, über die die Hypothekenbriefe und Eintragungsbenachrichtigungen im Schreibtisch aufbewahrt wurden, § 2084 Rdn. 27). Wenn ein Sparkassenbuch vermacht ist, werden regelmäßig nicht die einzelnen darin beurkundeten Forderungen, sondern nur die beim Erbfall bestehende Forderung des Erblassers den Gegenstand des Vermächtnisses bilden. 2

Ist die Forderung durch Leistung an den Gläubiger erloschen, so kann sie auch nicht mehr Gegenstand des Vermächtnisses sein, und das Vermächtnis wäre insoweit nach § 2171 unwirksam. Es kommt grundsätzlich für die Anwendung des § 2173 nicht darauf an, ob und aus welchem Grunde der Erblasser die Erfüllung der Forderung verlangt hat oder ob die Forderung erloschen ist, weil der Schuldner freiwillig geleistet hat. 3

4 **II. Rechtsnatur als Auslegungsregel**

Das Vermächtnis wird ähnlich wie in § 2169 Abs. 3 im Zweifel in ein Vermächtnis auf Leistung des Forderungsgegenstandes umgedeutet. Das Gesetz enthält insoweit eine Auslegungsregel. Der Beschwerte kann den Gegenbeweis dahin führen, daß das Vermächtnis nur auf die Forderung in dem zur Zeit des Erbfalls bestehenden Umfang gerichtet war (RG WarnRspr. 1930 Nr. 60). Dann ist das Vermächtnis dadurch, daß die Forderung vor dem Erbfall getilgt worden ist, nach § 2171 unwirksam geworden.

5 Die Umstände, die dazu geführt haben, daß die Forderung vor dem Erbfall erfüllt worden ist, können für den Beweis erheblich sein, daß der Erblasser entgegen der Auslegungsregel des § 2173 dem Bedachten den geleisteten Gegenstand nicht zuwenden wollte. Zu beachten ist, daß die Auslegungsregel des § 2173 nur entkräftet wird, wenn der Erblasser bei der Anordnung des Vermächtnisses einen entgegenstehenden Willen gehabt hat. Die angeführten Umstände können daher nur insoweit beweiserheblich sein, als sie Rückschlüsse auf den früheren Willen des Erblassers zulassen.

6 **III. Vorhandensein des geleisteten Gegenstandes in der Erbschaft**

1. Regelfall

Die Umdeutung des Vermächtnisses in ein Vermächtnis auf den geleisteten Gegenstand findet statt, wenn dieser zur Zeit des Erbfalls noch in der Erbschaft vorhanden ist. Ist der Forderungsgegenstand nicht mehr vorhanden, hat ihn namentlich der Erblasser selbst schon weiter veräußert, so wird das Vermächtnis nur schwer als Verschaffungsvermächtnis (§ 2170) aufrechtzuerhalten sein.

7 **2. Besonderheiten beim Geldforderungsvermächtnis nach Satz 2**

Beim Geldforderungsvermächtnis kommt es nach Satz 2 nicht darauf an, daß die geleistete Summe noch in der Erbschaft vorhanden ist. Vielmehr gilt die entsprechende Geldsumme im Zweifel in jedem Fall als vermacht, auch wenn überhaupt kein Geld im Nachlaß vorhanden ist. Der Gesetzgeber geht davon aus, daß bei einem Geldforderungsvermächtnis anders als bei dem Vermächtnis einer bestimmten Sache der Wille des Erblassers letztlich dahin ging, dem Bedachten eine Geldsumme zuzuwenden. § 2173 Satz 2 kann aber nicht entsprechend angewandt werden, wenn die vermachte Forderung nicht auf Geld, sondern auf Leistung verbrauchbarer oder vertretbarer Sachen gerichtet ist.

8 Aufrechnung steht der Leistung gleich. Die den Gegenstand der Forderung bildende Geldsumme gilt daher nach Satz 2 als vermacht, gleichgültig, ob die Forderung durch Aufrechnung von seiten des Erblassers oder des Schuldners vor dem Erbfall erloschen ist.

9 Sind verkehrsfähige Schuldverschreibungen auf den Inhaber vermacht und hat der Erblasser durch Verkauf darüber verfügt, so bildet im Zweifel der erzielte Erlös jetzt den Gegenstand des Vermächtnisses (KG OLG 10, 302).

10 Wenn der Beschwerte nach dem Erbfall über die Forderung verfügt, so wird er dem Bedachten ersatzpflichtig. Erlischt sie durch Aufrechnung von seiten des Schuldners, so haftet er dem Bedachten auf Bereicherung.

11 **IV. Forderungen des Beschwerten oder Dritter als Gegenstand eines Vermächtnisses**

Stand die Forderung nicht dem Erblasser, sondern dem Beschwerten oder einem Dritten zu und war ein Verschaffungsvermächtnis gemeint, so ist es Sache freier Auslegung, ob der vor dem Erbfall an den Gläubiger geleistete Gegenstand als vermacht zu gelten hat.

V. Nebenrechte und Zinsen 12

Bestehende Nebenrechte der Forderung (Pfand, Bürgschaft) gelten im Zweifel als mitvermacht.

Aus § 2174 hat der Bedachte gegen den Beschwerten den Anspruch auf Übertragung der Forderung nach §§ 398 ff mit Zinsen seit Anfall des Vermächtnisses (§ 2184).

VI. Besondere Arten von Vermächtnissen 13

Nicht besonders geregelt, aber auch nach BGB zulässig sind:

1. Befreiungsvermächtnis

Ein Befreiungsvermächtnis ist die Zuwendung der Befreiung von einer dem Bedachten gegen den Erblasser, den beschwerten Erben oder einen Dritten obliegenden Schuld. Sie kann insbesondere dann, wenn der Bedachte Schuldner des Erblassers ist, auch in dem Vermächtnis der Forderung an den Bedachten ausgedrückt sein. Die Schuld erlischt nicht mit dem Erbfall, sondern der Beschwerte wird verpflichtet, dem Bedachten die Schuld zu erlassen, mit ihm einen Erlaßvertrag zu schließen (BGH LM BGB § 138 Cd Nr. 14). Je nach den Umständen muß er Quittung leisten, den Schuldschein zurückgeben (§§ 368, 371) und die bestellten Sicherheiten freigeben. Der Bedachte hat gegenüber dem Beschwerten, der die erlassene Forderung, seine eigene oder die des Erblassers, geltend macht, eine Einrede.

Ist der Gläubiger ein Dritter, so hat der Beschwerte die Befreiung herbeizuführen (RG LZ **14,** 760).

Ist die Schuld schon vor dem Erbfall von dem Bedachten zurückgezahlt, so kann 14
die Auslegung zu der Annahme führen, daß ein Vermächtnis der Schuldsumme gewollt ist. So RG Gruchot **62,** 248 für einen Fall, in dem die Schuld des Bedachten an den Erblasser nicht von diesem selbst, sondern von dessen Pfleger ohne Kenntnis der Befreiungsvermächtnisses eingezogen worden war. Für den Fall, daß der Erblasser dem Bedachten seine gegen diesen selbst gerichtete Forderung zugewandt hat, ist, falls die Schuld vor dem Erbfall getilgt ist, § 2173 anzuwenden. *Planck/Flad* 4. Aufl. § 2173 Anm. 3 a will diese Bestimmung in allen Fällen anwenden, wenn bei einem Befreiungsvermächtnis die Schuld vor dem Erbfall durch Leistung des Bedachten erloschen ist.

2. Schuldvermächtnis 15

Das Schuldvermächtnis ist das Vermächtnis dessen, was der Erblasser dem Bedachten schuldet oder schuldig zu sein erklärt (RG WarnRspr. 1936 Nr. 41). Darin kann die Bestätigung eines schon bestehenden, wenn auch vielleicht unwirksamen Schuldverhältnisses (gleich dem Schuldanerkenntnis § 781) oder die selbständige Begründung eines solchen (gleich dem Schuldversprechen § 780) enthalten sein. Bestätigung einer unwirksamen Schenkung RG **82,** 149 (§ 2150 Rdn. 14). Im ersten der beiden Fälle ist, wenn die Schuld nicht bestand, gegebenenfalls Anfechtung wegen Irrtums aus § 2078 möglich. War die Schuld zur Zeit des Erbfalls schon getilgt, so ist das Vermächtnis nach § 2171 unwirksam. Hat ein in Gütergemeinschaft lebender Ehemann verfügt, daß dem Gläubiger einer das Gesamtgut belastenden Forderung das ihm Zukommende ausgezahlt werden solle, so kann dies dahin verstanden werden, daß die Schuld im Verhältnisse zwischen den Ehegatten bei Auseinandersetzung der Gütergemeinschaft nicht dem Gesamtgute, sondern dem persönlichen Nachlasse des Mannes zur Last fallen solle.

16 **VII. Sonstige Rechte als Gegenstand eines Vermächtnisses**

Sind sonstige Rechte oder eine Rechtsgesamtheit Gegenstand des Vermächtnisses, so bestimmt sich sein Inhalt nach den besonderen hierfür geltenden Vorschriften (Leibrente §§ 759—761, Nießbrauch §§ 1030—1089, Ausstattung § 1624; Handelsgeschäft HGB § 22 usw.).

§ 2174

Durch das Vermächtnis wird für den Bedachten das Recht begründet, von dem Beschwerten die Leistung des vermachten Gegenstandes zu fordern.

E I 1865 II 2045; M **5** 176; P **5** 201—210; **6** 344—346.

Rechtsnatur des Vermächtnisses

Übersicht

1 **I. Rechtsnatur des Anspruchs aus dem Vermächtnis**

1. Begründung eines schuldrechtlichen Anspruchs

Durch ein Vermächtnis können solche Verpflichtungen nicht begründet werden, die kraft eines gesetzlichen Verbots auch vertraglich nicht eingegangen werden können. Es kann daher dem Beschwerten weder durch Vermächtnis noch durch eine Auflage die Pflicht auferlegt werden, über seinen eigenen Nachlaß in bestimmter Weise zu verfügen. Dem steht § 2302 entgegen (BGH Urt. v. 6. 6. 1966 III ZR 161/64).

Durch das Vermächtnis wird, wie auch beim Pflichtteil § 2303, nur ein Forderungsrecht des Bedachten gegen den Beschwerten begründet. Der zugewendete Gegenstand geht daher nicht, wie beim Vindikationslegat des gemeinen Rechtes, unmittelbar kraft Gesetzes auf den Bedachten über. Vielmehr muß der Beschwerte die zur Verwirklichung der Vermächtnisanordnung erforderlichen Rechtsakte vornehmen (Eigentumsübertragung, Abtretung, Neubegründung von Rechten, Erlaß der Schuld beim Befreiungsvermächtnis § 2173 Rdn. 13 usw.).

Der Erblasser kann den dinglichen Rechtsübergang des vermachten Gegenstandes auf den Bedachten nicht herbeiführen. Falls er dem Bedachten ein unmittelbares Recht an dem Gegenstand einräumen will, muß er ihn als Miterben einsetzen und durch eine Teilungsanordnung bestimmen, daß der Bedachte den betreffenden Gegenstand erhalten soll. Auch dann erlangt der Bedachte bei Eintritt des Erbfalls nur Miteigentum. Alleineigentümer kann er nur durch eine Verfügung der Miterbengemeinschaft werden. **2**

Auch das dem Miterben zugewandte Vorausvermächtnis hat nur schuldrechtliche Wirkungen. Ein Vorausvermächtnis an einen Vorerben wirkt allerdings insofern dinglich, als sich das Recht des Nacherben nicht auf den Gegenstand des Vorausvermächtnisses erstreckt. Der alleinige Vorerbe erwirbt daher den ihm durch Vorausvermächtnis zugewandten Gegenstand ohne weiteres ohne Beschränkungen durch das Nacherbrecht mit dem Erbfall (BGH **32,** 60 mit Anm. *Mattern,* LM BGB § 1967 Nr. 1). **3**

Der Erblasser kann, um die Durchführung seiner Vermächtnisanordnung zu gewährleisten, einen Testamentsvollstrecker einsetzen, der nach § 2203 die letztwilligen Verfügungen des Erblassers auszuführen hat. **4**

2. Rechtsstellung des Bedachten vor Eintritt des Erbfalls **5**

a) Allgemeines. Der Vermächtnisnehmer hat vor dem Erbfall weder einen Anspruch noch eine rechtlich gesicherte Anwartschaft, sondern nur die Hoffnung, den ihm vermachten Gegenstand zu erwerben (BGH **12,** 115; LM VHG § 1 Nr. 28 mit Anm. *Reinhardt*). Auch der Erbvertrag begründet noch keinen Anspruch des Bedachten gegen den Erben. Dieser entsteht erst mit dem Erbfall. Er richtet sich auch nicht gegen den Erblasser, sondern gegen den Erben.

b) Verfügungen des Erblassers über den vermachten Gegenstand. Der Erblasser kann daher selbst dann, wenn das Vermächtnis in einem bindend gewordenen gemeinschaftlichen Testament oder in einem Erbvertrag angeordnet ist, durch Rechtsgeschäft unter Lebenden wirksam über den vermachten Gegenstand verfügen. Falls der Erblasser den vermachten Gegenstand veräußert, wird das Vermächtnis nach § 2169 Abs. 1 unwirksam, sofern es nach dem Willen des Erblassers nicht als Verschaffungsvermächtnis weitergelten soll. Wenn das Vermächtnis in einem bindend gewordenen gemeinschaftlichen Testament oder Erbvertrag angeordnet war, hat der Bedachte nur Anspruch aus dem entsprechend oder unmittelbar anzuwendenden § 2288 Abs. 2, wenn der Erblasser den Gegenstand in der Absicht, den Bedachten zu beeinträchtigen, veräußert hat (BGH **26,** 274). **6**

c) Keine dingliche Sicherung des Bedachten. Da dem Bedachten vor Eintritt des Erbfalls weder ein Anspruch noch eine rechtlich gesicherte Anwartschaft zusteht, kann sein Anspruch vor Eintritt des Erbfalls auch nicht dinglich sichergestellt werden. Insbesondere kann, wenn ein Grundstück vermacht ist, keine Auflassungsvormerkung zugunsten des Vermächtnisnehmers eingetragen werden. Dabei ist es unerheblich, ob das Vermächtnis in einem Testament oder einem Erbvertrag angeordnet **7**

ist. Künftige oder bedingte Ansprüche sind nur dann vormerkungsfähig, wenn bereits eine feste, die Gestaltung des Anspruchs bestimmende Grundlage vorhanden ist. Grundsätzlich muß auch der Anspruch, der durch Vormerkung gesichert werden soll, gegen denjenigen bestehen oder entstehen, dessen Grundstück von der Vormerkung betroffen wird. Grundstückseigentümer ist vor Eintritt des Erbfalls der Erblasser, während der Anspruch nach dem Erbfall gegen den beschwerten Erben entsteht (BGH **12,** 115 mit Anm. *Pritsch*, LM BGB § 883 Nr. 2; *Coing*, JZ **54,** 436 und Besprechung *Thieme*, JR **56,** 292; BGH LM VHG § 1 Nr. 24). Dagegen für die Zulässigkeit der Eintragung der Vormerkung beim Erbvertrag OLG Celle, NJW **53,** 27 und *Schulte*, DNotZ **53,** 360ff; vgl. dazu auch *Hieber*, DNotZ **52,** 432; **53,** 635. Eine gewisse Sicherheit kann dem Bedachten dadurch verschafft werden, daß der Erblasser sich ihm gegenüber schuldrechtlich verpflichtet, über den vermachten Gegenstand nicht unter Lebenden zu verfügen. Diese Verpflichtung kann, auch wenn es sich bei dem vermachten Gegenstand um ein Grundstück handelt, formlos getroffen werden. § 313 gilt hier nicht (BGH LM BGB § 2174 Nr. 7). Bei einer Zuwiderhandlung hat der Erbe dem Bedachten Schadensersatz zu leisten.

8 **II. Anwendung der allgemeinen Vorschriften über Schuldverhältnisse**

1. Haftung, Verzug, Zinsen

Die gegenseitigen Rechte und Pflichten der Beschwerten und Bedachten bestimmen sich im übrigen nach den allgemeinen Vorschriften über Schuldverhältnisse. So insbesondere in der Frage der Vertretung eigenen und fremden Verschuldens (§§ 276 ff) und der Verzugsfolgen (§§ 286 ff). Demgemäß sind Zinsen von einem Geldvermächtnis regelmäßig nur als Verzugs- oder Prozeßzinsen nach §§ 288, 291 zu entrichten (RG LZ **17,** 191; WarnRspr **27** Nr. 35).

9 **2. Anwendung des § 242**

Die Bewirkung der Leistung auf die Vermächtnisschuld untersteht auch den Anforderungen des § 242 (BGH **37,** 233, 241). Bei der Anwendung dieser Bestimmung gelten jedoch andere als die im Schuldrecht entwickelten Grundsätze. Es ist zu beachten, daß das Vermächtnis eine einseitige unentgeltliche Zuwendung erbrechtlicher Natur ist, die der Erbe grundsätzlich bis zur vollen Erschöpfung des Nachlasses zu erfüllen hat. Er kann sich dieser Pflicht nur dadurch entziehen, daß er die Erbschaft ausschlägt (BGH Urt. v. 14. 1. 1971 III ZR 86/68).

Der Erbe kann daher auch regelmäßig die Folgen einer nach dem Erbfall eintretenden ungünstigen Entwicklung nicht auf einen seiner Vermächtnisnehmer abwälzen und ihm eine Verkürzung oder Stundung des Vermächtnisses aufdrängen (RG ZAkDR **38,** 277, mit kritischer Anm. von *Böhmer*). Jedoch kann der Anspruch aus dem Vermächtnis bei Erbfällen, die vor dem 21. Juni 1948 eingetreten sind, nach dem Gesetz über die richterliche Vertragshilfe vom 26. März 1952, BGBl. I 198 gestundet oder herabgesetzt werden (siehe unten Rdn. 50—54).

10 **3. Pflichten des Beschwerten vor Annahme der Erbschaft und vor dem Anfall des Vermächtnisses**

Auch schon vor Annahme der Erbschaft oder des mit einem Untervermächtnis belasteten Vermächtnisses darf der Beschwerte der Verwirklichung des Vermächtnisanspruchs nicht entgegenhandeln. Für die Zeit vor der Annahme der Erbschaft, beim Untervermächtnis für die Zeit vor Anfall des Vermächtnisses ist für die Verantwortlichkeit des Beschwerten § 1978 Abs. 1 Satz 2 entsprechend anzuwenden, so daß sich die Haftung des Beschwerten nach den Vorschriften der Geschäftsführung ohne Auftrag bestimmt

(*Planck/Flad* 4. Aufl. § 2174 Anm. 3aη). Beim hinausgeschobenen Vermächtnisanfall ergibt sich die Haftung des Beschwerten bis zum Anfall des Vermächtnisses aus den §§ 2179, 160.

4. Die Erfüllung des Vermächtnisanspruchs 11

Besondere Vorschriften für die Erfüllung enthalten die §§ 2181—2189. Die durch die Erfüllung entstehenden Kosten, z. B. beim Grundstücksvermächtnis die der Umschreibung, sind vom Beschwerten zu tragen (BGH LM BGB § 2174 Nr. 7). So die Kosten der Umschreibung einer Hypothekenforderung auf den Namen des Vermächtnisnehmers, mag die Hypothekenforderung selbst vermacht worden sein oder auf ein Geldvermächtnis an Erfüllungs Statt hingegeben werden (RFH I A 124).

5. Leistungsort und Gerichtsstand 12

Als Leistungsort ergibt sich aus § 269 der Wohnort des Beschwerten, aber nur für den Fall, daß ein anderer Ort vom Erblasser weder ausdrücklich noch stillschweigend bestimmt worden noch aus den Umständen, insbesondere aus der Natur des Schuldverhältnisses zu entnehmen ist. Regelmäßig wird hiernach der letzte Wohnort des Erblassers in Frage kommen. Wohnt der Bedachte außerhalb des Leistungsortes, so darf als Wille des Erblassers vielfach unterstellt werden, daß der Beschwerte den Gegenstand wenigstens auf den Weg bringt (Schickschuld), unter Umständen auch, daß er ihn auf seine Kosten übersendet (Bringschuld). Vgl. *Reichel* AcP **138,** 201. Für Klagen, welche Ansprüche aus Vermächtnissen betreffen, ist ohne Rücksicht auf den Leistungsort das Gericht der Erbschaft (ZPO § 27) zuständig.

6. Anspruch des Bedachten auf Sicherstellung 13

Ein gesetzlicher Anspruch auf Sicherstellung steht dem Vermächtnisnehmer nicht zu. Doch kann sich ein solcher Anspruch für ihn unter Umständen aus der Vermächtnisanordnung ergeben (RG JR **25** Nr. 1526; BayObLGZ NF **34,** 365); so insbesondere auch bei einem auf den Tod des Erben befristeten Vermächtnis eines Nachlaßgrundstücks aus der Anordnung, daß das Grundstück nicht veräußert werden dürfe (RG SeuffArch **87** Nr. 10). Unter den Voraussetzungen des § 1981 Abs. 2 kann der Vermächtnisnehmer als Nachlaßgläubiger die Nachlaßverwaltung beantragen. Ferner kann er sich gegebenenfalls durch Arrest oder einstweilige Verfügung, insbesondere durch Eintragung einer Vormerkung (§ 885) schützen lassen.

7. Anspruch des Bedachten auf Auskunft 14

Einen Anspruch auf Auskunfterteilung hat er, abgesehen von dem Vermächtnis eines Sachinbegriffs (§ 2155 Rdn. 10, § 260), gegen den Beschwerten nur, wenn ihm der Anspruch mitvermacht ist. Als stillschweigend mitvermacht kann der Auskunftsanspruch angesehen werden, wenn der Gegenstand des Vermächtnisses nach der in der letztwilligen Verfügung vom Erblasser vorgenommenen Bezeichnung nur auf Grund einer vom Erben erteilten Auskunft bestimmt werden kann, z. B. wenn als Gegenstand des Vermächtnisses bestimmt ist „der doppelte Pflichtteilsbetrag", „der halbe Wert des Nachlasses" oder ein bestimmter Teil des sich „bei günstiger Verwertung der Immobilien" ergebenden Erlöses (RG **129,** 239; Naumburg OLG **26,** 340; München OLG **42,** 136).

Ist ein Vermächtnisnehmer mit einem Bruchteil des sich bei späterer Liquidierung ergebenden Wertes des Nachlasses und bis dahin mit einem Bruchteil der Reinerträgnisse des Nachlasses bedacht, so kann nicht nur das Recht auf Auskunft über den Bestand des Nachlasses, sondern auch das Recht auf Rechenschaftsablegung über die Einnahmen und Ausgaben, die mit der Verwaltung des Nachlasses bis zu seiner Liquidierung verbunden sind, als mitvermacht angesehen werden (RG LZ **31,** 688).

15 **8. Zuwendung des vermachten Gegenstandes an den Bedachten zu Lebzeiten des Erblassers**

Hat der Erblasser dem Bedachten den Vermächtnisgegenstand bereits unter Lebenden zugewendet (vgl. § 2170 Rdn. 3 über die Möglichkeit der Rechtsnatur einer solchen Zuwendung als Schenkung RG **95,** 12), so ist das Vermächtnis, wenn es sich um eine Einzelsache handelt, nach § 2169 Abs. 1 unwirksam. Das Gattungsvermächtnis (§ 2155) bleibt an sich in Kraft. Doch ist Tatfrage, ob das Vermächtnis nicht unter der stillschweigenden Bedingung angeordnet ist, daß der Erblasser den Bedachten nicht selbst noch befriedigen werde (RG *Gruchot* **63,** 467f); ist eine solche auflösende Bedingung nach dem Inhalt des Testaments anzunehmen, so ist eine spätere, auf den Fortfall der Bedingung gerichtete Sinnesänderung des Erblassers ohne Bedeutung, wenn er das Testament nicht formgültiq ändert (RG WarnRspr. 1931 Nr. 60). Der in der Annahme der Zuwendung unter Lebenden regelmäßig enthaltene Verzicht des Bedachten auf das Vermächtnis bedarf, um wirksam zu sein, der Form des § 2348 (§ 2352).

16 **9. Fälligkeit, Gewährleistungsansprüche, Ansprüche auf Früchte und auf Ersatz von Verwendungen**

Der Anspruch aus dem Vermächtnis wird regelmäßig mit dessen Anfall fällig. Die Fälligkeit tritt also, soweit nicht die Ausnahmevorschriften der §§ 2177, 2178 durchgreifen, grundsätzlich mit dem Tode des Erblassers ein (§§ 2176, 271).

17 Um eine bedingte Zuwendung handelt es sich, wenn der Erblasser dem Bedachten einen Gegenstand vermacht und ihn verpflichtet hat, aus seinem, des Bedachten, Vermögen eine Abfindung an andere Personen zu zahlen. Der Bedachte kann in solchem Fall die Erfüllung des Vermächtnisses nicht fordern, bevor er nicht die ihm auferlegte Zahlung angeboten hat (BGH Urt. v. 8. 5. 1952 IV ZR 144/51).

18 Ist dagegen die Zeit der Erfüllung eines Vermächtnisses dem freien Belieben des Beschwerten überlassen, dann wird die Leistung nach § 2181 im Zweifel erst beim Tode des Beschwerten fällig. Für das Untervermächtnis bestimmt § 2186, daß der Beschwerte erst dann zur Erfüllung verpflichtet ist, wenn er die Erfüllung des ihm zugewandten Vermächtnisses verlangen kann.

Die Gewährleistungspflicht beim Gattungs- und Verschaffungsvermächtnis regeln die §§ 2182, 2183.

Über den Anspruch des Bedachten auf Herausgabe der Früchte und den Anspruch des Beschwerten auf Ersatz von Verwendungen bei dem Vermächtnis einer bestimmten zur Erbschaft gehörigen Sache vgl. §§ 2184, 2185.

19 **10. Abtretung und Pfändung**

Die Forderung aus dem Vermächtnis kann grundsätzlich abgetreten und gepfändet werden (RG **67,** 425). Das kann der Erblasser nicht ausschließen. Er kann aber das Vermächtnis unter der auflösenden Bedingung anordnen, daß die Forderung daraus weder abgetreten noch gepfändet wird. Die Pfändung schließt das Recht des Beklagten, das Vermächtnis nach § 2180 auszuschlagen, nicht aus, sie macht es ihm aber unmöglich, auf seinen Anspruch durch eine Erklärung gegenüber dem Beschwerten zu verzichten.

20 Ausnahmsweise kann die Forderung aus dem Vermächtnis nicht abgetreten werden, wenn der Gegenstand des Vermächtnisses nicht übertragbar ist. Das trifft zu,

wenn eine Forderung den Gegenstand des Vermächtnisses bildet, die nach § 399 nicht übertragbar ist. Die Forderung aus einem Vermächtnis, dessen Gegenstand der Anteil des Erblassers an einer offenen Handelsgesellschaft oder einer Kommanditgesellschaft ist, kann daher ohne Zustimmung der anderen Gesellschafter, insbesondere des beschwerten Erben, nicht abgetreten werden, sofern nicht nach dem Gesellschaftsvertrag die Anteile der Gesellschaft auch ohne eine solche Zustimmung abgetreten werden können. Die Abtretung ist ausgeschlossen, weil dadurch die dem beschwerten Erben obliegende Verpflichtung zur Leistung einen anderen Inhalt bekommen würde. Im Hinblick auf seine Haftung als Erbe für die zur Zeit des Erbfalls bestehenden Gesellschaftsverbindlichkeiten und die Haftung des neu eintretenden Gesellschafters für diese Verbindlichkeiten nach § 130 HGB ist es für den beschwerten Erben wesentlich, wer an seiner Stelle als Gesellschafter in die Gesellschaft eintritt (BGH LM BGB § 399 Nr. 5; *Baumgärtel* JZ **58**, 654).

Die Forderung aus dem Vermächtnis ist grundsätzlich auch abtretbar, wenn zu ihrer Erfüllung eine behördliche Genehmigung notwendig ist, z. B. eine Devisengenehmigung nach dem MilRegG Nr. 53 oder eine Genehmigung für den Erwerb landwirtschaftlicher Grundstücke nach der BayDV-KRG **45** v. 22. 5. 1947, BayBS IV 351. Anders als in dem Fall der an die Genehmigung gebundenen Abtretung des Anteils an einer offenen Handelsgesellschaft oder Kommanditgesellschaft berührt es den Inhalt der dem Beschwerten obliegenden Pflicht nicht, ob die Genehmigung für den Bedachten oder für eine Person, an die dieser seine Forderung abgetreten hat, erteilt wird.

11. Verjährung **21**

Der Anspruch aus dem Vermächtnis verjährt nach § 198 in dreißig Jahren, gerechnet von dem Zeitpunkt, in dem das Vermächtnis anfällt (vgl. dazu §§ 2176 ff). Ist eine Forderung vermacht, so richtet sich deren Verjährung nach den für sie geltenden Bestimmungen.

12. Erbschaftsteuer **22**

Die Erbschaftsteuer hat der Vermächtnisnehmer nach §§ 15, 2 Abs. 1 Nr. 1 des Erbschaftsteuergesetzes idF v. 1. 4. 1959, BGBl. I 187, zu tragen. Neben ihm haftet nach § 15 Abs. 3 Erbschaftsteuergesetz als Gesamtschuldner der Nachlaß sowie jeder Erbe in Höhe des Wertes des aus der Erbschaft Empfangenen. Der mit dem Vermächtnis beschwerte Erbe kann daher bei einem Geldvermächtnis einen entsprechenden Betrag für die Entrichtung der Steuer einbehalten (RG Recht 07 Nr. 1856; Braunschweig OLG **26**, 342). Der Erbe kann, falls er die für ein Rentenvermächtnis geschuldete Erbschaftsteuer gezahlt hat, gegenüber dem Anspruch des Vermächtnisnehmers auf die Rente mit seinem Anspruch auf Erstattung des auf den geltend gemachten Rentenbetrag entfallenden Teils der Erbschaftsteuer auch insoweit aufrechnen, als die Rente nach § 850 b Nr. 3 ZPO unpfändbar und damit nach § 394 die Aufrechnung an sich nicht zulässig ist (BGH Urt. v. 14. 4. 1956 IV ZR 1/56). Beim Vermächtnis eines anderen Gegenstandes kann er diesen bis zur Entrichtung der Steuer zurückbehalten (BGH WM **61**, 390). Grunderwerbsteuer ist, wenn dem Bedachten das vermachte Grundstück übereignet wird, nicht zu entrichten (vgl. *Staudinger/Seybold* 11. Aufl. § 2174 Rdn. 8).

III. Die Vermächtnisschuld als Nachlaßverbindlichkeit **23**

Die Vermächtnisschuld ist, wenn der Erbe damit beschwert ist, Nachlaßverbindlichkeit (§ 1967). Sie unterscheidet sich aber von anderen Verbindlichkeiten dadurch, daß sie — gleich dem Pflichtteil — zur Voraussetzung hat, daß nach Tilgung der eigentlichen Nachlaßschuld ein Nachlaßüberschuß vorhanden ist. Die Forderung aus dem Vermächtnis rangiert somit nach den gewöhnlichen Nachlaßverbindlichkeiten. Anderseits hat der Erbe keinen Anspruch darauf, daß ihm irgend etwas (Falzidische Quart) vom Nachlaß verbleibe. Hierauf und auf der Tatsache, daß dem Erben das Vermächtnis regelmäßig aus den letztwilligen Verfügungen des Erblassers bekannt ist, beruhen folgende Besonderheiten:

24 Das Vermächtnis wird, außer nach Teilung des Nachlasses unter Miterben (§ 2060 11. Aufl. Anm. 6) durch das **Aufgebot** nicht betroffen, § 1972, hat aber sogar hinter den ausgeschlossenen Gläubigern zurückzutreten (§§ 1973 Rdn. 12, 1974 Rdn. 12). Im Verhältnis von Pflichtteilsrechten, Vermächtnissen und Auflagen zueinander haben die Pflichtteilsrechte den Vorrang, § 1974 Rdn. 13; KO § 226. Im übrigen kann der Erblasser den Rang ordnen, § 2189. In diesem Verhältnis hat der Erbe auch im Falle der **Unzulänglichkeitseinrede** für die Berichtigung Sorge zu tragen, § 1991 Rdn. 9, aber auch § 1979. Beruht die Überschuldung des Nachlasses auf Vermächtnissen, so ist der Erbe deshalb allein nicht zum Antrag auf Eröffnung des Nachlaßkonkurses verpflichtet, §§ 1980, 1992. Über die Erfüllung des Anspruchs des Bedachten in einem solchen Falle siehe § 1992 Rdn. 8. Inwieweit im übrigen Vermächtnisse vom **Pflichtteilsrechte** beeinflußt werden, ergeben §§ 2306, 2318, 2321—2323. Besonderheiten im **Nachlaßkonkurse** KO §§ 219, 222, 226, 227, 230. An einem **Vergleichsverfahren** über den Nachlaß sind die Vermächtnisnehmer weder beteiligt, noch werden sie von einem Vergleich betroffen (VerglO § 113 Nr. 7). Haftung des Vorerben § 2145. Fälligkeit des **Untervermächtnisses,** mit dem ein Vermächtnisnehmer beschwert ist, und Beschränkung seiner Haftung §§ 2186—2188, **Anfechtung** des Vermächtnisses **wegen Erbunwürdigkeit** des Bedachten § 2345.

25 **IV. Vermächtnis und Lastenausgleich**

1. Allgemeines

Daraus, daß das am 1. September 1952 in Kraft getretene Lastenausgleichsgesetz die Vermögensabgabeschuld rückwirkend zu Beginn des 21. Juni 1948 entstehen läßt, können sich Unbilligkeiten ergeben, wenn ein nach dem 20. Juni 1948 verstorbener Erblasser ein Vermächtnis oder eine Auflage angeordnet hat, bevor er von dem Bestehen der Vermögensabgabeschuld Kenntnis erlangt hatte. Ist der Erblasser davon ausgegangen, daß der Beschwerte das ihm zugewandte Vermögen ungeschmälert erhalten werde, dann wird es in der Regel seinen Vorstellungen und Absichten nicht entsprechen, wenn dieser, obwohl er die Vermögensabgabe leisten muß, auch die Beschwerungen in vollem Umfange zu erfüllen hat. § 70 LAG trifft daher eine Übergangsbestimmung. Sie betrifft Vermächtnisse und Auflagen, die vor dem 1. Oktober 1952 angeordnet worden sind, wenn der Erbfall nach dem 20. Juni 1948 eingetreten ist.

26 **2. Erbfall vor dem 21. Juni 1948 oder Anordnung eines Vermächtnisses nach dem 30. September 1952**

Für Erbfälle vor dem 21. Juni 1948 war keine besondere Regelung erforderlich. Denn in diesen Fällen ist nicht schon der Erblasser, sondern erst der Erbe Schuldner der Vermögensabgabe geworden. Bei der Ermittlung seines für die Berechnung der Abgabeschuld maßgebenden Vermögens sind aber die ihn treffenden Verbindlichkeiten aus Vermächtnissen und Auflagen ohnehin schon zu berücksichtigen. Hat der Erblasser Vermächtnisse und Auflagen nach dem 30. September 1952 angeordnet, dann muß regelmäßig davon ausgegangen werden, daß er seine Bestimmung in Kenntnis der auf seinem Vermögen lastenden Abgabeschuld getroffen hat. Dann ist anzunehmen, daß der

Beschwerte das Vermächtnis oder die Auflage erfüllen soll ohne Rücksicht darauf, daß ihn die Abgabeschuld des Erblassers als Nachlaßverbindlichkeit trifft. Falls der Erblasser jedoch ausnahmsweise auch nach dem 30. September 1952 noch irrige Vorstellungen von dem Bestehen der Abgabeschuld und der sich daraus für den Beschwerten ergebenden Belastung gehabt hat, kann seine letztwillige Verfügung unter Umständen wegen Irrtums nach § 2078 angefochten werden.

3. Kürzung der Vermächtnisse und Auflagen nach § 70 LAG

§ 70 LAG lautet:

Hat ein nach dem 20. Juni 1948 verstorbener Erblasser vor dem 1. Oktober 1952 ein Vermächtnis angeordnet und dabei die durch dieses Gesetz entstehende Verpflichtung des Erben, die auf den Nachlaß entfallende Vermögensabgabe zu tragen, nicht berücksichtigt, so ist im Zweifel als Wille des Erblassers anzunehmen, daß der Erbe berechtigt sein soll, das Vermächtnis um den Anteil des Zeitwerts der Abgabeschuld zu kürzen, der dem Anteil des gemeinen Werts des Vermächtnisses an dem gemeinen Wert des Nachlasses entspricht. Für den Zeitwert (§ 77) der Abgabeschuld, für den Wert des Vermächtnisses und den Wert des Nachlasses ist der Zeitpunkt des Erbfalls maßgebend. Zur Ermittlung des Nachlasses sind Vermächtnisse, Auflagen, Pflichtteile und die Vermögensabgabe außer Betracht zu lassen.

In den Fällen des Absatzes 1 kann der Vermächtnisnehmer die Kürzung des Vermächtnisses dadurch abwenden, daß er die Verpflichtung zur Entrichtung des Vierteljahresbetrags zu dem sich aus Absatz 1 ergebenden Anteil dem Erben gegenüber übernimmt und sich auf dessen Verlangen an der Stellung eines Antrags auf Genehmigung der Schuldübernahme nach § 60 beteiligt.

Die Absätze 1 und 2 gelten entsprechend im Falle einer Auflage.

Wird die einem Vermächtnisnehmer gebührende Leistung auf Grund des Absatzes 1 gekürzt, so kann der Vermächtnisnehmer die ihm selbst auferlegten Beschwerungen um den Anteil des ihn betreffenden Kürzungsbetrages mindern, der dem Verhältnis der auferlegten Beschwerungen zu dem Vermächtnis entspricht. Absatz 2 gilt entsprechend.

Die Absätze 1, 2 und 4 gelten nicht für die Fälle, in denen das Vermächtnis in einem Nießbrauch besteht; insoweit verbleibt es hinsichtlich der Lastenverteilung zwischen Eigentümer und Nießbraucher bei den Vorschriften des bürgerlichen Rechts in Verbindung mit § 73.

Danach kommt es zeitlich allein darauf an, daß der Erbfall nach dem 20. Juni 1948 eingetreten und daß das Vermächtnis oder die Auflage vor dem 1. Oktober 1952 angeordnet ist. Es ist unerheblich, wann das Vermächtnis angefallen und ob es schon erfüllt ist. Der Beschwerte kann, falls er das Vermächtnis vor dem Inkrafttreten des Lastenausgleichsgesetzes bereits erfüllt hatte, den Betrag, um den das Vermächtnis nach § 70 LAG zu kürzen gewesen wäre, von dem Bedachten zurückfordern. **27**

§ 70 Abs. 1 LAG enthält eine Auslegungsregel. Der Gegenbeweis, daß der Erblasser keine Kürzung der von ihm angeordneten Vermächtnisse und Auflagen trotz der den Beschwerten treffenden Abgabenschuld gewollt hat, ist zulässig. Der Beweis muß dahin geführt werden, daß der Erblasser diese Kürzung, als er die Beschwerung anordnete, nicht wollte. Es braucht jedoch nicht bewiesen zu werden, daß der Erblasser sich bestimmte Vorstellungen über das Bestehen oder das spätere Entstehen einer Abgabeschuld gemacht hat. Es genügt, wenn erwiesen ist, daß der Wille **28** des Erblassers allgemein dahin ging, das Vermächtnis oder die Auflage solle unter allen Umständen in voller Höhe geleistet werden. Anhaltspunkte für die Erforschung des Willens des Erblassers können seine Beweggründe für die Bestimmung, insbesondere die mit ihr verfolgten Zwecke ergeben. Eine ungeschmälerte Erfüllung des Vermächtnisses wird der Erblasser häufig gewollt haben, wenn er durch das Vermächtnis ihm geleistete wertvolle Dienste entlohnen (Köln NJW **54**, 356) oder eine Entschädigung für ihm gebrachte Opfer gewähren will. Daraus allein, daß der Erblasser seine früheren Verfügungen nicht geändert hat, nachdem er von dem Bestehen der Abgabeschuld Kenntnis erlangt hatte, kann nicht geschlossen werden, daß er die Kürzung nicht will. Er kann von einer Änderung gerade mit Rücksicht auf § 70 LAG abgesehen haben. Auch kann das Verhalten des Erblassers nach der Errichtung der Verfügung bei der Auslegung des Testaments nur insoweit berücksichtigt werden, als es Rückschlüsse auf den Willen zuläßt, den der Erblasser hatte, als er die Verfügung errichtete. § 70 LAG ist nicht mehr anzuwenden, wenn der Erblasser seine Verfügung nach dem 30. September 1952 inhaltlich derart geändert hat, daß sie als neu getroffen angesehen werden muß.

29 Vermächtnisse und Auflagen können nur wegen der Vermögensabgabe und nicht wegen der vom Erblasser nicht berücksichtigten Hypotheken- und Kreditgewinnabgabe gekürzt werden.

30 Der Gesetzgeber geht davon aus, daß der Vermächtnisnehmer nach dem Willen des Erblassers den Teil der Abgabeschuld tragen soll, der dem Verhältnis entspricht, in dem der gemeine Wert des Vermächtnisses zu dem gemeinen Wert des Nachlasses steht. Die Vermögensabgabe ist dabei mit ihrem nach § 70 LAG zu errechnenden Zeitwert anzusetzen. Der Kürzungsbetrag errechnet sich sonach nach der Formel

$$K = \frac{\text{gem. Wert d. Vermächtn.} \cdot \text{Zeitw. d. auf d. Nachl. fallend. Vermögensabgabeschuld}}{\text{gemeiner Wert des Nachlasses}}$$

31 Auszugehen ist dabei von den für den Zeitpunkt des Erbfalls geltenden Werten. Die gewöhnlichen Nachlaßverbindlichkeiten und auch die Erbschaftsteuer, die Hypothekengewinnabgabe, die Kreditgewinnabgabe und die Soforthilfeabgabe, soweit sie nicht auf die Vermögensabgabe angerechnet wird, sind bei der Ermittlung des Nachlaßwertes abzusetzen. Dagegen dürfen die Verbindlichkeiten aus Vermächtnissen, Auflagen, Pflichtteil und die Vermögensabgabe selbst nicht abgesetzt werden.

32 Falls eine Kürzung des Vermächtnisses oder der Auflage wegen der Natur der geschuldeten Leistung nicht möglich ist, muß dem Beschwerten ein Ausgleichsanspruch in Höhe des sich rechnerisch ergebenden Kürzungsbetrages zugebilligt werden.

33 Abs. 2 gestattet dem Bedachten, die Kürzung seiner Zuwendung dadurch abzuwenden, daß er sich verpflichtet, die Vermögensabgabeschuld zu dem auf ihn entfallenden Anteil zu übernehmen. Er ist dann dem Beschwerten gegenüber verpflichtet, diesen von dem entsprechenden Teil der ihn treffenden Abgabeschuld zu befreien. Auf Verlangen des Beschwerten muß er sich an einem von diesem zu stellenden Antrag auf Genehmigung der teilweisen Übernahme der Abgabeschuld nach § 60 LAG beteiligen. Mit der Genehmigung wird der Bedachte für den auf ihn entfallenden Teil Schuldner der Vermögensabgabe. Der Beschwerte wird insoweit von seiner Verpflichtung frei.

34 Abs. 4 gestattet dem Vermächtnisnehmer, dessen Vermächtnis nach Abs. 1 gekürzt wird, die ihm selbst auferlegten Beschwerungen verhältnismäßig zu kürzen.

Die Vorschrift entspricht dem § 2188. Das Kürzungsrecht muß dem Vermächtnisnehmer auch zustehen, wenn er von der Möglichkeit Gebrauch gemacht hat, die Kürzung nach Abs. 2 abzuwenden. Derjenige, dem das Untervermächtnis zugewandt ist, oder der durch die Auflage begünstigt ist, kann die Kürzung durch den beschwerten Vermächtnisnehmer gleichfalls dadurch abwenden, daß er sich entsprechend Abs. 2 verpflichtet, die Abgabeschuld anteilsmäßig zu übernehmen.

Die angeführten Vorschriften gelten nach Abs. 5 nicht, wenn das Vermächtnis in einem Nießbrauch besteht. Hier verbleibt es wegen der Verteilung der Lasten zwischen Eigentümer und Nießbraucher bei den Vorschriften des bürgerlichen Rechts in Verbindung mit § 73 LAG. Diese Vorschrift bestimmt, inwieweit die Abgabeschuld als eine auf den Stammwert des Vermögens gelegte außerordentliche Last im Sinne des § 1047 anzusehen ist. Eigentümer und Nießbraucher haben die Vierteljahresbeträge im Innenverhältnis je zur Hälfte zu tragen. Eine Kürzung des Vermächtnisses kommt daher nicht in Betracht. **35**

4. Mithaft des Bedachten für die Abgabeschuld des Erblassers nach § 71 LAG **36**

§ 71 LAG schreibt für diejenigen, die nach dem 20. Juni 1948 auf Grund eines Vermächtnisses oder einer Auflage Vermögen erworben haben, eine Mithaft für die Abgabeschuld des Erblassers vor. Die Mithaft besteht in Höhe des gemeinen Werts der Bereicherung zur Zeit des Erbfalls. Die Bestimmung soll verhindern, daß die Erfüllung der Abqabeschuld dadurch qefährdet wird, daß der Erblasser sein Vermögen von Todes wegen solchen Personen zuwendet, die für die auf diese Vermögensteile entfallende Abgabeschuld an sich nicht haften. Der Vermächtnisnehmer oder der durch die Auflage Begünstigte kann auf Antrag oder auch von Amts wegen aus der Haftung entlassen werden, wenn die Aussichten für die Verwirklichung des Abgabeanspruchs dadurch nicht wesentlich verschlechtert werden. Falls der Vermächtnisnehmer oder der durch die Auflage Begünstigte einen Teil der Abgabeschuld des Erblassers durch Vertrag mit dem Erben übernommen oder auf Grund einer letztwilligen Verfügung des Erblassers zu tragen hat, gilt § 60 LAG entsprechend. Danach kann die Abwälzung der Abgabeschuld mit der Folge genehmigt werden, daß der Vermächtnisnehmer oder der durch die Auflage Begünstigte für den übernommenen Teil allein haftet. Bezüglich des Restes der Abgabeschuld trifft ihn gleichwohl weiter die Mithaft nach § 71 LAG, falls er nicht nach Abs. 2 hieraus entlassen wird.

V. Aufwertung **37**

1. Nach allgemeinen Regeln

Darüber, ob ein vor oder während der Inflation in Mark ausgesetztes Summen- oder Rentenvermächtnis aufzuwerten ist, entscheidet in erster Linie der im Testament kundgegebene Wille des Erblassers. Danach kann sich ergeben, daß jede Aufwertung zu unterbleiben hat.

In der Regel wird, insbesondere bei Markvermächtnissen aus der Zeit vor merkbarer Inflation, Aufwertung geboten sein; und zwar, namentlich bei einem zum Unterhalt bestimmten Rentenvermächtnis (wie in dem Falle RG JW **28**, 885), auch dann, wenn der Erblasser noch längere Zeit während der Inflation gelebt hat, ohne sein Testament zu ändern (RG JW **29**, 586). **38**

Es muß in diesen Fällen im Wege ergänzender Testamentsauslegung (§ 2084 Rdn. 19 ff) festzustellen versucht werden, wie der Erblasser selbst nach seiner aus dem Testament, gegebenenfalls unter Mitberücksichtigung von Umständen außerhalb des Testaments, zu entnehmenden Willensrichtung die Aufwertungsfrage gelöst **39** haben würde, wenn er mit der Geldentwertung gerechnet hätte (BGH LM BGB § 242 A Nr. 7). Versagt dieses Hilfsmittel, so ist über die Frage an der Hand des § 242 zu entscheiden (Rdn. 9).

40 Unter dem einen wie unter dem andern Gesichtspunkt wird im allgemeinen (vorausgesetzt, daß der Erblasser vom Werte seines Vermögens bei der Testamentserrichtung eine wenigstens annähernd richtige Vorstellung gehabt hat, RG HRR **31**, 1742) einerseits davon auszugehen sein, in welchem Wertverhältnis das Vermächtnis zum Vermögen des Erblassers im Zeitpunkt der Testamentserrichtung stand, anderseits davon, in welchem Maße der Nachlaß bei der nach der Testamentserrichtung eingetretenen Entwicklung der wirtschaftlichen Verhältnisse seinen Wert behalten hat (RG WarnRspr. 1938 Nr. 54).

41 Für die Bestimmung dieses Maßes kommt es grundsätzlich nicht auf den Zeitpunkt des Erbfalls (so KG JW **26**, 1589) und auch nicht auf den des Anfalls des Vermächtnisses an, sondern auf den Zeitpunkt, in dem der Bedachte das ihm Zugewendete in die Hand bekommt (BGH LM EGBGB Art. 7 ff — Interzonales Privatrecht Nr. 43). Das gilt insbesondere auch für den Fall, daß nicht eine bestimmte Summe vermacht, sondern die Höhe des Vermächtnisses vom Wert des Nachlasses oder dem Wert eines Nachlaßgegenstandes abhängig gemacht war (RG JW **29**, 585). Ein früherer Zeitpunkt kann in Betracht kommen, wenn das Hinausschieben der Erfüllung auf vertretbaren Handlungen des einen oder des anderen Beteiligten beruht (RG **108**, 86; JW **25**, 360; **30**, 994).

Dasselbe gilt, wenn der Erblasser selbst ein Vermächtnis in Höhe einer bestimmten Quote seines Nachlasses zugewandt hat. Falls dieser zur Zeit der Erfüllung des Vermächtnisses noch wirtschaftlich unverändert vorhanden ist oder wenn das den Hauptgegenstand des Nachlasses bildende Grundstück nach der Beendigung der Geldentwertung (Stabilisierung der Mark oder Währungsreform) veräußert worden ist, entspricht es dem mutmaßlichen Willen des Erblassers, den als Vermächtnis zu zahlenden Geldbetrag in dieser Weise zu berechnen (BGH LM BGB § 2176 Nr. 3). Vgl. auch *Bamberg* BayZ **25**, 294 über die Berechnung eines Quotenvermächtnisses. Diese Grundsätze können jedoch nicht angewandt werden, wenn der Erblasser den Bedachten in einem vor der Währungsreform errichteten Testament eine Summe zugewandt hat, die dem Wert einer angegebenen Warenmenge (z. B. Getreide) entsprechen soll. Es kommt dann allein darauf an, welchen Zeitpunkt der Erblasser als maßgeblich für die Berechnung der Höhe des Vermächtnisses hat ansehen wollen. Notfalls muß seine Verfügung dahin ergänzend ausgelegt werden (BGH WM **71**, 1551).

42 Eine über das angegebene Maß hinausgehende Aufwertung bedarf der Begründung aus den besonderen Umständen des Falles (RG WarnRspr. 1927 Nr. 35: Testament, aus dem der Wille des Erblassers erhellte, hinsichtlich der Erhaltung des Wertes der Zuwendungen den Vermächtnisnehmer vor dem Erben zu bevorzugen; KG JW **26**, 1846: Vermächtnis einer zum Unterhalt bestimmten Rente an den Stiefbruder zu Lasten der als Erbin eingesetzten Stadtgemeinde; RG WarnRspr. 1926 Nr. 6: Vermächtnis einer zum Unterhalt bestimmten Rente an die zweite Ehefrau gegen deren Verzicht auf ihr gesetzliches Erbrecht, nachdem der mit dem Vermächtnis als gesetzlicher Erbe beschwerte Sohn erster Ehe schon vorher durch die Überlassung des väterlichen Geschäfts versorgt worden war; RG WarnRspr. 1927 Nr. 85: Vermächtnis einer Pension durch die Mutter eines damaligen Landesherrn an die Witwe ihres früheren Hofmarschalls).

43 Der Fall eines Rentenvermächtnisses kann auch so liegen, daß es für die Aufwertung nicht sowohl auf das Maß der Erhaltung des Wertes der Substanz als vielmehr auf das Maß der Erhaltung der Erträge des Nachlasses ankommt (Hamburg JW **25,** 2668; KG JW **26,** 835; vgl. auch RG LZ **26,** 1192 betreffend eine in einem Erbauseinandersetzungsvertrage zur Abfindung eines Miterben festgesetzte Rente).

Bei der Aufwertung eines Summen- oder Rentenvermächtnisses gegenüber einem Erben, der sich den Nachlaß in seinem ursprünglichen Wert erhalten hat, braucht der sog. Verarmungsfaktor (9. Aufl. § 242 Anm. 5 d a Abs. 2) auf seiten des Vermächtnisnehmers jedenfalls dann nicht berücksichtigt zu werden, wenn das Vermächtnis nach dem Willen des Erblassers in einem bestimmten Verhältnisse zum Werte des Nachlasses stehen sollte (RG JW **27,** 1833; **29,** 3488; **30,** 995 Nr. 13). **44**

Ob eine während der Inflation, wenn auch vor Mitte August 1922 (RG **113,** 136), auf ein Geldvermächtnis geleistete Zahlung noch als Vollzahlung oder nur als eine durch einen Aufwertungsanspruch auszugleichende Teilzahlung zu gelten hat, hängt von den nach Treu und Glauben zu beurteilenden Umständen des einzelnen Falles ab (RG **114,** 404; **115,** 205; JW **27,** 1833 Nr. 14). **45**

2. Nach dem Aufwertungsgesetz **46**

In die Anwendung dieser „allgemeinen Vorschriften" greift das Aufwertungsgesetz v. 16. 7. 1925 grundsätzlich nicht ein (§ 62). Es bestimmt in § 63 Abs. 2 Nr. 2 sogar ausdrücklich, daß als Vermögensanlagen, deren Aufwertung 25 v. H. des Goldmarkbetrags nicht übersteigen darf, Ansprüche nicht gelten, die auf den Beziehungen zwischen Erben und Vermächtnisnehmern beruhen. Diese Bestimmung erstreckt sich auch auf den Fall, daß eine Vermächtnisforderung nach § 607 Abs. 2 BGB in ein Darlehn umgewandelt oder zum Gegenstand eines Vergleichs gemacht ist (RG JW **26,** 1143; **27,** 1833 Nr. 14).

Nach § 63 Abs. 4 kann das Gericht über die Fälligkeit und die Verzinsung des Aufwertungsbetrags nach billigem Ermessen entscheiden; es darf jedoch über das aus §§ 25, 26, 28 AufwertungsG ersichtliche Maß hinaus ohne Zustimmung des Vermächtnisnehmers Stundung oder Zinsermäßigung nicht gewähren.

Ist die Vermächtnisforderung durch eine Hypothek gesichert, so bestimmt sich die Aufwertung der Hypothek nach §§ 4 ff und diejenige der persönlichen Forderung, mit den sich aus §§ 11, 12 ergebenden Einschränkungen, nach § 10 Abs. 1 Nr. 2 AufwertungsG.

Hat der Bedachte auf das Vermächtnis eine zum Nachlaß gehörende Hypothekenforderung an Erfüllungs Statt angenommen, so ist die Berechnung des der Aufwertung zugrunde zu legenden Goldmarkbetrags nach § 3 Nr. 2 AufwertungsG, also ebenso vorzunehmen, wie wenn die Hypothekenforderung vermacht worden wäre (KG JW **26,** 2696; BayObLGZ NF **25,** 402). **47**

VI. Umstellung **48**

1. Umstellung nach § 18 Abs. 1 Nr. 3 UmstG

Eine auf Geld lautende Forderung aus einem Vermächtnis, die vor dem 21. Juni 1948 begründet worden ist, ist nach §§ 13 Abs. 3, 18 Abs. 1 Nr. 3 UmstG im Verhältnis 1 : 1 auf Deutsche Mark umgestellt. Vor dem 21. Juni 1948 begründet worden sind alle Ansprüche aus Vermächtnissen, bei denen der Erbfall vor diesem Zeitpunkt eingetreten ist, auch dann, wenn das Vermächtnis aufschiebend bedingt und befristet ist und die Bedingung oder der Termin (§ 2172), das Ereignis, an den der Anfall des Vermächtnisses geknüpft ist (§ 2178) erst nach dem Stichtag eingetreten ist (BGH LM VHG § 1 Nr. 28).

Nicht umgestellt werden Quotenvermächtnisse. Das sind Vermächtnisse, durch die dem Beschwerten auferlegt ist, einen bestimmten Bruchteil des Wertes des Nachlasses oder auch eines einzelnen Nachlaßgegenstandes zu leisten. Sie begründen keine Geldsummen, sondern eine Geldwertschuld (BGH LM EGBGB Art. 7ff — Interzonales Privatrecht — Nr. 43). Das gilt auch für Ansprüche aus Vermächtnissen, die noch auf die alte, vor 1924 geltende Markwährung lauten, wenn sie vor dem 21. Juni 1948 entstanden, aber noch nicht beglichen sind. Sie sind zunächst nach den in Rdn. 37 ff aufgeführten Aufwertungsgrundsätzen zu behandeln. Auf diese Weise ist zu ermitteln, auf welchen Reichsmarkbetraq das Vermächtnis lautet. Dieser Betrag ist im Verhältnis 1 : 1 auf Deutsche Mark umgestellt (BGH LM BGB § 242 A Nr. 7).

49 Eine Umstellung kommt nur in Betracht, soweit der Anspruch aus dem Vermächtnis noch nicht erfüllt ist. Die Frage, ob der Anspruch vor dem 21. Juni 1948 erfüllt worden ist, kann vor allem streitig werden, wenn der Bedachte die ihm angebotene Reichsmark-Zahlung zurückgewiesen und der Beschwerte den Betrag unter Verzicht auf die Rücknahme hinterlegt hat. Grundsätzlich konnte ein Vermächtnis ebenso wie der Pflichtteilsanspruch (BGH **5**, 12) vor dem 21. Juni 1948 durch Hingabe des geschuldeten Reichsmarkbetrages erfüllt werden. Falls der Gläubiger die angebotene Leistung zurückwies, geriet er nach § 293 in Annahmeverzug, und die Hinterlegung des geschuldeten Betrages unter Verzicht auf die Rücknahme hatte nach §§ 378, 376 schuldbefreiende Wirkung. Der Bedachte war dagegen nicht in Annahmeverzug geraten, wenn der Beschwerte ihm nicht die volle, sondern nur eine Teilleistung angeboten hatte, die mehr als unwesentlich hinter dem geschuldeten Betrag zurückblieb. Es ist dann unerheblich, aus welchem Grunde der Beschwerte die angebotene Leistung zurückgewiesen hat. Auch dann, wenn dies geschehen ist, weil er grundsätzlich keine Reichsmarkzahlung annehmen wollte, ist er nicht in Annahmeverzug geraten, und eine etwa erfolgte Hinterlegung hat keine schuldbefreiende Wirkung gehabt (BGH Urt. v. 10. 3. 1956 IV ZR 99/55). Ein Annahmeverzug ist insbesondere nicht eingetreten, wenn der Beschwerte verlangt hat, der Bedachte solle die angebotene, den geschuldeten Betrag nicht erreichende Leistung als Abfindung für seinen Anspruch annehmen. Auf die schuldbefreiende Wirkung der Hinterlegung kann der Beschwerte sich nicht berufen, wenn dem Bedachten die Höhe des Vermächtnisses unbekannt, ihm ein Anspruch auf Auskunft gegen den Beschwerten mit vermacht war (vgl. oben Rdn. 14) und der Beschwerte dem Verlangen auf Auskunft nicht entsprochen hatte, bevor er die geschuldete Leistung anbot (BGH LM BGB § 2314 Nr. 2; entschieden für einen Pflichtteilsanspruch).

50 **2. Vertragshilfe**

Der Beschwerte kann, wenn sich für ihn Schwierigkeiten aus der Umstellung ergeben, richterliche Vertragshilfe nach dem Vertragshilfegesetz vom 26. 3. 1952, BGBl. I 198, geändert durch das Gesetz vom 24. 8. 1953, BGBl. I 1003, in Anspruch nehmen. Falls mehrere Miterben mit dem Vermächtnis beschwert sind, ist nach § 2038 Abs. 1 Satz 2 Halbs. 2 jeder Miterbe allein berechtigt, den Antrag auf Vertragshilfe zu stellen (BGH LM VHG § 1 Nr. 13). Auf den Antrag kann das Vertragshilfegericht die Forderung stunden oder herabsetzen, wenn und soweit die fristgemäße oder volle Leistung dem Schuldner bei gerechter Abwägung der Interessen und der Lage beider Teile nicht zugemutet werden kann.

51 Auch wenn das Vermächtnis keinen Geldbetrag, sondern eine andere Leistung zum Gegenstand hat, kann Vertragshilfe gewährt werden. In diesem Fall kann die Leistung, falls eine Herabsetzung geboten ist, auf einen Betrag in Deutscher Mark festgesetzt werden.

Vertragshilfe wird nach §§ 7 ff VHG in einem besonderen Verfahren durch das Gericht gewährt, bei dem der Schuldner seinen allgemeinen Gerichtsstand hat. Sie kann aber auch, wenn der Gläubiger einverstanden ist, in einem anhängigen Rechtsstreit durch das Prozeßgericht nach § 11 Abs. 4 VHG gewährt werden. **52**

Maßgebend für die Frage, ob und inwieweit Vertragshilfe zu gewähren ist, ist hier in erster Linie, ob der Wert, den der Nachlaß hatte, als die Forderung aus dem Vermächtnis entstand, so erheblich gemindert ist, daß es dem Beschwerten nicht zugemutet werden kann, die im Verhältnis 1 : 1 in Deutsche Mark umgestellte Vermächtnisforderung sofort und in voller Höhe zu begleichen. Diese Art der Vertragshilfe wird „korrigierende Vertragshilfe" genannt. Auch bei ihr können aber unter Umständen die persönlichen Verhältnisse der Beteiligten, insbesondere ihre Vermögens- und Einkommensverhältnisse mitzuberücksichtigen sein (BGH LM VHG § 1 Nr. 1, dazu Anm. *Duden* JZ **54**, 390; aA *Staudinqer/Seybold* 11. Aufl. vor § 2147 Rdn. 14b; Stuttgart NJW **52**, 1219). **53**

Der Beschwerte kann sich gegenüber dem Anspruch des Vermächtnisnehmers grundsätzlich nicht auf § 242 BGB berufen. Aus dieser Vorschrift kann er nur Rechte herleiten, soweit er sich auf einen Tatbestand beruft, der im Vertragshilferecht nicht geregelt ist, oder soweit er Rechte in Anspruch nimmt, die über die im Vertragshilferecht gegebenen Möglichkeiten hinausgehen (BGH **2**, 153; **8**, 347; LM BGB § 242 A Nr. 13). **54**

3. Umstellung vermachter Forderungen **55**

Hat der Erblasser dem Bedachten durch das Vermächtnis eine Forderung zugewandt, die ihm gegen einen Dritten zusteht, so erfolgt die Umstellung dieser Forderung nach den für sie geltenden Bestimmungen. § 18 Abs. 1 Nr. 3 ist auf sie nur anzuwenden, wenn die zugewandte Forderung selbst zu den dort genannten Verbindlichkeiten gehört.

4. Auf Reichsmark lautende Vermächtnisse bei Erbfällen nach dem 20. Juni 1948 **56**

Wenn der Erbfall erst nach dem 20. Juni 1948 eingetreten ist, ist die Forderung aus dem Vermächtnis nach § 2176 auch erst nach diesem Zeitpunkt entstanden. Am Währungsstichtag war noch keine Forderung vorhanden, die umgestellt werden konnte. Daher ist in diesen Fällen auch für die Vertragshilfe kein Raum (BGH **37**, 192; LM VHG § 21 Nr. 24). An die Stelle der in der letztwilligen Verfügung gewählten Rechnungseinheit Reichsmark, Goldmark oder Rentenmark tritt nach § 2 WährG die Rechnungseinheit Deutsche Mark. Die Verbindlichkeit aus dem Vermächtnis ist dann von vornherein als DM-Verbindlichkeit entstanden. Für eine solche Verbindlichkeit kann keine Vertragshilfe gewährt werden. Stets und besonders in den zuletzt behandelten Fällen muß geprüft werden, ob nicht die gewöhnliche oder die ergänzende Testamentsauslegung dazu führt, die Höhe des Vermächtnisses anders zu bemessen. Das kann der Fall sein, wenn das Vermächtnis den Charakter einer Wertschuld hat und das mit seinem DM-Nennwert bezifferte Vermächtnis das vom Erblasser gewollte Wertverhältnis unrichtig wiedergibt (vgl. über die Testamentsauslegung in ihrem Verhältnis zur Umstellung und zu § 2 WährG § 2084 Rdn. 12ff).

5. Interzonales Recht **57**

Das Währungsrecht der DDR ist anzuwenden, wenn der letzte Wohnsitz des Erblassers in der DDR war, wenn sich dort sein Nachlaß befindet und auch der Beschwerte dort wohnt. Dabei bleibt es grundsätzlich auch dann, wenn der Beschwerte und der Bedachte später ihren Wohnsitz in die Bundesrepublik verlegen und auch dort infolge der Wertpapierbereinigung Nachlaßvermögen greifbar wird. Anders kann es sein bei einem Quotenvermächtnis. Hier kann die ergänzende Testamentsauslegung ergeben, daß dieses in dem Verhältnis in DM-West zu erfüllen ist, in dem das in der Bundesrepublik belegene Vermögen zu dem in der DDR belegenen steht (BGH LM EGBGB Art. 7 ff — Interzonales Privatrecht — Nr. 43).

§ 2175

Hat der Erblasser eine ihm gegen den Erben zustehende Forderung oder hat er ein Recht vermacht, mit dem eine Sache oder ein Recht des Erben belastet ist, so gelten die infolge des Erbfalls durch Vereinigung von Recht und Verbindlichkeit oder von Recht und Belastung erloschenen Rechtsverhältnisse in Ansehung des Vermächtnisses als nicht erloschen.

E I 1866 II 2046; M **5** 176, 177; P **5** 203, 210.

Vermächtnis von Forderungen oder Rechten des Erblassers gegen den Erben

Übersicht

1 **I. Fortfall der Konfusion**

ist eine zur Zeit des Erbfalls bereits bestehende Forderung gegen den Erben oder ein gegen ihn zustehendes dingliches Recht Gegenstand des Vermächtnisses, so würde nach dem vom BGB stillschweigend angenommenen Grundsatz der Konfusion oder Konsolidation (11. Aufl. Vorbem. 2 vor § 241) das Recht mit dem Erbfall erlöschen und das Vermächtnis nach § 2169 Rdn. 2—5 unwirksam werden. Dieser Erfolg ist unvermeidlich, wenn es sich um nicht übertragbare (§§ 399 f, 1059, 1092) oder um mit dem Tode des Erblassers erlöschende Rechte handelt (§§ 1061, 1090).

2 Das Gesetz verhindert aber im übrigen die Unwirksamkeit dadurch, daß es (übereinstimmend mit §§ 1976, 1991, 2143, 2377, für Grundstücke vgl. § 889) das vermachte Recht weiter bestehen läßt. Damit sind zugleich die hiermit verbundenen Neben- und Sicherungsrechte mit Wirkung auch gegen Dritte aufrechterhalten.

3 Die Vereinigung gilt nur in Ansehung des Vermächtnisses als nicht erfolgt. Die Privatgläubiger des Erben können sich deshalb nicht darauf berufen, um zum Schaden des Vermächtnisnehmers die ererbte (und zugleich vermachte) Forderung für sich mit Beschlag zu belegen. Im übrigen tritt die Vereinigung ein, so daß sich die Nachlaßgläubiger nur unter den Voraussetzungen der §§ 1976, 1991 an die Forderung oder das gegen den Erben bestehende Recht halten könnten.

4 **II. Geltendmachung der vermachten Forderung**

Auch wenn dem Bedachten eine Forderung gegen den Erben zugewandt ist, wirkt das Vermächtnis nur schuldrechtlich. Der Bedachte braucht jedoch nicht doppelt, zunächst auf Abtretung der Forderung und dann auf Erfüllung zu klagen. Er kann vielmehr beide Klagen miteinander verbinden (*Planck/Flad* 4. Aufl. § 2175 Anm. 4). Die Zwangsvollstreckung kann aber auch mit Rücksicht auf § 894 ZPO erst erfolgen, wenn das die Abtretung aussprechende Urteil rechtskräftig geworden ist.

III. Belastung der vermachten Sache mit einem Recht des Erben 5

Ist umgekehrt der vermachte Gegenstand mit einem dem Erben gegen den Erblasser zustehenden Rechte, z. B. einem Pfandrechte belastet, so folgt aus § 2165 Abs. 1 Satz 1, daß der Bedachte die Beseitigung dieses Rechtes im Zweifel nicht verlangen kann und daß schon deshalb die Vereinigung als ausgeschlossen zu gelten hat (§ 1256).

IV. Vermächtnis einer nicht bestehenden Forderung 6

Bestand die vermachte Forderung überhaupt nicht, so kann gleichwohl ein Verschaffungsvermächtnis gewollt sein (§ 2170).

§ 2176

Die Forderung des Vermächtnisnehmers kommt, unbeschadet des Rechtes, das Vermächtnis auszuschlagen, zur Entstehung (Anfall des Vermächtnisses) mit dem Erbfalle.

E I 1867 Abs. 1 II 2047 Satz 1; M **5** 177, 178; P **5** 210, 211.

Anfall des Vermächtnisses

Übersicht

I. Anfall des Vermächtnisses 1

Wie die Erbschaft mit dem Tode des Erblassers, dem Erbfall auf den Erben übergeht (§§ 1922, 1942), so entsteht mit demselben Zeitpunkt, gleichfalls unmittelbar kraft des Gesetzes, auch der Vermächtnisanspruch des § 2174 als ein zum Vermögen des Bedachten gehöriger veräußerlicher und vererblicher Bestandteil.

Auch ein Vermächtnis, dessen Anfall gemäß §§ 2177 ff hinausgeschoben ist, ge- 2
währt dem Berechtigten mit dem Erbanfall eine einen Vermögenswert darstellende, rechtlich geschützte Anwartschaft (§ 2177 Rdn. 3, 4; § 2179 Rdn. 1). Diese Anwartschaft ist übertragbar und pfändbar. Vor dem Erbfall besteht noch kein Recht des Bedachten, auch keine Anwartschaft, sondern nur eine Hoffnung, den Anspruch auf den vermachten Gegenstand zu erwerben (BGH **12**, 118; LM VHG § 1 Nr. 28 mit Anm. *Reinhardt* § 2174 Rdn. 5).

Der Anfall ist nicht davon abhängig, daß der Erbe die Erbschaft angenommen 3
hat. Doch besteht vorher kein Klagerecht, § 1958. Ebenso ist der mit einem Untervermächtnis beschwerte Bedachte nicht vor Fälligkeit des Hauptvermächtnisses zur Erfüllung verpflichtet, § 2186.

Der Anfall des Vermächtnisses hat ebenso wie der Erbschaftsanfall (§ 1942 4
Rdn. 2) den vorläufigen Erwerb des Vermächtnisanspruchs vorbehaltlich des Ausschlagungsrechts zur Folge. Doch ist abweichend von der Erbschaft die Möglichkeit der Ausschlagung regelmäßig an keine Frist und keine Form gebunden, § 2180 Rdn. 2, 3.

Fallen Erbfall und Vermächtnisfall zusammen, so muß der Vermächtnisnehmer 5
(wie der Erbe) den Erbfall erlebt haben, § 2160. Ist der Vermächtnisanfall auf einen späteren Zeitpunkt hinausgeschoben (§§ 2177 ff), so genügt, daß der Vermächtnisneh-

mer wenigstens zu diesem Zeitpunkt gelebt hat, während die Erbeinsetzung im gleichen Falle nur als Nacherbfolge gehalten werden kann (§ 2101 Rdn. 1). Dem Erleben steht jedoch beim Vermächtnis wie bei der Erbfolge gleich, daß der Bedachte wenigstens als Erzeugter vorhanden ist (§§ 1923 Abs. 2, 2178).

6 Im landwirtschaftlichen Höferecht haftet bei einer durch Rechtsgeschäft unter Lebenden vorweggenommenen Erbfolge derjenige, der den Hof übernommen hat, für Vermächtnisse, die der Übertragende vorher in letztwilligen Verfügungen angeordnet hat (BGH **37**, 192 mit Anm. *Rötelmann*, MDR **62**, 975; vgl. dazu weiter § 2147 Rdn. 9).

Wegen der Rechte in der Zeit zwischen Erbfall und Anfall vgl. § 2179. Recht des Bedachten auf den Fruchtgenuß vom Anfall ab § 2184. Unwirksamkeit des Vermächtnisses durch Zeitablauf §§ 2162, 2163.

7 **II. Fälligkeit des Anspruchs aus dem Vermächtnis**

Von dem Anfall des Vermächtnisses ist die Fälligkeit des sich aus dem Vermächtnis ergebenden Anspruchs zu unterscheiden. Über den Zeitpunkt der Fälligkeit entscheidet in erster Linie der in der letztwilligen Verfügung geäußerte Wille des Erblassers. Hat dieser keine Bestimmung getroffen, so wird das Vermächtnis nach § 271 mit dem Anfall fällig. § 2186 enthält eine besondere Bestimmung für die Fälligkeit des Untervermächtnisses und § 2181 eine Auslegungsregel für den Fall, daß der Erblasser den Zeitpunkt der Erfüllung dem freien Belieben des Beschwerten überlassen hat (vgl. auch § 2174 Rdn. 16 ff).

§ 2177

Ist das Vermächtnis unter einer aufschiebenden Bedingung oder unter Bestimmung eines Anfangstermins angeordnet und tritt die Bedingung oder der Termin erst nach dem Erbfall ein, so erfolgt der Anfall des Vermächtnisses mit dem Eintritt der Bedingung oder des Termins.

E I 1867 Nr. 1 II 2047 Satz 2; M **5** 178—181; P **5** 210—212

Aufschiebend bedingtes oder befristetes Vermächtnis

Übersicht

1 **I. Aufschiebend bedingtes Vermächtnis**

Handelt es sich um ein aufschiebend bedingtes Vermächtnis, so ist zunächst zu untersuchen, ob die Zuwendung nach dem Willen des Erblassers nur gelten soll, wenn der Bedachte den Eintritt der Bedingung erlebt.

a) Ist diese Frage nach der Regel des § 2074 zu bejahen, was insbesondere dann zutrifft, wenn das als Bedingung gesetzte Ereignis zu der Person des Bedachten in Beziehung steht, so ist die Zuwendung doppelt bedingt durch den Eintritt des Ereignisses und sein Erleben durch den Bedachten. Der Bedachte, der den Eintritt der Bedingung erlebt hat, muß nicht immer die in der Verfügung als solche ausdrücklich bezeichnete Person sein. Wenn der Erblasser einen Abkömmling bedacht hat, der vor Eintritt der Bedingung verstorben ist, aber seinerseits Abkömmlinge hinterlassen hat, sind nach § 2069 im Zweifel die Abkömmlinge des Weggefallenen bedacht, und es kommt für § 2074 darauf an, ob diese den Eintritt der Bedingung erlebt haben (BGH LM BGB § 2069 Nr. 1).

b) Soll entgegen der Regel des § 2074 die Zuwendung auch gelten, wenn der Be- **2**
dachte den Eintritt der Bedingung nicht erlebt hat, ergibt sich zugleich als wahrer Wille des Erblassers, daß die Zuwendung für den Fall des Eintritts der Bedingung entweder dem Bedachten selbst oder wenn er zu diesem Zeitpunkte nicht mehr lebt, seinen Erben gemacht sein soll.

Der Bedachte erwirbt aber nicht nur in diesem Falle, sondern auch im Falle a **3**
mit dem Erbfall eine Anwartschaft, die gleich anderen bedingten Rechten (§ 2179) einen Bestandteil seines Vermögens bildet, für den Beschwerten Pflichten begründet und zum Gegenstand einer rechtsgeschäftlichen Verfügung gemacht und gepfändet werden kann (RG RJA **16,** 208; WarnRspr. 1920 Nr. 202; JW **29,** 586 Nr. 15). Sie gewährt einem hypothekarisch gesicherten Anwärter auch die Befugnis, die Aufwertung der Vermächtnisforderung nach dem Aufwertungsgesetz zu betreiben (RG DRiZRspr **31** Nr. 82). Der Vermächtnisanspruch kommt jedoch nach der allgemeinen Vorschrift des § 158 Abs. 1 erst mit Eintritt der Bedingung zur Entstehung. Dies bringt das Gesetz dadurch zum Ausdruck, daß es bis dahin den Anfall des Vermächtnisses hinausschiebt.

Das Vermächtnis wird nicht dadurch unwirksam, daß der Beschwerte den vermachten Gegenstand vor Eintritt der Bedingung veräußert. Durch die Veräußerung kann allenfalls ein Unvermögen des Beschwerten, die geschuldete Leistung zu erbringen, eingetreten sein (BGH Urt. v. 28. 5. 1958 IV ZR 328/57). Dieses Unvermögen steht nach § 275 Abs. 2 der Unmöglichkeit gleich, und es kommt darauf an, ob der Beschwerte das Unvermögen zu vertreten hat. Im Falle eines Verschuldens besteht außerdem eine Schadensersatzpflicht nach §§ 2179, 160 Abs. 1 (§ 2179 Rdn. 2). § 2170 Abs. 2 gilt nur für das Verschaffungsvermächtnis. Er kann nur angewandt werden, wenn das Vermächtnis auch als solches gewollt war. Zu prüfen ist jedoch in diesen Fällen, ob der Erblasser dem Beschwerten eine Verfügung über den bedingt vermachten Gegenstand allgemein oder unter bestimmten Voraussetzungen gestattet hat. So kann es in dem von *Gudian* NJW **67,** 431 geschilderten Fall sein, in dem der Erblasser seine unversorgte Tochter als Alleinerbin eingesetzt und weiter bestimmt hatte, daß ein Grundstück, falls sie kinderlos versterbe, an die Kinder seines übergangenen Sohnes fallen solle. Das Vermächtnis kann dann doppelt bedingt sein, einmal dadurch, daß die Beschwerte kinderlos verstirbt und zum anderen, daß sie über das Grundstück zu ihren Lebzeiten nicht verfügt. § 2136 ist in solchen Fällen auch nicht entsprechend anwendbar (*Palandt/Keidel,* § 2177 Anm. 1; *Ermann/Hense,* § 2177 Rdn. 2).

II. Vermächtnis unter Bestimmung eines Anfangstermins **4**

Handelt es sich um eine Zuwendung unter Bestimmung eines Anfangstermins, so kommt § 2074 von vornherein nicht in Frage; die Zuwendung ist (falls freie Auslegung nicht etwa ergibt, daß sie nach dem wahren Willen des Erblassers unter der Bedingung des Erlebens des bestimmten Zeitpunkts durch den Bedachten gemacht ist) als vererbliche Anwartschaft erworben (RG WarnRspr. 1919 Nr. 99; 1920 Nr. 202). Aber auch hier soll der Vermächtnisanspruch als künftiges Recht erst mit dem Anfangstermin zur Entstehung kommen (§ 163). Insbesondere ist nicht bloß die Fälligkeit des Anspruchs (§ 2181), sondern der Anfall selbst hinausgeschoben. Dies hat namentlich zur Folge, daß der Bedachte erst vom Eintritte des Termins ab auf die Früchte Anspruch hat (§ 2184).

5 **III. Hinausschieben der Fälligkeit**

Stets ist zu prüfen, ob es sich um ein aufschiebend bedingtes oder aufschiebend befristetes Vermächtnis handelt oder ob nach dem wahren Willen des Erblassers nicht sofortiger Anfall und nur Aufschub der Fälligkeit gewollt ist (RG JW **29**, 586 Nr. 15). So insbesondere, wenn dem X 1000, zahlbar 10 Jahre nach dem Tode des Erblassers, mit der Bestimmung vermacht sind, daß der Beschwerte bis dahin die Zinsen zu zahlen habe (ähnliche Fälle Karlsruhe OLG **30**, 206; RG Recht **13** Nr. 2883). RG Recht **11** Nr. 1326 behandelt die Auslegung einer Bestimmung, daß ein Vermächtnis aus bestimmten, dem Erblasser gehörigen Hypotheken gezahlt werden soll. Durch die Anordnung, der Bedachte solle das Vermächtnis erst beim Tode des Erben (RG WarnRspr. 1918 Nr. 61) oder der nießbrauchberechtigten Witwe (Celle OLG **30**, 207) ausgezahlt erhalten, wird der Anfall des Vermächtnisses nicht notwendig hinausgeschoben.

6 **IV. Vermächtnis wiederkehrender Leistungen**

Auch beim Vermächtnis wiederkehrender Leistungen ist Tatfrage, ob das Bezugsrecht als sofort anfallendes einheitliches Recht, oder ob eine Reihe einzelner nach § 2177 zu beurteilender Vermächtnisse zugewendet ist. So kann eine Jahresrente auf die Lebenszeit des Sohnes und Erben diesem als Vorausvermächtnis, zugleich von seinem Tode ab aber dem Enkel vermacht sein (RG Recht 07 Nr. 1128).

7 **V. Vermächtnis einer Leibrente**

Bei der Leibrente (§ 759) wird es sich nach RG **67**, 210 immer um ein derartiges in sich geschlossenes einheitliches Recht handeln.

8 **VI. Zeitliche Grenzen für den Anfall. Gemeinschaftliches Testament**

In den Fällen des § 2177 ist das Vermächtnis nur wirksam, wenn und soweit der Anfall innerhalb der zeitlichen Grenzen der §§ 2162, 2163 stattfindet. Hinausschiebung des Vermächtnisanfalls beim gemeinschaftlichen Testamente (§ 2269 Abs. 2) und beim Erbvertrag (§ 2280).

9 **VII. Zuwendung bedingter oder betagter Rechte**

Der Fall, daß der Gegenstand der Zuwendung selbst in einem bedingten oder betagten Rechte besteht, hat nichts Besonderes. Nur darauf kommt es an, ob die Zuwendung bedingt oder betagt gewollt ist.

10 **VIII. Auflösend bedingtes oder befristetes Vermächtnis**

Das Vermächtnis kann auch unter einer auflösenden Bedingung oder Befristung zugewandt werden. Ein Nachvermächtnis im Sinne des § 2191 liegt vor, wenn der Erblasser bestimmt hat, daß der vermachte Gegenstand bei Eintritt der Bedingung oder des bestimmten Zeitpunkts einem Dritten herausgegeben werden soll. Der Dritte ist Nachvermächtnisnehmer im Sinne des § 2191. Er wird gleichfalls vom Zeitpunkt des Erbfalls an nach § 2179 geschützt.

11 Ist die Bedingung oder der Termin schon vor der Erfüllung des Vermächtnisses eingetreten, so gilt nach § 2191 in Verbindung mit dem entsprechend anzuwendenden § 2102 der als Nachvermächtnisnehmer Bedachte als Ersatzbedachter.

Der Beschwerte hat einen Anspruch auf Rückgewähr des vermachten Gegenstandes, wenn der Erblasser niemand bezeichnet hat, der den Gegenstand bei Eintritt der Bedingung oder des Termins erhalten soll. Der Beschwerte erlangt in diesem Fall mit dem Eintritt der Bedingung oder des Termins das Eigentum unmittelbar zurück, wenn der Gegenstand vorher unter der auflösenden Bedingung oder auflösend befristet an den Vermächtnisnehmer übereignet war. Bei Grundstücken ist eine derartige auflösend bedingte oder befristete Übereignung nicht möglich. Bei Eintritt der Bedingung entsteht dann ein Anspruch auf Rückübereignung nach § 812 (BGH Urt. v. 13.6. 1961 V ZR 88/60: Dem Bedachten war ein Grundstück unter der Bedingung vermacht, daß dieses nicht in das Eigentum einer bestimmten anderen Person fallen dürfe. Der Bedachte hatte jedoch diese Person als alleinige Erbin berufen. Siehe dazu WM **72,** 878). **12**

Falls die auflösende Bedingung oder Befristung schon vor der Erfüllung des Vermächtnisses eingetreten ist und der Erblasser keinen Nachvermächtnisnehmer bestimmt hat, wird das Vermächtnis hinfällig. **13**

§ 2178

Ist der Bedachte zur Zeit des Erbfalls noch nicht erzeugt oder wird seine Persönlichkeit durch ein erst nach dem Erbfall eintretendes Ereignis bestimmt, so erfolgt der Anfall des Vermächtnisses im ersteren Falle mit der Geburt, im letzteren Falle mit dem Eintritte des Ereignisses.

E I 1867 Nr. 2, 3 II 2048; M **5** 180, 181; P **5** 210—212.

Vermächtnis zugunsten noch nicht erzeugter oder noch unbestimmter Personen

I. Natürliche Person als Bedachte **1**

Abweichend von der Erbfolge (§ 1923), aber übereinstimmend mit der Nacherbfolge (§§ 2101, 2105) läßt das Gesetz ein Vermächtnis wirksam werden, das einem bei Eintritt des Erbfalls noch nicht einmal erzeugten oder noch nicht bestimmten Bedachten zugewendet ist, vorausgesetzt, daß die zeitlichen Grenzen der §§ 2162, 2163 innegehalten sind. Der Anfall wird aber in diesen Fällen bis zur Hebung der Unbestimmtheit hinausgeschoben (§ 2106 Abs. 2). War der Bedachte bei Eintritt des Erbfalls bereits erzeugt, so wird der Anfall nach der entsprechend anzuwendenden Regel des § 1923 Abs. 2 von der Geburt auf den Zeitpunkt des Erbfalls zurückbezogen. Es bleibt mithin bei der Regel des § 2176.

II. Juristische Person als Bedachte **2**

Der Wortlaut des Gesetzes deckt auch den Fall, daß eine noch nicht entstandene juristische Person bedacht ist. Ist der Erblasser zugleich deren Stifter, so gilt sie nach § 84 im Falle späterer Genehmigung als schon mit seinem Tode entstanden, und auch hier bleibt es bei der Regel des § 2176.

§ 2179

Für die Zeit zwischen dem Erbfall und dem Anfalle des Vermächtnisses finden in den Fällen der §§ 2177, 2178 die Vorschriften Anwendung, die für den Fall gelten, daß eine Leistunq unter einer aufschiebenden Bedingung geschuldet wird.

E I 1867 Abs. 3 II 2049; M **5** 179—181; P **5** 211, 212.

Anwartschaftsrecht bei späterem Anfall

Übersicht

Neueres Schrifttum:
Bungeroth, Zur Wirksamkeit von Verfügungen über bedingt vermachte Gegenstände, NJW **67**, 1357.

1 **I. Allgemeines**

In denjenigen Fällen, in denen der Anfall des Vermächtnisses nach §§ 2177, 2178 über den Erbfall hinaus auf einen späteren Zeitpunkt hinausgeschoben ist, erwirbt der Bedachte mit dem Erbfall eine rechtlich geschützte Anwartschaft. Diese ist grundsätzlich übertragbar, pfändbar und auch vererblich. Falls es sich um ein aufschiebend bedingtes Vermächtnis handelt und falls nach der Auslegungsregel des § 2074 die Zuwendung nur gelten soll, wenn der Bedachte den Eintritt der Bedingung erlebt, ist die Vererblichkeit praktisch ausgeschlossen. Diese Regel gilt nicht für das unter einen Anfangstermin gestellte Vermächtnis. Der Erblasser kann aber in beiden Fällen etwas anderes bestimmen. Durch die Pfändung der Anwartschaft wird das Recht des Bedachten, das Vermächtnis auszuschlagen, nicht berührt.

2 **II. Pflichten des Beschwerten in der Zeit zwischen Erbfall und Anfall des Vermächtnisses**

Wenn auch während des Schwebens der Bedingung, vor Eintritt des Anfangstermins und solange die Unbestimmtheit des Bedachten andauert (§§ 2177, 2178) ein Schuldverhältnis im Sinne von § 2174 noch nicht besteht, so sind doch nach Maßgabe der §§ 158—163 bereits für die Zwischenzeit Pflichten des Beschwerten vorhanden. Insbesondere macht er sich nach § 160 Abs. 1 durch schuldhafte Vereitelung oder Beeinträchtigung des Vermächtnisses dem Bedachten schadensersatzpflichtig und muß nach § 162 Abs. 1, wenn er den Eintritt der Bedingung arglistig verhindert, die Bedingung als eingetreten gelten lassen (BGH LM VHG § 1 Nr. 28 mit Anm. *Reinhardt; Johannsen*, WM **72**, 877).

3 Der Bedachte kann die ihm aus Verschulden des Beschwerten entstandenen Schadensersatz- und Surrogatsansprüche (§ 281) erst nach dem Anfall des Vermächtnisses geltend machen. Schon vorher ist aber nicht ausgeschlossen, daß er sich durch einstweilige Verfügung sichert oder im Konkurse Sicherung beansprucht (ZPO §§ 916 Abs. 2, 936, KO § 67; BGH LM VHG § 1 Nr. 28). Unter Umständen kann auch ein Anspruch auf Sicherstellung als mitvermacht gelten (RG DNotV **32**, 539 Nr. 20, § 2174 Rdn. 13). Geeignetenfalls sind die Rechte des Bedachten durch einen Pfleger wahrzunehmen (§ 1913).

4 Auch wenn er vor Annahme der Erbschaft oder des mit einem Untervermächtnis beschwerten Vermächtnisses der Zuwendung arglistig entgegenhandelt, macht sich der Beschwerte haftbar (§ 2174 Rdn. 10).

5 **III. Auflösend bedingtes Vermächtnis. Rückbeziehung des Anfalls**

Entsprechende Verpflichtungen entstehen nach § 160 Abs. 2 auf seiten des Bedachten, wenn ihm das Vermächtnis unter einer auflösenden Bedingung zugewendet war (vgl. § 2177 Rdn. 10 ff). Nach § 159 endlich kann der Erblasser, innerhalb der Zeitgrenzen der §§ 2161, 2162 die Rückbeziehung des Anfalls auf einen früheren Zeitpunkt und damit zugleich die Herausgabe der Früchte von diesem Zeitpunkt ab anordnen (§ 2184).

§ 2180

Der Vermächtnisnehmer kann das Vermächtnis nicht mehr ausschlagen, wenn er es angenommen hat.

Die Annahme sowie die Ausschlagung des Vermächtnisses erfolgt durch Erklärung gegenüber dem Beschwerten. Die Erklärung kann erst nach dem Eintritte des Erbfalls abgegeben werden; sie ist unwirksam, wenn sie unter einer Bedingung oder einer Zeitbestimmung abgegeben wird.

Die für die Annahme und die Ausschlagung einer Erbschaft geltenden Vorschriften des § 1950, des § 1952 Abs. 1, 3 und des § 1953 Abs. 1, 2 finden entsprechende Anwendung.

E I 1873 II 2050; M **5** 186—189; P **5** 216—220.

Annahme und Ausschlagung des Vermächtnisses

Übersicht

I. Allgemeines 1

Zum Erwerbe des Vermächtnisses bedarf es an sich (wie auch bei der Erbschaft Rdn. 1 vor § 1942; § 1943 Rdn. 12) keiner Annahme. Der Vermächtnisanspruch entsteht vielmehr unmittelbar kraft des Gesetzes (§ 2176 Rdn. 1—3). Hat der Bedachte aber die Annahme (zu unterscheiden von der Annahme des geleisteten Vermächtnisgegenstandes) einmal erklärt, so ist sie und ebenso ist die einmal erklärte Ausschlagung (wie bei der Erbschaft § 1943 Rdn. 2) unwiderruflich.

Abweichend von der Erbschaft (§ 1944) besteht jedoch für das Vermächtnis keine Ausschlagungsfrist. Das — noch nicht angenommene — Vermächtnis kann mithin jederzeit, auch von den Erben des Bedachten (Abs. 3) noch ausgeschlagen werden. Nur in dem besonderen Falle des § 2307 Abs. 2 darf der mit einem Vermächtnisse beschwerte Erbe dem bedachten Pflichtteilsberechtigten zur Erklärung Frist setzen. 2

II. Die Erklärung 3

1. Form

Weder die Annahme- noch (abweichend von der Erbschaft § 1945) die Ausschlagungserklärung ist an eine Form gebunden. Beide können somit auch stillschweigend abgegeben werden. So insbesondere die Annahme durch Annahme der Vermächtnisleistung, die Ausschlagung durch deren Verweigerung (*Reichel* AcP **138**, 203 f) oder dadurch, daß der Bedachte eine anderweite Verfügung über den Vermächtnisgegenstand geschehen läßt.

4 Die Annahme einzelner von mehreren vermachten Gegenständen enthält, wenn der Bedachte den vollen Umfang des Vermächtnisses nicht kennt, nicht notwendig die Erklärung, das Vermächtnis anzunehmen (BGH Urt. v. 24.9. 1953 IV ZR 37/53).

5 **2. Empfänger der Erklärung**

Annahme und Ausschlagung können wirksam nur gegenüber dem Beschwerten (§§ 130—132), nicht also, wie für die Ausschlagung der Erbschaft vorgeschrieben (§ 1945), gegenüber dem Nachlaßgericht abgegeben werden. Doch ist die Ausschlagung wirksam, wenn sie dem Nachlaßgericht zugegangen und von diesem dem vermutlichen Willen des Erklärenden gemäß dem Beschwerten übermittelt ist (RG **113,** 237).

6 Die Erklärung gegenüber dem Nachlaßpfleger oder dem Testamentsvollstrekker (auch gegenüber einem nach § 2223 zur Fürsorge für die Ausführung eines Unter- oder Nachvermächtnisses bestellten Testamentsvollstrecker (RG DJZ **24,** 475) ist wirksam, sofern der Vermächtnisanspruch gegen diese Personen geltend gemacht werden kann (§§ 1960 Rdn. 38, 1961 Rdn. 7; § 2213).

7 **3. Zeitpunkt für die Abgabe**

Die vor Eintritt des Erbfalls (§ 1922) abgegebene Annahme- oder Ausschlagungserklärung bindet den Bedachten nicht. Nur der Verzicht durch Vertrag mit dem Erblasser ist sogleich wirksam, § 2352. Er muß nach § 2348 notariell beurkundet werden. Wohl aber können die Erklärungen schon vor Anfall des Vermächtnisses erfolgen, wenn der Anfall über den Zeitpunkt des Erbfalls hinausgeschoben ist (§ 2176 Rdn. 2), insbesondere also schon vor Eintritt der Bedingung oder des Anfangstermins (§ 2177). Das Verbot der Bedingung und Zeitbestimmung entspricht dem § 1947.

8 **4. Auf die Erklärung anzuwendende Rechtsvorschriften**

Annahme und Ausschlagung unterliegen den allgemeinen Vorschriften über Willenserklärungen § 116 ff, insbesondere denen über die Vertretung und Vollmacht § 164 ff, Einwilligung und Genehmigung §§ 182 ff.

9 Die Erklärung kann durch einen Generalbevollmächtigten abgegeben werden. Bevollmächtigt kann auch der Beschwerte sein. Falls dieser die Annahme erklärt und dadurch seinen Pflichten aus dem der Vollmacht zugrunde liegenden Auftragsverhältnis zuwiderhandelt, muß er den Bedachten so stellen, als hätte er die Erklärung nicht abgegeben. Ist der bevollmächtigte Beschwerte Alleinerbe und der Bedachte pflichtteilsberechtigt, dann kann der Beschwerte sich ihm gegenüber nicht darauf berufen, daß er, da er das Vermächtnis angenommen hat, keine Pflichtteilsansprüche geltend machen kann. Dabei kommt es nicht darauf an, ob auch die Voraussetzungen für einen gegen Treu und Glauben verstoßenden Mißbrauch der Vollmacht gegeben sind (BGH Urt. v. 24.9. 1953 IV ZR 37/53).

10 Die Frau bedurfte schon nach dem vor dem 1. April 1953 geltenden Recht nicht der Zustimmung des Mannes (vgl. die vor dem 1. Juli 1958 geltende Fassung der §§ 1406 Nr. 1, 1453, 1519, 1549). Für das seit dem 1. Juli 1958 geltende Recht ergeben die §§ 1432, 1455 Nr. 1, daß auch dann, wenn die Ehegatten in Gütergemeinschaft leben, jeder von ihnen ein ihm angefallenes Vermächtnis nur selbst annehmen oder ausschlagen kann, und daß dabei der andere Ehegatte nicht mitzuwirken oder dem zuzustimmen braucht. Das Erfordernis vormundschaftsgerichtlicher Genehmigung für Gewalthaber und Vormund ist in §§ 1643 Abs. 2, 1822 Nr. 2 geregelt. Im

Konkurs ist nur der Gemeinschuldner zur Annahme oder Ausschlagung des vor Eröffnung des Verfahrens angefallenen Vermächtnisses befugt (KO § 9). Durch die Pfändung wird die Ausschlagung des Vermächtnisses nicht gehindert. Der Ausschlagende bedarf für seine Erklärung keiner Genehmigung nach MilRegG 52 oder 53.

III. Teilweise Annahme und Ausschlagung **11**

Gemäß § 1950 können Annahme und Ausschlagung nicht wirksam auf einen Teil des Vermächtnisses beschränkt werden. Wohl aber kann grundsätzlich der mit mehreren Vermächtnissen Bedachte das eine annehmen und das andere ausschlagen.

IV. Vererblichkeit des Rechts zur Annahme und Ausschlagung **12**

Nach § 1952 Abs. 1 ist das Annahme- und Ausschlagungsrecht vererblich, nach Abs. 3 daselbst kann von mehreren Erben des Bedachten jeder den seinem Erbteil entsprechenden Teil des Vermächtnisses ausschlagen.

V. Wirkung der Ausschlagung **13**

Nach § 1953 Abs. 1, 2 wird die Wirkung der Ausschlagung auf den Zeitpunkt des Entstehens einer vererblichen Anwartschaft zurückbezogen (*Palandt/Keidel*, § 2180 Anm. 3; *Erman/Hense*, § 2180 Rdn. 3; Rückwirkung auf den Zeitpunkt des Erbfalls: *Lange*, § 27 IV 2 c). Das Vermächtnis gilt in diesem Falle, soweit nicht Anwachsung eintritt (§§ 2158, 2159), als sogleich dem Ersatzbedachten (§ 2190) angefallen. Von der einmal erklärten Annahme oder Ausschlagung wird zugleich auch das erst künftig anwachsende Vermächtnis mitergriffen.

Der Ersatzbedachte braucht nicht, wie der Ersatzerbe, im Falle des § 1953 Abs. 2 schon zur Zeit des Erbfalls gelebt zu haben (§ 2160 Rdn. 2). Er muß aber auch nicht notwendig den Vermächtnisfall selbst erlebt haben, wenn dessen Zeitpunkt nach §§ 2176 bis 2178 hinausgeschoben war. Fällt vielmehr der zunächst Bedachte durch Ausschlagung weg, nachdem er bereits eine vererbliche Anwartschaft auf das Vermächtnis erworben hatte (§ 2177 Rdn. 3, 4), so rückt der Ersatzbedachte in dieses Anwartschaftsrecht ein und vererbt es an seine Erben, wenn er selbst vor dem eigentlichen Vermächtnisanfall verstirbt. **14**

Dem Beschwerten kommt die Ausschlagung zustatten, falls kein Ersatzbedachter vorhanden ist.

Das Untervermächtnis wird durch Ausschlagung des beschwerten Hauptvermächtnisses nicht berührt (§ 2161).

Die Ausschlagung ist keine Schenkung § 517. **15**

VI. Die Anfechtung der Erklärung **16**

Die Anfechtung unterliegt, außer in dem Sonderfalle des Pflichtteilsberechtigten (§ 2308), nicht den für die Erbschaft gegebenen (§§ 1954—1957), sondern den allgemeinen Vorschriften der §§ 142 ff. Sie erfolgt also gegenüber dem Beschwerten und nicht gegenüber dem Nachlaßgericht. Abweichend von § 1957 gilt auch die Anfechtung der Annahme nicht als Ausschlagung und die Anfechtung der Ausschlagung nicht als Annahme. Durch die Anfechtung wird vielmehr nur der Zustand der Unentschiedenheit wieder hergestellt. Abweichendes gilt nach § 2308 nur, falls ein Pflichtteilsberechtigter die Ausschlagung anficht, weil ihm der Wegfall von Beschwerungen, die auf dem Vermächtnis lasten, bei Abgabe seiner Erklärung nicht bekannt war. Die Erklärung ist zwar gleichfalls gegenüber dem Beschwerten abzugeben, im übrigen sind aber die §§ 1954 ff entsprechend anzuwenden. Die Anfechtung muß binnen einer Frist von 6 Wochen erfolgen, und sie wirkt als Annahme.

§ 2181

Ist die Zeit der Erfüllung eines Vermächtnisses dem freien Belieben des Beschwerten überlassen, so wird die Leistung im Zweifel mit dem Tode des Beschwerten fällig.

E I 1766 II 2051; M **5** 31; P **5** 21.

Entsprechend anwendbar auf die Auflage § 2192.

Fälligkeit

1 Die Zulässigkeit der Anordnung, daß der mit einem Vermächtnisse Bedachte dieses erst beim Tode des Beschwerten erhalten solle, wird in § 2181 vorausgesetzt (RG SeuffArch **87** Nr. 10). Die Vorschrift läßt den nach §§ 2176 ff sich bestimmenden Zeitpunkt des Vermächtnisanfalls unberührt, sie schiebt nur wie in § 2186 „im Zweifel" die Fälligkeit des bereits entstandenen Anspruchs hinaus (§ 271). Auf die unter diese Vorschrift fallenden Vermächtnisse sind daher auch die §§ 2162, 2163 nicht anwendbar. Selbstverständlich kann der Beschwerte schon früher leisten. Ob dem Bedachten die Früchte bis zum Tode des Beschwerten gebühren sollen (§ 2184), ist Sache freier Auslegung.

2 Wenn in diesem Falle die Entrichtung des Vermächtnisses auch erst durch die Erben des beschwerten Erben oder Vermächtnisnehmers erfolgen kann, so werden diese doch nicht selbst mit dem Vermächtnisse beschwert, was nach § 2147 Rdn. 7 unzulässig wäre; gegenüber dem Beschwerten kann seine lediglich befristete Verpflichtung auch durch Urteil festgestellt werden (RG WarnRspr 1919 Nr. 198). Die Anordnung enthält begrifflich nur eine Zeitbestimmung. Ob damit zugleich die Bedingung gesetzt sein sollte, daß der Bedachte den Zeitpunkt erlebe, ist Auslegungsfrage (RG JW **18**, 502).

§ 2182

Ist eine nur der Gattung nach bestimmte Sache vermacht, so hat der Beschwerte die gleichen Verpflichtungen wie ein Verkäufer nach den Vorschriften des § 433 Abs. 1, der §§ 434 bis 437, des § 440 Abs. 2 bis 4 und der §§ 441 bis 444.

Dasselbe gilt im Zweifel, wenn ein bestimmter nicht zur Erbschaft gehörender Gegenstand vermacht ist, unbeschadet der sich aus dem § 2170 ergebenden Beschränkung der Haftung.

Ist ein Grundstück Gegenstand des Vermächtnisses, so haftet der Beschwerte im Zweifel nicht für die Freiheit des Grundstücks von Grunddienstbarkeiten, beschränkten persönlichen Dienstbarkeiten und Reallasten.

E I 1879 II 2052; M **5** 196—198; P **5** 226—230.

Gewährleistung für Rechtsmängel

Übersicht

I. Allgemeines 1

Die §§ 2182, 2183 regeln die Gewährleistungspflichten des Beschwerten für Sach- und Rechtsmängel gegenüber dem Vermächtnisnehmer, § 2182 bestimmt sowohl für das **Gattungs-** als auch für das **Verschaffungsvermächtnis,** daß der Beschwerte dem Bedachten den vermachten Gegenstand tatsächlich zu gewähren und für Rechtsmängel zu haften hat. § 2183 bezieht sich nur auf das Gattungsvermächtnis und regelt die Sachmängelhaftung.

Soweit sich die §§ 2182, 2183 auf das Gattungsvermächtnis beziehen, enthalten 2
sie dispositives Recht. Zwingenden Charakter hat § 2183 Satz 2 und der in Bezug genommene § 443. Die das Verschaffungsvermächtnis betreffende Vorschrift des § 2182 Abs. 2 und der ein Grundstücksvermächtnis betreffende § 2182 Abs. 3 enthalten Auslegungsregeln.

Ist ein **bestimmter,** zur Erbschaft gehörender **Gegenstand vermacht,** so kommt 3
eine Sach- und Rechtsmängelhaftung grundsätzlich nicht in Betracht. Sie können nur in Frage kommen, wenn die Mängel nach dem Erbfall infolge schuldhaften Verhaltens des Beschwerten eingetreten sind. Im übrigen gelten für diese Vermächtnisse die §§ 2165 bis 2168 a. Danach kann der Vermächtnisnehmer im Zweifel nicht die Beseitigung der auf dem vermachten Gegenstand ruhenden Rechte verlangen.

Die Herausgabepflicht der von dem Beschwerten gezogenen **Früchte** regelt § 2184, den Anspruch des Beschwerten auf Ersatz von **Verwendungen** und Aufwendungen § 2185, die Erstreckung des Vermächtnisses auf das **Zubehör** § 2164.

II. Gewährleistung beim Gattungsvermächtnis (§ 2155) 4

Sie bestimmt sich beim Fehlen anderer Bestimmungen des Erblassers nach den ergänzend anzuwendenden Vorschriften **für Rechtsmängel** (Sachmängel vgl. § 2183) wie folgt:

§ 433 Abs. 1: Der Beschwerte hat dem Bedachten die Sache zu übergeben und ihm daran das Eigentum zu verschaffen, und zwar nach § 434 frei von Rechten Dritter, nach § 435 unter kostenfreier Löschung nicht bestehender, im Grundbuch oder Schiffsregister eingetragener Rechte, jedoch gemäß § 436 ohne Haftung für Freiheit des Grundstücks von öffentlichen Abgaben und anderen nicht eintragungsfähigen öffentlichen Lasten; § 437 Abs. 2 (Abs. 1 kommt nur für das Verschaffungsvermächtnis Rdn. 5 in Frage): beim Vermächtnis von Wertpapieren haftet der Beschwerte dafür, daß sie nicht zum Zwecke der Kraftloserklärung aufgeboten sind. § 440 Abs. 2—4 macht den Beschwerten, wenn er die vermachte bewegliche Sache dem Bedachten übergeben hat, unter gewissen Voraussetzungen wegen Entwehrung schadensersatzpflichtig, § 441 ebenso, wenn Besitzrechte vermacht sind. § 442 erklärt den Bedachten für Mängel im Rechte beweispflichtig, § 443 spricht im Falle der Arglist des Beschwerten einer auf Erlaß oder Beschränkung der Gewährleistungspflicht gerichteten Vereinbarung die Wirksamkeit ab, § 444 endlich begründet eine Verpflichtung des Beschwerten zur Auskunftserteilung und zur Herausgabe von Beweisurkunden.

III. Gewährleistung beim Verschaffungsvermächtnis 5

Beim Verschaffungsvermächtnis gelten nach Abs. 2 „im Zweifel" dieselben Grundsätze. Die Vorschrift gilt hier sonach nur als Auslegungsregel. Aus der letztwilligen Verfügung kann sich ein anderer Wille des Erblassers ergeben. Es macht keinen Unterschied, ob es sich um das Vermächtnis einer körperlichen Sache oder eines Rechtes handelt (§ 90). Im letzteren Falle hat der Beschwerte, wenn das vermachte Recht zum Besitz der Sache berechtigt, dem Bedachten auch die Sache zu übergeben (§ 433 Abs. 1).

Im übrigen haftet er nur für den rechtlichen Bestand des Rechtes (§ 437 Abs. 1), hat deshalb auch etwaige Mängel des verschafften Rechtes zu beseitigen. Jede Haftung entfällt, wenn der Beschwerte gemäß § 2170 Abs. 2 den Wert entrichtet hat.

6 Zweifelhaft ist die Rechtslage, wenn ein Recht verschafft werden soll, dessen Bestehen der Erblasser vorausgesetzt hat, das aber tatsächlich nicht bestand oder doch im Zeitpunkt des Erbfalls nicht mehr bestand. Es ist eine Frage der Auslegung des letzten Willens, ob der Beschwerte auch in diesem Fall entsprechend § 2170 Abs. 2 Satz 1 dem Bedachten den Wert des Rechtes ersetzen soll. Läßt sich ein dahingehender Wille des Erblassers nicht ermitteln, so ist das Vermächtnis als auf eine unmögliche Leistung gerichtet nach § 2171 unwirksam (*Planck/Flad* 4. Aufl. § 2182 Anm. 2 b γ). Ersatzpflichtig ist der Beschwerte, falls das Recht nach dem Erbfall infolge seines Verschuldens untergegangen ist (vgl. § 2170 Rdn. 7—9).

7 Eine Sachmängelhaftung gibt es beim Verschaffungsvermächtnis nicht, da die bestimmte Sache in dem Zustand, in dem sie sich befindet, gewährt werden soll.

8 **IV. Gewährleistung beim Vermächtnis eines zu verschaffenden Grundstücks**

Hier wird die aus § 434 sich ergebende Verpflichtung des Beschwerten, das Grundstück frei von Rechten zu verschaffen, zunächst durch § 436 dahin eingeschränkt, daß der Beschwerte nicht für die Freiheit des Grundstücks von öffentlichen Abgaben und von anderen öffentlichen Lasten, die zur Eintragung in das Grundbuch nicht geeignet sind, haftet. Eine Ausnahme gilt nach § 123 Abs. 2 LAG für die auf dem Grundstück ruhende, nach § 111 LAG eine öffentliche Last darstellende Hypothekengewinnabgabe. § 2182 Abs. 3 schränkt die Haftung des Beschwerten weiter dahin ein, daß er auch nicht für die Freiheit des Grundstücks von Grunddienstbarkeiten (§§ 1018 ff), beschränkten persönlichen Dienstbarkeiten (§§ 1090 ff) und Reallasten (§§ 1105 ff) einzustehen hat. Wohl aber ist er abweichend von § 2165 Abs. 1 Satz 1 beim Verschaffungsvermächtnis im Zweifel zur Beseitigung der darauf ruhenden Grundschulden und Hypotheken usw. verpflichtet.

9 Nach § 435 ist der Beschwerte verpflichtet, die im Grundbuch eingetragenen Rechte, die nicht bestehen, auf seine Kosten löschen zu lassen, wenn sie im Falle ihres Bestehens das dem Bedachten zu verschaffende Recht beeinträchtigen würden. Das gleiche gilt, wenn ein eingetragenes Schiff, Schiffsbauwerk oder eine Schiffshypothek Gegenstand des Vermächtnisses ist, für die im Schiffsregister eingetragenen nicht bestehenden Rechte.

10 **V. Gewährleistung beim Wahlvermächtnis (§ 2154)**

Der Umfang der Haftung bestimmt sich hier nach der Natur des gewählten Gegenstandes. Je nachdem, ob ein zur Erbschaft gehörender Gegenstand, eine nur der Gattung nach bestimmte Sache oder ein bestimmter, nicht zur Erbschaft gehörender Gegenstand gewährt worden sind, sind die für die betreffende Vermächtnisart geltenden Bestimmungen anzuwenden.

11 **VI. Anwendung der Vorschriften über den Erwerb vom Nichtberechtigten**

Soweit der gutgläubige Vermächtnisnehmer durch § 932 geschützt ist, hat er gegen den Beschwerten keinen Gewährleistungsanspruch, auch nicht insoweit er nach § 816 Abs. 1 Satz 2 zur Herausgabe der Bereicherung genötigt worden ist.

§ 2183

Ist eine nur der Gattung nach bestimmte Sache vermacht, so kann der Vermächtnisnehmer, wenn die geleistete Sache mangelhaft ist, verlangen, daß ihm an Stelle der mangelhaften Sache eine mangelfreie geliefert wird. Hat der Beschwerte einen Fehler arglistig verschwiegen, so kann der Vermächtnisnehmer statt der Lieferung einer mangelfreien Sache Schadensersatz wegen Nichterfüllung verlangen. Auf diese Ansprüche finden die für die Gewährleistung wegen Mängel einer verkauften Sache geltenden Vorschriften entsprechende Anwendung.

E I 1879 II 2053; M **5** 196—198; P **5** 226—230.

Gewährleistung für Sachmängel

Übersicht

I. Allgemeine Voraussetzungen 1

Eine Gewährleistung für Sachmängel (Rechtsmängel § 2182) findet nur beim Gattungsvermächtnis (§ 2155) statt. Nach § 459 haftet der Beschwerte dafür, daß die geleistete Sache in dem Zeitpunkt, in dem die Gefahr auf den Bedachten übergeht, nicht mit Fehlern behaftet ist, die den Wert oder die Tauglichkeit zu dem gewöhnlichen oder zu dem nach dem Inhalt des Vermächtnisses vorausgesetzten Gebrauch aufheben oder mindern. Für die Frage, ob die Sache mangelhaft ist, kommt es daher in erster Linie darauf an, welchen Zwecken sie nach dem Willen des Erblassers dienen soll. Ergibt die Anordnung des Erblassers dafür keine Anhaltspunkte, so sind die Zwecke nach § 2155 aus den Verhältnissen des Bedachten zu ermitteln.

Falls der Erblasser die Bestimmung der zu leistenden Sache einem Dritten über- 2
lassen hatte und falls dieser eine Bestimmung getroffen hat, die den Verhältnissen des Bedachten offenbar nicht entspricht, braucht dieser die Leistung dieser Sache nach § 2155 Abs. 3 nicht als Erfüllung entgegenzunehmen.

Von den Gewährleistungsansprüchen, die § 480 Abs. 1 im Falle des Gattungs- 3
kaufs gibt, steht dem Bedachten nur der Dritte auf Lieferung einer mangelhaften Sache zur Verfügung, ferner entsprechend § 480 Abs. 2 der Anspruch auf Schadensersatz wegen arglistigen Verschweigens eines Fehlers. Die Ansprüche auf Minderung und Wandlung kommen der Natur der Sache nach hier nicht in Frage.

II. Die entsprechende Anwendung der Kaufvorschriften §§ 459 ff ergibt insbeson- 4
dere, daß Kenntnis des Mangels auf seiten des Bedachten die Haftung ausschließt (§§ 460, 464) und daß die Ansprüche bei beweglichen Sachen in 6 Monaten verjähren (§ 477). Viehmängel §§ 481 ff.

§ 2184

Ist ein bestimmter zur Erbschaft gehörender Gegenstand vermacht, so hat der Beschwerte dem Vermächtnisnehmer auch die seit dem Anfalle des Vermächtnisses gezogenen Früchte sowie das sonst auf Grund des vermachten Rechtes Erlangte herauszugeben. Für Nutzungen, die nicht zu den Früchten gehören, hat der Beschwerte nicht Ersatz zu leisten.

E I 1878 II 2054 Abs. 1; M I; M **5** 194—196; P **5** 221—225, 230—232.

Herausgabe der Früchte und des Erlangten

Übersicht

1 **I. Voraussetzungen der Herausgabepflicht**

Die Herausgabe der Früchte kommt nur in Frage, wenn ein bestimmter zur Erbschaft gehörender Gegenstand, Sache oder Recht (§ 90), vermacht ist. Also nicht beim Gattungsvermächtnis (§ 2155). Dort können weitergehende Ansprüche nur als Verzugsfolgen nach § 286 ff geltend gemacht werden. Ebenso werden bei einem auf Leistung einer Geldsumme gerichteten Vermächtnis, bevor der Beschwerte in Verzug gesetzt ist, keine Zinsen geschuldet.

Bei einem Verschaffungsvermächtnis ist die Haftung des Erben nach der Natur der Sache gleichfalls geringer. Er haftet nach den allgemeinen Grundsätzen. Danach sind die Früchte erst von dem Augenblick an herauszugeben, von dem der Beschwerte mit der Leistung des vermachten Gegenstandes in Verzug geraten oder der Anspruch rechtshängig geworden ist (BGH Urt. v. 25. 4. 1968 III ZR 34/67).

2 Auch wenn der Nacherbe mit einem Vermächtnis beschwert ist, kommt es für die Frage, ob der vermachte Gegenstand zur Erbschaft gehört, nur auf den Zeitpunkt des Erbfalls an. § 2111 ist insoweit nicht anzuwenden, da er nur das Verhältnis zwischen Vor- und Nacherben betrifft (*Staudinger/Seybold* 11. Aufl. § 2184 Rdn. 3).

Beim Wahlvermächtnis (§ 2154) ist vorgängige Bestimmung des Gegenstandes durch Vollziehung der Wahl vorausgesetzt.

3 Die Vorschriften des § 2184 sind übrigens nur ergänzender Natur. Der Erblasser kann etwas anderes bestimmen. Eine abweichende Bestimmung wird häufig anzunehmen sein, wenn der Zeitpunkt der Erfüllung des Vermächtnisses im Sinne des § 2181 dem freien Belieben des Beschwerten überlassen ist.

4 **II. Umfang der Herausgabepflicht**

Herauszugeben sind die natürlichen oder bürgerlichen Früchte (§ 99), die der Beschwerte seit Anfall des Vermächtnisses (§§ 2176—2178) wirklich aus dem Gegenstande des Vermächtnisses gezogen hat, gleichviel ob auch der Bedachte bei sofortiger Erfüllung die Früchte haben würde.

5 Da eine Verwaltungspflicht des Beschwerten nicht besteht, hat er grundsätzlich keinen Ersatz dafür zu leisten, daß er es versäumt hat, Früchte zu ziehen. Hat er dies jedoch vorsätzlich unterlassen, dann kann er sich unter Umständen nach § 826 schadensersatzpflichtig gemacht haben. Mit dem Eintritt des Verzuges oder der Rechtshängigkeit verschärft sich die Haftung des Beschwerten. Er haftet jetzt nach § 292 auch, wenn er es unterlassen hat, Früchte zu ziehen. Dagegen wird diese verschärfte Haftung nicht bereits durch die Kenntnis des Beschwerten von dem Bestehen der Erfüllungspflicht ausgelöst (vgl. dazu die Kritik bei *Staudinger/Seybold* 11. Aufl. § 2184 Rdn. 5).

6 Nach allgemeinen Grundsätzen haftet der Beschwerte für die Früchte nur unter Abzug der Gewinnungskosten (§ 102), gegebenenfalls nach den Teilungsgrundsätzen

des § 101 und, soweit die Früchte nicht mehr in Natur vorhanden sind, auf Bereicherung. Der Beschwerte haftet, wenn er den Verlust der gezogenen Früchte verschuldet hat, z. B. wenn er sie in Kenntnis von dem Anfall des Vermächtnisses verbraucht hat (Prot. 5, 230 ff).

Ist ein Wohnrecht Gegenstand des Vermächtnisses, so kommt der Fruchtbezug **7**
aus diesem Rechte nach Stuttgart OLG **6,** 313 nicht in Frage, weil die Mietzinseinnahme keine Frucht des Wohnrechts, sondern des vermieteten Gebäudes ist (vgl. dazu die kritische Bemerkung bei *Planck/Flad* 4. Aufl. § 2184 Anm. 1). Hat der Erblasser dem Bedachten ein freies Wohnrecht in einem ihm gehörigen Haus vermacht und kann der Erbe dieses Vermächtnis nicht erfüllen, da er auf Grund behördlicher Weisung gezwungen worden ist, die Wohnung an einen anderen Mieter zu vermieten, so gebührt dem Bedachten als Ersatz der von dem Beschwerten für diese Wohnung erzielte Mietzins (RG DR **44,** 292; § 2171 Rdn. 3).

Wenn dem Bedachten der Nießbrauch an einer Sache vermacht worden ist, kann er grundsätzlich nach § 2184 von dem Beschwerten nicht die Herausgabe der Früchte der Sache verlangen, die dieser vor der Bestellung des Nießbrauchs gezogen hat. Jedoch kann die Auslegung des Testaments einen anderen Willen des Erblassers ergeben. Das hat das Kammergericht in dem NJW **64,** 1808 entschiedenen Fall nicht genügend beachtet. Dort war die Klägerin, die Ehefrau des Erblassers, als Alleinerbin eingesetzt. Den Beklagten war der Grundbesitz und der Klägerin wiederum der Nießbrauch daran vermacht worden. Es ist anzunehmen, daß der Erblasser wollte, daß seine Witwe auch nach seinem Tode weiter in dem Genuß der Erträgnisse des Grundbesitzes bleiben sollte.

III. Herausgabe des auf Grund des vermachten Rechts Erlangten **8**

Auf Grund des vermachten Rechtes können erlangt sein die Schatzhälfte (§ 984), die Anlandung (EG Art. 65), durch Verbindung der vermachten Sache hinzugefügte Bestandteile (§§ 946, 947 Abs. 2), während der infolge Untergangs des Vermächtnisgegenstandes erlangte Ersatz oder Ersatzanspruch schon nach § 281 herausgegeben werden muß.

IV. Keine Herausgabe von Nutzungen **9**

Dagegen verbleiben dem Beschwerten die Nutzungen, soweit sie bloß in den Vorteilen bestehen, welche der Gebrauch der Sache oder des Rechtes gewährt (§ 100, z. B. Gartengenuß, Wohnen in dem vermachten Hause), so lange, als er mit Erfüllung des Vermächtnisanspruchs nicht in Verzug gerät. Nach Eintritt der Rechtshängigkeit oder des Verzuges sind auch die Nutzungen herauszugeben und ist für nicht gezogene Nutzungen Ersatz zu leisten.

§ 2185

Ist eine bestimmte zur Erbschaft gehörende Sache vermacht, so kann der Beschwerte für die nach dem Erbfall auf die Sache gemachten Verwendungen sowie für Aufwendungen, die er nach dem Erbfalle zur Bestreitung von Lasten der Sache gemacht hat, Ersatz nach den Vorschriften verlangen, die für das Verhältnis zwischen dem Besitzer und dem Eigentümer gelten.

E I 1880 II 2055; M **5** 199—204; M **5** 233—236.

Ersatz von Verwendungen und Aufwendungen

Übersicht

1 **I. Allgemeine Voraussetzungen des Ersatzanspruchs**

Wie in § 2184 ist vorausgesetzt, daß es sich um einen bestimmten zur Erbschaft gehörenden Gegenstand handelt. Maßgebend ist auch, wenn das Vermächtnis einem Nacherben auferlegt ist, der Zeitpunkt des Erbfalls. § 2111 ist nicht anzuwenden. Für § 2185 kommt aber nur eine Sache (§ 90), nicht ein Recht in Betracht. Beim Wahl-, Gattungs- und Verschaffungsvermächtnis (§§ 2154, 2155, 2170) kann es sich nur fragen, ob nach allgemeinen Grundsätzen ein Bereicherungsanspruch des Beschwerten gegeben ist.

2 **II. Umfang des Ersatzanspruchs**

Der Ersatzanspruch des Beschwerten wegen Verwendungen und Aufwendungen regelt sich nach den §§ 994—1003. Er besteht grundsätzlich schon wegen der Verwendungen seit dem Erbfall (§ 2176), nicht erst wegen der Verwendungen seit dem etwa hinausgeschobenen Vermächtnisanfall (§§ 2177, 2178). Hierzu gehören auch die Kosten eines Rechtsstreits wegen des Vermächtnisgegenstandes.

3 Hinsichtlich der Lasten der Sache ist nicht unterschieden zwischen öffentlichen und privatrechtlichen, gewöhnlichen und außerordentlichen Lasten (so §§ 103, 1047, 2126). Doch ist insoweit gemäß §§ 994 Abs. 1 Satz 2, 995 Satz 2 der Ersatzanspruch eingeschränkt für die Zeit, für welche dem Beschwerten die Nutzungen der Sache verbleiben. Dies trifft nach § 2184 regelmäßig zu für die Zeit vom Erbfall bis zum Vermächtnisanfall. Da aber nach § 2184 Rdn. 9 dem Beschwerten die Nutzungen, soweit sie in Gebrauchsvorteilen bestehen, noch darüber hinaus zukommen können, so hat er auch für diejenigen Verwendungen keinen Ersatzanspruch, welche er zu eben diesen Gebrauchszwecken gemacht hat (Fütterung des von ihm benutzten Zug- oder Reitpferdes). In demselben Umfange ist nach § 256 auch der Zinsanspruch des Beschwerten eingeschränkt. Anderseits kann er, sofern er dem Bedachten die Früchte herauszugeben hat, die für den Fruchtertrag gemachten Verwendungen ersetzt verlangen. Die Kosten für die Gewinnung der Früchte kann er bereits nach § 102 fordern. Läßt sich im Einzelfall nicht sagen, ob die Verwendung dem Gebrauchszweck oder dem Fruchtertrag dient, so ist darauf abzustellen, ob der Fruchtertrag oder der Gebrauch der Hauptzweck der Sache ist (ebenso *Planck/Flad* 4. Aufl. § 2185 Anm. 2 d; *Staudinger/Seybold* 11. Aufl. § 2185 Rdn. 5). Anspruch auf Befreiung von Verbindlichkeiten § 257.

4 Der Beschwerte kann notwendige Verwendungen immer ersetzt verlangen, soweit er jedoch Verwendungen macht, nachdem ihm bekannt geworden ist, daß das Vermächtnis angefallen ist oder zu einem bestimmten Zeitpunkt anfallen wird (§ 990), nur nach den Vorschriften über Geschäftsführung ohne Auftrag (§§ 994, 995).

5 Insoweit der beschwerte Erbe gegen den Willen des Bedachten, aber in Ausübung seiner Verwaltungspflicht Aufwendungen vornimmt, steht ihm nach § 1978 Abs. 3 der Ersatzanspruch nur gegen den Nachlaß, nicht gegen den Bedachten zu (§ 683; aM *Strohal* I § 33 Anm. 27 Nr. 1).

6 Wegen anderer als notwendiger Aufwendungen besteht der Ersatzanspruch nur, soweit sie vor Kenntnis des Vermächtnisanfalls gemacht sind und der Wert der Sache hierdurch erhöht bleibt, § 996.

Der Beschwerte kann auch die Ersatzansprüche eines Rechtsvorgängers (Vorerben, Vorvermächtnisnehmers) geltend machen, § 999, die von ihm verbundene Sache abtrennen, § 997, und seinen Ersatzanspruch sowohl klageweise als durch Ausübung des Zurückbehaltungsrecht verfolgen, §§ 1000—1003, 273. 7

Der Bedachte kann sich vom Ersatzanspruch durch Zurückgabe befreien, § 1001.

Die für das Vermächtnis geschuldete Erbschaftsteuer kann der Erbe bei Auszahlung des Vermächtnisses abziehen (RG Recht 07 Nr. 1856; § 2174 Rdn. 22).

§ 2186

Ist ein Vermächtnisnehmer mit einem Vermächtnis oder einer Auflage beschwert, so ist er zur Erfüllung erst dann verpflichtet, wenn er die Erfüllung des ihm zugewendeten Vermächtnisses zu verlangen berechtigt ist.

E I 1877 II 2056; M **5** 192, 193; P **5** 221.

Fälligkeit des Untervermächtnisses

Übersicht

I. Allgemeines 1

Die §§ 2186—2188 schützen den mit einem Untervermächtnis beschwerten Vermächtnisnehmer davor, daß er durch das Untervermächtnis über den ihm durch das Vermächtnis zuteil gewordenen Vorteil hinaus belastet wird. § 2186 betrifft die Fälligkeit des Untervermächtnisses, § 2187 den Umfang der Haftung des mit dem Untervermächtnis beschwerten Vermächtnisnehmers und § 2188 das Recht des Vermächtnisnehmers, das Untervermächtnis zu kürzen, wenn das Hauptvermächtnis gekürzt worden ist.

II. Fälligkeit des Untervermächtnisses 2

Ist das damit beschwerte Hauptvermächtnis selbst noch nicht angefallen, weil es bedingt oder betagt ist (§§ 2176—2178), so kann von einer Geltendmachung des Untervermächtnisses regelmäßig nicht die Rede sein. Das Untervermächtnis ist dann in der Regel gleichfalls mittelbar betagt oder bedingt.

Anders ist es, wenn sich ergibt, daß das Untervermächtnis nach dem Willen des Erblassers auch gelten soll, wenn die für das Hauptvermächtnis gesetzte Bedingung nicht eintritt. Fällt in diesen Fällen die Bedingung aus, so ist derjenige beschwert, dem der Wegfall des mit dem Untervermächtnis beschwerten Vermächtnisses unmittelbar zustatten kommt. In diesem Fall ist, worauf *Planck/Flad* 4. Aufl. § 2186 Anm. 2 zutreffend hinweist, das Untervermächtnis so zu behandeln, als sei es zugleich mit der Erbschaft angefallen, so daß § 2186 anzuwenden ist. 3

Voraussetzung für die Anwendung des § 2186 ist, daß beide Vermächtnisse angefallen sind, daß aber die Fälligkeit des Untervermächtnisses vor derjenigen des Hauptvermächtnisses eintritt, sei es infolge letztwilliger Anordnung (X soll zu ihm beliebender Zeit dem Y 1000, Y aber der Z bei ihrer Verheiratung 500 auszahlen, § 2181), sei es weil sich die Erfüllung des Hauptvermächtnisses wegen Verzögerung der Erbschaftsannahme (§ 1958) oder durch Geltendmachung der aufschiebenden 4

Einreden hinauszieht (§§ 2014, 2015). In diesen Fällen wird auch die Fälligkeit des Untervermächtnisses entsprechend hinausgeschoben.

Fürsorge für Ausführung der auferlegten Beschwerungen durch einen Testamentsvollstrecker § 2223.

5 **III. Beweislast**

Der Untervermächtnisnehmer hat die Fälligkeit beider Vermächtnisse nachzuweisen. Dagegen gehört nicht zur Klagebegründung, daß das Hauptvermächtnis von dem damit Bedachten angenommen oder gar, daß es schon erfüllt sei. Es genügt, daß er es „zu verlangen berechtigt ist". Der Beschwerte kann dem Anspruch des Vermächtnisnehmers jedoch entgegenhalten, daß er das ihm zugewandte Vermächtnis selbst nicht oder davon doch nicht so viel erhalten werde, daß er daraus das Untervermächtnis erfüllen kann. Behauptet der Beschwerte, das Hauptvermächtnis ausgeschlagen zu haben (§ 2180), so ist er dafür beweispflichtig. Schlägt er erst nach der Klageerhebung aus, so wird die Klage hinfällig, der Untervermächtnisnehmer trägt die Kosten und wird nur ausnahmsweise aus § 826 Schadloshaltung fordern dürfen.

§ 2187

Ein Vermächtnisnehmer, der mit einem Vermächtnis oder einer Auflage beschwert ist, kann die Erfüllung auch nach der Annahme des ihm zugewendeten Vermächtnisses insoweit verweigern, als dasjenige, was er aus dem Vermächtnis erhält, zur Erfüllung nicht ausreicht.

Tritt nach § 2161 ein anderer an die Stelle des beschwerten Vermächtnisnehmers, so haftet er nicht weiter, als der Vermächtnisnehmer haften würde.

Die für die Haftung des Erben geltenden Vorschriften des § 1992 finden entsprechende Anwendung.

E I 1876 Abs. 2, 1881 II 2057; M 5 190, 191, 206, 207; P 5 221, 227, 834, 835.

Haftung des Vermächtnisnehmers für die ihm auferlegten Beschwerungen

Übersicht

1 **I. Grundsatz der Haftungsbeschränkung**

Entsprechend der beschränkten Haftung des Erben (ähnlich auch bei der Schenkung § 526) reicht die Haftung des mit einem **Untervermächtnis** beschwerten Hauptvermächtnisnehmers nicht weiter als auf dasjenige, was er selbst aus dem Hauptvermächtnis erhält. Ob er das letztere schon angenommen hat oder nicht, ist gleichgültig. Erhält der Vermächtnisnehmer X 100 und ist er zugunsten des Z mit 1000 beschwert, so hat Z nur auf 100 Anspruch. Der Beschwerte kann deshalb einwenden und hat gegebenenfalls zu beweisen, daß das Hauptvermächtnis von vornherein oder z. B. weil er es nur zum Teil habe beitreiben können, zur Erfüllung des Untervermächtnisses nicht ausreiche. Er bleibt jedoch durch das nach § 2174 begründete Schuldverhältnis dem Untervermächtnisnehmer zur Sorgfalt in Geltendmachung seines eigenen Vermächtnisses verpflichtet und kann ihm aus Verschulden mit dem eigenen Vermögen haftbar werden. Keinesfalls ist er genötigt, den Zweitbedachten vorschußweise zu befriedigen.

Weiteres Kürzungsrecht § 2188.

Auch mit einer **Auflage** kann der Erblasser den Vermächtnisnehmer nur bis zur Höhe des Betrags, den dieser selbst erhält, belasten. Vermacht jemand einer Kirchengemeinde einen Geldbetrag mit der Auflage, eine auf ihrem Friedhof liegende Grabstätte, solange der Friedhof als solcher bestehe, zu unterhalten, so wird die Zuwendung in der Regel so bemessen, daß ihr Ertrag die laufenden Ausgaben der Unterhaltung reichlich deckt, ihr Stamm mithin der Gemeinde als freie Bereicherung verbleibt, wenn die Erfüllung der Auflage mit der Einziehung des Friedhofs dereinst wegfällt. Wurde in einem solchen Falle der vermachte Geldbetrag in Händen der Gemeinde von der Geldentwertung betroffen, so kann ergänzende Testamentsauslegung dazu führen, daß die Gemeinde zur Aufwendung von Unterhaltungskosten nur noch nach Maßgabe des nunmehrigen Zinsertrags verpflichtet ist (so für einen nach PrALR, aber aus allgemeinen Erwägungen entschiedenen Fall RG **120**, 237, vgl. § 2192 Rdn. 13). 2

II. Geltendmachung der Haftungsbeschränkung 3

Für die Geltendmachung der Haftungsbeschränkung gelten die Grundsätze der Unzulänglichkeitseinrede, wobei der Wert des Hauptvermächtnisses dem Nachlaß im Sinne von §§ 1990—1992 entspricht. Hiernach hat der Beschwerte, wenn er die Unzulänglichkeit nicht schon im Prozesse nachweist, nach ZPO § 786 den Vorbehalt der beschränkten Haftung im Urteile zu erwirken und demnächst in der Zwangsvollstreckung seine Einwendungen geltend zu machen.

Er hat das aus dem Hautpvermächtnis Erlangte dem Zweitbedachten zum Zwecke der Befriedigung im Wege der Zwangsvollstreckung herauszugeben und kann sich durch Abtretung des eigenen Vermächtnisanspruchs (§ 1990 Abs. 1), aber auch durch Auszahlung des Wertes des Hauptvermächtnisses (§ 1992 Satz 2) von jedem Anspruch des Zweitbedachten befreien. 4

Nach §§ 1991, 1978, 1979 ist er dem Zweitbedachten für die Vereitelung seiner Befriedigung verantwortlich, anderseits zu Ersatzansprüchen noch über § 2185 hinaus berechtigt. 5

Die Wirkung der Konfusion tritt nicht ein (§ 1991 Abs. 2), die rechtskräftige Verurteilung des Beschwerten zur Leistung eines Untervermächtnisses wirkt anderen Zweitbedachten gegenüber wie Befriedigung (§ 1991 Abs. 3).

Mehrere Untervermächtnisse hat er in der Reihenfolge des § 1991 Abs. 4 (vgl. aber auch § 2189) zu erfüllen.

III. Haftung eines nach § 2161 an die Stelle des ursprünglich Beschwerten Tretenden (Abs. 2) 6

Die Haftung des andern bleibt in gleichem Umfang wie nach Abs. 1 auch dann beschränkt, wenn der durch Wegfall des Vermächtnisses (Hauptvermächtnisses) frei werdende Erbe oder wenn ein Anwachsungsberechtigter oder der vielleicht auch ohnedies bedachte Ersatzvermächtnisnehmer (§§ 2159, 2161) zur Erfüllung des Untervermächtnisses oder der Auflage aus den ihm sonst gewordenen Zuwendungen an sich imstande wäre oder wenn der Erbe unbeschränkt haftete.

IV. Mehrere Vermächtnisse. Anwachsung von Anteilen anderer Vermächtnisse 7

Ist ein Vermächtnisnehmer mit mehreren selbständigen Vermächtnissen bedacht, so gilt jedes dieser Vermächtnisse hinsichtlich der ihm auferlegten Beschwerungen für die Frage der Haftungsbeschränkung als selbständig. Der Vermächtnisnehmer haftet also nicht mit Gegenständen eines zweiten Vermächtnisses für die dem ersten Vermächtnis auferlegten Beschwerungen und umgekehrt. Entsprechendes gilt nach § 2159, soweit dem Vermächtnisnehmer durch Anwachsung ein Anteil von einem anderen Vermächtnis zugefallen ist.

§ 2188

Wird die einem Vermächtnisnehmer gebührende Leistung auf Grund der Beschränkung der Haftung des Erben, wegen eines Pflichtteilsanspruchs oder in Gemäßheit des § 2187 gekürzt, so kann der Vermächtnisnehmer, sofern nicht ein anderer Wille des Erblassers anzunehmen ist, die ihm auferlegten Beschwerungen verhältnismäßig kürzen.

E I 1882 II 2058; M 5 207; P 5 237.

Kürzung der einem Vermächtnis auferlegten Beschwerungen

Übersicht

1 **I. Verhältnismäßige Kürzung der Beschwerungen**

Zu einer Kürzung des beschwerten Hauptvermächtnisses kann es kommen

a) auf Grund der Haftungsbeschränkung des Erben, soweit das Vermächtnis im Nachlaßkonkurs (KO § 226; nicht auch im Nachlaßvergleichsverfahren, da die Vermächtnisforderung am Verfahren nicht beteiligt ist und von einem Vergleiche nicht betroffen wird, VerglO § 113 Nr. 7) oder infolge Geltendmachung der Unzulänglichkeitseinrede (§§ 1990—1992) ausfällt;

b) wegen eines Pflichtteilsanspruchs §§ 2318, 2322—2324;

c) gemäß § 2187, wenn der Beschwerte selbst schon als Untervermächtnisnehmer eine Kürzung erfahren hatte und nun einem Drittbedachten gegenübersteht.

In diesen Fällen ist er nach der zu vermutenden, aber durch den Bedachten widerlegbaren Absicht des Erblassers auch dann berechtigt, die erlittene Einbuße verhältnismäßig auf den Bedachten zu übertragen, wenn das Vermächtnis trotz der Kürzung an sich zur vollen Befriedigung des Bedachten ausreichen würde. Sind ihm von 1000 Hauptvermächtnis 250 = $1/4$ gekürzt, so kann er von 200 Untervermächtnis gleichfalls $1/4$ = 50 abziehen. Ist die Kürzung wegen Unteilbarkeit der Zuwendung ausgeschlossen und versteht sich der Nächstbedachte nicht zur Abfindung, so braucht der Beschwerte nur den entsprechend gekürzten Wert der Zuwendung zu leisten.

2 **II. Geltendmachung der Kürzung**

Die Kürzung tritt nicht kraft Gesetzes ein. § 2188 gibt dem beschwerten Vermächtnisnehmer nur eine Befugnis. Es steht in seinem Belieben, ob er davon Gebrauch machen will. Die Befugnis muß spätestens während des Rechtsstreits, in dem die ihm auferlegte Leistung begehrt wird, ausgeübt werden. Die Voraussetzungen des Kürzungsrechts hat der Vermächtnisnehmer zu beweisen. Im späteren Zwangsvollstreckungsverfahren können nur noch die weniger weitgehenden Rechte aus § 2187 (vgl. dort Rdn. 3, 4) geltend gemacht werden.

III. Entsprechende Anwendung 3

§ 2188 ist entsprechend anzuwenden, wenn ein beschwerter Vermächtnisanteil bei einem mehreren gemeinschaftlich zugewandten Vermächtnis nach §§ 2157, 2090 deswegen gekürzt wird, weil die einzelnen zugewandten Bruchteile das Ganze übersteigen. Auch in diesem Fall ist zu prüfen, ob nicht nach dem Willen des Erblassers eine Kürzung ausgeschlossen ist (*Staudinger/Seybold* 11. Aufl. § 2188 Rdn. 13).

IV. Kürzung nach § 70 LAG 4

Für Erbfälle, die nach dem 20. Juni 1948 eingetreten sind, gewährt § 70 Abs. 1 LAG im Zweifel dem Erben das Recht, die Vermächtnisse um den Anteil des Zeitwerts der Abgabeschuld zu kürzen, der dem Anteil des gemeinen Werts des Vermächtnisses an dem gemeinen Wert des Nachlasses entspricht. Voraussetzung dafür ist, daß das Vermächtnis vor dem 1. Oktober 1952 von dem Erblasser angeordnet ist und daß dieser dabei die durch das Lastenausgleichsgesetz begründete Verpflichtung des Erben, die auf den Nachlaß entfallende Vermögensabgabeschuld zu tragen, nicht berücksichtigt hat. Ein von einer solchen Kürzung betroffener Vermächtnisnehmer ist nach § 70 Abs. 4 LAG seinerseits berechtigt, die seinem Vermächtnis auferlegten Beschwerungen um den Anteil des ihn treffenden Kürzungsbetrages zu mindern, der dem Verhältnis des Wertes der auferlegten Beschwerung zu dem Wert des beschwerten Vermächtnisses entspricht. Diese Kürzung kann von den von ihr Betroffenen in entsprechender Anwendung des § 70 Abs. 2 LAG abgewandt werden (vgl. § 2174 Rdn. 33).

§ 2189

Der Erblasser kann für den Fall, daß die dem Erben oder einem Vermächtnisnehmer auferlegten Vermächtnisse und Auflagen auf Grund der Beschränkung der Haftung des Erben, wegen eines Pflichtteilsanspruchs oder in Gemäßheit der §§ 2187, 2188 gekürzt werden, durch Verfügung von Todes wegen anordnen, daß ein Vermächtnis oder eine Auflage den Vorrang vor den übrigen Beschwerungen haben soll.

E I 2117 Abs. 2 Nr. 4 II 2059; M **5** 638; P **5** 770; **6** 319.

Vorrang

Hat X von den ihm zugewendeten 1200 an A, B und C je 100, 400 und 1000 zu entrichten und ist anqeordnet, daß C den Vorrang haben soll, so empfängt C volle 1000, in den Rest von 200 teilen sich A und B nach dem Verhältnis von 1 : 4, es empfangen somit A 40, B 160. Eine derartige Rangordnung bleibt auch im Nachlaßkonkurse wirksam, das dem Pflichtteil gleichkommende Vermächtnis geht jedoch den übrigen Beschwerungen vor (KO § 226 Abs. 3).

§ 2190

Hat der Erblasser für den Fall, daß der zunächst Bedachte das Vermächtnis nicht erwirbt, den Gegenstand des Vermächtnisses einem anderen zugewendet, so finden die für die Einsetzung eines Ersatzerben geltenden Vorschriften der §§ 2097 bis 2099 entsprechende Anwendung.

E I 1871 Abs. 2 Satz 2, 1883 II 2060; M **5** 186, 207, 208; P **5** 216, 237.

Ersatzvermächtnis

Ersatzvermächtnis entsprechend der Berufung eines Ersatzerben § 2096.

Die entsprechend anwendbaren Vorschriften ergeben nach § 2097: es macht keinen Unterschied, ob der Ersatzbedachte für den Fall berufen ist, daß der Erstbedachte das Vermächtnis nicht annehmen kann oder nicht annehmen will.

§ 2098: Die Gleichartigkeit mit der Erbeinsetzung ist nur dann gegeben, wenn die mehreren Bedachten zu Bruchteilen auf denselben Vermächtnisgegenstand berufen sind. Sind sie sich in diesem Falle zugleich gegenseitig oder sind für einen die übrigen nacheingesetzt, so rücken sie nach Verhältnis des einem jeden zugewendeten Vermächtnisses ein.

Sind mehrere mit selbständigen Vermächtnissen Bedachte sich gegenseitig nacheingesetzt, so rücken sie nach Kopfteilen ein.

§ 2098 Abs. 2 ergibt den Vorrang der zu einer Untergruppe vereinigten vor den übrigen Ersatzbedachten, § 2099 den Vorrang der Ersatzberufung vor dem Anwachsungsrecht (§ 2158).

Der Nachvermächtnisnehmer gilt zugleich als Ersatzbedachter, §§ 2191 Abs. 2, 2102.

Die Abkömmlinge eines bedachten eigenen Abkömmlings gelten immer zugleich als Ersatzbedachte, § 2069.

Darüber, ob der Ersatzbedachte den Erbfall oder den Vermächtnisanfall erlebt haben müsse, vgl. § 2180 Rdn. 14.

§ 2191

Hat der Erblasser den vermachten Gegenstand von einem nach dem Anfalle des Vermächtnisses eintretenden bestimmten Zeitpunkt oder Ereignis an einem Dritten zugewendet, so gilt der erste Vermächtnisnehmer als beschwert.

Auf das Vermächtnis finden die für die Einsetzung eines Nacherben geltenden Vorschriften des § 2102, des § 2106 Abs. 1, des § 2107 und des § 2110 Abs. 1 entsprechende Anwendung.

E I 1884, 1885 II 2061; M 5 208—211; P 5 237.

Nachvermächtnis

Übersicht

1 **I. Die Rechtsnatur des Nachvermächtnisses**

Um ein Nachvermächtnis handelt es sich nur, wenn der vermachte Gegenstand in zeitlicher Reihenfolge nacheinander mehreren Personen vermacht worden ist. Ein Nachvermächtnis liegt danach nicht vor, wenn der Erblasser den Gegenstand durch Teilungsanordnung einem Erben zugewiesen und bestimmt hat, daß dieser ihn an einem bestimmten Zeitpunkt an einen Dritten herauszugeben habe. Es ist dann ein Vermächtnis, das dem Bedachten erst zu dem vom Erblasser bestimmten Zeitpunkt, der auch der Tod des Beschwerten sein kann, anfällt (BGH Urt. v. 24.4. 1972 IV ZR 132/70).

Der Nachvermächtnisnehmer erwirbt den Anspruch auf den Vermächtnisgegenstand (Einzelsache oder vertretbare Sache, Geld), nachdem zuvor ein anderer, der Vorvermächtnisnehmer, denselben Gegenstand gehabt hat (§ 2100). Das Wesen des Nachvermächtnisses besteht darin, daß derselbe Gegenstand nacheinander verschiedenen Personen zugewandt wird.

Nicht erforderlich ist die Identität des Gegenstandes, wie sie bestehen würde, **2** wenn einzelne bestimmte Sachen den Gegenstand der Vermächtnisse bilden. Möglich ist, daß das Nachvermächtnis nur einen realen oder ideellen Bruchteil des vermachten Gegenstandes ergreift. Auch eine bestimmte Menge vertretbarer Sachen oder eine bestimmte Geldsumme kann Gegenstand des Nachvermächtnisses sein.

Ein Nachvermächtnis liegt dagegen nicht vor, wenn die dem Vermächtnisneh- **3** mer auferlegte Leistung eine gänzlich andere ist als die ihm zugewandte. Die Rechtsprechung hat die Gleichheit des vermachten Gegenstandes und damit ein Nachvermächtnis verneint in einem Falle, in dem der Erblasser die Nutznießung an seinem ganzen Vermögen seiner Ehefrau und nach deren Tode die Nutznießung an der Hälfte seines Nachlasses einer Verwandten zugewandt hatte (Colmar Juristische Zeitschrift für... Elsaß-Lothringen **07**, 412).

Das Nachvermächtnis kann nacheinander beliebig vielen Bedachten anfallen. Es **4** unterliegt aber der zeitlichen Beschränkung der §§ 2162, 2163.

Beschwerter und somit Schuldner des durch § 2174 begründeten Anspruchs ist **5** der erste Vermächtnisnehmer. Gegen diesen und nicht gegen den Erben ist daher auch eine Klage auf Feststellung des Nachvermächtnisses zu richten (RG WarnRspr. 1916 Nr. 54). Die Klage auf Erfüllung des Nachvermächtnisses ist auch dann gegen den ersten Vermächtnisnehmer zu richten, wenn nicht dieser, sondern der Erbe als Eigentümer des vermachten Grundstücks eingetragen ist. Dem steht nicht entgegen, daß der erste Vermächtnisnehmer nicht ohne Mitwirkung des Erben erfüllen kann. Entscheidend ist, daß der Nachvermächtnisnehmer nur einen Anspruch gegen den ersten Vermächtnisnehmer hat und daß über diesen Anspruch zu entscheiden ist (OGH **3**, 378).

Das Nachvermächtnis ist stets ein aufschiebend bedingtes oder befristetes Ver- **6** mächtnis. Es fällt niemals mit dem Erbfall, sondern immer erst in dem für seinen Anfall maßgebenden Zeitpunkt an (vgl. dazu auch Rdn. 7). Für die Zeit zwischen dem Erbfall und dem Anfall gilt § 2179. Schlägt der Berufene das Nachvermächtnis aus, so verbleibt es dem ersten Vermächtnisnehmer, es sei denn, daß ein Anwachsungsberechtigter (§ 2158) oder Ersatzbedachter (§ 2190) vorhanden ist (RG WarnRspr. 1916 Nr. 54).

II. Entsprechende Anwendung des Nacherbenrechts **7**

1. Entsprechend anwendbare Bestimmungen

Entsprechend anwendbar sind: § 2102: Das Nachvermächtnis gilt im Zweifel zugleich als Ersatzvermächtnis, eine ihrer Art nach zweifelhafte Berufung nur als Ersatzvermächtnis. § 2106 Abs. 1: In Ermangelung anderer Bestimmungen fällt das Nachvermächtnis den späteren Bedachten mit dem Tode des Vorvermächtnisnehmers an. § 2107: Ist ein Abkömmling, der zur Zeit der Vermächtnisanordnung keinen Abkömmling hatte oder von dem der Erblasser zu dieser Zeit nicht wußte, daß er einen Abkömmling habe, für die Zeit nach seinem Tode mit einem Nachvermächtnisse belastet, so ist anzunehmen, daß das Nachvermächtnis nur für den Fall angeordnet ist, daß der zunächst Bedachte ohne Nachkommenschaft stirbt. § 2110 Abs. 1: Das Nachvermächtnis erstreckt sich im Zweifel auf das dem Vorvermächtnisnehmer infolge Wegfalls eines Mitbedachten angefallene Vermächtnis.

Fraglich kann sein, ob die §§ 2191 Abs. 2, 2107 entsprechend angewandt werden können, wenn der Erblasser den als Erben berufenen kinderlosen Abkömmling mit einem Vermächtnis beschwert hat, das den Bedachten erst bei dessen Tode anfällt oder dann fällig werden soll. Der BGH hat diese Erwägung als nicht ohne weiteres abzulehnen bezeichnet (BGH Urt. v. 9. 1. 1963 V ZR 41/61). Man wird dies nicht allgemein bejahen können. Es handelt sich hier um eine Frage der Testamentsauslegung, eventuell einer ergänzenden. Dabei kommt es auf die Art des vermachten Gegenstandes, den Zweck des Vermächtnisses und auch darauf an, ob der Erblasser zu der Zeit, als er das Vermächtnis anordnete, damit rechnen konnte, daß der Erbe noch Nachkommen haben würde.

8 **2. Nicht entsprechend anwendbare Bestimmungen**

Von den auf das Nachvermächtnis nicht übertragenen Vorschriften sind hervorzuheben: Das Nachvermächtnis bewirkt keinen Übergang des Vermächtnisgegenstandes kraft Gesetzes (§ 2139), sondern erzeugt nur den schuldrechtlichen Anspruch des § 2174. Der Vorvermächtnisnehmer ist nicht wie der Vorerbe (§§ 2112 ff) in der Verfügung über den Vermächtnisgegenstand dinglich beschränkt. Besondere Sicherungsrechte hat das Gesetz dem Nachvermächtnisnehmer nicht eingeräumt. Die Sicherungsvorschriften der §§ 2113 ff, die §§ 2127 ff über die Auskunftspflicht oder Sicherheitsleistung sind weder unmittelbar noch entsprechend anzuwenden. Der Vorvermächtnisnehmer ist daher nicht nach bürgerlichem Recht zur Sicherheitsleistung verpflichtet (RG WarnRspr. 1910 Nr. 157). Das Recht des Nachvermächtnisnehmers kann auch nicht, wie das Recht des Nacherben nach § 51 GBO, ins Grundbuch eingetragen werden (KG OLG **41**, 31).

9 **III. Schuldrechtliche Bindung des Vorvermächtnisnehmers**

Der Vorvermächtnisnehmer ist dem Nachbedachten schon bevor das Vermächtnis diesem anfällt schuldrechtlich verhaftet. Er kann deshalb nach Maßgabe der prozeß- und konkursrechtlichen Vorschriften unter Umständen auch zur Sicherung angehalten werden (§ 2179 Rdn. 3).

Arreste und einstweilige Verfügungen können gegen ihn erwirkt und auf die Weise auch die Eintragung einer Vormerkung zur Sicherung des Rechtes im Grundbuch erlangt werden. Die Surrogationsgrundsätze (§ 2111) kommen nur beschränkt zur Anwendung (§§ 2164 Rdn. 11—12, 2169 Rdn. 22—25).

FÜNFTER TITEL

Auflage

1 **I. Begriffsbestimmung**

Die Begriffsbestimmung der Auflage ist in § 1940 gegeben. Eine Auflage ist danach eine letztwillige Verfügung, durch die dem Erben oder dem Vermächtnisnehmer die Verpflichtung auferlegt wird, zu einem bestimmten Zwecke etwas zu tun oder zu lassen, ohne daß ein anderer das Recht erhält, die Leistung für sich zu verlangen. Vorausgesetzt ist danach wie bei dem Vermächtnis ein Beschwerter, dagegen ist kein Bedachter vorhanden, da demjenigen, welchem die Erfüllung der Auflage zustatten kommt, dem Begünstigten, keinerlei Rechte zustehen.

Soweit der Erbe beschwert ist, gehören die Verbindlichkeiten aus Auflagen zu den Nachlaßverbindlichkeiten, § 1967. Sie sind nicht in den Erbschein aufzunehmen (KG HRR **41**, 327). Der Gerichtsstand bestimmt sich nach § 27 ZPO.

II. Systematische Übersicht

2 Da die Auflage in vielen Beziehungen dem Vermächtnis ähnelt, hat der Gesetzgeber in § 2192 angeordnet, daß zahlreiche das Vermächtnis betreffende Bestimmungen auf die Auflage entsprechend anzuwenden sind.

In der Regel ist die Zweckbestimmung das für die Auflage Entscheidende. § 2193 gestattet daher dem Erblasser, davon abzusehen, den Empfänger der Leistung zu bestimmen. Er kann, wenn er den Zweck der Auflage angegeben hat, die Bestimmung des Empfängers der Leistung dem Beschwerten oder einem Dritten überlassen. § 2193 sagt dann ferner, wie die Bestimmung in diesem Falle zu erfolgen hat.

Da bei der Auflage anders als beim Vermächtnis der Begünstigte nicht berechtigt ist, die Leistung zu fordern, hat das Gesetz in § 2194 bestimmt, daß der Erbe, der Miterbe und derjenige, dem der Wegfall des mit der Auflage zunächst Beschwerten unmittelbar zustatten kommen würde, den Vollzug der Auflage fordern kann. Dadurch wird sichergestellt, daß der Beschwerte sich seiner Leistungspflicht nicht entziehen kann. Aus demselben Grunde bestimmt § 2196, daß derjenige, dem der Wegfall des zunächst Beschwerten unmittelbar zustatten kommen würde, Ansprüche gegen den Beschwerten geltend machen kann, wenn dieser den Vollzug der Auflage schuldhaft unmöglich gemacht hat oder wenn die auf Erfüllung der Auflage gerichtete Zwangsvollstreckung erfolglos geblieben ist. Der Beschwerte muß dann das ihm Zugewandte insoweit herausgeben, als es zum Vollzug der Auflage hätte verwandt werden müssen.

Die etwaige Unwirksamkeit der Auflage hat nach § 2195 die Unwirksamkeit der unter der Auflage gemachten Zuwendung nur zur Folge, wenn anzunehmen ist, daß der Erblasser die Zuwendung nicht ohne Auflage gemacht haben würde.

§ 2192

Auf eine Auflage finden die für letztwillige Zuwendungen geltenden Vorschriften der §§ 2065, 2147, 2148, 2154 bis 2156, 2161, 2171, 2181 entsprechende Anwendung.

E I 1886 II 2062; M 5 211, 212; P 5 240—243, 305, 308.

Für entsprechend anwendbar erklärte Rechtsnormen

Übersicht

1 **I. Für entsprechend anwendbar erklärte Rechtsnormen**

Die hier angezogenen Bestimmungen über das Vermächtnis sind bereits bei den einzelnen Paragraphen als auf die Auflage entsprechend anwendbar kenntlich gemacht. Sie betreffen:

2 **1. Die Unwirksamkeit der Auflage nach § 2065**

§ 2065 Abs. 1, der die Unwirksamkeit einer letztwilligen Verfügung vorschreibt, wenn der Erblasser einem anderen überlassen hat zu bestimmen, ob die Verfügung gelten oder nicht gelten soll, ist unmittelbar anzuwenden.

Für eine entsprechende Anwendung kommt allein Abs. 2 in Betracht. Danach kann der Erblasser die Bestimmung der Person des Empfängers oder des Gegenstandes einer Auflage keinem Dritten überlassen. Diese Vorschrift verliert aber durch die §§ 2156 und 2193 erheblich an Bedeutung. Der Erblasser kann nach § 2156, der für die Auflage entsprechend anzuwenden ist, wenn er den Zweck der Auflage bestimmt hat, die Bestimmung der Leistung dem billigen Ermessen des Beschwerten oder eines Dritten überlassen. Unter derselben Voraussetzung kann er nach § 2193 die Bestimmung der Person, an welche die Leistung erfolgen soll, dem Beschwerten oder dem Dritten überlassen.

3 **2. Die Person des Beschwerten**

Nach § 2147 kann mit der Auflage der Erbe oder ein Vermächtnisnehmer beschwert werden. Falls der Erblasser nichts anderes bestimmt hat, ist der Erbe beschwert.

4 **3. Mehrere mit derselben Auflage Beschwerte**

Nach § 2148 sind im Zweifel mehrere beschwerte Erben nach dem Verhältnis ihrer Erbteile, mehrere beschwerte Vermächtnisnehmer nach dem Verhältnis des Wertes der beschwerten Vermächtnisse beschwert.

5 **4. Wahlschuld**

Auch eine Auflage kann nach § 2154 in der Weise angeordnet werden, daß der Beschwerte von mehreren Leistungen nur die eine oder die andere erbringen soll. Hat der Erblasser die Wahl einem Dritten überlassen, so erfolgt sie durch Erklärung gegenüber dem Beschwerten. Wenn der Dritte die Wahl nicht treffen kann oder wenn er sie nicht innerhalb einer ihm auf Antrag des Beschwerten vom Nachlaßgericht gesetzten Frist vornimmt, geht das Wahlrecht auf den Beschwerten über.

6 **5. Gattungsschuld**

Bildet die Leistung einer nur der Gattung nach bestimmten Sache den Inhalt der Auflage, so hat der Beschwerte nach § 2155 eine den Verhältnissen des Bedachten, d. h. hier in der Regel eine den Zwecken der Auflage entsprechende Sache zu leisten. § 2154 Abs. 2 gilt hier ebenfalls, wenn die Bestimmung der zu leistenden Sache dem Bedachten oder einem Dritten übertragen ist. Falls die von dem Bedachten oder dem Dritten getroffene Bestimmung den Verhältnissen des Bedachten oder gegebenenfalls den Zwecken der Auflage offenbar nicht entspricht, hat der Beschwerte so zu leisten, als wenn der Erblasser keine Anordnung über die Bestimmung der Sache getroffen hätte.

7 **6. Wegfall des Beschwerten**

Nach § 2161 bleibt, falls nicht ein anderer Wille des Erblassers anzunehmen ist, die Auflage auch wirksam, wenn der Beschwerte nicht Erbe oder Vermächtnisnehmer wird. Beschwert ist dann derjenige, dem der Wegfall des zunächst Beschwerten unmittelbar zustatten kommt.

7. Unmögliche und gesetzlich verbotene Leistungen 8

Eine auf eine zur Zeit des Erbfalls unmögliche Leistung gerichtete oder gegen ein gesetzliches Verbot verstoßende Auflage ist nach § 2171 unwirksam. Nach dem entsprechend anzuwendenden § 308 ist die Auflage wirksam, wenn die Unmöglichkeit behoben werden kann oder das Verbot aufgehoben wird und die Auflage auch für diese Fälle angeordnet ist. Eine aufschiebend bedingte oder betagte Auflage ist wirksam, wenn die Unmöglichkeit behoben oder das gesetzliche Verbot aufgehoben wird, bevor die Bedingung oder der gesetzte Termin eingetreten ist.

8. Fälligkeit der Auflage 9

Die Fälligkeit der Auflage tritt nach § 2181, wenn die Leistung dem freien Belieben des Beschwerten überlassen ist, im Zweifel mit dem Tode des Beschwerten ein.

II. Auf das Vermächtnis und die Auflage gemeinsam anzuwendende Vorschriften 10

Sowohl vom Vermächtnis als von der Auflage handeln § 2159 (Fall der Anwachsung) und §§ 2186—2189 (Hinausschiebung der Fälligkeit der Auflage, beschränkte Haftung, Kürzungsrecht des Beschwerten, Rangverhältnis mehrerer Auflaqen).

Da auch eine Auflage unter einer Bedingung oder mit einer Zeitbestimmung angeordnet werden kann und immer eine Person vorhanden ist, die ihren Vollzug durchsetzen kann, sind auch die in den §§ 2176 bis 2179 enthaltenden Rechtsgedanken heranzuziehen (*Staudinger/Seybold*, § 2192 Rdn. 13; *Lange*, § 28 III 1).

III. Unanwendbare Vorschriften aus dem Vermächtnisrecht 11

Nicht anwendbar sind die auf den Bedachten bezüglichen Bestimmungen, da ein mit Forderungsrecht ausgestatteter Begünstigter bei der Auflage nicht denkbar ist (s. jedoch § 2193). Auch § 2307 ist auf Auflagen nicht entsprechend anwendbar (RG HRR **28**, 427). Zeitlich ist der Wirksamkeit der Auflage, wie die Nichtübernahme der §§ 2162, 2163 ergibt, keine Grenze gezogen.

IV. Anwendbarkeit der die letztwillige Verfügungen allgemein betreffenden Vorschriften 12

Die die letztwilligen Verfügungen allgemein betreffenden Vorschriften des ersten Titels des III. Abschnitts gelten selbstverständlich auch für die Auflage. In Betracht kommen außer dem schon erwähnten § 2065 Abs. 1 insbesondere die Bestimmungen über die Anfechtung letztwilliger Verfügungen §§ 2078 ff, über die Auslegung § 2084, über die teilweise Unwirksamkeit § 2085 und über den Vorbehalt einer Ergänzung § 2086.

V. Geldentwertung 13

1. Aufwertung

Besteht die Leistung, zu der der Erblasser den Erben oder Vermächtnisnehmer durch die Auflage verpflichtet hat, in einer in Mark festgesetzten Zahlung, so gilt für die Frage, ob und in welchem Maße eine Aufwertung stattzufinden hat, das für die Aufwertung von Geldvermächtnissen § 2174 Rdn. 37—47 Ausgeführte sinngemäß. Anderseits kann, wenn Gegenstand der Auflage ein Veräußerungsverbot (11. Aufl. § 1940 Anm. 5) ist und dieses Verbot durch die vom Erblasser nicht vorhergesehene Wirtschaftskatastrophe den ihm vom Erblasser beigelegten Sinn verloren hat, ergänzende Testamentsauslegung unter Umständen zur Beseitigung oder Einschränkung der Auflage führen (vgl. § 2134 Rdn. 5). Hat die Geldentwertung das dem Beschwerten vermachte oder auf ihn vererbte Kapital in dem Maße betroffen, daß ihn die Vollziehung der ihm auferlegten Sachleistung ärmer machen würde, als er ohne die letztwillige Zuwendung gewesen wäre, so haftet er nach § 2187 und dem in § 526 zu findenden allgemeinen Rechtsgedanken (RG **112,** 213) nicht über den Wert des Empfangenen hinaus. Im Wege ergänzender Testamentsauslegung (§ 2084 Rdn. 19 ff) kann möglicherweise das nachträglich entstandene Mißverhältnis zwischen der entwerteten Zuwendung und der wertbeständigen Auflage noch in weitergehendem Maße ausgeglichen werden (§ 2187 Rdn. 2).

14 **2. Umstellung und Lastenausgleich**

Die Umstellung spielt für das Recht der Auflage gleichfalls keine bedeutende Rolle. Bildet eine Geldleistung den Gegenstand der Auflage, dann gilt das zu § 2174 Rdn. 48 bis 56 Ausgeführte. § 70 LAG gibt dem Beschwerten unter bestimmten, dort näher bezeichneten Voraussetzungen das Recht, eine Auflage mit Rücksicht auf die ihn treffende Vermögensabgabeschuld verhältnismäßig zu kürzen (vgl. darüber § 2174 Rdn. 25—27). Nach § 71 LAG haftet derjenige, der nach dem 20. Juni 1948 auf Grund einer Auflage Vermögen erworben hat oder erwirbt, neben dem Erben für die Abqabeschuld des Erblassers in Höhe des gemeinen Werts der Bereicherung zur Zeit des Erwerbs (vgl. dazu § 2174 Rdn. 36).

§ 2193

Der Erblasser kann bei der Anordnung einer Auflage, deren Zweck er bestimmt hat, die Bestimmung der Person, an welche die Leistung erfolgen soll, dem Beschwerten oder einem Dritten überlassen.

Steht die Bestimmung dem Beschwerten zu, so kann ihm, wenn er zur Vollziehung der Auflage rechtskräftig verurteilt ist, von dem Kläger eine angemessene Frist zur Vollziehung bestimmt werden; nach dem Ablaufe der Frist ist der Kläger berechtigt, die Bestimmung zu treffen, wenn nicht die Vollziehung rechtzeitig erfolgt.

Steht die Bestimmung einem Dritten zu, so erfolgt sie durch Erklärung gegenüber dem Beschwerten. Kann der Dritte die Bestimmung nicht treffen, so geht das Bestimmungsrecht auf den Beschwerten über. Die Vorschrift des § 2151 Abs. 3 Satz 2 findet entsprechende Anwendung; zu den Beteiligten im Sinne dieser Vorschrift gehören der Beschwerte und diejenigen, welche die Vollziehung der Auflage zu verlangen berechtigt sind.

E II 2063; P **5** 30—32.

Bestimmung des Begünstigten durch Dritte

Übersicht

I. Allgemeines 1

Der Grundsatz des § 2065 Abs. 2, der dem Erblasser untersagt, die Bestimmung der Person des Bedachten oder des Gegenstandes der Zuwendung einem anderen zu überlassen, ist beim Vermächtnis schon hinsichtlich des Gegenstandes der Leistung durchbrochen (§ 2156). Er wird bei der Auflage noch weiter abgeschwächt, insofern auch die Person des Begünstigten nicht vom Erblasser selbst bestimmt zu sein braucht. Nur die Zweckbestimmung der Auflage muß von diesem selbst ausgehen und zugleich genügend deutlich sein, um danach dem Beschwerten oder dem Dritten die Auswahl des Leistungsempfängers zu ermöglichen (10 000 dem akademischen Senat zu X zu Reisestipendien für Xsche Künstler; vgl. auch RG **96**, 15: Auflage zugunsten verschiedener Vereine oder gemeinnütziger Anstalten sowie bedürftiger Personen einer bestimmten Stadt, deren genaue Bezeichnung der Erblasser sich vorbehalten hatte; ferner RG Recht **20** Nr. 1531: die nach der Aussetzung von Vermächtnissen getroffene Anordnung, daß der Rest des Vermögens zu Wohltätigkeitszwecken nach dem Ermessen des Testamentsvollstreckers Verwendung finden soll, genügt dem § 2193). Auch eine allgemeine Angabe der Empfänger, aus der die Zweckbestimmung ersichtlich wird, genügt, z. B. „für die Armen" (für diesen Fall ist jedoch die Auslegungsregel des § 2072 zu beachten), „für fleißige Schüler", „für Kriegsblinde", „für bedürftige Verwandte" usw. (KG OLG **21**, 359).

Die angegebene Zweckbestimmung braucht keinen Hinweis auf den Empfänger zu enthalten. Als genügend wurde angesehen die Bestimmung „zu römisch-katholischen kirchlichen Zwecken" (Köln, OLG **18**, 319) und „zu frommen und wohltätigen Zwecken" (BayObLGZ NF **13**, 743). 2

Die Bestimmungen der §§ 2151 Abs. 1, 2, 2152, 2153 Abs. 1 — nur insoweit könnten sie bei der Auflage in Frage kommen — sind, weil durch § 2193 ersetzt, auch nicht entsprechend anwendbar (str.). 3

Für die Bestimmung ist, wenn feststeht, daß die Voraussetzungen des Abs. 1 gegeben sind, freies, auch nicht durch Billigkeit beschränktes Ermessen maßgebend, eine Anfechtung deshalb wie im Falle des § 2151 Rdn. 7 nur wegen Arglist statthaft. 4

II. Bestimmung durch den Beschwerten (Abs. 2) 5

Vorausgesetzt ist, daß einer der nach § 2194 Berechtigten oder daß der Testamentsvollstrecker (§§ 2208 Abs. 2, 2223) die Vollziehung der Auflage betrieben hat und daß die Frist entweder im Urteile (ZPO § 255) oder daß sie nachmals vom Kläger selbst bestimmt ist. Letzterenfalls ist der Streit über Angemessenheit der Frist nach ZPO § 766 vor dem Vollstreckungsgericht auszutragen. Die rechtzeitige Vollziehung der Auflage muß vor Fristablauf erfolgt sein. Nachträgliche Vollziehung befreit den Beschwerten nicht, wenn er an eine andere als die nunmehr vom Kläger bezeichnete Person leistet.

III. Bestimmung durch einen Dritten (Abs. 3) 6

1. Bestimmung

Unwiderrufliche Erklärung gegenüber dem Beschwerten wie in § 2151 Abs. 2, Übergang des Bestimmungsrechts wie beim Wahlvermächtnis § 2154 Abs. 2, entweder sogleich, wenn die Bestimmung durch den Dritten unmöglich ist oder wenn er sie verzögert oder verweigert und die ihm vom Nachlaßgericht gesetzte Frist verstrichen ist.

2. Fristsetzung durch das Nachlaßgericht 7

Das Nachlaßgericht kann nur dem Dritten, nicht auch dem Beschwerten (hierüber Rdn. 5) die Frist nach § 80 FGG bestimmen. Beschwerderecht § 2151 Rdn. 13. Beteiligte sind der Beschwerte, der Dritte sowie die nach §§ 2194, 2208 Abs. 2, 2223 zu dem Verlangen auf Vollziehung der Auflage Berechtigten, nicht aber diejenigen, welchen die Erfüllung der Auflage zu Gunsten gereichen würde (die Xschen Künstler in Rdn. 1).

§ 2194

Die Vollziehung einer Auflage können der Erbe, der Miterbe und derjenige verlangen, welchem der Wegfall des mit der Auflage zunächst Beschwerten unmittelbar zustatten kommen würde. Liegt die Vollziehung im öffentlichen Interesse, so kann auch die zuständige Behörde die Vollziehung verlangen.

E I 1888 II 2064; M **5** 214—216; P **5** 244—246.

Vollzug der Auflage

Übersicht

1 **I. Die klageberechtigten Personen**

Ein anderer, dem ein Recht auf die Leistung zustünde, ist bei der Auflage nach § 1940 nicht vorhanden. Insbesondere hat derjenige, welchem die Erfüllung zu Gunsten gereichen würde, kein Klagerecht, z. B. nicht der Z, wenn dem X 100 mit der Auflage vermacht sind, davon 50 dem Z zu schenken, es sei denn, daß sich hinter der gewählten Form eine Vermächtnisanordnung (von 50 zugunsten des Z) verbirgt. Das Gesetz verleiht deshalb ein Klagerecht auf Vollziehung der Auflage jedenfalls dem Erben (gegen den beschwerten Vermächtnisnehmer), jedem Miterben (gegen den beschwerten Miterben oder Vermächtnisnehmer). Diese Befugnis hat der Miterbe auch, wenn auch er durch die Auflage beschwert ist. Das Klagerecht hat ferner, obwohl er in dieser Vorschrift nicht benannt ist, der Testamentsvollstrecker, da er nach § 2203 die letztwilligen Verfügungen des Erblassers zur Ausführung zu bringen hat, mindestens aber nach § 2208 Abs. 2, sofern nicht der Erblasser etwas anderes bestimmt hat, deren Ausführungen von den Erben verlangen kann.

2 RG **172,** 204 behandelt den Fall, daß der Erblasser dem Erben, der durch die Erbfolge in die Kommanditistenstellung einer Kommanditgesellschaft eingerückt ist, eine Auflage dahin gemacht hat, daß er die Ausübung seiner höchstpersönlichen Gesellschaftsrechte dem Testamentsvollstrecker (übrigens gleichzeitig der einzige persönlich haftende Gesellschafter) zu überlassen hat. Der Erbe kann sich nicht widersetzen, wenn der Testamentsvollstrecker von dieser Befugnis Gebrauch machen will. Es kommt aber darauf an, ob die übrigen Gesellschafter mit dieser Anordnung einverstanden sind. BGH **12,** 100, 103 erwähnt die Möglichkeit, daß der Erblasser dem Erben die Auflage macht, dem Testamentsvollstrecker, der ein zum Nachlaß gehöriges Handelsgeschäft führen soll, zu gestatten, auch über den Rahmen des § 2206 hinaus persönliche Verpflichtungen für den Erben einzugehen. Der Testamentsvollstrecker kann dann nach §§ 2208 Abs. 2, 2194 die Vollziehung der Auflage von den Erben verlangen.

3 § 2223 gestattet dem Erblasser einen Testamentsvollstrecker nur zu dem Zweck zu ernennen, daß er für die Ausführung der einem Vermächtnisnehmer auferlegten Beschwerungen sorgt. Das Klagerecht auf Vollzug der Auflage hat schließlich jeder,

dem der Wegfall des zunächst Beschwerten unmittelbar zugute kommen würde, da er nach §§ 2161, 2192 in diesem Falle selbst zur Erfüllung der Auflage gehalten sein würde. In Frage kommen die § 2161 Rdn. 3 bezeichneten Personen.

Einer der in § 2194 genannten Personen steht das Klagerecht insoweit nicht zu, als damit der Vollzug einer zu ihren Gunsten gemachten Auflage verlangt werden soll. Dem steht entgegen, daß der Begünstigte nach § 1940 keinen Anspruch auf die dem Beschwerten auferlegte Leistung hat. Dem Wesen der Auflage würde es widersprechen, wenn er sich diesen Anspruch praktisch auf dem Umweg verschaffen würde, daß er das Klagerecht aus § 2194, das einen anderen Zweck hat, ausübt (BGH Urt. v. 8. 5. 1952 IV ZR 220/51). 4

Nach *Staudinger/Seybold* 11. Aufl. § 2194 Rdn. 5 ist klageberechtigt ferner derjenige, dem der Erblasser das Klagrecht in der letztwilligen Verfügung ausdrücklich beigelegt hat (dagegen *Kipp/Coing* § 64 III 4; *Lange* § 28 III 3). *Staudinger/Seybold* aaO hält es gleichfalls für zulässig, daß der Erblasser bestimmt, daß einzelnen der in § 2194 genannten Personen das Klagerecht nicht zustehen soll. 5

II. Klagerecht der zuständigen Behörde 6

In zweiter Linie ist das Klagerecht der zuständigen Behörde verliehen, wenn die Vollziehung im öffentlichen Interesse liegt. Ein solches Interesse kann auf wirtschaftlichem, religiösem oder ideellem Gebiete (Kunst und Wissenschaft) liegen. Es steht im Gegensatz zum reinen Privatinteresse. Welche Behörden zuständig sind, bestimmt das Landesrecht. Über die einzelnen in Frage kommenden Behörden vgl. *Staudinger/Seybold* 11. Aufl. § 2194 Rdn. 6. Ähnlich bei der Schenkung § 525 Abs. 2.

III. Rechtsnatur des Klagerechts 7

Das Klagerecht der in dieser Vorschrift genannten Personen enthält keine Klagepflicht. Es wird von dem Berechtigten im eigenen Namen ausgeübt, er ist Partei im Prozesse, Gläubiger im Konkurse sowohl des Nachlasses (KO § 226 Nr. 5) als des Beschwerten. Er kann aber die Leistung nicht an sich selbst beanspruchen und an ihrer Stelle nicht Schadensersatz wegen Nichterfüllung fordern.

Das Recht ist, soweit es sich um Privatpersonen handelt, in dem Sinne vererblich, daß es bei Vererblichkeit der Rechtsstellung, auf der es beruht (Erbrecht oder Miterbrecht), mit dieser Rechtsstellung auf den Erben übergeht (*Planck/Flad* Anm. 1 Abs. 3; *Staudinger/Seybold* § 2194 Rdn. 10; *Kipp/Coing* § 64 III 4; *Palandt/Keidel* § 2194 Anm. 1; *Erman/Hense* § 2194 Rdn. 2; *von Lübtow* I 394; *Lange* § 28 III 4). Mangels eines Vermögenswerts ist es nicht pfändbar und kann nicht abgetreten werden (BGH Urt. v. 8. 5. 1952 IV ZR 220/51). Es gehört deshalb im Konkurs des Klageberechtigten auch nicht zur Konkursmasse. 8

Von mehreren Berechtigten kann jeder die Vollziehung der ganzen Auflage selbständig fordern, aber er verlangt die Leistung nicht für sich; die mehreren sind deshalb nicht Gesamtgläubiger im Sinne der §§ 428 ff.

IV. Verzicht auf das Klagrecht 9

Die Frage, ob der zur Klage Berechtigte dem Beschwerten gegenüber auf dieses Recht verzichten oder einen Vergleich darüber abschließen kann, kann nur unter Berücksichtigung der Umstände des einzelnen Falles entschieden werden. Der Verzicht ist zulässig, wenn eine Sachlage besteht, die dem Erblasser selbst, z. B. wegen der veränderten Umstände, Veranlassung gegeben hätte, von der Anordnung der Auflage abzusehen. Ein Vergleich ist zulässig, wenn auch der Erblasser den Streit oder die Ungewißheit in dem gegebenen Fall durch einen Vergleich behoben hätte. Dagegen wäre ein Abkommen, auf Grund dessen der Klageberechtigte gegen die Gewährung eines Vermögensvorteils auf sein Klagerecht verzichtet, sittenwidrig und nichtig. Das Klagrecht wird dadurch nicht berührt. Für schlechthin unzulässig, weil es sich um einen fremdnützigen Anspruch handelt, halten den Verzicht *Lange* § 28 III 3; *von Lübtow* I 394. Für zulässig gehalten wird der Verzicht von *Erman/Hense* § 2194 Rdn. 2; wie hier *Staudinger/Seybold* § 2194 Rdn. 9; *Palandt/Keidel* § 2194 Anm. 1.

10 In jedem Fall beseitigt ein wirksamer Verzicht nur das Klagerecht desjenigen, der verzichtet hat, und der Vergleich berührt nur das Klagrecht der an ihm beteiligten Klageberechtigten. Das Klagerecht der anderen nach § 2194 Berechtigten bleibt davon unberührt. Ebenso wirkt auch ein Urteil, das gegen einen Klageberechtigten ergangen ist, nicht gegen die anderen Klageberechtigten (*Planck/Flad* 4. Aufl. § 2194 Anm. 1).

§ 2195

Die Unwirksamkeit einer Auflage hat die Unwirksamkeit der unter der Auflage gemachten Zuwendung nur zur Folge, wenn anzunehmen ist, daß der Erblasser die Zuwendung nicht ohne die Auflage gemacht haben würde.

E I 1887 II 2065; M **5** 243, 245; **6** 95.

Selbständigkeit von Auflage und Zuwendung

1 Die Vorschrift enthält einen besonderen Anwendungsfall des in § 2085 aufgestellten Grundsatzes der Unabhängigkeit mehrerer in einem Testament aufgestellter letztwilliger Verfügungen. Die Wirksamkeit der Auflage bleibt ganz unberührt, wenn sie ohne jede Rücksicht auf eine Zuwendung angeordnet ist. An Stelle des wegfallenden rückt dann einfach ein anderer Beschwerter ein (§§ 2161, 2192). Aber auch wenn zwischen Zuwendung und Auflage ein Zusammenhang besteht, kommt mit der Unwirksamkeit der Auflage nicht notwendig auch die Zuwendung zu Fall. Entscheidend ist die frei zu ermittelnde Willensmeinung des Erblassers. Sie wird in der Regel nur dann zur Unwirksamkeit der Zuwendung führen, wenn die Auflage als Zweck der Zuwendung erscheint, so daß der Beschwerte, ähnlich dem Verhältnis von Leistung und Gegenleistung, durch die Zuwendung in den Stand gesetzt oder doch dazu bewogen werden soll, die Auflage zu erfüllen. Der Beweis, daß eine derartige Abhängigkeit der Zuwendung von Erfüllung der Auflage gewollt sei, ist von demjenigen zu führen, welcher die Unwirksamkeit der Zuwendung behauptet. Umgekehrt fällt auch nicht notwendig die Auflage weg, wenn sich die Zuwendung (zu einem Teile) als unwirksam erweist (RG Gruchot **52,** 1087).

2 Es macht keinen Unterschied, ob die Unwirksamkeit der Auflage schon von vornherein vorhanden war (z. B. Unmöglichkeit, Willensmängel der betreffenden Anordnung) oder ob sie erst nachträglich eintritt (Ausfall der Bedingung, Verweigerung der zur Vollziehung notwendigen Mitwirkung eines Dritten, wobei § 2076 nicht anwendbar). Die Auflage ist nicht schon dann unwirksam, wenn es sich bloß um eine durch die veränderten Umstände gebotene andere Art der Vollziehung handelt (BGH **42,** 327 mit Anm. *Kreft* LM BGB § 2195 Nr. 1; *Staudinger/Seybold* § 2195 Rdn. 2; *Palandt/Keidel* § 2195 Anm. 1; *Erman/Hense* § 2195 Rdn. 1; *von Lübtow* I 395 Anm. 24). Über Unmöglichkeit der Vollziehung s. auch § 2196.

§ 2196

Wird die Vollziehung einer Auflage infolge eines von dem Beschwerten zu vertretenden Umstandes unmöglich, so kann derjenige, welchem der Wegfall des zunächst Beschwerten unmittelbar zustatten kommen würde, die Herausgabe der Zuwendung nach den Vorschriften über die Herausgabe einer ungerechtfertigten Bereicherung insoweit fordern, als die Zuwendung zur Vollziehung der Auflage hätte verwendet werden müssen.

Das gleiche gilt, wenn der Beschwerte zur Vollziehung einer Auflage, die nicht durch einen Dritten vollzogen werden kann, rechtskräftig verurteilt ist und die zulässigen Zwangsmittel erfolglos gegen ihn angewendet worden sind.

E II 2066; P **5** 246, 247; **6** 95.

Herausgabe der Zuwendung bei nicht vollziehbarer Auflage

Übersicht

I. Grundgedanke der Vorschrift 1

Die Unmöglichkeit, die Auflage zu vollziehen, kann die Unwirksamkeit auch der Zuwendung zur Folge haben. Es ist daher, bevor § 2196 angewandt werden kann, zunächst zu prüfen, ob die Zuwendung trotz der Unmöglichkeit, die Auflage zu vollziehen, rechtlich bestehen bleibt. Sie ist infolge der Unmöglichkeit unwirksam, wenn der Vollzug der Auflage nach dem Willen des Erblassers die Bedingung für die Zuwendung ist. Sie ist ferner nach § 2195 unwirksam, wenn ausnahmsweise anzunehmen ist, daß der Erblasser die Zuwendung nicht ohne die Auflage gemacht haben würde.

Bleibt die Zuwendung bei Kräften, so kommt die Unmöglichkeit der Vollziehung dem Beschwerten zustatten (§ 275). Er soll sich jedoch nicht dadurch bereichern dürfen, daß er die Erfüllung schuldhaft unterläßt (§§ 276 ff). § 2196 enthält kein zwingendes Recht. Der Erblasser kann Abweichendes bestimmen. Falls die Unmöglichkeit, die Auflage zu vollziehen, nur eine subjektive ist, ist als Wille des Erblassers anzunehmen, daß der Berechtigte den ihm nach § 2196 zustehenden Anspruch nur unter der Bedingung haben soll, daß er das danach Erlangte verwendet, um die Auflage, deren Vollzug objektiv möglich ist, zu vollziehen (*Planck/Flad* 4. Aufl. § 2196 Anm. 6; *Kipp/Coing* § 65 III; *Palandt/Keidel* § 2196 Anm. 2; *von Lübtow* I 396). 2

II. Bereicherungsanspruch 3

Ein Gläubiger, der wegen Nichterfüllung der Auflage aus §§ 280 ff Schadensersatz beanspruchen könnte, ist bei der Auflage nicht vorhanden (11. Aufl. § 1940 Anm. 3, 6). Das Gesetz gibt statt dessen den gegebenenfalls nachrückenden Beschwerten (§ 2161 Rdn. 3; *Planck/Flad* § 2194 Anm. 1; *Lange* § 29 S. 288 Anm. 1 will hier in besonderen Fällen einen Schadensersatzanspruch wegen positiver Forderungsverletzung zubilligen. Das scheint zweifelhaft, jedoch könnte ein Schadensersatzanspruch nach § 826 in Betracht kommen) — nicht aber auch dem Testamentsvollstrecker und nicht den nach § 2194 Satz 2 klageberechtigten Behörden — den Bereicherungsanspruch insoweit, als der Beschwerte durch schuldhafte Nichterfüllung der Auflage einen ungerechtfertigten Gewinn machen würde.

Ebensowenig wie dem durch die Auflage Begünstigten das Klagerecht nach § 2194 zusteht, wenn er zu dem dort genannten Personenkreis gehört (vgl. § 2194 Rdn. 4), steht ihm, auch wenn ihm der Wegfall des zunächst Beschwerten unmittelbar zustatten kommen würde, der Bereicherungsanspruch aus § 2196 zu. Dieser Anspruch ist für ihn durch das Wesen der Auflage ausgeschlossen (ebenso *Staudinger/Seybold* 11. Aufl. § 2196 Rdn. 3).

Kommt der Wegfall der Auflage neben dem Begünstigten unmittelbar auch anderen Personen zustatten, so haben diese allein den Bereicherungsanspruch aus § 2196.

4 Steht der Anspruch einer Personenmehrheit zu, so kann, wenn er eine teilbare Leistung betrifft, jeder nach § 420 nur den auf ihn entfallenden Teil fordern. Geht er auf eine unteilbare Leistung, dann kann jeder nach § 432 die ganze Leistung an alle gemeinsam verlangen. Der Betrag der Bereicherung wird regelmäßig dem Betrage des ersparten Erfüllungsaufwandes gleichkommen und bemißt sich im übrigen nach § 818. Der Anspruch auf Herausgabe der Bereicherung oder auf Wertersatz ist nach § 818 Abs. 3 ausgeschlossen, soweit der Beschwerte durch die Zuwendung nicht mehr bereichert ist. Eine verschärfte Haftung tritt nach § 818 Abs. 4 mit der Rechtshängigkeit ein und in entsprechender Anwendung des § 819 auch, wenn der Beschwerte in Kenntnis des Bestehens der Auflage und der Unmöglichkeit, sie zu erfüllen, den ihm zugewandten Gegenstand vernichtet, beschädigt oder vergeudet hat (*Planck/Flad* 4. Aufl. § 2196 Anm. 4b; *Staudinger/Seybold* 11. Aufl. § 2196 Rdn. 5). Mehrere Beschwerte haften, soweit jeder bereichert ist. Entsprechender Anspruch des Schenkers § 527.

5 **III. Fruchtlose Zwangsvollstreckung gegen den Beschwerten**

Sie steht der verschuldeten Unmöglichkeit der Erfüllung gleich, wenn es sich bei der Auflage um unvertretbare Handlungen oder um Unterlassungen handelt. Klageberechtigte § 2194. Die zulässigen Zwangsmittel ergeben sich aus ZPO §§ 888, 890. § 887 (vertretbare Handlungen) kommt nicht in Frage. Erfordert die Erfüllung der Auflage überhaupt keine Aufwendungen (jährlicher Besuch des Grabes), so ist nach Erschöpfung der Zwangsmittel auch kein Bereicherungsanspruch gegeben.

6 **IV. Entsprechende Anwendung**

§ 2196 ist entsprechend anzuwenden, wenn dem gesetzlichen Erben eine Auflage gemacht ist (*Planck/Flad* 4. Aufl. § 2196 Anm. 7).

SECHSTER TITEL

Testamentsvollstrecker

Vorbemerkungen

Vor § 2197

Neueres Schrifttum:

Baur, Der Testamentsvollstrecker als Unternehmer, Festschrift Dölle (1963) Bd.I, 249; *Bund, Aufgaben und Risiko des Testamentsvollstreckers,* JuS **66** 60: *Buschmann,* Die Befugnisse des Testamentsvollstreckers im Grundbuchrecht, BlGBW **70** 124; *Dieterich,* Testamentsvollstreckung zur Ausübung der Rechte des Nachvermächtnisnehmers vor Anfall des Nachvermächtnisses, NJW **71** 2017; *Einmahl,* Die Ausübung der Verwaltungsrechte des Gesellschaftserben durch den Testamentsvollstrecker, AcP **160** 29; *Haegele,* Der Testamentsvollstrecker bei Konkurs, Vergleich und Anfechtung außerhalb Konkurses, KTS **69** 158; ders., Familienrechtliche Fragen um den Testamentsvollstrecker, Rpfleger **63** 330; ders., Recht des Testamentsvollstreckers zu unentgeltlichen Verfügungen und zur Erbteilung bei Dauervollstreckung, BWNotZ **69** 260; ders., Testamentsvollstrecker im Handels- und Gesellschaftsrecht, BWNotZ **68** 62 u. 85; *Häussermann,* Überlassung von Nachlaßgegenständen durch den Testamentsvollstrecker, BWNotZ **67** 234; *Johannsen,* Rechtsprechung des BGH auf dem Gebiete des Erbrechts 3. Teil (Testamentsvollstreckung), WM **69** 1402; **73** 535; ders., Führung von Handelsgeschäften und Verwaltung von Gesellschaftsanteilen einer Handelsgesellschaft durch den Testamentsvollstrecker, WM **70** 570; *Keßler,* Der Testamentsvollstrecker im Prozeß, DRiZ **67** 299; *Klussmann,* Zur Testamentsvollstreckung bei Beteiligungen an Personalgesellschaften, BB **66** 1209; *Lange,* Die Rechtsmacht des Testamentsvollstreckers und ihre Grenzen, JuS **70** 101; *Löwisch,* Kann der Testamentsvollstrecker Prozesse über das Erbrecht bestimmter Personen führen? DRiZ **71** 273; *Nolte,* Zur Frage der Zulässigkeit der Testamentsvollstreckung nach Handelsrecht, Festschrift Nipperdey (1965) Bd. I, 667; *Nordemann,* Zur Testamentsvollstrekkung an Handelsgeschäften und in Personalgesellschaften, NJW **63** 1139; *Richardi,* Das Verwaltungsrecht des Testamentsvollstreckers an der Mitgliedschaft in einer Personalgesellschaft, 1961; *Rohlff,* Nießbraucher und Vorerbe als Testamentsvollstrecker, DNotZ **71** 518.

Weiteres Schrifttum zur Testamentsvollstreckervergütung bei § 2221. Vgl. im übrigen 11. Auflage Anm. 14.

Übersicht

I. Grundlagen 1

1. Geschichtliches

Der Testamentsvollstrecker hat im *germanischen* Recht einen Vorläufer in dem Treuhänder (Salmann); diesem übereignet der letztwillig Verfügende sein Vermögen ganz oder teilweise mit näherer Weisung, es in bestimmter Weise zu verwenden. Erst die *mittelalterliche,* insbesondere *kirchliche* Rechtsübung hat jedoch — vor allem um letztwillige Zuwendungen zu frommen Zwecken zu überwachen — einen Testamentsvollstrecker im heutigen Sinne geschaffen (vgl. *Kipp/Coing* 11. Bearbeitung § 66 I). In den späteren *Landesgesetzgebungen* (PrALR I 12 §§ 557 ff, BayLR III 2 §§ 15 ff, Code Civil Art. 1025 ff) ist die Testamentsvollstreckung nur dürftig geregelt worden. Das BGB hat sie erstmals umfassend behandelt und hierbei auch viele ganz neue Rechtssätze aufgestellt.

2 **2. Rechtsquellen**

Außer den §§ 2197-2228 enthalten u. a. noch folgende Vorschriften Bestimmungen über den Testamentsvollstrecker: BGB §§ 83, 2306, 2338, 2364, 2368—2376; ZPO §§ 243, 327, 728, 748, 749, 779, 780, 863, 991; FGG §§ 76, 78, 80—82, 85, 86; KO §§ 217, 224; GBO §§ 35, 40, 52; ZVG § 175; SchiffsRegO §§ 41, 55.

Die Gesamtregelung, die das Testamentsvollstreckerrecht im BGB und in den bezeichneten Vorschriften gefunden hat, hat dem Testamentsvollstrecker eine sehr freie und selbständige Stellung mit umfassenden Machtbefugnissen gegeben.

3 **II. Rechtsstellung des Testamentsvollstreckers**

Der Testamentsvollstrecker des BGB ist eine Rechtsgestalt, die schwer einzuordnen ist. Er hat lediglich den Willen des Erblassers auszuführen und stets im Interesse des Nachlasses zu handeln (RG **74** 218; **75** 302). Er ist jedoch weder Vertreter des Erblassers noch des oder der Erben (RG **56** 330; **61** 145; **76** 125; BGH **13** 203), aber auch nicht des Nachlasses (RG 3. 11. 1906 V 51/06). Er ist vielmehr, wie auch § 2202 Abs. 1 ausdrücklich besagt, **Träger eines (privaten) Amtes,** und zwar der geschichtlichen Herkunft und seinen Aufgaben nach ein nichtöffentlicher Treuhänder. Das Amt erhält seinen wesentlichen Inhalt aus den letztwilligen Anordnungen des Erblassers (RG **75** 302; **130** 134); es ist jedoch vom Gesetz mit weitgehenden selbständigen Befugnissen ausgestattet worden, die gegen den Erben und Dritte wirken (§§ 2208 Abs. 2, 2211, 2214), insbesondere mit einem umfassenden Verwaltungs- und Verfügungsrecht. Der Testamentsvollstrecker handelt somit kraft eigenen Rechts (RG **61** 145); insoweit kommt ihm auch die Gläubigerstellung nach § 372 zu (RG 7. 10. 1910 III 377/09). Vgl. im einzelnen zur rechtlichen Natur der Testamentsvollstreckung *Planck/Flad* Vorbem. 2, *Kipp/Coing* § 66 III, ***Bartholomeyczik*, Erbrecht 9. Aufl. 1971 § 42 I 3.**

Wenn der Testamentsvollstrecker auch Träger eines Amtes ist, so leitet sich dieses doch aus einem rechtsgeschäftlichen Akt her. Er hat deshalb auch in vielen Beziehungen — nach außen (§ 2208) wie nach innen (§ 2218) — keine wesentlich andere Stellung als die eines Bevollmächtigten (RG **75** 302; **130** 134). Aus Rechtsgeschäften, die der Testamentsvollstrecker im Rahmen seiner Tätigkeit vornimmt, werden nur die Erben berechtigt und verpflichtet. Sie haften nach § 278 für das Verschulden des Testamentsvollstreckers bei der Erfüllung von Verbindlichkeiten wie für eigenes Verschulden; lediglich für unerlaubte Handlungen (§§ 823 ff) hat der Testamentsvollstrecker persönlich einzustehen (BGH WM **57** 514 f).

Die *Amtstheorie* hindert auch *nicht,* den Testamentsvollstrecker im weiteren Sinne des § 207 als Vertreter des Nachlasses (RG **100** 281), im weiteren Sinne der §§ 278 (dort Rdn. 8) und 254 (dort Rdn. 68) als gesetzlichen Vertreter des Erben (RG **144** 399) sowie als gesetzlichen Vertreter im Sinne gewisser Prozeßvorschriften (§ 2212 Rdn. 4 f) zu behandeln. Über den Unterschied zwischen dem Testamentsvollstrecker und einem Generalbevollmächtigten, der eine für die Erben wirksame Vollmacht des Erblassers hat, vgl. Vorbem. XI.

Die Befugnisse des Testamentsvollstreckers beschränken den Erben dinglich. Seine Ernennung beeinträchtigt daher ebenso die Rechte des Vertragserben (§ 2289; KG HRR **34** Nr. 17), wie sie das Pflichtteilsrecht verletzt (§§ 2306, 2338).

Wegen des Verhältnisses des Testamentsvollstreckers zum Nachlaßverwalter (§ 1985) s. Rdn. 8 sowie § 2205 Rdn. 11.

III. Aufgaben 4

Die §§ 2303-2305 führen nacheinander die *drei Hauptaufgaben* auf, die der Testamentsvollstrecker für den Regelfall hat:

a) die letztwilligen Verfügungen des Erblassers auszuführen;
b) bei mehreren Erben die Auseinandersetzung zu bewirken;
c) den Nachlaß zu verwalten.

Der Erblasser kann sein Aufgabengebiet jedoch weitgehend beschränken (§§ 2208 ff), z. B. auf einzelne Nachlaßgegenstände (§ 2208 Abs. 1 Satz 2) oder auch nur einzelne Maßnahmen (Erd- oder Feuerbestattung, Grabpflege, Vermächtnis) oder allein auf die Verwaltung des Nachlasses (§ 2209) im ganzen oder einzelner Gegenstände. Er kann die Testamentsvollstreckung auch zeitlich begrenzen.

Das Gesetz führt folgende Arten der Testamentsvollstreckung für *bestimmte einzelne Zwecke* auf:

a) für den Nacherben, § 2222;
b) bei Beschwerungen des Vermächtnisnehmers, § 2223;
c) bei der Pflichtteilsbeschränkung in guter Absicht, § 2238.

IV. Befugnisse 5

Der Testamentsvollstrecker hat nicht nur die Pflicht, sondern auch das Recht, den Nachlaß zu verwalten, ihn hierzu in Besitz zu nehmen und ferner über die Nachlaßgegenstände zu verfügen (§ 2205 Satz 2). Er darf zur ordnungsmäßigen Verwaltung und, soweit er verfügungsberechtigt ist, auch sonst Verbindlichkeiten für den Nachlaß eingehen (§ 2206 Abs. 1). Der Erblasser kann dieses Recht gemäß § 2207 ausdehnen. Er kann die Befugnisse des Testamentsvollstreckers aber nicht über das gesetzliche Höchstmaß hinaus erweitern (RG JW **15** 245[7] = WarnRspr. **15** Nr. 292). Nur der Testamentsvollstrecker **kann ein Recht gerichtlich geltend machen, das seiner Verwaltung unterliegt (§ 2212).** ***Mehrere*** **Testamentsvollstrecker führen das Amt gemeinschaftlich (§ 2224).** Der Testamentsvollstrecker kann sowohl einen Erbschein beantragen als auch dessen Einziehung bei Unrichtigkeit verlangen und sich infolgedessen auch gegen eine unrichtige Entscheidung wehren (OLG Oldenburg Nds.Rpfl. **65** 158).

V. Ernennung 6

Der Erblasser ernennt den Testamentsvollstrecker durch Testament (§ 2197 Abs. 1). Er kann es aber auch einem Dritten überlassen oder das Nachlaßgericht ersuchen, den Testamentsvollstrecker zu bestimmen (§§ 2198, 2200). Er kann ferner den Testamentsvollstrecker ermächtigen, einen oder mehrere Mitvollstrecker und einen Nachfolger zu ernennen (§ 2199). Das Amt des Testamentsvollstreckers beginnt jedoch weder mit dem Erbfall noch mit der Ernennung, sondern mit dem Zeitpunkt, in dem der Ernannte das Amt endgültig und bedingungslos annimmt (§ 2202). Das steht in jedem Falle, auch wenn das Nachlaßgericht ihn ernennt, in seinem freien Belieben.

VI. Amtsende 7

Das Amt des Testamentsvollstreckers endet, wenn er stirbt oder einer der Unfähigkeitsgründe des § 2201 eintritt („erlischt"; § 2225), wenn er kündigt (§ 2226) oder das Nachlaßgericht ihn bei wichtigem Grunde auf Antrag eines der Beteiligten entläßt (§ 2227). Außer in diesen besonders geregelten Fällen endet das Amt, wenn eine auflösende Bedingung eintritt, eine Endfrist oder die Frist des § 2210 abläuft oder wenn sämtliche Aufgaben, die dem Testamentsvollstrecker obliegen, erfüllt sind (RG **81** 169). Vgl. im einzelnen auch § 2225 Rdn. 1 ff, ferner *Hartung* JR **50** 695. Ein gewöhnlicher Nachlaßgläubiger kann die Entlassung des Testamentsvollstreckers nicht beantragen (BGH **35** 296).

8 **VII. Verhältnis zum Nachlaßverwalter**

Mit der Anordnung einer Nachlaßverwaltung (§§ 1975 ff) werden die Aufgaben des Testamentsvollstreckers nicht erledigt, und zwar weder während der Dauer noch nach Beendigung der Nachlaßverwaltung. Allerdings wird seine Tätigkeit während der Dauer der Nachlaßverwaltung im wesentlichen zugunsten des Nachlaßverwalters ausgeschaltet (§§ 1984, 1985). Dem Testamentsvollstrecker ist aber ein *Recht zur Kontrolle des Nachlaßverwalters* insoweit einzuräumen, als er durch geeignete Anträge bei dem zur Überwachung des Nachlaßverwalters zuständigen Nachlaßgericht auf Abstellung von Mängeln in der Verwaltung dringen kann (vgl. RG **72** 262). Nach Beendigung der Nachlaßverwaltung kommt das Recht und die Pflicht des Testamentsvollstreckers zur Verwaltung des Nachlasses wieder frei zur Entfaltung. Dies übrigens nicht nur dann, wenn er testamentarisch ermächtigt ist, auch nach Beendigung seiner eigentlichen Aufgaben die Verwaltung des Nachlasses dauernd in der Hand zu haben (§ 2209 Satz 1 Halbs. 2), sondern auch dann, wenn das Testament eine derartige Bestimmung nicht enthält (RG 13. 1. 1919 IV 299/18). Solange ein vertrauenswürdiger Testamentsvollstrekker im Amt ist, besteht grundsätzlich kein Bedürfnis für die Anordnung einer Nachlaßpflegschaft zur Wahrnehmung der Rechte unbekannter Erben gegen den Testamentsvollstrecker auf Rechnungslegung und Herausgabe des Nachlasses (KG OLGZ **73** 106).

9 **VIII. Verhältnis zum Erben**

Zwischen dem Testamentsvollstrecker und dem Erben besteht ein *gesetzliches Verpflichtungsverhältnis* eigener Art. Der Testamentsvollstrecker hat dem Erben gemäß (§ 2215 ein Nachlaßverzeichnis mitzuteilen und ihm bei der Aufnahme des Inventars zu helfen. Er ist vor allem zur ordnungsmäßigen Verwaltung des Nachlasses verpflichtet (§ 2216). Der Erbe kann gegen den Testamentsvollstrecker auf Erfüllung seiner Pflichten klagen (BGH **25** 283 = LM § 2205 Nr. 2 mit Anm. von *Johannsen*). Er hat dem Erben Nachlaßgegenstände, die er nicht braucht, zu überlassen (§ 2217). Für schuldhafte Pflichtverstöße ist er dem Erben schadenersatzpflichtig (§ 2219). Ergänzend sind auf das Rechtsverhältnis zwischen dem Testamentsvollstrecker und dem Erben eine Reihe im einzelnen aufgeführter Vorschriften aus dem Auftragsrecht *entsprechend* anzuwenden (§ 2218). Der Erblasser kann den Testamentsvollstrecker nicht von den Pflichten befreien, die diesem nach den §§ 2215, 2216, 2218, 2219 obliegen (§ 2220).

Der Testamentsvollstrecker kann regelmäßig eine *Vergütung* verlangen (§ 2221).

10 **IX. Mitwirkung des Nachlaßgerichts**

Das Nachlaßgericht hat kein allgemeines *Aufsichtsrecht* wie etwa das Vormundschaftsgericht gegenüber dem Vormund. Der Erblasser kann auch keine solche Aufsicht anordnen (OLG **14** 302; **26** 344). Der Testamentsvollstrecker braucht daher keine Genehmigung des Nachlaßgerichts zu irgendwelchen Maßnahmen (vgl. dazu *Backs* DFG **37** 43). Er kann auch — bei minderjährigen Erben — *nicht* der Aufsicht des *Vormundschaftsgerichts* unterstellt werden (aM *Greiser*, DFG **36** 245). Das Nachlaßgericht hat nur in gesetzlich genau festgelegten Fällen mitzuwirken:

a) bei der Ernennung, §§ 2198 Abs. 2, 2200;
b) bei der Annahme oder Ablehnung des Amtes, § 2202;
c) bei Anordnungen des Erblassers, die den Nachlaß erheblich gefährden, § 2216 Abs. 2;
d) bei Meinungsstreit mehrerer Vollstrecker, § 2224 Abs. 1;
e) bei der Kündigung seitens des Testamentsvollstreckers, § 2226;
f) bei Entlassung des Testamentsvollstreckers, § 2227;
g) bei der Einsicht in Erklärungen, § 2228;
h) beim Testamentsvollstreckerzeugnis, § 2368.

Das Nachlaßgericht ist andererseits nicht befugt, die Auseinandersetzung von Miterben zu vermitteln, wenn der Testamentsvollstrecker sie zu bewirken hat, § 86 Abs. 1 FGG.

X. Prozeßführung 11

a) *Aktivprozesse* kann *nur* der *Testamentsvollstrecker* führen, soweit er verwaltungsbefugt ist, § 2212. Im übrigen ist der Erbe streitberechtigt. Im ersteren Falle wirkt das Urteil für und gegen den Erben, ZPO § 327 Abs. 1. Vollstreckbare Ausfertigung: ZPO § 728 Abs. 2.

b) *Passivprozesse* aus Ansprüchen gegen den Nachlaß können *sowohl gegen* den *Erben* als gegen den *Testamentsvollstrecker* geführt werden, § 2213 Abs. 1 Satz 1, jedoch gegen den Erben allein, wenn der Testamentsvollstrecker nicht verwaltungsbefugt ist oder ein Pflichtteilsanspruch erhoben wird. Soweit der Testamentsvollstrecker streitberechtigt ist, wirkt ein Urteil zwischen ihm und einem Dritten gleichfalls für und gegen den Erben, ZPO § 327 Abs. 2. Zwangsvollstreckung nach ZPO §§ 728 Abs. 2, 748, 780 Abs. 2.

c) Der *Testamentsvollstrecker* führt die Prozesse als „Partei kraft Amtes" *im eigenen Namen.* „Wirtschaftlich beteiligt" im Sinne von ZPO § 114 Abs. 3 sind jedoch die Erben. Sie können Streitgehilfen, ZPO § 66, und Zeugen sein.

d) *Erbengläubiger* können sich *nicht an den Nachlaß* halten, den der Testamentsvollstrecker verwaltet, § 2214.

XI. Postmortale Vollmacht 12

Vollmachten, die über den Tod des Erblassers hinaus wirken sollen, können wirtschaftlich zu einem ähnlichen Erfolge führen wie die Testamentsvollstreckung (vgl. *Lindemann,* Erben nach Gegenständen, DNotZ **51** 215 über Auflassungsvollmacht und Testamentsvollstreckung als Wege, um einem Erben einzelne Gegenstände zuzuwenden). Solche Vollmachten können jedoch im Einzelfalle wegen übermäßiger Beschränkung des Erben oder unzulässiger Umgehung der Sicherungen, welche die §§ 2197 ff beim Testamentsvollstrecker vorsehen, sittenwidrig und daher nichtig sein. Das gilt insbesondere für eine unwiderrufliche Generalvollmacht, mindestens soweit der Widerruf ausgeschlossen ist. Vgl. hierzu *Haegele,* Möglichkeiten und Grenzen der postmortalen Vollmacht, Rpfleger **68** 345; *Böhm,* Rechtsfragen zu der vom Erblasser erteilten Vollmacht, Betr. **69** 1973.

Die Frage, ob Vollmacht oder Testamentsvollstreckung vom Erblasser gewollt ist, muß durch Auslegung festgestellt werden (OLG Oldenburg Rpfleger **65** 305 mit Anm. von ***Haegele***).

Der so Bevollmächtigte ist — anders als der Testamentsvollstrecker — nicht Träger eines Amtes, sondern Vertreter des Erben, der infolge des Erbfalls in die bisherige Stellung des Erblassers ihm gegenüber eingerückt ist. Er kann auch nur so lange auf den

Nachlaß einwirken, als der Erbe die Vollmacht nicht widerruft (vgl. im einzelnen *Planck/Flad* Vorbem. 6 vor § 2197; *Staudinger/Boehmer* Erbrecht Einl. § 26 Bem. 17, 18; § 1922 Anm. 224 ff; zum Widerruf der Vollmacht durch einzelne Miterben vgl. RG JR **25** Nr. 1860; KG JFG **15** 334; RG JW **38** 1892 = DJ **38** 1127; über den Unterschied zwischen dem Generalbevollmächtigten und dem Testamentsvollstrecker s. auch BayObLG **19** 171 = OLG **40** 129).

13 **XII. Legitimationsvorschriften**

Die Ernennung eines Testamentsvollstreckers ist im Erbschein anzugeben (§ 2364 Abs. 1). Ebenso ist die Testamentsvollstreckung, wenn zum Nachlaß Grundstücke gehören, die der Verwaltung des Testamentsvollstreckers unterliegen, bei Umschreibung des Eigentums auf die Erben im Grundbuch zu vermerken (GBO § 52), und zwar gleichzeitig mit der Erbeneintragung (KG DNotZ **56** 195). Das gleiche gilt auch für Eintragungen im Schiffsregister (SchiffsRegO § 55). Dagegen ist die Eintragung eines Testamentsvollstreckervermerks im Handelsregister überflüssig und unzulässig (RG **132** 141). Auf Antrag hat das Nachlaßgericht dem Testamentsvollstrecker ein Zeugnis über seine Ernennung zu erteilen (§ 2368 mit Rdn. 1 f).

§ 2197

Der Erblasser kann durch Testament einen oder mehrere Testamentsvollstrecker ernennen.

Der Erblasser kann für den Fall, daß der ernannte Testamentsvollstrecker vor oder nach der Annahme des Amtes wegfällt, einen anderen Testamentsvollstrecker ernennen.

E I 1889 II 2067; M **5** 217-219; P **5** 248.

Ernennung von Testamentsvollstreckern

Übersicht

1 **I. Ernennung (Abs. 1)**

1. Allgemeines

Die **Ernennung eines Testamentsvollstreckers** ist bei gewillkürter und bei gesetzlicher Erbfolge zulässig. § 2197 Abs. 1 schreibt Ernennung **„durch Testament"** vor. Es braucht keine Erbeinsetzung zu enthalten (§ 1938), kann sich vielmehr auf die Ernennung beschränken. Die Ernennung kann auch in einem gemeinschaftlichen Testament ausgesprochen werden; ob in einem solchen Falle die Testamentsvollstreckung erst nach dem Tode des letztversterbenden oder schon nach dem Tode des erstversterbenden Ehegatten eintreten soll, ist Frage der Auslegung (JFG **14** 275; vgl. hierzu auch *Granicky* NJW **57** 407). Dem Testament steht eine einseitige Verfügung im Erbvertrage gleich (§ 2299); dagegen ist eine erbvertragsmäßige Ernennung unstatthaft (§ 2278 Abs. 2). *Eine Bestellung* des Testamentsvollstreckers *durch Vertrag* mit dem Erblasser ist *nur als Auftrag* wirksam und kann nach § 671 vom Erblasser wie vom Erben jederzeit widerrufen werden (RG **139** 41). Wohl aber kann sich der Testamentsvollstrecker durch Vertrag mit dem Erblasser wirksam zur Annahme des Amtes verpflichten (§ 2202 Rdn. 2)

Eine letztwillige Verfügung, durch die ein Testamentsvollstrecker ernannt worden ist, kann vom Erblasser jederzeit widerrufen und nach Eintritt des Erbfalls von den Erben durch Erklärung gegenüber dem Nachlaßgericht angefochten werden (§ 2081). Bei *gemeinschaftlichem* Testament kann die Ernennung seitens des überlebenden Ehegatten *jederzeit widerrufen* werden (LG Stade MDR **60** 142). Von der Gültigkeit anderer im Testament getroffener letztwilliger Verfügungen hängt die Ernennung zum Testamentsvollstrecker nur nach Maßgabe des § 2085 ab. 2

2. Wortlaut der Ernennung 3

Die Testamentsvollstreckung braucht nicht mit feierlichen Worten angeordnet zu werden, wenn nur über den Willen des Erblassers kein Zweifel besteht (RG **130** 134). Der Wille kann in die Form einer Hoffnung oder eines Wunsches gekleidet sein; der Anordnung steht auch die Angabe des Beweggrundes (Hilfe für den Erben) oder die Bezeichnung als „Beistand" oder „Pfleger" nicht entgegen (RG **92** 72). Über die Möglichkeit, die Anordnung einer gesetzlich nicht zulässigen Pflegschaft in die Bestellung eines Testamentsvollstreckers umzudeuten, s. § 2084 Anm. 39. Nicht jede Übertragung von Verwaltungsgeschäften ist als Bestellung eines Testamentsvollstreckers aufzufassen. Es kann sich auch um ein Vermächtnis handeln (OGH **4** 223). Wer Verwaltungsbefugnisse im Testament ausschließlich im eigenen Interesse übertragen erhält, ist nicht Testamentsvollstrecker, möglicherweise aber Vorerbe (KGJ **38** A 124; BayZ **23** 20; DRZ **27** Nr. 680; JFG **16** 309; RG 16. 4. 1930 IV 252/29; vgl. § 2100 Rdn. 22).

3. Person des Vollstreckers 4

Hinsichtlich der Person des Vollstreckers bestehen außer nach § 2201 keine Beschränkungen. Auch Frauen, Ausländer, juristische Personen (wiewohl mit der zeitlichen Grenze des § 2210) können bestellt werden, ebenso Miterben (RG **61** 139; KG JR **52** 324; BGH **30** 70). Der *alleinige Erbe* oder *Vorerbe* kann zwar, von dem Falle des § 2223 abgesehen (da der Testamentsvollstrecker den Erben in seinen Befugnissen beschränken soll und eine solche Anordnung eine Mehrheit von Personen voraussetzt), *nicht* zum alleinigen Testamentsvollstrecker bestellt werden (RG **77** 177; **163** 58; KG RJA **17** 60; KGJ **33** A 159; s. auch KG OLGZ **67** 361), anders für den Statutarerben nach Frankfurter Recht (KG JFG **5** 150); er kann aber einer von mehreren Testamentsvollstreckern sein, die ihr Amt gemeinschaftlich oder in Kollegialverfassung, § 2224 Rdn. 1 u. 12, führen (BayObLG **20** A 242; KG JFG **11** 126; JW **33** 2915[1] mit Anm. von *Löning*). Die Ernennung *sämtlicher Miterben* zu Testamentsvollstreckern ist jedenfalls dann *zulässig*, wenn neben ihnen noch ein *weiterer* Testamentsvollstrecker berufen ist (RG **163** 57; aA *Erman/Hense* Rdn. 3). Es ist auch zulässig, den Nacherben als Testamentsvollstrecker einzusetzen, sofern er als solcher nur den Vorerben beschränken soll (KGJ **52** 77); s. ferner § 2222 Rdn. 2. Inwiefern eine *Behörde* als solche (im Gegensatz zu dem jeweiligen Inhaber eines Amtes, z. B. eines bayerischen Notariats, RJA **17** 55) bestellt werden kann, ist nach ihrer landesrechtlichen Verfassung zu beurteilen. Jedenfalls ist das neben und über dem Testamentsvollstrecker amtierende Nachlaßgericht hiervon ausgeschlossen.

4. Sonderfälle 5

Der Testamentsvollstrecker kann auch nur für einen bestimmten Erbteil oder nur einem bestimmten Erben gegenüber ernannt werden, weiter unter der Bestimmung eines Anfangs- oder Endtermins, unter einer auflösenden oder (Abs. 2) einer aufschiebenden Bedingung, so in einem gemeinschaftlichen Testament durch den erstversterbenden

Ehegatten für seinen Nachlaß unter der Bedingung, daß der überlebende Ehegatte für seinen eigenen Nachlaß einen Vollstrecker ernennt (RG LZ **21** 457[7]). Die Testamentsvollstreckung kann auch *für ein Vermächtnis* angeordnet werden. In diesem Falle kann der Testamentsvollstrecker gleichzeitig für den Erben und den Vermächtnisnehmer bestimmt werden. Dem steht BGB § 181 nicht entgegen, weil der Testamentsvollstrecker weder Vertreter des Erben noch des Vermächtnisnehmers ist und weil er auch seine Rechte weder von dem einen noch von dem anderen ableitet (BGH **13** 203). Ist Testamentsvollstreckung für den ganzen Nachlaß angeordnet, die Anordnung aber hinsichtlich eines Miterben wegen eines früheren Erbvertrages ungültig, so kann die Anordnung den anderen Erben gegenüber wirksam sein, wenn eine Teiltestamentsvollstreckung dem Willen des Erblassers entspricht (BGH NJW **62** 912 = MDR **62** 470).

Mehrere Testamentsvollstrecker § 2224, Ernennung durch andere als den Erblasser §§ 2198—2200. Von der Ernennung eines Testamentsvollstreckers ist eine Anordnung nach § 2216 Abs. 2 zu unterscheiden (OGH 10. 11. 1949 I 103/48).

6 Die Ernennung eines Testamentsvollstreckers, der das Gesamtgut der fortgesetzten Gütergemeinschaft in Besitz und Verwaltung nehmen soll, ist unwirksam (§ 1518; RG LZ **16** 476[11] = JW **16** 43). Über die Ernennung eines Testamentsvollstreckers durch den überlebenden Ehegatten bei der fortgesetzten Gütergemeinschaft des *westfälischen Güterrechts* s. KG JFG **17** 244; **19** 111; vgl. auch OLG Hamm JMBlNRW **62** 213).

7 **II. Ersatzernennung (Abs. 2)**

Die Ersatzernennung gilt auch für den Fall, daß der Ernannte das Amt ablehnt. Es können *mehrere* Ersatzmänner nacheinander bestellt sein.

8 **III. Eintragungsvorschriften, Nachweise**

Die Anordnung der Testamentsvollstreckung wird bei der Eintragung des Erben im *Grundbuch* (GBO § 52) und im *Schiffsregister* (früher FGG § 118, jetzt SchiffsRegO idF v. 26. 5. 1951 [BGBl I 360] § 55) miteingetragen. Dagegen gehört der Testamentsvollstreckungsvermerk als solcher *nicht in das Handelsregister.* Der Testamentsvollstrekker darf insbesondere nicht neben den als Firmeninhabern eingetragenen Erben im Handelsregister erscheinen (OLG Dresden JFA **5** 217; RG **132** 138; KG JW **37** 2599; vgl. auch § 2205 Rdn. 7). Zeugnis über die Ernennung § 2368. Angabe im Erbschein § 2364, Nachweis vor dem Grundbuchamt GBO § 35 Abs. 2 und zum Schiffsregister SchiffsRegO § 41.

§ 2198

Der Erblasser kann die Bestimmung der Person des Testamentsvollstreckers einem Dritten überlassen. Die Bestimmung erfolgt durch Erklärung gegenüber dem Nachlaßgerichte; die Erklärung ist in öffentlich beglaubigter Form abzugeben.

Das Bestimmungsrecht des Dritten erlischt mit dem Ablauf einer ihm auf Antrag eines der Beteiligten von dem Nachlaßgerichte bestimmten Frist.

B I 1890 II 2068; M **5** 219; P **5** 248-250; **6** 95, 96.

Ernennung durch einen Dritten

Übersicht

I. Allgemeines (Abs. 1 Satz 1) 1

Die **Bestimmung des Testamentsvollstreckers durch einen Dritten** durchbricht wie beim Vermächtnis (§§ 2151 ff) den Grundsatz des § 2065. Die Ermächtigung des Dritten kann wie in § 2197 Abs. 1 nur *durch Testament* ausgesprochen werden. In der *Auswahl des Dritten,* der geschäftsfähig sein muß, ist der Erblasser *nicht beschränkt;* er kann die Bestimmung auch mehreren Dritten oder einer Körperschaft, sogar (RG **92** 68, 72) dem Erben selbst überlassen. Auch eine öffentliche Behörde kann der Erblasser rechtswirksam mit der Ernennung eines Testamentsvollstreckers beauftragen; fällt jedoch die Ernennung nicht in den Rahmen der ihr gesetzlich übertragenen Zuständigkeit, so ist nur der jeweilige Leiter der Behörde als Privatperson beauftragt (KG JW **38** 1900[42]). Der Dritte bestimmt den Testamentsvollstrecker nach freiem Belieben; er ist im allgemeinen nicht gehindert, sich auch selbst zu bestimmen und haftet — außer im Falle der Arglist — nicht für schuldhafte Auswahl. Bei offenbaren Mißgriffen hilft das Entlassungsrecht des Nachlaßgerichts aus (§ 2227). Die Bestimmung darüber, ob überhaupt eine Testamentsvollstreckung stattfinden soll, kann einem Dritten nicht überlassen werden (RJA **12** 63 = KGJ **42** A 210; OLG **44** 100). Eine solche letztwillige Verfügung wäre unwirksam. Hat ein Erblasser in seiner Verfügung von Todes wegen die Bestimmung der Person des Testamentsvollstreckers einem Dritten überlassen und macht der Dritte von diesem Recht Gebrauch, so steht dem Dritten kein Beschwerderecht zu, wenn das Nachlaßgericht einen anderen Testamentsvollstrecker ernennt (KG HRR **39** Nr. 1166). Dritter im Sinne des § 2198 Abs. 1 Satz 1 BGB kann auch der „aufsichtführende Richter" sein, den der Erblasser im Testament gebeten hat, den Testamentsvollstrecker zu bestimmen. Lehnt dieser Richter die Bestimmung ab, so ist im Wege der gegebenenfalls ergänzenden Auslegung zu prüfen, ob die letztwillige Verfügung ein Ersuchen an das Nachlaßgericht im Sinne des § 2200 Abs. 1 enthält (OLG Hamm DNotZ **65** 487 = JMBlNRW **64** 209).

II. Art und Form der Bestimmung (Abs. 1 Satz 2) 2

Die Bestimmung ist (wie bei der Ausschlagung § 1945 Abs. 1) durch unwiderrufliche **Erklärung gegenüber dem Nachlaßgericht** zu treffen (§§ 130 ff). Beglaubigung früher § 129, FGG §§ 167 Abs. 2, 183, 191, 200; RNotO § 77; jetzt §§ 39, 40, 63 BeurkG. Öffentliche Beglaubigung ist nur erforderlich, wenn es sich um eine Privaturkunde handelt. Der Präsident einer Rechtsanwaltskammer wird, wenn er auf das Ersuchen eines Erblassers einen Testamentsvollstrecker aus dem Kreise der Rechtsanwälte seines Bezirks ernennt, in seiner amtlichen Eigenschaft tätig. Das Schriftstück, das solche Ernennung in gehöriger Form enthält, ist demgemäß eine der öffentlichen Beglaubigung nicht fähige Urkunde (KG DR **42** 1330[8] = JFG **23** 306 gegen KG JFG **21** 100).

Die Erklärung über die Testamentsvollstreckerbestimmung braucht ferner nicht 3 öffentlich beglaubigt zu werden, wenn die Bestimmung einem Notar als Inhaber eines öffentlichen Amtes überlassen worden war; in diesem Falle genügt die Beifügung des Amtssiegels (OLG Neustadt/W. DNotZ **51** 339). Ebenso KG JFG **23** 06 hinsichtlich der Bestimmung durch den Präsidenten einer Rechtsanwaltskammer. Akteneinsicht § 2228. *Gebühr* für die Entgegennahme der Erklärung KostO § 112 Abs. 1 Nr. 6.

III. Fristsetzung (Abs. 2) 4

Damit die Frage, ob eine Testamentsvollstreckung eintritt und wer Vollstrecker wird, nicht längere Zeit ungeklärt bleibt, ist den Beteiligten die Befugnis eingeräumt worden, dem Bestimmungsberechtigten wie beim Vermächtnis und bei der Auflage (§§ 2151 Abs. 3, 2193 Abs. 2; vgl. auch § 2202 Abs. 3) eine Frist zu setzen.

5 **Beteiligte** sind, wie in §§ 2202 Abs. 3, 2216 Abs. 2, 2227 Abs. 1, außer den Erben, Nacherben, Pflichtteilsberechtigten, Vermächtnisnehmern, Auflageberechtigten (§ 2194) auch die sonstigen Nachlaßgläubiger (§ 2213, ZPO § 748; vgl. aber BGH **35** 301) und die Mitvollstrecker, dagegen nicht die Auflagebedachten (vgl. LG Verden MDR **55** 231; aA *Staudinger/Dittmann* Rdn. 21; *Erman/Hense* Rdn. 4).

6 Hat der Erblasser eine Frist gesetzt, so erlischt das Bestimmungsrecht des Dritten jedenfalls mit dem Ablaufe dieser Frist; die Setzung einer kürzeren Frist durch das Nachlaßgericht wird dadurch aber nicht ausgeschlossen. Die Fristbemessung durch das Nachlaßgericht unterliegt der sofortigen Beschwerde nach FGG § 80 (OLG Stuttgart RJA **5** 41; über die Frage, in welchem Umfang dem Dritten ein Beschwerderecht zusteht, s. KG HRR **39** Nr. 1166), die Ablehnung einfacher Beschwerde nach FGG §§ 19, 20. Eine Verlängerung der Frist ist nicht statthaft (FGG § 18 Abs. 2). Unterläßt der Dritte die Bestimmung innerhalb der Frist, so wird die Bestellung eines Testamentsvollstreckers überhaupt hinfällig. *Gebühr* für die Fristbestimmung KostO §§ 113, 115.

§ 2199

Der Erblasser kann den Testamentsvollstrecker ermächtigen, einen oder mehrere Mitvollstrecker zu ernennen.

Der Erblasser kann den Testamentsvollstrecker ermächtigen, einen Nachfolger zu ernennen.

Die Ernennung erfolgt nach § 2198 Abs. 1 Satz 2.

E I 2069; P 5 248-250.

Ernennung durch den Testamentsvollstrecker

Übersicht

1 **I. Ernennung von Mitvollstreckern (Abs. 1)**

Die **Ermächtigung des Testamentsvollstreckers zur Ernennung von Mitvollstrekkern** kann wie die Ernennung des Testamentsvollstreckers selbst *nur durch Testament* angeordnet werden (§ 2197). Sie kann jedem der gemäß §§ 2197, 2198, 2200 ernannten Vollstrecker, auch mehreren gemeinsam (Zuwahl) beigelegt werden, entweder so, daß nur der übereinstimmende Wille der bisherigen Vollstrecker zur Ernennung eines Mitvollstreckers führt (OLG **44** 96) oder mit Stichentscheid des Nachlaßgerichts (KG Recht **14** Nr. 1117; § 2224 Rdn. 5). Der Testamentsvollstrecker kann vom Erblasser in der Auswahl beschränkt, aber zur Wahl auch förmlich verpflichtet sein. Jedenfalls ist er dem Erben für sorgfältige Wahl durch §§ 2218, 2219 verhaftet. Aus eigener Machtvollkommenheit kann er eine Wahl nicht vornehmen. Es ist auch ausgeschlossen, daß der Erblasser, statt die Ermächtigung selbst zu erteilen, einem andern das Recht einräumt, den ernannten Testamentsvollstrecker zur Ernennung eines Mitvollstreckers zu ermächtigen (OLG Hamburg **44** 102).

2 **II. Ernennung eines Nachfolgers (Abs. 2)**

Die Ernennung des Nachfolgers gehört *nicht* zur „Amtsführung" des Testamentsvollstreckers im Sinne des § 2224 (KG DFG **42** 45). Der Testamentsvollstrecker kann sie regelmäßig nur vornehmen, solange er selbst noch im Amte ist und nur für den Fall der Beendigung seines Amtes gemäß §§ 2225-2227 (*aM Planck/Flad* Anm. 4), nicht indem er die Ausführung der ihm übertragenen Aufgaben ganz, etwa mittels einer Generalvollmacht unmittelbar auf einen Dritten überträgt (RG **81** 170; OLG **9** 408; **10** 303). Das *Kammergericht* (RJA **12** 112 = KGJ **43** A 88) gestattet ihm auch die Ernennung eines Nachfolgers mit abgegrenztem Wirkungskreise, während er im übrigen das Amt weiterführt, falls sich ein entsprechender Wille des Erblassers ermitteln läßt. Wird zwischen mehreren Testamentsvollstreckern keine Einigung erzielt, so muß das Prozeßgericht entscheiden (vgl. *Erman/Hense* Rdn. 2).

Der Testamentsvollstrecker kann seinen Nachfolger auch in einer Erklärung er- **3** nennen, die dem Nachlaßgericht erst nach seinem Tode übermittelt werden soll. Er muß nur dafür sorgen, daß seine in gehöriger Form abgegebene Erklärung (§ 2198 Abs. 1 Satz 2) dem Nachlaßgericht *alsbald nach seinem Tode* zugeht (§ 130 Abs. 2; vgl. KG JW **36** 2462[13]; auch RG **170** 382).

Darüber, inwieweit der Testamentsvollstrecker sich in der Ausübung des Amtes **4** *vertreten* lassen darf, s. § 2218 Rdn. 4 f. Die Ernennung setzt die Bezeichnung einer bestimmten Person voraus; der Testamentsvollstrecker kann daher nicht schlechthin seine Erben zu Nachfolgern berufen (§ 2225 Rdn. 4). Durch *Auslegung* des Testaments ist zu ermitteln, ob dem ernannten Nachfolger wiederum das Recht zustehen soll, seinen Nachfolger zu ernennen.

III. Form der Ernennung (Abs. 3) **5**

Öffentlich beglaubigte **Erklärung gegenüber dem Nachlaßgericht,** wenn der Erblasser nicht noch mehr, z. B. Beurkundung nach § 128, vorgeschrieben hat. Die in der gehörigen Form erklärte Ernennung des Nachfolgers ist wirksam, auch wenn sie dem Nachlaßgericht erst nach dem Ableben des Testamentsvollstreckers zugeht, sofern sie nur mit seinem Willen beim Nachlaßgericht eingereicht wird (KG JW **36** 2462[13]). Akteneinsicht § 2228. *Gebühr* für die Entgegennahme der Erklärung KostO § 112 Abs. 1 Nr. 6 (vgl. KG DRM **39** 494[512]).

§ 2200

Hat der Erblasser in dem Testamente das Nachlaßgericht ersucht, einen Testamentsvollstrecker zu ernennen, so kann das Nachlaßgericht die Ernennung vornehmen.

Das Nachlaßgericht soll vor der Ernennung die Beteiligten hören, wenn es ohne erhebliche Verzögerung und ohne unverhältnismäßige Kosten geschehen kann.

E II 2070; P **5** 250-252.

Ernennung durch das Nachlaßgericht

Übersicht

1 I. Das Ersuchen des Erblassers (Abs. 1) **1**

Das Nachlaßgericht ernennt den Testamentsvollstrecker nie von Amts wegen. Die Ernennung setzt vielmehr ein **Ersuchen** des Erblassers **voraus,** das im Testamente gestellt sein muß, aber durch freie Auslegung daraus ermittelt werden kann (vgl. OLG **40** 132;

42 128 u. 139; **43** 401 A 1b; WarnRspr. **13** Nr. 239; DRZ **34** Nr. 264; LG Kiel MDR **67** 593; LG Stade MDR **60** 142). Das Ersuchen braucht daher nicht ausdrücklich, vielmehr kann es *auch stillschweigend* gestellt sein. Die *Ernennung* des Testamentsvollstrekkers durch das Nachlaßgericht muß nur *dem mutmaßlichen Willen des Erblassers* entsprechen (KG DNotZ **55** 649). Hat der Erblasser den Vorsitzenden eines Amtsgerichts gebeten, einen Testamentsvollstrecker zu bestimmen und lehnt dieser ab, so ist im Wege der Auslegung zu prüfen, ob die letztwillige Verfügung ein Ersuchen an das Nachlaßgericht im Sinne des § 2200 enthält (OLG Hamm DNotZ **65** 487; Rdn. 1 zu § 2198). Für die Annahme, daß der Erblasser das Nachlaßgericht um die Ernennung habe ersuchen wollen, muß im Testament freilich irgendein Anhalt gegeben sein (KG DFG **44** 57; aM OLG Hamburg JW **34** 2247[9], allerdings unter Hinweis auf die besonderen Hamburger Verhältnisse). Nach OLG Düsseldorf MDR **57** 421 soll es genügen, wenn sich im Wege der ergänzenden Auslegung ergibt, daß ein Ersuchen im Sinne des § 2200 dem Willen des Erblassers entsprechen würde, falls er bei Errichtung des Testaments vorausschauend die inzwischen eingetretene Entwicklung bedacht hätte. Ob ein Ersuchen vorliegt, ist nur vom Nachlaßgericht und den ihm übergeordneten Beschwerdeinstanzen (Rdn. 7) zu prüfen; hat das Nachlaßgericht den Testamentsvollstrecker ernannt, so kann dessen Berechtigung nicht vom Prozeßgericht oder vom Grundbuchamt daraufhin nachgeprüft werden, ob ein Ersuchen vorliegt (*Planck/Flad* Rdn. 10; KG Recht **25** Nr. 2438; Stuttgart JW **34** 923[18] mit Anm. von *Rozycki-v. Hoewel;* aM *Schlegelberger* FGG § 81 Anm. 4 und für das frühere preußische Recht KGJ **31** A 86; vgl. § 2227 Rdn. 7). Hat das Nachlaßgericht einen Testamentsvollstrecker ernannt, ohne daß ein Ersuchen des Erblassers vorlag, so liegt darin lediglich ein wichtiger Grund, ihn auf Antrag eines der Beteiligten nach § 2227 zu entlassen (KG Recht **25** Nr. 2438; über die Frage, wann ein wichtiger Grund zur Entlassung vorliegt, vgl. OLG Hamm Rechtspfl. **59** 53); die Wirksamkeit der Ernennung wird jedoch nicht berührt (KG DNotZ **55** 649; so jetzt auch *Kipp/Coing* 11. Bearbeitung § 67 I 7 mit Anm. 14). Die abweichende Ansicht, der Ernannte werde in einem solchen Falle nicht Testamentsvollstrecker, stellt den Willen des Erblassers ohne Grund über die Entscheidung des Gerichts und widerspricht auch dem Erfordernis der Rechtssicherheit. Der Hinweis auf § 2201 paßt nicht, weil dort eine Ausnahme geregelt ist, die allgemeinen Rechtsgrundsätzen entspricht. — Das Ersuchen kann bedingungsweise gestellt und auf Ernennung eines Mitvollstreckers gerichtet sein; es begreift regelmäßig auch die Bestellung eines etwaigen Nachfolgers in sich und bleibt jedenfalls in Kraft, bis ein zur Annahme bereiter Testamentsvollstrecker gefunden oder der Versuch der Bestellung mißlungen ist.

2 **II. Die Entscheidung des Nachlaßgerichts**

1. Allgemeines

Die Ernennung eines Testamentsvollstreckers durch das Nachlaßgericht ist eine rechtsgestaltende Verfügung der freiwilligen Gerichtsbarkeit (vgl. *Jansen* NJW **66** 332). Die Entscheidung über das Ersuchen des Erblassers ist in das *pflichtmäßige Ermessen* des Gerichts gestellt (JW **37** 475[24]); sie kann nicht nur aus dienstgeschäftlichen Gründen, sondern auch deswegen abgelehnt werden, weil eine Testamentsvollstreckung mit Rücksicht auf die Lage des Nachlasses und berechtigte Interessen der Nachlaßbeteiligten nicht zweckmäßig erscheint (KGJ **45** 114). Es kann auch geboten sein, die Ernennung eines bestimmten Testamentsvollstreckers abzulehnen, wenn Schwierigkeiten mit den Erben vorauszusehen sind, die zu einer Entlassung des in Aussicht genommenen Testamentsvollstreckers — wenn auch vielleicht ohne sein Verschulden — führen können (OLG Düsseldorf MDR **57** 421). So ist das pflichtmäßige Ermessen des Nachlaßgerichts jedenfalls auch dahin eingeschränkt, daß es keine für das Amt ungeeignete Person ernennen darf (OLG Hamm JMBlNRW **62** 211). Das Gericht hat im übrigen freie Wahl; es ist nicht an die Ernennung einer bestimmten Person gebunden, auch wenn sich die Erben geeinigt haben sollten (*Erman/Hense* Rdn. 2), und kann auch ohne besonderes Ersuchen *mehrere* Vollstrecker ernennen. Die Ernennung des Testamentsvollstreckers kann unter Umständen in der Erteilung des Testamentsvollstreckerzeugnisses gefunden werden (JFG **19** 40). Sie wird jedoch *erst wirksam*, wenn sie dem Ernannten *durch förmliche Zustellung* oder zur Niederschrift bekannt gemacht ist (KG JW **39** 421; HRR **39** Nr. 167; KG DNotZ **55** 649). Eine Nachprüfung durch das Grundbuchamt oder Registergericht kann grundsätzlich nicht erfolgen (*Palandt/Keidel* Anm. 2, str., aA *Schlegelberger* § 81 FGG Anm. 4).

Der *Notar* ist vom Amt des Testamentsvollstreckers nicht deshalb ausgeschlos- **3**
sen, weil er den Erbvertrag beurkundet hat (LG Göttingen DNotZ **52** 445; vgl. auch OLG Hamburg DR **39** 1524).

Aus dem Grundsatz der Gleichbehandlung von sachlichem und Verfahrensrecht **4**
folgt, daß wegen eines dem holländischen Recht unterworfenen inländischen Nachlasses das deutsche Nachlaßgericht auch nicht auf Ersuchen des Erblassers befugt ist, einen Testamentsvollstrecker zu ernennen (OLG Neustadt/W. JZ **51** 644 mit Anm. von *Neuhaus*).

2. Anhörung der Beteiligten (Abs. 2) **5**

Vor der Ernennung sind die Beteiligten tunlichst zu hören. Zum Begriff der **Beteiligten** vgl. § 2198 Rdn. 5, ferner OLG Hamm DNotZ **65** 488 aE. Es handelt sich um eine bloße Ordnungsvorschrift; s. auch §§ 2216 Abs. 2 Satz 3, 2227 Abs. 2. Die Beteiligten sind darüber zu hören, ob überhaupt ein Testamentsvollstrecker und wer dazu ernannt werden soll. Auch die Nachlaßgläubiger gehören zwar zu den Beteiligten, doch wird ihre Anhörung in der Regel zu zeitraubend und daher untunlich oder doch nur in beschränktem Umfange angebracht sein. Das Nachlaßgericht darf aber nur dann davon absehen, die Beteiligten zu hören, wenn es nicht ohne *erhebliche* Verzögerung und nicht ohne *unverhältnismäßige Kosten* geschehen könnte (HansGZ **28** B 608). Ein Verstoß hiergegen gibt Grund zur Beschwerde. — Recht der Beteiligten auf Akteneinsicht und Ausfertigungen FGG §§ 78, 85; vgl. auch Anm. zu § 2228. *Gebühr* für die Ernennung KostO §§ 113, 115.

3. Unwirksamkeit der gerichtlichen Ernennung **6**

Fehlt ein Ernennungsersuchen, so führt das nicht ohne weiteres zur Unwirksamkeit einer gleichwohl vorgenommenen Ernennung, sondern bildet in der Regel nur einen wichtigen Grund zur Entlassung des Testamentsvollstreckers (KG DNotZ **55** 649). Unwirksamkeit tritt jedoch — abgesehen von den Fällen des § 2201 — ein, wenn die Ernennung nicht förmlich zugestellt worden ist (vgl. KG HRR **39** Nr. 167). Die Ernennung eines neuen Testamentsvollstreckers ist von vornherein gegenstandslos, wenn bereits zu dieser Zeit alle Testamentsvollstreckeraufgaben ausgeführt waren. In diesem Falle gilt das Amt auch dann nicht zugunsten des Ernannten als bestehend, wenn er irrigerweise an das Vorhandensein weiterer Aufgaben glaubt. Zur Entscheidung über diese Frage ist das Prozeßgericht zuständig (BGH **41** 23 = NJW **64** 1316 = DNotZ **65** 98; vgl. auch *Jansen* NJW **66** 331, ferner *Bund* JuS **66** 60 sowie *Johannsen* WM **69** 1403). Ist die Bestellung eines Testamentsvollstreckers durch das Nachlaßgericht wegen eines Fehlers im Bestellungsakt unwirksam, so ist der Bestellte, solange er das Amt im Vertrauen auf die Gültigkeit der Bestellung ausgeübt hat, den Beteiligten gegenüber wie ein wirksam bestellter Testamentsvollstrecker berechtigt und verantwortlich (RG 27.9. 1937 IV

93/37). Über die Haftung des Testamentsvollstreckers und seinen Vergütungsanspruch im Falle der Unwirksamkeit der Ernennung s. § 2219 Rdn. 4, § 2221 Rdn. 8.

7 **4. Rechtsmittel**

Sofortige Beschwerde gegen die Ernennung nach FGG § 81 (KGJ **31** A 91; **49** A 249), deren jedoch der nach § 2202 Abs. 2 ablehnungsberechtigte Testamentsvollstrecker selbst nicht bedarf. Wird die Ernennung auf Beschwerde aufgehoben, so bleiben doch die inzwischen vom Testamentsvollstrecker oder ihm gegenüber vorgenommenen Rechtsgeschäfte wirksam, FGG § 32. Gegen die Ablehnung der Ernennung ist einfache Beschwerde nach FGG §§ 19, 20 Abs. 1 gegeben. Der Nachprüfung des pflichtmäßigen Ermessens durch das Beschwerdegericht unterliegen nur Tatsachen, die zur Zeit der Ernennung bestanden, also keine Umstände, die erst später eingetreten sind; letztere können nur im Rahmen des § 2227 berücksichtigt werden (OLG Hamm JMBlNRW **62** 211). Die Prüfung der Frage, ob die Ernennung eines Testamentsvollstreckers durch das Nachlaßgericht nach § 2200 zu Recht erfolgt ist oder nicht, ist in einem Erbscheinseinziehungsverfahren unzulässig (OLG Hamburg NJW **65** 1968).

8 **Beschwerdeberechtigt** sind die Erben, und zwar jeder einzelne Miterbe, auch wegen einer vom Erblasser für den Erbteil eines andern Erben angeordneten Testamentsvollstreckung (RJA **11** 15), der Mitvollstrecker und die Nachlaßgläubiger, insbesondere auch Vermächtnisnehmer (RJA **8** 189) und Pflichtteilsberechtigte (OLG **40** 132 Anm. 1 b). Hat das Nachlaßgericht einen Testamentsvollstrecker ernannt und dieser das Amt angenommen, das Beschwerdegericht aber die Ernennung aufgehoben, so hat der Ernannte die weitere Beschwerde gegen die Aufhebung (KGJ **40** A 42; HRR **39** Nr. 1166 = DRW **39** 1585).

§ 2201

Die Ernennung des Testamentsvollstreckers ist unwirksam, wenn er zu der Zeit, zu welcher er das Amt anzutreten hat, geschäftsunfähig oder in der Geschäftsfähigkeit beschränkt ist oder nach § 1910 zur Besorgung seiner Vermögensangelegenheiten einen Pfleger erhalten hat.

E I 1891 II 2071; M **5** 219, 220; P **5** 252.

Unfähigkeit zum Testamentsvollstrecker

Übersicht

1 **I. Unwirksamkeit der Ernennung**

Die Ernennung verliert in allen Fällen (§§ 2197-2200) durch Mängel der Geschäftsfähigkeit, die bis zu dem in Rdn. 2 angegebenen Zeitpunkt eintreten, von selbst ihre Kraft, ohne daß sie, auch im Falle des § 2200, noch besonders aufgehoben zu werden braucht.

2 **II. Maßgebender Zeitpunkt**

Maßgebend ist der **Zeitpunkt, zu welchem er das Amt anzutreten hat,** d. h. in dem der Ernannte, abgesehen von der Geschäftsfähigkeit, in der Lage ist, sich über die Annahme des Amtes nach § 2202 Abs. 2 zu erklären (RJA **11** 92 = KGJ **41** A 70). Steht die

Ernennung unter einem Anfangstermin, oder unter einer aufschiebenden Bedingung (§ 2197 Rdn. 5), so ist, wenn die Annahme schon vorher erklärt war (§ 2202 Rdn. 8), der Eintritt des Termins oder der Bedingung entscheidend. Wird die Entmündigung oder die vorläufige Vormundschaft erst nach dem hiernach maßgebenden Zeitpunkte aufgehoben, so hat das (abweichend von dem Grundsatze des § 115 und FGG § 61) keine rückwirkende Kraft. Erlöschen des Amtes infolge später eintretender Unfähigkeit § 2225. Vgl. über den maßgebenden Zeitpunkt im einzelnen *Planck/Flad* Anm. 3.

III. Gründe der Unwirksamkeit 3

Geschäftsunfähigkeit § 104, **beschränkte Geschäftsfähigkeit** des Minderjährigen § 106, des wegen Geistesschwäche, Verschwendung oder Trunksucht Entmündigten oder nach § 1906 unter vorläufige Vormundschaft Gestellten § 114.

§ 1910 betrifft **Pflegschaft** wegen geistiger oder körperlicher Gebrechen. Doch 4
ist der Testamentsvollstrecker nicht unfähig, dem ein Pfleger nach § 1910 Abs. 2 nur für seine Person oder für einzelne Vermögensangelegenheiten bestellt ist.

IV. Besonderes 5

Neben den Unfähigkeitsgründen gibt es beim Testamentsvollstrecker **keine** gesetzlich festgelegten **Untauglichkeitsgründe** (anders beim Vormund, §§ 1780, 1781). Der *Gemeinschuldner* ist *nicht unfähig* zum Testamentsvollstrecker. Doch kann die Konkurseröffnung, und zwar schon vor Antritt des Amtes, einen Grund zur Entlassung bilden (§ 2227). Dasselbe gilt vom *Ehrverlust*. Wer den Offenbarungseid geleistet hat oder gerichtlich bestraft worden ist, kann unter Umständen gleichfalls als Testamentsvollstrekker entlassen werden.

Die Ernennung durch den Erblasser kann, wie jede letztwillige Verfügung, 6
gemäß §§ 2078, 2081 Abs. 1 *angefochten* werden.

§ 2202

Das Amt des Testamentsvollstreckers beginnt mit dem Zeitpunkt, in welchem der Ernannte das Amt annimmt.

Die Annahme sowie die Ablehnung des Amtes erfolgt durch Erklärung gegenüber dem Nachlaßgerichte. Die Erklärung kann erst nach dem Eintritte des Erbfalls abgegeben werden; sie ist unwirksam, wenn sie unter einer Bedingung oder einer Zeitbestimmung abgegeben wird.

Das Nachlaßgericht kann dem Ernannten auf Antrag eines der Beteiligten eine Frist zur Erklärung über die Annahme bestimmen. Mit dem Ablaufe der Frist gilt das Amt als abgelehnt, wenn nicht die Annahme vorher erklärt wird.

E I 1892 II 2072; M 5 220-222; P 5 252, 253.

Annahme und Ablehnung des Amtes

Übersicht

1 **I. Allgemeines**

Die Wirkungen der Testamentsvollstreckung treten unmittelbar mit dem Erbfalle ein. Die Erben können daher selbst dann, wenn ein Testamentsvollstrecker noch nicht bestellt ist, nicht über Nachlaßgegenstände verfügen, die der Testamentsvollstreckung unterliegen (BGH **25** 282 = WM **57** 1489, 1490). Daraus folgt u. a., daß Forderungen, welche der Erbe gegen den Erblasser hat, nicht durch Vereinigung von Schuld und Forderung erlöschen, sondern gegen den Testamentsvollstrecker geltend gemacht werden können (BGH **48** 220 = WM **67** 977).

2 **II. Beginn des Amtes (Abs. 1)**

Das Amt des Testamentsvollstreckers fällt dem Ernannten *nicht kraft Gesetzes* an; er erhält dessen Rechte und Pflichten vielmehr erst durch die von ihm selbst abzugebende *Annahmeerklärung.* Der Beginn des Amtes fällt mit der Annahmeerklärung nur der Regel nach zusammen. Ausnahme s. Rdn. 8.

3 Hatte sich der Ernannte durch *Vertrag mit dem Erblasser* zur künftigen Annahme des Amtes verpflichtet, so kann er hierauf oder auf Zahlung einer etwa bedungenen Vertragsstrafe oder wegen Nichterfüllung auf Schadenersatz verklagt werden (vgl. DR **39** 1524[35] mit Anm. von *Smolla*). Der Zwangsvollstreckung aus dem auf Annahme oder Wahrnehmung des Amtes lautenden Urteil könnte der widerstrebende Schuldner jederzeit mit der Kündigung begegnen (§ 2226). Ist dem in Aussicht genommenen Testamentsvollstrecker eine Zuwendung mit der Auflage gemacht, das Amt zu übernehmen, so entscheiden die §§ 2194, 2195. Die unter einer Bedingung gleichen Inhalts gemachte Zuwendung wird mit der Ablehnung ohne weiteres hinfällig.

4 *Rechtsgeschäfte,* die der Testamentsvollstrecker *vor Amtsantritt* vornimmt, sind unwirksam und können auch durch den bloßen Amtsantritt nicht wirksam werden, wohl aber dadurch, daß der Testamentsvollstrecker den von ihm geschlossenen Vertrag oder das vorgenommene einseitige Rechtsgeschäft gemäß §§ 177, 180 nach dem Amtsantritt genehmigt. Denn er kann hierbei nur als Vertreter des künftigen Testamentsvollstreckers — allerdings seiner selbst — gehandelt haben. Nimmt er Verfügungen vor, so sind es Verfügungen eines Nichtberechtigten, die gemäß § 185 Abs. 2 dadurch wirksam werden, daß er sie nach Amtsantritt als nunmehr Berechtigter genehmigt (aA *Erman/Hense* Rdn. 4; wie hier *Staudinger/Dittmann* Rdn. 2).

5 **III. Form der Annahme oder Ablehnung (Abs. 2 Satz 1)**

Die Annahme oder Ablehnung ist nur wirksam, wenn sie **dem Nachlaßgericht gegenüber** abgegeben wird (§ 130 Abs. 3). Eine Annahme *durch schlüssige Handlungen,* entsprechend der Erbschaftsannahme durch Betätigung als Erbe (§ 1943 Rdn. 8 f) ist deshalb *ausgeschlossen.* Immerhin ist die Erklärung an *keine Form* gebunden; sie braucht insbesondere nicht beglaubigt zu werden (KGJ **28** A 284); sie kann privatschriftlich (RG JW **10** 903[9]), auch durch Bevollmächtigte abgegeben werden und in anderen an die Behörde gerichteten Anträgen oder Äußerungen stillschweigend enthalten sein, z. B. in Eingaben an das Nachlaßgericht, in denen der Ernannte sich darauf beruft, daß er Testamentsvollstrecker sei, und um Urkundenabschriften bittet (RG **81** 171; WarnRspr. **14** Nr. 63) oder im Antrage des Testamentsvollstreckers auf Erteilung des Testamentsvollstreckerzeugnisses (BGH WM **61** 479). Über die Abgabe der Erklärung gegenüber der das Grundbuch führenden Abteilung des Amtsgerichts s. JFG **17** 282.

6 Erklärt der Testamentsvollstrecker, er sei *grundsätzlich* bereit, das Amt anzunehmen, bittet er jedoch zugleich, die Erklärungsfrist zu verlängern, so liegt darin nur eine Bereitschaft zur Annahme, aber noch nicht die Annahme selbst (KG DFG **44** 34 =

DNotZ **44** 99). Annahme und Ablehnung (KGJ **29** A 45) sind *unwiderruflich*, doch verbleibt dem Annehmenden das Kündigungsrecht.

Die im gesetzlichen Güterstande lebende *Ehefrau* brauchte zur Annahme des Amtes auch schon vor dem 1.4. 1953 *nicht die Zustimmung des Mannes* (§ 1399 Abs. 1). Da es sich bei der Amtsübernahme jedoch nicht um die Verpflichtung zu einer Leistung im Sinne des § 1358 handelt, war auch das Kündigungsrecht des Mannes ausgeschlossen (aM *Planck/Flad* Anm. 10; *Crome* § 674 Anm. 37; *Kipp/Coing* 12. Bearb. § 67 Anm. 26). **7**

IV. Zeitpunkt der Erklärung (Abs. 2 Satz 2 Halbsatz 1) **8**

Wenn die Annahme oder Ablehnung auch **nicht vor dem Erbfalle** oder, falls es sich um Testamentsvollstrecker für die Nacherbschaft handelt, nicht vor dem Eintritt der Nacherbfolge (§ 2139) erklärt werden kann, so ist doch der Ernannte nicht notwendig schon von diesem Zeitpunkte ab verpflichtet, sich zu erklären. Insbesondere kann er, wenn er unter Bestimmung eines späteren Anfangstermins oder unter einer aufschiebenden Bedingung ernannt ist, nicht vor Eintritt des Termins oder der Bedingung durch Fristsetzung (Abs. 3) zur Erklärung angehalten werden. Keineswegs kann in diesem Falle die etwa schon vorher erklärte Annahme den Beginn des Amtes (Abs. 1) zur Folge haben. Die Erklärung kann auch abgegeben werden, bevor das Testament eröffnet worden ist (RG **74** 37 f). Es gehört eigentlich sogar zu den *Aufgaben* eines Testamentsvollstreckers, der um seine Ernennung weiß und das Amt annehmen will, die *Eröffnung schnellstens* zu betreiben.

V. Inhalt der Erklärung (Abs. 2 Satz 2 Halbsatz 2) **9**

Damit alsbald und endgültig geklärt wird, wer Testamentsvollstrecker ist, darf der Ernannte seine Erklärung **nicht** unter einer **Bedingung** oder **Zeitbestimmung** abgeben. Ein Verstoß hiergegen macht die Erklärungen unwirksam (vgl. auch §§ 1947, 2180 Abs. 2 Satz 2). Die Vorschrift hindert jedoch nicht, sich sogleich nach dem Erbfall endgültig über die Annahme oder Ablehnung des nur bedingt oder befristet angetragenen Amtes zu erklären (*Planck/Flad* Anm. 11 Abs. 2). Ist der Ernannte zur Zeit dieser Erklärung in der Geschäftsfähigkeit beschränkt, so kann er die Annahme nach allgemeinen Grundsätzen (§§ 107, 114) unter Einwilligung seines gesetzlichen Vertreters erklären. **§ 2201 fordert Geschäftsfähigkeit nur für die Zeit des Amtsantritts. Daß für einen Geschäftsunfähigen** sein gesetzlicher Vertreter die Annahme erklären könnte, ist wegen der höchstpersönlichen Natur der Berufung zum Amte zu verneinen (*Planck/Flad* Anm. 10).

Zur Schadenersatzpflicht eines Notars, der in einem von ihm selbst beurkundeten Testament zum Testamentsvollstrecker ernannt war, das Amt nach dem Eintritte des Erbfalls jedoch nicht angenommen und trotz Sorgebedürftigkeit des Nachlasses keine ausreichenden Schritte zu seiner Sicherung unternommen hat, vgl. OLG Hamburg DR **39** 1524 mit Anm. von *Smolla*. **10**

VI. Fristsetzung für den Ernannten (Abs. 3) **11**

Von der **Fristbestimmung durch das Nachlaßgericht** und dem Beschwerderecht gilt das in § 2198 Rdn. 4 f Gesagte. Die Frist läuft auch gegen den über seine Ernennung im Rechtsirrtum befindlichen Testamentsvollstrecker und ungeachtet der gegen die Fristbestimmung eingelegten Beschwerde (KGJ **43** 86). Über Ablehnung der Fristbestimmung im Falle befristeter oder bedingter Ernennung s. oben Rdn. 8.

12 **VII. Besonderes**

Das Nachlaßgericht hat dem Testamentsvollstrecker auf Antrag ein *Zeugnis* über die Ernennung zu erteilen (vgl. im einzelnen § 2368 mit Rdn.). Es dient dem Grundbuchamt gegenüber zugleich als Nachweis der Annahme (RG JW **06** 132[3]; SeuffArch. **61** 382). Der Grundbuchbeamte handelt schuldhaft, wenn er die Verfügungsbefugnis des Testamentsvollstreckers allein einem privatschriftlichen Testament des Erblassers entnimmt, ohne das Testamentsvollstreckerzeugnis einzufordern, durch dessen Einsicht er mindestens zu erheblichen Zweifeln im Hinblick auf die Verfügungsbefugnis des Testamentsvollstreckers im konkreten Fall hätte gelangen müssen (RG 2.7. 1932 V 183/32). Angabe im Erbschein § 2364, Akteneinsicht § 2228, Vergütung § 2221, Gebühr für die Entgegennahme der Erklärungen KostO § 112 Abs. 1 Nr. 6, 115, Haftung der Erben KostO § 6.

§ 2203

Der Testamentsvollstrecker hat die letztwilligen Verfügungen des Erblassers zur Ausführung zu bringen.

E I 1897 Abs. 1 II 2073; M **5** 226-228; P **5** 261-272, 283.

Ausführung der letztwilligen Verfügungen

Übersicht

1 **I. Allgemeines**

Die **Ausführung der letztwilligen Verfügungen** ist die vornehmste, wenn auch nicht die einzige Aufgabe des Testamentsvollstreckers (§§ 2204 ff). Die Aufgabe obliegt grundsätzlich auch dem zum Testamentsvollstrecker bestellten Miterben (RG **61** 142) und betrifft Verfügungen aller Art, auch familienrechtlichen Inhalts, sofern der Testamentsvollstrecker rechtlich und tatsächlich zu der Ausführung imstande und nicht vom Erblasser selbst beschränkt worden ist. Auch mit der Ausführung einer Bestattungsanordnung, sogar als einziger Aufgabe, kann ein Testamentsvollstrecker betraut werden (RG JW **12** 540[19]; *Josef Gruchot* **65** 308–310 gegen *Kipp* § 113 Anm. 5). Wenn der Testamentsvollstrecker *Verfügungen* nicht selbst unmittelbar ausführen kann, kann er im Zweifel die Ausführung, insbesondere die Erfüllung einer Auflage vom Erben verlangen (§ 2208 Abs. 2). Der Testamentsvollstrecker kann auch berufen sein, dafür zu sorgen, daß die einem Vermächtnisnehmer auferlegten Beschwerungen ausgeführt werden (§ 2223). Insoweit kann er gleichzeitig für den Erben tätig werden (BGH **13** 203; vgl. auch Rdn. 1 zu § 2197). Nach § 83 hat er die Genehmigung einer vom Erblasser errichteten Stiftung nachzusuchen.

2 **II. Stellung des Testamentsvollstreckers**

Der Testamentsvollstrecker handelt bei der Ausführung ***kraft eigenen,*** ihm vom Erblasser übertragenen *Rechtes* (RG **56** 330; **59** 365).

1. **Gegenüber dem Erben** ist er deshalb von Weisungen unabhängig. Er kann **3**
auch durch den übereinstimmenden Willen der Miterben nicht gebunden oder zur Vornahme ihm untersagter Handlungen, z. B. unentgeltlicher Verfügungen, ermächtigt werden (RG **74** 215; **105** 249 ff). Das gilt insbesondere bei der Enterbung in guter Absicht (§ 2338 Abs. 1). Der Testamentsvollstrecker kann sich auch nicht den Miterben gegenüber zur Vornahme oder Unterlassung bestimmter Handlungen verpflichten (BGH **25** 275 = WM **57** 1489, 1490). Der Testamentsvollstrecker ist auch nicht an eine Entscheidung des Vormundschaftsgerichts gebunden, wenn dieses die Mitwirkung bei der Übereignung eines Nachlaßgrundstücks an einen Begünstigten unter Einhaltung bestimmter vom Erblasser verfügter Bedingungen versagt (BGH WM **70** 930).

Das Rechtsverhältnis zwischen Testamentsvollstrecker und Erben regelt im übri- **4**
gen § 2218. Der Erbe kann auch seinerseits den Testamentsvollstrecker auf Ausführung der letztwilligen Verfügungen, z. B. Auszahlung von Vermächtnissen, in Anspruch nehmen. Entsteht Streit über Gültigkeit und Tragweite einzelner Verfügungen, z. B. einer Vermächtnisanordnung, so steht beiden gegeneinander die *Feststellungsklage* zu (für Nachlaßpfleger vgl. BGH NJW **51** 559). Das rechtliche Interesse des Erben besteht darin, daß er Träger der Verpflichtungen bleibt, dasjenige des Testamentsvollstreckers in seiner Verantwortlichkeit nach § 2219 (hierzu RG WarnRspr. **12** Nr. 174, 3). Für die Kosten eines Rechtsstreits, den der Testamentsvollstrecker gegen die Erben verliert, haftet der Nachlaß; der Testamentsvollstrecker haftet nur bei Verschulden aus dem Gesichtspunkt des Schadenersatzes persönlich (OLG Hamburg DNotZ **39** 127). Die Erfüllung einer Verbindlichkeit muß der Erbe zwar gelten lassen, doch steht ihm unter Umständen nach § 812 der Bereicherungsanspruch, z. B. gegen den Empfänger eines diesem nicht gebührenden Vermächtnisses, zu (RG 1. 10. 1906 IV 80/06). Geeignetenfalls kann der Erbe einstweilige Verfügungen gegen den Testamentsvollstrecker ausbringen. Eine Leistung, die der Testamentsvollstrecker zur Erfüllung einer irrigerweise angenommenen, in Wahrheit nicht bestehenden Nachlaßverbindlichkeit bewirkt, ist im übrigen eine unentgeltliche Verfügung, die nach § 2205 Satz 3 auch bei Zustimmung der Erben unwirksam ist (RG **105** 246). Der Testamentsvollstrecker ist nicht unbedingt verpflichtet, den Erben die Ausführung einer letztwilligen Verfügung gemäß § 2203 vorher anzuzeigen. Aber vielfach wird sich aus dem besonderen Vertrauensverhältnis, das zwischen ihm und den Erben herrschen soll, die Pflicht ergeben, die Erben vor einschneidenden Maßnahmen zu hören (RG **130** 139).

2. Zwischen **Erbansprechern** und dem Testamentsvollstrecker kann über Beste- **5**
hen oder Nichtbestehen eines Erbrechts oder Nacherbrechts grundsätzlich nicht gestritten werden; das folgt daraus, daß der Testamentsvollstrecker weder einen bestimmten Erben vertritt noch die Rechte der Erben am Nachlasse, sondern gegebenenfalls (§ 2205) den Nachlaß selbst für den wahren Erben zu verwalten hat (RG WarnRspr. **19** Nr. 136; HRR **32** Nr. 1453). Besondere Umstände können eine Ausnahme von dem Grundsatze begründen; so, wenn von der mit der Klage begehrten Feststellung, daß ein unter der Verwirkungsklausel (§ 2074 Rdn. 5) zugewendetes Erbrecht verwirkt oder nicht verwirkt sei, die Art der Erbteilung durch den Testamentsvollstrecker oder sonst die Vollziehung einer letztwilligen Verfügung abhängt (RG **106** 47 ff; Gruchot **62** 631; LZ **22** 197[7]). Die Frage des Erbrechts kann auch, wenn der Testamentsvollstrecker aus Anlaß der ihm obliegenden Geschäftsführung klagt oder verklagt wird, als bloße Vorfrage in den Urteilsgründen oder gemäß ZPO § 280 entschieden werden (RG JW **09** 52[18]; 13. 11. 1919 IV 218/19). Daß in dem Prozesse mit dem Testamentsvollstrecker insbesondere die Gültigkeit des Testaments, das seine Ernennung enthält, zu prüfen ist, ergibt sich aus der Bedeutung dieses Punktes für seine Sachbefugnis (RG JW **19** 724[11]; vgl. auch RG LZ **22** 513[3]).

6 **III. Besondere Rechte des Testamentsvollstreckers**

Das Anfechtungsrecht (§ 2078) hat der Testamentsvollstrecker nur gegenüber Verfügungen, die seine Rechte aufheben oder beschränken. Im übrigen ist der Erbe allein anfechtungsberechtigt, da es sich bei der Anfechtung um eine Verfügung über das Erbrecht handelt (*Erman/Hense* Rdn. 5). So braucht der Testamentsvollstrecker auch die Zustimmung des Erben, um gegenüber der Leistungspflicht aus einer nicht angefochtenen letztwilligen Verfügung die Einrede der Anfechtbarkeit aus § 2083 zu erheben (BGH NJW **62** 1058, 1059). Gegen den dritten Erbschaftsbesitzer steht auch dem verwaltenden Testamentsvollstrecker der Erbschaftsanspruch zu (§ 2018 Rdn. 3). Im übrigen s. wegen der Prozeßführung §§ 2212, 2213 (vgl. dazu auch *Löwisch* DRiZ **71** 272, 273). Antrag auf Erteilung des Erbscheines § 2353 Rdn. 6—9, auf Einziehung des unrichtigen Erbscheins § 2364 Rdn. 4. Als Testamentsvollstrecker mit besonderen Aufgaben kann der Erblasser einen Testamentsvollstrecker in der Weise bestellen, daß er als Dauervollstrecker zugleich für Erben und Vermächtnisnehmer tätig zu werden hat. Seine Aufgabe ist dann, den gesamten Nachlaß einschließlich der dem Vermächtnisnehmer vermachten Gegenstände zu verwalten (BGH **13** 203).

7 Darüber, daß der Testamentsvollstrecker vom Erblasser nicht zur *authentischen Auslegung* des letzten Willens ermächtigt (RG WarnRspr. **31** Nr. 9), dagegen zum Schiedsrichter bestellt werden kann, vgl. im einzelnen RG **66** 103; **100** 76; § 2065 Rdn. 5, 6; auch § 2084 Rdn. 31. Der Erblasser kann die Machtbefugnisse des Testamentsvollstreckers nicht über das Höchstmaß hinaus, das in den §§ 2203-2210 zugelassen worden ist, erweitern, soweit es sich nicht um Befugnisse handelt, die er auch jedem Dritten übertragen könnte (RG WarnRspr. **15** Nr. 292).

§ 2204

Der Testamentsvollstrecker hat, wenn mehrere Erben vorhanden sind, die Auseinandersetzung unter ihnen nach Maßgabe der §§ 2042 bis 2056 zu bewirken.

Der Testamentsvollstrecker hat die Erben über den Auseinandersetzungsplan vor der Ausführung zu hören.

E I 1898 2156 II 2074; M **5** 228-231; P **5** 272-276; **6** 96-98, 348, 349.

Auseinandersetzung der Miterben

Übersicht

1 **I. Das „Bewirken" des Testamentsvollstreckers (Abs. 1)**

1. Allgemeines

Die Auseinandersetzung unter Miterben gehört ohne weiteres zu den Aufgaben des Testamentsvollstreckers, wenn sie ihm nicht nach den §§ 2208, 2209 entzogen ist. Eine *gerichtliche Auseinandersetzung* findet deshalb überhaupt *nicht* statt, auch nicht auf übereinstimmenden Antrag aller Beteiligten, *wenn ein* hierzu berechtigter *Testamentsvollstrecker* vorhanden ist (FGG § 86 Abs. 1). Das Nachlaßgericht hat das letztere von Amts wegen zu prüfen (vgl. LG Koblenz JZ **59** 316, 317; **60** 313 unter 4 d).

2 **2. Ausschluß der Auseinandersetzung** 2

Wie die genannten Bestimmungen ergeben, hat sich der Testamentsvollstrecker der Auseinandersetzung zu enthalten, solange einer der Gründe der §§ 2043-2045 der Vornahme entgegensteht; ihn bindet auch eine Vereinbarung der Erben, die Erbengemeinschaft fortzusetzen (§§ 2042, 749 ff; RG WarnRspr. **34** Nr. 21). Jedoch haben diese Beschränkungen *nur schuldrechtliche Bedeutung,* eine im Widerspruche mit ihnen vorgenommene Verfügung des Testamentsvollstreckers ist wirksam (KGJ **52** 113). Heben die Erben die Vereinbarung über die Fortsetzung der Erbengemeinschaft auf oder verlangt trotz einer solchen Vereinbarung einer der Erben aus wichtigem Grunde (§ 749 Abs. 2, 3) die Aufhebung der Gemeinschaft, so ist der Testamentsvollstrecker berufen, die Auseinandersetzung durchzuführen. Dasselbe gilt für eine vom Erblasser verbotene, aber im Einverständnis mit sämtlichen Erben, Vorerben und Nacherben vorgenommene Auseinandersetzung; in einem solchen Falle ist auch die Zustimmung etwaiger Ersatzerben nicht erforderlich (BGH **40** 115 = NJW **63** 2320 = WM **63** 1211; ergänzt durch BGH NJW **71** 1805). Die abweichende Ansicht des OLG München (JFG **14** 190), in einem solchen Falle sei nur die gerichtliche Auseinandersetzung zulässig, weil „ein zur Bewirkung der Auseinandersetzung berechtigter Testamentsvollstrecker nicht vorhanden sei", ist weder zwingend begründet noch zweckmäßig (vgl. auch *Erman/Hense* Anm. 1). Ist unter Ehegatten letztwillig der Überlebende bis zu seiner Wiederverheiratung als Testamentsvollstrecker berufen, aber die Auseinandersetzung über den Nachlaß des Erstversterbenden bis zur Wiederheirat des Überlebenden ausgeschlossen worden, so ist regelmäßig der Ausschluß nur im Interesse des überlebenden Ehegatten angeordnet; er darf daher die Auseinandersetzung auch schon vor seiner Wiederheirat bewirken (OLG Stuttgart HEZ **2** 115; vgl. hierzu auch BayObLG **67** 230).

3 **3. Auseinandersetzungsbestimmungen** 3

Für die Auseinandersetzung selbst sind zunächst die *Anordnungen des Erblassers* bindend. Wenn sie dem billigen Ermessen des Testamentsvollstreckers anheimgestellt ist (§ 2048; RG SeuffArch **88** Nr. 124), ist dieses Ermessen, sonst sind die gesetzlichen Vorschriften der angezogenen §§ 2042 ff maßgebend (vgl. wegen der Bindung des Testamentsvollstreckers an die Vorschriften des § 2046 RG **95** 325). Zunächst sind danach jedenfalls die Nachlaßverbindlichkeiten zu berichtigen. Der Testamentsvollstrecker muß also vorerst den Schuldenstand ermitteln. Wenn Meinungsverschiedenheiten über das Bestehen, die Höhe, die Fälligkeit oder über sonstige Punkte vorliegen, muß der Testamentsvollstrecker nach § 2046 Abs. 1 Satz 2 das zur Befriedigung Erforderliche zurückhalten (BGH **51** 125 = NJW **69** 424). Kraft seiner Verfügungsmacht über den Nachlaß (§ 2205) kann der Testamentsvollstrecker den Erben einzelne Erbschaftsgegenstände unmittelbar übertragen, z. B. Nachlaßgrundstücke an sie auflassen und Rechte für sie begründen (über die Notwendigkeit, die Erbfolge bei der Umschreibung eines Grundstücksrechtes des Erblassers auf den Erben grundbuchmäßig nachzuweisen, s. KG HRR **38** Nr. 314). Er ist auch trotz § 753 zum *freihändigen Verkauf* zu Zwecken der Teilung berechtigt, und zwar nicht nur nach außen hin, sondern auch im schuldrechtlichen Innenverhältnis zu den Erben; es steht insbesondere in seinem freien Ermessen, ob er ein Nachlaßgrundstück *auch gegen* den *Willen der Erben* freihändig verkaufen oder ob er es versteigern lassen will (RG **108** 289; zustimmend *Planck/Greiff* Anm. 3 d; *Endemann* JW **25** 785 zu 38; vgl. KGJ **52** 119; ferner OLG Saarbrücken JZ **53** 509 mit Anm. von *Keidel*). Ist der Testamentsvollstrecker zugleich Miterbe, so kann er regelmäßig das zu teilende Nachlaßgrundstück zu dem ihm zukommenden Bruchteil auch an sich selbst auflassen (RG **61** 142; § 2205 Rdn. 14). Ist eine Pflichtteilsforderung streitig, so ist der

Testamentsvollstrecker zu deren Anerkennung nicht ohne Willen der Erben befugt; ein ohne Zustimmung der Erben abgegebenes Anerkenntnis unterbricht daher auch nicht die Verjährung des Pflichtteilsanspruchs (BGH **51** 125). Vgl. weiter *Lange*, Zur Rechtsmacht des Testamentsvollstreckers und deren Grenzen, JuS **70** 101.

Sofern land- oder forstwirtschaftlich genutzte Grundstücke von der Auseinandersetzung erfaßt werden, ist die Genehmigungspflicht des Grdst.VG zu beachten; vgl. dazu OLG Stuttgart ZdL **66** 123.

4 **4. Ausgleichung unter den Miterben**

Der Testamentsvollstrecker hat auch die *Ausgleichung* der Miterben herbeizuführen, bleibt aber bei der nachgiebigen Natur der §§ 2050-2056 (§ 2050 Rdn. 3) an eine etwaige abweichende Regelung der Ausgleichspflicht durch Vertrag der Erben gebunden. Einen *Streit* über die *Ausgleichspflicht* haben die *Miterben* grundsätzlich *untereinander* und *nicht gegen den Testamentsvollstrecker* auszutragen (RG Recht **29** Nr. 516; HRR **32** Nr. 1307); besondere Umstände können aber ein Rechtsschutzbedürfnis für eine von ihm oder gegen ihn zu betreibende Feststellung begründen (vgl. die für Erbanwärterstreitigkeiten ergangenen Entscheidungen bei § 2203 Rdn. 5, auch *Erman/Hense* Rdn. 3).

5 **5. Verhältnis zu den Erben**

Das Auskunftsverlangen des (nicht mit angezogenen) § 2057 steht dem Testamentsvollstrecker außer in Vollmacht eines Erben nicht zu. Im übrigen braucht er Vereinbarungen der Erben über eine von den Anordnungen des Erblassers oder den gesetzlichen Vorschriften abweichende Auseinandersetzung nicht zu berücksichtigen (RG **61** 145). Vielmehr bindet *seine* Auseinandersetzung die Erben. Diese braucht *nicht* gemäß § 1822 Nr. 2 vom Vormundschaftsgericht *genehmigt* zu werden, da es sich dabei nicht um einen Vertrag handelt. Rechtsgeschäfte, die der Erbe in Anbetracht der Nachlaßgegenstände *ohne* Zustimmung des Testamentsvollstreckers vornimmt, *binden* diesen *nicht*. Vom Testamentsvollstrecker kann daher auch nicht die Erfüllung von Verbindlichkeiten verlangt werden, die der Erbe in bezug auf Nachlaßgegenstände ohne seine Zustimmung eingegangen ist. Forderungen hieraus begründen auch keine Aufrechnungsbefugnis und kein Zurückbehaltungsrecht gegenüber einer vom Testamentsvollstrecker geltend gemachten Nachlaßforderung (BGH **25** 275 = WM **57** 1489, 1490). Setzt sich der Testamentsvollstrecker über die Anordnungen des Erblassers hinweg, so macht er sich schadenersatzpflichtig. Der von ihm aufgestellte Auseinandersetzungsplan ist dann unverbindlich; Leistungen an die Miterben sind ohne Rechtsgrund erfolgt. Den Rückforderungsanspruch aus § 812 kann jeder Miterbe nach § 2039 geltend machen (*Johannsen* WM 70 744; BGH Urteil v. 28. 11. 1956 IV ZR 75/56).

6 **6. Sondertestamentsvollstrecker**

Der nur für einen *Erbteil* oder einen *bestimmten Erben* ernannte Testamentsvollstrecker kann die Auseinandersetzung betreiben und vertritt hierbei den Erben; er kann sie aber nicht selbst — wie der gewöhnliche Testamentsvollstrecker — im Sinne des § 2204 Abs. 1 „bewirken". Er kann vielmehr *nur an Stelle des Erben*, jedoch kraft seines Amtes aus eigenem Recht, einen Auseinandersetzungs*vertrag* schließen, wobei gegebenenfalls seine Willenserklärungen hinsichtlich einzelner Nachlaßgegenstände, aber auch nur insoweit, den Miterben binden (*Planck/Flad* § 2204 Anm. 9 und § 2211 Anm. 2; BGH 21. 5. 1953 IV ZR 234/52). Ist der Testamentsvollstrecker nur eingesetzt worden, um den *Erbteil eines Minderjährigen* bis zu dessen Volljährigkeit zu verwalten, so ist er auch *nicht ohne weiteres* befugt, einen Erbauseinandersetzungsvertrag zu schließen (BGH aaO).

II. Anhören der Erben über den Auseinandersetzungsplan (Abs. 2) 7

Ein *Auseinandersetzungsplan* ist zwar *nicht* unbedingt *erforderlich*, aber durch Abs. 2 ist dem Testamentsvollstrecker (wie nach FGG § 93 dem Nachlaßgericht) die Anfertigung für den Regelfall vorgeschrieben. Sie ist *erst dann* geboten, *wenn die Nachlaßverbindlichkeiten getilgt sind* (§ 2046; RG **95** 329) und der Überschuß (§ 2047 Rdn. 1) zur Verteilung reif ist. Die *Erben* brauchen den Plan nicht zu genehmigen; sie sind *nur zu hören*. Die Planfeststellung hat keine dingliche Wirkung. Sie verpflichtet die Erben, einander die ihnen zugeteilten Nachlaßgegenstände zu übertragen. Der Testamentsvollstrekker kann kraft seiner Verfügungsmacht (Rdn. 5) die Verpflichtung trotz eines etwaigen Widerspruchs der Verpflichteten erfüllen; zur Übertragung auf den berechtigten Miterben muß dieser aber mitwirken (RG JW **16** 1586[5]). Der Nachweis, daß die Erben gehört sind, braucht gegenüber dem Grundbuchamt nicht erbracht zu werden (KGJ **31** A 299). Die Erben bleiben berechtigt, die Ausführung des Planes durch einstweilige Verfügung zu hemmen und klagend anderweite Auseinandersetzung zu verlangen, wenn sie Verletzung der letztwilligen oder gesetzlichen Teilungsvorschriften oder im Falle des § 2048 Satz 2, 3 offenbare Unbilligkeit nachweisen können (vgl. RG WarnRspr. **34** Nr. 21).

§ 2205

Der Testamentsvollstrecker hat den Nachlaß zu verwalten. Er ist insbesondere berechtigt, den Nachlaß in Besitz zu nehmen und über die Nachlaßgegenstände zu verfügen. Zu unentgeltlichen Verfügungen ist er nur berechtigt, soweit sie einer sittlichen Pflicht oder einer auf den Anstand zu nehmenden Rücksicht entsprechen.

E I 1899 Abs. 1 Satz 1, 1900 II 2075; M **5** 231-233; P **5** 276-282, 527, 528

Neueres Schrifttum:

Däubler, Die Vererbung des Geschäftsanteils bei der GmbH 1965, § 8 Testamentsvollstrekkung und Geschäftsanteil; *Haegele*, Zu den Verfügungsrechten eines Testamentsvollstreckers, Rechtspfl. **72** 43; *Rieper*, Die Testamentsvollstreckung über Einzelunternehmen und bei Personalgesellschaften des Handelsrechts, Dissertation Kiel 1968; *Schumacher*, Die Übernahme von Handelsgeschäften und Mitgliedschaft in Personalgesellschaften durch den Testamentsvollstrecker, Festschrift für Knorr 1968; *Siebert*, Zur Gestaltung der Testamentsvollstreckung bei der Vertretung eines persönlich haftenden Gesellschafters, Festschrift für Hueck 1959; *Wiedemann*, Die Übertragung und Vererbung von Mitgliedschaftsrechten bei Handelsgesellschaften 1965, § 13; s. ferner Vorbemerkungen vor § 2197 „Neueres Schrifttum".

Übersicht

I. Verwaltungsgrundsatz (Satz 1) 1

1. Allgemeines

Zur Verwaltung des Nachlasses (§ 2038 Rdn. 1—3) ist der Testamentsvollstrecker kraft seines Amtes ohne weiteres sowohl berechtigt als auch verpflichtet (§ 2216 Abs. 1). Sie endet, wenn mehrere Erben vorhanden sind, regelmäßig mit Vollzug der Auseinandersetzung (§ 2204). Wie lange sie sonst zu dauern hat, bestimmt sich nach den Anordnungen des Erblassers. Sie ist regelmäßig nicht als Selbstzweck gedacht, sondern als Mittel zur Ausführung der letztwilligen Verfügungen und zur Auseinandersetzung sowie zur Erfüllung der sonstigen dem Testamentsvollstrecker zugewiesenen Aufgaben (§ 2209 Rdn. 3), kann ihm aber auch als einzige Aufgabe übertragen sein, §§ 2209, 2210. Zur Verwaltung gehört es insbesondere, den Nachlaß in Besitz zu nehmen, ihn zu sichern, Nachlaßforderungen einzuziehen (zum Einziehungsrecht gegenüber einem Schuldner-Miterben s. § 2039 Rdn. 15), Vermächtnisverbindlichkeiten zu erfüllen (BGH **13** 203), ein Nachlaßverzeichnis aufzustellen (§ 2215), die Erbschaftsgegenstände instandzuhalten, Nachlaßbetriebe zu bewirtschaften, Sach- und Rechtsfrüchte zu ziehen usw. Die Vorschriften der §§ 2042, 752, nach denen bei teilbaren Gegenständen die Erbengemeinschaft durch Teilung in Natur aufzuheben ist, schränken die Verwaltungs- und Verfügungsbefugnis des Testamentsvollstreckers nicht ein (RG 6. 1. 1936 IV 231/35). Er ist auch befugt, empfangsbedürftige Willenserklärungen, die der Durchführung oder Vorbereitung der Auseinandersetzung dienen, entgegenzunehmen (RG JW **24** 970[14]). Zur Verwaltungspflicht des Testamentsvollstreckers gehört auch die Erfüllung der der Erbengemeinschaft als Eigentümerin eines Nachlaßgrundstücks auferlegten *Verkehrssicherungspflichten* (vgl. LG Bochum VersR **57** 305).

2 Der Testamentsvollstrecker hat seine Amtsführung im Rahmen der gesetzlichen Vorschriften nach den Weisungen einzurichten, die ihm der Erblasser in der letztwilligen Verfügung erteilt hat. Von diesen kann er jedoch im Einvernehmen mit den Erben grundsätzlich abweichen, weil die Testamentsvollstreckung im wesentlichen den Interessen der Erben dient und diese nicht beeinträchtigt werden, wenn der Erbe selbst zustimmt, daß der Testamentsvollstrecker die ihm vom Erblasser gesetzten Grenzen überschreitet (*Johannsen* WM **73** 535). So kann der Testamentsvollstrecker im Einverständnis mit den Erben über einzelne Nachlaßgegenstände auch dann verfügen und den Erlös an die Erben ausschütten, venn der Erblasser die Auseinandersetzung des Nachlasses ausgeschlossen hatte (BGH **40** 115 = LM § 2044 Nr. 1 mit Anm. von *Nirk*; = WM **63** 1211) oder wenn er speziell die Verfügung über diese Gegenstände untersagt hatte (BGH **56** 275 = LM § 2208 Nr. 3 mit Anm. von *Mattern* = WM **71** 1126). Ferner kann mit Zustimmung der Erben auch die für unentgeltliche Verfügungen bestehende Schranke des § 2205 Satz 3 überwunden werden (BGH **57** 84 = LM § 2205 Nr. 14 mit Anm. von *Mattern* = WM **71** 1393).

3 Andererseits kann sich der zur Verwaltung des Nachlasses berufene Testamentsvollstrecker nicht rechtswirksam gegenüber den Erben verpflichten, nur solche Handlungen vorzunehmen, denen die Erben zuvor zugestimmt haben, und sein Amt jederzeit auf Verlangen auch nur eines Miterben niederzulegen (BGH **25** 275 = LM BGB § 2205 Nr. 2 mit Anm. von *Johannsen* = NJW **57** 1916 = JZ **58** 167 mit Anm. von *Coing*). Vielmehr obliegt es dem Testamentsvollstrecker gerade, die Anordnungen des Erblassers unter Umständen auch gegen den Widerstand einzelner Erben durchzusetzen.

4 Berichtigung der *Nachlaßverbindlichkeiten* ist nicht (wie bei der Nachlaßverwaltung § 1985 Abs. 1) Ziel der Verwaltung. Diese bringt es aber von selbst mit sich, daß fällige Schulden bezahlt und lästige abgestoßen werden. Jedenfalls darf die *Auseinandersetzung nicht vor* Berichtigung oder Sicherung der Verbindlichkeiten vorgenommen werden (§ 2046 Abs. 1). Auch für die Berichtigung der Steuern, die der Erblasser schuldig geblieben ist, und der aus dem Nachlaß als solchem zu entrichtenden Steuern hat der Testamentsvollstrecker unter persönlicher Verantwortung zu sorgen (RAbgO §§ 103, 104, 106, 109, 117 in der Fassung vom 22. 5. 1931 mit Änderungen in Verbindung mit ErbschStG v. 1. 4. 1959 BGBl I 187 § 15 Abs. 3, 5). Die Vertretung des Erben im Steuerprozeß gehört *nicht* zu den Aufgaben, die regelmäßig einem Testamentsvollstrecker obliegen (RFH JW **23** 622[4]). Dagegen umfaßt die Verwaltungsbefugnis die Erhebung von Anfechtungsklagen vor den Verwaltungsgerichten, wenn die behördlichen Maßnahmen sich auf den Nachlaß beziehen (vgl. Württ.-Bad. VGH DRsp I [174] 59c). Der Testamentsvollstrecker kann auch das Abfindungsrecht gegenüber dem nichtehelichen Kinde, sofern der Erblasser vor dem 1.7. 1970 verstorben ist, nach § 1712 Abs. 2 aF (s. dazu Art. 12 § 10 NeG) ausüben (*Palandt/Keidel* Anm. 1 b).

Der Testamentsvollstrecker kann nicht auf *Erfüllung von Verbindlichkeiten* in Anspruch genommen werden, die von den Erben *ohne seine Zustimmung* über Nachlaßgegenstände eingegangen worden sind. Mit einer derartigen Forderung kann daher auch nicht gegen einen vom Testamentsvollstrecker geltendgemachten Anspruch des Nachlasses aufgerechnet werden; ebensowenig besteht wegen der auf diese Weise begründeten Forderung ein Zurückbehaltungsrecht gegenüber Ansprüchen, die der Testamentsvollstrecker geltend macht (BGH **25** 275 = NJW **57** 1916 = JZ **58** 167 mit Anm. von *Coing* = LM BGB § 2205 Nr. 2 mit Anm. von *Johannsen*). Zur Geltendmachung von Ansprüchen, die sich gegen den Nachlaß richten, gegen den Testamentsvollstrecker im allgemeinen vgl. die Rdn. zu § 2213. Zur Schadenersatzpflicht des Testamentsvollstreckers vgl. § 2219. **5**

Macht der Testamentsvollstrecker eine zum Nachlaß gehörende Forderung gegenüber einem Erben geltend, so kann sich dieser seiner Leistungsverpflichtung grundsätzlich nicht mit dem Einwand entziehen, es sei nicht erforderlich, diese Forderung einzuziehen, oder er werde durch das Vorgehen des Testamentsvollstreckers im Vergleich zu den anderen Miterben benachteiligt. Die Berechtigung des Vorgehens des Testamentsvollstreckers kann in der Regel nur im Rahmen der Entscheidung nach § 2227 (Entlassung des Testamentsvollstreckers aus wichtigem Grund) überprüft werden (BGH aaO). **6**

2. Verwaltung eines Handelsgeschäfts **7**

Gehört zum Nachlaß ein Handelsgeschäft oder war der Erblasser Gesellschafter einer OHG oder KG, deren Fortsetzung mit seinen Erben vereinbart ist, dann können sich für die Verwaltung durch den Testamentsvollstrecker Schwierigkeiten ergeben, weil der Geschäftsinhaber und der persönlich haftende Gesellschafter unbeschränkt haften, der Erbe jedoch aus Geschäften, die der Testamentsvollstrecker als solche abschließt, nur beschränkt, nämlich mit dem Nachlaß haftet (§ 2206). Es bieten sich jedoch folgende rechtliche Möglichkeiten: Hat der Erblasser die Testamentsvollstreckung zur Verwaltung eines *Handelsgeschäfts* angeordnet, so kann der Testamentsvollstrecker die Anordnung dadurch ausführen, daß er das Geschäft im *eigenen Namen* unter persönlicher Haftung als Treuhänder *für den Erben* betreibt; er kann aber auch das Geschäft als *Bevollmächtigter* des Erben *in dessen Namen* und unter dessen persönlicher Haftung führen, sofern eine derartige Ermächtigung der letztwilligen Anordnung zu entnehmen ist (BGH **12** 100 = NJW **54** 636 = DNotZ **54** 270 = LM BGB § 2216 Nr. 1 mit Anm. von *Johannsen*; vgl. ferner BGH **35** 13). Hat der Erblasser keine solche Anordnung getroffen und will der Erbe für die Verbindlichkeiten aus dem Handelsgeschäft nicht persönlich einstehen, so enthält die Anordnung der Verwaltungstestamentsvollstreckung regelmäßig zugleich die Auflage für den Erben, dem Testamentsvollstrecker das Geschäft zu treuen Händen zu übertragen, damit es auf dessen Namen und mit dessen unbeschränkter Haftung weitergeführt werden kann (BGH **24** 112; vgl. auch BayObLG **69** 2051). Führt der Testamentsvollstrecker das seiner Verwaltung unterworfene Handelsgeschäft im eigenen Namen, so muß er sich, weil er nach außen als Inhaber des Geschäfts auftritt, in das Handelsregister eintragen lassen; dagegen kann *neben der Eintragung der Erben* als Firmeninhaber die *Ernennung* des Testamentsvollstreckers *nicht* eingetragen werden (OLG Dresden JFG **5** 217; KG JW **36** 1137[16]; **37** 2599[38]; **39** 104[27]; RG **132** 138 = JW **31** 1361); über die Registerfähigkeit des Testamentsvollstreckers s. auch *Groschuff* JW **38** 1361). Ein *Treuhandverhältnis* ist im Handelsregister *nicht* einzutragen (OLG Hamm JMBlNRW **63** 119). Hat ein Erblasser die Weiterführung seines Handelsgeschäfts einem Testamentsvollstrecker übertragen, ohne daß es ihm wesentlich auf die Art der Durchführung dieser Anordnung ankam, so ist eine solche Verfügung — bei der gegebenen Unzulässigkeit der eigentlichen Testamentsvollstreckung — regelmäßig dahin zu verstehen, daß der Ernannte befugt sein soll, das Geschäft als treuhänderischer Inhaber für Rechnung der Erben zu betreiben (KG JW **39** 104). Führt der Testamentsvollstrecker ein zum Nachlaß gehörendes Einzelhandelsgeschäft entweder als Treuhänder oder als Bevollmächtigter der Erben weiter, so kann er auch Prokura erteilen (KG NJW **59** 1086 = DNotZ **59** 609; vgl. auch KGJ **41** 75 = RJA **11** 271). Wenn der Testamentsvollstrecker ein zum Nachlaß gehörendes und seiner Verwaltung unterliegendes Handelsgeschäft nicht im eigenen Namen unter seiner persönlichen Haftung für die Erben betreiben will, sondern als deren Bevollmächtigter unter deren Namen und unter deren persönlicher Haftung (BGH **12** 100), bedarf er einer Vollmacht der Erben, deren Erteilung er notfalls im Klagewege zu erzwingen hat (BayObLGZ **69** 138 = MDR **69** 844 = Rpfleger **69** 299 mit Anm. von *Haegele).*

8 Für *Personalgesellschaften* gilt, weil die Rechte der Gesellschafter grundsätzlich unübertragbar sind (§ 717 BGB), noch Besonderes. Der Machtbereich des Testamentsvollstreckers ist grundsätzlich auf den Nachlaß beschränkt. Ihm ist daher jede Einwirkung auf die Rechtsbeziehungen des Erben versagt, die nicht ausschließlich in den Bereich des Nachlasses fallen. Zu diesen Rechtsbeziehungen gehören die Rechte und Pflichten, die dem Erben aus der Rechtsnachfolge in der Gesellschafterstellung des Erblassers vermöge entsprechender Vereinbarung im Gesellschaftsvertrag einer OHG erwachsen (RG **170** 392). Solche Mitgliedschaftsrechte kann der Testamentsvollstrecker nur mit Zustimmung der übrigen Gesellschafter und grundsätzlich nur bei entsprechender ausdrücklicher letztwilliger Verfügung des Erblassers ausüben (*Weiler* DNotZ **52** 283, 299; vgl. auch *Kipp/Coing* § 68 III 2 mit weiteren Nachweisen). Diese Grundsätze gelten auch für die Kommanditgesellschaft, und zwar auch für die Stellung des Kommanditisten (RG **172** 199). Die *Rechtsstellung der Erben* in solchen Gesellschaften beruht zwar auf der Erbfolge, ihr Einrücken in die Gesellschafterstellung des verstorbenen persönlich haftenden Gesellschafters oder Kommanditisten hängt aber sowohl im Innenverhältnis als auch nach außen maßgeblich von den diesbezüglichen gesellschaftsrechtlichen Vereinbarungen (vgl. § 139 HGB) ab. Ist der Erbe hiernach zur Nachfolge berufen, so kann nur er die Gesellschafterstellung wahrnehmen. Der Testamentsvollstrecker kann als solcher schon deshalb nicht Gesellschafter sein, weil er die Erben ohne ihr Einverständnis nicht über die Mittel des Nachlasses hinaus verpflichten kann, während für die Stellung des persönlich haftenden Gesellschafters gerade die unbeschränkte sowie persönliche Verpflichtungsfähigkeit wesentlich ist (RG **172** 203; BGH **24** 106, 113 = WM **57** 705 = LM § 2218 Nr. 1 mit Anm. von *Fischer;* BGH WM **66** 188). Allerdings kann der Erblasser die Erben verpflichten, die Wahrnehmung ihrer Gesellschaftsrechte durch den Testamentsvollstrecker als Bevollmächtigten zu dulden; auch hierfür ist jedoch vorauszusetzen, daß der Gesellschaftsvertrag eine derartige Ermächtigung vorsieht oder daß alle Gesellschafter zustimmen. Weiteres Erfordernis dürfte sein, daß die damit zusammenhängende Belastung den Erben zumutbar ist (*Johannsen* WM **70** 570 im Anschluß an BGH WM **69** 492; vgl. auch BGH LM HGB § 105 Nr. 6). Zum Einfluß der Testamentsvollstreckung auf die Ausübung der *Mitgliedschaftsrechte der Gesellschafter-Erben* vgl. auch KG DNotZ **55** 419.

Über die Befugnisse eines Testamentsvollstreckers in einer *Gesellschaft mit beschränkter Haftung* vgl. v. *Burchard* GmbHRdsch **54** 150: Der Testamentsvollstrecker führt — unter Ausschaltung der Erben — auch die Verwaltung der in den Nachlaß fallenden *Geschäftsanteile* an der GmbH. Hierzu gehört auch die Ausübung des *Stimmrechts* aus einem GmbH-Anteil (OLG Hamm JMBlNRW **56** 158 = BB **56** 511). Streitig ist, ob der Testamentsvollstrecker berechtigt ist, im Namen der Erben einen Gesellschaftsvertrag über die Errichtung einer GmbH abzuschließen; vgl. darüber *Fischer* JZ **54** 427. Der Testamentsvollstrecker muß, wenn Anteile an einer GmbH zum Nachlaß gehören, Möglichkeiten, die das Gesetz und der Gesellschaftsvertrag zum *Überwachen der Geschäftsführung* der Gesellschaft bieten, gewissenhaft wahrnehmen und einem irgendwie ausgedrückten Willen des Erblassers entsprechen, diese Tätigkeit besonders auszugestalten. Er kann unter besonderen Umständen auch verpflichtet sein, die Geschäftsführung an Hand der Bankauszüge oder des Hauptjournals sowie der Belege und Unterlagen zu überprüfen (BGH NJW **59** 1820 = MDR **59** 921 = DRsp I [174] 74[b] = LM BGB § 2205 Nr. 3/4/5 = VersR **59** 720 unter Hinweis auf RG **130** 131, 135; BGH **14** 53). Eine besondere Konfliktslage besteht, wenn über die Bestellung und Anstellung des Testamentsvollstreckers als Geschäftsführer der GmbH zu beschließen ist. Er kann dann in der Gesellschafterversammlung nur mitstimmen, wenn die Erben ihn vom Verbot des Selbstkontrahierens befreit haben, oder wenn die Auslegung des Testaments ergibt, daß es ihm gestattet ist, sich mit eigener Stimme zum Geschäftsführer zu wählen (BGH **51** 209 = WM **69** 176; *Johannsen* WM **69** 1405). **9**

Inwieweit eine Verwaltung durch den Testamentsvollstrecker möglich ist, wenn die Beteiligung an einer OHG zum Nachlaß gehört (vgl. *Holch* DNotZ **58** 282), wird sich allgemein nicht ohne weiteres sagen lassen (vgl. BGH WM **66** 188). Jedenfalls kann der Gesellschafter einer OHG den Testamentsvollstrecker nicht letztwillig ermächtigen, an Stelle der als Gesellschafter eintretenden Erben einen vertretungsberechtigten Geschäftsführer zu bestellen (KG DR **43** 353[10] unter Hinweis auf JFG **18** 344). **10**

3. Einzelfragen **11**

Für die Dauer der *Nachlaßverwaltung* geht das Verwaltungsrecht im vollen Umfange auf den Nachlaßverwalter über (§ 1985 Abs. 1). Der Testamentsvollstrecker kann aber selbst zum Verwalter bestellt werden (vgl. auch § 1981 Rdn. 6, 14; § 1985 Rdn. 7).

Beschränkung und Ausdehnung der Verwaltungsbefugnisse §§ 2208—2210, Unübertragbarkeit § 2218 Rdn. 5, Prozeßführung §§ 2212, 2213 (s. auch § 2203 Rdn. 1), Verantwortlichkeit § 2219. Der Testamentsvollstrecker kann die Eröffnung des Nachlaßkonkurses (KO § 217) und des Nachlaßvergleichsverfahrens (VerglO § 113 Nr. 1), das Aufgebot der Nachlaßgläubiger (§ 1970 Rdn. 8), die Zwangsversteigerung der Nachlaßgrundstücke beantragen (ZVG § 175), sich auch für den Erben den Erbschein (§ 2353 Rdn. 7) und für sich selbst ein besonderes Zeugnis des Nachlaßgerichts erteilen lassen (§ 2368). Er ist auch berechtigt, Vertragshilfe zu beantragen (BGH WM **62** 273 = NJW **62** 636). Dagegen ist der Testamentsvollstrecker zur Geltendmachung von Entschädigungsansprüchen nach dem Altspargesetz nicht antragsberechtigt, wenn der Erbfall vor dem Inkrafttreten dieses Gesetzes liegt (BVerwG MDR **64** 531 = WM **64** 666). Der Testamentsvollstrecker verwaltet zum Nachlaß gehörige Aktien und übt das Stimmrecht aus. Er ist auch zur Geltendmachung von Bezugsrechten befugt (*Palandt/Keidel* Anm. 1 b gg). Über Rechte und Pflichten des Testamentsvollstreckers im Besteuerungsverfahren s. BFH Betr. **71** 320. **12**

13 **II. Besitznahme**

Der **Besitz** geht nach § 857 nur auf den Erben, nicht auf den Testamentsvollstrecker über (aM *F. Leonhard* Erl. II B). Hat der Erbe vom Nachlasse schon (tatsächlich) Besitz ergriffen, so kann der Testamentsvollstrecker von ihm wie von jedem Dritten Übertragung des Besitzes und Auskunft nach § 260 verlangen (RG Recht 07 Nr. 3830), soweit er dem Erben nicht einzelne Gegenstände gemäß § 2217 zu überlassen hat. Der Erbe ist, sobald der Testamentsvollstrecker die tatsächliche Gewalt (§ 854 Abs. 1) erlangt hat, und solange er für den Erben besitzt, mittelbarer Besitzer (§ 868; *Planck/Flad* Anm. 4). Der Testamentsvollstrecker ist nicht nur berechtigt, den Nachlaß in Besitz zu nehmen, sondern auch dazu verpflichtet (Hamburg HansGZ, Beiblatt Zivilrecht **20** 190).

14 **III. Verfügungsmacht des Testamentsvollstreckers**

Die **Verfügungsmacht** ist dem Testamentsvollstrecker zwar nur zur Verwirklichung seiner Aufgaben eingeräumt; sie steht ihm aber (abgesehen von Satz 3 und von Beschränkungen, die ihm durch letztwillige Verfügungen besonders auferlegt worden sind; vgl. §§ 2208, 2209) **unbeschränkt** und **ausschließlich** (§ 2211) mit der Wirkung zu, daß die von ihm (und ihm gegenüber) vorgenommenen dinglichen und rechtsgeschäftlichen Akte im Bereiche des Nachlaßvermögens für (und gegen) den Erben oder die Erbengemeinschaft rechtlich wirksam sind (RG **59** 366; **68** 258; **76** 126). Dies gilt von dem zum Testamentsvollstrecker bestellten Miterben auch dann, wenn die Verfügungen zugleich seinem eigenen Interesse dienen (Auflassung zu Bruchteilen an sich selbst); § 181 steht nicht entgegen (RG **61** 139, 145; KG Recht **29** Nr. 983; s. auch § 181 Rdn. 8). Liegt ein Widerstreit der persönlichen Interessen des Testamentsvollstreckers mit denen seines Amtes vor, wie in der Regel beim Verkauf eines Nachlaßgegenstandes an ihn, so kann er allerdings nicht ohne weiteres verfügen, gleichviel ob er Miterbe ist oder nicht (RG **61** 143; KG JFG **12** 202); vielmehr kommt dann, sofern die Erben nicht zustimmen, das Verfügungsrecht (wenn nicht etwa Mitvollstrecker vorhanden sind — s. hierüber DNotZ **37** 337 sowie § 2224 Rdn. 10, 12) dem oder den Erben zu (KG RJA **16** 139; § 2225 Rdn. 9). — Ein In-sich-Geschäft des Testamentsvollstreckers ist aber — auch **beim Bestehen eines Interessenwiderstreits — als zulässig zu erachten, wenn es vom Erblasser gestattet ist und dem Gebot ordnungsmäßiger Verwaltung des Nachlasses nicht** widerspricht (BGH **30** 67, 69 mit Nachweisen = NJW **59** 1429 = MDR **59** 650[36] = **DNotZ 59 480; vgl. dazu *von Lübtow* JZ 60 151; *Keßler* DRiZ 69 280). Die Beweispflicht für die Gestattung des Selbstkontrahierens obliegt dem Testamentsvollstrecker.** Er genügt seiner Pflicht, indem er die Ordnungsmäßigkeit der Verwaltung nachweist (BGH WM **60** 1419). An *entgeltlichen* Verfügungen über Nachlaßgegenstände kann der Testamentsvollstrecker durch die Erben nicht gehindert werden, falls seine Rechte nicht vom Erblasser entsprechend eingeschränkt worden sind (OLG Düsseldorf NJW **52** 1259). Auch der lediglich zur Verwaltung des Nachlasses berufene Testamentsvollstrekker darf im Zweifel über die Nachlaßgegenstände verfügen (KG DR **44** 245). Eine nach § 2205 Satz 3 (Rdn. 21 ff) unwirksame Verfügung des Testamentsvollstreckers über einen Nachlaßgegenstand (z. B. die Bestellung einer Hypothek) kann nachträglich durch Erwerb des Gegenstandes seitens des Verfügenden wirksam werden (§ 185 Abs. 2; RG DR **39** 1949[5]).

15 Zur Frage des **Mißbrauchs** des Testamentsvollstreckeramtes vgl. OGH **3** 242, 247. Rechtsgeschäfte, die der Testamentsvollstrecker mit Dritten unter Mißbrauch seines Amtes abschließt, sind für die Erben nicht verbindlich, wenn der Dritte den Mißbrauch erkannte oder infolge von Fahrlässigkeit nicht erkannte (RG **75** 301; **83** 348; **130** 134). Ein für den Nachlaß gemachter Erwerb kommt zwar dem Erben zu, unter-

liegt aber sogleich wieder der Verwaltung des Testamentsvollstreckers. Sein guter Glaube ist hierbei entscheidend. Der Grundsatz der *dinglichen Ersetzung*, § 2041, ist auf den durch einen Testamentsvollstrecker verwalteten Nachlaß auch dann anwendbar, wenn der Nachlaß einem Alleinerben zusteht (RG **138** 132).

Das Verfügungsrecht (Inhalt: Rdn. 9 vor § 104) erstreckt sich auf alle Nachlaßgegenstände, Sachen und Rechte (§ 90), soweit sie dem Erben nicht als *höchstpersönliche* zustehen (wie z. B. die Rechte aus einem Gesellschaftsverhältnis, JFG **13** 98). Der Testamentsvollstrecker kann das in § 1477 Abs. 2 bestimmte Übernahmerecht ausüben, weil die Bestimmung kein höchstpersönliches Recht des Ehegatten oder seiner Erben festgesetzt hat, sondern dem Anspruch auf Auseinandersetzung nur eine von den allgemeinen Teilungsgrundsätzen abweichende Gestaltung seines Inhalts hat geben sollen (RG **85** 1). Dagegen kann der Testamentsvollstrecker eine Schenkung des Erblassers nicht widerrufen (§ 530 Abs. 2), sie nicht wegen Erbunwürdigkeit anfechten (§ 2340), sich auch nicht über Annahme oder Ausschlagung einer dem Erblasser vererbten Erbschaft erklären (§ 1952; wie hier: *Planck/Flad* Anm. 19; *Staudinger/Dittmann* 11. Aufl. Anm. 11; aM *Strohal* I § 40 a A 14; *F. Leonhard* Erl. III c 3; *Kipp/Coing* § 68 III 8). Ebenso hat der Testamentsvollstrecker kein Recht zur Anfechtung letztwilliger Verfügungen, da er nur über die Nachlaßgegenstände, nicht aber über das Erbrecht verfügen kann (BGH LM § 2205 Nr. 8). Er braucht daher auch die Zustimmung der Erben, um gegenüber der Leistungspflicht aus einer nicht rechtzeitig angefochtenen letztwilligen Verfügung die Einrede der Anfechtbarkeit zu erheben (BGH NJW **62** 1058 = MDR **62** 470). Dagegen hat er das Recht, für Nachlaßverbindlichkeiten Vertragshilfe zu beantragen (BGH WM **62** 273 = NJW **62** 636; vgl. Rdn. 12). **16**

Das *Recht am Namen* (§ 12) kann der Testamentsvollstrecker auch dann, wenn es vom Erblasser zum Gegenstand einer vertraglichen Abrede gemacht worden ist, wegen der auch dann fortbestehenden höchstpersönlichen Natur des Rechtes nicht wahrnehmen (RG Recht **21** Nr. 2319). Über die Frage, inwieweit der Testamentsvollstrecker zur Geltendmachung eines *Haftpflichtversicherungsanspruchs* befugt ist, wenn das Schadensereignis und der Versicherungsfall nach dem Ableben des Erblassers als des Versicherungsnehmers eingetreten sind, s. RG **159** 337. **17**

Ist der *Erbe minderjährig*, so steht dem Vormund oder Gewalthaber keine Anteilnahme an der Verwaltung, nur die Vertretung des Erben gegenüber dem Testamentsvollstrecker zu; die Bestimmungen, welche die gesetzlichen Vertreter Minderjähriger an die Genehmigung des Vormundschaftsgerichts binden, greifen gegenüber dem Testamentsvollstrecker nicht ein (SeuffArch **78** Nr. 142; RG **61** 144; *Backs* DFG **37** 45; aM *Greiser* DFG **36** 245). Auch der Vormund, der mit Zustimmung des Testamentsvollstreckers über das der Testamentsvollstreckung unterliegende Mündelvermögen verfügt, bedarf dazu keiner vormundschaftsgerichtlichen Genehmigung (OLG Celle Nds.Rpfl. **68** 12 = OLGZ **67** 483). **18**

In der Verfügung über *Nachlaßgrundstücke* und *Rechte*, die im Grundbuch oder im Schiffsregister eingetragen sind, ist er, auch beim Vorhandensein eines Nacherben (LZ **16** 962[5]), gleichfalls nur durch Satz 3 beschränkt. Seine Eintragungsbewilligung genügt ohne Zwischeneintrag des Erben (GBO § 40 Abs. 2; FGG § 111 Abs. 2). Unterliegt ein Nachlaßgrundstück der Verwaltung des Testamentsvollstreckers, dann steht ihm auch ausschließlich das Recht zu, die Berichtigung des Grundbuchs zu beantragen (OLG München JFG **20** 373). Über die Miteintragung der Testamentsvollstreckung, wenn der Erbe im Grundbuch und Schiffsregister eingetragen wird (anders beim Handelsregister Rdn. 7), und über den Nachweis der Befugnisse des Testamentsvollstreckers s. § 2197 Rdn. 8. Über den Testamentsvollstrecker im Grundbuchrecht s. auch *Kutz-* **19** *ner* DWohnA **38** 385. Erwähnung des Testamentsvollstreckers im Zuschlagsbeschlusse, falls durch ihn oder mit seiner Einwilligung durch den Erben ein Grundstück mit Mitteln des Nachlasses erstanden wird: *Seibert* JW **34** 1542.

Gehört zum Nachlaß eines Ehegatten dessen Anteil am Gesamtgut der noch nicht auseinandergesetzten Gütergemeinschaft, so kann der Testamentsvollstrecker zusammen mit dem überlebenden Ehegatten ohne Beteiligung der Erben auch über einzelne Gegenstände des Gesamtguts in Liquidation verfügen (OLG Stuttgart NJW **67** 1809 = OLGZ **67** 245).

Zur Frage, ob der Testamentsvollstrecker bei Verfügungen über das *Vermögen im ganzen* den Verfügungsbeschränkungen des § 1365 unterliegt, sofern sie für den Erben gelten, vgl. FamRZ **59** 249 = DNotZ **59** 609 (nur Leitsatz); ferner *Staudenmaier/Haegele* Rechtspfl. **60** 385, 386.

Die Verfügungsbeschränkungen, die vom Vorerben durch § 2113 auferlegt sind, gelten für den Testamentsvollstrecker jedenfalls dann nicht, wenn er zugleich für Vor- und Nacherben eingesetzt ist (BGH **40** 115, 119 = WM **63** 1211). Ist der Testamentsvollstrecker auch Generalbevollmächtigter des Erblassers über dessen Tod hinaus, so unterliegt er, wenn er als Bevollmächtigter tätig wird, keinen Beschränkungen, denen er nur als Testamentsvollstrecker unterworfen ist (BGH WM **62** 840 = NJW **62** 1718).

20 Das Recht, über seinen *Anteil am Nachlasse* zu verfügen (§ 2033), verbleibt dem Miterben, wenn es auch nichts an dem Umfange des dem Testamentsvollstrecker zustehenden Verfügungsrechts ändert (vgl. § 2208 Rdn. 10). Die Verfügung über den Anteil des Erben am Nachlaß oder über einen Erbteil im ganzen und eine Mitwirkung bei einer solchen Verfügung steht dem Testamentsvollstrecker nicht zu; sie kann ihm auch durch eine Bestimmung des Erblassers nicht mit dinglicher Wirkung eingeräumt werden (RG 7. 12. 1914 IV 352/14). Der Testamentsvollstrecker darf auch nicht im Rahmen der von ihm zu bewirkenden Erbauseinandersetzung (§ 2204) über den Erbteil eines Miterben verfügen (BGH 21. 5. 1953 IV ZR 234/52; vgl. dazu *Johannsen* WM **69** 1404, auch § 2204 Rdn. 6). — Die *Pfändung* und *Verpfändung* eines Miterbanteils beschränkt die gesetzlichen Rechte des Testamentsvollstreckers nicht; er kann also auch über ein Grundstück, das seiner Verwaltung unterliegt, verfügen, es insbesondere belasten, ohne daß die Pfandgläubiger einzelner Erbanteile zustimmen müßten (KG JR **52** 323). — Auch ein Vermächtnisnehmer kann einem als Verwalter des Nachlasses eingesetzten Testamentsvollstrecker die Veräußerung von Nachlaßgrundstücken nicht untersagen (OLG Düsseldorf JR **52** 365).

21 **IV. Unentgeltliche Verfügungen (Satz 3)**

Eine unentgeltliche Verfügung des Testamentsvollstreckers liegt vor, wenn er objektiv ohne gleichwertige Gegenleistung Opfer aus der Erbmasse bringt und subjektiv die Unzulänglichkeit der Gegenleistung kennt oder hätte kennen müssen (BGH NJW **63** 1613 = MDR **63** 666; vgl. auch BGH LM § 2205 Nr. 10; JuS **71** 157). Nur unentgeltliche Verfügungen (mit der dem § 534 entsprechenden Ausnahme) sind dem Testamentsvollstrecker verwehrt und, wenn sie dennoch vorgenommen sind, ohne Rücksicht auf die Kenntnis des Empfängers und selbst mit Zustimmung des Erben (RG **74** 218; **105** 249 f; OLG Düsseldorf JMBlNRW **49** 26 mit Anm. von *Bettermann* S. 65) unwirksam. Auch der Erblasser ist nicht in der Lage, den Testamentsvollstrecker von dieser Beschränkung seines Verfügungsrechts zu befreien (RG DRW **39** 776[12]). Der Testamentsvollstrecker kann aber nach der nunmehr herrschenden Ansicht mit Zustimmung der Erben und der Vermächtnisnehmer auch über den Rahmen von Pflicht- und Anstandsschenkungen hinaus unentgeltlich über Nachlaßgegenstände verfügen (BGH **57** 84 = NJW **71** 2264 = WM **71** 1393; vgl. dazu LM § 2205 Nr. 14 mit Anm. von *Mattern*). Über die bisher vertretenen Ansichten und den nunmehrigen Standpunkt des BGH vgl. *Haegele* Rechtspfl. **72** 43, 45. Damit kann auch die in § 2205 Satz 3 aufgestellte Schranke für die Verfügungsmacht des Testamentsvollstreckers durch Zustimmung der Erben und der sonst Betroffenen überwunden werden. Dagegen ist die Zustimmung der Nachlaßgläubiger *nicht* erforderlich, da der Testamentsvollstrecker ihnen gegenüber keine besonderen, über das allgemeine Deliktsrecht hinausgehenden Pflichten hat. Im übrigen kann der Erblasser unentgeltliche Verfügungen dadurch ermöglichen, daß er dem Testamentsvollstrecker Vollmacht über den Tod hinaus erteilt (BGH NJW **62** 1718), die aber von den Erben widerrufen werden kann (*Palandt/Keidel* Anm. 3). Das Grundbuchamt kann sich, wo es sich anders als beim Vorerben (§ 2113 Rdn. 17) lediglich um eine Frage der Legitimationsprüfung des Verwalters eines fremden Vermögens handelt (RG SeuffArch **91** 117), bei den im einzelnen zu erläuternden Erklärungen der Beteiligten, daß die Verfügung keine unentgeltliche sei, begnügen, wenn ihre Darlegung verständlich ist und der Wirklichkeit gerecht wird und wenn ferner kein Anlaß besteht zu zweifeln, daß der Testamentsvollstrecker pflichtgemäß handelt (RG **65** 223; KG JFG **7** 284; **17** 63; JW **32** 1390[8]; HRR **33** Nr. 19; München JFG **19** 241; vgl. aber auch KG HRR **38** Nr. 1428). Immerhin setzen die in der Rechtsprechung für die Entgeltlichkeit einer Verfügung aufgestellten Erfahrungssätze normale wirtschaftliche Verhältnisse voraus und gelten deshalb nicht für die Inflationszeit mit ihrer erfahrungsmäßigen Wertverschleuderung (JFG **3** 278; auch **2** 433).

Zum Begriff der unentgeltlichen Verfügung s. auch § 2113 Rdn. 17ff; die dort **22**
angeführten Entscheidungen sind zum Teil zu § 2205 ergangen. Zum Begriff der Unentgeltlichkeit vgl. auch RG **163** 348 (GrSen f. Zivilsachen), wo mehrfach (S. 354, 357, 359) auf die zu § 2205 ergangene Entscheidung RG **105** 246 verwiesen wird. Vgl. dazu auch BGH LM § 2205 Nr. 10. Hiernach ist auch die *rechtsgrundlose Verfügung* als unentgeltlich zu behandeln (*Kipp/Coing* 12. Bearb. § 68 IV 2a mit Anm. 44). Die Bewilligung der Löschung einer auf dem Nachlaßgrundstück lastenden, nicht an letzter Stelle stehenden Eigentümergrundschuld durch den Testamentsvollstrecker ist *keine unentgeltliche Verfügung*, wenn die Löschung der Erfüllung einer kaufvertraglich übernommenen Verpflichtung dient, dem Käufer das Grundstück frei von Lasten in Abt. III zu verschaffen (KG WM **68** 767 = NJW **68** 1632).

Die zu den §§ 527, 531 entwickelten Grundsätze, daß bei der teilweisen Unentgeltlichkeit des Geschäfts unter Umständen nur ein Ausgleich in Geld stattzufinden hat, sind für § 2205 nicht anwendbar (RG 24. 9. 1936 IV 118/36; vgl. auch OLG Stuttgart RdL **56** 244).

Fallen beim Vorhandensein zweier Testamentsvollstrecker die auf eine Verfü- **23**
gung gerichtete Willenserklärung des einen und die zur Wirksamkeit der Verfügung erforderliche Genehmigung des andern zeitlich auseinander, so kommt es für die Frage, ob auch der zweite Testamentsvollstrecker das von der anderen Seite Geleistete als einen entsprechenden Gegenwert für das aus der Erbschaft Hingegebene angesehen hat und nach dem Maßstab ordnungsmäßiger Verwaltung ansehen durfte, auf die zur Zeit der Genehmigung bestehenden Verhältnisse an (RG JW **32** 1358[15]). Eine Verfügung, für die der Nachlaß eine vollwertige Gegenleistung erhält, wird nicht dadurch zu einer unentgeltlichen, daß der Testamentsvollstrecker die Gegenleistung pflichtwidrig zu unentgeltlichen Zuwendungen an andere Personen verwendet (KG JW **38** 949[13]). Die Verfügung über ein Nachlaßgrundstück, die der Testamentsvollstrecker unter Zustimmung der Erben zur Erfüllung einer vermeintlichen, in Wahrheit nicht bestehenden Vermächtnisschuld vornimmt, ist als unentgeltliche Verfügung unwirksam (RG DR **41** 59 mit Anm. von *v. Hippel* S. 157). Belastet ein Testamentsvollstrecker ein Nachlaßgrundstück mit einer Hypothek, deren Bestellung als unentgeltliche Verfügung über den Nachlaß-

gegenstand unwirksam ist, und erwirbt der Testamentsvollstrecker später einen Bruchteil des Grundstücks, auf dem die Hypothek eingetragen wurde, als sein Eigentum, so wird die Hypothek auf diesem Bruchteil voll wirksam (RG HRR **39** Nr. 1462). Bei jeder Verfügung über ein Nachlaßgrundstück hat der Testamentsvollstrecker gegenüber dem Grundbuchamt den Nachweis zu führen, daß die Verfügung nicht unentgeltlich erfolgt (KG JFG **18** 160). Es bedarf hierzu jedoch nicht der Form des § 29 GBO in der Fassung des § 57 Abs. 7 BeurkG. Vielmehr genügt es, wenn der Testamentsvollstrecker die Beweggründe der Grundstücksverfügung angibt, die verständlich und wirklichkeitsgerecht erscheinen und irgendwelche Zweifel an der Pflichtmäßigkeit seiner Handlungsweise nicht erkennen lassen (KG JFG **7** 284; OLG München JFG **21** 240, 243; vgl. ferner OLG Zweibrücken Rpfleger **68** 88 mit Anm. von *Haegele* aaO 89).

24 Der Nacherbe kann eine Grundbucheintragung, die auf einer unentgeltlichen Verfügung des Testamentsvollstreckers beruht, selbständig mit der Beschwerde anfechten und beantragen, daß ein Amtswiderspruch zugunsten des Vorerben eingetragen werde (KG DR **43** 90).

25 Die Frage, wann eine *sittliche Pflicht* oder eine auf den *Anstand* zu nehmende Rücksicht zu bejahen ist, ist insbesondere in Rdn. 3—9 zu § 534 erörtert worden (vgl. auch §§ 1446, 1641, 1804, 2113, 2330). Auch mündliche Wünsche des Erblassers können unter Umständen eine solche sittliche Pflicht begründen (OLG Kiel SchlHA **17** 169 unter Hinweis auf RG **70** 19 und 385, auch **73** 49; **75** 136).

§ 2206

Der Testamentsvollstrecker ist berechtigt, Verbindlichkeiten für den Nachlaß einzugehen, soweit die Eingehung zur ordnungsmäßigen Verwaltung erforderlich ist. Die Verbindlichkeit zu einer Verfügung über einen Nachlaßgegenstand kann der Testamentsvollstrecker für den Nachlaß auch dann eingehen, wenn er zu der Verfügung berechtigt ist.

Der Erbe ist verpflichtet, zur Eingehung solcher Verbindlichkeiten seine Einwilligung zu erteilen, unbeschadet des Rechtes, die Beschränkung seiner Haftung für die Nachlaßverbindlichkeiten geltend zu machen.

E I 1902 II 2076; M **5** 234, 235; P **5** 528—530, 544, 545.

Eingehung von Verbindlichkeiten

Übersicht

1 **I. Verbindlichkeiten für den Nachlaß (Abs. 1 Satz 1)**

Die Befugnis des Testamentsvollstreckers, **Verbindlichkeiten für den Nachlaß einzugehen,** besteht nicht wie seine Verfügungsmacht nach § 2205 unbeschränkt. Sie reicht nur so weit, als *zur ordnungsmäßigen Verwaltung* (vgl. § 2216 Rdn. 1) erforderlich ist. Das Ausbieten einer Nachlaßhypothek in der Zwangsversteigerung gehört regelmäßig hierher, selbst wenn der Testamentsvollstrecker bei seinem abschließenden Gebot über das unbedingt erforderliche Maß hinausgeht (KG OLG **17** 354; JW **32** 1398[4]). Auch eine Wechselverbindlichkeit kann in diesen Rahmen fallen (RG **60** 30), nicht aber der Abschluß eines Gesellschaftsvertrags, durch den die Erben Gesellschafter einer GmbH werden (KGJ **33** A 135; RJA **8** 127; hierzu auch *Sommer* DNotZ **36** 937). Das Erfordernis ist nicht in objektivem Sinne zu verstehen; es genügt vielmehr, wenn der Gläubiger die Übernahme der Verbindlichkeit nach den Umständen ohne Fahrlässigkeit als geboten angesehen hat (RG **83** 348; HRR **29** Nr. 2004; *Planck/Flad* Anm. 3; *Kipp/Coing* § 68 III 6 a; aM *F. Leonhard* Erl. I A 2). Soweit die Grenze weder objektiv noch nach der entschuldbaren Auffassung der Gläubiger eingehalten ist, erwirbt dieser gegen den Nachlaß keine Rechte; er kann sich gemäß § 179 nur an den Testamentsvollstrecker halten. Dafür, daß die Grenze eingehalten sei, ist der Gläubiger beweispflichtig. Die Befugnis kann dem Testamentsvollstrecker vom Erblasser entzogen, inhaltlich oder gegenständlich beschränkt (§ 2208), er kann auch umgekehrt von jeder Beschränkung entbunden sein (§§ 2207, 2209 Rdn. 6). Der Testamentsvollstrecker kann einen Pflichtteilsanspruch ohne Willen der Erben nicht mit Wirkung gegen diese rechtsgeschäftlich anerkennen (BGH **51** 125 = NJW **69** 424 mit Bespr. von *Merkel* NJW **69** 1285).

Ordnet ein Erblasser letztwillig die Testamentsvollstreckung zur Verwaltung 2
eines von ihm betriebenen Einzelhandelsgeschäfts an, so kann der Testamentsvollstrekker diese Anordnung, wenn ihr nicht die Ermächtigung zur Geschäftsführung als Bevollmächtigter der Erben in deren Namen und unter deren persönlicher Haftung zu entnehmen ist, nur dann ausführen, wenn er das Geschäft im *eigenen* Namen und *unter persönlicher Haftung als Treuhänder* für die Erben betreibt. Andernfalls wäre die Verwaltung durch den Testamentsvollstrecker, wenn die Erben nicht zustimmen, daß er sie bei der Führung des Geschäfts auch über die Mittel des Nachlasses hinaus persönlich verpflichtet, rechtlich unmöglich. Der Testamentsvollstrecker kann daher unter solchen Umständen in der Regel die Übertragung des Geschäfts auf sich als Treuhänder verlangen (RG **132** 138; KG JW **36** 1137; OLG München JFG **14** 428; BGH **12** 102). Ebenso liegt es, wenn zum Nachlaß des Erblassers, der eine Verwaltungs-Testamentsvollstreckung angeordnet hat, der vererbliche Gesellschaftsanteil des persönlich haftenden Gesellschafters einer Personalhandelsgesellschaft gehört (BGH **24** 112). Zweifelhaft ist dagegen, ob das gleiche auch bei einem Kommanditanteil gilt (auch insoweit für die treuhänderische Übertragung RG **172** 199). Wegen der Eingehung von *Verbindlichkeiten* für ein *Handelsgeschäft*, das der Verwaltung des Testamentsvollstreckers unterliegt, vgl. im übrigen Rdn. 7 ff zu § 2205.

II. Verbindlichkeiten zu einer Verfügung (Abs. 1 Satz 2) 3

Die Beschränkung der Rdn. 1 entfällt auch dann, wenn der Testamentsvollstrecker zur Verfügung über einen Nachlaßgegenstand berechtigt ist und eine **Verbindlichkeit zu eben dieser Verfügung eingeht.** Da die Verfügungsmacht des Testamentsvollstreckers grundsätzlich und abgesehen von § 2205 Satz 3 und § 2208 Abs. 1 Satz 1 unbeschränkt ist, braucht der Gläubiger, der z. B. mit dem Testamentsvollstrecker einen Kaufvertrag über einen Nachlaßgegenstand abschließt, nicht zu prüfen, ob das Rechtsgeschäft zur ordnungsmäßigen Verwaltung erforderlich sei, sondern nur, ob dem Testamentsvollstrecker hierüber die Verfügung zusteht (KGJ **27** A 192; vgl. auch §§ 1445, 1821 Nr. 3, 1822 Nr. 1). Doch kann er aus einem vom Testamentsvollstrecker unter Mißbrauch seiner Befugnisse abgeschlossenen Verpflichtungsgeschäft keine Rechte herleiten, wenn er diesen Mißbrauch erkannte oder hätte erkennen müssen (§ 2205 Rdn. 15).

III. Einwilligung des Erben (Abs. 2 Halbs. 1) 4

Aus den Verträgen, die der Testamentsvollstrecker als solcher (also z. B. nicht als Treuhänder im Falle der Verwaltung eines Einzelhandelsgeschäfts oder des Geschäftsanteils eines persönlich haftenden Gesellschafters einer Personalhandelsgesellschaft — vgl. BGH **12** 102; **24** 112 und oben Rdn. 1) schließt, haftet er nicht in eigener Person, auch wenn ein etwaiger Wille, in fremdem Namen zu handeln, nicht erkennbar hervorgetreten ist; denn der Testamentsvollstrecker handelt, wenn er als solcher auftritt, nicht in fremdem, sondern in eigenem Namen (RG 20. 3. 1906 III 492/05). Die von dem Testamentsvollstrecker im Rahmen des Abs. 1 eingegangenen („solche") Verbindlichkeiten verpflichten vielmehr den Erben ohne weiteres („für den Nachlaß"). Die **Einwilligung des Erben** (§ 183) schützt aber den Testamentsvollstrecker vor Schadenersatzansprüchen aus § 2219, den Vertragsgegner vor Einwendungen des Erben aus Abs. 1. Sie entbindet den Testamentsvollstrecker jedoch nicht von der Pflicht, die letztwilligen Verfügungen auszuführen (§ 2203) und deckt nicht unentgeltliche (§ 2205 Satz 3) oder zu eigenem Nutzen vorgenommene Verfügungen des Testamentsvollstreckers (RG **74** 215; vgl. auch *Staudinger/Dittmann* Rdn. 15; *Kipp/Coing* 12. Bearb. 68 III 6 d). Die Einwilligung kann ferner notwendig werden, wenn der Erbe, z. B. durch Eintragungen im Grundbuche, als allein verfügungsberechtigt ausgewiesen ist. Der Testamentsvollstrekker (nicht auch der Dritte) kann gleich dem Vorerben (§ 2120) die Einwilligung des Erben im Klagewege herbeiführen. Umgekehrt steht dem Erben frei, gegen den Testamentsvollstrecker oder den Dritten auf Feststellung zu klagen, daß das Geschäft unverbindlich sei. Der Erblasser kann den Erben verpflichten, dem Testamentsvollstrecker die Befugnis einzuräumen, auch über den Rahmen des § 2206 hinaus persönliche Verpflichtungen für den Erben einzugehen (*Erman/Hense* Rdn. 4).

5 Der Anspruch des Testamentsvollstreckers auf Einwilligung zur Eingehung von Verbindlichkeiten richtet sich nur gegen den Erben oder Vorerben, *nicht* auch *gegen den Nacherben* oder *Ersatzerben* (OLG Neustadt/W. NJW **56** 1881).

6 **IV. Haftungsbeschränkung (Abs. 2 Halbs. 2)**

Die vom Testamentsvollstrecker eingegangenen Verbindlichkeiten sind, weil sie den Erben als solchen treffen, *Nachlaßverbindlichkeiten,* § 1967. Sie unterliegen deshalb auch den Grundsätzen der **beschränkten Erbenhaftung.** Darf er sich hierauf nicht berufen (Vorbem. 20 ff vor § 1967), so haftet er auch für diese Verbindlichkeiten unbeschränkt. Doch bedarf das wegen einer Nachlaßverbindlichkeit gegen den verwaltenden Testamentsvollstrecker ergehende Urteil keines Vorbehalts (ZPO § 780 Abs. 2). Im Nachlaßkonkurse gehören die vom Testamentsvollstrecker eingegangenen Verbindlichkeiten zu den Masseschulden (KO § 224 Nr. 5). Am Nachlaßvergleichsverfahren sind sie auch dann nicht beteiligt und werden von einem Vergleiche nicht betroffen, wenn sie zur Zeit der Eröffnung des Verfahrens bereits begründet waren (VerglO § 113 Nr. 6).

§ 2207

Der Erblasser kann anordnen, daß der Testamentsvollstrecker in der Eingehung von Verbindlichkeiten für den Nachlaß nicht beschränkt sein soll. Der Testamentsvollstrecker ist auch in einem solchen Falle zu einem Schenkungsversprechen nur nach Maßgabe des § 2205 Satz 3 berechtigt.

E I 1902 II 2077; M **5** 234, 235; P **5** 528—530, 542, 543.

Erweiterte Verpflichtungsbefugnis

1 **I. Zu Satz 1**

Die Bestimmung gestattet eine **Befreiung von den Beschränkungen des § 2206** durch letztwillige Anordnung, wie sie in § 2136 auch gegenüber den Beschränkungen des Vorerben zugelassen ist. Sie gilt im Falle des § 2209 als stillschweigend ausgesprochen (§ 2209 Satz 2). Der Testamentsvollstrecker bleibt gleichwohl zur ordnungsmäßigen Verwaltung verpflichtet (§§ 2220, 2216); er kann deshalb auch in diesem Falle zu seiner Entlastung die Einwilligung des Erben nach § 2206 Abs. 2 verlangen (str.; wie hier *Planck/Flad* Anm. 3; *Palandt/Keidel* Anm. 2). *Staudinger/Dittmann* Rdn. 4 unterscheidet zwei Fälle: Soweit sich die Ermächtigung des § 2207 mit der gesetzlichen Ermächtigung des § 2206 Abs. Satz 1 deckt, kann der Testamentsvollstrecker die Einwilligung verlangen; sofern aber die Eingehung der Verbindlichkeit zur ordnungsmäßigen Verwaltung nicht erforderlich ist, würde der Testamentsvollstrecker durch die unnötige Eingehung einer Verbindlichkeit seine Pflichten zur ordnungsmäßigen Verwaltung verletzen. In diesem Falle kann er daher die Einwilligung der Erben zur Übernahme der Verpflichtung *nicht* verlangen. Der Auftrag des Erblassers, ein Verschaffungsvermächtnis zu erfüllen, enthält regelmäßig auch die nach § 2207 wirksame Ermächtigung für den Testamentsvollstrecker, solche Verpflichtungen einzugehen, die zum Erwerbe des Vermächtnisgegenstandes unumgänglich sind (RG **85** 7).

II. Zu Satz 2 2

Zu **Schenkungsversprechen** kann der Testamentsvollstrecker allgemein auch vom Erblasser *nicht* ermächtigt werden (ebensowenig wie der Vorerbe §§ 2136, 2113 Abs. 2). Vgl. auch § 2205 Rdn. 21 ff wegen *unentgeltlicher Verfügungen.*

§ 2208

Der Testamentsvollstrecker hat die in den §§ 2203 bis 2206 bestimmten Rechte nicht, soweit anzunehmen ist, daß sie ihm nach dem Willen des Erblassers nicht zustehen sollen. Unterliegen der Verwaltung des Testamentsvollstreckers nur einzelne Nachlaßgegenstände, so stehen ihm die im § 2205 Satz 2 bestimmten Befugnisse nur in Ansehung dieser Gegenstände zu.

Hat der Testamentsvollstrecker Verfügungen des Erblassers nicht selbst zur Ausführung zu bringen, so kann er die Ausführung von dem Erben verlangen, sofern nicht ein anderer Wille des Erblassers anzunehmen ist.

E I 1905 II 2078; M **5** 241; P **5** 302, 309, 310, 528, 542, 543, 545.

Beschränkte Testamentsvollstreckung

Übersicht

I. Beschränkungen im allgemeinen (Abs. 1 Satz 1) 1

Die Vorschrift behandelt die Beschränkung der Rechte des Testamentsvollstreckers nicht erschöpfend. Weitere wesentliche Einschränkungen der Befugnisse des Testamentsvollstreckers sind aus § 2209 (Beschränkung auf die Verwaltung) und aus den §§ 2222, 2223 (Zuteilung von vornherein begrenzter Aufgaben) ersichtlich. Alle diese Beschränkungen gelten nur für den Testamentsvollstrecker als solchen. Ist der Testamentsvollstrecker zugleich auch Generalbevollmächtigter des Erblassers über dessen

Tod hinaus, so ist er den Beschränkungen des Testamentsvollstreckeramtes nicht unterworfen, wenn er als Bevollmächtigter tätig wird (BGH NJW **62** 1718 = WM **62** 840).

2 Die in § 2208 geregelte **Beschränkung der Rechte** des Testamentsvollstreckers oder die völlige Entziehung einzelner Rechte braucht nicht ausdrücklich angeordnet zu sein; sie kann sich vielmehr auch aus den Umständen ergeben, so für Verfügungen, bei denen ein schwerwiegender Interessenwiderstreit gegeben ist (RG SeuffArch **85** Nr. 165). Daß sie als Ausnahme von der Regel der §§ 2203—2206 gewollt sei, hat zu *beweisen, wer sich hierauf beruht* (RG **61** 142; WarnRspr. **38** Nr. 123; München HRR **38** Nr. 381). Eine Beschränkung ergibt sich aber *nicht* schon aus der Anordnung einer *befreiten Vorerbschaft* (RG JW **38** 1454). Eine Beschränkung des Verwaltungs- und Verfügungsrechts liegt auch nicht darin, daß der Testamentsvollstrecker den *Nachlaß an den Vorerben herauszugeben* hat, sobald besondere letztwillige Anordnungen erfüllt sind (BayObLG NJW **59** 1920 = MDR **59** 761 = JR **59** 384).

3 Die Beschränkung ist auch gegen Dritte wirksam, selbst wenn jene die Beschränkung weder kannten noch kennen mußten. Sie ist in dem Zeugnis des § 2368 anzugeben, soweit sie sich auf das Verwaltungsrecht des Testamentsvollstreckers bezieht. Ist dies unterblieben, so ist der Dritte gemäß § 2366 durch den öffentlichen Glauben des Zeugnisses geschützt. Hiervon abgesehen kann er sich nicht auf Unkenntnis berufen.

4 Alle Beschränkungen entfallen grundsätzlich bei Zustimmung der Erben. Mit ihrem Einverständnis kann sich der Testamentsvollstrecker daher über ein vom Erblasser verfügtes Verbot der Erbauseinandersetzung hinwegsetzen (BGH **40** 115 = WM **63** 1211 = LM § 2044 Nr. 1 mit Anm. von *Nirk*), ferner über ein Verfügungsverbot (BGH **56** 275 = WM **71** 1126 = LM § 2208 Nr. 3 mit Anm. von *Mattern*) und unter Umständen auch über die Schranke des § 2205 Satz 3 (BGH **57** 84 = WM **71** 1393 = LM § 2205 Nr. 14 mit Anm. von *Mattern*; vgl. hierzu Rdn. 21 zu § 2205; ferner auch *Staudinger/Dittmann* Rdn. 11).

5 **II. Beschränkung auf einzelne Gegenstände (Abs. 1 Satz 2)**

Ist das Verwaltungsrecht des Testamentsvollstreckers **gegenständlich beschränkt,** so hat er nur in Ansehung der einzelnen Nachlaßgegenstände (Sachen, Rechte, auch Inbegriffe von Gegenständen, z. B. Handelsgeschäft) das Recht auf Besitznahme und das Verfügungsrecht, jedoch inhaltlich im vollen Umfange des § 2205. Insbesondere ist er ermächtigt, wegen dieser Gegenstände nach § 2206 für den Nachlaß Verbindlichkeiten einzugehen.

6 Die *Verfügungs*befugnis des Testamentsvollstreckers ist nach der Auffassung des Gesetzes ein Ausfluß und notwendiger Bestandteil seiner *Verwaltungs*befugnis, da der Erbe sonst die Verwaltungsmacht des Testamentsvollstreckers und damit die Erledigung der ihm zugewiesenen Aufgaben willkürlich vereiteln könnte. Gleichwohl ist es nicht schlechthin unzulässig, lediglich die *Verfügungs*befugnis des Testamentsvollstreckers zugunsten des Erben zu beschränken; doch muß ein solcher Wille des Erblassers wegen der rechtlichen und tatsächlichen Schwierigkeiten, die sich aus einem Auseinanderfallen der Verwaltungs- und der Verfügungsbefugnis ergeben können, deutlich erkennbar sein (RG WarnRspr. **38** Nr. 123). Die Aussetzung eines Nießbrauchsvermächtnisses enthält grundsätzlich keine Beschränkung der Befugnisse des Testamentsvollstreckers (OLG Düsseldorf NJW **52** 1259). Über die Frage, ob mit der Ernennung eines Testamentsvollstreckers die Befreiung des Vorerben gemäß § 2137 Abs. 2 vereinbar ist, s. § 2137 Rdn. 3. Die Anordnung, der Testamentsvollstrecker solle zwischen den Erben eine „friedliche Auseinandersetzung" herbeiführen, braucht nicht zu bedeuten, daß ihm lediglich eine vermittelnde Tätigkeit zugewiesen sein sollte (RG 28. 1. 1932 IV 354/31).

Die nur für einen *Erbteil* angeordnete Vollstreckung berechtigt den Testamentsvollstrecker nicht zur Verfügung nach § 2033 (vgl. Rdn. 10), sondern *nur zur Vertretung* dieses Miterben und zur Mitwirkung bei der Auseinandersetzung. Ob ihm auch die Verwaltung an den von dem Miterben zugeteilten Gegenständen zustehen soll, ist Auslegungsfrage. Ist die Testamentsvollstreckung für den ganzen Nachlaß angeordnet, die Anordnung hinsichtlich eines Miterben ungültig, so kann die Anordnung den anderen Erben gegenüber wirksam sein, wenn die Testamentsvollstreckung dem Willen des Erblassers entspricht (BGH NJW **62** 912). **7**

Gehört ein *GmbH-Geschäftsanteil* zum Nachlaß, so kann der Erblasser durch Verfügung von Todes wegen einen Testamentsvollstrecker allein zu dem Zweck ernennen, daß er das Stimmrecht an dem Geschäftsanteil unter Ausschluß der Erben ausübt. Ist dem Testamentsvollstrecker in einem solchen Fall die Wahrnehmung des Stimmrechts für dauernd übertragen, so besteht die Testamentsvollstreckung auch dann fort, wenn sich die Erben auseinandergesetzt haben (OLG Hamm JMBlNRW **56** 158). Die Befugnisse des Testamentsvollstreckers können im übrigen u. a. beschränkt sein auf die Verwaltung eines Vermächtnisses (BGH **13** 203 = DNotZ **54** 399) oder auf bestimmte Aufgaben bei reiner Verwaltungsvollstreckung (BayObLGZ **56** 186). **8**

Zur Frage der *Fortführung von Handelsgeschäften* durch den Testamentsvollstrecker vgl. Rdn. 7 ff zu § 2205.

III. Beaufsichtigende Testamentsvollstreckung (Abs. 2) **9**

Dem Testamentsvollstrecker bleibt das **Aufsichtsrecht über die Ausführung der letztwilligen Verfügungen,** wenn ihm, entgegen § 2203, die Ausführung selbst nicht zusteht. Kraft dessen kann er gegen den Erben oder nach § 2223 gegen den beschwerten Vermächtnisnehmer auf Ausführung klagen, wenn der Beschwerte keinen andern Willen des Erblassers nachweist. Ein Testamentsvollstrecker kann auch mit der Bestimmung ernannt werden, daß er nur Verfügungen des Erben über Nachlaßgegenstände zustimmen soll (KGJ **44** 81). Die Beschränkung des Testamentsvollstreckers auf eine beaufsichtigende Tätigkeit ist im Erbschein zu vermerken und Dritten gegenüber wirksam (*Erman/Bartholomeyczik* § 2368 Rdn. 4).

IV. Erweiterte Befugnisse des Testamentsvollstreckers **10**

Eine Erweiterung der Machtbefugnisse des Testamentsvollstreckers über die Grenzen der §§ 2203—2210 hinaus, insbesondere die allgemeine Ermächtigung zu Schenkungen ist ungültig (§ 2207 Rdn. 2). Auch die Befugnis, über einen Erbteil zu verfügen oder bei einer solchen Verfügung des Miterben (§ 2033) mitzuwirken, kann ihm nicht mit dinglicher Wirkung eingeräumt werden (RG JW **15** 245[7]). Ebenso kann zur Eingehung einer persönlichen Verpflichtung durch den Erben, mag sich die Verpflichtung auch auf einen Nachlaßgegenstand beziehen, die Zustimmung des Testamentsvollstreckers nicht mit Wirkung gegenüber dem anderen Vertragsteile für erforderlich erklärt werden (KGJ **44** 86). Der Erblasser kann den Testamentsvollstrecker auch nicht ermächtigen, die letztwillige Verfügung maßgebend auszulegen; denn es ist rechtsgrundsätzlich ausgeschlossen, den Erblasser im Willen zu vertreten (RG **66** 103, 105; § 2065 Rdn. 5). Das gilt jedenfalls für die Auslegung von Bestimmungen, die den Bestand und den Umfang des Testamentsvollstreckeramts betreffen (BGH **41** 23). Überall da jedoch, wo einem Dritten vom Erblasser gewisse Befugnisse übertragen werden dürfen (so §§ 2048, 2151, 2153—2156, 2193), kann auch der Testamentsvollstrecker als dieser Dritte bestimmt werden (RG SeuffArch **88** Nr. 124). Soweit dem Testamentsvollstrekker „sonstige Aufgaben" zugewiesen sind (§ 2209 Rdn. 3), erwachsen ihm daraus keine selbständigen Befugnisse. Über die gesetzlichen Erweiterungsmöglichkeiten vgl. *Staudinger/Dittmann* Rdn. 18.

11 Bei der Ausübung seiner Befugnisse ist der Testamentsvollstrecker zu besonderer Gewissenhaftigkeit und Sorgfalt verpflichtet (RG **130** 135). Ein von dem Testamentsvollstrecker unter Mißbrauch seiner Befugnisse mit einem Dritten abgeschlossenes Rechtsgeschäft ist bereits dann unwirksam, wenn der Dritte den Mißbrauch hätte erkennen müssen (RG **83** 353; **75** 302). Vgl. im übrigen die Rdn. zu § 2219.

§ 2209

Der Erblasser kann einem Testamentsvollstrecker die Verwaltung des Nachlasses übertragen, ohne ihm andere Aufgaben als die Verwaltung zuzuweisen; er kann auch anordnen, daß der Testamentsvollstrecker die Verwaltung nach der Erledigung der ihm sonst zugewiesenen Aufgaben fortzuführen hat. Im Zweifel ist anzunehmen, daß einem solchen Testamentsvollstrecker die im § 2207 bezeichnete Ermächtigung erteilt ist.

E II 2079; P **5** 302, 303, 305—307, 529, 530, 543, 546.

Verwaltungstestamentsvollstreckung

Übersicht

1 **I. Verwaltung des Nachlasses ohne andere Aufgaben (Satz 1 Halbs. 1)**

Die Verwaltung des Nachlasses ohne andere Aufgaben kann sich auf den *ganzen* Nachlaß erstrecken (§ 2205) und wird dann regelmäßig ein Teilungsverbot in sich begreifen (§ 2044). Sie kann nach § 2208 auch inhaltlich oder gegenständlich, nämlich *auf einen Erbteil* oder *einzelne Nachlaßgegenstände* (für diese mit der Folge eines Teilungsverbots, RG WarnRspr. **34** Nr. 21) beschränkt sein. Die Anordnung ermöglicht dem Erblasser, den Erben auf geraume Zeit, insbesondere über die Volljährigkeit hinaus, von der Verfügung über den Nachlaß auszuschließen (§ 2211 Abs. 1; vgl. JFG **16** 306; so insbesondere bei der Enterbung in guter Absicht, § 2338 Rdn. 1 f) und zugleich den Zugriff der Gläubiger auf den Nachlaß zu verhindern, § 2214. Sie ist ferner ein Mittel, das gesetzliche Verwaltungsrecht des elterlichen Gewalthabers oder des Vormundes (§§ 1638, 1686, 1794) auszuschließen. Ein Teilungsausschluß steht der Wirksamkeit einer im Wege der Erbauseinandersetzung getroffenen Verfügung über einen Nachlaßgegenstand nicht entgegen, wenn sie von allen Erben und dem Testamentsvollstrecker gemeinsam vorgenommen wird (LG Bremen Rechtspfl. **67** 411 mit Anm. von *Haegele* aaO 412).

2 Die Bestellung eines Pflegers nach § 1909 Abs. 1 Satz 2, die von Amts wegen zu erfolgen hat, wird allerdings, wenn der Erblasser das elterliche Verwaltungsrecht nach § 1638 Abs. 1 ausdrücklich *ausgeschlossen* hatte, durch die Anordnung nicht entbehrlich gemacht (KGJ **38** A 73; aM *Palandt/Rechenmacher* Anm. 2; vgl. auch LG Dortmund NJW **59** 2264 mit näheren Nachweisen, wo jedoch verkannt wird, daß die hier vertretene Ansicht von denselben tatsächlichen Veraussetzungen wie KGJ **38** A 73 ausgeht). Diese kann auch dazu dienen, dem Gewalthaber (z. B. der Witwe) die Verwaltung in

der Eigenschaft als Testamentsvollstrecker und deshalb frei von den sonst bestehenden gesetzlichen Beschränkungen zu übertragen. Von den hierin liegenden Beschränkungen seines Erbrechts kann sich der Erbe nur gemäß § 2306 (Pflichtteil) frei machen. Für das Rechtsverhältnis zwischen Testamentsvollstrecker und Erben bleiben während der Verwaltung die §§ 2215—2219 maßgebend. Über die entsprechende Anwendung des § 2209 auf den Fall der Beschränkung eines *Vermächtnisnehmers* durch die Ernennung eines Testamentsvollstreckers (vgl. BGH **13** 203) s. § 2223 Rdn. 2. Der lediglich zur Verwaltung des Nachlasses berufene Testamentsvollstrecker ist im Zweifel auch befugt, über Nachlaßgegenstände zu verfügen (KG DR **44** 245[19]).

II. Verwaltung des Nachlasses nach Erledigung der sonstigen Aufgaben (Satz 1 Halbs. 2) 3

Dieses Verwaltungsrecht unterscheidet sich in seiner Beschaffenheit nicht von dem Verwaltungsrecht des Halbs. 1; insbesondere treten die Besonderheiten des selbständigen Verwaltungsrechts auch hier sogleich ein und nicht erst dann, wenn die sonstigen Aufgaben des Testamentsvollstreckers erledigt sind (*Planck/Flad* Anm. 4 b). Der Kreis der dem Testamentsvollstrecker zuzuweisenden **sonstigen Aufgaben** (z. B. Erziehung der Kinder, Herausgabe des literarischen Nachlasses, Leistung von Rechtsbeistand, Mitwirkung bei der Errichtung einer Stiftung (BGH **41** 23) ist auf Grund der Testierfreiheit unbeschränkt; der Erblasser kann sich hierzu auch der Auflage (§ 1940) oder der bedingten Zuwendung an den Testamentsvollstrecker bedienen. Die gesetzlichen Befugnisse des Testamentsvollstreckers kann er hierdurch aber nicht erweitern (§ 2208 Rdn. 10).

III. Allgemeiner Inhalt des Verwaltungsrechts 4

Das in § 2209 geregelte Verwaltungsrecht entspricht inhaltlich dem gewöhnlichen Verwaltungsrecht des Testamentsvollstreckers nach § 2205 Satz 1, ist also nach Inhalt und Umfang durch die Aufgaben des Testamentsvollstreckers (vgl. insbes. §§ 2203, 2204) und durch den Willen des Erblassers (§ 2208) bedingt. Es schließt im Zweifel auch das Recht ein, über Nachlaßgegenstände zu verfügen (KG DR **44** 245). Der Erbe kann zwar jährliche Rechnungslegung (§§ 2218 Abs. 2, 2220) verlangen, den jährlichen Reinertrag aber nur, wenn dies der Wille des Erblassers war (RG JR **29** Nr. 1652). Die Verpflichtung, eine Schlußrechnung zu legen (§§ 2218, 666), kann sich für den Testamentsvollstrecker schon vor Beendigung seines Amts ergeben, z. B. wenn er zwar die zur Ausführung des letzten Willens dienende Verwaltungstätigkeit i. S. des § 2205 beendigt hat, eine ihm übertragene Verwaltungstätigkeit i. S. des § 2209 Satz 1 Halbs. 2 aber erst ihren Anfang nehmen soll. In diesem Falle erstreckt sich die Rechenschaftspflicht auf den abgeschlossenen ersten Teil der Aufgaben (RG 26. 5. 1919 IV 75/19).

Auch bei der Bestellung eines Testamentsvollstreckers „*zur Verwaltung*" kann je 5
nach Sachlage die Übertragung aller Befugnisse gewollt sein (OLG Düsseldorf NJW **52** 1259). Ein Fall des § 2209 liegt nicht vor, wenn der Testamentsvollstrecker, der für den Vor- und den Nacherben ernannt worden ist, einen Nachlaßgegenstand bis zum Eintritt der Nacherbfolge zu verwalten hat, BayObLG **58** 299, 305; *Palandt/Keidel* Anm. 1.

IV. Erweiterte Verpflichtungsbefugnis (Satz 2) 6

Eine Nachlaßverwaltung erfordert regelmäßig, daß der Testamentsvollstrecker immer wieder neue Geschäfte abschließt. Die Beschränkungen des § 2206 wären insoweit hinderlich. Deshalb stellt § 2209 Satz 2 die Vermutung auf, daß der Erblasser angeordnet hat, der Testamentsvollstrecker solle in der Befugnis, Verbindlichkeiten für den Nachlaß eingehen, *nicht* beschränkt sein. Die Ermächtigung gilt für den *ganzen*

Nachlaß (§ 2207) oder — bei der gegenständlich beschränkten Testamentsvollstrekkung — für die einzelnen Nachlaßgegenstände (§ 2208 Rdn. 10).

7 **V. Zeitliche Beschränkung**

Ist dem Testamentsvollstrecker **nur die Verwaltung** als einzige oder doch als eine die beiden anderen Hauptaufgaben (§§ 2203, 2204) überdauernde Verrichtung zugewiesen worden, so ist die Wirksamkeit einer solchen Anordnung nach § 2210 *zeitlich begrenzt.* Zur Verwaltungs- und Dauertestamentsvollstreckung als Mittel, um ein Teilungsverbot bei einem testamentarischen Familiengut zu sichern, vgl. *Kohler* DNotZ **58** 245. Bei Ende der Verwaltung gilt § 239 ZPO entsprechend, RG **155** 350, 353.

8 Die Anordnung des Erblassers, es solle gewöhnliche Testamentsvollstreckung eintreten, die Auseinandersetzung jedoch bis zum Tode des Testamentsvollstreckers aufgeschoben sein (OLG Stuttgart HEZ **2** 115; vgl. auch § 2204 Rdn. 2), fällt nicht unter § 2209.

9 § 2217 Abs. 1 Satz 2, wonach das Recht des Testamentsvollstreckers durch die Überlassung von Gegenständen an die Erben erlischt, ist auf die dauernde Vollstreckung nach § 2209 nicht anzuwenden (RG **106** 381).

§ 2210

Eine nach § 2209 getroffene Anordnung wird unwirksam, wenn seit dem Erbfalle dreißig Jahre verstrichen sind. Der Erblasser kann jedoch anordnen, daß die Verwaltung bis zum Tode des Erben oder des Testamentsvollstreckers oder bis zum Eintritt eines anderen Ereignisses in der Person des einen oder des anderen fortdauern soll. Die Vorschrift des § 2163 Abs. 2 findet entsprechende Anwendung.

E II 2080; P **5** 303, 305, 308; **6** 91, 92.

Befristung der Verwaltungsvollstreckung

1 **I. Zu Satz 1**

Nur die **besondere Verwaltung** des § 2209 ist, wie die Nacherbschaft (§ 2109), das Vermächtnis (§ 2162) und das Teilungsverbot (§ 2044), **zeitlich begrenzt** (RG **155** 352). Die Begrenzung will verhindern, daß dem Erben die Herrschaft über den Nachlaß dauernd entzogen wird. Die allgemeine Verwaltungsbefugnis, die erforderlich ist, um die dem Testamentsvollstrecker nach §§ 2203, 2204 obliegenden oder ihm sonst zugewiesenen Aufgaben (§ 2209 Rdn. 3) zu erfüllen, unterliegt diesen Grenzen nicht. Ein Wechsel in der Person des Testamentsvollstreckers während dieses Zeitraums ist ohne Bedeutung, wenn die Verwaltungsdauer nicht auf die Lebenszeit des Testamentsvollstreckers abgestellt ist. Der Erblasser kann nach § 28 Abs. 2 URG die Ausübung des Urheberrechts einem Testamentsvollstrecker übertragen; der § 2210 ist dabei *nicht* anzuwenden (Schutzdauer 70 Jahre); vgl. dazu *Fromm* NJW **66** 1245.

2 **II. Zu Satz 2**

Dem Erblasser ist eine **Verlängerung des Zeitraums** unter den gleichen Voraussetzungen wie in §§ 2109 Nr. 1, 2163 Nr. 1 (s. dort) gestattet. Soll die Verwaltung bis zum Tode eines Nachfolgers des Testamentsvollstreckers (§ 2199 Abs. 2) oder bis zum Eintritt eines Ereignisses in der Person dieses Nachfolgers dauern, so muß der betreffende Nachfolger, wenn eine Umgehung des Gesetzes verhütet werden soll, vor Ablauf von

30 Jahren mindestens ernannt worden sein (aA *Staudinger/Dittmann* Rdn. 3 sowie *Erman/Hense* Rdn. 2). — Lebenszeit des Abkömmlings als Zeitgrenze im Falle des § 2338 (dort Rdn. 15).

III. Zu Satz 3 3

Ist der Erbe oder der Testamentsvollstrecker eine **juristische Person,** so bleibt es bei der 30jährigen Frist. Die Vorschrift ergibt übrigens, daß auch juristische Personen (z. B. Treuhandinstitute, Banken) Testamentsvollstrecker sein können; vgl. auch *Flad* DFG **36** 136.

§ 2211

Über einen der Verwaltung des Testamentsvollstreckers unterliegenden Nachlaßgegenstand kann der Erbe nicht verfügen.

Die Vorschriften zugunsten derjenigen, welche Rechte von einem Nichtberechtigten herleiten, finden entsprechende Anwendung.

E I 1901 II 2081 Abs. 1 Satz 1, Abs. 2; M **5** 233, 234; P **5** 286, 287, 531, 532; **6** 129, 130.

Verfügungsbeschränkung des Erben

Übersicht

I. Kein Verfügungsrecht des Erben (Abs. 1) 1

1. Allgemeines

Das durch § 2205 dem Testamentsvollstrecker übertragene und nicht gemäß § 2208 entzogene Verfügungsrecht über die Nachlaßgegenstände schließt, solange der Nachlaß im ganzen oder ein einzelner Nachlaßgegenstand der Verwaltung des Testamentsvollstreckers unterliegt (§§ 2205 Rdn. 1 ff, 2209, 2217 Rdn. 1 f; vgl. auch § 2225 Rdn. 9), das Verfügungsrecht des Erben ganz aus. Das gilt sogleich vom Erbfall, nicht erst vom Amtsantritt des Testamentsvollstreckers ab (§ 2202; KGJ **40** 196). Das Nachlaßvermögen wird somit, solange es der Verwaltung des Testamentsvollstreckers unterliegt, als *Sondervermögen* betrachtet, wobei es gleichgültig ist, ob es einem Alleinerben gehört oder einer Erbengemeinschaft zusteht. Die Rechte des Erben sind praktisch auf Herausgabe des jährlichen Reinertrages des vom Testamentsvollstrecker verwalteten Sondervermögens beschränkt (BFH BB **71** 899). So ist nur der Testamentsvollstrecker und nicht der Erbe des Mieters berechtigt, das Mietverhältnis zu kündigen (RG **74** 35 = JW **10** 820[43]). Auch der *befreite Vorerbe* kann durch die Anordnung einer Testamentsvollstreckung in seiner Verfügungsbefugnis über Nachlaßgegenstände beschränkt werden (BGH 28.5. 1951 IV ZR 68/50). Andererseits kann der Testamentsvollstrecker über Nachlaßgegenstände verfügen, ohne daß der Gläubiger eines Miterben, der den Miterbanteil gepfändet hat, mitzuwirken braucht (KG JR **52** 323). Erben sind auch nicht befugt, die Eintragung eines Vorkaufsrechts an einem Nachlaßgrundstück zu bewilligen, das der Verwaltung eines Testamentsvollstreckers unterliegt (LG Düsseldorf NJW **63** 162). Über Testamentsvollstreckung und *Konkurs* vgl. LG Aachen NJW **60** 46 mit Anm. von *v. Buch*.

2 **2. Schutz des Testamentsvollstreckers**

Zum Schutze des Testamentsvollstreckers dient die Eintragung im Grundbuch und Schiffsregister (GBO § 52, SchiffsRegO § 55). Darüber, daß kein Testamentsvollstreckervermerk einzutragen ist, falls ein Bevollmächtigter, dem vom Erblasser mit Wirkung über den Tod hinaus Vollmacht erteilt worden ist, über Nachlaßgrundstücke oder Grundstücksrechte verfügt, s. JFG **12** 274.

3 **3. Unwirksamkeit der Verfügungen des Erben**

Verfügung ist gemeint als *dingliche* im Gegensatze zur tatsächlichen Verfügung und zur bloß schuldrechtlichen Verpflichtung (Rdn. 9 vor § 104; BGH **1** 294, 304). Der Erbe ist daher durch das Verfügungsrecht des Testamentsvollstreckers nicht gehindert, Schuldverhältnisse in Beziehung auf einen Nachlaßgegenstand einzugehen (RG Recht **21** Nr. 1394; RG HRR **29** Nr. 1833) oder auch die ihm angefallene Erbschaft zu verkaufen (§ 2376 Rdn. 3). Er kann aber nicht erfüllen, solange ihm das Verfügungsrecht des Testamentsvollstreckers entgegensteht oder wenn der Testamentsvollstrecker anderweit verfügt hat. Die dennoch vorgenommene Verfügung des Erben ist nicht, wie bei einem Veräußerungsverbote im Sinne des § 135, nur relativ, d. h. nur gegenüber dem Testamentsvollstrecker selbst und denjenigen Personen, in deren Interesse die Testamentsvollstreckung angeordnet ist (so 2. Aufl. sowie beiläufig RG WarnRspr. **19** Nr. 71), sondern *schlechthin unwirksam*, da die Beschränkungen des Erben bei der Testamentsvollstreckung über den Mangel der Veräußerungsbefugnis hinausgehen; sie kann aber nach § 185 Abs. 2 dadurch wirksam werden, daß der Testamentsvollstrecker sie genehmigt oder daß sein Recht wegfällt, bevor er eine entgegenstehende Verfügung getroffen hat (RG **87** 432; WarnRspr. **15** Nr. 292 S. 455; LZ **31** 1325[4]). Eine bedingt oder betagt — für den Fall der Erlangung des freien Verfügungsrechts — vom Erben vorgenommene Verfügung wird mit Eintritt der Bedingung oder des Termins ohne weiteres wirksam und erzeugt gemäß § 160 schon vorher eine Bindung der Beteiligten. Umgekehrt kann die Zustimmung des Erben dazu führen, daß Beschränkungen der Verfügungsmacht des Testamentsvollstreckers wegfallen (vgl. Rdn. 2 zu § 2205).

4 Daraus, daß der Erbe nach § 2211 nicht über einen der Verwaltung des Testamentsvollstreckers unterliegenden Gegenstand verfügen kann, folgt, daß er hinsichtlich solcher Gegenstände *auch keine Verbindlichkeiten* mit der Wirkung eingehen kann, daß sie den *Testamentsvollstrecker* zur Vornahme von Verfügungen über diese Gegenstände verpflichten (BGH **25** 275, 287). Wohl aber kann der Erbe sich selbst (nicht den Nachlaß) verpflichten (RG HRR **29** Nr. 1833). Der Testamentsvollstrecker kann daher auch nicht auf Erfüllung solcher Verbindlichkeiten in Anspruch genommen werden, die von den Erben ohne seine Zustimmung über Nachlaßgegenstände eingegangen worden sind (BGH aaO). Mit einer solchen Forderung kann auch nicht gegen einen vom Testamentsvollstrecker geltend gemachten Nachlaßanspruch aufgerechnet und es kann ihretwegen auch kein Zurückbehaltungsrecht geltend gemacht werden (BGH aaO).

5 **4. Verfügungen zugunsten des Testamentsvollstreckers**

Gebührt ein Nachlaßgegenstand auf Grund der letztwilligen Verfügung dem Testamentsvollstrecker für seine Person (z. B. ein ihm vermachtes Grundstück), so kann er gegen den Erben auf die Leistung (Auflassung) klagen. Er begibt sich damit hinsichtlich dieser Leistung der eigenen Verfügung über den Gegenstand und überläßt ihn zum Erfüllen der Verbindlichkeit dem Erben (RG **82** 149). Er kann aber auch die Verbindlichkeit an sich selbst erfüllen (vgl. RG **61** 139; § 2205 Rdn. 14).

5. Verfügungen des Erben über seinen Anteil 6

Der Erbe ist nicht gehindert, gemäß § 2033 über seinen Anteil am Nachlasse zu verfügen (§ 2208 Rdn. 7). Hierdurch wird jedoch die Fortdauer der dem Testamentsvollstrecker zustehenden Rechte nicht beeinträchtigt. Ist die Verpfändung des Erbanteils eines Miterben im Grundbuch eingetragen, so verliert die Eintragung ihre Bedeutung und kann als gegenstandslos gelöscht werden, wenn der Testamentsvollstrecker des Nachlasses das Grundstück wirksam veräußert (OLG Celle HRR **41** Nr. 128). Die Erben und der Testamentsvollstrecker können *gemeinsam* über Nachlaßgegenstände verfügen, auch wenn der Erblasser durch letztwillige Verfügung eine Verfügung verboten hat (BGH **56** 275 = NJW **71** 1805; dazu *Haegele* Rpfleger **72** 47).

6. Umstellung 7

Gehört das Recht, über dessen Umstellung in einem Verfahren nach Art. II § 6 der 40. DVO z. UmstG entschieden wird, zu einem Nachlaß, welcher der Verwaltung eines Testamentsvollstreckers unterliegt, so kann der beteiligte Erbe seine Rechte als Beteiligter nicht selbst wahrnehmen. Ein solches Recht kann vielmehr nur der Testamentsvollstrecker kraft seines Amts gerichtlich geltend machen. Er ist daher als Beteiligter zu hören, ihm sind die ergehenden Beschlüsse zuzustellen, er allein ist statt des Erben beschwerdeberechtigt (BayObLGZ **1** 454; **1** 544).

II. Anwendung der Gutglaubensvorschriften (Abs. 2) 8

Der Schutz des guten Glaubens steht dem Erwerber eines Grundstücks oder eines eingetragenen Rechtes (§§ 892, 893), einer beweglichen Sache (§§ 932 ff), eines Nießbrauchs oder Pfandrechts (§§ 1032, 1207) zur Seite, wenn er sich unverschuldet in Unkenntnis darüber befindet, daß die Sache zum Nachlaß gehört oder daß ein Testamentsvollstrecker bestellt ist, oder wenn er irrig glaubt, daß die Sache der Verwaltung des Testamentsvollstreckers nicht unterliege. Dagegen ist ein Irrtum über die allgemeinen Schranken, die den Verwaltungsbefugnissen des Testamentsvollstreckers gezogen sind, für den Dritten kein Entschuldigungsgrund (RG **74** 219). Insbesondere kann sich der Dritte, der die Bestellung des Testamentsvollstreckers kennt, nicht gegenüber der Unwirksamkeit von unentgeltlichen Verfügungen und Verfügungen zu eigenem Nutzen, die der Testamentsvollstrecker unter Überschreitung der gesetzlichen und testamentarischen Schranken vornimmt, auf Rechtsirrtum (guten Glauben) berufen (RG **74** 215; vgl. auch RG **83** 353; **130** 134). Guter Glaube kommt nicht in Betracht, wenn der Testamentsvollstrecker im Erbschein vermerkt (§ 2364) oder im Grundbuch eingetragen ist (§ 52 GBO) oder sich der Gegenstand im Besitz des Testamentsvollstreckers befindet. Zahlt eine Bank an den wegen der bestehenden Testamentsvollstreckung nicht verfügungsberechtigten Erben des Kontoinhabers, so kommt es für den Gutglaubensschutz der §§ 2211, 407 Abs. 1 an sich auf die Kenntnis der auszuzahlenden Stelle an. Beruht deren Unkenntnis aber darauf, daß die Bank es unterlassen hat, eine ihr zugegangene Mitteilung vom Bestehen der Testamentsvollstreckung an die kontoführende Stelle weiterzuleiten, so wird die Bank gegenüber dem Testamentsvollstrecker *nicht* befreit (OLG Bremen MDR **64** 328).

§ 2212

Ein der Verwaltung des Testamentsvollstreckers unterliegendes Recht kann nur von dem Testamentsvollstrecker gerichtlich geltend gemacht werden.

E I 1903 Abs. 1 II 2082; M **5** 235, 236; P **5** 287—291, 532.

Neueres Schrifttum:

Keßler, Der Testamentsvollstrecker im Prozeß, DRiZ **65** 195; **67** 299.

Prozeßführungsrecht des Testamentsvollstreckers

Übersicht

1 **I. Stellung des Testamentsvollstreckers**

Die **gerichtliche Geltendmachung** eines Rechtes ist dem Testamentsvollstrecker ebenso ausschließlich vorbehalten wie das Verfügungsrecht (§§ 2205, 2211), wenn und soweit das betreffende Recht seiner Verwaltung unterliegt (§§ 2205 Rdn. 1 ff, 2208, 2209, 2217 Rdn. 1 f). Das gilt für die Geltendmachung vor den ordentlichen, vor den Verwaltungsgerichten oder sonstigen Gerichten, im Schiedsverfahren, im Wege der Klage, Einrede, Widerklage oder durch Aufrechnung im Prozesse oder im Verfahren der freiwilligen Gerichtsbarkeit, z. B. mit dem Antrag, das Grundbuch durch Eintragung des Erben als Berechtigten zu berichtigen (RG **61** 145; KG RJA **16** 232; München JFG **14** 9; die Anmeldung gemäß AufwG § 16 gehört nicht hierher: RG **121** 393; § 2111 Rdn. 7). Die Patentnichtigkeitsklage ist auch dann, wenn das Streitpatent der Verwaltung des Testamentsvollstreckers unterliegt, gegen den in der Rolle eingetragenen Erben zu richten; insoweit geht der § 37 Abs. 1 Satz 2 PatG dem § 2212 vor; zur Führung des Nichtigkeitsprozesses auf der Beklagtenseite und auch zur Erteilung der Prozeßvollmacht in dieser Hinsicht ist jedoch nur der Testamentsvollstrecker befugt. Dieser ist auch neben dem als Patentinhaber eingetragenen Erben im Urteilsrubrum als Beklagter aufzuführen (BGH NJW **66** 2059). Vgl. Rdn. 1 zu § 2213. Der Erbe ist von der Geltendmachung ganz ausgeschlossen; nur der Testamentsvollstrecker ist *Partei* (RG JW **12** 147[26]), und zwar „Partei kraft Amtes" in der Weise, daß die Wirkungen seines Handelns nicht in seiner Person eintreten, sondern bei den insoweit von ihm vertretenen Erben (BFH BB **71** 899). Persönlich klagt der Testamentsvollstrecker nur, wenn er eigene Ansprüche geltend macht, z. B. seinen Anspruch auf Vergütung oder auf Ersatz von Aufwendungen (BGH 19. 6. 1967 III ZR 225/65); vgl. Einzelfälle bei *Löwisch,* DRiZ **71** 272. Die Erben sind auch nicht neben dem Testamentsvollstrecker zu einer Feststellungsklage gegen Dritte über den Umfang der Nachlaßmasse legitimiert (RG 30. 5. 1905 VII 49/05). Der Testamentsvollstrecker kann jedoch den Erben ermächtigen, ein zum verwalteten Nachlaß gehörendes Recht in eigenem Namen geltend zu machen. Dadurch wird eine gewillkürte Prozeßstandschaft begründet, die grundsätzlich rechtswirksam ist (vgl BGH **38** 281 = NJW **63** 297 mit Anm. von *Nirk* und *Johannsen* in LM § 1984 Nr. 1; vgl. dazu kritisch *Bötticher* JZ **63** 582).

Der *Erbe* ist dagegen allein zur Prozeßführung befugt, wenn ihm die materiellrechtliche Verfügungsbefugnis zusteht (BGH **31** 279, 285 = MDR **60** 296 für Recht des Erben, allein Nachlaßverbindlichkeiten einzuziehen). Hat das Tatsachengericht eine Klage im Hinblick auf eine Testamentsvollstreckung wegen mangelnder Prozeßbefugnis des klagenden Erben abgewiesen, so ist das Revisionsgericht bei der Prüfung der *Prozeßführungsbefugnis* des Klägers — als einer *Prozeßvoraussetzung* — nicht an die tatsächlichen Feststellungen des Tatsachengerichts gebunden (BGH **31** 279, 281 = NJW **60** 523 = LM ZPO § 561 Nr. 26 mit Anm. von *Mattern*).

Es besteht kein zwingender Grund, dem Erben das Recht aus § 2194 abzuschneiden, gerichtlich die *Vollziehung einer Auflage* zu verlangen, wenn ein Testamentsvollstrecker ernannt worden ist. § 2212 ist nicht anwendbar, weil insoweit kein Recht besteht, das der Verwaltung des Testamentsvollstreckers unterliegt (aM LG Braunschweig MDR **55** 169 = DRspr I [174] 52 b, das § 2212 entsprechend anwenden will, weil § 2194 nach der Systematik des Gesetzes subsidiär gelte). Das Klagrecht des § 2194 soll sicherstellen, daß die Auflage erfüllt wird. Dieser Zweck rechtfertigt es, den Kreis der Klageberechtigten möglichst groß zu halten und ihn nicht ohne Not einzuschränken. **2**

Für die *Kosten eines Prozesses*, in dem der Testamentsvollstrecker ein Recht verfolgt, das seiner Verwaltung unterliegt, oder in dem gegen ihn ein Anspruch geltend gemacht wird (§ 2113), der sich gegen den Nachlaß richtet, haftet er nur mit dem Nachlaß. Daraus wurde in den früheren Auflagen in Übereinstimmung mit RG (II. ZS.) **81** 292 gefolgert, daß ihm mangels der Voraussetzungen des § 114 ZPO das Armenrecht nicht bewilligt werden könne. Abweichend hiervon hat RG (VI. ZS.) JW **30** 1487[2] (Anm. dazu 2049[10]), RG **143** 97 nach Zustimmung des II. ZS. ausgesprochen: Wenn in einem solchen Falle der Nachlaß nicht ausreiche, um die Prozeßkosten zu bestreiten, sei die Frage des Unvermögens im Sinne des § 114 ZPO aus der Person der Erben zu beantworten, deren Rechte und Pflichten der Testamentsvollstrecker wahrnehme. Diese neuere, den Lebensbedürfnissen entsprechende Ansicht ist auf der Grundlage der Amtstheorie (Rdn. 3 vor § 2197) in ZPO § 114 Abs. 3 gesetzlich anerkannt worden. **3**

Die Eigenart der Parteistellung kraft Amtes bringt es mit sich, daß vielfach und insbesondere da, wo die materiellen Wirkungen entscheiden, nicht die für Parteien, sondern die für gesetzliche Vertreter geltenden Prozeßvorschriften sinngemäß anzuwenden sind, so bei dem Wechsel der Person des Testamentsvollstreckers (ZPO § 241; RG WarnRspr. **13** Nr. 330; **15** Nr. 34) und beim Wegfall des Amtes des Testamentsvollstreckers oder seines für den Rechtsstreit maßgebenden Verwaltungsrechts (ZPO §§ 239, 246; RG **155** 350). Wenn die Testamentsvollstreckung während des Revisionsverfahrens wegfällt, kann die bis dahin gegen den Testamentsvollstrecker, der zugleich Miterbe ist, als Partei kraft Amtes gerichtete Klage eines Nachlaßgläubigers gegen ihn persönlich in seiner Eigenschaft als Miterbe fortgeführt werden (BGH NJW **64** 2301 = WM **64** 1173). Ist der Testamentsvollstrecker selbst Schuldner, so ist er von der Vertretung des Nachlasses ausgeschlossen (RG **98** 175). **4**

Der Testamentsvollstrecker ist wegen eines Nachlaßanspruchs, der nur von ihm geltend gemacht werden kann, auch Vertreter des Nachlasses in dem weiteren Sinne des § 207; die Verjährung eines solchen Anspruchs vollendet sich deshalb nicht vor Ablauf von sechs Monaten oder des für die Verjährung bestimmten kürzeren Zeitraums von dem Zeitpunkt an, in dem er sein Amt gemäß § 2202 angenommen hat (RG **100** 279). **5**

Aufnahme des durch den Tod des Erblassers unterbrochenen Verfahrens ZPO § 243. Vollstreckbare Ausfertigung für und gegen den Erben ZPO § 728 Abs. 2. **6**

Der verwaltende Testamentsvollstrecker ist berechtigt, das Aufgebot der Nachlaßgläubiger (§ 1970; ZPO § 991), die Eröffnung des Nachlaßkonkurses (KO § 217) und des Nachlaßvergleichsverfahrens (VerglO § 113 Nr. 1) sowie die Anordnung der Nachlaßverwaltung zu beantragen (§ 1981 Rdn. 6). Passivprozeß § 2213. **7**

8 **II. Rechte des Erben**

Lehnt der Testamentsvollstrecker ab, einen Rechtsstreit zu führen, so kann der Erbe ihn nach § 2218 im Klagewege dazu anhalten (RG Gruchot **50** 387) oder seine Entlassung beantragen (§ 2227). Da jedoch das Urteil für und gegen den Erben wirkt (ZPO § 327), kann dieser als *Nebenintervenient* beitreten; er gilt dann als Streitgenosse des Testamentsvollstreckers (ZPO §§ 66, 69). Wegen der §§ 2216 Abs. 1, 2219 kann der Testamentsvollstrecker auch verpflichtet sein, ihm den Streit zu verkünden (ZPO §§ 72 ff). Hauptintervention des Erben (ZPO § 64) ist denkbar, wenn er dem Testamentsvollstrekker seine Vollstreckereigenschaft abspricht, oder wenn er bestreitet, daß das betreffende Recht dessen Verwaltung unterliege. Vgl. auch Rdn. 1 aE zur Prozeßführungsbefugnis des Erben. Bei einem Streit um ein eigenes Recht des Testamentsvollstreckers (z. B. Vermächtnis zugunsten des Testamentsvollstreckers) kann der Erbe selbst klagen (RG **82** 151; *Erman/Hense* Rdn. 4).

9 **III. Zum Erbschaftsanspruch**

Der Testamentsvollstrecker ist auch ausschließlich befugt, den *Erbschaftsanspruch* gegen den dritten Erbschaftsbesitzer zu erheben (§ 2018 Rdn. 4), ebenso die erbschaftlichen Einzelansprüche nach § 2029 und den Anspruch auf Auskunft und Rechnungslegung über den Nachlaß (RG WarnRspr. **38** Nr. 103); das gleiche gilt für die Geltendmachung eines zum Nachlasse gehörigen Erbanspruchs an dem Nachlaß eines vor dem Erblasser gestorbenen Dritten (RG WarnRspr. **19** Nr. 136 = SeuffArch **74** 249). Dagegen ist es ausgeschlossen, daß der Testamentsvollstrecker gegen den durch Verfügung von Todes wegen ernannten Erben den Erbschaftsanspruch mit dem Vorbringen erhebt, jener sei nicht Erbe (§ 2203 Rdn. 5). Wird in einem Prozesse mit dem Testamentsvollstrecker, was gemäß § 2203 Rdn. 5 unter Umständen allerdings möglich ist, das Bestehen oder Nichtbestehen eines Erbrechts festgestellt, so schafft diese nicht unter ZPO § 327 fallende Entscheidung keine Rechtskraft unter den mehreren Erbansprechern (RG JW **09** 52[18]; **19** 724[11]). Andererseits bindet auch eine unter den Erbansprechern ergehende Entscheidung den Testamentsvollstrecker nicht; die Leistung an die siegreiche Partei wird ihn aber regelmäßig befreien. Für Erbschaftsansprüche, die sich gegen den Nachlaß richten, ist der Testamentsvollstrecker nicht passiv legitimiert (RG **81** 151; vgl. § 2213 Rdn. 5).

10 **IV. Einwendungen gegenüber Ansprüchen des Testamentsvollstreckers**

Der Erbe, gegen den der Testamentsvollstrecker eine zum Nachlaß gehörende Forderung geltend macht, kann sich seiner Verpflichtung zur Leistung grundsätzlich nicht mit dem Einwand entziehen, die Einziehung der Forderung sei nicht notwendig oder er werde durch das Vorgehen des Testamentsvollstreckers im Vergleich zu anderen Erben benachteiligt. Die Berechtigung des Testamentsvollstreckers ist in einem solchen Falle regelmäßig nur im Rahmen der Entscheidung über einen Entlassungsgrund nach § 2227 überprüfbar (BGH **25** 275, 284 = NJW **57** 1916).

11 Erhebt der Testamentsvollstrecker als solcher eine Klage, so kann ihm der Beklagte die Ungültigkeit der die Ernennung zum Testamentsvollstrecker enthaltenden letztwilligen Verfügung und damit der Ernennung selbst entgegenhalten, wenngleich die Frage der Wirksamkeit der letztwilligen Verfügung endgültig nur zwischen den gesetzlichen Erben und den in der Verfügung Bedachten ausgetragen werden kann (RG 19. 6. 1919 IV 16/19). Andererseits muß sich der Testamentsvollstrecker, wenn er zum Nachlaß gehörende Rechte geltend macht, alle Einwendungen gefallen lassen, die dem Erben gegenüber begründet sind, soweit sie nicht auf Verfügungen des Erben beruhen, zu denen dieser nach § 2211 nicht befugt ist (RG **138** 132).

§ 2213

Ein Anspruch, der sich gegen den Nachlaß richtet, kann sowohl gegen den Erben als gegen den Testamentsvollstrecker gerichtlich geltend gemacht werden. Steht dem Testamentsvollstrecker nicht die Verwaltung des Nachlasses zu, so ist die Geltendmachung nur gegen den Erben zulässig. Ein Pflichtteilsanspruch kann, auch wenn dem Testamentsvollstrecker die Verwaltung des Nachlasses zusteht, nur gegen den Erben geltend gemacht werden.

Die Vorschrift des § 1958 findet auf den Testamentsvollstrecker keine Anwendung.

Ein Nachlaßgläubiger, der seinen Anspruch gegen den Erben geltend macht, kann den Anspruch auch gegen den Testamentsvollstrecker dahin geltend machen, daß dieser die Zwangsvollstreckung in die seiner Verwaltung unterliegenden Nachlaßgegenstände dulde.

E I 1903 Abs. 2, 1904 II 2083 Abs. 1, 2; M **5** 236, 237; P **5** 287—289, 291—301, 532—539, 541, 542; **6** 349, 350, 396, 397.

Verteidigungsprozesse

Übersicht

I. Die Passivlegitimation bei Ansprüchen gegen den Nachlaß (Abs. 1 Satz 1) 1

Während im Aktivprozesse die Prozeßführung dem verwaltenden Testamentsvollstrecker ausschließlich zusteht (§ 2212), kann im Passivprozesse regelmäßig *sowohl der Erbe* als Schuldner der betreffenden dinglichen oder persönlichen Nachlaßverbindlichkeit *wie der Testamentsvollstrecker,* dieser mit Rücksicht auf sein Verfügungsrecht über den Nachlaß (§ 2205 Rdn. 4), in den Rechtsstreit hineingezogen werden. Dies gilt auch dann, wenn es sich um einen bloßen Feststellungsanspruch handelt. Auch der Anspruch auf Herausgabe eines Gegenstandes, der sich in dem Nachlasse befindet, den der Testamentsvollstrecker gemäß § 2205 Satz 2 (s. dort Rdn. 13) in Besitz genommen hat, kann gegen den Erben geltend gemacht werden; ZPO § 748 steht nur der Zwangsvollstreckung in den Nachlaß entgegen, solange die Verwaltungsbefugnis des Testamentsvollstreckers dauert (RG Recht **21** Nr. 1395). Andererseits kann z. B. der Anspruch auf Leistung eines *vermachten* Gegenstandes auch dann gegen den Testamentsvollstrecker erhoben werden, wenn dieser den Nachlaß noch nicht in Besitz genommen hat (HansGZ **20** Beibl. 190). Zur Geltendmachung einer Nachlaßforderung durch den Erben vgl. BGH **48** 214, 220 = WM **67** 977. Auch ist eine Klage gegen den Testamentsvollstrecker möglich, wenn der Erbe die Erbschaft noch nicht angenommen hat (*Erman/Hense* Rdn. 3). Das gegenüber dem Testamentsvollstrecker allein ergehende Urteil wirkt nach ZPO § 327 auch (für und) gegen den Erben, selbst wenn dieser unbeschränkt haftet. Dagegen wirkt das *gegen* den *Erben allein* ergehende *Urteil nicht gegen* den *Testamentsvollstrecker;* zur Zwangsvollstreckung in den von ihm verwalteten Nachlaß ist nach ZPO § 748 ein gegen ihn ergehendes Urteil erforderlich. Aus einem nur gegen den Erben erlassenen Schiedsspruch kann daher auch das Vollstreckungsurteil des § 1042 ZPO, das die Zwangsvollstreckung erst ermöglicht, nicht ergehen (RG **56** 327). Ist die Klage nur gegen den Testamentsvollstrecker oder nur gegen den Erben erhoben worden, so kann jeder dem andern als Nebenintervenient beitreten (ZPO §§ 66 ff); der Erbe wird dadurch Streitgenosse des verklagten Testamentsvollstreckers, nicht aber umgekehrt der Testamentsvollstrecker Streitgenosse des verklagten Erben (ZPO § 69). Die Streitverkündung an den andern steht dem Testamentsvollstrecker immer, gegebenenfalls auch dem Erben zu (ZPO § 72). Die Klage ist allein gegen den Erben zu richten, wenn Streitgegenstand eine zum Nachlaß gehörende Sache ist, die der Testamentsvollstrecker den Erben zur freien Verfügung überlassen hat. Gegen den Testamentsvollstrecker kann allerdings zugleich auf Duldung der Zwangsvollstreckung geklagt werden. Erhebt dagegen ein Dritter Anspruch auf diese Sache mit der Behauptung, sie sei ihm vom Erblasser vermacht worden, dann ist auch in diesem Falle allein der Testamentsvollstrecker passivlegitimiert, weil wahrer Streitgegenstand nicht die Sache, sondern der Anspruch aus dem Vermächtnis ist (BGH 13.7. 1964 III ZR 63/63). Zur Passivlegitimation bei einer Patentnichtigkeitsklage gegen den als Patentinhaber eingetragenen Erben s. BGH LM PatG § 37 Nr. 15 = BGH NJW **66** 2059 = GRUR **67** 56 mit Anm. von *Pietzcker;* vgl. ferner Rdn. 1 zu § 2212.

2 Ist ein Rechtsstreit, der gegen den Erblasser anhängig war, durch dessen Tod unterbrochen, so kann das Verfahren gemäß ZPO § 243 durch den Testamentsvollstrecker oder, nach Beginn seines Amtes (§ 2202), auch gegen ihn aufgenommen werden. Außerdem kann das Verfahren gemäß ZPO § 239 von dem Erben aufgenommen oder die Aufnahme gegen ihn vom Gegner erzwungen werden; der Testamentsvollstrecker und der Erbe sind, wenn beide freiwillig oder gezwungen den Prozeß fortsetzen, Streitgenossen.

3 Über den Wegfall der Testamentsvollstreckung und den Wechsel in der Person des Testamentsvollstreckers während des Rechtsstreits s. § 2212 Rdn. 4. Vollstreckbare Ausfertigung des gegenüber dem Testamentsvollstrecker ergangenen Urteils für und gegen den Erben ZPO § 728 Abs. 2, desgleichen des gegen den Erblasser ergangenen Urteils für und gegen den Testamentsvollstrecker ZPO § 749, s. auch § 779 Abs. 2. Das gegen den Testamentsvollstrecker erlassene Urteil bedarf nicht des Vorbehalts, ZPO § 780 Abs. 2.

4 Neben dem *Gerichtsstande* der Erbschaft (ZPO §§ 27, 28) kommt, da der Testamentsvollstrecker selbst Partei ist (§ 2212 Rdn. 1), auch sein allgemeiner Gerichtsstand nach ZPO §§ 13 ff in Betracht.

5 Der Erbschaftsanspruch nach § 2018 ist nicht gegen den Testamentsvollstrecker, sondern gegen die Erben geltend zu machen (RG **81** 151). Auch wer auf Grund eines Testaments ein Erbrecht geltend machen will, kann auf Feststellung seines Erbrechts regelmäßig nicht gegen den im Testament bestellten Testamentsvollstrecker, sondern nur gegen die als Erben Auftretenden klagen. Nur unter besonderen Umständen kann einer solchen Klage auch gegen den Testamentsvollstrecker das Rechtsschutzinteresse zuzubilligen sein, z. B. dann, wenn das geltend gemachte Erbrecht von allen Miterben anerkannt und nur vom Testamentsvollstrecker bestritten wird. Das Urteil, das in einem solchen Falle gegen den Testamentsvollstrecker ergeht, schafft indessen keine Rechtskraft gegen die Miterben (RG 11. 3. 1918 IV 388/17). Vgl. sonst über die Grenzen der Passivlegitimation des Testamentsvollstreckers § 2203 Rdn. 4, 5 und § 2204 Rdn. 4.

6 Der *Testamentsvollstrecker* ist allein und *persönlich* zu verklagen, wenn festgestellt werden soll, daß er nicht berechtigt ist, das Testamentsvollstreckeramt auszuüben oder wenn von ihm ein Nachlaßgegenstand herausverlangt wird, den er auf Grund eines vermeintlichen Vermächtnisanspruchs in Besitz genommen hat (OGH **2** 47 f).

II. Ausnahme, wenn der Testamentsvollstrecker nicht verwaltet (Abs. 1 Satz 2) 7

Voraussetzung für die (von Amts wegen zu prüfende, RG HansRGZ **32** B 323) Passivlegitimation des Testamentsvollstreckers ist, daß ihm die **Verwaltung des ganzen Nachlasses** zusteht (§2205 Rdn. 1 ff), mag er auch einzelne Nachlaßgegenstände dem Erben nach § 2217 zur freien Verfügung überlassen haben, es sei denn, daß sich der Rechtsstreit gerade hierauf bezieht. Der Testamentsvollstrecker ist nicht verklagbar, wenn ihm die Verwaltung völlig entzogen ist; er kann dann auch der Zwangsvollstreckung nicht widersprechen. Ist die Verwaltung auf einzelnen Nachlaßgegenstände beschränkt (§ 2208 Rdn. 5), so ist der Anspruch selbst dann gegen den Erben zu verfolgen, wenn er sich, wie z. B. bei den dinglichen Klagen des § 24 ZPO, auf eben diesen Gegenstand bezieht. Doch ist nach ZPO § 748 Abs. 2 die Zwangsvollstreckung in den Gegenstand nur zulässig, wenn *zugleich* der Testamentsvollstrecker zur Duldung verurteilt ist (Rdn. 12). Es genügt deshalb nicht, die Hypothekenklage auf Zahlung aus dem Grundstück (§§ 1113, 1191) nur gegen den Testamentsvollstrecker zu richten, obwohl die Urteilsformel in diesem Falle der Fassung des Abs. 3 zu entsprechen pflegt.

Dem Falle, daß der Testamentsvollstrecker den ganzen Nachlaß verwaltet, ist es gleichzustellen, wenn er einen *Erbteil* verwaltet und ein Vermächtnis erfüllt werden soll, mit dem der Erbteil belastet ist (RG 27. 1. **38** IV 191/37). 8

III. Ausnahme für Pflichtteilsansprüche (Abs. 1 Satz 3) 9

Der **Pflichtteilsanspruch,** §§ 2303 ff, einschließlich des Verlangens, Auskunft nach § 2314 zu erteilen (so RG **50** 224), kann zwar **nur gegen den Erben** geltend gemacht werden; doch ist nach ZPO § 748 Abs. 3 auch in diesem Falle, soweit der Berechtigte sich an den der Testamentsvollstreckung unterliegenden Nachlaß oder die einzelnen vom Testamentsvollstrecker verwalteten Nachlaßgegenstände halten will, ein Urteil gegen den Testamentsvollstrecker auf Duldung der Zwangsvollstreckung erforderlich (Rdn. 12). Erkennt der Erbe den Pflichtteilsanspruch eines Abkömmlings des Erblassers an, so ist der Testamentsvollstrecker, wenn ihm die Verwaltung des Nachlasses zusteht, hieran nicht gebunden (OLG Celle MDR **67** 46). Andererseits kann der Testamentsvollstrecker nichtstreitige Pflichtteilsansprüche ohne Zustimmung des Erben erfüllen, aber streitige nicht ohne den Willen des Erben mit Wirkung gegen diesen rechtsgeschäftlich anerkennen (BGH **51** 125, 130 f; vgl. dazu auch *Merkel* NJW **69** 1285).

Folgende Fälle gehören *nicht* hierher: Wenn der Pflichtteilsberechtigte auf Grund von § 2306 geltend macht, die Testamentsvollstreckung, die ihn beschränke, sei unwirksam, und deshalb negative Feststellungsklage gegen den Testamentsvollstrecker erhebt, ferner wenn über den Bestand des Pflichtteilsrechts nur als Voraussetzung eines andern Anspruchs gestritten wird. 10

IV. Anwendung des § 1958 (Abs. 2) 11

Der Anspruch kann **vor Annahme der Erbschaft** nach § 1958 nicht gegen den Erben, wohl aber gegen den Testamentsvollstrecker, soweit er passiv legitimiert ist, erhoben werden. Vorausgesetzt ist, daß sein Amt nach § 2202 begonnen hat. Entsprechend beim Nachlaßpfleger § 1960 Abs. 3.

V. Duldungsanspruch gegen den Testamentsvollstrecker (Abs. 3) 12

Steht dem Testamentsvollstrecker die Verwaltung zu (Rdn. 7 f) und handelt es sich nicht um einen Pflichtteilsanspruch (Rdn. 9), so steht es im Belieben des Nachlaßgläubigers, ob er Erben und Testamentsvollstrecker — als Streitgenossen oder in verschiedenen Rechtsstreitigkeiten — beide auf Leistung (aM OLG **3** 12) oder ob er nur den Erben auf Leistung, den Testamentsvollstrecker auf Duldung der Zwangsvollstreckung verklagen will. Auf diesen Anspruch ist er beschränkt, wenn das Verwaltungsrecht des Testamentsvollstreckers sich nur auf einzelne Nachlaßgegenstände bezieht oder wenn der Pflichtteil verlangt wird.

13 Ist der *Klageantrag* gegen den Testamentsvollstrecker gleichwohl *auf Leistung* gerichtet, so ist doch *darin* der *Anspruch auf Duldung* der Zwangsvollstreckung als das Mindere mit enthalten und dementsprechend sogar im Revisionsrechtszuge zu erkennen (RG 24.6. 1907 IV 121/07; HRR **32** Nr. 1453).

14 Ohne ein Urteil dieses Inhalts kann der Kläger nach ZPO § 748 Abs. 2, 3 die Zwangsvollstreckung nicht betreiben. Daraus folgt aber nicht, daß die Klage gegen den Testamentsvollstrecker mit derjenigen gegen den Erben verbunden werden muß, oder daß der Testamentsvollstrecker nur verurteilt werden kann, wenn vorher der Erbe zur Leistung verurteilt worden ist (RG **109** 166; vgl. für den ähnlichen Fall von ZPO § 739: RG **59** 234; JW **19** 319[22]). Bei einer Klage gegen den Testamentsvollstrecker ist ein Vorbehalt nach § 780 ZPO nicht erforderlich, da der Testamentsvollstrecker auf die Haftungsbeschränkung nicht verzichten kann. Haftet der Erbe unbeschränkt, so ist das gegen den Testamentsvollstrecker ergangene Urteil auch in das Eigenvermögen des Erben vollstreckbar (vgl. *Staudinger/Dittmann* Rdn. 8; *Kipp/Coing*, 12. Bearb. § 71 II 2 aβ).

15 Der auf Duldung belangte Testamentsvollstrecker ist nicht gehindert, gegen den geltend gemachten Anspruch, auch gegen den Pflichtteilsanspruch, alle dem Erben zustehenden materiellen *Einreden* geltend zu machen. Daß gegen den Erben bereits rechtskräftiges Leistungsurteil ergangen ist, steht ihm ebensowenig entgegen wie dem Erben ein gegen den Testamentsvollstrecker ergangenes rechtskräftiges Duldungsurteil. Das Urteil gegen den Testamentsvollstrecker erzeugt keine Rechtskraft gegen den Erben (RG **109** 167). Wohl aber kann der Testamentsvollstrecker sich auf die Rechtskraft eines Urteils berufen, das den Anspruch gegen den Erben abgewiesen hat. Zulässig ist gegebenenfalls auch eine Klage auf *Feststellung der Duldungspflicht*, wenn die ziffernmäßige Berechnung des Anspruchs noch nicht möglich ist (RG 23.2. 1939 IV 178/38).

§ 2214

Gläubiger des Erben, die nicht zu den Nachlaßgläubigern gehören, können sich nicht an die der Verwaltung des Testamentsvollstreckers unterliegenden Nachlaßgegenstände halten.

E II 2083 Abs. 3; P **5** 297, 298, 542; **6** 398.

Eigengläubiger des Erben

1 Die Stellung der Nachlaßgläubiger regelt § 2213. Durch Bestellung eines verwaltenden Testamentsvollstreckers (§§ 2205, 2209) und auf die Dauer dieser Verwaltung (§ 2210) werden die **Eigen-(Privat-)gläubiger des Erben** vom Zugriff auf den Nachlaß überhaupt **ausgeschlossen** oder doch, wenn die Verwaltung des Testamentsvollstreckers gegenständlich beschränkt ist (§ 2208 Rdn. 5), vom Zugriff auf die ihr unterliegenden Gegenstände. Eine Zwangsvollstreckung in diese Gegenstände zu ihren Gunsten ist nicht statthaft (RG LZ **16** 1473[8]; KG JR **52** 324). Dieser Rechtszustand ist eine Folge der dem Testamentsvollstrecker eingeräumten ausschließlichen Verfügungsmacht und tritt (wie § 2211 Rdn. 1) sogleich mit dem Erbfall, nicht erst mit dem Amtsbeginn des Testamentsvollstreckers ein. Er wirkt praktisch wie eine zugunsten der Nachlaßgläubiger eintretende Absonderung des Nachlasses vom Eigenvermögen des Erben, verhindert aber mangels einer positiven dem § 1976 entsprechenden Vorschrift nicht das Erlöschen durch Vereinigung von Recht und Verbindlichkeit (aM *Strohal* § 40 a Anm. 44).

Wer ein dingliches Recht an einem Erbschaftsgegenstande hat, kann den Gegen- **2**
stand trotz des Verwaltungsrechts des Testamentsvollstreckers in Anspruch nehmen; auch der Inhaber der elterlichen Gewalt über den Erben kann die Ansprüche, die ihm auf Grund seines gesetzlichen Nutznießungsrechts zustehen, gegen den Testamentsvollstrecker erheben (RG JW **13** 740[10]).

Die Vorschrift des § 2214 gehört dem sachlichen Recht an, sie wirkt deshalb **3**
trotz KO § 13 auch im *Konkurse* des Erben voll. Sie ist von Amts wegen zu beachten und notfalls gemäß ZPO § 766 zur Geltung zu bringen (vgl. *Schmidt* DJZ **35** 552). Zum Verhältnis von Testamentsvollstreckung und Konkurseröffnung s. ferner LG Aachen NJW **60** 46 mit Anm. von *v. Buch.*

Die *Pfändung des Anteils* eines Miterben (§ 2033 Rdn. 11) ist dem Eigengläubiger des Miterben nicht verwehrt. Die Pfändung eines Erbanteils darf ferner — ohne Zustimmung des Testamentsvollstreckers — im Wege der Grundbuchberichtigung auf Antrag des Pfändungsgläubigers als Verfügungsbeschränkung eingetragen werden, auch wenn der Testamentsvollstrecker das Grundstück verwaltet (RJA **10** 69 = KGJ **37** A 273).

§ 2215

Der Testamentsvollstrecker hat dem Erben unverzüglich nach der Annahme des Amtes ein Verzeichnis der seiner Verwaltung unterliegenden Nachlaßgegenstände und der bekannten Nachlaßverbindlichkeiten mitzuteilen und ihm die zur Aufnahme des Inventars sonst erforderliche Beihilfe zu leisten.

Das Verzeichnis ist mit der Angabe des Tages der Aufnahme zu versehen und von dem Testamentsvollstrecker zu unterzeichnen; der Testamentsvollstrecker hat auf Verlangen die Unterzeichnung öffentlich beglaubigen zu lassen.

Der Erbe kann verlangen, daß er bei der Aufnahme des Verzeichnisses zugezogen wird.

Der Testamentsvollstrecker ist berechtigt und auf Verlangen des Erben verpflichtet, das Verzeichnis durch die zuständige Behörde oder durch einen zuständigen Beamten oder Notar aufnehmen zu lassen.

Die Kosten der Aufnahme und der Beglaubigung fallen dem Nachlasse zur Last.

E I 1906 II 2084; M **5** 241, 242; P **5** 310—312.

Nachlaßverzeichnis

Übersicht

I. Allgemeines **1**

Zwar ist der Erblasser in seinen letztwilligen Anordnungen in der Regel frei; er soll jedoch den Erben nicht völlig der Willkür des Testamentsvollstreckers ausliefern. Daher hat der Gesetzgeber in § 2220 für die §§ 2215 (Nachlaßverzeichnis), 2216 (Verpflichtung zur ordnungsmäßigen Verwaltung), 2218 (Rechnungslegung), 2219 (allgemeine Verantwortlichkeit für die Erfüllung seiner Pflichten) ein Befreiungsverbot vorgesehen. Der Erbe kann jedoch auf den Schutz des § 2220 verzichten (OLG **43** 403). Auch kann der Erblasser die Haftung für die Ausführung bestimmter Maßnahmen oder für die Amtsführung mildern, evtl. sogar ausschließen (vgl. *Erman/Hense* zu § 2220); er kann aber den § 2220 nicht durch Anordnungen außer Kraft setzen (RG **133** 128, 135).

2 **II. Mitteilungspflicht gegenüber dem Erben (Abs. 1 Halbs. 1)**

Der Testamentsvollstrecker hat dem Erben das Nachlaßverzeichnis unverzüglich (§ 121) nach Annahme des Amtes (§ 2202) und unverlangt mitzuteilen. Doch kann ihm der Erbe — nicht auch der Erblasser — die Mitteilung erlassen (LZ **24** 239[2] = OLG **43** 403). Die Verpflichtung besteht gegenüber dem Erben, erstreckt sich aber, wenn mehrere Erben vorhanden sind, jedem gegenüber auf den ganzen Nachlaß. Sie besteht auch gegenüber demjenigen, dem ein Erbteil im Wege der Zwangsvollstreckung überwiesen worden ist (KG in OLG **12** 273; abweichend jedoch, wenn dem Pfändungsgläubiger der Erbanteil nur zum Teil überwiesen worden ist). Der Vermächtnisnehmer hat als solcher darauf keinen Anspruch (vgl. OLG **21** 330). Ist er jedoch mit dem Nießbrauche am Nachlaß bedacht, so ergibt sich die Pflicht des Testamentsvollstreckers zur Mitwirkung und Auskunft aus §§ 1035, 1068 (RG JW **04** 338[7]). Der Erbe ist — abgesehen vom Falle der Inventarerrichtung nach §§ 1993ff — nicht berechtigt, vom Testamentsvollstrecker zu verlangen, daß er über die im Nachlaßverzeichnis nach § 2215 gemachten Angaben hinaus Auskunft über den Bestand des Nachlasses und die Nachlaßverbindlichkeiten, insbesondere über zum Nachlaß gehörende Banknoten sowie das Nachlaßinventar erteilt (OLG Karlsruhe Die Justiz **65** 28).

3 Das Verzeichnis dient als Grundlage der dem Testamentsvollstrecker obliegenden ordnungsmäßigen Verwaltung (§ 2216 Abs. 1) und ist für seine Schadenersatzpflicht bedeutsam (§ 2219). Die für das Inventar erforderliche Beschreibung und Wertangabe (§ 2201 Abs. 2) ist zweckmäßig, aber für das Verzeichnis des Testamentsvollstreckers nicht vorgeschrieben. Gegebenenfalls hat der Testamentsvollstrecker nach § 260 Abs. 1 die Richtigkeit des Verzeichnisses an Eidesstatt zu versichern (früher: Offenbarungseid).

Der Testamentsvollstrecker ist zur Rechnungslegung und gegebenenfalls zur Abgabe der eidesstattlichen Versicherungen nach den §§ 259, 260 schon dann verpflichtet, wenn seine Aufgabe, den Nachlaß zu erwerben und zu verteilen, im wesentlichen erfüllt ist (RG 20.9. 1913 IV 243/13).

4 **III. Beihilfepflicht gegenüber dem Erben (Abs. 1 Halbs. 2)**

Die Pflicht zur **Beihilfe des Testamentsvollstreckers bei Aufnahme des Inventars** besteht selbständig neben der Verzeichnispflicht des Testamentsvollstreckers, wenn der Erbe ein Inventar freiwillig errichtet (§ 1993) oder weil ihm eine Inventarfrist bestimmt ist (§ 1994). Dem Testamentsvollstrecker selbst kann die Frist nicht bestimmt werden. Die Beihilfe besteht insbesondere darin, über die in seinem Besitze befindlichen Nachlaßgegenstände und über die Nachlaßschulden Auskunft zu geben, erstere auch vorzuzeigen. Bei Weigerung der Beihilfe durch den Testamentsvollstrecker kann der Erbe darauf klagen (OLG **16** 269).

5 Hat der Erbe gemäß § 2314 auf Verlangen eines Pflichtteilsberechtigten ein Verzeichnis der Nachlaßgegenstände unter Zuziehung des Pflichtteilsberechtigten herzustellen und dabei auch den Wert der Gegenstände ermitteln zu lassen, so hat der Testa-

mentsvollstrecker seinerseits entsprechende Verpflichtungen gegenüber dem Erben. Dies folgt aus der Beihilfepflicht nach § 2215 Abs. 1, auch aus § 2218 mit § 666 (RG JW **16** 673[4]). Genügt das Verzeichnis des Testamentsvollstreckers den Anforderungen des Inventars, so kann der Erbe sich nach § 2004 hierauf berufen. Der Erbe ist seinerseits dem Testamentsvollstrecker auskunftspflichtig, soweit er Nachlaßgegenstände in Besitz genommen hat (§ 2205 Rdn. 13).

6 **IV. Förmlichkeiten (Abs. 2)**

Das privatschriftliche Verzeichnis genügt wie beim Vorerben (§ 2121). **Beglaubigung** (§ 129) kann vom Erben verlangt werden. Auf die Unterzeichnung durch den Testamentsvollstrecker kann der Erbe, auch stillschweigend, verzichten (RG 22.11. 1934 IV 160/34).

7 **V. Zuziehung des Erben (Abs. 3)**

Zuziehung wie beim Nacherben; § 2121 Abs. 2. Der Erbe ist jedoch nicht, auch nicht auf Verlangen des Testamentsvollstreckers, verpflichtet, bei der Aufnahme des Verzeichnisses anwesend zu sein oder gar mitzuwirken, seine Richtigkeit anzuerkennen oder es mitzuunterzeichnen.

8 **VI. Aufnahme eines amtlichen Verzeichnisses (Abs. 4)**

Die Vorschrift entspricht der des § 2121 Abs. 3. Ein *Verzicht* auf ein amtliches Verzeichnis kann nicht ohne weiteres daraus gefolgert werden, daß der Erbe sich jahrelang bei dem ihm mitgeteilten Privatverzeichnisse beruhigt hat (RG JW **16** 673[4]).

9 **VII. Kostenlast (Abs. 5)**

Die Bestimmung gleicht der des § 2121 Abs. 4. Die **Kosten** sind im Konkurse Masseschulden, KO § 224 Nr. 5. Am Nachlaßvergleichsverfahren ist die Kostenschuld nicht beteiligt (VerglO § 113 Nr. 6). Die Kosten eines Rechtsstreits gegen den Testamentsvollstrecker wegen der Pflichten aus § 2115 (auch § 2118) trägt dieser persönlich, nicht der Nachlaß (KG OLG **10** 303). Zur *Sicherheitsleistung* ist der Testamentsvollstrecker durch das Gesetz nicht verpflichtet.

§ 2216

Der Testamentsvollstrecker ist zur ordnungsmäßigen Verwaltung des Nachlasses verpflichtet.

Anordnungen, die der Erblasser für die Verwaltung durch letztwillige Verfügung getroffen hat, sind von dem Testamentsvollstrecker zu befolgen. Sie können jedoch auf Antrag des Testamentsvollstreckers oder eines anderen Beteiligten von dem Nachlaßgericht außer Kraft gesetzt werden, wenn ihre Befolgung den Nachlaß erheblich gefährden würde. Das Gericht soll vor der Entscheidung soweit tunlich die Beteiligten hören.

E I 1899 Abs. 1 Satz 1 II 2085; M **5** 231; P **5** 276—279, 283, 284, 531.

Verwaltungspflicht

Übersicht

1 **I. Allgemeines**

Den Rechten des Testamentsvollstreckers nach §§ 2205, 2206 steht als Gegenstück die Pflicht zur ordnungsmäßigen Verwaltung gegenüber. Der Umfang seiner Tätigkeit ergibt sich aus den Anordnungen des Erblassers sowie aus Sinn und Zweck der Testamentsvollstreckung. Aus den neuen BGH-Entscheidungen ist jedoch die Rechtsentwicklung dahingehend zu entnehmen, daß der Wille der Lebenden als wichtiger und stärker angesehen wird als die starren Anordnungen des Erblassers (vgl. *Erman/Hense* Rdn. 3). Auch hinsichtlich der Verwaltungspflicht des Testamentsvollstreckers besteht nach § 2220 aus denselben Gründen wie bei § 2215 ein Befreiungsverbot; s. dazu Rdn. zu § 2215.

2 **II. Pflicht zur ordnungsmäßigen Verwaltung (Abs. 1)**

Zum **Begriff** der **ordnungsmäßigen Verwaltung** §§ 2038, 276. Der **Inhalt der Verwaltungspflicht** bestimmt sich näher danach, ob dem Testamentsvollstrecker die Verwaltung nur als Mittel zur Ausführung der letztwilligen Verfügungen und zur Erbauseinandersetzung (§§ 2203, 2204), oder ob sie ihm für längere Dauer, in größerem oder geringerem Umfange, als Selbstzweck oder zur Erfüllung sonstiger Aufgaben übertragen ist (§§ 2205, 2208, 2209). Zur ordnungsmäßigen Führung einer solchen Verwaltung kann es gehören, die Rechtswirksamkeit von Veräußerungsgeschäften des Erblassers und die Zugehörigkeit von Aufwertungsansprüchen zum Nachlaß nachzuprüfen (BayObLG **27** 78; **28** 34), ferner dem Erben zu ermöglichen, nicht nur seinen standesmäßigen Unterhalt zu bestreiten (RG Recht **22** Nr. 615), sondern auch seinen Unterhaltspflichten zu genügen (RG LZ **18** 1268[15]).

3 Der Erblasser kann den Testamentsvollstrecker von der Pflicht zur ordnungsmäßigen Verwaltung weder befreien noch das Maß der von ihm zu vertretenden Sorgfalt (§ 276) mindern (aM *Strohal* § 40 a Anm. 37) noch die Unabänderlichkeit seiner Anordnungen bestimmen. Diese Pflicht besteht in der Regel jedoch nur gegenüber dem Erben und Vermächtnisnehmer. Der Testamentsvollstrecker ist nicht verpflichtet gegenüber allen nur möglichen Betroffenen in gleicher Weise objektiv zu verfahren. So trifft ihn nicht gegenüber allen Nachlaßgläubigern die Verpflichtung ordnungsmäßiger Verwaltung (vgl. BGH **57** 84, 93 = NJW **71** 2264, 2266; *Staudinger/Dittmann* Rdn. 5).

4 Der Testamentsvollstrecker kann verpflichtet sein, Wertpapiere zu verkaufen, um von Bezugsrechten Gebrauch zu machen (BGH WM **67** 25, 29). Für die Behandlung von Nachlaßgeldern und Wertpapieren durch den Testamentsvollstrecker gelten die §§ 2116 ff jedoch auch dann nicht, wenn der Nacherbe vorhanden ist (KGJ **44** 87). Eingehung von Verbindlichkeiten aus Anlaß der Verwaltung §§ 2206, 2207. Über die Frage, ob der Testamentsvollstrecker berechtigt und gegebenenfalls auch verpflichtet ist, den Nachlaß zum Zwecke der *Umschuldung* eines Familiengutes zu verwenden, s. *Heck* AcP **141** 335 ff.

5 **Verantwortlichkeit.** Der Testamentsvollstrecker ist für seine Verwaltung den Erben, die ihn zur Vornahme einer pflichtmäßigen Verwaltungshandlung auch durch Klage zwingen können (RG **73** 26; auch LZ **29** 1408) und etwaigen Vermächtnisnehmern (§ 2219), nicht aber, wie der Nachlaßverwalter (§ 1985 Rdn. 14), unmittelbar auch sonstigen Nachlaßgläubigern verantwortlich. Doch versteht sich von selbst, daß er ihre Interessen gleich dem Erben selbst (§ 1978 Rdn. 4) vorzugsweise mit im Auge zu behalten hat. Grobe Pflichtverletzung und Unfähigkeit als Entlassungsgrund § 2227 Abs. 1. *Amtsmißbrauch* kann dem Testamentsvollstrecker nicht allein deshalb vorgeworfen werden, weil er sich auch von seinen persönlichen Interessen hat leiten lassen. Er darf sich

aber wegen seiner eigenen Belange nicht mit einem mäßigen Erfolge begnügen, wenn er ein besseres Ergebnis erzielen könnte (OGH **3** 247).

Ordnet ein Erblasser letztwillig eine Testamentsvollstreckung zur Verwaltung eines von ihm betriebenen **Handelsgeschäfts** an, so kann der Testamentsvollstrecker die Anordnung dadurch ausführen, daß er das Geschäft für den Erben im *eigenen* Namen unter persönlicher Haftung *als Treuhänder* betreibt; er kann aber auch das Geschäft *als Bevollmächtiger* des Erben *in dessen Namen* und unter dessen persönlicher Haftung führen, falls eine solche Ermächtigung der letztwilligen Anordnung zu entnehmen ist (BGH **12** 102 = LM BGB § 2216 Nr. 1 mit Anm. von *Johannsen* = NJW **54** 636). Wandelt der Testamentsvollstrecker ein zum Nachlaß gehörendes Einzelhandelsgeschäft unter Änderung der alteingeführten Firma und Entnahme erheblicher Beträge aus der Nachlaßmasse zur Beschränkung seiner persönlichen Haftung und ohne die sichere Aussicht auf Steuereinsparungen in eine GmbH um und erwirbt er hierbei Geschäftsanteile auf seinen Namen, so verletzt er die ihm obliegende Verpflichtung zur ordnungsmäßigen Verwaltung des Nachlasses (BGH MDR **58** 670 = BB **58** 721). Wenn Anteile an einer GmbH zum Nachlaß gehören, muß der Testamentsvollstrecker die Möglichkeiten, die das Gesetz und der Gesellschaftsvertrag zur Überwachung der Geschäftsführung der Gesellschaft bieten, gewissenhaft wahrnehmen und gegebenenfalls dem zum Ausdruck gekommenen Willen des Erblassers im Hinblick auf eine besondere Ausgestaltung der Kontrolltätigkeit Rechnung tragen; unter besonderen Umständen kann er verpflichtet sein, an Hand der Bankauszüge oder des Hauptjournals mitsamt den Belegen und sonstigen Unterlagen die Geschäftsführung zu überprüfen (BGH NJW **59** 1820 = MDR **59** 921 = LM BGB § 2205 Nr. 3/4/5 = VersR **59** 720). Auch im allgemeinen ist der Testamentsvollstrecker zu besonderer Gewissenhaftigkeit und Sorgfalt verpflichtet (RG **130** 135). 6

Ein Testamentsvollstrecker kann, wenn dies vom Erblasser gestattet ist und dem Gebot ordnungsmäßiger Verwaltung nicht widerspricht, auch mit sich selbst ein Rechtsgeschäft (In-sich-Geschäft) über einen Nachlaßgegenstand vornehmen. § 181 ist insoweit entsprechend anwendbar. In der Ernennung eines Miterben zum Testamentsvollstrecker liegt hierbei in der Regel die Gestattung derjenigen In-sich-Geschäfte, die im Rahmen ordnungsmäßiger Verwaltung des Nachlasses liegen; an die Ordnungsmäßigkeit sind strenge Anforderungen zu stellen (BGH **30** 67 = NJW **59** 1429 = MDR **59** 650). Der Testamentsvollstrecker kann den ihm obliegenden Beweis für die Gestattung des Selbstkontrahierens u. U. dadurch führen, daß er Ordnungsmäßigkeit im Sinne von § 2216 nachweist (BGH **30** 71). Zweckmäßigkeitsfragen entscheidet der Testamentsvollstrecker allein. 7

Verstöße gegen § 2216 berühren im allgemeinen die Wirksamkeit der vom Testamentsvollstrecker abgeschlossenen Geschäfte nicht, sondern haben nur schuldrechtliche Folgen (BGH **30** 71). Ein von einem Testamentsvollstrecker unter Mißbrauch seiner Befugnis mit einem Dritten abgeschlossenes Geschäft ist aber regelmäßig unwirksam, wenn der Dritte den Mißbrauch kannte oder hätte kennen müssen (RG **83** 353; **75** 302). 8

II. Anordnungen des Erblassers (Abs. 2 Satz 1) 9

Anordnungen des Erblassers verpflichten den Testamentsvollstrecker nur, wenn sie *letztwillig* getroffen sind, dann aber so, daß er auch nicht von ihnen abgehen darf, wenn alle Beteiligten darüber einig sind, sie nicht zu befolgen. Daraus folgt aber nicht, daß sich der Testamentsvollstrecker immer schadenersatzpflichtig macht, wenn er sich mit dem Erben über ein Abweichen von bestimmten Anordnungen des Erblassers verständigt

(RG 11.6. 1934 IV 50/34). *Verfügungen*, die er den *Anordnungen zuwider* vorgenommen hat, sind gleichwohl *wirksam* (RJA **10** 114).

10 Sind die Anordnungen in der Form von *Wünschen* getroffen worden, so sind sie verbindlich, wenn der Erblasser wollte, daß der Testamentsvollstrecker ihnen folgen sollte (RG HansRGZ B **33** 325). Weisungen, die ihm im Wege eines Auftrags unter Lebenden erteilt worden sind, können vom Erben jederzeit widerrufen werden (§ 2197 Rdn. 1). Soweit letztwillige Anordnungen seine Rechte aufheben oder beschränken, ist er gegebenenfalls zur Anfechtung berechtigt (§ 2203 Rdn. 6). Der *Dritte*, dem die Anordnung zustatten kommt, kann aus ihr kein Recht für sich herleiten, so auch in dem Falle, daß dem Testamentsvollstrecker aufgegeben ist, dem zu seiner Unterstützung anzunehmenden Rechtsanwalt eine bestimmte Vergütung zu zahlen (RG Recht **07** Nr. 2334).

11 Als eine Verwaltungsanordnung ist bei einer dauernden Verwaltung auch die Bestimmung möglich, daß der Testamentsvollstrecker eine feste Jahressumme an den Erben zu dessen freier Verfügung auszahlen soll; es liegt dann kein Vorausvermächtnis einer Rente (§ 2150) vor; was in solchem Falle nach einer *Geldentwertung* an den Erben zu zahlen ist, bestimmt sich nicht nach Aufwertungsgrundsätzen (§ 2174 Rdn. 37 ff), sondern lediglich nach dem nötigenfalls durch *ergänzende Testamentsauslegung* (§ 2084 Rdn. 19 ff) zu ermittelnden Willen des Erblassers (RG LZ **29** 1406[5] = HRR **29** Nr. 1652).

12 **III. Eingreifen des Nachlaßgerichts (Abs. 2 Satz 2)**

Außerkraftsetzung durch das Nachlaßgericht setzt einen Antrag des Testamentsvollstreckers (bei gemeinschaftlicher Führung des Amtes aller Testamentsvollstrecker, DRM **39** 586[683]) oder anderer Beteiligter (wie in § 2198 Rdn. 5, aber mit Ausschluß einfacher Nachlaßgläubiger) und die Besorgnis einer erheblichen Gefährdung des Nachlasses voraus (ähnlich bei der Verwaltung des Vormunds und des Gewalthabers, §§ 1803 Abs. 2, 1639 Abs. 2). Von der Vorschrift werden insbesondere auch solche Fälle getroffen, bei denen die maßgebenden Umstände sich in der Zeit zwischen der Anordnung und ihrer Vollziehung geändert haben (KG HRR **33** Nr. 19). Hierher gehörte in der Zeit fortschreitender Geldentwertung z. B. der Fall, daß der Erblasser die Anlegung des Nachlasses in mündelsicheren Staatspapieren angeordnet hatte (HansGZ **23** Bbl. 61). Bei Außerkraftsetzung einer Verwaltungsanordnung des Erblassers ist das Nachlaßgericht nicht befugt, eine eigene Anordnung über die Verwaltung zu treffen. Besteht eine Verwaltungsanordnung aus mehreren selbständigen Teilen, so ist, wenn nur die Befolgung eines Teiles den Nachlaß erheblich gefährdet, auch nur dieser Teil außer Kraft zu setzen (KG Rpfleger **71** 179 = OLGZ **71** 220).

13 Eine Anordnung kann nach Ansicht des Kammergerichts nicht mehr außer Kraft gesetzt werden, wenn eine Gefährdung des Nachlasses durch sie schon dadurch beseitigt ist, daß der Testamentsvollstrecker ihr eigenmächtig zuwidergehandelt hat (RJA **10** 114; so auch *Staudinger/Dittmann* Rdn. 19). Das ist jedoch bedenklich. Der Testamentsvollstrecker kann gerade wegen seiner Eigenmacht bemüht sein, die Entscheidung des Nachlaßgerichts nachträglich herbeizuführen, um sich tunlichst auch gegen etwaige Ersatzansprüche zu schützen (*Kipp/Coing* 12. Bearb. § 73 II 2 mit Anm. 7; *Planck/Flad* Anm. 5 Abs. 2).

14 Bloße Unzweckmäßigkeit begründet noch kein Eingreifen des Nachlaßgerichts. Doch kann unter Gefährdung des Nachlasses auch eine Gefährdung derjenigen Erbinteressen verstanden werden, welche der Erblasser mit der besonderen Zweckbestimmung, die er dem Nachlaß zugunsten der Bedachten gegeben hat, durch Verwaltungsanordnungen hat fördern wollen (HRR **33** Nr. 1765; DRM **39** 586[683]). Auch die Änderung wird möglichst im Sinne des Erblassers zu treffen sein.

Teilungsanordnungen (§ 2048) kann das Nachlaßgericht nur aufheben, soweit sie mit Verwaltungsanordnungen zusammenfallen (JFG **14** 154; DRM **39** 586[683]), z. B. die übertrieben hohe Preisfestsetzung für ein zu veräußerndes Grundstück (zu weitgehend KG DJZ **27** 1559; hiernach soll das Nachlaßgericht eine Anordnung, daß einem Miterben bei der Auseinandersetzung ein bestimmter Gegenstand aus dem Nachlaß zuzuteilen sei, unter den Voraussetzungen des § 2216 Abs. 2 insofern außer Kraft setzen können, als sie zugleich das Verbot für den Testamentsvollstrecker enthalte, den Gegenstand anderweit zu veräußern). **15**

Die Aufhebungsbefugnis des Nachlaßgerichts bezieht sich **nicht** auf die Anordnung der Testamentsvollstreckung als solche, auf die Bestimmung des Zeitpunkts, bis zu dem sie dauern soll, auf die Zahl der Testamentsvollstrecker und die ihnen zustehende Vergütung (HRR **34** Nr. 1681; JW **37** 475[24]). Unter Umständen kann ein auf diesem Wege nicht zu erreichender Erfolg aber das Ergebnis einer ergänzenden Testamentsauslegung sein (§ 2084 Rdn. 19 ff); hierüber hat jedoch im Streitfalle das Prozeßgericht zu entscheiden. **16**

Das Nachlaßgericht ist grundsätzlich weder befugt, die Amtsführung des Testamentsvollstreckers zu beaufsichtigen (so schon KG in OLG **14** 302) noch die Testamentsvollstreckung aufzuheben (KG JR **51** 732). **17**

IV. Anhören der Beteiligten (Abs. 2 Satz 3) **18**

Als *Beteiligte* kommen neben den Erben, Vermächtnisnehmern und Auflageberechtigten auch der Testamentsvollstrecker selbst (wie in §§ 1826, 1827, 2200, 2227, 2360) in Betracht, nicht jedoch sonstige Nachlaßgläubiger oder -schuldner (zum Begriff des „Beteiligten" vgl. KG HRR **28** Nr. 2281; *Planck/Flad* Anm. 6). Sie sind zu *hören*, d. h. es ist ihnen Gelegenheit zu geben, sich zu äußern, und zwar nur soweit dies tunlich, d. h. ohne übermäßigen Aufwand an Zeit und Kosten ausführbar ist.

Gegen die Entscheidung ist die *einfache Beschwerde* gegeben; beschwerdeberechtigt ist im Falle der Zurückweisung des Antrags nur der Antragsteller, sonst jeder in seinem Rechte Beeinträchtigte, von mehreren ihr Amt gemeinschaftlich führenden Testamentsvollstrecker jeder einzelne (FGG §§ 19, 20, 82; aM DRM **39** 586[683]). *Gebühr* für die Entscheidung des Nachlaßgerichts KostO §§ 113, 115. **19**

§ 2217

Der Testamentsvollstrecker hat Nachlaßgegenstände, deren er zur Erfüllung seiner Obliegenheiten offenbar nicht bedarf, dem Erben auf Verlangen zur freien Verfügung zu überlassen. Mit der Überlassung erlischt sein Recht zur Verwaltung der Gegenstände.

Wegen Nachlaßverbindlichkeiten, die nicht auf einem Vermächtnis oder einer Auflage beruhen, sowie wegen bedingter und betagter Vermächtnisse oder Auflagen kann der Testamentsvollstrecker die Überlassung der Gegenstände nicht verweigern, wenn der Erbe für die Berichtigung der Verbindlichkeiten oder für die Vollziehung der Vermächtnisse oder Auflagen Sicherheit leistet.

E I 1907 II 2086; M **5** 242, 243; P **5** 312—314, 543.

Herausgabe von Nachlaßgegenständen

Übersicht

1 **I. Voraussetzungen der Herausgabepflicht (Abs. 1 Satz 1)**

Der Testamentsvollstrecker hat schon vor Beendigung seines Amtes **Nachlaßgegenstände dem Erben zu überlassen,** soweit **offenbar,** d. h. ohne weitläufige Beweiserhebungen (Prot. **5** 313, s. auch §§ 319, 1591, 1717, 2048) erhellt, daß er sie nicht braucht.

2 Beschränken sich die *Obliegenheiten des Testamentsvollstreckers* auf die Ausführung letztwilliger Verfügungen und die Auseinandersetzung (§§ 2203, 2204), so bedarf er der Nachlaßgegenstände nur insoweit, als er sie Dritten herauszugeben oder zu versilbern hat, um Mittel zur Tilgung der Nachlaßverbindlichkeiten zu gewinnen. Ist er dagegen schlechthin und auf längere Dauer mit der Verwaltung beauftragt (§ 2209), so werden hiervon regelmäßig alle Nachlaßgegenstände umfaßt, an denen fremde Verwaltung möglich ist (§ 2205 Rdn. 10); für die Anwendung des § 2217 ist dann kein Raum (RG 19. 3.1923 IV 313/22; LZ **29** 1407). Ist die Verwaltung auf einzelne Nachlaßgegenstände beschränkt (§ 2208 Rdn. 5), z. B. auf ein Landgut, Handelsgeschäft, so ist es Tatfrage, welche einzelnen Gegenstände dem Testamentsvollstrecker hierfür entbehrlich sind.

3 Der Testamentsvollstrecker ist nur auf das *Verlangen des Erben* (bei mehreren Erben der Gesamtheit der Erben, RG 2. 3. 1922 IV 516/21) zur Überlassung verpflichtet. Der Erbe muß notfalls Klage erheben. Dies schließt nicht aus, daß der Testamentsvollstrecker, unter seiner Verantwortung aus § 2219, die Gegenstände dem Erben auch unverlangt überläßt (KGJ **40** 210). Jedenfalls hat er ihm, wenn er die Gegenstände herauszugeben oder von vornherein im Besitze des Erben belassen hat (§ 2205 Rdn. 13), die *freie Verfügung* darüber zu verschaffen, also auch Eintragungen, die ihn beschränken (GBO § 52; SchiffsRegO § 55), löschen zu lassen; vgl. aber LG Hannover, wonach es, um Nachlaßgegenstände zur Verfügung der Erben zu überlassen, genügen soll, ihnen die Verwaltungsbefugnis zu übertragen (JR **50** 693 mit Anm. von *Hartung*). Der Anspruch auf Herausgabe von Nachlaßgegenständen richtet sich gegen den Testamentsvollstrecker persönlich, nicht gegen ihn in seiner Amtseigenschaft (OGH **2** 47). Die Überlassung kann erst nach Erledigung der steuerlichen Verpflichtungen erfolgen. Gibt der Testamentsvollstrecker trotzdem vorher frei, so haftet er persönlich für die Erstattung der Erbschaftssteuer (vgl. *Palandt/Keidel* Anm. 1b—bb).

4 Der Testamentsvollstrecker kann den Erben Nachlaßgegenstände erst dann wirksam überlassen, wenn er das Amt angenommen hat (RG HRR **42** Nr. 567 = DR **42** 980). Der Testamentsvollstrecker ist ferner regelmäßig dann nicht befugt, dem Erben Nachlaßgegenstände zur freien Verfügung zu überlassen, wenn ihm die Veräußerung dieser Gegenstände auf Zeit untersagt und sein Verfügungsrecht insoweit eingeschränkt ist (KG HRR **39** Nr. 1398 = DR **39** 1951[6]).

5 Der Testamentsvollstrecker kann durch den Erblasser von der *Überlassungspflicht befreit* werden; in § 2220 ist § 2217 nicht mit angezogen. Mit Zustimmung der Erben und Vermächtnisnehmer kann der Testamentsvollstrecker ohne Rücksicht auf den Willen des Erblassers über Nachlaßgegenstände unentgeltlich verfügen (BGH **57** 84 = NJW **71** 2264; vgl. dazu *Haegele*, Rpfleger **72** 46; s. Rdn. 21 zu § 2205).

6 Haftung des Testamentsvollstreckers bei vorzeitiger Ausantwortung von Nachlaßgegenständen gegenüber dem Steuerfiskus gemäß den in § 2205 Rdn. 4 angeführten Steuergesetzen.

7 **II. Die Überlassung und ihre Folgen (Abs. 1 Satz 2)**

Eine **Überlassung** im Sinne dieser Vorschrift liegt nur dann vor, wenn der Testamentsvollstrecker die Gegenstände, sei es auch nur hinsichtlich der Verwaltung und

Nutznießung zugunsten des Erben rechtswirksam und endgültig so aufgegeben hat, daß der Erbe im Rechtsverkehr Verfügungen treffen kann, ohne ihn in Anspruch zu nehmen, nicht aber dann, wenn die Beteiligten die Auseinandersetzung als eine lediglich innere Angelegenheit angesehen und an der Verfügungsmacht des Testamentsvollstreckers nach außen hin nichts geändert haben (RG HRR **30** Nr. 985). Dabei ist davon auszugehen, daß der Testamentsvollstrecker die Freigabe einzelner Nachlaßgegenstände in der Regel durch formlose Erklärung bewirken kann; bei Freigabe eines Grundstücks oder eines Rechts an einem Grundstück muß die Erklärung jedoch dem Grundbuchamt gegenüber in der Form des § 29 Abs. 1 Satz 1 GBO nachgewiesen werden (LG Berlin WM **61** 313). Keine Freigabeerklärung liegt in der bloßen Zustimmung des Testamentsvollstreckers zur Bewilligung der Eintragung eines Vorkaufsrechts zu einem Nachlaßgrundstück, das seiner Verwaltung unterliegt (OLG Düsseldorf NJW **63** 162). § 2217 Abs. 1 Satz 2, wonach das Recht des Testamentsvollstreckers durch die Überlassung von Gegenständen an die Erben erlischt, findet auf die dauernde Vollstreckung nach § 2209 keine Anwendung (RG **106** 383).

Gibt der Testamentsvollstrecker einen Nachlaßgegenstand entgegen den Bestimmungen des Testaments dem Erben irrtümlich frei, so kann er gemäß § 812 verlangen, daß sein Verwaltungsrecht wiederhergestellt werde (BGH **12** 104 = LM BGB § 2216 Nr. 1 = NJW **54** 636; **24** 106, 109 f = LM BGB § 2218 Nr. 1 mit Anm. von *Fischer* = NJW **57** 1026; *Kipp/Coing* § 73 II 4 Anm. 14; *Planck/Flad* Anm. 4; aM die 9. Aufl. dieses Kommentars). Dies gilt sowohl bei einem Irrtum des Testamentsvollstreckers über seine Pflicht zur Freigabe als auch dann, wenn sich der Irrtum auf die Freigabehandlung selbst bezieht (BGH **24** 106, 110 = NJW **57** 1026). **8**

Mit der Überlassung **erlischt das Verwaltungsrecht,** zugleich aber das hiervon unzertrennliche Verfügungsrecht des Testamentsvollstreckers (§§ 2205 Rdn. 14 ff, 2211 Rdn. 1 ff), ebenso sein Recht, wegen dieser Nachlaßgegenstände Nachlaßverbindlichkeiten einzugehen (§ 2206 Rdn. 1 f) und darüber Prozesse zu führen (§§ 2212 Rdn. 1 ff, 2213 Rdn. 1 ff). **9**

Auch wenn die Voraussetzungen des § 2217 *nicht* erfüllt sind, ist der Testamentsvollstrecker im Grundbuch zu löschen, wenn die Erben — bei einer Testamentsvollstreckung — den Nachlaß bei Grundstücken derart auseinandersetzen, daß sie das Gesamthandseigentum der Erbengemeinschaft in Bruchteilseigentum umwandeln (BGH **56** 275 = WM **71** 1126 = LM § 2208 Nr. 3 mit Anm. von *Mattern* = NJW **71** 1805). **10**

III. Recht des Erben, Sicherheit zu leisten (Abs. 2) **11**

Durch **Sicherheitsleistung** nach §§ 232 ff kann der Erbe die Herausgabe immer dann erzwingen, wenn der Testamentsvollstrecker die Nachlaßgegenstände zurückhalten will, um sie zur Tilgung gewöhnlicher Nachlaßverbindlichkeiten einschließlich der Pflichtteilsansprüche zu versilbern, oder wenn er bestimmte Gegenstände beim Eintritt einer Bedingung oder eines Termins an bestimmte Bedachte oder Auflageberechtigte auszuhändigen hat. *Nicht* dagegen kann er die Überlassung von Gegenständen fordern, die zur Vollziehung bereits fälliger Vermächtnisse und Auflagen bestimmt sind. Die Testamentsvollstreckung als solche kann durch eine Sicherheitsleistung nicht beseitigt werden.

Die Sicherheit ist dem Testamentsvollstrecker zu bestellen und kann von dem beteiligten Gläubiger nur in Anspruch genommen werden, wenn sie ihm abgetreten oder im Wege der Zwangsvollstreckung überwiesen worden ist. Es genügt aber, wenn der Erbe die von ihm an den Gläubiger oder Vermächtnisnehmer geleistete Sicherheit dem **12**

Testamentsvollstrecker nachweist (*Kipp/Coing* 12. Bearb. § 73 II 4 c; aA *Lange*, Lehrbuch § 29 VIII 1 Anm. 7).

§ 2218

Auf das Rechtsverhältnis zwischen dem Testamentsvollstrecker und dem Erben finden die für den Auftrag geltenden Vorschriften der §§ 664, 666 bis 668, 670, des § 673 Satz 2 und des § 674 entsprechende Anwendung.

Bei einer länger dauernden Verwaltung kann der Erbe jährlich Rechnungslegung verlangen.

E I 1908 Abs. 1, 2 II 2087; M **5** 244; P **5** 263, 314—316.

Anwendung der Auftragsvorschriften

Übersicht

1 **I. Allgemeines (Befreiungsverbot)**

Von den durch die Vorschrift auferlegten Verpflichtungen kann dem Testamentsvollstrecker vom Erblasser keine Befreiung gewährt werden (§ 2220; vgl. Rdn. 1 zu § 2215.

2 **II. Entsprechend anzuwendende Vorschriften (Abs. 1)**

1. Das **Rechtsverhältnis zwischen Testamentsvollstrecker und Erben** ist *nicht* selbst *Auftrag*, sondern nur in gewissen Beziehungen dem Auftrage nachgebildet. Rechtlich ist es ein besonderes gesetzliches Verpflichtungsverhältnis, das durch den Willen des Erblassers ausgelöst wird (vgl. Rdn. 3, 9 vor § 2197). Testamentsvollstrecker und Erben können sich allerdings innerhalb bestimmter Grenzen außerhalb der gesetzlichen Regelung einigen (*Flad* DFG **36** 134 f). Einzelbestimmungen enthalten die Vorschriften der §§ 2206 Abs. 2, 2208 Abs. 2, 2215 und 2217. Auf das Auftragsrecht ist nur deshalb ergänzend verwiesen worden, um das Gesetz kürzer zu fassen (*Planck/Flad* Anm. 1).

3 Zu anderen Beteiligten als dem Erben steht der Testamentsvollstrecker, von § 2219 Rdn. 7 abgesehen, überhaupt in *keinem* Rechtsverhältnis. Insbesondere ist er dem Pflichtteilsberechtigten und regelmäßig auch dem Vermächtnisnehmer nicht zur Auskunft verpflichtet (RG **50** 224 und JW **04** 388[7]). In den besonderen Fällen, in denen ein Anspruch auf Auskunftserteilung als mitvermacht anzusehen ist (§ 2174 Rdn. 14), kann dieser Anspruch aber gemäß § 2213 auch gegen den verwaltenden Testamentsvollstrekker geltend gemacht werden, jedoch nur derart, daß die Leistung an alle Erben zu geschehen hat (BGH NJW **65** 396). Über die Verpflichtungen des Testamentsvollstrekkers gegenüber seinem Nachfolger im Amt s. BGH WM **72** 953 = NJW **72** 1660 sowie Rdn. 12.

4 Ist ein Aktionär an einer AG mit *Aktien* beteiligt, von denen ein Teil einer Verwaltungstestamentsvollstreckung unterliegt, so geht das Verwaltungsrecht des Testamentsvollstreckers unter, wenn die AG in eine KG umgewandelt und dieser Aktionär

(Erbe) nunmehr Kommanditist wird. Der Testamentsvollstrecker hat in diesem Falle einen Anspruch auf Wiederherstellung seines Verwaltungsrechts. Dieser Anspruch ist in der Weise durchsetzbar, daß der Erbe dem Testamentsvollstrecker treuhänderisch denjenigen Teil seines Kommanditanteils überträgt, der den Aktien entspricht, die zunächst der Testamentsvollstreckung unterlagen. Zur Wirksamkeit einer solchen Übertragung ist grundsätzlich die Zustimmung der übrigen Gesellschafter erforderlich (BGH **24** 106 = NJW **57** 1026 mit Hinweisen S. 1028 = LM BGB § 2218 Nr. 1 mit Anm. von *Fischer*).

2. Einzelbestimmungen 5

§ 664: Der Testamentsvollstrecker kann sein Amt zwar jederzeit niederlegen (§ 2226), auch im Falle des § 2199 Abs. 2 einen Nachfolger ernennen; er darf aber die Ausführung der ihm übertragenen Aufgaben *nicht,* auch nicht mit Zustimmung des Erben, *im ganzen einem Dritten übertragen* (RG **81** 170; vgl. *Kipp/Coing* 12. Bearb. § 73, 5 b). Die Bestellung von Prokuristen für das zum Nachlaß gehörige Handelsgeschäft ist als Verwaltungsmaßregel (§ 2205 Rdn. 7) nicht ausgeschlossen (RJA **11** 271). Auch die Bestellung eines Dritten oder eines Mitvollstreckers zum Generalbevollmächtigen ist wirksam, sofern eine solche Bevollmächtigung nicht durch das Testament untersagt und die Vollmacht nicht unter Ausschluß des Widerrufsrechts erteilt ist, der Vollmachtgeber also nicht nur in der rechtlichen Lage ist, während der Dauer der gewährten Vertretungsbefugnis die Testamentsvollstreckergeschäfte in vollem Umfange selbst zu besorgen, sondern auch, die Vertretungsbefugnis durch Widerruf jederzeit zu beendigen (KG JFG **7** 279 gegen KGJ **27** A 197). Über die Bestellung eines Generalbevollmächtigten als möglichen Grund für die Entlassung des Testamentsvollstreckers s. § 2227 Rdn. 5. Der Testamentsvollstrecker wird regelmäßig ermächtigt sein, einzelne Verrichtungen zu übertragen; bei Verhinderung kann er sogar dazu verpflichtet sein. Soweit ihm die Übertragung gestattet ist, haftet er nur für ein Verschulden bei der Übertragung. Für das Verschulden eines Gehilfen haftet er in gleichem Umfange wie für eigenes Verschulden. Umgekehrt kann auch der Erbe Ansprüche selbst, die ihm aus §§ 2215—2217 gegen den Testamentsvollstrecker zustehen, nicht übertragen, wohl aber die aus diesem Grunde entstandenen Herausgabe- und Ersatzansprüche. Der Testamentsvollstrecker tritt jedoch bei Veräußerung des Erbanteils (§ 2033) zu dem Erwerber ohne weiteres in Beziehungen.

§ 666: Benachrichtigungs- und Auskunftspflicht (vgl. § 2215 Rdn. 1—5). Sie besteht für einen den Vorerben beschränkenden Testamentsvollstrecker bloß gegenüber dem Vorerben; der Nacherbe kann von einem solchen Testamentsvollstrecker Auskunft nur unter den besonderen Voraussetzungen des § 2127 verlangen (RG Recht **13** Nr. 221). Die *Auskunft* ist nur auf Verlangen zu erteilen und erstreckt sich auch auf bevorstehende Geschäfte; die erforderlichen *Nachrichten* sind auch unaufgefordert zu geben (RG **130** 139). *Rechenschaft* ist zu legen, sobald der Testamentsvollstrecker die ihm obliegende Aufgabe im wesentlichen erfüllt hat; s. auch Abs. 2 und § 259 (Erstrekkung des Offenbarungseids, jetzt der Abgabe einer eidesstattlichen Versicherung, darauf, daß der Nachlaßbestand nicht durch den Ansatz von Ausgaben, die nicht zu Nachlaßzwecken gemacht worden sind, als zu niedrig hingestellt wird, RG JW **13** 1150[7]; vgl. dazu auch BGH WM **64** 950). Unter Umständen besteht auch schon, bevor das Amt des Testamentsvollstreckers geendet hat, einerseits Anspruch gegen ihn auf Schlußrechnung, z. B. dann, wenn die Verwaltungstätigkeit, die den letzten Willen durchführen soll, im Sinne des § 2205 beendigt ist und eine selbständige Verwaltungstätigkeit im Sinne des § 2209 beginnt (RG LZ **19** 1243[19]); anderseits kann auch schon ein Anspruch des Testamentsvollstreckers auf Entlastung wegen eines einzelnen Geschäfts (RG 6

WarnRspr. 09 Nr. 245) oder eine Klage auf Feststellung eines künftigen Empfangsberechtigten gegeben sein (RG WarnRspr. **12** Nr. 174, 3). Die Ansprüche auf Auskunft und Rechenschaft sind als bloße Hilfsansprüche für sich allein nicht übertragbar und daher (ZPO § 851) für sich allein auch nicht pfändbar (RG JW **31** 525[10]); sie können anderseits bei der Pfändung eines Erbteils (ZPO § 859 Abs. 2) auch, ohne daß die Pfändung ausdrücklich auf sie ausgedehnt wird, als mitgepfändet gelten; dies gilt auch dann, wenn die Forderung, für die gepfändet wird, den Wert des Erbteils nicht erschöpft (vgl. JW **29** 869[3] mit Anm. von *Kipp* und **30** 1014[7]); erschwert das Vorhandensein mehrerer Pfändungsgläubiger die Verpflichtung des Testamentsvollstreckers, so ist dem durch entsprechende Anwendung des § 432 zu begegnen (RG LZ **16** 1473[9]). Zum Unvermögen des Testamentsvollstreckers, Rechnung zu legen, wenn durch Versehen seiner Ehefrau die Belege über die Nachlaßverwaltung vernichtet worden sind, vgl. OLG München HRR **41** Nr. 628. Ein *Miterbe* kann den Anspruch auf Rechnungslegung gegen den Testamentsvollstrecker allein geltend machen, jedoch nur derart, daß Leistung an alle Miterben verlangt wird (BGH NJW **65** 396). Der *Vermächtnisnehmer* hat keinen eigenen Anspruch auf Rechnungslegung gegen den Testamentsvollstrecker; er kann aber mit vermacht sein (vgl. BGH Betrieb **64** 1370 = WM **64** 950).

7 **§ 667:** Herausgabe der Erbschaft nach, im Falle des § 2217 schon vor Endigung des Amtes.

8 **§ 668:** Der Testamentsvollstrecker ist verpflichtet, Geld, das er dem Erben herauszugeben oder für ihn zu verwenden hat, von der Zeit der Verwendung an zu verzinsen, wenn er dieses Geld für sich selbst verwendet (vgl. §§ 246, 1834).

9 **§ 670:** Ersatzpflicht des Erben für Aufwendungen des Testamentsvollstreckers innerhalb der Grenzen seiner Haftung für Nachlaßverbindlichkeiten (s. auch KO § 224 Nr. 6). Zu den Auslagen, deren Ersatz der Testamentsvollstrecker nach § 670 fordern kann, sind entsprechend § 1835 Abs. 2 (s. Rdn. dazu) auch die Gebühren zu rechnen, die ihm nach den gesetzlichen Bestimmungen als Rechtsanwalt für die Dienste erwachsen, die er auf Grund seines Berufs leistet (RG **149** 121). Ein Zurückbehaltungsrecht des Testamentsvollstreckers folgt aus § 273; er hat aber kein Recht auf Vorschuß (§ 669 nicht anwendbar).

10 **§ 673 Satz 2:** Anzeige- und vorläufige Besorgungspflicht der Erben des Testamentsvollstreckers, wenn das Amt nach § 2225 durch seinen Tod endete. Anzeige kann an die Erben und an das Nachlaßgericht gerichtet werden (*Erman/Hense* Rdn. 7).

11 **§ 674:** Erlischt das Amt des Testamentsvollstreckers ohne sein Wissen, z. B. durch Eintritt einer auflösenden Bedingung (Verheiratung des Erben) oder gemäß § 2210 Satz 2, so gilt es zugunsten des Testamentsvollstreckers als fortbestehend, bis er vom Erlöschen Kenntnis erlangt oder das Erlöschen kennen muß. Unter diesen Voraussetzungen ist auch der vom Testamentsvollstrecker abgeleitete Erwerb des gutgläubigen Dritten geschützt (§ 169). Das gilt jedoch nicht, wenn der Testamentsvollstrecker in bösem oder wenn er fahrlässigerweise in falschem Glauben war. Auch das Vorweisen des Zeugnisses deckt in diesem Falle den Dritten nicht (§ 2368 Rdn. 11). Nur der öffentliche Glaube des Grundbuchs (§§ 892, 893) kann ihm helfen. Hat eine Testamentsvollstreckung von vornherein nicht bestanden, da alle Testamentsvollstreckeraufgaben bereits zur Zeit der Ernennung ausgeführt waren, so kommt eine entsprechende Anwendung des § 674 i.V. mit § 2218 nicht in Betracht (BGH **41** 23, 30 = NJW **64** 1316).

12 Nicht ausdrücklich ist der Fall geregelt, daß bei andauernder Testamentsvollstreckung der eine Testamentsvollstrecker durch einen anderen abgelöst wird. Insoweit sind die Vorschriften über Auskunftserteilung, Rechnungslegung und Herausgabe entsprechend anzuwenden. Namentlich hat der abgelöste Testamentsvollstrecker dem neu-

berufenen Rechenschaft über seine bisherige Amtsführung abzulegen (BGH WM **72** 953 = NJW **72** 1660).

II. Anspruch auf jährliche Rechnungslegung (Abs. 2) **13**

Die Vorschrift enthält eine Abweichung von § 666 in besonderem Hinblick auf §§ 2209, 2210. In welcher Weise die Pflicht zur Rechnungslegung zu erfüllen ist, bestimmt sich nach den Umständen des einzelnen Falles und nach dem gemäß § 242 zu beobachtenden billigen Ermessen (RG WarnRspr. **36** Nr. 159).

Der Übergang von dem Anspruch aus Abs. 2 zu dem Anspruch aus Abs. 1 ist Klageänderung (RG WarnRspr. **36** Nr. 159). **14**

§ 2219

Verletzt der Testamentsvollstrecker die ihm obliegenden Verpflichtungen, so ist er, wenn ihm ein Verschulden zur Last fällt, für den daraus entstehenden Schaden dem Erben und, soweit ein Vermächtnis zu vollziehen ist, auch dem Vermächtnisnehmer verantwortlich.

Mehrere Testamentsvollstrecker, denen ein Verschulden zur Last fällt, haften als Gesamtschuldner.

E I 1908 Abs. 1 II 2088; M **5** 244; P **5** 263, 315.

Verantwortlichkeit des Testamentsvollstreckers

Übersicht

I. Allgemeines (Befreiungsverbot) **1**

Die Befreiung von der durch die Vorschrift auferlegten Verantwortung ist unzulässig. Der Erblasser kann insbesondere auch nicht anordnen, daß die Haftung des Testamentsvollstreckers auf Vorsatz und grobe Fahrlässigkeit beschränkt sein soll (vgl. § 2220); vgl. dazu Rdn. 1 zu § 2215.

II. Verantwortlichkeit gegenüber dem Erben **2**

Der Testamentsvollstrecker steht nur zum Erben, gegebenenfalls auch zum Vor- oder Nacherben, in einem gesetzlichen Schuldverhältnis (§ 2218) und ist deshalb grundsätzlich nur **dem Erben schadenersatzpflichtig,** ausnahmsweise auch dem Vermächtnisnehmer (Rdn. 7). Sämtliche dem Testamentsvollstrecker obliegende Verrichtungen (§§ 2203—2209, 2212—2218, 2226 Satz 3) unterstehen danach dem Grundsatze des § 276, wonach er Vorsatz und Fahrlässigkeit zu vertreten hat (RG 27.9. 1928 IV 118/28). Für das von ihm zu vertretende Maß von Gewissenhaftigkeit und Sorgfalt ist auf seine besondere Vertrauensstellung sowie darauf Rücksicht zu nehmen, daß der Erbe nicht immer sein Recht in gleicher Weise schützen kann, wie es der Erblasser hätte tun können (RG **130** 134 f). Der Testamentsvollstrecker ist für den Schaden verantwortlich, der dem Nachlaß durch eine überflüssige, leichtfertige oder durch persönliche Interessen beeinflußte Prozeßführung entsteht (RG JW **36** 3388[7]; BGH WM **67** 25, 29). Er kann ferner wegen Mißachtung berechtigter Wünsche der Miterben bei der freiwilligen Versteigerung eines Nachlaßgrundstücks (OLG Saarbrücken JZ **53** 508 mit zust. Anm. von *Keidel;* vgl. ferner BGH WM **60** 1421) oder wegen einer bei der Verwaltung des Nachlasses begangenen unerlaubten Handlung (BGH LM BGB § 823 [Ad] Nr. 1 = VersR **57** 297 = JR **57** 419) persönlich zur Verantwortung herangezogen werden. Eine Schadenersatzpflicht kann sich auch aus fehlerhafter Geldanlage ergeben; jedoch ist der Testamentsvollstrecker auch bei sinkenden Kursen nicht ohne weiteres verpflichtet, Aktien des von ihm verwalteten Nachlasses gegen festverzinsliche Schuldverschreibungen auszutauschen (OLG Köln, Die AG **64** 308; s. hierzu auch *Glaser,* Betrieb **64** 947). Zur Haftung des Testamentsvollstreckers bei Umwandlung einer Einzelhandelsfirma in eine GmbH vgl. ferner BGH BB **58** 721 = MDR **58** 670 = DRsp I (174) 70 a = LM BGB § 2219 Nr. 4. Amtsmißbrauch liegt jedoch nicht schon deshalb vor, weil der Testamentsvollstrecker im eigenen Interesse gehandelt hat (OGH **3** 247; vgl. § 2216 Rdn. 5). Hat er das in seiner Verwaltung befindliche, von ihm nach den bisher maßgebenden Grundsätzen angelegte Vermögen in der Inflationszeit der Entwertung verfallen lassen, so kann ihm dies nicht ohne weiteres zum Verschulden angerechnet werden (RG JR **27** Nr. 114; vgl. AufwG § 79). Über die Grenzen der Verwaltungsbefugnis bei *Fortführung eines Handelsgeschäfts* vgl. BGH **12** 100 = LM BGB § 2216 Nr. 1 = NJW **54** 636. Ein Miterbe kann in der Regel keinen Schadenersatzanspruch gegen den Testamentsvollstrecker daraus herleiten, daß er bei der Verteilung des Nachlasses schlechter gestellt worden ist, als es dem Testament entsprach, wenn er der getroffenen Regelung zugestimmt und dem Testamentsvollstrecker hinsichtlich der Regelung Entlastung erteilt hat (BGH 4. 11. 1968 ZR III 93/66; vgl. dazu *Keßler* DRiZ **69** 281). Für die Erbschaftssteuer haftet der Testamentsvollstrecker persönlich, wenn er Nachlaßgegenstände vor Entrichtung der Steuer anderen überläßt (§ 15 Abs. 5 ErbschsteuerG), es sei denn, daß er im guten Glauben war. Die Ersatzansprüche des Erben gegen den Testamentsvollstrecker gehören zum Nachlaß. Sie können daher, wenn sie sich gegen einen früheren Testamentsvollstrecker richten und die Testamentsvollstreckung noch besteht, nur von dem im Amte befindlichen Testamentsvollstrecker geltend gemacht werden (BGH LM § 2213 Nr. 4 = WM **58** 1199 = MDR **58** 670).

3 Jeder einzelne Miterbe kann den Testamentsvollstrecker darauf verklagen, die Grenzen seiner Verwaltungsbefugnis einzuhalten oder eine pflichtmäßige Verwaltungshandlung vorzunehmen (RG **73** 28; § 2216 Rdn. 5). Ist, wie bei der Auskunftspflicht oder der Herausgabepflicht (§ 2217 Rdn. 1 f), eine Leistung an den Erben zu bewirken, so bestimmt sich beim Vorhandensein einer Erbengemeinschaft das Klagerecht des einzelnen Miterben zwar, da der Anspruch nicht zum Nachlasse gehört, sondern erst in der Person des Erben entsteht, nicht nach § 2039, wohl aber nach der entsprechenden Vorschrift des § 432 (vgl. RG **86** 68). Der dem Erben oder einer Erbengemeinschaft aus der Pflichtverletzung eines früheren Testamentsvollstreckers erwachsene Ersatzanspruch gehört zum Nachlaß, sofern der Nachlaß als solcher und nicht (z. B. durch Benachteiligung bei der Auseinandersetzung) ein einzelner Miterbe geschädigt ist; dann steht nach § 2212 die gerichtliche Geltendmachung des Anspruchs allein dem neuen Testamentsvollstrecker zu; dabei ist ein mitwirkendes Verschulden des geschädigten Rechtsinhabers (des oder der Erben) nach § 254 zu beachten (RG **138** 132; *Hildebrandt* JW **33** 1311 zu 14).

4 Soweit der Erblasser den Testamentsvollstrecker von der Erfüllung seiner Obliegenheiten nicht befreien kann (§ 2220), kann er auch das Maß seiner Vertretungspflicht nicht mindern (vgl. RG **133** 135; aM *Strohal* § 40 a Anm. 36). Seine Haftung für Vertreter und Gehilfen ergibt § 664 (§ 2218 Rdn. 5). Steht ihm die Ernennung eines Mitvollstreckers oder des Nachfolgers zu (§ 2199), so hat er ein bei der Auswahl ihn treffendes Verschulden gleichfalls zu vertreten. Ebenso haftet im Falle des § 2200 nach § 839 der Nachlaßrichter.

Ist die Bestellung des Testamentsvollstreckers durch das Nachlaßgericht *unwirksam,* so ist der Bestellte gleichwohl, solange er das Amt im Vertrauen auf die Gültigkeit der Bestellung ausgeübt hat, den Beteiligten gegenüber verantwortlich wie ein wirksam bestellter Testamentsvollstrecker (vgl. RG JW **37** 3187[46]). 5

Die *Haftung des Erben* für Handlungen des Testamentsvollstreckers erstreckt sich so weit, wie dadurch Nachlaßverbindlichkeiten begründet werden (§ 1967). Dies trifft zu, soweit der Testamentsvollstrecker innerhalb des durch die letztwillige Verfügung des Erblassers und die gesetzlichen Vorschriften bestimmten Rechtskreises tätig wird, nicht aber soweit er aus Veranlassung seines Amtes Dritten Schaden zufügt (Streitfrage, vom RG WarnRspr. **14** Nr. 127 dahingestellt gelassen). Nach BGH LM § 823 (Ad) Nr. 1 haftet der Testamentsvollstrecker dritten Personen gegenüber für von ihm bei der Verwaltung des Nachlasses begangene unerlaubte Handlungen persönlich. Schadenersatz §§ 249 ff. Strafrechtliche Verantwortung des Testamentsvollstreckers StGB § 266; Haftung für die Erbschaftssteuer und für Steuern, die der Erblasser schuldig geblieben ist, § 2205 Rdn. 4. Wegen der Haftung für die Kosten eines Rechtsstreits, den der Testamentsvollstrecker gegen den Erben verliert, vgl. OLG Hamburg DNotZ **39** 127; § 2203 Rdn. 4. Ein Verstoß gegen die dem Testamentsvollstrecker obliegenden Pflichten begründet keine Nichtigkeit der getroffenen Verfügungen (vgl. *Kipp/Coing* 12. Bearb. § 73 II Anm. 28 a; ferner BGH **30** 73; KG Rpfleger **72** 60). 6

II. Verantwortlichkeit gegenüber dem Vermächtnisnehmer 7

Die Haftung des Testamentsvollstreckers ist ausdrücklich auch **gegenüber dem Vermächtnisnehmer** begründet (RJA **10** 115), und zwar auch wenn es sich, wie im Falle des § 2223, um ein Untervermächtnis handelt (vgl. zur Testamentsvollstreckung für ein Vermächtnis BGH **13** 203). Der Vermächtnisnehmer kann den Testamentsvollstrecker auch dann auf Schadenersatz in Anspruch nehmen, wenn ihm aus demselben Grunde ein Ersatzanspruch gegen den mit dem Vermächtnis beschwerten Erben zusteht. Er muß nicht zunächst seine Ersatzansprüche gegen den Erben geltend machen (BGH LM BGB § 2258 Nr. 1; anders die vorige Auflage im Anschluß an RG 27. 9. 1928 IV 118/28). Die Schadenersatzpflicht tritt überdies, wenn der Erbe beschwert ist, nur in dem Umfange ein, in dem dieser nach §§ 1991 Abs. 4, 1992 zur Entrichtung des Vermächtnisses verbunden war. Der Vermächtnisnehmer hat keinen Anspruch auf Rechnungslegung (Kassel OLG **21** 330). Zur Frage der Schadenersatzpflicht des Testamentsvollstreckers gegenüber dem Vermächtnisnehmer vgl. BGH VersR **64** 1100.

Gegenüber dem durch eine *Auflage* Begünstigten besteht keine Haftung des Testamentsvollstreckers (RG WarnRspr. **37** Nr. 133; s. § 1940 Rdn. 6). 8

III. Gesamtschuldnerische Haftung mehrerer Vollstrecker 9

Die gesamtschuldnerische Haftung mehrerer Vollstrecker (§§ 421 ff) — vorausgesetzt, daß jeden ein Mitverschulden trifft — entspricht der Haftung mehrerer Vorstandsmitglieder und Liquidatoren (§§ 42, 53) oder mehrerer Vormünder (§ 1833). Sie besteht nur, soweit sie das Amt gemeinschaftlich führen (§ 2224). Ist jedem ein besonderer Wirkungskreis zugewiesen, so haftet er für sich allein, wenn den übrigen auch kein Aufsichtsrecht zusteht.

Im *Verhältnis zueinander* sind sie nach § 426 zu gleichen Teilen ersatzpflichtig. Der bloß aufsichtsführende Testamentsvollstrecker (§ 2208 Rdn. 9) kann jedoch entsprechend § 1833 Abs. 2 von den übrigen nicht mit in Anspruch genommen werden. 10

Verjährung § 195. Haftung aus unerlaubter Handlung §§ 840, 852. 11

§ 2220

Der Erblasser kann gegen den Testamentsvollstrecker nicht von den ihm nach den §§ 2215, 2216, 2218, 2219 obliegenden Verpflichtungen befreien.

E I 1906 Abs. 1 1908 Abs. 3 II 2089; M **5** 241, 242, 244; P **5** 263, 310, 314, 316; **6** 98.

Befreiungsverbot

1 Die Bestimmung ist schon in den Anmerkungen zu den in ihr genannten Vorschriften berücksichtigt. Das Gesetz läßt es danach nicht zu, daß ein Erblasser den Erben mit gebundenen Händen dem ausgedehnten Machtbereich des Testamentsvollstreckers überliefert. Aus diesem Grundgedanken ergibt sich die Unverbindlichkeit aller Umgehungsversuche, insbesondere auch einer Anordnung, durch die der Erblasser den Erben in der Befugnis beschränkt, die Entlassung des Testamentsvollstreckers gemäß § 2227 zu beantragen (RG **133** 128; § 2227 Rdn. 3). Der Erblasser kann ferner nicht anordnen, daß der Testamentsvollstrecker nur für Vorsatz oder nur für grobes Verschulden haften solle (*Kipp/Coing* § 130 II 7). Das Nachlaßgericht darf nicht nur prüfen, ob die Einzelbestimmungen für sich allein wirksam sind; es muß vielmehr erörtern, ob das Testament, wenn man seinen Inhalt und seine Auswirkungen *im ganzen* betrachtet, für die Erben eine übermäßige Beschränkung ihrer Persönlichkeit und Bewegungsfreiheit bewirkt und deshalb etwa sogar sittenwidrig ist (vgl. OLG München JFG **14** 428 unter Hinweis auf *Flad* DFG **36** 133).

2 Der Erbe kann auf den Schutz des § 2220 dem Testamentsvollstrecker gegenüber wirksam verzichten (Hamburg OLG **43** 403).

§ 2221

Der Testamentsvollstrecker kann für die Führung seines Amtes eine angemessene Vergütung verlangen, sofern nicht der Erblasser ein anderes bestimmt hat.

E I 1909 Satz 1 II 2090; M **5** 244, 245; P **5** 316, 317.

Neueres Schrifttum:

Belde, Die angemessene Vergütung für die Tätigkeit des Testamentsvollstreckers, JurBüro **69** 681; *Dittus*, Der Vergütungsanspruch des vermeintlichen Testamentsvollstreckers, NJW **61** 590; *Ebeling*, Abzug von Testamentsgebühren im Einkommens- und Erbschaftssteuerrecht, BB **70** 344; *Glaser, Die Vergütung des Testamentsvollstreckers, NJW* **62** 1998; AIZ 70 332; *Haegele*, Vergütung des Testamentsvollstreckers, Anm. Rpfleger **68** 87; *Tschischgale*, Die Vergütung des Testamentsvollstreckers, JurBüro **65** 89.

Vergütung

Übersicht

1 **I. Vergütung**

Hat der Erblasser letztwillig selbst eine Vergütung ausgeworfen oder hat er jede Vergütung ausgeschlossen, so bleibt seine Bestimmung maßgebend, wenn sie nicht durch Vertrag mit dem Erben geändert wird. Ist dem Testamentsvollstrecker eine Zuwendung gemacht worden, so ist es Auslegungsfrage, ob damit ein besonderer Vergütungsanspruch ausgeschlossen werden sollte.

Die Vergütung ist, auch wenn sie letztwillig zugesprochen ist, kein Vermächtnis, sondern eine gewöhnliche *Nachlaßverbindlichkeit,* es sei denn, daß aus der unangemessenen Höhe der zugebilligten Vergütung ein Vermächtniswille erhellt (§ 1939). Die Vergütung ist im Nachlaßkonkurse Masseschuld (KO § 224 Nr. 6) und selbst dann aus dem ganzen Nachlasse zu entrichten, wenn der Testamentsvollstrecker nur für einen Erbteil bestellt ist. Am Nachlaßvergleichsverfahren ist die Vergütung des Testamentsvollstreckers nicht beteiligt (VerglO § 113 Nr. 6). Der Vergütungsanspruch ist als Nachlaßverbindlichkeit vom Testamentsvollstrecker selbst zu erfüllen. Er kann daher den ihm zustehenden Vergütungsbetrag bei Fälligkeit aus dem Nachlaß entnehmen (BGH LM § 2221 Nr. 1; BGH 27. 6. 1968 III ZR 29/66). Jedoch berechtigt dieses Entnahmerecht den Testamentsvollstrecker im Innenverhältnis zu den Erben nicht ohne weiteres dazu, Sachwerte des Nachlasses zu veräußern, um so das nötige Geld für die Vergütung zu beschaffen; anders kann es liegen, wenn diese Art der Geldbeschaffung im Rahmen der ordnungsmäßigen Verwaltung des Nachlasses bleibt (BGH LM § 2221 Nr. 3; vgl. zu allem *Johannsen* WM **69** 1410, 1411). 2

Dem Nachlaßgericht steht (anders beim Nachlaßpfleger, §§ 1960 Rdn. 18, 1836, und beim Nachlaßverwalter, § 1987 Rdn. 2) die Festsetzung *nicht* zu (RJA **4** 140). Es kann die Befugnis, da seine Zuständigkeit gesetzlich umgrenzt ist, auch nicht durch eine letztwillige Verfügung erhalten (BGH WM **72** 101). Eine solche Verfügung kann unter Umständen jedoch dahin ausgelegt werden, daß die mit den Verrichtungen des Nachlaßgerichts betraute Person die Vergütung entsprechend den §§ 317, 2156 festsetzen solle; die Festsetzung kann dann, wenn sie der Billigkeit nicht entspricht, auf Klage geändert werden (OLG Rostock SeuffArch. **78** Nr. 143). Beansprucht und behält der Testamentsvollstrecker eine Vergütung ein, die nach der Ansicht des Nachlaßgerichts zu hoch ist, so liegt darin nur unter besonderen Umständen ein Entlassungsgrund (§ 2227; KG JW **37** 475[25]). 3

Der Testamentsvollstrecker ist nicht berechtigt, die Vergütung selbst festzusetzen. Ohne entsprechende Bestimmung des Erblassers fehlt dem Testamentsvollstrecker grundsätzlich auch die Berechtigung, mit seinem Mittestamentsvollstrecker eine Vereinbarung über die Höhe der diesem für seine Tätigkeit zustehenden Vergütung zu treffen (BGH LM § BGB 2221 Nr. 2 = Betrieb **57** 716 = NJW **57** 947; Ergänzung hierzu BGH NJW **63** 1615).

Im allgemeinen hat der Testamentsvollstrecker den Vergütungsanspruch, nötigenfalls im Prozesse, gegen den Erben geltend zu machen, der die beschränkte Haftung vorschützen kann (RG 29.10. 1917 IV 241/17). Der Klageantrag muß, von ganz besonderen Umständen abgesehen, die begehrte Vergütung ziffernmäßig bezeichnen (ZPO § 253 Abs. 2 Nr. 2; RG WarnRspr. **37** Nr. 170 = JW **37** 3184). Es kann auch zu einer negativen Feststellungsklage des Erben gegen den Testamentsvollstrecker darüber kommen, daß dieser nicht mehr als den vom Kläger bezeichneten Betrag als Vergütung verlangen dürfe. Zur Führung eines solchen Prozesses brauchte auch schon nach früherem Recht eine *Ehefrau* als Erbin *nicht* die Zustimmung ihres Mannes, wenn ihr die Erbschaft gemäß § 1369 als Vorbehaltsgut zugewendet war (RG 29.10. 1917 IV 241/17). Kosten, die durch Verfahren entstehen, auch wenn sie die Absetzung des Testamentsvollstreckers zum Inhalt haben, können abgezogen werden, wenn der Testamentsvollstrecker sich in dem Verfahren in berechtigter Verteidigung des letzten Willens des Erblassers befunden hat (OLG Hamburg MDR **63** 423, 424). 4

5 *Maßgebend* für die Vergütung des Testamentsvollstreckers sind der ihm im Rahmen der Verfügung von Todes wegen nach dem Gesetz obliegende Pflichtenkreis, der Umfang der ihn treffenden Verantwortung und die von ihm geleistete Arbeit, wobei die Schwierigkeit der gelösten Aufgaben, die Dauer der Abwicklung oder der Verwaltung, die Verwertung besonderer Kenntnisse und Erfahrungen und auch die Bewährung einer sich im Erfolg auswirkenden Geschicklichkeit zu berücksichtigen sind (BGH LM § 2221 Nr. 2 = Rpfleger **63** 77 mit Anm. von *Haegele*). Dabei ist im Regelfall dann, wenn der Testamentsvollstrecker auch die Nachlaßverbindlichkeiten zu befriedigen hat, vom Wert des Bruttonachlasses im Zeitpunkt des Erbfalles auszugehen. Die Vergütung für spätere Zeitabschnitte, vor allem für die Zeit nach Aushändigung erheblicher Teile des Nachlasses an Erben oder Vermächtnisnehmer kann sich nach einem anderen Zeitpunkt richten (BGH LM § 2221 Nr. 4).

6 Über Berechtigung und Höhe der Vergütung hat das Prozeßgericht zu entscheiden, wenn der Erblasser keine entsprechende Anordnung getroffen hat oder die Erben nicht zustimmen (BGH LM BGB § 2221 Nr. 2 = Betrieb **57** 716 = NJW **57** 947; vgl. auch OLG Bremen MDR **63** 314). Hierbei kann der Richter die Vergütung in Hundertteilen der Nachlaßmasse oder als runde Summe festsetzen; er braucht dabei, unter gebotener Würdigung der besonderen Verhältnisses des Einzelfalles, nur den Wert der Gesamtarbeit, nicht den jeder einzelnen Arbeit des Testamentsvollstreckers zu berücksichtigen (RG 1. 11. 1918 VII 219/18). Wird die Vergütung nach Hundertteilen des reinen Nachlasses bemessen, so sind bei dessen Berechnung für die Regel nur die vom Erblasser herrührenden Nachlaßschulden, nicht die Verbindlichkeiten aus Vermächtnissen oder Pflichtteilsrechten abzuziehen (HRR **33** Nr. 1766; dort ist auch der mögliche Einfluß einer nach dem Erbfall ohne Verschulden des Testamentsvollstreckers eingetretenen Entwertung des Nachlasses auf die Höhe der Vergütung erörtert). Über den Verlust des Anspruchs auf Vergütung bei groben Verstößen gegen die Treupflicht s. SchlHolst Anz **38** 128. Über Richtlinien für die *Bemessung der Vergütung s. Plaßmann JW* **35** 1830. Bemessung und Fälligkeit der Vergütung nach Hamburger Ortsgebrauch: RG HansRGZ B **34** 58; Hamburg das. **33** S. 127, 639; **36** 145; DNotZ **39** 127. Die zwischen dem Erben und dem Testamentsvollstrecker vereinbarte einmalige Vergütung — neben einer laufenden Vergütung — kann mit der Konstituierung des Nachlasses verdient sein (RG JW **36** 3388[7]). Zur Höhe der Vergütung, wenn der Nachlaß einen lebendigen *Betrieb* darstellt und der Testamentsvollstrecker daher eine „*unternehmerische Tätigkeit*" ausübt vgl. LG Hamburg MDR **59** 761 = DRsp I (174) 74 c.

7 Bei Verwaltung des Nachlasses durch mehrere Testamentsvollstrecker kommt regelmäßig eine schematische Teilung der Gesamtvergütung nicht in Betracht. Vielmehr hat eine Abwägung der Tätigkeit zu erfolgen (BGH § 2221 Nr. 4 = NJW **67** 2400 = Rpfleger **68** 85 mit Anm. von *Haegele*).

8 Die Vergütung ist regelmäßig nach Beendigung des Amtes, bei länger andauernder Verwaltung periodisch (§ 2218 Abs. 2) zu entrichten. Im Falle vorzeitiger Beendigung des Amtes ist der an sich angemessene Satz entsprechend zu mindern (vgl. auch § 628). Hierbei kann der Testamentsvollstrecker grundsätzlich die ihm zustehende Schlußvergütung erst verlangen, wenn er den Erben Rechnung gelegt hat (BGH LM BGB § 2221 Nr. 1). Eine für die Dauer der Testamentsvollstreckung festgesetzte Vergütung steht dem Testamentsvollstrecker jedoch bei Beschränkung seiner Tätigkeit auf Kontrollfunktionen nach Konstituierung des Nachlasses auch dann zu, wenn er erkrankt ist und im Rahmen der Testamentsvollstreckung nicht mehr tätig sein kann (BGH 27. 6. 1968 III ZR 29/66). Der Testamentsvollstrecker kann keine „Konstituierungsgebühr" verlangen, wenn er bei Fehlen einer Honorarvereinbarung die arbeits-

reiche und verantwortungsvolle Tätigkeit zum Zwecke der Konstituierung des Nachlasses nicht geleistet hat (BayObLG **72** 379 = MDR **73** 317 = Rpfleger **73** 94 = BB **73** 114, 115).

Verjährung: § 195 (BGH 27.6. 68 III ZR 29/66; vgl. *Johannsen* WM **69** 1411; **9**
OLG Düsseldorf JW **18** 741[5]). *Verwirkung:* Der Testamentsvollstrecker, der gegen seine Treupflicht verstößt, kann dadurch seinen Vergütungsanspruch verwirken (OLG Kiel SchlHAnz **58** 128).

Ist die Bestellung des Testamentsvollstreckers durch das Nachlaßgericht unwirk- **10**
sam, so hat der Bestellte gleichwohl, solange er das Amt im Vertrauen auf die Gültigkeit der Bestellung ausgeübt hat, Anspruch auf eine angemessene Vergütung (vgl. RG JW **37** 3187[46]; s. auch § 2219 Rdn. 4; ferner BGH LM § 2221 Nr. 3 = NJW **63** 1615 = Rpfleger **63** 380 mit Anm. von *Haegele;* vgl. dazu auch *Dittus* NJW **61** 590).

II. Auslagen **11**

Neben der Vergütung hat der Testamentsvollstrecker Anspruch auf Ersatz seiner Auslagen (§§ 2218, 670) sowie auf Bezahlung der berufsmäßigen, regelmäßig nur gegen Entgelt geleisteten Dienste (als Rechtsanwalt, Bankier, Makler, Wirtschafts- und Steuerberater, Treuhänder, Arzt, Handwerker oder sonstwie), soweit auch der Laien-Testamentsvollstrecker derartige Dienste innerhalb seines Amtes nicht selbst verrichtet hätte (§ 1835 Abs. 2; RG **149** 121 = JW **36** 571[3] mit Anm. von *Plaßmann;* s. § 2218 Rdn. 9 zu § 670). Darunter kann auch die nicht zu den Aufgaben des Testamentsvollstreckers gehörende Verwaltung eines umfangreichen Grundvermögens fallen (BGH 15.6. 1964 III ZR 57/63). Unter Umständen kann der Testamentsvollstrecker auch Ersatz von Aufwendungen verlangen, die ihm erwachsen sind, nachdem er bereits aus dem Amt entlassen war (BGH **72** 101). Zur Frage der Bewertung der Aufwendungen des Testamentsvollstreckers für die Heranziehung von Wirtschaftsprüfern bei Berechnung der Erbschaftssteuer s. BFH BB **72** 1310. Ist jedoch die vom Erblasser ausgesetzte Vergütung ausdrücklich oder stillschweigend so bemessen worden, daß sie auch eine Pauschalvergütung für solche beruflichen Dienste darstellen sollte, dann kann der Testamentsvollstrecker, der sein Amt in Kenntnis dieser Anordnung vorbehaltlos angenommen hat, auch für berufliche Tätigkeit keine besondere Vergütung verlangen (*Kipp/Coing* § 73 IV 2 und Anm. 43). Bestellt ein Rechtsanwalt, der Testamentsvollstrecker ist, einen anderen Anwalt zum Prozeßbevollmächtigten, so kann er die Gebühren und Auslagen eines Verkehrsanwalts weder dem Gegner berechnen noch vom Nachlaß ersetzt verlangen; denn die Prozeßunterweisung gehört zu den Pflichten und Aufgaben jedes Testamentsvollstreckers (OLG Hamburg JW **37** 834 Nr. 34). Andererseits können jedoch Kosten des Testamentsvollstreckers in Verfahren, die seine Absetzung oder die Ernennung eines Mitvollstreckers betreffen, dem Nachlaß entnommen werden, falls jener den letzten Willen des Erblassers in berechtigter Weise verteidigt hat (RG JW **36** 1388[7]).

III. Vorschüsse **12**

Leistung von Vorschüssen (§ 669, in § 2218 nicht mit angezogen) kann der Testamentsvollstrecker vom Erben nicht verlangen, um so weniger, als er gewöhnlich über den Nachlaß verfügen und sich daraus wegen seiner Aufwendungen und der ihm zustehenden Vergütung selbst befriedigen kann (OLG Königsberg SeuffArch **75** Nr. 227; vgl. dazu auch BGH WM **72** 101). Insoweit hat der Testamentsvollstrecker auch ein Zurückbehaltungsrecht gegenüber dem Anspruch des Erben auf Herausgabe des Nachlasses (*Palandt/Keidel* Anm. 4).

§ 2222

Der Erblasser kann einen Testamentsvollstrecker auch zu dem Zwecke ernennen, daß dieser bis zu dem Eintritt einer angeordneten Nacherbfolge die Rechte des Nacherben ausübt und dessen Pflichten erfüllt.

E II 2091; P **5** 309; **6** 99.

Testamentsvollstrecker für Nacherben

Übersicht

1 ### I. Testamentsvollstreckung im Interesse des Nacherben

Der Wirkungskreis des Testamentsvollstreckers umfaßt regelmäßig auch eine durch Erbfall oder Eintritt der Nacherbfolge bereits eröffnete Erbschaft. § 2222 gestattet, für die Zeit *vor Anfall der Nacherbschaft* (§ 2139) einen Testamentsvollstrecker zu bestellen, der dessen Rechte (§§ 2116—2119, 2121—2123, 2127—2129, ZPO § 773) wahrnehmen und dessen Pflichten (§§ 2120, 2123) erfüllen soll. Innerhalb der hierdurch gezogenen Grenzen gelten für den Testamentsvollstrecker die allgemeinen Grundsätze, insbesondere über seine ausschließliche Verfügungsmacht und Streitbefugnis (§§ 2211 bis 2213). Die hierin liegende Beschränkung der Rechte des Nacherben macht es notwendig, auch in der Eintragung nach GBO § 51 die Bestellung des Testamentsvollstreckers mit zu erwähnen (KGJ **40** 198). Vermerk im Erbschein § 2363 Rdn. 8. Durch die Ernennung eines solchen Testamentsvollstreckers kann sich die sonst nach §§ 1912, 1913 gebotene Bestellung eines Pflegers für den Nacherben erledigen. *Im Zweifel* ist *nicht* anzunehmen, daß der *im allgemeinen* ernannte Testamentsvollstrecker *auch* mit der Wahrnehmung der Rechte und Pflichten des *Nacherben* nach § 2222 betraut ist. Der Testamentsvollstrecker kann zugleich einer von mehreren Nacherben sein (BayObLG NJW **59** 1920 = MDR **59** 761).

2 ### II. Testamentsvollstreckung für Vor- und Nacherben

Ist dem *Vorerben* ein Testamentsvollstrecker bestellt, so steht an und für sich nichts im Wege, demselben Testamentsvollstrecker auch die Fürsorge für den Nacherben zu übertragen, so insbesondere im Falle des § 2338. Denn mit der Bestellung einer gemeinschaftlichen Vertrauensperson für Vor- und Nacherben ist nicht notwendig ein Interessenwiderstreit geschaffen (aM KG in OLG **10** 305). Der für den Vorerben und den Nacherben bestellte Testamentsvollstrecker ist auch rechtlich in der Lage, dem Vorerben Nachlaßgegenstände zur freien Verfügung dergestalt zu überlassen, daß die Gegenstände aus dem durch die nacherbrechtlichen Beschränkungen gebundenen Nachlaß endgültig ausscheiden (KG JFG **11** 121 = HRR **33** Nr. 1202). Dagegen würde es dem Gesetzesgedanken des § 2222 zuwiderlaufen, wenn der Vorerbe selbst zum Testamentsvollstrecker für den Nacherben bestellt würde. Eine solche Bestellung ist deshalb unwirksam (RG **77** 177; KGJ **52** 78; *Planck/Flad* Anm. 2; *Kipp/Coing* § 67 I 9 d mit Nachweisen, s. aber § 76 II ebenda), außer wenn der Vorerbe und Testamentsvollstrecker nur Miterbe oder wenn er nur einer von mehreren Testamentsvollstreckern ist, die ihr Amt gemeinschaftlich oder in Kollegialverfassung führen (JFG **11** 126; § 2197 Rdn. 4). Zur

Übertragung des Rechts des Nacherben auf den Vorerben (§ 2100 Rdn. 13 f) ist der gemäß § 2222 bestellte Testamentsvollstrecker nicht befugt (JW **37** 1553[15]).

Hat ein Erblasser diejenigen Abkömmlinge des Vorerben zu *Nacherben* berufen, die bei dessen Tode noch leben, so sind die Nacherben bis zum Ableben des Vorerben unbekannt; die erforderliche Zustimmung der Nacherben zu Verfügungen des Nacherben über Nachlaßgegenstände kann in diesem Falle nur ein *Nacherbenvollstrecker* (§ 2222) oder ein nach § 1913 bestellter *Pfleger* erteilen (BayObLGZ **59** 493 = NJW **60** 965 = JR **60** 184).

III. Testamentsvollstreckung für Nacherben nach Eintritt der Nacherbfolge 3

Das Amt des nach § 2222 bestellten Testamentsvollstreckers erledigt sich durch Ausschlagung des Vor- und Nacherben und endigt mit Eintritt der Nacherbfolge. Eine hiermit erst wirksam werdende Testamentsvollstreckung für den Nacherben unterliegt den allgemeinen Vorschriften. Der Erblasser kann es dem nach § 2222 ernannten Testamentsvollstrecker jedoch nicht überlassen, den Zeitpunkt zu bestimmen, in dem die Nacherbfolge eintreten soll (BGH **15** 199).

§ 2223

Der Erblasser kann einen Testamentsvollstrecker auch zu dem Zwecke ernennen, daß dieser für die Ausführung der einem Vermächtnisnehmer auferlegten Beschwerungen sorgt.

E I 1910 II 2092; M **5** 245, 246; P **5** 317.

Beschwerungen eines Vermächtnisnehmers

I. Fürsorge für Untervermächtnisse und Auflagen 1

Dem Testamentsvollstrecker ist zwar durch § 2203 allgemein die Ausführung letztwilliger Verfügungen übertragen. Da er jedoch grundsätzlich nur zum Erben in einem Rechtsverhältnis steht (§ 2218 Rdn. 3), so bedurfte es einer besonderen Vorschrift, um ihn auch dem beschwerten Vermächtnisnehmer gegenüber zur Fürsorge für Untervermächtnisse und Auflagen, auch Nachvermächtnisse (§ 2191) zu ermächtigen. Der hierfür maßgebende Wille des Erblassers kann durch Auslegung aus der allgemeinen Bestellung des Testamentsvollstreckers ermittelt werden. Die Fürsorge kann ihm aber auch als einzige Aufgabe übertragen sein. Auch für die so beschränkte Testamentsvollstreckung gelten, soweit anwendbar, die allgemeinen Vorschriften, wobei das beschwerte Vermächtnis der Erbschaft gleichzustellen ist. Daraus folgt insbesondere, daß der Vermächtnisnehmer, soweit die Verwaltung dem Testamentsvollstrecker zusteht, von der Verfügung über den Vermächtnisgegenstand und dessen gerichtlicher Einforderung ausgeschlossen (§§ 2211, 2212) und daß der Testamentsvollstrecker gegen die Klage des Zweitbedachten und der Auflageberechtigten (§ 2194) im Umfange des § 2213 der richtige Beklagte ist (RG DJZ **24** 475). Andererseits steht dem Testamentsvollstrecker, soweit er die Beschwerung nicht selbst ausführen kann, nach § 2208 Abs. 2 die Klage gegen den Beschwerten zu.

II. Vermächtnisvollstreckung im allgemeinen 2

Darüber, ob dem Testamentsvollstrecker, der einen Vermächtnisnehmer beschränkt, die Verwaltung der vermachten Gegenstände als einzige Aufgabe oder noch für die Zeit nach „Ausführung der dem Vermächtnisnehmer auferlegten Beschwerungen" übertragen werden kann, besteht keine ausdrückliche Vorschrift. Die Frage ist in entsprechender Anwendung der §§ 2209, 2210 (mit *Sachse* LZ **32** 301 gegen *Planck/Flad* Anm. 3 Abs. 3) zu bejahen. Der Wortlaut des § 2223 und sein Inhalt stehen dem nicht entgegen; die Vorschrift soll den Wirkungskreis des Testamentsvollstreckers (§ 2203) nicht beschränken, sondern nur Zweifel ausschließen, die sich aus § 2194 ergeben könnten (BGH **13** 203, 206 = LM BGB § 2203 Nr. 1 = NJW **54** 1036 = MDR **54** 399). Die Einsetzung der Witwe auf den Pflichtteil verbunden mit dessen Verwaltung durch einen Pfleger kann als Vermächtnis und Ernennung eines Testamentsvollstreckers nach § 2223 angesehen werden (BayObLG RJA **15** 24). Zu der Frage, ob der Testamentsvollstrecker die Rechte des Nachvermächtnisnehmers vor Anfall des Nachvermächtnisses (§ 2191) wahrzunehmen hat, vgl. *Dieterich* NJW **71** 2017.

§ 2224

Mehrere Testamentsvollstrecker führen das Amt gemeinschaftlich; bei einer Meinungsverschiedenheit entscheidet das Nachlaßgericht. Fällt einer von ihnen weg, so führen die übrigen das Amt allein. Der Erblasser kann abweichende Anordnungen treffen.

Jeder Testamentsvollstrecker ist berechtigt, ohne Zustimmung der anderen Testamentsvollstrecker diejenigen Maßregeln zu treffen, welche zur Erhaltung eines der gemeinschaftlichen Verwaltung unterliegenden Nachlaßgegenstandes notwendig sind.

E I 1893 II 2093; M **5** 222, 223; P **5** 255—257.

Mehrere Testamentsvollstrecker

Übersicht

1 **I. Gemeinschaftliche Amtsführung (Abs. 1 Satz 1 Halbs. 1)**

Mehrere Testamentsvollstrecker (§§ 2197 Abs. 1, 2199 Abs. 1, 2200 Rdn. 2) führen das Amt **gemeinschaftlich** sowohl nach innen, indem sie ihre Beschlüsse nur einstimmig fassen können, wie nach außen, indem sie (abweichend von HGB § 115 Abs. 1) grundsätzlich sämtlich bei einem Rechtsgeschäfte tätig zu werden haben. Sie können z. B. auch den Antrag, das Grundbuch zu berichtigen, nur gemeinsam stellen (OLG München HRR **38** 1019). Doch können sie unbeschadet ihrer Haftung nach §§ 2218 (dort Rdn. 5), 664 die Ausführung einem aus ihrer Mitte oder einem Dritten übertragen. Soweit mehreren von ihnen ein Verschulden zur Last fällt, haften sie als Gesamtschuldner, § 2219 Abs. 2. Eigenmächtige Teilung des Wirkungskreises entbindet sie nicht von der gemeinschaftlichen Verantwortung; s. aber Rdn. 12, 14.

2 Unter Umständen kann es zweifelhaft sein, ob überhaupt ein Mitvollstrecker bestellt worden ist oder nur eine Verwaltungsanordnung aus § 2216 Abs. 2 vorliegt, so wenn der Testamentsvollstrecker nach dem Testament für gewisse Geschäfte an die Zustimmung eines anderen (Rechts- oder Wirtschaftskundigen) gebunden ist; es handelt sich dann um eine Auslegungsfrage (RG **130** 138).

Das Auskunfts- und Rechenschaftsverlangen kann auch gegen einen *einzelnen* Testamentsvollstrecker geltend gemacht werden (RG JW **13** 495[17]). Die Steuerbehörde (§ 2205 Rdn. 4) kann bis zur Höhe des von mehreren Testamentsvollstreckern verwalteten Nachlasses jeden von ihnen in Anspruch nehmen und es ihm überlassen, die nach dem bürgerlichen Recht etwa erforderliche Mitwirkung des oder der Mitvollstrecker seinerseits herbeizuführen (RFinH JW **25** 2038[7]). 3

Die Frage, ob § 2224 eine *notwendige Streitgenossenschaft* zwischen den mehreren Vollstreckern begründet, hängt von den Umständen ab. Eine nur gemeinsam zu bewirkende Aufgabe ist z. B. die Bewirkung der Auseinandersetzung zwischen den Miterben. Auf Vornahme der Erbauseinandersetzung muß also — ebenso wie bei Fehlen eines Testamentsvollstreckers gegen sämtliche Miterben (vgl. § 2042) — gegen sämtliche Testamentsvollstrecker geklagt werden (RG 29.10. 1917 IV 241/17). 4

II. Meinungsverschiedenheiten (Abs. 1 Satz 1 Halbs. 2) 5

Das **Nachlaßgericht** ist zur **Entscheidung von Meinungsverschiedenheiten** wie im Falle des § 1797 Abs. 1 das Vormundschaftsgericht berufen. Eine Meinungsverschiedenheit im Sinne des § 2224 besteht z. B., wenn mehrere Testamentsvollstrecker sich nicht über die Ernennung eines weiteren Mitvollstreckers einigen können (vgl. § 2199 Abs. 1; KG Recht **14** Nr. 1117). Die Entscheidung kann nicht nur von jedem Testamentsvollstrecker, sondern auch von sonstigen Beteiligten beantragt werden (RJA **13** 94).

Der *Prozeßweg* unter den Testamentsvollstreckern zur Schlichtung einer Meinungsverschiedenheit über eine gemeinschaftlich auszuführende Amtshandlung ist ausgeschlossen (OLG **1** 196). Steht aber nicht fest, daß die in Rede stehende Amtshandlung den mehreren Vollstreckern gemeinschaftlich obliegt, besteht vielmehr Streit darüber, wer von ihnen sie vorzunehmen hat oder ob sie gemeinschaftlich vorzunehmen ist, so entscheidet hierüber das Prozeßgericht (OLG **26** 357). Eine Meinungsverschiedenheit im Sinne des § 2224 liegt auch nicht vor, wenn unter zwei Testamentsvollstreckern, von denen der eine zugleich Nachlaßschuldner oder Nachlaßgläubiger ist, Streit darüber besteht, ob dieser auf Grund seiner Schuld eine Leistung an den Nachlaß zu bewirken oder auf Grund seiner Forderung etwas aus dem Nachlaß zu erhalten hat. In solchem Falle ist der zweite Testamentsvollstrecker gemäß Rdn. 10, unter Umständen auch Rdn. 14, für sich allein befugt, die Nachlaßforderung einzuklagen oder die gegen den Nachlaß gerichtete Forderung abzuwehren (RG **98** 173 sowie HRR **30** Nr. 1110; KGJ **46** 134). Ein unter solchen Umständen beklagter Testamentsvollstrecker gilt als weggefallen i. S. des § 2224 Abs. 1 (RG **58** 299; **61** 143). Ebenso entscheidet Meinungsverschiedenheiten der Testamentsvollstrecker über die Vereinbarkeit einer Verwaltungsmaßnahme mit der letztwilligen Verfügung nicht das Nachlaß-, sondern das Prozeßgericht **(BGH 20 264 = NJW 56 986 = JZ 56 494 mit Anm. von *Baur;* vgl. auch Rdn. 7 aE).** Um eine der Entscheidung des Nachlaßgerichts unterliegende Meinungsverschiedenheit zwischen mehreren Testamentsvollstreckern handelt es sich auch dann nicht, wenn der eine zur Befriedigung seiner Ansprüche gegen den Nachlaß, also zu eigenen Zwekken, Gelder aus dem Nachlaß entnimmt und der andere damit nicht einverstanden ist; der Streit hierüber gehört vielmehr ebenfalls vor das Prozeßgericht (RG 31. 3. 1930 IV 763/29). 6

Streiten mehrere Testamentsvollstrecker darüber, ob einer von ihnen dem von einem anderen beabsichtigten *Rechtsgeschäft zuzustimmen* hat, so kann das Nachlaßgericht, wenn es das Rechtsgeschäft billigt, nur aussprechen, daß der sich Weigernde zuzustimmen habe, nicht dagegen, daß seine Zustimmung ersetzt werde. Das Nachlaßgericht schaltet sich also nicht an Stelle des einen Testamentsvollstreckers in den rechtsge- 7 schäftlichen Vorgang ein; es hat vielmehr nur eine Art schiedsrichterlicher Stellung des Inhalts, daß es von den widerstreitenden Meinungen eine als sachgemäß und richtig bezeichnen und deren Durchführung anordnen kann (KG DR **43** 353). Das Nachlaßgericht darf sich erst recht nicht voll an die Stelle der Testamentsvollstrecker setzen und keine Auffassung durchdrücken, die von keinem der Testamentsvollstrecker vertreten wird (JW **36** 1017[55]; *Kipp/Coing* § 74 I 1 Anm. 5 mit Nachweisen; über Änderungen von untergeordneter Bedeutung s. JFG **15** 344). Andererseits kann es nicht gezwungen werden, einer der Ansichten beizutreten, wenn es sämtliche Meinungen verwirft. Es hat deshalb, wenn es ihm nicht gelingt, einen der Testamentsvollstrecker zu einem entsprechenden Antrage zu bestimmen, die Entscheidung abzulehnen und in wichtigen Angelegenheiten den Beteiligten zu überlassen, die Entlassung des oder der widerspenstigen Testamentsvollstrecker nach § 2227 herbeizuführen (*Schaub* DJZ **08** 700). Das Nachlaßgericht hat auch nur bei Meinungsverschiedenheiten mehrerer Testamentsvollstrecker wegen der *sachlichen Amtsführung* zu entscheiden, jedoch *nicht* bei Meinungsverschiedenheiten über *Rechtsfragen*, z. B. Auslegung einzelner Testamentsbestimmungen, und zwar auch nicht insoweit, als diese als Vorfragen für die beabsichtigte Amtsführung erheblich sind (OLG Hamburg MDR **53** 364; BGH **20** 264 = NJW **56** 986 gegen OLG Hamm NJW **56** 608; vgl. auch *Planck/Flad* Anm. 3, ferner oben Rdn. 6; vgl. auch Anm. von *Baur* JZ **56** 495, der das Nachlaßgericht bei der Entscheidung von Rechtsfragen für zuständig hält, kritisch *Erman/Hense* Rdn. 4). Nach *Staudinger/Dittmann* Rdn. 12 sollen Rechtsfragen nur dann vom Prozeßgericht entschieden werden, wenn sie den eigentlichen Gegenstand des Streites bilden; ähnlich *Johannsen* in Anm. zu LM § 2224 Anm. 1.

8 Die auf Vornahme eines Rechtsgeschäfts lautende Entscheidung des Nachlaßgerichts wird nach FGG §§ 82 Abs. 2, 53 Abs. 1, vorbehaltlich § 53 Abs. 2 erst mit der Rechtskraft wirksam. Die Beschwerde steht, und zwar als sofortige jedem Testamentsvollstrecker selbständig, überdies aber den sonstigen Beteiligten, Erben, Bedachten und Auflageberechtigten aus § 2194 zu (FGG §§ 60 Nr. 6, 20, 82 Abs. 1).

9 Gebühr für die Entscheidung des Nachlaßgerichts KostO §§ 113, 115.

10 **III. Wegfall eines Mitvollstreckers (Abs. 1 Satz 2)**

Der **Wegfall** eines Testamentsvollstreckers kann in der Ablehnung des Amtes oder in der Beendigung nach §§ 2225, 2227, aber auch darin seinen Grund haben, daß er im einzelnen Falle durch *rechtliche, in seiner Person liegende Gründe* dauernd verhindert ist, an einem Rechtsgeschäfte (RG **58** 300; **61** 139) oder an einer Prozeßhandlung (RG **98** 173) mitzuwirken. Vorübergehende Verhinderung durch Krankheit u. dgl. ist kein Wegfall (vgl. OLG Celle Hann.Rpfl. **46** 134). Der Rechtsgedanke des § 2224 Abs. 1 Satz 2 ist entsprechend anzuwenden, wenn der Testamentsvollstrecker zu einer Zeit, in der er tätig werden soll, nicht verfügbar ist. Von zwei eingesetzten Testamentsvollstreckern kann daher einer allein amtsbefugt sein, weil z. B. der andere vermißt ist (OGH NJW **50** 64; OLG Oldenburg NdsRpfl. **48** 10).

11 Der *Wegfall* eines Testamentsvollstreckers hindert die *weitere Amtsführung* durch den allein übrig bleibenden Testamentsvollstrecker auch dann nicht, wenn gemeinsame Amtsführung angeordnet war (KG JR **55** 65).

12 **IV. Abweichende Anordnungen des Erblassers (Abs. 1 Satz 3)**

Der *Erblasser* kann letztwillig abweichende Anordnungen insofern treffen, als er jedem der mehreren Testamentsvollstrecker einen besonderen Wirkungskreis mit eigener Verantwortung anweist (JFG **14** 9), jeden nach außen zur vollen Vertretung ermächtigt (Rdn. 1), Mehrheitsbeschlüsse zuläßt (Kollegialverfassung), die Entscheidung des

Nachlaßgerichts ausschließt, sie einem Dritten oder auch einem der Testamentsvollstrecker überträgt, mit Wegfall des einen auch das Amt der anderen erlöschen läßt oder nach § 2198 Abs. 2 für Ersatz sorgt u.dgl. Die abweichenden Anordnungen sind im Vollstreckerzeugnis (§ 2368) mit anzugeben (KGJ **22** A 269; **31** A 94).

Unzulässig ist es, die Wirksamkeit von Rechtshandlungen des Testamentsvollstreckers von der Genehmigung des Nachlaßgerichts abhängig zu machen, da der Erblasser über den Wirkungskreis von Behörden nicht bestimmen kann. **13**

V. Erhaltungsmaßregeln (Abs. 2) **14**

Ohne Zustimmung der anderen zu handeln ist der Testamentsvollstrecker, wie bei der Gemeinschaft (§ 744 Abs. 2) und der Erbengemeinschaft (§ 2038 Abs. 1), nur ermächtigt, wenn es sich um notwendige Erhaltungsmaßregeln handelt, z. B. unaufschiebbare Erneuerungsarbeiten, Zahlung von Hypothekenzinsen, um die Zwangsvollstrekkung abzuwenden, Bestellung von Äckern. Dazu kann auch die Klage auf Feststellung einer Nachlaßforderung oder ihre gerichtliche Beitreibung gehören (RG **98** 173; JW **02** Beil. 244^{135}). Jeder Testamentsvollstrecker ist auch berechtigt, ohne Zustimmung der anderen gegen einen vollstreckbaren Akt Rechtsmittel einzulegen, um eine Schmälerung des Nachlasses zu verhindern (OLG Saarbrücken DNotZ **67** 769; aA *Palandt/Keidel* Anm. 1).

Nimmt ein Testamentsvollstrecker ein Rechtsgeschäft oder eine dingliche Verfügung vor, ohne durch Abs. 2 gedeckt zu sein, so kann die Handlung nach §§ 177 ff, 185 nur durch Genehmigung der übrigen oder durch eine zustimmende Entscheidung des Nachlaßgerichts (Rdn. 5) oder des durch eine abweichende Anordnung des Erblassers (Rdn. 12) sonst zur Entscheidung Berufenen wirksam werden. **15**

Das Recht, innerhalb des Rahmens des Abs. 2 selbständig zu handeln, kann der Erblasser dem einzelnen Testamentsvollstrecker nicht entziehen. Das ist (mit *Planck/Flad* Rdn. 10) aus dem Zweck des Abs. 2 und seiner Stellung gegenüber dem Abs. 1 Satz 3 zu folgern. **16**

VI. Vergütung **17**

Die Tätigkeit des Testamentsvollstreckers ist nach § 2221 zu vergüten. Dabei ist in der Regel *keine schematische Aufteilung* der Gesamtvergütung, sondern eine Abwägung der jeweils geleisteten Tätigkeit vorzunehmen (BGH LM § 2221 Nr. 4 = NJW **67** 2400 = Rpfleger **68** 85 mit Anm. von *Haegele*). Auch die Aufwendungen sind grundsätzlich getrennt abzurechnen (vgl. Rdn. 11 zu § 2221).

§ 2225

Das Amt des Testamentsvollstreckers erlischt, wenn er stirbt oder wenn ein Fall eintritt, in welchem die Ernennung nach § 2201 unwirksam würde.

E I 1894 II 2094; M **5** 223; P **5** 257—259.

Erlöschen des Amtes

Übersicht

1 **I. Erlöschen des Amtes im allgemeinen**

Das **Amt** des Testamentsvollstreckers **endet** *von selbst,* ohne daß es (wie bei der Nachlaßpflegschaft § 1960 Rdn. 35) einer förmlichen Aufhebung oder einer Anzeige der Amtsniederlegung an das Nachlaßgericht bedarf, so durch *Erledigung aller* dem Testamentsvollstrecker zugewiesenen Aufgaben (RG **81** 166; BayObLG **53** 360; *Planck/Flad* 4. Aufl. Vorbem. 1 b vor §§ 2225—2227; *Kipp/Coing* § 132 V; *Hartung* JR **50** 695), ebenso durch Eintritt der *auflösenden Bedingung* oder des *Endtermins,* insbesondere im Falle des § 2210. In allen diesen Fällen wird damit zugleich auch die Testamentsvollstrekkung als solche beendet sein. Anders verhält es sich beim Vorhandensein weiterer Testamentsvollstrecker (§ 2224) oder vorgesehener Nachfolger (BGH **41** 23).

2 Das Amt des Testamentsvollstreckers wird *nicht* dadurch *beendet,* daß er zum Vormunde des Alleinerben bestellt wird (KGJ **48 141**), auch nicht durch Eröffnung des Nachlaßkonkurses oder der Nachlaßverwaltung (RG Gruchot **63** 617). Konkurseröffnung über das Vermögen des Testamentsvollstreckers kann nur einen Entlassungsgrund nach § 2227 bilden. Ein Erlöschen des Testamentsvollstreckeramtes tritt auch nicht schon dann ein, wenn die Erben mit dem Testamentsvollstrecker die Beendigung seines Amtes vereinbaren oder der Testamentsvollstrecker in der irrigen Meinung, seine Aufgaben seien erledigt, sich lange Zeit um sein Amt nicht mehr gekümmert hat. In diesen Fällen kann aber eine Pflicht zur Amtsniederlegung bestehen (BGH NJW **62** 912 = MDR **62** 470). Die Testamentsvollstreckung erlischt regelmäßig auch nicht beim *Tode des Erben,* sondern nur dann, wenn sie gerade für den Erben oder für dessen Lebenszeit angeordnet ist (*Plack/Flad* Anm. 3; OLG München NJW **51** 74 Nr. 9).

3 Ist streitig, ob das Amt des Testamentsvollstreckers beendet ist, so entscheidet hierüber nicht das Nachlaßgericht. Denn diesem steht nicht allgemein das Recht zu, den Testamentsvollstrecker zu beaufsichtigen und über Streitigkeiten zwischen ihm und den Erben zu befinden. Das Nachlaßgericht ist auch nicht befugt, die Testamentsvollstrekkung aufzuheben. Notfalls ist der Streit im ordentlichen Rechtswege auszutragen (KG JR **51** 732; BayObLGZ **53** 361 mit Nachw.; OLG Schleswig SchlHA **57** 303; vgl. auch BGH **41** 23).

4 **II. Tod des Testamentsvollstreckers**

Das Amt geht nicht auf seine Erben über, soweit nicht der Erblasser einen bestimmten Erben nach § 2197 Abs. 2 als Nachfolger ernannt hat. Die Berufung des oder der Erben schlechthin ist keine „Ernennung". Anzeigepflicht und vorläufige Fortführung des Amtes durch die Erben des Testamentsvollstreckers §§ 2218, 673 Satz 2 (vgl. § 2218 Rdn. 10).

5 Dem Tode eines Menschen steht bei einer *juristischen Person* der Verlust eigener Rechtsfähigkeit gleich. Das Testamentsvollstreckeramt einer *Aktiengesellschaft* erlischt aus diesem Grunde auch dann, wenn sie durch Verschmelzung nach HGB § 306 (jetzt AktG § 233) in einer anderen Aktiengesellschaft aufgeht (HansRGZ B **32** 791).

6 **III. Die Fälle des § 2201**

Die Ernennung des Testamentsvollstreckers ist nach § 2201 unwirksam, wenn er zu der Zeit, zu der er das Amt anzutreten hat, *geschäftsunfähig* oder in der *Geschäftsfähigkeit beschränkt* ist oder nach § 1910 zur Besorgung seiner *Vermögensangelegenheiten* einen *Pfleger* erhalten hat. Wird die Entmündigung oder Pflegschaft wieder aufgehoben, so lebt hiermit das einmal erloschene Amt nicht wieder auf.

IV. Folgen der Amtsbeendigung 7

Das dem Testamentsvollstrecker erteilte *Zeugnis* wird mit Beendigung des Amtes von selbst *kraftlos*, § 2368 Abs. 3; die *Vermerke* im Grundbuch und Schiffsregister (GBO § 52, FGG § 118) sind auf Antrag des Erben zu *löschen;* Herausgabe- und Rechenschaftspflicht §§ 2218 Rdn. 6, 7, 666, 667; Wirksamkeit einer nach Beendigung des Amtes vorgenommenen Verfügung § 674. Über die Voraussetzungen der Löschung eines Testamentsvollstrecker-Vermerks im Grundbuch nach Amtsende vgl. OLG Hamm in Rpfleger **58** 15 mit Anm. von *Haegele.*

Eine vom Testamentsvollstrecker erteilte *Vollmacht* erlischt mit Beendigung des Amtes (KGJ **41** 79). Läßt er die Vollmacht nebst dem Testamentsvollstreckerzeugnis in den Händen des Bevollmächtigten, so haftet er entsprechend § 179, wenn der Bevollmächtigte auf Grund dieser Urkunden einen Vertrag schließt (RG DNotZ **33** 303[19]).

Über den Einfluß der Beendigung des Amtes auf den Gang eines *schwebenden Prozesses* s. § 2212 Rdn. 4.

8 Erlischt das Testamentsvollstreckeramt, so endet damit *nicht ohne weiteres* auch *die Testamentsvollstreckung* als solche. Ob das geschieht, richtet sich nach dem Inhalt der letztwilligen Verfügung; durch eine Vereinbarung kann die Testamentsvollstreckung nicht beendet werden (OLG Hamm JMBlNRW **58** 5 = Rpfleger **58** 15 mit zustimmender Anm. von *Haegele*).

9 Der Wegfall der Testamentsvollstreckung bewirkt, daß *der Erbe nicht mehr in der Verfügungsmacht beschränkt* ist (§ 2211 Rdn. 1). Diese Folge tritt auch dann ein, wenn der Testamentsvollstrecker durch rechtliche, in seiner Person liegende Gründe an einer bestimmten Verfügung über einen Nachlaßgegenstand verhindert ist (vgl. § 2224 Rdn. 10). Auch in einem solchen Falle steht das Verfügungsrecht dem Erben zu (KG RJA **16** 139), falls der Erblasser keine andere Regelung für den Wegfall oder die Verhinderung des Testamentsvollstreckers vorgesehen hat (DNotZ **37** 337). Vgl. auch § 2205 Rdn. 14.

10 Stellt sich *nachträglich* heraus, daß zum Nachlaß *Rückerstattungsansprüche* gehören, dann lebt die beendete Testamentsvollstreckung nicht wieder auf (so Leitsatz zu OLG München NJW **51** 74 Nr. 9); es erweist sich in diesem Falle nur, daß die Testamentsvollstreckung noch nicht beendet war.

§ 2226

Der Testamentsvollstrecker kann das Amt jederzeit kündigen. Die Kündigung erfolgt durch Erklärung gegenüber dem Nachlaßgerichte. Die Vorschriften des § 671 Abs. 2, 3 finden entsprechende Anwendung.

E I 1895 II 2095; M **5** 223, 224; P **5** 259, 260.

Kündigung des Testamentsvollstreckers

I. Kündigungsrecht (Satz 1) 1

Das **Kündigungsrecht** steht dem Testamentsvollstrecker gleich dem Beauftragten (§ 671 Abs. 1) **jederzeit** zu, und zwar ohne daß er dabei über den Grund Rechenschaft zu geben hätte. Doch darf er, außer wenn ein wichtiger Grund vorliegt, nicht zur Unzeit kündigen (§ 671 Abs. 2). Hatte er durch Vertrag mit dem Erblasser oder dem Erben auf das Kündigungsrecht verzichtet, so darf er nur aus wichtigen Gründen kündigen (§ 671 Abs. 3). Aber auch die unzeitige oder grundlose Kündigung bringt das Amt zum Erlöschen und kann den Testamentsvollstrecker nur schadenersatzpflichtig machen. Das KG hat in RJA **12** 112 (§ 2199 Rdn. 2) die Beschränkung der Kündigung auf einen *Teil des Amtes* zugelassen, wenn sich ein entsprechender Wille des Erblassers feststellen läßt (ebenso JFG **19** 40). Dem Ehemann stand auch schon vor dem 1. 4. 1953 aus § 1358 kein Kündigungsrecht zu (§ 2202 Rdn. 7). Zulässig ist eine *Vereinbarung* zwischen dem Erben und dem Testamentsvollstrecker *über* die *Niederlegung* des Testamentsvollstreckeramtes (RG **156** 70, 75 f). Eine solche Vereinbarung hat regelmäßig zur Folge, daß der Testamentsvollstrecker zur Kündigung seines Amtes verpflichtet ist. Eine solche Verpflichtung zur Amtsniederlegung kann sich u. U. auch daraus ergeben, daß der Testamentsvollstrecker sich in der irrigen Meinung, seine Aufgaben seien erledigt, lange Zeit nicht um sein Amt gekümmert hat (BGH LM § 2226 Nr. 1 = NJW **62** 912). Die Nichteinhaltung einer Vereinbarung könnte ein Entlassungsgrund nach § 2227 sein (OLG Hamm JMBlNRW **58** 101). Der Testamentsvollstrecker kann sich jedoch den Erben gegenüber *nicht* rechtswirksam *verpflichten*, sein Amt *jederzeit* auf Verlangen eines Miterben *niederzulegen*, falls der Erblasser dies in der letztwilligen Verfügung nicht ausdrücklich oder stillschweigend gebilligt hat (BGH **25** 275, 281 = LM § 2205 Nr. 2 mit Anm. von *Johannsen*).

2 Die Testamentsvollstreckung selbst wird durch die Amtsniederlegung des Testamentsvollstreckers dann nicht beendigt, wenn der Erblasser Ersatzbestimmungen getroffen hat (§ 2197 Abs. 2, §§ 2198—2200; RG **156** 70, 76). Auch beim Vorhandensein mehrerer Testamentsvollstrecker führt die Kündigung eines Amts in der Regel nicht zur Beendigung der Testamentsvollstreckung als solcher (vgl. dazu auch BGH **41** 23).

3 **II. Zu Satz 2**

Die **Erklärung ist gegenüber dem Nachlaßgericht** abzugeben, jedoch ohne Formzwang wie § 2202 Rdn. 5. Wirksamkeit § 130. Einsicht der Akten § 2228. Gebühr für die Entgegennahme der Kündigung KostO §§ 112 Abs. 1 Nr. 6, 115; vgl. auch KostO § 6 Satz 2 wegen der Haftung des Erben für die entstehenden Kosten.

§ 2227

Das Nachlaßgericht kann den Testamentsvollstrecker auf Antrag eines der Beteiligten entlassen, wenn ein wichtiger Grund vorliegt; ein solcher Grund ist insbesondere grobe Pflichtverletzung oder Unfähigkeit zur ordnungsmäßigen Geschäftsführung.

Der Testamentsvollstrecker soll vor der Entlassung wenn tunlich gehört werden.

E I 1896 II 2096; M **5** 224—226; P **5** 260, 261.

Entlassung des Testamentsvollstreckers

Übersicht

1 **I. Allgemeines**

Die **Entlassung** des Testamentsvollstreckers kann nicht von Amts wegen, sondern nur **auf Antrag**, auch schon vor Beginn des Amtes (§ 2202) ausgesprochen werden. § 2227 schließt eine Klage auf Feststellung, daß die Einsetzung des Testamentsvollstreckers nichtig sei, nicht aus; die Entlassung aus wichtigem Grunde setzt vielmehr sogar voraus, daß der Testamentsvollstrecker gültig ernannt worden ist (vgl. *Staudinger/Ditt-*

mann Rdn. 15). Ein Streit hierüber kann nur im ordentlichen Verfahren ausgetragen werden, nicht vor dem Nachlaßgericht. Wird die Klage abgewiesen, weil die Anordnung des Erblassers rechtswirksam sei, dann kann der Erbe bei wichtigem Grunde die Entlassung des Testamentsvollstreckers beantragen (RG **168** 179; s. auch Rdn. 5). Auch die Frage, ob die Testamentsvollstreckung beendet ist, ist bei Streit im ordentlichen Rechtswege zu entscheiden, weil das Nachlaßgericht kein allgemeines Aufsichtsrecht hat und nicht befugt ist, eine Testamentsvollstreckung aufzuheben oder für beendet zu erklären (KG JR **51** 732; vgl. auch § 2225 Rdn. 3).

1. Die Antragsberechtigten 2

Antragsberechtigt sind die **Beteiligten.** Hierzu gehören grundsätzlich alle diejenigen, die nicht nur ein formelles, sondern auch ein materielles oder besonderes wirtschaftliches Interesse an der Testamentsvollstreckung haben. Der Kreis der in diesem Sinne beteiligten Personen ist demnach etwas enger zu ziehen als bei §§ 2198 Abs. 2, 2200 Abs. 2 und 3 (aA noch die 11. Auflage). Gewöhnliche Nachlaßgläubiger, soweit sie nicht Vermächtnisnehmer oder Pflichtteilsberechtigte sind, sind nicht antragsberechtigt (BGH **35** 296 = WM **61** 981 = LM § 2227 Nr. 3 mit Anm. von *Piepenbrock* = NJW **61** 1717; dazu Anm. von *Baur* JZ **62** 123). Die Beteiligung im Sinne des § 2227 schließt Mitvollstrecker ein, dagegen nicht den Testamentsvollstrecker selbst; ihm steht vielmehr nach § 2226 das Kündigungsrecht zu. Durch Pflichtteilsentziehung wird die Antragsberechtigung nur dann nicht beeinträchtigt, wenn deren Wirksamkeit zweifelhaft ist (LG Hildesheim MDR **64** 849). Ein Miterbe ist auch dann, wenn sein Erbteil gepfändet worden ist oder wenn er seinen Erbteil verpfändet oder übertragen hat (§ 2033), weiter als Beteiligter anzusehen, und zwar im Falle der Übertragung, weil seine Haftung nach §§ 2382, 2385 fortdauert (DRZ **29** Nr. 656). Nach JFG **16** 74 steht das Antragsrecht auch der Devisenstelle zu. Die Dienstbehörde eines Beamten, deren Genehmigung nach BBG § 65 Abs. 1 Nr. 1 zur Übernahme des Testamentsvollstreckeramtes erforderlich ist, hat kein eigenes Antragsrecht, sie kann den Beamten nur zur Kündigung anhalten. Ein minderjähriger Erbe, dessen gesetzlicher Vertreter durch letztwillige Verfügung des Erblassers von der Verwaltung oder Nutznießung des Nachlasses ausgeschlossen worden ist, kann einen Entlassungsantrag nur durch einen Pfleger stellen (OLG Frankfurt RdJ **67** 222; anders für die Eltern selbst, vgl. *Baur* DNotZ **65** 484 und OLG Frankfurt DNotZ **65** 482).

2. Die Entscheidung des Nachlaßgerichts 3

Das Nachlaßgericht wird im Wege der freiwilligen Gerichtsbarkeit tätig; der Prozeßweg ist damit ausgeschlossen. Einem Schiedsspruch oder einem Schiedsgutachten darüber, ob ein wichtiger Entlassungsgrund vorliege, kommt für die im Verfahren der freiwilligen Gerichtsbarkeit (FGG § 12) zu treffende Entscheidung keine Bedeutung zu; der Erblasser darf einem Schiedsgericht auch nicht die Entscheidung darüber übertragen, ob der Erbe nach § 2227 berechtigt sei, einen Antrag zu stellen, oder ob er einen etwa schon gestellten Antrag zurückzunehmen habe (RG **133** 128). Eigentliche *Aufsichtsrechte* stehen dem Nachlaßgerichte *nicht* zu, auch nicht bei entsprechenden Anordnungen des Erblassers (OLG **40** 136 Anm. 1; KG JR **51** 732). Eine zeitweilige Entlassung ist unstatthaft; desgleichen eine einstweilige Anordnung des Nachlaßgerichts auf vorläufige Amtsenthebung (JFG **3** 172). Die Entlassung kann auch nicht in der Weise beschränkt werden, daß der Testamentsvollstrecker für bestimmte Verrichtungen im Amte bleibt (DRZ **29** Nr. 498).

Sind die Aufgaben des Testamentsvollstreckers erledigt und ist damit sein Amt erloschen, so kann er nicht mehr entlassen werden (JFG **14** 275). Das Nachlaßgericht hat daher bei einem Antrag auf Entlassung des Testamentsvollstreckers zunächst die Vorfrage zu prüfen, ob die Testamentsvollstreckung etwa gegenstandslos geworden ist (vgl. OLG Köln MDR **63** 763). Eine Entlassung kann in diesen Fällen nur ausgesprochen werden, wenn der Testamentsvollstrecker sich noch Rechte anmaßt (vgl. *Erman/Hense* Rdn. 5 aE).

4 **II. Der wichtige Grund**

Was als wichtiger Grund zu gelten habe, ist dem pflichtmäßigen Ermessen des Nachlaßgerichts anheimgestellt. Der wichtige Grund braucht nicht in dem *Verhalten* des Testamentsvollstreckers zu liegen (*Vogel* JW **34** 1400 gegen *Donner* das. 887).

Pflichtverletzung grober Art, z. B. durch eine von den Umständen nicht gebotene Bevorzugung der eigenen geldlichen Interessen vor denen der Erben (OLG **44** 98; JW **37** 475[25] betr. Einbehaltung einer vermeintlich zu hohen Vergütung; vgl. § 2221 Rdn. 3), und *Unfähigkeit* sind (wie in § 27 Abs. 2 beim Vereinsvorstand) nur beispielsweise aufgeführt. Über die Voraussetzungen des Amtsmißbrauchs vgl. OGH **3** 247.

5 *Verschulden* des Testamentsvollstreckers ist nicht vorausgesetzt (KGJ **36** A 74; BayObLG **28** 34; **53** 361; OLG Düsseldorf MDR **57** 421; vgl. auch OLG Celle Nds. Rpfl. **61** 199); es genügt, daß er durch sein persönliches Verhalten oder die bei ihm tatsächlich bestehenden Verhältnisse begründeten Anlaß zu der Annahme gibt, sein Verbleiben im Amte werde die Ausführung des letzten Willens beeinträchtigen oder die berechtigten Interessen der Beteiligten gefährden (OLG **30** 210; DRZ **34** Nr. 11). In der Regel muß jedenfalls eine objektive Gefährdung des Nachlasses und des Erben festzustellen sein (OLG Düsseldorf DNotZ **50** 67). Eine solche Gefährdung kann sich daraus ergeben, daß der Testamentsvollstrecker sich nicht an Bestimmungen des Testaments über die Verpachtung eines zum Nachlaß gehörenden Geschäfts hält (OLG Hamm JMBlNRW **61** 78). *Mißtrauen der Erben* gegenüber dem Testamentsvollstrecker genügt jedoch, wenn es nicht auf persönlicher Einstellung der Erben, sondern auf Tatsachen beruht, die der Testamentsvollstrecker durch sein *Verhalten* — sei es auch ohne sein Verschulden — herbeigeführt hat (OLG Hamm JMBlNRW **58** 101, BayObLG **57** 317). Ein in diesem Sinne objektiv gerechtfertigtes Mißtrauen gegen die Person des Testamentsvollstreckers kann einen wichtigen Entlassungsgrund bilden, wenn der Testamentsvollstrecker zuvor als vermögenssorgeberechtigter Vormund des Erben versagt hat und deshalb vom Vormundschaftsgericht entlassen worden ist (OLG Hamm NJW **68** 800 = MßR **68** 152; vgl. dazu auch OLG Stuttgart OLGZ **68** 457). Ein wichtiger Grund zur Entlassung kann auch darin liegen, daß die Vergütung, die der Testamentsvollstrecker fordert, sich nicht mehr innerhalb der *möglichen Grenzen der Angemessenheit* hält (KG JR **55** 65). Unter diesem Gesichtspunkte sind auch *Feindschaft* oder ein *erheblicher Interessengegensatz* zwischen dem Vollstrecker und dem Erben (OLG **26** 357 u. 358; **40** 137; RG 18. 5. 1931 IV B 10/31; RG **168** 179; BayObLG **53** 361; OLG Schleswig SchlHA **58** 312; OLG Köln Rpfleger **69** 207) oder zwischen Mitvollstreckern (RJA **14** 25) und *längere Abwesenheit* des Vollstreckers (KGJ **47** 92) als Entlassungsgründe zu würdigen; ebenso wenn er einen Generalbevollmächtigten (§ 2218 Rdn. 5 zu § 664) unter Umständen bestellt, welche die Erteilung einer Generalvollmacht überhaupt als unsachgemäß und gefährlich oder den bestellten Bevollmächtigten als ungeeignet erscheinen lassen (JFG **7** 282). Die Internierung des Testamentsvollstreckers ist jedoch für sich allein kein ausreichender Entlassungsgrund, jedenfalls so lange nicht, als die Geschäfte durch Bevollmächtigte weitergeführt werden (OLG Celle HannRpfl **46** 134). Auch die Tatsache allein, daß der Testamentsvollstrecker als Notar den Erbvertrag beurkundet hat, in dem das Nachlaßgericht gebeten worden war, einen Notar des Gerichtsbezirks zum Testa-

mentsvollstrecker zu ernennen, rechtfertigt die Entlassung nicht (LG Göttingen DNotZ **52** 445).

Die *Verhinderung* des Vollstreckers, bei einer einzelnen Nachlaßgelegenheit, z. B. infolge seiner Eigenschaft als Nachlaßschuldner, mitzuwirken, ist an sich und vorbehaltlich einer besonderen Sachlage (wie in dem Falle JFG **3** 169) noch kein wichtiger Grund zu seiner Entlassung (RG **98** 174; vgl. §§ 2224 Rdn. 6, 10, 2225 Rdn. 9). **6**

Wird klargestellt, daß das Nachlaßgericht den Testamentsvollstrecker ohne ein entsprechendes Ersuchen des Erblassers ernannt hat (§ 2200 Rdn. 1), so besteht gleichfalls ein wichtiger Grund für die Entlassung; sie setzt auch in diesem Falle einen Antrag voraus (Recht **25** Nr. 2438; KG DNotZ **55** 649). Wegen ungerechtfertigter Benachteiligung eines Miterben vgl. BGH **25** 275, 283 = NJW **57** 1916 = JZ **58** 167 mit Anm. von *Coing*. **7**

III. Die Anhörung des Testamentsvollstreckers (Abs. 2) **8**

Anhörung wie § 2216 Rdn. 18 nur „wenn tunlich"; da die Entlassung eine besonders einschneidende Maßnahme ist, sollte jedoch nur in ganz besonderen Ausnahmefällen davon abgesehen werden, den Testamentsvollstrecker zu hören.

Dem Testamentsvollstrecker steht gegen seine Entlassung sofortige *Beschwerde* (FGG § 81 Abs. 2), den Beteiligten gegen die Ablehnung einfache Beschwerde zu (FGG §§ 19 ff). Akteneinsicht und Ausfertigungen FGG § 78, 85. Gebühr für die Entlassung KostO §§ 113, 115. **9**

Der Testamentsvollstrecker kann die *Kosten*, die ihm durch ein auf seine Entlassung abzielendes Verfahren entstehen, dem Nachlaß entnehmen, wenn er sich in berechtigter Verteidigung des letzten Willens des Erblassers befunden hat (RG JW **36** 3388[7]; OLG Hamburg MDR **63** 423). **10**

Anwendbarkeit des *älteren* Rechtes RG **46** 70.

IV. Verhältnis zu anderen Rechtsbehelfen **11**

Durch § 2227 wird die Klage auf Feststellung der Nichtigkeit einer letztwilligen Anordnung, in der eine bestimmte Person zum Testamentsvollstrecker ernannt ist, nicht ausgeschlossen (RG **168** 177). Bei einer Mehrheit von Erben steht jedem einzelnen von ihnen das Recht zu, vom Testamentsvollstrecker die Einhaltung der Grenzen seiner Verwaltungsbefugnis zu verlangen. Verletzt der Testamentsvollstrecker die ihm nach § 2216 obliegende Pflicht zur ordnungsmäßigen Verwaltung des Nachlasses, so ist jeder Erbe bei der Erzwingung dieser Pflicht im Klagewege nicht auf die Geltendmachung der in den §§ 2219, 2227 vorgesehenen Rechte beschränkt, sondern auch aus § 2216 berechtigt (RG **73** 26, 28).

V. Interzonales Privatrecht **12**

Hat ein Gericht der DDR einen Testamentsvollstrecker aus dem Amt entlassen, so ist zu prüfen, ob diese Maßnahme auch in der Bundesrepublik Deutschland wirksam ist. Die Feststellung ihrer Unwirksamkeit kann dazu führen, daß der Testamentsvollstrecker weiter befugt ist, den in der Bundesrepublik gelegenen Nachlaß zu verwalten (BGH 25. 2. 1961 V ZR 192/59; vgl. dazu auch BGH, zitiert bei *Johannsen* WM **69** 1403). Vgl. im übrigen zu der Frage der Anerkennung von Entscheidungen der Behörden der DDR in FGG-Sachen BGH **52** 141 ff mit Anm. von *Wengler* JZ **69** 663; ferner auch *Keidel* FGG 1972 Rdn. 35 zu § 72 zusammen mit Rdn. 17 zu § 35.

§ 2228

Das Nachlaßgericht hat die Einsicht der nach § 2198 Abs. 1 Satz 2, § 2199 Abs. 3, § 2202 Abs. 2, § 2226 Satz 2 abgegebenen Erklärungen jedem zu gestatten, der ein rechtliches Interesse glaubhaft macht.

P **6** 338, 339.

Akteneinsicht

1 Akteneinsicht ist jedem zu gewähren, der ein rechtliches, nicht nur ein berechtigtes (OLG **10** 18) Interesse glaubhaft macht. Vgl. zum *Begriff des rechtlichen Interesses* im allgemeinen BGH **4** 323, 324; **9** 111; ferner § 1953 Rdn. 6. Verwandte Vorschriften enthalten die §§ 1953 Abs. 3 Satz 2, 1957 Abs. 2 Satz 2, 2010, 2081 Abs. 2 Satz 2, 2146 Abs. 2, 2264, 2384 Abs. 2.

2 § 2198 betrifft die Bestimmung des Testamentsvollstreckers durch einen Dritten, § 2199 die Bestimmung des Mitvollstreckers oder Nachfolgers durch den Testamentsvollstrecker, § 2202 die Annahme- oder Ablehnungserklärung, § 2226 die Kündigung. Vgl. auch FGG §§ 34, 78, 85.

3 Das Gesetz über die Einsicht in gerichtliche öffentliche Bücher und Register vom 30. 9. 1936 (RGBl. I § 53) ist durch das KRG Nr. 24 aufgehoben worden.

SIEBENTER TITEL

Errichtung und Aufhebung eines Testaments

Neueres Schrifttum:

Boeckler, Das notarielle Testament, **1973;** *Gernhuber,* Testierfreiheit, Sittenordnung und Familie, FamRZ **60** 326; *Grassel,* Zur Lesens- und Schreibunfähigkeit beim öffentlichen Testament, Rpfleger **61** 12; *Haegele,* Das eigenhändige Testament in Rechtsprechung, Schrifttum und Praxis, JurBüro **68** 343; *ders.,* Beurkundung eines Nottestaments durch den Bürgermeister (mit einem Überblick über das Erbrecht und das Erbschaftssteuerrecht), **1963;** *ders.,* Einzelfragen zur Testamentseröffnung, Rpfleger **68** 137; *ders.,* Das Privattestament, das Unternehmertestament 3. Aufl. **1970;** *ders.,* Beurkundungsgesetz, Rpfleger **69** 365, 414; *Herminghausen,* Zur Beurkundung letztwilliger Verfügungen bei Höfen, DNotZ **60** 100; *Höfer,* Das Beurkundungsgesetz in der Praxis, JurA **70** 740; *Hornung,* Die geschäftliche Behandlung der Verfügungen von Todes wegen im Hinblick auf das Verfahren zur Eröffnung von Testamenten und Erbverträgen, JVBl. **64** 225; *ders.,* Wie weit ist die Erfassung der Verfügung von Todes wegen in die Vergangenheit zu erstrecken?, JVBl. **65** 247; *Jansen* FGG 2. Aufl. Bd. III, Beurkundungsgesetz, **1971;** *Johannsen,* Rechtsprechung des Bundesgerichtshofs auf dem Gebiet des Erbrechts, 7. Teil, Testament, WM **71** 402 mit Erg. WM **73** 547; *Karger,* Steuerlich zweckmäßige Testamente und Schenkungen, 6. Aufl.; *Keidel/Winkler,* FreiwG Teil B BeurkG **1972;** *Kohler,* Das Teilungsverbot besonders beim testamentarischen Familiengut, DNotZ **58** 245; *ders.,* Testamentarische Vorsorge gegen die Abwanderung des Familienvermögens, BB **59** 58; *v. Lübtow,* Zur Lehre vom Widerruf des Testaments, NJW **68** 1849; *Model,* Testament und Güterstand des Unternehmers, 5. Aufl.; *Schünemann,* Kein Widerruf eines vor einem Richter errichteten Testaments durch Rücknahme aus der amtlichen Verwahrung, JurBüro **70** 142; *Werner,* Eigenhändige letztwillige Verfügungen, DNotZ **72** 6.

Weitere Literaturnachweise s. Anm. 18, 19 der 11. Aufl.

Vorbemerkungen

Vor § 2229

Übersicht

I. Verhältnis zum Testamentsgesetz 1

Die Vorschriften des Siebenten Titels (§§ 2229—2264) waren zeitweilig durch das Gesetz über die Errichtung von Testamenten und Erbverträgen vom 31.7.1938 — RGBl. I 973 — (TestG) aufgehoben und durch dessen Bestimmungen ersetzt. Sie wurden durch den Ersten Teil Art. 5 Nr. 5 des Gesetzes zur Wiederherstellung der Gesetzeseinheit auf dem Gebiete des bürgerlichen Rechts vom 5.3.1953 — BGBl. I 33 — wieder in das BGB eingefügt. In den Schlußvorschriften im Zweiten Teil Art. 1 Nr. 6 dieses Gesetzes ist das TestG gleichzeitig mit Ausnahme des § 51 aufgehoben worden. Die §§ 2229—2264 in ihrer neuen Fassung übernahmen jedoch nahezu vollinhaltlich die Regelung des TestG, das gegenüber der ursprünglichen Fassung der Bestimmungen des BGB zahlreiche erwünschte Formerleichterungen brachte und sich in der Praxis bewährte. Die **Abweichungen** gegenüber dem TestG bestehen im wesentlichen in folgendem: Der in TestG § 27 enthaltene Hinweis auf Sondervorschriften für Wehrmachtsangehörige ist entfallen. Die Vorschrift über das Seetestament (§ 2251, früher TestG § 25) ist den gegenwärtigen Verhältnissen angepaßt. Die Bestimmungen des § 48 Abs. 1 und 3 TestG über die Nichtigkeit einer Verfügung von Todes wegen sind nicht übernommen worden. Bei den sonstigen Änderungen handelt es sich vorwiegend darum, das Testamentsrecht der Fassung und dem Sprachgebrauch des BGB anzugleichen. Diesem ist es insbesondere fremd, Beispiele und Empfehlungen im Gesetzestext (so in TestG §§ 2 Abs. 2, 21, 24) anzuführen (vgl. nunmehr §§ 2229 Abs. 4, 2247, 2250). Die Bestimmung des § 48 Abs. 2 TestG, die schon durch das KRG Nr. 37 vom 30. 10. 1946 (KRABl. S. 220) aufgehoben wurde (für die Zeit vorher vgl. Meiss SJZ **1946** 65), ist nicht wiederhergestellt worden. Wegen der Einzelheiten wird auf die vergleichenden Gegenüberstellungen der Vorschriften des TestG zu den entsprechenden Vorschriften des BGB (ursprünglicher und neuer Fassung) in der Einleitung zum Dritten Abschnitt (vor § 2064 Rdn. 3 u. 4) verwiesen.

II. Verhältnis zum Beurkundungsgesetz 2

Das am 1. 1. 1970 in Kraft getretene Beurkundungsgesetz vom 28. 8. 1969 dient der Rechtseinheit im Beurkundungswesen. Es übernimmt dabei auch die verfahrensrechtliche Regelung der Beurkundung des öffentlichen Testaments und setzt die früher hiermit befaßten Vorschriften der §§ 2233—2246 außer Kraft. Im übrigen hebt das Gesetz die Beurkundungsfunktion des Richters auf und weist sie im wesentlichen dem Notar zu. Neben allgemeinen Bestimmungen über die Beurkundung von Willensbestimmungen, von denen diejenigen über Ausschließung des Notars (§§ 6, 7 BeurkG), über die Anforderungen der Niederschrift (§§ 8—16 BeurkG) und über die Beteiligung behinderter Personen (§§ 22—26 BeurkG) hervorzuheben sind, enthält das Beurkundungsgesetz auch besondere Vorschriften über Verfügungen von Todes wegen (§§ 27—35). Soweit diese Neuregelung die bisherigen Bestimmungen des BGB aufhebt oder ändert, wird das jeweils bei der Kommentierung der betreffenden Paragraphen vermerkt. Zur Erleichterung einer entsprechenden Übersicht werden die wichtigsten einschlägigen Bestimmungen des Beurkundungsgesetzes in der Vorbemerkung zu den (aufgehobenen) §§ 2234—2246 wiedergegeben. Wegen der Übergangsregelung s. Rdn. 13.

3 **III. Übergangsbestimmungen**

1. Für das Inkrafttreten des **BGB** gelten die Übergangsvorschriften der Art. 214, 215 EGBGB.

4 **2.** Die Übergangsregelung, die für die Ablösung der alten Vorschriften des Siebenten Titels durch das am 4. 8. 1938 in Kraft getretene **TestG** gilt, enthält TestG § 51. Das Gesetz zur Wiederherstellung der Gesetzeseinheit auf dem Gebiete des bürgerlichen Rechts vom 5. 3. 1953 hat die Bestimmung aufrechterhalten (Zweiter Teil Art. 1 Nr. 6 aaO).

TestG § 51 lautet:

Das Gesetz gilt nicht für Erbfälle, die sich vor seinem Inkrafttreten ereignet haben.

Die vor dem Inkrafttreten des Gesetzes erfolgte Errichtung oder Aufhebung eines Testaments oder Erbvertrags wird nach den bisherigen Vorschriften beurteilt, auch wenn der Erblasser nach dem Inkrafttreten des Gesetzes stirbt.

Bei Erbfällen, die sich nach dem Inkrafttreten des Gesetzes ereignen, sind an die Gültigkeit eines Testaments keine höheren Anforderungen zu stellen, als nach diesem Gesetz für ein Testament der betreffenden Art zulässig ist, auch wenn das Testament vor dem Inkrafttreten dieses Gesetzes errichtet ist. Dies gilt entsprechend für Erbverträge.

5 **a)** Aus den Vorschriften des § 51 ergibt sich folgende **Übergangsregelung:**

Ist **der Erbfall vor dem Inkrafttreten des Testamentsgesetzes** (4. 8. 1938) **eingetreten,** so ist, wie durch Abs. 1 klargestellt wird, ausschließlich das alte Recht anzuwenden (RG HRR **39** Nr. 150 u. WarnRspr. **39** Nr. 80). An einer nach altem Recht eingetretenen Erbfolge soll durch das TestG nichts geändert werden (Begr.).

6 Ist **der Erbfall nach dem Inkrafttreten des Gesetzes eingetreten,** so sind grundsätzlich die Vorschriften des TestG anzuwenden. Jedoch wird die vor dem Inkrafttreten des Gesetzes erfolgte *Errichtung oder Aufhebung* eines Testaments oder Erbvertrags nach altem Recht beurteilt (Abs. 2); eine Ausnahme hiervon gilt nach Abs. 3 für die *Errichtung* eines Testaments oder Erbvertrags insofern, als die vom TestG vorgesehenen Formerleichterungen auch den vor seinem Inkrafttreten errichteten Testamenten und Erbverträgen zugute kommen sollen.

7 Ist im Falle eines vor dem Inkrafttreten des TestG errichteteten *gemeinschaftlichen Testaments* der Mann vor dem Inkrafttreten des Gesetzes verstorben, so richtet sich seine Beerbung nach altem Recht (Abs. 1); ist die Beitrittserklärung der Frau nichtig, weil sie entgegen der zwingenden Formvorschrift des § 2267 nicht eigenhändig datiert ist, so ist eine Auslegung des Testaments nach § 2269 mit Rücksicht auf § 2270 Abs. 2 unmöglich (KG JW **38** 3169[20] mit Anm. von *Vogels* = ZAkDR **39** 173 mit Anm. von *Boehmer).* Die Verfügung der Frau ist nach Abs. 3 als formgültig anzusehen; stehen aber die Verfügungen der Ehegatten miteinander in Wechselbeziehung, so hat die nach altem Recht begründet gewesene Formnichtigkeit der Verfügung der Frau gemäß § 2270 Abs. 1 die Verfügung des Mannes unwirksam gemacht; dies hat zur Folge, daß auch die Verfügung der Frau unwirksam ist. Hieraus ergibt sich weiter, daß die Frau auch an der Errichtung einer neuen, von der früheren abweichenden Verfügung nicht gehindert ist (KG JFG **20** 298 = HRR **39** 1506 = DRW **39** 1955[11] = ZAkDR **39** 688 mit Anm. von

Boehmer; vgl. auch *Vogels* JW **38** 3170). Waren bei einem gemeinschaftlichen Testament, das vor dem 4. 8. 1938 errichtet worden ist, die Verfügungen des einen Ehegatten wegen Formmangels nichtig, war deshalb der andere nicht gebunden und hat er darauf seine Verfügung in einem Testament widerrufen, so ist der Widerruf mit dem Inkrafttreten des TestG nicht deshalb unwirksam geworden, weil das gemeinschaftliche Testament nunmehr in vollem Umfange als formgültig anerkannt wurde (KG JFG **22** 119 = DR **41** 103 mit Anm. von *Vogels* = HRR **41** Nr. 324 = DNotZ **41** 110). Vgl. auch *Imlau,* Fragen des Übergangsrechts des Testamentsgesetzes vom 21.7.1938, DFG **41** 19.

8 b) Die Abs. 2 u. 3 haben nur die **Formvorschriften** (aber einschließlich der Vorschriften über die Testierfähigkeit, § 1 Abs. 2, §§ 2, 3, 11 Abs. 3, 21 Abs. 4 TestG), jedoch nicht die Vorschriften im Auge, welche die sachliche Wirksamkeit eines Testaments oder Erbvertrags berühren. § 51 Abs. 3 TestG will den Erblasser dagegen schützen, daß infolge der früheren strengeren Vorschriften des BGB der von ihm erklärte Wille nicht zur Geltung gelangt, obwohl er nach dem TestG gültig erklärt war. Die Vorschrift will aber den Erblasser nicht gegen seinen Willen an einer Erklärung festhalten, die nach dem BGB nichtig war und von ihm als nichtig anerkannt ist (BGH LM BGB § 986 Nr. 1 mit Anm. von *Pritsch;* ferner OLG Köln NJW **57** 1929; Hamm OLGZ **67** 74, 76). Ein nach früherem Recht wegen Formmangels nichtiger Erbvertrag wird auch nach § 51 Abs. 3 TestG nicht mit dem Inkrafttreten des Gesetzes von selbst voll wirksam. Der Erblasser kann daher anderweit letztwillig verfügen. Erst mit dem Erbfall wird der Formmangel nach § 51 Abs. 3 TestG geheilt, soweit nicht inzwischen getroffene andere letztwillige Verfügungen entgegenstehen (BGH aaO). Enthält der Erbvertrag wechselbezügliche Verfügungen der Ehegatten, dann wird er insoweit mit dem ersten Erbfall voll wirksam, wenn er bis zu diesem Zeitpunkt unverändert bestehen geblieben ist (BGH LM TestG § 51 Nr. 2). Hat ein Notar bei der Errichtung eines Testaments vor dem Inkrafttreten des TestG eine Person als Zeugen zugezogen, obwohl sie in dem Testament bedacht wurde, so tritt mit dem Erbfalle, sofern er sich nach dem Inkrafttreten des TestG ereignet, eine Heilung dieses Formmangels ein (OLG Hamm NJW **56** 874[13] = DNotZ **56** 424).

9 c) Die vom TestG vorgesehenen **Formerleichterungen** sollen den vor seinem Inkrafttreten errichteten Testamenten oder Erbverträgen zugute kommen. Soweit das TestG *strengere* Anforderungen stellt (z. B. § 16 Abs. 3 u. § 18 Abs. 1 gegenüber § 2242 Abs. 2 u. § 2244 Abs. 1 BGB), bleiben gemäß Abs. 2 die bisherigen Vorschriften ausschließlich maßgebend.

10 3. Die Übergangsregelung zur **Aufhebung des § 48 Abs. 2 TestG** hat KRG 37 Art. II getroffen. Hiernach beschränkt sich die Wirkung der Aufhebung auf diejenigen Erbfälle, die bei Verkündung des KRG 37 (5. 11. 1946) noch nicht geregelt waren. Geregelt ist ein Erbfall im Sinne des Art. II KRG 37 jedenfalls dann, wenn durch rechtskräftiges Urteil oder Einigung der Beteiligten die erbrechtlichen Verhältnisse und die Ansprüche der Beteiligten am Nachlaß festgestellt sind. Es kommt in diesen Fällen nicht darauf an, ob die Ansprüche erfüllt worden sind oder ob Auseinandersetzungsstreitigkeiten bestehen (OLG Dresden JR **50** 85). Jedoch ist nach dem Grundgedanken, der in Art. XII Abs. 2 KRG 45 und in § 58 Abs. 2 der Verfahrensordnung für Landwirtschaftssachen (LVO) vom 2. 12. 1947 (VOBl BZ S. 157) ausgedrückt ist, ein geregelter Erbfall auch dann anzunehmen, wenn der Tod des Erblassers vom Zeitpunkt des Inkrafttretens des KRG 37 an gerechnet länger als drei Jahre zurückliegt, ohne daß bis zu diesem Zeitpunkt gegen die Personen, die die Erbschaft in Besitz genommen haben, im Klagewege ein Anspruch geltend gemacht worden ist, der die Erbfolge in Frage stellt. Zur Inbesitznahme der Erbschaft ist unmittelbarer oder mittelbarer Besitz notwendig; der nur auf BGB § 857 gestützte Besitz als Erbe reicht nicht aus (BGH **10** 115). Ein Testament, das während der Herrschaft des TestG errichtet worden ist und damals gegen TestG § 48 Abs. 2 verstieß, bleibt daher nur nichtig, wenn der Erbfall vor dem Inkrafttreten des KRG 37 eingetreten und in diesem Zeitpunkt geregelt war. In allen anderen Fällen ist das Testament gültig. Auf diese Weise können auch solche Verfügungen von Todes wegen wirksam sein, von deren Ungültigkeit sich der Erblasser nach dem früheren Gesetzesstande überzeugt und deren Widerruf er daher unterlassen hatte. Schwierigkeiten, die sich hieraus ergeben, kann gegebenenfalls durch Anfechtung nach BGB § 2078 abgeholfen werden.

11 Im übrigen ist zu beachten, daß sich die Nichtigkeit einer letztwilligen Zuwendung, nachdem TestG § 48 Abs. 2 weggefallen ist, aus **BGB § 138** ergeben kann. Der Erblasser ist auch jetzt nicht von jeder Rücksichtnahme und jeder Verantwortung gegenüber seinen Angehörigen frei. Der Ausschließung erbberechtigter Verwandter von der Erbfolge sind vielmehr durch die guten Sitten Grenzen gesetzt. Verteilt jemand seine Erbschaft unter Verletzung der durch die Familienzugehörigkeit gebotenen Rücksicht, so stellt dies freilich für sich allein noch keinen Verstoß gegen die guten Sitten dar. Die Übergehung eines Angehörigen kann aber unsittlich sein, wenn besonders erschwerende Umstände hinzukommen (OGH **3** 161). Vgl. ferner Rdn. 4 vor § 1937 und Rdn. 21 vor § 2064; neuerdings auch *Gernhuber* FamRZ **60** 326 ff, *Johannsen* WM **71** 919 ff.

12 4. Für die Übernahme der Vorschriften des TestG durch das **Gesetz zur Wiederherstellung der Gesetzeseinheit auf dem Gebiet des bürgerlichen Rechts** am 1. 4. 1953 sind keine besonderen Überleitungsbestimmungen erlassen worden. Sie erschienen entbehrlich, weil die Wiedereinfügung der §§ 2229—2264 mit keiner sachlichen Änderung des durch das TestG geschaffenen Rechtszustandes verbunden sein sollte. Hierbei ist übersehen worden, daß der ersatzlose Fortfall des § 48 Abs. 3 TestG eine Übergangslösung notwendig machen könnte. TestG § 51 kann nicht entsprechend angewandt werden. Ebensowenig ist der Grundgedanke des Art. 213 EGBGB zu verwenden (aM *Palandt/Keidel* 33. Aufl. Einf. vor BGB § 2229 Anm. 3). Es wird vielmehr EGBGB Art. 214 entsprechend anzuwenden sein. Hat also der Erblasser vor dem 1. 4. 1953 eine Verfügung von Todes wegen errichtet, so ist sie im Hinblick auf TestG § 48 Abs. 3 auch dann nach dem alten Rechtszustand zu beurteilen, wenn er erst nach dem 1. 4. 1953 stirbt.

Unabhängig von der vorerörterten Streitfrage zu EG Art. 213, 214 ist TestG § 48 Abs. 3 jedenfalls noch anwendbar, wenn sowohl die Testamentserrichtung wie der Erbfall vor dem 1. 4. 1953 liegen (BGH NJW **56** 988[6] = FamRZ **56** 221 = LM TestG § 48 Nr. 1). Durch *Ausnutzung seiner Todesnot* ist der Erblasser nur dann dazu bestimmt worden, eine Verfügung von Todes wegen zu errichten, wenn die Art, in der er beeinflußt worden ist, nach den gesamten Umständen sittlich anstößig ist (BGH aaO).

13 **5. Übergangsregelung für das BGB neuester Fassung**

Das Beurkundungsgesetz vom 28. 8. 1969, in Kraft getreten am 1. 1. 1970, enthält keine dem § 51 TestG vergleichbare ausdrückliche Übergangsregelung. Das Gesetz enthält in § 68 lediglich einige Bestimmungen über die Behandlung von Urkunden, die vor Inkrafttreten des Gesetzes errichtet worden sind. Daraus könnte gefolgert werden, daß es im übrigen für die vor dem 1. 1. 1970 errichteten Testamente und Erbverträge bei den bisherigen Vorschriften verbleibt, und zwar ohne Rücksicht darauf, ob der Erbfall vor oder nach dem Stichtage eingetreten ist (vgl. Art. 213, 214 EGBGB und § 51 Abs. 1 u. 2 TestG-allgemeiner Rechtsgedanke). Für Erbfälle, die nach dem 31. 12. 1969 eingetreten sind, will *Johannsen* (WM **71** 402, 405) indessen die Gesetzeslücke dadurch schließen, daß er den sich aus § 51 Abs. 3 TestG ergebenden Rechtsgedanken heranzieht: keine Bindung an nach früherem Recht formwidrig geschlossene Erbverträge und an gemeinschaftliche Testamente, dagegen Gültigkeit letztwilliger Verfügungen (vgl. BGH LM § 986 Nr. 1; LM TestG § 51 Nr. 2).

III. Testamentsformen **14**

Das BGB unterscheidet zwischen der ordentlichen und außerordentlichen Testamentsform. *Ordentliche* Testamentsformen sind das vor einem Notar durch mündliche Erklärung zur Niederschrift oder durch Übergabe einer Schrift errichtete öffentliche Testament (§§ 2231 Nr. 1, 2232, 2233) und das eigenhändige Privattestament (§§ 2231 Nr. 2, 2247—2248). *Außerordentliche* Testamentsformen sind das Nottestament vor dem Bürgermeister (§§ 2249, 2250 Abs. 1), das Dreizeugentestament am abgesperrten Ort und bei naher Todesgefahr (§ 2250) und das Dreizeugentestament in der besonderen Erscheinungsform des Seetestaments (§ 2251).

IV. Sondervorschriften **15**

Neben dem BGB bestehen Sondervorschriften:

1. für Testamente von *Wehrmachtsangehörigen* (Militärtestamente) im Gesetz über die freiwillige Gerichtsbarkeit und andere Rechtsangelegenheiten in der Wehrmacht (WehrmFGG) v. 24. 4. 1934 (RGBl. I 335, 352) idF der 5. ErgVO v. 6. 9. 1943 (RGBl. I 537). Sie sind auch heute noch für unerledigte Fälle früherer Wehrmachtsangehöriger und für Kriegsgefangene bedeutsam;

2. für die Errichtung von Testamenten und Erbverträgen deutscher Staatsangehöriger im *Auslande* vor dem deutschen Konsul (Konsulartestamente) im Gesetz betr. die Organisation der Bundeskonsulate sowie die Amtsrechte und Pflichten der Bundeskonsuln (Konsulargesetz) v. 8. 11. 1867 idF des Gesetzes v. 14. 5. 1936 (RGBl. I 447), des Gesetzes v. 16. 12. 1950 (BGBl. 784) und des § 57 Abs. 1 des Beurkundungsgesetzes vom 28. 8. 1969 (BGBl. I 1513, BGBl. III 303—13). Die hier einschlägigen Bestimmungen haben im wesentlichen folgenden Wortlaut: **16**

„**KonsGes § 16 a:** Vor den Berufskonsuln können von deutschen Staatsangehörigen Testamente und Erbverträge errichtet werden. Das dabei zu beobachtende Verfahren richtet sich nach dem Beurkundungsgesetz; § 16 Abs. 2 Buchstaben a, b gilt entsprechend.

Soll die Niederschrift über eine Verfügung von Todes wegen gemäß § 34 des Beurkundungsgesetzes in besondere amtliche Verwahrung gebracht werden, so ist sie verschlossen dem Amtsgericht Schöneberg in Berlin zur Verwahrung zu übermitteln; das Amtsgericht erteilt den Hinterlegungsschein. Stirbt der Erblasser, bevor das Testament abgesandt worden ist, so kann der Konsul es eröffnen; das bei der Eröffnung anzuwendende Verfahren bestimmt sich nach den Vorschriften der §§ 2260, 2261 Satz 2 des Bürgerlichen Gesetzbuches.

KonsGes § 37 a: Die Befugnisse.... zur Aufnahme von Testamenten und Erbverträgen (§§ 16, 16 a) stehen nur denjenigen Konsuln zu, die dazu von der für auswärtige Angelegenheiten zuständigen Obersten Bundesbehörde besonders ermächtigt sind.

Die in Abs. 1 bezeichneten Befugnisse.... können durch Verfügung der in Abs. 1 genannten Obersten Bundesbehörde auch einem an einer konsularischen Behörde beschäftigten Beamten, der nicht Konsul ist, übertragen werden, wenn er die in § 7 Abs. 1 bezeichnete Prüfung bestanden oder die Fähigkeit zum Richteramt oder zum höheren Verwaltungsdienst auf Grund der dafür vorgeschriebenen Prüfungen in einem deutschen Lande erlangt hat."

Die §§ 16 a, 37 a KonsGes sind durch das Gesetz zur Wiederherstellung der Gesetzeseinheit auf dem Gebiet des bürgerlichen Rechts v. 5. 3. 1953 unberührt geblieben (Zweiter Teil Art. 4 Nr. 2). Soweit in ihnen auf Vorschriften des TestG verwiesen ist (§ 16 a des Konsulargesetzes; TestG § 50 Abs. 6), treten jedoch an deren Stelle wiederum die entsprechenden Vorschriften des BGB;

17 3. für die Testamente von Verfolgten in den *Rückerstattungsgesetzen* (REGamZ Art. 80, REGbrZ Art. 67, BerlREAO Art. 69; vgl. ferner *Firsching* DNotZ **1955** 298 f).

18 **V. Internationales Privatrecht**

Aus EGBGB Art. 24 Abs. 1 und 25 Abs. 1 ist als Grundsatz abzuleiten: Jeder Erblasser wird nach den Gesetzen des Staates beerbt, dem er zur Zeit seines Todes angehört (Erbstatut). Hiernach bestimmen sich insbesondere auch seine Testierfähigkeit und der zulässige Inhalt des Testaments. Bei einem deutschen Erblasser ist also das deutsche Recht maßgebend (vgl. auch EGBGB Art. 7 Abs. 1). Die Testamentsform regelt EGBGB Art. 11. Das im Ausland von einem Deutschen errichtete Testament ist hiernach grundsätzlich ohne Rücksicht auf entgegenstehende Vorschriften des Ortsrechts formgültig, wenn die — deutsche — Heimatform gewahrt ist (EGBGB Art. 11 Abs. 1 Satz 1). Es genügt aber auch, wenn die — vom Recht des Errichtungsorts vorgeschriebene — Ortsform beobachtet wird (EGBGB Art. 11 Abs. 1 Satz 2). Ist der Erblasser ein Ausländer, so gilt für das von ihm auf deutschem Gebiet errichtete Testament ebenfalls das Erbstatut (EGBGB Art. 7 Abs. 1, 25), also das betreffende ausländische Recht. Die Testamentsform bestimmt sich jedoch auch bei ausländischen Erblassern nach EGBGB Art. 11, d. h. entweder nach dem Heimatrecht oder nach — deutschem — Ortsrecht. Für den Wechsel der Staatsangehörigkeit enthält EGBGB Art. 24 Abs. 3 Sondervorschriften; s. dazu Konsularvertrag v. 25. 4. 1958 zwischen der Bundesrepublik Deutschland und der UdSSR mit Gesetz v. 17. 3. 1959 zu diesem Konsularvertrage (BGBl. 1959 II 232, 233).

19 Im **interzonalen Privatrecht** sind die vorstehenden Grundsätze entsprechend anwendbar. In der DDR gilt das Testamentsgesetz weiter. Geltende Fassung s. BGB, herausgegeben vom MdJ der DDR 3. Aufl. 1967 Anh. Nr. 6; *Ferid/Firsching* Intern. Erbrecht, Abschnitt Deutschland und DDR Texte II Nr. 3.

Aufgehoben durch EG FamGB 27 Nr. 18 ist lediglich der § 29 Abs. 4 TestG, wonach auch eine Verlobte als Erblasserin, auch wenn sie in der Geschäftsfähigkeit beschränkt ist, einen Erbvertrag abschließen konnte.

Zur Frage, welche Rechtsverordnungen und KontrollratsG. in der DDR noch zu beachten sein können, vgl. *Erman/Hense* Rdn. 2 vor § 2229.

§ 2229

Ein Minderjähriger kann ein Testament erst errichten, wenn er das sechzehnte Lebensjahr vollendet hat.

Der Minderjährige oder ein unter vorläufige Vormundschaft gestellter Volljähriger bedarf zur Errichtung eines Testaments nicht der Zustimmung seines gesetzlichen Vertreters.

Wer entmündigt ist, kann ein Testament nicht errichten. Die Unfähigkeit tritt schon mit der Stellung des Antrags ein, auf Grund dessen die Entmündigung ausgesprochen wird.

Wer wegen krankhafter Störung der Geistestätigkeit, wegen Geistesschwäche oder wegen Bewußtseinsstörung nicht in der Lage ist, die Bedeutung einer von ihm abgegebenen Willenserklärung einzusehen und nach dieser Einsicht zu handeln, kann ein Testament nicht errichten.

E I 1912 II 2097; M **5** 247—253; P **5** 317—325; **6** 73.

Testierfähigkeit

Übersicht

I. Allgemeines 1

§ 2229 faßt die früheren Bestimmungen der §§ 1 Abs. 2, 3 und 2 TestG zusammen. Die Vorschrift des § 1 Abs. 1 TestG erscheint wieder als § 2064. Weitere als die in § 2229 bestimmten Beschränkungen der Testierfähigkeit sind dem Gesetze unbekannt.

Beim Güterstande der *allgemeinen Gütergemeinschaft* ist zur Wirksamkeit der in den §§ 1511—1515 bezeichneten Verfügungen eines Ehegatten die Zustimmung des anderen Ehegatten erforderlich (§ 1516). 2

II. Beginn der Testierfähigkeit (Abs. 1) 3

Die Vorschrift entspricht § 2229 Abs. 2 aF und TestG § 1 Abs. 2. Der **Minderjährige** unter 16 Jahren (Berechnung des Lebensalters § 187 Abs. 2) ist schlechthin testierunfähig. Er kann auch durch seinen gesetzlichen Vertreter kein Testament errichten (§ 2064). Das von ihm errichtete Testament ist nichtig.

Von der Vollendung des 16. Lebensjahres an steht der Minderjährige dem Volljährigen gleich; nur darf er sich während der ganzen Dauer der Minderjährigkeit der Form des eigenhändigen Testaments nicht bedienen (§ 2247 Abs. 4) und das öffentliche Testament nur durch mündliche Erklärung oder durch Übergabe einer *offenen* Schrift errichten (§ 2238 Abs. 3). Für den Erbvertrag s. § 2275 sowie §§ 2290, 2292. Ein im mobilen Verhältnis befindlicher minderjähriger *Wehrmachtangehöriger* konnte ein eigenhändiges Testament nach § 3 WehrmFGG v. 24. 4. 1934 errichten. 4

Die §§ 2238 Abs. 3, 2247 Abs. 4 beschränken sachlich die persönliche Fähigkeit zur Testamentserrichtung (vgl. RG **111** 252); sie werden aber im Zusammenhange des Gesetzes als Formvorschriften behandelt. Daraus ist gemäß EG Art. 11 Abs. 1 Satz 2 zu folgern, daß das *von einem minderjährigen Deutschen* über 16 Jahre im *Auslande* durch Übergabe einer verschlossenen Schrift oder eigenhändig errichtete Testament gültig ist, wenn ihm das Gesetz des Errichtungsortes eine solche Errichtung gestattet (*Planck/Strecker* § 2238 Anm. 5 a, § 2247 Anm. 2; aM *Staudinger/Raape* Art. 24 Anm. B IV, 1). Über die Testierfähigkeit eines in Deutschland testierenden *Ausländers* s. EG Art. 7 und Art. 24 Abs. 3 (vgl. hierzu im einzelnen *Raape,* DNotZ **50** 192). 5

Um nichts anderes als um eine **Beschränkung der Testierfähigkeit** handelt es sich bei der durch EG Art. 200, PrAG Art. 48 aufrechterhaltenen Bestimmung des PrGes v. 16. 4. 1860 § 6, wonach Eheleute in *westfälischer Gütergemeinschaft* bei bestehender beerbter Ehe über das gemeinschaftliche Vermögen nur gemeinschaftlich von Todes wegen verfügen können, also von einseitigen letztwilligen Verfügungen ausgeschlossen sind (RG 2. 6. 1921 IV 622/20; vgl. auch RG **111** 249 ff und dagegen *Endemann* JW **26** 6

543, der die Gültigkeit einer einseitigen letztwilligen Verfügung eines westfälischen Ehegatten nur nach der Rechtslage entschieden sehen will, die zur Zeit seines Todes bestanden habe; damit wird er aber dem in den Motiven zu § 6 des Münsterschen Entwurfs ausgesprochenen, dem § 6 des Gesetzes von 1860 zugrunde liegenden Gedanken nicht gerecht, daß in einer für den Zusammenhalt der Familie so wichtigen Angelegenheit ein Zusammenwirken beider Ehegatten zu fordern sei).

7 **III. Testierfähige Minderjährige (Abs. 2)**

Die Vorschrift entspricht § 2229 Abs. 1 aF und TestG § 1 Abs. 3. Sie behandelt testierfähige Minderjährige (Abs. 1) und Volljährige, die unter vorläufiger Vormundschaft stehen, gleich. Für die Abgrenzung von Minderjährigen und Volljährigen ist insofern zu beachten, daß in der DDR und in Berlin-Ost das Volljährigkeitsalter auf 18 Jahre herabgesetzt worden ist (G v. 22. 5. 1950 — GBl. 437; VO des Magistrats von Großberlin v. 8. 6. 1950 — VOBl. 149). Uneingeschränkt testierfähig ist hiernach u. a. ein 18jähriger, der sich nach Inkrafttreten der genannten Vorschriften aus der DDR, wo er sich nicht nur vorübergehend aufhielt, in die Bundesrepublik Deutschland begeben hat (vgl. hierzu KG JZ **51** 508 mit Anm. von *Beitzke;* OLG Düsseldorf NJW **51** 717; KG MDR **53** 45; s. auch *Raape* NJW **51** 457). Für denjenigen, der sich nur zu Umgehungszwecken in die Ostgebiete begeben hat, um dort eine Verfügung von Todes wegen zu errichten, gilt die Bestimmung nicht; vgl. *Palandt/Keidel* Anm. 3. — In der Bundesrepublik Deutschland ist die Herabsetzung des Volljährigkeitsalters auf 18 Jahre mit Wirkung vom 1. 1. 1975 vorgesehen. Die vorläufige Bevormundung, die nach der Stellung eines Entmündigungsantrags angeordnet werden kann (§ 1906), ist als solche kein Hindernis der Testamentserrichtung. Nur würde der unter vorläufige Vormundschaft gestellte Volljährige, da er nach § 114 hinsichtlich der Geschäftsfähigkeit einem Minderjährigen, der das 7. Lebensjahr vollendet hat, gleichsteht, ebenso wie dieser der Zustimmung des gesetzlichen Vertreters zur Testamentserrichtung bedürfen (§ 107). Hiervon abweichend erklärt Abs. 3 die **Zustimmung des gesetzlichen Vertreters** des Minderjährigen oder des unter vorläufige Vormundschaft gestellten Volljährigen für **nicht erforderlich.** Die *Pflegschaft* wegen Gebrechlichkeit nach § 1910 ist ebenfalls kein Hindernis der Testamentserrichtung.

8 Abs. 2 ist, soweit er die vorläufige Vormundschaft betrifft, nur für den Fall bedeutsam, daß das Verfahren nicht zur Entmündigung führt, sei es, daß der Entmündigungsantrag zurückgenommen oder abgewiesen oder daß der Entmündigungsbeschluß infolge einer Anfechtungsklage aufgehoben wird (vgl. § 115 Abs. 2) oder daß der unter vorläufige Vormundschaft Gestellte stirbt, bevor der Entmündigungsbeschluß unanfechtbar geworden ist (§ 2230 Abs. 1). Wird die Entmündigung bei seinen Lebzeiten unanfechtbar ausgesprochen, so ist das Testament nach § 2229 Abs. 3 nichtig.

9 **IV. Testierunfähigkeit Entmündigter (Abs. 3)**

Die Vorschrift entspricht TestG § 2 Abs. 1. Die einzelnen Fälle der **Entmündigung** ergeben sich aus § 6; vgl. die Erläuterungen hierzu. Solange die Entmündigung nicht ausgesprochen ist, kann sich die Testierfähigkeit nur aus § 2229 Abs. 4 ergeben. Auch die Entmündigung steht unter den besonderen Voraussetzungen des § 2230 der Gültigkeit des Testaments nicht entgegen. Wer wegen Geistesschwäche, Verschwendung oder Trunksucht entmündigt ist, bleibt nach § 2253 Abs. 2 (= TestG § 32 Abs. 2) befugt, ein vor der Entmündigung errichtetes Testament zu widerrufen (vgl. § 2253 Rdn. 5; OLG Köln NJW **55** 466 zum Widerruf eines Widerrufstestaments). *Lichte Zwischenräume* werden, wenn die Entmündigung erfolgt ist, nicht berücksichtigt.

Kommt es nicht zur Entmündigung, so bleibt das während des Verfahrens errichtete Testament wirksam, auch wenn eine vorläufige Vormundschaft nach § 1906 angeordnet war (s. Rdn. 7). Dagegen wird die Wirkung der einmal ausgesprochenen Entmündigung (ZPO §§ 661, 683) **auf den Zeitpunkt der Antragstellung zurückbezogen** (ZPO §§ 647, 680). Das gilt — abweichend vom früheren Recht (§ 2229 Abs. 3 aF) — auch bei Entmündigung wegen Geisteskrankheit. 10

V. Testierunfähigkeit geistig Gestörter (Abs. 4) 11

Die Vorschrift entspricht TestG § 2 Abs. 2. Hinter dem Worte „Bewußtseinsstörung" ist nur der Klammerzusatz „(zum Beispiel wegen Trunkenheit)" als entbehrlich und unüblich fortgelassen worden. Abs. 4 unterscheidet sich (entsprechend schon TestG § 2 Abs. 2) von den §§ 104 Nr. 2, 105 Abs. 2 vor allem darin, daß neben der **„krankhaften Störung der Geistestätigkeit"** die **„Geistesschwäche"** besonders genannt und daß das Tatbestandsmerkmal des „Ausschlusses der freien Willensbestimmung" entsprechend StGB § 51 dahin umschrieben ist, daß der Erklärende „nicht in der Lage ist, die Bedeutung einer von ihm abgegebenen Willenserklärung einzusehen und nach dieser Einsicht zu handeln". Hieraus ergibt sich keine sachliche Änderung gegenüber dem früher geltenden Recht.

Der Begriff der „krankhaften Störung der Geistestätigkeit" umfaßte schon nach § 104 Nr. 2 die **Geistesschwäche,** unter der lediglich ein geringerer Grad der geistigen Erkrankung zu verstehen ist (§ 6 Rdn. 1, § 104 Rdn. 12). Zwischen einer dauernden oder nur vorübergehenden Störung der Geistestätigkeit oder Geistesschwäche wird nicht unterschieden. Auch im Falle eines dauernden Zustandes ist das Testament jedoch, solange nicht die Entmündigung erfolgt ist, wirksam, wenn es in einem sog. *lichten Zwischenraum* errichtet worden ist. 12

Die **Bewußtseinsstörung** ist an die Stelle der „Bewußtlosigkeit" (§ 105 Abs. 2) getreten. Auch damit ist keine sachliche Änderung verbunden; als Bewußtlosigkeit war auch nach bisherigem Recht schon eine erhebliche Trübung des Bewußtseins anzusehen (§ 105 Rdn. 6; RGSt **64** 353). So kann insbesondere eine auf Geistesschwäche oder Bewußtseinsstörung beruhende *Entschlußunfähigkeit* testierunfähig machen (OLG Schleswig SchlHA **54** 15). Hauptbeispiel der Bewußtseinsstörung ist weiterhin die Trunkenheit, während *Psychopathie* und *Rauschgiftsucht* in der Regel die Testierfähigkeit *nicht* ausschließen (BayObLGZ **56** 377). Zum Ausschluß der freien Willensbestimmung durch Arteriosklerose vgl. BGH NJW **51** 481. Über die Testierfähigkeit beim Vorliegen heimlicher Geisteskrankheiten und ihre Feststellung im Rechtsstreit s. ferner *Meyer* DJ **41** 755. Unheilbare Gehirnerweichung spricht nicht unbedingt für Testierunfähigkeit; es muß in jedem Falle nachgewiesen werden, daß die freie Willensbestimmung gerade in dem Zeitpunkt ausgeschlossen war, in welchem die letztwillige Verfügung, die wegen Geschäftsunfähigkeit als nichtig beanstandet wird, errichtet wurde (OLG Hamburg MDR **50** 731). 13

Es gibt *keine abgestufte Testierfähigkeit* dergestalt, daß der Erblasser zur Errichtung eines schwierigen Testaments nicht mehr, zur Errichtung eines einfachen Testaments jedoch rechtlich fähig wäre (OGH **2** 45, 53 = NJW **49** 544; vgl. allgemein zur partiellen Geschäftsfähigkeit BGH NJW **70** 1680; auch BGH **30** 112, 117 = LM § 52 ZPO Nr. 4 mit Anm. von *Johannsen*). Vielmehr ist allgemein zu fordern, daß der Erblasser in der Lage sein muß, sich über die Tragweite seiner Anordnungen, insbesondere über ihre Auswirkungen auf die persönlichen und wirtschaftlichen Verhältnisse der Betroffenen, und über die Gründe, die für oder gegen ihre sittliche Berechtigung sprechen, ein klares Urteil zu bilden und nach diesem Urteil frei von Einflüssen interessier- 14 ter Dritter zu handeln (BGH MDR **58** 316 = FamRZ **58** 127 = DNotZ **58** 601). Dabei setzt die Testierfähigkeit regelmäßig voraus, daß der Erblasser imstande ist, den Inhalt des Testaments von sich aus zu bestimmen und auszudrücken; ausnahmsweise kann es jedoch genügen, daß der Erblasser in der Lage ist, sich für oder gegen die Genehmigung des vom Notar nach seinen Angaben aufgesetzten notariellen Testaments zu entscheiden, so wenn er, nachdem er im Vollbesitz seiner geistigen Kräfte die Einzelheiten eines zu errichtenden Testaments dem Notar angegeben hatte, einen Schlaganfall mit der Folge einer Bewußtseinsstörung erlitten hat, danach aber die Bedeutung des verlesenen Testaments noch erkennen und sich frei entschließen konnte (BGH **30** 294 = NJW **59** 1822 = MDR **59** 833. Zweifel hinsichtlich der Testierfähigkeit ergeben sich namentlich bei Testamenten, die in hohem Alter oder im Krankenbett errichtet werden. Dabei ist von Bedeutung, daß das Bestehen einer allgemeinen Vorstellung des Erblassers von der Tatsache der Testamentserrichtung und vom Inhalt der letztwilligen Anordnungen im allgemeinen nicht genügt. Auszugehen ist vielmehr davon, daß der Erblasser in der Lage sein muß, sich auch über die Tragweite seiner Anordnungen, insbesonders über ihre Auswirkungen auf die persönlichen und wirtschaftlichen Verhältnisse der Betroffenen und über ihre Gründe ein klares Urteil zu bilden und hiernach — frei von Einflüssen etwa interessierter Dritter — zu handeln (BGH LM § 138 Cd Nr. 9; BGH 17. 10. 1968 III ZR 38/67). Zur Frage der Testierunfähigkeit insbesondere bei fortgeschrittener, altersbedingter Cerebral-Sklerose, die eine Annahme „lichter Momente" im letzten Stadium nur in beschränktem Maße gestattet, vgl. OLG Celle NdsRpfl. **62** 201.

15 Nach § 28 BeurkG (vgl. früher § 2241 a Abs. 3) soll sich der Notar davon überzeugen, daß der Erblasser testierfähig ist, und seine Wahrnehmungen über die Testierfähigkeit in der Niederschrift angeben (für die Fälle der Nottestamente s. §§ 2249 Abs. 1, 2250 Abs. 3, 2251).

16 **VI. Beweislast, Beweiswürdigung**

Gegenüber einem ordnungsgemäß errichteten, zumal einem öffentlichen Testamente, das die Testierfähigkeit bezeugt, ist die Behauptung, der Erblasser sei zur Zeit der Testamentserrichtung nicht testierfähig gewesen, von demjenigen zu beweisen, der die Nichtigkeit des Testaments behauptet (RG WarnRspr. **13** Nr. 243; RG 18. 5. 1908 IV 367/07). Im Falle des Abs. 4 genügt nicht der Nachweis, daß sich der Erblasser „um" diese Zeit in dem dort vorausgesetzten Zustande befunden habe (RG WarnRspr. **19** Nr. 179; vgl. aber auch RG **162** 229). Für ein *eigenhändiges Testament*, das keine Angabe über die Zeit der Errichtung enthält, ergibt sich aus § 2247 Abs. 5 eine Umkehr der Beweislast (s. § 2247 Rdn. 26). Diese Beweislast gilt auch für Testamente, durch die eine früher errichtete letztwillige Verfügung widerrufen worden ist (BGH LM § 138 Cd Nr. 9).

17 Soweit es sich darum handelt, festzustellen, ob der Erblasser testierunfähig gewesen ist, muß die Beweisaufnahme mit besonderer Sorgfalt durchgeführt werden (BGH NJW **51** 481 m. Anm. von *Schneider*; vgl. auch *Johannsen* WM **71** 402). Die bei Prüfung der Testierfähigkeit auftretenden Fragen können, soweit sie dem Gebiet der ärztlichen Fachwissenschaft angehören, grundsätzlich nur nach Einholen eines ärztlichen Sachverständigengutachtens zutreffend entschieden werden (KG NJW **61** 2066). Zum Umfang der Aufklärungspflicht bei Zweifeln an der Testierfähigkeit s. im übrigen OLG Hamm MDR **67** 496.

Hat ein Sachverständiger zur Vorbereitung seines Gutachtens Auskunftspersonen gehört, so können deren Aussagen in der Entscheidung verwertet werden, sofern nicht die Aufklärungspflicht die richterliche Vernehmung gebietet (BayObLGZ **62** 219).

VII. Testierfreiheit 18

Von der Testierfähigkeit zu unterscheiden ist die **Testierfreiheit** (§ 2302 Rdn. 1). Sie findet ihre Schranken in den Vorschriften über den Pflichtteil (§§ 2303 ff) und über die Bindung an einen Erbvertrag (§ 2289, § 2278 Rdn. 1) und an die wechselbezüglichen Verfügungen in einem gemeinschaftlichen Testament (§ 2271). Die Beschränkung der Testierfähigkeit durch TestG § 48 Abs. 2 ist fortgefallen (vgl. Rdn. 1 und 10 vor § 2229).

Die Vorschrift des EG Art. 64 Abs. 2, wonach die Landesgesetze das Recht des 19
Erblassers, über ein dem Anerbenrecht unterliegendes Grundstück von Todes wegen zu verfügen, nicht beschränken können, ist, nachdem das Reichserbhofgesetz durch das KRG Nr. 45 aufgehoben worden ist, insofern wieder bedeutsam geworden, als nunmehr landesgesetzliche Regelungen des Anerbenrechts gelten, denen eine von der Erbfolgeordnung des BGB abweichende Hoferbenordnung gemeinsam ist. Die Erbfolge kraft Höferechts, d. h. den ungeteilten Übergang des Hofes an einen Anerben, kann der Eigentümer hiernach nicht durch letztwillige Verfügung ausschließen (vgl. HöfeOBrZ § 16). Die durch EGBGB Art. 64 Abs. 2 aufrechterhaltene Testierfreiheit gestattet ihm jedoch, einen anderen als den gesetzlichen Hoferben letztwillig zum Erben zu bestimmen (vgl. im einzelnen Rdn. 6 vor § 1922).

§ 2230

Hat ein Entmündigter ein Testament errichtet, bevor der Entmündigungsbeschluß unanfechtbar geworden ist, so steht die Entmündigung der Gültigkeit des Testaments nicht entgegen, wenn der Entmündigte noch vor dem Eintritt der Unanfechtbarkeit stirbt.

Hat ein Entmündigter nach der Stellung des Antrags auf Wiederaufhebung der Entmündigung ein Testament errichtet, so steht die Entmündigung der Gültigkeit des Testaments nicht entgegen, wenn die Entmündigung auf Grund des Antrags wieder aufgehoben wird.

E II 2098; P 5 320, 321, 326.

Sonderfälle bei Entmündigung

Übersicht

I. Tod eines Entmündigten vor Rechtskraft des Entmündigungsbeschlusses (Abs. 1) 1

Die Vorschrift entspricht TestG § 3. Die **Testierunfähigkeit des Entmündigten** (§ 2229 Abs. 3) wird nach ZPO §§ 661, 683 mit Zustellung des Entmündigungsbeschlusses wirksam und wird sogar auf den Zeitpunkt der Antragstellung zurückbezogen. Der Beschluß wird *unanfechtbar*, wenn die Monatsfrist der ZPO §§ 664, 684 abgelaufen oder wenn die rechtzeitig erhobene Klage rechtskräftig abgewiesen oder wenn sie zurückgenommen worden ist. Solange hiernach die Anfechtung möglich oder ein Erfolg der schon eingeleiteten Anfechtung nicht ausgeschlossen ist, hindert die Tatsache der Entmündigung für sich allein nicht, wirksam ein Testament zu errichten, wenn der Entmündigte *innerhalb dieses Zeitraums stirbt*. Vielmehr hat derjenige, der die Unwirksamkeit des vom Entmündigten errichteten Testaments behauptet, nach allgemeinen Grundsätzen (s. 2229 Rdn. 16) den Mangel der Testierfähigkeit aus § 2229 Abs. 4 für die Zeit der Testamentserrichtung zu beweisen.

2 **II. Testamentserrichtung nach dem Antrage, die Entmündigung wieder aufzuheben (Abs. 2)**

Ist die Entmündigung unanfechtbar geworden, so kann der Entmündigte ein gültiges Testament errichten, wenn vorher beantragt worden ist, die Entmündigung wieder aufzuheben (ZPO §§ 675, 685) und wenn es demnächst wirklich zur Wiederaufhebung der Entmündigung kommt (ZPO §§ 672, 679 Abs. 4, 686 Abs. 4). Damit ist zugleich ausgesprochen, daß zur Zeit des Beschlusses oder Urteils, welche die Wiederaufhebung anordnen, kein Grund zur Entmündigung nach § 6 mehr vorgelegen habe. Demjenigen, der die Ungültigkeit des Testaments behauptet, ist jedoch der Beweis nicht abgeschnitten, daß der Erblasser gleichwohl zur Zeit der Testamentserrichtung willensunfrei im Sinne von § 2229 Abs. 4 gewesen sei. Dagegen ist nach Abs. 2 der Beweisantritt ausgeschlossen, daß der Erblasser damals noch mit Recht entmündigt gewesen sei. Das Testament, das in der Zeit nach Zustellung des unangefochtenen oder erfolglos angefochtenen Entmündigungsbeschlusses bis zur Stellung des Wiederaufhebungsantrags errichtet worden ist, ist und bleibt dagegen nichtig.

3 Abs. 2 ist **nicht anwendbar,** wenn der Entmündigte stirbt, bevor über den Wiederaufhebungsantrag entschieden worden ist; der Antrag wird in diesem Falle gegenstandslos (*Stein/Jonas* 1972 ZPO § 675 Anm. II aE.; *Palandt/Keidel* § 2230 Anm. 2; *Soergel/Ebard/Eder* § 2230 Rdn. 2; *aM* AG Breslau DJ **37** 945; *Vogels/Seybold* zu TestG § 3 Anm. 3; *Staudinger/Firsching* § 2230 Rdn. 5; *Denecke* in Anm. 9 zu § 6 der 11. Aufl. dieses Komm.; *Kipp/Coing* § 17 Anm. 10, die es zulassen wollen, das Aufhebungsverfahren auch nach dem Tode des Entmündigten fortzuführen und gegebenenfalls festzustellen, daß der Aufhebungsantrag gerechtfertigt war).

§ 2231

Ein Testament kann in ordentlicher Form errichtet werden:
1. zur Niederschrift eines Notars;
2. durch eine vom Erblasser nach § 2247 abgegebene Erklärung.

E I 1914, 1915 Abs. 1 Satz 1 II 2099 Abs. 1; M **5** 261; P **5** 326—330; KB 318—321; RTVerh 726—741.

Ordentliche Testamentsformen

Übersicht

1 **I. Allgemeines**

Die Vorschrift entspricht TestG § 4; jetzt Neufassung durch § 57 Abs. Nr. 5 BeurkG (*Zuständigkeit des Richters entfällt*). Als **ordentliche Testamentsformen** kennt das BGB ebenso wie das TestG das öffentliche Testament (Nr. 1) und das eigenhändige Testament (Privattestament; Nr. 2 in Verb. mit § 2247). Über *außerordentliche Formen* und sonstige in Kraft gebliebene Testamentsformen s. Rdn. 14—17 vor § 2229. Hinsichtlich aller Formen ist davon auszugehen, daß die Formgültigkeit der Verfügungen von Todes wegen sich nach dem zur Zeit ihrer Errichtung geltenden Recht bestimmt

(OLG Frankfurt OLGZ **71** 308). Über Allgemeines zur Bedeutung der Formvorschriften für Testamente s. *Johannsen* WM **71** 403.

II. Testament vor einem Notar 2

Das Beurkundungsgesetz weist die Beurkundungstätigkeit dem Notar zu. Dieser allein ist für die Errichtung eines öffentlichen Testaments zuständig. Eine Zuständigkeit des Amtsrichters besteht seit dem 1. 1. 1970 nicht mehr.

Durch einen Prozeßvergleich kann ein Testament nicht errichtet oder widerrufen werden (RG **48** 187; BGH Betr. **59** 790), wohl aber ein Erbvertrag (OLG Celle Rpfleger **54** 246; OLG Köln OLGZ **70** 115).

Die örtliche Zuständigkeit des Notars ergibt sich aus § 11 BNotO, § 2 BeurkG. Der Notar darf nach § 11 BNotO Amtshandlungen außerhalb seines Amtsbezirks nur vornehmen, wenn Gefahr im Verzuge ist oder die Aufsichtsbehörde es genehmigt. Jedoch berührt ein Verstoß hiergegen die Gültigkeit der Amtshandlung nicht.

Im Ausland kann ein Notar nicht wirksam tätig werden (*Firsching* DNotZ **55** 284), wohl aber in einem anderen Bundesland (*Wolff* NJW **51** 303).

Zur Errichtung von Testamenten und Erbverträgen vor deutschen Konsuln im Auslande vgl. Rdn. 16 vor § 2229.

III. Landesrecht zu Nr. 1 3

Die landesrechtlichen Vorschriften, die bisher schon die Notare für allein zuständig erklärten, sind gegenstandslos geworden (vgl. Zusammenstellung bei *Keidel* FGG Anhang Nr. 13 ff; vgl. ferner §§ 60, 61 BeurkG, für Notare in Baden-Württemberg § 64 BeurkG.

Haftung des Notars und Notarvertreters §§ 19, 39 Abs. 4, 46 BNotO, des Verwesers § 57 Abs. 1; Sonderregelung für württembergische Bezirksnotare und badische Notare §§ 114, 115 BNotO (LG Ravensburg BWNotZ **59** 163).

IV. Eigenhändiges Testament 4

Das TestG hat sich trotz der mit dem eigenhändigen Testament gemachten ungünstigen Erfahrungen und trotz der mit ihm verbundenen Nachteile für seine Beibehaltung entschieden, jedoch die Formvorschriften erheblich gemildert. Das Gesetz v. 5. 3. 1953 hat es hierbei belassen. Der § 21 TestG ist bis auf den Wegfall der Wörter „in ordentlicher Form“ unverändert in das BGB übernommen worden (vgl. Rdn. 1 bei § 2247). Der allgemeine Sinn und Zweck des § 2247 ist der, dem Willen des Erblassers bei Einhaltung gewisser Mindesterfordernisse Geltung zu verschaffen. Vgl. die Erläuterungen zu § 2247. Im allgemeinen behandelt das Gesetz das eigenhändige Testament als dem öffentlichen Testament gleichwertig. Jedoch ist das eigenhändige Testament in Grundbuchangelegenheiten (GBO § 35), beim Schiffspfandrecht (SchiffsRegO § 41) und nach RSchuldbG v. 31. 5. 1910 § 16 nicht als Beweismittel für die Erbfolge und für die Ernennung eines Testamentsvollstreckers zugelassen, so daß dieser Beweis durch einen Erbschein oder ein ihm gleichgestelltes Zeugnis geführt werden muß. Anders ZVG § 17 Abs. 3.

Wer minderjährig ist oder Geschriebenes nicht zu lesen vermag, kann kein 5
eigenhändiges Testament errichten (§ 2247 Abs. 4). Gemeinschaftliches eigenhändiges Testament § 2267. Amtliche Verwahrung §§ 2248, 2256 Abs. 3, 2258 a, 2258 b. Ablieferungspflicht § 2259.

§ 2232

Zur Niederschrift eines Notars wird ein Testament errichtet, indem der Erblasser dem Notar seinen letzten Willen mündlich erklärt oder ihm eine Schrift mit der Erklärung übergibt, daß die Schrift seinen letzten Willen enthalte. Der Erblasser kann die Schrift offen oder verschlossen übergeben; sie braucht nicht von ihm geschrieben zu sein.

Öffentliches Testament

Übersicht

1 **I. Allgemeines**

Neufassung mit Wirkung vom 1. 1. 1970 durch § 57 Abs. 3 Nr. 6 des Beurkundungsgesetzes v. 28. 8. 1969.

2 § 2232 enthält jetzt materiell-rechtliche Bestimmungen über die bei der Errichtung öffentlicher Testamente zu beachtenden Formen und übernimmt dabei — abgesehen vom Wegfall der Zuständigkeit des Gerichts — den Inhalt von § 2238 Abs. 1, Abs. 2 Satz 1 und 2 a F. In der Sache wird die Regelung beibehalten, daß das öffentliche Testament in 3 Formen errichtet werden kann: Durch *mündliche Erklärung*, durch *Übergabe* einer *offenen* Schrift und durch *Übergabe* einer *verschlossenen* Schrift.

3 **II. Voraussetzungen des Errichtungsakts**

Zur Errichtung eines öffentlichen Testaments gehört in allen Fällen eine unter Feststellung der Beteiligten und ihrer Vertretungsbefugnis aufzunehmende Niederschrift, die verlesen, genehmigt und unterzeichnet werden muß (§§ 8—16 BeurkG). Bei Zuziehung bzw. Beteiligung behinderter Personen sind die Besonderheiten der §§ 22—26, 29—32 BeurkG zu beachten (vgl. auch § 13 BeurkG). Der Erblasser hat das Testament *persönlich* zu errichten (§ 2064). Er ist dabei vom Notar zu beraten (§ 17 BeurkG).

4 **III. Formen der Errichtung**

1. Errichtung durch mündliche Erklärung

Die Erklärung richtet sich an den Notar. Sie ist allein maßgebend. Darauf, ob die Erklärung vom Notar richtig verstanden ist, kommt es nicht an (RG JW **10** 61).

Die Erklärung kann nur durch das Mittel der Sprache, auch einer fremden Sprache (RG **85** 308) geschehen, also nur durch die lautliche Bildung von Worten, die von den mitwirkenden Personen zu verstehen sein müssen (RG **108** 400), niemals durch bloße Zeichen und Gebärden (Kopfnicken), so bereits RG **85** 125; ferner BGH **2** 172 = LM TestG § 11 Nr. 1 mit Anm. von *Ascher* = DNotZ **52** 75 mit Anm. von *Seybold*, zustimmend *Firsching* DNotZ **55** 288; BayOLG **68** 272; vgl. ferner OGH **2** 45. Gegen enge Auslegung Bedenken RG **161** 378, vgl. dazu Anm. 3 zu § 2238 aF in der 11. Aufl.

Der Gültigkeit des Testaments tut es keinen Abbruch, daß in der Niederschrift der Wille des Erblassers nicht ausdrücklich als „mündlich" erklärt festgestellt ist. Die Feststellung, daß der Erblasser dem Notar seinen letzten Willen „erklärt" oder kundgetan habe, ist ohne weiteres im Sinne einer *mündlichen* Erklärung zu verstehen (RG **161** 381).

2. Errichtung durch Übergabe einer offenen Schrift 5

Für die zu übergebende Schrift gilt hinsichtlich des Textes, der Sprache, der Schriftzeichen das beim eigenhändigen Testament (§ 2247) Rdn. 7 ff Gesagte. Dagegen braucht die Schrift nicht eigenhändig verfaßt zu sein (vgl. BGH **37** 85). Die Benutzung von Typen (Druck, Maschinenschrift) ist zulässig; Datierung und Unterschrift sind entbehrlich. Das übergebene Schriftstück kann auch in Blindenschrift verfaßt sein (*Schulze* DNotZ **55** 629).

Mehrere gleichzeitig überreichte Willenserklärungen, auch wenn sie verschieden datiert sind, gelten als *einheitlich* im Augenblick der Übergabe abgegeben. Soweit sie sich widersprechen, heben sie sich gegenseitig auf.

Erfüllt die übergebene Schrift sämtliche Erfordernisse des § 2247, so bleibt sie als eigenhändiges Testament in Kraft, wenn der öffentliche Errichtungsakt aus irgendeinem Grunde ungültig oder gemäß § 2252 als nicht errichtet gelten sollte (KGJ **50** 81, 82; RG WarnRspr. **31** Nr. 50). Es müßte dann bewiesen werden, daß der Erblasser die fertig gestellte Schrift bis zur Übergabe in Amtshand nur als unverbindlichen Entwurf behandelt wissen wollte (vgl. aber § 2086). Datum, Ortsangabe und Unterschrift sind überflüssig.

Die Übergabe erfordert, schon um Identitätszweifel zu beseitigen, daß der Erblasser selbst die Schrift dem Notar körperlich, wenn auch nicht gerade von Hand zu Hand aushändigt. Es genügt deshalb nicht, daß er ein Schriftstück als sein Testament bezeichnet, das sich überhaupt nicht mehr in seinem Besitz, vielleicht bereits in der Hand einer der mitwirkenden Personen befindet (RG **81** 34). Dagegen genügt es, wenn der Notar das in seinem Besitz befindliche Schriftstück dem Erblasser in greifbare Nähe hinlegt und dann in Gegenwart der übrigen mitwirkenden Personen mit erklärter Zustimmung des Erblassers an sich nimmt (RG **150** 189, 192; RG WarnRspr. **14** Nr. 88; OLG **44** 99; ferner *Bartholomeyzik* Lehrb. § 17 III 3 b). Datum, Ortsangabe und Unterschrift sind überflüssig.

Die Niederschrift muß die Feststellung enthalten, daß die Schrift übergeben worden ist (§ 30 BeurkG). Die Schrift soll derart gekennzeichnet werden, daß eine Verwechslung ausgeschlossen ist.

Die mündliche Erklärung, die den Übergabeakt begleitet, erfordert nicht den Gebrauch feierlicher Worte. Es genügt, wenn der Erblasser die Frage des Notars, ob die übergebene Schrift seinen letzten Willen enthalte, mit „Ja" beantwortet. Es genügt ferner, daß der Notar dem Erblasser sagt, wenn er wolle, daß die Schrift als Testament gelten solle, müsse er ihm die Worte „das ist mein Testament" nachsprechen, und daß der Erblasser, der etwa infolge einer Krankheit nur mühsam sprechen kann, darauf die vier im einzelnen vorgesprochenen Worte einzeln nachspricht. Auch auf solchem Wege kann — wie durch die Antwort „Ja" auf eine entsprechende Frage — ein auf eigenem Willensentschluß beruhendes Bekenntnis zum Inhalt der Schrift als letzter Wille kundgetan werden (RG **108** 400).

Durch die Überreichung und durch Annahme der Niederschrift wird das überreichte Schriftstück selbst Bestandteil der öffentlichen Urkunde (RG **84** 165). Die mündliche Erklärung kann sich zugleich auf Zusätze, Änderungen oder Berichtigungen zu dem sachlichen Inhalt des übergebenen Testaments erstrecken. Gesetzlich besteht kein Hindernis in dieser Weise beide Formen der Testamentserrichtung zusammenzufassen (RG **82** 149).

Von dem Inhalt einer offen übergebenen Schrift soll der Notar Kenntnis nehmen; er soll ferner den Willen der Beteiligten erforschen, den Sachverhalt klären und die Beteiligten über die rechtliche Tragweite der Erklärungen belehren (§ 17 Abs. 1 BeurkG).

6 **3. Errichtung durch Übergabe einer verschlossenen Schrift**

Die verschlossene Schrift darf der Notar nicht öffnen. Auch hier ist der Notar berechtigt, wenn auch nicht ausdrücklich verpflichtet, den Erblasser über den Inhalt zu befragen und ihn auf mögliche Bedenken hinzuweisen (§ 30 BeurkG).

Wesentlich ist vor allem, daß der Erblasser von dem Inhalt der Schrift Kenntnis hat. Kennt er den Inhalt nicht, so liegt trotz Beachtung der Errichtungsform kein rechtlich erklärter Wille des Erblassers vor (vgl. *Erman/Hense* Rdn. 8).

Die verschlossene Schrift ist erst bei Testamentseröffnung zu öffnen (§ 2260 Abs. 2).

Der Wille des Erblassers braucht nicht in ausführlicher oder zusammenhängender Rede oder Gegenrede, Frage und Antwort zwischen dem verhandelnden Notar und dem Erblasser zum Ausdruck zu kommen (RG *Gruchot* **65** 99). Auch die Benutzung von Niederschriften ist hierbei nicht ausgeschlossen (RG **63** 87).

Es genügt daher für die *Testamentserrichtung* durch *mündliche* Erklärung auch, wenn die Urkundsperson den zuvor nach Angaben Dritter niedergeschriebenen Testamentsentwurf abschnittsweise vorliest und der Erblasser jeweils auf die Frage, ob dies so auch richtig sei, bejahend antwortet. Es ist also nicht notwendig, daß der Erblasser die Erklärung selbst mündlich formuliert. Urkundenverlesung, Erblassererklärung und Urkundengenehmigung fallen dann zeitlich zusammen (BGH **37** 79, 84 = LM § 2249 Nr. 1 mit Anm. von *Mattern;* vgl. auch *Haegele,* Rpfleger **63** 194).

Enthält der von einem Dritten verfaßte Entwurf mehrere letztwillige Verfügungen, so erscheint es bedenklich, wenn die zustimmende Erklärung des Erblassers erst erfolgt, nachdem der beurkundende Notar den Testamentsentwurf in einem Zuge von Anfang bis Ende vorgelesen hat (abweichend KG DNotZ **60** 485).

Das bloße Vorlesen der Niederschrift über die Testamentserrichtung und deren Genehmigung durch den Erblasser (§ 2242 aF) sollte nach RG **85** 120; **86** 391 die mündliche Erklärung nie ersetzen können, weil derselbe Vorgang nicht zugleich die Bedeutung der Abgabe der Erklärung und gleichzeitig die der Genehmigung einer abgegebenen Erklärung haben könne. Abweichend hiervon ist in RG **161** 378 für den Fall, daß bei der Testamentserrichtung zulässigerweise ein vorher fertiggestellter Entwurf benutzt und Satz für Satz vorgelesen wird, angenommen worden, es könne in der Billigung des vorgelesenen Entwurfs durch den Erblasser sowohl die Erklärung des letzten Willens selbst als auch die Anerkennung der Niederschrift gefunden werden. Dabei wird vorausgesetzt, daß die Billigung an sich sowohl dem Erfordernis der mündlichen Erklärung des letzten Willens wie dem der Genehmigung der Niederschrift genügt (vgl. auch OGH **2** 51).

Die in der 11. Aufl. erwähnten §§ 176, 168 FGG sind durch § 57 Abs. 5 Nr. 2 BeurkG aufgehoben worden.

Nach § 9 Abs. 1 Nr. 2 BeurkG muß die Erklärung des Erblassers in die Niederschrift aufgenommen werden. Erklärungen in einem Schriftstück, auf das in der Niederschrift verwiesen wird, gelten als in der Niederschrift selbst enthalten (§ 9 Abs. 2 BeurkG). Eine solche Anlage muß aber nach § 13 Abs. 1 BeurkG vorgelesen werden.

7 **IV. Notarhaftung**

Persönliche Haftung der Notare und gegebenenfalls der Vertreter nach § 19 BNotO (vgl. früher RNotO §§ 21, 30, 35). Der Staat haftet grundsätzlich nicht für Notare. Eine Ausnahme bildet jedoch die Regelung für Notare des Landes Baden und für die württembergischen Bezirksnotare. Insoweit findet die BNotO keine Anwendung (§§ 114, 115 BNotO). Es verbleibt bei den allgemeinen Grundsätzen der Beamtenhaftung.

Zur Sorgfalt des Notars bei Beurkundung der letztwilligen Verfügung vgl. BGH **27** 274 = NJW **58** 1398 = MDR **58** 664, 837 mit Anm. von *Keidel.*

Zur Belehrungspflicht vgl. RG **148** 321, 325; BGH **19** 5; zur Frage der Aufklärungspflicht OLG Stuttgart MDR **60** 496.

Die Haftung besteht auch gegenüber denjenigen Personen, zu deren Gunsten das ungültige Testament errichtet worden ist (RG **58** 296; **74** 420, 426; **95** 219; WarnRspr. **17** Nr. 243; **39** Nr. 63, 80).

Über die Haftung für Mitarbeiter, Notargehilfen vgl. *Seybold/Hornig* BNotO 4. Aufl. § 19 Rdn. 57, 58.

Zur Haftung des Richters nach früheren Recht vgl. Anm. 4 der 11. Aufl. dieses Kommentars.

V. Urkundenfunktion; Gebühren 8

Das öffentliche Testament hat den Charakter einer öffentlichen Urkunde im Sinne von § 415 ZPO. Nach § 35 GBO ersetzt es gegenüber dem Grundbuchamt den Erbschein und das Testamentsvollstreckerzeugnis. Dagegen kann es nicht an die Stelle eines über die fortgesetzte Gütergemeinschaft auszustellenden Zeugnisses (§ 1507) treten.

Über Gebühren für die Beurkundung eines Testaments vgl. KostO §§ 46, 141. 9
Urkundensteuer wird seit dem 1. 9. 1941 nicht mehr erhoben.

VI. Alte Fassung der Vorschrift 10

Für die Errichtung eines Testaments vor einem Richter oder einem Notar gelten die Vorschriften der §§ 2233—2246.

Die Vorschrift entsprach § 5 TestG. Neben den hier angezogenen Vorschriften kamen ergänzend die Bestimmungen der §§ 168—180, 182 FGG über gerichtliche und notarielle Urkunden in Betracht. Jedoch war für die Anwendung der §§ 168—180 FGG tatsächlich kaum noch Raum, weil diese Vorschriften schon durch die in die damalige neue Fassung der §§ 2223—2246 übernommenen §§ 6—20 TestG fast lückenlos ersetzt worden waren.

Für die richterliche Beurkundungstätigkeit galten auch die allgemeinen Vorschriften des FGG, insbesondere § 6 Abs. 2, wonach ein Richter sich der Ausübung seines Amtes enthalten konnte.

Die Beurkundungstätigkeit der Notare regelt sich jetzt nach den Vorschriften der BNotO und der Dienstordnung für Notare (DONot) und bundeseinheitlichen Landesvorschriften v. 6. 3. 1961.

Nach EGBGB Art. 151 u. FGG § 200 greifen ferner ergänzend etwaige Vorschriften der Landesgesetze über Errichtung gerichtlicher und notarieller Urkunden ein. Während der Geltungsdauer des TestG waren die §§ 2234—2245, 2276 außer Kraft gesetzt. Mit deren Wiedereinfügung in das BGB galt wieder die ursprüngliche Fassung des EG Art. 151.

Mit Wirkung vom 1. 1. 1970 ist EG Art. 151 gemäß § 57 Abs. 4 Nr. 2 BeurkG aufgehoben worden (§ 71 BeurkG).

§ 2233

Ist der Erblasser minderjährig, so kann er das Testament nur durch mündliche Erklärung oder durch Übergabe einer offenen Schrift errichten.

Ist der Erblasser nach seinen Angaben oder nach der Überzeugung des Notars nicht imstande, Geschriebenes zu lesen, so kann er das Testament nur durch mündliche Erklärung errichten.

Vermag der Erblasser nach seinen Angaben oder nach der Überzeugung des Notars nicht hinreichend zu sprechen, so kann er das Testament nur durch Übergabe einer Schrift errichten.

Minderjährige und behinderte Personen

Übersicht

1 **I. Allgemeines**

Neufassung mit Wirkung vom 1. 1. 1970 durch § 57 Abs. 3 Nr. 7 BeurkG.

§ 2233 n F entspricht in den ersten beiden Absätzen den Absätzen 3 und 4 des § 2238 a F und in Abs. 3 der Vorschrift des § 2243 Abs. 1 Satz 1 aF. Die Absätze 2 und 3 weichen jedoch insofern von der früheren Regelung ab, als es für das Erfordernis der Testamentserrichtung in bestimmter Form genügt, wenn der Erblasser „nach seinen Angaben" in der Fähigkeit, Geschriebenes zu lesen oder hinreichend zu sprechen, behindert ist. Es kommt also nicht mehr darauf an, ob der Notar auch eine entsprechende Überzeugung gewinnen konnte.

2 **II. Neufassung**

1. Testamentserrichtung durch Minderjährige (Abs. 1)

Die Testierfähigkeit des Minderjährigen beginnt nach Vollendung des 16. Lebensjahres (§ 2229 Abs. 1).

Minderjährige, soweit sie nicht für volljährig erklärt worden sind (§ 3), sind vom öffentlichen Testament in der Form der *Übergabe* einer *verschlossenen* Schrift *ausgeschlossen.* Früher konnten sie auch durch Übergabe einer offenen Schrift kein Testament errichten. Nunmehr können sie durch mündliche Erklärung vor einem Notar oder durch Übergabe einer offenen Schrift ein öffentliches Testament errichten. Der Zustimmung des gesetzlichen Vertreters bedarf es nicht (§ 2229 Abs. 2). Ein privatschriftliches Testament können Minderjährige dagegen nicht errichten (§ 2247 Abs. 4).

3 **2. Leseunfähigkeit des Erblassers (Abs. 2)**

Wer nicht imstande ist, Geschriebenes zu lesen, ist von der Errichtung des Testaments durch Übergabe einer offenen oder verschlossenen Schrift ausgeschlossen, gleichviel, ob er im Lesen durch körperliches Unvermögen, wie der Blinde oder in hohem Maße Schwachsinnige (RG **86** 386, SchlHA **70** 138), oder durch vorübergehende Beeinträchtigung der Sehkraft oder wegen Verstandes- oder Erziehungsmängel (Analphabet) verhindert ist.

Das Lesevermögen muß auch für die überreichte Schrift wenigstens soweit vorhanden sein, daß der Erblasser Geschriebenes dieser Art im allgemeinen zu lesen vermag

(RG **76** 94). Der Erblasser muß die gebrauchten Schriftzeichen (Kurzschrift usw.) entziffern oder die benutzte fremde Sprache verstehen können.

Bloßes Schreibunvermögen ist unschädlich. Blinde, die die Blindenschrift beherrschen, sind „imstande, Geschriebenes zu lesen" und können daher unter Verwendung einer Blindenschrift testieren, ohne daß es darauf ankommt, ob die Amtsperson, die das Testament entgegennimmt, die Schrift ebenfalls lesen kann (*Schulze* DNotZ **55** 629).

Ob ein Erblasser leseunfähig ist, richtet sich in erster Linie danach, ob er sich als leseunfähig erklärt (§ 29 BeurkG). An diese Erklärung ist der Notar gebunden. Daneben wird für den Fall, daß der Erblasser seine vom Notar erkannte Leseunfähigkeit nicht zugeben will, auf die Überzeugung des Notars abgestellt. Zur Frage, welche Anforderungen an die Überzeugung des Notars zu stellen sind, vgl. OLG Hamm OLGZ **67** 65.

Die Erklärung des Erblassers, er sei leseunfähig, soll in der Niederschrift aufgenommen werden (§ 22 Abs. 1 S. 2 BeurkG). Ein Irrtum des Notars über die tatsächlichen Voraussetzungen der Leseunfähigkeit des Erblassers macht das Testament nicht unwirksam (*Palandt/Keidel* Anm. 3).

3. Beschränkung des Sprechvermögens (Abs. 3) 4

Wegen der früheren Begriffe „Stummheit" und „Sprechverhinderung" vgl. OLG Köln MDR **57** 740 u. BayObLG **68** 272.

Ein Erblasser ist erst dann als am Sprechen verhindert anzusehen, wenn er die Sprache überhaupt nicht gebrauchen, sondern nur unartikuliert lallen kann (OLG Köln MDR **57** 740). Der Grund der Sprachbehinderung ist bedeutungslos. Entscheidend ist auch hier, wie nach Abs. 2, daß der Erblasser seine Sprachbehinderung angibt oder der Notar von dieser Behinderung überzeugt ist.

Kann sich der Sprachbehinderte in der Lautsprache verständlich machen, so ist er auch zu mündlichen Erklärungen befähigt. Dagegen ist die Zeichensprache zur Kundgebung des letzten Willens ausgeschlossen.

Wer am Sprechen und gleichzeitig am Schreiben behindert ist, kann deshalb überhaupt nicht testieren. Dagegen hat das Gesetz dem Sprechbehinderten die Testamentserrichtung durch Übergabe einer Schrift, sei es einer offenen oder verschlossenen, zugestanden; der minderjährige Sprachbehinderte kann jedoch nur durch Übergabe einer offenen Schrift testieren (§ 2233 Abs. 1).

Ein *schreibunfähiger* Sprachbehinderter kann *überhaupt kein* Testament errichten.

Über das Verfahren bei Taubstummen vgl. §§ 22, 23, 31 BeurkG.

III. Alte Fassung der Vorschrift 5

Die frühere Vorschrift des § 2233 lautete: *Ist der Erblasser nach der Überzeugung des Richters oder Notars taub, blind, stumm oder sonst am Sprechen verhindert, so muß der Richter einen Urkundsbeamten der Geschäftsstelle oder zwei Zeugen, der Notar einen zweiten Notar oder zwei Zeugen zuziehen.*

In anderen Fällen steht es dem Richter oder Notar frei, die im Absatz 1 bezeichneten Personen zuzuziehen. Von dieser Befugnis soll er Gebrauch machen, wenn der Erblasser es verlangt. Die Zuziehung soll unterbleiben, wenn der Erblasser ihr widerspricht.

Die alte Vorschrift entsprach § 6 TestG. Nach § 2233 a F mußte in allen Fällen der Richter einen Urkundsbeamten der Geschäftsstelle oder 2 Zeugen, der Notar einen zweiten Notar oder zwei Zeugen zur Errichtung des Testaments zuziehen. § 6 TestG hatte diesen Zuziehungszwang entsprechend § 169 FGG auf die Fälle beschränkt, in denen der Erblasser an bestimmten Gebrechen litt, es im übrigen aber in das Ermessen des Richters oder des Notars gestellt, ob er Überwachungspersonen zuziehen wollte.

§ 2233 a F galt auch für den Erbvertrag, nicht aber für Nottestamente; für letztere war die Zuziehung von Überwachungspersonen besonders geregelt (vgl. jetzt §§ 2249 f).

Wurden die in Abs. 1 vorgeschriebenen Überwachungspersonen nicht zugezogen, so hatte das die Nichtigkeit des Testaments zur Folge. Jedoch entschied darüber, ob der Erblasser an einem Gebrechen der in Absatz 1 bezeichneten Art litt, lediglich die pflichtmäßige, nach freier Prüfung gewonnene Überzeugung des beurkundenden Richters oder Notars. Das Testament konnte daher, wenn der Richter oder der Notar von der Zuziehung von Überwachungspersonen abgesehen hatte, weil nach seiner Überzeugung ein solches Gebrechen nicht vorlag, nicht mit der Behauptung angefochten werden, der Erblasser habe zur Zeit der Testamentserrichtung in Wirklichkeit an einem Gebrechen der in Abs. 1 bezeichneten Art gelitten.

Der Absatz 2 a F enthielt bloße Ordnungsvorschriften. Das Testament war auch dann gültig, wenn sie selbst oder die sonstigen Bestimmungen über die mitwirkenden Personen verletzt wurden. Vgl. die Literaturnachweise § 2233 a F Anm. 4 der 11. Aufl. Es war daher unschädlich, wenn nach §§ 2234—2237 a F eine ausgeschlossene Urkundsperson zugezogen worden war oder wenn ein Zeuge die Niederschrift nicht mit unterschrieben hatte.

Wegen der weiteren Erläuterungen des § 2233 a F, insbesondere zu dem Begriff der Taubheit, Blindheit, der sonstigen Sprachverhinderung, der Zuziehung eines zweiten Notars und Zeugen pp siehe zu § 2233 a F Anm. 5—14 der 11. Aufl.

Zu den aufgehobenen §§ 2234—2246

1 Die früheren §§ 2234—2246 sind mit Wirkung vom 1. 1. 1970 durch § 57 Abs. 3 Nr. 8 des Beurkundungsgesetzes vom 28. 8. 1959 (BGBl. I 1513) aufgehoben worden. Sie gelten noch für Verfügungen von Todes wegen, die *vor* dem 1. 1. 1970 errichtet worden sind, und zwar auch, wenn der Erblasser nach diesem Zeitpunkt verstorben ist.

2 Soweit die nunmehr aufgehobenen §§ 2234—2246 noch anwendbar sind, wird auf die Erläuterungen der 11. Auflage verwiesen, ferner auf die bei *Erman/Hense* 5. Aufl. noch abgedruckten §§ 2234—2246 aF mit Erläuterungen.

3 Wegen einer *vergleichenden Gegenüberstellung* der weggefallenen Paragraphen des BGB und der an ihrer Stelle getretenen neuen Vorschriften des BGB sowie des Beurkundungsgesetzes vgl. Einf. vor § 2229 Anm. 8 bei *Palandt/Keidel* BGB 33. Aufl.

Zu §§ 2229 ff Anhang

Beurkundungsgesetz §§ 27—35

5. Besonderheiten für Verfügungen von Todes wegen

Neueres Schrifttum

Appell, Auswirkungen des Beurkundungsgesetzes auf das Familien- und Erbrecht, FamRZ 70 520, 523; *Haegele,* Beurkundungsgesetz, Rpfleger **69** 365, 414; *Höfer,* Beurkundungsgesetz in der Praxis, JurA 70 740; *Weber,* Rechtseinheit im Beurkundungswesen, DRiZ 70 45; *Zimmermann,* Zweifelsfragen zum Beurkundungsgesetz, Rpfleger 70 189.

Vorbemerkung

1 Durch das am 1. 1. 1970 in Kraft getretene Beurkundungsgesetz ist die Beurkundungstätigkeit unter Beseitigung der Zuständigkeit des Richters im wesentlichen dem

Notar zugewiesen und darüber hinaus die Rechtseinheit im Beurkundungswesen derart herbeigeführt worden, daß im BGB nur noch materiell-rechtliche Bestimmungen über die insoweit einzuhaltende Form verbleiben.

Soweit der Inhalt dieser Bestimmungen nicht anderweit in neu gefaßte Vorschriften des BGB aufgenommen worden ist, so § 2238 Abs. 1, Abs. 2 Satz 1 u. 2 a F in § 2232 nF, sowie § 2238 Abs. 3 u. 4 und § 2243 Abs. 1 Satz 1 in § 2233 Abs. 3 nF, ist das *Beurkundungsgesetz* anzuwenden. **2**

Nachdem das Beurkundungsgesetz für Willenserklärungen unter Lebenden und Verfügungen von Todes wegen grundsätzlich die *gleichen* Verfahrensvorschriften eingeführt hat, gilt für Testamente und Erbverträge nicht mehr eine in sich geschlossene Regelung. Es gelten somit zunächst die allgemeinen Vorschriften des Beurkundungsgesetzes, der §§ 1—5 über Geltungsbereich, Verbot der Mitwirkung für Notare, Ablehnung der Beurkundung, Urkundensprache, sowie die §§ 6, 7 über die Ausschließung des Notars, der §§ 8—16 über die Niederschrift, der §§ 17—21 über Prüfungs- und Belehrungspflichten und der §§ 22—26 über die Beteiligung behinderter Personen (Taube, Stumme, Blinde, schreibunfähige Zeugen und zweite Notare). **3**

Da aber die Verfügungen von Todes wegen gewisse Besonderheiten gegenüber den allgemeinen Beurkundungen aufweisen, sind für sie in den §§ 27—35 entsprechende Vorschriften enthalten. Diese Vorschriften erweitern die allgemeinen Bestimmungen und klären Zweifelsfragen aus dem früheren Recht. Diese Sondervorschriften sind nachstehend erläutert worden. **4**

In der Sache hat sich hinsichtlich der Voraussetzungen für die Errichtung von öffentlichen Testamenten durch den neuen Rechtszustand nichts wesentliches geändert. Von gewisser Bedeutung ist nur, daß es jetzt für das Erfordernis bestimmter Errichtungsarten bei beschränktem Lese- und Sprachvermögen genügt, wenn der Erblasser „nach seinen Angaben" behindert ist (vgl. § 2233 Abs. 2 und 3 n F gegenüber § 2243 Abs. 1 a F; vgl. dazu Rdn. 1 zu § 2233). **5**

§ 27

Die §§ 7, 16 Abs. 3 Satz 2, § 24 Abs. 2, § 26 Abs. 1 Nr. 2 gelten entsprechend für Personen, die in einer Verfügung von Todes wegen bedacht oder zum Testamentsvollstrekker ernannt werden.

Begünstigte Personen

Übersicht

I. Allgemeines **1**

Die Vorschrift bezieht sich auf die Ausschließung von Beurkundungen von Verfügungen von Todes wegen im Hinblick auf das Verhältnis des beurkundenden Notars und der hinzugezogenen Personen zu den Bedachten. Sie tritt an die Stelle des § 2235 BGB aF in Verbindung mit § 2276 Abs. 1 Satz 2 aF.

Der Zweck dieser Bestimmung geht dahin, eine Beeinflussung der Willensbildung des Erblassers zugunsten des Notars und der zugezogenen Personen auszuschließen (vgl. dazu *Jansen* FGG 2. Aufl. Bd. III BeurkG § 27 Rdn. 1).

2 **II. Ausgeschlossene Personen**

Ausgeschlossen ist der *Notar,* wenn er selbst, sein Ehegatte oder früherer Ehegatte, sein Verwandter oder Verschwägerter in gerader Linie oder in der Seitenlinie sein Verwandter bis zum 3. Grade oder sein Verschwägerter bis zum 2. Grade bedacht oder zum Testamentsvollstrecker ernannt wird.

Das Gleiche gilt für einen *Dolmetscher* wie für eine *Vertrauensperson,* die nach § 24 bei der Beurkundung der Verfügung von Todes wegen eines Tauben oder Stummen, mit dem keine Möglichkeit der schriftlichen Verständigung besteht, hinzuzuziehen ist, für letztere jedoch nur, wenn sie selbst bedacht oder zum Testamentsvollstrecker ernannt wird.

Ein *zweiter Notar* oder ein *Zeuge* ist ausgeschlossen, sofern er in der Verfügung von Todes wegen bedacht oder zum Testamentsvollstrecker ernannt wird. Es wird auch hier darauf abgestellt, ob der zweite Notar oder der Zeuge begünstigt wird. Die Begünstigung seines Ehegatten oder Angehörigen ist hier unschädlich.

Eine ausdehnende Anwendung der Vorschrift auf weitere als die in § 27 genannten Personen ist nicht statthaft. Die Beschränkungen gelten daher nicht für Schreibkräfte, Vorleser usw.

3 **III. Bedachte Personen**

Bedacht ist der *Erbe* oder der *Ersatzerbe,* auch der *Nacherbe* oder *Ersatznacherbe,* ferner der Vermächtnisnehmer, dem ein vermögensrechtlicher Vorteil zugewandt wird. Die Zuwendung ist im weitesten Sinne zu verstehen. Sie kann in allem liegen, wenn hierdurch, sei es auch nur unmittelbar, eine vermögensrechtliche Begünstigung erreicht werden soll.

Als *bedacht* ist *nicht* der durch eine Auflage Begünstigte oder der, dem kein Vermögensvorteil zugewandt wird, anzusehen (z. B. familienrechtliche Anordnungen, Bestellung zum Vormund, Pfleger usw.). Den Bedachten gleichgestellt ist der *Testamentsvollstrecker.*

4 **IV. Rechtsfolgen der Verletzung**

Die Beurkundung von Willenserklärungen, die darauf gerichtet sind, dem Notar, seinem Ehegatten oder früheren Ehegatten oder einer Person, die mit ihm in gerader Linie verwandt oder verschwägert oder in der Seitenlinie bis zum 3. Grade verwandt oder bis zum 2. Grade verschwägert ist, einem Dolmetscher oder einer Vertrauensperson einen rechtlichen Vorteil zu verschaffen, löst eine *Teilunwirksamkeit* aus; die Beurkundung ist insoweit unwirksam. Die Unwirksamkeit der Zuwendung als solcher, also der Willenserklärung, ergibt sich erst aus § 125 Satz 1 BGB (vgl. *Jansen* FGG III Rdn. 11).

Sofern ein zweiter Notar oder Zeuge bedacht oder zum Testamentsvollstrecker ernannt worden ist, ist abweichend von § 2235 Abs. 2 a F die Beurkundung nicht unwirksam (vgl. OLG Frankfurt DNotZ 71 498).

§ 28

Der Notar soll seine Wahrnehmungen über die erforderliche Geschäftsfähigkeit des Erblassers in der Niederschrift vermerken.

Feststellungen über die Geschäftsfähigkeit

Übersicht

I. Testier- und Geschäftsfähigkeit des Erblassers 1

Der Notar hat sich von der Geschäfts- und Testierfähigkeit des Erblassers ein Bild zu machen. Die *Testierfähigkeit* ist die Fähigkeit, zu verstehen, ein Testament zu errichten, abzuändern oder aufzuheben (vgl. dazu §§ 2229, 2230). Sie ist ein *Unterfall der Geschäftsfähigkeit.* Für den Abschluß eines Erbvertrages kommt es nicht auf die Testierfähigkeit, sondern auf die Geschäftsfähigkeit an. Für einseitige Verfügungen von Todes wegen in einem Erbvertrag ist jedoch nach § 2299 Abs. 2 Satz 1 Testierfähigkeit erforderlich. Die Testierfähigkeit von Ausländern beurteilt sich nach dem Erbstatut (Art. 24 EGBGB), gegebenenfalls also nicht nach der Staatsangehörigkeit, sondern nach dem Recht des letzten Wohnsitzes.

II. Prüfung und Feststellung der Testier- und Geschäftsfähigkeit durch den Notar 2

Um die Zweifel an der Testier- und Geschäftsfähigkeit des Erblassers für spätere Erbstreitigkeiten möglichst gering zu halten, hat der Notar *vor* der Beurkundung die Geschäftsfähigkeit des Erblassers sorgfältig zu prüfen. Für die Prüfung gelten die allgemeinen Grundsätze des § 11 BeurkG, wonach der Notar die Beurkundung ablehnen soll, sofern nach seiner Überzeugung einem der Beteiligten die erforderliche Geschäftsfähigkeit fehlt.

III. Vermerk des Notars über seine Wahrnehmungen 3

Durch § 28 wird die Bestimmung des § 11 BeurkG dahin ergänzt, daß der Notar in jedem Falle seine Wahrnehmungen über die erforderliche Geschäftsfähigkeit des Erblassers in der Niederschrift vermerken soll, also auch wenn er in dieser Hinsicht keine Bedenken hat. Dadurch soll sichergestellt werden, daß die Wahrnehmungen des Notars bei späteren Erbstreitigkeiten als Beweismittel zur Verfügung stehen (BT-Drucks. V/3282 S. 34 zu § 28).

Hat der Notar Zweifel an der Testierfähigkeit, so hat er die Beurkundung vorzunehmen; er muß aber seine Zweifel vermerken, gegebenenfalls in einem *besonderen Vermerk,* sofern es untunlich sein sollte, die Zweifel in der Niederschrift aufzunehmen. Das Fehlen des Vermerks ist für die Gültigkeit der Beurkundung ohne Einfluß. Ist der Erblasser nach dem Eindruck des Notars geschäftsunfähig, hat er die Beurkundung abzulehnen.

§ 29

Auf Verlangen der Beteiligten soll der Notar bei der Beurkundung bis zu zwei Zeugen oder einen zweiten Notar zuziehen und dies in der Niederschrift vermerken. Die Niederschrift soll auch von diesen Personen unterschrieben werden.

Zeugen, zweiter Notar

Übersicht

1 **I. Zuziehung von Zeugen oder eines zweiten Notars**

Nach § 2233 Abs. 2 aF war dem Notar freigestellt, einen zweiten Notar oder zwei Zeugen zuzuziehen. Er sollte von dieser Bestimmung Gebrauch machen, wenn der Erblasser es verlangte. Nunmehr soll der Notar nur noch *auf Verlangen der Beteiligten* andere Personen zuziehen. Es steht somit nicht mehr im Ermessen des Notars, von der Zuziehung anderer Personen Gebrauch zu machen.

Aus der Beratungspflicht des Notars (§ 17 BeurkG) läßt sich jedoch folgern, daß der Notar den Beteiligten anheim geben kann, ein entsprechendes Verlangen zu stellen (BT-Drucks. V/3282 S. 35 zu § 29). Eine solche Anregung empfiehlt sich in Fällen, in denen später voraussichtlich schwierige Auslegungsfragen auftreten oder bei der Ausführung des Testaments bestimmte Vorstellungen des Erblassers verwirklicht werden sollen.

Sind *andere* Personen beteiligt, so müssen diese *gemeinsam* das Verlangen stellen. Widerspricht einer, so muß die Zuziehung unterbleiben.

In der Niederschrift soll vermerkt werden, daß die Beteiligten das Verlangen auf Zuziehung von Zeugen oder eines zweiten Notars gestellt haben und daß dem entsprochen worden ist.

2 **II. Rechtsfolgen der Verletzung**

Da es sich nur um eine *Sollvorschrift* handelt, berührt die Verletzung der Vorschrift die Wirksamkeit der Beurkundung nicht.

Im übrigen ist die Zuziehung weiterer Personen ausdrücklich bei Personen vorgesehen, die am Sprechen, Hören oder Lesen behindert sind, es sei denn, daß alle Beteiligten darauf verzichten (§ 22 Abs. 1; vgl. dazu *Erman/Hense* § 29 BeurkG Rdn. 3 Anh. § 2246).

§ 30

Wird eine Verfügung von Todes wegen durch Übergabe einer Schrift errichtet, so muß die Niederschrift auch die Feststellung enthalten, daß die Schrift übergeben worden ist. Die Schrift soll derart gekennzeichnet werden, daß eine Verwechslung ausgeschlossen ist. In der Niederschrift soll vermerkt werden, ob die Schrift offen oder verschlossen übergeben worden ist. Von dem Inhalt einer offen übergebenen Schrift soll der Notar Kenntnis nehmen, sofern er der Sprache, in der die Schrift verfaßt ist, hinreichend kundig ist; § 17 ist anzuwenden. Die Schrift soll der Niederschrift beigefügt werden; einer Verlesung der Schrift bedarf es nicht.

Übergabe einer Schrift

Übersicht

I. Allgemeines 1

In dieser Bestimmung wird das Verfahren geregelt, das bei der Errichtung einer Verfügung von Todes wegen durch Übergabe einer Schrift einzuhalten ist. Die materiellrechtliche Form ist in § 2232 nF bestimmt.

II. Inhalt der Niederschrift 2

Die Niederschrift des Notars muß neben dem sonstigen Inhalt (§§ 8—12) die Feststellung enthalten, daß die Schrift übergeben worden ist. Hierbei handelt es sich um die Beurkundung eines tatsächlichen Vorganges. Auf den Wortlaut dieser vom Notar zu formulierenden Feststellungserklärung kommt es nicht an. Es muß aber aus der Niederschrift eindeutig hervorgehen, daß der Notar die tatsächliche Übergabe der Schrift festhalten wollte.

Fehlt die Feststellung der Übergabe in der Niederschrift, so ist die Beurkundung nichtig, mag auch die Übergabe tatsächlich erfolgt sein (vgl. *Jansen* FGG III Rdn. 2). Die Beifügung der übergebenen Schrift zu der Niederschrift genügt nicht.

Da mit der Übergabe der Schrift eine letztwillige Verfügung getroffen wird, muß aber in dem Feststellungsvermerk die Erklärung des Erblassers zum Ausdruck kommen, daß die Schrift seine letztwillige Verfügung enthält (vgl. *Erman/Hense* Rdn. 2). Das folgt aus § 9 Abs. Satz 1 Nr. 2.

Offenbare Versehen bei der Niederschrift sind unschädlich, wenn sie aus der Niederschrift selbst berichtigt werden können (BayObLG OLG **30** 212; KG Recht **23** Nr. 673).

III. Kennzeichnung der übergebenen Schrift 3

Die übergebene Schrift muß so gekennzeichnet sein, daß sie nicht mit irgend einem anderen Blatt verwechselt werden kann. Über die Art der Kennzeichnung gibt es keine Vorschrift. Sie kann bei einer offenen Schrift am Anfang oder am Ende des Textes stehen.

Bei einer verschlossenen Schrift kann auf dem Umschlag ein besonderes Kennzeichen angebracht werden. Der Notar darf nach § 34 diese Handlung auch in Abwesenheit des Erblassers vornehmen (vgl. früher § 2246 aF, wonach der Notar die Niederschrift und die übergebene Schrift in Gegenwart des Erblassers in einen versiegelten Umschlag zu nehmen hatte).

Es soll in der Niederschrift vermerkt werden, ob die Schrift *offen* oder *verschlossen* übergeben worden ist. 4

IV. Kenntnisnahme durch den Notar 5

Von dem Inhalt der *offen* übergebenen Schrift soll der Notar Kenntnis nehmen und die Beteiligten auf etwaige Bedenken, die gegen den Inhalt sprechen, aufmerksam machen.

Bei einer *verschlossenen* Schrift entfällt zwar diese Pflicht. Gleichwohl hat sich der Notar davon zu überzeugen, daß die Schrift den Willen des Erblassers enthält. In Zweifelsfällen ist der Notar gehalten, sich davon zu überzeugen, daß der Erblasser eine ihrem Inhalt nach wirksame letztwillige Verfügung getroffen hat (vgl. *Erman/Hense* Rdn. 5).

Eine Verletzung oder Nichtbeachtung der Vorschrift berührt die Wirksamkeit des Errichtungsaktes nicht.

6 **V. Beifügung und Verlesung**

Die übergebene Schrift soll der Niederschrift beigefügt werden. Darunter ist jede räumliche Zusammenfügung des Schriftstücks mit der Niederschrift zu verstehen. Es kann genügen, wenn die Schrift lose in die Niederschrift hineingesteckt oder ihr beigefügt wird. Eine Verbindung mit Schnur und Siegel ist nicht vorgeschrieben und auch nicht angebracht, da die Schrift kein Bestandteil der Niederschrift ist.

Die Beifügung ist nicht zur Wirksamkeit der Beurkundung erforderlich (BT-Drucks. V/3282 S. 35 zu § 30).

Die offen übergebene Schrift braucht nicht verlesen zu werden. Sie braucht auch nicht unterschrieben zu sein.

§ 31

Ein Erblasser, der nach seinen Angaben oder nach der Überzeugung des Notars nicht hinreichend zu sprechen vermag (§ 2233 Abs. 3 des Bürgerlichen Gesetzbuches), muß die Erklärung, daß die übergebene Schrift seinen letzten Willen enthalte, bei der Verhandlung eigenhändig in die Niederschrift oder auf ein besonderes Blatt schreiben, das der Niederschrift beigefügt werden soll. Das eigenhändige Niederschreiben der Erklärung soll in der Niederschrift festgestellt werden. Die Niederschrift braucht von dem behinderten Beteiligten nicht besonders genehmigt zu werden.

Übergabe einer Schrift durch Stumme

Übersicht

1 **I. Allgemeines**

Diese Bestimmung enthält Verfahrensvorschriften und entspricht mit einigen Abweichungen dem § 2243 Abs. 1 Satz 2 und Abs. 2 BGB aF. Sie bezieht sich auf die materiellrechtliche Regelung in § 2333 Abs. 3 BGB nF.

Es kommt jetzt nicht mehr allein auf die Überzeugung des Notars an, ob der Erblasser sprechbehindert ist. Es genügt vielmehr die Angabe des Erblassers selbst.

2 **II. Sprechbehinderung**

Sprechbehindert ist, wer sich infolge eines organischen Fehlers durch Sprachlaute nicht verständlich machen kann. Dem steht gleich eine Behinderung am Sprechen, die auf zeitweiser Lähmung oder Krankheit beruhen kann.

Am Sprechen *verhindert* ist, wer seine Sprache überhaupt nicht gebrauchen oder nur noch unartikuliert lallen kann (vgl. *Jansen* FGG 2. Aufl. Bd. III BeurkG § 22 Rdn. 5).

3 **III. Eigenhändige schriftliche Erklärung**

Der stumme Erblasser kann dem Notar eine offene oder verschlossene Schrift übergeben.

Grundsätzlich muß die Übergabe der die Verfügung von Todes wegen enthaltenen Schrift nach § 2232 Satz 1 BGB von der Erklärung des Erblassers begleitet sein, daß die Schrift seinen letzten Willen enthalte. Da ein sprechbehinderter Erblasser diese Erklärung nicht mündlich abgeben kann, sieht § 31 vor, daß er die Erklärung schriftlich abzugeben hat; und zwar muß der Sprachbehinderte diese Erklärung bei der Verhandlung *eigenhändig* entweder in die Niederschrift oder auf ein besonderes Blatt *schreiben*. Insoweit enthält § 31 nichts anderes als früher der § 2243 Abs. 1 Satz 2 BGB aF.

Aus dem Erfordernis „bei der Verhandlung" ergibt sich, daß das eigenhändige Niederschreiben *in Gegenwart des Notars* erfolgen muß. Die Beurkundung ist daher nichtig, wenn sie in Abwesenheit des Notars erfolgt (vgl. *Jansen* Rdn. 4), während die Abwesenheit des zweiten Notars oder des Zeugen die Gültigkeit nicht berührt.

IV. Beifügen der Erklärung 4

Wird die eigenhändige Erklärung auf ein besonderes Blatt niedergeschrieben, *soll* dieses Blatt nach Satz 1 der Niederschrift beigefügt werden, während es früher nach § 2243 Abs. 1 Satz 2 a F beigefügt werden *mußte*.

Darin liegt eine Lockerung, weil das Beifügen nicht mehr Voraussetzung für die Wirksamkeit des Errichtungsaktes ist (vgl. BT-Drucks. V/3282 S. 35 zu § 31).

V. Feststellungsvermerk 5

Außer den in § 22 Abs. 1 vorgeschriebenen Feststellungen über die Sprechbehinderung soll entsprechend § 2243 Abs. 2 BGB aF in der Niederschrift festgehalten werden, daß der stumme Beteiligte die genannte Erklärung *eigenhändig* niedergeschrieben hat.

Die Niederschrift muß verlesen werden oder, wenn ein Beteiligter nicht hinreichend zu hören vermag (§ 23), zur Durchsicht vorgelegt werden.

Nur der *Feststellungsvermerk* des *Notars* über das eigenhändige Niederschreiben der Erklärung gehört zum Inhalt der Niederschrift iS des § 9, *nicht* die *Erklärung* des *stummen* Beteiligten selbst (vgl. *Erman/Hense* Rdn. 3).

Fehlt der Feststellungsvermerk in der Niederschrift, so muß derjenige, der sich auf die Gültigkeit des Testaments beruft, beweisen, daß der Erblasser nach seinen Angaben oder nach der Überzeugung des Notars am Sprechen behindert war und die nach § 31 Satz 1 erforderliche Erklärung eigenhändig geschrieben hat.

Ein *schreibunfähiger* stummer Erblasser kann eine letztwillige Verfügung *nicht* errichten (vgl. *Jansen* Rdn. 6).

§ 32

Ist ein Erblasser, der dem Notar seinen letzten Willen mündlich erklärt, der Sprache, in der die Niederschrift aufgenommen wird, nicht hinreichend kundig und ist dies in der Niederschrift festgestellt, so muß eine schriftliche Übersetzung angefertigt werden, die der Niederschrift beigefügt werden soll. Der Erblasser kann hierauf verzichten; der Verzicht muß in der Niederschrift festgestellt werden.

Sprachunkundige

Übersicht

I. Sprachunkundiger Erblasser 1

Der § 32 ist im Zusammenhang mit § 16 zu sehen. Die Bestimmung ist auf die Besonderheiten der Verfügungen von Todes wegen zugeschnitten.

Sprachunkundig im Sinne der Vorschrift ist ein Beteiligter, wenn er nach seinen Angaben und nach der Überzeugung des Notars der Sprache, in der die Niederschrift errichtet werden soll, nicht hinreichend kundig ist. Als Sprache der Niederschrift kommt sowohl die deutsche als auch eine andere Sprache in Betracht, in welcher der Notar auf Verlangen die Urkunde errichtet. Einer Sprache *kundig* ist jemand nicht schon, wenn er sie verstehen kann; er muß seine Gedanken auch in dieser Sprache geläufig ausdrücken können.

Wie bereits in § 16 Abs. 1 vorgesehen, *muß* der Notar in der Niederschrift die Sprachunkundigkeit des Erblassers feststellen.

2 **II. Schriftliche Übersetzung**

Während § 16 Abs. 2 die Anfertigung einer schriftlichen Übersetzung nur auf Verlangen des Beteiligten vorsieht, bestimmt § 32, daß die Anfertigung einer schriftlichen Übersetzung stets *ohne Verlangen* und als *zwingendes Erfordernis* zu erfolgen hat. Voraussetzung ist dabei, daß die Sprachunkundigkeit des Erblassers in der Niederschrift festgestellt worden ist (§ 16 Abs. 3). Für die Bestimmung war die Erwägung maßgebend, den Willen des Erblassers richtig festzuhalten und Mißverständnisse möglichst auszuschließen (BT-Drucks. V/3282 S. 35 zu § 32).

3 **III. Verzicht auf schriftliche Übersetzung**

Nach Satz 2 kann der Erblasser auf die schriftliche Übersetzung verzichten. Dieser Verzicht muß gleichfalls in der Niederschrift festgestellt werden, weil er ein notwendiges Erfordernis der Beurkundung ersetzt. Die Regelung ist getroffen worden, um die Errichtung einer Verfügung von Todes wegen nicht scheitern zu lassen, wenn bei einem schwer kranken Erblasser nicht mehr genügend Zeit bleibt, eine schriftliche Übersetzung anzufertigen (BT-Drucks. V/3282 S. 35; *Jansen* Rdn. 2; *Keidel/Winkler* FGG BeurkG Rdn. 12).

Jedoch muß bei einem Verzicht nach § 16 Abs. 2 Satz 1 die Niederschrift anstelle des Vorlesens mündlich übersetzt werden. Dazu muß ein Dolmetscher zugezogen werden, wenn der Notar nicht selbst übersetzen kann (§ 16 Abs. 3, § 5 Abs. 2).

Alle diese Tatsachen sind in der Niederschrift festzustellen. Unterbleibt die mündliche Übersetzung, so ist die Beurkundung unwirksam, vorausgesetzt, daß die Sprachunkundigkeit in der Niederschrift festgestellt ist (vgl. *Keidel/Winkler* aaO Rdn. 15).

§ 33

Bei einem Erbvertrag gelten die §§ 30 bis 32 entsprechend auch für die Erklärung des anderen Vertragschließenden.

Besonderheiten beim Erbvertrag

1 Was § 2276 Abs. 1 BGB als materiellrechtliche Vorschrift regelt, bestimmt § 33 als Verfahrensvorschrift. Die Bedeutung des § 33 liegt daher lediglich darin, daß die §§ 30—32 entsprechend für die Erklärung (Annahmeerklärung) des *anderen Vertragschließenden*, d. h. für denjenigen, der nicht Verfügungen von Todes wegen trifft, gelten. Treffen beide Vertragschließende Verfügungen von Todes wegen, so gelten die §§ 30—32 unmittelbar.

§ 33 bildet inhaltlich die Ergänzung zu § 2276 Abs. 1 S. 2 Halbs. 2 BGB (vgl. *Erman/Hense* Rdn. 1).

Hängt das Beurkundungsverfahren von besonderen persönlichen Verhältnissen **2**
(z. B. Stummsein, Sprachunkundigkeit) ab, so ist im Falle einer Vertretung die Person des Vertreters, nicht die des Vertretenen maßgebend (vgl. *Keidel/Winkler* Rdn. 4).

§ 34

Die Niederschrift über die Errichtung eines Testaments soll der Notar in einen Umschlag nehmen und diesen mit dem Prägesiegel verschließen. In den Umschlag sollen auch die nach den §§ 30 bis 32 beigefügten Schriften genommen werden. Auf dem Umschlag soll der Notar den Erblasser seiner Person nach näher bezeichnen und angeben, wann das Testament errichtet worden ist; diese Aufschrift soll der Notar unterschreiben. Der Notar soll veranlassen, daß das Testament unverzüglich in besondere amtliche Verwahrung gebracht wird.

Beim Abschluß eines Erbvertrages gilt Absatz 1 entsprechend, sofern nicht die Vertragschließenden die besondere amtliche Verwahrung ausschließen; dies ist im Zweifel anzunehmen, wenn der Erbvertrag mit einem anderen Vertrag in derselben Urkunde verbunden wird.

Verschließung, Verwahrung

Übersicht

I. Allgemeines **1**

Die Vorschrift ersetzt den § 2246 BGB aF und zT den § 2277 BGB aF. Die wesentliche Neuerung liegt darin, daß der Notar die Niederschrift und etwaige Unterlagen nicht mehr in Gegenwart des Erblassers oder der mitwirkenden Personen in einem Umschlage zu verschließen braucht.

Etwaige Formfehler kann der Notár nach dem Errichtungsakt gegebenenfalls im Benehmen mit den Beteiligten beheben (vgl. dazu BT-Drucks. V/3282 S. 36 zu § 34; ferner *Haegele*, Rpfleger **69** 417).

Die weiteren Vorschriften sind Sollvorschriften und berühren die Wirksamkeit der Beurkundung nicht. Verschließung und Verwahrung gehören nicht mehr zum Errichtungsakt (vgl. *Erman/Hense* Rdn. 1).

II. Die Verschließung des Testaments **2**

1. Verfahren, Umschlag

Der Notar soll die Niederschrift über die Errichtung des Testaments sowie die nach §§ 30—32 beigefügten Schriften in einen Umschlag nehmen. Dabei ist, wie erwähnt, die Gegenwart des Erblassers oder der mitwirkenden Personen *nicht* mehr erforderlich.

Zu den beizufügenden Schriften gehören die nach § 30 übergebene offene oder verschlossene Schrift, die eigenhändig geschriebene Erklärung des sprachbehinderten Erblassers und die nach §§ 32, 33 gefertigte schriftliche Übersetzung.

Der Umschlag ist mit dem Prägesiegel zu verschließen. Trocken- und Farbdruckstempel genügen nicht (vgl. *Jansen* Rdn. 4). Dem Notar steht es frei, daneben noch sein Privatsiegel aufzudrücken.

3 **2. Aufschrift auf dem Umschlage**

Auf dem Umschlage ist die Person des Erblassers näher zu bezeichnen und anzugeben, wann das Testament errichtet worden ist. Beim gemeinschaftlichen Testament sind die Personalien jedes Ehegatten besonders zu vermerken oder ist für jeden ein besonderer Umschlag, der gegebenenfalls leer ist, zu fertigen (vgl. *Keidel/Winkler* Rdn. 6).

Die Aufschrift braucht der Notar nicht persönlich vorzunehmen. Er muß sie aber überwachen. In jedem Falle soll der Notar die Aufschrift unterschreiben. Dies ist von besonderer Bedeutung, da nach § 35 die Unterschrift auf dem Umschlage die vergessene Unterschrift des Notars auf der Errichtungsurkunde ersetzen kann.

4 **III. Amtliche Verwahrung**

Der Notar soll veranlassen, daß das Testament *unverzüglich* in besondere amtliche Verwahrung gebracht wird (Abs. 1 Satz 4). Von dieser Pflicht kann der Notar nicht entbunden werden.

Die Vorschriften über die besondere amtliche Verwahrung sind in den §§ 2258 a und b enthalten. Die Verwahrung erfolgt unter gemeinschaftlichem Verschluß des Rechtspflegers und des Urkundsbeamten der Geschäftsstelle. Zuständig ist das Amtsgericht, in dessen Bezirk der Notar seinen Amtssitz hat, es sei denn, der Erblasser wünscht die Verwahrung bei einem anderen Amtsgericht (§ 2258 a Abs. 3). Einem solchen Verlangen ist ohne weiteres stattzugeben. Konsularische Testamente sind beim Amtsgericht Berlin-Schöneberg zu hinterlegen (§ 16 a Abs. 1 S. 1 KonsG i. d. F. des § 57 Abs. 1 Nr. 2 BeurkG).

Dem Erblasser, nicht dem Notar (vgl. *Jansen* Rdn. 6), wird ein *Hinterlegungsschein* erteilt (§ 2258 b Abs. 3). Der Notar behält ein Vermerkblatt mit den genauen Angaben über die Testamentserrichtung und auf Wunsch des Erblassers eine einfache oder beglaubigte Abschrift (§ 16 DOfNot). Diese soll er auf Wunsch dem oder den Beteiligten aushändigen (vgl. *Jansen* Rdn. 7).

Erklärungen, die den Widerruf wechselbezüglicher Verfügungen eines gemeinschaftlichen Testaments enthalten (§ 2271 Abs. 1 BGB), sind nicht in besondere amtliche Verwahrung zu bringen.

5 **IV. Behandlung von Erbverträgen (Abs. 2)**

Für Erbverträge gelten grundsätzlich dieselben Bestimmungen wie für öffentliche Testamente. Behördliche Genehmigungen können nur beigefügt werden, wenn sie bei Errichtung des Erbvertrages vorliegen. Das Verbringen in die amtliche Verwahrung kann nicht zurückgestellt werden (vgl. *Staudinger/Dittmann* § 2277 Rdn. 2). In der Aufschrift sind *beide* Vertragschließende zu bezeichnen.

Jedoch können die Vertragschließenden für den Erbvertrag die besondere amtliche Verwahrung ausschließen. Auf die Gründe der Ausschließung kommt es nicht an.

Bei einem Ausschluß der Verwahrung ist den Beteiligten die *Urschrift nicht auszuhändigen.* Diese verbleibt vielmehr in der gewöhnlichen amtlichen Verwahrung des Notars (§ 25 Abs. 3 BNotO).

Nach dem Tode des Erblassers liefert der Notar den Erbvertrag an das Nachlaßgericht ab (§ 2259 BGB; § 25 Abs. 3 Satz 2 BNotO). Hier bleibt der Vertrag in Verwahrung, auch wenn es sich um einen zweiseitigen Erbvertrag handelt, der beim Eintritt des zweiten Erbfalles nochmals zu verkünden ist.

Verbleibt der Erbvertrag in der gewöhnlichen Verwahrung des Notars, so obliegt diesem die Pflicht, das Standesamt oder die Hauptkartei für Testamente gemäß der AV über die Benachrichtigung in Nachlaßsachen v. 2. 1. 1964 i. d. F. v. 5. 12. 1969 zu benachrichtigen (vgl. dazu die bei *Palandt/Keidel* in Anm. 7 zu § 34 BeurkG aufgeführten landesrechtlichen Regelungen). Dieses ist auf der Urkunde zu vermerken.

Befindet sich der Erbvertrag seit mehr als 50 Jahren in der Verwahrung des Notars, so muß der Notar nach §§ 2300 a, 2263 a BGB Ermittlungen anstellen, ob der Erblasser noch lebt. Sind die Ermittlungen ergebnislos, so hat der Notar den Erbvertrag zur Eröffnung an das Nachlaßgericht abzuliefern (§ 16 Abs. 2 Satz 3 DOfNot; vgl. *Jansen* Rdn. 12).

§ 35

Hat der Notar die Niederschrift über die Errichtung einer Verfügung von Todes wegen nicht unterschrieben, so ist die Beurkundung aus diesem Grunde nicht unwirksam, wenn er die Aufschrift auf dem verschlossenen Umschlag unterschrieben hat.

Niederschrift ohne Unterschrift des Notars

Übersicht

I. Allgemeines 1

Nach § 13 Abs. 3 muß die Niederschrift von dem Notar eigenhändig unterschrieben sein. Fehlt die Unterschrift des Notars, so ist die Beurkundung unwirksam (vgl. *Jansen* § 13 Rdn. 40). Um gerade bei Verfügungen von Todes wegen diese Nichtigkeitsgründe zu beseitigen, sieht der § 35 nunmehr vor, daß die Unterschrift des Notars auf dem Umschlage die in der Niederschrift etwa fehlende Unterschrift ersetzt (vgl. BT-Drucks. V/3282 S. 36 zu § 35). Die Unterschrift auf dem Umschlage deckt auch die darin eingeschlossene Niederschrift.

Vgl. zu der Frage: Unterzeichnung eines eigenhändigen Testaments durch Unterschrift auf dem Umschlage als ausreichend angesehen: OLG Frankfurt NJW **71** 1811 = DNotZ **72** 48; verneinend: OLG Düsseldorf NJW **72** 260 = MDR **72** 241.

II. Testamente 2

§ 35 setzt voraus, daß die Niederschrift gemäß § 34 in einen Umschlag genommen worden ist und dieser von dem Notar unterschrieben wird. Ob der Umschlag mit dem Testament in besondere amtliche Verwahrung gebracht wird oder dieses unterbleibt, ist nach der amtlichen Begründung (vgl. BT-Drucks. V/3282 S. 36) unerheblich (vgl. *Keidel/Winkler* § 35 BeurkG Rdn. 3; a M anscheinend *Erman/Hense* Rdn. 2).

III. Erbverträge 3

Hier ist für die Anwendung des § 35 der Verschluß des Umschlages erforderlich (vgl. *Keidel/Winkler* Rdn. 4 zu § 35 BeurkG). Ist der verschlossene Umschlag vorschriftswidrig nicht in amtliche Verwahrung gekommen, so schließt auch diese Tatsache die Anwendung des § 35 nicht aus, da es hier allein auf die Frage der Einheit von Urkunde und Umschlag ankommt.

IV. Nachholung der Unterschrift durch den Notar 4

Der Vorschrift des § 35 kann nicht entnommen werden, ob die Unterschrift des Notars auf dem verschlossenen Umschlag nachgeholt werden kann.

Die Unterschrift des Notars auf dem Umschlag, der als Zubehör zu der Niederschrift angesehen werden kann, ersetzt eine etwa fehlende Unterschrift und macht damit die Beurkundung der Verfügung von Todes wegen wirksam. Sie ersetzt die Unterschrift des Notars unter der Urkunde. Da diese zu Lebzeiten des Erblassers nachgeholt werden kann, kann auch die Unterschrift auf dem Umschlage bis zu diesem Zeitpunkt nachgeholt werden, nicht aber nach dem Tode; sonst würde eine bereits unwirksame Verfügung wieder wirksam gemacht werden können (vgl. dazu *Erman/Hense* Rdn. 2/3 zu § 35; *Keidel/Winkler* FGG § 35 BeurkG Rdn. 6).

Vgl. zu dem früheren Recht die Zusammenstellung bei *Firsching* DNotZ **55** 290. Die in der 9. Aufl. zu § 16 TestG vertretene Ansicht, daß die Unterschrift bis zur Testamentseröffnung nachgeholt werden könne, kann für § 35 BeurkG nicht aufrecht erhalten werden.

§ 2247

Der Erblasser kann ein Testament durch eine eigenhändig geschriebene und unterschriebene Erklärung errichten.

Der Erblasser soll in der Erklärung angeben, zu welcher Zeit (Tag, Monat und Jahr) und an welchem Ort er sie niedergeschrieben hat.

Die Unterschrift soll den Vornamen und den Familiennamen des Erblassers enthalten. Unterschreibt der Erblasser in anderer Weise und reicht diese Unterzeichnung zur Feststellung der Urheberschaft des Erblassers und der Ernstlichkeit seiner Erklärung aus, so steht eine solche Unterzeichnung der Gültigkeit des Testaments nicht entgegen.

Wer minderjährig ist oder Geschriebenes nicht zu lesen vermag, kann ein Testament nicht nach obigen Vorschriften errichten.

Enthält ein nach Absatz 1 errichtetes Testament keine Angabe über die Zeit der Errichtung und ergeben sich hieraus Zweifel über seine Gültigkeit, so ist das Testament nur dann als gültig anzusehen, wenn sich die notwendigen Feststellungen über die Zeit der Errichtung anderweit treffen lassen. Dasselbe gilt entsprechend für ein Testament, das keine Angabe über den Ort der Errichtung enthält.

KB 321.

Neueres Schrifttum:

Haegele, Das Privattestament **1962**; ders., Das eigenhändige Testament in Rechtsprechung, Schrifttum und Praxis, JurBüro **68** 343; *Steden*, Formfreie und formbedürftige Änderungen des eigenhändigen Testaments, Diss. Mainz **1971**; *Werner*, Zur Eigenhändigkeit letztwilliger Verfügungen, Die Durchschrift als Testament, DNotZ **72**, 6.

Eigenhändiges Testament

Übersicht

1 **I. Allgemeines**

Die Vorschrift stimmt inhaltlich mit TestG § 21 überein; Abs. 2 wurde neu gefaßt, in Abs. 3 u. 5 sind die in TestG § 21 angeführten Beispiele gestrichen worden. § 2247 a F enthielt nur eine Bestimmung, die dem jetzigen Abs. 4 entsprach. Die jetzigen Abs. 1 u.

2 sind teilweise an die Stelle des § 2231 Nr. 2 a F getreten. Die Abs. 3 u. 5 sind durch das TestG neu eingefügt worden. Durch § 57 Abs. 3 Nr. 9 BeurkG sind in Abs. 1 die Wörter „in ordentlicher Form" als überflüssige Wiederholung (vgl. § 2231 n F) gestrichen worden.

Das **eigenhändige Testament** ist eine ordentliche Testamentsform neben dem öffentlichen Testament (§ 2231 Nr. 2). Als Privaturkunde (ZPO § 416) steht es jedoch an Beweiswert erheblich hinter dem öffentlichen Testament zurück (s. § 2231 Rdn. 6 sowie unten Abschnitt VI). **2**

Damit unnötige Formenstrenge vermieden, anderseits eine zuverlässige Wiedergabe des Willens des Erblassers sichergestellt wird, hat das TestG die vom BGB ursprünglich an das eigenhändige Testament gestellten Formanforderungen stark gemildert: Die Angabe die Ortes und des Tages der Errichtung ist nur noch als *Soll*vorschrift angeordnet (Abs. 2); statt der Namensunterschrift ist unter gewissen Voraussetzungen auch eine andere Art der Unterzeichnung für zulässig erklärt worden (Abs. 3); beim gemeinschaftlichen eigenhändigen Testament ist die nach § 2267 a F erforderlich gewesene Erklärung des anderen Ehegatten weggefallen und die Mitunterzeichnung für genügend erklärt worden (TestG § 28 Abs. 2; jetzt § 2267). Damit sind die Hauptursachen der Formnichtigkeit zahlreicher eigenhändiger Testamente beseitigt worden. Die weiterhin beibehaltenen Formerfordernisse — eigenhändige Niederschrift und Unterschrift — sind so leicht zu erfüllen, daß an ihnen kein eigenhändiges Testament zu scheitern brauchte. Immerhin wird es auch in Zukunft Fälle geben, in denen selbst diese auf ein Mindestmaß herabgesetzten Formgebote nicht beachtet werden. In diesen Fällen ist das Testament **nichtig.** Die Nichtigkeitsfolge kann, soweit zwingende Formvorschriften verletzt worden sind, nicht mit der Begründung ausgeräumt werden, das Ergebnis sei den Umständen nach unbillig oder damit, die Vorschrift sei im allgemeinen oder für den besonderen Fall zwecklos oder ihr Zweck werde auf andere Weise erreicht (vgl. KG JFG **17** 274; a M *Rumpf* JW **38** 2579). Solche Gesichtspunkte können zwar unter Umständen für die *Auslegung* von Formvorschriften durch den Richter insofern bedeutsam sein, als bei Zweifeln über den Umfang eines Formgebotes derjenigen Auslegung der Vorzug zu geben ist, bei der eine *unnötige* Formenstrenge vermieden wird. Unnötig ist sie jedoch dann *nicht,* wenn sie geboten ist, um den Willen des Erblassers zuverlässig wiederzugeben oder seine Urheberschaft und die Ernstlichkeit seiner Erklärung festzustellen. **3**

Diese Auslegungsgrundsätze ermächtigen den Richter jedoch nicht, über die zwingenden Formerfordernisse hinwegzusehen, die der Gesetzgeber für unabweislich gehalten hat. Das TestG hat in § 23 Abs. 6 und § 24 Abs. 3 den Richter nur für Nottestamente ermächtigt, gegebenenfalls zur Aufrechterhaltung des Testaments auch über die Verletzung zwingender Formvorschriften hinwegzusehen. Die neue Fassung des BGB ist dabei verblieben. Für das eigenhändige Testament (wie auch für das ordentliche öffentliche Testament) fehlt es an einer solchen Ermächtigung. **4**

Für das eigenhändige Testament genügt die Form eines an einen Bedachten, einen Beschwerten, einen Testamentsvollstrecker oder eine sonstige Vertrauensperson gerichteten **Briefes** (oder einer *Postkarte,* JFG **16** 91). Der Erblasser muß aber den Willen gehabt haben, seine letztwillige Verfügung schon in dem Briefe selbst zu treffen (KG DFG **41** 9). Ist die Person des Bedachten im Texte des Briefes nicht genannt, enthält der Brief aber Anhaltspunkte zur Bestimmung seiner Persönlichkeit, so können auch äußere Umstände, insbesondere die auf dem Umschlage des Briefes stehende Anschrift zu seiner näheren Kennzeichnung herangezogen werden (§ 2084 Rdn. 15; RG LZ **27** 531[5]; wegen der Möglichkeit, das Testament mit anderen brieflichen Mitteilungen zu verbin- **5** den, vgl. Rdn. 12). Ein vom Erblasser mit dem Worte „Entwurf" versehenes, im übrigen formgerecht abgefaßtes Schriftstück kann als Testament wirksam sein, wenn der Erblasser das Schriftstück mit ernstlichem Testierwillen gefertigt hat, es also bereits als seine rechtsverbindliche letztwillige Verfügung ansah und sie als solche behandelt wissen wollte (BayObLG **70** 173 = NJW **70** 2300; vgl. ferner zu der Frage, ob der Erblasser schon im Briefe eine letztwillige Verfügung treffen wollte KG NJW **59** 1441; BayObLG **63** 58. Zur Auslegung eines angeblichen Brieftestaments OLG Stuttgart Rpfleger **64** 148 mit Anm. von *Haegele*.

6 Ist der Verfasser eines Schriftstücks, das den Erfordernissen des eigenhändigen Testaments entspricht, überzeugt, daß auf diese Weise kein rechtsgültiges Testament zustande gekommen sei, so kann der Inhalt des Schriftstücks nicht als rechtsgeschäftliche Willenserklärung aufgefaßt werden; bloße *Zweifel an der Gültigkeit* schaden jedoch nicht (RG LZ **22** 293[5]). Ebenso ist zu entscheiden, wenn der Erblasser die Möglichkeit, ein Testament in *mehreren Urschriften* herzustellen (Rdn. 12), nicht kennt und deshalb eine von ihm nach der Urschrift gefertigte, überall den Erfordernissen des eigenhändigen Testaments genügende *Abschrift* für kein gültiges Testament hält (RG LZ **23** 322[11]). Hat der Erblasser auf einem *Fragebogen*, den die Erbschaftssteuerbehörde ihm anläßlich des Todes seiner Ehefrau zugesandt hat, Bestimmungen über seinen eigenen Nachlaß niedergeschrieben, so liegt darin nur dann ein wirksames Testament, wenn erwiesen ist, daß er damit rechtsgeschäftlich handeln wollte (RG DR **42** 1340; RG **169** 254).

7 **II. Eigenhändige Niederschrift**

Erstes Erfordernis ist eigenhändige Niederschrift des Testaments in seinem *gesamten* Wortlaute. Daran hat schon das TestG festgehalten (OLG Düsseldorf DR **43** 698[8]; BGH NJW **58** 547[7] = FamRZ **58** 102), weil die Aufgabe dieses Erfordernisses die beim eigenhändigen Testament ohnehin vorhandene Gefahr der Fälschung oder Verfälschung so erheblich vergrößern würde, daß der Schaden den Nutzen überwöge (Begr. zum TestG). Wer nicht schreiben oder Geschriebenes nicht lesen kann, kann daher kein eigenhändiges Testament errichten (Rdn. 30). Das bloße *Nachmalen* oder Durchpausen der von einem anderen geschriebenen Erklärung durch den Erblasser, der Geschriebenes dieser Art nicht selbst lesen kann, *genügt* dem Erfordernis der Eigenhändigkeit *nicht* (DNotZ **37** 68). Das Testament muß vielmehr in der dem Erblasser eigenen Schrift, die die Nachprüfung der Echtheit auf Grund ihrer individuellen Züge gestattet, geschrieben sein. Dieses Erfordernis kann auch dann erfüllt sein, wenn die letztwillige Verfügung in der Weise niedergeschrieben wird, daß einer mittels Kohlepapier hergestellten Durchschrift eines eigenhändigen Testaments nachträglich eigenhändige Zusätze zugefügt werden (BGH **47** 68 = LM § 2247 Nr. 3 mit Anm. von *Johannsen;* vgl. auch BayObLG **65** 258 = NJW **65** 2301; aber KG NJW **66** 663 mit Anm. von *Jansen*). Vgl. dazu das Beispiel bei *Werner* JuS **73** 434, ferner ders., Die Durchschrift als Testament, DNotZ **72** 6. Wer sich auf ein solches Schriftstück beruft, hat die Umstände darzutun, aus denen sich der Wille des Erblassers ergibt (*Johannsen*, WM **71** 406).

Auch ein Widerrufstestament (§ 2254) kann wirksam sein, wenn es in einem eigenhändig geschriebenen und unterschriebenen Zusatz besteht, der auf einer maschinengeschriebenen Testamentsabschrift angebracht und erst in Verbindung mit dieser verständlich ist (BGH LM § 2254 Nr. 1 = NJW **66** 201).

Ist ein Oberblatt mit Unterschrift vorhanden, sind im Zweifel die Durchschläge nur als Abschriften anzusehen; entscheidend ist stets der Wille des Erblassers, wie er durch nachträgliche Zusätze zum Ausdruck kommen kann (vgl. *Erman/Hense* Rdn. 3).

8 Der Erblasser muß sich (wenn er nicht auf den Gebrauch eines anderen Körperteils, etwa Fuß oder Mund, angewiesen ist) zum Schreiben *unmittelbar der Hand* bedienen. Deshalb ist mechanische Herstellung mit Hilfe von Typen (Druck, Maschinenschrift) oder durch mittelbare Kraftanwendung (Durchpausen) ausgeschlossen. Schreiben *mit fremder Hilfe* (geführter Feder) ist solange eigenhändiges Schreiben, als der Schreibende dabei selbst noch die Gestalt der Schriftzüge bestimmt, also nicht, wenn die Hand des Erblassers bei der Niederschrift, sei es auch nur einzelner Worte oder Zahlen, völlig unter fremder Herrschaft und Leitung steht (RG WarnRspr. **09** Nr. 31, **11** Nr. 336; KGJ **48** 82; BayObLG JW **21** 276[1]; BayObLGZ **51** 598 = DNotZ **52** 78 mit Anm. von *Rechenmacher;* BGH LM TestG § 16 Nr. 1 mit Nachweisen). Vgl. auch zur Schadenersatzpflicht eines *Notars,* der bei der Testamentserrichtung zugelassen hat, daß dem Erblasser bei der Unterschrift beim Familiennamen *die Hand geführt* wurde, BGH **27** 274 = NJW **58** 1398 = MDR **58** 664, 837 mit Anm. von *Keidel* = LM BGB § 2247 Nr. 1 mit Anm. von *Pagendarm*; ferner § 2242 Rdn. 5.

9 Der *Stoff,* auf dem (Papier, Holz, Metall, Stein) und mittels dessen (Tinte, Bleistift, Pinsel, Griffel, Meißel) das Testament niedergeschrieben wird, ist *gleichgültig.* In RG JW **10** 291[26] ist die Niederschrift mittels Griffels auf einer Schiefertafel für einfache ländliche Verhältnisse nicht beanstandet, aber hervorgehoben worden, daß die Benutzung besonders rasch vergänglicher Stoffe dem Wesen des Testaments widerspreche und seine Ernstlichkeit in Frage stellen könne.

10 Die Wahl der *Sprache* — einer toten oder lebendigen — steht dem Erblasser frei, falls er sich darin genügend verständlich machen kann (vgl. *Johannsen* WM **71** 406). Ebenso die Wahl der *Schriftzeichen* (der benutzten oder einer anderen Sprache), insbesondere der Kurzschrift, wenn die Möglichkeit, sie zu entziffern, nicht auf einen engen Kreis von Sachkennern beschränkt ist, sowie der Rundschrift (JW **37** 44[29]). Konnte der Erblasser selbst das von ihm Geschriebene nicht lesen, so ist das Testament nach Abs. 4 nichtig.

11 Der *Zusatz* einzelner Verfügungen, den der Erblasser bei der Abfassung des Testaments *von fremder Hand* fertigen läßt *oder in Maschinenschrift* fertigt, macht nicht notwendig das ganze Testament nichtig, vielmehr ist hierüber nach § 2085 zu entscheiden (RG **63** 23 und Recht **21** Nr. 582).

12 Die Niederschrift muß *keine in sich geschlossene* selbständige *Urkunde* bilden, sofern sie nur nach dem Willen des Erblassers eine sogleich wirksame Verfügung von Todes wegen (nicht bloß ein Entwurf, die Mitteilung des Vorhabens zu testieren u. dgl.) sein soll. Das Testament kann deshalb auch einem *Brief* (RG JW **07** 143[25]; Rdn. 5) oder dem Antrag an eine Behörde (RWirtschG JW **23** 197[2]) einverleibt sein. Ebenso kann es mehrere *lose Blätter* umfassen, wenn deren Zusammengehörigkeit feststeht. Es kann endlich auch *in mehreren Urschriften* hergestellt werden (JW **34** 2563[2]), wozu besonderer Anlaß vorliegt, wenn (z. B. bei einer Errichtung *im Felde)* der Verlust einer Testamentsschrift zu befürchten ist (RG LZ **23** 322[11]). In allen diesen Fällen ist — gegebenenfalls unter Heranziehung von § 133 — sorgfältig zwischen einer letztwilligen Verfügung und einer unverbindlichen Mitteilung über Testierabsichten zu unterscheiden (BayObLG MDR **63** 503; OLG Stuttgart Rpfleger **64** 148; BayObLZ **63** 58). S. auch Rdn. 6. Unzulässig ist es, auf eine Urkunde zu verweisen, die ihrerseits der Testamentsform entbehrt (RG WarnRspr. **15** Nr. 210; **17** Nr. 59; **25** Nr. 29; vgl. aber Rdn. 18 über den Fall, daß die frühere Erklärung zum Bestandteil einer neuen formgerechten Verfügung gemacht ist, und RG WarnRspr. **38** Nr. 51: Anordnung von Vermächtnissen in einem gemeinschaftlichen Testament für „weitere aus unserer Traubibel zu ersehende Patenkinder").

13 **III. Unterschrift (Abs. 1 u. 3)**

Die Unterschrift ist ein *zwingendes Erfordernis.* Es genügt nicht, daß auch ohne solche Unterschrift die Urheberschaft des Erblassers und die Ernstlichkeit seiner Erklärung klargestellt wird (OLG Neustadt Rpfleger **62** 446 mit Anm. von *Haegele*). Ein eigenhändiges Testament, das weder unterschrieben ist noch die Bezeichnung des Testators im Text enthält, ist nichtig (RG DJ **42** 20 = HRR **42** 267 = DNotZ **42** 308). Die Unterschrift bildet den eigentlichen *Abschluß* des Testaments und gehört deshalb richtigerweise als unterste Zeile unter die Urkunde (OLG Köln Rpfleger **68** 25). Doch kann auch eine auf ein voll beschriebenes Blatt oder eine auf die voll beschriebene Vorderseite eines Blattes quer gesetzte Unterschrift genügen (RG LZ **20** 161[10]), wie überhaupt eine solche *räumliche Beziehung* der Namensschrift zum Text ausreicht, daß sie diesen nach der Verkehrsauffassung *deckt* (JFG **5** 171; **16** 91; BayObLG **31** 316; RG HRR **42** 754 = DR **42** 1340 = DNotZ **42** 336; ähnlich DFG **42** 62). Die Selbstbenennung des Erblassers im eigenhändigen Testament ersetzt jedenfalls dann nicht seine eigenhändige Unterschrift, wenn sie sich im Eingange des Testamentes befindet (BayObLGZ **68** 311 im Anschluß an OLG Köln OLGZ **67** 69; vgl. auch Rpfleger **68** 25 mit Anm. von *Haegele*). Zur Frage der Gültigkeit eines Testaments, das aus mehreren auseinanderliegenden Einzelurkunden besteht, von denen einige vom Erblasser nicht unterschrieben sind, vgl. OLG Neustadt MDR **62** 133 = Rpfleger **62** 446 mit Anm. von *Haegele.* Zu nachträglichen Ergänzungen auf der Testamentsurkunde s. BGH 20. 3. 1974 IV ZR 133/73.

14 Bei einem Testament in *Briefform* kann die in dem Brief fehlende Unterschrift des Erblassers unter Umständen durch seine *Namensunterschrift auf dem Umschlage* ersetzt werden, wenn das einliegende Schriftstück keinen Zweifel an der Ernstlichkeit und Endgültigkeit seines Inhalts aufkommen läßt (KG DR **40** 199 = DFG **40** 4 = HRR **40** 292 = JFG **21** 36). Zur Bedeutung des eigenhändig geschriebenen und unterschriebenen Vermerks auf dem Umschlage: „Testament. Nach meinem Tode unter Zeugen zu öffnen" s. OLG Düsseldorf NJW **72** 260 = OLGZ **72** 350. Befindet sich die Unterschrift lediglich auf dem *verschlossenen Briefumschlage,* der das Testament enthält, so kommt es darauf an, ob sie der äußeren Erscheinung nach als Fortsetzung des im Umschlage befindlichen Schriftstücks dessen Inhalt oder ob sie nur einen selbständigen, auf den Umschlag gebrachten Vermerk deckt; der durch Umstände außerhalb der Urkunde, d. h. des Umschlages mit der Einlage, nachweisbare Wille des Erblassers, durch die Unterschrift auf dem Umschlage die letztwillige Verfügung zu vollziehen, ersetzt nicht die Erfüllung des Formerfordernisses, daß die Unterschrift die Verfügung der äußeren Erscheinung nach decken muß (RG **61** 7; **110** 166; vgl. auch RG DR **45** 55 für die von dem Ehemann geschriebene Aufschrift auf dem Umschlage zu einem gemeinschaftlichen Testament: „Karl und Auguste M."). Für die Beantwortung der Frage, wann die *Umschlagsunterschrift* eines selbst nicht unterschriebenen Testamentes dem Formerfordernis der eigenhändigen Unterschrift i. S. des § 2247 genügt, stellt das OLG Frankfurt (NJW **71** 1811) die Beweisregel auf, daß der Umschlagsvermerk als Fortsetzung und Abschluß der Testamentserrichtung gedacht ist, wenn sich weder aus ihm selbst noch aus den begleitenden Umständen eine selbständige Bedeutung der Umschlagsunterschrift ergibt. Dem wird nur für die Fälle zu folgen sein, in denen sich zweifelsfrei ergibt, daß der Umschlag vom Erblasser verschlossen (z. B. versiegelt) und seither nicht mehr geöffnet worden ist (so auch OLG Düsseldorf NJW **72** 260; OLG Neustadt Rpfleger **62** 447).

15 Ein *Absendervermerk,* der auf einem dem Nachlaßgericht *geöffnet* eingelieferten *Umschlage* eines Briefes angebracht ist, kann die fehlende Unterschrift jedoch nicht ersetzen (JFG **18** 66; vgl. jedoch zum Absendervermerk auf einer *Postkarte* KG JFG **16** 91). — Eine *Selbstbenennung* des Erblassers am Anfange des Testaments und irgend-

welche auf den Abschluß der Erklärung deutende Merkmale ersetzen die abschließende Unterschrift nicht. Denn nur die Unterschrift läßt einigermaßen sicher erkennen, daß der Erblasser seine letztwillige Verfügung wirksam werden lassen wollte (RG HRR **42** 754 = DR **42** 1340 = DNotZ **42** 336; OLG Freiburg HEZ **2** 39 = DRZ **49** 19; OLG Schleswig SchlHA **52** 83; OLG Braunschweig MDR **55** 292 = FamRZ **55** 222 gegen KG DR **41** 1464 mit Anm. von *Vogels* = HRR **41** 630 = DNotZ **41** 222; vgl. ferner *von Hippel* ZAkDR **41** 269 f und **42** 104). Es ist für den Regelfall auch bedenklich, einen *Schlußvermerk:* „Ich, der Ehemann X habe dieses Testament eigenhändig geschrieben und unterschrieben. Y, den (Datum)" zugleich als Unterschrift anzuerkennen. Denn diese Fassung deutet darauf hin, daß der Erblasser seine Erklärung erst durch eine übliche Unterschrift abschließen wollte. Jedoch kann das Tatfrage sein (vgl. OLG Düsseldorf JMBlNRW **54** 116).

Erforderlich ist **Namensunterschrift,** und zwar soll die Unterschrift den *Vornamen* und den *Familiennamen* des Erblassers enthalten; jedoch ist auch eine andere Art der Unterzeichnung unter der Voraussetzung zulässig, daß sie ausreicht, um die Urheberschaft des Erblassers und die Ernstlichkeit seiner Erklärung festzustellen. Das TestG führte als Beispiele an, daß der Erblasser nur mit dem Vornamen oder durch Angabe der Familienstellung (z. B. „Euer Vater") unterschreibt (a M RG **110** 308 zu § 2231 Nr. 2 a F). In Betracht kommt auch die Unterzeichnung lediglich mit dem Familiennamen oder mit einem Kosenamen, mit dem Pseudonym eines unter diesem Namen bekannten Schriftstellers oder Künstlers sowie die Unterzeichnung eines Einzelkaufmanns mit der ihm zustehenden Firma. Diese Ausnahmen gelten jedoch *nur für* das *eigenhändige* und nicht für das öffentliche *Testament* (BGH **27** 276 = MDR **58** 664 [auszugsweise] und 837 mit Anm. von *Keidel*). **16**

Die bloße Unterzeichnung mit den Anfangsbuchstaben des Vornamens oder des Familiennamens oder beider Namen genügt dagegen nicht den Erfordernissen einer Unterschrift (Begr. zum TestG; *Vogels/Seybold* TestG § 21 Anm. 8 Abs. 3); selbst wenn aus dem Testamentsinhalt die Person des Unterzeichners zweifelsfrei zu ersehen wäre, so würde doch die Unterzeichnung mit dem Anfangsbuchstaben nicht erkennen lassen, daß der Erblasser das Testament endgültig hat abschließen und nicht einen bloßen Entwurf mit seinem Namenszeichen hat versehen wollen. Ebensowenig kann das Handzeichen, auch das beglaubigte (§ 126 Abs. 1), als Unterschrift anerkannt werden (RG **110** 168; **134** 310). Das gleiche gilt für Schnörkel, drei Kreuze oder sonstige Unterschriftszeichen. Vgl. z. T. a. A. *Palandt/Keidel* Anm. 2 c aa; *Erman/Hense* Rdn. 7 u., wonach die bloße Unterzeichnung mit Anfangsbuchstaben oder Handzeichen ausreichend sein sollen, wenn der Erblasser allgemein unter ihnen bekannt war und sich stets der Abkürzung bedient hat; vgl. allgemein zu dem Problem: BGH Betrieb **67** 1628. **17**

IV. Errichtungshandlung im übrigen **18**

Das Gesetz erfordert **keine Einheit der Errichtungshandlung.** Es ist deshalb gleichgültig, wann der Text des Testaments und ob er etwa im Zustande der Testierunfähigkeit (§ 2229 Rdn. 3 ff, 9 f, 11 ff) niedergeschrieben ist, wenn nur das Hindernis im Augenblick des Testamentsabschlusses durch Unterschrift behoben war. Der Erblasser kann auch das von ihm zu einem anderen Zwecke oder als früheres Testament Niedergeschriebene dazu benutzen, um es durch eigenhändige Ergänzung so zu vollenden, daß es sein nunmehr gewolltes Testament darstellt; ob das frühere Testament gültig oder aus dem schon angegebenen Grunde fehlender Testierfähigkeit oder wegen eines Formverstoßes nichtig war, macht dabei keinen Unterschied (RG **111** 247; **115** 111; WarnRspr. **19** Nr. 70; KG HRR **34** Nr. 1514). Erklärungen auf *mehreren Blättern* können nur dann als einheitliche letztwillige Verfügung angesehen werden, wenn die Blätter eine *inhaltlich untrennbare Urkunde* darstellen. Handelt es sich um einzelne in sich abgeschlossene Erklärungen, muß jede den Formerfordernissen entsprechen. Wenn mehrere Blätter in einen Umschlag gesteckt worden sind, der die Unterschrift des Erblassers trägt, so werden die Blätter noch nicht zu wirksamen letztwilligen Verfügungen, wenn die Blätter nicht unterschrieben sind (OLG Neustadt Rpfleger **62** 446, 447).

19 **Durchstreichungen, Radierungen, Einschaltungen** beeinträchtigen an sich und vorbehaltlich der Entscheidung aus ZPO § 419 die Gültigkeit des Testaments nicht. Eine Durchstreichung, die nach Abschluß des Testaments vorgenommen wird, wirkt regelmäßig als Widerruf (§ 2255). Ein *Streichungsvermerk* auf einer Testamentsabschrift kann genügen (OLG Frankfurt NJW **50** 607). Eine *nachträglich* hinzugesetzte *Einschaltung* muß, um als Verfügung (nicht bloße Erläuterung) wirksam zu sein, eigenhändig geschrieben und durch die Unterschrift gedeckt sein (so auch *Firsching* DNotZ **55** 293).

20 Der **Beweis der Formgültigkeit** des Testaments ist im Streitfalle von dem zu führen, der sich auf das Testament beruft (auch gegenüber der Klage auf Feststellung der Nichtigkeit, RG SeuffArch. **74** Nr. 141); ebenso steht es mit der Beweislast bei einem Streite darüber, ob eine Urkunde den letzten Willen des Erblassers enthält oder nur einen Entwurf darstellt (RG LZ **22** 466[12]). Zu der Frage, ob sich hierbei der auf Grund des Testaments mit dem Erbschein ausgestattete Erbe auf die Vermutung des § 2365 berufen darf, vgl. dort Rdn. 4. Ist die Echtheit der Unterschrift dargetan, so wird bis zum Nachweis des Gegenteils auch vermutet, daß die Orts- und Zeitangabe (Rdn. 22 f) der Wahrheit entspricht (ebenso wie nach bisherigem Recht, RG **64** 423; 136, 126; WarnRspr. **19** Nr. 70; LZ **27** 1266[7]; BayObLG **32** 554; über die Beweislast beim undatierten Testament s. Rdn. 26). Dagegen ist mit der Echtheit der Unterschrift nur bewiesen, daß das Darüberstehende vom Erblasser erklärt, nicht aber daß es *eigenhändig* geschrieben sei. Die Eigenhändigkeit dieser Niederschrift ist vielmehr, soweit erforderlich, von dem, der sich auf das Testament beruft, noch besonders zu beweisen (RG SeuffArch. **74** Nr. 141).

21 *Amtliche Verwahrung* §§ 2248, 2256 Abs. 3; *Ablieferungspflicht* § 2259. Gemeinschaftliches eigenhändiges Testament § 2267. *Urkundensteuer* wird seit dem 1. 9. 1941 nicht mehr erhoben.

22 V. Orts- und Zeitangabe (Abs. 2)

Während § 2231 Nr. 2 a F die eigenhändige Angabe des Ortes und des Tages der Testamentserrichtung zwingend vorschrieb, bezeichnete TestG § 21 Abs. 2 es — im Anschluß an ÖABGB § 578 — nur als *rätlich*, daß der Erblasser Zeit und Ort der Niederschrift seiner Erklärung angibt. Die neue Fassung des § 2247 Abs. 2 ist hierbei trotz der Änderung des Wortlauts dem Sinne nach verblieben. Die Gültigkeit des Testaments hängt daher, anders als nach der alten Fassung (§ 2231 Nr. 2), nicht davon ab, daß diese Angaben eigenhändig geschrieben oder daß sie richtig oder daß sie überhaupt vorhanden sind. Doch kann das völlige Fehlen dieser Angaben unter besonderen Umständen dazu führen, daß das Testament als ungültig zu behandeln ist (Abs. 5, Rdn. 24 ff).

23 Die *Zeit* der Errichtung soll kalendermäßig nach Tag, Monat und Jahr angegeben werden. Auch vor dem Inkrafttreten des TestG war ein eigenhändiges Testament nicht schon deshalb nichtig, weil es am Tage des Datums begonnen, aber erst am folgenden Tage vollendet worden ist (ErbhRspr. § 28 REG Nr. 1 mit Anm. von *Vogels*). Die *Orts*angabe wird im allgemeinen nur in den Fällen von Bedeutung sein, in denen das Testament von einem Deutschen im Ausland oder von einem Ausländer in Deutschland errichtet worden ist (vgl. EG Art. 11 Abs. 1 Satz 2, Art. 24, 25). Die Angabe des vom Er-

richtungsorte verschiedenen Wohnortes des Erblassers genügt nicht der Vorschrift in Abs. 2. Hinsichtlich der Errichtung eines eigenhändigen Testamentes eines niederländischen Staatsangehörigen in Deutschland BGH NJW **67** 1177 mit Anm. von *Czapski* NJW **67** 1710; ferner dazu *Kropholler* NJW **68** 1561.

VI. Fehlen der Zeit- und Ortsangabe (Abs. 5) 24

Die Feststellung der Zeit, zu der das Testament errichtet ist, ist bedeutsam, wenn der Erblasser es zu einer Zeit errichtet haben kann, zu der er noch nicht testierfähig (§ 2229 Abs. 1) oder zu der er vorübergehend testierunfähig war (§§ 2229 Abs. 3 und 4, 2230), oder wenn der Erblasser mehrere einander widersprechende Testamente hinterlassen hat (vgl. § 2258).

Enthält das Testament eine *Zeitangabe,* so wird vermutet, daß sie der Wahrheit 25 entspricht (oben Rdn. 20). Wer die Nichtigkeit des Testaments wegen Testierunfähigkeit geltend macht, muß daher beweisen, daß der Erblasser zu dieser Zeit testierunfähig war, oder aber daß das Testament in Wirklichkeit zu einer anderen Zeit errichtet worden ist, zu der der Erblasser testierunfähig war (s. § 2229 Rdn. 16). Entsprechend hat gegenüber einem mit Zeitangabe versehenen Testament, durch das ein früheres Testament aufgehoben wird (§ 2258 Abs. 1), derjenige, der sich auf das frühere Testament beruft, die Unrichtigkeit der Zeitangabe zu beweisen.

Enthält das Testament dagegen *keine Zeitangabe,* so ist es zwar nicht aus die- 26 sem Grunde nichtig (Rdn. 22); jedoch muß, wenn die Gültigkeit des Testaments davon abhängt, zu welcher Zeit es errichtet worden ist, derjenige, der sich auf die Gültigkeit beruft, die Zeit der Errichtung beweisen. Diesen Beweis kann er mit allen zulässigen Beweismitteln führen (KG MDR **53** 51). Gelingt ihm dieser Beweis nicht, so ist das Testament *als ungültig* zu behandeln. Vgl. auch § 2258 Rdn. 5.

Abs. 5 ist nicht anwendbar, wenn die Zeit der Errichtung zwar nicht in der in 27 Abs. 2 bezeichneten Weise kalendermäßig angegeben ist, wenn sie sich aber in anderer Weise aus der Testamentsurkunde selbst (gegebenenfalls auch aus dem das Testament enthaltenden Umschlag, vgl. oben Rdn. 14 sowie JFG **14** 68), sei es auch unter Heranziehung allgemeinkundiger Tatsachen oder im Leben des Erblassers zeitlich hervorstechender, auf einen bestimmten Kalendertag fallender Ereignisse feststellen läßt (z. B. „am 50. Geburtstage meiner Frau", „an meinem Silberhochzeitstage"). Dagegen ist Abs. 5 zum mindesten entsprechend anzuwenden, wenn die *Unrichtigkeit der Zeitangabe* nachgewiesen wird und derjenige, der sich auf die Gültigkeit des Testaments beruft, nicht zu beweisen vermag, zu welcher Zeit das Testament wirklich errichtet worden ist.

Enthält das Testament *mehrere Zeitangaben,* so schließt die jüngste durch Unter- 28 schrift gedeckte Zeitangabe das Testament ab (RG **115** 112; KG JW **35** 3122[44]). Ist aber wegen der mehrfachen Zeitangabe bei Berücksichtigung der sonst im Testament angegebenen und der allgemeinkundigen Tatsachen nicht erkennbar, zu welcher Zeit das Testament errichtet ist, so steht das dem gänzlichen Fehlen der Angabe gleich (KGJ **37** A 119; RJA **16** 247; JFG **9** 91; vgl. RG JW **39** 352[20]). Auch völlige *Unlesbarkeit* der Zeitangabe wirkt wie ihr Fehlen, gleichviel ob sie schon bei Errichtung des Testaments gegeben war oder ob sie auf nachträglich eingetretene Veränderungen zurückzuführen ist.

Das Gesagte gilt für die *Ortsangabe* entsprechend, soweit sie rechtlich über- 29 haupt erheblich ist (s. Rdn. 23). Kommt es für die Gültigkeit des Testaments z.B. darauf an, daß es in einem bestimmten ausländischen Staate errichtet worden ist, so genügt der Nachweis, daß es in diesem Staate errichtet wurde, auch wenn sich kein bestimmter Ort ermitteln läßt.

30 **VII. Minderjährige und Lesensunfähige (Abs. 4)**

Minderjährige sind nach § 2233 Abs. 1 n F auch von der Übergabe einer verschlossenen Schrift, **Lesensunfähige** nach § 2233 Abs. 2 n F überhaupt vom schriftlich übergebenen Testament ausgeschlossen. Steht nicht sicher fest, ob der Erblasser zur Zeit der Errichtung noch Geschriebenes zu lesen vermag, und läßt sich durch Beweiserhebung keine Klarheit gewinnen, so ist vom Regelfalle auszugehen, daß der Erblasser lesen konnte (OLG Neustadt FamRZ **61** 541 mit Anm. von *Lutter;* vgl. auch *Werner* DNotZ **72** 9). Ist der Lesensunfähige zugleich stumm oder sonst am Sprechen verhindert, so kann er überhaupt nicht testieren, während der Minderjährige in einem solchen Falle durch Übergabe einer offenen Schrift testieren kann. Ein Blinder, der die Blindenschrift beherrscht, kann in dieser Schrift ein eigenhändiges Testament errichten (*Vogels/Seybold* TestG § 21 Anm. 11; vgl. auch LG Hannover NJW **72** 1204).

31 Über die *Rechtsnatur* der Bestimmung des Abs. 4 s. § 2229 Rdn. 5.

32 **VIII. Eigenhändiges gemeinschaftliches Testament**

Ein eigenhändiges gemeinschaftliches Testament kann in erleichterter Form nur in der Weise errichtet werden, daß einer der Ehegatten das Testament eigenhändig schreibt und unterschreibt und der andere Ehegatte die gemeinschaftliche Erklärung eigenhändig mitunterzeichnet (BGH FamRZ **58** 102).

§ 2248

Ein nach den Vorschriften des § 2247 errichtetes Testament ist auf Verlangen des Erblassers in besondere amtliche Verwahrung zu nehmen (§§ 2258 a, 2258 b). Dem Erblasser soll über das in Verwahrung genommene Testament ein Hinterlegungsschein erteilt werden.

KB 321.

Verwahrung des eigenhändigen Testaments

1 **I.** § 2248 entspricht TestG § 22.

2 **Zu Satz 1:** Die **besondere amtliche Verwahrung des eigenhändigen Testaments** macht es nicht zum öffentlichen Testament. Sie findet *nur auf Verlangen des Erblassers* statt, das formlos und regelmäßig auch durch einen Vertreter gestellt werden kann (RJA 1 146). *Zuständig* ist jedes Amtsgericht, § 2258 a Abs. 2 Nr. 3. Nähere Vorschriften über die amtliche Verwahrung enthalten § 2258 b mit Verwaltungsvorschriften AktenO § 27 Abs. 3 sowie § 34 BeurkG. Über die bundeseinheitliche landesrechtliche Regelung s. *Palandt/Keidel* BeurkG § 34 Anm. 7. Kosten der amtlichen Verwahrung KostO §§ 101, 103. Rücknahme des Testaments ist zulässig; sie gilt nicht als Widerruf, § 2256 Abs. 3. Ablieferungspflicht nach dem Erbfalle § 2259.

3 **Zu Satz 2:** Wegen des **Hinterlegungsscheins** § 2258 b Abs. 3 mit Rdn. 4.

§ 2249

Ist zu besorgen, daß der Erblasser früher sterben werde, als die Errichtung eines Testaments vor einem Notar möglich ist, so kann er das Testament vor dem Bürgermeister der Gemeinde, in der er sich aufhält, errichten. Der Bürgermeister muß zu der Beurkundung zwei Zeugen zuziehen. Als Zeuge kann nicht zugezogen werden, wer in dem zu

beurkundenden Testament bedacht oder zum Testamentsvollstrecker ernannt wird; die Vorschriften der §§ 7, 27 des Beurkundungsgesetzes gelten entsprechend. Für die Errichtung gelten die Vorschriften der §§ 2232, 2233 sowie die Vorschriften der §§ 2, 4, 5 Abs. 1, §§ 6 bis 10, 11 Abs. 1 Satz 2, Abs. 2, § 13 Abs. 1, 3, §§ 16, 17, 23, 24, 26 Abs. 1 Nr. 3, 4, Abs. 2, §§ 27, 28, 30 bis 32, 34, 35 des Beurkundungsgesetzes; der Bürgermeister tritt an die Stelle des Notars. Die Niederschrift muß auch von den Zeugen unterschrieben werden. Vermag der Erblasser nach seinen Angaben oder nach der Überzeugung des Bürgermeisters seinen Namen nicht zu schreiben, so wird die Unterschrift des Erblassers durch die Feststellung dieser Angabe oder Überzeugung in der Niederschrift ersetzt.

Die Besorgnis, daß die Errichtung eines Testaments vor einem Notar nicht mehr möglich sein werde, soll in der Niederschrift festgestellt werden. Der Gültigkeit des Testaments steht nicht entgegen, daß die Besorgnis nicht begründet war.

Der Bürgermeister soll den Erblasser darauf hinweisen, daß das Testament seine Gültigkeit verliert, wenn der Erblasser den Ablauf der im § 2252 vorgesehenen Frist überlebt. Er soll in der Niederschrift feststellen, daß dieser Hinweis gegeben ist.

Für die Anwendung der vorstehenden Vorschriften steht der Vorsteher eines Gutsbezirks dem Bürgermeister einer Gemeinde gleich.

Das Testament kann auch vor demjenigen errichtet werden, der nach den gesetzlichen Vorschriften zur Vertretung des Bürgermeisters oder des Gutsvorstehers befugt ist. Der Vertreter soll in der Niederschrift angeben, worauf sich seine Vertretungsbefugnis stützt.

Sind bei der Abfassung der Niederschrift über die Errichtung des in den vorstehenden Absätzen vorgesehenen Testaments Formfehler unterlaufen, ist aber dennoch mit Sicherheit anzunehmen, daß das Testament eine zuverlässige Wiedergabe der Erklärung des Erblassers enthält, so steht der Formverstoß der Wirksamkeit der Beurkundung nicht entgegen.

E I 1925, 1932 Abs. 1, 2 II 2113; M 5 281, 282, 295, 296; P 5 342—345, 351; KB 322.

Nottestament vor dem Bürgermeister

Übersicht

I. Allgemeines 1

§ 2249 entspricht TestG § 23. Dieses hat die Erfordernisse des Nottestaments gegenüber § 2249 a F erheblich erleichtert. Die Vorschrift ist durch § 57 Abs. 3 Nr. 10 BeurkG mit Wirkung vom 1. 1. 1970 neugefaßt worden. In Abs. 1 Satz 1 und Abs. 2 Satz 1 sind die Wörter „vor einem Richter oder“ weggefallen. Im übrigen ist in Abs. 1 die Verweisung auf die §§ 2234 bis 2246 und die Regelung der Hinzuziehung eines Dolmetschers durch den Hinweis auf die Verfahrensvorschriften des BeurkG und auf die neugefaßten Bestimmungen der §§ 2232, 2233 ersetzt worden. In der Sache hat die Umstellung auf das Beurkundungsgesetz keine grundlegenden Änderungen gebracht. Hervorzuheben ist lediglich, daß es nunmehr nicht mehr allein darauf ankommt, ob der Bürgermeister von der Behinderung des Erblassers überzeugt ist (Abs. 1 Satz 6 n F). Zur

Mitwirkungspflicht eines *Krankenhauses* bei der Errichtung eines Nottestaments vgl. OLG Hamburg JZ **55** 160; BGH FamRZ **58** 177.

2 **II. Voraussetzungen**

Das **Gemeindetestament** (auch Dorftestament genannt) ist in § 2249 Abs. 1 für den Fall naher Todesgefahr des Erblassers und in § 2250 Abs. 1 für den Fall vorgesehen, daß der Aufenthaltsort des Erblassers infolge außerordentlicher Umstände abgesperrt ist. Die im § 2249 Abs. 1 vorausgesetzte *Besorgnis*, auf deren objektive Begründetheit es nach Abs. 2 Satz 2 nicht ankommt, wird regelmäßig nur in Land- oder kleineren Stadtgemeinden gegeben sein. Doch ist die Art der Gemeinde nicht entscheidend. Auch wenn ein Notar darin seinen Sitz hätte, ist das Gemeindetestament nicht ausgeschlossen. Der Notar darf nicht rechtzeitig erreichbar sein. Das Gemeindetestament steht abgesehen von seiner zeitlich beschränkten Gültigkeit einem öffentlichen Testament gleich, da der Bürgermeister an die Stelle des Notars tritt (*Palandt/Keidel* Anm. 8).

3 Da TestG § 23 Abs. 2 Satz 1 bereits die Mußvorschrift des § 2249 Abs. 2 Satz 1 a F in eine Sollvorschrift umgewandelt hat (Rdn. 14), ist die Gültigkeit des Testaments nicht mehr davon abhängig, daß die Feststellung diesen Anforderungen entspricht. Die gesetzlichen Bestimmungen, die von den beurkundenden Personen bei der Aufnahme von Nottestamenten zu beachten sind, sind in der „*Anweisung des RMdI und des RJM v. 22. 11. 1938 für Bürgermeister und Gutsvorsteher zur Aufnahme von Nottestamenten*" (RMBliV 2037; DJ 2013) i d F des Runderlasses v. 14. 6. 1939 (RMBliV 1210; DJ 1076) erläutert worden (*inzwischen ersetzt* durch entsprechende Vorschriften der Länder, z. B. in *Niedersachsen* durch RdErl. vom 24. 7. 1954 NdsMBl. 427; in *Nordrhein-Westfalen* durch AV vom 23. 11. 1956 JMBl. NRW **56** 278; in *Bayern* durch Erl. vom 29. 6. 1957 BSV Ju III 601, MEntschl. vom 24. 8. 1970 MABl. 657). Vgl. auch *Erman/Hense* Rdn. 5; *Palandt/Keidel* Anm. 3.

4 Ein *gemeinschaftliches Testament* kann nach § 2249 auch dann errichtet werden, wenn dessen Voraussetzungen nur bei einem der Ehegatten vorliegen, § 2266. Der *Erbvertrag* kann nur in ordentlicher Form errichtet werden (vgl. § 2276).

5 **III. Zuständigkeit (Abs. 1, 4, 5)**

Aufenthalt des Erblassers in der Gemeinde, sei es auch bloß vorübergehender Art (Durchreise), genügt. Wohnsitz oder dauernder Aufenthalt ist nicht erfordert.

6 Zuständig war nach der deutschen Gemeindeordnung für die Aufnahme des Nottestaments der **Bürgermeister** der Gemeinde (DGO § 6), in Gutsbezirken (DGO § 12 Abs. 2 Satz 2) der **Gutsvorsteher** (Abs. 4) oder derjenige, der nach den gesetzlichen Vorschriften (DGO § 35; vgl. auch § 119 Nr. 2) zur Vertretung des Bürgermeisters oder des Gutsvorstehers befugt war (Abs. 5). Jedoch soll nach OLG Karlsruhe JZ **57** 380 auch das von einem Bürgermeister außerhalb seiner Gemeinde errichtete Testament gültig sein, wenn die Beteiligten den Bürgermeister auf Grund örtlicher Beziehungen für zuständig gehalten haben. Soweit in den Ländern neue Gemeindeordnungen an die Stelle der deutschen Gemeindeordnung getreten sind (s. *Sartorius*, Verfassungs- und Verwaltungsgesetze Anhang 4), sind jetzt deren Bestimmungen maßgebend. Der Zweite Teil Art. 4 Nr. 6 GesEinhG hat die DVO des ZJA der britischen Zone zu TestG § 23 v. 12. 12. 1946 (VOBl. BrZ 1947, 9) aufrechterhalten; hiernach ist auch der gemäß der deutschen Gemeindeordnung bestellte *Hauptgemeindebeamte* oder sein Vertreter zuständig. Obwohl § 2249 durch § 57 Abs. 3 Nr. 10 BeurkG geändert worden ist, ist die Zuständigkeit des Hauptgemeindebeamten nicht beseitigt worden; vgl. dazu *Zimmermann* Rpfleger 70 195, 196.

Der **Vertreter** soll die Quelle seiner Vertretungsbefugnis (die gesetzliche Vorschrift oder den Auftrag, vgl. DGO § 35 Abs. 3) in der Niederschrift angeben. Das Nottestament ist nichtig, wenn es nicht von einer hierzu befugten Person aufgenommen ist (vgl. RG WarnRspr. **38** Nr. 21). Ein Behördenangestellter muß zum Stellvertreter des Bürgermeisters berufen sein (vgl. KG NJW **47/48** 188). Der Oberkreisdirektor ist nicht Vertreter des Bürgermeisters (LG Göttingen HannRpfl. **46** 152). 7

EG Art. 150, der dem Landesgesetz gestattete, an Stelle des Vorstehers der Gemeinde oder neben ihm andere Personen (Orts-, Dorfgerichtspersonen) zu bestellen, ist aufgehoben worden (TestG § 50 Abs. 3 Nr. 1; GesEinhG Zweiter Teil Art. 3). 8

IV. Zuziehung zweier Zeugen (Abs. 1 Satz 2) 9

Die **Zuziehung von zwei Zeugen** ist, abweichend von § 2233, in allen Fällen zwingend vorgeschrieben. Ihre Bezeichnung mit einem Amtscharakter ist unschädlich (Schöffen RG JW **05** 24[26]). Die Mitwirkung eines Gemeindebeamten (Gemeindeschreibers) findet nicht oder doch nur in der Eigenschaft eines Zeugen statt (vgl. RJA **14** 278). Die Vorschriften der §§ 22, 29 BeurkG finden daneben keine Anwendung. Die Niederschrift muß auch von den Zeugen unterschrieben werden. Jedoch gilt hierzu Abs. 6 entsprechend der früheren Regelung (KG NJW **66** 1661).

V. Anwendbare Vorschriften (Abs. 1 Satz 3, 4) 10

Die Umstellung auf das Beurkundungsgesetz hat keine grundlegenden Änderungen gebracht. Die angezogenen Bestimmungen des BeurkG und der §§ 2232, 2233 n F (früher §§ 2234—2246) ergeben, daß alle für das *ordentliche öffentliche Testament* erlassenen Vorschriften (Unfähigkeit des Notars oder eines Zeugen, Art der Errichtung durch mündliche Erklärung oder Schriftübergabe, Feststellung der Person und Prüfung der Testierfähigkeit des Erblassers, Belehrungspflicht, ständige Anwesenheit, Inhalt der Niederschrift, die besonderen Bestimmungen bei Taubheit, Sprechunvermögen und Unkenntnis der deutschen Sprache, über die Art der Verwahrung) *auf das Gemeindetestament unmittelbar anzuwenden* sind, nur daß der Bürgermeister usw. an die Stelle des Notars tritt. Die Verletzung einer dieser Vorschriften bewirkt deshalb *Nichtigkeit,* soweit dies beim ordentlichen öffentlichen Testament der Fall ist und soweit es sich nicht um Formfehler beim Abfassen der Niederschrift handelt (Rdn. 18 ff).

Haftung des Bürgermeisters usw. oder der Gemeinde für Versehen: RG **58** 296; JW **04** 144[15]; WarnRspr. **17** Nr. 243, **25** Nr. 30, **38** Nr. 21 = JW **38** 810; OLG Königsberg JW **39** 348[15]; s. auch § 2232 Rdn. 4 ff. Vgl. ferner Nürnberg OLGZ **65** 157 sowie BGH NJW **56** 260; über die Pflichten der zuständigen Kommunalbehörden und Krankenhausbeamten BGH NJW **58** 2107. 11

Auch das Gemeindetestament hat die Eigenschaft einer *öffentlichen Urkunde* (§ 2241 Rdn. 2), jedoch unter Beschränkung der Gültigkeitsdauer auf *drei Monate* (§ 2252). *Kosten* der Testamentserrichtung: Anweisung des RMdI und des RJM v. 22. 11. 1938 (s. oben Rdn. 3) §§ 21—23; *Urkundensteuer* wird seit dem 1. 9. 1941 nicht mehr erhoben. 12

VI. Beeidigung des Dolmetschers: BeurkG § 16 Abs. 3 Satz 3 (vgl. *Jansen* FGG III Rdn. 21 ff). 13

VII. Feststellung der Besorgnis (Abs. 2 Satz 1) 14

Die Mußvorschrift des § 2249 Abs. 2 Satz 1 a F über die **Feststellung** der Besorgnis ist zu einer *Sollvorschrift* abgeschwächt worden. Fehlt die Feststellung, so ist das Testament gleichwohl gültig. Nur muß im Streitfalle derjenige, der sich auf das Testament beruft, beweisen, daß der Bürgermeister usw. die Besorgnis gehabt habe (vgl. § 2242 Rdn. 8); denn die Testamentserrichtung durch den Bürgermeister setzt voraus, daß diese Besorgnis besteht (s. auch Rdn. 16). Maßgebend ist die Besorgnis der Urkundsperson, nicht der Zeugen oder des Erblassers (*Palandt/Keidel* Anm. 4).

15 Die Feststellung braucht nicht audrücklich mit den Worten des Gesetzes getroffen zu werden; es genügt, wenn sie sonst dem Inhalt der Niederschrift zu entnehmen ist (RG JW **03** Beil. 64[149]; OLG **40** 139). Es genügt dagegen nicht, wenn nur die Erklärung des Erblassers festgestellt wird, er habe den Bürgermeister mit der Niederschrift seines letzten Willens beauftragt, weil es ihm nicht möglich sei, einen Richter oder Notar an seinen Aufenthaltsort zu beordern (JFG **3** 164). Vorlesung, Genehmigung und Unterschrift des Erblassers sind für den Feststellungsvermerk nicht erforderlich (RJA **5** 45; § 2242 Rdn. 7).

16 **VIII. Unbegründete Besorgnis (Abs. 2 Satz 2)**

Über das Vorhandensein der **Besorgnis** entscheidet das pflichtmäßige Ermessen des Bürgermeisters usw. Die Besorgnis ist unbedingte Voraussetzung für die Gültigkeit des Nottestaments (KG HEZ **1** 233 = SJZ **48** 200 mit Anm. von *Weigelin*). Der Bürgermeister hat daher die Aufnahme des Testaments abzulehnen, wenn er bei gewissenhafter Prüfung zu der Überzeugung gelangt, daß die Besorgnis nicht begründet sei (BayVerwGH JW **21** 1148[1]). Das Nottestament ist aber sowohl dann gültig, wenn der Bürgermeister die Sachlage falsch beurteilt und irrig das vorzeitige Ableben — oder den vorzeitigen Verlust der Testierfähigkeit — besorgt, als auch dann, wenn er selbst dieses nicht befürchtet, sachlich aber eine solche Besorgnis begründet ist (RG **171** 27 = WarnRspr. **43** Nr. 63). Nur mit dieser Einschränkung läßt sich die in der 9. Aufl. dieses Kommentars zu TestG § 23 in Anm. 8 vertretene Ansicht aufrechterhalten, das Testament sei nichtig, wenn der Bürgermeister die Besorgnis feststelle, obwohl er sie tatsächlich nicht empfunden habe (vgl. *Planck/Strecker* § 2249 Anm. 2; *Vogels* 3. Aufl. Anm. 10, jedoch *Vogels/Seybold* 4. Aufl. Anm. 10). Das Nottestament ist also insoweit nur dann nichtig, wenn objektiv *keine* Lebensgefahr zu besorgen war und der Bürgermeister dies auch *wußte*. Im übrigen ist die ordnungsmäßige Feststellung der Besorgnis (wie in den Fällen der früheren §§ 2238 Abs. 4, 2242 Abs. 3, 2243—2245) ohne Rücksicht auf den wirklichen Sachverhalt maßgebend. Gesetzgeberischer Grund für diese Vorschrift: RG **109** 372.

17 **IX. Hinweis auf Fristablauf (Abs. 3)**

Die Bestimmung enthält *Sollvorschriften*, deren Verletzung auf die Gültigkeit des Testaments ohne Einfluß ist, den Bürgermeister usw. oder die Gemeinde aber unter Umständen schadenersatzpflichtig macht, falls der Erblasser es mangels eines Hinweises unterlassen hatte, rechtzeitig ein ordentliches Testament zu errichten.

X. Wirkung von Formfehlern (Abs. 6)

18 Mit der Neufassung des Ausdrucks „Wirksamkeit der Beurkundung" statt „Gültigkeit des Testaments" wird der Abs. 6 dem Sprachgebrauch des BeurkG (§§ 6, 7) angepaßt.

Als **Formfehler der Niederschrift** im Sinne des Abs. 6 kommen nur Verstöße gegen zwingende Formvorschriften „bei der Abfassung" in Betracht (s. Rdn. 20); Verstöße gegen bloße Sollvorschriften berühren die Gültigkeit des Testaments ohnehin nicht

(DRW **40** 544[8]). Formfehler treten bei Nottestamenten verhältnismäßig häufig auf. Um einem zweifelsfrei erklärten Willen des Erblassers Geltung zu verschaffen, hat die Rechtsprechung den § 2249 Abs. 6 weit ausgelegt (BGH **37** 88). Um die Niederschrift eines Nottestaments herzustellen, reicht es daher aus, wenn die aufgenommene Urkunde erkennen läßt, daß die letztwilligen Erklärungen des Erblassers vor dem Gemeindevorsteher und in Zeugengegenwart abgegeben worden sind (BGH **37** 79, 80 = LM § 2249 Nr. 1 mit Anm. von *Mattern;* vgl. *Haegele* Rpfleger **63** 194). Zu den Fassungsmängeln einer solchen Niederschrift gehört es auch, wenn die Unterschrift eines Zeugen fehlt. Der Mangel ist unschädlich, wenn nur die Niederschrift die Erklärung des Erblassers zuverlässig wiedergibt und der Zeuge als solcher bei der Testamentserrichtung mitgewirkt hat. Das kann gegebenenfalls auch mit Beweismitteln, die außerhalb der Niederschrift liegen, nachgewiesen werden. Läßt sich das nicht feststellen, so ist das Testament nichtig, es sei denn, das Testament enthält — das Nichtvorhandensein weiterer Mängel vorausgesetzt — mit Sicherheit eine zuverlässige Wiedergabe der Erklärung des Erblassers (vgl. KG NJW **60** 1208). Im übrigen genügt es für den Begriff der „Niederschrift", daß die rechtserheblichen Umstände und Erklärungen sich aus der Urkunde ergeben, daß sie in Gegenwart der mitwirkenden Personen in ihr schriftlich niedergelegt worden sind und daß dies unterschriftlich bezeugt worden ist (KG HEZ **1** 233 = NJW **47/48** 188 = SJZ **48** 200 mit Anm. von *Weigelin*; enger bei etwas anderer Sachlage OLG Gera HEZ **1** 232 = SJZ **48** 202). Die *Beweislast* dafür, daß ein unter Verstoß gegen Formvorschriften errichtetes Nottestament eine zuverlässige Wiedergabe der Erklärung des Erblassers enthält, trifft denjenigen, der sich auf die Rechtswirksamkeit dieses Testaments beruft (BGH LM ZPO § 416 Nr. 1). Dabei ist nur die zuverlässige Wiedergabe der Erklärung zu beweisen, dagegen nicht, daß die Erklärung den Willen des Erblassers zuverlässig wiedergibt (BGH **37** 79, 93 f).

Zweifel an der Testierfähigkeit des Erblassers berühren die Frage nicht, ob das Testament formgültig ist (KG DFG **40** 15 = DR **40** 544 mit Anm. von *Vogels* = JFG **21** 38 = DNotZ **42** 101). **19**

Abs. 6 gilt nur für Formfehler, die *bei Abfassung der Niederschrift* (s. Rdn. 18) unterlaufen sind (z. B. für Verstöße gegen § 2241 Abs. 1, § 2242 Abs. 1 und Abs. 4 a F, jetzt BeurkG §§ 9, 13 Abs. 1 und 3, 22 Abs. 2, 24 Abs. 1 Satz 3, 29, 30, 35; vgl. zum TestG DRW **40** 544[8], KG NJW **47/48** 190); Verstöße gegen andere zwingende Formvorschriften (z. B. Nichtzuziehung der beiden Zeugen) machen das Testament in jedem Falle nichtig (Begr. zum TestG). Die Genehmigung der Niederschrift durch den Erblasser gehört zu den wesentlichen Erfordernissen der Testamentserrichtung. Ihr Fehlen ist kein bloßer Formfehler bei Abfassung der Niederschrift (BayObLGZ **65** 341). Ebenso macht die Zuziehung gesetzlich ausgeschlossener Zeugen die Errichtung des Nottestaments durch den Bürgermeister unheilbar nichtig (OLG Nürnberg StAZ **67** 126). **20**

XI. Beweislast **21**

Wer sich auf die Rechtswirksamkeit eines Nottestaments beruft, das unter Verstoß gegen Formvorschriften errichtet worden ist, muß im Streitfalle beweisen, daß es die Erklärungen des Erblassers zuverlässig wiedergibt (BGH LM ZPO § 416 Nr. 1).

§ 2250

Wer sich an einem Ort aufhält, der infolge außerordentlicher Umstände dergestalt abgesperrt ist, daß die Errichtung eines Testaments vor einem Notar nicht möglich oder

erheblich erschwert ist, kann das Testament in der durch § 2249 bestimmten Form oder durch mündliche Erklärung vor drei Zeugen errichten.

Wer sich in so naher Todesgefahr befindet, daß voraussichtlich auch die Errichtung eines Testaments nach § 2249 nicht mehr möglich ist, kann das Testament durch mündliche Erklärung vor drei Zeugen errichten.

Wird das Testament durch mündliche Erklärung vor drei Zeugen errichtet, so muß hierüber eine Niederschrift aufgenommen werden. Auf die Zeugen sind die Vorschriften der § 6 Abs. 1 Nr. 1 bis 3, §§ 7, 26 Abs. 2 Nr. 2 bis 5, § 27 des Beurkundungsgesetzes, auf die Niederschrift sind die Vorschriften der §§ 8 bis 10, 11 Abs. 1 Satz 2, Abs. 2, § 13 Abs. 1, 3 Satz 1, §§ 23,28 des Beurkundungsgesetzes sowie die Vorschriften des § 2249 Abs. 1 Satz 5, 6, Abs. 2, 6 entsprechend anzuwenden. Die Niederschrift kann außer in der deutschen auch in einer anderen Sprache aufgenommen werden. Der Erblasser und die Zeugen müssen der Sprache der Niederschrift hinreichend kundig sein; dies soll in der Niederschrift festgestellt werden, wenn sie in einer anderen als der deutschen Sprache aufgenommen wird.

E I 1927 II 2114; M **5** 283—286; P **5** 346; KB 322.

Nottestament in besonderen Fällen

Übersicht

1 **I. Allgemeines**

§ 2250 stimmt inhaltlich mit TestG § 24 überein. Dieses hatte den Abs. 2 neu eingefügt. Das **Absperrungstestament** wurde früher meist Seuchentestament genannt. Letztere Bezeichnung ist jedoch durch die Entwicklung überholt (vgl. Rdn. 4). Die Vorschrift ist nunmehr mit Wirkung vom 1. 1. 1970 durch Streichung der Wörter „vor einem Richter oder" in Abs. 1 und durch Neufassung von Abs. 3 Satz 2 und 3 dem Beurkundungsgesetz angepaßt worden (§ 57 Abs. 3 Nr. 11 BeurkG). Wesentliche sachliche Änderungen gegenüber dem alten Rechtszustand ergeben sich dadurch nicht.

2 **II. Nottestament bei Absperrung (Abs. 1)**

1. Abgesperrter Ort

Unter dem **Orte,** dessen Absperrung vorausgesetzt ist, wird nicht nur eine Niederlassung (Gemeinde), sondern im weitesten Sinne jeder Punkt der Erdoberfläche, zu Lande oder zu Wasser, z. B. auch ein Haus, eine Wohnung, ein Schiff, ein Stück freies Feld usw. verstanden.

3 **2. Außerordentliche Umstände**

Der Kreis der **außerordentlichen Umstände** ist unbeschränkt (polizeiliche, militärische Maßnahmen, Aufruhr, Überschwemmungen, Wegezerstörungen usw.). Das in

§ 2250 Abs. 1 a F angeführte Beispiel (Ausbruch einer Krankheit) ist wegen der Art, in der sich die Seuchenbekämpfung nach den jetzt geltenden gesundheitspolizeilichen Bestimmungen vollzieht, nicht übernommen worden (*Vogels/Seybold* TestG § 24 Rdn. 2). Bei *Seereisen* vgl. jedoch die Sonderregelung des § 2251.

3. Voraussetzungen der Absperrung 4

Die **Absperrung** besteht nicht nur, wenn die Möglichkeit des Verkehrs nach allen Seiten aufgehoben ist, sondern auch wenn der Verkehr mit dem Notar (z. B. durch die Notwendigkeit beträchtlicher Umwege) *erheblich erschwert* ist. Das Testament ist nur gültig, wenn der Bürgermeister usw. oder die drei Zeugen der Überzeugung waren, es liege eine Absperrung im Sinne des Abs. 1 vor; unter dieser Voraussetzung ist es unschädlich, daß eine Absperrung in diesem Sinne in Wirklichkeit nicht vorlag (§ 2249 Abs. 2 Satz 2; wie hier *Vogels/Seybold* TestG § 24 Anm. 3). Anders nach § 2250 a F, wo nur der Abs. 1 des § 2249 herangezogen war, während § 2250 Abs. 1 — entsprechend TestG § 24 Abs. 1 — nunmehr auf § 2249 in seinem ganzen Umfange verweist; für das Dreizeugentestament s. auch § 2250 Abs. 3 Satz 2 Halbs. 2. Vgl. auch § 2249 Rdn. 14—16. Ein subjektiver Notstand, in dem sich der Erblasser nach Überzeugung der Testamentszeugen befindet, ist dem Aufenthalt an einem gesperrten Orte im Sinne des § 2250 Abs. 1 nicht gleichzustellen (KG MDR **69** 146 = Rpfleger **68** 391).

4. Testamentsformen 5

Das Gesetz stellt in § 2250 Abs. 1 zwei Formen *zur Wahl* des Erblassers: die Form des **Gemeindetestaments** nach § 2249 (womit nicht gefordert ist, daß außer den besonderen Umständen der Rdn. 2—4 auch noch die in § 2249 vorausgesetzte Besorgnis früheren Versterbens gegeben sein müsse) sowie die besondere Form des Testaments durch **mündliche Erklärung vor drei Zeugen (Dreizeugentestament).**

Außerdem steht dem Erblasser noch die ordentliche Testamentsform des eigenhändigen Testaments nach § 2247 zur Verfügung. 6

III. Dreizeugentestament bei naher Todesgefahr 7

Abs. 2 sieht einen der alten Fassung des BGB nicht bekannten weiteren Fall des **Dreizeugentestaments** vor. Er will dem Umstande Rechnung tragen, daß in manchen Fällen auch der Bürgermeister nicht rechtzeitig zu erreichen sein wird (Begr. zum TestG). Als Beispiel führte das TestG einen Unfall im Gebirge an. Vorausgesetzt ist **nahe Todesgefahr** des Erblassers. Zur Gültigkeit des Testaments ist nicht erforderlich, daß der Erblasser zur Zeit der Testamentserrichtung tatsächlich in naher Todesgefahr schwebt; es genügt, wenn alle drei Zeugen, vor denen das Testament errichtet wird, befürchten, daß die Errichtung eines Testaments vor einem Notar oder Bürgermeister wegen der nahen Todesgefahr voraussichtlich nicht mehr möglich sein werde, und wenn der Zustand des Erblassers diese Besorgnis, wenn auch nicht tatsächlich, so doch nach dem pflichtmäßigen Ermessen der Zeugen rechtfertigt. Der Besorgnis der Todesgefahr in diesem Sinne ist die Besorgnis des nahen Eintritts der Testierunfähigkeit gleichzusetzen, wenn zu befürchten ist, daß die Testierunfähigkeit voraussichtlich bis zum Tode des Erblassers ununterbrochen oder doch nur mit kurzen Unterbrechungen fortdauern werde, welche die Möglichkeit nicht gewährleisten, noch ein Testament zu errichten (BGH **3** 372 = LM TestG § 24 Nr. 1 mit Anm. von *Ascher* unter Hinweis auf RG DR **44** 841 gegen RG DR **44** 40). Das Testament ist aber auch dann gültig, wenn die drei Zeugen die Todesgefahr nicht besorgt haben, sie aber wirklich bestand (RG DNotZ **43** 274). Zur Mitwirkungspflicht eines Krankenhauses bei der Errichtung eines

Nottestaments vgl. OLG Hamburg JZ **55** 160. Das Nottestament gemäß § 2250 Abs. 2 kann nach zwingender Vorschrift *nicht durch Übergabe einer Schrift* an die drei Zeugen, sondern nur in *mündlicher Erklärung* vor ihnen errichtet werden (OLG Frankfurt HEZ **1** 236).

Wünscht der Patient eines öffentlichen *Krankenhauses*, vor einer Operation noch ein Testament zu errichten, dann ist das Krankenhaus nicht verpflichtet, ihn in dieser Angelegenheit rechtlich zu belehren, aber u. U. gehalten, ihm die Erfüllung seines Wunsches in anderer Weise zu erleichtern. Amtspflicht der für das Krankenhaus zuständigen Kommunalorgane ist es, durch entsprechende organisatorische Maßnahmen für die Erfüllung dieser Pflichten vorzusorgen (BGH NJW **58** 2107 = FamRZ **58** 177 = VersR **58** 299); vgl. Rdn. 11 zu § 2249.

8 **IV. Voraussetzungen für die Errichtung eines Dreizeugentestaments**

1. Niederschrift (Abs. 3 Satz 1, Satz 2 Halbs. 2)

Auf die Niederschrift sind die Vorschriften der §§ 8—10 BeurkG entsprechend anwendbar, ferner §§ 2249 Abs. 1 Satz 5 und 6, Abs. 2, 6. Die **Niederschrift** ist wesentlich (DRW **40** 544[8], wo ausgeführt ist, daß die Annahme völligen Fehlens einer Niederschrift sich mit noch so zahlreichen und groben Verstößen gegen die Vorschriften über die nähere Ausgestaltung der Niederschrift nicht begründen läßt; zustimmend *Vogels* aaO S. 546). Von welchem der drei Zeugen oder ob die Niederschrift von einer vierten Person abgefaßt wird, ist gleichgültig. Die Niederschrift muß grundsätzlich in deutscher Sprache (§ 2240), im Falle des § 2245 aber in der betreffenden fremden Sprache aufgenommen werden und hat den einzelnen Formvorschriften der §§ 2241, 2242 zu genügen. Sie soll die in § 2241 a vorgeschriebenen Feststellungen über die Person und die Testierfähigkeit des Erblassers sowie die Feststellung enthalten, daß der Aufenthaltsort des Erblassers infolge außerordentlicher Umstände abgesperrt sei oder daß sich der Erblasser in naher Todesgefahr befinde (§ 2249 Abs. 2). Formfehler der Niederschrift sind unter den Voraussetzungen des § 2249 Abs. 6 unschädlich. Die Niederschrift muß noch zu Lebzeiten des Erblassers angefertigt (*Firsching* DNotZ **55** 297), ihm vorgelesen, von ihm genehmigt und unterzeichnet werden. Diese Erfordernisse gehören nicht zur „Abfassung" der Niederschrift im Sinne des § 2249 Abs. 6 (KG JFG **21** 293 = DR **40** 1685 mit Anm. von *Vogels* = ZAkDR **41** 101 mit Anm. von *Lange* = HRR **40** 1288 = DNotZ **41** 26; a M wegen der Unterschrift *Firsching* DNotZ **55** 297 f unter Hinweis auf RG DRW **44** 841. Im letzteren Falle stand aber fest, daß die eigentliche letztwillige Verfügung vorgelesen und von der Erblasserin unterschriftlich genehmigt worden ist). Hat der Bedachte selbst die Niederschrift vorgelesen, so ist die zu seinen Gunsten getroffene Verfügung nach dem Zwecke des § 2235 Abs. 1 auch dann nichtig, wenn drei weitere Zeugen vorhanden sind (KG DNotZ **42** 338 = HRR **42** Nr. 753 = DR **42** 1339). Eine Niederschrift i. S. des § 2250 Abs. 3 Satz 1 und damit ein gültiges Nottestament sind nicht zustande gekommen, wenn der Erblasser, nachdem er seinen letzten Willen mündlich vor drei Zeugen erklärt hat, stirbt und in diesem Augenblick nur ein nicht unterschriebenes Schriftstück über den erklärten letzten Willen vorliegt (OLG Hamm JMBlNRW **62** 212). Versiegelung des Testaments und Verbringung in die besondere amtliche Verwahrung sind nicht vorgeschrieben; sie stehen jedoch den Zeugen in entsprechender Anwendung der §§ 2246, 2248 frei. Die Niederschrift hat nur die Beweiskraft einer *Privaturkunde* (ZPO §§ 416, 440; LM ZPO § 416 Nr. 1).

9 **2. Zeugen (Abs. 3 Satz 2 Halbs. 1)**

Für die **Zeugen** gelten die allgemeinen Unfähigkeits- und Untauglichkeitsgründe (vgl. früher §§ 2234, 2237 Nr. 1—5). Zeuge kann bei einem Dreizeugentestament nur derjenige sein, der sich bewußt ist, daß er für die richtige Wiedergabe der Erklärungen des Erblassers mitverantwortlich ist (KG DNotZ **42** 338 = HRR **42** 753 = DR **42** 1339). Für die Mitwirkung der Zeugen beim Dreizeugentestament genügt es also nicht, daß sie die Erklärung des Erblassers nur hören und richtig wiedergeben können. Die Zeugen müssen vielmehr auch die Absicht und das Bewußtsein ihrer gemeinsamen Mitwirkung und Verantwortung bei der Testamentserrichtung gehabt haben (BGH NJW **72** 202 = WM **72** 224). Sie müssen zur Mitwirkung in diesem Sinne herangezogen worden sein oder von sich aus ihre Bereitwilligkeit zur Übernahme der mit dem Mitwirken verbundenen Verantwortlichkeit erklärt haben (BGH WM **71** 254). Zufällige Anwesenheit genügt nicht (OLG Celle OLGZ **68** 487 = BGH LM Nr. 3). Die Anwesenheit der drei Zeugen ist während des ganzen Vorganges der Testamentserrichtung erforderlich, also nicht nur bei der Erklärung des Erblassers über seinen letzten Willen, sondern auch bei der Verlesung der hierüber aufgenommenen Niederschrift und bei deren Genehmigung durch den Erblasser. Das gilt jedenfalls dann, wenn der Erblasser nicht mehr in der Lage ist, die Niederschrift eigenhändig zu unterschreiben (BGH **54** 89 = WM **70** 1028; BGH WM **71** 254). „Vor drei Zeugen" ist nicht gleich „nacheinander vor je einem Zeugen", die Erklärung des Erblassers muß vielmehr gleichzeitig an alle drei gerichtet sein (vgl. RG **161** 127; a M OLG Freiburg HEZ **2** 338 = DRZ **50** 255). § 13 Abs. 1 BeurkG — früher § 2242 Abs. 4 — ergibt ferner, daß sie auch gemeinschaftlich beim Vorlesen, Genehmigen und Unterzeichnen der Niederschrift (oder beim Feststellen der Überzeugung, daß der Erblasser schreibunfähig sei) mitwirken müssen (vgl. auch *Kipp/Coing* § 29 II 2 und Anm. 9). Erst mit der Unterzeichnung durch die Zeugen ist der Testamentsakt beendet.

3. Ausschluß für Dolmetscher (Abs. 3 Satz 3 und 4) 10

Das **Dreizeugentestament ist ausgeschlossen,** wenn die Zuziehung eines **Dolmetschers** erforderlich wäre. Für das fremdsprachliche Testament bleibt mithin nur der Weg des § 5 Abs. 2 BeurkG. Ferner ist das Dreizeugentestament ausgeschlossen, wenn das Testament durch Übergabe einer Schrift errichtet werden soll oder wegen Sprechunvermögens nur in dieser Form errichtet werden kann (vgl. OLG Frankfurt HEZ **1** 236).

4. Abschließende Regelung 11

Die Vorschriften über die Errichtung eines Dreizeugentestaments sind in § 2250 *selbständig und abschließend* geregelt. Ein Dreizeugentestament ist deshalb nicht in jedem Falle nichtig, in dem ein öffentliches Testament wegen Verletzung des § 2239 nichtig war (KG NJW **57** 953). Die Anwendung des § 2249 Abs. 6 hat zur Folge, daß bei der Abfassung der Niederschrift begangene Formfehler die Wirksamkeit des Testaments nur bedingt berühren. Der Wirksamkeit der Beurkundung steht es daher nicht entgegen, daß die Unterschriften aller Zeugen fehlen, wenn die Niederschrift dem Erblasser vorgelesen und von ihm genehmigt und unterschrieben worden ist (KG OLGZ **66** 462).

V. Beweislast 12

Vgl. § 2249 Rdn. 21 (BGH LM ZPO § 416 Nr. 1 = MDR **54** B 40; Urteil BGH 21. 1. 1954 IV ZR 175/53).

VI. Verfolgtentestament 13

Trotz *Formmängeln* sind letztwillige Verfügungen, die in der „maßgebenden Zeit" (30. Januar 1933 bis 8. Mai 1945) errichtet worden sind, unter den besonderen Voraussetzungen der *Rückerstattungsgesetze* (Art. 67 REGBrZ; Art. 80 REGAmZ; Art. 69 BerlREAO) gültig (vgl. hierzu *Harmening/Hartenstein/Osthoff/Falk* Rückerstattungsgesetz II. Aufl. Bl. Nr. 210).

§ 2251

Wer sich während einer Seereise an Bord eines deutschen Schiffes außerhalb eines inländischen Hafens befindet, kann ein Testament durch mündliche Erklärung vor drei Zeugen nach § 2250 Abs. 3 errichten.

E I 1929 II 2115; M **5** 287; P **5** 349.

Seetestament

Übersicht

1 **I. Allgemeines**

§ 2251 entspricht TestG § 25. Statt „Schiffes" hieß es bisher „nicht zur Kriegsmarine gehörenden Fahrzeugs". Das Seetestament ist kein Nottestament, da es keine besondere Notlage, etwa Seenot oder Seuchen, voraussetzt. Es handelt sich mithin um eine *außerordentliche* Testamentsform. Für die Errichtung des Dreizeugentestaments ist nach dem Inkrafttreten des Beurkundungsgesetzes (1. 1. 1970) § 2250 Abs. 3 maßgebend (*Palandt/Keidel* Anm. 5).

2 **II. Seereise**

Die **Seereise** erfordert kein festes Reiseziel; sie steht aber im Gegensatz zur bloßen Seefahrt zu Zwecken der Fischerei oder zu kurzen Sport- und Vergnügungsfahrten. Die Seereise ist auch angetreten, wenn vorerst ein Binnengewässer benutzt wird, um die hohe See zu gewinnen (z B die Elbe zwischen Hamburg und Cuxhaven). Auch eine *Küstenfahrt* kann eine Seereise sein. Der Aufenthalt in einem *ausländischen* Hafen gehört zur Seereise. Dagegen kommen bei einem Aufenthalt in einem inländischen Hafen, solange nicht — wie bei Quarantäne — die besonderen Umstände der Absperrung (§ 2250 Abs. 1) vorliegen, nur die gewöhnlichen Testamentsformen in Betracht.

3 **III. Schiff**

Auf die Art des Schiffes (See- oder Binnenschiff, Motor- oder Segelboot) kommt es nicht an. Auch ein *Floß* ist zu den Schiffen im Sinne des § 2251 zu rechnen.

4 Ob die Vorschrift auch auf *Luftfahrzeuge* (Flugzeuge, Luftschiffe, Ballone) auf einem Fluge *über See* anzuwenden ist, war schon früher nicht zweifelsfrei (vgl. *Goldmann* DJZ **25** 101; Anm. 3 in der 9. Aufl. dieses Kommentars). TestG § 25 ist aber wohl überwiegend mindestens entsprechend angewandt worden (*Seibert* ZAkDR **38** 666; *Vogels/Seybold* § 25 Anm. 4; a M anscheinend *Lange*, ZAkDR **38** 580). Der Wortlaut des § 2251 n F („Schiff" statt „Fahrzeug") zwingt nicht dazu, eine entsprechende Anwendung jetzt nicht mehr zuzulassen (a M *Palandt/Keidel* Anm. 1; auch *Staudinger/Firsching* Rdn. 2 sowie *Erman/Hense* Rdn. 1). Notfalls, insbesondere auch bei Landreisen in Luftfahrzeugen, kann, sofern die Voraussetzungen hierfür gegeben sind, das Dreizeugentestament nach § 2250 Abs. 2 errichtet werden.

IV. Errichtung an Bord eines deutschen Schiffes 5

Das Testament kann nur **an Bord** des Fahrzeuges, nicht während eines vorübergehenden Landaufenthalts, und nur auf **deutschen Fahrzeugen** errichtet werden. Soweit es sich um *Schiffe* handelt, gehört dazu grundsätzlich, daß sie im ausschließlichen Eigentum eines Deutschen stehen (vgl. Flaggenrechtsgesetz v. 8. 2. 1951 — BGBl. I 79 —); es kommt nicht darauf an, ob das Schiff im Schiffsregister eingetragen und ein Schiffszertifikat oder Flaggenzeugnis (Flaggenrechtsgesetz § 3) erteilt worden ist. Über Ausländer auf deutschen Schiffen und Deutsche auf ausländischen Schiffen EG Art. 11 Abs. 1.

Deutsche Schiffe sind nach internationalen Gepflogenheiten auch während 6
einer Seereise deutscher Boden. Daher können hier auch *deutsche Notare* tätig werden (*Firsching* DNotZ 55 284).

Unter den **Zeugen** muß sich nicht notwendig der Schiffsführer befinden. 7

§ 2252

Ein nach § 2249, § 2250 oder § 2251 errichtetes Testament gilt als nicht errichtet, wenn seit der Errichtung drei Monate verstrichen sind und der Erblasser noch lebt.

Beginn und Lauf der Frist sind gehemmt, solange der Erblasser außerstande ist, ein Testament vor einem Notar zu errichten.

Tritt im Falle des § 2251 der Erblasser vor dem Ablauf der Frist eine neue Seereise an, so wird die Frist mit der Wirkung unterbrochen, daß nach Beendigung der neuen Reise die volle Frist von neuem zu laufen beginnt.

Wird der Erblasser nach dem Ablauf der Frist für tot erklärt oder wird seine Todeszeit nach den Vorschriften des Verschollenheitsgesetzes festgestellt, so behält das Testament seine Kraft, wenn die Frist zu der Zeit, zu welcher der Erblasser nach den vorhandenen Nachrichten noch gelebt hat, noch nicht verstrichen war.

E I 1926, 1928, 1930 II 2116; M 5 282, 283, 286, 288; P 5 345, 346, 349.

Gültigkeitsdauer der Not- und Seetestamente

Übersicht

I. Allgemeines 1

§ 2252 stimmt mit TestG § 26 überein. Die Wörter „Richter oder" in Abs. 2 sind gemäß § 56 Abs. 2 Nr. 4 BeurkG seit dem 1. 1. 1970 weggefallen.

II. Dreimonatsfrist (Abs. 1) 2

Die **Gültigkeitsdauer der Nottestamente** ist auf *drei Monate* beschränkt. Fristberechnung §§ 187, 188. Das Testament verliert mit Fristablauf von selbst seine Kraft, und zwar vermöge gesetzlicher Fiktion unter Rückbeziehung auf den Zeitpunkt der Errichtung. Es gilt als nicht errichtet und behält somit auch nicht die Wirkung des Widerrufs (§§ 2254, 2258). Auf die beschränkte Gültigkeitsdauer soll der Bürgermeister den Erblasser hinweisen (§ 2249 Abs. 3, 2250 Abs. 1; vgl. § 2249 Rdn. 17); auch soll der Hinterlegungsschein einen Hinweis auf die Bestimmungen des § 2252 enthalten (§ 27 Abs. 6

AktenO i d F der AV v. 4. 8. 1938, DJ 1259). Über den Fall, daß eine dem Bürgermeister nach § 2249 Abs. 1 oder § 2250 Abs. 1 in Verbindung mit § 2238 Abs. 1 übergebene Schrift den Erfordernissen des § 2247 entsprach, vgl. § 2238 Anm. 6 der 11. Aufl. dieses Kommentars.

Die *Verfolgtentestamente* (vgl. Rdn. 13 zu § 2250) wurden nach dem RückerstattungsG am 30. 9. 1945 unwirksam, wenn der Erblasser nach diesem Zeitpunkt zur Errichtung einer formgerechten letztwilligen Verfügung in der Lage war (*Palandt/Keidel* Anm. 4).

3 Ein eigenhändiges, vom Bürgermeister beglaubigtes Testament, von dem der Erblasser bei der Errichtung angenommen hat, daß er ein Nottestament im Sinne der §§ 2249, 2252 errichte, ist nicht von vornherein nichtig; sein Fortgelten wird auch nicht dadurch beeinflußt, daß der Erblasser die Vernichtung der Testamentsurkunde (§ 2255) oder die Errichtung eines neuen Testaments (§§ 2254, 2258) nur deshalb unterläßt, weil er glaubt, das als Nottestament angesehene Testament sei mit Ablauf von drei Monaten seit dem Errichtungstage kraftlos geworden; das Testament kann auch nicht durch Anfechtung (§ 2078) entkräftet werden, falls der Erblasser ebenso verfügt haben würde, wenn er gewußt hätte, daß er ein unbeschränkt gültiges eigenhändiges Testament errichte (RG **104** 320).

4 III. Fristhemmung (Abs. 2)

Gleichgültig ist, aus welchen Gründen der Erblasser *außerstande,* d. h. es ihm unmöglich ist, vor einem Notar in der Form der §§ 2232 f zu testieren, ob wegen Fortdauer der Absperrung, der Seereise oder wegen besonderer Umstände, die in seiner Person liegen (schwere Krankheit). Erhebliche Erschwerung allein genügt nicht, wenn sie nicht mit der Fortdauer der Absperrung zusammentrifft (§ 2250 Rdn. 4). Andererseits bleibt die Frist auch dann gehemmt, wenn der Erblasser anderweit im Auslande (sei es auch vor einem deutschen Konsul) oder durch eigenhändiges Testament oder in einer der außerordentlichen Testamentsformen testieren kann. Vgl. im übrigen §§ 202—205.

5 VI. Besonderheiten beim Seetestament (Abs. 3)

Beim **Seetestament** kann der Erblasser auf ein und derselben Reise so oft und so lange in deutschen Zwischenhäfen verweilt haben, daß die Dreimonatsfrist noch vor beendeter Reise abgelaufen ist (vgl. Rdn. 4). Dagegen kommt bei *Antritt einer neuen Reise* die bis dahin verstrichene und noch nicht abgelaufene Frist nicht mehr in Betracht. Ob es sich um Fortsetzung der alten oder Antritt einer neuen Reise handelt, ist Tatfrage.

6 V. Wirkung der Todeserklärung und Todeszeitfeststellung (Abs. 4)

Der nach der **Todeserklärung** maßgebende Zeitpunkt des Todes (VerschG i d F v. 15. 1. 1951 — BGBl. I 63 — § 9 Abs. 2—4) ist regelmäßig so weit hinausgeschoben, daß die Dreimonatsfrist meist verstrichen, aber keine Gewißheit darüber zu erlangen wäre, ob etwa eine Hemmung eingetreten sei (Rdn. 4). Um die außerordentlichen Testamente aufrechtzuerhalten, ist deshalb die Lebensvermutung des § 10 VerschG beseitigt; die Zeit des Todes wird auf den Zeitpunkt zurückverlegt, an welchem nach den letzten vorhandenen Nachrichten (VerschG §§ 3, 5, 6, 9 Abs. 3 a) der Erblasser noch gelebt hat (vgl. *Arnold* Rpfleger **57** 145).

7 VI. Beweislast

Die **Beweislast** dafür, daß das Testament aus den besonderen Gründen der Abs. 2—4 noch über die Dreimonatsfrist hinaus gegolten habe, trifft denjenigen, der aus der Gültigkeit Rechte ableitet. Ist dagegen der Zeitpunkt des Todes des Erblassers streitig, so muß derjenige, der sich auf die Ungültigkeit des Testaments beruft, beweisen, daß der Erblasser bei Ablauf der Dreimonatsfrist noch gelebt hat (*Planck/Strecker* § 2252 Anm. 1).

§ 2253

Der Erblasser kann ein Testament sowie eine einzelne in einem Testament enthaltene Verfügung jederzeit widerrufen.

Die Entmündigung des Erblassers wegen Geistesschwäche, Verschwendung oder Trunksucht steht dem Widerruf eines vor der Entmündigung errichteten Testaments nicht entgegen.

E I 1753 Abs. 2 II 2121 Abs. 1; M **5** 8; P **5** 5, 351—353.

Neueres Schrifttum:

v. Lübtow, Zur Lehre vom Widerruf des Testaments, NJW **68** 1849.

Widerruf des Testaments

Übersicht

I. Allgemeines 1

§ 2253 stimmt mit TestG § 32 überein.

II. Recht zum jederzeitigen Widerruf (Abs. 1) 2

Es gehört zum Wesen der *einseitigen* Verfügung von Todes wegen (§ 1937), daß sie jederzeit frei widerruflich ist. Der vertragsmäßige Verzicht hierauf ist nichtig (§ 2302). Auch im Testamente selbst kann sich der Erblasser des Widerrufsrechts nicht wirksam begeben oder dafür erschwerte Formen bestimmen *(derogatorische Klausel).* Der Widerruf ist eine Willenserklärung des Inhalts, dasjenige, was vorher erklärt worden ist, solle nicht gelten; er richtet sich gegen den Inhalt des vorher Erklärten, nicht gegen den Fortbestand der Urkunde über diese Erklärung; danach rechtfertigt sich die folgende Entscheidung: Ein Erblasser hatte in einem teils gültig (eigenhändig geschriebenen), teils ungültig errichteten (mit Maschinenschrift gefertigten) Testament sein früheres Testament in gültiger Form widerrufen, in der irrtümlichen Annahme, daß das neue Testament seinem ganzen Inhalte nach gültig war. Da in dem neuen Testament der Wille zum Ausdruck kam, Bestimmungen des früheren Testaments sachlich aufrechtzuerhalten, diese nur formell ungültig in das neue Testament übernommen waren, ist ein Widerruf insoweit als nicht gewollt und das alte Testament insoweit als in Kraft geblieben behandelt worden (RG Recht **21** Nr. 584, 585).

Hat der Widerruf nicht das ganze Testament, sondern nur eine *einzelne Verfügung* zum Gegenstande, so ist nach § 2085 zu beurteilen, inwieweit hiervon die Wirksamkeit anderer Verfügungen beeinflußt wird. Auch teilweiser Widerruf einer einzelnen Verfügung (Herabsetzung einer ausgesetzten Zuwendung) und bedingter Widerruf ist zulässig. Letzterer bewirkt, daß die Zuwendung auflösend bedingt ist (Widerruf der dem X vermachten 1000 DM für den Fall, daß er die Z heirate). Verwirkungsklausel § 2074 Rdn. 5. Auf andere Weise, als in den §§ 2253—2258 bestimmt ist, kann eine letzt- 3 willige Verfügung nicht aufgehoben werden (RG **104** 323; Gruchot **63** 477; WarnRspr. **30** Nr. 60). Beschränkte Widerruflichkeit des gegenseitigen Testaments § 2271. Rücktritt vom Erbvertrage §§ 2293—2297. Eine in einem Erbvertrage enthaltene einseitige Verfügung kann wie beim Testament vom Erblasser jederzeit auch durch einseitige Verfügung von Todes wegen aufgehoben werden (§ 2299 Abs. 2 Satz 1 in Verbindung mit § 2253; BGH **29** 129, 133).

4 Ein vor dem 1. 1. 1900 errichtetes Testament kann nur in den Testamentsformen des BGB, demgemäß also auch durch eigenhändiges Testament widerrufen werden. Dies gilt auch von der Form, in der ein unter PrALR errichtetes wechselseitiges Testament gemäß dem früheren Rechte (EG Art. 214 Abs. 2) durch einseitige Verfügung von Todes wegen widerrufen werden kann; die §§ 2271, 2296 sind auf einen solchen Widerruf nicht anwendbar; vgl. Einl. Rdn. 7 zum 5. Buche.

5 **III. Widerruf eines vor Entmündigung errichteten Testaments (Abs. 2)**

Die wegen Geistesschwäche usw. Entmündigten sind nach § 2229 Abs. 3 nicht testierfähig, jedoch ausnahmsweise, und zwar ohne Zustimmung ihres gesetzlichen Vertreters zum *Widerruf* in einer der Formen der §§ 2254—2256, insoweit also auch zur Errichtung eines Testaments (§ 2254) befähigt. Sie können aber nicht stillschweigend gemäß § 2258 widerrufen, da hier ein wirksamer, neuer und abweichender Testamentsinhalt vorausgesetzt ist. Die Möglichkeit, zu widerrufen, beschränkt sich ferner auf *vor der Entmündigung errichtete Testamente*. Der Entmündigte kann deshalb zwar ein erstes Testament wirksam machen, indem er einen noch vor der Entmündigung erklärten Widerruf dieses Testaments (§ 2257) oder ein noch vor der Entmündigung errichtetes zweites abweichendes Testament widerruft (§ 2258; ebenso *Planck/Strecker* Anm. 4 Abs. 4; auch OLG Köln NJW **55** 466 mit umfassenden Nachweisen und ausführlicher Begründung; a M *Strohal* § 42 Anm. 3). Er kann aber nicht den erst nach der Entmündigung erklärten Widerruf durch einen zweiten Widerruf beseitigen und dadurch das einmal widerrufene Testament wieder in Kraft setzen (*Vogels/Seybold* TestG § 32 Anm. 9). Der Eintritt eines der in § 2229 Abs. 4 bezeichneten Zustände schließt die Möglichkeit des Widerrufs aus.

§ 2254

Der Widerruf erfolgt durch Testament.

E I 1933 Abs. 1 II 2121 Abs. 2 Satz 1; M **5** 297, 298; P **5** 351—353; **6** 73.

Widerruf durch Testament

1 **I.** § 2254 stimmt mit § 2254 a F und TestG § 33 Abs. 1 wörtlich überein.

2 **II.** Der Widerruf kann durch **jede Form des Testaments** erklärt werden (vgl. § 2253 Rdn. 4), gleichviel in welcher Form das widerrufene Testament errichtet war. Dabei kann das Widerrufstestament außer dem Widerruf auch neue letztwillige Verfügungen enthalten (vgl. § 2258). Allerdings wird durch ein späteres gültiges, einen ausdrücklichen Widerruf nicht enthaltenes Testament ein früheres nicht ohne weiteres aufgehoben, sondern nur insoweit, als das spätere mit ihm in Widerspruch tritt. Dabei kommt es nicht nur auf sachliche Unvereinbarkeit an. Entscheidend ist, was der Erblasser mit dem zweiten Testament an sich gewollt hat (OLG Hamm MDR **71** 137). Doch bleibt das widerrufene Testament, wenn sich der Erblasser hierzu der außerordentli-

chen Form bedient (§§ 2249—2251), gemäß § 2252 nur drei Monate wirksam. Nur ein gültiges Testament kann die Widerrufswirkung äußern. Bloßer *brieflicher Widerruf* gegenüber dem Bedachten *genügt nicht* (RG JW **10** 22[34]), wenn er sich nicht als ein gültiges Testament in Briefform darstellt (§ 2247 Rdn. 5). Der Widerruf nach § 2254 muß nicht ausdrücklich erklärt sein; er kann auch durch Auslegung oder Umdeutung aus einer widersprechenden anderweitigen Verfügung nach § 2258 entnommen werden (BayObLGZ **56** 377). Ebenso kann er sich aus einem handschriftlichen Zusatz auf der Durchschrift eines in amtlicher Verwahrung befindlichen Testaments ergeben, und zwar auch dann, wenn der Zusatz für sich allein gelesen unverständlich ist (BGH LM § 2254 Nr. 1 = NJW **66** 201); vgl. dazu auch OLG Köln OLGZ **68** 324. In einem gerichtlichen Vergleich kann der Widerruf nicht erklärt werden (BGH FamRZ **60** 30).

Anfechtung §§ 2078 ff. *Widerruf des Widerrufs* § 2257. Widerruf durch *schlüssige* **3**
Handlung § 2255; ein *verlorenes* Testament kann jedoch nur in der Form des § 2254 widerrufen werden; vgl. hierzu § 2255 Rdn. 12. Stillschweigender Widerruf durch neues, mit dem früheren *inhaltlich in Widerspruch* stehendes Testament § 2258. Widerruf im *Erbvertrage* § 2299 Abs. 1; s. auch § 2289.

Gebühr für die Beurkundung des Widerrufs KostO § 46 Abs. 2; *Urkundensteuer* **4**
wird seit dem 1. 9. 1941 nicht mehr erhoben.

§ 2255

Ein Testament kann auch dadurch widerrufen werden, daß der Erblasser in der Absicht, es aufzuheben, die Testamentsurkunde vernichtet oder an ihr Veränderungen vornimmt, durch die der Wille, eine schriftliche Willenserklärung aufzuheben, ausgedrückt zu werden pflegt. Hat der Erblasser die Testamentsurkunde vernichtet oder in der bezeichneten Weise verändert, so wird vermutet, daß er die Aufhebung des Testaments beabsichtigt habe.

E I 1934 II 2122; M **5** 299—302; P **5** 353; **6** 73.

Neueres Schrifttum:
Schmidt, Der Widerruf des Testaments durch Vernichtung oder Veränderung der Testamentsurkunde, MDR **51** 321; *Schmidt,* Überspannung des Formalismus im Testamentsrecht, JZ **51** 745; *Firsching,* Fragen des Testamentsrechts, DNotZ **55** 294 ff; *v. Lübtow,* Zur Lehre des Widerrufs des Testaments, NJW **68** 1849.

Widerruf durch schlüssige Handlung

Übersicht

I. Allgemeines **1**

§ 2255 stimmt mit § 2255 a F und TestG § 33 Abs. 2 wörtlich überein.

Für die *Anfechtung* der stillschweigenden Widerrufserklärung sind die §§ 2078 ff **2**
maßgebend (§§ 2078 Rdn. 58, 2081 Rdn. 4; RG **102** 69). Ein *Widerruf des Widerrufs* ist nicht möglich (*Palandt/Keidel* § 2255 Anm. 5; unten Rdn. 11). Der Widerruf kann gegebenenfalls aber nach § 2078 angefochten werden (RG **102** 69, 70; *Lange,* Lehrb. § 36 III 2 b).

3 **II. Widerruf durch schlüssige Handlung im allgemeinen**

Der **Widerruf durch schlüssige Handlungen** (§§ 2255, 2256) ist sachlich letztwillige Verfügung (RG **102** 69), setzt deshalb *Testierfähigkeit* (§ 2229, wegen der Entmündigten § 2253) und *persönliches Handeln* voraus (§ 2064). Dies schließt nicht aus, daß sich der Erblasser hierzu der Hand eines Dritten als seines Werkzeuges bedient (JFG **6** 146; HRR **33** Nr. 1492). Solange der Dritte den ihm erteilten Auftrag nicht ausführt, bleibt das Testament in Kraft (*Reichel* AcP **138** 206; JFG **14** 280; *Müller-Freienfels* JuS **67** 125). Nach dem Tode des Erblassers kann der Dritte nicht mehr als Werkzeug tätig werden (RG SeuffArch. **70** Nr. 248). Es genügt auch nicht, daß der Erblasser der von einem Dritten eigenmächtig vorgenommenen Vernichtung oder Veränderung nachträglich zustimmt. Da es sich auf seiten des Dritten um eine bloß tatsächliche, nicht rechtsgeschäftliche Verfügung handelt, greift § 185 nicht ein.

4 **III. Aufhebungsabsicht**

Nur das Vernichten und Verändern in Aufhebungsabsicht ist als Widerruf wirksam. Eine unfreiwillige Zerstörung des Testaments läßt seine Gültigkeit daher ebenso unberührt wie sein Verlust und sein Unlesbarwerden. In diesen Fällen kommt es allein darauf an, ob sich Formgültigkeit und Inhalt des Testaments zuverlässig beweisen läßt (KG JW **38** 1601). Zum Verlust von Testamenten vgl. im übrigen unten Rdn. 12. Korrekturen zur Vorbereitung eines neuen Testaments, aber mit der Absicht, das errichtete Testament vorerst weiter bestehen zu lassen, genügen nicht (RG **71** 301). Ebenso ist der Fall zu beurteilen, daß der Erblasser die Summenzahl eines Geldvermächtnisses nachträglich ausstreicht und die doppelte Zahl darüber oder an den Rand setzt, wenn dies nicht in der Absicht geschieht, das bisherige Vermächtnis aufzuheben, sondern in der Absicht, es bestehen zu lassen und durch ein gleichartiges Vermächtnis von gleicher Höhe zu ergänzen; kommt die beabsichtigte Ergänzung nicht zustande (§ 2247 Rdn. 18 ff), so bleibt doch die Vermächtnisanordnung in ihrer ursprünglichen Fassung gültig (RG **111** 261; KG HRR **34** Nr. 1514). Vermutete Absicht Rdn. 13. Die Absicht muß schon während des Handelns vorgelegen haben; anders § 2256 Rdn. 10. Ob die Absicht einen den *Formerfordernissen* des Gesetzes (Rdn. 6 ff) entsprechenden Ausdruck gefunden hat, ist vom Revisionsgericht frei zu beurteilen (RG **69** 414; **111** 265 ff).

5 Das OLG Freiburg verneint die Widerrufsabsicht, wenn der Erblasser ein früheres Testament in der irrigen Annahme zerreißt, ein später errichtetes Testament sei formgültig; in solchem Falle liege nur eine scheinbare Willenserklärung vor (Rpfleger **52** 340). Näher liegt es jedoch, einen Irrtum im Beweggrunde anzunehmen und eine Anfechtung nach § 2078 Abs. 2 zuzulassen; a A wohl *Palandt/Keidel* Anm. 2.

6 **IV. Vernichten und Verändern**

Vernichten ist Zerstören des Stoffes der Urkunde durch Verbrennen, Zerreißen, Zerschneiden, nicht bloßes Wegwerfen. Zum *Zerreißen* vgl. OLG Freiburg Rpfleger **52** 340; Rdn. 5. Die Unauffindbarkeit eines Testaments spricht noch nicht für die Absicht des Erblassers, das Testament in Widerrufsabsicht vernichtet zu haben (OLG Celle MDR **62** 410 = NdsRpfl. **62** 202). Vernichtet der Erblasser sein eigenhändiges Testament, ohne zu wissen, daß es sich bei dem Schriftstück um sein Testament handelt, so stellt dieses Verhalten keine Willenserklärung dar, die der Anfechtung bedarf (LwG Neumünster SchlHA **66** 83).

7 **Veränderungen** der Testamentsurkunde wirken nur dann als Widerruf, wenn sie nach Verkehrsgewohnheiten („pflegt") objektiv geeignet sind, den Willen auszudrükken, eine schriftliche Willenserklärung (nicht gerade eine letztwillige Verfügung, RG

WarnRspr. **15** Nr. 90) aufzuheben. Deshalb genügen bloße einschränkende Randbemerkungen nicht (RG JW **11** 590[37]); ebensowenig reichen eine nur auf das Datum beschränkte Durchstreichung mit Bleistift (RG JW **13** 41[30]) oder unwesentliche Fassungsänderungen aus (RG **71** 303). In der Regel wird es sich um *Durchstreichen* der ganzen Urkunde, der Unterschrift, des Textes oder von Teilen des Textes, sei es auch nur mit Bleistift (RG WarnRspr. **15** Nr. 90), Herausschneiden eines Teiles der Urkunde (HRR **33** Nr. 1492), *Radieren, Einklammern* usw. handeln. Über den ungewöhnlichen Fall einer mit Tintenstift nach Art einer Schraffierung bewirkten Durchstrichelung der Unterschrift und eines wichtigen Textwortes s. RG WarnRspr. **28** Nr. 15. Einreißen der Urkunde, insbesondere in Verbindung mit der Entfernung eines aufgedrückten Privatsiegels kann genügen (RG **69** 413). Ebenso besonders charakteristische Stichworte und Zeichen, wie ein augenfälliges „annulliert" (RG JW **11** 545[45]) oder cessat (deleatur), wenn der **Entwertungsvermerk** auf die Testamentsurkunde selbst gesetzt ist, nicht nur auf den Umschlag, in dem sich das in sich abgeschlossene Testament befindet (RG JW **25** 475[19]; HRR **29** Nr. 1653; KG HRR **38** Nr. 1228; BayObLGZ **63** 31). Eigenhändigkeit des Entwertungsvermerks und Beifügung von Datum und Unterschrift sind hierbei nicht erforderlich, ebensowenig ist es nötig, daß der Vermerk die Schriftzeichen des Testaments überdeckt und (oder) unterschrieben ist (KG DNotZ **57** 560 = NJW **57** 1364 für den neben der Testamentsüberschrift angebrachten Vermerk „ungültig"; vgl. zum Meinungsstreit, inwieweit Entwertungsvermerke wirksam sind, auch *Kipp/Coing* § 31 II Anm. 6; *Schmidt* MDR **51** 324; *Firsching* DNotZ **55** 295). Auch ein Streichungsvermerk auf einer Testaments*abschrift* kann genügen (OLG Frankfurt NJW **50** 607). Die Öffnung oder sonstige Beschädigung des Testamentsumschlages, die Nichtablieferung zur amtlichen Verwahrung oder die nachlässige Aufbewahrung der Urkunde zwischen unwichtigen Papieren sind keine Handlungen, die einen Aufhebungswillen zum Ausdruck bringen (BGH LM § 2085 Nr. 2), jedenfalls nicht zwingend und nicht für sich allein.

Ob auf solche Weise nur einzelne Verfügungen oder ob der ganze Testaments- **8**
inhalt widerrufen werden sollte, ist Tatfrage. Jedenfalls kann sich der Widerruf auch mit den Mitteln des § 2255 auf einzelne Verfügungen beschränken, ohne daß das Fortgelten des übrigen Testamentsinhalts (§ 2085) von einer neuen Datierung des Testaments abhängig wäre (JFG **6** 146; HRR **33** Nr. 1492; RG **71** 302). Enthält allerdings die Durchstreichung oder dgl. eines Teiles des Textes zugleich eine positive Änderung des Testamentsinhalts (so, wenn von dem Satze: „Ich setze A und B als Erben ein, und zwar dergestalt, daß A mein Vorerbe und B mein Nacherbe sein soll", der mit „und zwar" beginnende Satzteil durchgestrichen oder wenn aus der Einsetzung dreier Personen als Erben „zu gleichen Teilen" der Name der einen wegradiert wird), dann handelt es sich um eine neue letztwillige Verfügung, bei deren Errichtung die vorgeschriebenen Formen von neuem gewahrt werden müssen (RG **71** 302 f; *Herschel*, JW **33** 148; a M *Firsching*, DNotZ **55** 295).

Sind *mehrere Urschriften* vorhanden (JW **34** 2563[2]), so ist es, namentlich wenn **9**
sie der Erblasser sämtlich in Gewahrsam hat, Sache freier, durch die Vermutung des Abs. 2 Satz 2 nicht gedeckter Beurteilung, ob er mit der Vernichtung (RG LZ **36** 322[11]) oder mit der Veränderung (JR **25** Nr. 1529) nur einer oder einiger Urschriften die Aufhebungsabsicht verfolgte, oder ob er etwa nur die Zahl der Urschriften vermindern wollte (JFG **14** 280). Auch eine Änderung, die der Erblasser bei einem in amtlicher Verwahrung befindlichen Testament auf einer mit Schreibmaschine geschriebenen Abschrift vornimmt, kann rechtswirksam sein, sofern sie eigenhändig unter Angabe von Ort und Zeit erfolgt und unterschrieben ist (OLG Köln OLGZ **68** 324; vgl. dazu *Johannsen* WM **71** 408).

10 Als selbstverständlich ist vorausgesetzt, daß dem Erblasser die Testamentsurkunde zugänglich ist. Dies trifft regelmäßig zu beim eigenhändigen Testament (s. aber §§ 2248, 2256 Abs. 3) und beim Dreizeugentestament (§ 2250 Abs. 1, 2, § 2251). Die Anwendung des § 2255 ist aber auch gegenüber dem amtlich verwahrten Testament (BeurkG § 34, BGB § 2249) nicht grundsätzlich ausgeschlossen.

11 Bei dem in schlüssiger Form erklärten Widerruf verbleibt es *endgültig*. Wiederzusammensetzen der zerstückelten Urkunde, Unterpunktieren der durchstrichenen Stellen sind kein wirksamer Widerruf des Widerrufs (Rdn. 2).

12 **V. Verlust des Testaments**

Ein Testament, das infolge von Kriegsereignissen oder auf andere Weise verlorengegangen ist, wird durch den Verlust nicht wirkungslos. Will der Erblasser das Testament nicht mehr gelten lassen, so kann er es nicht dadurch widerrufen, daß er den Verlust formlos billigt. Das verlorene Testament kann nur in der Form des § 2254 widerrufen oder gemäß § 2258 ersetzt werden (BGH JZ **51** 591 mit zust. Anm. von *Coing* = LM BGB § 1960 Nr. 1 = NJW **51** 559; auch *Firsching* DNotZ **55** 295; *Müller* Haus und Wohnung **52** 67; a M *Schmidt* JZ **51** 745). Um ein verlorengegangenes Testament wiederherzustellen, d. h. seinen Inhalt festzustellen, müssen alle Beweismittel bei strengen Anforderungen ausgeschöpft werden (JR **51** 762). Zur Frage der Beweislast, wenn Ansprüche aus einem verlorenen Testament geltend gemacht werden, vgl. Rdn. 13.

13 **VI. Beweislast**

Dafür, daß der Erblasser das Testament vernichtet oder verändert hat, besteht keine Vermutung. Vor allem kann dann, wenn das Testament oder wenigstens seine Originalurkunde unauffindbar ist, nicht ohne weiteres vermutet werden, daß der Erblasser es in Widerrufsabsicht vernichtet habe (OLG Celle MDR **62** 410 = NdsRpfl. **62** 202). Vielmehr ist dies von der Partei zu beweisen, die sich auf das Nichtbestehen des Testaments beruft (RG JW **12** 798[16]; OLG Saarbrücken HEZ **2** 262 = DNotZ **50** 68). Steht fest, daß der Erblasser das Testament vernichtet oder verändert hat, so hat, wer die fortdauernde Wirksamkeit des Testaments behauptet, die Rechtsvermutung des Satz 2 zu widerlegen (ZPO § 292) und nachzuweisen, daß keine Aufhebungsabsicht bestanden habe (RG JW **11** 283[16]). Bei mehreren Urschriften s. jedoch Rdn. 9. Ist die Urkunde vernichtet, so hat er außerdem mit den gewöhnlichen Beweismitteln den von ihm behaupteten Testamentsinhalt nachzuweisen (RG JW **07** 366[15]). Dasselbe gilt auch, wenn die Testamentsurkunde etwa sonst aus Versehen vernichtet oder durch Zufall untergegangen ist (JW **35** 3122[43]). Der Testamentserbe, der seine Rechte aus einem unauffindbaren Testament herleitet, kann daher mit allen zulässigen Beweismitteln dartun, daß der Erblasser ein Testament des von ihm behaupteten Inhalts errichtet habe. Hierfür genügt es, wenn der Inhalt der Testamentsurkunde und die Tatsache, daß diese vom Erblasser unterzeichnet worden ist, bewiesen wird (BGH 1.2. 1965 II ZR 109/63). Sache des Prozeßgegners ist es dann, den Beweis dafür zu führen, daß das Testament formungültig war oder einen anderen als den behaupteten Inhalt hatte (BGH 25.3. 1959 V ZR 6/58). Bei alledem muß eine letztwillige Verfügung ihrem vollen Umfang nach feststehen,wenn Rechte aus ihr hergeleitet werden sollen. Es kann jedoch, obwohl ein Teil des Testaments nicht festgestellt werden kann, der Gesamtwille des Erblassers insoweit erkennbar sein, daß der festgestellte Teil ohne Rücksicht auf den Inhalt und den Umfang des nicht festgestellten Inhalts des Testaments Bestand haben soll und daß dieser Teil durch die Unbestimmtheit der nicht bekannten Verfügungen seinem Umfang nach nicht wesentlich berührt wird; dies reicht dann aus, um diejenigen Ansprüche zu verfolgen, die sich aus dem feststellbaren Teil ergeben (BGH LM BGB § 2085 Nr. 1; ferner BayObLG **67** 206). Wer durch Vernichtung oder Unterdrückung eines weiteren Testaments die Aufklärung über den Inhalt dieses weiteren Testaments erschwert und unmöglich macht, muß die bei der Feststellung des Testamentsinhalts nicht auszuräumenden Zweifel gegen sich gelten lassen (OLG Hamm OLGZ **67** 79).

§ 2256

Ein vor einem Notar oder nach § 2249 errichtetes Testament gilt als widerrufen, wenn die in amtliche Verwahrung genommene Urkunde dem Erblasser zurückgegeben wird. Die zurückgebende Stelle soll den Erblasser über die im Satz 1 vorgesehene Folge der Rückgabe belehren, dies auf der Urkunde vermerken und aktenkundig machen, daß beides geschehen ist.

Der Erblasser kann die Rückgabe jederzeit verlangen. Das Testament darf nur an den Erblasser persönlich zurückgegeben werden.

Die Vorschriften des Abs. 2 gelten auch für ein nach § 2248 hinterlegtes Testament; die Rückgabe ist auf die Wirksamkeit des Testaments ohne Einfluß.

E I 1935 II 2123; M **5** 302, 303; P **5** 353, 354; **6** 73; KB 322.

Neueres Schrifttum:

Granicky, Durchführung der Rückgabe eines Testaments gemäß § 2256 BGB, Rpfleger **57** 246; *Fischer,* Nochmals: Durchführung der Rückgabe eines Testaments gemäß § 2256 Rpfleger **58** 177.

Rücknahme aus der amtlichen Verwahrung

Übersicht

I. Allgemeines 1

Nach § 56 Abs. 2 Nr. 5 BeurkG sind die Wörter „vor einem Richter oder" weggefallen; sonst stimmt § 2256 mit TestG § 34 Abs. 1—3 überein. Das TestG hatte Abs. 1 Satz 2 neu eingefügt und den § 2272 a F als Abs. 4 übernommen.

II. Widerruf durch Rücknahme im allgemeinen 2

Der Widerruf durch Rücknahme kommt nur bei dem öffentlichen Testament des § 2232 und bei dem Gemeindetestament des § 2249 (und 2250 Abs. 1) in Frage, weil nur bei diesen Testamenten eine amtliche Verwahrung stattfindet (BeurkG § 34 Abs. 1). Wegen der übrigen Testamentsformen s. Rdn. 10. Das Gesetz legt der Rücknahme (der Rückgabe auf Verlangen des Erblassers) die *Widerrufswirkung zwingend* bei („gilt als widerrufen") ohne Rücksicht darauf, ob sie mit dem Aufhebungswillen geschieht (§ 2255 Rdn. 4) oder nicht. Der Widerruf kann also nicht durch die Erklärung ausgeschlossen werden, das Testament solle bestehen bleiben; eine mit diesem Vorbehalt geforderte Rückgabe ist abzulehnen; eine neue Hinterlegung des einmal zurückgegebenen Testaments kann es nicht wieder in Kraft setzen. Die bloße Vorlegung zur Einsicht (§ 2264 Rdn. 4) ist damit nicht ausgeschlossen. Im übrigen ist auch hier *Testierfähigkeit,* und zwar im Zeitpunkte der Rückgabe erforderlich (§ 2255 Rdn. 3, wegen des Entmündigten § 2253 Rdn. 5).

3 Die Rücknahme eines Testaments aus amtlicher Verwahrung hat nur dann die Wirkung eines Widerrufs, wenn der Zurücknehmende geschäftsfähig und testierfähig war, denn die Rücknahme stellt eine Verfügung von Todes wegen dar (BGH **23** 211). Anfechtung nach §§ 2078 ff (§ 2078 Rdn. 58) ist wegen Mängel im Willen, das Testament zurückzunehmen, möglich, z. B. wenn der Erblasser zu der Rücknahme durch die irrige Annahme bestimmt worden ist, ein späteres Testament sei gültig. Die Rücknahme eines öffentlichen Testaments aus der amtlichen Verwahrung kann aber auch mit der Begründung angefochten werden, der Erblasser habe die rechtliche Bedeutung der Rücknahme als eines Widerrufs nicht gekannt (KG DRW **40** 1684 mit zustimmender Anm. von *Vogels* = DNotZ **41** 28 = HRR **40** 1287 gegen M **5** 302; KG RJA **11** 180 = KGJ **41** 97), ferner, der Erblasser sei zur Rücknahme durch unrichtige Erwartungen über den weiteren Verlauf eines ihm bekannten Vorfalls bestimmt worden (KG DRW **42** 143 mit zustimmender Anm. von *Vogels* = DNotZ **42** 186). Zu anderen Formen des Widerrufs vgl. BGH LM BGB § 2085 Nr. 2.

4 **III. Art und Wirkung der Rückgabe**

Gegenstand der Rückgabe sind alle nach § 34 BeurkG unter Verschluß gebrachten Schriftstücke, sowohl das übergebene als das mündlich erklärte Testament, die hierüber aufgenommene Niederschrift und sonstige Anlagen. Der herausgebende Beamte — das ist der Rechtspfleger — ist nicht befugt, das Siegel zu öffnen, sofern nicht der Erblasser zustimmt. Vgl. dazu für § 2246 BGB *Granicky* Rpfleger **57** 246; *Fischer* Rpfleger **58** 177. Die Aufnahme einer Niederschrift über die Rückgabe ist nicht wesentlich (s. aber AktenO § 27 Abs. 9 i d F der AV v. 4. 8. 1938, DJ 1259). Herauszugeben haben der Rechtspfleger und der Urkundsbeamte der Geschäftsstelle gemeinschaftlich (§ 2258 b Abs. 1 mit Rdn. 2 a E).

5 Die Tatsache der **Rückgabe an den Erblasser wirkt unmittelbar** kraft Gesetzes als Widerruf, vorausgesetzt, wie aus Abs. 2 zu ergänzen ist, daß sie auf Verlangen des Erblassers und an ihn persönlich erfolgt, ferner, daß es bereits zur *amtlichen Verwahrung* gekommen ist. Hat z. B. der Notar das von ihm aufgenommene Testament nicht an das Amtsgericht zur amtlichen Verwahrung abgeliefert, so wirkt es nicht als Widerruf, wenn er das Testament dem Erblasser aushändigt (RG WarnRspr. **13** Nr. 245; BGH NJW **59** 2113 = MDR **59** 997). Zur Frage der Anfechtbarkeit der Rücknahme eines Testaments aus amtlicher Verwahrung s. KG OLGZ **70** 242 = NJW **70** 612).

6 Die Rückgabe einer in besonderer amtlicher Verwahrung befindlichen Verfügung von Todes wegen ist im Gegensatz zu früher (KostO § 93 Abs. 2 a F) nicht mehr gebührenpflichtig (*Korintenberg/Wenz/Ackermann* KostO 5. Aufl. § 101 Anm. 3).

7 **IV. Belehrungspflicht (Abs. 1 Satz 2)**

Fassung des **Vermerks über die Belehrung** des Erblassers: AktenO § 27 Abs. 9 i d F der AV v. 4. 8. 1938, DJ 1259. Die Widerrufswirkung tritt auch dann ein, wenn die Belehrung des Erblassers entgegen der Sollvorschrift des Abs. 1 Satz 2 unterblieben ist.

8 **V. Rückgabeverlangen (Abs. 2 Satz 1)**

Das **Verlangen des Erblassers** bewirkt erst in Verbindung mit der Rückgabe den Widerruf, so daß, wenn sich die Rückgabe verzögert (vgl. Rdn. 9) und der Erblasser darüber hinwegstirbt, das Testament in Kraft bleibt. Das Verlangen ist an keine Form gebunden, muß nicht notwendig beurkundet werden und ergibt sich regelmäßig schon aus der Annahme der Schriftstücke. Dem Verlangen ist auch dann stattzugeben, wenn das zurückverlangte Testament schon anderweit widerrufen (§ 2254) oder aus anderen Gründen, z. B. durch Zeitablauf nach § 2252 unwirksam geworden ist.

VI. Rückgabe „an den Erblasser persönlich" (Abs. 2 Satz 2) 9

Entsprechend dem § 2064 kann auch in Form der Rücknahme der Erblasser nur persönlich, also nicht durch Vertreter widerrufen. Er hat mithin dem Verwahrungsbeamten seine Personengleichheit nachzuweisen (vgl. BeurkG § 10). Rückgabe des Hinterlegungsscheins genügt nicht, sie ist aber auch nicht wesentlich. Bei erheblicher Entfernung von der Verwahrungsstelle greift die Rechtshilfe ein, nötigenfalls durch Ersuchen eines deutschen Konsuls (RJA **13** 91). Vgl. auch AktenO § 27 Abs. 8 i d F der AV v. 4. 8. 1938 (DJ 1259). Rückgabe durch die Post ist nicht zulässig (JW **35** 3559[36]).

VII. Rücknahme eines eigenhändigen Testaments (Abs. 3) 10

Die Hinterlegung des eigenhändigen Testaments ist in § 2248 nur freigestellt. Dem entspricht es, daß einer Rückforderung des Testaments von der Verwahrungsstelle die zwingende Wirkung des Widerrufs nicht beigelegt ist. Hierfür dienen die einfachen Formen des § 2255 Abs. 2. Entsprach die nach § 2232 übergebene Schrift den Erfordernissen des eigenhändigen Testaments, so bewirkt die in den Formen der Abs. 1, 2 vollzogene Rückgabe vermöge der zwingenden Wirkung, die das Gesetz ihr beigelegt hat, den endgültigen Widerruf des Testaments auch in seiner etwa möglichen Eigenschaft eines eigenhändigen Testaments (a M *Firsching* DNotZ **55** 294 Anm. 63 mit Nachw.; *Planck/Strecker* § 2258 Anm. 5, § 2231 Anm. III 2; *Staudinger/Firsching* Rdn. 14; wie hier *Kipp/ Coing* § 31 Anm. 15; *Palandt/Keidel* Anm. 4). Die Widerrufswirkung als Folge der Rückgabe ist auch bei dem *Dreizeugentestament* der §§ 2250, 2251 ausgeschlossen, da auch hier die amtliche Verwahrung vom Gesetze nicht vorgeschrieben ist. Anders bei dem vor einem *deutschen Konsul* errichteten Testament (KonsG v. 8. 11. 1867 § 16 a i d F des G v. 14. 5 1936, RGBl. I 447 und des G v. 16. 12. 1950, BGBl. 784; Anm. 14 vor § 2229).

§ 2257

Wird der durch Testament erfolgte Widerruf einer letztwilligen Verfügung widerrufen, so ist im Zweifel die Verfügung wirksam, wie wenn sie nicht widerrufen worden wäre.

E I 1933 Abs. 2 II 2194; M **5** 289, 299; P **5** 351—353.

Widerruf des Widerrufs

Übersicht

I. Allgemeines 1

§ 2257 stimmt wörtlich mit TestG § 35 überein. Das TestG hat die Wörter „im Zweifel" eingefügt (vgl. Rdn. 3).

II. Anwendungsbereich 2

Der Widerruf des Widerrufs (nicht dessen Anfechtung, § 2078 Rdn. 58) ist *ausgeschlossen,* wenn der erste Widerruf durch Vernichtung oder Veränderung der Testamentsurkunde (§ 2255 Rdn. 6 ff) oder durch Rücknahme aus der amtlichen Verwahrung erfolgt war (§ 2256 Rdn. 2, 3). In beiden Fällen muß das Testament, wenn es wiederhergestellt werden soll, neu errichtet werden. War dagegen der Widerruf nach § 2254 durch *Testament erklärt*, so kann dieses widerrufende Testament seinerseits in allen drei Formen der §§ 2254—2256 widerrufen werden. Hat ein Erblasser sein Testament zerrissen und klebt er dieses zusammen, so liegt noch kein Widerruf des Widerrufs nach § 2257 vor (*Staudinger/Firsching* Rdn. 7). Steckt der Erblasser jedoch die Stücke in einen Umschlag und versieht er diesen mit dem Vermerk „Mein Testament", so ist darin eine Neuerrichtung zu sehen (OLG Düsseldorf JZ **51** 309; vgl. auch KG in NJW **70** 612, 613).

3 **III. Widerlegbare Vermutung („im Zweifel")**

Das frühere Testament lebt nur dann wieder auf, wenn kein gegenteiliger Wille des Erblassers anzunehmen ist. § 2257 hat mithin nur die Bedeutung einer *widerlegbaren Vermutung* (Begründung zum TestG). Vgl. zum Widerruf eines Widerrufstestaments durch einen Entmündigten OLG Köln NJW **55** 466; § 2253 Rdn. 5. Auch nach § 2257 a F war übrigens der durch Auslegung ermittelbare Wille des Erblassers zu berücksichtigen, wenn er darauf gerichtet war, daß die ursprüngliche letztwillige Verfügung nicht wieder in Kraft treten solle.

4 **IV. Wirksamkeit des zweiten Widerrufs**

Die Wirksamkeit des zweiten Widerrufs wird auf den Zeitpunkt des ersten Widerrufs **zurückbezogen.** Das erste Testament bleibt sonach regelmäßig in Kraft, wie wenn es überhaupt nicht widerrufen wäre. Dies setzt voraus, daß es noch unversehrt vorhanden, namentlich nicht in der Zwischenzeit nach §§ 2255, 2256 vernichtet, verändert oder zurückgenommen worden ist. Wäre es durch Zufall untergegangen, so müßte sein Inhalt mit den gewöhnlichen Beweismitteln festgestellt werden (§ 2255 Rdn. 12). Der *Entmündigte* kann den erst nach der Entmündigung erklärten Widerruf nicht widerrufen (§ 2253 Rdn. 5). Zulässig ist auch *teilweiser oder beschränkter Widerruf* des Widerrufs.

§ 2258

Durch die Errichtung eines Testaments wird ein früheres Testament insoweit aufgehoben, als das spätere Testament mit dem früheren in Widerspruch steht.

Wird das spätere Testament widerrufen, so ist im Zweifel das frühere Testament in gleicher Weise wirksam, wie wenn es nicht aufgehoben worden wäre.

E I 1936 II 2125; M **5** 303—305; P **5** 354, 355.

Aufhebung durch späteres widersprechendes Testament

Übersicht

1 **I. Allgemeines**

§ 2258 stimmt wörtlich mit TestG § 36 überein. Das TestG hat in Abs. 2 „im Zweifel" eingefügt (vgl. Rdn. 6). Die in § 2258 für Testamente getroffene Regelung wird durch § 2289 Abs. 1 Satz 1 auch auf das Verhältnis von Erbvertrag und früher errichtetem Testament übertragen (BGH **26** 213, 214).

II. Stillschweigende Aufhebung des früheren durch ein späteres Testament (Abs. 1) 2

Vorausgesetzt ist, daß beim Erbfall mehrere zeitlich aufeinanderfolgende Testamente des Erblassers vorhanden sind, die — jedes für sich allein — *gleichmäßig gültig und wirksam* wären, inhaltlich aber einander widersprechen, ohne daß das spätere Testament einen Widerruf des früheren Testaments enthielte (§ 2254). Soweit in einer späteren Verfügung der Wille des Erblassers ausgedrückt ist, eine bestimmte frühere Verfügung *aufzuheben,* ist nicht § 2258, sondern § 2254 gegeben (BGH LM BGB § 2258 Nr. 1; vgl. dazu auch OLG Hamm DNotZ **72** 104). § 2258 behandelt in erster Linie den Fall *sachlicher Unvereinbarkeit* mehrerer letztwilliger Verfügungen, die zu verschiedenen Zeiten errichtet worden sind. Insoweit ist der Wille des Erblassers nicht allein entscheidend. Zwei letztwillige Verfügungen können auch sachlich unvereinbar sein, wenn der Erblasser, als er die zweite errichtete, nicht an die frühere gedacht hat. Ein Widerspruch im Sinne des § 2258 kann nach Ansicht des BGH aber auch bestehen, wenn die beiden Verfügungen *sachlich miteinander vereinbar* sind, sofern der Wille des Erblassers feststellbar ist, daß die letzte Verfügung ausschließlich gelten solle (BGH aaO im Anschluß an *Planck/Strecker* § 2258 Anm. 1 Abs. 2; OLG **16** 271; JFG **3** 161; KG RJA **9** 87; vgl. ferner KG JW **35** 3122[43]). Läßt sich eine solche Absicht feststellen, dann wird allerdings regelmäßig auch ein Fall des § 2254 vorliegen (vgl. *F. Leonhard* § 2258 Erl. I B). Ob Widersprüche vorhanden sind oder nicht, ist gegebenenfalls durch Auslegung des Testamentsinhalts festzustellen (vgl. hierzu *Johannsen* WM **72** 62 ff mit zahlreichen Hinweisen; s. auch Rdn. 11 zu § 2084).

Grundsätzlich (vgl. auch § 2085) bleiben bei einem Widerspruch die mehreren 3
Testamente nebeneinander in Kraft (RG JW **16** 405[9] und 8. 3. 1920 IV 432/19; § 2084 Rdn. 11). Nur *soweit sie sich widersprechen,* legt das Gesetz der späteren Verfügung ausschließliche Wirkung bei. Die bloße Tatsache, daß ein zweites Testament errichtet worden ist, beeinträchtigt also die Wirksamkeit des ersten Testaments nicht; soweit widersprechend verfügt worden ist, braucht jedoch auf seiten des Erblassers kein besonderer Aufhebungswille vorhanden zu sein. Die Widerrufswirkung tritt ein, auch wenn er z. B. das erste Testament ganz vergessen hat.

Inwieweit sich die mehreren letztwilligen Verfügungen widersprechen, ist in 4
freier Auslegung (§ 133) unter Berücksichtigung auch außerhalb des Testaments liegender Umstände zu ermitteln (RG JW **13** 991[2] für den Fall, daß in einem älteren und in einem neueren Testamente derselben Person dieselbe Summe vermacht worden ist; RG WarnRspr. **31** Nr. 12 für den Fall, daß derselben Person in einem Testament vom September 1923 300 000 GM und in einem Testament vom November 1924 200 000 M vermacht worden sind). Die aufhebende Wirkung des späteren Testaments bleibt auch dann bestehen, wenn es z. B. infolge Ausfalls der Bedingung, Vorversterbens des eingesetzten Erben, Ausschlagung gegenstandslos werden sollte. Der Entmündigte kann nicht nach § 2258 widerrufen (§ 2253 Rdn. 5). Liegen mehrere inhaltlich gleiche, an einem oder an verschiedenen Tagen errichtete Testamente vor, so sind sie sämtlich wirksam (KG JFG **18** 333; *Staudinger/Firsching* Rdn. 14; BayObLG **65** 91).

Mehrere *gleichzeitig errichtete Testamente* heben sich, soweit sie sich widerspre- 5
chen, gegenseitig auf. Hinterläßt der Erblasser mehrere *undatierte eigenhändige Testamente,* die sich widersprechen, und läßt sich nicht feststellen, daß eins von ihnen später errichtet worden ist und daher die anderen aufgehoben hat, so sind alle Testamente als

ungültig anzusehen (§ 2247 Abs. 5). Ist ein *datiertes* und ein *undatiertes* eigenhändiges Testament vorhanden, so hat derjenige, der sich auf das undatierte Testament als das spätere beruft, zu beweisen, daß es später errichtet worden ist; gelingt ihm dieser Beweis nicht, so ist das *undatierte* Testament, soweit es mit dem datierten in Widerspruch steht, als ungültig zu behandeln (Begründung zum TestG). Vgl. § 2247 Rdn. 24 ff. Ist das spätere Testament ohne Zutun des Erblassers *abhanden gekommen,* steht aber fest, daß er durch dieses Testament ein früheres außer Kraft setzen wollte, ohne daß sich der sonstige Inhalt des späteren Testaments feststellen ließe, so tritt die gesetzliche Erbfolge ein (JW **35** 3122[43]).

6 **III. Widerlegbare Vermutung („im Zweifel“)**

Abs. 2 hat, ebenso wie § 2257, nur die Bedeutung einer widerlegbaren Vermutung (§ 2257 Rdn. 3). Vgl. zum Widerruf eines Widerrufstestaments seitens eines Entmündigten OLG Köln NJW **55** 466; § 2253 Rdn. 5.

7 **IV. Widerruf des späteren Testaments (Abs. 2)**

Das spätere Testament kann in allen Formen der §§ 2254—2256 widerrufen werden. Damit entfallen die darin getroffenen widersprechenden Verfügungen und das ältere, formell nicht aufgehobene Testament bleibt auch inhaltlich voll bestehen.

8 **V. Spätere Erbverträge und gemeinschaftliche Testamente**

Zur Aufhebung eines Testaments durch einen späteren Erbvertrag s. § 2289. Für gemeinschaftliche Testamente besteht keine entsprechende Bestimmung; auf sie ist § 2258 anzuwenden.

§ 2258 a

Für die besondere amtliche Verwahrung der Testamente sind die Amtsgerichte zuständig.

Örtlich zuständig ist:

1. **wenn das Testament vor einem Notar errichtet ist, das Amtsgericht, in dessen Bezirk der Notar seinen Amtssitz hat;**
2. **wenn das Testament vor dem Bürgermeister einer Gemeinde oder dem Vorsteher eines Gutsbezirks errichtet ist, das Amtsgericht, zu dessen Bezirk die Gemeinde oder der Gutsbezirk behört;**
3. **wenn das Testament nach § 2247 errichtet ist, jedes Amtsgericht.**

Der Erblasser kann jederzeit die Verwahrung bei einem anderen Amtsgericht verlangen.

DJ 1938, 1258.

Zuständigkeit für die besondere amtliche Verwahrung

Übersicht

1 **I. Allgemeines**

§ 2258 a entspricht TestG § 37. Das TestG hatte — abweichend von der alten Fassung des BGB im Anschluß an die §§ 81, 82 PrAGBGB — einheitliche Bestimmungen über die besondere amtliche Verwahrung in den §§ 37, 38 TestG getroffen. Die neue Fassung des BGB hat diese in den §§ 2258 a und 2258 b übernommen. Die §§ 37, 38 TestG bestrafen auch Erbverträge; insoweit verweist jetzt § 2300 auch auf die §§ 2258 a und 2258 b. Durch § 57 Abs. 3 Nr. 12 BeurkG ist die Fassung der Vorschrift der Neuregelung des Beurkundungsgesetzes angeglichen worden (Wegfall von Abs. 2 Nr. 1 und Abs. 4).

Vor dem Inkrafttreten der neuen Fassung (1. 1. 1970) vor einem Richter errichtete Testamente konnten noch nach diesem Zeitpunkt bei dem Amtsgericht hinterlegt werden, dem der Richter angehörte. Solche Testamente sind auch, wenn sie vor dem 1. 1. 1970 hinterlegt waren, weiter zu verwahren (vgl. *Zimmermann* Rpfleger 70 194).

Die **besondere amtliche Verwahrung** ist im Gegensatz zur gewöhnlichen Akten- 2
verwahrung (RG **48** 99), mit besonderen Sicherungen gegen Abhandenkommen oder Beschädigung ausgestattet. Ein eigenhändiges Testament wird auf Antrag des Erblassers (§ 2248) in besondere amtliche Verwahrung genommen. *Gebühr* für die besondere amtliche Verwahrung: KostO § 101.

II. Sachliche Zuständigkeit der Amtsgerichte (Abs. 1) 3

Die Regelung der Zuständigkeit für die besondere amtliche Verwahrung und des Verfahrens war früher der Landesgesetzgebung überlassen. Nunmehr sind im gesamten Bundesgebiet grundsätzlich — auch für die Länder mit Nurnotariat (EGBGB Art. 141) — die Amtsgerichte ausschließlich zuständig. Der zuständige Beamte ist der Rechtspfleger, § 3 Nr. 2 c RPflG. Die für das frühere Land *Württemberg* bestehenden Sondervorschriften bleiben nach dem 2. Teil Art. 4 Nr. 4 u. 5 des GesEinhG vom 5. 3. 1953 (BGBl. I 33) bestehen; sie betreffen die Zuständigkeit der *Bezirksnotare.*

III. Örtliche Zuständigkeit (Abs. 2) 4

Der Wohnsitz des Erblassers ist für die örtliche Zuständigkeit bedeutungslos. Zuständig ist allein das Amtsgericht, in dessen Bezirk der Notar seinen Amtssitz hat. Für die Verwahrung der vor einem deutschen Konsul errichteten Testamente ist das Amtsgericht Berlin-Schöneberg zuständig (§ 16 a KonsG v. 8. 11. 1867 i d F des G v. 14. 5. 1936, RGBl. I S. 447, des G v. 16. 12. 1950, BGBl. 784 und § 57 Abs. 1 BeurkundungsG vom 28. 8. 1969 BGBl. I 1513; früher auch TestG § 50 Abs. 4). Die Hinterlegung bei einem örtlich unzuständigen Gericht nimmt der Hinterlegung nicht den Charakter der besonderen amtlichen Verwahrung (§ 7 FGG). Das unzuständige Gericht wird aber das Testament weiterleiten. Der Streit zwischen einem Amtsgericht, das ein gemeinschaftliches Testament verwahrt, und dem für den ersten Erbfall zuständigen Nachlaßgericht über die Frage, welches der beiden Gerichte das Testament nach der ersten Eröffnung in besondere amtliche Verwahrung zurückzubringen hat, betrifft die örtliche Zuständigkeit (§ 5 FGG), die in einem solchen Falle beim Nachlaßgericht liegt (OLG Hamm Rpfleger **71** 398; vgl. auch OLG München BayJMBl. **60** 22).

IV. Abweichende Bestimmung des Erblassers (Abs. 3) 5

Das Verlangen des Erblassers, das keiner Form bedarf, kann bei der Testamentserrichtung oder später gestellt werden. § 16 DOfNot ist insoweit überholt (*Boehmer* DNotZ **40** 147). Übersendung an das andere Amtsgericht: AktenO § 27 Abs. 7.

V. Benachrichtigungspflicht (früher Abs. 4) 6

Die Benachrichtigungspflicht ist überflüssig geworden. Durch die bundeseinheitlich gefaßte AV über die Benachrichtigung in Nachlaßsachen vom 2. 1. 1964 ist angeordnet worden, daß das verwahrende Gericht den Standesbeamten des Geburtsortes von der Hinterlegung zu benachrichtigen hat. Der Standesbeamte des Geburtsortes erhält wiederum vom Standesbeamten des Sterbeortes Nachricht vom Tode des Erblassers (§ 43 I Nr. 1 AVO vom 12. 8. 1957 zum PStG; vgl. *Erman/Hense* Rdn. 3).

§ 2258 b

Die Annahme zur Verwahrung sowie die Herausgabe des Testaments ist von dem Richter anzuordnen und von ihm und dem Urkundsbeamten der Geschäftsstelle gemeinschaftlich zu bewirken.

Die Verwahrung erfolgt unter gemeinschaftlichem Verschluß des Richters und des Urkundsbeamten der Geschäftsstelle.

Dem Erblasser soll über das in Verwahrung genommene Testament ein Hinterlegungsschein erteilt werden. Der Hinterlegungsschein ist von dem Richter und dem Urkundsbeamten der Geschäftsstelle zu unterschreiben und mit dem Dienstsiegel zu versehen.

DJ 1938, 1258.

Verfahren bei der besonderen amtlichen Verwahrung

Übersicht

1 **I. Allgemeines**

§ 2258 b entspricht TestG § 38. TestG § 38 Abs. 1 Satz 2 (über die Führung des Verwahrungsbuchs) ist als entbehrlich (vgl. AktenO § 27) nicht übernommen worden. Vgl. im übrigen § 2258 a Rdn. 1. Nunmehr Neufassung der Vorschrift (Fortfall von Abs. 2 Satz 2 und Einfügung des Abs. 3 durch § 57 Abs. 3 Nr. 13 BeurkG).

2 **II. Annahme zur Verwahrung und Herausgabe aus der Verwahrung (Abs. 1)**

Nähere Vorschriften trifft § 27 Abs. 4, 5 der Aktenordnung. Über den Vollzug der besonderen amtlichen Verwahrung durch den Notar: § 34 Abs. 1 Satz 4 BeurkG und DONot § 16 in der vom 1. 8. 1970 ab geltenden Fassung. Der Richter hat zu prüfen, ob die Voraussetzungen für die besondere amtliche Verwahrung oder für die Herausgabe aus der Verwahrung vorliegen, ob die sachliche und die örtliche Zuständigkeit gegeben ist, ferner ob Umschlag und Verschluß in Ordnung sind; vor der Herausgabe hat sich der Richter auch über die Personengleichheit des Erblassers zu vergewissern (§ 2256 Rdn. 6). Belehrung des Erblassers über die Wirkung der Rückgabe: § 2256 Abs. 1 Satz 2. — Die in §§ 225 a bis 2264, 2300 u. 2300 a vorgesehenen Aufgaben des Richters sind dem Rechtspfleger zur selbständigen Wahrnehmung übertragen worden (§ 3 Nr. 2 c RPflG v. 5. 11. 1969).

3 **III. Gemeinschaftlicher Verschluß der Verwahrungspersonen (Abs. 2)**

Nähere Vorschriften AktenO § 27 Abs. 4.

IV. Hinterlegungsschein 4

Über den Hinterlegungsschein vgl. AktenO § 27 Abs. 6. Für den Bereich *Niedersachsen* AV des Nds.MdI v. 3. 11. 1967, in Kraft seit 1. 1. 1968, NdsRpfl. **67** 241.

§ 2259

Wer ein Testament, das nicht in besondere amtliche Verwahrung gebracht ist, im Besitz hat, ist verpflichtet, es unverzüglich, nachdem er von dem Tode des Erblassers Kenntnis erlangt hat, an das Nachlaßgericht abzuliefern.

Befindet sich ein Testament bei einer anderen Behörde als einem Gericht in amtlicher Verwahrung, so ist es nach dem Tode des Erblassers an das Nachlaßgericht abzuliefern. Das Nachlaßgericht hat, wenn es von dem Testament Kenntnis erlangt, die Ablieferung zu veranlassen.

E I 1937 II 2126; M **5** 305, 306; P **5** 355, 356.

Ablieferung von Testamenten

Übersicht

I. Allgemeines 1

§ 2259 stimmt mit TestG § 39 wörtlich überein. Die Vorschrift soll sicherstellen, daß alle Testamente gerichtlich eröffnet werden.

II. Ablieferungspflicht 2

Die Ablieferungspflicht **obliegt jeder Privatperson,** die ein nicht in besondere amtliche Verwahrung gebrachtes Testament, auch dasjenige eines im Inlande verstorbenen Ausländers (KGJ **36** A 85), aus irgendeinem Grunde besitzt. In Betracht kommt vor allem das eigenhändige Testament, ferner das Dreizeugentestament (§§ 2250, 2251), das der Verwahrung nicht unterliegt. Das einmal abgelieferte Testament hat aus Gründen der Rechtssicherheit und wegen § 2264 urschriftlich beim Nachlaßgericht zu verbleiben; der Erbe kann nicht Rückgabe verlangen (KGJ **38** A 145), auch ein naher Angehöriger selbst dann nicht, wenn es sich um das letzte Andenken an einen Kriegsgefallenen handelt (RJA **15** 118). Es genügt, daß das (offene oder verschlossene) Schriftstück sich äußerlich als *Testament,* als eine Kundgebung des letzten Willens kennzeichnet (JW **31** 1373[8]). Abzuliefern ist auch ein Testament, das offenbar formungültig ist (JFG **14** 158), nur eine Erbeinsetzung des Verwahrenden selbst enthält, sachlich gegenstandslos geworden oder widerrufen worden ist (z. B. ein öffentliches Testament, das dem Erblasser zurückgegeben worden ist und daher gemäß § 2256 als widerrufen gilt, JFG **15** 92). Ist das Testament noch vorhanden, so können auch Durchstreichungen usw. (§ 2255) nicht von der Ablieferungspflicht befreien (a M *Planck/Strecker* § 2259 Anm. 2).

Nicht abzuliefern ist eine Erklärung, durch die der Erblasser lediglich seinen 3
auf *Feuerbestattung* gerichteten Willen bekundet (G über die Feuerbestattung v. 15. 5. 1934, RGBl. I 380, § 4 Nr. 2, 3; DurchfVO v. 10. 8. 1938, RGBl. I 1000, § 1 i d F v. 24. 4. 1942, RGBl. I 242; vgl. Rdn. 7 vor § 1937; § 1968 Rdn. 2). Eine solche Erklärung ist keine

letztwillige Verfügung im Sinne der §§ 1937—1940 (*Vogels* DRpfl. **38** 274 Anm. 1; *Haberstrumpf* BayZ **30** 220).

4 Ablieferung des *Erbvertrages:* § 2300. Ein Erbvertrag ist auch dann an das Nachlaßgericht abzuliefern und zu eröffnen, wenn er durch einen späteren Erbvertrag aufgehoben worden ist (LG Münster JMBlNRW **57** 196).

5 **III. Ablieferung an das Nachlaßgericht**

Die Ablieferung an das Nachlaßgericht (§ 1960 Rdn. 10 ff) ist unverzüglich (§ 121) und unverlangt zu bewirken. Die Unterlassung kann strafbar sein (StGB § 274 Nr. 1) und jedenfalls den Beteiligten gegenüber schadenersatzpflichtig machen; die Ablieferung kann von ihnen auch mit Klage gefordert werden (RG WarnRspr. **13** Nr. 246). S. auch Rdn. 9. Mehrere Urschriften des Testaments sind sämtlich abzuliefern (§ 2260 Rdn. 4). Die an das Nachlaßgericht abgelieferte Verfügung von Todes wegen wird nicht zur besonderen amtlichen Verwahrung gebracht, sondern bis zu ihrer Eröffnung von der Geschäftsstelle bei den anzulegenden Akten aufbewahrt (AktenO § 27 Abs. 11). Es wird kein Hinterlegungsschein ausgefertigt, auf Verlangen jedoch eine Empfangsbestätigung (*Palandt/Keidel* Anm. 5).

6 Die *Kosten* der Ablieferung gehören, weil sie den Erben als solchen treffen, zu den Nachlaßverbindlichkeiten (§ 1967).

7 **IV. Ablieferungspflicht von Behörden**

Die Ablieferungspflicht der Behörden (Abs. 2 Satz 1) gilt auch für Gerichtsbehörden, die nicht zur besonderen amtlichen Verwahrung und demgemäß nicht zur Eröffnung des Testaments berechtigt sind (§ 2261), so für die Kollegialgerichte, insbesondere auch für das Prozeßgericht (RG 14. 2. 1927 IV 766/26; *Höver* DFG **37** 134). Im übrigen kommen in Betracht: der Bürgermeister (§§ 2249, 2250 Abs. 1), Polizeibehörden und Staatsanwaltschaften im Falle einer Beschlagnahme.

8 § 2259 Abs. 2 a F hatte noch die **Notare** neben den Behörden aufgeführt. Für sie kommt jedoch keine Ablieferungspflicht mehr in Betracht; sie sind für die besondere amtliche Verwahrung von Verfügungen von Todes wegen nicht mehr zuständig; daher hatten sie alle von ihnen verwahrten Verfügungen von Todes wegen schon nach RNotO § 79 Abs. 1 an das Amtsgericht abzugeben (Ausnahmen für das Land *Baden-Württemberg* [Oberlandesgerichtsbezirke Karlsruhe und Stuttgart] RNotO §§ 85, 86). Die vor ihnen errichteten Testamente haben die Notare unverzüglich in die besondere amtliche Verwahrung des Amtsgerichts zu bringen (§ 2246 Abs. 2), Erbverträge nach Maßgabe des § 2277. Streitig ist, ob der Notar die in seiner Verwahrung befindlichen, aber aufgehobenen Erbverträge abliefern muß; bejahend *Erman/Hense* Rdn. 1.

9 **V. Einschreiten des Nachlaßgerichts (Abs. 2 Satz 2)**

Das Nachlaßgericht veranlaßt die Ablieferung seitens *Behörden* durch Ersuchen. Verweigern sie die Herausgabe des Testaments, so ist dem Nachlaßgericht nur der Weg der Aufsichtsbeschwerde an ihre vorgesetzte Behörde gegeben. *Privatpersonen* können durch Ordnungsstrafen (FGG § 83 Abs. 1 in Verb. mit § 33 Abs. 1 u. 3 i d F des Art. 4 der VO v. 5. 8. 1935, RGBl. I 1065) und durch den vor dem Nachlaßgericht (RJA 11, 95) zu leistenden Offenbarungseid (FGG § 83 Abs. 2) zur Ablieferung angehalten werden; auch kann Gewalt gebraucht werden, wenn die Ablieferung nicht auf andere Weise herbeizuführen ist (FGG § 33 Abs. 2). Das Nachlaßgericht kann ferner im Wege der *Rechtshilfe* Privatpersonen über das Vorhandensein einer Verfügung von Todes wegen befragen lassen (RG **69** 271).

§ 2260

Das Nachlaßgericht hat, sobald es von dem Tode des Erblassers Kenntnis erlangt, zur Eröffnung eines in seiner Verwahrung befindlichen Testaments einen Termin zu bestimmen. Zu dem Termin sollen die gesetzlichen Erben des Erblassers und die sonstigen Beteiligten, soweit tunlich, geladen werden.

In dem Termin ist das Testament zu öffnen, den Beteiligten zu verkünden und ihnen auf Verlangen vorzulegen. Die Verkündung darf im Falle der Vorlegung unterbleiben. Die Verkündung unterbleibt ferner, wenn im Termin keiner der Beteiligten erscheint.

Über die Eröffnung ist eine Niederschrift aufzunehmen. War das Testament verschlossen, so ist in der Niederschrift festzustellen, ob der Verschluß unversehrt war.

E I 1038 Abs. 1 II 2127; M **5** 306, 307; P **5** 356.

Neueres Schrifttum:

Haegele, Einzelfragen zur Testamentseröffnung, RPfleger **68** 137; *Will,* Zweimalige Testamentseröffnung? (eines in Österreich „kundgemachten" Testaments einer Deutschen), DNotZ **74** 273.

Eröffnung des Testaments durch das Nachlaßgericht

Übersicht

I. Allgemeines 1

§ 2260 stimmt wörtlich mit TestG § 40 überein. Abs. 2 Satz 3 ist durch das TestG neu eingefügt worden (vgl. Begründung zum TestG DJ **38** 1258).

II. Eröffnung 2

1. Zuständigkeit

Das Testament wird durch das *Nachlaßgericht* — und zwar durch den *Rechtspfleger* (§ 3 Nr. 2 c RPflG) — oder das nach § 2261 hierzu berufene *andere Gericht* eröffnet. Notare sind für die Eröffnung nicht mehr zuständig. Auch der württembergische Bezirksnotar, der ein Testament in besondere amtliche Verwahrung genommen hat, ist zur Eröffnung des Testaments nicht berufen. Er muß das Testament nach Kenntnis vom Tod des Erblassers zur Eröffnung an das örtlich zuständige Nachlaßgericht — im ehemaligen Landesteil Württemberg an das „ordentliche Nachlaßgericht" — abliefern (BayObLGZ **58** 1).

2. Voraussetzungen 3

Die Eröffnung setzt voraus, daß das Gericht durch die ihm nach Abschnitt II der AV über die Benachrichtigung in Nachlaßsachen v. 2. 1. 1964 (in Baden-Württemberg vom 18. 4. 1966) vom Standesbeamten des Geburtsortes des Erblassers oder von der Testamentskartei zugehende Nachricht oder durch Vorlegung einer Sterbeurkunde oder einer Todeserklärung **vom Tode des Erblassers Kenntnis** erlangt hat. Auch eine zuverlässige nicht amtliche Nachricht vom Tode eines Kriegsteilnehmers kann ausreichen (RJA **14** 141). Eröffnung alter Testamente ohne Todesnachricht § 2263 a. Vorausgesetzt wird ferner, daß sich das zu eröffnende Testament, sei es von vornherein, sei es nach späterer

Ablieferung (§ 2259), in **Verwahrung des Gerichts** befindet. Zu eröffnen ist jede als **Testament** bezeichnete Urkunde. Bei Schriftstücken — z. B. Briefen — die äußerlich nicht als Testament gekennzeichnet sind, kann das Nachlaßgericht, bevor es sich zur Eröffnung entschließt, eine inhaltliche Prüfung daraufhin vornehmen, ob ein Testament vorliegt, ob also z. B. der Erblasser bei Abfassung eines Briefes den „animus testandi" hatte. Die Eröffnung kann abgelehnt werden, wenn sich das Fehlen des Testierwillens zweifelsfrei ergibt (OLG Frankfurt OLGZ **71** 205 = DNotZ **70** 698).

Bei *Widerruf* ist zu eröffnen, wenn Widerruf zweifelhaft ist (*Palandt/Keidel* Anm. 2 b). Wenn nur eine in einem Testament enthaltene Einzelverfügung durch ein späteres Testament widerrufen ist, müssen beide Testamente ihrem ganzen Inhalt nach eröffnet werden (OLG Düsseldorf OLGZ **66** 64).

4 **3. Umfang**

Die Eröffnung umfaßt die Öffnung und die Verkündung. Die *Gültigkeit* eines Schriftstücks, das sich äußerlich als Testament darstellt (§ 2259 Rdn. 2), ist vor der Eröffnung nicht zu prüfen; diese darf auch nicht wegen vermeintlicher Zwecklosigkeit unterbleiben (RJA **13** 82; JW **31** 1373[8]; JFG **14** 158; JFG Erg. **16** 71; auch OLG **40** 141 sowie JFG **1** 174, wonach ein angeblich widerrufenes Testament jedenfalls dann zu eröffnen ist, wenn Zweifel darüber bestehen können, ob ein Widerruf vorliegt). Ist ein Testament in *mehreren Urschriften* errichtet worden (§ 2247 Rdn. 12), so sind alle Testamentsschriften zu eröffnen, da es für die Beteiligten, z. B. um Zweifel über die Echtheit oder die inhaltliche Übereinstimmung der Urkunden zu beheben, wichtig sein kann, von jeder dieser Urkunden Kenntnis zu erhalten (JW **34** 2563[2]). Ist die Urschrift des öffentlichen Testaments im Ausland und kann ihre Ablieferung wegen des ausländischen Rechts nicht durchgesetzt werden, so kann eine Ausfertigung eröffnet werden (RJA **13** 87). Auch sonst kann eine öffentlich beglaubigte Abschrift eröffnet werden, wenn die Urschrift verlorengegangen ist (RJA **15** 25). Die einfache Abschrift eines verlorengegangenen Testaments hat KG RJA **16** 239 jedoch nicht zur Eröffnung zugelassen.

5 **4. Sonderfälle**

Zur Eröffnung des Testaments eines *Ausländers* sind die deutschen Gerichte zuständig, wenn hinsichtlich irgendwelchen Vermögens, insbesondere Grundvermögens, die Erbfolge nach deutschem Rechte stattfindet (RJA **16** 215; vgl. auch *Höver* DFG **37** 134). Richtet sich dagegen die Erbfolge ausschließlich nach *ausländischem Recht*, so ist das deutsche Gericht, soweit nicht durch Staatsverträge Abweichendes vereinbart worden ist, nicht befugt, das Testament zu eröffnen (vgl. JFG **15** 78 sowie *Vogels* DRpfl. **38** 276). Das BayObLG hat daher zutreffend die Zuständigkeit des deutschen Nachlaßgerichts zur Eröffnung eines Ausländertestaments für den Fall bejaht, daß ein *Staatsvertrag* die Mitwirkung des deutschen Gerichts vorsieht oder deutsches *materielles Erbrecht* anzuwenden ist (BayObLGZ **58** 34; angeführt bei *Keidel* JZ **59** 440).

Nach überwiegender Rechtsprechung ist die Eröffnung durch ein deutsches Nachlaßgericht bei ausländischem Erbstatut nur zulässig, wenn ein Erbschein beantragt ist oder die Sicherung des Nachlasses die Eröffnung gebietet (vgl. *Staudinger/Firsching* Rdn. 16; ferner *Pinckernelle/Spreen* DNotZ **67** 201).

6 Eröffnung des gemeinschaftlichen Testaments § 2273, des Erbvertrages § 2300 (vgl. dazu OLG Hamburg NJW **65** 1969 mit Anm. von *Lützeler* NJW **66** 58 für ein gemeinschaftliches Testament).

7 **III. Terminsbestimmung und Ladung**

Das Nachlaßgericht bestimmt den Termin und lädt die Beteiligten *von Amts wegen*. Zustellung ist nicht vorgeschrieben, das Erscheinen der Beteiligten kann nicht erzwungen werden (§ 2262). Erscheinen sie freiwillig, so kann das Testament auch ohne Ladung und förmliche Terminsbestimmung sogleich eröffnet werden. Beibringung des Hinterlegungsscheins (§ 2258 Abs. 3 Satz 1) ist nicht wesentlich. Es liegt nicht im Sinne des Gesetzes („soweit tunlich"; KGJ **45** 134), der Terminsbestimmung weitläufigere Ermittlungen der *gesetzlichen Erben* vorangehen zu lassen. Gegen die Weigerung des Nachlaßgerichts, auf Ersuchen des Grundbuchamts die Erben des eingetragenen Eigentümers zu ermitteln, kann entsprechend § 159 GVG das Oberlandesgericht angerufen werden (KG OLGZ **69** 134).

Zu den **Beteiligten** gehören Bedachte, auch bedingt Bedachte, selbst wenn als **8**
Bedingung ein vom freien Belieben des Belasteten abhängiges Ereignis gesetzt ist (RG RJA **16** 207 ff), Auflageberechtigte (§ 2194), Testamentsvollstrecker, Personen, bezüglich deren familienrechtliche Anordnungen getroffen sind (Vormünder, Gewalthaber, Ehegatten), soweit sie aus dem offen vorliegenden Testament oder aus bereits eröffneten Testamenten des Erblassers dem Nachlaßgerichte bekannt sind, *nicht* dagen *Nachlaßgläubiger.* Die Beteiligten können sich auch im Termin vertreten lassen.

Das Nachlaßgericht kann das Testament nicht, auch nicht auf Antrag der Betei- **9**
ligten, im Wege der Rechtshilfe eröffnen lassen (BayObLG **5** 516; **31** 91; JR **26** Nr. 811).

IV. Öffnung und Verkündung (Abs. 2) **10**

Die **Öffnung** hat sich auf den amtlichen wie auf den vom Erblasser selbst bewirkten Verschluß, die **Verkündung** auf den gesamten Inhalt der zum Testament gehörigen offen (RG **48** 99) oder verschlossen überreichten Schriftstücke einschließlich der Niederschriften und deren Anlagen zu erstrecken. Der Rechtspfleger (Rdn. 2) hat auch solche Schriftstücke zu verkünden, die nach der Meinung des Erblassers letztwillige Verfügungen enthalten sollten, aber den gesetzlichen Erfordernissen, insbesondere beim eigenhändigen Testament, so wenig genügen, daß sie überhaupt keine Testamente sind. Auch widerrufene, durch Fristablauf erloschene (§ 2252) und gegenstandslos gewordene Testamente sind zu verkünden (Rdn. 4).

Die Verkündung besteht regelmäßig im Verlesen der Schriftstücke, doch ge- **11**
nügt nach pflichtmäßigem Ermessen des Rechtspflegers (Rdn. 2) auch die Mitteilung des Inhalts. Sie ist wesentlicher Formalakt. Sie vermittelt dem Erben regelmäßig die erforderliche Kenntnis und setzt die Ausschlagungsfrist in Lauf (vgl. § 1944 Rdn. 2 ff). Die früher streitig gewesene Frage, ob die Verkündung auch dann erforderlich ist, wenn im Termin *keiner der Beteiligten erscheint,* ist mit dem TestG (s. Rdn. 1) dahin entschieden, daß in diesem Falle die Verkündung unterbleibt. Ein Verzicht der Erschienenen auf die Verkündung ist nicht zu beachten (OLG **6** 179; BayObLG **50** 391). Sie ist nur dann entbehrlich, wenn das Testament den Beteiligten auf Verlangen im Termin vorgelegt wird (s. auch § 2264). Zu irgendwelchen Erklärungen über die Echtheit des Testaments, Annahme der Erbschaft u. dgl. sind die Beteiligten nicht verpflichtet. Auf das eröffnete Testament wird der Eröffnungsvermerk gesetzt (*Palandt/Keidel* Anm. 3). Das eröffnete Testament bleibt auch nach Erteilung eines Erbscheines offen bei den Akten des Nachlaßgerichts. Eine Rückgabe des Testaments an den Ablieferer oder den Erben ist nicht zulässig (JW **31** 1373[8]; vgl. § 2259 Rdn. 2, auch § 2300 Rdn. 2).

V. Niederschrift (Abs. 3) **12**

Über die Form der Niederschrift bestehen keine besonderen Vorschriften. Zuziehung eines Urkundsbeamten der Geschäftsstelle ist nicht vorgeschrieben. Da es sich nicht um die Beurkundung eines Rechtsgeschäfts handelt, sind die §§ 167 ff FGG nicht unmittelbar maßgebend. Wesentlich ist wegen § 1944 Rdn. 15 ff, daß der Tag der Verkündung beurkundet wird. Die in Satz 2 vorgeschriebene Feststellung bezieht sich auf alle Verschlüsse der Urkunden, die äußeren sowohl (BeurkG § 34 Abs. 1 Satz 1) wie auf etwaige innere. Beanstanden die Beteiligten die Feststellung, so sind auch ihre Erklärungen in der Niederschrift festzuhalten. Ist das Testament *versehentlich* bei Lebzeiten des Erblassers eröffnet worden, so wird seine (fortdauernde) Gültigkeit dadurch nicht beeinträchtigt. Der Verschluß ist dann zweckmäßigerweise unter seiner Mitwirkung wieder herzustellen.

13 **VI. Besonderes**

Die *Kosten* der Testamentseröffnung sind Nachlaßverbindlichkeiten (§ 1967) und im Nachlaßkonkurse Masseschuld (KO § 224 Nr. 4); am Nachlaßvergleichsverfahren sind sie nicht beteiligt (VglO § 113 Nr. 6). *Gebühr* für die Eröffnung KostO §§ 102, 103. Eine *Urkundensteuer* wird seit dem 1. 9. 1941 nicht mehr erhoben.

14 Die Möglichkeit, ein öffentliches Testament mit Eröffnungsniederschrift zum *Nachweise der Erbfolge* oder der Ernennung eines Testamentsvollstreckers in Grundbuchangelegenheiten, beim Schiffsregister und beim Reichsschuldbuch zu verwenden, regeln GBO § 35, SchiffsregisterO § 41 Abs. 1 Satz 2 (BGBl. 1951 I 359), RSchuldbG v. 31. 5. 1910 § 16.

§ 2261

Hat ein anderes Gericht als das Nachlaßgericht das Testament in amtlicher Verwahrung, so liegt dem anderen Gericht die Eröffnung des Testaments ob. Das Testament ist nebst einer beglaubigten Abschrift der über die Eröffnung aufgenommenen Niederschrift dem Nachlaßgericht zu übersenden; eine beglaubigte Abschrift des Testaments ist zurückzubehalten.

E I 1938 Abs. 2 II 2128; M **5** 307; P **5** 356, 357.

Eröffnung durch ein anderes Gericht

1 **I. Allgemeines**

§ 2261 stimmt wörtlich mit TestG § 41 überein.

2 **II. Zuständigkeit eines anderen Gerichts**

Das Gericht, das gemäß BeurkG § 34, BGB § 2248 das Testament in amtliche Verwahrung genommen hatte, wird vielfach nicht zugleich Nachlaßgericht (§ 1960 Rdn. 10) sein. Um eine Übersendung der noch uneröffneten Testamentsurschrift zu vermeiden, ist deshalb diesem **andern Gericht die Eröffnung,** und zwar im vollen Umfange des § 2260 **übertragen** worden. Dagegen liegt die Benachrichtigung nach § 2262 lediglich dem Nachlaßgericht ob. Das Verwahrungsgericht hat das Testament auch dann zu eröffnen, wenn die amtliche Verwahrung nicht die „besondere" der §§ 2258 a, 2258 b (TestG §§ 20 Abs. 2, 37, 38) gewesen ist (KG DJ **41** 407 = DR **41** 1074 = JFG **22** 199 = DNotZ **41** 399).

Württembergische Bezirksnotare sind keine Gerichte (BayObLG **58** 1). Sie dürfen wohl Testamente verwahren, aber nicht eröffnen; sie sind nach § 2259 Abs. 2 verpflichtet, diese abzuliefern (OLG Stuttgart Just **71** 387; *Palandt/Keidel* Anm. 1).

3 § 2261 ist auch anzuwenden, wenn das Testament eines deutschen Erblassers, der seinen letzten gewöhnlichen Aufenthalt in der *DDR* gehabt hat, bei einem Gericht

im Gebiet der Bundesrepublik Deutschland abgeliefert wird. Die Gerichte der Bundesrepublik sind in diesem Falle — auch bei anderweit begründeter interlokaler Zuständigkeit — für die endgültige Verwahrung nicht zuständig. Vielmehr ist die Urschrift des Testaments, sofern im Einzelfalle keine überwiegenden Belange entgegenstehen, an die für den letzten Aufenthaltsort des Erblassers zuständige Nachlaßbehörde der DDR (staatl. Notariat) zu übersenden (KG OLGZ **70** 223 = DNotZ **70** 677 mit Anm. von *Geimer;* vgl. dazu ferner OLG Hamm in Rpfleger **72** 23; zu der Frage der interlokalen Zuständigkeit zur Eröffnung eines Testaments s. *Firsching* in Rpfleger **72** 6; a A: LG Berlin in Rpfleger **71** 317, wonach die endgültige Verwahrung des von einem Gericht der Bundesrepublik eröffneten Testaments dem in entsprechender Anwendung des § 73 Abs. 3 FGG zuständigen westlichen Nachlaßgericht obliegt).

Hat ein deutsches Gericht das in seiner Verwahrung befindliche Testament eines mit Wohnsitz in den Niederlanden gestorbenen *niederländischen Staatsangehörigen* eröffnet, so hat es das Testament gemäß § 2261 dem Zentralen Testamentsregister in Den Haag und nicht dem nach § 73 Abs. 3 FGG zuständigen deutschen Nachlaßgericht zu übersenden (LG Berlin Rpfleger **71** 400).

III. Eröffnungsverfahren 4

Die **Urschrift** des Testaments nebst den Niederschriften und Anlagen, die einen Bestandteil des Errichtungsakts bilden, ist nach Eröffnung dem — in- oder ausländischen — Nachlaßgericht zu übersenden und von diesem offen aufzubewahren. Lehnt das Nachlaßgericht die Annahme ab, so steht dem übersendenden Gerichte hiergegen keine Beschwerde zu, da ihm die Sorge dafür, daß das eröffnete Testament von der zuständigen Stelle verwahrt werde, nicht obliegt (RJA **15** 289). Wohl aber steht dem Nachlaßgericht die Beschwerde zu, wenn das andere Gericht ihm die Abgabe des Testaments in Urschrift verweigert (JFG **14** 168), nicht aber dem Gericht, dem das Verwahrungsgericht gemäß § 2261 ein Testament übersandt hat (LG Berlin Rpfleger **71** 399). Jedoch ist das Verwahrungsgericht befugt, gegen die Weigerung eines anderen Gerichts, ein diesem gemäß § 2261 übersandtes Testament zur endgültigen Aufbewahrung anzunehmen, Beschwerde einzulegen (LG Berlin Rpfleger **71** 400).

§ 2262

Das Nachlaßgericht hat die Beteiligten, welche bei der Eröffnung des Testaments nicht zugegen gewesen sind, von dem sie betreffenden Inhalt des Testaments in Kenntnis zu setzen.

E I 1939 Abs. 1 II 2129; M **5** 307, 308; P **5** 357.

Benachrichtigung der Beteiligten

§ 2262 stimmt wörtlich mit TestG § 42 überein. 1

Die **Benachrichtigung der Beteiligten** (§ 2260 Rdn. 8) obliegt auch im Falle des § 2261 allein dem Nachlaßgericht. Die gesetzlichen Erben kommen nicht allgemein, sondern nur so weit in Betracht, als sie ausgeschlossen (§ 1938) oder enterbt (§ 2336) oder augenscheinlich im Pflichtteil verletzt sind. Die Beteiligten sind, soweit sie dem Nachlaßgericht, und zwar nach Einziehung gehöriger Erkundigungen (RG **69** 274), bekannt geworden sind, *sämtlich,* nicht bloß „soweit tunlich" (§ 2260 Rdn. 7) in Kenntnis zu setzen, können aber auf Nachricht wirksam verzichten. Ist eine nicht vertretene oder zukünftige Nachkommenschaft bedacht, so hat das Nachlaßgericht beim Vormund- 2 schaftsgericht die Bestellung eines Pflegers anzuregen und, wenn ein Pfleger bestellt wird, diesen zu benachrichtigen; gegen die Ablehnung der Anregung steht ihm aber die Beschwerde nicht zu (RJA **15** 26). Ist ein Nacherbe mit einem Vermächtnis beschwert, so darf die Benachrichtigung des Bedachten nicht bis zum Nacherbfall aufgeschoben werden. Der Vermächtnisnehmer ist auch dann Beteiligter i. S. des § 2262, wenn das Testament durch ein weiteres eröffnetes Testament widerrufen worden ist (OLG Düsseldorf OLGZ **66** 64).

Nachdem nunmehr auch ein nichteheliches Kind Erbe sein kann (vgl. Rdn. 2 zu § 1934 a), wird auch dieses bzw. werden auch die nichtehelichen Verwandten zu benachrichtigen sein.

Die Pflicht zur Benachrichtigung ist von der Rechtswirksamkeit des Testaments im ganzen oder der einzelnen darin getroffenen Verfügungen unabhängig (RG RJA **16** 212; KG JW **31** 1373[8]). Eine Form der Benachrichtigung ist nicht vorgeschrieben. Regelmäßig genügt einfache Abschrift, nach Umständen auch kurze inhaltliche Mitteilung mit dem Anheimgeben, das Testament einzusehen (§ 2264). Darüber, wie einzelne nicht handschriftlich hergestellte Teile eines eigenhändigen Testaments in der Abschrift ersichtlich zu machen sind s. AktenO § 27 Abs. 12. Bekanntgabe im Wege der *Rechtshilfe* ist nicht ausgeschlossen (JR **26** Nr. 811; BayObLG **31** 91). Die *Kosten* der Benachrichtigung gehören zu den Kosten der Eröffnung (§ 2260 Rdn. 13).

3 *Benachrichtigung* des für die Verwaltung der Erbschaftssteuer zuständigen *Finanzamts* § 12 ErbStDVO v. 19. 1. 1962 (BGBl. 22); dem Finanzamt ist eine Abschrift des Testaments zu übersenden, § 189 a RAGO i. V. m. § 177 Abs. 4 RAGO.

§ 2263

Eine Anordnung des Erblassers, durch die er verbietet, das Testament alsbald nach seinem Tode zu eröffnen, ist nichtig.

E I 1938 Abs. 3 II 2130; M **5** 307; P **5** 357.

Nichtigkeit eines Eröffnungsverbots

1 § 2263 stimmt wörtlich mit TestG § 43 überein.

2 **Nichtig** ist auch das Verbot der Benachrichtigung nach § 2262 (RG LZ **19** 1241[18] und RJA **16** 213) oder der Einsicht nach § 2264. Vgl. dazu *Palandt/Keidel* Anm. 1, wonach die Nichtigkeit solcher Bestimmungen nach § 2085 im Zweifel die Gültigkeit des Testaments nicht berührt. Jedoch ist eine Bestimmung nichtig, wenn der Erblasser die Eröffnung des Testaments überhaupt verbietet.

§ 2263 a

Befindet sich ein Testament seit mehr als dreißig Jahren in amtlicher Verwahrung, so hat die verwahrende Stelle von Amts wegen, soweit tunlich, Ermittlungen darüber anzustellen, ob der Erblasser noch lebt. Führen die Ermittlungen nicht zu der Feststellung des Fortlebens des Erblassers, so ist das Testament zu eröffnen. Die Vorschriften der §§ 2260 bis 2262 sind entsprechend anzuwenden.

DJ 1938, 1259.

Eröffnungsfrist für Testamente

I. Allgemeines 1

Eine dem § 2263 a, bisher TestG § 46 entsprechende reichsrechtliche Vorschrift gab es früher nicht. Die Frist für die Eröffnung alter Testamente war landesrechtlich geregelt (vgl. PrAGBGB Art. 82). Die Vorschrift gilt für Erbverträge entsprechend; vgl. § 2300 a — dort Frist: 50 Jahre —.

II. Geltungsbereich 2

Zu eröffnen sind auch Testamente, die sich beim Inkrafttreten des TestG bereits in amtlicher Verwahrung befanden (*Vogels* ZAkDR **38** 666), soweit sie nicht schon auf Grund der AV v. 11.5. 1936 (DJ 748) vor dem 30.9. 1938 zurückgenommen worden sind.

III. Ermittlungspflicht 3

Die seit mehr als 30 Jahren in amtlicher Verwahrung befindlichen Testamente werden durch das alljährliche im Oktober vom zweiten Verwahrungsbeamten nach § 27 Abs. 10 Satz 3 der Aktenordnung aufzustellende *Verzeichnis* erfaßt. Der Umfang der anzustellenden *Ermittlungen* steht im Ermessen des Nachlaßgerichts. In Betracht kommen z. B. Anfragen bei der Polizeibehörde, beim Standesbeamten des Geburtsortes, bei Verwandten, bei der Dienstbehörde des Erblassers usw. Ergeben die Ermittlungen nicht mit Sicherheit, daß der Erblasser noch lebt, so ist das Testament zu eröffnen.

IV. Eröffnung 4

Für die Eröffnung ist das Nachlaßgericht (§ 2260) oder das in § 2261 bezeichnete andere Gericht zuständig. Zuständiger Beamter ist wie bei allen Angelegenheiten der §§ 2258 a bis 2264 der Rechtspfleger, § 3 Nr. 2 c RpflegerG v. 5. 11. 1969 BGBl. I 2065. — Ist das Testament eröffnet worden, obwohl der Erblasser noch lebt, so verliert die Verfügung von Todes wegen hierdurch nicht ihre Gültigkeit. Sie ist wieder in — besondere oder gewöhnliche — Verwahrung zu nehmen. Zweckmäßig ist es, den Erblasser vorher zu benachrichtigen, damit er sich über die Rücknahme des Testaments nach § 2256 schlüssig machen kann (*Planck/Strecker* § 2260 Anm. 8; *Vogels* ZAkDR **38** 666).

§ 2264

Wer ein rechtliches Interesse glaubhaft macht, ist berechtigt, ein eröffnetes Testament einzusehen sowie eine Abschrift des Testaments oder einzelner Teile zu fordern; die Abschrift ist auf Verlangen zu beglaubigen.

E I 1939 Abs. 2 II 2131; M **5** 308; P **5** 357.

Einsichtnahme, Abschrifterteilung

Übersicht

I. Allgemeines 1

§ 2264 stimmt wörtlich mit TestG § 47 überein.

2 **II. Rechtliches Interesse**

Rechtliches Interesse, wie BGB § 1953 Abs. 3 und FGG § 85, im Gegensatz zum *berechtigten Interesse*, FGG §§ 34, 78, GBO § 12. *Glaubhaftmachung* FGG § 15 Abs. 2. Interessiert sind (auch bei zweifelloser Ungültigkeit des Testaments, JW **31** 1373[8]) jedenfalls die Beteiligten (§ 2260 Rdn. 8), die gesetzlichen Erben, auch wenn der Erblasser sie nicht bedacht hat (BayObLGZ **54** 310 = DNotZ **55** 433), nach Umständen auch Nachlaßgläubiger und selbst Eigengläubiger des Erben. Wissenschaftliche, historische und ähnliche Interessen können nach FGG § 34 berücksichtigt werden.

3 **III. Inhalt des Einsichtsrechts**

Die **Einsicht** an der amtlichen Verwahrungsstelle, auch derjenigen des „anderen Gerichts" (§ 2261), darf den *Berechtigten* nicht verweigert werden. In dem Recht auf Einsicht ist die Befugnis enthalten, sich selbst Aufzeichnungen zu machen oder selbst Abschriften anzufertigen; KG (RJA **12** 205) gestattet, wenigstens im allgemeinen, auch die Herstellung einer Ablichtung. Inwieweit das rechtliche Interesse dessen, der die Einsicht begehrt, die Kenntnisnahme des ganzen Testaments oder nur einzelner Teile rechtfertigt, ist unter Abwägen etwa entgegenstehender anderer rechtlicher Interessen nach den Umständen zu entscheiden. Derjenige, dem das Testament zu verkünden ist, darf auch, und zwar vom ganzen Testament, Einsicht nehmen und Abschrift fordern (RJA **9** 79). Über die Einsichtnahme in ein nur teilweise verkündetes gemeinschaftliches Testament s. § 2273 Rdn. 7. Beschwerde nach FGG §§ 19 ff.

4 Dem *Erblasser selbst* kann das Recht auf Einsicht in das nach § 34 BeurkG in Verwahrung genommene, noch nicht eröffnete Testament oder auf Abschrifterteilung (auch wenn ein rechtliches Interesse nicht glaubhaft gemacht ist, JFG **4** 159) nicht versagt werden. Recht der *Steuerbehörden* auf Einsicht RAbgO v. 22. 5. 1931 § 188.

5 **IV. Recht auf Abschrift**

Der Berechtigte kann, anstatt sich selbst eine Abschrift anzufertigen, eine solche des Testaments oder einzelner Teile *fordern*. Die Abschrift kann nur vom *Nachlaßgericht*, *nicht* vom *Notar* gefordert werden (BayObLGZ **54** 310 = DNotZ **55** 433), da der Notar nicht im Besitz der Urschrift ist.

6 Das *Testament* umfaßt auch hier die Niederschriften und Anlagen (§ 2261 Rdn. 4). Die *Beglaubigung* der Abschrift richtet sich nach den landesrechtlichen Vorschriften (für eigenhändige Testamente s. auch AktenO § 27 Abs. 12). Von einem öffentlichen Testament kann auch eine *Ausfertigung* verlangt werden. Die *Kosten* gehen zu Lasten des Einsichtnehmenden.

7 **V. Einsicht in Erbvertrag**

§ 2264 gilt *nicht* für *Erbverträge;* das folgt aus § 2300. In die Erbverträge kann nur gemäß § 34 FGG Einsicht genommen werden.

Der frühere § 2277 ist neu gefaßt worden. Er enthält nur noch eine Sollvorschrift, wonach bei amtlicher Verwahrung eines Erbvertrages den Beteiligten ein Hinterlegungsschein erteilt werden soll.

ACHTER TITEL

Gemeinschaftliches Testament

I. Begriff 1

Das Gesetz enthält keine Bestimmung darüber, was unter einem gemeinschaftlichen Testament zu verstehen ist. Nach dem sprachlichen Inhalt des Begriffs handelt es sich dabei um letztwillige Verfügungen mehrerer Personen, die gemeinschaftlich getroffen sind. Nicht ohne weiteres ergibt sich, ob die Gemeinschaftlichkeit darin bestehen muß, daß sie in ein und derselben Urkunde enthalten sind, ob sie auf dem Willensentschluß der Verfügenden, gemeinschaftlich testieren zu wollen oder auf beiden Elementen zusammen beruht (vgl. darüber § 2265 Rdn. 2—7).

II. Geschichte 2

Das gemeinschaftliche Testament des BGB geht auf eine Rechtsgewohnheit des spätmittelalterlichen Rechts zurück. Es wurde als zulässig angesehen, daß mehrere Testamente in einer Verhandlung errichtet wurden. Solche gemeinsam errichteten Testamente konnten jedes für sich allein widerrufen werden. Erst später nahm man eine gegenseitige Abhängigkeit der in dem Testament enthaltenen wechselbezüglichen Verfügungen an und auch eine gewisse Bindung der Verfügenden. Die Verfügungen blieben zwar zu Lebzeiten der Testierenden frei widerruflich. Der Widerruf hatte aber zur Folge, daß die mit der widerrufenen in Wechselbeziehung stehenden Verfügungen des anderen Teils gleichfalls unwirksam wurden. Diese Unwirksamkeit trat nur dann nicht ein, wenn dem anderen Teil der Widerruf bekannt war und er trotzdem seine Verfügungen bestehen lassen hatte. Der Überlebende verlor nach dem Tode des Mittestierenden, wenn er das ihm Zugewandte annahm, das Recht zum Widerruf (vgl. dazu *Kipp/Coing* § 32 II).

Die I. Kommission lehnte es ab, das gemeinschaftliche Testament in das BGB aufzunehmen. Man hielt es für überflüssig und bezeichnete es als eine „unklare Mitte zwischen Erbvertrag und Testament" (Mot. 5, 253). Die II. Kommission nahm es dagegen mit Rücksicht auf die Gewohnheit in weiten Kreisen auf (Prot. 5, 426). Ebenso wie im ABGB und im ALR wurde das gemeinschaftliche Testament jedoch nur für Ehegatten zugelassen (§ 2265). Die geringe Liebe, die das gemeinschaftliche Testament bei den Beratungen des Entwurfs und bei den Schöpfern des Gesetzes fand, hat dazu geführt, daß es im Gesetz nur mit wenigen Bestimmungen und nicht bis in alle Einzelheiten geregelt worden ist. Zur Ergänzung müssen Bestimmungen aus dem Recht des Erbvertrages, insbesondere die Bestimmungen über die Anfechtung der Erbverträge, herangezogen werden. Es liegt in der Natur der Sache, daß das gemeinschaftliche Testament mehr als andere letztwillige Verfügungen Anlaß zu Rechtsstreitigkeiten geben kann, da die Frage, in welchem Umfang der überlebende Ehegatte durch das gemeinschaftliche Testament gebunden ist, oft nicht klar beantwortet werden kann, und da auch der überlebende Ehegatte zuweilen nach Wegen sucht, um die ihm lästige Bindung zu umgehen. Dennoch ist das gemeinschaftliche Testament und ganz besonders das gemeinschaftliche privatschriftliche Testament eine sehr beliebte und weit verbreitete Testamentsform geworden, die nicht mehr entbehrt werden möchte.

III. Systematische Übersicht 3

1. Errichtung des gemeinschaftlichen Testaments

Die Regelung, die das gemeinschaftliche Testament im Gesetz gefunden hat, ist in vieler Hinsicht lückenhaft. Die **§§ 2265—2267** befassen sich mit der Errichtung des gemeinschaftlichen Testaments. § 2266 bestimmt folgerichtig, daß ein gemeinschaftliches Nottestament auch errichtet werden kann, wenn die dafür gesetzlich vorgesehenen Voraussetzungen nur bei einem der Ehegatten vorliegen. § 2267 gewährt eine Formerleichterung für das gemeinschaftliche eigenhändige Testament. Es ist nicht erforderlich, daß jeder der Ehegatten seinen letzten Willen in der Form des § 2247 in der gemeinschaftlichen Urkunde erklärt. Vielmehr genügt es, wenn einer der Ehegatten in der dort vorgesehenen Form den Testamentsinhalt niederschreibt und der andere diese Erklärung mitunterzeichnet. Er soll dabei angeben, zu welcher Zeit und an welchem Ort er seine Unterschrift beigefügt hat.

4 **2. Rechtsfolgen bei gestörter oder aufgelöster Ehe**

§ 2268 regelt die Rechtsfolgen, die sich ergeben, wenn die Ehe der gemeinschaftlich testierenden Eheleute nichtig ist, wenn sie vor dem Tode eines der Ehegatten aufgelöst worden ist oder wenn der verstorbene Ehegatte bei seinem Tode eine begründete Klage auf Aufhebung oder Scheidung der Ehe wegen eines Verschuldens des anderen Eheteils erhoben hatte. Im ersteren Fall ist das gemeinschaftliche Testament seinem ganzen Inhalt nach unwirksam, in den beiden anderen bleiben die Verfügungen insoweit wirksam, als anzunehmen ist, daß sie auch für diesen Fall getroffen sein würden.

5 **3. Gegenseitiges Bedenken der Ehegatten**

Sehr häufig setzen Eheleute sich in einem gemeinschaftlichen Testament gegenseitig als Erben ein und bestimmen, daß ihr Nachlaß nach dem Tode des Überlebenden an einen Dritten fallen soll. Für diesen Fall trifft **§ 2269** Abs. 1 eine Auslegungsregel. Ein Testament mit diesem Inhalt ist im Zweifel nicht im Sinne der Anordnung einer Vor- und Nacherbschaft auszulegen, sondern dahin, daß der Dritte den gesamten Nachlaß als Erbe des zuletzt Versterbenden erhalten soll. Absatz 2 enthält eine Auslegungsregel für den Fall, daß ein Vermächtnis angeordnet ist, das nach dem Tode des Überlebenden erfüllt werden soll. Im Zweifel soll angenommen werden, daß dieses Vermächtnis dem Bedachten erst mit dem Tode des Überlebenden anfallen soll.

6 **4. Wechselbezügliche Verfügungen**

Die **§§ 2270, 2271** befassen sich mit den wechselbezüglichen Verfügungen eines gemeinschaftlichen Testaments. Das sind solche Verfügungen, von denen anzunehmen ist, daß die Verfügung des einen Ehegatten nicht ohne die des anderen getroffen sein würde. § 2270 Abs. 1 bestimmt, daß die Nichtigkeit oder der Widerruf der einen Verfügung die Unwirksamkeit der anderen, mit ihr in Wechselbeziehung stehenden zur Folge hat. Das gilt jedoch nach Abs. 3 nur für solche wechselbezüglichen Verfügungen, die eine Erbeinsetzung, ein Vermächtnis oder eine Auflage zum Gegenstand haben.

Absatz 2 enthält wiederum eine Auslegungsregel, nach der für zwei häufig vorkommende Fälle im Zweifel die Wechselbezüglichkeit der Verfügungen anzunehmen ist. Das soll gelten, wenn Eheleute sich gegenseitig bedenken oder wenn der eine dem anderen etwas zuwendet und dieser für den Fall seines Überlebens eine Verfügung zugunsten einer dem anderen verwandten oder sonst nahestehenden Person trifft.

§ 2271 regelt den Widerruf wechselbezüglicher Verfügungen. Er erfolgt bei Lebzeiten der Eheleute nach den für den Rücktritt von einem Erbvertrag geltenden Vorschriften des § 2296. § 2271 Abs. 1 Satz 2 stellt klar, daß ein Ehegatte bei Lebzeiten des anderen seine Verfügung nicht einseitig durch eine neue Verfügung von Todes wegen aufheben kann. Absatz 2 bestimmt, unter welchen Voraussetzungen der überlebende Ehegatte seine volle Testierfreiheit zurückerlangen kann. Er hat kein Recht zum Widerruf mehr. Grundsätzlich muß er, um seine volle Testierfreiheit zurückzuerlangen, das ihm Zugewandte ausschlagen. Dann kann er die von ihm in dem gemeinschaftlichen Testament getroffenen wechselbezüglichen Verfügungen aufheben. Hat der Überlebende das ihm Zugewandte angenommen, so kann er seine wechselbezüglichen Verfügungen nur aufheben, wenn der von ihm Bedachte sich einer Verfehlung schuldig gemacht hat, die einen Erblasser zur Entziehung des Pflichtteils berechtigen würde. Absatz 3 regelt den Fall, daß ein pflichtteilsberechtigter Abkömmling bedacht ist, der in hohem Maße verschuldet ist oder sich der Verschwendung ergeben hat. Dem überlebenden Ehegatten wird in diesem Fall hinsichtlich seiner dem Abkömmling gemachten Zuwendungen gestattet, Anordnungen zu treffen, wie sie in § 2338 vorgesehen sind.

5. Rücknahme, Eröffnung, Wiederverschließung 7

§ 2279 behandelt die Rücknahme des gemeinschaftlichen Testaments aus amtlicher Verwahrung und **§ 2273** die Eröffnung und Wiederverschließung des gemeinschaftlichen Testaments nach dem Tode des zuerst verstorbenen Ehegatten.

Neueres Schrifttum:

Großrau, Behandlung gemeinschaftlicher Testamente von Nichtehegatten, NJW **48** 364; *Wing,* Zur Reform des gemeinschaftlichen eigenhändigen Testaments, JZ **52** 611; *Merz,* Die Wirksamkeit gemeinschaftlicher, im Inland errichteter Ehegattentestamente von Ausländern, insbesondere Schweizern, NJW **56** 1505; *Rötelmann,* Erfordernis des eigenhändigen gemeinschaftlichen Testaments, RPfleger **58** 146; *Lutter,* Zur Umdeutung nichtiger gemeinschaftlicher Testamente von Nichtehegatten, FamRZ **59** 273; *Asbeck,* Das eigenhändige Ehegattentestament, Betrieb **61** 869; *Ripfel,* Das Testament für den Fall des gemeinschaftlichen Unfalltodes von Ehegatten, BB **61** 583; *Raiz von Frentz,* Gestaltungsformen zur Abgrenzung der Rechte von überlebenden Ehegatten und Kindern in gemeinschaftlichen Testamenten und Erbverträgen, DNotZ **62** 635; *Bühler,* Zur Wechselbezüglichkeit und Bindung beim gemeinschaftlichen Testament und Erbvertrag, DNotZ **63** 359, 373; *Lange,* Bindung des Erblassers an seine Verfügungen, NJW **63** 1571; *Kohler,* Die schuldrechtlichen Ersatzansprüche wegen Aushöhlung des Nachlasses, NJW **64** 1393; *Mattern,* Die Rechtsprechung des Bundesgerichtshofs zur Testamentsaushöhlung, DNotZ **64** 196; *Pöhlemann,* Berliner Testament und pflichtteilsberechtigte Angehörige, Das Grundeigentum, **65** 392; *Huken,* Bleibt in einem gemeinschaftlichen Testament mit Wiederverheiratungsklausel die letztwillige Verfügung des überlebenden Ehegatten nach seiner Wiederverheiratung im Zweifel bestehen, DNotZ **65** 729; *Mattern,* Die Testamentsaushöhlung, Mitteilungen aus der Praxis, **66** 1; *Haegele,* Das Ehegattentestament, 2. Auflage, Heidelberg 1965; *Schoeck,* Die entsprechende Anwendung der Vorschriften aus dem Erbvertragsrecht auf das gemeinschaftliche Testament, Diss. Tübingen 1966; *Speckmann,* Die Aushöhlung gemeinschaftlicher Testamente durch Rechtsgeschäft unter Lebenden, NJW **68** 2222; *Schulz-Zabel,* Das Verhältnis des Erbvertrags zum gemeinschaftlichen Testament, Diss. Köln 1969; *Johannsen,* Die Rechtsprechung des Bundesgerichtshofs auf dem Gebiete des Erbrechts — 2. Teil: Das Recht des gemeinschaftlichen Testaments, WM **69** 1314 mit Ergänzungen WM **73** 534; *Speckmann,* Aushöhlung von Erbverträgen und gemeinschaftlichen Testamenten. Zur neueren Rechtsprechung des BGH, NJW **71** 176; *Reubold,* Die Aushöhlung des Erbvertrags und des bindend gewordenen gemeinschaftlichen Testaments, Diss. Frankfurt 1970; *Teichmann,* „Aushöhlung" erbrechtlicher Bindungen als methodisches Problem, MDR **72** 1; *Simshäuser,* Auslegungsfragen bei Wiederverheiratungsklauseln in gemeinschaftlichen Testamenten und Erbverträgen, FamRZ **72** 273; *Kanzleiter,* Die Aufrechterhaltung der Bestimmungen in unwirksamen gemeinschaftlichen Testamenten als einseitige letztwillige Verfügungen, DNotZ **73** 133; *Mattern,* Zu Aushöhlungsnichtigkeit nach § 138 BGB, Agrarrecht **73** 286; *Speckmann,* Aushöhlungsnichtigkeit und § 2287 BGB bei Erbverträgen und gemeinschaftlichen Testamenten, NJW **74** 341; *Schulte,* Zur Aushöhlungsnichtigkeit nach § 138 BGB — eine Ergänzung. Agrarrecht **73** 388; *Helfrich,* Die Grenzen der Bindungswirkung des § 2271 Abs. 2 Satz 1 Halbsatz 1 Diss. Köln 1972; *Speckmann,* Aushöhlungsnichtigkeit und § 2287 BGB bei Erbverträgen und gemeinschaftlichen Testamenten, NJW **74** 341.

§ 2265

Ein gemeinschaftliches Testament kann nur von Ehegatten errichtet werden.

E I 1913 II 2132; M **5** 253—257; P **5** 424—427.

Errichtung eines gemeinschaftlichen Testaments

Übersicht

1 **I. Allgemeines**

§ 2265 war zeitweilig durch das Gesetz über die Errichtung von Testamenten und Erbverträgen v. 31. 7. 1938 außer Kraft gesetzt. An seiner Stelle galt der mit ihm wörtlich übereinstimmende § 28 Abs. 1 TestG. Durch das Gesetz zur Wiederherstellung der Gesetzeseinheit auf dem Gebiete des Bürgerlichen Rechts v. 5. 3. 1953, BGBl. I 33, ist § 28 TestG wieder aufgehoben worden, und es gilt wieder § 2265.

2 **II. Rechtsnatur des gemeinschaftlichen Testaments**

1. Die Gemeinschaftlichkeit des Testaments

Der Begriff des gemeinschaftlichen Testaments ist vom Gesetzgeber nicht näher bestimmt. Von einem gemeinschaftlichen Testament kann, wie der Sinn des Wortes ergibt, nur die Rede sein, wenn die letztwilligen Erklärungen der Ehegatten aus einem gemeinsamen Entschluß hervorgegangen und aufgesetzt sind. Zweifelhaft kann sein, welche besonderen Anforderungen hiernach im einzelnen an die Gestalt des gemeinschaftlichen Testaments zu stellen sind.

3 Das Reichsgericht hat das Wesen des gemeinschaftlichen Testaments darin gesehen, daß die letztwilligen Verfügungen mehrerer Personen in einer einheitlichen Urkunde erklärt werden. Aus der Niederschrift der Verfügung muß sich nach Ansicht des Reichsgerichts ergeben, ob ein gemeinschaftliches Testament in Frage steht oder ob Einzeltestamente vorliegen. Die Urkunde selbst kann aus mehreren Blättern oder Bogen bestehen. Auf den Inhalt der Verfügungen, auf die Einheitlichkeit oder Gemeinschaftlichkeit des Errichtungsaktes oder auf die Absicht der Verfügenden kommt es nach Ansicht des Reichsgerichts nicht an. Nach dieser Rechtsansicht konnte ein gemeinschaftliches Testament vor dem Inkrafttreten des Testamentsgesetzes nicht in der Weise errichtet werden, daß jeder der Ehegatten die beabsichtigte letztwillige Verfügung niederschrieb, sie datierte, unterzeichnete und von dem anderen Ehegatten mitunterzeichnen ließ (RG **50** 309; **72** 204; JW **17** 925). Das Reichsgericht hat in diesen Entscheidungen angedeutet, daß ein gemeinschaftliches Testament auch eine andere Gestalt haben könne, als § 2267 aF sie vorgesehen hat; es hat jedoch nicht positiv gesagt, wie ein solches Testament als eigenhändiges gestaltet werden müsse. Praktisch stand also nur die Gestalt nach § 2267 aF zur Verfügung, die ausdrückliche Bezugnahme des einen Ehegatten auf das vom anderen Ehegatten niedergeschriebene Testament (vgl. OGH 1, 337).

4 Der herrschenden Lehre (vgl. *Planck/Greiff*, Vorbem. vor § 2265 vor Nr. 1) ist von *Hippel*, Formalismus und Rechtsdogmatik, 131 ff entgegengetreten. Er weist zutreffend auf die Schwierigkeiten hin, bei einem eigenhändigen gemeinschaftlichen Testament zu erkennen, wann überhaupt eine einheitliche Urkunde gegeben ist. *Coing* (JZ **52** 611; *Kipp/Coing* § 33 VI 2) fordert keine besonderen formellen Kriterien für das gemeinsame Testament. Er läßt das materielle Kriterium des Entschlusses der Ehegatten, gemeinsam zu testieren, entscheidend sein. *Lange*, § 22 III 2 a.E. hält selbst diesen nicht

für unerläßlich. Er stellt entscheidend darauf ab, daß jeder Ehegatte die Verfügung des anderen kennt und billigt, soweit dies für die eigene Verfügung von Bedeutung ist. Das ist in der Tat die Mindestvoraussetzung. Kein Ehegatte kann dadurch, daß er ohne Wissen des anderen sich dessen Verfügung anschließt und sie durch eine eigene ergänzt, für diesen eine Bindung begründen (*von Lübtow,* I 478). Nach *Lange* kann er sich aber mit Wissen und Billigung des anderen Ehegatten später einer von diesem früher getroffenen Verfügung anschließen und auf diese Weise kann ein gemeinschaftliches Testament zustande kommen.

Ausgehend von der Erwägung, daß das Testamentsgesetz für das eigenhändige und auch für das gemeinschaftliche Testament Formerleichterungen gebracht hat und daß nach der allgemeinen Tendenz dieses Gesetzes privatschriftliche letztwillige Verfügungen nach Möglichkeit nicht an Formerfordernissen scheitern sollen, hat das Oberlandesgericht Freiburg (DRZ **48** 179) ein gültiges gemeinschaftliches Testament angenommen, wenn die letztwilligen, inhaltlich in Beziehung zueinander stehenden Verfügungen von Ehegatten auf zwei räumlich miteinander verbundenen Blättern niedergeschrieben sind und wenn der nach § 133 zu ermittelnde Wille der Ehegatten die Gemeinschaftlichkeit erkennen läßt, obwohl die Verfügungen nicht ausdrücklich aufeinander Bezug nehmen. Diesen Erwägungen ist auch OGH **1** 337 beigetreten. Nach dieser Entscheidung genügt es, wenn aus dem räumlichen, zeitlichen, örtlichen und inhaltlichen Zusammenhang der Erklärungen beider Ehegatten, der aus den Niederschriften selbst ersichtlich ist, in Verbindung mit der Lebenserfahrung der Wille beider Ehegatten festgestellt werden kann, ihre Vermögensverhältnisse von Todes wegen gemeinsam zu regeln und ihre äußerlich selbständig formulierten Erklärungen zu einer einheitlichen Erklärung ihres gemeinsamen Willens in einer Urkunde zusammenzufassen. **5**

Dem Obersten Gerichtshof ist darin zu folgen, daß die auf den äußeren Umstand der Errichtung der Verfügungen in einer Urkunde abstellende Rechtsprechung des Reichsgerichts mindestens für die jetzt geltende Fassung des Gesetzes nicht mehr zutrifft. **6**

Der Bundesgerichtshof hat diese Frage bisher offengelassen. Er hat jedoch in dem Urteil BGH **9** 113 mit Recht bemerkt, daß, soweit die beiderseitigen Erklärungen in äußerlich selbständigen, besonderen Urkunden enthalten sind, aus diesen selbst eine gemeinschaftliche Erklärung erkennbar sein muß. Der bloße Wille der Ehegatten allein, ein gemeinschaftliches Testament errichten zu wollen, kann noch nicht dazu führen, den von ihnen in getrennten Urkunden errichteten letztwilligen Verfügungen den Charakter eines gemeinschaftlichen Testaments zu geben. Von diesem kann nur gesprochen werden, wenn die jeweils abgegebenen Erklärungen ihren Charakter als gemeinschaftlich erkennen lassen. Das trifft zu, wenn das Testament in der Form des § 2267 errichtet ist. Es kann aber auch, ohne daß der eine Ehegatte die Erklärung des anderen mitunterzeichnet hat, zutreffen, wenn beide Erklärungen auf demselben oder auf miteinander verbundenen Blättern enthalten sind und ihr Inhalt erkennen läßt, daß sie gemeinschaftlich abgegeben sind (ebenso *Bartholomeyczik,* Erbrecht § 29 III 3 a; *Staudinger/Dittmann* Vorbem. 18 vor § 2265; *von Lübtow,* I 478; *Palandt/Keidel* vor § 2265 Anm. 2; *Erman/Hense* vor § 2265 Rdn. 1; weniger streng wohl *Lange,* § 22 III 2, der den einwandfreien Beweis der Absicht gemeinschaftlicher Erklärung genügen lassen will). Dagegen genügt nach BGH **9** 117 nicht, daß die auf getrennten Bogen niedergeschriebenen Erklärungen der Ehegatten sich nach Inhalt und Fassung im wesentlichen gleichen, und daß die Ehegatten die Urkunden mit ihren Erklärungen ausgetauscht haben oder daß sie in einem verschlossenen Umschlag zusammen verwahrt worden sind (BayObLGZ **59** 228, Köln OLGZ **68** 321). Es kann aber anders sein, wenn der verschlossene Umschlag von beiden **7**

Ehegatten mit einer gemeinsamen Aufschrift versehen worden ist (vgl. KG JFG **5** 157, 162; vgl. weiter § 2267 Rdn. 6; BayObLG NJW **59** 1969).

8 **2. Art und Natur der einzelnen Verfügungen**

Das gemeinschaftliche Testament ist gegenseitig oder reziprok, wenn sich beide Ehegatten darin gegenseitig bedenken oder einer um des andern willen einen Dritten bedenkt.

Es ist gegenseitig in dem engeren Sinne des § 2270, wechselbezüglich oder korrespektiv, wenn nach dem Willen beider Erblasser die Wirksamkeit der Verfügungen der einen Seite von der Wirksamkeit der gegnerischen Verfügungen abhängig sein soll.

In allen Fällen sind die beiderseitigen Verfügungen grundsätzlich einseitig und, abgesehen von dem besonderen Falle des § 2271 Abs. 2, frei widerruflich. Umgekehrt haben sich mit Abschluß des Erbvertrags beide Erblasser oder der Erblasser und ein Dritter gegenseitig gebunden und dürfen nur in den besonderen Fällen der §§ 2293 ff hiervon einseitig zurücktreten.

9 **3. Errichtungsformen**

Das gemeinschaftliche Testament kann in allen vom Gesetz zur Verfügung gestellten ordentlichen und außerordentlichen Formen (§§ 2232—2251) errichtet werden. Besonderheiten beim eigenhändigen Testament § 2267, beim Nottestament § 2266.

Bezüglich der Testierfähigkeit gelten die allgemeinen Vorschriften §§ 2229—2230; anders beim Erbvertrag § 2275.

10 Da das Reichsgericht verlangte, daß das gemeinschaftliche Testament in einer Urkunde errichtet werde (Rdn. 3), konnten sich beide Ehegatten nur der gleichen Testamentsform bedienen. Es konnte nicht der eine vor dem Notar, der andere eigenhändig testieren (so anscheinend noch *Kipp/Coing* § 33 I). Nach der neueren in Rechtsprechung und Rechtswissenschaft vorherrschenden und auch hier vertretenen Lehre gewinnt das gemeinschaftliche Testament Inhalt und Gestalt nicht nur durch die Form, in der es errichtet worden ist, sondern dadurch, daß die Ehegatten übereinstimmend formgerecht ihren Willen erklärt haben, diese von ihnen angeordneten Verfügungen gemeinschaftlich treffen zu wollen. Es ist danach weder erforderlich, daß die Ehegatten diese Erklärung gleichzeitig abgeben, noch daß sie für ihre Erklärungen sich derselben Testamentsform bedienen. Auch das Wesen und die Natur des öffentlichen Testaments erforderten nicht, daß ein gemeinschaftliches Testament von den Ehegatten nur zusammen in einer Urkunde erklärt werden kann. Es kann daher ein Ehegatte seine Erklärung vor einem Notar abgeben mit dem Hinweis, daß sie zusammen mit den Erklärungen gelten soll, die sein Ehepartner später vor einem anderen Notar an einem anderen Ort oder privatschriftlich abgibt (ebenso *Lange,* § 22 III 3; vgl. aber auch II 1 a; *von Lübtow* I 479; *Palandt/Keidel,* § 2265 Anm. 4; *Bartholomeyczik,* § 26 III; a. A. *Strohal* I, 321 Anm. 8, *Planck/Greiff,* Vorbem. 3 a und b vor § 2265; *Staudinger/Dittmann,* § 2267 Rdn. 3 und 6). Erforderlich ist aber, daß sich aus den Erklärungen beider Ehegatten ergibt, daß ihm die des anderen bekannt sind.

Diese Art, ein gemeinschaftliches Testament zu errichten, wird am ehesten praktisch werden können, wenn die Ehegatten schon vorher den Entschluß gefaßt hatten, in bestimmter Weise gemeinschaftlich zu testieren. Es erscheint jedoch nicht ausgeschlossen, daß auch ohne vorherigen Entschluß in dieser Weise ein gemeinschaftliches Testament errichtet wird. Sieht man das erste Testament als ein bedingtes an, dann steht § 2065 seiner Gültigkeit nicht entgegen (§ 2065 Rdn. 9). Man wird es jedoch, solange der andere Ehegatte es nicht auch zu seinem Testament gemacht hat, als noch nicht abgeschlossenes gemeinschaftliches Testament ansehen müssen, ähnlich wie ein eigenhändiges, dem der andere Ehegatte noch nicht beigetreten ist. Zur Frage, inwieweit das zuerst errichtete Testament als einseitiges Testament aufrechterhalten werden kann, wenn ein gemeinschaftliches Testament nicht zustande kommt, vgl. Rdn. 15.

Beim öffentlichen Testament (§§ 2238, 2249) können beide Teile ihren letzten **11**
Willen gemeinschaftlich mündlich erklären oder eine Schrift oder auch je eine Schrift mit der mündlichen Erklärung übergeben, daß die Schrift oder die Schriften ihren gemeinschaftlichen letzten Willen enthalten. Das war schon nach dem früheren Stand der Rechtsprechung anerkannt (Dresden LZ **17** 888; JFG **6** 154). Der letzte Wille kann auch von dem einem Teile durch Übergabe einer Schrift, vom andern mündlich erklärt werden. Das kann, wie oben Rdn. 10 ausgeführt, vor verschiedenen Notaren und an verschiedenen Orten erklärt werden.

Da die verschiedenen Erklärungen nicht gleichzeitig und nicht in derselben **12**
Form abgegeben zu werden brauchen, ergeben sich auch keine Schwierigkeiten, wenn einer der Ehegatten blind, taub oder stumm ist. Jeder Ehegatte kann jede Testamentsform wählen, in der er ein gültiges Testament errichten kann. Notwendig ist nur, daß sich aus seiner Erklärung ergibt, daß ihm die von dem anderen Ehegatten errichtete oder noch zu errichtende Verfügung bekannt ist.

III. Errichtung nur durch Ehegatten **13**

Nur Ehegatten in bestehender Ehe können gemeinschaftlich testieren. Nicht Verlobte, denen jedoch der Erbvertrag offen steht (§§ 2275 Abs. 3, 2276 Abs. 2), und nicht Ehegatten, deren eheliche Gemeinschaft nach den früheren Vorschriften (BGB §§ 1586, 1587) aufgehoben ist. Unwirksamkeit des Testaments im Falle der Nichtigkeit oder Auflösung der Ehe § 2268. Besondere Vorschrift für die Gütergemeinschaft § 1516 Abs. 3.

IV. Gültigkeit einzelner Verfügungen eines ungültigen gemeinschaftlichen Testaments **14**

Das von Nichtehegatten gemeinschaftlich errichtete Testament ist seinem ganzen Inhalte nach nichtig. In der 9. Auflage ist in § 28 TestG Anm. 3 unter Berufung auf KG RJA **9** 12; JFG **14** 160; RG **87** 33 die Ansicht vertreten worden, die in dem von Nichtehegatten errichteten gemeinschaftlichen Testament enthaltenen Verfügungen könnten auch dann, wenn sie den für ein Einzeltestament bestehenden Formerfordernissen genügen, nicht als ein oder zwei Einzeltestamente aufrechterhalten werden. Dieser Ansicht ist nur für die wechselbezüglichen Verfügungen und auch für sie nur eingeschränkt zuzustimmen. Der Zusammenhang dieser Verfügungen, der auch den Grund für die Bestimmungen der §§ 2270, 2271 bildet, verbietet es grundsätzlich, sie als frei widerrufliche und vielleicht ohne Rücksicht auf die Weitergeltung der ihr entsprechenden Verfügungen des anderen Teils aufrechtzuerhalten. Diese Gründe treffen aber auf die nicht wechselbezüglichen Verfügungen nicht zu. Soweit in dem formnichtigen gemeinschaftlichen Testament nicht wechselbezügliche Verfügungen enthalten sind, die den an ein Einzeltestament zu stellenden Formerfordernissen genügen, können diese als Einzeltestament gültig bleiben (KG DR **42** 1745; Koblenz HEZ **1** 283; *Kipp/Coing*, § 34 I; *Staudinger/Dittmann*, § 2265 Rdn. 7; *Bartholomeyczik*, § 26 II 2; *Erman/Hense*, § 2265 Rdn. 2; *Palandt/Keidel*, § 2265 Anm. 2; *Ehard/Eder* in *Soergel/ Siebert*, § 2265 Rdn. 4; *Lutter*, FamRZ **59** 273, der jedoch zu Unrecht auf § 140 abstellt; der Bundesgerichtshof hat im Beschluß vom 14. 12. 1955 IV ZR 289/55 das Armenrecht für eine Revision versagt, die sich gegen ein Urteil wenden wollte, in dem diese Rechtsansicht vertreten wurde; a. A. für vollständige Nichtigkeit OLG Neustadt, NJW **58** 1758 mit einer unbegründeten Kritik an der oben angeführten Entscheidung des Kammergerichts, siehe dazu die 11. Auflage an dieser Stelle.

Wechselbezügliche Verfügungen bleiben unter der Voraussetzung, daß jede von ihnen formgültig als Einzeltestament getroffen ist, gültig, soweit sie sich nur in ihrer Gültigkeit gegenseitig bedingen und eine Bindung nach dem Tode des zuerst Verstorbenen nicht in Betracht kommt, da die Verfügung des Überlebenden damit gegenstandslos geworden ist. Diese gegenseitige Abhängigkeit könnte auch außerhalb eines gemeinschaftlichen Testaments dadurch erreicht werden, daß jeder Testierende seine Verfügung von dem Bestehen der Verfügung des anderen abhängig macht (*von Lübtow* I, 483 für den Fall, daß sich zwei Brüder gegenseitig zu Erben eingesetzt haben). Der noch weitergehenden Ansicht *Langes* § 33 S. 362 mit Anm. 7 kann nicht zugestimmt werden, da sich insoweit nicht genügend sichere Schlüsse über die Gültigkeit der Verfügungen treffen lassen. Im Gegensatz zu KG NJW **69** 798 läßt KG NJW **72** 2133 auch die wechselbezüglichen Verfügungen grundsätzlich gelten. Dabei geht das KG von der inzwischen überholten Ansicht aus, das Wesen des gemeinschaftlichen Testaments bestehe in der Einheit der Urkunde. Folglich legt es dem Willen der Testierenden, gemeinschaftlich mit den daraus sich ergebenden Folgen testieren zu wollen, ein zu geringes Gewicht bei.

15 Dasselbe gilt, wenn ein von Ehegatten errichtetes gemeinschaftliches Testament wegen eines Formmangels nicht rechtsgültig zustande gekommen ist (KG DNotZ **43** 204) oder wenn ein solches Testament nicht zustande gekommen ist, weil der andere Ehegatte es nicht mit unterzeichnet hat (KG DNotZ **43** 137). Vgl. aber § 2269 Rdn. 21.

16 Derjenige, der sich auf die Gültigkeit derartiger Bestimmungen beruft, muß die Voraussetzungen dafür beweisen. Er muß beweisen, daß die Bestimmungen nicht wechselbezüglich sind und gegebenenfalls auch, daß sie trotz der Ungültigkeit anderer in dem Testament enthaltenen wechselbezüglichen Bestimmungen des Erblassers gelten sollen. § 2085 kann hier, wo es sich um die Frage, ob ein formnichtiges gemeinschaftliches Testament teilweise als Einzeltestaments aufrechterhalten werden kann, nicht angewandt werden.

Gemeinschaftliche, unter der Herrschaft des älteren Rechts von Nichtehegatten errichtete Testamente bleiben wirksam (RG JW **11** 766 Nr. 29).

§ 2266

Ein gemeinschaftliches Testament kann nach den §§ 2249, 2250 auch dann errichtet werden, wenn die dort vorgesehenen Voraussetzungen nur bei einem der Ehegatten vorliegen.

E II 2133; P **5** 428, 429.

Gemeinschaftliches Nottestament

1 § 2266 war durch TestG § 50 Abs. 3 Nr. 1 aufgehoben. An seine Stelle war vorübergehend TestG § 28 Abs. 3 getreten.

2 Das gemeinschaftliche Gemeindetestament nach § 2249 ist zulässig, auch wenn die dort vorausgesetzte Besorgnis nur bei einem der Ehegatten vorliegt.

Für das Absperrungstestament (§ 2250 Abs. 1) und das Seetestament (§ 2251) ergibt sich im allgemeinen aus der Natur der Sache, daß die dort aufgestellten Erfordernisse immer für beide Erblasser zutreffen. Da aber die Ehegatten sich nicht derselben Testamentsform zu bedienen brauchen (§ 2265 Rdn. 10; § 2267 Rdn. 6), kann ein gemeinschaftliches Testament auch zustande kommen, wenn der eine Ehegatte seine Erklärung in der Form und unter den Voraussetzungen des § 2250 Abs. 1 oder des § 2251 abgibt und der andere Ehegatte seine in der Form eines ordentlichen privatschriftlichen oder öffentlichen Testaments.

Im Falle des § 2250 Abs. 2 können die Ehegatten, auch wenn sich nur einer von ihnen in naher Todesgefahr befindet, ein gemeinschaftliches Testament vor drei Zeugen errichten.

Ein gemeinschaftliches Testament gilt nach § 2252 nur dann als nicht errichtet, **3**
wenn seit der Errichtung drei Monate verstrichen sind und beide Ehegatten noch leben (KG RJA **16** 216). Das Testament bleibt, wenn auch nur einer der Ehegatten innerhalb der Frist verstorben ist, in vollem Umfange, also einschließlich der darin enthaltenen nicht wechselbezüglichen Verfügungen, gültig (a. A. *Kipp/Coing* § 33 IV; nach KGJ **51** 87 bleibt das Testament in vollem Umfang jedenfalls dann gültig, wenn der erkrankte Ehegatte innerhalb von drei Monaten verstirbt; ebenso *Schultheis* ZBlFG **17** 174). Überleben beide Ehegatten die Dreimonatsfrist, so wird das Testament hinfällig.

Zur Hemmung des Fristablaufs nach § 2252 Abs. 2 genügt es, daß einer der Ehe- **4**
gatten außerstande ist, an der Errichtung eines gemeinschaftlichen öffentlichen Testaments teilzunehmen (*Planck/Greiff* § 2266 Anm. 3).

Ebenso sind § 2252 Abs. 3 und 4 bereits anzuwenden, wenn nur bei einem der Ehegatten die dort angeführte Voraussetzung gegeben ist.

§ 2267

Zur Errichtung eines gemeinschaftlichen Testaments nach § 2247 genügt es, wenn einer der Ehegatten das Testament in der dort vorgeschriebenen Form errichtet und der andere Ehegatte die gemeinschaftliche Erklärung eigenhändig mitunterzeichnet. Der mitunterzeichnende Ehegatte soll hierbei angeben, zu welcher Zeit (Tag, Monat und Jahr) und an welchem Ort er seine Unterschrift beigefügt hat.

Formerleichterung für die Errichtung gemeinschaftlicher Testamente

Übersicht

I. Die verschiedenen Fassungen der Bestimmung und ihre zeitliche Geltung **1**

§ 2267 lautete in seiner ursprünglichen Form:

> **Zur Errichtung eines gemeinschaftlichen Testaments nach § 2231 Nr. 2 genügt es, wenn einer der Ehegatten das Testament in der dort vorgeschriebenen Form errichtet und der andere Ehegatte die Erklärung beifügt, daß das Testament auch als sein Testament gelten solle. Die Erklärung muß unter Angabe des Ortes und Tages eigenhändig geschrieben und unterschrieben werden.**
>
> E II 2134, P **5** 425—429.

Diese Bestimmung wurde durch das Testamentsgesetz außer Kraft gesetzt. An ihre Stelle trat § 28 Abs. 2 TestG, dessen Fassung mit der jetzt geltenden Fassung des § 2267 übereinstimmt.

2 Die jetzt geltende, von § 28 Abs. 2 TestG übernommene Fassung der Bestimmung hat die Formerfordernisse des § 2267 gegenüber dessen ursprünglicher Fassung wesentlich gemildert.

Jedoch hat das Gesetz zur Wiederherstellung der Gesetzeseinheit auf dem Gebiete des bürgerlichen Rechts v. 3. 5. 1953, BGBl I 33, § 51 TestG nicht wiederaufgehoben. Daher gilt § 2267 in seiner alten Fassung für gemeinschaftliche Testamente, die vor dem Inkrafttreten des Testamentsgesetzes (4. 8. 1938) errichtet worden sind. Nach § 51 Abs. 3 TestG sind aber bei Erbfällen, die sich nach dem Inkrafttreten des Testamentsgesetzes ereignet haben, auch wenn das Testament vorher errichtet worden ist, an dessen Gültigkeit keine höheren Anforderungen zu stellen als nach dem Testamentsgesetz für ein Testament der betreffenden Art zulässig it.

3 Ist daher im Falle eines vor dem Inkrafttreten des TestG errichteten gemeinschaftlichen Testaments der Mann vor dem Inkrafttreten des Gesetzes verstorben, so richtet sich seine Beerbung nach altem Recht (§ 51 Abs. 1 TestG); ist die Beitrittserklärung der Frau nichtig, weil sie entgegen der zwingenden Formvorschrift des § 2267 aF nicht eigenhändig datiert ist, so ist eine Auslegung des Testaments nach § 2269 mit Rücksicht auf § 2270 Abs. 2 unmöglich (KG JW **38** 3169 mit Anm. *Vogels* = ZAkDR **39** 173 mit Anm. *Boehmer*). Die Verfügung der Frau ist nach § 51 Abs. 3 TestG als formgültig anzusehen; stehen aber die Verfügungen der Ehegatten miteinander in Wechselbeziehung, so hat die nach altem Recht begründet gewesene Formnichtigkeit der Verfügung der Frau gemäß § 2270 Abs. 1 BGB die Verfügung des Mannes unwirksam gemacht; dies hat zur Folge, daß auch die Verfügung der Frau als unwirksam anzusehen ist. Hieraus ergibt sich weiter, daß die Frau auch an der Errichtung einer neuen, von der früheren abweichenden Verfügung nicht gehindert ist (KG DR **39** 1955 = ZAkDR **39** 688 mit Anm. *Boehmer*; vgl. auch *Vogels* JW **38** 3170 und *Leopold* DRM **39** 418).

4 Ist der Erbfall nach dem Inkrafttreten des Testamentsgesetzes eingetreten, so kann das nach dem bisherigen Recht formungültige gemeinschaftliche Testament nach § 51 Abs. 3 TestG nur Geltung erlangen, wenn die in dem Testament enthaltenen Erklärungen der Ehegatten noch nicht widerrufen sind. Der Zweck des § 51 Abs. 3 ist allein, dem Willen der Erblasser Geltung zu verschaffen. Die Vorschrift soll nicht dazu dienen, Testamente aufrechtzuerhalten, die nicht mehr dem Willen des einen oder beider Erblasser entsprechen.

Das nach früherem Recht wegen Formmangels nichtige gemeinschaftliche Testament ist nicht schon mit dem Inkrafttreten des Testamentsgesetzes nach § 51 Abs. 3 TestG voll wirksam geworden. Vielmehr konnten die Ehegatten, die die Nichtigkeit nach den bisherigen Bestimmungen erkannt hatten, auch weiterhin über ihren Nachlaß von Todes wegen verfügen. Die Heilung des Formmangels ist, wenn dem nicht inzwischen getroffene andere Verfügungen von Todes wegen eines oder beider Ehegatten entgegenstehen, mit dem Todes des zuerst verstorbenen Ehegatten eingetreten (vgl. entsprechend für den Erbvertrag BGH LM BGB § 986 Nr. 1, vgl. auch KG DNotZ **41** 110). Damit die Heilung eintreten kann, ist es nicht erforderlich, daß die Ehegatten den Willen, die Verfügung weiter gelten zu lassen, geäußert haben (BGH LM TestG § 51 Nr. 2).

5 II. Errichtung in anderer als der nach § 2267 vorgesehenen Form

§ 2267 in seiner jetzt geltenden, wie auch in seiner früheren Fassung läßt durch die Worte „genügt es“ erkennen, daß die Bestimmung nur die Form, die sonst bei der Errichtung des gemeinschaftlichen Testaments zu wahren war, erleichtern will. Das gemeinschaftliche Testament kann an sich in allen vom Gesetz zur Verfügung gestellten ordentlichen und außerordentlichen Formen (§§ 2232—2251) errichtet werden. Besonderheiten gelten für das Nottestament (vgl. darüber Anm. 2—4 zu § 2266) und für das eigenhändige Testament.

Nach der bislang herrschenden Rechtsprechung und Lehre entspricht es beim gemeinschaftlichen eigenhändigen Testament der Regel des § 2247, daß beide Ehegatten ihre letztwilligen Erklärungen, jeder die seine, in einer die beiden Erklärungen zu einer Einheit zusammenfassenden Urkunde eigenhändig niederschreiben und unterschreiben (vgl. die Fälle Dresden OLG **30** 225; JFG **6** 150; Hamburg OLG **32** 68 Anm. 1; KG JFG **5** 164; BayObLG JFG **5** 168; *Planck/Greiff* § 2267 Anm. 6 und die 9. Aufl. Anm. 4 zu § 28 TestG; ferner § 2265 Rdn. 2 ff). An dieser Rechtsprechung kann nur zum Teil festgehalten werden. Daß beide Erklärungen in einer Urkunde zu einer Einheit zusammengefaßt sind, ist nicht entscheidend. Wesentlich ist vielmehr, daß die in der Form des § 2247 abgegebenen Erklärungen so, wie sie beurkundet sind, als gemeinschaftlich abgegeben erkennbar geworden sind (vgl. dazu im einzelnen § 2265 Rdn. 4 ff mit Hinweisen auf das Schrifttum; BGH **9** 113; OGH **1** 337; Freiburg DRZ **48** 179). Diese Art der Errichtung wird durch § 2267 nicht ausgeschlossen. Es ist nicht erforderlich, daß die Ehegatten ihre Verfügungen gleichzeitig und am gleichen Ort niedergeschrieben haben. Die abgegebenen Erklärungen müssen aber stets von beiden Ehegatten gemeinschaftlich erklärt sein. Dieser Umstand muß durch Auslegung aus der Urkunde entnommen werden können. Dazu können auch außerhalb der Testamentsurkunde gelegene Umstände herangezogen werden. Dadurch, daß jeder Ehegatte die Verfügung des anderen mitunterzeichnet hat, kommt in der Regel der Wille, gemeinschaftlich testieren zu wollen, zum Ausdruck (Schleswig SchlHA **55** 21; BayObLG NJW **59** 1969; Hamm MDR **72** 241 = DNotZ **72** 99; aA Koblenz NJW **54** 1648). Eine letztwillige Verfügung, die ein Ehegatte zunächst allein als Einzeltestament errichtet hat, kann nicht nachträglich allein durch Erklärungen des anderen Ehegatten zu einer gemeinschaftlichen umgeformt werden. **6**

III. Formerleichterung des § 2267 **7**

Die Formerleichterung des § 2267 besteht darin, daß der Testamentsinhalt nur durch einen Ehegatten niedergeschrieben zu werden braucht.

1. § 2267 alter Fassung

§ 2267 in seiner früheren Fassung verlangte von dem anderen Ehegatten die Beifügung einer von ihm unter Angabe des Ortes und Tages eigenhändig zu schreibenden und zu unterschreibenden Erklärung, daß das Testament auch als sein Testament gelten solle.

a) Einheitlichkeit der Urkunde. Sie wird dadurch nicht ausgeschlossen, daß die von dem einen Ehegatten niedergeschriebene Verfügung auf einem durch sie nicht voll ausgenutzten Blatte und die Erklärung des andern auf einem besonderen Blatte steht, sofern sich nur die Erklärung auf dem zweiten Blatte als eine Fortsetzung der Niederschrift auf dem ersten Blatte darstellt (KG RJA **17** 58; JFG **5** 164; BayObLG JFG **5** 168). Der Gebrauch der Gesetzesworte ist für die Erklärung des zweiten Ehegatten nicht wesentlich (KG JFG **5** 163). Der Vermerk: „einverstanden, genehmigt" kann genügen, wenn der Testamentstext selbst schon die Gemeinschaftlichkeit der Verfügungen andeutet, insbesondere beide Ehegatten als redend aufführt („Wir bestimmen"). Die bloße Mitunterschrift kann jedoch die von dem andern Ehegatten „beizufügende Erklärung" auch in diesem Falle nicht ersetzen (Karlsruhe JFG **9** 85). **8**

9 Auch zwei gleichlautende Testamente, von denen das eine vom Ehemann geschrieben und von ihm und der Frau unterschrieben, das andere auf einer besonderen Urkunde von der Frau geschrieben und von ihr und dem Mann unterschrieben ist, sind von Rechtsprechung und Lehre nicht als gültiges gemeinschaftliches Testament angesehen worden; sie können aber als Einzeltestamente gültig sein (RG **72** 204; LZ **27** 1266; vgl. dazu § 2265 Rdn. 3—7, 10, 15).

Das von dem zuerst testierenden Ehegatten niedergeschriebene Testament ist in der durch §§ 2231 Nr. 2, 2247 vorgeschriebenen Form erst dann errichtet, wenn es mit Datum und Unterschrift versehen ist. Die „Erklärung" des andern Ehegatten ist deshalb unwirksam, wenn sie vor Abschluß des Testaments, insbesondere wenn sie unter einem früheren Datum als demjenigen des Testaments erfolgt. Dagegen ist es unschädlich, wenn sie nicht hinter das abgeschlossene Testament, sondern auf einen frei gebliebenen Raum zwischen dessen Text und dessen Datum gesetzt wird (BayObLG JFG **8** 123). Ferner ist auch hier (vgl. Rdn. 6) nicht wesentlich, daß die beiden Erklärungen an demselben Orte und Tage abgegeben werden. Die Beitrittserklärung kann vielmehr sowohl zeitlich später als auch an einem anderen Errichtungsort beigefügt werden, allerdings immer nur bei Lebzeiten des Ausstellers der ersten Erklärung (KG RJA **16** 224).

10 **b) Eigenhändigkeit.** Sie ist sowohl für die Erklärung als für das Datum und die Unterschrift — die durch Aufführung des Namens im Text der Erklärung nicht ersetzt wird — erforderlich. Das gemeinschaftliche Privattestament muß also auch in der erleichterten Form jedenfalls zwei eigenhändige Angaben des Ortes und Tages enthalten. Im übrigen gilt bezüglich des wahrheitsgetreuen Datums und der sonstigen Erfordernisse das 11. Aufl. § 2231 Anm. 7 u. § 2247 Anm. 2 ff Gesagte.

11 Etwaige Zusätze und Änderungen müssen gleichfalls den Mindestanforderungen des § 2267 genügen. Immerhin hat das Reichsgericht (RG JW **17** 925) einen Zusatz im folgenden Fall als gültig angesehen: Der eine Ehegatte hatte seine Erklärung, der andere seine Beitrittserklärung (unter dem gleichen Tage) datiert und unterschrieben. Der erstgenannte Ehegatte hatte zwischen seine Erklärung und die Beitrittserklärung des anderen einen Zusatz gesetzt und unterschrieben, aber nicht datiert. Das Reichsgericht sagt, in der Regel könne angenommen werden, daß das erste Datum sich auch auf den Zusatz erstrecken solle. Dem ist zuzustimmen.

12 Formfehler in der Niederschrift, Datierung und Unterschrift des vorangehenden Testaments machen das gemeinschaftliche Testament in vollem Umfange, Fehler der Nachschrift regelmäßig nur diese Nachschrift nichtig, wenn sich nicht aus § 2270 Abs. 1 auch in diesem Falle Nichtigkeit des ganzen Testaments ergibt.

13 **2. § 2267 in der jetzt geltenden Fassung**

Das Fehlen der von § 2267 alter Fassung geforderten Erklärung des anderen Ehegatten führte in zahlreichen Fällen zur Nichtigkeit des gemeinschaftlichen Testaments. Entsprechend den Vorschlägen des Erbrechtsausschusses der AkDR (1. Denkschrift S. 60) begnügte sich das TestG daher damit, daß der andere Ehegatte seinen Willen, das Testament solle auch als sein Testament gelten, durch eigenhändige Mitunterzeichnung zum Ausdruck bringt (Begr.), wobei er angeben soll, zu welcher Zeit und an welchem Orte er seine Unterschrift beigefügt hat (Rdn. 16). Das Testament muß von beiden Ehegatten unterzeichnet sein. Das trifft nicht zu, wenn der Ehegatte, der das Testament errichtet hat, sich nur im Eingang des Testaments selbst bezeichnet, die Erklärung selbst aber nur von dem anderen Ehegatten unterschrieben worden ist, sei es mit oder ohne Zusatz, daß sie auch als sein Testament gelten solle. In diesem Fall kann dann auch die Beitrittserklärung des anderen Ehegatten nicht als selbständiges Testament gelten, da sie die Bestimmungen, die dieser Ehegatte getroffen hat, nicht enthält (BayObLG NJW **69** **797**).

Vorausgesetzt ist, daß das von dem einen Ehegatten in der Form des § 2247 errichtete Testament letztwillige Erklärungen beider Ehegatten enthält. Die Unterschriften müssen auch die von dem anderen Ehegatten niedergeschriebene Erklärung decken. Das ist nicht der Fall, wenn ein Ehegatte auf demselben Bogen zunächst die von ihm getroffenen Verfügungen niedergeschrieben und unterschrieben hat, und wenn er danach die von dem anderen Ehegatten zu treffenden Verfügungen geschrieben hat, die sodann nur von diesem unterzeichnet sind. Ein solches Testament ist formungültig. Die Form des § 2267 ist nicht gewahrt. Das Testament kann auch nicht als gemeinschaftliches, in der Form des § 2247 errichtetes gelten, da der eine Ehegatte die von ihm getroffene Verfügung nicht eigenhändig geschrieben hat (BGH LM BGB § 2267 Nr. 1). Auf die Reihenfolge der Unterschriften kommt es nicht an. Die Unterschrift soll den Vornamen und den Familiennamen des Ehegatten enthalten; eine andere Art der Unterzeichnung macht jedoch unter den Voraussetzungen des § 2247 Abs. 3 Satz 2 das Testament nicht ungültig. Vgl. 11. Aufl. § 2247 Anm. 13—17.

Zusätze und Änderungen, die der Ehegatte, der das Testament niedergeschrieben hat, im Einverständnis mit dem anderen Ehegatten vorgenommen hat, müssen entweder durch beide Unterschriften gedeckt (vgl. für die alte Fassung Rdn. 11) oder von beiden Ehegatten besonders unterschrieben sein (*Planck/Greiff* § 2267 Anm. 8; *Palandt/Keidel* § 2267 Anm. 6; *Staudinger/Dittmann* § 2267 Rdn. 23; *Ehard/Eder* in *Soergel/Siebert* § 2267 Rdn. 4; *Bartholomeyczik* § 26 III 3 d; *von Lübtow* I 489). Keine wirksame Änderung liegt dagegen vor, wenn diese nur von dem einen Ehegatten verfügt ist und die Unterschrift des anderen Ehegatten nur ausdrückt, daß er von dieser Änderung Kenntnis genommen, nicht aber, daß er sie auch gebilligt habe (vgl. BayObLGZ **59** 199, 207). **14**

Unter Umständen genügt es, daß jeder Ehegatte einen Teil des Testaments niederschreibt (KG HRR **28** 718). **15**

Aufrechterhaltung eines formungültigen gemeinschaftlichen Testaments als Einzeltestament des erstverstorbenen Ehegatten: München JFG **18** 8; vgl. dazu § 2265 Rdn. 15, 16.

IV. Angabe von Zeit und Ort **16**

Die Angabe der Zeit und des Ortes der Mitunterzeichnung ist, wie nach § 2247 Abs. 2, zur Gültigkeit des Testaments nicht notwendig, aber rätlich (vgl. 11. Aufl. § 2247 Anm. 22 ff). Für den Fall, daß diese Angaben fehlen, gilt § 2247 Abs. 5 entsprechend (s. dort 11. Aufl. Anm. 24—29).

§ 2268

Ein gemeinschaftliches Testament ist in den Fällen des § 2077 seinem ganzen Inhalte nach unwirksam.

Wird die Ehe vor dem Tode eines der Ehegatten aufgelöst oder liegen die Voraussetzungen des § 2077 Abs. 1 Satz 2 vor, so bleiben die Verfügungen insoweit wirksam, als anzunehmen ist, daß sie auch für diesen Fall getroffen sein würden.

E II 2135; P **5** 446—448.

Einfluß der Nichtigkeit und der Auflösung der Ehe

1 **I. Die Regel des Abs. 1**

Völlige Unwirksamkeit aller in dem gemeinschaftlichen Testamente getroffenen Verfügungen, gleichviel ob sie wechselbezüglich sind oder überhaupt nicht miteinander in Verbindung stehen, greift nur durch, wenn die Ehe nach §§ 16—22 EheG nichtig ist. Im übrigen wird sie durch die Ausnahmebestimmung des Abs. 2 durchbrochen. Die früher für Abs. 1 noch in Betracht kommende Nichtigerklärung der Ehe infolge wirksamer Anfechtung (§ 1343 Abs. 1) ist durch die Aufhebung der Ehe ersetzt worden (EheG §§ 28—37, 39; s. hierüber Rdn. 2).

2 **II. Die Regel des Abs. 2**

Im Falle der Auflösung der Ehe vor dem Tode durch Scheidung (§§ 42 ff EheG), Aufhebung (§§ 28—37, 39 EheG), Wiederverheiratung nach vorausgegangener Todeserklärung (§ 38 Abs. 2 EheG) oder auch nur der Erhebung einer begründeten Scheidungs- oder Aufhebungsklage aus Verschulden des anderen Ehegatten (§ 2077 Abs. 1 Satz 2, vgl. dazu § 2077) ist zu prüfen, ob die Verfügungen eines jeden der beiden Erblasser nach seinem zu ermittelnden Willen auch für diesen Fall Geltung behalten sollten (so auch § 2077 Abs. 3). Insoweit bleiben sie wirksam. Diese Annahme ist bei wechselbezüglichen Verfügungen im Sinne von § 2270 Abs. 1 u. 2 regelmäßig ausgeschlossen. Sie wird aber bei anderen, mit dem ehelichen Verhältnis der Erblasser nicht im Zusammenhang stehenden Verfügungen regelmäßig begründet sein. Sind sie einmal unwirksam geworden, so lebt das gemeinschaftliche Testament auch durch Wiederverheiratung der Ehegatten nicht wieder auf (*Staudinger/Dittmann* § 2268 Rdn. 3; *Erman/Hense* § 2268 Rdn. 2; *Palandt/Keidel* § 2268 Rdn. 2; KG FamRZ **68** 217; a. A. *Keuk*, Erblasserwille, S. 53 f; kritisch auch *Bosch*, FamRZ **68** 118). Anders die einseitige letztwillige Verfügung (vgl. § 2077 Rdn. 6).

3 Dasselbe hat, da es sich um Verfügungen beider Ehegatten handelt, anders als in den durch § 2077 Abs. 1 Satz 2 geregelten Fällen, auch zu gelten, wenn der mit begründeter Scheidungs- oder Aufhebungsklage verfolgte Ehegatte vor dem klagenden Teile verstirbt. Auch in diesem Falle bleiben insbesondere die wechselbezüglichen Verfügungen beider Teile unbeschadet des gesetzlichen Erbrechts des überlebenden Ehegatten unwirksam (*Lange* § 38 I 2; *Bartholomeyczik* § 26 II 1 c; *Erman/Hense*, § 2268 Rdn. 2; a. M. *Strohal*, § 43 Anm. 23; *Staudinger/Dittmann* § 2268 Rdn. 4; *Palandt/Keidel* § 2268 Anm. 2).

Handelt es sich in Wahrheit um zwei selbständige Testamente der Ehegatten, so bleibt lediglich § 2077 anwendbar. Beim Erbvertrage § 2279 Abs. 2.

Die **Beweislast** trifft denjenigen, welcher Fortdauer der Gültigkeit der gemeinschaftlichen Verfügungen behauptet.

4 Die **Aufhebung der ehelichen Gemeinschaft** (§ 1575) ließ zwar das Band der Ehe bestehen, hatte aber im übrigen die mit der Scheidung verbundenen Wirkungen (§ 1586); dieser Auflösungsgrund ist durch § 84 EheG 1938 beseitigt worden. Durch Wiederherstellung der ehelichen Gemeinschaft (§ 1587) lebt das einmal unwirksam gewordene gemeinschaftliche Testament nicht wieder auf.

§ 2269

Haben die Ehegatten in einem gemeinschaftlichen Testamente, durch das sie sich gegenseitig als Erben einsetzen, bestimmt, daß nach dem Tode des Überlebenden der

beiderseitige Nachlaß an einen Dritten fallen soll, so ist im Zweifel anzunehmen, daß der Dritte für den gesamten Nachlaß als Erbe des zuletzt versterbenden Ehegatten eingesetzt ist.

Haben die Ehegatten in einem solchen Testament ein Vermächtnis angeordnet, das nach dem Tode des Überlebenden erfüllt werden soll, so ist im Zweifel anzunehmen, daß das Vermächtnis dem Bedachten erst mit dem Tode des Überlebenden anfallen soll.

E II 2136; P **5** 406, 407, 459.

Berliner Testament

Übersicht

Neueres Schrifttum:

Pöhlemann, Berliner Testament und pflichtteilsberechtigte Angehörige, Das Grundeigentum, **65** 392; *Haegele*, Das Ehegattentestament, 2. Auflage, Heidelberg 1965; weiteres Schrifttum siehe vor § 2265.

I. Grundgedanke und Zweck der Bestimmung 1

Der am häufigsten vorkommende und praktisch wichtigste Fall des gemeinschaftlichen Testaments ist der, daß die Ehegatten sich gegenseitig als Erben einsetzen und zugleich Verfügungen für den Fall des Todes des Längstlebenden treffen. Durch eine solche Verfügung soll erreicht werden, daß der überlebende Ehegatte für die Dauer seines Lebens im ungeschmälerten und unbeschränkten Genuß des gesamten Vermögens bleibt, daß aber zugleich für die Zeit nach seinem Tode Bestimmungen über das Vermögen getroffen werden, die den Absichten beider Ehegatten gerecht werden. Diese Testamentsform gestattet es ferner, das Vermögen beider Ehegatten überhaupt ungetrennt in einer Hand zu belassen, indem eine Person als Erbe des Längstlebenden bestimmt wird. Wenn die Ehegatten in dieser Weise verfügen wollen, ist zu beachten, daß für das gemeinschaftliche Testament § 2289 nicht gilt. Das bedeutet, daß früher errichtete Testamente gültig bleiben, soweit sie durch das gemeinschaftliche Testament nicht nach § 2258 widerrufen sind.

Ein so abgefaßtes Testament könnte dahin ausgelegt werden, jeder Ehegatte 2
habe den anderen in erster Linie zu seinem Erben berufen, aber zugleich den Dritten für den Fall, daß der andere Gatte zuerst sterben sollte, als Ersatzerben und für den Fall, daß der andere Gatte zuletzt sterben sollte, als Nacherben eingesetzt. Der Dritte erhält

dann beim Tode des überlebenden Ehegatten den „beiderseitigen Nachlaß" aus verschiedenen Berufungsgründen, nämlich den Nachlaß des zuerst Verstorbenen als dessen Nacherbe und den Nachlaß des Überlebenden als dessen Ersatzerbe.

Das Gesetz behandelt diese Art und Weise der Erbfolge als zulässig, stellt aber im § 2269 eine davon abweichende Auslegungsregel auf. Nach dieser soll im Zweifel angenommen werden, daß der Dritte für den gesamten Nachlaß als Erbe des zuletzt versterbenden Ehegatten eingesetzt ist.

3 Dem § 2269 Abs. 1 liegt der Gedanke zugrunde, daß Ehegatten, die in der dort vorgesehenen Weise gemeinschaftlich testieren, das beiderseitige Vermögen als eine Einheit betrachten und daher regelmäßig sowohl ein verschiedenes Rechtsverhältnis während der Lebensdauer des überlebenden Ehegatten als auch die Möglichkeit einer Trennung der beiden Vermögensmassen bei dessen Tode ausschließen wollen (RG **79** 277; **113** 240).

Für die Entscheidung darüber, ob ein einseitiges Testament eines Ehegatten die Einsetzung des anderen Ehegatten zum Vollerben oder zum bloßen Vorerben enthält, kann jener Gedanke nicht analog verwendet werden (Düsseldorf JW **25** 2148 mit zustimmender Anm. *Kipp*).

§ 2269 ist entsprechend anzuwenden, wenn die Ehegatten sich in zwei Einzeltestamenten gegenseitig als Erben eingesetzt haben, und wenn sie später in einem gemeinschaftlichen Testament bestimmen, daß der beiderseitige Nachlaß an einen Dritten fallen soll, oder darin ein Vermächtnis anordnen, das nach dem Tode des Überlebenden erfüllt werden soll. Für den Fall, daß die Ehegatten, als sie das zweite Testament errichteten, irrtümlich annahmen, sie hätten auch schon vorher gemeinschaftlich testiert, vgl. BGH FamRZ **60** 432 (teilweise veröffentlicht MDR **60** 912).

4 **II. Gegenseitige Erbeinsetzung und Berufung von Schlußerben nach Abs. 1**

1. Allgemeine Voraussetzungen für die Anwendung der Bestimmung

§ 2269 setzt voraus ein mindestens gegenseitiges = reziprokes, wenn auch nicht notwendig wechselbezügliches = korrespektives Testament (§ 2265 Rdn. 8), in dem die Ehegatten gegenseitig jeder den anderen als alleinigen Erben des Zuerstversterbenden — nicht auch andere Personen neben dem Überlebenden — einsetzen (RG BayZ **07** 64; LZ **19** 1241 Nr. 18). Schlußerben können nur eingesetzt werden, wenn die Ehegatten sich gegenseitig zu Erben eingesetzt haben. Möglich ist es auch Nacherben einzusetzen und für den Fall, daß diese den Nacherbfall nicht erleben, einen Schlußerben. Der überlebende Ehegatte wird mit dem Wegfall des Nacherben Vollerbe und dann von dem Schlußerbe beerbt (BayObLG NJW **67** 1136). Die gegenseitige Erbeinsetzung und die Berufung des Schlußerben braucht nicht in derselben Verfügung getroffen zu sein. § 2269 ist anzuwenden, wenn die Ehegatten sich in einem Ehe- und Erbvertrag gegenseitig zu Erben eingesetzt und später in einem gemeinschaftlichen Testament Schlußerben berufen haben (BGH Urt. v. 2. 2. 1967 III ZR 17/65). Ein Fall des § 2269 ist nicht gegeben, wenn die Ehegatten sich nur gegenseitig zu Erben eingesetzt haben, ohne zu bestimmen, an wen der Nachlaß nach dem Tode des Überlebenden fallen soll.

5 Die Bestimmung, daß der beiderseitige Nachlaß nach dem Tode des Überlebenden an einen Dritten fallen soll, braucht aber nicht ausdrücklich geschehen zu sein. Es ist vielmehr in jedem Fall, in dem gemeinsame Abkömmlinge vorhanden sind, nach den allgemeinen für die Auslegung letztwilliger Verfügungen geltenden Regeln zu prüfen, ob ein Wille des Erblassers festgestellt werden kann, daß der beiderseitige Nachlaß nach dem Tode des Längstlebenden an die Abkömmlinge fallen soll (BGH Urt. v. 3. 4. 1952 IV ZR 128/51). Bedenken bestehen in dieser Hinsicht gegen den Beschluß des Oberlan-

desgerichts Hamm (DNotZ **51** 41). Der Beschluß behandelt ein Testament, in dem die Ehegatten sich gegenseitig zu Alleinerben eingesetzt und weiter bestimmt hatten, daß ihre Kinder sämtlich Vermächtnisse in Höhe ihres Pflichtteils erhalten sollten, falls eines von ihnen aus dem Nachlaß des Erstversterbenden seinen Pflichtteil verlangen sollte. Diese Vermächtnisse sollten beim Tode des Erstversterbenden anfallen, jedoch erst beim Tode des Überlebenden fällig werden. Außerdem sollte das Kind, das den Pflichtteil verlangt, auch aus dem Nachlaß des Überlebenden nur den Pflichtteil erhalten. Diese Bestimmung legt die Annahme nahe, daß die Erblasser damit einen Ausgleich bezwecken. Der Vorteil, den das Kind, das nach dem Tode des zuerst Versterbenden den Pflichtteil verlangte, gegenüber den anderen Geschwistern erreichte, sollte auf die Weise, das den anderen für diesen Fall entsprechende Vermächtnisse zugewandt wurden, ausgeglichen werden (vgl. unten Rdn. 35). Ein derartiger Ausgleich kann aber nur sinnvoll sein, wenn die Kinder Erben des Längstlebenden sind.

Ebenso hat das BayObLG zutreffend entschieden, eine Berufung der Kinder als Schlußerben könne aus der Bestimmung entnommen werden, daß ein Kind, das nach dem Tode des zuerst versterbenden Ehegatten den Pflichtteil verlange, auch nach dem Tode des zuletzt versterbenden nur den Pflichtteil haben solle (BayObLGZ **59** 199).

Der Dritte (oder mehrere Dritte) muß ferner erst nach dem Tode des Überlebenden, nicht schon für den Eintritt eines bestimmten Zeitpunkts oder Ereignisses (§ 2104), und zwar auf den beiderseitigen Nachlaß als Erbe berufen sein. **6**

Für dieses Testament hat sich die Bezeichnung Berliner Testament eingebürgert; gegen diese Bezeichnung *Endemann* JW **33** 1350.

2. Bei der Auslegung des Testaments zu berücksichtigende Umstände **7**

§ 2269 enthält eine Auslegungsregel, die im Zweifel gilt. Es ist daher zunächst durch Auslegung zu ermitteln, was die Erblasser wirklich oder mutmaßlich gewollt haben (BGH **22** 366; Hamm MDR **68** 1012; Karlsruhe OLGZ **69** 495). Dabei kommt es nicht entscheidend darauf an, welche Ausdrücke rechtsunkundige Ehegatten verwandt haben. Daraus allein, daß sie von einer Vor- oder Nacherbschaft gesprochen haben, kann nicht geschlossen werden, daß sie eine solche gewollt haben.

Bei der Auslegung eines dem Wortlaut des § 2269 entsprechenden Testaments ist zu beachten, daß diese Vorschrift sich auf die Lebenserfahrung gründet, daß die Ehegatten bei einem so gefaßten Testament den Nachlaß in der Regel so behandelt wissen wollen, wie es in Rdn. 3 Abs. 1 dargelegt ist. Wenn daher ein dem Wortlaut des § 2269 entsprechendes Testament anders ausgelegt werden soll, als es nach 2269 im Zweifel auszulegen ist, muß derjenige, der hieraus für sich Rechte herleitet, Umstände dartun und beweisen, aus denen sich ergibt, daß die Lebenserfahrung, auf der § 2269 beruht, nicht durchgreift (BGH FamRZ **60** 432, teilweise veröffentlicht MDR **60** 912). Derjenige, der einen auf Vor- und Nacherbfolge gerichteten Willen des Erblassers behauptet, muß die Umstände beweisen, die diese Auslegung rechtfertigen (BGH **22** 366; RG **60** 117).

Die im Gesetz enthaltene Auslegungsregel greift durch, wenn nach der Prüfung aller Umstände begründete, auf anderem Wege nicht zu lösende Zweifel über die Willensmeinung des Erblassers bestehen bleiben (BGH **22** 366; RG **59** 85; HRR **29** 207).

Sind nach dem Tode des Längstlebenden die gemeinschaftlichen Abkömmlinge des Erben berufen, dann kann aus der Tatsache allein, daß der überlebende Ehegatte vermögenslos war, nicht auf einen dem § 2269 entgegenstehenden, auf die Anordnung einer Vor- und Nacherbschaft für den zuerst Verstorbenen, gerichteten Willen geschlossen werden (BGH Urt. v. 2. 2. 1967 III ZR 17/65; BayObLG **66** 1223; siehe dagegen KG DNotZ **55** 408). Eine Vor- und Nacherbschaft ist in einem solchen Fall anzunehmen, wenn die Auslegung des Testaments ergibt, daß es dem vermögenden Ehegatten darauf ankam, daß sein Vermögen auf den bezeichneten Erben, z. B. einen seiner Verwandten, übergehen sollte.

8 Einer Auslegung im Sinne des § 2269 steht nicht entgegen, wenn der Erbe des längstlebenden Ehegatten „Nacherbe" genannt worden ist. Diese Bezeichnung ist falsch und es muß daher über sie hinweggegangen werden (BGH Urt. v. 27.6. 1956 IV ZR 81/56; RG JR 25 Nr. 1016; KG DR **43** 1108). Sind in einem eigenhändigen gemeinschaftlichen Testament, das von einem Notar entworfen ist, die für den Fall des Todes des zuletzt Versterbenden Berufenen als Nacherben bezeichnet, so soll nach RG **160** 109 die Erbeinsetzung nicht im Sinne des § 2269 ausgelegt werden können. Hiergegen *Schiedermair* DR **39** 937; vgl. auch *Leopold*, Testamentsrecht, **39** 238 Anm. 1). Zu beachten ist, daß es für die Auslegung nie darauf ankommt, was die bei der Testamentserrichtung hinzugezogene Hilfsperson oder der Notar, der ein vor ihm errichtetes Testament beurkundet hat, unter den in der Urkunde verwandten Begriffen verstanden hat. Entscheidend ist stets, wie die Erblasser den Begriff verstanden haben. Denn es kommt allein darauf an, ihren Willen festzustellen. Sofern ein Notar ein Testament entworfen hat, kann allerdings in der Regel davon ausgegangen werden, daß er den Inhalt des Testaments mit den Erblassern erörtert und ihnen die fraglichen Rechtsbegriffe erläutert hat und daß die Erblasser ihren letzten Willen unter Benutzung der zutreffenden Rechtsbegriffe niedergelegt haben, so daß diese das besagen, was der Erblasser wirklich gewollt hat. Diese Annahme entfällt aber, wenn der sonstige Testamentsinhalt nicht dem Sinn der darin verwandten Begriffe entspricht (BGH Urt. v. 14.6. 1951 IV ZR 10/50; RdL **53** 66; vgl. ferner LM BGB § 2100 Nr. 1). In ähnlicher Weise hat auch das Reichsgericht in der Entscheidung DR **44** 493 erkannt.

9 Die Erbfolge, wie sie sich für den durch § 2269 geregelten Zweifelsfall ergibt, kann, wenn diese Vorschrift nicht angewandt werden kann, in derselben Weise erreicht werden, wenn Nichtehegatten einen Erbvertrag schließen, in dem ihr Wille, sich gegenseitig zu Alleinerben und Dritte zum Erben des Längstlebenden einzusetzen, klar ausgedrückt wird (Oldenburg HEZ **1** 107; Düsseldorf NRW JMBl **50** 150).

10 Eine Berufung von Dritten auf den beiderseitigen Nachlaß kann in der Bestimmung gefunden werden, daß das Vermögen beider Ehegatten nach dem Tode des Überlebenden in zwei gleiche Teile geteilt werden und die eine Hälfte den Verwandten des Mannes, die andere Hälfte denen der Frau zukommen soll (RG **79** 278; Recht **23** Nr. 757).

11 Falls eine Auslegung des Testaments ergibt, daß das Vermögen beim Tode des Überlebenden wieder in seine ursprünglichen Bestandteile auseinanderfallen soll, ist die Auslegungsregel des § 2269 widerlegt. Es liegt eine Vor- und Nacherbschaft vor. So ist es, wenn beim Tode des überlebenden Ehegatten die Verwandten des Mannes auf den Nachlaß des Mannes und die Verwandten der Frau auf deren Nachlaß berufen sind (RG **79** 277; s. aber auch KG JW **34** 1423); anders, wenn das beiderseitige Vermögen kraft Gütergemeinschaft bereits zu einer Einheit verbunden war und jeder Erblasser unter seinem Nachlasse nur die Hälfte des beim Tode des Überlebenden vorhandenen gesamten Vermögens verstanden wissen wollte (RG LZ **14** 1361). Der Fall RG DNotV **33** 193 Nr. 24, in dem abgelehnt wurde, § 2269 anzuwenden, lag insofern besonders, als die Erben, die jeder der beiden Ehegatten für die Zeit nach dem Tode des Letztlebenden auf seinen in der Hälfte des gütergemeinschaftlichen Vermögens bestehenden Nachlaß berufen hatte, nicht durch gemeinschaftliche Verfügung eingesetzt worden waren.

III. Rechtsnatur des „Berliner Testaments" 12

1. Das Erbrecht des überlebenden Ehegatten

a) Verschmelzung des beiderseitigen Vermögens. Nach der in § 2269 enthaltenen Auslegungsregel wird der „beiderseitige Nachlaß" als einheitlicher, als „gesamter Nachlaß" behandelt. Es wird angenommen, jeder Ehegatte habe lediglich für den Fall, daß er zuerst sterben sollte, den andern Gatten und für den Fall, daß er diesen überleben sollte, den Dritten als Erben eingesetzt. Der Überlebende wird demgemäß Vollerbe (über die Terminologie s. RG **160** 109 sowie *Schiedermair* DR **39** 937) des Vorverstorbenen. Die beiden Einzelvermögen, das ererbte und das eigene, verschmelzen in seiner Hand zu einem Vermögen. Dieses einheitliche Vermögen erhält der Dritte nur als Erbe des Überlebenden und kraft der von diesem ausgesorochenen Berufung. Die testamentarische Bezeichnung des Dritten als „Nacherbe des zuletzt versterbenden Ehegatten" ist danach in jedem Falle unzutreffend (München JFG **15** 247; Rdn. 8).

b) Verfügungen des überlebenden Ehegatten unter Lebenden. 13

aa) Grundsätzliche Wirksamkeit. Der überlebende Ehegatte kann grundsätzlich über das ererbte Vermögen in jeder Hinsicht durch Rechtsgeschäft unter Lebenden frei verfügen (BGH **26** 274, 278; **26** 378, 381). Er kann daraus auch Schenkungen machen. Verfügungsbeschränkungen, wie sie für den Vorerben in § 2112 ff angeordnet sind, unterliegt er nicht. Der Dritte erhält den Nachlaß des Überlebenden so, wie er bei dessen Tode vorhanden ist, also einschließlich dessen, was der Überlebende dazuerworben hat. Für die nach dem ersten Erbfall eingetretene Vermögensminderung kann er keinen Ersatz beanspruchen.

bb) Testamentsaushöhlung. Umstritten ist, ob auch solche Verfügungen wirksam sind, die zur Folge haben, daß das gesamte Vermögen des Überlebenden oder doch wesentliche Teile davon an dritte Personen gelangen und damit dem Schlußerben entzogen werden. In einem besonders kraß liegenden Fall, in dem offen zutage lang, daß der überlebende Ehegatte die durch das gemeinschaftliche Testament bewirkte Bindung umgehen und den Erfolg herbeiführen wollte, den er durch zwei zuvor errichtete unwirksame letztwillige Verfügungen nicht erreichen konnte, hat der IV. Zivilsenat des Bundesgerichtshofs die Nichtigkeit der Verfügung angenommen (BGH LM BGB § 2271 Nr. 4, dazu BGH **26** 276). Die Rechtsprechung der späteren Jahre war nicht einheitlich. In nicht wenigen Entscheidungen wurde auch unter weniger strengen Voraussetzungen Nichtigkeit angenommen und die Interessen des Schlußerben stark in den Vordergrund gerückt. Gegen diese Entwicklung wurden im rechtswissenschaftlichen Schrifttum zunehmend Bedenken geäußert (*Burkart*, NJW **56** 1501; *Dittmann*, DNotZ **58** 619; *Mattern*, MDR **60** 1; *Staudinger/Dittmann*, § 2286 Rdn. 15; *Bartholomeyczik*, § 26 I 3 c; *Lange*, § 38 II 5; *Böhmer*, FamRZ **61** 253 ff und die 11. Auflage dieses Kommentars § 2269 Rdn. 16). Diese Stimmen führten zunächst zu einem Wandel der Rechtsprechung. Der V. Zivilsenat, der anfänglich Nichtigkeit auch in weiterem Umfang angenommen hatte, stellte jetzt entscheidend darauf ab, ob das Vermögensopfer bereits zu Lebzeiten des Verfügenden erbracht worden war. Traf das zu, dann war die Verfügung gültig (BGH FamRZ **61** 76; LM BGB § 2271 Nr. 11, 15; § 2332 Nr. 3). Der Wandel ging so weit, daß *Lange*, NJW **63** 1571 zutreffend bemerken konnte, die Rechtsprechung zur Frage der Aushöhlung gemeinschaftlicher Testamente und Erbverträge sei auf einen Erinnerungswert reduziert worden. Damit hatte die Entwicklung aber noch keinen Abschluß gefunden. Der III. Zivilsenat, der sich zunächst dem V. angeschlossen hatte, hat der Nichtigkeit später wieder zunehmend einen weiteren Raum eingeräumt (BGH WM **70** 928; **71** 54). Die kritischen Stimmen verstummten nicht (Bund, JuS **68** 268 ff.;

Lüderitz, AcP **168** 329, 339ff; *Speckmann,* NJW **68** 2222 und **71** 176; *Spellenberg,* FamRZ **72** 349).

Der IV. Zivilsenat hat das Problem in dem BGH **59** 343 veröffentlichten Urteil = FamRZ **73** 133 mit Anmerkung *Spellenberg* = JR **73** 242 mit Anm. *Strätz* neu überdacht. Er hat die bisherige Rechtsprechung eindeutig aufgegeben und entschieden, daß Verfügungen des durch gemeinschaftliches Testament oder Erbvertrag gebundenen Erblassers über die ihm gehörenden Vermögensgegenstände unter Lebenden grundsätzlich wirksam sind. Es kommt nicht darauf an, in welchem Umfang das Vermögen davon betroffen wird und wie es sich im Einzelfall für den Erblasser auswirkt (ebenso BGH WM **73** 680 sowie der V. Zivilsenat in dem LM BGB § 138 Cd Nr. 20 veröffentlichten Urteil vom 29. 6. 1973 V ZR 187/71). Dieser Entscheidung ist zuzustimmen. Sie entspricht den sich aus dem Gesetz ergebenden Wertungen, führt zur Klarheit und Rechtssicherheit. Sie dient somit dem Interesse der Wirtschaft. Nichtigkeit kann nur ausnahmsweise nach § 138 angenommen werden, wenn der Verfügende und der Erbe in sittenwidriger Weise zusammengewirkt haben, um die sich aus dem Erbvertrag oder dem gemeinschaftlichen Testament ergebende Bindung wirkungslos zu machen. Zur Entwicklung der Rechtsprechung des Bundesgerichtshofs siehe *Mattern,* DNotZ **64** 196 und *Johannsen,* WM **69** 1221, 1227; **73,** 530, 532.

15 cc) **Bösliche Schenkungen.** Der Überlebende darf jedoch im Falle des § 2270 die Verfügungen des gemeinschaftlichen Testaments nicht durch bösliche Schenkungen vereiteln. Die Schutzvorschriften der §§ 2287, 2288 sind auf unwiderruflich gewordene wechselseitige Verfügungen in gemeinschaftlichen Testamenten entsprechend anzuwenden (BGH Urt. 8. 5. 1952 IV ZR 144/51; 8. 7. 1954, IV ZR 226/53; 3. 11. 1972, IV ZR 70/71; RG **58** 651; **77** 113; WarnRspr. **26** Nr. 188; OHG **1** 161).

Diese Schutzbestimmungen haben nach der Rechtsprechung des Reichsgerichts und des Bundesgerichtshofs, der sich die Oberlandesgerichte angeschlossen haben, praktisch keine große Bedeutung gehabt, da eine Beeinträchtigungsabsicht nur angenommen wurde, wenn sie das treibende und bestimmende Motiv für die Verfügung gewesen war. So lag es selten und vor allem ließ sich das kaum je beweisen (vgl. 11. Aufl. § 2287 Rdn. 4; *Johannsen,* WM **69** 1221, 1224; **73** 530, 533). Diese enge Auslegung hat dazu geführt, Nichtigkeit bei der Aushöhlung anzunehmen. Nachdem diese Rechtsprechung aufgegeben worden ist, wird in BGH **59** 343; WM **73** 680 mit Recht gesagt, es sei notwendig, eine lebensnahe und dem Schutzzweck entsprechende Auslegung der Vorschrift zu finden. Darauf, ob die Benachteiligungsabsicht das treibende Motiv gewesen ist, kann nicht abgestellt werden (so für das gemeinschaftliche Testament: BGH Urt. v. 3. 11. 1972 IV ZR 70/71), denn es sind in der Regel mehrere Beweggründe gegeben und es läßt sich kaum feststellen, welcher der ausschlaggebende war. Dort, wo mehrere Beweggründe vorliegen können und sich die Benachteiligungsabsicht nicht als ausschlaggebend feststellen läßt, ist eine objektive Beurteilung notwendig. Dabei ist zu beachten, daß die §§ 2287, 2288 auf das gemeinschaftliche Testament nur entsprechend anzuwenden sind. Es muß daher berücksichtigt werden, daß anders als in der Regel beim Erbvertrag der als Schlußerbe Bedachte selbst niemals an der ihn begünstigenden Verfügung mitgewirkt hat. Zu schützen ist daher nur das Vertrauen, das der zuerst Verstorbene dem überlebenden Ehegatten geschenkt hat. Es ging dahin, daß dieser dem als Schlußerben oder mit dem Vermächtnis Bedachten das Vermögen zukommen lassen und diesen Erfolg nicht durch bösliche oder ohne zureichenden Grund erfolgte Schenkungen beeinträchtigen werde. Die entsprechende Anwendung auf das gemeinschaftliche Testament begründet daher einen Bereicherungsanspruch gegen den Beschenkten, wenn der überlebende Ehegatte diesem einen Nachlaßgegenstand in Kenntnis und mit Billigung der dadurch eingetretenen Benachteiligung des Bedachten geschenkt hat, ohne daß dafür ein anerkennenswerter Grund gegeben war. Für nicht zu hohe Anforderungen bei der Feststellung der Benachteilungsabsicht auch *Lange*, NJW **63** 1577. Es muß darauf abgestellt werden, ob der Erblasser für seine Verfügung einen anzuerkennenden Grund hatte, der es gerechtfertigt erscheinen läßt, sich über den Wunsch des verstorbenen Ehegatten hinwegzusetzen. Keine Ansprüche sind gegeben, wenn der überlebende Ehegatte an die zugunsten des Schlußerben getroffenen Verfügung nicht gebunden ist, weil der zuerst Verstorbene ihm gestattet hat, abweichende Verfügungen von Todes wegen zu treffen (BGH Urt. v. 8. 10. 1953 IV ZR 2/53). Dazu unten Rdn. 18.

Zu beachten ist, daß der nach § 2287 begründete Anspruch nicht zum Nachlaß **16**
gehört. Er steht daher dem einzelnen Schlußerben zu dem seiner Erbquote entsprechenden Teil persönlich und nicht der Miterbengemeinschaft zu (BGH Urt. v. 8. 5. 1952 IV ZR 144/51; RG **77** 7; JW **12** 142; WarnRspr. **26** 188; SeuffArch. 90 Nr. 55). Er unterliegt deswegen auch nicht der Verwaltung eines Testamentsvollstreckers (BGH Urt. v. 22. 10. 1958 V ZR 29/58). Der Schlußerbe oder der Vermächtnisnehmer können Ansprüche aus § 2287 oder § 2288 erst geltend machen, wenn ihnen die Erbschaft oder das Vermächtnis angefallen ist.

dd) Hofübergabe. Da der Übergabevertrag über eine der Höfeordnung der frü- **17**
heren Britischen Zone unterliegende Besitzung Rechtsgeschäft unter Lebenden und auch eine vorweggenommene Erbfolge ist, kann der durch das gemeinschaftliche Testament gebundene überlebende Ehegatte den Hof nicht einer anderen Person übergeben als der, die in dem gemeinschaftlichen Testament als Hoferbe bestimmt ist. Eine Veräußerung des Hofes durch Rechtsgeschäft unter Lebenden bleibt dagegen grundsätzlich zulässig (BGH **23** 249, 259; RdL **51** 129; LM HöfeO § 17 Nr. 4).
fügungsbeschränkungen des § 2113 unterliegen.

Es kann dem Überlebenden auch das Recht eingeräumt werden, Vermächtnisse anzuordnen. Jedoch ist dann zu prüfen, wieweit dieses Recht geht. Wenn sich keine Anhaltspunkte für eine gegenteilige Auslegung ergeben, ist anzunehmen, daß dem Überle-

c) Verfügungen des überlebenden Ehegatten von Todes wegen. Dem überleben- **18**
den Ehegatten kann in dem Testament das Recht eingeräumt werden, die für den Fall seines Todes dort getroffenen Verfügungen zu widerrufen und über den Nachlaß anderweit zu verfügen. Diese Bestimmung verstößt nicht gegen § 2065, da der Überlebende, wenn er von dieser Befugnis Gebrauch macht, nicht über den Nachlaß des zuerst Verstorbenen, sondern nur über seinen eigenen Nachlaß verfügt (BGH **2** 35).

Die Abänderungsbefugnis kann auch nur für den Fall des Eintritts bestimmter Umstände gegeben sein. Falls in einem solchen Fall weiter bestimmt ist, daß das Vorliegen dieser Umstände nicht der gerichtlichen Nachprüfung unterliegen soll, ist das Gericht nicht befugt zu untersuchen, ob die angeführten Umstände, auf die die Abänderung gestützt worden ist und auf die sie nach dem Inhalt des Testaments auch gestützt werden konnte, tatsächlich vorgelegen haben (vgl. BGH NJW **51** 959).

Die Befugnis zur Änderung kann ebenso auf einem bestimmten Teil des Nachlasses, z. B. eine Quote des ganzen Nachlasses oder des Nachlasses eines Ehegatten beschränkt werden. Wie weit eine solche Befugnis reicht, ist eine Frage der Testamentauslegung. Das Recht, z. B. über eine Quote (1/4) des Nachlasses anderweit zu verfügen, berechtigt, sofern sich aus dem Testament nichts anderes ergibt, nicht, das Testament in seinen rechtlichen Grundzügen zu ändern. Es gewährt nicht die Befugnis, die Änderung einseitig zu Lasten eines der Erben anzuordnen oder statt einer im gemeinschaftlichen Testament angeordneten befreiten Vorerbschaft eine nicht befreite zu verfügen. Bei einer nicht befreiten Vorerbschaft gibt es nicht das Recht, Teilungsanordnungen zu treffen, die dem Vorerben ausschließlich solche Vermögensgegenstände zuweisen, die den Verfügungsbeschränkungen des § 2113 unterliegen.

Es kann dem Überlebenden auch das Recht eingeräumt werden, Vermächtnisse anzuordnen. Jedoch ist dann zu prüfen, wieweit dieses Recht geht. Wenn sich keine Anhaltspunkte für eine gegenteilige Auslegung ergeben, ist anzunehmen, daß dem Überlebenden damit nur gestattet wird, solche Vermächtnisse anzuordnen, für deren Anordnung ein vertretbarer Grund besteht oder die jedenfalls das Recht des Schlußerben nicht wesentlich beeinträchtigen. Eine Begrenzung des dem Wortlaut nach uneingeschränkt eingeräumten Rechts, Vermächtnisse anzuordnen, kann sich insbesondere daraus ergeben, daß es dem Überlebenden nicht gestattet ist, die Erbfolge insgesamt anderweit zu regeln, sondern daß ihm dieses Recht nur bezüglich eines Bruchteils des Nachlasses eingeräumt ist. Das gilt insbesondere, wenn sich ergibt, daß der Überlebende danach wirtschaftlich nur über sein eigenes Vermögen soll frei verfügen dürfen (BGH WM **73** 205; siehe weiter § 2271 Rdn. 28 ff.).

19 **d) Bedingte Nacherbeinsetzung für den Fall der Wiederheirat.** Vielfach entspricht es dem Wunsch der Ehegatten, insbesondere wenn Abkömmlinge aus der Ehe vorhanden sind, daß der überlebende Ehegatte die freie Stellung, die ihm durch das Berliner Testament eingeräumt wird, nur haben soll, wenn er sich nicht wieder verheiratet. Diesem Wunsch kann Rechnung getragen werden. Es ist möglich mit der im Sinne des § 2269 ausgesprochenen Erbeinsetzung eine bedingte Nacherbeinsetzung für den Fall der Wiederverheiratung des überlebenden Ehegatten zu verbinden (RG **156** 172). In einem solchen Falle ist im Zweifel anzunehmen, daß der überlebende Ehegatte in seiner Eigenschaft als bedingter Vorerbe nach § 2136 von den gesetzlichen Beschränkungen eines solchen, soweit möglich, befreit sein soll (§ 2136 Rdn. 9; KG JFG **13** 155; JW **37** 2520; **38** 2748; Köln HEZ **2** 37; *Kipp/Coing* § 79 IV 1). BGH NJW **51** 354 will jedenfalls für ländliche Verhältnisse keine Auslegungsregel anerkennen, nach der bei einem gemeinschaftlichen Testament kinderloser Ehegatten mit Nacherbeneinsetzung der Wille regelmäßig auf eine befreite Vorerbschaft gerichtet ist.

20 Wenn der Fall der Wiederheirat eintritt und der überlebende Ehegatte dann das von ihm Ererbte ganz oder teilweise an die als Nacherben Berufenen herausgeben muß, fragt sich, was aus der Bestimmung wird, die die Berufung der Schlußerben nach seinem Tode enthält. Das Kammergericht NJW **57** 1073 u. DNotZ **68** 666 = FamRZ **68** 332 nimmt an, daß in diesen Fällen im Zweifel die Erbeinsetzung der gemeinsamen Kinder auf den Nachlaß des Überlebenden gegenstandslos wird, so daß der Überlebende über seinen Nachlaß frei verfügen kann, und daß die gesetzliche Erbfolge eintritt, wenn er nicht verfügt hat. Dem kann nicht uneingeschränkt zugestimmt werden. In allen Fällen, in denen dem überlebenden Ehegatten aus dem Nachlaß des Erstverstorbenen im Falle der Wiederheirat mehr an Werten verbleibt, als was dem Wert seines Pflichtteils entsprechen würde, kann nicht ohne weiteres angenommen werden, daß die Berufung der Abkömmlinge als Schlußerben im Falle der Wiederheirat hinfällig werden soll. Es müssen vielmehr besondere Umstände vorliegen, um im Wege der Auslegung einen dahingehenden Willen der Ehegatten anzunehmen. Gegen die Ansicht des Kammergerichts auch *Huken*, DNotZ **65** 729; dem Kammergericht folgen *Ehard/Eder* in *Soergel/Sieber*, § 2269 Rdn. 5; *Haegele*, JurBüro **68** 90; *Palandt/Keidel*, § 2269 Anm. 5 e; grundsätzlich auch *Simshäuser*, FamRZ **72** 273, 277.

Läßt sich nicht feststellen, daß die Berufung der Abkömmlinge als Schlußerben hinfällig ist, dann ist zu prüfen, ob der überlebende Ehegatte in dem erwähnten Fall nach der Wiederheirat und nach der Auseinandersetzung mit den Kindern noch weiter an die zugunsten der Schlußerben getroffene Verfügung gebunden sein soll. Auch dies ist eine Auslegungsfrage (vgl. darüber § 2271 Rdn. 33). Im Zweifel ist anzunehmen, daß eine Bindung nicht bestehen soll, wenn dem überlebenden Ehegatten nach der Wiederheirat nicht mehr als sein gesetzlicher Erbteil verblieben ist. Die bindende Wirkung der zugunsten der Kinder getroffenen Bestimmungen fällt, wie das Bayerische Oberste Landesgericht zutreffend entschieden hat, im Zweifel fort, wenn diese entsprechend der im gemeinschaftlichen Testament enthaltenen Bestimmungen nach der Wiederheirat des überlebenden Ehegatten Vermächtnisse in Höhe ihres gesetzlichen Erbteils erhalten haben (BayObLGZ **22** 137).

e) **Nichtigkeit der Verfügung eines Ehegatten wegen Formmangels.** Wenn bei einem den Voraussetzungen des § 2269 entsprechenden gemeinschaftlichen Testament die Verfügung der überlebenden Frau wegen Formmangels nichtig ist, so kann gemäß § 2084 die Verfügung des vorverstorbenen Mannes dahin ausgelegt werden, daß die Frau Vorerbin und die im Testament bedachten Dritten seine Nacherben sein sollen (KG JW **37** 1410). Im übrigen vgl. § 2265 Rdn. 15. **21**

2. Das Recht des Schlußerben. **22**

a) **Rechtsstellung zu Lebzeiten des überlebenden Ehegatten.** Der Schlußerbe ist beim Berliner Testament nur Erbe des Längstlebenden. Er erhält das Vermögen so, wie es sich bei dessen Tode befindet als dessen Nachlaß. Er hat daher mit dem Tode des Zuerstversterbenden im Gegensatze zu § 2108 Abs. 2 noch keinerlei vererbliche oder veräußerliche Rechte erworben, die den Schutz des § 823 Abs. 1 genießen könnten (BGH Urt. v. 6. 5. 1954 IV ZR 217/53). Eine Zuwendung an ihn wird vorbehaltlich des § 2069 hinfällig, wenn er vor dem Überlebenden verstirbt. Bei einseitigen Abkömmlingen des erstversterbenden Ehegatten trifft § 2069 nach seinem Wortlaut nicht zu. Jedoch wird in der Regel angenommen werden können, daß der darin enthaltene Rechtsgedanke auch in diesen Fällen zutrifft (ähnlich *Planck/Greiff* § 2269 Anm. 2 a; vgl. unten Rdn. 26).

Immerhin besteht für den Dritten, wenn der überlebende Ehegatte nach den §§ 2270, 2271 an das Testament gebunden ist, nicht nur eine bloße Hoffnung, Erbe zu werden. Vielmehr kann dann von einem bereits bedingt oder betagt bestehenden Rechtsverhältnis gesprochen werden, das unter Umständen zwischen den mehreren Dritten als den künftigen Miterben auch zum Gegenstand einer Feststellungsklage gemacht werden kann (RG HRR **28** 843). Diese Rechtsstellung des Schlußerben kann man als „Anwartschaft" bezeichnen. Um ein Anwartschaftsrecht handelt es sich nicht (ähnlich *Lange*, NJW **63** 1572; *von Lübtow* II 622; *Staudinger/Dittmann* § 2269 Rdn. 10; *Bartholomeyczik*, § 26 VI 5; *Erman/Hense*, § 2269 Rdn. 11; *Palandt/Keidel*, § 2269 Anm. 2 b). Auch der Bundesgerichtshof hat in dem nicht veröffentlichen Urteil vom 6. 5. 1954 IV ZR 217/53 von einer Anwartschaft gesprochen. Die Frage, ob ein Anwartschaftsrecht besteht, hat er bisher nicht entschieden. Er hat ausgesprochen, vieles spreche dafür, ein solches Recht zu bejahen. Jedoch sei dieses jedenfalls nicht übertragbar. Denn die Übertragung wäre nach § 312 Abs. 1 Satz 2 verboten (BGH **37** 321 mit Anm. *Mattern*, LM BGB § 2271 Nr. 13). **23**

Da die Schlußerben Erben des Längstlebenden sind, können sie auch nicht zu dessen Lebzeiten einen Vertrag darüber schließen, wie sie die auf Grund des Testaments eintretende Erbfolge nach dem Tode des längstlebenden Ehegatten unter sich regeln wollen. Ein solcher Vertrag ist nach § 312 nichtig, und zwar auch dann, wenn die Vertragschließenden pflichtteilsberechtigte Abkömmlinge der Ehegatten sind (BGH LM BGB § 312 Nr. 1). **24**

b) **Auslegung der zugunsten der Schlußerben getroffenen Bestimmungen.** Auf die Verfügung, die die Berufung der Schlußerben enthält, sind auch die Auslegungsregeln der §§ 2066 ff anzuwenden. Hierbei ist jedoch zu bedenken, daß die in einem gemeinschaftlichen Testament getroffenen wechselbezüglichen Verfügungen auf dem **25**

Willen beider Ehegatten beruhen. Die Auslegungsregel ist daher schon dann widerlegt, wenn erwiesen ist, daß einer der Ehegatten den nach der Auslegungsregel im Zweifel anzunehmenden Willen nicht gehabt hat (vgl. § 2084 Rdn. 10).

26 Daß im Rechtssinne nur der Überlebende als Erblasser des Dritten in Betracht kommt, schließt nicht aus, bei Auslegung des Testaments, insbesondere von Anordnungen, die zugunsten der gesetzlichen Erben, der Verwandten oder der Abkömmlinge des Zuerstverstorbenen getroffen sind, diesen für die Auslegungsregeln der §§ 2066 bis 2069 als Erblasser anzusehen. Auch dann, wenn der Erstverstorbene als Erblasser im Sinne des § 2066 anzusehen ist, ist der maßgebliche Zeitpunkt für die Frage, wer als seine gesetzlichen Erben berufen sind, der Tod des zuletzt verstorbenen Ehegatten. Das ist der Zeitpunkt des Erbfalls, auf den § 2066 abstellt.

27 Die Auslegungsregel des § 2069 kann nicht angewandt werden, wenn der als Schlußerbe berufene und weggefallene Abkömmling nur ein Abkömmling des einen Ehegatten war und wenn dem anderen Ehegatten diese verwandtschaftliche Beziehung unbekannt war. Als Schlußerbin ist die „Nichte" der Frau berufen, die in Wahrheit ihre voreheliche Tochter ist. Grund und Voraussetzung für die Anwendung der Auslegungsregel des § 2069 bei einem gemeinschaftlichen Testament ist, daß beiden Ehegatten die verwandtschaftliche Beziehung des Schlußerben zu dem anderen Ehegatten bekannt sind.

28 Sind mehrere Dritte, insbesondere Verwandte beider Erblasser ohne Bestimmung von Anteilen bedacht, so haben sie vermöge der Einheitlichkeit des Nachlasses im Zweifel als gleichmäßig, d. h. ohne Unterschied nach der Herkunft des Vermögens als sämtlich auf den ungetrennten Nachlaß berufen zu gelten.

29 Der Wille der Ehegatten kann aber auch dahin gegangen sein, daß das gesamte Vermögen beim Tode des Überlebenden in zwei Hälften zerlegt werden soll, von denen eine den Verwandten des Mannes, die andere den Verwandten der Frau jeweils nach dem Verhältnis ihrer gesetzlichen Erbteile zufallen soll (BGH LM BGB § 2270 Nr. 2). Die Aufteilung des Vermögens unter die beiden Verwandtengruppen kann auch zu dem Bruchteil erfolgen, der sich aus dem Verhältnis der Werte beider Vermögen ergibt (RG **79** 278).

30 Schließlich kann auch die Festsetzung der Höhe der Erbteile der als Erben eingesetzten Dritten dem überlebenden Ehegatten vorbehalten werden (Oldenburg OLG **6** 178). § 2065 Abs. 2 steht dem nicht entgegen, denn der überlebende Ehegatte verfügt damit nur über seinen eigenen Nachlaß und bestimmt nicht den Gegenstand der Zuwendung aus dem Nachlaß des Zuerstverstorbenen. Das würde zutreffen, falls der Dritte als Nacherbe des Erstverstorbenen berufen wäre.

31 **IV. Pflichtteilsrecht nach dem Tode des Erstverstorbenen**

Sind die als Erben des überlebenden Ehegatten Eingesetzten am Nachlasse des Zuerstverstorbenen pflichtteilsberechtigt, so sind sie nach dem ersten Erbfall nicht gehindert, den Pflichtteil geltend zu machen (BGH **22** 364). Eine Absicht der Ehegatten, dem Überlebenden die unbeschränkte Verfügung über das gesamte Vermögen zu gewähren, ist daher gegen den Willen Pflichtteilsberechtigter nicht durchführbar. Dies darf nicht unbeachtet bleiben, wenn beim Streite darüber, ob das Testament im Sinne des § 2269 oder im Sinne der Berufung des Überlebenden zum Vorerben und der Kinder zu Nacherben auszulegen sei, für die Auslegung im ersten Sinne das Vorhandensein jener Absicht geltend gemacht wird (RG Recht **23** Nr. 1023).

32 Wenn die Ehegatten mit einem Abkömmling einen Erbvertrag geschlossen haben, in dem sie sich gegenseitig zu alleinigen Vollerben und den Abkömmling als Erben

des Längstlebenden berufen haben, kann, wenn nicht besondere Umstände dem entgegenstehen, angenommen werden, daß der Abkömmling dadurch, daß er die in dem Erbvertrag getroffenen Anordnungen annimmt, zugleich auf seinen Pflichtteilsanspruch nach dem Tode des zuerst Verstorbenen verzichtet. Eine andere Auslegung kann geboten sein, wenn der Abkömmling sich im Zusammenhang mit seiner Erbeinsetzung auch seinerseits zu Leistungen an den Erblasser verpflichtet hat (BGH **22** 364).

Da die Pflichtteilsberechtigten im Falle des § 2269 überhaupt nicht als Erben **33**
des Erstverstorbenen berufen sind, brauchen sie, um nach dessen Tod ihren Pflichtteilsanspruch geltend zu machen, auch nicht gemäß § 2306 Abs. 1 Satz 2 auszuschlagen (Kiel OLG **44** 106). Sie bleiben vielmehr auch dann, wenn sie den Pflichtteil fordern, nach dem Tode des Überlebenden im vollen im gemeinschaftlichen Testament bestimmten Umfang erbberechtigt.

Es ist aber Auslegungsfrage, ob sie nach dem Willen der Erblasser, der auch **34**
stillschweigend erklärt sein kann, zur Anrechnung des empfangenen Pflichtteils auf den demnächstigen, tatsächlich aus beiden Nachlässen ihnen zufließenden Erbteil verpflichtet sein sollen. Wäre freilich der Pflichtteilsberechtigte, sei es von vornherein, sei es vermöge des § 2306 auf den Pflichtteil am Nachlasse des Zuletztverstorbenen beschränkt, so braucht er sich hierauf den aus dem Nachlasse des Zuerstverstorbenen geforderten Pflichtteil nicht anrechnen zu lassen (*Kipp/Coing* § 79 IV 2; Stettin LZ **27** 547).

Vielfach bestimmen die Eheleute, daß ein Abkömmling, der beim Tode des zuerst Verstorbenen seinen Pflichtteil verlangt, auch nach dem Tode des Längstlebenden nur den Pflichtteil erhalten soll. Diese Verwirkungsklausel hat die Natur einer Strafklausel. Sie greift daher nur durch, wenn der Abkömmling sich böslich gegen den letzten Willen der Erblasser auflehnt (Stuttgart OLGZ **68** 246). Nicht dann, wenn er bedürftig ist und deswegen den überlebenden Ehegatten unter Hinweis auf seine Pflichtteilsansprüche um finanzielle Hilfe angeht, die ihm gewährt wird (BayObLG NJW **64** 205). Eine solche Verwirkungsklausel schließt indes oft nicht aus, daß der Abkömmling, der seinen Pflichtteil verlangt, sich wirtschaftlich besser steht als diejenigen, die sich mit dem begnügen, was ihnen als Schlußerbe zufällt.

Falls die Kinder als Erben des Längstlebenden eingesetzt sind, kann ein gewis- **35**
ser Ausgleich auch dadurch geschaffen werden, daß, falls ein Kind nach dem Tode des Erstversterbenden den Pflichtteil fordert, den anderen Vermächtnisse in Höhe ihres gesetzlichen Erbteils zugewandt werden, die mit dem Tode des Erstversterbenden anfallen, aber erst nach dem Tode des Überlebenden zu zahlen sind (*Jastrow* DNotV 04 424 ff; *Planck/Greiff*, § 2269 Anm. 2 e; *Kipp/Coing* § 79 IV 2 bei Anm. 18; vgl. oben Rdn. 5). Die beim Tode des Längstlebenden fällig werdenden Vermächtnisse gehören, da sie von dem Erstverstorbenen angeordnet worden sind, zu dessen Nachlaßverbindlichkeiten und mindern daher die Erbschaft des Längstlebenden und damit die gegen seinen Nachlaß bestehenden Pflichtteilsansprüche in Höhe der Hälfte des Wertes des Vermächtnisses.

V. Vermächtnisanordnungen (Abs. 2) **36**

Als Folge des in Abs. 1 aufgestellten Satzes, wonach die Anordnung des gemeinschaftlichen Testaments im Zweifel den beiderseitigen, beim Tode des Überlebenden vorhandenen Gesamtnachlaß zum Gegenstand haben, ergibt sich, daß im Zweifel auch eine Vermächtnisanordnung erst mit diesem Zeitpunkte wirksam wird (RG WarnRspr. 1938 Nr. 51).

Nach ihrem Wortlaut trifft die Vorschrift nur eine Bestimmung darüber, in wel- **37**
chem Zeitpunkt das Vermächtnis anfällt. Sie besagt ausdrücklich nichts darüber, welcher der beiden Ehegatten das Vermächtnis angeordnet hat, wessen Nachlaß mit diesem

Vermächtnis beschwert ist. Die zwar nicht ausnahmslos geltende Regel ist, daß das Vermächtnis mit dem Erbfall anfällt. Die Vorschrift des § 2269 Abs. 2 ist daher so zu verstehen, daß das Vermächtnis im Zweifel ein Vermächtnis des überlebenden Ehegatten sein soll (BGH Urt. v. 28. 5. 1958 IV ZR 328/57; auch BGH **26** 274 geht hiervon aus). Die in dem Testament hinsichtlich des Vermächtnisses getroffene Bestimmung geht dahin, daß jeder der Ehegatten ein Vermächtnis für den Fall aussetzt, daß er von beiden der Überlebende ist. Die Anordnung des zuerst Verstorbenen hat sich durch dessen Tod erledigt. Die Bestimmung des überlebenden Ehegatten ist wirksam geblieben. Der Bedachte muß daher den Tod dieses und damit beider Ehegatten erlebt haben. Die Vermächtnisforderung kommt erst mit dem Tode des Längstlebenden zur Entstehung (§ 2176). Vor dem Tode des Überlebenden stehen dem Bedachten, da es sich nicht um einen Fall des § 2177 handelt, auch nicht die Rechte des § 2179 zu. Denn wenn auch der überlebende Ehegatte infolge der Wechselbezüglichkeit der Verfügungen an die Vermächtnisanordnung gebunden ist, hat doch der Vermächtnisnehmer vor dessen Tod noch kein Recht, das abgetreten oder vererbt werden könnte.

38 Da es sich um ein Vermächtnis des überlebenden Ehegatten handelt, kann dieser zu seinen Lebzeiten frei über den Gegenstand des Vermächtnisses verfügen. Veräußert er die vermachte Sache, dann wird das Vermächtnis nach § 2169 Abs. 1 unwirksam, wenn sich nicht ergibt, daß es nach dem Willen beider Ehegatten auch für diesen Fall als Verschaffungsvermächtnis gelten soll. Der bedachte Vermächtnisnehmer hat nur, wenn der Überlebende den Gegenstand in der Absicht veräußert hat, den Bedachten zu beeinträchtigen, die Rechte aus dem entsprechend anzuwendenden § 2288 (BGH **26** 274). Vor dem nach § 2169 Abs. 1 eintretenden Verlust können die Ehegatten den Bedachten dadurch schützen, daß sie sich durch einen Vertrag zugunsten des Bedachten gegenseitig verpflichten, nicht über den vermachten Gegenstand zu verfügen. Zuwiderhandlungen gegen solche Verpflichtungen begründen Schadensersatzpflichten, für die der Erbe als Nachlaßverbindlichkeit einzustehen hat (BGH **31** 13). Diese Verpflichtung bedarf auch dann, wenn Gegenstand des Vermächtnisses ein Grundstück ist, nicht der Form des § 313. Sie kann formlos eingegangen werden.

Solange der Erbe in der Lage ist, den vermachten Gegenstand zurückzuerlangen, besteht kein eigentlicher Schadensersatzanspruch. Vielmehr geht der Anspruch aus dem Vermächtnis jetzt dahin, daß der Erbe dem Bedachten den Gegenstand verschafft (BGH **37** 147, 151). Falls der Erbe selbst Eigentümer des Gegenstandes geworden ist, weil er ihn von dem überlebenden Ehegatten durch Rechtsgeschäft unter Lebenden erlangt hat, kann der Bedachte gegen ihn auf Übereignung des Gegenstandes klagen (BGH LM BGB § 137 Nr. 3 und § 2174 Nr. 7).

39 Bei der Vorschrift des Abs. 2 handelt es sich auch um eine Auslegungsregel. Der Bedachte kann demgegenüber nachweisen, daß das Vermächtnis als ein solches des zuerst Verstorbenen gewollt ist, dessen Anfall nach § 2177 auf den Zeitpunkt des Todes des überlebenden Ehegatten hinausgeschoben ist. Der Bedachte kann die Regel des Abs. 2 aber auch ganz widerlegen durch den Nachweis, daß das Vermächtnis nach dem Willen der Erblasser als Vermächtnis des Erstverstorbenen bereits bei dessen Tode anfallen und nur die Fälligkeit hinausgeschoben sein sollte. Um diesen Beweis zu führen, muß er aber Umstände dartun und beweisen, aus denen sich ergibt, daß die Lebenserfahrung, auf der auch § 2269 Abs. 2 beruht, hier nicht durchgreift (BGH LM BGB § 2269 Nr. 5; vgl. oben Rdn. 7). In diesen Fällen würde, sofern der überlebende Ehegatte für die Nachlaßverbindlichkeiten nicht unbeschränkt haftbar geworden ist, nur der Nachlaß des Erstverstorbenen für die Erfüllung des Vermächtnisses haften.

Der in § 2269 Abs. 2 enthaltene Rechtsgedanke ist gleichfalls zu beachten, wenn Ehegatten, die sich zuvor in zwei Einzeltestamenten gegenseitig zu Erben eingesetzt haben, danach ein gemeinschaftliches Testament errichten oder einen Erbvertrag mit einem Dritten schließen, in dem sie diesem ein Vermächtnis mit der Bestimmung zuwenden, es solle erst beim Tode des Überlebenden erfüllt werden (BGH LM BGB § 2269 Nr. 5).

§ 2270

Haben die Ehegatten in einem gemeinschaftlichen Testamente Verfügungen getroffen, von denen anzunehmen ist, daß die Verfügung des einen nicht ohne die Verfügung des anderen getroffen sein würde, so hat die Nichtigkeit oder der Widerruf der einen Verfügung die Unwirksamkeit der anderen zur Folge.

Ein solches Verhältnis der Verfügungen zueinander ist im Zweifel auszunehmen, wenn sich die Ehegatten gegenseitig bedenken oder wenn dem einen Ehegatten von dem anderen eine Zuwendung gemacht und für den Fall des Überlebens des Bedachten eine Verfügung zugunsten einer Person getroffen wird, die mit dem anderen Ehegatten verwandt ist oder ihm sonst nahe steht.

Auf andere Verfügungen als Erbeinsetzungen, Vermächtnisse oder Auflagen findet die Vorschrift des Abs. 1 keine Anwendung.

E II 2137; P **5** 448—459; **6** 244—397.

Wechselbezügliche Verfügungen

Übersicht

Neueres Schrifttum:

Bühler, Zur Wechselbezüglichkeit und Bindung beim gemeinschaftlichen Testament und Erbvertrag, DNotZ **63** 359; *Lange*, Bindung des Erblassers an seine Verfügungen, NJW **63** 1571.

I. Begriff und Voraussetzungen der Wechselbezüglichkeit im allgemeinen 1

Als wechselbezügliche Verfügungen kommen nach Abs. 3 nur Erbeinsetzungen, Vermächtnisse und Auflagen in Betracht. Die Fälle des Abs. 2 sind nicht erschöpfend.

Wesentlich ist nur, daß zwischen beiden Verfügungen „Zusammenhang des Motivs" (Prot. **5** 451) in dem Sinne besteht, daß jeder der beiden Ehegatten eine auf seiner Willensentschließung beruhende Anordnung getroffen hat, die ohne die Verfügung des anderen nicht gewollt sein würde, oder, anders ausgedrückt, daß jede der beiden Verfügungen mit Rücksicht auf die andere getroffen ist und nach dem Willen der Erblasser mit ihr stehen und fallen soll (RG **116** 149). Um feststellen zu können, ob Verfügungen wechselbezüglich sind, muß zunächst durch Auslegung der Inhalt der in dem Testament getroffenen Verfügungen festgestellt werden (BGH LM BGB § 2270 Nr. 2).

Der die Wechselbezüglichkeit bedingende Zusammenhang kann auch dann vorliegen, wenn die beiderseitigen Anordnungen in eine sprachlich einheitliche Verfügung zugunsten desselben Dritten zusammengefaßt sind (RG **88** 330; WarnRspr. 1920 Nr. 18).

2 Gleichheit des mit den beiderseitigen Anordnungen verfolgten Zweckes ist weder erforderlich noch für sich allein unbedingt genügend, kann aber einen Anhalt dafür bieten, daß beide Verfügungen nach dem Willen der Erblasser voneinander abhängig sein sollen (RG Recht **21** Nr. 1633).

Zwischen gleichlautenden Verfügungen wird der Zusammenhang meist ohne weiteres gegeben sein, auch wenn sich die Ehegatten nicht gegenseitig bedenken (§ 2269), vielleicht weil sie insoweit der gesetzlichen Erbfolge nach § 1931 Abs. 2 freien Lauf lassen wollen.

Er kann auch bei verschiedenartigen Verfügungen vorliegen, z. B. wenn ein Ehegatte seinen Nachlaß nur seinen Verwandten — nicht an Fremde oder einen bestimmten Fremden — zuwendet, weil auch der andere Ehegatte nur seine Verwandten — keine Fremden, keinen bestimmten Fremden bedenkt, oder wenn er sich mit einer Auflage beschweren läßt, weil er auch seinerseits dem anderen Teil eine Auflage macht.

3 Möglich ist zwischen den Verfügungen der beiden Ehegatten in einem gemeinschaftlichen Testament auch ein bloß einseitiges Abhängigkeitsverhältnis derart, daß nur die Verfügung des einen von der des anderen, nicht aber diese Verfügung von jener abhängig gemacht ist. Dann werden (mit KG JFG **10** 67) die §§ 2270, 2271 entsprechend anzuwenden sein (str.; wie hier *Staudinger/Dittmann* § 2270 Nr. 4; aM *Strohal* § 43 Anm. 28; § 43 a Anm. 9 wohl auch *Planck/Greiff* § 2270 Anm. 2 am Ende). Falls Ehegatten sich gegenseitig zu Erben eingesetzt und als Schlußerben ihre gesetzlichen Erben berufen haben, kann die Einsetzung der Verwandten des zuerst Verstorbenen wechselbezüglich und die Einsetzung der Verwandten des Überlebenden nicht wechselbezüglich sein, so daß dieser über den seinen Verwandten zugewandten Teil des Nachlasses anderweit verfügen kann (BGH LM BGB § 2270 Nr. 2; s. auch BayObLGZ **64** 94; vgl. Rdn. 16). Im Ergebnis ähnlich beim Erbvertrag BGH LM BGB § 2278 Nr. 4.

4 Die Ehegatten können die Wechselbezüglichkeit auch umfangmäßig in der Weise beschränken, daß es dem anderen Gatten gestattet wird, seine Verfügung zwar nicht völlig zu beseitigen, aber doch in bestimmtem Teilumfang abzuändern oder zu durchbrechen (BGH LM BGB § 2270 Nr. 3). Eine solche Begrenzung kann auch, wenn sie nicht ausdrücklich angeordnet ist, aus dem Inhalt der Verfügung entnommen werden. Wird dem überlebenden Ehegatten gestattet, über sein eigenes Vermögen anderweit zu verfügen und auch Vermächtnisse aus dem ihm angefallenen Nachlaß des zuerst Verstorbenen anzuordnen, so kann darin, wenn der Überlebende kein nennenswertes eigenes Vermögen besessen hat, zugleich eine Begrenzung der ihm eingeräumten Befugnis, Vermächtnisse anzuordnen, liegen (BGH WM **73** 205; vgl. § 2269 Rdn. 18).

5 Voraussetzung ist, daß die Verfügungen in einem gemeinschaftlichen Testamente ausgesprochen sind. Stehen die in getrennten Testamenten getroffenen Verfügungen zweier Erblasser, die nicht Ehegatten zu sein brauchen, in dem hier angenommenen gegenseitigen Abhängigkeitsverhältnis, so kann, wenn eine von ihnen unwirksam geworden ist, die andere geeignetenfalls wegen Irrtums im Beweggrunde angefochten werden (§ 2078 Abs. 2).

6 **II. Die Auslegungsregel des Abs. 2**

1. Ermittlung des auf die Wechselbezüglichkeit gerichteten Willens

a) Durch einfache Auslegung. Auch für die in Abs. 2 hervorgehobenen hauptsächlichsten Fälle stellt das Gesetz nur die Auslegungsregel auf, daß die Wechselbezüglichkeit „im Zweifel“ gewollt sei. Die Regel hat ihr Vorbild in dem § 493 PrALR II 1, nicht in einer Norm des gemeinen Rechts. Sie ist nicht anzuwenden, wenn pflichtmäßige Willenserforschung (§ 133, § 2084 Rdn. 1 ff, insbes. Rdn. 10) dazu führt, daß die eine von den beiden sich darbietenden Willensmöglichkeiten, nämlich die von den Erblassern gewollte Abhängigkeit oder die von ihnen gewollte Unabhängigkeit der beiderseitigen Verfügungen für zutreffend oder unzutreffend erklärt werden kann. Es ist daher in jedem Fall zu prüfen, ob die betreffende Verfügung nach dem wirklichen oder mutmaßlichen Willen der Erblasser wechselbezüglich sein soll. Hierzu ist es notwendig, zunächst durch Auslegung den Inhalt der in dem Testament getroffenen Verfügungen festzustellen (BGH LM BGB § 2270 Nr. 2). Nur wenn diese Willenserforschung zu keinem Ergebnis führt, greift insofern die Auslegungsregel des § 2270 Abs. 2 ein, wenn es sich um Verfügungen des dort angeführten Inhalts handelt.

Bei der hiernach anzustellenden Willenserforschung handelt es sich um eine **7**
Auslegung des gemeinschaftlichen Testaments, für die alle für die Testamentsauslegung angeführten Grundsätze gelten. Für die Auslegung können daher auch Umstände außerhalb des Testaments, so frühere oder spätere Äußerungen der Erblasser und ihre beiderseitigen Vermögensverhältnisse in Betracht kommen (KG KGJ **42** 119; JFG **14** 288; JW 1935 1442; Karlsruhe JFG **9** 85; RG **116** 150; Recht **29** Nr. 1020). Jedoch genügt, wenn die Ehegatten sich gegenseitig zu Erben eingesetzt haben, die Tatsache allein noch nicht, daß zur Zeit der Testamentserrichtung nur die Ehefrau Vermögen besaß, um die Wechselbezüglichkeit auszuschließen. Auch in diesem Fall können die verschiedensten Umstände Anlaß geben, eine Wechselbezüglichkeit der Verfügungen zu wollen, insbesondere, wenn die Ehegatten das Testament in jungen Jahren errichten und vielleicht damit rechnen, daß auch der Ehemann aus seinen Einkünften noch Ersparnisse machen wird (RG DR **40** 723).

Der IV. Zivilsenat des Bundesgerichtshofs hat den Ausschluß der Wechselbezüg- **8**
lichkeit daraus entnommen, daß dem überlebenden Ehegatten das Recht eingeräumt worden war, abweichend von dem gemeinschaftlichen Testament von Todes wegen über seinen Nachlaß frei zu verfügen (BGH FamRZ **56** 83). Im gewissen Gegensatz dazu hat der V. Zivilsenat entschieden, daß die Klausel „der überlebende Ehegatte ist ermächtigt, aufs Freieste unter Lebenden und auch von Todes wegen über seinen Nachlaß zu verfügen“ die Wechselbezüglichkeit nicht rechtsnotwendig immer beseitigt. Der Senat weist darauf hin, daß es nicht nur begrifflich, sondern auch praktisch durchaus denkbar ist, daß die Ehegatten auch dann, wenn sie einander für die Zeit nach dem Tode des einen von ihnen freie Hand lassen wollen, für die Zeit vorher darauf Wert legen, von einer Testamentsänderung des anderen unterrichtet zu werden, wie es das Gesetz in § 2271 Abs. 1 BGB vorsieht. Ist das der Fall, dann sind die Verfügungen wechselbezüglich (BGH LM BGB § 2270 Nr. 3). Dem ist zuzustimmen.

Daraus, daß die Ehegatten in einem gemeinschaftlichen Testament, in dem sie **9**
sich gegenseitig zu Alleinerben eingesetzt haben, nach dem Tode des Längstlebenden einem Dritten einen Gegenstand vermacht haben, der zur Zeit der Testamentserrichtung im Miteigentum der Ehegatten steht, folgt allein nicht zwingend, daß die von ihnen getroffenen Verfügungen wechselbezüglich sind. Die gegenseitige Erbeinsetzung mag die äußere Voraussetzung für die rechtliche Möglichkeit der von den Ehegatten getroffenen Vermächtnisanordnung darstellen. Für die Frage der Wechselbezüglichkeit ist indes entscheidend auf die sich aus dem Willen der Ehegatten ergebende innere Abhängigkeit der Verfügungen abzustellen (RG **170** 172).

Entgegen der Auslegungsregel des § 2270 Abs. 2 ist in der Regel keine Wechsel- **10**
bezüglichkeit anzunehmen, wenn der Wert der Zuwendung des einen Ehegatten an den

anderen erheblich hinter dem Wert seines gesetzlichen Erbteils oder gar des Pflichtteils zurückbleibt. Anders ist es, wenn der Ehegatte die Absicht hatte, das Erbrecht seines Ehepartners noch weiter zu beschränken und hiervon mit Rücksicht auf die ihm gemachte Zuwendung abgesehen hat (KG DR **40** 2171).

11 **b) Durch ergänzende Auslegung.** Die Entscheidung der Frage, ob die Verfügungen wechselbezüglich sind, kann unter Umständen auch im Wege der ergänzenden Testamentsauslegung getroffen werden. Zwar kann diese nie dazu führen, einen im Testament zweifelfrei ausgedrückten Willen zu entkräften. Es kann aber sein, daß die Erblasser ihre Verfügungen als wechselbezügliche errichtet haben und daß in späterer Zeit Umstände eingetreten sind, an die sie bei der Errichtung ihres Testaments nicht gedacht haben. Die Wechselbezüglichkeit ist dann zu verneinen, wenn die Erblasser sie für diesen später eingetretenen Fall ausgeschlossen hätten, falls sie diese Umstände bei der Testamentserrichtung vorausschauend bedacht hätten (München HRR **42** 839). Jedoch ist Vorsicht geboten bei der Prüfung der Frage, ob die Beteiligten bei Kenntnis der zukünftigen Lage für diesen Fall die gegenseitige Abhängigkeit der Verfügungen voneinander durchbrochen und damit dem Überlebenden volle Verfügungsfreiheit auch von Todes wegen gegeben hätten, oder ob sie nicht statt dessen für diesen Fall die eine oder andere Verfügung unterlassen oder nur sonst inhaltlich anders getroffen hätten (BGH Urt. v. 27. 4. 1960 V ZR 4/59).

12 **2. Nachträglicher Verlust der Wechselbezüglichkeit**

Letztwillige Verfügungen, die ursprünglich als wechselbezügliche errichtet waren, können diesen Charakter auch später verlieren. Dazu genügt jedoch nicht ein einfacher, formloser Willensentschluß des einen oder beider Ehegatten. Denn die Wechselbezüglichkeit ist eine besondere, auf dem Willen der Erblasser beruhende Eigenschaft ihrer letztwilligen Anordnung. Sie kann nur in der Form einer letztwilligen Verfügung geändert werden. Jeder Ehegatte kann nur die Wechselbezüglichkeit seiner eigenen letztwilligen Verfügungen wieder ausschließen. Das kann, ohne daß der andere Ehegatte mitzuwirken oder davon Kenntnis zu haben braucht, durch eine einseitige von ihm errichtete letztwillige Verfügung geschehen. Die Bestimmung des § 2271 steht dem nicht entgegen, da sie nur dem Schutz des anderen Ehegatten dient, dieser aber dadurch, daß die für ihn bestehende Bindung entfällt, nur besser gestellt wird. Der Ehegatte selbst, der die ändernde Bestimmung trifft, bleibt seinerseits gebunden, da die Wechselbezüglichkeit der von seinem Ehepartner errichteten Verfügung solange unberührt bleibt, bis auch dieser sie aufhebt. In einem solchen Fall besteht eine vom Gesetz an sich in § 2270 nicht vorgesehene einseitige Bindung eines Ehegatten (ebenso *Staudinger/Dittmann* § 2270 Rdn. 6).

13 **3. Beweislast**

Falls die Verfügungen inhaltlich dem § 2270 Abs. 2 entsprechen, ist, solange kein gegenteiliger Wille festgestellt werden kann, anzunehmen, daß sie wechselbezüglich sind und daß die in Abs. 1 vorgeschriebenen Folgen eintreten. Wer behauptet, daß entgegen Abs. 1 die Nichtigkeit oder der Widerruf der Verfügungen des einen Ehegatten nicht die Nichtigkeit der Verfügungen des anderen zur Folge hat, sondern daß diese weitergelten, muß diejenigen Umstände vortragen und beweisen, die es ermöglichen, durch Auslegung festzustellen, daß die Verfügungen nicht wechselbezüglich sind.

Beim Fehlen der Voraussetzungen des Abs. 2 gilt nicht etwa eine Vermutung gegen die Wechselbezüglichkeit, vielmehr ist dann über ihr Vorhandensein nach freiem richterlichem Ermessen zu entscheiden (BayObLGZ NF 21 A 90).

4. Gegenseitiges Bedenken der Ehegatten (Abs. 2 Halbs. 1) 14

Die Ehegatten können sich gegenseitig bedenken nur durch Erbeinsetzung oder Vermächtnisse. Eine Auflage (§ 1940), die dem andern Teil zugute kommt, genügt nicht. Doch steht der Erbeinsetzung gleich und ist als Zuwendung aufzufassen, wenn die Ehegatten im Testamente der gegenseitigen gesetzlichen Erbfolge (§ 1931) auch nur stillschweigend freien Lauf lassen.

Aus der wechselbezüglichen Erbeinsetzung der Ehegatten ergibt sich nicht ohne 15 weiteres, daß das Testament auch seinem übrigen Inhalte nach wechselbezüglich sein soll; diese Frage ist vielmehr für jede einzelne Verfügung zu prüfen (München JFG **15** 262). Haben die Ehegatten sich gegenseitig als Vorerben und bezüglich des Vermögens des Mannes dessen Verwandte, bezüglich des Vermögens der Frau deren Verwandte als Nacherben eingesetzt, dann ist nur die gegenseitige Einsetzung als Vorerbe wechselbezüglich. Der überlebende Ehegatte wird nicht gehindert, über sein Vermögen frei zu verfügen. § 2102 kommt, wenn er eine abweichende Verfügung trifft, nicht zum Zuge (Karlsruhe, FamRZ **70** 255).

In dem häufigen Falle, daß kinderlose Eheleute sich gegenseitig als Erben einset- 16 zen und bestimmen, nach dem Tode des Letztlebenden solle das beiderseitige Vermögen teils an Verwandte des Mannes, teils an Verwandte der Frau fallen, sind regelmäßig wechselbezüglich die Einsetzungen der Gatten im Verhältnisse zueinander, außerdem die Einsetzung jedes Gatten im Verhältnisse zu der von ihm ausgesprochenen Einsetzung der Verwandten des andern Gatten, also wenn der Mann zuerst stirbt, die Einsetzung der Frau durch ihn mit der Einsetzung seiner Verwandten durch die Frau, dagegen nicht ohne weiteres mit der von der Frau ausgesprochenen Einsetzung ihrer Verwandten (BGH LM BGB § 2270 Nr. 2; oben Rdn. 3). Möglich ist aber die Erstreckung der Wechselbezüglichkeit auch hierauf, so wenn sich die Ehegatten über die Auswahl der zu bedenkenden beiderseitigen Verwandten, auf deren Bedenkung nicht nur der mit dem einzelnen verwandte Erblasser, sondern beide Gatten Wert legten, verständigt haben (RG SchlHA **20** 33; auch BayObLGZ NF 21 A 90; Dresden JFG **2** 162).

5. Zuwendungen an einen Ehegatten und Zuwendungen an Verwandte des anderen oder diesem nahestehende Personen (Abs. 2 Halbs. 2) 17

Die Ehegatten bedenken sich nicht gegenseitig. In dem gemeinschaftlichen Testament wird vielmehr nur dem einen Ehegatten (A) von dem andern eine Zuwendung gemacht. Der andere (B) erlangt aber gewissermaßen als Gegenleistung, daß für den Fall des Überlebens des Bedachten (A) von diesem eine Verfügung zugunsten einer Person getroffen wird, die mit dem andern (B) verwandt ist oder ihm sonst nahesteht, was auch für einen gemeinschaftlichen Abkömmling der beiden Ehegatten oder eine beiden in gleichem Maße durch Freundschaft oder dergleichen verbundene Person zutrifft (RG **116** 149 f). Der Fall, daß die Verfügung zugunsten des Dritten gerade von demjenigen Ehegatten (B) getroffen wird, welcher auch die Zuwendung an den überlebenden Ehegatten macht, wird von der Auslegungsregel nicht getroffen, die nur für Fälle bestimmt ist, in denen sich Verfügungen beider Ehegatten gegenüberstehen (*Planck/Greiff* Anm. 4 b; s. auch RG JW **09** 52).

Verwandtschaft § 1589. 18

Nahestehende Personen sind Verschwägerte, Freunde, Hausgenossen usw. Wird die Schwägerschaft mit dem „anderen Ehegatten" nur durch den mitbestimmenden Ehegatten vermittelt, wie dann, wenn der Mann, der von seiner zweiten Frau als Erbe eingesetzt ist, für den Fall seines Überlebens seine erstehelichen Kinder als Erben einsetzt, so hängt es von den Umständen des einzelnen Falles ab, ob diese mit dem anderen

Ehegatten verschwägerten Personen als „ihm nachestehend" anzusehen sind (KG HRR **32** 627).

19 **III. Rechtliche Abhängigkeit der wechselbezüglichen Verfügungen**

Wechselbezügliche Verfügungen sind nach § 2270 Abs. 1 insofern voneinander abhängig, als die Nichtigkeit oder der Widerruf der einen die Unwirksamkeit der anderen zur Folge hat. Gleichgültig ist, ob die Nichtigkeit wegen eines materiellen oder eines formellen Mangels, ob sie von Anfang an bestanden hat oder erst als Erfolg der Anfechtung nach § 142 Abs. 1 eintritt.

20 Die bloße Möglichkeit, daß eine der wechselbezüglichen Verfügungen infolge einer vielleicht später eintretenden Änderung der tatsächlichen Verhältnisse nichtig wird, genügt indes nicht, um die Wirksamkeit der von ihr abhängigen Verfügung zu erschüttern (KG JFG **21** 94, entschieden für den Fall einer Anerbenbestimmung nach dem Reichserbhofgesetz, die sich möglicherweise in späterer Zeit als unwirksam erweisen konnte).

Über den Widerruf vergleiche § 2271 Rdn. 2 ff.

21 In beiden Fällen tritt die Unwirksamkeit der anderen Verfügung unmittelbar kraft Gesetzes ein. Es ist deshalb gleichgültig, ob der andere Teil die Nichtigkeit oder den Widerruf gekannt oder dem Widerruf sogar zugestimmt hat. Die Unwirksamkeit beschränkt sich jedoch, wenn der andere Teil mehrere Verfügungen getroffen hatte, auf diejenigen seiner Verfügungen, welche zu der nichtigen oder widerrufenen Verfügung im Abhängigkeitsverhältnis gestanden hatten; ob die so beschränkte Unwirksamkeit auch Unwirksamkeit der sonstigen Verfügungen des andern Teiles zur Folge hat, ist nach § 2085 zu beurteilen (RG **116** 149; WarnRspr. 1913 Nr. 247).

22 Ist die Verfügung des einen Ehegatten aus anderen Gründen als wegen Nichtigkeit oder Widerrufs unwirksam — der von ihm eingesetzte Erbe z. B. schlägt die Erbschaft aus —, so bleibt die Wirksamkeit der anderen Verfügung hiervon unberührt (str.), wenn sie nicht als durch Verwirklichung der erledigten Verfügung bedingt zu gelten hat.

23 Darüber, ob und inwieweit auch teilweiser Widerruf der einen Verfügung (Herabsetzung eines Vermächtnisses) die Unwirksamkeit der anderen Verfügung nach sich zieht, ist nach dem zu ermittelnden Willen der Erblasser zu entscheiden.

Entsprechend dem § 2270 beim Erbvertrag § 2298.

24 **IV. Andere Verfügungen (Abs. 3)**

Andere Verfügungen, wie familienrechtliche Anordnungen (Vorbem. 2 vor § 1937), Ausschließung (§ 1938), Entziehung des Pflichtteils (§ 2336, RG WarnRspr. 1933 Nr. 152), Teilungsanordnungen (§ 2048), Ernennung eines Testamentsvollstreckers (§ 2197, KGJ **48** 99; Darmstadt DNotZ **36** 380) werden kraft Gesetzes auch dann nicht unwirksam, wenn sie nach dem Willen der Ehegatten mit der nichtigen oder widerrufenen Verfügung wechselbezüglich sein sollen. Dagegen ist ihre Anfechtung aus § 2078 nicht ausgeschlossen.

§ 2271

Der Widerruf einer Verfügung, die mit einer Verfügung des anderen Ehegatten in dem im § 2270 bezeichneten Verhältnisse steht, erfolgt bei Lebzeiten der Ehegatten nach den für den Rücktritt von einem Erbvertrage geltenden Vorschriften des § 2296. Durch

eine neue Verfügung von Todes wegen kann ein Ehegatte bei Lebzeiten des anderen seine Verfügung nicht einseitig aufheben.

Das Recht zum Widerruf erlischt mit dem Tode des anderen Ehegatten; der Überlebende kann jedoch seine Verfügung aufheben, wenn er das ihm Zugewendete ausschlägt. Auch nach der Annahme der Zuwendung ist der Überlebende zur Aufhebung nach Maßgabe des § 2294 und des § 2336 berechtigt.

Ist ein pflichtteilsberechtigter Abkömmling der Ehegatten oder eines der Ehegatten bedacht, so findet die Vorschrift des § 2289 Abs. 2 entsprechende Anwendung.

E II 2138; P 5 451—458.

Widerruf wechselbezüglicher Verfügungen

Übersicht

Neueres Schrifttum:
Helfrich, Die Grenzen der Bindungswirkung des § 2271 Abs. 2 Satz 1 Halbsatz 1, Diss. Köln 1972; weiteres Schrifttum s. vor § 2265.

I. Allgemeines 1

§ 2271 behandelt die Zulässigkeit und die Form des einseitigen Widerrufs wechselbezüglicher Verfügungen eines gemeinschaftlichen Testaments. Absatz 1 betrifft den Widerruf zu Lebzeiten der Ehegatten. Absatz 2 den Widerruf zur Zeit nach dem Tode des einen der Ehegatten, Absatz 3 behandelt die Möglichkeit einer Enterbung in guter Absicht.

2 II. Der Widerruf

1. Gemeinsamer Widerruf durch beide Ehegatten

Von selbst versteht sich, daß die Ehegatten gemeinschaftlich jederzeit das gemeinschaftliche Testament in allen Formen der §§ 2253—2258 BGB widerrufen können (KG HRR **32** 14). Nach § 2289 kann dies auch durch Erbvertrag geschehen.

3 2. Einseitiger Widerruf eines Ehegatten

a) Widerruf nicht wechselbezüglicher Verfügungen. § 2271 hat nur den einseitigen Widerruf eines Ehegatten im Auge. Soweit es sich um nicht wechselbezügliche Verfügungen des gemeinschaftlichen Testaments, insbesondere um andere Verfügungen als Erbeinsetzungen, Vermächtnisse und Auflagen handelt, ist der Widerruf unbeschränkt zulässig in allen Formen, auch durch Streichung der eigenen Niederschrift gemäß § 2255, jedoch mit Ausnahme des § 2256 (vgl. § 2272, § 2270 Abs. 3; Dresden JFG **8** 130; RG WarnRspr. 1933 Nr. 152: Die in dem gemeinschaftlichen Testament gegen ein gemeinschaftliches Kind ausgesprochene Pflichtteilsentziehung kann danach vom überlebenden Ehegatten mit der Wirkung aufgehoben werden, daß das Kind zwar nicht am Nachlaß des erstverstorbenen, wohl aber an dem des überlebenden Elternteils pflichtteilsberechtigt wird).

4 **b) Widerruf wechselbezüglicher Verfügungen.** Selbst die wechselbezüglichen Verfügungen sind bis zum Tode des Zuerstversterbenden für jeden Teil frei widerruflich, der Widerruf ist jedoch neben dem Erfordernis mindestens beschränkter Geschäftsfähigkeit an die Formvorschrift des § 2296 gebunden: persönlich abgegebene und notariell beurkundete Erklärung gegenüber dem anderen Ehegatten.

5 Der Widerruf wird wirksam, wenn er dem anderen Ehegatten zugeht. Falls dieser bei der Beurkundung des Widerrufs nicht anwesend ist, muß die beurkundete Erklärung, die Urschrift der Beurkundung oder eine Ausfertigung davon, ihm zugehen oder zugestellt werden. Übermittlung oder Zustellung einer beglaubigten Abschrift genügt nicht (BGHZ **31** 5; **36** 201, 203 mit weiteren Nachweisen; **48** 374, 378; *von Lübtow* I, 497; vgl. 11. Aufl. § 2296 Anm. 3; aA *Jansen* NJW **60** 475; *Hieber* DNotZ **60** 240). Es kommt nicht darauf an, ob der andere Ehegatte von dem Widerruf Kenntnis erhält. Falls der Ehegatte, dem der Widerruf zu erklären ist, geschäftsunfähig oder in der Geschäftsfähigkeit beschränkt ist, muß der Widerruf, um wirksam zu werden, dem gesetzlichen Vertreter zugehen, es sei denn, daß dieser darin eingewilligt hat, daß er dem in der Geschäftsfähigkeit nur beschränkten Ehegatten erklärt wird. Falls der Aufenthalt des anderen Ehegatten unbekannt ist, kann die Erklärung des Widerrufs nach § 132 Abs. 2 nach den für die öffentliche Zustellung einer Ladung geltenden Vorschriften der Zivilprozeßordnung erfolgen.

6 Hat der widerrufende Teil alles getan, was von seiner Seite geschehen muß, damit die Erklärung an den anderen Teil gelangt, so ist der Widerruf wirksam, auch wenn er erst nach dem Tode des Widerrufenden dem anderen Ehegatten zugeht (§ 130 Abs. 2; RG **65** 270). Er ist jedoch im Hinblick auf den Sinn und Zweck des § 2271 Abs. 1 unwirksam, wenn der Widerrufende die Weisung erteilt hat, daß der Widerruf erst nach seinem Tode dem anderen Ehegatten zugehen soll (BGH **9** 233; *Natter* JZ **54** 381; *Kipp/Coing* § 35 III 3 a; *Staudinger/Dittmann* § 2271 Rdn. 13; a A München DNotZ **44** 114; *Schmidt* JZ **33** 603; **54** 605; *Dilcher* JuS **61** 20). Der Widerruf ist auch dann unwirksam, wenn er zu Lebzeiten des Widerrufenden dem anderen Ehegatten nur in beglaubigter Abschrift zugegangen ist und er ihm erst nach dem Tode des Widerrufenden in Form einer Ausfertigung zugestellt wird, um dem erst zu dieser Zeit erkannten Zustel-

lungsmangel abzuhelfen (BGH **48** 374 = JZ **68** 185 mit Anm. *Dilcher* und Anm. *Kreft*, LM BGB § 130 Nr. 10; dazu ferner *Johannsen*, WM **69** 1315; *von Lübtow* I, 498).

Der einseitige Widerruf der wechselbezüglichen Verfügung ist deshalb unwirksam (s. jedoch Rdn. 18—27), wenn er erklärt wird durch Testament (§ 2254), durch Vernichtung oder Veränderung der Testamentsurkunde (§ 2255; über den Beweis von Inhalt und Formgültigkeit des vernichteten Testaments vgl. RG LZ **20** 387; BGH LM BGB § 2085 Nr. 1), durch eine trotz § 2272 etwa doch erfolgte einseitige Rücknahme aus amtlicher Verwahrung oder durch Errichtung eines neuen (sei es auch nur teilweise, z. B. durch die Hinzufügung von Beschränkungen oder Beschwerungen, Rdn. 13, RG WarnRspr. 1920 Nr. 18) widersprechenden Testaments (§ 2258 und Rdn. 11); dies gilt auch insoweit, als es sich bei dem neuen Testament um andere Verfügungen im Sinne des § 2270 Abs. 3, etwa um die Anordnung einer Testamentsvollstreckung handelt (Dresden JFG **8** 127). **7**

Eine wechselbezügliche Verfügung, durch die ein Vermächtnis oder eine Auflage angeordnet ist, kann in entsprechender Anwendung des § 2291 mit Zustimmung des anderen Ehegatten durch einseitiges Testament aufgehoben werden. Die Zustimmungserklärung bedarf der notariellen Beurkundung und ist unwiderruflich (ebenso *Kipp/Coing* § 35 Anm. 22; *Staudinger/Dittmann* § 2271 Rdn. 7; *Ehard/Eder* in *Soergel/Siebert*, § 2271 Anm. 2; *Palandt/Keidel*, § 2271 Anm. 2 A; *Erman/Hense*, § 2271 Rdn. 3; *Bartholomeyczik*, § 26 VII 2; aA *Planck/Greiff* § 2271 Anm. II 2 b). **8**

c) Widerruf gemeinschaftlicher Testamente mit wechselbezüglichen und nicht wechselbezüglichen Verfügungen. In der Form des § 2296 können nur die wechselbezüglichen, nicht auch die sonstigen Verfügungen des gemeinschaftlichen Testaments widerrufen werden. Der Ehegatte, der sowohl wechselbezügliche als auch andere Verfügungen einseitig widerrufen will, muß sich deshalb sowohl der Form des § 2296 als auch einer der Formen der §§ 2254 bis 2258 bedienen. **9**

d) Sonstige den Widerruf betreffende Vorschriften. Wirkungen des Widerrufs § 2270 Rdn. 19—23. Der in der Form des § 2296 erklärte Widerruf ist selbst unwiderruflich. § 2257 kann nicht angewandt werden (*von Lübtow* I, 500; *Planck/Greiff*, § 2271 Anm. II 3; *Staudinger/Dittmann*, § 2271 Rdn. 27). Er hat zur Folge, daß eine vorher errichtete widersprechende letztwillige Verfügung nunmehr Gültigkeit erlangt (RG **65** 275). **10**

3. Kein einseitiger Widerruf nach § 2258 (Abs. 1 Satz 2) **11**

Satz 2 bestätig die Regel des Satz 1 auch für den Fall des § 2258, der eine förmliche Widerrufserklärung nicht voraussetzt. Er bezieht sich deshalb gleichfalls nur auf wechselbezügliche Verfügungen. Davon abgesehen verbleibt beiden Ehegatten die unbeschränkte Testierfreiheit. § 2271 steht daher auch nicht entgegen, daß ein Ehegatte in einem einseitigen Testamente seine Verfügung mit der Bestimmung wiederholt, daß sie nunmehr ohne Rücksicht auf bestimmte Verfügungen des anderen Ehegatten getroffen ist (KG JFG **17** 44; **18** 332 mit Anm. *Vogels* in JW **39** 353). Gemeinsam können die Ehegatten auch das wechselbezügliche Testament durch ein neues Testament beseitigen (Rdn. 2). Dagegen reicht die Zustimmung des einen Teiles zu dem einseitigen Testament des anderen Ehegatten hierzu nicht aus (Dresden JW **19** 516 mit Anm. *Kretzschmar;* JFG **8** 129; KG **14** 285).

III. Die Bindung des überlebenden Ehegatten **12**

1. Eintritt und Umfang der Bindung

Mit dem Tode des anderen Ehegatten tritt diejenige Bindung des Überlebenden an die im gemeinschaftlichen Testament von ihm selbst getroffenen Verfügungen ein, die beim Erbvertrag grundsätzlich von vornherein besteht (11. Aufl. Vorbem. 4 vor § 2274; § 2278 Anm. 1) und in § 2298 Abs. 2 auch bei Vorbehalt des Rücktritts für den Fall aufrechterhalten wird, daß von dem Rücktrittsrecht bei Lebzeiten der Vertragschließenden kein Gebrauch gemacht worden ist. Die Gebundenheit des Überlebenden tritt kraft Gesetzes mit dem Tode des Zuerststerbenden ein, nicht, wie nach § 492 PrALR II 1 (RG **31** 240) und nach gemeinem Recht (Rostock SeuffArch 78 Nr. 145; JFG **3** 163; vgl. auch RG **6** 174; **41** 169) erst mit Annahme der ihm etwa gemachten Zuwendung; sie tritt selbst dann ein, wenn er überhaupt nicht bedacht wäre.

13 **2. Folgen der Bindung**

Die Bindung hat zur Folge, daß letztwillige Anordnungen des Überlebenden, soweit und solange ihnen die wechselbezüglichen Verfügungen des gemeinschaftlichen Testaments entgegenstehen — außer im Rahmen von Abs. 2 Satz 2 und Abs. 3 —, nicht wirksam sind. Die Verfügung ist nichtig. Sie kann wirksam werden, wenn die entgegenstehende wechselbezügliche Verfügung nicht wirksam wird, z. B. wegen Vorversterben des Bedachten (vgl. unten Rdn. 18, 19). Der Überlebende ist insoweit in seiner Testierfreiheit beschränkt. Damit ist zugleich ausgeschlossen, daß der Überlebende die Verfügungen zwar formell bestehen läßt, sie aber durch Hinzufügung von Beschwerungen oder Beschränkungen, z. B. durch die Belastung des eingesetzten Erben mit einem Vermächtnis (BGH FamRZ **69** 205; Rostock, SeuffArch 78 Nr. 145; aber auch Köln LZ **28** 1710) oder durch die Ernennung eines Testamentsvollstreckers (KG RJA **12** 18; BayObLGZ NF 19 A 171; München HRR **42** 839, aber auch KG RJA **16** 253) wesentlich abändert. Darin liegt ein teilweiser Widerruf der Verfügung (vgl. Rdn. 7; Dresden, JFG **8** 127 und RG WarnRspr. 1920 Nr. 18; *von Lübtow* I, 500; *Brütt,* ArchBürgerlR **29** 388; *Palandt/Keidel,* § 2271 Anm. 2 B a, bb; *Staudinger/ Dittmann,* § 2271 Rdn. 17; *Ehard/Eder* in *Soergel/Siebert,* § 2271 Rdn. 3). Nach *Lange* § 38 II 1, Anm. 4 ist § 2271 nur entsprechend anwendbar. Als dem Widerruf gleich zu behandelnde Anordnung läßt er nur solche gelten, von denen anzunehmen ist, daß sie den anderen Ehegatten von seiner wechselbezüglichen Verfügung abgehalten hätten. Vgl. auch KG DNotZ **67** 438 bezüglich der Anordnung einer Testamentsvollstreckung. Wegen der Zulässigkeit gewisser Änderungen auch nach dem Tode des zuerst Verstorbenen vgl. *Staudinger/Dittmann,* § 2271 Rdn. 33.

Der überlebende Ehegatte wird jedoch nicht gehindert, familienrechtliche Rechtsgeschäfte zu schließen, die sich auf sein Vermögen auswirken und durch die Pflichtteils- oder andere Ansprüche begründet werden, die der durch das gemeinschaftliche Testament berufene Erbe später zu erfüllen hat. Der überlebende Ehegatte kann insbesondere eine neue Ehe eingehen. Er kann dann auch durch Ehevertrag Gütergemeinschaft oder den Güterstand der Zugewinngemeinschaft vereinbaren. Der durch das gemeinschaftliche Testament berufene Schlußerbe ist dann verpflichtet, den Anspruch auf güterrechtlichen Zugewinnausgleich zu befriedigen (BGH FamRZ **69** 207).

Wenn ein Ehegatte in einem gemeinschaftlichen Testament eine Testamentsvollstreckung angeordnet hat oder eine von ihm vorher angeordnete Testamentsvollstreckung in dem gemeinschaftlichen Testament aufrechterhalten worden ist, kann der Ehegatte diese Beschränkung zwar ohne Zustimmung seines Ehepartners durch eine einseitige Verfügung von Todes wegen ganz oder teilweise aufheben, er kann aber nicht anstelle des von ihm berufenen Testamentsvollstreckers eine andere Person als Testamentsvollstrecker berufen. Darin liegt eine wesentliche Änderung und nicht nur eine Einschränkung der dem gemeinschaftlichen Testament beigefügten Beschränkung. Sie kann von dem Ehegatten nicht allein vorgenommen werden (unrichtig LG Stade, MDR **60** 142).

Der überlebende Ehegatte, der Alleinerbe seines verstorbenen Ehepartners geworden ist, kann grundsätzlich unter Lebenden über den ihm angefallenen Nachlaß frei verfügen (dazu § 2269 Rdn. 13). Wegen der Frage der Nichtigkeit wegen Aushöhlung des gemeinschaftlichen Testaments durch Verfügung unter Lebenden siehe § 2269 Rdn. 14 und wegen des Bestehens von Bereicherungsansprüchen gegen den Beschenkten in entsprechender Anwendung der §§ 2287, 2288 dort Rdn. 15, 16. 14

Der Übergabevertrag über eine der Höfeordnung der früheren britischen Zone unterliegende Besitzung ist Rechtsgeschäft unter Lebenden und vorweggenommene Erbfolge. Eine durch das gemeinschaftliche Testament eingetretene Bindung des überlebenden Ehegatten kann diesen daher hindern, den Hof einer anderen Person zu übergeben als der in dem gemeinschaftlichen Testament als Anerbe bestimmten, während eine Veräußerung des Hofes durch bloßes Rechtsgeschäft unter Lebenden an sich zulässig bleibt (BGH **23** 249, 259; RdL **51** 129; LM HöfeO § 17 Nr. 4; vgl. § 2269 Rdn. 17). 15

Letztwillige Anordnungen aus § 1638 (Befreiung des von ihm durch eine wechselbezügliche Verfügung Zugewendeten von der elterlichen Verwaltung) sind dem überlebenden Ehegatten nicht verwehrt (Braunschweig DNotZ **51** 374). Entsprechendes galt vor dem 1. Juli 1958 für die Befreiung des Zugewandten von der elterlichen Nutznießung nach dem damals geltenden § 1651 Nr. 2 und ebenso für die Zeit vor dem 1. April 1953 nach dem seinerzeit geltenden § 1369 für den Ausschluß der ehemännlichen Verwaltung und Nutznießung hinsichtlich des zugewandten Vermögens. 16

Der Gebundene wird nicht gehindert, die von ihm in dem gemeinschaftlichen Testament getroffenen Verfügungen durch eine neue einseitige zu wiederholen und zu bestätigen. 17

3. Inkrafttreten widersprechender Verfügungen nach Anfechtung des gemeinschaftlichen Testaments oder Wegfall des Bedachten 18

Wenn das gemeinschaftliche Testament angefochten und dadurch unwirksam wird, entfällt die Bindung. Das hat zur Folge, daß die dem gemeinschaftlichen Testament widersprechenden und bislang unwirksamen Verfügungen wirksam werden. Wenn nach Errichtung eines wechselseitigen Testaments der überlebende Ehegatte in einem weiteren Testament seinen Gatten zweiter Ehe als Erben eingesetzt hat und dieser das erste Testament aus § 2079 mit Erfolg anficht, so tritt Erbfolge auf Grund des zweiten Testaments und nicht etwa gesetzliche Erbfolge ein (RG **130** 213).

Das spätere einseitige Testament des durch eine wechselbezügliche Verfügung gebundenen Ehegatten erlangt auch dann seine volle Kraft, wenn sich die von ihm getroffene wechselbezügliche Verfügung durch den Wegfall des in ihr Bedachten, sei es seinen vorzeitigen Tod, Ausschlagung, Erbverzicht oder Erbunwürdigkeit, erledigt (RG **149** 200; WarnRspr. 1918 Nr. 124; BayObLGZ NF 22 A 120; **32** 411; vgl. 11. Aufl. § 2352 Anm. 2). 19

IV. Beseitigung der Bindung 20

1. Wegfall des von dem zuletzt Verstorbenen Bedachten

Der Überlebende wird von selbst befreit, wenn sich seine wechselbezügliche Verfügung durch Wegfall des Bedachten erledigt (Rdn. 19).

Das gemeinschaftliche Testament wird nicht dadurch gegenstandslos, daß beim Tode des zuerst verstorbenen Ehegatten kein aktiver Nachlaß vorhanden ist.

21 **2. Zustimmung des Bedachten zu abweichenden Verfügungen**

Die Bindung besteht mit Rücksicht auf das Vertrauen, das der andere Ehegatte in den Fortbestand der gemeinschaftlich getroffenen Verfügungen gesetzt hat. Nur er allein kann deswegen den anderen Ehegatten aus der Bindung entlassen. Der durch eine wechselseitige Verfügung Bedachte kann die für den überlebenden Ehegatten bestehende Bindung nicht dadurch beseitigen, daß er einer dieser Verfügung widersprechenden, ihm nachteiligen Verfügung formlos zustimmt. Er muß seine Zustimmung in der für den Erbverzicht (§ 2348) vorgeschriebenen Form erklären (vgl. 11. Aufl. § 2346 Anm. 15—17; § 2352 Anm. 2). Dieser Verzicht kann auch ein teilweiser sein. Davon, daß ein solcher teilweiser Erbverzicht rechtlich zulässig ist und den Überlebenden in diesem Umfang von der Bindung freistellt, ist der Bundesgerichtshof in seinem LM BGB § 2271 Nr. 7 veröffentlichten Urteil ausgegangen. Danach kann der Bedachte durch einen nach § 2348 notariell beurkundeten Verzicht dem überlebenden Ehegatten gestatten, seinen Erbteil ganz oder teilweise anderen Personen zuzuwenden oder ihn mit Vermächtnissen oder Auflagen zu beschweren. Hat er das nicht getan, dann kann es dennoch gegen Treu und Glauben verstoßen, wenn er sich auf die Unwirksamkeit der von dem überlebenden Ehegatten zu seinem Nachteil getroffene Verfügung beruft. Ein solcher Verstoß liegt vor, wenn er selbst bei der Errichtung dieser Verfügung mitgewirkt hat und auch bereit gewesen wäre, den zu ihrer Wirksamkeit erforderlichen Erbverzicht zu erklären. Ihm muß bekannt gewesen sein, daß zu seinen Gunsten eine Bindung des überlebenden Ehegatten bestand, oder er muß selbst dann bereit gewesen sein, den Verzicht zu erklären, wenn er diese Kenntnis gehabt hätte (BGH LM BGB § 2271 Nr. 7).

22 **3. Ausschlagung und Aufhebung der Verfügung durch den Überlebenden (Abs. 2 Satz 1)**

a) Allgemeines. Der überlebende Ehegatte kann sich aber auch von der Gebundenheit dadurch befreien, daß er das ihm Zugewandte ausschlägt. Er kann dann seine Verfügung aufheben. Die Ausschlagung des ihm Zugewandten für sich allein macht die übrigen Verfügungen des gemeinschaftlichen Testaments nicht hinfällig (KGJ **48** 99). Das Gesetz fordert jedoch nicht, daß die Ausschlagung der Aufhebung der Verfügung vorangehe. Der vom Überlebenden schon bei Lebzeiten des andern Ehegatten in den Formen der §§ 2254 bis 2256 erklärte und deshalb an sich unwirksame Widerruf (vgl. Rdn. 7), insbesondere ein den wechselbezüglichen Verfügungen widersprechendes Testament (§ 2258) erlangt deshalb nach dem Tode des Zuerstverstorbenen volle Wirksamkeit, sobald die Ausschlagung des Überlebenden hinzutritt (BayObLGZ NF 22 A 120; vgl. auch RG **65** 275).

23 **b) Die Aufhebung der Verfügung.** Sie begreift den eigentlichen Widerruf (§§ 2254—2256) und die Errichtung eines neuen widersprechenden Testaments (§ 2258) in sich. Sie setzt Testierfähigkeit des Überlebenden voraus, ist mithin ausgeschlossen, wenn er geschäftsunfähig geworden ist (§ 2229 Abs. 3 u. 4). In diesem Falle bleibt nur Anfechtung des gemeinschaftlichen Testaments aus § 2078 Abs. 2 möglich.

24 Gegenstand der Aufhebung ist unmittelbar nur die **eigene** vom Überlebenden getroffene oder mitgetroffene Verfügung. Sie hat aber gemäß § 2270 Abs. 1 ohne weiteres auch Unwirksamkeit der vom anderen Teil getroffenen (wechselbezüglichen) Verfügungen zur Folge.

25 **c) Die Ausschlagung des Zugewandten**

aa) durch den überlebenden Ehegatten. Die Ausschlagung Zugewandten setzt voraus, daß der Überlebende im gemeinschaftlichen Testamente vom Zuerstverstorbenen als Erbe oder Vermächtnisnehmer bedacht ist. Dem ist der Fall gleichzustellen, daß beide Ehegatten zwar nur an Dritte Zuwendungen gemacht, im Verhältnis zueinander aber der gesetzlichen Erbfolge bewußt freien Lauf gelassen (§ 2270 Rdn. 2) oder sich auf ihre gesetzlichen Erbteile förmlich eingesetzt haben (München JFG **15** 36). Dann befreit sich der Überlebende durch Ausschlagung des ihm anfallenden gesetzlichen Erbteils. Wäre der Überlebende von dem Zuerstverstorbenen überhaupt nicht bedacht, hätte er sich aber gleichwohl im Sinne der Wechselbezüglichkeit gebunden (§ 2270 Rdn. 17), so könnte er nichts ausschlagen und deshalb auch nicht wirksam widerrufen. Anders ist es, wenn der überlebende Ehegatte zwar bedacht, jedoch kein Nachlaß des zuerst Verstorbenen vorhanden ist. Das gemeinschaftliche Testament wird dadurch nicht gegenstandslos. Der überlebende Ehegatte muß auch in diesem Fall, um seine volle Testierfähigkeit zurückzuerlangen, ausschlagen.

Dadurch, daß der Dritte die ihm von dem zuerst Verstorbenen gemachte Zuwendung ausschlägt, entfällt die Bindung des überlebenden Ehegatten nicht (ebenso *Planck/Greiff* § 2271 Anm. IV b α; *Staudinger/Dittmann* § 2271 Nr. 39; aA *Kipp/Coing* § 35 III 3 b). Anders ist es, wenn der von dem überlebenden Ehegatten durch eine wechselbezügliche Verfügung Bedachte ausschlägt, so daß diese sich erledigt. Dann entfällt die Bindung rückwirkend (vgl. oben Rdn. 20). **26**

Anfechtung der Annahme und Ausschlagung §§ 1954—1956.

bb) Ausschlagung durch Erben des zuletzt verstorbenen Ehegatten. Hatte der Überlebende die Verfügung aufgehoben, ist er aber vor Ablauf der Ausschlagungsfrist verstorben, so vererbt sich zwar gemäß §§ 1952, 2180 Abs. 3 das Recht, die Erbschaft nach dem Erstverstorbenen auszuschlagen, auf seine Erben. Dadurch, daß die Erben ausschlagen, wird die von dem zuletzt verstorbenen Ehegatten vorgenommene Aufhebung seiner in dem gemeinschaftlichen Testament getroffenen wechselbezüglichen Verfügungen nicht wirksam. Eine von ihm errichtete, diesem widersprechende Verfügung kann dadurch nicht wirksam werden. Diese Wirkung tritt nur ein, wenn der überlebende Ehegatte selbst ausgeschlagen hat. Die Ausschlagung durch die Erben kann die Bindung des Überlebenden nicht mehr beseitigen, wenn sie ihr Erbrecht, wie die Regel bildet, selbst erst aus dem wechselbezüglichen Testamente herleiten. Denn die Ausschlagung wirkt gemäß §§ 1953 Abs. 1, 2180 Abs. 3 auf die Zeit des ersten Erbfalls zurück, ihr Erbrecht und somit auch das Ausschlagungsrecht hätte mithin als von Anfang an nicht vorhanden gewesen zu gelten. Der in dem späteren widersprechenden Testament eingesetzte Erbe kann gleichfalls nicht ausschlagen. Das Recht auszuschlagen kann nicht aus einer Verfügung hergeleitet werden, die zunächst unwirksam ist und allenfalls infolge der Ausschlagung wirksam werden könnte (RG **95** 214, 218 f; *von Lübtow* I 508; *Staudinger/Dittmann* § 2271 Rdn. 43). Die Voraussetzungen für das Recht, die Erbschaft auszuschlagen und das Wirksamwerden der abweichenden Verfügung wäre gegeben, wenn der Überlebende von seinen gesetzlichen Erben beerbt wird. Auch wenn diese ausschlagen, bleiben dennoch die von dem Erblasser aufgehobenen, in dem gemeinschaftlichen Testament getroffenen wechselbezüglichen Verfügungen wirksam. § 2271 gestattet seinem Sinne nach nur dem überlebenden Ehegatten dadurch, daß er seine materiellen Vorteile aus den in dem gemeinschaftlichen Testament getroffenen Verfügungen aufgibt, sich die volle Testierfreiheit wieder zu verschaffen. Er schafft sich damit zunächst nur einen ideellen Vorteil. Nach dem Tode des überlebenden Ehegatten kommt es aber nicht mehr darauf an, diesem die Testierfreiheit zu verschaffen, sondern zu ermöglichen, daß eine von ihm getroffene unwirksame Verfügung gültig wird. Könnte der Erbe diesen Erfolg herbeiführen, so würde seine Entschließung nicht nur einen an- **27**

deren Erfolg als die vom Erblasser zu treffende Entscheidung herbeiführen, sondern auch auf ganz anderen Erwägungen beruhen. Sie würde hauptsächlich von materiellen Erwägungen abhängen, nämlich davon, ob die Ausschlagung und das Wirksamwerden der dem gemeinschaftlichen Testament widersprechenden Verfügungen für den ausschlagenden Erben wirtschaftlich vorteilhaft ist. Der Erbe würde auch praktisch entscheiden, ob eine von seinem Erblasser getroffene Verfügung gelten soll oder nicht. Das wäre mit dem in § 2065 Abs. 1 enthaltenen Grundgedanken nicht vereinbar. Daraus allein kann allerdings die hier vertretene Rechtsansicht nicht hergeleitet werden. Eine ähnliche Lage besteht auch, wenn die Gültigkeit der später getroffenen Verfügung davon abhängt, ob das gemeinschaftliche Testament durch Anfechtung zu Fall gebracht wird (unten Rdn. 53).

28 **V. Ausschluß der Bindung durch Bestimmungen des Erblassers**

Allgemein läßt sich sagen, daß nach dem Willen der Ehegatten die nach § 2271 Abs. 1 bestehenden Beschränkungen für den Widerruf nicht weiter gehen sollen, als es erforderlich ist, um zu verhindern, daß ein Ehegatte ohne Kenntnis des anderen seine wechselbezüglichen Verfügungen in einer den Interessen jenes Ehegatten widersprechenden Weise ändert. Es kann daher in der Regel angenommen werden, daß nach dem Willen der Ehegatten die Beschränkungen unter der Bedingung entfallen sollen, daß an die Stelle der widerrufenen, den einen Ehegatten begünstigenden wechselbezüglichen Verfügung eine andere tritt, durch die dieser nur besser gestellt wird. Unter dieser Voraussetzung kann ein Ehegatte seine wechselbezüglichen Verfügungen durch einseitiges Testament zu Lebzeiten des anderen Ehegatten, ohne daß dieser davon Kenntnis zu haben braucht, durch andere ersetzen (KG JW **38** 680). In Fällen, in denen die Ehegatten ihre gemeinschaftlichen Kinder zu Erben eingesetzt und sich gegenseitig den lebenslänglichen Nießbrauch an dem Nachlaß vermacht hatten, ist ein von dem einen Ehegatten später errichtetes Testament, durch das er den anderen Ehegatten zum Alleinerben eingesetzt hatte, aus den angeführten Gründen für gültig erklärt worden (BGH **30** 261; KG DR **43** 697). Es handelt sich hierbei aber stets um eine Auslegungsfrage. Es muß festgestellt werden, ob nach dem im Testament erklärten Willen der Ehegatten eine solche Änderung der Verfügung zulässig sein soll. Das kann unter Umständen zweifelhaft sein, wenn an die Stelle der Zuwendung des Nießbrauchs die Berufung als Alleinerbe treten soll.

29 Abs. 2 Satz 1, der die Bindung des überlebenden Ehegatten an die von ihm getroffenen wechselbezüglichen Verfügungen für die Zeit nach dem Tode des anderen Ehegatten vorschreibt, enthält gleichfalls nachgiebiges Recht. Dem überlebenden Ehegatten kann daher im gemeinschaftlichen Testament die Befugnis eingeräumt werden, seine eigenen, den Charakter der Wechselbezüglichkeit tragenden Verfügungen noch nach dem Tode des Zuerstversterbenden (formell oder sachlich, ganz oder teilweise Rdn. 13—15) zu widerrufen (BGH **2** 37; Urt. v. 6. 12. 1951 IV ZR 173/50). Der Widerruf kann dann erfolgen, ohne daß ein Grund dafür angegeben zu werden braucht. § 2336 Abs. 2 ist nicht entsprechend anwendbar (Düsseldorf JMBl NRW **63** 272).

Es kann aber auch sein, daß dem überlebenden Ehegatten nur gestattet wird, widersprechende Verfügungen zu treffen, ohne daß damit den Verfügungen ihr wechselbezüglicher Charakter genommen werden soll. Dann werden die von dem zuerst verstorbenen Ehegatten getroffenen, mit der widerrufenen in Wechselbeziehung stehenden Verfügungen durch den Widerruf gleichfalls unwirksam (BGH **2** 37). Der Widerruf kann in diesem Fall zu Lebzeiten des zuerst Verstorbenen nur in der für den Rücktritt vom Erbvertrag geltenden Form erklärt werden (BGH LM BGB § 2270 Nr. 3).

Das Recht zum Widerruf kann auch durch ein von dem Gestattenden allein errichtetes Testament eingeräumt werden. Durch eine Erklärung, die nicht in der Form einer wirksamen letztwilligen Verfügung abgegeben worden ist, kann es allerdings nicht begründet werden (vgl. § 2270 Rdn. 12). 30

Das Widerrufsrecht kann auch nur unter bestimmten Voraussetzungen eingeräumt werden. Da es dem Erblasser möglich wäre, dem überlebenden Ehegatten ein freies Widerrufsrecht einzuräumen, kann er auch bestimmen, daß das Vorliegen der Voraussetzungen, an die er die Zulässigkeit des Widerrufs geknüpft wissen will, gerichtlich nicht nachprüfbar sein soll (BGH NJW **51** 959). Ein derartiger Widerruf zieht nach § 2270 die Unwirksamkeit der entsprechenden Verfügungen des Zuerstverstorbenen nach sich (RG SeuffArch 76 Nr. 163; Rostock SeuffArch 78 Nr. 145; KG JR **25** Nr. 1640; München JFG **15** 262; RG Recht **23** Nr. 54, wo es gebilligt ist, daß die Einräumung der gedachten Befugnis in der Bestimmung der Erblasser gefunden ist: „Wir behalten uns vor, in betreff unseres Vermögens Abänderungen durch Nachzettel zu treffen"; RG DNotV **32** 348 Nr. 14, wo der Vorbehalt der Befugnis für den überlebenden Ehegatten, „das Testament" auch nach Annahme der Erbschaft zu ändern, dahin ausgelegt ist, daß er sich nur auf eigene wechselbezügliche Verfügungen dieses Ehegatten richte). 31

Ob dem überlebenden Ehegatten die Befugnis eingeräumt ist, seine wechselbezüglichen Verfügungen nach dem Tode des anderen Ehepartners zu ändern, ist durch Auslegung des Testaments zu ermitteln. Diese Befugnis kann auch auf Grund einer ergänzenden Testamentsauslegung festgestellt werden. Der überlebende Ehegatte kann daher nach dem Tode seines Ehepartners eine Testamentsvollstreckung für den Schlußerben anordnen, wenn der verstorbene Ehegatte, falls er bei der Testamentserrichtung die später eingetretenen Umstände vorausschauend bedacht hätte, diese Maßnahme gebilligt hätte. Diese Feststellung kann aber nicht allein daraus getroffen werden, daß die Anordnung der Testamentsvollstreckung nach der subjektiven Überzeugung des überlebenden Ehegatten auch im Sinne des Verstorbenen liegt (KG JFG **23** 45). 32

Setzen sich die Ehegatten gegenseitig zu Vollerben und die Kinder zu Erben des Überlebenden mit der Bestimmung ein, daß sich der Überlebende im Falle der Widerverheiratung mit den Kindern den gesetzlichen Vorschriften entsprechend auseinanderzusetzen hat, so soll nach KG JFG **15** 325 (ebenso JW **38** 2748; München HRR **38** 881) im Zweifel anzunehmen sein, daß sie für den Wiederverheiratungsfall den Überlebenden mindestens von der Bindung an die von ihm verfügte Einsetzung der Kinder auf seinen Nachlaß haben befreien wollen (ebenso *Ermann/Hense*, § 2269 Rdn. 8; *Lange*, § 22 S. 206 Anm. 6; *Huken*, DNotZ **65** 729; a. A. *Domke*, JW **37** 2521). KG NJW **57** 1073 und FamRZ **68** 331 nehmen an, daß nicht nur die Bindung entfällt, sondern daß in solchen Fällen die Ehegatten die Erbeinsetzung der gemeinsamen Kinder auf den Nachlaß des Überlebenden mit dessen Wiederheirat für erledigt angesehen haben, so daß, wenn der überlebende Ehegatte keine neue Verfügung von Todes wegen errichtet, nach seinem Ableben die gesetzliche Erbfolge eintritt (ebenso *Palandt/Keidel*, § 2269 Anm. 5 e). Das BayObLG (BayObLGZ **62** 137) hat entschieden, daß im Falle der Wiederheirat die bindende Wirkung der zugunsten der Kinder getroffenen Bestimmung im Zweifel fortfalle, wenn der Überlebende sich wieder verheiratet und für diesen Fall die Auszahlung von Vermächtnissen in Höhe der gesetzlichen Erbteile an die Kinder angeordnet sei. Dem ist zuzustimmen. Eine allgemeine Auslegungsregel wird sich jedoch nicht aufstellen lassen; vielmehr wird es stets Frage der Auslegung des einzelnen Testaments sein, ob ihm ein auf Befreiung von der Bindung gerichteter Wille des Erblas- 33 sers entnommen werden kann. Das kann in der Regel angenommen werden, wenn dem Ehegatten auf Grund der Wiederverheiratungsklausel nicht mehr verbleibt als der Wert seines gesetzlichen Erbteils. Siehe dazu auch § 2269 Rdn. 20.

Bestimmt ein gemeinschaftliches Testament, daß ein als Erbe des letztlebenden Ehegatten bedachtes Kind, wenn es das Testament anfechte, nur den Pflichtteil erhalte, so kann dieser Bestimmung die Bedeutung zukommen, daß, sofern das Kind vom Nachlasse des Erstverstorbenen den Pflichtteil fordere und damit dem Testament zuwiderhandle, der Überlebende ihm gegenüber an seine Verfügungen nicht mehr gebunden sein solle (Dresden OLG **40** 143).

34 Die Wirksamkeit von Abänderungen, die der überlebende Ehegatte nicht an seinen eigenen Verfügungen, sondern auf Grund einer Ermächtigung des andern Ehegatten an dessen Verfügungen vornimmt, richtet sich nicht nach § 2271 Abs. 2, sie hängt vielmehr ausschließlich davon ab, ob und inwieweit eine Ermächtigung zu solchen Abänderungen mit § 2065 vereinbar ist (RG JW **25** 2121; § 2065 Rdn. 4).

35 Die Bestimmung, daß der Überlebende zur freien Verfügung über die Erbschaft berechtigt sein solle, enthält im Zweifel nur die Ermächtigung, unter Lebenden, nicht auch von Todes wegen frei zu verfügen (KG JW **36** 3264; München JFG **15** 351). Der in einem gemeinschaftlichen Testament Bedachte, der durch die Anordnung einer Nacherbschaft, durch Vermächtnisse oder in anderer Weise beschwert worden ist, kann dadurch, daß er die Erbschaft ausschlägt, wohl die für ihn bestehende Bindung an seine wechselbezüglichen Verfügungen beseitigen. Er kann aber die ihm von dem verstorbenen Ehegatten auferlegten Beschränkungen grundsätzlich nicht beseitigen. Ist eine Nacherbschaft angeordnet, dann wäre der Nacherbe im Zweifel nach § 2102 Ersatzerbe, so daß der überlegende Ehegatte nicht als gesetzlicher Erbe berufen wäre. Mit angeordneten Vermächtnissen wäre nach § 2161 der überlebende Ehegatte auch dann beschwert, wenn er die Erbschaft auf Grund des gemeinschaftlichen Testaments ausschlägt und als gesetzlicher Erbe annimmt (vgl. dazu das nicht veröffentlichte Urteil des BGH v. 4. 10. 1972 IV ZR 133/70, abgehandelt in WM **73** 534).

36 **VI. Fortfall der Bindung infolge schwerer Verfehlungen des Schlußerben**

Der Überlebende darf auch nach Annahme der ihm selbst im gemeinschaftlichen Testamente gemachten Zuwendung seine wechselbezügliche Verfügung aufheben, die einen Dritten begünstigt, wenn sich der Bedachte einer Verfehlung schuldig gemacht hat, die den Erblasser zur Entziehung des Pflichtteils berechtigen würde (§ 2294).

Der Überlebende kann nur seine eigenen Verfügungen und nicht auch die des verstorbenen Ehegatten aufheben. Sofern aber die Ehegatten sich gegenseitig zu Alleinerben und den Schlußerben als Erben des Zuletztversterbenden eingesetzt haben, ist der überlebende Ehegatte praktisch in der Lage, den Schlußerben auch vom Nachlaß des Zuerstverstorbenen auszuschließen. Denn der Schlußerbe kann nur als Erbe des zuletzt versterbenden Ehegatten in den Genuß der Vermögensgegenstände gelangen, die zum Nachlaß des Zuerstverstorbenen gehören.

37 Form und Wirksamkeit der Aufhebung sowie der Beweis des Aufhebungsgrundes richten sich nach § 2336. Sie muß durch eine letztwillige Verfügung erfolgen, in der der Grund der Aufhebung angegeben ist. Ist die Aufhebung erfolgt, weil der Bedachte einen ehrlosen oder unsittlichen Lebenswandel führt, so ist sie unwirksam, wenn er sich zur Zeit des Erbfalls von dem ehrlosen und unsittlichen Lebenswandel dauernd abgewandt hat. Trifft das nicht zu, dann kann der Überlebende die Verfügung auch aufheben, wenn der Bedachte den unsittlichen Lebenswandel schon führte, als das gemeinschaftliche Testament errichtet wurde (BayObLGZ **63** 271 = FamRZ **64** 472).

Die Gültigkeit der dem Überlebenden selbst gemachten Zuwendung bleibt von der Aufhebung, wie auch im Falle des Abs. 3, unberührt. 38

VII. Beschränkung des Bedachten in guter Absicht (Absatz 3) 39

Falls der Bedachte ein pflichtteilsberechtigter Abkömmling beider oder eines der Ehegatten ist, kann jeder Ehegatte ihm nach dem entsprechend anwendbaren § 2289 Abs. 2 Beschränkungen auferlegen. Voraussetzung dafür ist, daß der bedachte Pflichtteilsberechtigte sich in solchem Maße der Verschwendung ergeben hat oder in solchem Maße überschuldet ist, daß sein späterer Erwerb erheblich gefährdet wird. Der Ehegatte kann dann bestimmen, daß nach dem Tode des Abkömmlings dessen gesetzliche Erben das ihm Zugewandte als Nacherben oder Nachvermächtnisnehmer nach dem Verhältnis ihrer gesetzlichen Erbteile erhalten sollen. Der Ehegatte kann auch für die Lebenszeit des Abkömmlings die Verwaltung des ihm Zugewandten einem Testamentsvollstrecker übertragen. Der Abkömmling hat dann Anspruch auf den jährlichen Reinertrag. Die Anordnung ist unwirksam, wenn zur Zeit des Erbfalls der Abkömmling sich dauernd von dem verschwenderischen Leben abgewandt hat oder wenn in diesem Zeitpunkt die den Grund der Anordnung bildende Überschuldung nicht mehr besteht. Sie erfolgt nach §§ 2289 Abs. 2, 2338 Abs. 2, 2336 durch eine letztwillige Verfügung, in der der Grund angegeben werden muß.

Die Beschränkung kann jeder Ehegatte sowohl seinen eigenen Abkömmlingen 40 auferlegen als auch denen, die nur Abkömmlinge des anderen Ehegatten sind. Er kann sie nur bezüglich der von ihm gemachten Zuwendungen und nicht auch hinsichtlich der von dem anderen Ehegatten herrührenden Zuwendungen treffen. Die Anordnungen können sowohl zu Lebzeiten beider Ehegatten als auch in der Zeit nach dem Tode eines der Ehegatten getroffen werden. Das Wesen dieser Bestimmung besteht darin, daß die Ehegatten unter den gegebenen Voraussetzungen die Anordnung durch eine letztwillige Verfügung treffen können, ohne ihre wechselbezüglichen Verfügungen nach § 2271 Abs. 1 Satz 1 zu widerrufen und daß diese Anordnungen auch nicht durch eine nach §§ 2271 Abs. 2 eingetretene Bindung ausgeschlossen wird.

Die wechselbezüglichen Verfügungen des anderen Ehegatten werden durch die 41 nach Absatz 3 getroffenen Anordnungen nicht berührt. Der Grundsatz des § 2270 Abs. 1 ist insoweit durchbrochen.

VIII. Anfechtung des gemeinschaftlichen Testaments 42

1. Anfechtung der Verfügungen des zuerst verstorbenen Ehegatten

Die Anfechtung der von dem zuerst verstorbenen Ehegatten getroffenen Verfügungen durch den Überlebenden oder durch dessen Erben ist aus den allgemeinen Gründen der §§ 2078, 2079 zulässig. Sie kann erfolgen, auch nachdem der Überlebende das ihm Zugewendete angenommen hat. Soweit die Anfechtung durchgreift, führt sie gemäß § 2270 Abs. 1 zugleich die Unwirksamkeit derjenigen Verfügungen des überlebenden Ehegatten herbei, die mit den angefochtenen wechselbezüglich sind.

2. Anfechtung der eigenen Verfügungen durch den überlebenden Ehegatten 43

a) Das Recht zur Anfechtung. Der überlebende Ehegatte kann, nachdem die Bindung nach § 2271 Abs. 2 eingetreten ist, auch seine eigenen Verfügungen aus den in §§ 2078, 2079 angeführten Gründen anfechten. Es ist zwar nicht angängig, ihm dieses Recht unmittelbar aus den §§ 2078, 2079 zu gewähren, wie in RG **77** 171 angenommen wurde. Ein solches Anfechtungsrecht könnte der überlebende Ehegatte nur haben, wenn bei einem Einzeltestament dem Erblasser dasselbe Recht nach diesen Vorschriften zustehen würde. Das ist aber, wie § 2080 erkennen läßt, nicht der Fall. Diese Vorschrift enthält eine abschließende und erschöpfende Regelung des Kreises der anfechtungsberechtigten Personen. Hierzu zählt der Erblasser nicht. Der Gesetzgeber hat dem Erblasser kein eigenes Anfechtungsrecht eingeräumt, da er dieses mit Rücksicht auf die Möglichkeit eines Widerrufs des Testaments für entbehrlich hielt. Nur beim Erbvertrag, bei dem ein freies Widerrufsrecht nicht besteht, wurde das Anfechtungsrecht begründet (Mot. **5** 48, 322).

44 Falls der überlebende Ehegatte die von ihm getroffenen wechselbezüglichen Verfügungen nach dem Tode seines Ehepartners überhaupt nicht anfechten könnte, würde das gemeinschaftliche Testament eine ungleich stärkere Bindung schaffen als dieses bei einem Erbvertrag der Fall ist. Dieser kann unter den Voraussetzungen der §§ 2078, 2079 nach § 2081 angefochten werden. Eine solche unterschiedliche Behandlung des Erbvertrags und des gemeinschaftlichen Testaments ist nicht gerechtfertigt. Es müssen daher die bindend gewordenen wechselbezüglichen Verfügungen eines gemeinschaftlichen Testaments durch den überlebenden Ehegatten in entsprechender Anwendung der §§ 2281 ff aus den in den §§ 2078, 2079 angeführten Gründen angefochten werden können (RG **87** 95; **132** 1; WarnRspr 1918 Nr. 213; 1931 Nr. 25; Recht **20** Nr. 424; KG DNotZ **33** 580).

Hat der überlebende Ehegatte wieder geheiratet, so entsteht dadurch für ihn das Anfechtungsrecht nach § 2079.

45 **b) Frist für die Ausübung des Anfechtungsrechts.** Das Anfechtungsrecht des überlebenden Ehegatten ist zeitlich nicht begrenzt. Eine Ausschlußfrist wie sie § 2082 Abs. 3 bestimmt, kann für ihn nicht gelten, da das Anfechtungsrecht die versagte Widerrufsmöglichkeit in den Fällen ersetzen soll, in denen ein Festhalten an den früher getroffenen Bestimmungen des gemeinschaftlichen Testaments nicht gerechtfertigt ist.

46 Die Anfechtung muß jedoch in entsprechender Anwendung des § 2283 binnen Jahresfrist erfolgen. Nach § 2283 Abs. 2 beginnt die Frist im Falle der Anfechtbarkeit wegen Drohung in dem Zeitpunkt, in welchem die Zwangslage aufhört, in den übrigen Fällen in dem Zeitpunkt, in welchem der Erblasser von dem Anfechtungsgrund Kenntnis erlangt. Zur Kenntnis des Anfechtungsgrundes gehört auch die Kenntnis von dem Vorhandensein des gemeinschaftlichen Testaments. Diese Kenntnis erfordert nicht das Bewußtsein von dessen Vorhandensein. Die Frist ist auch dann verstrichen und damit das Anfechtungsrecht untergegangen, wenn der überlebende Ehegatte, nachdem er eine neue Ehe eingegangen ist, die Anfechtung unterlassen hat, weil er an die Regelung seines Nachlasses im ersten Jahre seiner neuen Ehe nicht gedacht hat und sich deswegen an das Vorhandensein des gemeinschaftlichen Testaments nicht erinnert hat. Kenntnis von dem Vorhandensein des gemeinschaftlichen Testaments hat der überlebende Ehegatte so lange, als er sich des Testamentes ohne weitere Gedächtnishilfe erinnern würde, falls er sich mit der Frage seiner Nachlaßregulierung befassen sollte. Hat der überlebende Ehegatte, der wieder geheiratet hat, das ihm deswegen nach § 2079 zustehende Anfechtungsrecht wegen Fristablaufs verloren, so kann er das gemeinschaftliche Testament wiederum anfechten, wenn ein neuer Pflichtteilsberechtigter hinzugetreten ist, ein Kind aus der zweiten Ehe hervorgegangen oder er ein Kind adoptiert hat. Diese Anfechtung kann dann auch bewirken, daß ein vorher zugunsten des zweiten Ehegatten errichtetes, bis dahin unwirksames Testament Geltung erlangt (BGH Urt. v. 17. 9. 1970 III ZR 158/70, vgl. dazu insbesondere auch wegen des Fristenlaufs und der Zwecke, denen das Anfechtungsrecht dient, *Johannsen,* WM **73** 531).

47 Der Beginn der Frist wird nicht dadurch hinausgeschoben, daß der überlebende Ehegatte irrig annimmt, das gemeinschaftliche Testament sei nicht bindend; er könne es, nachdem er wiedergeheiratet habe, durch ein anderes Testament widerrufen oder es sei durch seine Wiederheirat von selbst oder auch dadurch, daß er ein anderes Testament errichtet habe, außer Kraft getreten. Ein solcher Irrtum hat nicht die Unkenntnis einer zum Anfechtungstatbestand gehörenden Tatsache zur Folge, sondern er beruht auf einer rechtsirrtümlichen Beurteilung des Anfechtungstatbestandes. Er hat seinen Grund in der Unkenntnis der gesetzlichen Bestimmungen über das Anfechtungsrecht und kann daher den Fristbeginn nicht hinausschieben (vgl. § 2082 Rdn. 7 ff und die dort angeführte Rechtsprechung).

c) Die Wirkung der Anfechtung. Der überlebende Ehegatte kann nur seine wechselbezüglichen Verfügungen anfechten. Die nicht wechselbezüglichen muß er, wenn er sie nicht weitergelten lassen will, widerrufen, sofern sich nicht ihre Unwirksamkeit entgegen der Regel des § 2085 wegen ihres Zusammenhangs mit den wechselbezüglichen Verfügungen ergibt. **48**

Von der Anfechtung werden unmittelbar zunächst nur diejenigen Verfügungen ergriffen, auf die sich der Anfechtungsgrund erstreckt. Im Gegensatz zur Anfechtung des Einzeltestaments (vgl. dazu § 2078 Rdn. 66 ff, § 2079 Rdn. 28, 29) führt aber beim gemeinschaftlichen Testament die Anfechtung einer wechselbezüglichen Verfügung grundsätzlich zur vollständigen Nichtigkeit dieser Verfügung. Die Anfechtung kann hier wegen der gegenseitigen Abhängigkeit der wechselbezüglichen Verfügungen in der Regel in ihren Wirkungen nicht beschränkt werden. Die in § 2270 bestimmte Abhängigkeit hat zur Folge, daß der Inhalt einer Verfügung eines Ehegatten, die mit der Verfügung des anderen Ehegatten in Wechselbeziehung steht, nicht einseitig verändert werden kann. Denn in der Regel bedingen sich die wechselbezüglichen Verfügungen in ihrem ganzen Inhalt gegenseitig. **49**

Da aber der wechselbezügliche Charakter einer wechselbezüglichen Verfügung ausschließlich auf dem Willen der Ehegatten beruht, kann, sofern im übrigen die Voraussetzungen dafür vorliegen, ausnahmsweise die Anfechtung auch hier in ihren Wirkungen beschränkt sein und nicht zur vollständigen Nichtigkeit der von ihr betroffenen Verfügungen führen. Diese Ausnahme ist gegeben, wenn anzunehmen ist, daß der Erstverstorbene seine mit der angefochtenen in Wechselbeziehung stehende Verfügung in gleicher Weise getroffen hätte, wenn die angefochtene Verfügung des anderen Ehegatten nur den Inhalt gehabt hätte, den sie nach der Anfechtung haben würde. Die betreffenden Verfügungen der beiden Ehegatten sind in diesem Fall inhaltlich nur beschränkt wechselbezüglich, so daß hier die Wechselbezüglichkeit der beschränkten Wirkung der Anfechtung nicht entgegensieht (ebenso *Staudinger/Dittmann* § 2271 Rdn. 69). **50**

Soweit die Anfechtung einer wechselbezüglichen Verfügung die Nichtigkeit dieser Verfügung herbeiführt, hat diese wegen der in § 2270 bestimmten Abhängigkeit auch die Nichtigkeit der mit ihr in Wechselbeziehung stehenden Verfügungen des anderen Ehegatten zur Folge. Diese wiederum bedingt aus gleichem Grunde die Nichtigkeit anderer Verfügungen, zu denen sie in Wechselbeziehung steht usw. **51**

Sofern das gemeinschaftliche Testament durch die Anfechtung nichtig geworden ist, wird es in allen seinen Wirkungen beseitigt. Das hat zur Folge, daß ein früheres Testament des Erblassers, das durch den Inhalt des angefochtenen Testaments aufgehoben war, weitergilt. Ein später errichtetes Testament, das mit Rücksicht auf die durch das gemeinschaftliche Testament eingetretene Bindung keine Wirksamkeit erlangen konnte, wird jetzt wirksam. Durch das gemeinschaftliche Testament war nur die Testierfreiheit des Erblassers eingeschränkt. Diese Einschränkung ist durch die Anfechtung rückwirkend fortgefallen, so daß ein Grund für die Unwirksamkeit des später errichteten Testaments überhaupt nicht bestanden hat (RG **130** 213). **52**

53 **3. Anfechtung nach dem Tode des zuletzt verstorbenen Ehegatten**

Nach dem Tode des zuletzt verstorbenen Ehegatten können die in § 2080 genannten Personen dessen Verfügungen anfechten. Ihr Anfechtungsrecht wird jedoch durch das Anfechtungsrecht des zuletzt verstorbenen Ehegatten begrenzt. Ihnen steht das Anfechtungsrecht infolge des entsprechend anzuwendenden § 2085 insoweit nicht mehr zu, als jener das Recht, die Verfügung aus gleichem Grunde anzufechten, bereits verloren hat.

54 Die in § 2080 genannten Personen machen ein eigenes und kein Recht ihres Erblassers geltend. Ihr Anfechtungsrecht ist sachlich nicht dasselbe wie das ihres Erblassers. Dessen Anfechtungsrecht zielt in erster Linie darauf ab, ihm die durch das gemeinschaftliche Testament eingeschränkte Testierfreiheit wieder zu verschaffen. Das Anfechtungsrecht der in § 2080 Genannten bezweckt dagegen die letztwillige Verfügung zu beseitigen, um den Anfechtungsberechtigten selbst dadurch einen Vermögensvorteil zu verschaffen.

55 Die Frist zur Anfechtung kann niemals vor dem Erbfall zu laufen beginnen. Für die Anfechtung der von dem längstlebenden Ehegatten in einem gemeinschaftlichen Testament getroffenen Bestimmungen beginnt sie daher frühestens im Zeitpunkt des Todes dieses Ehegatten. Das gilt auch dann, wenn der Anfechtungsberechtigte von diesen Verfügungen und den ihnen zugrunde liegenden irrigen Vorstellungen schon nach dem Tode des zuerst verstorbenen Ehegatten Kenntnis erlangt hat. Unrichtig Frankfurt MDR **59** 393. Hier wird nicht beachtet, daß es sich bei der anfechtbaren Verfügung um eine solche des überlebenden Ehegatten handelt, daß dieser zu seinen Lebzeiten selbst berechtigt ist, seine Verfügungen anzufechten und daß die in § 2080 bezeichneten Personen nach dem entsprechend anzuwendenden § 2285 die Verfügung nicht mehr anfechten können, wenn das Anfechtungsrecht des Erblassers zur Zeit des Erbfalls erloschen ist.

56 Sie können im Gegensatz zu dem zuletzt verstorbenen Ehegatten sowohl die wechselbezüglichen als auch die nicht wechselbezüglichen Verfügungen anfechten. Auch soweit sie die wechselbezüglichen Verfügungen nach § 2285 nicht mehr anfechten können, da der zuletzt verstorbene Ehegatte sein darauf gestütztes Anfechtungsrecht verloren hat, können sie doch aus demselben Anfechtungsgrund die nicht wechselbezüglichen Verfügungen anfechten (BGH FamRZ **56** 83). Falls sich dann ergibt, daß der überlebende Ehegatte seine wechselbezüglichen Verfügungen nicht ohne die nichtwechselbezüglichen getroffen haben würde, werden jene durch die Anfechtung der letzteren mit unwirksam. Das hat dann wieder die Unwirksamkeit der dazu in Wechselbeziehung stehenden Verfügungen des zuerst verstorbenen Ehegatten zur Folge. In der Regel wird aber daraus, daß der zuletzt verstorbene Ehegatte die Anfechtungsfrist verstreichen lassen und seine nichtwechselbezüglichen Verfügungen nicht widerrufen hat, geschlossen werden können, daß er die Verfügung auch bei Kenntnis der Sachlage getroffen hätte, oder daß er durch den als Anfechtungsgrund geltend gemachten Umstand nicht zu seiner Verfügung bestimmt worden ist. Die in § 2080 genannten Personen würden dann aus diesen Gründen überhaupt nicht anfechtungsberechtigt sein.

§ 2272

Ein gemeinschaftliches Testament kann nach § 2256 nur von beiden Ehegatten zurückgenommen werden.

E II 2139; P **5** 459.

Rücknahme aus der amtlichen Verwahrung

Die Bestimmung bezieht sich auf die Rücknahme sowohl des öffentlichen als 1
des nach § 2248 hinterlegten eigenhändigen Testaments, obwohl diese Rücknahme keine Widerrufswirkung hat. Sie gilt auch nach Aufhebung oder Scheidung der Ehe; gleichviel, inwieweit das Testament nach § 2268 unwirksam geworden ist (KG RJA **14** 266). Nach dem Tode eines der Ehegatten kann das gemeinschaftliche Testament überhaupt nicht mehr ausgehändigt werden. Durch eine Aushändigung entgegen dieser Bestimmung an einen Ehegatten wird die Gültigkeit des Testaments nicht beeinträchtigt.

Die Rückgabe geschieht in der Weise, daß beide Ehegatten persönlich und 2
gleichzeitig erscheinen und das Testament herausverlangen. Falls sie sich nicht darüber einigen können, wem das Testament auszuhändigen ist, kann die Rückgabe nicht erfolgen. Die Rückgabe setzt wegen der Widerrufswirkung voraus, daß beide Ehegatten insoweit geschäftsfähig sind, als dies zum Widerruf einer letztwilligen Verfügung erforderlich ist. Das gilt auch, wenn ein eigenhändiges gemeinschaftliches Testament aus der amtlichen Verwahrung zurückverlangt wird (*Planck/Greiff* § 2272 Anm. 1).

Über Widerruf gemäß § 2255 siehe § 2271 Rdn. 2, 3, 7.

§ 2273

Bei der Eröffnung eines gemeinschaftlichen Testaments sind die Verfügungen des überlebenden Ehegatten, soweit sie sich sondern lassen, weder zu verkünden noch sonst zur Kenntnis der Beteiligten zu bringen.

Von den Verfügungen des verstorbenen Ehegatten ist eine beglaubigte Abschrift anzufertigen. Das Testament ist wieder zu verschließen und in die besondere amtliche Verwahrung zurückzubringen.

Die Vorschriften des Abs. 2 gelten nicht, wenn das Testament nur Anordnungen enthält, die sich auf den Erbfall beziehen, der mit dem Tode des erstversterbenden Ehegatten eintritt, insbesondere wenn das Testament sich auf die Erklärung beschränkt, daß die Ehegatten sich gegenseitig zu Erben einsetzen.

E II 2140; P **5** 424, 459.

Eröffnung des gemeinschaftlichen Testaments

Übersicht

Neueres Schrifttum:

Asbeck, Testamentseröffnung und Erbscheinserteilung beim Berliner Testament mit Wiederverheiratungsklausel, MDR **59** 897; *Haegele*, Einzelfragen zur Testamentseröffnung, Rpfleger **68** 137—139.

1 **I. Grundgedanke der Vorschrift**

Das gemeinschaftliche Testament enthält in der Regel Verfügungen beider Ehegatten. Nur in seltenen Ausnahmefällen versterben diese gleichzeitig. Aus vielen und verständlichen Gründen wünscht der überlebende Ehegatte nicht, daß die von ihm getroffenen letztwilligen Verfügungen schon vor seinem Ableben bekannt werden. Diesem Umstand trägt § 2273 Rechnung. Er bestimmt, daß grundsätzlich nur die Verfügungen des verstorbenen Ehegatten zu verkünden und sonst zur Kenntnis der Beteiligten zu bringen sind. Anderseits müssen alle Verfügungen des verstorbenen Ehegatten eröffnet werden. Gegenüber dieser unbedingten Notwendigkeit muß der oben angeführte Grundsatz zurücktreten. Die Verfügungen des überlebenden Ehegatten können daher nur insoweit geheim gehalten werden, als sie sich von denen des Verstorbenen trennen lassen.

2 **II. Zur Fassung des Gesetzes**

Die Absätze 1 und 2 stimmen mit § 2273 a F wörtlich überein. Sie sind in dieser Form als Abs. 1 und 2 in § 44 des Testamentsgesetzes übernommen worden. Dieser Bestimmung wurde ein dritter Absatz hinzugefügt, der Zweifelsfragen klärte, die in der Rechtsprechung aufgetreten waren. Dieser Absatz wiederum ist als Abs. 3 in sprachlich verbesserter Form in die jetzt geltende Bestimmung übernommen worden.

3 **III. Die Eröffnung der Verfügungen des verstorbenen Ehegatten**

1. Anwendung der allgemeinen Vorschriften

Auch bei der Eröffnung des gemeinschaftlichen Testaments sind die allgemeinen Bestimmungen über die Eröffnung der Testamente, § 2260—2263, anzuwenden. Danach hat das Nachlaßgericht, sobald es von dem Tode des Erblassers Kenntnis erhält, zur Eröffnung eines in seiner Verwahrung befindlichen Testaments einen Termin zu bestimmen, zu dem die gesetzlichen Erben des Erblassers und die sonstigen Beteiligten zu laden sind. In diesem Termin ist das Testament zu öffnen und den Beteiligten nach Maßgabe des § 2273 zu verkünden und auf Verlangen vorzulegen. Mit Rücksicht auf § 2263 können die Ehegatten nicht bestimmen, daß das Testament erst nach dem Tode des zuletzt verstorbenen Ehegatten eröffnet werden darf. Eine solche Bestimmung ist nichtig.

4 **2. Trennung der Verfügungen beider Ehegatten**

Die Eröffnung erfolgt nach dem Tode des Zuerstverstorbenen, beschränkt sich aber grundsätzlich auf seine Verfügungen. Voraussetzung ist, daß die beiderseitigen Verfügungen sich sondern lassen. Das ist der Fall, soweit sie in selbständigen, auch äußerlich auseinander gehaltenen Sätzen enthalten sind, dagegen regelmäßig ausgeschlossen, soweit die Ehegatten in der Mehrheitsform gemeinschaftlich verfügen oder ausdrücklich auf Verfügungen des anderen Teiles Bezug nehmen. Die Verfügungen der beiden Ehegatten müssen sich sprachlich in der Weise voneinander trennen lassen, daß die Verfügungen des zuerst Verstorbenen ihrem Inhalt nach ohne die Verfügungen des Überlebenden verständlich bleiben.

5 Der Trennung steht nicht entgegen, wenn die Beweggründe der Verfügung des zuerst verstorbenen Ehegatten nur aus den Verfügungen des anderen Ehegatten erkennbar sind. Die Wechselbezüglichkeit steht daher einer Trennung auch nicht entgegen.

6 In Zweifelsfällen sind beide Verfügungen zu verkünden. Jedenfalls erstreckt sich die Verkündigungspflicht des Richters auf alle von dem betreffenden Erblasser herrührenden oder mitherrührenden Verfügungen, einerlei ob er sie für noch wirksam

oder für gegenstandslos geworden erachtet. Er hat deshalb die von dem Erstverstorbenen für den eigenen Überlebensfall getroffenen Verfügungen selbst dann zu verkünden, wenn sie zugleich nicht sonderungsfähige Verfügungen des Überlebenden enthalten (RG **150** 315; dazu *Vogels,* DFG **36** 106; *Pütz,* DNotZ **36** 369; *Haegele,* Rpfleger **68** 139, 141 ff.; ebenso Hamburg NJW **65** 1969; dazu kritisch *Lützeler,* NJW **66** 58; a. M. BayObLG RJA **1** 45 und früher auch das Kammergericht in KGJ 24 A 183, 34 A 102; 35 A, 109 und JW **31** 1373; das Kammergericht hält an dieser Meinung nach RG **137** 228, und **150** 317 nicht mehr fest). Verfügungen, die zugleich solche des überlebenden Ehegatten enthalten und von diesen nicht gesondert werden können, brauchen nicht eröffnet zu werden, wenn die Beteiligten darauf verzichten und ein öffentliches Interesse nicht entgegensteht (Hamm JMBl NRW **62** 62; BGH Beschl. v. 10. 3. 1961 V ZB 1/61).

3. Vorlegung zur Einsicht **7**

a) Durch die Beteiligten. Wollen die Beteiligten vom Inhalt des Testaments durch Vorlegung Kenntnis nehmen (11. Aufl. § 2260 Anm. 11), so sind die ihnen vorzuenthaltenden Stellen zu verdecken; in der Benachrichtigung nach § 2262 sind diese Stellen nicht zu erwähnen, und in den nach § 2264 zu erteilenden Abschriften sind sie wegzulassen.

b) Durch den überlebenden Ehegatten. Die Beschränkung bezüglich der Bekanntgabe und Vorlegung gilt nicht für den überlebenden Ehegatten. Er kennt seine Verfügungen, und es besteht kein Grund, ihm zu versagen, nachträglich nochmals Einsicht in das von ihm Angeordnete zu nehmen. Er kann aber nicht gestatten, daß das Nachlaßgericht auch anderen die von ihm getroffenen Verfügungen bekannt gibt oder das ganze Testament zur Einsicht vorlegt. Dem steht § 2273 entgegen. **8**

4. Beschwerde. Ausfertigung als Ersatz für Erbschein **9**

Beschwerde aus § 19 FGG (§ 11 RPflG) gegen den Ausschluß eines Teiles des gemeinschaftlichen Testaments von der Verkündung (KGJ 35 A 103); ebenso gegen eine Verfügung des Nachlaßgerichts, durch die es nach dem Tode eines Ehegatten seine Entschließung kundgibt, das gemeinschaftliche Testament in vollem Umfange zu verkünden (KG Recht **30** Nr. 434).

Über die Frage, ob die Ausfertigung eines nur zum Teil eröffneten und verkündeten gemeinschaftlichen Testaments nebst Eröffnungsverhandlung den Erbschein ersetzt (11. Aufl. § 2260 Anm. 14, s. *Semprich* und *Kaulbach* DJ **40** 59).

IV. Anfertigung einer beglaubigten Abschrift (Abs. 2) **10**

Die beglaubigte Abschrift der (verkündeten) Verfügungen bleibt in gewöhnlicher, nicht besonderer amtlicher Verwahrung. In dem Beglaubigungsvermerk ist anzugeben, daß das gemeinschaftliche Testament weitere Verfügungen des verstorbenen Ehegatten nicht enthält oder daß etwa vorhandene weitere Verfügungen gegenstandslos geworden sind (KGJ 32 A 100; 35 A 103; Dresden ZBlFG **6** 369).

V. Wiederverschließung und amtliche Verwahrung **11**

1. Wiederverschließung

Die Wiederverschließung und das Zurückbringen in die besondere amtliche Verwahrung einschließlich Siegelung und entsprechender durch den Verkündungsvermerk vervollständigter Aufschrift usw. vollzieht sich gemäß § 2246, jedoch ist die Mitwirkung von Überwachungspersonen hierbei nicht erforderlich.

12 Falls jedoch das Testament, weil etwa zunächst beglaubigte Abschriften gefertigt werden müssen, in dem zur Eröffnung anberaumten Termin nicht wieder verschlossen werden kann, ist hierzu ein neuer Termin anzuberaumen, der dem überlebenden Ehegatten bekanntzugeben ist, denn dieser hat ein Recht darauf, sich davon zu überzeugen, daß seine Verfügung wieder ordnungsgemäß verschlossen worden ist.

13 Das Testament wird verschlossen ohne Rücksicht darauf, ob der überlebende Ehegatte in dem Termin erschienen ist. Es wird dazu in einen neuen Umschlag gelegt, auf dem die Eröffnung und Wiederverschließung vermerkt wird. Die Erteilung eines neuen Hinterlegungsscheins an den überlebenden Erblasser ist zweckmäßig.

14 Die besonderen Vorschriften des § 2273 erledigen sich nicht dadurch, daß der Überlebende der Eröffnung des gemeinschaftlichen Testaments nach seinem ganzen Inhalt zustimmt; dies folgt daraus, daß das Nachlaßgericht mit der Verkündung der Testamente und mit der Wiederverschließung eines nach dem Tode eines Ehegatten verkündeten gemeinschaftlichen Testaments gemäß den §§ 2260, 2273, unabhängig von den Anträgen Beteiligter, von Amts wegen vorzugehen, demgemäß auch den Umfang der Verkündung im Rahmen des Gesetzes zu bestimmen hat (KGJ 35 A 109).

15 **2. Zuständigkeit des Nachlaßgerichts**

Die Wiederverschließung und weitere Verwahrung erfolgt in jedem Falle durch das Nachlaßgericht, auch wenn das Testament vorher von einem anderen Gericht verwahrt wurde (Bay ObLG NJW **74** 955; *Planck/Greiff*, § 2271 Anm. 2 c; *Vogels/Seybold*, TestG § 44 Rdn, 6; *Palandt/Keidel*, § 2273 Anm. 2 a, 3; *Erman/Hense*, § 2273 Rdn. 1; *Staudinger/Dittmann*, § 2273 Rdn. 12—14; *Ehard/Eder* in *Soergel/Siebert*, § 2273 Rdn. 7; *Lange*, § 40 III 4 b; *von Lübtow* I, 521; a. M. KG RPfleger **72** 405: zuständig ist grundsätzlich das bisherige Verwahrungsgericht). Wegen des Zuständigkeitsstreits zwischen dem Nachlaßgericht und dem verwahrenden Amtsgericht (Hamm OLGZ **72** 73). Weigert sich das andere Gericht (§ 2261), die Urschrift des von ihm eröffneten gemeinschaftlichen Testaments dem Nachlaßgericht zu übersenden, so steht diesem die Beschwerde zu (KG JFG **14** 168).

Sind für den ersten und zweiten Erbfall verschiedene Nachlaßgerichte zuständig, so ist das zweite Nachlaßgericht nach § 2261 zur endgültigen Aufbewahrung der Urschrift des Testaments berufen (Kiel OLG **21** 336; Rostock OLG **35** 378; München JFG **14** 73).

16 **3. Bisher nicht amtlich verwahrte Testamente**

Befand sich ein eigenhändiges gemeinschaftliches Testament vorher nicht in amtlicher Verwahrung, so ist es offen bei den Akten zu verwahren; auf Verlangen des Überlebenden ist es jedoch in besondere amtliche Verwahrung zu nehmen (KGJ **24** B 11; § 27 Abs. 11 der Aktenordnung — oben Rdn. 15). Dem Überlebenden darf das Testament keinesfall zurückgegeben werden (11. Auflage § 2259 Anm. 2; *Strohal* I, 414 Anm. 26; *Planck/Greiff*, § 2273 Anm. 2 c; *Vogels/Seybold*, TestG § 44 Rdn. 6; *Palandt/Keidel*, § 2273 Anm. 3; *Erman/Hense*, § 2273 Rdn. 2; *Staudinger/Dittmann*, § 2273 Rdn. 16; *Ehard/Eder* in *Soergel/Siebert*, § 2273 Rdn. 6; *Lange*, § 40 III 4 b; *von Lübtow* I, 521). Ratsam ist es, worauf *Planck/Greiff* 4. Aufl. § 2273 Anm. 2 c hinweist, in diesem Fall dem Überlebenden eine Bescheinigung über den Verbleib des Testaments zu geben, um so eine gewisse Gewähr dafür zu schaffen, daß das Vorhandensein des Testaments bei seinem Tode bekannt wird.

17 **VI. Bedeutung einer Verkündung des ganzen Testamentsinhalts**

Ist das Testament, weil eine Sonderung der Verfügung unmöglich war, bereits nach dem ersten Erbfall seinem ganzen Inhalte nach verkündet worden, so hat die Mitverkündung der Verfügungen des Überlebenden doch nur die Bedeutung eines tatsächchen Vorganges, mit dem sich die Rechtsfolgen der Eröffnung und Verkündung (§ 1944 Abs. 2) nicht verbinden. Dementsprechend gelten auch für ein solches Testament die Vorschriften in Abs. 2 des § 2273; nach dem Tode des Überlebenden ist es nochmals zu eröffnen und zu verkünden (RG **137** 222 gegen KGJ 24 B 5; 53, 85; Dresden JFG **2** 160; *Strohal* I, 413 Anm. 22; *Kipp/Coing,* § 123 III 2; *Vogels/Seybold,* TestG § 47 Rdn. 7; *Erman/Hense,* § 2273 Rdn. 3; *Palandt/Keidel,* § 2273 Anm. 5: *Staudinger/Dittmann,* § 2273 Rdn. 7, 19, 20; *Ehard/Eder* in *Soergel/Siebert,* § 2273 Rdn. 9; *Lange,* § 40 III 4 b; *von Lübtow* I, 522; a. M. *Planck/Greiff,* § 2273 Anm. 5). Die Verfügungen des überlebenden Ehegatten, die mit dem Tode des Erstverstorbenen gegenstandslos geworden sind, sind nicht erneut zu eröffnen (siehe Rdn. 20).

VII. Erneute Öffnung des wiederverschlossenen Testaments 18

Unter Umständen kann es erforderlich sein, das wiederverschlossene Testament bei Lebzeiten des überlebenden Ehegatten nochmals zu öffnen, wenn es in einem Rechtsstreit vorgelegt werden soll oder wenn die Erteilung eines Erbscheins nach dem zuerst verstorbenen Ehegatten beantragt wird (KGJ 35 A 103; 37 A 127). In der Regel werden dazu die nach Absatz 2 angefertigten beglaubigten Abschriften genügen. Falls aber daraus der Wille des Erblassers nicht eindeutig entnommen werden kann, ist es gestattet, das Testament wieder zu öffnen. Einsicht und Abschriften können nach § 2264 nur insoweit verlangt werden, als es § 2273 Satz 1 gestattet (*Planck/Greiff* § 2273 Anm. 2 d).

Falls das Gericht bei einer von ihm zu treffenden Entscheidung Teile des ge- 19
meinschaftlichen Testaments, die nicht mit eröffnet sind, mitverwertet, müssen diese den Beteiligten bekanntgegeben werden. Es würde sowohl den im Zivilprozeß als auch den in der freiwilligen Gerichtsbarkeit geltenden Grundsätzen widersprechen, wenn das Gericht seine Entscheidung auf Umstände stützen könnte, die vor den Betroffenen geheimgehalten werden.

VIII. Ausnahme von Absatz 2. Testamente mit ausschließlich für den Tod des Erstversterbenden geltenden Vorschriften (Absatz 3) 20

Absatz 3 sieht eine Ausnahme von dem Erfordernis der Wiederverschließung und damit auch der nochmaligen Eröffnung beim Tode des überlebenden Ehegatten für den Fall vor, daß das Testament nur Anordnungen enthält, die sich auf den ersten Erbfall beziehen. Das Gesetz führt als Beispiel dafür den Fall an, daß sich das Testament auf eine gegenseitige Erbeinsetzung der Ehegatten beschränkt. In Betracht kommen ferner Verfügungen, die die Ehegatten gemäß §§ 1512 bis 1516 über die Anteile ihrer Abkömmlinge am Gesamtgut der fortgesetzten Gütergemeinschaft getroffen haben. Im Falle des § 2273 Abs. 3 bleibt das gemeinschaftliche Testament offen bei den Akten des Nachlaßgerichts.

VIERTER ABSCHNITT

Erbvertrag

Neueres Schrifttum:

Boehmer, Sittenwidrige Beeinträchtigung des Vertragserben durch lebzeitige Zuwendungen des Erblassers?, FamRZ **61** 253; *Coing,* Wie ist die bindende Wirkung von Erbverträgen zu ermitteln?, NJW **58** 689; *Dittmann/Reimann/Bengel,* Testament und Erbvertrag **1972;** *Firsching,* Der Ehe- und Erbvertrag im deutschen, österreichischen und schweizerischen Recht, DNotZ **54** 229; *v. Frentz,* Gestaltungsformen zur Abgrenzung der Rechte von überlebenden Ehegatten und Kindern in gemeinschaftlichen Testamenten und Erbverträgen, DNotZ **62** 635; *Haußmann,* Gedanken zur Ausgestaltung von Ehegatten-Erbverträgen, BWNotZ **72** 93; *Johannsen,* Rechtsprechung des BGH auf dem Gebiete des Erbrechts 1. Teil, Das Recht des Erbvertrages, WM **69** 1222; **73** 530; *Knieper,* Verbindung des Erbvertrages mit anderen Verträgen, DNotZ **68** 331; *Küster,* Grenzen des Rücktrittsvorbehalts im Erbvertrag?, JZ **58** 394; *Lange,* Bindung des Erblassers an seine Verfügungen, NJW **63** 1571; *Mattern,* Die Aushöhlung von Testamenten und Erbverträgen, MDR **60** 1; *ders.,* Zur Rechtsstellung der von Todes wegen bindend Bedachten, BWNotZ **62** 229; *Münzberg,* Die Beeinträchtigung des Vertragserben durch den Erblasser, JuS **61** 389; *Reithmann,* Erbverträge zwischem mehr als zwei Beteiligten, DNotZ **57** 527; *Rötelmann,* Zuwendungen unter Lebenden auf den Todesfall, NJW **59** 661; *Schulte,* Erbvertrag und Übergabevertrag, RdL **51** 29; *Siebert,* Die Bindungswirkung des Erbvertrages, Festschrift für Hedemann, Berlin **1958,** S. 237 ff.

Wegen weiterer Literaturhinweise s. §§ 2286, 2301 sowie 11. Auflage Anm. 18 vor § 2274.

Vorbemerkungen

Vor § 2274

Übersicht

I. Gliederung des Abschnitts: 1

a) Abschluß und Eröffnung des Erbvertrages, §§ 2274—2277, 2300, 2300 a;
b) Inhalt des Erbvertrages, §§ 2278—2280, 2298, 2299;
c) Anfechtung, §§ 2281—2285;
d) Wirkungen des Erbvertrages, §§ 2286—2289;
e) Aufhebung, §§ 2290—2292;
f) Rücktritt des Erblassers, §§ 2293—2297;
g) Schenkung von Todes wegen, § 2301;
h) Vertrag über Verfügung von Todes wegen, § 2302.

II. Allgemeines 2

Der Abschluß von Erbverträgen hat sich erst im Mittelalter herausgebildet. Dem römischen Recht war die Einrichtung als eine unzulässige Beschränkung der Testierfreiheit fremd. Die Verfasser des BGB übernahmen sie wegen dringenden Bedürfnisses, die

Erbfolge in gewissen Fällen bindend zu regeln (vgl. Motive **5** 310 ff; Protokolle **5** 365 ff; s. im einzelnen zur Geschichte des Erbvertrages auch *Kipp/Coing* 12. Bearb. § 36 I; *Bartholomeyczik* 9. Aufl. 1971 § 25 I).

3 TestG § 50 Abs. 3 hatte die §§ 2274—2277 und 2300 aufgehoben. Sie blieben nur für Erbfälle sowie für die Errichtung und Aufhebung eines Erbvertrages vor dem Inkrafttreten des Testamentgesetzes (4. 8. 1938) maßgebend, TestG § 51 Abs. 1 und 2. An ihre Stelle traten die §§ 29—31 und 45 TestG. Das Gesetz zur Wiederherstellung der Gesetzeseinheit auf dem Gebiete des bürgerlichen Rechts v. 5. 3. 1953 (BGBl. I 33) hat das Testamentgesetz — außer TestG § 51 — aufgehoben und die §§ 2274—2227 und 2300 wieder aufleben lassen. Im einzelnen entsprechen:

TestG	§ 29 Abs. 1	=	BGB	§ 2274
	§ 29 Abs. 2—4	=		§ 2275
	§ 30	=		§ 2276
	§ 31	=		§ 2277
	§ 45	=		§ 2300
	§ 46	=		§ 2300 a.

Durch das am 1. 1. 1970 in Kraft getretene Beurkundungsgesetz vom 28. 8. 1969 (BGBl. I 513) sind auch die Vorschriften über den Erbvertrag der Neuregelung des Urkundenwesens angepaßt worden. Dadurch wurden Änderungen der §§ 2276, 2277, 2282 Abs. 3, 2291 Abs. 2 und 2296 Abs. 2 Satz 2 erforderlich (vgl. die Rdn. zu diesen Bestimmungen).

Wegen der **Übergangsbestimmungen** vgl. Rdn. 3—13 vor § 2229.

4 **III. Wesen des Erbvertrages**

Vgl. auch § 1941 Rdn. 1—3. Der Erbvertrag ist wegen seiner *Doppelnatur* als Verfügung von Todes wegen und als Vertrag rechtlich besonders bemerkenswert. Er unterscheidet sich schon wegen seines *Vertragscharakters* grundlegend vom Testament, insbesondere auch vom gemeinschaftlichen Testament. Er ist ein „wirklicher Vertrag" (BGH **26** 204, 207 = NJW **58** 498 = LM BGB § 2289 Nr. 3 mit Anm. von *Johannsen;* vgl. auch *Planck/Greiff* 4. Aufl. Vorbem. 2 vor § 2274; ferner nachstehend § 2276 Rdn. 5 und § 2289 Rdn. 3). Die Gegenüberstellung in § 1937: „einseitige Verfügung von Todes wegen (Testament, letztwillige Verfügung)" und § 1941: „durch Vertrag... (Erbvertrag)" bringt das klar zum Ausdruck. Sein besonderes Merkmal ist jedoch die *erbrechtliche Bindung* (§ 2289; vgl. auch Abschnitt I der Anm. von *Johannsen* zu LM BGB § 2289 Nr. 3), die mit dem Vertragsschluß eintritt. Das Testament ist dagegen grundsätzlich frei widerruflich, §§ 2253 ff. Der Erbvertrag ist anders als das gemeinschaftliche Testament (§ 2265) nicht auf Ehegatten beschränkt.

5 Beim Erbvertrage wird ferner der Unterschied zwischen einem *Rechtsgeschäft unter Lebenden* und einer *Verfügung von Todes wegen* besonders deutlich. Das erstere schafft eine Verbindlichkeit, die sich gegen das gegenwärtige Vermögen richtet oder bewirkt eine unmittelbare dingliche Rechtsänderung im gegenwärtigen Vermögensbestande; der Vertragsgegner erlangt also noch bei Lebzeiten des Erblassers und vor dem Erbfalle ein Forderungsrecht auf Leistung aus seinem Vermögen oder ein dingliches Recht an dessen Vermögensrechten. Das ist jedoch bei der Verfügung von Todes wegen, also auch beim Erbvertrage, nicht der Fall; hier ist der Erblasser weder dinglich noch schuldrechtlich gehindert, unter Lebenden über sein Vermögen zu verfügen (RG SeuffArch. **77** Nr. 60; BGH **8** 23, 30; BGH **31** 13 = NJW **59** 2252 = MDR **60** 39 u. 296 mit Anm. von *Baumgärtel* = DNotZ **60** 207 mit Anm. von *Hieber*, auch zu der Möglichkeit, daß sich der Erblasser *neben* der *erbvertraglichen Bindung* dem Bedachten gegenüber *zu-*

gleich schuldrechtlich verpflichtet, über einen vermachten Gegenstand auch unter Lebenden nicht mehr zu verfügen). Der Erbvertrag erzeugt nur eine erbrechtliche Bindung; er gewährt dem Vertragserben also nicht einmal eine rechtlich gesicherte Anwartschaft, so daß die Rechtsstellung des Vertragserben insbesondere auch *nicht* durch eine Vormerkung gesichert werden kann (BGH **12** 115 = NJW **54** 633; DNotZ **54** 264; OLG Hamm DNotZ **56** 151; siehe hierzu auch *Holthöfer* JR **55** 11, ferner § 2286 Rdn. 2, 3). Der Schlußerbe des sog. Berliner Testaments hat vor dem Tode des längstlebenden Ehegatten (Erblassers) kein übertragbares Anwartschaftsrecht, BGH **37** 319. Die Bedeutung des Erbvertrages liegt nach alledem in der durch den Vertragsschluß bewirkten Einschränkung der Testierfreiheit des Erblassers. Er kann keine letztwillige Verfügung treffen, durch die das Recht des Vertragspartners beeinträchtigt wird. Diese Bindung kann grundsätzlich nur durch Aufhebung (§ 2290) oder durch Rücktritt (§§ 2293 ff) beseitigt werden.

Jedoch kann sich der Erblasser im Erbvertrage das Recht einer anderen Verteilung vorbehalten. Ein solcher Erblasservorbehalt von Vermächtnissen und Auflagen steht der Bindungswirkung eines Erbvertrages *nicht* entgegen, OLG Düsseldorf OLGZ **66** 68 (vgl. dazu *Knieper* DNotZ **68** 331). Auch Übergabe- und Altenteilsverträge können mit einem Erbvertrage verbunden werden (vgl. *Steppuhn* RdL **60** 229; *Pikalo,* Die gleitende Hofübergabe, DNotZ **68** 69; ders. RdL **69** 1).

Zur *Abgrenzung* zwischen einem *Kauf- und Erbvertrage* bei der entgeltlichen **6**
Einräumung des Rechts, nach dem Tode des Erblassers dessen Geschäft zu übernehmen, vgl. OLG Hamburg MDR **50** 615, das einen Kaufvertrag annimmt, während *Coing* darin einen mit einem anderen Vertrage verbundenen Vermächtnisvertrag sieht (*Kipp/Coing* 12. Bearb. § 81 V). Für die Abgrenzung ist die Frage, ob der Berechtigte den Anspruch erst beim Tode des Vertragsgegners geltend machen kann, nicht wesentlich (aM OLG Stuttgart JR **49** 383 für einen Schulderlaß „auf den Tod der Gläubigerin"; dagegen *Stachels* JR **49** 385 und *Ehlers* JR **50** 86). Entscheidend ist vielmehr, ob der Vertrag einen Anspruch begründet, dessen Erfüllung nur hinausgeschoben worden ist, oder ob der Anspruch selbst erst mit dem Todesfalle entstehen soll. Was die Parteien jeweils gewollt haben, ist im Zweifelsfalle durch Auslegung zu ermitteln (RG HRR **30** 1464; vgl. auch BGH **31** 13, 20). Stellt der Anspruch sich als ein Entgelt oder Teilentgelt für eine Gegenleistung des Berechtigten dar, so liegt regelmäßig ein Vertrag unter Lebenden vor. Eine vertragsmäßige Verfügung ist stets bei der Erbeinsetzung der Kinder als „Nacherben des Letztversterbenden" anzunehmen (BGH DNotZ **70** 356; WM **70** 482).

IV. Inhalt des Erbvertrages **7**

Der Erblasser kann *vertraglich* nur Erben einsetzen sowie Vermächtnisse und Auflagen anordnen (§§ 1941 Abs. 1, 2278 Abs. 2). Jeder der Vertragschließenden kann aber im Erbvertrage *einseitig* jede Verfügung treffen, die durch Testament getroffen werden kann (§ 2299 Abs. 1), z. B. einen Testamentsvollstrecker ernennen.

Der Erbvertrag kann mit einem *anderen Vertrage* in derselben Urkunde *verbun-* **8**
den werden, § 2277 Abs. 1 Satz 2, insbesondere — was weit verbreitet ist — mit einem Ehevertrage (§ 2276 Abs. 2), mit einem Unterhaltsvertrage zugunsten des Erblassers oder mit einem Erbverzichtsvertrage. Setzt sich ein Vertrag aus erbvertraglichen Bestimmungen und aus vertragsmäßigen Abmachungen unter Lebenden zusammen (BayObLG **28** 634 = JFG **6** 159), so wird dadurch weder seine Gültigkeit als Erbvertrag in Frage gestellt noch unterliegen deshalb die mit ihm verbundenen schuldrechtlichen Vereinbarungen den Regeln des Erbvertrages (BayObLG **53** 229). Auch die für den

Abschluß des Erbvertrages vorgeschriebene Form (§ 2276) ist nicht zugleich für die Nebenvereinbarungen erforderlich; vielmehr unterliegt jede Vereinbarung ausschließlich den für sie selbst geltenden Formvorschriften, es sei denn, Erbvertrag und sonstige Vereinbarungen bilden eine rechtliche Einheit. Dann gelten auch für letztere die Formvorschriften des Erbvertrages (vgl. BGH **36** 65, 70f mit Anm. von *Piepenbrock* in LM § 2276 Nr. 4). Vgl. im übrigen § 2278 Rdn. 4 ff.

9 **V. Abschluß des Vertrages**

Die einschlägigen Bestimmungen waren in das TestG übernommen, sind jetzt aber wieder in das BGB eingefügt worden (s. oben Rdn. 3). Sie weichen gegenüber den Vorschriften über die Testamentserrichtung hinsichtlich der Testierfähigkeit und der Form ab. Der Erblasser muß beim Erbvertrage unbeschränkt geschäftsfähig sein (§ 2275 Abs. 1; vgl. dagegen für das Testament §§ 2229, 2230, 2238 Abs. 3, 2247 Abs. 4). Der Erbvertrag muß öffentlich beurkundet werden (§ 2276 Abs. 1), während das Testament in ordentlicher Form auch durch eine eigenhändige Erklärung errichtet werden kann (§§ 2231 Nr. 2, 2247). Für *Ehegatten* und Verlobte gelten wegen der Geschäftsfähigkeit und der Form Sondervorschriften (§§ 2275 Abs. 2 und 3, 2276 Abs. 2). Sie können auch dann als Erblasser einen Erbvertrag schließen, wenn sie beschränkt geschäftsfähig sind. Es genügt die für den Ehevertrag (§ 1432) vorgeschriebene Form (§ 1434), wenn Erb- und Ehevertrag in derselben Urkunde verbunden sind. Letzteres bedeutet allerdings kaum noch eine Erleichterung (vgl. § 2276 Rdn. 8).

10 **VI. Nichtigkeit von Erbverträgen**

Sie richtet sich nach den allgemeinen Bestimmungen, insbesondere den §§ 116 Abs. 2, 117 Abs. 1, 118, 125, 134, 138. Zur *„Aushöhlung" von Erbverträgen* durch Verfügungen des überlebenden Teils und zur Sicherung des Vertragserben vgl. §§ 2286 Rdn. 1—3, 2287 Rdn. 1—4.

11 Erbverträge können insbesondere auch wegen *Verstoßes gegen die guten Sitten* nach § 138 nichtig sein. Hierbei kann neben anderem wesentlich sein, ob ein auffälliges Mißverhältnis zwischen den Zuwendungen an den Vertragserben und den von ihm übernommenen Pflichten besteht. Regelmäßig genügt es aber nicht allein, wenn der Vorteil, den der Vertragserbe durch die Erbeinsetzung erlangt — rein wirtschaftlich gesehen — erheblich größer ist als seine Gegenleistungen, die den Erblasser veranlaßt haben, den Erbvertrag zu schließen. Denn der Erblasser kann grundsätzlich nach seinem Belieben letztwillig über sein Vermögen verfügen (vgl. § 2286 Rdn. 1-3 mit Nachweisen). Der Bundesgerichtshof hat ferner einen Verstoß gegen die guten Sitten in folgendem Falle bejaht: Der Erblasser war geistig beschränkt; seine ältere Schwester, die ihn pflegte, hat diese Stellung ausgenutzt und ihn, um planmäßig erhebliche Teile seines Vermögens an sich zu bringen, bestimmt, sie durch Erbvertrag als Erbin einzusetzen; sie wußte hierbei, daß ihr Bruder die Tragweite des Vertrages nicht übersah (BGH LM BGB § 138 [Bc] Nr. 1 mit Anm. von *Ascher*). S. im einzelnen auch § 2276 Rdn. 12. Für eine in diesem Zusammenhange gegebenenfalls erforderliche Auslegung des Erbvertrages kommt es nicht — wie bei der letztwilligen Verfügung — allein darauf an, was der Erblasser gewollt hat; es ist vielmehr auch nach § 157 zu prüfen, wie der andere Vertragspartner die Verfügung verstehen konnte und mußte (BGH 28. 5. 1958 IV ZR 328/57).

12 **VII. Unwirksamkeit**

Die Vorschriften des § 2077 gelten für einen Erbvertrag zwischen Ehegatten oder Verlobten auch insoweit, als ein Dritter bedacht worden ist (§ 2279 Abs. 2).

VIII. Umdeutung 13

Ein Erbvertrag, der nicht mehr durchführbar ist, kann unter Umständen im Wege der Umdeutung (§ 140) aufrechterhalten werden; hierbei sind die Auslegungsregeln der §§ 2084, 2085 zu beachten (OGH JR **50** 536). Andererseits kann ein Übertragsvertrag, der wegen Verstoßes gegen § 310 nichtig ist, möglicherweise in einen Erbvertrag umgedeutet werden (BGH **8** 34 im Anschluß an RG JW **10** 467; vgl. hierzu auch BGH **40** 218). Es kann sowohl ein nichtiges Rechtsgeschäft unter Lebenden als eine Verfügung von Todes wegen aufrechterhalten werden wie umgekehrt eine nichtige Verfügung von Todes wegen als ein Rechtsgeschäft unter Lebenden. Denn § 140 gilt für alle Arten von Rechtsgeschäften (vgl. RG aaO; auch OLG Koblenz HEZ **1** 283; ferner BGH 7. 10. 1960 V ZR 60/59 = WM IV B 1961, 87; § 2302 Rdn. 1).

IX. Anfechtung, Aufhebung, Rücktritt 14

Diese Tatbestände sind für den Erbvertrag besonders geregelt worden (s. oben Rdn. 1 c, e, f).

Anfechtung: Die §§ 2281—2284 behandeln das Anfechtungsrecht des Erblassers, § 2285 dasjenige anderer Personen.

Aufhebung: Die §§ 2290—2292 setzen das *beiderseitige* Einverständnis der Vertragsteile voraus.

Rücktritt: Die §§ 2293—2297 gewähren dem *Erblasser* ein besonderes Rücktrittsrecht.

X. Verwandte Verträge 15

Als verwandte Verträge, die jedoch nicht unter den Begriff des Erbvertrages fallen, sind hervorzuheben:

a) Verträge über den Nachlaß eines noch lebenden Dritten (§ 312),
b) schuldrechtliche Verträge über die Errichtung oder Aufhebung einer Verfügung von Todes wegen (§ 2302),
c) Erbverzichte (§§ 2346 ff),
d) Versprechen, nach dem Tode des Vertragsgegners an einen Dritten zu leisten, insbesondere Abfindungsvereinbarungen bei Gutsüberlassungen (§§ 330 Satz 2, 331; vgl. hierzu § 2301 Rdn. 17 f).

XI. Zwischenstaatliches Recht 16

Zum zwischenstaatlichen Recht vgl. EGBGB Art. 24 Abs. 3; ferner *Raape* DNotZ **50** 194.

XII. Rückerstattungsrecht 17

Zur *Anfechtung* von Erbverträgen nach den Rückerstattungsgesetzen im allgemeinen vgl. § 2078 Rdn. 96, 97. Inzwischen hat auch das BayObLG ausgesprochen, Art. 79 REG (AmZ) schließe es als Sondervorschrift aus, daß nach dem 31. 12. 1948 Verfügungen von Todes wegen allein aus den Gründen des Art. 1 REG noch rechtswirksam angefochten werden könnten (BayObLG **54** 183). Ist ein Erbvertrag, der ein deutsches Grundstück betrifft, in Deutschland geschlossen worden, so kann der später nach England ausgewanderte überlebende Vertragsteil über den auf das Nachlaßgrundstück gerichteten Rückerstattungsanspruch nicht anderweit letztwillig verfügen. Denn auch dieser Anspruch gehört, wie das Grundstück selbst, zum unbeweglichen Vermögen und vererbt sich — im Gegensatz zur Fahrnis — infolge der Rückverweisung des englischen internationalen Privatrechts nach deutschem Erbrecht (OLG Frankfurt NJW **54** 111).

§ 2274

Der Erblasser kann einen Erbvertrag nur persönlich schließen.

E I 1941 II 2141; M **5** 314; P **5** 374, 377.

Abschluß eines Erbvertrages

1 **I.** § 2274 stimmt mit § 2274 aF und TestG § 29 Abs. 1 wörtlich überein.

2 **II.** Das Gesetz unterscheidet zwischen dem **Erblasser** als demjenigen Teile, welcher im Erbvertrage Erbeinsetzungen, Vermächtnisse oder Auflagen aus seinem Vermögen anordnet, und dem „*anderen Vertragschließenden*", der sich nur auf *Annahme* der vom Erblasser abgegebenen Erklärungen beschränkt, aber nicht notwendig selbst bedacht zu sein braucht (einseitiger Erbvertrag). Es können aber auch beide Teile als Erblasser auftreten (zweiseitiger Erbvertrag). Endlich können auf der einen Seite mehrere Erblasser (RG **67** 65), auf der anderen mehrere andere Vertragschließende vorhanden sein. Auch das für beide Teile als unwiderruflich erklärte gemeinschaftliche Testament kann in Wahrheit einen Erbvertrag enthalten (RG WarnRspr. **13** Nr. 248), selbst wenn die Unwiderruflichkeit nicht ausdrücklich erklärt worden ist (vgl. RG LZ **19** 594[8]).

3 **III.** Der Erblasser kann, wie das Testament (§ 2064), so auch den Erbvertrag **nur persönlich** errichten. Dasselbe gilt bei Anfechtung des Erbvertrags, wenn der Erblasser nicht geschäftsunfähig ist (§ 2282), bei Bestätigung (§ 2284), Aufhebung des Vertrages (§ 2290 Abs. 2) und bei Erklärung des Rücktritts (§ 2296 Abs. 1). Dagegen kann der andere Vertragschließende, wenn er nicht selbst Erblasser ist, auch durch Vertreter handeln, letzteres notwendigerweise, wenn er juristische Person ist.

§ 2275

Einen Erbvertrag kann als Erblasser nur schließen, wer unbeschränkt geschäftsfähig ist.

Ein Ehegatte kann als Erblasser mit seinem Ehegatten einen Erbvertrag schließen, auch wenn er in der Geschäftsfähigkeit beschränkt ist. Er bedarf in diesem Falle der Zustimmung seines gesetzlichen Vertreters; ist der gesetzliche Vertreter ein Vormund, so ist auch die Genehmigung des Vormundschaftsgerichts erforderlich.

Die Vorschriften des Absatzes 2 gelten auch für Verlobte.

E I 1942 II 2142; M **5** 314, 315; P **5** 374—378.

Geschäftsfähigkeit

1 **I.** § 2275 stimmt mit § 2275 aF und TestG § 29 Abs. 2—4 überein.

2 **II. Zu Abs. 1**

Unbeschränkte Geschäftsfähigkeit ist nur auf seiten des Erblassers (§ 2274 Rdn. 3) erforderlich. Der andere nur vertragschließende Teil braucht nicht geschäftsfähig zu sein und bedarf, da er durch den Erbvertrag in diesem Falle nur einen rechtlichen Vorteil erlangen kann, nicht einmal der Einwilligung seines gesetzlichen Vertreters (§ 107). Der entgegen Abs. 1 geschlossene Vertrag ist, wenn es sich nicht um einen Ehegatten oder

Verlobten handelt (Abs. 2, 3), als Erbvertrag *nichtig;* er kann (anders nach Rdn. 4) auch nicht nachträglich wirksam werden. Nach § 140 ist es aber nicht ausgeschlossen, den Erbvertrag als Testament aufrechtzuerhalten, falls dessen Voraussetzungen genügt ist.

III. Zu Abs. 2 Satz 1 3

Eine **Ausnahme zugunsten von Ehegatten und Verlobten** (Abs. 3), auch ohne daß zugleich ein Ehevertrag geschlossen wird (§ 2276 Abs. 2), macht das Gesetz insofern, als es auf der Erblasserseite auch beschränkte Geschäftsfähigkeit (§§ 106, 114) genügen läßt. Danach können selbst eine noch nicht 16jährige Verlobte oder eine von der Altersschranke befreite Frau (EheG § 1) und im Gegensatze zu § 2229 Abs. 3 auch ein wegen Geistesschwäche, Verschwendung oder Trunksucht Entmündigter zwar kein Testament errichten, wohl aber mit Zustimmung ihrer gesetzlichen Vertreter als Erblasser Erbverträge schließen. Die Bestätigung ist jedoch ausgeschlossen (§ 2284).

IV. Zu Abs. 2 Satz 2 4

Die **Zustimmung des gesetzlichen Vertreters** (Vater, Mutter, Vormund, Pfleger) macht die persönliche Mitwirkung des Erblassers (§ 2274 Rdn. 3) nicht entbehrlich. Der gesetzliche Vertreter kann somit den Erbvertrag nicht anstelle des Ehegatten abschließen. Die Zustimmung kann als Einwilligung vorher oder als Genehmigung nachträglich erklärt werden (§§ 183, 184). Sie wird dadurch ersetzt, daß der Erblasser nach Erlangung der unbeschränkten Geschäftsfähigkeit den Erbvertrag durch eine wenn auch nur stillschweigende Erklärung gegenüber dem anderen Ehegatten genehmigt (§ 108 Abs. 3). Nach dem Tode des anderen ebenfalls als Erblasser aufgetretenen Ehegatten aber kann die Genehmigung nicht mehr erteilt werden (KGJ **47** 100; zweifelnd mit ausführlicher Begründung BayObLG NJW **60** 577 = FamRZ **60** 33). In der Zwischenzeit gilt der Erbvertrag als hinkendes Geschäft im Sinne der §§ 108, 109. Die Zustimmung oder Genehmigung ist nicht an die Beobachtung der für den Erbvertrag vorgeschriebenen Form selbst gebunden (§ 182 Abs. 2). Nach alledem ist nicht wesentlich, daß die Zustimmung des gesetzlichen Vertreters schon bei Abschluß des Erbvertrages vorliegt (aM die bei *Planck/Greiff* § 2275 Anm. 2 b Angeführten). *Genehmigung des Vormundschaftsgerichts* §§ 1828 ff. Sie ist für den Gewaltinhaber nicht erforderlich.

V. Zu Abs. 3 5

Verlöbnis § 1297.

§ 2276

Ein Erbvertrag kann nur zur Niederschrift eines Notars bei gleichzeitiger Anwesenheit beider Teile geschlossen werden. Die Vorschriften der § 2231 Nr. 1, §§ 2232, 2233 sind anzuwenden; was nach diesen Vorschriften für den Erblasser gilt, gilt für jeden der Vertragschließenden.

Für einen Erbvertrag zwischen Ehegatten oder zwischen Verlobten, der mit einem Ehevertrag in derselben Urkunde verbunden wird, genügt die für den Ehevertrag vorgeschriebene Form.

Neueres Schrifttum:

Herminghausen, Formlos bindende Hofzusagen, DNotZ **58** 115; *Küchenhoff,* Faktische Vertragsverhältnisse und faktische Arbeitsverhältnisse?, Recht der Arbeit **58** 121, 127; *Lehmann,* Faktische Vertragsverhältnisse, NJW **58** 1, 2; *Roemer,* Zur formlosen Hoferbenbestimmung in der Rechtsprechung des BGH, DNotZ **57** 283; *Schulte,* Formlose bäuerliche Übergabe- und Erbverträge, NJW **58** 361, 820; *Wieacker,* Hoferbenbestimmung durch schlüssiges oder sozialtypisches Verhalten?, FamRZ **57** 287. Vgl. ferner die Literaturhinweise vor § 2274.

Form des Erbvertrages

Übersicht

1 **I. Allgemeines**

§ 2276 stimmt mit § 2276 aF und TestG § 30 überein. Die nach Abs. 1 Satz 2 anzuwendenden Vorschriften sind jedoch zum Teil geändert worden (vgl. z. B. zu § 2233 aF, TestG § 6 = § 2233 nF OGH NJW **49** 822). Nunmehr Neufassung durch § 57 Abs. 3 Nr. 14 BeurkG v. 28. 8. 1969 BGBl. 1513 mit Wirkung v. 1. 1. 1970. Der Erbvertrag kann jetzt grundsätzlich nur noch vor einem Notar geschlossen werden; jedoch bleibt gemäß § 127 a die Möglichkeit bestehen, ihn in einem gerichtlichen Vergleich zu protokollieren (s. Rdn. 4). Der geänderte Satz 2 trägt der durch das Beurkundungsgesetz herbeigeführten Neuregelung der Vorschriften über die Testamentserrichtung Rechnung (s. Rdn. zu §§ 2232, 2233 nF).

2 **II. Gleichzeitige Anwesenheit beider Teile vor Urkundsperson (Abs. 1 Satz 1)**

Dadurch, daß ein Erbvertrag nur **vor einem Notar** zustande kommen kann, sind die Form des eigenhändigen Testaments (§ 2247) und die außerordentlichen Testamentsformen der §§ 2249—2251 ausgeschlossen.

3 Das Erfordernis der *gleichzeitigen* **Anwesenheit beider Teile,** wie bei der Auflassung (§ 925), beim Ehevertrage (§ 1434) und beim Annahmevertrage (§ 1750), macht ferner die Form des § 128 unanwendbar. Der Erblasserteil muß immer selbst anwesend sein, der bloß vertragschließende Teil kann sich vertreten lassen (§ 2274 Rdn. 2). Dagegen ist die Anwesenheit des nur zustimmenden gesetzlichen Vertreters nicht erforderlich (§ 2275 Rdn. 4). Im übrigen bleiben nach EG Art. 151 mit dem dort gemachten Vorbehalte die allgemeinen Vorschriften der Landesgesetze über die Errichtung gerichtlicher oder notarieller Urkunden unberührt (s. § 2232 Rdn. 10).

4 Ein Erbvertrag kann aber auch in einem **Prozeßvergleich** beurkundet werden (so bereits OLG Celle DNotZ **54** 423 für Vergleiche nach der LVO und dem LwVG; vgl. dazu BGH **14** 381 = DNotZ **55** 190 mit Anm. von *Keidel*). Denn der Prozeßvergleich ersetzt jede für das Rechtsgeschäft sonst durch Bundesgesetz oder Landesgesetz vorgeschriebene Beurkundungsform einschließlich der Beurkundung der gleichzeitig und in Anwesenheit beider Teile vor der Urkundsbehörde abgegebenen Erklärungen (*Schlegelberger* FGG 7. Aufl. Erl. 4 vor §§ 167 ff). S. nunmehr auch die ausdrückliche Bestimmung des § 127 a BGB, eingeführt durch das BeurkG v. 28. 8. 1969 (§ 57 Abs. 3 Nr. 1). Durch einen Erbvertrag in einem Prozeßvergleich kann auch ein gemeinschaftliches Testament aufgehoben werden, wenn ein dahingehender Wille der Beteiligten erkennbar ist, OLG Köln OLGZ **70** 114.

5 Der Erblasser kann sich in einem Erbvertrage das Recht vorbehalten, in bestimmtem Rahmen über die Vergabe seines Vermögens *anders* als im Erbvertrage vorgesehen zu *verfügen.* Auch ein solcher **Vorbehalt** muß in der Form des § 2276 vereinbart sein (BGH **26** 204 = LM BGB § 2289 Nr. 3 mit ausführlicher Anmerkung von *Johannsen* = NJW **58** 498 = MDR **58** 223; dazu ferner *Coing* NJW **58** 689, 692 zustimmend; *Küster* JZ **58** 394, 395 Anm. 4 ablehnend; s. auch Rdn. 4 vor § 2274 und § 2289 Rdn. 3 Mitte).

III. Anwendbare Vorschriften (Abs. 1 Satz 2 Halbs. 1) 6

Die (außer im Falle des Abs. 2) nach der alten Fassung der Vorschrift bis zum 31. 12. 1969 anzuwendenden **Formvorschriften für das öffentliche Testament** ergaben im einzelnen: **§ 2233 a. F.:** Zuziehung eines Urkundsbeamten der Geschäftsstelle oder zweier Zeugen oder eines zweiten Notars ist im allgemeinen nicht erforderlich. **§§ 2234—2237 a. F.:** Gründe der Unfähigkeit oder Untauglichkeit, als Richter, Notar, Urkundsbeamter der Geschäftsstelle oder Zeuge mitzuwirken. **§ 2238 a. F.:** Der Erbvertrag kann grundsätzlich sowohl durch mündliche Erklärung als auch durch Übergabe einer offenen oder verschlossenen, von den Vertragschließenden selbst oder von einer anderen Person geschriebenen Schrift zustande kommen. Nicht ausgeschlossen ist, daß sich der eine Teil mündlich, der andere (soweit nicht die Vorschriften des § 2238 Abs. 3, 4 entgegenstehen) schriftlich mit dem Hinzufügen erklärt, daß die von ihm übergebene Schrift seine Vertragserklärung enthalte. **§ 2239 a.F.:** Anwesenheit der mitwirkenden Personen während der ganzen Verhandlung. **§§ 2240 bis 2242 a.F.:** Form und Inhalt der Niederschrift, die auch von dem nur annehmenden Teile mit zu unterzeichnen ist. Die hiernach erforderliche Bezeichnung der mitwirkenden Personen liegt vor, wenn eine an sich unvollständige Angabe im Protokolltext durch die Unterschriften so ergänzt wird, daß Text und Unterschriften zusammen eine ausreichende Bezeichnung ergeben (BGH **38** 130 = LM § 2241 Nr. 1 mit Anm. von *Mattern* = Rpfleger **63** 116 mit Anm. von *Haegele*). **§ 2243 a.F.:** Die Erklärung des stummen oder am Sprechen verhinderten Teiles kann nur durch Übergabe einer Schrift nebst eigenhändig niedergeschriebener Erklärung abgegeben werden, während sich der andere Teil nach § 2238 beliebig erklären kann. **§ 2244 a. F.:** Kann auch nur ein Vertragsteil nicht deutsch sprechen, so muß ein beeidigter Dolmetscher zugezogen werden. **§ 2245 a. F.:** Es kann in einer fremden Sprache verhandelt werden, wenn alle Beteiligten, also auch beide Vertragschließenden, der fremden Sprache mächtig sind.

Die Verweisung der neugefaßten Vorschrift auf § 2231 Nr. 1, §§ 2232, 2233 und die Heranziehung der im übrigen an die Stelle der §§ 2234—2246 getretenen Vorschriften des BeurkG bedeuten keine wesentliche sachliche Änderung (vgl. Rdn. hierzu). Es bleibt vor allem dabei, daß für den Erbvertrag grundsätzlich dieselben Bestimmungen gelten wie für die Aufnahme eines ordentlichen öffentlichen Testaments, allerdings mit der Maßgabe, daß jeder der Vertragschließenden ohne Rücksicht darauf, ob er eigene Verfügungen trifft oder nicht, als Erblasser anzusehen ist.

Gebühr für die Beurkundung des Erbvertrages KostO § 46 Abs. 1.

IV. Der andere Vertragschließende 7

Die Erklärung des „anderen" lediglich vertragschließenden Teiles beschränkt sich beim einseitigen Erbvertrage auf die Annahme der gegnerischen Erklärungen. Trotzdem ist er, auch wenn er durch Vertreter handelt, damit an die Form des öffentlichen Testaments gebunden. Nach seiner Person — nicht nach der Person des Vertreters (vgl. *Planck/Greiff* § 2276 Anm. 3 a; aM *Strohal* § 44 Anm. 17) — sind die Unfähigkeits- und Untauglichkeitsgründe der §§ 26, 27 BeurkG zu beurteilen. Dagegen ist die Person des Vertreters entscheidend, wenn das Gesetz je nach gewissen persönlichen Eigenschaften des Erklärenden (Minderjährigkeit, Sprech-, Leseunvermögen usw.) die Einhaltung besonderer Formen vorschreibt.

V. Ehegatten und Verlobte (Abs. 2) 8

Die Form des Ehevertrags bietet jetzt gegenüber Abs. 1 kaum noch Erleichterungen. Sie fordert nach § 1410 i.d.F. des § 56 BeurkG gleichzeitige Anwesenheit beider

Teile vor einem Notar. Das Verfahren richtet sich nach §§ 2—5, 6—13, 16—18, 22—26 BeurkG. Die in der 11. Aufl. angezogenen §§ 169, 175, 176, 177 FGG sind durch § 57 Abs. 5 Nr. 2 BeurkG vom 28. 8. 1969 aufgehoben worden.

Nach § 22 BeurkG soll bei einem Schwerhörigen, Stummen oder Blinden ein Zeuge oder ein 2. Notar hinzugezogen werden, sofern nicht alle Beteiligten darauf verzichten. Die Behinderung soll in der Niederschrift festgestellt werden. Die Urkunden werden in deutscher Sprache errichtet. Der Notar kann auf Verlangen aber auch die Urkunde in einer anderen Sprache errichten (§ 5 Abs. 2 BeurkG). Für die Übersetzung vgl. §§ 16, 32, 33 BeurkG.

9 Die materiellrechtliche Vorschrift des § 2274, daß der *Erblasserteil* den Vertrag *nur persönlich* schließen kann, bleibt auch hier in Kraft. Es muß sich um einen wahren Ehevertrag im Sinne von § 1410 n.F. handeln. Die mit einem Erbvertrage verbundene Vereinbarung Verlobter, daß in ihrer Ehe das gesetzliche Güterrecht gelten solle, ist in RG **133** 20 als Ehevertrag in diesem Sinne anerkannt worden. Beide Verträge sind *in derselben Urkunde verbunden*, wenn sie in *einer* Niederschrift beurkundet sind. Die bloß äußerliche Verbindung zweier Niederschriften durch Zusammenheften macht sie nicht zu *einer* Urkunde und reicht daher für Abs. 2 nicht aus (aM frühere Auflagen). Sind die Voraussetzungen für die erleichterte Form einmal gegeben, so ist der so beurkundete Vertrag auch Erbvertrag in voller Bedeutung des Wortes. Insbesondere können darin einseitig auch andere, sonst nur durch Testament zu treffende Verfügungen getroffen werden (§ 2299). Die Niederschrift *mußte* nach dem *früheren* § 2241 Ort und Zeitangabe enthalten; diese Mußvorschrift hat § 9 Abs. 2 BeurkG durch eine *Sollvorschrift* ersetzt.

10 Die gleiche Vorschrift gilt für die Aufhebung des Erbvertrages (§ 2290 Abs. 4).

11 Wird der von *Verlobten* geschlossene *Ehevertrag* infolge Auflösung des Verlöbnisses unwirksam, so entfällt in der Regel auch der Erbvertrag (*Palandt/Keidel* 34. Aufl. § 2276 Anm. 5; s. aber KGJ **37** A 115 sowie § 2279).

12 V. Anwendung auf Nebenverträge

Hat der durch einen Erbvertrag Begünstigte sich in einem besonderen, mit dem Erbvertrage zusammenhängenden Vertrage zu Leistungen — einmaliger oder wiederkehrender Art — an den Erblasser verpflichtet, so bedarf dieser Vertrag in der Regel **nicht** der für den Erbvertrag vorgeschriebenen Form (BGH **36** 65 = NJW **62** 249). Mit einem Erbvertrage kann auch eine Verpflichtung des Erblassers verbunden werden, nicht unter Lebenden zu verfügen; eine solche Nebenvereinbarung unterliegt auch dann, wenn Grundstücke in Betracht kommen, nicht der Formvorschrift des § 313 (BGH WM **67** 643 = FamRZ **67** 470).

13 VI. Umdeutung bei Formmangel

Wird die Formvorschrift des § 2276 nicht beachtet, so ist der Erbvertrag grundsätzlich nichtig (§ 125; s. auch § 2281 Rdn. 1, 2 und vor § 2274 Rdn. 10, 11). Ein wegen Formmangels ungültiger Erbvertrag kann jedoch *unter besonderen Umständen* nach § 140 als ein Rechtsgeschäft anderer Art aufrechterhalten werden, z. B. aus § 312 Abs. 2 (RG JR **27** Nr. 1403) oder als gemeinschaftliches Testament (KGJ **31** A 112).

14 VII. Bindung kraft Treu und Glauben

Nach der — insbesondere im Schrifttum stark angegriffenen — neueren Rechtsprechung des Bundesgerichtshofs kann in der Vereinbarung über die Hoferbfolge, die in einem formlosen Erbvertrage enthalten ist, *nach Treu und Glauben* eine bindende *Bestimmung des Hoferben* liegen (BGH **23** 249 = LM HöfeO § 7 Nr. 17 mit Anm. von *Hük-*

kinghaus = FamRZ **57** 131, 310 mit eingehenden Nachweisen = NJW **57** 787 mit Besprechung von *Lehmann* NJW **58** 1, 2; *Wieacker* FamRZ **57** 287; *Herminghausen DNotZ* **58** 115; *Küchenhoff* Recht der Arbeit **58** 121, 127; vgl. auch *Lorenz* AcP **156** 381, 408 über die „soziale Ordnungsfunktion der Formvorschriften"). Der BGH wendet damit auf einen Erbvertrag die gleichen Grundsätze an, nach denen er in BGH **12** 286 formlose „Vereinbarungen" über die künftige Hofnachfolge für einen Übergabevertrag als bindend anerkannt hat (vgl. § 2302 Rdn. 4; Bedenken bei OLG Schleswig SchlHA **57** 278). Die Bedenken, der BGH setze hiermit ein richterliches Billigkeitsrecht (*Wieacker* aaO), die Rücksicht auf die Massenerscheinung sprenge nicht allein die Lehre von den Willenserklärungen, sondern auch die gesetzlichen Formvorschriften (*Küchenhoff* aaO), sind nicht von der Hand zu weisen. *Küchenhoff* wendet sich insbesondere gegen den Satz der Entscheidungsgründe (BGH **23** 261), „daß Vertragsverhältnisse nach dem Grundsatz von Treu und Glauben auch *durch tatsächliche Vorgänge*, nicht bloß durch auf die Rechtsfolgen gerichtete Erklärungen begründet werden können". Der BGH läßt den Grundsatz, daß unter Umständen ein formloser Erbvertrag nach Treu und Glauben als wirksam zu behandeln sei, auch dann gelten, wenn der Erbfall dem Reichserbhofrecht unterliegt, sofern ein freies Bestimmungsrecht des Erblassers gegeben war (BGH LM BGB § 2276 Nr. 2 = NJW **58** 377). Ob die für die besonderen Verhältnisse des Landwirtschaftsrechts im Bereiche der Höfeordnung ausgesprochenen Grundsätze auch für landwirtschaftliche und gewerbliche Kleinbetriebe gelten, erscheint indes zweifelhaft (BGH LM § 242 C a Nr. 13; vgl. auch BGH 18. 2. 1959 V ZR 199/57). An die tatsächlichen Voraussetzungen für die Annahme eines formlos wirksamen Erbvertrages im vorbezeichneten Sinn sind jedenfalls die allerhöchsten Anforderungen zu stellen (OLG Hamm RdL **65** 125 mit Anm. von *Schulte*). Den Entscheidungen des BGH (MDR **66** 227 und 228) ist zu entnehmen, daß die Rechtsprechung des formlosen Erbauseinandersetzungsvertrages nur auf höferechtliche Verhältnisse angewendet werden soll. Eine Zusammenfassung findet sich bei *Schulte*, Formlose bäuerliche Übergabe- und Erbverträge, NJW **62** 2086; aus der Rechtsprechung vgl. OLG Braunschweig RdL **63** 100; OLG Celle Nds.Rpfl. **64** 131).

§ 2277

Wird ein Erbvertrag in besondere amtliche Verwahrung genommen, so soll jedem Vertragschließenden ein Hinterlegungsschein erteilt werden.

E I 1945 Satz 1, 2 II 2144; M **5** 319; M **5** 381, 382.

Verschließung und Verwahrung des Erbvertrages

Übersicht

I. Allgemeines **1**

Der frühere § 2277 hat durch § 57 Abs. 3 Nr. 15 BeurkG v. 28. 8. 69 mit Wirkung v. 1. 7. 1970 eine neue Fassung erhalten. Diese trägt dem Umstande Rechnung, daß die Verschließung und Verwahrung der über den Erbvertrag aufgenommenen Urkunde durch § 34 BeurkG geregelt ist.

II. Verschluß **2**

Die *Verschließung* mit Prägesiegel braucht *nicht mehr* wie nach § 2246 Abs. 1 a.F. *in Gegenwart des Notars* und der etwa zugezogenen Nebenpersonen zu erfolgen. Dieses

Erfordernis hat der Gesetzgeber als unzweckmäßig beseitigt, da es dem Notar die Möglichkeit nimmt, die Niederschrift noch einmal zu prüfen und etwa unterlaufende Fehler zu entdecken (vgl. BT-Drucks. V/3282 S. 36). Der *Notar muß* aber die Verschließung und Siegelung *überwachen*. Damit soll gewährleistet werden, daß der verschlossene Umschlag die richtige und vollständige Urkunde enthält. Die Ausführung darf der Notar seinem Personal überlassen.

3 **III. Aufschrift**

In der *Aufschrift des Umschlages* sind beide Vertragschließende zu bezeichnen. Sind mehr als zwei Personen beteiligt, so ist für die dritte und für jede weitere Person je ein besonderer Umschlag zu beschriften, der an den ersten Umschlag anzuheften ist (vgl. dazu *Jansen* FGG Bd. III 1971 Rdn. 9 zu § 34 BeurkG).

4 **IV. Besondere amtliche Verwahrung**

An die Stelle des § 2246 Abs. 2 Satz 1 ist seit dem 1. 7. 1970 der § 34 Abs. 2 BeurkG getreten. Danach soll, wie bisher, der Notar veranlassen, daß der Erbvertrag unverzüglich in besondere amtliche Verwahrung gebracht wird, sofern die Vertragschließenden die besondere amtliche Verwahrung nicht ausschließen. Dies ist im Zweifel anzunehmen, wenn der Erbvertrag mit einem anderen Vertrage in derselben Urkunde verbunden wird.

Die besondere amtliche Verwahrung darf nur unterbleiben, wenn alle Vertragschließenden es verlangen. Der Widerspruch nur eines Vertragsteiles genügt nicht. In diesem Falle muß amtlich verwahrt werden. Der Widerspruch beider Parteien muß sogleich, zumindest bis zur Ablieferung an das Verwahrungsgericht erklärt werden. Dann wird der Vertrag nicht verschlossen und nur in gewöhnliche Verwahrung des Notars genommen (§ 25 Abs. 3 BNotO). Auf Antrag ist den Parteien in diesem Falle eine Ausfertigung des Erbvertrages zu erteilen. Die Urschrift des Erbvertrages an die Vertragschließenden herauszugeben, ist grundsätzlich unstatthaft (JFG **17** 237; PrFGG Art. 42; DOfNot §§ 15, 16). Jede Partei kann jederzeit verlangen, daß ihr Einsicht in die in besondere amtliche Verwahrung genommene, zu diesem Zwecke wieder zu öffnende Urkunde gewährt oder eine Abschrift erteilt wird (§ 2264 Rdn. 3—7; § 2300 Rdn. 2 a. E.; JW **27** 1650[2]; dagegen nicht der Notar KGJ **38** A 150). Die Rücknahme aus der besonderen amtlichen Verwahrung steht den Parteien nur gemeinschaftlich zu (vgl. § 2272 Rdn. 2). Sie wirkt abweichend von § 2256 Abs. 1 nicht als Widerruf (JFG **17** 237). Hierfür sind vielmehr die Formen der §§ 2290—2292 ausschließlich maßgebend. Wird die amtliche Verwahrung auf Verlangen aller Vertragsteile nachträglich aufgehoben, so ist die Urkunde entsprechend §§ 15 Abs. 1, 16 Abs. 2 Satz 1 DOfNot zur gewöhnlichen Verwahrung zu bringen, jedoch nicht an die Parteien herauszugeben (JFG **17** 237; *Kipp/Coing* § 37 Anm. 5). Einsicht in die amtlich verwahrte Urkunde kann von jeder Partei verlangt werden (KG JFG **4** 159).

5 *Benachrichtigung des Standesbeamten:* Früher einheitliche Regelung durch die AV v. 15. 6. 1939 (DJ 1078), v. 19. 5. 1943 (DJ 287) und v. 12. 2. 1945 (DJ 48); jetzt landesrechtliche Bestimmungen, vgl. die Zusammenstellung bei *Palandt/Keidel* 34. Aufl. Anm. 7 zu BeurkG § 34.

6 **V. Gegenvermutung bei Doppelvertrag**

Der § 34 Abs. 2 Satz 2 BeurkG enthält ähnlich wie der aufgehobene § 2277 Abs. 1 die Vermutung, daß bei Verbindung des Erbvertrages mit einem anderen Vertrage im Zweifel ein vertraglicher Ausschluß der besonderen amtlichen Verwahrung anzunehmen ist.

Der **andere Vertrag,** mit welchem der Erbvertrag **in derselben Urkunde verbunden** ist, wird *regelmäßig,* muß aber nicht notwendig ein *Ehevertrag* sein. So kann z. B. ein selbständiger *Pflichtteilsverzichtsvertrag* mit dem Erbvertrage in derselben Urkunde verbunden werden (BGH **22** 364, 367; vgl. auch § 2278 Rdn. 4). Ist er nicht Ehevertrag, so bestehen für den damit verbundenen Erbvertrag keine Formerleichterungen; es müssen vielmehr insoweit die Formen des öffentlichen Testaments eingehalten sein (§ 2276 Abs. 1). Eine „Verbindung“ der beiden Verträge in derselben Urkunde erfordert keinen inneren Zusammenhang zwischen ihnen (wie zwischen dem Erbvertrage und einem Leibrentenvertrage im Falle des § 2295); es genügt, daß sie in einer Niederschrift zusammengefaßt sind (§ 2276 Rdn. 9).

VI. Hinterlegungsschein 7

Der Hinterlegungsschein ist jedem, also auch dem bloß annehmenden Vertragschließenden, zu erteilen. Nach § 2258 b Abs. 3 ist der Hinterlegungsschein von dem Richter und dem Urkundsbeamten der Geschäftsstelle zu unterschreiben und mit einem Dienstsiegel zu versehen. Gemäß § 3 Nr. 2 c RpflG v. 5. 11. 69 (BGBl. 2065) sind die nach den §§ 2258 a—2264, 2300, 2300 a vom Richter wahrzunehmenden Geschäfte dem Rechtspfleger übertragen worden.

§ 2278

In einem Erbvertrage kann jeder der Vertragschließenden vertragsmäßige Verfügungen von Todes wegen treffen.

Andere Verfügungen als Erbeinsetzungen, Vermächtnisse und Auflagen können vertragsmäßig nicht getroffen werden.

E I 1940 Abs. 3, 1956 Abs. 4 II 2145; M **5** 313, 333—337; P **5** 366, 373, 400—405.

Inhalt des Erbvertrages

Übersicht

I. Vertragsmäßige Verfügungen von Todes wegen 1

§ 2278 ergänzt den § 1941 und faßt zusammen, was dort und in den Bestimmungen der §§ 2298 Abs. 1, 2299 Abs. 1 schon enthalten ist. Das Gesetz gestattet, im Erbvertrage und unter den Voraussetzungen des § 2276 Abs. 2 auch im Ehevertrage nicht nur vertragsmäßige, sondern auch *einseitige* Verfügungen zu treffen (§ 2299). Nur bezüglich der **vertragsmäßigen** Verfügungen von Todes wegen tritt Gebundenheit der Vertragschließenden ein. Sie hat indes nur erbrechtliche Wirkungen, läßt das Verfügungsrecht unter Lebenden grundsätzlich unbeschränkt (§ 2286) und hindert auch den Bedachten nicht, die ihm vertragsmäßig gemachten Zuwendungen nach Eintritt des Erbfalls auszuschlagen, selbst wenn er ausdrücklich hierauf verzichtet hat (§ 2279 Rdn. 1). Bei Lebzeiten des anderen Vertragschließenden kann sich jeder Teil durch Aufhebung mit Zustimmung des anderen Teiles (§§ 2290 ff), gegebenenfalls auch durch Anfechtung (§§ 2281 ff) und einseitigen Rücktritt (§§ 2293 ff) von der Bindung befreien. Damit wird regelmäßig zugleich der ganze Vertrag hinfällig (§ 2298). Zur Abgrenzung *vertragsmäßiger* und *einseitiger* Verfügungen vgl. auch BGH NJW **61** 120. Eine vertragsmäßige Verfügung liegt *nicht* vor, wenn der mit einem Vermächtnis bedachte Vertragserbe sich im

Zusammenhange mit dem Abschluß des Erbvertrages zu Leistungen an den Erblasser verpflichtet hat, die als Entgelt für die vertragsmäßige Zuwendung angesehen werden können (BGH **36** 115, 120). Haben kinderlose Ehegatten sich in einem zweiseitigen Erbvertrage gegenseitig zu Alleinerben und die beiderseitigen Verwandten zu Erben des Überlebenden eingesetzt, dann ist in der Regel die Erbeinsetzung der Verwandten des zuerst verstorbenen Ehegatten vertragsmäßig, die Einsetzung der Verwandten des Überlebenden dagegen einseitig getroffen; dieser kann daher nach dem Tode seines Ehepartners über die seinen Verwandten zugeteilte Erbquote ganz oder teilweise anders verfügen oder deren Anteile mit Vermächtnissen beschweren (BGH LM § 2278 Nr. 4 = BGH NJW **61** 120). Vgl. ferner zur Frage, wann eine in einem Erbvertrage enthaltene Verfügung von Todes wegen als *bindend* angesehen wird, BGH DNotZ **70** 356.

2 Auch *Zuwendungen an Dritte* können den ausschließlichen Inhalt eines Erbvertrages bilden. Ein solcher wirkt jedoch nicht wie ein Vertrag zugunsten Dritter (§ 328), da keiner der Vertragsteile eine Verpflichtung eingeht und auch für den Bedachten kein Forderungsrecht begründet wird (BGH **12** 115 = LM BGB § 883 Nr. 2 mit Anm. von *Pritsch* = JZ **54** 436 mit Anm. von *Coing* = DNotZ **54** 264 mit Anm. von *Hieber;* vgl. auch *Thieme* JR **56** 292). In den Erbvertrag kann auch ein *Vorbehalt* des Erblassers aufgenommen werden, *in bestimmtem Rahmen* anderweit über den Nachlaß zu verfügen. Ein solcher Vorbehalt bedarf der Form des § 2276 (BGH **26** 204 = NJW **58** 489 = LM BGB § 2289 Nr. 3 mit Anm. von *Johannsen;* vgl. auch OLG Düsseldorf JMBlNRW **65** 258 = OLGZ **66** 68; aA — für die Wirksamkeit eines unbeschränkten, gegebenenfalls auch formlosen Vorbehalts — *Küster* JZ **58** 394; vgl. dagegen *Coing* NJW **58** 689, 692, der Formerfordernis des § 2276 bejaht. Trifft eine Partei keine vertragsmäßige Verfügung, so muß sie wenigstens ihre Erbeinsetzung durch den Partner ausdrücklich annehmen; eine solche Annahmeerklärung muß mitbeurkundet werden (OLG Oldenburg DNotZ **66** 249; vgl. zu diesen Fragen auch *Keßler* DRiZ **66** 398).

3 II. Gegenständliche Beschränkung der Verfügungen

Unter den „anderen Verfügungen" des Abs. 2 sind nur solche von Todes wegen zu verstehen. Daß vertragsmäßige Verfügungen unter Lebenden mit einem Erbvertrage verbunden werden können, ist in § 2276 Abs. 2 und § 2277 (Rdn. 6) anerkannt (JFG **6** 159; vgl. auch BGH **36** 65 = NJW **62** 249 = LM § 2276 Nr. 4 Anm. von *Piepenbrock).* Die vertragsmäßigen Verfügungen von Todes wegen sind wie beim wechselbezüglichen Testament (§ 2270 Abs. 3) gegenständlich beschränkt. Danach können immer nur *einseitig* gemäß § 2299 angeordnet werden: Die Ausschließung eines gesetzlichen Erben (§ 1938), die Entziehung des Pflichtteils (§§ 2333 ff), reine Teilungsanordnungen (§ 2048), die Ernennung eines Testamentsvollstreckers (§§ 2197 ff, RG **116** 322; anders nach § 557 I 12 PrALR, das für die Ernennung eines Testamentsvollstreckers durch eine vor 1900 errichtete Verfügung von Todes wegen gemäß EG Art. 214 Abs. 1 maßgebend geblieben ist: RG HRR **32** Nr. 1452), die in einem Erbvertrage erteilte Auflassungsvollmacht (vgl. OLG Köln DNotZ **51** 36), familienrechtliche Anordnungen aller Art (vor § 1937 Rdn. 2), Widerruf älterer letztwilliger Verfügungen (§ 2254). Doch steht nichts im Wege, eine vertragsmäßige und insoweit unwirksame Verfügung solchen Inhalts im Wege der Umdeutung gemäß § 140 als einseitige aufrechtzuerhalten. Anderseits sind Erbeinsetzungen usw. nicht schon deshalb vertragsmäßige Verfügungen von Todes wegen, weil sie in einem Erbvertrage getroffen worden sind. Vielmehr ist nach dem frei zu ermittelnden Willen der Vertragschließenden zu entscheiden, ob und inwieweit eine gegenseitige Bindung oder freie Widerruflichkeit der einzelnen Verfügungen beabsichtigt ist (RG WarnRspr. **17** Nr. 91); bei *Zuwendungen* eines Erblassers an einen *Dritten* kommt das Interesse, auch das bloß moralische Interesse, das der andere Vertragsteil an der Verfügung hat, als Auslegungsmerkmal in Betracht (RG **116** 321; vgl. auch OLG Düsseldorf HRR **42** Nr. 523 bei einem Nachvermächtnis zugunsten der Kinder des Vertragsteils). Vgl. hierzu *Weyer* DNotZ **38** 366; ferner BGH NJW **61** 120; *Kipp/Coing § 42 IV; Keßler* DRiZ **66** 398. Zur Frage der Auslegung des Erbvertrages kann die rechtsähnliche Regelung des § 2270 über die Wechselbezüglichkeit von Verfügungen in einem gemeinschaftlichen Testament herangezogen werden, BGH DNotZ **70** 356.

Der das Erbrecht beherrschende Grundsatz der *Testierfreiheit* wird durch die Neuregelung des gesetzlichen Güterrechts *nicht eingeschränkt.* Somit gelten die Einschränkungen der Verfügungsmacht der Ehegatten nach § 1365 nicht für die Verfügungen von Todes wegen (BGH **40** 224, 225).

III. Einzelheiten 4

Im *Erbeinsetzungsvertrage* können sich die Vertragschließenden gegenseitig oder nur der eine den andern oder auch Dritte (§ 1941 Abs. 2; RG **67** 65) zu „Vertragserben" — gewöhnlichen Erben, Vor-, Nach- oder Ersatzerben — berufen, sei es auf die ganze Erbschaft oder nur auf einen Bruchteil neben den gesetzlichen oder neben testamentarischen Erben. Stehen sich beide Teile als gesetzliche Erb- oder Pflichtteilsberechtigte gegenüber, so ist es Auslegungsfrage, ob der Erbvertrag zugleich den Verzicht auf den gesetzlichen Erbteil oder auf den Pflichtteil enthält. Die Erklärungen, die in einem Erbvertrage abgegeben worden sind, den Ehegatten mit einem ihrer Kinder geschlossen haben, können dann als *Verzicht* des *Schlußerben* auf seinen *Pflichtteil* und als Annahme dieses Verzichts durch die Erblasser aufgefaßt werden, wenn der Erbvertrag dahin geht, daß die Ehegatten sich gegenseitig als Alleinerben und das am Vertrag beteiligte Kind als Schlußerben einsetzen, während den anderen Kindern Vermächtnisse für den Fall zugewandt werden, daß sie keine Pflichtteilsansprüche geltend machen (BGH **22** 364, 367 f = NJW **57** 422 = LM BGB § 2348 Nr. 1 mit Anm. von *Johannsen* = JR **57** 339 mit Anm. von *v. Lübtow).* Der nach § 2302 unzulässige Verzicht auf Errichtung eines Testaments kann unter Umständen in eine vertragsmäßige Einsetzung der gesetzlichen Erben umgedeutet werden.

Wird Grundbesitz oder sonstiges Vermögen durch Vertrag mit der Maßgabe 5
übergeben, daß dieser erst nach dem Tode des Übergebers vollzogen werden soll, so hängt es vom Vertragsinhalt und von den Umständen ab, ob er ein Vertrag unter Lebenden oder ein verschleierter Erbvertrag ist (BGH **8** 23 = LM BGB § 305 Nr. 2 mit Anm. von *Ascher;* BayObLG **53** 226 = DNotZ **53** 599; aM für ein Landgut OGH NJW **49** 822 Nr. 2, wonach *stets* ein verschleierter Erbvertrag vorliegen soll; dazu ablehnend *Pikalo* NJW **50** 424; vgl. auch *Steppuhn* RdL **60** 229). Handelt es sich um einen Vertrag unter Lebenden, bei dem nur die Leistungspflicht bis zum Todesfall aufgeschoben worden ist, so kann ein etwaiger Auflassungsanspruch auch schon zu Lebzeiten des Grundstückseigentümers durch eine Vormerkung gesichert werden (BayObLG aaO).

Beim *Vermächtnisvertrage* können die Vertragschließenden ebenso wie Dritte als 6
Beschwerte (§ 2147) oder Bedachte in Betracht kommen. Das vertragsmäßig angeordnete Vermächtnis hat gemäß § 2289 den Vorrang, soweit ein einseitig angeordnetes daneben nicht bestehen kann. Kein Vermächtnisvertrag ist es, wenn der Erblasser unter Lebenden eine Pflicht übernimmt, deren Erfüllung nur bis nach seinem Tode hinausgeschoben ist (RG 8. 4. 1907 IV 424/06). Auch die einem Kaufvertrage beigefügte Abrede, Übergabe, Auflassung und Zahlung des Kaufpreises sollten erst nach dem Tode des Verkäufers erfolgen und der Bestand des Vertrags durch das Überleben des Käufers bedingt sein, macht den Vertrag nicht zu einem Geschäft von Todes wegen (RG Seuff-

Arch. **79** Nr. 13; OLG Düsseldorf NJW **54** 1041). Ein Übernahmerecht ist in der Regel Vermächtnis, wenn es in einem entgeltlichen Erbvertrag derart enthalten ist, daß Übernahmerecht und Entgelt des Berechtigten in Zusammenhang stehen. In diesem Falle hat das Vermächtnis, wenn es nicht ausdrücklich als einseitig bezeichnet ist, in der Regel vertragsmäßigen Charakter (BGH **36** 115). Zur Unwirksamkeit eines durch Erbvertrag zugewendeten Vermächtnisses s. BGH **31** 13 (vgl. Rdn. 1 zu § 2279).

7 Der *Vermächtnisnehmer* hat vor dem Eintritt des Erbfalles, auch wenn das Vermächtnis auf einem Erbvertrage beruht, weder einen künftigen Anspruch noch eine rechtlich gesicherte Anwartschaft, sondern *nur* eine *tatsächliche Aussicht.* Es ist auch bei einem Grundstücksvermächtnis, das auf einem Erbvertrage beruht, unzulässig, zugunsten des Vermächtnisnehmers eine Auflassungsvormerkung einzutragen, selbst wenn der Erblasser die Eintragung bewilligt hat (BGH **12** 115 gegen OLG Celle NJW **53** 27; vgl. auch Anm. von *Coing* JZ **54** 436; Anm. von *Hieber* DNotZ **54** 264; Bespr. *Thieme* JR **56** 292, ferner *Holthöfer* JR **55** 11 und die weiteren Nachweise bei § 2286 Rdn. 2).

8 Haben in einem Erbvertrage die Eltern ihre *Kinder* auf den *Pflichtteil* verwiesen, falls diese den Erbvertrag anfechten, so kann hieraus allein noch nicht entnommen werden, daß die Kinder Erben des letztlebenden Elternteils sein sollten (OGH MDR **50** 669).

9 Die Vollziehung der im *Auflagevertrage* gemachten Auflage kann nur von den nach § 2194 Berechtigten verlangt werden, auch wenn sich der andere Teil vertragsmäßig zu der Leistung verpflichtet hat. Die Grundsätze des Vertrages zugunsten Dritter (§§ 328 ff) kommen nicht in Betracht (RG WarnRspr. **17** Nr. 91).

10 Errichtung einer *Stiftung* durch Erbvertrag § 83.

§ 2279

Auf vertragsmäßige Zuwendungen und Auflagen finden die für letztwillige Zuwendungen und Auflagen geltenden Vorschriften entsprechende Anwendung.

Die Vorschriften des § 2077 gelten für einen Erbvertrag zwischen Ehegatten oder Verlobten auch insoweit, als ein Dritter bedacht ist.

E I 1946, 1948 Abs. 2 II 2146; M **5** 320, 321, 323; P **5** 373, 382, 383, 386.

1 **I. Anwendung testamentsrechtlicher Vorschriften (Abs. 1)**

Die **entsprechende** Anwendung der testamentsrechtlichen Vorschriften auf vertragsmäßige Zuwendungen, d. h. Erbeinsetzungen und Vermächtnisse sowie Auflagen (§ 2278 Abs. 2), bezieht sich nach RG **67** 66 auf den zulässigen Inhalt, die notwendige Bestimmtheit, die Auslegung solcher Verfügungen, auf Anfall und Erwerb des Zugewendeten und die Pflicht, eine Auflage zu erfüllen (u. a. §§ 2064—2076, 2087—2093, 2096—2098, 2100—2107, 2147—2156, 2189—2193, ferner 1937—1959, 2094, 2095, 2176—2180), nicht aber auf § 2265, der das gemeinschaftliche Testament nur für Ehegatten zuläßt. Auf das erbvertragliche *Vermächtnis* ist auch § 2169 anwendbar (BGH **31** 13, 17 = NJW **59** 2252 = MDR **60** 296 mit Anm. von *Baumgärtel* = DNotZ **60** 207 mit Anm. von *Hieber*). Insbesondere ist der Überlebende, selbst wenn er hierauf im Erbvertrage verzichtet hat, nicht gehindert, das ihm Zugewendete nach dem Erbfall auszuschlagen (§ 2278 Rdn. 1).

2 Auch die allgemeinen Vorschriften über *Willenserklärungen* kommen nur in dem für letztwillige Verfügungen geltenden Umfange in Betracht (§ 2078 Anm. 24 ff). Die Vorschriften über schuldrechtliche Verträge (§§ 305 ff) sind auf den Erbvertrag

nicht anzuwenden (*Staudinger/Dittmann* Rdn. 9). Doch wird die Willensübereinstimmung und die daraus hervorgehende gegenseitige Gebundenheit ausgeschlossen, wenn Scheingeschäft oder geheimer Vorbehalt im Sinne der §§ 117, 116 Satz 2 vorliegen. Die Anfechtung des Erbvertrages ist in den §§ 2281 ff besonders, aber nicht erschöpfend geregelt worden (§ 2285 Rdn. 1).

II. Besonderheiten bei Erbverträgen zwischen Ehegatten oder Verlobten (Abs. 2) 3

Haben sich Ehegatten oder Verlobte in dem zwischen ihnen geschlossenen Erbvertrage oder hat ein Ehegatte oder Verlobter in dem mit einem Dritten geschlossenen Erbvertrage den anderen Ehegatten oder Verlobten letztwillig bedacht, so folgt aus Abs. 1 verbunden mit § 2077, daß die Zuwendung unwirksam ist, wenn die Ehe nichtig, vor dem Tode des Zuwendenden aufgelöst ist, oder auch nur begründete Scheidungs- oder Aufhebungsklage von ihm erhoben war, oder wenn das Verlöbnis vor dem Tode des Erblassers aufgelöst worden ist. Zur fortdauernden Wirksamkeit einer Verfügung von Todes wegen zugunsten des Ehegatten trotz späterer Scheidung BGH FamRZ **61** 365. Handelt es sich um einen *zweiseitigen Vertrag* der Ehegatten oder Verlobten selbst, so hat die Unwirksamkeit der Zuwendung schon nach § 2298 Abs. 1 die Unwirksamkeit des ganzen Erbvertrages und damit auch etwaiger an Dritte gemachter Zuwendungen zur Folge. Dies gilt wie im Falle des § 2268 Abs. 2 grundsätzlich auch dann, wenn der schuldig mit der Scheidungs- und Aufhebungsklage verfolgte Teil schon vor dem klagenden Teile verstorben ist. Erblasser im Sinne des § 2077 ist auch bei gegenseitigen Erbverträgen nur der zuerst verstorbene Ehegatte (OLG Hamm FamRZ **65** 78; dazu *Lange* JuS **65** 347; ferner *Erman/Hense* Rdn. 3).

Abs. 2 hat dagegen den *einseitigen Erbvertrag* im Auge, bei dem nur ein Ehegatte oder Verlobter als Erblasser auftritt, während sich der andere auf die Annahme der an Dritte gemachten Zuwendungen beschränkt. Auch derartige **Zuwendungen an Dritte** werden in den Fällen des § 2077 nach ausdrücklicher Vorschrift des Abs. 2 den Zuwendungen an den Ehegatten oder Verlobten gleichgestellt. Da jedoch in dem hier vorausgesetzten Falle auf seiten des nur annehmenden Teiles keine Verfügungen in Frage kommen, deren Unwirksamkeit auch die Unwirksamkeit der Verfügungen des anderen Erblassers zur Folge haben könnte, ist es abweichend von § 2268 Abs. 2 dem Dritten unschädlich, wenn der mit der Scheidungs- und Aufhebungsklage belangte schuldige Vertragschließende vor dem Erblasser stirbt (aM *Planck/Greiff* Anm. 3, *Kretzschmar* § 52 Anm. 1, *Crome* § 659 Anm. 13). Eheverfehlungen des Erblasserteils können bei einem einseitigen Erbvertrage dem bedachten Dritten niemals schädlich werden. Zu beachten ist jedoch, daß es sich hierbei überall nur um gesetzliche *Auslegungsregeln* handelt (§§ 2077 Abs. 3, 2085, 2298 Abs. 3). Hängen die dem Dritten gemachten Zuwendungen nicht mit dem ehelichen oder Verlobtenverhältnis der Vertragschließenden zusammen, so werden sie sowohl im Falle des zweiseitigen wie des einseitigen Erbvertrages auch bei Nichtigkeit usw. der Ehe leicht aufrechtzuerhalten sein. 4

§ 2280

Haben Ehegatten in einem Erbvertrage, durch den sie sich gegenseitig als Erben einsetzen, bestimmt, daß nach dem Tode des Überlebenden der beiderseitige Nachlaß an einen Dritten fallen soll, oder ein Vermächtnis angeordnet, das nach dem Tode des Überlebenden zu erfüllen ist, so finden die Vorschriften des § 2269 entsprechende Anwendung.

E II 2147; P **5** 406, 407.

1 Auslegungsregel für den **Ehegattenerbvertrag;** vgl. im einzelnen § 2269 Rdn. 1—39. **Dritter** ist eine Person, die den Erbvertrag nicht mit geschlossen hat (vgl. OLG Celle NJW **59** 1923 = NdsRpfl. **59** 248). Zur Auslegung der in einem Erbvertrage enthaltenen Wiederverheiratungsklausel OLG Neustadt MDR **61** 602.

2 Haben in einem Erbvertrage die Eltern ihre *Kinder auf den Pflichtteil* verwiesen, falls diese den Erbvertrag anfechten, so kann daraus allein noch nicht entommen werden, daß die Kinder als Erben des letztsterbenden Elternteils eingesetzt sein sollten (OGH MDR **50** 669). Über einen *Pflichtteilsverzicht* in einem Erbvertrage zwischen Ehegatten und Kindern vgl. BGH **22** 364 = LM Nr. 1 zu § 2348 mit Anm. von *Johannsen* = NJW **57** 422. Näheres mit weiteren Fundstellen § 2278 Rdn. 4. Zum Falle bindender Erbeinsetzung der Kinder nach dem letztverstorbenen Ehegatten vgl. BGH DNotZ **70** 358.

Auch *andere* Personen als Ehegatten können in einem Erbvertrage, in dem sie sich gegenseitig als Erben einsetzen, bestimmen, daß für den gesamten beiderseitigen Nachlaß ein *Dritter* als *Erbe des zuletztversterbenden* Vertragsteils eingesetzt sein soll (OLG Oldenburg HEZ **1** 107; OLG Düsseldorf JMBlNRW **50** 150). Zur *entsprechenden* Anwendung der §§ 2280, 2269 Abs. 1 auf *Nicht-Ehegatten* vgl. ferner OLG Köln FamRZ **74** 387.

§ 2281

Der Erbvertrag kann auf Grund der §§ 2078, 2079 auch von dem Erblasser angefochten werden; zur Anfechtung auf Grund des § 2079 ist erforderlich, daß der Pflichtteilsberechtigte zur Zeit der Anfechtung vorhanden ist.

Soll nach dem Tode des anderen Vertragschließenden eine zugunsten eines Dritten getroffene Verfügung von dem Erblasser angefochten werden, so ist die Anfechtung dem Nachlaßgerichte gegenüber zu erklären. Das Nachlaßgericht soll die Erklärung dem Dritten mitteilen.

E I 1948 Abs. 1 II 2148 Abs. 1, 3; M **5** 322, 323; P **5** 585, 586, 395—397, 418—420.

Anfechtung durch den Erblasser

Übersicht

1 **I. Nichtigkeit des Erbvertrages**

Die Nichtigkeit des Erbvertrages (vgl. Rdn. 10, 11 vor § 2274), z. B. wegen Formmangels, kann ohne weiteres von jedermann geltend gemacht werden. Beruht sie nur auf dem Mangel der Willensübereinstimmung, so lassen sich die vermeintlich vertragsmäßigen Verfügungen unter Umständen als einseitige aufrechterhalten (§ 2299). Nichtigkeit der einzelnen Verfügung hat, wenn sie eine vertragsmäßige ist, im Zweifel Unwirksamkeit des ganzen Vertrags (§ 2298), wenn sie einseitig getroffen war, im Zweifel nur Unwirksamkeit eben dieser Verfügung zur Folge (§ 2085).

2 Wegen der *Umdeutung* formnichtiger Verträge und ihrer Aufrechterhaltung zumindest in einzelnen Punkten vgl. § 2276 Rdn. 13 sowie Rdn. 13 vor § 2274.

3 **II. Anfechtung durch den Erblasser im allgemeinen (Abs. 1 Halbs. 1)**

Die Anfechtung des Erbvertrages mit der Nichtigkeitsfolge aus § 142 Abs. 1 wegen Irrtums und Drohung oder wegen Übergehung eines Pflichtteilsberechtigten (§§ 2078,

2079) steht jedem zu, dem die Aufhebung des Vertrags unmittelbar zustatten kommen würde (§ 2080, s. aber auch § 2285); das folgt schon aus § 2279 Abs. 1 (RG WarnRspr. **34** Nr. 128). § 2281 dehnt das Anfechtungsrecht unter den gleichen Voraussetzungen auch auf denjenigen Vertragsteil aus, der als **Erblasser** in Betracht kommt (§ 2274 Rdn. 2). Damit ist ihm ein Mittel gewährt, mit dem er seine Gebundenheit beseitigen kann, das der gewöhnliche Erblasser wegen der freien Widerruflichkeit einseitiger Verfügungen von Todes wegen nicht braucht. Nach § 2078 Abs. 2 kann der Erblasser namentlich dann anfechten, wenn er zum Vertragsschluß durch die irrige Erwartung der Erfüllung von Pflichten bestimmt worden ist, die der Bedachte ihm gegenüber übernommen hatte. Daher hängt das Anfechtungsrecht grundsätzlich nicht davon ab, ob der Bedachte schuldhaft gehandelt hat (BGH LM § 2078 Nr. 8). Vgl. hierzu auch BGH FamRZ **73** 539; *Johannsen* WM **73** 531. Hat der Erblasser die Voraussetzungen für eine Anfechtung gemäß § 2078 Abs. 2 jedoch selbst durch ein Verhalten herbeigeführt, das gegen Treu und Glauben verstößt, dann kann er nach allgemeinen Rechtsgrundsätzen nicht anfechten (BGH **4** 91 = NJW **52** 419 = LM BGB § 2285 Nr. 1 mit Anm. von *Ascher;* vgl. auch *Fischer* Jherings Jahrbücher **71** 230; ferner BGH FamRZ **70** 79, 82; *Johannsen* WM **69** 1229). Das treuwidrige Verhalten des Erblassers müssen sich auch die gemäß den §§ 2285, 2080 anfechtungsberechtigten Personen entgegenhalten lassen (vgl. *Ascher* aaO). Ein das Anfechtungsrecht ausschließender Verstoß des Erblassers gegen Treu und Glauben liegt freilich nicht schon in jedem Verschulden; vielmehr sind an einen derart weitgehenden Vorwurf strenge Anforderungen zu stellen, wobei auch das Verhalten des Vertragsgegners zu berücksichtigen ist (BGH 26. 4. 1961 V ZR 184/60).

Form und Frist §§ 2282, 2283. Widerruf beim gemeinschaftlichen Testament **4**
§ 2271. Die §§ 2281 ff gelten entsprechend auch für die Anfechtung wechselbezüglicher Verfügungen in einem gemeinschaftlichen Testament (JFG **15** 353; OLG Kiel HEZ **2** 334; OLG Hamburg MDR **55** 168); für die Anfechtung nicht-wechselbezüglicher Verfügungen sind dagegen die §§ 2078 ff anzuwenden (BGH FamRZ **56** 83). Vgl. auch § 2271 Rdn. 43, 44 mit weiteren Nachweisen. Zur *Beweislast* für Anfechtungsgrund und Kenntnis hiervon s. BayObLGZ **63** 260. Sie trifft den, der sich auf die Anfechtung des Erbvertrages beruft (OLG Hamm OLGZ **66** 497).

Der *andere (nur annehmende) Vertragschließende* könnte sich der Anfechtung, an **5**
der er regelmäßig kein Interesse hat, nur nach den allgemeinen Grundsätzen über Willenserklärungen bedienen (§§ 119 ff). Die an der Aufrechterhaltung des Erbvertrages „Interessierten“ können nach erklärter Anfechtung unter Umständen *Feststellungsklage* erheben, daß die Anfechtung unwirksam sei (RG 13. 10. 1904 IV 172/04). Zur Anfechtung eines in einem gemeinschaftlichen Testament angeordneten Vermächtnisses vgl. BGH **37** 331 = NJW **62** 1913.

III. Anfechtung wegen Übergehens eines Pflichtteilsberechtigten (Abs. 1 Halbs. 2) **6**

Das Anfechtungsrecht wegen Übergehens eines Pflichtteilsberechtigten ist nach § 2079 Satz 2 (dort Rdn. 26—29) von vornherein ausgeschlossen, wenn der Erblasser auch bei Kenntnis der Sachlage zu dessen Nachteil verfügt haben würde. Auf das Anfechtungsrecht aus diesem Grunde kann deshalb im Erbvertrage selbst wirksam verzichtet werden. Hat der Erblasser dem Pflichtteilsberechtigten im Erbvertrage den Pflichtteil entzogen, so hat er kein Anfechtungsrecht, wenn das Entziehungsrecht gemäß §§ 2336, 2337 nachträglich wieder erloschen ist (Prot. **5** 412). Das Anfechtungsrecht besteht nur, *solange* der übergangene Pflichtteilsberechtigte als solcher *vorhanden* ist. Die einmal erklärte Anfechtung bleibt jedoch wirksam, auch wenn demnächst der Pflichtteilsberechtigte vor dem Erbfalle weggefallen, ein eigenes Anfechtungsrecht des Übergangenen aus § 2079 somit gar nicht entstanden ist. Ob der Eintritt des Pflichtteilsberechtigten vom Erblasser selbst, z. B. durch Eheschließung oder Annahme an Kindes Statt, herbeigeführt worden ist, ist an sich unerheblich. Immerhin kann ein Kindesannahmevertrag, der lediglich zu dem Zwecke geschlossen wird, die Anfechtung eines Erbvertrages zu ermöglichen, oder zumindest die daraufhin erklärte Anfechtung nach § 226 oder § 138 nichtig sein (vgl. einerseits RG JW **17** 536[2] und G v. 23. 11. 1933, RGBl. I 979, Art. V, anderseits RG **138** 373; Rdn. zu § 1741). Das dem Erblasser gemäß § 2281 i. V. mit § 2079 eingeräumte Anfechtungsrecht wird nicht allein durch den Schutz und das Interesse des Pflichtteilsberechtigten bestimmt; es dient zumindest *auch* dem eigenen Interesse des Erblassers (BGH NJW 70 279 = FamRZ 70 79 = LM § 2079 Nr. 2). Zur Anfechtung nach Wiederverheiratung OLG Celle NJW **63** 353 = MDR **63** 221. Zur Anfechtung wegen Übergehung eines am 1. 7. 1970 pflichtteilsberechtigt gewordenen nichtehelichen Kindes *Damrau* BB 70 474; *Johannsen* WM Sonderbeil. 3/70 S. 23 f; vgl. ferner OLG Hamm NJW **72** 1088 = DNotZ **72** 503.

7 **IV. Anfechtungsgegner (Abs. 2 Satz 1)**

Bei **Lebzeiten** *der Vertragschließenden* ist die Anfechtung nach der Regel des § 143 **gegenüber dem anderen Teile,** wiewohl unter Beachtung der in § 2282 Abs. 3 erteilten Formvorschrift, zu erklären; vgl. auch OLG Düsseldorf DNotZ **72** 42. Mit dem **Tode des einen Vertragsteils** ist sein höchstpersönliches Anfechtungsrecht erloschen; es kann daher von seinen Erben nur insoweit, als sie zu den in § 2080 bezeichneten Personen gehören und nur kraft eigenen Rechts geltend gemacht werden. Auf seiten des *überlebenden Teiles* kommt eine Anfechtung der zu seinen Gunsten getroffenen Verfügungen des Zuerstverstorbenen nicht in Frage. Seine eigenen Verfügungen zugunsten des anderen Teiles haben sich durch dessen Tod erledigt. Es kann sich also nur noch um die Anfechtung vertragsmäßiger Erbeinsetzungen, Vermächtnisse und Auflagen (§ 2278 Abs. 2) **zugunsten Dritter** handeln, gleichviel ob diese Verfügungen von ihm selbst oder von dem anderen Teile herrühren. In diesem Falle hat der Überlebende (wie nach § 2081) die Anfechtung **dem Nachlaßgerichte gegenüber,** d. h. dem für den Todesfall des Zuerstverstorbenen zuständigen Gerichte zu erklären (§ 73 FGG).

8 **V. Mitteilung durch das Nachlaßgericht (Abs. 2 Satz 2)**

Die **Mitteilungspflicht** des Nachlaßgerichts gilt nur gegenüber dem Dritten, nicht auch gegenüber den sonstigen Interessenten, insbesondere den Erben des Vertragsgegners.

9 *Gebühr* für die Entgegennahme der Anfechtungserklärung KostO §§ 38 Abs. 3, 46 Abs. 2, 112 Abs. 1 Nr. 4, 115.

§ 2282

Die Anfechtung kann nicht durch einen Vertreter des Erblassers erfolgen. Ist der Erblasser in der Geschäftsfähigkeit beschränkt, so bedarf er zur Anfechtung nicht der Zustimmung seines gesetzlichen Vertreters.

Für einen geschäftsunfähigen Erblasser kann sein gesetzlicher Vertreter mit Genehmigung des Vormundschaftsgerichts den Erbvertrag anfechten.

Die Anfechtungserklärung bedarf der notariellen Beurkundung.

E I 1948 Abs. 4 II 2148 Abs. 2, 2149 Abs. 1, 2; M **5** 324; P **5** 385, 386.

Anfechtungserklärung (Vertretung, Form)

I. Zu Abs. 1 Satz 1 1

Das **Anfechtungsrecht** ist **höchstpersönlich,** wie auch der Abschluß (§ 2274), die Bestätigung (§ 2284), die Aufhebung des Erbvertrages (§ 2290 Abs. 2) und der Rücktritt (§ 2296 Abs. 1) dem *Erblasser* nur persönlich zustehen. Auch eine bloße Vertretung in der Erklärung ist ausgeschlossen (*Lent* DNotZ **51** 151; vgl. auch BGH **5** 349).

II. Zu Abs. 1 Satz 2 2

Auch der in der **Geschäftsfähigkeit beschränkte** Erblasserteil (§§ 106, 114) muß persönlich anfechten. Er kann aber nicht bestätigen (§ 2284) und ist, abweichend von dem ihm ausnahmsweise nachgelassenen Abschluß des Erbvertrags (§ 2275 Rdn. 4), bei der Anfechtung nicht an die Zustimmung des gesetzlichen Vertreters und die Genehmigung des Vormundschaftsgerichts (§ 1831) gebunden (ebenso §§ 2290 Abs. 2, 2296 Abs. 1; vgl. auch § 1595 Abs. 1; ZPO § 612 Abs. 1). Das Zugehen der Erklärung braucht nicht beurkundet zu werden. Dem Empfänger muß die Anfechtungserklärung in Urschrift oder Ausfertigung zugehen (BayObLGZ **63** 260).

Die Genehmigung erfolgt durch den Richter. Diese Aufgabe ist dem Rechtspfleger *nicht* übertragen worden (§ 14 Nr. 17 RpflG).

III. Zu Abs. 2 3

Zugunsten des **geschäftsunfähigen** Erblasserteils wird, wie in den Fällen des § 1595 Abs. 2, ZPO § 612 Abs. 2, die Regel des Abs. 1 durchbrochen, außerdem aber die Genehmigung des Vormundschaftsgerichts erfordert. Zur Anfechtung nach Wiedererlangen der Geschäftsfähigkeit s. § 2283 Abs. 3.

IV. Zu Abs. 3 4

Abs. 3 ist durch § 56 Abs. 1 BeurkG mit Wirkung v. 1. 7. 1970 geändert worden. Die Beurkundung ist jetzt nur noch in notarieller Form zulässig, also nicht mehr zur Niederschrift des Nachlaßgerichts. Die **notarielle Beurkundung** ist sowohl bei der Anfechtung unter Lebenden (ebenso beim Rücktritt § 2296 Abs. 2) gegenüber dem anderen Teile als auch nach dem Tode eines Vertragsteils gegenüber dem Nachlaßgericht erforderlich (§ 2281 Rdn. 7). Auf die Anfechtung eines gemeinschaftlichen Testaments durch den überlebenden Ehegatten (§ 2271 Rdn. 44) findet auch diese Formvorschrift entsprechende Anwendung (RG **87** 95). Sie gilt aber, wie beim Erbvertrag so auch beim gemeinschaftlichen Testament, nur für die Anfechtung durch den Erblasser selbst, nicht für die durch andere Personen (§ 2281 Rdn. 3; JW **34** 2635[9]). Die Selbstanfechtung der in einem gemeinschaftlichen Testament enthaltenen wechselbezüglichen Verfügungen muß in der nach § 2282 Abs. 3 BGB vorgeschriebenen Form (notarielle Beurkundung) erfolgen (OLG Düsseldorf DNotZ **72** 42).

§ 2283

Die Anfechtung durch den Erblasser kann nur binnen Jahresfrist erfolgen.

Die Frist beginnt im Falle der Anfechtbarkeit wegen Drohung mit dem Zeitpunkt, in welchem die Zwangslage aufhört, in den übrigen Fällen mit dem Zeitpunkt, in welchem der Erblasser von dem Anfechtungsgrunde Kenntnis erlangt. Auf den Lauf der Frist finden die für die Verjährung geltenden Vorschriften der §§ 203, 206 entsprechende Anwendung.

Hat im Falle des § 2282 Abs. 2 der gesetzliche Vertreter den Erbvertrag nicht rechtzeitig angefochten, so kann nach dem Wegfalle der Geschäftsunfähigkeit der Erblasser selbst den Erbvertrag in gleicher Weise anfechten, wie wenn er ohne gesetzlichen Vertreter gewesen wäre.

E I 1948 Abs. 5 II 2150; M **5** 324, 325; P **5** 385, 386.

Anfechtungsfrist

1 **I. Zu Abs. 1**

Einjährige Ausschlußfrist wie in § 2082. Sie läuft auch dem in der Geschäftsfähigkeit beschränkten Erblasser (§ 2282 Rdn. 2).

2 **II. Zu Abs. 2**

Fristbeginn und Fristenlauf übereinstimmend mit § 1954, s. dort Rdn. 10, 11, jedoch ohne daß dem Anfechtungsberechtigten bei seinen Lebzeiten eine zeitliche Schranke (dort 30 Jahre) gezogen wäre. Vgl. auch §§ 124, 2082 Rdn. 2 und 2271 Rdn. 45—47 (RG Recht **20** Nr. 424). Bei der Fristberechnung ist das Gesetz über den Ablauf der durch Kriegs- und Nachkriegsvorschriften gehemmten Fristen v. 28. 12. 1950 (BGBl. 821) nebst dem Ergänzungsgesetz v. 30. 3. 1951 (BGBl. I 213) zu beachten. Die Frist wird nicht dadurch gehemmt, daß der Erblasser die rechtliche Tragweite der abgegebenen Erklärungen verkennt (OLG Koblenz NJW **47/48** 628).

Kenntnis vom Anfechtungsgrunde erfordert Kenntnis aller für die Anfechtung wesentlichen Umstände BayObLG **63** 263 = NJW **64** 205; *Johannsen* WM **69** 1230; BGH FamRZ 70 79 = NJW 70 279.

Bei einem schon beim Abschluß des Erbvertrages bestehenden Spannungsverhältnis zwischen den Parteien beginnt die Ausschlußfrist des § 2283 erst zu laufen, wenn sich bei dem Anfechtenden die Überzeugung gebildet hat, zu einem friedlichen und harmonischen Zusammenleben mit dem Vertragspartner könne es nicht mehr kommen (BGH FamRZ **73** 539). Die Anfechtungsfrist läuft nicht, wenn der Anfechtungsberechtigte den Erbvertrag für wirksam angefochten hält (so für gemeinschaftliches Testament KG FamRZ **68** 218; auch OLG Köln OLGZ **67** 496). Eine rechtsirrige Beurteilung des Anfechtungstatbestandes ist unerheblich. Dagegen liegt es anders, wenn der Rechtsirrtum die Unkenntnis einer die Anfechtung begründenden Tatsache zur Folge hat (BGH FamRZ 70 79).

Ist das Anfechtungsrecht durch Zeitablauf verloren gegangen, so kann das Hinzutreten eines neuen Pflichtteilsberechtigten wiederum ein Anfechtungsrecht zum Entstehen bringen, *Johannsen* WM **73** 531.

3 **III. Zu Abs. 3**

Die Frist läuft auch gegen den **gesetzlichen Vertreter.** Abs. 3 durchbricht aber den Grundsatz zugunsten des Vertretenen dann, wenn dieser nach Fristablauf die — wenn auch nur beschränkte — Geschäftsfähigkeit wiedererlangt. In diesem Falle wird ihm gemäß dem in Abs. 2 angezogenen § 206 eine sechsmonatige Nachfrist eingeräumt (ebenso § 1595 Abs. 2; EheG § 36).

In allen Fällen handelt es sich um die Anfechtung durch den *Erblasser.* Für diejenige des nur annehmenden Teiles (§ 2281 Rdn. 5) gelten die Fristen der §§ 121, 124, für sonstige Anfechtungsberechtigte §§ 2080, 2082. Der Erblasser, der angefochten hat, kann auf Feststellung der Nichtigkeit des Erbvertrages klagen (*Johannsen* WM **69** 1230).

IV. **Mehrere Erblasser** 4

Bei mehreren Erblassern kann *jeder für sich* anfechten. Macht nur einer von seinem Anfechtungsrecht Gebrauch, so fallen auch die wechselbezüglichen Verfügungen der anderen weg (vgl. *Reithmann* DNotZ **57** 529).

§ 2284

Die Bestätigung eines anfechtbaren Erbvertrags kann nur durch den Erblasser persönlich erfolgen. Ist der Erblasser in der Geschäftsfähigkeit beschränkt, so ist die Bestätigung ausgeschlossen.

E I 1948 Abs. 4 II 2149 Abs. 3; M **5** 323, 324; P **5** 385, 386.

Schrifttum:
Ischinger, Die Bestätigung anfechtbarer Verfügungen von Todes wegen, Rpfleger **51** 159.

Bestätigung

I. Zu Satz 1 1

Wie mit der Anfechtung des Erbvertrages vornehmlich bezweckt wird, die vertragsmäßige Bindung zu beseitigen (§ 2281 Rdn. 3), so kommt umgekehrt mit der **Bestätigung des anfechtbaren Erbvertrages** der Wille zum Ausdruck, trotzdem gebunden zu bleiben. Es handelt sich mithin nicht sowohl um Bestätigung der im Erbvertrage getroffenen Verfügung von Todes wegen, die, wenn § 2279 Abs. 1 Anwendung fände, nur als erneute Verfügung von Todes wegen denkbar wäre (vgl. § 2078 Rdn. 79), sondern um Bestätigung des mit dem Erbvertrage zustandegekommenen Rechtsgeschäfts. Gemäß § 144 Abs. 2 ist deshalb die Bestätigung an *keine Form* gebunden; sie kann auch stillschweigend und braucht nicht gegenüber dem anderen Teil oder dem Nachlaßgericht erklärt zu werden (so jetzt auch BayObLG **54** 71 = NJW **54** 1039 mit Nachweisen ; *Palandt/Keidel* 33. Aufl. ; aM *Strohal* I § 45 Anm. 16). Der Erblasser kann aber **nur persönlich** bestätigen, wie er auch nur persönlich, nicht durch Vertreter den Erbvertrag schließen (§ 2274), anfechten (§ 2282), aufheben (§ 2290) und davon zurücktreten kann (§ 2296). Es ist auch — anders als bei § 1750 — eine Vertretung in der Erklärung des Willens ausgeschlossen (BGH **5** 349). Der wegen Formmangels nichtige Erbvertrag kann auch nicht durch die Erben des Vertragserben bestätigt werden (RG 8. 4. 1907 IV 424/06). § 2284 gilt nur für vertragsmäßige Verfügungen; *einseitige* Verfügungen des Erblassers (§ 2299) sind *nicht* anfechtbar, können somit auch nicht bestätigt werden (vgl. *Staudinger/Dittmann* Rdn. 5).

II. Zu Satz 2 2

Dem in der **Geschäftsfähigkeit beschränkten** Erblasser (§§ 106, 114) ist zwar als Ehegatten oder Verlobten nachgelassen, den Vertrag zu schließen (§ 2275 Abs. 2), nicht aber auch ihn zu bestätigen. Um so mehr ist dies für den Geschäftsunfähigen ausgeschlossen. Die Bestätigung selbst ist nach allgemeinen Grundsätzen anfechtbar.

§ 2285

Die im § 2080 bezeichneten Personen können den Erbvertrag auf Grund der §§ 2078, 2079 nicht mehr anfechten, wenn das Anfechtungsrecht des Erblassers zur Zeit des Erbfalls erloschen ist.

E I 1949 Abs. 2 II 2151; M **5** 325, 326; P **5** 386, 387.

Abhängiges Anfechtungsrecht anderer Personen

1 **I. Anfechtung durch Dritte**

Außer dem Erblasserteil (§§ 2281—2283) steht gemäß § 2279 Abs. 1 das Anfechtungsrecht auch dritten Personen zu, soweit ihnen nach § 2080 die Aufhebung des Erbvertrages, der durch Irrtum, Zwang oder nicht gewollte Übergehung eines Pflichtteilsberechtigten beeinflußt ist (§§ 2078, 2079), unmittelbar zustatten kommen würde. Form und Frist der Anfechtung bestimmen sich allein nach den §§ 2081, 2082. Daher gilt folgendes: Keine Beurkundung der Anfechtungserklärung, kein Verbot der Vertretung (§ 2282), aber 30jährige Ausschlußfrist (§ 2082 Abs. 3) und darüber hinaus Verweigerungsrecht des Beschwerten (§ 2083). Die Anfechtung ist nach Maßgabe des § 2081 entweder dem Nachlaßgericht oder gegenüber dem Anfechtungsgegner, bei Anfechtung einer Vermächtnisanordnung also in entsprechender Anwendung von § 143 Abs. 4 Satz 1 gegenüber dem Bedachten, nicht gegenüber dem überlebenden Vertragschließenden oder seinen Erben zu erklären (str., wie hier RG **143** 353; *Planck/Greiff* Anm. 1); vgl. auch § 2081 Rdn. 9 f.

2 § 2285 ist auf das *wechselbezügliche gemeinschaftliche Testament* entsprechend anzuwenden (RG **132** 4 mit Nachweisen; § 2271 Rdn. 44; vgl. auch KG FamRZ **68** 218, 219). Beim *nichtwechselbezüglichen* Testament wird das allgemeine Testamentsanfechtungsrecht jedoch durch § 2285 nicht beschränkt (BGH FamRZ **56** 83).

3 **II. Erlöschen des Anfechtungsrechts**

Das Anfechtungsrecht des Dritten ist zwar ein *eigenes selbständiges* Recht mit besonderem Fristenlauf nach § 2082 Abs. 2; es kann aber keine stärkere Wirkung äußern als das Anfechtungsrecht des Erblassers selbst, wenn es diesem bereits bis zu seinem Tode zustand. Insofern ist es vom Anfechtungsrecht des Erblassers weitgehend *abhängig* (vgl. auch OLG Kiel HEZ **2** 337). War das Recht des Erblassers zu diesem Zeitpunkt durch Ablauf der Jahresfrist (§ 2283) oder durch Bestätigung (§ 2284) erloschen, so kann auch der Dritte nicht mehr anfechten. Der am Erbvertrage selbst nicht beteiligte Dritte kann ihn jedoch nicht bestätigen.

4 Das Anfechtungsrecht des Erblassers erlischt noch nicht dadurch im Sinne des § 2285, daß er sein Anfechtungsrecht ohne Erfolg ausübt (BGH **4** 91; vgl. dazu *Johannsen* WM **73** 531; ferner BGH NJW **70** 279 = DNotZ **70** 167). Dem § 2285 könnte jedoch sinngemäß entnommen werden, daß die im § 2080 bezeichneten Personen den Erbvertrag auch dann nicht mehr anfechten können, wenn der Erblasser ergebnislos angefochten hat und sie sich auf dieselben Anfechtungsgründe stützen (vgl. *Ascher* bei LM BGB § 2285 Nr. 1; auch LG Karlsruhe NJW **58** 714 = DNotZ **58** 601 Nr. 5; aA *Staudinger/Dittmann* Rdn. 5). § 2285 ist jedenfalls nicht anwendbar, wenn ein neuer Anfechtungstatbestand vorgetragen wird; kommt es nach dem neuen Anfechtungsgrund auf das Gesamtverhalten des Anfechtungsgegners an, so kann unterstützend auch auf solche Anfechtungstatbestände zurückgegriffen werden, auf die keine selbständige Anfechtung mehr gestützt werden kann (BGH **4** 94).

§ 2286

Durch den Erbvertrag wird das Recht des Erblassers, über sein Vermögen durch Rechtsgeschäft unter Lebenden zu verfügen, nicht beschränkt.

E I 1951 II 2152; M **5** 327, 328; P **5** 388, 389.

Neueres Schrifttum:
Bühler, Zur Wechselbezüglichkeit und Bindung beim gemeinschaftlichen Testament und Erbvertrag, DNotZ **62** 359; *Bund*, Die Bindungswirkung des Erbvertrages, JuS **68** 268; *Burkart*, Die Rechtsprechung des BGH über die Aushöhlung von Testamenten, NJW **59** 2093; *Dittmann*, Aushöhlung des gemeinschaftlichen Testaments, DNotZ **58** 619; *Johannsen*, Die Rechtsprechung des BGH auf dem Gebiet des Erbrechts, WM **69** 1222, 1227; *Lange*, Bindung des Erblassers an seine Verfügungen, NJW **63** 1571; *Mattern*, Die Aushöhlung von Testamenten und Erbverträgen, MDR **60** 1; ders., Die Rechtsprechung des BGH zur Testamentsaushöhlung DNotZ **64** 196; *Spellenberg*, Die sog. Testamentsaushöhlung und die §§ 2287, 2288 BGB, FamRZ **72** 349; *Teichmann*, Die „Aushöhlung" erbrechtlicher Bindungen als methodisches Problem, MDR **72** 1. Vgl. auch die Literaturangaben der 11. Aufl. bei den §§ 2286, 2287.

Verfügungsrecht unter Lebenden

I. Grundsatz der unbeschränkten Verfügungsmacht 1

Grundsätzlich ist der Erblasser durch den Erbvertrag in der **Verfügung unter Lebenden** ebensowenig beschränkt wie durch sonstige Verfügungen von Todes wegen (BGH **31** 13, 15 ff = NJW **59** 2252, 2253; ferner WM **73** 680. Näheres Rdn. 5 vor § 2274). Nur bösliche Schenkungen (§ 2287) und die Vereitelung von Vermächtnissen (§ 2288) sind ihm untersagt. Beschränkungen in der Errichtung neuer Verfügungen von Todes wegen ergeben sich aus § 2289. Der Vermächtnisnehmer erlangt, auch wenn das Vermächtnis auf einem Erbvertrage beruht, vor dem Eintritt des Erbfalles weder einen künftigen Anspruch noch eine rechtlich gesicherte Anwartschaft, sondern lediglich eine tatsächliche Aussicht (BGH **12** 115 = JZ **54** 436 mit Anm. von *Coing* = DNotZ **54** 264 mit Anm. von *Hieber;* vgl. auch LM § 883 Nr. 2 Anm. *Pritsch, Johannsen* WM **69** 1224). Auch die *Aussicht des Vertragserben* auf das, was ihm durch Erbvertrag zugedacht ist, schafft *keine rechtlich gesicherte Anwartschaft;* sie ist insbesondere kein Vermögen im Sinne des § 1836 (BayObLG **52** 289 = JZ **53** 242). Der im Erbvertrage Bedachte erlangt mithin als solcher vor dem Erbfall *kein Recht,* wie der Nacherbe nach §§ 2108 ff, gegen tatsächliche oder rechtliche Beeinträchtigungen durch den Erblasser etwa mit Hilfe *einstweiliger Verfügungen* geschützt zu werden (OLG **21** 363). Ebensowenig ist er als solcher zu dem Antrag auf Entmündigung wegen Verschwendung berechtigt (vgl. auch BayObLG **52** 289 = JZ **53** 242). Verpflichtet sich der Erblasser gegenüber dem Vertragserben, sein Grundstück nicht zu belasten, so hat diese Vereinbarung nur *schuldrechtliche Wirkung* unter den Parteien (OLG Hamm DNotZ **56** 151). Ein Rechtsgeschäft unter Lebenden im Sinne des § 2286 ist auch ein sog. *Abnährungsvertrag* (Verpfründungsvertrag), durch den sich der Erblasser gegen Gewährung von Kost, Pflege usw. unter Verpfändung einer Kaufgeldhypothek verpflichtet, daß nach seinem Tode dem Pfandgeber eine entsprechende Entschädigung bezahlt werden solle (RG 8. 4. 1907 IV 424/06). Vgl. auch Rdn. 5—8 sowie § 2295 Rdn. 1. Grundsätzlich kann sich der Erblasser durch einen schuldrechtlichen Vertrag mit dem Bedachten verpflichten, über den vermachten Gegenstand auch unter Lebenden *nicht mehr* zu verfügen (BGH **31** 13; NJW **63** 1603 (stillschweigender Abschluß eines Unterlassungsvertrages); FamRZ **67** 470; DNotZ **69** 759; LM § 2288 Nr. 2; WM **70** 1366; NJW **73** 240 = WM **73** 107).

Die vertraglich übernommene Verpflichtung, ein Grundstück nicht zu veräußern, enthält möglicherweise nur das Verbot der Veräußerung, nicht aber auch ein Verbot der Belastung, wenn der Verpflichtete in eine Notlage gerät (BGH FamRZ **67** 470). Die Form des Erbvertrages muß nur gewahrt werden, wenn beide Verträge, Erbvertrag und Verpflichtungsvertrag unter Lebenden, eine rechtliche Einheit bilden (BGH aaO).

Ansprüche aus einem Erbvertrage können auch **nicht** zu Lebzeiten des Erblas- 2
sers durch eine **Vormerkung** gesichert werden, auch nicht wenn der Erblasser die Eintragung der Vormerkung bewilligt hat. Die erbrechtliche Bindung des Erblassers ist in

den Bestimmungen über den Erbvertrag erschöpfend geregelt; die Beteiligten können diese Bindung, da im Erbrecht keine Vertragsfreiheit besteht, nicht durch schuldrechtliche Vereinbarungen oder dingliche Sicherungsmittel verstärken (KG JFG **23** 148; OLG Frankfurt NJW **53** 1848; BGH **12** 115 = LM BGB § 883 Nr. 2, nur Leitsatz mit Anm. von *Pritsch* = NJW **54** 633 = JZ **54** 436 mit Anm. von *Coing* = DNotZ **54** 264 mit Anm. von *Hieber;* ferner BGH FamRZ **67** 470, OLG Hamm DNotZ **56** 151; OLG Hamm OLGZ **65** 347 = Rpfleger **66** 366 mit Anm. von *Haegele;* aM OLG Celle NJW **53** 27 = DNotZ **52** 236; vgl. auch *Hieber* DNotZ **52** 432; **53** 635; **54** 269; **58** 306; *Schulte* DNotZ **53** 355; *Holthöfer* DRiZ **54** 141 und JR **55** 11; *Thieme* JR **56** 292; für Auflassungsvormerkung auch LG Kreuznach DNotZ **65** 301).

3 Es ist allerdings zuzugeben, daß vielfach ein Bedürfnis besteht, den Vertragserben (auch den Vermächtnisnehmer) gegen Verfügungen des Erblassers, die ihn schädigen könnten, zu schützen; denn weder § 2287 noch sonstige Vorschriften des bürgerlichen Rechts (etwa § 826) reichen hierzu aus. Der Ausweg muß bei der derzeitigen Rechtslage jedoch in einem entsprechenden *Rechtsgeschäft unter Lebenden* gesucht werden. Solche Rechtsgeschäfte sind wegen Aushöhlung einer in einem gemeinschaftlichen Testament oder Erbvertrage getroffenen bindenden Verfügung von Todes wegen jedenfalls grundsätzlich dann nicht nichtig, wenn der Erblasser das mit dem Geschäft verbundene Vermögensopfer schon zu seinen Lebzeiten erbringen wollte. Für Unwirksamkeit spricht dagegen der Umstand, daß der Erblasser die Vermögenseinbuße erst mit seinem Tode eintreten lassen wollte (BGH NJW **68** 2052). Ist das Vermögensopfer zu Lebzeiten erbracht, dann kann die Nichtigkeitsfolge auch nicht daraus hergeleitet werden, daß die Veräußerung unentgeltlich war (vgl. § 2287) und der veräußerte Gegenstand den Kern des Vermögens bildete. Ebenso spielt es keine Rolle, ob durch die Veräußerung dem Vertragserben das erwartete Erbgut entzogen wird (BGH **59** 343 = NJW **73** 240). Damit hat der BGH, wie er ausdrücklich hervorhebt, die bisherige Rechtsprechung zu der sog. „Aushöhlungsnichtigkeit" von Rechtsgeschäften unter Lebenden bei Erbverträgen und gemeinschaftlichen Testamenten aufgegeben. Vgl. ferner BGH WM **73** 680, auch BGH NJW **73** 1645, 1647. Bei Vorliegen besonderer Umstände kann sich der Bedachte auf §§ 138, 826 BGB berufen; u. U. kann sich ein Anspruch aus § 419 ergeben (BGH aaO). Zur Frage der Sittenwidrigkeit einer „Geliebten-Zuwendung" unter Lebenden BGH NJW **73** 1645 = MDR **73** 840.

4 Die Bindung des Erblassers regelt sich nach den „bisherigen Gesetzen", wenn der Erbvertrag vor dem 1. 1. 1900 errichtet worden ist (EG Art. 214 Abs. 2).

5 **II. Besonderheiten bei Übergabeverträgen**

Übergabeverträge haben eine doppelte Natur. Sie sind einerseits Rechtsgeschäfte unter Lebenden, enthalten regelmäßig aber auch eine vorweggenommene Erbfolge und unterscheiden sich hierdurch wesentlich von anderen Grundstücksveräußerungen unter Lebenden. Das gilt nicht nur für Höfe im Sinne der Höfeordnung, sondern auch für andere landwirtschaftliche und nichtlandwirtschaftliche Besitzungen. Denn es handelt sich überall um gleichartige wirtschaftliche Vorgänge (so BGH 19. 10. 1954 V ZB 23/54 = NJW **55** 218 — nur Leitsatz — für Höfe und andere landwirtschaftliche Besitzungen). Der V. Zivilsenat des Bundesgerichtshofs will jedoch die doppelte Natur des Übergabevertrages bei Besitzungen, die nicht der Höfeordnung unterliegen, außer Betracht lassen und in solchen Fällen den Übergabevertrag lediglich als eine Veräußerung unter Lebenden behandeln, weil das Gesetz in den §§ 7, 17 HöfeO für die Übertragung eines Hofes besondere Bestimmungen getroffen habe, die für sonstige Besitzungen nicht gälten (vgl. BGH RdL **51** 129 = DNotZ **51** 344; RdL **51** 301 = LM LVO § 23

Nr. 5; RdL **52** 133 mit Anm. von *Wöhrmann* = LM HöfeO § 17 Nr. 4; RdL **53** 53 Nr. 17 = LM HöfeO § 12 Nr. 3; auch BGH **8** 33). Diese unterschiedliche Behandlung ist nicht unbestritten und wird auch durch den Hinweis auf die Regelung der Höfeordnung allein nicht zwingend begründet (für eine Gleichbehandlung OLG Hamm NJW **54** 1504; anscheinend auch *Wöhrmann* RdL **52** 134).

Der Bundesgerichtshof kommt von seiner Unterscheidung aus zu folgenden **6**
Rechtssätzen:

Ein Übergabevertrag, der einen Hof im Sinne der Höfeordnung betrifft, ist als vorweggenommene Erbfolge gemäß § 2289 insoweit unwirksam, als er das Recht eines Dritten beeinträchtigt, der durch Erbvertrag als Hoferbe eingesetzt war (BGH LM HöfeO § 12 Nr. 3). Wer durch Erbvertrag oder gemeinschaftliches Testament an eine bestimmte Erbfolge in einen Hof gebunden ist, kann nicht anderweitig — auch nicht durch Übergabevertrag — letztwillig über den Hof verfügen (BGH 30.1.1951 V BLw 57/49 = DNotZ **51** 343 = RdL **51** 129; insoweit in BGH **1** 121 nicht abgedruckt). Wer durch Erbvertrag oder gemeinschaftliches Testament zum Hoferben bestimmt worden ist, hat ein Beschwerderecht gegen die Genehmigung eines mit einer anderen Person geschlossenen Übergabevertrages, weil die Genehmigung ihn unmittelbar in seinem Recht beeinträchtigt (BGH RdL **52** 133 = LM HöfeO § 17 Nr. 4).

Handelt es sich dagegen um einen *landwirtschaftlichen Besitz*, der nicht der Hö- **7**
feordnung unterliegt, so hat im entsprechenden Falle der vorgesehene Hoferbe kein Beschwerderecht, weil hier der Übergabevertrag allein als Rechtsgeschäft unter Lebenden zu behandeln ist (BGH LM LVO § 23 Nr. 5 = RdL **51** 301).

Nach *westfälischem Güterrecht* ist der überlebende Ehegatte befugt, einen Über- **8**
tragungs-(Übergabe-)vertrag zu schließen. Diese Befugnis kann durch einen Erbvertrag oder durch ein gemeinschaftliches Testament der Ehegatten ausgeschlossen werden (BGH NJW **55** 218 — nur Leitsatz — = FamRZ **55** 15 = RdL **55** 29 = LM Westf. Güterrecht Nr. 3; die Entscheidung des BGH ist zum Vorlagebeschluß des OLG Hamm NJW **54** 1504 ergangen; vgl. auch BGH MDR **64** 221).

§ 2287

Hat der Erblasser in der Absicht, den Vertragserben zu beeinträchtigen, eine Schenkung gemacht, so kann der Vertragserbe, nachdem ihm die Erbschaft angefallen ist, von dem Beschenkten die Herausgabe des Geschenkes nach den Vorschriften über die Herausgabe einer ungerechtfertigten Bereicherung fordern.

Der Anspruch verjährt in drei Jahren von dem Anfalle der Erbschaft an.

E I 1952 Abs. 1, 2 II 2153 Abs. 1 Satz 1, Abs. 2; M **5** 328—330; P **5** 389—394; **6** 351.

Neueres Schrifttum:
Burkart: Die Rechtsprechung des BGH über die Aushöhlung von Testamenten, NJW **59** 2093; *Johannsen*, Rechtsprechung des BGH auf dem Gebiet des Erbrechts, WM **69** 1222, 1227; *Mattern*, Die Aushöhlung von Testamenten und Erbverträgen, MDR **60** 1. Wegen weiterer Literaturhinweise vgl. die Übersichten vor § 2274 und bei § 2286 sowie die 11. Auflage.

Bösliche Schenkungen

Übersicht

1 **I. Allgemeines**

Unbeschadet seiner Verfügungsfreiheit unter Lebenden (§ 2286) darf der Erblasser den Vertragserben nicht durch bösliche Schenkungen beeinträchtigen. Hierzu gehört auch die gemischte Schenkung (Rdn. 13; § 516 Rdn. 11; RG JW **35** 275[5]; OLG Celle MDR **48** 142; RG **148** 240; BGH FamRZ **61** 72/73; **63** 426; **64** 429), das Schenkungsversprechen (§ 518 in der Fassung des § 56 Abs. 1 BeurkG) und die vollzogene Schenkung auf den Todesfall (§ 2301 Abs. 2), während das Schenkungsversprechen von Todes wegen ohne weiteres unwirksam ist (§§ 2301 Abs. 1, 2289 Abs. 1). Dagegen ist die Hingabe, sei es auch des ganzen Vermögens, gegen Entgelt (z. B. gegen eine Leibrentenverpflichtung) niemals Schenkung. Sie könnte nur „in eklatanten Fällen" (Prot. **5** 392) einen Schadenersatzanspruch aus § 826 begründen (vgl. auch OGH **1** 161, 167; **2** 160, 170; *Kipp/Coing* 12. Bearb. § 38 IV 3 a).

2 Der Erblasser kann die Anwendbarkeit des § 2287 dadurch **ausschließen,** daß er sich im Erbvertrage (so gut wie den Rücktritt nach § 2293) völlige Freiheit in der Vornahme von Schenkungen vorbehält (str., vom RG WarnRspr. **18** Nr. 124 dahingestellt lassen). In der Vereinbarung, daß der Vertragserbe nur den Überrest erhalten solle, ist eine solche Ausschließung aber nicht zu finden; vgl. § 2137 Abs. 1 mit § 2113 Abs. 2 (RG LZ **19** 1187[4]; WarnRspr. **26** Nr. 188). Der Schutz des § 2287 wirkt nicht nur gegenüber Verfügungen, sondern auch gegenüber reinen Verpflichtungsgeschäften (OLG Celle NdsRpfl. **47** 121 = MDR **48** 142 mit Anm. von *Kleinrahm*).

3 § 2287 ist auch auf den Überlebenden beim *gemeinschaftlichen Testament* anzuwenden (OGH **1** 161 = MDR **49** 287 mit Anm. von *Boehmer;* BGH DNotZ **51** 345; § 2271 Rdn. 44). Doch ist dieser aus einem gemeinschaftlichen Testament, das unter der Herrschaft des PrALR errichtet worden ist (EG Art. 214 Abs. 2), in bezug auf Schenkungen unter Lebenden nicht beschränkt (RG WarnRspr. **12** Nr. 314; **18** Nr. 124; DJZ **24** 906). Zur *„Aushöhlung"* von gemeinschaftlichen Testamenten und Erbverträgen durch Verfügung unter Lebenden vgl. BGH LM BGB § 2271 Nr. 4 = DNotZ **55** 85 = JZ **54** 676; BGH DNotZ **58** 654 = DRspr. I (174) 72 b; BGH NJW **60** 524 = FamRZ **60** 145; auch *Dittmann* DNotZ **58** 619; *Burkart,* NJW **59** 2093; *Mattern* MDR **60** 1 mit Übersicht über die Rechtsprechung des BGH; ferner *Johannsen* WM **69** 1227; DNotZ **65** 357, 617; § 2271 Rdn. 14 und „Neueres Schrifttum" vor § 2274. Vgl. dazu jetzt aber BGH **59** 343 = NJW **73** 240 = WM **73** 107, wonach die Rechtsprechung zu der sog. *„Aushöhlungsnichtigkeit"* von Rechtsgeschäften unter Lebenden bei Erbverträgen und gemeinschaftlichen Testamenten unter Berufung auf *Bartholomeyczik* 9. Aufl. § 26 I 3 c; *Lange* § 38 II 5 und NJW **63** 1571; *Brox* 2. Aufl. Rdn. 159; *Speckmann* NJW **68** 2222 ff und **71** 176 ff; *Spellenberg* FamRZ **72** 349 ff u. a. aufgegeben worden ist; vgl. auch Rdn. 6 zu § 2286.

4 **II. Beeinträchtigungsabsicht**

Während nach der früheren Rechtsprechung gerade als der zu erreichende Erfolg bezweckt sein mußte, dem Vertragserben die Vorteile der Erbeinsetzung zu entziehen (so RG WarnRspr. **38** Nr. 144) und es bei mehreren Beweggründen darauf ankam, welcher der eigentlich treibende und bestimmende gewesen sei (vgl. RG **77** 111, BGH **18** 67 und die weiteren Angaben in der 11. Aufl. Anm. 4), setzt nach der *neueren Rechtsprechung des BGH* (**59** 343 = JR **73** 242 mit Anm. von *Strätz,* s. auch Rdn. 3 a. E.) die Anwendung des § 2287 *nicht* voraus, daß die Absicht, dem Vertragserben die Vorteile der Erbeinsetzung zu entziehen oder zu schmälern, der eigentlich leitende Beweggrund der Schenkung war (vgl. dazu auch *Spellenberg* FamRZ **72** 349/354; **73** 136). Der Umstand, daß der Erblasser die Schädigung des Vertragserben in Kauf genommen hat, sagt noch nicht ohne weiteres, daß sie sein Hauptmotiv ist; eher spricht die Lebenserfahrung dafür, daß der Wunsch des Erblassers, den Bedachten zu begünstigen, stärker war als sein Wille, die Interessen des Vertragserben zu verletzen (BGH LM § 2287 Nr. 5; BGH WM **69** 1055). *Unkenntnis eines* der Vertragspartner, daß der andere Vertragsteil mit einem Rechtsgeschäft unter Lebenden das für ihn geltende Testierverbot des § 2271 Abs. 2 umgehen will, schließt die Unwirksamkeit dieses Rechtsgeschäfts als *Umgehungsgeschäft* nicht aus (BGH NJW **60** 524 = FamRZ **60** 145). Hat der Erblasser den Vertragserben von der beabsichtigten Schenkung verständigt und dieser sich einverstanden erklärt, so kann je nach Sachlage die Benachteiligungsabsicht gefehlt haben oder dem Erben verborgen geblieben sein; der Erbe kann aber auch die Benachteiligungsabsicht erkannt und trotzdem sein Einverständnis erklärt haben (vgl. im einzelnen OGH **2** 169). Die Annahme, im letzteren Falle sei das Einverständnis als „Gestattung böswilligen Tuns" gemäß § 138 nichtig, ist mindestens in dieser Allgemeinheit bedenklich. Der Anspruch aus § 2287 geht gegen den Beschenkten. Es wird in vielen Fällen angemessen sein, mindestens diesem gegenüber den Erben an seiner Einverständniserklärung festzuhalten.

III. Der Berechtigte (Vertragserbe) 5

Der Herausgabeanspruch entsteht in der Person des Vertragserben. Er gehört mithin nicht zum Nachlaß und kann deshalb weder von der Miterbengemeinschaft (BGH 8. 5. 1952 IV ZR 144/51; BGH FamRZ **61** 78) noch vom Testamentsvollstrecker (BGH 10. 3. 1958 V ZR 194/57; vgl. *Johannsen* WM **69** 1224) geltend gemacht werden (RG **77** 5; Recht **21** Nr. 1397; SeuffArch. **90** Nr. 55; RG 24. 6. 1920 IV 144/20). Jedoch ist ein zukünftiger Erbe unter Umständen berechtigt, gegen seinen zukünftigen Miterben auf Feststellung zu klagen, daß ein Grundstück im Vermögen des noch lebenden Erblassers verblieben ist, wenn seine Übereignung die Vorwegnahme einer nach § 2271 Abs. 2 unzulässigen anderweitigen Verfügung von Todes wegen darstellt (OLG Düsseldorf NJW **57** 266). Auch die Nachlaßgläubiger sind nicht berechtigt, die Herausgabe zu verlangen. Doch bleibt ihr aus KO §§ 29 ff oder AnfG §§ 3 ff abgeleiteter selbständiger Anfechtungsanspruch unberührt. Vertragserbe ist der von dem Zuerstverstorbenen im *Erbvertrage* eingesetzte Erbe (auch der Nacherbe, RG WarnRspr. **38** Nr. 144), gleichviel ob er den Vertrag selbst mit geschlossen hat oder darin nur als Dritter bedacht ist. Ist der Nacherbe zugleich Vertragserbe des Vorerben, so wird er gegenüber unentgeltlichen Rechtsgeschäften des Vorerben in erster Linie durch § 2287 geschützt (OLG Celle MDR **48** 142). Dem nur annehmenden Vertragschließenden (§ 2274 Rdn. 2) erwachsen aus der Schenkung keine Rechte.

Mehreren Vertragserben steht der Herausgabeanspruch, weil er nicht zum **6** Nachlaß und deshalb auch nicht zum Gesamthandvermögen der Erbengemeinschaft nach § 2032 Rdn. 4 gehört, nach den Grundsätzen der §§ 741 ff jedem für sich zu dem seinem Erbteil entsprechenden Bruchteile zu (RG **77** 7; JW **12** 142[18]; WarnRspr. **26** Nr. 188; SeuffArch. **90** Nr. 55). Nur bei Unteilbarkeit der Leistung ist ein Gesamtgläubigerverhältnis gegeben (§ 432).

IV. Der Verpflichtete 7

Der Herausgabeanspruch ist nur **gegen den Beschenkten** gewährt. Er steht mithin abweichend von § 2288 Abs. 2 nicht zu gegen testamentarische oder gesetzliche Erben, wenn sie neben dem Vertragserben berufen sind.

V. Entstehung des Anspruchs 8

Der Anspruch des Vertragserben entsteht erst mit dem **Anfalle der Erbschaft,** regelmäßig also mit dem Tode des Erblassers (§ 1942 Rdn. 12; BayObLG **52** 290). Schlägt jener die Erbschaft aus, so gilt der Anfall als nicht erfolgt (§ 1953 Rdn. 1), damit ist aber auch seinem Herausgabeanspruch der Boden entzogen (aM *Strohal* § 45 Anm. 43). Vor dem Anfalle hat auch der Vertragserbe keine Rechte, weder gegen den Erblasser noch gegen den Beschenkten (aM *Strohal* § 45 Anm. 40). Insbesondere kann er wegen seines bloß möglichen Anspruchs nicht durch einstweilige Verfügungen (ZPO §§ 916 Abs. 2, 936) geschützt werden (§ 2286 Rdn. 1; vgl. auch *Kohler* NJW **64** 1398).

9 **VI. Inhalt des Anspruchs**

Der Beschenkte ist zur **Herausgabe** nach den für die **ungerechtfertigte Bereicherung** geltenden Grundsätzen, somit zur Herausgabe des Geschenkes selbst oder des dafür erlangten Ersatzes (Surrogats) oder zum Wertersatz im Umfange des § 818 verpflichtet. Handelt es sich um ein Schenkungsversprechen, so geht der Anspruch auf Befreiung von der Schenkungsverpflichtung. Es ist an sich unerheblich, ob der Beschenkte die Beeinträchtigungsabsicht kennt; wohl aber steigert sich in diesem Falle der Umfang der Herausgabepflicht gemäß § 819. Nur unter besonderen Umständen kommt auch ein Schadenersatzanspruch nach § 826 in Betracht, etwa wenn der Beschenkte bei der Benachteiligung des Vertragserben mitgewirkt hat (BGH LM § 2288 Nr. 2; vgl. ferner BGH **59** 343 mit Anm. von *Spellenberg* in FamRZ **73** 136, 138 und Rdn. 3 zu § 2286.

10 **Kein Auskunftsanspruch:** Der Vertragserbe hat weder nach § 2287 noch im Regelfalle nach sonstigen Bestimmungen einen Anspruch auf Auskunft gegen den Beschenkten. Bösliche Schenkungen begründen keine Rechtsbeziehung, aus der sich eine solche Auskunftspflicht ergeben könnte. § 260 Abs. 1 kann jedoch insoweit anwendbar sein, als etwa der Vertragserbe einen Inbegriff von Gegenständen verschenkt hat und dessen Bestand streitig ist (BGH **18** 67 = NJW **55** 1354 = LM BGB § 2287 Nr. 4 mit Anm. von *Johannsen*).

11 **Verzicht:** Der Vertragserbe kann durch ein Rechtsgeschäft mit dem Beschenkten, aber auch mit dem Erblasser wirksam auf den Herausgabeanspruch verzichten. Bei einem Verzichtsvertrage mit dem Erblasser handelt es sich um einen Vertrag zugunsten eines Dritten (vgl. OGH **2** 169). Es ist allerdings nicht einzusehen, warum der „nachträgliche" Verzicht nicht sittenwidrig, die vorherige Einverständniserklärung dagegen in jedem Falle nach § 138 nichtig sein soll (OGH aaO; ebenso *Palandt/Keidel* Anm. 2 a). Auch hierbei kann es sich um einen Verzichtsvertrag zugunsten des Beschenkten handeln. Ob der Vertrag vor oder nach der Schenkung geschlossen wird, ist rechtlich unerheblich.

12 **VII. Verjährungsfrist (Abs. 2)**

Der Anspruch verjährt in **drei Jahren** (ebenso der Pflichtteilsergänzungsanspruch nach § 2332 Abs. 2). Es entscheidet lediglich der Zeitpunkt des Erbschaftsanfalls (§ 1942), gleichviel wann der Vertragserbe von der Schenkung Kenntnis erlangt hat und (abweichend von § 2325 Abs. 3) gleichviel, wie lange die Schenkung vor dem Erbfalle zurückliegt. Handelt es sich um ein bloßes Schenkungsversprechen des Erblassers, so kann der Vertragserbe gegenüber dem Erfüllungsverlangen des Beschenkten nach § 821 auch nach Ablauf der Verjährungsfrist die Leistung verweigern.

13 **VIII. Gemischte Schenkung**

Schwierigkeiten bereitet die sog. „gemischte Schenkung" (BGH **3** 206, 211 = NJW **52** 20; BGH **30** 120 = NJW **59** 1363). Nach der Rechtsprechung des Bundesgerichtshofs geht in solchen Fällen der dem Vertragserben in § 2287 eingeräumte Anspruch in der Regel nur dann auf Herausgabe des „geschenkten" Gegenstandes, wenn der unentgeltliche Charakter des Geschäfts überwiegt, wobei ein Vergleich des Wertes des überlassenen Gegenstandes mit dem Werte der Gegenleistung einen Anhalt geben kann (BGH NJW **53** 501 = LM BGB § 2287 Nr. 2; vgl. auch BGH **30** 120, 123 = NJW **59** 1363 zu § 531 Abs. 2). Sonst ist nur der „Mehrwert" geschenkt und daher auch nur der überschießende Betrag herauszugeben (RG **148** 239). Die abweichende Rechtsprechung des OGH hat der BGH ausdrücklich abgelehnt; hiernach sollte der Anspruch sich auf den geschenkten Gegenstand selbst — gegen Erstattung der Gegenleistung — richten und nicht nur auf einen Unterschiedsbetrag in Geld, wenn festzustellen ist, daß der Gegenstand ohne die teilweise Schenkung dem Beschenkten überhaupt nicht, auch nicht zu einem höheren Preise, zugefallen wäre (OGH **1** 258 für Widerruf wegen groben Undanks; OGH **2** 160 für § 2287).

Grundsätzlich ist zu beachten, daß es sich bei einem Austausch von Leistungen, die objektiv ungleichwertig sind, *nicht notwendig* um eine *gemischte Schenkung* handelt. Neben der objektiven Bereicherung muß ein Schenkungswille vorhanden sein. Dessen Mangel steht allerdings der Annahme einer Schenkung dann nicht entgegen, wenn der den Parteien bekannte Wertunterschied zwischen Leistung und Gegenleistung so groß ist, daß der auf „Entgeltlichkeit" gerichtete Wille der Vertragsteile völlig willkürlich erscheint und jeder sachlichen Bewertungsgrundlage entbehrt (BGH FamRZ **64** 430; vgl. auch *Johannsen* WM **69** 1225).

§ 2288

Hat der Erblasser den Gegenstand eines vertragsmäßig angeordneten Vermächtnisses in der Absicht, den Bedachten zu beeinträchtigen, zerstört, beseite geschafft oder beschädigt, so tritt, soweit der Erbe dadurch außerstande gesetzt ist, die Leistung zu bewirken, an die Stelle des Gegenstandes der Wert.

Hat der Erblasser den Gegenstand in der Absicht, den Bedachten zu beeinträchtigen, veräußert oder belastet, so ist der Erbe verpflichtet, dem Bedachten den Gegenstand zu verschaffen oder die Belastung zu beseitigen; auf diese Verpflichtung finden die Vorschriften des § 2170 Abs. 2 entsprechende Anwendung. Ist die Veräußerung oder die Belastung schenkweise erfolgt, so steht dem Bedachten, soweit er Ersatz nicht von dem Erben erlangen kann, der im § 2287 bestimmte Anspruch gegen den Beschenkten zu.

E I 1956 Abs. 3 Satz 1 II 2154; M **5** 337; P **5** 400, 401, 404, 405.

Vereitelung von Vermächtnissen

Übersicht

I. Allgemeines 1

Der **vertragsmäßig bedachte Vermächtnisnehmer** braucht einen besonderen Schutz gegen die böswillige Vereitelung von Vermächtnissen, weil ein Sachvermächtnis regelmäßig nur dann wirksam ist, wenn der vermachte Gegenstand noch zur Erbschaft gehört (§§ 2169 ff; anwendbar gemäß § 2279 Abs. 1, BGH **31** 13, 17 = NJW **59** 2252 = MDR **60** 39, 296 mit Anm. von *Baumgärtel* = DNotZ **60** 207 mit Anm. von *Hieber*). Ist das vertragsmäßige Vermächtnis (§ 2278 Rdn. 6 f) auch für den Fall angeordnet worden, daß sein Gegenstand nicht zur Erbschaft gehört, so bleibt der Beschwerte schon nach §§ 2169 Abs. 1, 2170, 2182 Abs. 2 zur Leistung verpflichtet, sofern der Gegenstand überhaupt noch vorhanden ist (Verschaffungsvermächtnis).

Gegen die Vereitelung von *Auflagen* gibt es keinen Schutz.

2 **II. Tatsächliche Vereitelung in Beeinträchtigungsabsicht (Abs. 1)**

Abs. 1 macht darüber hinaus den Erben auch dann ersatzpflichtig, wenn er den Vermächtnisgegenstand, weil vom Erblasser *zerstört, beiseite geschafft* oder *beschädigt,* nicht oder doch nicht unversehrt verschaffen kann (§§ 2171, 2172). Wenn es sich ferner um das Vermächtnis eines bestimmten in der Erbschaft vorhandenen Gegenstandes handelt, so wird gegen die Regel des § 2169 Abs. 1 (dort Rdn. 1 ff) das Vermächtnis nicht schon dadurch unwirksam, daß dieser Gegenstand zur Zeit des Erbfalls nicht zur Erbschaft gehört. Allgemeine Voraussetzung ist jedoch, daß der Erblasser, indem er das Vermächtnis in dieser Weise vereitelte, gegenüber dem Bedachten in Beeinträchtigungsabsicht gehandelt hat (§ 2287 Rdn. 4; BGH LM KO § 146 Nr. 1; OGH **1** 161). § 2288 ist auch auf bindend gewordene letztwillige Anordnungen in gemeinschaftlichen Testamenten anzuwenden (OGH **1** 161 = MDR **49** 287 mit Anm. von *Boehmer*).

3 Die **Beeinträchtigungsabsicht** setzt *nach der neueren Rechtsprechung des BGH* (**59** 343) nicht mehr voraus, daß der Wille, den Bedachten zu benachteiligen, das leitende Motiv des Erblassers gewesen ist (vgl. Rdn. 4 zu § 2287). Der Erblasser hat den Gegenstand des Vermächtnisses nicht in der Absicht, den Bedachten zu beeinträchtigen, veräußert, wenn er ihn zu seinen Lebzeiten einer von ihm als Erben eingesetzten Person zugewandt hat, um dieser dadurch eine Wohltat zu erweisen. In diesem Falle ist der Erbe jedoch nach Eintritt des Erbfalls verpflichtet, dem Bedachten den Gegenstand zu verschaffen, wenn der Erblasser sich diesem gegenüber zugleich durch Rechtsgeschäft unter Lebenden verpflichtet hatte, ihm den Gegenstand bei seinem Ableben zu übereignen (BGH aaO).

4 Der Bedachte kann zunächst gegen den Erben auf Rückgängigmachung und auf Erfüllung des Vermächtnisses klagen (BGH **37** 147, 151), gegebenenfalls auf Übereignung des vermachten Gegenstandes (BGH NJW **63** 1602, 1604). Erst wenn der Leistungsgegenstand (§ 2174) sich nicht mehr verschaffen läßt, tritt an seine Stelle die **Verpflichtung des Erben zum Wertersatz,** und zwar des gemeinen Verkehrswerts im Zeitpunkte des Vermächtnisanfalls (§ 2176). Die Ersatzleistung liegt als Nachlaßverbindlichkeit in allen Fällen dem Erben (Vertrags- oder gewöhnlichem Erben) ob, auch wenn er nicht der ursprüngliche und von der Leistung freigewordene Beschwerte ist. Das Rechtsgeschäft, durch das ein Erblasser, der durch gemeinschaftliches Testament oder Erbvertrag an die Anordnung eines Vermächtnisses gebunden ist, über den Vermächtnisgegenstand *unter Lebenden* verfügt, ist grundsätzlich rechtswirksam. Dem bedachten Vermächtnisnehmer stehen in der Regel nur die Ansprüche aus § 2288 zu (BGH **26** 274 = NJW **58** 547 = LM BGB § 2287 Nr. 6), ohne Rücksicht darauf, ob er beschwert ist.

5 **III. Rechtliche Verfügungen zum Nachteile des Bedachten (Abs. 2)**

Abs. 2 handelt im Gegensatz zu den bloß tatsächlichen von rechtlichen Verfügungen, **böslichen Veräußerungen und Belastungen eines bestimmten Vermächtnisgegenstandes,** gleichviel ob ohne oder gegen Entgelt. Das Vermächtnis wird im Falle der Veräußerung durch den Erblasser dem Verschaffungsvermächtnis auch dann gleichgestellt, wenn es von vornherein nicht als solches gemeint war (§§ 2169 Abs. 1, 2170). Ebenso entsteht im Falle der Belastung dem Vermächtnisnehmer stets der Anspruch auf Beseitigung der Rechte, der ihm sonst nach § 2165 grundsätzlich versagt ist. Der Anspruch aus Abs. 2 besteht auch bei schuldrechtlicher Verpflichtung zur Veräußerung des vermachten Gegenstandes, BGH **31** 23.

Aus der Anwendung des **§ 2170 Abs. 2** folgt ein Anspruch auf *Wertersatz* an **6**
Stelle der Verschaffung in Natur oder der Beseitigung der Belastung.

IV. Zu Abs. 2 Satz 2: **7**

Während der Anspruch aus § 2287 (dort Rdn. 7) von vornherein nur **gegen** den Beschenkten zusteht, haftet in den Fällen des Abs. 1, tatsächlicher böslicher Vereitelung des Vermächtnisses, überhaupt nur der Erbe, in den Fällen des Abs. 2 gleichfalls der Erbe, aber **aushilfsweise** innerhalb dreijähriger Verjährungsfrist auch der Beschenkte. Dem Bedachten liegt deshalb der *Beweis* ob, daß und inwieweit er Ersatz vom Erben, der damit nur eine Nachlaßverbindlichkeit zu erfüllen hat, nicht habe erlangen können. Zur Beweislast im allgemeinen vgl. BGH WM **69** 1055.

§ 2289

Durch den Erbvertrag wird eine frühere letztwillige Verfügung des Erblassers aufgehoben, soweit sie das Recht des vertragsmäßig Bedachten beeinträchtigen würde. In dem gleichen Umfang ist eine spätere Verfügung von Todes wegen unwirksam, unbeschadet der Vorschrift des § 2297.

Ist der Bedachte ein pflichtteilsberechtigter Abkömmling des Erblassers, so kann der Erblasser durch eine spätere letztwillige Verfügung die nach § 2338 zulässigen Anordnungen treffen.

E I 1953 Abs. 1 Satz 2 II 2155; M **5** 331, 332; P **5** 395, 396, 422; **6** 351—353.

Auswirkung auf andere letztwillige Verfügungen

Übersicht

I. Wirkung auf frühere letztwillige Verfügungen (Abs. 1 Satz 1) **1**

In § 2289 kommt die **erbrechtliche Bindung** (vgl. Rdn. 4 vor § 2274; DNotZ **57** 535: *Vorsicht* bei Bindung durch Erbvertrag), die der Erbvertrag — anders als das gemeinschaftliche Testament (§§ 2265 ff) — schon mit dem Vertragsschluß bewirkt, besonders stark zum Ausdruck. Eine **frühere letztwillige Verfügung** wird nach § 2258 durch ein späteres Testament insoweit **aufgehoben,** als dieses mit der früheren Verfügung in Widerspruch tritt. Diese Wirkung äußert auch der Erbvertrag. Sie geht aber insofern weiter, als der rechtswirksame Erbvertrag auch frühere Verfügungen aufhebt, die rechtlich neben den neuen vertragsmäßigen, nach § 2278 Abs. 2 auf Erbeinsetzungen, Vermächtnisse und Auflagen beschränkten Verfügungen bestehen könnten, aber *wirtschaftlich* das **Recht des Bedachten beeinträchtigen** würden, abw. *Johannsen* WM **69** 1224. Es fallen insbesondere, gegen die Regel des § 2161, früher angeordnete Vermächtnisse und Auflagen durch Einsetzung eines Vertragserben ohne weiteres zusammen (vgl. BGH **26** 204), ebenso die Ernennung eines Testamentsvollstreckers (BayObLG **30** 59; HRR **34** Nr. 17). Das vertragsmäßig zugewendete Vermächtnis hebt ein früher letztwillig angeordnetes Vermächtnis auf, wenn beide denselben Gegenstand betreffen; sonst hat es vor diesem den Vorrang (KO § 226 Abs. 3; vgl. auch VerglO § 113 Nr. 7). Die Aufhebung reicht nur *so weit,* als Beeinträchtigung vorliegt. Soweit dies der Fall ist, können sich auch Dritte auf die Unwirksamkeit der früheren (wie der späteren) Verfügung berufen, z. B. der vom früher eingesetzten Erben verklagte Nachlaßschuldner oder der zugunsten verschiedener Bedachter mit demselben Vermächtnis Beschwerte.

2 *Vorausgesetzt* ist, daß der den Erbvertrag schließende Erblasser an die frühere Verfügung *nicht* durch einen früheren Erbvertrag oder durch wechselbezügliches Testament (§ 2271 Abs. 1 und 2) *bereits gebunden war.* Inwieweit dies der Fall ist, beurteilt sich gemäß EG Art. 214 Abs. 2 gegebenenfalls nach dem älteren Rechte, vgl. Einl. vor § 1922 Rdn. 7. Soweit der Erblasser bereits gebunden ist, kann der neu Bedachte durch den Erbvertrag keine Rechte erwerben und darin also nicht beeinträchtigt werden. Die bloße Möglichkeit, sich von der Gebundenheit nachträglich zu befreien (§ 2271 Rdn. 20—27; Anfechtbarkeit des Erbvertrags §§ 2281 ff; Rücktritt §§ 2293 ff), genügt nicht, dem Erblasser die Vertragsfreiheit zu verschaffen (vgl. BayObLG **21** A 10). Dagegen ist der während des Zustandes der Gebundenheit geschlossene Erbvertrag voll wirksam, sobald dieses Hindernis behoben ist. Umgekehrt lebt aber auch die frühere letztwillige Verfügung wieder auf, wenn der neue, sie aufhebende Erbvertrag a) demnächst infolge Aufhebung oder Rücktritt wieder beseitigt ist (vgl. auch § 2258) oder b) wegen Wegfalls des vertragsmäßig Bedachten vor oder nach dem Erbfalle gegenstandslos wird, es sei denn, die ältere Verfügung wäre im Erbvertrag gemäß § 2299, § 2254 schlechthin — ausdrücklich oder stillschweigend — widerrufen (zu b streitig; vgl. JFG **5** 181).

3 **II. Wirkung auf spätere Verfügungen von Todes wegen (Abs. 1 Satz 2)**

Spätere Verfügungen von Todes wegen (Testament oder Erbvertrag mit einem Dritten, nicht Verträge unter Lebenden, bei denen nur die Erfüllung bis zum Tode des Verpflichteten hinausgeschoben wird, OLG Düsseldorf NJW **54** 1041) sind in gleichem Umfange, d. h. insoweit **unwirksam,** als sie das Recht des vertragsmäßig Bedachten beeinträchtigen würden (Rdn. 1; wegen der nachträglichen Ernennung eines *Testamentsvollstreckers* s. RG **139** 43 mit Anm. von *Boehmer* JW **33** 1301 sowie KG JW **38** 2746[21]). Der Erblasser wird durch den Abschluß des Erbvertrages *nicht in der Testierfähigkeit beschränkt* (RG **149** 201 zu § 2271 Abs. 1), sondern *nur* in seiner *Testierfreiheit.* Eine dem Erbvertrage zuwiderlaufende Verfügung ist deshalb nicht schlechthin nichtig, sondern wird voll wirksam, wenn der Erbvertrag durch Aufhebung, die gemäß § 2297 auch nach dem Tode des anderen Vertragschließenden möglich ist, oder durch Rücktritt beseitigt wird, oder wenn der vertragsmäßig Bedachte vor oder nach dem Erbfalle unfreiwillig oder freiwillig wegfällt (vgl. JW **33** 2779[6] mit Anm. von *Zilkens;* für das gemeine Recht RG **4** 171 und 18. 5. 1922 IV 438/21). Die, wenn auch formlose, *Zustimmung* des Vertragserben zu einem späteren Testament des Erblassers kann die Bedeutung haben, daß er die Bestimmungen des Testaments auch insoweit gegen sich gelten lassen muß, als sie in seine durch den Erbvertrag begründete Rechtsstellung eingreifen (RG **134** 325). War dem Erblasser im Erbvertrage das Recht vorbehalten worden, allgemein oder innerhalb gewisser Grenzen spätere abweichende Verfügungen zu treffen, so kann, soweit hiervon Gebrauch gemacht wird, der Bedachte nicht beeinträchtigt werden (JFG **15** 229; BayObLG **61** 206). In dem bloßen Vorbehalt des Rücktritts (§ 2293) ist der Vorbehalt der Verfügungsfreiheit noch nicht zu erblicken. Ein *neuer* Erbvertrag derselben Vertragschließenden ist voll wirksam. Neues gemeinschaftliches Testament § 2292.

Zum Wegfalle der Bindung bei Eingreifen einer Wiederverheiratungsklausel OLG Karlsruhe NJW **61** 1410. Treffen Ehegatten in einem Erbvertrage, in dem sie sich gegenseitig und nach dem Tode des Längstlebenden ihre Kinder zu Alleinerben eingesetzt haben, die Bestimmung, daß im Falle der Wiederverheiratung des Überlebenden den Kindern der den gesetzlichen Erbteil übersteigende Betrag des Nachlasses des Erstversterbenden als Vermächtnis herauszugeben ist, so ist der überlebende Ehegatte im Falle der Wiederverheiratung an seine Verfügung *zugunsten der Kinder nicht* gebunden (OLG Zweibrücken OLGZ **73** 217).

Eine letztwillige Verfügung, die einer in einem Erbvertrage vertragsmäßig getroffenen Verfügung widerspricht, beeinträchtigt das Recht des vertragsmäßig Bedachten auf jeden Fall; sie kann nicht deswegen wirksam sein, weil sie, wirtschaftlich gesehen, für den vertragsmäßig Bedachten günstiger als die erbvertragliche Regelung ist (BGH **26** 204, 213 = NJW **58** 498 = LM BGB § 2289 Nr. 3 mit ausführlicher Anmerkung von *Johannsen;* s. ferner *Coing* NJW **58** 689; kritisch *Küster* JZ **58** 394; vgl. auch Rdn. 4 vor § 2274 und § 2276 Rdn. 5). Zur Frage der Wirksamkeit von Rechtsgeschäften, sog. Zweitgeschäften, die zur Umgehung des in § 2289 aufgestellten Testierverbots unter Lebenden abgeschlossen worden sind, s. BGH NJW **64** 547 mit Anm. von *Kohler.*

III. Behandlung pflichtteilsberechtigter Abkömmlinge (Abs. 2) 4

Der pflichtteilsberechtigte Abkömmling (§ 2303) kann vom Erblasser als anderer Vertragschließender oder als Dritter bedacht sein. Sind die Voraussetzungen des § 2338 (Enterbung in guter Absicht) gegeben, so wird angenommen, auch der andere Vertragsteil sei im Familieninteresse hiermit einverstanden. Der Erblasser darf deshalb diese letztwillige Anordnung sowohl bei Lebzeiten des anderen Teiles, sogar ohne sein Vorwissen, als auch nach dessen Tode treffen; sie kann die ganze Zuwendung, nicht nur den Pflichtteil umfassen (KGJ **48** 144). Auf diese Befugnis kann im Erbvertrage nicht wirksam verzichtet werden (§ 138 Abs. 1). Dagegen ist der Erblasser erst dann berechtigt, dem Bedachten den Pflichtteil auf Grund des § 2333 zu entziehen, wenn er den Rücktritt vom Erbvertrage erklärt hat (§ 2294); nach dem Tode des anderen Vertragschließenden gilt insoweit § 2297.

IV. Übergangsrecht 5

Ein Erbvertrag, der nach *früherem Recht* wegen *Formmangels* nichtig war, ist auch nach TestG § 51 Abs. 3 nicht mit dem Inkrafttreten des Testamentsgesetzes von selbst voll wirksam geworden. Der Erblasser kann daher anderweit von Todes wegen verfügen. Erst mit dem Erbfalle wird der Formmangel nach TestG § 51 Abs. 3 geheilt, soweit nicht inzwischen getroffene sonstige Verfügungen von Todes wegen entgegenstehen (LM BGB § 986 Nr. 1 mit Anm. von *Pritsch*). Vgl. auch Rdn. 8 vor § 2229.

V. Landwirtschaftsrecht 6

Der *Übergabevertrag* über einen *Hof* im Sinne der Höfeordnung hat in der Regel eine *doppelte Natur;* er ist zwar ein Rechtsgeschäft unter Lebenden, aber zugleich vorweggenommene Erbfolge. Ein solcher Übergabevertrag ist deshalb gemäß § 2289 insoweit unwirksam, als er das Recht eines Dritten beeinträchtigt, der durch Erbvertrag als Hoferbe eingesetzt war (OLG Hamm JMBlNRW **51** 58 = DRspr. II [282] 49 a; BGH LM HöfeO § 12 Nr. 3; entsprechend bei gemeinschaftlichem Testament BGH LM HöfeO § 17 Nr. 4; s. auch § 2286 Rdn. 5 f). Entsprechendes gilt im umgekehrten Falle: Hat also der Hofeigentümer mit einem Abkömmling einen *Übergabevertrag* geschlossen, so ist ein *späterer Erbvertrag* mit einem anderen Abkömmling unwirksam, soweit darin ein anderer als der Übernehmer zum Hoferben bestimmt worden ist. Das gilt auch dann, wenn bei Abschluß des Erbvertrages der Übergabevertrag noch nicht — oder noch nicht rechtskräftig — genehmigt war. Der Erbvertrag wird jedoch wirksam, wenn die Genehmigung zur Übergabe rechtskräftig versagt ist (OLG Celle NdsRpfl. **60** 62). Keine Bedenken bestehen gegen die Wirksamkeit eines späteren Hofübergabevertrages, wenn dem Erbvertrage — gegebenenfalls im Wege der Auslegung — eine Übertragungsbefugnis zu entnehmen ist (OLG Hamm RdL **69** 151; vgl. ferner BGH RdL **63** 270; RdL **68** 293; AgrarR **73** 83).

Eine Übergabe im Wege *„vorweggenommener Erbfolge"* braucht nicht bei jeder Übergabe an einen Abkömmling oder sonstigen Hoferbenberechtigten gegeben zu sein. Es kann je nach dem Inhalt des Vertrages (Kaufpreis, Zahlungsweise) auch ein reiner Kaufvertrag zugrunde liegen (vgl. OLG Oldenburg NdsRpfl. **51** 141). Ein Hofeigentümer wird durch einen mit dem künftigen Hoferben abgeschlossenen Erbvertrag nicht gehindert, den Hofvermerk löschen zu lassen (OLG Oldenburg NdsRpfl. **67** 205 = RdL **67** 326).

7 Zur Bindung des Erblassers durch Erbverträge unter der Herrschaft des *Reichserbhofgesetzes* vgl. BGH LM BGB § 2289 Nr. 1 = NJW **51** 524 gegen OLG Celle DNotZ **51** 83 = MDR **50** 419 mit Anm. von *Rötelmann;* ferner LM BGB § 2289 Nr. 2.

8 **VI. Rückerstattung**

Ist ein Erbvertrag, der auch ein deutsches Grundstück umfaßt, in Deutschland geschlossen worden, so kann der später nach England ausgewanderte überlebende Vertragsteil auf Grund der Rückverweisung des englischen internationalen Privatrechts nicht anderweit über den auf das Nachlaßgrundstück gerichteten Rückerstattungsanspruch verfügen (OLG Frankfurt NJW **54** 111; vgl. auch Rdn. 17 vor § 2274).

§ 2290

Ein Erbvertrag sowie eine einzelne vertragsmäßige Verfügung kann durch Vertrag von den Personen aufgehoben werden, die den Erbvertrag geschlossen haben. Nach dem Tode einer dieser Personen kann die Aufhebung nicht mehr erfolgen.

Der Erblasser kann den Vertrag nur persönlich schließen. Ist er in der Geschäftsfähigkeit beschränkt, so bedarf er nicht der Zustimmung seines gesetzlichen Vertreters.

Steht der andere Teil unter Vormundschaft, so ist die Genehmigung des Vormundschaftsgerichts erforderlich. Das gleiche gilt, wenn er unter elterlicher Gewalt steht, es sei denn, daß der Vertrag unter Ehegatten oder unter Verlobten geschlossen wird.

Der Vertrag bedarf der im § 2276 für den Erbvertrag vorgeschriebenen Form.

E I 1957 II 2156; M **5** 339—342; P **5** 407, 408; **6** 100.

Aufhebung durch Vertrag

Übersicht

1 **I. Der Aufhebungsvertrag im allgemeinen (Abs. 1 Satz 1)**

Die von der einseitigen Anfechtung aus §§ 2281 ff wohl zu unterscheidende Aufhebung des Erbvertrages, d. h. der Gesamtheit oder einzelner der darin getroffenen vertragsmäßigen Verfügungen (Erbeinsetzungen, Vermächtnisse, Auflagen § 2278 Abs. 2) kann *bei Lebzeiten der Vertragschließenden* nur durch Vertrag derselben Personen erfolgen. Dagegen kann der Erblasser mit dem bedachten Gegner keinen Erbverzichtsvertrag abschließen (vgl. BayObLG JFG **3** 166; OLG Celle NJW **59** 1923; a.A. BayObLG NJW **65** 1552 = BayObLG **65** 188 [Vorlagebeschluß]). Inwieweit hiervon zugleich einseitige im Erbvertrage getroffene Verfügungen betroffen werden, bestimmt § 2299 Abs. 3. Durch die Aufhebung werden auch die zugunsten *Dritter* getroffenen Verfügungen hinfällig (RG **134** 327). Diese brauchen nicht zuzustimmen, weil sie durch den Vertragsabschluß keine eigenen Rechte erlangt haben. Wohl aber können sie schon vor dem Erbfalle einen Verzichtsvertrag mit dem Erblasser schließen (§ 2352 Rdn. 4), aber keinen Aufhebungsvertrag (vgl. *Staudinger/Dittmann* Rdn. 2). Andererseits hat der im Erbvertrage Bedachte, wenn er nicht selbst Vertragspartei ist, auf die Aufhebung keinen Einfluß. Er ist erst gesichert, wenn der Vertragspartner des Erblassers gestorben ist (*Johannsen* WM **69** 1229). Der Aufhebungsvertrag kann sich auch auf die gegenseitige Gebundenheit beschränken und die Verfügungen als einseitige inhaltlich bestehen lassen. Der zweite Vertrag ist nicht deshalb sittenwidrig (§ 138 Abs. 1), weil mit ihm bezweckt wird, den im ersten Vertrage dem Sohne des Erblassers zugedachten Erbteil dadurch dem Zugriffe seiner Gläubiger zu entziehen, daß er nunmehr seinen Abkömmlingen zugewendet wird; ein solcher Zweck entspricht dem Grundgedanken des § 2338 Abs. 1 (RG SeuffArch. **74** Nr. 55).

Erleichterte Form ist vorgesehen bei der Aufhebung von Vermächtnissen und **2**
Auflagen § 2291 und bei der Aufhebung durch gemeinschaftliches Testament § 2292. Es ist zu beachten, daß Erbeinsetzungen, Vermächtnisse und Auflagen nicht schon deshalb vertragsmäßige Verfügungen von Todes wegen sind, weil sie in einem Erbvertrage stehen. Wenn in einem solchen Falle auch der äußere Anschein für eine vertragsmäßige Verfügung von Todes wegen spricht, so hat doch der Richter nach dem frei zu ermittelnden Willen der Vertragschließenden zu entscheiden, ob und inwieweit eine gegenseitige Bindung oder freie Widerruflichkeit der einzelnen Verfügungen beabsichtigt ist (RG 3.2.1916 IV 295/15). Im übrigen ist die Form dieselbe wie beim Erbvertrage (§ 2276 i.d.F. des § 57 Abs. 3 Nr. 14 BeurkG; § 2277 BGB, § 34 BeurkG gelten nicht).

II. Tod eines Erbvertragspartners (Abs. 1 Satz 2) **3**

Nach dem Tode eines Vertragschließenden ist die Aufhebung des Erbvertrags nur im Falle des § 2297, also nicht durch Vertrag mit den Erben des Zuerstverstorbenen möglich, auch nicht (wie beim wechselbezüglichen Testamente § 2271 und in dem besonderen Falle des § 2298 Abs. 2), wenn der Überlebende ausschlägt. Die ihm auferlegten Beschwerungen gehen vielmehr auf den nachrückenden Bedachten über (§§ 2161, 2192). Das gilt insbesondere *auch* für *mehrseitige Erbverträge*, z. B. solche zwischen Eltern und mehreren Abkömmlingen. Derartige Verträge können grundsätzlich nicht mehr aufgehoben oder geändert werden, wenn auch nur einer der Beteiligten verstorben ist (BGH 8.11.65 III ZB 9/65). Erlangt der Erblasser in einem solchen Falle seine Testierfreiheit wieder, so ist das, wenn auch keine Anfechtungsmöglichkeit und kein Rücktrittsrecht besteht, nur im Wege des Erbverzichts möglich (*Johannsen* WM **69** 1229). Die Vorschrift ist auch anwendbar, wenn die Ehegatten den Erbvertrag bereits als Verlobte geschlossen haben (*Johannsen* aaO).

III. Persönlicher Vertragsschluß (Abs. 2) **4**

Zu Abs. 2 Satz 1: Für den **Erblasserteil** ist wie beim Abschluß (§ 2274), bei der Bestätigung (§ 2284), beim Rücktritt (§ 2296) und grundsätzlich bei der Anfechtung (§ 2282) **persönliches Handeln** unerläßlich. Der geschäftsunfähig gewordene Erblasserteil kann deshalb den Erbvertrag nicht wieder aufheben.

5 **Zu Abs. 2 Satz 2:** Auch der in der **Geschäftsfähigkeit beschränkte** Erblasser (§§ 106, 114) muß persönlich aufheben, bedarf aber hierzu weder der Zustimmung seines Vertreters noch der Genehmigung des Vormundschaftsgerichts. Das gleiche gilt bei der Anfechtung und beim Rücktritt §§ 2282 Rdn. 2, 2296 Rdn. 1.

6 **IV. Genehmigung des Vormundschaftsgerichts (Abs. 3)**

Zu Abs. 3 Satz 1: Der **„andere** (nur annehmende) **Teil"** kann bei dem Aufhebungsvertrage auch durch Vertreter handeln. Ist er geschäftsunfähig, so muß er dabei vertreten werden. Ist er beschränkt geschäftsfähig, so muß, da er einen rechtlichen Vorteil aufgibt, nach §§ 107, 108, 114 sein gesetzlicher Vertreter zustimmen. Für die Zustimmung gilt das zu § 2275 Rdn. 4 Gesagte. **Genehmigung des Vormundschaftsgerichts** §§ 1828 ff. Pflegschaft § 1915, und zwar durch den Richter, nicht durch den Rechtspfleger § 14 Nr. 17 RpflG.

7 **Zu Abs. 3 Satz 2:** Abweichend vom Abschluß des Erbvertrages (§ 2275 Rdn. 2) ist bei der Aufhebung **Zustimmung des Gewalthabers** (§§ 1630, 1686) des anderen Teiles und sogar vormundschaftsgerichtliche Genehmigung notwendig. Nur die letztere — nicht auch die Zustimmung des Gewalthabers — ist entbehrlich, wenn es sich um einen Aufhebungsvertrag zwischen **Ehegatten und Verlobten** handelt. Die 2ustimmung eines bedachten Dritten ist nicht erforderlich, da er vor dem Erbfalle noch keine Rechte erwirbt (LG Mosbach MDR **71** 222). Verhindert er arglistig die Aufhebung, so muß er sich so behandeln lassen, als ob die Aufhebung erfolgt wäre (RG **134** 327).

8 **V. Form des Aufhebungsvertrags (Abs. 4)**

Form des § 2276 in der Fassung des § 57 Abs. 3 Nr. 14 BeurkG: Vertragsschluß vor Notar unter gleichzeitiger Anwesenheit beider Teile. Wird der Aufhebungsvertrag mit einem Ehevertrage oder mit der Aufhebung oder Änderung eines Ehevertrages verbunden (§ 1432), so genügt die erleichterte Form des § 2276 Abs. 2. Die über die Aufhebung des Erbvertrages aufgenommene Urkunde ist nicht amtlich zu verwahren (§ 2277). Anderseits ist Aufhebung durch Rücknahme des Erbvertrags aus der amtlichen Verwahrung (§ 2256) ausgeschlossen (§ 2277 Rdn. 4).

9 **VI. Anfechtung des Aufhebungsvertrags**

Der Aufhebungsvertrag kann nur nach den allgemeinen Grundsätzen über die Anfechtung von Rechtsgeschäften angefochten werden (§§ 119 ff, 142 ff). Die besonderen für die Anfechtung letztwilliger Verfügungen erteilten Vorschriften der §§ 2078 ff könnten nur auf Grund von § 2279 (Rdn. 1 f) angewandt werden, auf den Erblasserteil überdies nur dann, wenn der Aufhebungsvertrag im Sinne von § 2281 dem Erbvertrage gleichzustellen wäre. Gegenstand der Anfechtung ist jedoch in dem hier vorausgesetzten Falle keine vertragsmäßige Zuwendung oder Auflage; es soll im Gegenteil eine solche Zuwendung (Auflage) beseitigt, also ein verneinendes Ergebnis erzielt werden, und zwar nicht einmal äußerlich, wie im Falle des § 2081, in Form einer letztwilligen Verfügung, sondern lediglich auf rechtsgeschäftlichem Wege (wie hier *Staudinger/Herzfelder* 9. Aufl. Anm. VI; *Soergel* 8. Aufl. Anm. 1; aM *Planck/Greiff* Anm. 4; *Kipp/Coing 12. Bearb. § 39 V; Palandt/Keidel* 34. Aufl. Anm. 4; *Erman/Hense* 5. Aufl. Rdn. 4; *Staudinger/Dittmann* 10/11. Aufl. Rdn. 15).

10 Nach erfolgreicher Anfechtung lebt der aufgehobene Erbvertrag wieder auf (§ 142 Abs. 1). Beschränken sich die Beteiligten auf die Aufhebung des aufhebenden Vertrags, so kann das nur den Sinn haben, den Erbvertrag wiederherzustellen; hierfür muß daher gleichfalls die Form des § 2276 beachtet werden.

§ 2291

Eine vertragsmäßige Verfügung, durch die ein Vermächtnis oder eine Auflage angeordnet ist, kann von dem Erblasser durch Testament aufgehoben werden. Zur Wirksamkeit der Aufhebung ist die Zustimmung des anderen Vertragschließenden erforderlich; die Vorschriften des § 2290 Abs. 3 finden Anwendung.

Die Zustimmungserklärung bedarf der notariellen Beurkundung; die Zustimmung ist unwiderruflich.

E II 2157; P **5** 415—417; **6** 397.

Aufhebung durch Testament

I. Zu Abs. 1 Satz 1 1

Gegenüber § 2290 ist für die Aufhebung eine **erleichterte Form** nachgelassen, soweit es sich um vertragsmäßige **Vermächtnisse oder Auflagen,** nicht also um Erbeinsetzungen handelt (§ 2278 Abs. 1). Jede der zulässigen *Testamentsformen* genügt. Ob die Aufhebung schlechthin (§ 2254) oder durch Errichtung eines inhaltlich abändernden Testaments erfolgt (§ 2258 Abs. 1), ist gleichgültig. Der Widerruf des aufhebenden Testaments macht nach § 2258 Abs. 2, § 2279 die aufgehobene Verfügung, und zwar als vertragsmäßige, von neuem wirksam, auch wenn die damit gegenstandslos gewordene Zustimmung des anderen Teiles erklärt war.

II. Zu Abs. 1 Satz 2 2

Die **Zustimmung des anderen Vertragschließenden,** auch wenn er selbst nicht bedacht worden oder beschwert ist, ist als Einwilligung oder Genehmigung gegenüber dem Erblasserteile (§§ 182—184) in der Form des Abs. 2, doch ohne das Erfordernis gleichzeitiger Anwesenheit, wie nach § 2276 Abs. 1, § 2290 zu erklären. Sie ist **unwiderruflich** (Abs. 2), kann auch durch Vertreter abgegeben werden und bedarf unter den Voraussetzungen des § 2290 Abs. 3 *der Genehmigung des Vormundschaftsgerichts.* Sie ist auch wirksam, wenn sie schon im Erbvertrage selbst erklärt worden ist; sie liegt aber nicht schon darin ausgesprochen, daß dem Erblasser der Rücktritt gemäß § 2293 gestattet ist. Aus § 2290 (Rdn. 3) ist zu entnehmen, daß die Zustimmung nach dem Tode des anderen Vertragschließenden durch seine Erben nicht mehr nachgeholt werden kann. Sie bleibt aber wirksam, wenn der Vertragsgegner stirbt, so daß der Erblasser das Aufhebungstestament auch noch nach dem Tode des Vertragsgegners errichten kann (*Staudinger/Dittmann* Rdn. 8).

III. Zu Abs. 2 3

In Abs. 2 sind die Wörter „gerichtlichen oder" nach § 56 Abs. 1 BeurkG mit Wirkung v. 1. 1. 1970 weggefallen. Die Beurkundung der Zustimmungserklärung ist *nur in notarieller* Form zulässig, §§ 1 ff BeurkG. **Notarielle Beurkundung** wie bei der Anfechtungserklärung und beim Rücktritt §§ 2282, 2296. Die Formvorschrift hat den *Zweck,* den Beteiligten ein zuverlässiges Beweismittel und sichere Kenntnis der nunmehr wieder unbeschränkten Testierfreiheit zu verschaffen (vgl. *Harrer* LZ **24** 15, 16). Im übrigen vgl. § 128 Rdn. 3, 4. Ähnlich bei letztwilligen Verfügungen bei der fortgesetzten Gütergemeinschaft § 1516.

§ 2292

Ein zwischen Ehegatten geschlossener Erbvertrag kann auch durch ein gemeinschaftliches Testament der Ehegatten aufgehoben werden; die Vorschriften des § 2290 Abs. 3 finden Anwendung.

E II 2158; P **5** 446.

Aufhebung durch gemeinschaftliches Testament

1 **I. Zu Halbs. 1**

Aufhebung des Erbvertrages durch gemeinschaftliches Testament ist zulässig, wenn die Vertragschließenden zur Zeit der Aufhebung **Ehegatten** sind (§ 2265 Abs. 1), mögen sie auch den Erbvertrag seinerzeit als Fremde oder als Verlobte geschlossen haben (RJA **9** 18). Wie im Falle des § 2291 Rdn. 1 genügt jede Testamentsform (beim eigenhändigen Testament vgl. § 2267), und auch hier ist gleichgültig, ob sich das gemeinschaftliche Testament auf den Widerruf (sämtlicher oder einzelner Verfügungen) beschränkt oder inhaltlich neue Anordnungen trifft. Abweichend von § 2291 können auf diesem Wege auch vertragsmäßige Erbeinsetzungen aufgehoben werden (RG **134** 327). Eine Vertretung ist schon durch § 2064 ausgeschlossen. Die Errichtung zweier selbständiger Testamente durch die Gatten reicht zur Aufhebung des Erbvertrages auch dann nicht aus, wenn sie in beiderseitigem Einverständnis geschieht (BayObLG **20** A 117). In einem gemeinschaftlichen Testament kann der Erbvertrag auch durch neue Verfügungen in der Weise ergänzt werden, daß zwischen den vertragsmäßigen und den testamentarischen Verfügungen Wechselbezüglichkeit eintritt (BayObLG **56** 205). Auch die Aufhebung einzelner Verfügungen ist möglich (BayObLGZ **60** 192).

2 **II. Zu Halbs. 2**

Die **Beschränkung der Geschäftsfähigkeit** hindert jedenfalls den *Erblasserteil* nicht, den Erbvertrag durch widerrufendes Testament aufzuheben, weder nach Testamentsgrundsätzen (§§ 2229 Abs. 1, 2, 2253) noch unter dem Gesichtspunkt des Aufhebungsvertrags (§ 2290 Rdn. 5).

3 Dagegen handelt es sich auf seiten des anderen (nur *annehmenden)* Teiles nicht um den Widerruf eigener Verfügungen, sondern um die Entlassung des Erblasserteils aus der vertragsmäßigen Bindung. Er könnte deshalb, wenn er wegen Geistesschwäche usw. entmündigt ist, nach § 2229 Abs. 3 als an der Testamentserrichtung verhindert angesehen werden. Allein die Bezugnahme auf § 2290 Abs. 3 ergibt, daß das Gesetz die Fähigkeit des nur annehmenden Teiles zur testamentarischen Aufhebung des Erbvertrages lediglich nach den Grundsätzen über den Aufhebungsvertrag beurteilt wissen und dafür sogar erleichterte Formen schaffen will. Auch der beschränkt geschäftsfähige Ehegatte ist deshalb, soweit er sich auf die Aufhebung des Erbvertrages beschränkt, trotz § 2229 Abs. 3 testamentsfähig. Doch braucht er, wie die Bezugnahme auf § 2290 Abs. 3 weiter ergibt, zu der aufhebenden Verfügung des gemeinschaftlichen Testaments als Minderjähriger oder sonst in der Geschäftsfähigkeit Beschränkter die Einwilligung seines gesetzlichen Vertreters und zugleich, wenn er unter Vormundschaft (oder Pflegschaft) steht, die *vormundschaftsgerichtliche Genehmigung*. Die letztere kommt jedoch nicht in Frage, wenn er der elterlichen Gewalt unterworfen ist, da es sich stets um Ehegatten handelt (§ 2290 Rdn. 7). Sie beschränkt sich auf den aufhebenden Teil des gemeinschaftlichen Testaments, wenn darin zugleich andere Verfügungen getroffen sind. Genehmigt der Ehegatte die testamentarische Aufhebung nachträglich, nachdem er unbeschränkt

geschäftsfähig geworden ist, so kann das den mangelhaften Testamentsakt nicht wirksam machen (vgl. *Harrer* LZ **24** 16; ebenso *Erman/Hense* Rdn. 2; a.A. *Palandt/Keidel* BGB 34. Aufl. Anm. 3; *Staudinger/Dittmann* Rdn. 9).

§ 2293

Der Erblasser kann von dem Erbvertrage zurücktreten, wenn er sich den Rücktritt im Vertrage vorbehalten hat.

E I 1958 Abs. 1 Satz 1 II 2159; M **5** 342, 343, P **5** 409.

Rücktritt kraft Vorbehalts

Der **Rücktritt** ist eine einseitige, von der Zustimmung des anderen Teiles (§§ 2290 bis 2292) unabhängige Aufhebung des Erbvertrages. Form §§ 2296, 2297. Der **Vorbehalt** wie demnächst auch die Erklärung des Rücktritts können sich auf den ganzen Erbvertrag oder nur auf einzelne vertragsmäßige Verfügungen beziehen. Inwieweit im letzteren Falle auch die anderen Verfügungen hiervon betroffen werden, bestimmt sich nach den §§ 2298, 2299. Das Gesetz spricht nur von einem Vorbehalt zugunsten des **Erblassers.** **1**

Ein **Rücktrittsvorbehalt des „anderen Vertragschließenden"** ist nur dann rechtlich möglich, wenn er eine Leistung bewirkt oder eine Verpflichtung übernommen hat und befugt sein will, hiervon zurückzutreten; ein solches Rücktrittsrecht steht, auch hinsichtlich der Form seiner Ausübung, unter den allgemeinen Vorschriften der §§ 346 ff; die Ausübung hebt die Leistungspflicht auf und begründet eine Forderung auf Rückgewähr des Geleisteten (*Kipp/Coing* § 40 IV 2; auch *Staudinger/Dittmann* Rdn. 13; anders die 5. und die früheren Auflagen dieses Kommentars, die ein vorbehaltenes Rücktrittsrecht des Vertragspartners des Erblassers in dem Sinne zulassen, daß durch seine Ausübung die Verfügungen des Erblassers ihren Vertragscharakter verlieren, aber als letztwillige Verfügungen wirksam bleiben; einen Rücktritt dieser Art kennt aber das Gesetz nicht). **2**

Im übrigen wird durch den bloßen Vorbehalt des Rücktritts die *Bindung des Erblassers* nicht beseitigt; sie *bleibt* vielmehr mit ihren aus §§ 2287—2289 ersichtlichen Wirkungen *bestehen*, bis der Rücktritt wirklich erklärt worden ist. Kein Vorbehalt des Rücktritts ist es, wenn der Erblasser sich vorbehält, dem vertragsmäßig Bedachten einseitig noch Beschränkungen oder Beschwerungen aufzuerlegen. Ist der Erbvertrag unter einer *auflösenden Bedingung*, sei es auch eigenes Handeln des Erblassers (Wiederverheiratung), geschlossen, so wird er mit Eintritt der Bedingung ohne weiteres hinfällig. Die *Ausübung* des vorbehaltenen Rücktrittsrechts ist an keine Frist gebunden. Hat der Erblasser sich jedoch den Rücktritt für den Fall vorbehalten, daß der andere Vertragschließende und Bedachte die von ihm übernommenen Verpflichtungen während eines bestimmten vertraglich festgelegten Mindestzeitraums nicht erfüllt, so kann er erst zurücktreten, wenn er zuvor dem anderen Teile gegenüber die mangelnde Vertragserfüllung gerügt hat; erst mit *dieser* Rüge beginnt die im Vertrag gesetzte Frist zu laufen. Der Rücktritt ist dann grundsätzlich erst berechtigt, wenn die Leistung innerhalb der Frist weiterhin nicht oder mangelhaft erbracht wird (BGH MDR **67** 993 = BB **68** 401 = LM § 242 (C d) Nr. 118 = DNotZ **68** 105). Nach dem Tode des anderen Teiles greift § 2297 ein. **3**

4 Ein vorbehaltener **Rücktritt** ist **unwirksam,** wenn der Erblasser das zum Rücktritt berechtigende Verhalten des Vertragserben stillschweigend billigt. Hat z. B. der Erblasser sich für den Fall des Abzugs des Vertragserben vom Hofe ein Rücktrittsrecht vorbehalten, so kann er dies nicht ausüben, wenn er dem Abzug zugestimmt hat (OLG Oldenburg NdsRpfl. **55** 191).

5 Die Ausübung des Rücktrittsrechts kann nicht ohne weiteres in einer anderweitigen Erbeinsetzung erblickt werden (OLG Saarbrücken SaarRuStZ **57** 45). Zu den Anforderungen an die **Rücktrittserklärung** selbst vgl. im übrigen die Anm. zu §§ 2296, 2297.

§ 2294

Der Erblasser kann von einer vertragsmäßigen Verfügung zurücktreten, wenn sich der Bedachte einer Verfehlung schuldig macht, die den Erblasser zur Entziehung des Pflichtteils berechtigt oder, falls der Bedachte nicht zu den Pflichtteilsberechtigten gehört, zu der Entziehung berechtigen würde, wenn der Bedachte ein Abkömmling des Erblassers wäre.

E II 2160 Abs. 1; P **5** 395—397, 411—413; **6** 351—353.

Rücktritt wegen Verfehlungen

1 Der **Erblasser kann wegen einer Verfehlung des Bedachten,** gleichviel ob es der andere Vertragschließende oder ein Dritter ist, einseitig von einer einzelnen vertragsmäßigen Verfügung (Erbeinsetzung, Vermächtnis § 2278 Abs. 2), die den Bedachten begünstigt, **zurücktreten,** wenn ihn die Verfehlung gegenüber dem Bedachten als Abkömmling (§ 2333; vgl. BGH LM BGB § 1621 Nr. 1 zu § 2333 Nr. 5), als Elternteil (§ 2334) oder als Ehegatten (§ 2335) zur **Entziehung des Pflichtteils** berechtigen würde. Auf dieses Rücktrittsrecht kann im Erbvertrage nicht verzichtet (§ 138 Abs. 1; RG WarnRspr. **42** Nr. 52), es kann auch nach dem Tode des anderen Vertragschließenden ausgeübt werden (§ 2297). Verfehlungen des nicht bedachten anderen Teiles kommen nicht in Betracht; ebensowenig Verfehlungen des Bedachten, die vor Abschluß des Vertrags begangen sind. Waren sie dem Erblasser unbekannt, so kann nur die Anfechtung aus §§ 2281, 2078 begründet sein (aM *Strohal* § 46 Anm. 40). Ist das Entziehungsrecht durch Verzeihung oder Besserung des Lebenswandels erloschen (§§ 2337, 2336 Abs. 4), so kann auch das Rücktrittsrecht nicht mehr ausgeübt werden. Doch wird der einmal erklärte Rücktritt durch nachträgliche Verzeihung oder Besserung nicht unwirksam (aM *Strohal* § 46 Anm. 42). Das Gesetz schreibt nicht vor, daß der Grund des Rücktritts in der Erklärung angegeben werden müsse, die gegenüber dem anderen Teil bei Lebzeiten abzugeben ist (wie im Falle des § 2297 nach § 2336 Abs. 2, so *Strohal* § 46 Anm. 46 a; vgl. dazu BGH 27. 11. 69 IV ZR 197/68; *Johannsen* WM **73** 530). Nach allgemeinen Regeln ist für den Grund *beweispflichtig,* wer sich auf die Wirksamkeit des Rücktritts beruft (BGH NJW **52** 700 = LM § 2294 Nr. 1). Soweit sich jedoch der im Erbvertrage Bedachte gegenüber einer körperlichen Mißhandlung, die er vorsätzlich am Erblasser verübt hat, auf wirkliche oder vermeintliche Notwehr oder sonstige Schuldausschließungsgründe beruft, hat er zu beweisen, daß sie vorgelegen haben (BGH aaO). § 2336 Abs. 3 ist insoweit — abweichend von § 2297 — nicht anzuwenden. Das ist berechtigt, weil in den Fällen der §§ 2297 und 2333 einer der Beteiligten nicht mehr am Leben ist, während beim Rücktritt nach § 2294 beide Parteien noch leben. Daneben bleibt der Erblasser gemäß § 2289 Abs. 2 zur Enterbung in guter Absicht berechtigt.

Haben **Eheleute** vor einem Notar in einer einzigen von diesem beurkundeten Verhandlung durch *Ehevertrag* den Güterstand der allgemeinen Gütergemeinschaft vereinbart und *gleichzeitig* einen *Erbvertrag* abgeschlossen, so kann jeder Ehegatte unter den Voraussetzungen der §§ 2294, 2295 von einer in dem Erbvertrage getroffenen vertragsmäßigen Verfügung zurücktreten; der Ehevertrag wird dadurch nicht berührt (BGH **29** 129 = NJW **59** 625). **2**

Nichtpflichtteilsberechtigten Bedachten gegenüber kommen nur die Verfehlungen des § 2333 in Betracht. **3**

Zum *gemeinschaftlichen Testament* vgl. § 2271 Rdn. 36—38. **4**

§ 2295

Der Erblasser kann von einer vertragsmäßigen Verfügung zurücktreten, wenn die Verfügung mit Rücksicht auf eine rechtsgeschäftliche Verpflichtung des Bedachten, dem Erblasser für dessen Lebenszeit wiederkehrende Leistungen zu entrichten, insbesondere Unterhalt zu gewähren, getroffen ist und die Verpflichtung vor dem Tode des Erblassers aufgehoben wird.

E II 2161; P **5** 410, 411; **6** 353.

Rücktritt wegen Aufhebung der Gegenpflicht

Der Erblasser kann, wie im Falle des § 2291, von einer einzelnen vertragsmäßigen Verfügung (Erbeinsetzung, Vermächtnis § 2278 Abs. 2) zurücktreten, wenn der im Erbvertrage **Bedachte** (der andere Vertragschließende oder ein Dritter) **zu wiederkehrenden Leistungen auf Lebenszeit des Erblassers verpflichtet** war und diese Verpflichtung weggefallen ist. Diese Leistungen (§ 197 Rdn. 10 f) werden meist in Gewährung von Leibrente, Ausgedinge, Versorgung in einer Anstalt (Verpfründungsvertrag) u. dgl. bestehen. Die *Unterhaltsgewährung* ist nur beispielsweise erwähnt. Wenn es sich auch nicht um Leistung und Gegenleistung im eigentlichen Sinne handelt (§§ 320 ff), so müssen doch die vertragsmäßige Verfügung und die Leistungsverpflichtung in einem gewissen ursächlichen Zusammenhange stehen („mit Rücksicht auf"). **1**

Wesentlich ist, daß der **Bedachte rechtsgeschäftlich,** unter Lebenden oder von Todes wegen (z. B. durch letztwillige Verfügung eines Dritten), zu der Leistung **verpflichtet** ist. Das Bestehen einer gesetzlichen, z. B. einer Unterhaltspflicht genügt nicht. Verpflichtet sich der Bedachte vertragsmäßig, so kann es auch im Erbvertrage selbst geschehen. Doch sind auch in diesem Falle die Verfügung von Todes wegen (im Erbvertrage) und die schuldrechtliche Verpflichtung unter Lebenden streng auseinanderzuhalten (vgl. auch OLG Hamburg MDR **50** 615). **2**

Das **Rücktrittsrecht** ist nur **bei Aufhebung** gegeben, nicht auch bei Nichterfüllung der **Verpflichtung,** deshalb auch nicht bei Unterlassung der nach §§ 133, 157 oder § 242 (RG JW **21** 1080[6]; **23** 45[4]; WarnRspr. **26** Nr. 6; LZ **26** 1192[2] u. a.; vgl. auch § 2174 Rdn. 37—45) gebotenen Aufwertung einer von der Geldentwertung betroffenen Unterhaltsrente. Ebensowenig, wenn die Verpflichtung nicht entstanden oder wenn sie nichtig ist. Wohl aber kann in diesen Fällen der Erblasser zur Anfechtung gemäß §§ 2281, 2078 Abs. 2 berechtigt sein. Die Aufhebung kann vertragsmäßig vereinbart oder durch Eintritt von Bedingungen, Unmöglichkeit der Leistung (§ 275) u. dgl. herbeigeführt werden. Ist mit dem Erbvertrage ein gegenseitiger Vertrag unter Lebenden verbunden, durch den der Bedachte sich verpflichtet hat, dem Erblasser auf Lebenszeit Unterhalt zu gewähren, so kann der Erblasser, wenn die Voraussetzungen des § 326 vorliegen, von **3** diesem Vertrage und zugleich gemäß §2295 vom Erbvertrage zurücktreten (RG 23. 5. 1935 IV 31/35). In jedem Falle entsteht mit dem Rücktritte des Erblassers für den Verpflichteten der Anspruch auf Rückgabe des Geleisteten aus §812 Abs. 1 Satz 2. Handelt es sich auf seiten des Bedachten um andere als wiederkehrende oder um zeitlich begrenzte *Leistungen,* so ist das Rücktrittsrecht aus §2295 nicht gegeben. Der Erblasser kann aber den Erbvertrag, gerade weil er kein gegenseitiger Vertrag ist, jedenfalls anfechten, auf Grund des §812 auch Befreiung von der eingegangenen vertragsmäßigen Bindung beanspruchen (str.; aA *Palandt/Keidel* 34. Aufl. Anm. 1; *Erman/Hense* Rdn. 3; wie hier *Staudinger/Dittmann* Rdn. 6; vgl. zu der gesamten Frage *Knieper* DNotZ **68** 331, 334). War die vertragsmäßige Zuwendung von vornherein durch das Fortbestehen der Leistungspflicht des Bedachten bedingt, so wird sie durch den Wegfall dieser Verpflichtung ohne weiteres hinfällig.

4 Wegen Rücktritts von einer vertragsmäßigen Verfügung, die in einem mit einem **Ehevertrage** *verbundenen Erbvertrage* getroffen worden ist, vgl. BGH **29** 129 und §2294 Rdn. 2.

§2296

Der Rücktritt kann nicht durch einen Vertreter erfolgen. Ist der Erblasser in der Geschäftsfähigkeit beschränkt, so bedarf er nicht der Zustimmung seines gesetzlichen Vertreters.

Der Rücktritt erfolgt durch Erklärung gegenüber dem anderen Vertragschließenden. Die Erklärung bedarf der notariellen Beurkundung.

E I 1958 II 2162 Abs. 1, 2; M **5** 343, 344; P **5** 409, 410.

Form des Rücktritts unter Lebenden

1 **I. Allgemeines (Abs. 1)**

Abs. 1 entspricht wörtlich der für die Anfechtung erteilten Vorschrift; s. §2282 Rdn. 1, 2. Der geschäftsunfähige Erblasser kann nicht zurücktreten. Dagegen kann der Geschäftsgegner geschäftsunfähig sein (vgl. *Palandt/Keidel* 33. Aufl. Anm. 1). Die persönliche Natur des Rücktrittsrechts verbietet es auch dem das Testament verwahrenden Notar, nach dem Tode des Erblassers durch Versendung des Testaments den Rücktritt zu erklären (OLG Saarbrücken SaarRuStZ **57** 45).

2 Der **Rücktritt** ist eine einseitige, empfangsbedürftige Erklärung grundsätzlich unwiderruflichen Charakters. Nur wenn er vertragsmäßig unter Beobachtung der Form des §2290 Abs. 4 wieder rückgängig gemacht wird, kann der weggefallene Erbvertrag wieder aufleben. Die Rücktrittserklärung muß wegen der ihr beigelegten Verfügungswirkung so bestimmt sein, daß sie jeden Zweifel an dem Erklärungswillen ausschließt. In einer anderweitigen Erbeinsetzung kann die Ausübung des Rücktrittsrechts nicht ohne weiteres gesehen werden (OLG Saarbrücken SaarRuStZ **57** 45).

3 **II. Zu Abs. 2 Satz 1**

Der **Rücktritt** ist in allen Fällen der §§ 2293—2295 **gegenüber dem anderen Vertragschließenden zu erklären,** und zwar durch Übermittlung der Urschrift oder einer Ausfertigung der notariellen Urkunde gemäß §§ 130ff (RG **65** 272), nicht, einer bloßen Abschrift, KG DNotZ **33** 578; auch nicht einer beglaubigten Abschrift, OLG Düsseldorf NJW **49** 789; OLG Köln DNotZ **55** 395; BGH **31** 5, 7f = MDR **60** 33 = NJW **60** 33, 475 mit Anm. von *Jansen* = LM § 2271 Nr. 10 mit Anm. von *Pagendarm; — Jansen* NJW **60** 475 (Anm. zu BGH **31** 5); *Hieber* DNotZ **60** 240; *Roll* DNotZ **61** 312; *Dilcher*

JZ **68** 188 u. KG NJW **61** 312 (Vorlagebeschluß) halten eine von dem Notar beglaubigte Abschrift der Rücktrittserklärung für genügend. — Dies gilt auch dann, wenn der andere Teil nicht der Bedachte ist, aus dessen Person der Rücktrittsgrund abgeleitet wird. Bei Zustellungsmängeln (vgl. BGH **36** 201 = NJW **62** 736) kann der unwirksame Rücktritt auch nicht dadurch wirksam werden, daß der Notar, wenn das Versehen bemerkt worden ist, nach dem Tode des Erblassers dem Vertragspartner nochmals eine Ausfertigung der notariellen Erklärung zustellt (OLG Celle NJW **64** 53 mit Anm. von *Bärmann* = DNotZ **64** 238 mit Anm. von *Hieber;* OLG Düsseldorf JMBlNRW **65** 258 = OLGZ **66** 68; vgl. auch BGH **48** 374 = NJW **68** 496 für den Fall des Widerrufs eines gemeinschaftlichen Testaments. Zur Aufhebung nach dem Tode des anderen Teiles § 2297.

Sind an dem Vertrage *mehr als zwei* Vertragschließende beteiligt, so muß die Rücktrittserklärung allen anderen Vertragspartnern übermittelt werden (*Reithmann* DNotZ **57** 529). **4**

Über die Unzulässigkeit der Anweisung, den Testamentsinhalt dem Vertragsgegner erst nach dem Tode des Erblassers zu übermitteln, vgl. BGH **9** 235. **5**

III. Zu Abs. 2 Satz 2 **6**

Notarielle Beurkundung. In Abs. 2 sind die Wörter „gerichtlichen oder" nach § 56 Abs. 1 BeurkG mit Wirkung v. 1. 7. 70 gestrichen worden. Die Beurkundung der Rücktrittserklärung ist somit nur noch in *notarieller* Form zulässig, §§ 1 ff BeurkG. Andere Formen des Rücktritts können auch im Erbvertrage nicht wirksam werden. — Ebensowenig beim Widerruf wechselbezüglicher Verfügungen im gemeinschaftlichen Testament § 2271 Rdn. 4—8.

Gebühr: KostO § 46 Abs. 2. **7**

§ 2297

Soweit der Erblasser zum Rücktritte berechtigt ist, kann er nach dem Tode des anderen Vertragschließenden die vertragsmäßige Verfügung durch Testament aufheben. In den Fällen des § 2294 finden die Vorschriften des § 2336 Abs. 2 bis 4 entsprechende Anwendung.

E I 1961 II 2163; M **5** 348, 349; P **5** 397, 421, 422.

Aufhebung nach dem Tode des „Anderen"

I. Zu Satz 1 **1**

Nach dem Tode des „anderen Vertragschließenden" kann das **Rücktrittsrecht** (§§ 2293—2295) **nur durch Testament** ausgeübt werden, gleichviel, ob der Rücktrittsgrund nach dem Tode oder schon bei Lebzeiten des anderen Teiles eingetreten ist. Doch verliert der Vorbehalt des Rücktritts beim *zweiseitigen* Erbvertrag mit dem Tode des Zuerstversterbenden seine Kraft, die Aufhebung ist jetzt nur noch unter Ausschlagung des Zugewendeten möglich (§ 2298 Rdn. 5). Die vertragsmäßige Verfügung (Erbeinsetzung, Vermächtnis, Auflage, § 2278 Abs. 2) kann im Testament schlechthin (§ 2254) oder auch mittelbar durch Errichtung eines der Verfügung widersprechenden Testaments aufgehoben werden (§ 2258). Wird das aufhebende Testament widerrufen, so tritt nach § 2257 der Erbvertrag wieder in Kraft. Eine Mitteilung an die Erben des anderen Vertragschließenden ist nicht erforderlich; der nur ihnen gegenüber erklärte Rücktritt wäre unwirksam. Über Zweifelsfragen bei Rücktritt eines Beteiligten, wenn mehrere im Erbvertrage verfügt haben, vgl. *Reithmann* DNotZ **57** 529.

2 Über die Auslegung einer *Wiederverheiratungsklausel* in einem Erbvertrage, durch den sich Ehegatten gegenseitig zu Vollerben und die Kinder zu Erben des Überlebenden eingesetzt haben, vgl. § 2271 Rdn. 33.

3 **II. Zu Satz 2**

Beruht der Rücktrittsgrund nach § 2294 auf einer **Verfehlung des Bedachten,** so muß der Erblasser — abweichend von der Rücktrittserklärung unter Lebenden, § 2294 Rdn. 1 — wegen § 2336 Abs. 2 den *Grund der Entziehung* im Testament angeben. Dieser Grund muß ferner zur Zeit der Testamentserrichtung noch bestehen; er darf mithin weder verziehen sein (§ 2337), noch darf im Falle des § 2333 Nr. 5 der Bedachte seinen Lebenswandel gebessert haben. Die Aufhebung ist auch dann unwirksam, wenn der Bedachte sich zur Zeit des Erbfalles von dem ehrlosen oder unsittlichen Lebenswandel im Sinne des § 2333 Nr. 5 dauernd abgewendet hat (§ 2336 Abs. 4; LG Mönchen-Gladbach MDR **52** 750).

4 Der *Beweis* des Rücktrittsgrundes liegt demjenigen ob, der die Aufhebung der Verfügung geltend macht. Auch nachträgliche Besserung macht nach § 2336 Abs. 4 die Aufhebung hinfällig. Dagegen beseitigt nachträgliche Verzeihung, ebenso wie beim Rücktritt unter Lebenden (§ 2294 Rdn. 1) die einmal erklärte Aufhebung nicht (aM *Strohal* § 46 Anm. 47). Für den nicht mit angezogenen § 2337 gewährt die Möglichkeit Ersatz, das aufhebende Testament zu widerrufen.

§ 2298

Sind in einem Erbvertrage von beiden Teilen vertragsmäßige Verfügungen getroffen, so hat die Nichtigkeit einer dieser Verfügungen die Unwirksamkeit des ganzen Vertrags zur Folge.

Ist in einem solchen Vertrage der Rücktritt vorbehalten, so wird durch den Rücktritt eines der Vertragschließenden der ganze Vertrag aufgehoben. Das Rücktrittsrecht erlischt mit dem Tode des anderen Vertragschließenden. Der Überlebende kann jedoch, wenn er das ihm durch den Vertrag Zugewendete ausschlägt, seine Verfügung durch Testament aufheben.

Die Vorschriften des Abs. 1 und des Abs. 2 Satz 1, 2 finden keine Anwendung, wenn ein anderer Wille der Vertragschließenden anzunehmen ist.

E I 1959, 1961 II 2164; M **5** 344—346, 348, 349; P **5** 413, 414, 421, 422.

Zweiseitiger Erbvertrag

Übersicht

1 **I. Folge bei Nichtigkeit einer vertragsmäßigen Verfügung (Abs. 1)**

§ 2298 setzt einen **zweiseitigen Erbvertrag** voraus, bei dem beide Vertragschließende als Erblasser — sei es zugunsten des anderen Teiles oder von Dritten — *vertragsmäßige Verfügungen* (Erbeinsetzungen, Vermächtnisse oder Auflagen, § 2278 Abs. 2) getroffen haben. Vgl. hinsichtlich der Vertragsmäßigkeit und der Einseitigkeit der getroffenen Verfügungen eines kinderlosen Ehepaares BGH NJW **61** 120. Soweit eine solche gegenseitige Bindung vorliegt, nimmt das Gesetz *ohne weiteres*, wiewohl unter Vorbehalt des Gegenbeweises nach Abs. 3, ein Abhängigkeitsverhältnis zwischen mehreren Verfügungen an. Es läßt deshalb, ebenso wie gemäß § 2270 Abs. 1 beim wechselseitigen Testament, bei **Nichtigkeit** auch nur **einer Verfügung den ganzen Erbvertrag,** d. h. sämtliche darin getroffenen Verfügungen **unwirksam** werden. Die *Nichtigkeit* der Verfügung kann von Anfang an gegeben sein (vgl. RG WarnRspr. **42** Nr. 52 bei Verzicht auf Rücktritt nach § 2294) oder als Erfolg der Anfechtung eintreten (§ 142 Abs. 1). Bloßes Unwirksamwerden infolge Wegfalls des darin Bedachten (durch Ausschlagung usw.) genügt nicht.

Inwieweit Nichtigkeit einer vertragsmäßigen Verfügung auch den Bestand *einseitiger* im Erbvertrage getroffener Verfügungen (§ 2299) beeinflüßt, ist nach § 2085 zu beurteilen. **2**

II. Rücktritt bei Vorbehalt (Abs. 2) **3**

1. Aufhebung des ganzen Vertrages (Satz 1)

Entsprechend dem Widerrufe im Falle des § 2270 bewirkt auch der Rücktritt Aufhebung des ganzen Erbvertrages im Sinne von Abs. 1. Auch hier ist vorausgesetzt, daß es sich um einen *zweiseitigen Erbvertrag* handelt. Ferner, daß sich der eine oder der andere Teil gemäß § 2293 den *Rücktritt vorbehalten* hatte. Nicht getroffen werden deshalb die Fälle des Rücktritts wegen einer Verfehlung des Bedachten (§ 2294) und wegen Wegfalls einer ihm auferlegten Verpflichtung (§ 2295). Auch hier ist nur § 2085 entscheidend. Dasselbe gilt, wenn der Rücktritt nur in bezug auf eine einzelne vertragsmäßige Verfügung ausgeübt wird. Für einseitige Verfügungen vgl. § 2299 Abs. 3.

2. Erlöschen des Rücktrittsrechts (Satz 2) **4**

Das Erlöschen des Rücktrittsrechts **mit dem Tode des anderen Vertragschließenden** (s. jedoch Rdn. 5) ist gleichfalls eine Besonderheit, die weder für den einseitigen Erbvertrag (s. § 2297 Rdn. 1) noch für die Rücktrittsfälle der §§ 2294, 2295 gilt. Hat sich der Überlebende im Erbvertrage den Rücktritt nicht vom Vertrage, sondern nur von einer einzelnen Verfügung vorbehalten, so kann er im Rahmen dieses Vorbehalts auch nach dem Tode des Zuerstverstorbenen abweichende Verfügungen treffen (aM *Planck/Greiff* Anm. 3 b). Kein Erlöschen des Anfechtungsrechts § 2281 Abs. 2.

3. Aufhebungsrecht des Überlebenden (Satz 3) **5**

Ebenso wie im Falle des wechselbezüglichen Testaments (§ 2271 Rdn. 25 f) kann der Überlebende den im Erbvertrage vorbehaltenen Rücktritt auch dann noch ausüben, wenn er die ihm selbst gemachten **vertragsmäßigen** — nicht notwendig auch die einseitigen — **Zuwendungen ausschlägt.** Es besteht mithin kein Rücktrittsrecht, wenn nur Dritte im Erbvertrage bedacht waren. Eine etwaige Ausschlagung des Dritten ist ohne Bedeutung (aM *Kipp/Coing* § 41 II 2 b). Der Rücktritt geschieht jetzt im Wege des **Testaments,** sei es, daß darin schlechthin widerrufen wird (§ 2254), oder daß inhaltlich vom Erbvertrage abweichende Verfügungen getroffen werden (§ 2258 Abs. 1). Im einzelnen gilt auch hier das in § 2271 Rdn. 25 f Gesagte.

III. Ausnahmen bei anderem Willen der Vertragschließenden (Abs. 3) **6**

Das Gesetz gibt nur **Auslegungsregeln.** Insbesondere ist der Nachweis zugelassen, daß der eine der beiden Erblasser die selbständige Geltung seiner Verfügung gewollt habe und sie im Sinne von §§ 2085, 2270 Rdn. 1 ff auch ohne die nichtige oder widerrufene Verfügung des anderen Teiles getroffen hätte. Die in § 2270 Abs. 2 in dieser Beziehung aufgestellten Rechtsvermutungen sind hier nicht ohne weiteres maßgebend. Der Wille der Vertragschließenden soll entscheiden, auch wenn er nicht im Erbvertrage selbst Ausdruck gefunden hat. Das Rücktrittsrecht selbst wurzelt im Falle des Vorbehalts nur im Parteiwillen. Es kann deshalb jedenfalls wirksam bedungen sein, das vorbehaltene Rücktrittsrecht solle mit dem Tode des Zuerstverstorbenen nicht erlöschen. Von der für den Rücktritt erteilten Formvorschrift, nämlich dem Gebrauch der Testamentsform, kann der Überlebende allerdings nicht entbunden werden. Dagegen ist nicht einzusehen, warum er nicht von der materiellrechtlichen Verpflichtung, der Ausschlagung des Zugewendeten als Vorbedingung des Rücktritts, vertragsmäßig befreit werden könnte. Umgekehrt kann der Rücktrittsvorbehalt aus § 2293 wirksam dahin eingeschränkt werden, daß der Rücktritt nur bei Lebzeiten des anderen Teiles zulässig, nach seinem Tode aber selbst mit dem Opfer der Ausschlagung nicht gestattet sein solle. Es ist daher ohne sachliche Bedeutung, wenn Abs. 2 Satz 3 in Abs. 3 nicht mit angezogen worden ist (str.; wie hier *Planck/Greiff* Anm. 4; auch wohl *Erman/Hense* Rdn. 5, der allerdings meint, daß der Abs. 2 Satz 3 als zwingende Norm angesehen werden müsse, da er in Abs. 3 nicht mit herangezogen worden sei. Nach *Staudinger/Dittmann* Rdn. 17 beruht der Umstand, daß Abs. 2 Satz 3 in Abs. 3 nicht aufgeführt wird, auf einem Redaktionsversehen).

7 Der Vorbehalt kann sich auch auf einen Teil des Vermögens beschränken. Ist z. B. im zweiseitigen Erbvertrage dem Überlebenden ausdrücklich das Recht vorbehalten worden, über Kapital und Fahrnis auch letztwillig frei zu verfügen, so wird hierin in der Regel ein solcher beschränkter Rücktrittsvorbehalt liegen (KG OLG **44** 107).

8 Der *Beweis*, daß ein anderer Vertragswille vorliege, ist von dem zu führen, der sich hierauf beruft.

§ 2299

Jeder der Vertragschließenden kann in dem Erbvertrag einseitig jede Verfügung treffen, die durch Testament getroffen werden kann.

Für eine Verfügung dieser Art gilt das gleiche, wie wenn sie durch Testament getroffen worden wäre. Die Verfügung kann auch in einem Vertrag aufgehoben werden, durch den eine vertragsmäßige Verfügung aufgehoben wird.

Wird der Erbvertrag durch Ausübung des Rücktrittsrechts oder durch Vertrag aufgehoben, so tritt die Verfügung außer Kraft, sofern nicht ein anderer Wille des Erblassers anzunehmen ist.

E I 1955, 1956 Abs. 1, 1960 II 2165; M **5** 333, 347, 348; P **5** 398—404, 415—418.

Einseitige Verfügungen

1 **I. Zu Abs. 1**

Einseitige Verfügungen (§ 1937) im Gegensatze zu den vertragsmäßigen können gelegentlich des Erbvertrages (auch im Falle des § 2276 Abs. 2) in demselben Rechtsakte von dem einen oder dem anderen Vertragschließenden, auch von dem nur annehmenden Teile getroffen werden. Sie können sowohl Erbeinsetzungen, Vermächtnisse, Auflagen zum **Gegenstand** haben, wenn keine vertragsmäßige Bindung (§ 2278 Abs. 2) beabsichtigt ist, als auch letztwillige Anordnungen jeder anderen Art (vgl. § 2278 Rdn. 3). Voraussetzung ist, daß sie *in einem gültigen Erbvertrage* getroffen sind. Ist dieser wegen Formmangels, infolge durchgeführter Anfechtung oder aus anderen Gründen nichtig, so fallen damit auch die einseitigen Verfügungen, die einen Bestandteil des Erbvertrages bilden, zusammen. Ein Übernahmerecht hat als Vermächtnis dann in der Regel vertragsmäßigen Charakter, wenn es in einem entgeltlichen Erbvertrage derart enthalten ist, daß Übernahme und Entgelt zusammenhängen (BGH **36** 115). Vgl. zur Frage, wann eine vertragsmäßige oder einseitige Verfügung vorliegt, *Keßler,* Rechtsprechung des BGH DRiZ **66** 398.

II. Zu Abs. 2 Satz 1 2

Die **Anwendung der Testamentsvorschriften** bezieht sich zwar nicht auf die Testamentsform. Wohl aber wird persönliche Errichtung (§ 2064) und Testierfähigkeit (§ 2229) erfordert. Die verminderten Erfordernisse des Erbvertrages im Falle des § 2275 Abs. 2 genügen nicht (ebenso *Staudinger/Dittmann* Rdn. 4; *Kipp/Coing* § 42 II; aM *Planck/Greiff* Anm. 2 b in der 4. gegen *Planck* selbst in der 3. Aufl.). Umgekehrt können, wenn der Erbvertrag als solcher z. B. wegen verweigerter Zustimmung des gesetzlichen Vertreters (§ 2275 Rdn. 4) unwirksam, aber den Testamentsvorschriften entsprochen ist, die einseitigen Verfügungen als gemeinschaftliches Testament wenigstens dann aufrechterhalten werden, wenn der Vertrag unter Ehegatten geschlossen ist (§ 2265).

III. Zu Abs. 2 Satz 2 3

Daß die einseitige Verfügung von dem Verfügenden (nicht auch vom anderen Teile) durch *Testament* jederzeit frei widerrufen werden kann, ergeben die §§ 2253, 2254, 2258. Es kann aber auch **durch aufhebenden Vertrag** gemäß § 2290 geschehen, wenn er sich nicht auf die einseitige Verfügung beschränkt, sondern zugleich mindestens eine vertragsmäßige Verfügung aufhebt. Daß die aufzuhebende einseitige und vertragsmäßige Verfügung in demselben Erbvertrage getroffen sein müßten, fordert das Gesetz nicht (aM *Planck/Greiff* Anm. 3 b).

IV. Zu Abs. 3 4

Die **Aufhebung des ganzen Erbvertrags** durch Rücktritt (§§ 2293—2297) des Urhebers der Verfügung oder durch Vertrag (§ 2290) wirkt im Zweifel auch als Aufhebung der darin enthaltenen einseitigen Verfügung. Einen anders gearteten Willen des Erblassers hat zu *beweisen,* wer die fortdauernde Geltung der einseitigen Verfügung behauptet (vgl. auch § 2298 Abs. 3). Beschränkt sich der Rücktritt oder die Aufhebung auf eine einzelne vertragsmäßige Verfügung, so werden die übrigen einseitigen Verfügungen nur unter den Voraussetzungen des § 2085 unwirksam.

§ 2300

Die für die amtliche Verwahrung und die Eröffnung eines Testaments geltenden Vorschriften der §§ 2258 a bis 2263, 2273 sind auf den Erbvertrag entsprechend anzuwenden, die Vorschriften des § 2273 Abs. 2, 3 jedoch nur dann, wenn sich der Erbvertrag in besonderer amtlicher Verwahrung befindet.

E I 1945 Satz 3 II 2166; M **5** 319; P **5** 381, 382, 459.

Schrifttum:

Haegele, Einzelfragen zur Eröffnung eines gemeinschaftlichen Testaments oder Erbvertrages und Benachrichtigungspflichten, Rpfleger **68** 137, 139.

Verwahrung und Eröffnung des Erbvertrages

1 **I. Allgemeines**

§ 2300 entspricht TestG § 45; neu eingefügt sind die Wörter „die amtliche Verwahrung und" sowie die entsprechenden Vorschriften. Diese waren gemäß TestG §§ 37, 38 unmittelbar auf Erbverträge anzuwenden (vgl. § 2258 a Rdn. 1). Sachlich hat sich also nichts geändert. Im übrigen sind die in § 2300 angeführten §§ 2258 a und b gemäß § 57 Abs. 3 Nr. 12, 13 BeurkG mit Wirkung v. 1. 7. 70 geändert worden. Sie sind von diesem Zeitpunkt an in ihrer geänderten Form entsprechend anzuwenden. Für die besondere amtliche Verwahrung von Erbverträgen gilt seit dem 1. 7. 70 der § 34 BeurkG; der § 2277 regelt nur noch die Erteilung des Hinterlegungsscheins bei besonderer amtlicher Verwahrung.

2 **II. Entsprechende Anwendung der für die amtliche Verwahrung und die Eröffnung eines Testaments geltenden Vorschriften**

§ 2258 a: Zuständigkeit für die besondere amtliche Verwahrung; diese ist nur erforderlich, wenn die Parteien sie nicht ausschließen (§ 34 Abs. 2 BeurkG). Der Widerspruch eines Vertragsteiles genügt nicht. In diesem Falle ist amtlich zu verwahren. Haben die Beteiligten die besondere amtliche Verwahrung ausgeschlossen, so bleibt die Urkunde in der Verwahrung des Notars (§ 25 Abs. 2 Satz 1 BNotO). **§ 2258 b:** Verfahren bei der besonderen amtlichen Verwahrung. **§ 2259:** Pflicht zur Ablieferung des urschriftlichen Erbvertrages an das Nachlaßgericht (KGJ **36** A 91), auch wenn er von den Parteien aufgehoben worden ist (JFG **17** 238/239; JMBlNRW **57** 196; auch *Palandt/Keidel* 34. Aufl. Anm. 4; aM *Boehmer* DNotZ **40** 192). Übrigens besteht die Pflicht, die Erbvertragsurkunde abzuliefern, nicht nur gegenüber dem Nachlaßgericht; es kann auch jeder Beteiligte, um sein privates Interesse an der Eröffnung zu wahren, Klage auf Ablieferung erheben (RG 12. 12. 1910 IV 236/10). Der abgelieferte Erbvertrag verbleibt bei dem Nachlaßgericht (DOfNot § 16 Abs. 2; AktenO § 27 Abs. 11 Satz 3; JFG **17** 259 = ZAkDR **38** 676 mit Anm. von *Weber*). **§ 2260:** Eröffnungstermin und Verkündung durch das Nachlaßgericht oder **§ 2261:** durch ein anderes Gericht. Beschwerderecht des Nachlaßgerichts gegen verweigerte Übersendung der Urschrift KGJ **37** A 127. **§ 2262:** Benachrichtigung der nicht erschienenen Beteiligten. **§ 2263:** Nichtigkeit des Eröffnungsverbots. Das Recht auf Einsicht und Erteilung von Abschriften steht den Interessenten zu (RG **53** 393), zwar nicht auf Grund des nicht mit angezogenen § 2264, wohl aber nach FGG § 34 (RG JW **32** 1365). **§ 2273:** Eröffnung des gemeinschaftlichen Testaments.

3 **III. Verfügungen des überlebenden Ehegatten**

Die **Verfügungen des überlebenden Ehegatten** sind, soweit sie sich sondern lassen, nach § 2273 Abs. 1 **nicht zu verkünden** (RG **150** 315). Es bedarf aber keiner Abschrift der Verfügungen des Erstverstorbenen und keiner Verbringung in die amtliche Verwahrung (§ 2273 Abs. 2), wenn der Erbvertrag gemäß § 2277 Abs. 1 von vornherein nur in gewöhnliche amtliche Verwahrung genommen war. Eine Wiederverschließung unterbleibt auch dann, wenn sich der Erbvertrag zwar in besonderer Verwahrung befand, wenn er aber lediglich Anordnungen enthält, die sich auf den ersten Erbfall beziehen (§ 2273 Abs. 3). Soweit hiernach keine besondere amtliche Verwahrung stattfindet, bleibt der Erbvertrag offen bei den Akten des Nachlaßgerichts (Rdn. 2).

§ 2300 a

Befindet sich ein Erbvertrag seit mehr als fünfzig Jahren in amtlicher Verwahrung, so ist § 2263 a entsprechend anzuwenden.

Eröffnungsfrist für Erbverträge

I. Allgemeines 1

Die Vorschrift geht auf TestG § 46 zurück, der für Testamente und Erbverträge galt; vgl. auch § 2263 a mit Anmerkungen sowie *Hornung* JVBl. **64** 225; **65** 247.

II. Geltungsbereich 2

§ 2300 a gilt nicht nur für Erbverträge, die sich in *besonderer amtlicher* Verwahrung befinden, sondern auch für solche, die nur in gewöhnliche Verwahrung genommen worden sind. Auch die letztere ist eine amtliche Verwahrung. Insbesondere trifft aber auch für solche Erbverträge der Zweck des § 2263 a zu (*Boehmer* DNotZ **40** 193). Daher obliegt die in § 2263 a vorgeschriebene Ermittlungspflicht auch dem Notar, der Erbverträge in gewöhnlicher Urkundenverwahrung hat. § 2300 a gilt auch für Erbverträge, die vor dem Inkrafttreten des TestG (4. 8. 1938) errichtet worden sind (vgl. dazu auch RG **48** 96).

III. Verwahrungsfrist 3

Die Verwahrungsfrist beträgt beim Erbvertrage fünfzig Jahre, beim Testament dagegen nur dreißig Jahre (§ 2263 a), weil Erbverträge vielfach, insbesondere in Verbindung mit Eheverträgen, in jüngeren Jahren geschlossen werden. Die Pflichten des Notars, die in seiner amtlichen Verwahrung befindlichen Erbverträge nach 50 Jahren dem Nachlaßgericht zur Eröffnung einzureichen, können nicht durch Verwirkung erlöschen (BGH WarnRspr. **72** 685 = DNotZ **73** 379 = LM BNotO § 25 Nr. 1).

Sofern das Amtsgericht die Annahme des Erbvertrages zur Verwahrung ablehnt, ist der Notar zur Einlegung der Beschwerde aus eigenem Recht befugt (KGJ **23** A 195). Zur Frage des Beschwerderechts gegen die Ablehnung der Eröffnung s. *Jansen* FGG 2. Aufl. Rdn. 59 zu § 20.

§ 2301

Auf ein Schenkungsversprechen, welches unter der Bedingung erteilt wird, daß der Beschenkte den Schenker überlebt, finden die Vorschriften über Verfügungen von Todes wegen Anwendung. Das gleiche gilt für ein schenkweise unter dieser Bedingung erteiltes Schuldversprechen oder Schuldanerkenntnis der in den §§ 780, 781 bezeichneten Art.

Vollzieht der Schenker die Schenkung durch Leistung des zugewendeten Gegenstandes, so finden die Vorschriften über Schenkungen unter Lebenden Anwendung.

E I 1963 II 2167; M **5** 350—352; P **5** 460—462.

Neueres Schrifttum:

Damrau, Zuwendungen unter Lebenden auf den Todesfall, JurA **70** 716; *Finger*, Die Vererbung von Anteilen der Personengesellschaft (Nachfolgeklausel), JR **69** 409; *Harder*, Zuwendungen unter Lebenden auf den Todesfall, Berlin **1968**; *Hinz*, Bankverträge zugunsten Dritter auf den Todesfall, JuS **65** 299; *Hoffmann*, Der Vertrag zugunsten Dritter von Todes wegen, AcP **158** 178; *Johannsen*, Die Rechtsprechung des BGH auf dem Gebiet des Erbrechts, WM **72** 1046; *Kegel*, Zur Schenkung von Todes wegen, **1972**; *Mohr*, Übertragung der VN-Eigenschaft in der Lebensversicherung für den Fall des Todes des Versicherungsnehmers, VersR **66** 702; *G. u. D. Reinicke*, Lebensversicherung und Nachlaßgläubiger, NJW **56** 1053; dieselben, Zur Kollision von Gesellschaftsrecht und Erbrecht, NJW **57** 561, 562; *Rötelmann*, Zuwendungen unter Lebenden auf den Todesfall, NJW **59** 661; *Wieacker*, Zur lebzeitigen Zuwendung auf den Todesfall, Festschrift für Lehmann **1956**, S. 271; *Zehner*, Versicherungssumme und Nachlaßinteressenten, AcP **153** 424.

Schenkung von Todes wegen

Übersicht

1 **I. Allgemeines**

Das BGB hat die Schenkung von Todes wegen, welche im gemeinen Recht als *donatio mortis causa* Zuwendungen von Todes wegen durch Rechtsgeschäfte unter Lebenden ermöglichte, nicht als selbständige erbrechtliche Einrichtung übernommen. Es hat sie aber auch nicht ganz ausgeschlossen. Vielmehr erkennt es Schenkungen unter der *Bedingung, daß der Beschenkte den Schenker überlebt,* grundsätzlich an. Es wendet aber verschiedenes Recht an. Für das nichtvollzogene Schenkungsversprechen und das schenkweise erteilte Schuldversprechen oder Schuldanerkenntnis gelten die Vorschriften über die Verfügungen von Todes wegen (Rdn. 1—8). Auf die vollzogene Schenkung von Todes wegen sind dagegen die Vorschriften über Schenkungen unter Lebenden anzuwenden (Rdn. 9—16). Mit diesen Bestimmungen sollte verhindert werden, daß zwingende erbrechtliche Sicherungsvorschriften umgangen werden können, welche zum Schutze der vertragsmäßig bedachten Erben und Vermächtnisnehmer, der Pflichtteilsberechtigten und Nachlaßgläubiger bestehen. Daher ist auch das Bestreben billigenswert, den Absatz 1 weit und den Absatz 2 eng auszulegen (a.A. *Palandt/Keidel* 34. Aufl. Anm. 1).

2 Das BGB selbst bietet aber eine weitgehende *Umgehungsmöglichkeit,* indem es in § 331 den **Vertrag zugunsten Dritter** mit Wirkung auf den Todesfall als Rechtsgeschäft unter Lebenden anerkennt und insoweit also die erbrechtlichen Sicherungsvorschriften ausschaltet (vgl. hierzu Rdn. 17 f).

3 Von den Schenkungen von Todes wegen sind ferner die Fälle zu unterscheiden, in denen nur die **Erfüllung** des Schenkungsversprechens auf den Tod des Schenkers **hinausgeschoben** worden ist. Hierbei handelt es sich um reine Rechtsgeschäfte unter Lebenden (vgl. Rdn. 5).

4 Der *Gebrauch des Wortes* **„Schenken"** in einer für den Todesfall getroffenen Verfügung hindert nicht, die Verfügung als ein Testament und die sog. Schenkung als Erbeinsetzung oder Vermächtnis aufzufassen; es zwingt auch nicht zur Anwendung der Vorschriften über die Schenkung von Todes wegen (RG 22. 11. 1923 IV 792/22).

5 **II. Schenkungsversprechen von Todes wegen (Abs. 1 Satz 1)**

1. Voraussetzungen

Das *Schenkungsversprechen* steht im Gegensatz zu der vollzogenen Schenkung des Abs. 2. Der bloß Versprechende will nicht, daß der Gegenstand der Schenkung jetzt schon aus seinem Vermögen ausscheide. Will er aber schon jetzt dem Beschenkten oder seinen Erben endgültig zur Leistung verpflichtet sein, so handelt es sich auch dann um eine *Schenkung unter Lebenden,* wenn die Erfüllung bis nach dem Tode des Schenkers hinausgeschoben ist (vgl. zur Abgrenzung zwischen Verfügungen von Todes wegen und Rechtsgeschäften unter Lebenden BGH **8** 23, 31; BGH NJW **59** 2252); es ist mithin nur § 518 anzuwenden (RG **53** 296; 9. 11. 1921 V 23/21). Anders ist es dagegen, wenn der Schenker an sein Versprechen nur **unter der** ausdrücklich erklärten oder sich aus den Umständen ergebenden **Bedingung** gebunden sein will, **daß ihn der Beschenkte überlebt** (was auch mit Beschränkung auf den Fall bedungen werden kann, daß der Schenker in einer bestimmten Lebensgefahr umkommt). Der Eintritt gerade dieser Bedingung (des Erlebens des Todes des Schenkers durch den Beschenkten) bildet nach §§ 1923, 2074, 2160 die allgemeine Voraussetzung einer Zuwendung von Todes wegen. Deshalb sind nach folgerichtiger Vorschrift auch die hierfür geltenden Formen zu beobachten (Rdn. 7). Die Form des § 518 (dort Rdn. 1, notarielle Beurkundung) genügt nicht. Ist in einem Bausparvertrage für den Todesfall des Bausparers ein Dritter unentgeltlich begünstigt worden, so ist hierin in der Regel eine schenkweise Zuwendung an den Dritten auch hinsichtlich der Aufwendungen (Sparraten) zu sehen, die der Bausparer in Erfüllung des Bausparvertrages gemacht hat (BGH NJW **65** 1913 = WM **65** 748; dazu *v. Hippel* NJW **66** 867; *Keßler* DiRZ **66** 398).

Ebenso kann der Inhaber eines Wertpapierdepots auf den Zeitpunkt seines Todes durch Vertrag mit seiner Bank zugunsten eines Dritten für diesen einen schuldrechtlichen Anspruch gegen die Bank auf Übereignung der Wertpapiere begründen (BGH **41** 95 = LM § 2301 Nr. 2 mit Anm. von *Mattern* im Anschl. an RG **106** 1). Dagegen liegt in der Anlage eines Sparbuches für einen minderjährigen Verwandten (Großmutter/Enkelin) regelmäßig nicht schon eine Zuwendung des Guthabens, wenn der Anlegende das Buch in seinem Besitz behält; jedoch kann eine rechtswirksame Zuwendung auf den Todesfall nach § 331 gegeben sein (BGH **46** 198; dazu Anm. von *Mormann* LM § 331 BGB Nr. 3; *Johannsen* WM **72** 1047; vgl. auch BGH NJW **70** 1181, ferner KG NJW **71** 1808 mit Anm. von *Walter* NJW **71** 2311, *Finger* NJW **72** 497 und *Walter* NJW **72** 1356). Ein schenkungshalber geschlossener Erlaßvertrag schließt die Vollziehung der Schenkung auch dann ein, wenn die Schuld erst beim Tode des Gläubigers erlöschen soll (OLG Hamburg NJW **61** 76).

§ 2301 Abs. 1 ist *nicht* anwendbar, wenn das Schenkungsversprechen nach sei- **6**
nem Inhalt erst nach dem Tode des Versprechenden angenommen werden darf, aber auch bei vorzeitigem Tode des Versprechensempfängers von dessen Erben angenommen werden kann (OGH MDR **49** 282).

2. Anwendbare Vorschriften **7**

Nach den **Vorschriften über Verfügungen von Todes wegen** gestaltet sich das Schenkungsversprechen, je nachdem ob das ganze Vermögen oder nur einzelne Gegenstände zugewendet werden, als Erbeinsetzung oder Vermächtnis. Der Entw. I § 1963 erklärte demgemäß „die Vorschriften über den Erbeinsetzungsvertrag oder den Vermächtnisvertrag" für anwendbar. Dadurch, daß an die Stelle dieser Worte die Worte „Vorschriften über Verfügungen von Todes wegen" gesetzt sind, sollte nach Prot. **5** 461 keine sachliche Änderung herbeigeführt werden. Dem entspricht die Stellung des § 2301 in dem Abschnitt „Erbvertrag". Einem *einseitigen* Schenkungsversprechen legt das Gesetz hier ebensowenig wie in den §§ 516 ff rechtliche Bedeutung bei. Danach ist ein Schenkungsversprechen von Todes wegen nur bindend, wenn die für den Erbvertrag geltenden Vorschriften eingehalten werden. Anders in einer beiläufigen Bemerkung RG (7. ZS) **83** 227 und die 5. sowie die früheren Auflagen dieses Kommentars, von denen ein einseitiges Schenkungsversprechen in Testamentsform zugelassen wird. Das kann nur in dem Sinn aufrechterhalten werden, daß eine in Testamentsform abgegebene Erklärung, mit der den Worten nach eine „Schenkung" von Todes wegen gemacht ist, in Zweifelsfällen (§ 2084 Rdn. 25 ff) als eine letztwillige Verfügung zur Geltung gebracht werden kann (RG LZ **24** 162[2]). Das Schenkungsversprechen von Todes wegen kann nicht nach den §§ 530 ff widerrufen werden; es gelten lediglich die §§ 2290 ff, 2293 ff über Aufhebung und Rücktritt vom Erbvertrage.

8 **III. Schuldversprechen oder Schuldanerkenntnis (Abs. 1 Satz 2)**

Entsprechend § 518 Abs. 1 Satz 2 sind das **Schuldversprechen** (§ 780) und das **Schuldanerkenntnis** (§ 781) unter die gleichen Vorschriften gestellt, wenn der abstrakte Vertrag eine Schenkung zum Rechtsgrunde hat und durch das *Überleben des Beschenkten* bedingt ist.

9 **IV. Vollzug der Schenkung (Abs. 2)**

1. Voraussetzungen

Die **Schenkung ist vollzogen,** wenn die versprochene oder die im Schuldversprechen oder Schuldanerkenntnis übernommene Leistung bewirkt worden ist (s. § 518 Rdn. 2—4).

10 Hierzu **genügt nicht:** Die Übergabe des Schenkungsgegenstandes an einen Boten, der die Sache erst nach dem Tode des Schenkers dem Beschenkten überbringt (RG **83** 223), oder ein entsprechender, erst nach dem Tode des Schenkers ausgeführter Auftrag (RG Recht **24** Nr. 169), die bloße Übergabe eines Schuldscheins an den Beschenkten, sei es auch mit der Ermächtigung, den Schenkungsgegenstand nach dem Tode des Schenkers von dem dritten Schuldner in Empfang zu nehmen (RG JW **04** 337[3]), der Vermerk auf einem vom Beschenkten ausgestellten Schuldschein, der Schein werde mit dem Tode des Erblassers ungültig (RG WarnRspr. **08** Nr. 302), die Vollmacht, das Bankguthaben des Schenkers im Falle seines Todes abzuheben, selbst wenn sie mit der Erklärung erteilt wird, das Geld solle dem Bevollmächtigten gehören (RG LZ **19** 692[6]; aM *Rötelmann* NJW **59** 661 Anm. 22; hierzu *Palandt/Keidel* 34. Aufl. Anm. 3 a). Eine Schenkung liegt ferner nicht vor, wenn nach dem Gesellschaftsvertrage der Anteil eines Gesellschafters auf dessen Tod einem Mitgesellschafter zuwächst und dieser den Erben den Anteil zu vergüten hat (BGH LM § 513 BGB Nr. 3). Gesellschaftsvertragliche Nachfolgevereinbarungen haben im allgemeinen nicht den Sinn, dem Nachfolger in den Gesellschaftsanteil letztwillig etwas zuzuwenden (BGH DNotZ **66** 620).

11 Dagegen **genügt:** Die Abtretung des Herausgabeanspruchs gemäß § 931 (RG WarnRspr. **09** Nr. 33), ebenso die Übergabe eines Sparkassenbuchs im Sinne der Abtretung des Sparkassenguthabens (RG Gruchot **50** 651; WarnRspr. **15** Nr. 142); eine solche Abtretung an den von Todes wegen zu Beschenkenden kann auch darin gefunden werden, daß ihm ein an die Sparkassenverwaltung gerichtetes Ersuchen übergeben wird, das Guthaben umzuschreiben (RG 23. 6. 1919 IV 108/19; vgl. Jena DRW **39** 1535[44]). In der formlosen *Abtretung eines Bankguthabens* kann auch dann die rechtswirksame Vollziehung einer Schenkung liegen, wenn sie von der Bedingung abhängig gemacht wird, daß der Beschenkte den Schenker überlebt (RG 22. 10. 1908 IV 32/08; BGH **22** 194; hierzu *Zimmermann* BB **69** 969; vgl. auch BGH WM **71** 1338). Entsprechendes gilt für die schenkungsweise aufschiebend bedingte Abtretung eines Sparkontos, OLG Frankfurt MDR **66** 503; aber auch für die schenkweise Übertragung eines Postsparkassenguthabens ohne Einhaltung der Formvorschrift des § 16 Abs. 1 Postsparkassenordnung, KG NJW **70** 332. Ein schenkweise erfolgender Schulderlaß (§ 397) trägt auch dann, wenn er an die Bedingung geknüpft ist, daß der Schuldner den Gläubi-

ger überlebt, die Vollziehung der Schenkung in sich (RG **53** 294; WarnRspr. **21** Nr. 95). Überall macht es keinen Unterschied, ob die Leistung gleichzeitig mit der Schenkung oder erst hinterher mit der Absicht bewirkt wird, das vorausgegangene Schenkungsversprechen zu erfüllen (RG WarnRspr. **13** Nr. 249; **15** Nr. 142). Ein schenkungshalber geschlossener Erlaßvertrag schließt die Vollziehung der Schenkung auch dann in sich, wenn die Schuld erst beim Tode des Gläubigers erlöschen soll (OLG Hamburg NJW **61** 76). Zum *Schulderlaß* „auf den Tod des Gläubigers" vgl. auch OLG Stuttgart JR **49** 383 mit kritischen Anmerkungen von *Stachels* S. 385 und *Ehlers* JR **50** 86. Zur Frage des Vollzugs der Schenkung bei Zuwendung eines Bankguthabens in Verbindung mit der Erteilung einer über den Tod hinaus wirkenden Bankvollmacht s. OLG Hamburg NJW **63** 449; vgl. dazu auch KG WM **69** 1047.

2. Anwendbare Vorschriften 12

Nach den **Vorschriften über Schenkungen unter Lebenden** (§ 518 Abs. 2) heilt der Vollzug der Schenkung den Formmangel. Damit entfällt auch die Form der Verfügung von Todes wegen. Diese Heilungswirkung kommt der Schenkung unter Lebenden und der Schenkung auf den Todesfall gleichmäßig zustatten (RG 8. 5. 1911 IV 476/10). Der Vorbehalt des Widerrufs ist auch bei der vollzogenen Schenkung zulässig. Im übrigen bestimmt sich der Widerruf nach den §§ 530—533 (RG JW **14** 301[8]).

Auch die vollzogene Schenkung von Todes wegen steht *unter der Bedingung,* 13
daß *der Beschenkte* den Schenker *überlebt* (RG WarnRspr. **21** Nr. 95). Sie wird regelmäßig als *auflösende* aufzufassen sein in dem Sinne, daß die Schenkung, wenn der Beschenkte früher stirbt, mit dessen Tode an den Schenker zurückfallen soll. Sie kann aber auch *aufschiebend* gewollt sein (§ 158; so jetzt auch *Staudinger/Boehmer* 11. Aufl. Einl. § 26 Anm. 16; *Staudinger/Lehmann* Vorbem. 13 vor §§ 1937 ff; *Palandt/Keidel* 34. Aufl. Anm. 3 c; ferner *Kipp/Coing* 12. Bearb. § 81 III 2 c; vgl. auch *Siebert,* Die Nachfolge von Todes wegen in die Mitgliedschaft des Gesellschafters einer OHG in NJW **55** 812 unter A II 2). Anrechnung der Schenkung auf den Pflichtteil § 2315; Ergänzung des Pflichtteils § 2325.

Eine Schenkung von Todes wegen kann *nicht* durch *Vormerkung* gesichert wer- 14
den (BGH **12** 115; vgl. auch *Hieber* DNotZ **54** 270).

Ein OHG-Gesellschafter kann seinen *Gesellschaftsanteil* mit Zustimmung der üb- 15
rigen Gesellschafter in der Weise auf einen Mitgesellschafter übertragen, daß der Anteil mit dem Tode des Übertragenden dem Erwerber zuwächst. Die Vorschrift des § 2301 steht einer solchen Verfügung mangels Schenkung jedenfalls dann nicht entgegen, wenn der Erwerber den Erben des Verstorbenen den Wert des Anteils zu vergüten hat (BGH NJW **59** 1433 = MDR **59** 638 = FamRZ **59** 291 = LM BGB § 516 Nr. 3. Zur Abgrenzung einer letztwilligen Verfügung von einer schenkweisen *Übertragung eines Gesellschaftsanteils* unter Lebenden vgl. KG JR **59** 101.

Im **Erbschaftsteuerrecht** wird die Schenkung von Todes wegen, wenn sie unter 16
Lebenden vollzogen worden ist, als Schenkung, sonst als Erwerb von Todes wegen behandelt (ErbschStG v. 1. 4. 1959 BGBl. I 187 §§ 1, 2 Abs. 1 Nr. 3, § 3; RFH **29** 152).

V. Vertrag zugunsten Dritter auf den Todesfall 17

Von dem Schenkungsversprechen gemäß § 2301 Abs. 1 ist der Vertrag zugunsten Dritter mit Wirkung auf den Todesfall zu unterscheiden. Das Gesetz hat die Zulässigkeit solcher Verträge als Rechtsgeschäfte unter Lebenden in § 331 ausdrücklich anerkannt, obwohl sie mit dem Grundsatz des § 2301 Abs. 1 nur schwer zu vereinbaren sind. Nach § 331 Abs. 1 erwirbt der Dritte, dem nach dem Tode des Versprechensempfängers geleistet werden soll, das Recht auf die Leistung im Zweifel erst mit dessen Tode. Er hat vorher auch keine Rechtsanwartschaft. Eine solche Zuwendung kommt in ihrem Endziel einer Verfügung von Todes wegen nahe; sie hat aber die Eigentümlichkeit, daß das so Zugewendete sich zwar erst mit dem Tode des Gläubigers (= Versprechensempfängers) von dessen Vermögen trennt, jedoch nicht zu seinem Nachlaß gehört. Die Form einer Verfügung von Todes wegen ist für dieses Geschäft nicht vorgeschrieben (vgl. auch §§ 1937—1941). Zur Formfrage beim Vertrage zugunsten Dritter auf den Todesfall vgl. *Finger* WM **70** 374. Hat der Erblasser z. B. in einem von ihm geschlossenen *Lebensversicherungsvertrage* einen Dritten als Bezugsberechtigten benannt, so fällt die Versicherungssumme auch dann nicht in den Nachlaß, wenn die Benennung widerruflich ist (OLG Stuttgart NJW **56** 1073). Dies hat zur Folge, daß die Versicherungssumme dem Zugriff der Nachlaßgläubiger nur dann offensteht, wenn sie die Zuwendung als Schenkung nach den Vorschriften der KO oder des AnfG anfechten können (vgl. *Reinicke* NJW **56** 1053).

18 Es fehlt nicht an Versuchen, die Anwendbarkeit des § 331 auf bestimmte Fälle zu beschränken, für welche die Verfasser des BGB diese gesetzliche Möglichkeit geschaffen haben, z. B. auf *Lebensversicherungsverträge, Gutsübergaben* mit Abfindungen oder Leibgedingen zugunsten Dritter, *Witwenkassen* (so *Kipp/Coing* 12. Bearb. § 81 V unter Hinweis auf Motive **2** 265); dazu sollen dann noch die Fälle des Gesellschaftsrechts (BGB § 727, HGB § 139) kommen (vgl. auch *Bartholomeyczik* § 59 IV). Soweit dagegen Verträge zugunsten Dritter nur das Ziel haben, bestimmte Gegenstände (z. B. ein Bankguthaben) aus dem Nachlaß zugunsten des Dritten für den Fall des Überlebens auszusondern, „also nur eine Schenkung von Todes wegen zu ersetzen, bei der der Schenkende kein Opfer bringt", sollen sie als *nichtige Umgehungsgeschäfte* zu behandeln sein, für welche die Vorschriften der §§ 328, 331 nicht geschaffen seien (*Kipp/Coing* aaO; noch enger *Boehmer*, der den § 331 im allgemeinen nur auf Vermögens- oder Gutsüberlassungsverträge und Lebensversicherungsverträge anwenden will, vgl. *Boehmer* in RG-Festschrift III 312ff; bei *Staudinger* 11. Aufl. Einl. § 27; ZAkDR **39** 611; s. aber auch *Kipp/Coing* 12. Bearb. § 81 IV; ferner *Bartholomeyczik* Erbrecht 1960 § 59 IV). Das Reichsgericht hat Verträge zugunsten Dritter mit Wirkung auf den Todesfall jedoch in weiterem Umfange anerkannt. Die Rechtsprechung ist dem RG weitgehend gefolgt (RG **80** 175; **88** 137; **106** 1; WarnRspr. **08** Nr. 204; HRR **30** 1464; KG **41** A 62; auch BGH **8** 31; vgl. jedoch auch RG **98** 279 mit Bedenken gegen RG **88** 137; ferner OLG Stuttgart HEZ **3** 1 ff, wo die Streitfrage auf S. 5 dahingestellt bleibt). Nach BGH **41** 95 = NJW **64** 1124 = LM § 2301 Nr. 2 mit Anm. von *Mattern* kann der Inhaber eines Wertpapierdepots durch Vertrag mit seiner Bank auf den Zeitpunkt seines Todes zugunsten eines Dritten für diesen einen schuldrechtlichen Anspruch gegen die Bank auf Übereignung der Wertpapiere begründen (Fortführung von RG **106** 1); a.A. *Büsselberg* NJW **64** 1952; vgl. hierzu BGH **46** 198 und Rdn. 5.

§ 2302

Ein Vertrag, durch den sich jemand verpflichtet, eine Verfügung von Todes wegen zu errichten oder nicht zu errichten, aufzuheben oder nicht aufzuheben, ist nichtig.

E I 1754 II 2168; M **5** 8; P **5** 5, 462.

Schutz der Testierfreiheit

1 **I. Allgemeines**

Das Gesetz kennt zwar eine erbrechtliche Bindung des Erblassers durch Erbvertrag (§ 2278 Rdn. 1) und im Falle des § 2271 Abs. 2 durch Errichtung eines gemeinschaftlichen

Testaments, erklärt aber darüber hinaus, um die **Testierfreiheit** weitmöglich zu sichern, jede vertragsmäßige Beschränkung des Erblassers, die Verfügungen von Todes wegen betrifft (Rdn. 4 f vor §§ 1937 ff), für nichtig. Eine solche Einschränkung kann auch nicht in der Weise vorgenommen werden, daß ein Erbvertrag mit einem anderen Vertrage gekoppelt wird, um dann hinsichtlich seiner Aufhebbarkeit das rechtliche Schicksal dieses mit ihm verknüpften Vertrages zu teilen. Der Erbvertrag bewahrt vielmehr auch in diesen Fällen seine volle Selbständigkeit; seine Aufhebbarkeit richtet sich daher ausschließlich nach den gesetzlichen Bestimmungen, die auch sonst für ihn gelten (BGH **29** 129, 133 = NJW **59** 625 für den Fall der *Koppelung von Ehe- und Erbvertrag*). Dies gilt auch für Beschränkungen, zu denen sich der Erblasser unter dem älteren Rechte verpflichtet hatte (RG **75** 34 und HRR **30** Nr. 1467; KG JR **27** Nr. 246). Die Nichtigkeit, die von jedermann geltend gemacht werden kann, ergreift auch etwa bedungene Vertragsstrafen (§ 344). Ebensowenig begründet der Bruch eines solchen nichtigen Vertrags eine Schadenersatzpflicht. Zur *Umdeutung* gemäß § 140 bei Verstoß gegen § 2302 vgl. aber BGH 7. 10. 1960 V ZR 60/59 = WM **61** 87. Wenn Ehegatten sich im Erbvertrage gegenseitig zu Erben eingesetzt und bestimmt haben, daß der Längstlebende verpflichtet ist, das beim Tode vorhandene Vermögen auf die aus der Ehe vorhandenen Kinder zu übertragen, kann diese Erklärung dahin umgedeutet werden, daß der beiderseitige Nachlaß an die gesetzlichen Erben fallen soll (OLG Hamm JMBlNRW **60** 125). Zur Umdeutung eines Vermächtnisses des Ehemannes an seine Ehefrau mit der Bestimmung, sie solle die vermachten Werte drei namentlich aufgeführten Kindern vererben und einem vierten Kinde einen ihr angemessen erscheinenden Ausgleich gewähren, in ein Nachvermächtnis sowie beschwerendes Untervermächtnis BGH 6. 6. 66 ZR III 161/64, zitiert bei *Keßler* DRiZ **66** 398; vgl. auch *Johannsen* WM **72** 1046. Hat der Erblasser seine Ehefrau zur Alleinerbin eingesetzt und mit dieser letztwilligen Verfügung die Anordnung verbunden, daß die Ehefrau sich verpflichte, testamentarische Verfügungen ausschließlich zugunsten der gemeinschaftlichen Kinder zu treffen, so kann diese nach § 2302 BGB unwirksame Auflage in die Anordnung einer Vor- und Nacherbschaft umgedeutet werden, OLG Hamm NJW **74** 60. Kein Verstoß gegen § 2302 liegt vor, wenn eine Zuwendung an die Bedingung geknüpft wird, daß der Zuwendungsempfänger den Geber oder einen Dritten durch Verfügung von Todes wegen bedenkt, BGH WM **71** 1509 = MDR **72** 36 = LM § 533 Nr. 1; Verstoß jedoch möglich gegen §§ 134, 138 (BGH aaO).

Auch im *Erbvertrage* können die Vertragschließenden auf das Recht der Aufhe- **2**
bung gemäß §§ 2290—2292 oder des Rücktritts gemäß §§ 2294, 2295 nicht wirksam verzichten (vgl. aber BGH **29** 129 = NJW **59** 625). Die Verpflichtung, keine Verfügung von Todes wegen zu errichten, kann schon nach § 2278 Abs. 2 nicht vertragsmäßig eingegangen werden. Sie wäre nur zu halten, wenn sie sich in eine Erbeinsetzung der gesetzlichen Erben umdeuten läßt. Die Verpflichtung, eine ältere Verfügung von Todes wegen nicht aufzuheben, wäre nur wirksam, wenn diese Verfügung, einen dem § 2278 Abs. 2 entsprechenden Inhalt (Erbeinsetzung, Vermächtnis, Auflage) vorausgesetzt, inhaltlich oder in überreichter Urschrift auf dem Wege des § 2238 (vgl. § 2276 Rdn. 6) zum Bestandteil des Erbvertrages gemacht würde. Die bloße Bezugnahme auf eine ältere Verfügung kann schon wegen Unzulässigkeit des mystischen Testaments nicht genügen (11. Aufl. § 2086 Anm. 5). Noch weniger kann sich der Erblasser *einseitig* in der Testierfreiheit beschränken oder die Gültigkeit späterer Verfügungen von der Einhaltung selbst gesetzter Formen abhängig machen (derogatorische Klausel, § 2253 Rdn. 2). Werden diese Formen nicht beachtet, so kann der Zweifel entstehen, ob die errichtete Verfügung von Todes wegen als fertige und gültige gewollt sei.

Hat der Erblasser jemandem versprochen, ihn als Entgelt für Dienstleistungen **3**
oder dgl. durch eine letztwillige Verfügung zu bedenken, so braucht das nicht in jedem

Falle nichtig zu sein. Geht das Versprechen *ausschließlich* auf die Errichtung der letztwilligen Verfügung, so greift allerdings § 2302 ein. In diesem Falle hat der Dienstverpflichtete einen Anspruch nach § 612 Abs. 2 BGB, nicht nach Bereicherungsvorschriften, da diese voraussetzen, daß kein schuldrechtlicher Vertrag bestanden hat, BGH FamRZ **65** 317, 318. Die Vergütung kann aber auch *allgemein* versprochen worden sein und der Hinweis auf die letztwillige Verfügung kann eine unschädliche Nebenabrede über die Art der Erfüllung enthalten haben (WarnRspr. **17** Nr. 14). Aus der Zusage einer erbrechtlichen Bedenkung kann, wenn diese nicht eingehalten wird, grundsätzlich kein Schadenersatz hergeleitet werden, BGH NJW **67** 1126. Die in den Entscheidungen BGH **12** 286 und **23** 249 niedergelegten Grundsätze für das Hoferbfolgerecht betreffen anders gelagerte Sachverhalte und gestatten keine ausdehnende Auslegung.

4 **II. Besonderheiten des Höferechts**

Ein *Übergabevertrag* über einen Hof im Sinne der Höfeordnung fällt nicht unter § 2302. Der Erblasser verpflichtet sich in ihm nicht im Sinne dieser Vorschrift. Übergabeverträge sind vielmehr Rechtsgeschäfte unter Lebenden, die zugleich unmittelbar erbrechtlich wirken (vgl. § 2286 Rdn. 5 f). § 2302 greift auch dann nicht ein, wenn der Hofeigentümer sich zunächst nur durch einen nicht formgerechten, für ihn aber *nach Treu und Glauben bindenden Vorvertrag* verpflichtet hat, den Hof auf einen bestimmten Abkömmling zu übertragen. Auch darin kann nach der umstrittenen Rechtsprechung des Bundesgerichtshofs schon eine Bestimmung des Hofnachfolgers nach Höferecht liegen (BGH **12** 286 = LM HöfeO § 7 Nr. 12 = NJW **54** 1241, 1644 mit Anm. von *Rötelmann* = RdL **54** 193, 311 mit Anm. von *Pikalo* und *Rötelmann;* kritisch *Riedel* JZ **55** 109 und **57** 118 mit Nachw.; vgl. auch *Baur* JZ **54** 631). An die Wirksamkeit einer formlosen Vereinbarung über die Hoferbfolge sind jedenfalls *strenge Anforderungen* zu stellen. Sie kann nur nach umfassender Aufklärung des Sachverhalts beurteilt werden. Eine Bindung des Erblassers ist allenfalls zu bejahen, wenn sie nicht verneint werden könnte, ohne das Rechtsempfinden — vor allem in bäuerlichen Kreisen — gröblich zu verletzen (BGH NJW **55** 1065 mit Anm. von *G. u. D. Reinicke* = LM HöfeO § 7 Nr. 14).

FÜNFTER ABSCHNITT

Pflichtteil

Vorbemerkungen

Vor § 2303

Übersicht

Neueres Schrifttum:

Braga, Zur Rechtsnatur des Pflichtteils, AcP **153** 144; *Müller*, Der Pflichtteilsanspruch in der vormundschaftsgerichtlichen Praxis, Just **58** 37; *Haegele*, Einzelfragen zum Pflichtteilsrecht, Just **58** 345; *Niederländer*, Die Pflichtteilsregelung in § 1371 BGB n.F., NJW **60** 737; *Hampel*, Zur Pflichtteilsregelung bei Beendigung der Zugewinngemeinschaft durch den Tod eines Ehegatten, FamRZ **60** 461; *Johannsen*, Erbrechtliche Auswirkungen des § 1371 Abs. 1—3 BGB, FamRZ **61** 17; *Reinicke*, Der Umfang der Pflichtteile im Güterstand der Zugewinngemeinschaft, Betrieb **60** 1445; *Bühler*, Pflichtteilsregelung nach § 1371 BGB n.F., BWNotZ **61** 109; *Sturm*, Die Pflichtteilsregelung nach § 1371 BGB n.F., NJW **61** 1435; *Dittmann*, Die Pflichtteilsrechte bei der Zugewinngemeinschaft, DNotZ **62**173; *Sudhoff, Stötter*, Unternehmensnachfolge und Pflichtteilsanspruch, Betrieb **61** 1573; **62** 264; **68** 648; *Herlinghausen, Rötelmann*, Pflichtteil bei späterer Veräußerung von Hofgrundstücken, NJW **62** 1380, 1712; *Dumoulin*, Das Recht des Pflichtteils, RhNK **64** 171; *Staudemaier*, Abzug des Voraus bei der Pflichtteilsberechnung, DNotZ **65** 68; *Pöhlemann*, Berliner Testament und pflichtteilsberechtigte Angehörige, Das Grundeigentum, **65** 392; *Oldrogge*, Der Pflichtteil des überlebenden Ehegatten nach § 1371 n.F.; Diss. Göttingen 1965; *Kraker*, Pflichtteilsverletzung durch verbilligte Grundstücksabgaben, BWNotZ **66** 37; *Miehle*, Gesellschaftsvertrag und Pflichtteil, BWNotZ **66** 44; *Penz*, Unterbricht eine vor der Erbausschlagung erhobene Klage die Verjährung des Pflichtteilsanspruchs?, NJW **66** 1647; *Hinkel*, Der Pflichtteil beim Tod des Gesellschafters einer offenen Handelsgesellschaft, Diss. Bonn 1966; *Gudian*, § 2314 BGB und der pflichtteilsberechtigte Miterbe, JZ **67** 951; *von Lübtow*, Probleme des Erbrechts, Berlin 1967; *Wiedemann*, Abfindung und Wertfestsetzungsvereinbarungen unter zukünftigen Erben, NJW **68** 769; *Haegele*, Der Pflichtteil im Erbschaftssteuer- und Grunderwerbsteuerrecht, JurBüro **69** 199; *Zimmermann*, Pflichtteilsrecht und Zugewinnausgleich bei Unternehmer- und Gesellschafternachfolge, BB **69** 965; *Bohnen*, Zugewinngemeinschaft und pflichtteilsgleiche Zuwendungen, NJW 70 1531; *Kempfler*, Der Auskunftsanspruch des Pflichtteilsberechtigten im Falle der Pflichtteilsergänzung, NJW 70 1533; *Bohnen*, Auswirkungen des gesetzlichen Güterstandes der Zugewinngemeinschaft auf Pflichtteilsrechte und pflichtteilsrechtliche Verfügungen von Todes wegen, Diss. Marburg, 1969; *Wieser*, Zum Pflichtteilsrecht des nichtehelichen Kindes, BayNotV 70 135; *Mertens*, Die Entstehung der Vorschriften des BGB über die gesetzliche Erbfolge und des Pflichtteilsrechts, Berlin 1970; *Johannsen*, Die Rechtsprechung des BGH auf dem Gebiete des Erbrechts — 5. Teil Pflichtteilsrecht, WM 70 110, 234; **73** 539; *Sudhoff*, Vorweggenommene Erbfolge und Pflichtteilsanspruch, Betrieb **71** 225; *Klug*, Die Beschränkung in guter Absicht (§ 2338 BGB) und das Pflichtteilsrecht (§§ 2305—2307), RhNotK 71 169; *Kröger*, Die Berücksichtigung künftiger Steuerschulden bei der Ermittlung des Nachlaßwerts im bürgerlichen Recht und im Steuerrecht, BB 71 647; *Reuter*, Gesellschaftsvertragliche Nachfolgeregelung und Pflichtteilsrecht, JuS 71 289; *Mertens*, Ist die eingeschränkte Befugnis des Kindes — Erblassers zur Pflichtteilsentziehung gemäß § 2334 BGB gerechtfertigt?, FamRZ 71 353; *Sudhoff*, Pflichtteilsanspruch und Buchwertabfindung, Betrieb 73 53, 1006; *Heinrich*, Nochmals Pflichtteilsanspruch und Buchwertabfindung, Betrieb 73 103; *Brunk*, Nochmals Pflichtteilsanspruch und Buchwertabfindung, Betrieb 73 1005; *Blunck*, Der Pflichtteilsergänzungsanspruch gegen den mit einer Heimstätte Beschenkten, MDR 72 989; *Haegele*, Zum Pflichtteilsergänzungsanspruch, Zs. f. d. Not. in BadW 72 69; *Kühne*, Zur Reform des gesetzlichen Erb- und Pflichtteilsrechts, JR 72 221; *Reinicke*, Die Voraussetzungen des Pflichtteilsergänzungsanspruchs, NJW 73 597; *Dickmann*, Empfiehlt es sich, das gesetzliche Erb- und Pflichtteilsrecht neu zu regeln, Verhandlungen des 49. Deutschen Juristentages, 2. Teil Band 1, 1972; *Meincke*, Das Recht der Nachlaßbewertung im BGB, Frankfurt (Main) 1973; *Ott*, Das Pflichtteilsrecht bei Ausschluß gesetzlicher Erbfolge in Personengesellschaften, Zs.f.d. Not in BadW 73 54; *Kühne*, Testierfreiheit und Rechtswahl im internationalen Erbrecht, JZ 73 403; *Haegele*, Gesellschafts- und Erbrecht in ihren Beziehungen zueinander, Zs.f.d. Not in BadW 73 76; *Borrmann*, Pflichtteilsrecht und gesellschaftsvertragliche Fortsetzungsvereinbarungen, Frankfurt (Main) 1972; *Dumoulin*, Gesetzliches Erbrecht und Pflichtteilsrecht. Änderungsvorschläge aus der Sicht eines Notars, DNotZ Sonderheft 19. DNotartag 73 84; *Wendelstein*, Beeinträchtigt die Entziehung der elterlichen Verwaltung nach § 1638 den Pflichtteil? Zs. f. d. Notariat in Bad-Württ. 74 10.

1 **I. Beteiligung der nächsten Angehörigen am Nachlaß des Erblassers**

1. Allgemeines

Der Grundsatz der Testierfreiheit, der dem Erblasser ermöglicht, nach seinem freien Belieben über seinen Nachlaß zu verfügen, widerstreitet dem natürlichen Empfinden, nach dem mindestens ein Teil des Nachlasses den nächsten Angehörigen zugute kommen muß. Schon die Rechtsordnungen des Altertums haben sich bemüht, diesen Konflikt zu lösen. Drei Möglichkeiten sind dazu gegeben.

a) Die nächsten Angehörigen sind in jedem Fall zu einer bestimmten Quote als Erben am Nachlaß beteiligt, das materielle Noterbrecht.

b) Sie haben gegen die eingesetzten Erben einen Anspruch auf Zahlung einer bestimmten Geldsumme.

c) Sie haben gegen die eingesetzten Erben einen von ihrer Bedürftigkeit abhängigen Unterhaltsanspruch.

2 **2. Rechtsgeschichte**

a) Römisches Recht. Gegen Ende der römischen Republik wurde der Gedanke der Beteiligung der nächsten Angehörigen an dem Nachlaß des Erblassers, auch wenn dieser ihn anders vergeben hatte, zuerst verwirklicht. Das Centumviralgericht, das für Nachlaßsachen zuständig war, gestattete den Abkömmlingen und Ascendenten, das Testament, durch das sie von der Erbfolge ausgeschlossen waren, mit der Anfechtungsklage anzufechten. Sie führte dazu, daß die gesetzliche Erbfolge eintrat. Die Klage war nicht zulässig, wenn der Erblasser den Berechtigten mindestens ein Viertel des gesetzlichen Erbteils hinterlassen hatte.

3 Dieses Recht wurde in verschiedener Weise fortgebildet und schließlich von Justinian neu geordnet. Er setzte den Pflichtteil fest auf ein Drittel des gesetzlichen Erbteils, wenn dieser mindestens ein Viertel der Erbschaft betrug, und auf die Hälfte, wenn er weniger als ein Viertel der Erbschaft ausmachte. Die Ascendenten und Descendenten hatten Anspruch darauf, als Erbe eingesetzt zu werden. War das ohne einen gesetzlich zulässigen Grund nicht geschehen, dann konnten sie mit einer darauf zielenden Klage ihren vollen gesetzlichen Erbteil verlangen. Waren sie als Erben eingesetzt und betrug ihr Erbteil weniger als ihr Pflichtteil, dann hatten sie nur eine Geldforderung gegen die

eingesetzten Erben auf das an ihrem Pflichtteil, nicht das an ihrem gesetzlichen Erbteil Fehlende. Darin lag ein Widerspruch. Die Rechte der übergangenen vollbürtigen oder durch den Vater halbbürtig verwandten Geschwister waren etwas anders geregelt.

b) Gemeines Recht. Deutsche Partikularrechte. Das justinianische Recht wurde **4** mit dem darin enthaltenen Widerspruch als gemeines Recht in Deutschland rezipiert. Die deutschen Partikularrechte bekannten sich zunächst vorwiegend zu dem zwingenden materiellen Noterbrecht. Erst später setzte sich das System des Pflichtteilsanspruchs in Form einer bloßen Geldforderung gegen den Erben mehr und mehr durch. In dieser Weise wurde wenigstens in späterer Zeit der Pflichtteilsanspruch nach dem ALR rechtlich beurteilt (vgl. dazu *Staudinger/Böhmer*, Band V Einl. § 14 Rdn. 26). Auch das österreichische ABGB kannte den Pflichtteilsanspruch nur als einen schuldrechtlichen Geldanspruch. Im Gegensatz dazu bekannte sich der code civil zu dem System des materiellen Noterbrechts. Der Erblasser konnte nach diesem Recht überhaupt nur über einen bestimmten Teil seines Vermögens, die quotite disponible, unter Lebenden und von Todes wegen frei verfügen. Der Rest, die portion reservee, verblieb dem Pflichterben. Ebenso hat auch das sächs. BGB das System des zwingenden gesetzlichen Erbrechts verwirklicht.

Über die Regelung des Pflichtteilsrechts im ausländischen Recht vgl. *Staudinger/Böhmer* aaO § 15.

c) Beratung des BGB. Bei der Beratung des BGB wurde das gemeinrechtliche **5** System wegen des darin enthaltenen nicht verständlichen Widerspruchs abgelehnt (Mot. **5** 386). Auch das französische System des zwingenden Erbrechts wurde nach längeren Erörterungen verworfen (Prot. **5** 490 ff) und das preußische System des Pflichtteilsanspruchs als reiner Geldsummenforderung gegen den Erben vorgezogen.

II. Das Pflichtteilsrecht des BGB (systematische Übersicht) **6**

1. Pflichtteilsberechtigte. Pflichtteilsrecht

Pflichtteilsberechtigt sind nach § 2303 die Abkömmlinge, Eltern und der Ehegatte des Erblassers. Ihnen steht das Pflichtteilsrecht zu. Nach § 2309 sind jedoch entfernte Abkömmlinge und die Eltern des Erblassers insoweit nicht pflichtteilsberechtigt, als ein Abkömmling, der sie im Falle der gesetzlichen Erbfolge ausschließen würde, den Pflichtteil verlangen kann oder das ihm Hinterlassene annimmt. Das Pflichtteilsrecht ist ein zwischen dem Pflichtteilsberechtigten und dem Erblasser bereits zu dessen Lebzeiten bestehendes (RG **92** 1), den Tod des Erblassers überdauerndes und mit dessen Erben sich fortsetzendes Rechtsverhältnis (BGH **28** 177). Das Pflichtteilsrecht beruht auf der Verwandtschaft oder der Eheschließung. Ersterenfalls entsteht es regelmäßig mit der Geburt, letzterenfalls mit der Heirat (RG **92** 3). Das Pflichtteilsrecht äußert schon zu Lebzeiten des Erblassers rechtliche Wirkungen. Nach § 312 Abs. 2 können die künftigen gesetzlichen Erben über den gesetzlichen Erbteil und den Pflichtteil eines von ihnen am Nachlaß eines noch lebenden Dritten Verträge schließen. Nach §§ 1822 Nr. 1, 1643 sind Rechtsgeschäfte möglich, durch die ein Minderjähriger zu einer Verfügung über seinen künftigen Pflichtteil verpflichtet wird. Der Erblasser kann den von ihm geschlossenen Erbvertrag oder ein gemeinschaftliches Testament wegen Übergehung eines Pflichtteilsberechtigten nach § 2281 anfechten.

2. Pflichtteilsanspruch. Pflichtteil **7**

Nach Eintritt des Erbfalls kann aus dem Pflichtteilsrecht für den Pflichtteilsberechtigten der Pflichtteilsanspruch entstehen. Er entsteht nach § 2317 mit dem Erbfall. Voraussetzung dafür, daß der Pflichtteilsanspruch entsteht, ist, daß ein Pflichtteilsberechtigter (§ 2303) durch Verfügung von Todes wegen ganz oder in solchem Umfang von der Erbfolge ausgeschlossen ist, daß er aus dem Nachlaß weniger an Werten erhält, als es dem halben Wert seines gesetzlichen Erbteils oder seines Erbersatzanspruchs entspricht. Dieser steht im Sinne der Vorschriften des Pflichtteilsrechts dem gesetzlichen Erbteil gleich (§ 2338 a). Die Zuwendung des Pflichtteils ist nach der Auslegungsregel des § 2304 nicht als Erbeinsetzung anzusehen. Der Pflichtteilsanspruch ist vererblich, übertragbar und verjährt nach § 2332 in drei Jahren.

8 Der Anspruch auf den Pflichtteil gibt dem Pflichtteilsberechtigten das Recht, von den Erben als den grundsätzlichen Trägern der Pflichtteilslast seinen Pflichtteil zu fordern. Der Pflichtteil besteht in der Hälfte des Wertes des gesetzlichen Erbteils. Je nachdem, ob der Pflichtteilsberechtigte ganz übergangen, ob er zu einer geringeren Quote als Erbe eingesetzt oder durch Annahme eines Vermächtnisses etwas aus dem Nachlaß erlangt hat, steht ihm der Anspruch auf den vollen Pflichtteil oder nur ein Pflichtteilsrestanspruch nach §§ 2305, 2307 Abs. 1 Satz 2 zu. Schließlich kann er einen Pflichtteilsergänzungsanspruch haben, wenn der Erblasser den ihm zustehenden Pflichtteil durch Schenkungen geschmälert hat (§ 2325 ff; unten Rdn. 18, 19).

9 Das Gesetz will grundsätzlich gewährleisten, daß der Pflichtteilsberechtigte auch tatsächlich die Hälfte des Wertes seines gesetzlichen Erbteils bekommt. Der Erblasser kann dieses Recht weder dadurch vereiteln, daß er dem Pflichtteilsberechtigten einen Erbteil zuwendet, dessen Wert geringer ist, oder daß er den ihm zugewandten Erbteil durch Ernennung eines Testamentsvollstreckers oder durch Teilungsanordnungen beschränkt oder mit Vermächtnissen oder Auflagen beschwert.

10 Der Pflichtteilsberechtigte kann nach § 2305, wenn ihm ein Erbteil hinterlassen ist, dessen Wert geringer ist als die Hälfte seines gesetzlichen Erbteils, von den Miterben als Ergänzung seines Pflichtteils den Wert des an der Hälfte fehlenden Teils verlangen. Übersteigt der dem Pflichtteilsberechtigten zugewandte Erbteil die Hälfte des gesetzlichen Erbteils nicht, dann gelten die vorhin erwähnten Beschränkungen und Beschwerungen nach § 2306 Abs. 1 Satz 1 als nicht angeordnet. Wenn der hinterlassene, in der beschriebenen Weise beschränkte oder beschwerte Erbteil größer ist, kann der Pflichtteilsberechtigte nach Satz 2 dieser Vorschrift den Erbteil ausschlagen und dann den Pflichtteil verlangen. Einer Beschränkung der Erbeinsetzung ist nach Abs. 2 gleichzuachten, wenn der Pflichtteilsberechtigte als Nacherbe eingesetzt ist.

11 Auch wenn dem Pflichtteilsberechtigten ein Vermächtnis zugewandt ist, kann er nach § 2307 den Pflichtteil verlangen, wenn er jenes ausschlägt. Falls er nicht ausschlägt, kann er als Pflichtteil nur den Unterschiedsbetrag zwischen dem Wert des vollen Pflichtteils und dem Wert des Vermächtnisses fordern. Um Klarheit über die gegen ihn bestehenden Ansprüche zu erzielen, kann der mit dem Vermächtnis beschwerte Erbe den Pflichtteilsberechtigten unter Bestimmung einer Frist auffordern zu erklären, ob er das Vermächtnis annimmt. Das Vermächtnis gilt als ausgeschlagen, wenn der Berechtigte nicht innerhalb der Frist die Annahme erklärt.

12 Die Beschränkungen und Beschwerungen, die auf dem Erbteil oder dem dem Pflichtteilsberechtigten zugewandten Vermächtnis ruhen, sind für dessen Entschließungen über die Ausschlagungen sehr bedeutsam. Mit Rücksicht darauf gibt das Gesetz dem Pflichtteilsberechtigten in § 2308 das Recht, die Ausschlagung anzufechten, wenn ihm unbekannt war, daß einzelne Beschränkungen oder Beschwerungen zur Zeit der Ausschlagung bereits weggefallen waren.

13 **3. Berechnung des Pflichtteils**

a) Berechnung der Pflichtteilsquote. §§ 2310—2316 enthalten Vorschriften für die Berechnung des Pflichtteils. § 2310 bestimmt zunächst, wie der für die Berechnung des

Pflichtteils maßgebende Erbteil festzustellen ist. Dabei werden diejenigen, die durch letztwillige Verfügung von der Erbfolge ausgeschlossen sind, die die Erbschaft ausgeschlagen haben oder für erbunwürdig erklärt sind, mitgezählt. Nicht mitgezählt wird, wer durch Erbverzicht von der gesetzlichen Erbfolge ausgeschlossen ist.

b) Feststellung des Bestandes und des Wertes des Nachlasses. §§ 2311—2314 behandeln, wie Bestand und Wert des Nachlasses festzustellen sind. Der Wert ist, soweit erforderlich, durch Schätzung zu ermitteln. Der Erblasser kann keine bindenden Anordnungen für die Wertbestimmung treffen. Maßgebender Zeitpunkt für die Ermittlung des Wertes ist die Zeit des Erbfalls. § 2313 bestimmt, wie ungewisse oder unsichere Rechte und zweifelhafte Verbindlichkeiten, desgleichen aufschiebend bedingte, zu behandeln sind. Sie bleiben zunächst außer Ansatz. Erst wenn sie sich verwirklichen, hat eine der veränderten Rechtslage entsprechende Ausgleichung zu erfolgen. Auflösend bedingte Rechte und Verbindlichkeiten sind dagegen wie unbedingte zu berücksichtigen. Aber auch hier hat eine Ausgleichung zu erfolgen, wenn die Bedingung eintritt. Um ihm zu ermöglichen, seine Rechte wahrzunehmen, gibt § 2314 dem Pflichtteilsberechtigten gegen den Erben einen Anspruch auf Auskunft über den Bestand des Nachlasses. § 2312 trifft eine besondere Regelung für den Fall, daß einem von mehreren Erben das Recht eingeräumt ist, ein zum Nachlaß gehöriges Landgut zum Ertragswert zu übernehmen. **14**

c) Anrechnung von Zuwendungen unter Lebenden. Zuwendungen unter Lebenden, die der Erblasser einem Pflichtteilsberechtigten gemacht hat, sind, wenn der Erblasser dieses bei der Zuwendung angeordnet hat, auf dessen Pflichtteil anzurechnen. § 2315 bestimmt, wie dieses erfolgt. **15**

d) Ausgleichung unter Abkömmlingen. § 2316 behandelt den Pflichtteilsanspruch eines von mehreren Abkömmlingen, wenn unter ihnen im Falle der gesetzlichen Erbfolge eine Zuwendung des Erblassers zur Ausgleichung zu bringen sein würde. Der Pflichtteilsanspruch bestimmt sich dann nach demjenigen, was auf den gesetzlichen Erbteil unter Berücksichtigung der Ausgleichspflicht bei der Teilung entfallen würde. Demgemäß kann nach Abs. 2 der pflichtteilsberechtigte Erbe, dessen so berechneter Pflichtteil mehr als der Wert des hinterlassenen Erbteils beträgt, von den Miterben den Mehrbetrag als Pflichtteil auch dann verlangen, wenn der hinterlassene Erbteil die Hälfte des gesetzlichen Erbteils erreicht oder übersteigt. **16**

4. Verteilung der Pflichtteilslast **17**

Die §§ 2318—2324, die die Pflichtteilslast zum Gegenstand haben, behandeln insbesondere die Frage, wie sich diese Last auf die Personen, die etwas aus der Erbschaft erhalten haben, in ihrem Verhältnis untereinander verteilt.

Auch hier gilt, daß den Beteiligten, soweit sie selbst pflichtteilsberechtigt sind, grundsätzlich ihr eigener Pflichtteil verbleiben soll (§ 2318 Abs. 2, 3, § 2319). Einen weiteren, auf sozialen Erwägungen beruhenden Schutz gewährt ihnen § 2331 a. Danach kann ein Erbe, der selbst pflichtteilsberechtigt ist, die Stundung des Pflichtteilsanspruchs verlangen, wenn die sofortige Erfüllung des ganzen Anspruchs den Erben wegen der Art der Nachlaßgegenstände besonders hart treffen würde. Jedoch kann die Stundung nur soweit verlangt werden, als sie auch dem Pflichtteilsberechtigten bei Abwägung der Interessen beider Teile zugemutet werden kann. Der Erblasser kann durch letztwillige Verfügung bestimmen, wen von den in Frage kommenden Personen in ihrem Verhältnis untereinander die Pflichtteilslast treffen soll.

Soweit er keine Anordnungen getroffen hat, gilt folgendes: Der Erbe, der mit Vermächtnissen oder Auflagen beschwert ist, braucht die Pflichtteilslast nicht allein zu tragen. Er kann nach § 2318 Abs. 1 die Erfüllung dieser Beschwerungen insoweit verweigern, daß die Pflichtteilslast von dem Vermächtnisnehmer oder dem durch die Auflage Begünstigten verhältnismäßig getragen wird. Dieses Recht hat er jedoch nach § 2323 insoweit nicht, als er nach den folgenden Bestimmungen die Pflichtteilslast nicht zu tragen hat.

Derjenige, der den Vorteil daraus hat, daß der Pflichtteilsberechtigte von der gesetzlichen Erbfolge ausgeschlossen ist oder das ihm Zugewandte ausgeschlagen hat, soll auch die Pflichtteilslast mindestens in Höhe des erlangten Vorteils tragen. Das gilt nach § 2320 für denjenigen, der an Stelle des Pflichtteilsberechtigten gesetzlicher Erbe wird oder dem der Erblasser durch Verfügung von Todes wegen den Erbteil des Pflichtteilsberechtigten zugewandt hat. Nach § 2321 gilt es für den, dem es zustatten kommt, daß der Pflichtteilsberechtigte ein ihm zugewandtes Vermächtnis ausgeschlagen hat.

Da die Beschwerungen bestehen bleiben, die auf dem Erbteil oder dem Vermächtnis ruhen, das der Pflichtteilsberechtigte ausgeschlagen hat, kann derjenige, dem die Ausschlagung zustatten kommt, nach § 2322 diese Beschwerungen soweit kürzen, daß ihm der zur Deckung der Pflichtteilslast erforderliche Betrag verbleibt.

18 **5. Pflichtteilsergänzungsanspruch**

a) Gegen den Erben. Der Erblasser soll auch das Recht des Pflichtteilsberechtigten nicht durch Schenkungen unter Lebenden beeinträchtigen können. Das Gesetz gibt diesem daher, wenn der Erblasser Schenkungen unter Lebenden gemacht hat, einen Pflichtteilsergänzungsanspruch. Darüber handeln die § 2325—2331.

Der Anspruch richtet sich nach § 2325 zunächst gegen den Erben. Den Anspruch hat nach § 2326 auch der als Erbe eingesetzte Pflichtteilsberechtigte. Er hat ihn insoweit, als der Wert des ihm hinterlassenen Erbteils den Wert des gewöhnlichen Pflichtteilsanspruchs und des Pflichtteilsergänzungsanspruchs nicht erreicht. Er wird durch alle Schenkungen begründet. Ausgenommen sind nach § 2330 nur Schenkungen, durch die einer sittlichen Pflicht oder einer auf den Anstand zu nehmenden Rücksicht entsprochen worden ist.

Auf den Pflichtteilsergänzungsanspruch sind Schenkungen, die der Pflichtteilsberechtigte selbst von dem Erblasser erhalten hat, anzurechnen. Darüber handelt § 2327.

Entsprechend dem schon vorher erwähnten allgemeinen Grundsatz kann der selbst pflichtteilsberechtigte Erbe nach § 2328 die Ergänzung soweit verweigern, daß ihm sein eigener Pflichtteil einschließlich dessen verbleibt, was ihm zur Ergänzung des Pflichtteils gebühren würde.

19 **b) Gegen den Beschenkten.** Soweit der Erbe nicht verpflichtet ist, besteht nach § 2329 ein besonders geregelter Bereicherungsanspruch gegen den Beschenkten. Die Herausgabe des Geschenkes kann nach den Vorschriften über die Herausgabe einer ungerechtfertigten Bereicherung zum Zwecke der Befriedigung wegen des fehlenden Betrages verlangt werden. Der Anspruch richtet sich in erster Linie gegen denjenigen, der zuletzt vom Erblasser beschenkt worden ist. Früher Beschenkte haften nur insoweit, als später Beschenkte nicht verpflichtet sind. Durch Zahlung des ganzen fehlenden Betrages kann der Beschenkte den Herausgabeanspruch abwenden. § 2331 behandelt schließlich Schenkungen aus dem Gesamtgut einer Ehe.

20 **6. Pflichtteilsentziehung**

Schwere Verfehlungen, deren sich ein Pflichtteilsberechtigter schuldig machte, berechtigen den Erblasser, ihm den Pflichtteil zu entziehen. Darüber handeln die §§ 2333 ff. Die Gründe, aus denen einem Abkömmling der Pflichtteil entzogen werden kann, sind in § 2333 unter Nr. 1—5 aufgezählt. Aus welchen Gründen der Erblasser seinen Eltern und seinem Ehegatten den Pflichtteil entziehen kann, regeln die §§ 2334 und 2335.

Das Recht, den Pflichtteil zu entziehen, erlischt nach § 2337 durch Verzeihung. Eine Verfügung, durch die die Entziehung angeordnet ist, wird durch die Verzeihung unwirksam. Die Entziehung des Pflichtteils eines Abkömmlings wegen eines ehrlosen oder unsittlichen Lebenswandels wird nach § 2336 Abs. 4 darüber hinaus auch schon dann unwirksam, wenn dieser sich zur Zeit des Erbfalls von dem zu beanstandenden Lebenswandel dauernd abgewandt hat.

Über die Art und Weise, wie die Entziehung zu erfolgen hat, trifft § 2136 Bestimmungen. Sie geschieht durch letztwillige Verfügungen. Der Entziehungsgrund muß zur Zeit ihrer Errichtung bestehen und in der Verfügung angegeben werden. Derjenige, der sich auf die Entziehung des Pflichtteils beruft, muß beweisen, daß der Grund tatsächlich bestanden hat.

7. Beschränkung des Pflichtteils 21

Schließlich gestattet § 2338 dem Erblasser, den Pflichtteil eines Abkömmlings zu beschränken, wenn dieser sich in solchem Maße der Verschwendung ergeben hat oder in solchem Maße überschuldet ist, daß sein späterer Erwerb erheblich gefährdet wird. Die Beschränkung kann darin bestehen, daß der Erblasser die gesetzlichen Erben des Pflichtteilsberechtigten zu Nacherben oder Nachvermächtnisnehmern beruft. Er kann auch die Verwaltung des dem Abkömmling Zufallenden einem Testamentsvollstrecker übertragen. Jener hat in diesem Fall nur Anspruch auf den Reinertrag. Die Anordnung hat in derselben Art und Weise zu erfolgen wie die Entziehung des Pflichtteils. Sie wird gleichfalls unwirksam, wenn ihr Grund zur Zeit des Erbfalls nicht mehr besteht, sei es, daß der Abkömmling nicht mehr überschuldet ist oder daß er sich von dem verschwenderischen Leben dauernd abgewandt hat.

§ 2303

Ist ein Abkömmling des Erblassers durch Verfügung von Todes wegen von der Erbfolge ausgeschlossen, so kann er von dem Erben den Pflichtteil verlangen. Der Pflichtteil besteht in der Hälfte des Wertes des gesetzlichen Erbteils.

Das gleiche Recht steht den Eltern und dem Ehegatten des Erblassers zu, wenn sie durch Verfügung von Todes wegen von der Erbfolge ausgeschlossen sind. Die Vorschriften des § 1371 bleiben unberührt.

E I 1975 Abs. 1, 1976 Abs. 2, 1978; M 5 382—391; P 5 497—500.

Pflichtteilsrecht und Pflichtteilsanspruch

Übersicht

1 **I. Pflichtteilsberechtigte**

1. Der Kreis der Pflichtteilsberechtigten

Das Pflichtteilsrecht (über den Begriff vgl. Rdn. 6 vor § 2303; BGH **28** 177; RG **92** 1) steht nur den Abkömmlingen zu, den ehelichen und den nichtehelichen (§ 1924, 1934 a, 2338 a), den Eltern, darunter auch dem Vater eines nichtehelichen Kindes (§§ 1925, 1934 a, 2338 a).

2 Pflichtteilsberechtigt sind demnach nicht die Geschwister, Voreltern und sonstigen Verwandten des Erblassers. Kein Pflichtteilsrecht hat die an Stelle ihres verstorbenen Ehemannes als dessen Alleinerbin gemäß § 16 Abs. 1 des Pr. Ges. betr. das eheliche Güterrecht in der Provinz Westfalen v. 16. 4. 1860, GS 165, i d F des Art. 48 PrAGBGB v. 20. 9. 1899, GS 205, in die fortgesetzte Gütergemeinschaft eingetretene Schwiegertochter des überlebenden Ehegatten gegen dessen Nachlaß (RG **158** 65).

3 **2. Abkömmlinge**

Nur diejenigen Abkömmlinge sind pflichtteilsberechtigt, die ohne die von dem Erblasser verfügte Ausschließung zur gesetzlichen Erbfolge berufen sein würden. § 2309 bestimmt daher, daß entferntere Abkömmlinge insoweit nicht pflichtteilsberechtigt sind, als ein Abkömmling, der sie im Falle der gesetzlichen Erbfolge ausschließen würde, den Pflichtteil verlangen kann oder das ihm Hinterlassene annimmt.

4 Zu dem Kreis der pflichtteilsberechtigten Abkömmlinge gehören nach § 1 Nr. 3 Ges. über die Rechtswirkungen des Ausspruchs einer nachträglichen Eheschließung v. 29. 3. 1951, BGBl **1** 215, auch die Kinder, die von einem Mann stammen, der auf Grund des Erlasses v. 6. 11. 1941 durch Ausspruch des Standesbeamten nach seinem Tode als mit der Kindesmutter verheiratet erklärt worden ist. Nichtehelichen Kindern, die vor dem 1. Juli 1949 geboren sind, steht kein Pflichtteilsanspruch gegen die Erben ihres Vaters zu. Jedoch können diese das Kind wegen der ihm zustehenden Unterhaltsansprüche nach § 1712 Abs. 2 aF mit dem Betrag abfinden, der ihm als Pflichtteil zustehen würde, wenn es ehelich wäre (Art. 12 § 10 NEhlG).

Bezüglich der Pflichtteilsquote in den Fällen, in denen der Erblasser bei seinem Tode mit dem überlebenden Ehegatten im Güterstand der Zugewinngemeinschaft gelebt hat, vgl. Rdn. 8, 9, 15.

5 **3. Eltern**

Voraussetzung des Pflichtteilsrechts der Eltern ist gleichfalls, daß sie ohne ihre Ausschließung durch den Erblasser in der zweiten Ordnung der gesetzlichen Erbfolge als Erben berufen sein würden. Demzufolge sind die Eltern nach § 2309 insoweit nicht pflichtteilsberechtigt, als ein Abkömmling, der sie im Falle der gesetzlichen Erbfolge ausschließen würde, den Pflichtteil verlangen kann oder das ihm Hinterlassene annimmt. Bezüglich der Pflichtteilsquote vgl. Rdn. 8, 9, 15.

6 Die Mutter eines nichtehelichen Kindes war schon nach dem vor dem Inkrafttreten des Nichtehelichengesetzes geltenden Recht pflichtteilsberechtigt (§ 1705 a F). Pflichtteilsberechtigt ist auch der Vater eines für ehelich erklärten Kindes (§ 1736). Kein Pflichtteilsrecht haben die Väter der vor dem 1. Juli 1949 geborenen nichtehelichen Kinder (Art. 12 § 10 NEhlG) und ebenfalls die Adoptiveltern (§ 1759). Die Verwirkung der elterlichen Gewalt nach § 1680 läßt das Pflichtteilsrecht grundsätzlich unberührt. Regelmäßig wird aber der Tatbestand, der zur Verwirkung der elterlichen Gewalt geführt hat, zugleich einen Pflichtteilsentziehungsgrund nach § 2334 darstellen.

4. Ehegatten 7

Der Ehegatte, dem nach § 1933 kein Erbrecht zusteht, ist auch nicht pflichtteilsberechtigt. Kein Erbrecht und daher auch keinen Pflichtteilsanspruch hat eine Frau, die auf Grund des Erlasses v. 6. 11. 1941 nach dem Tode des Mannes durch Ausspruch des Standesbeamten als mit diesem verheiratet erklärt worden ist (§ 1 Nr. 2 Ges. v. 29. 3. 1951 — s. Rdn. 4).

Falls der überlebende Ehegatte mit dem Erblasser bei dessen Tode im **Güter-** 8
stand der Zugewinngemeinschaft gelebt hat, ist § 1371 zu beachten. Nach Abs. 1 dieser Bestimmung erhöht sich dann der gesetzliche Erbteil des überlebenden Ehegatten um ein Viertel der Erbschaft. Diese Erhöhung ist — von der in Abs. 2 bestimmten Ausnahme abgesehen — allgemein bestimmt. Sie gilt nicht nur, wenn der überlebende Ehegatte gesetzlicher Erbe wird, sondern führt auch in den Fällen, in denen der Ehegatte durch letztwillige Verfügung als Erbe berufen oder in denen er ein ihm vom Erblasser zugewandtes Vermächtnis angenommen hat, zu einer entsprechenden Erhöhung seiner Pflichtteilsquote. Der Pflichtteil des überlebenden Ehegatten beträgt in diesen Fällen, falls er gesetzlicher Erbe neben Abkömmlingen ist, ein Viertel und falls er gesetzlicher Erbe neben Verwandten der zweiten Ordnung oder Großeltern des Erblassers ist, drei Achtel. Ist der überlebende Ehegatte gesetzlicher Erbe neben Großeltern und Abkömmlingen derselben, dann kann sein Pflichtteil mit Rücksicht auf § 1931 Abs. 1 Satz 2 bis zu $^{15}/_{32}$ betragen. Nach dem großen Pflichtteil bemessen sich z. B. der Pflichtteilsrestanspruch (§ 2305 Rdn. 7) und der Pflichtteilsergänzungsanspruch (§ 2325 Rdn. 26—28) des erbenden oder mit einem Vermächtnis bedachten Ehegatten und die (dann entsprechend geringeren — Rdn. 15) Pflichtteile pflichtteilsberechtigter Verwandter (§ 2306 Rdn. 24).

Niederländer NJW **60** 1737, 1743 vertritt die Ansicht, § 1371 führe zu keiner Erhöhung der Pflichtteilsquote des überlebenden Ehegatten. Die Höhe des ihm gebührenden Pflichtteils sei in allen Fällen nach dem normalen, nicht erhöhten gesetzlichen Erbteil zu berechnen. Dieser Ansicht ist nicht zuzustimmen. Sie ist, wie *Niederländer* selbst bemerkt, mit den gesetzlichen Materialien „völlig unvereinbar". Daraus muß geschlossen werden, daß die Zwecke, die das Gesetz damit verfolgt, daß die erbrechtliche Abfindung in das Gesetz aufgenommen wurde, nicht vollkommen erreicht werden, wenn die Bestimmung in dem von *Niederländer* vertretenen Sinn ausgelegt wird. Gegen *Niederländer* vgl. auch *Hampel*, FamRZ **60** 461 und *Reinicke*, Betrieb **60** 1445.

Die Erhöhung des gesetzlichen Erbteils und damit die Erhöhung der Pflichtteilsquote gilt auch dann, wenn der verstorbene Ehegatte keinen Zugewinn erzielt hatte oder wenn der Überlebende selbst allein einen Zugewinn erzielt hat. Im letzteren Falle steht auch den Erben des verstorbenen Ehegatten kein güterrechtlicher Anspruch auf Ausgleich des Zugewinns zu. Sie können ihn von dem Erblasser nicht erworben haben, da dieser selbst den Anspruch nie gehabt hat (aA *Bärmann* AcP **157** 184 ff; JZ **57** 227; wie hier *Staudinger/Ferid*, § 2303 Rdn. 42 d; *Thiele* FamRZ **58** 395).

Eine Erhöhung des gesetzlichen Erbteils des überlebenden Ehegatten ist nicht möglich, wenn dieser ohnehin nach § 1931 Abs. 2 alleiniger gesetzlicher Erbe ist. In diesem Fall steht ihm auch dann, wenn er mit dem Erblasser bei dessen Tode im Güterstand der Zugewinngemeinschaft gelebt hat, nur eine Pflichtteilsquote von $^{1}/_{2}$ zu.

Die Erhöhung des gesetzlichen Erbteils wirkt sich gegenüber dem Pflichtteilsrecht eines Ehegatten, der mit dem Verstorbenen im Güterstand der Zugewinngemeinschaft gelebt hat, gleichfalls nicht aus, wenn neben dem Ehegatten nur ein Kind als Erbe berufen ist. Dann erben, auch wenn die Eheleute in Gütertennung gelebt haben, der überlebende Ehegatte und das Kind nach § 1931 Abs. 4 zu gleichen Teilen (hierzu *Haegele*, BWNotZ **72** 131; *Bosch*, FamRZ **72** 108 Anm. 25, 171).

Im Hinblick auf § 1371 Abs. 1 ergibt sich die Frage, ob sich der Pflichtteil des nach § 2303 pflichtteilsberechtigten Ehegatten, der mit dem Erblasser im Güterstand der Zugewinngemeinschaft gelebt hat, auch dann, wenn er keinen güterrechtlichen Anspruch auf Ausgleich des Zugewinns stellt oder stellen kann, nur nach der normalen Erbquote des § 1931 oder nach der erhöhten Quote des § 1371 Abs. 1 berechnet. Die Frage geht dahin, ob für diesen Ehegatten der kleine, nach §§ 1931, 2303 zu berechnende oder der große nach §§ 1371 Abs. 1, 1931, 2303 zu berechnende Pflichtteil als der normale anzusehen ist. § 1371 Abs. 2 Halbs. 2 bestimmt, daß der Ehegatte nur den kleinen Pflichtteil beanspruchen kann, wenn er güterrechtlichen Ausgleich des Zugewinns begehrt. Der Gesetzeswortlaut ergibt indes keinen sicheren Anhalt dafür, ob sonst der große Pflichtteil als der normale anzusehen ist, wenn der Ehegatte keine Zuwendung aus dem Nachlaß des Verstorbenen erhalten hat. § 1371 Abs. 1 und Abs. 2 sind unglücklich gefaßt. Abs. 2 kann so verstanden werden, daß sich im Halbsatz 2 die Worte „in diesem Falle" darauf beziehen, daß der überlebende Ehegatte, wie es im vorangehenden Halbsatz 1 ausgeführt ist, nicht Erbe wird und ihm auch kein Vermächtnis zusteht. Er ist dann pflichtteilsberechtigt nach § 2303, und ihm stünde dann nur der kleine Pflichtteil als normaler zu. Trotz der Schwierigkeiten und Unstimmigkeiten, zu denen diese Auslegung führt, ist sie richtig. Obwohl § 1371 erbrechtlichen Charakter trägt, ist er in die Bestimmungen des Güterrechts eingereiht. Daraus ergibt sich, daß bei seiner Auslegung die güterrechtlichen Erwägungen maßgebend sein müssen. Der Gesetzgeber hat einerseits dem überlebenden Ehegatten das Recht eingeräumt, statt der vom Erblasser gewollten erbrechtlichen Abfindung den güterrechtlichen Zugewinnausgleich zu fordern und sich daneben mit dem kleinen Pflichtteil zu begnügen. Ebenso muß aber der Erblasser die Möglichkeit haben, den überlebenden Ehegatten auf einen ihm etwa zustehenden güterrechtlichen Zugewinnausgleichsanspruch zu verweisen und ihm daneben nur den kleinen Pflichtteil zukommen zu lassen. Das ist nur möglich, wenn der kleine Pflichtteil als der normale im Sinne des § 2303 angesehen wird. Die entgegengesetzte Auffassung kann zu einer dem Willen des Erblassers widersprechenden Benachteiligung anderer Erben, insbesondere der Abkömmlinge führen, da der überlebende Ehegatte auch dann, wenn er keinen Anspruch auf Ausgleich des Zugewinns hat, den erhöhten Pflichtteil fordern könnte. Die hier vertretene Auffassung entspricht dem, was die Verfasser des Gesetzes beabsichtigten (vgl. *Maaßfeller* Betrieb **58** 563 und *Reinicke* NJW **58** 122; wie hier *Bartholomeyczik*, Erbrecht 1960 § 48 a III 2, *Bosch* FamRZ **58** 297; *Braga* FamRZ **57** 338 f; *Erman/Bartholomeyczik*, Gleichberechtigungsgesetz § 2303 Anm. 3 b; *Ermann/Finke* § 1371 Anm. 6; *Finke* MDR **57** 578; *Hampel* FamRZ **58** 162; *Krüger/Breetzke/Nowack* § 1371 Anm. 8; *Kipp/Coing* § 10 I 6 b; *Maaßfeller* Betrieb **57** 624, 626; *Maaßfeller/Reinicke*, Gleichberechtigungsgesetz, 1958, § 1371 Anm. 9; *Reinicke* NJW **57** 892; *Reinicke/Schwarzhaupt*, Die Gleichberechtigung von Mann und Frau, 1957, 39 f; *Staudinger/Ferid* § 2303 Rdn. 42 r. Im Gegensatz zu dieser hier vertretenen Ansicht wird der Anspruch auf den erhöhten, großen Pflichtteil als der normale angesehen von *Bärmann* AcP **57** 188; *Haegele*, Justiz. BadWürtt **57** 390; *Lange* NJW **57** 1381; **58** 288; *Müller-Freienfels* JZ **57** 689. Nach Ansicht dieser Schriftsteller kann der überlebende Ehegatte stets wählen, ob er den kleinen Pflichtteil und güterrechtlichen Zugewinnausgleich beanspruchen will oder den großen Pflichtteil ohne güterrechtlichen Zugewinnausgleich. *Boehmer* NJW **58** 525 gibt dem überlebenden Ehegatten gleichfalls das Wahlrecht, jedoch nicht in den Fällen, in denen er mit Rücksicht darauf, daß er die ihm gemachte Zuwendung ausgeschlagen hat, nach bisherigem Recht, also ohne die Bestimmung des § 1371 Abs. 3 keinen Pflichtteilsanspruch hatte. Wegen der abweichenden Ansicht *Niederländers* vgl. oben. Zur Problematik siehe auch *Lange* § 39 V B 1. Für die Praxis ist der Streit entschieden. Der BGH hat erkannt, daß der überlebende Ehegatte, der weder Erbe noch Vermächtnisnehmer ist, nicht statt des kleinen Pflichtteils und des Anspruchs auf Ausgleich des Zugewinns den großen Pflichtteil wählen kann. Ihm steht nur der normale, kleine Pflichtteil zu (BGH **42** 182 mit Anm. LM BGB § 1371 Nr. 2, dazu *Lange*, NJW **65** 369 und *Schwab*, JuS **65** 432).

Der Ehegatte, der mit dem Verstorbenen im Güterstand der Zugewinngemeinschaft gelebt hat, ist nach § 1371 Abs. 3 auch dann pflichtteilsberechtigt, wenn er durch Verfügung von Todes wegen oder als gesetzlicher Erbe zur Erbschaft berufen war, diese aber ausgeschlagen hat. Der Ehegatte kann den Zugewinnausgleich nach den güterrechtlichen Vorschriften nur verlangen, wenn er nicht Erbe wird und auch kein Vermächtnis erhält. Wenn er als Erbe berufen ist, muß er, um den güterrechtlichen Zugewinnausgleich verlangen zu können, die Erbschaft ausschlagen. Dadurch soll er seinen Pflichtteilsanspruch nicht verlieren. **9**

5. Vom Pflichtteilsrecht ausgeschlossene Personen **10**

Nicht pflichtteilsberechtigt sind Personen, die nach § 2344 für erbunwürdig erklärt sind, die nach § 2346 auf ihr gesetzliches Erbrecht oder ihr Pflichtteilsrecht verzichtet haben, diejenigen, auf die sich nach § 2349 dieser Verzicht erstreckt und ferner diejenigen, denen der Erblasser nach § 2333 ff den Pflichtteil entzogen hat.

Das nichteheliche Kind hat nach dem Ableben seines Vaters keinen Pflichtteilsanspruch, wenn eine wirksame Vereinbarung über den vorzeitigen Erbausgleich getroffen worden oder ihm dieser durch Urteil rechtskräftig zuerkannt worden ist. Ebenso hat der Vater in diesem Fall beim Tode des nichtehelichen Kindes keinen Pflichtteilsanspruch (§ 1934 e).

6. Wahlrecht der nach § 2079 Anfechtungsberechtigten **11**

Der nach § 2079 Anfechtungsberechtigte hat die Wahl, ob er dieses Recht geltend machen oder den Pflichtteil verlangen will. Ficht er mit Erfolg an, dann gilt der Pflichtteilsanspruch als nicht entstanden, da dann die Verfügung, durch die er von der Erbfolge ausgeschlossen ist, nicht mehr besteht. Verlangt der Anfechtungsberechtigte den Pflichtteil, so wird darin in der Regel eine sein Anfechtungsrecht ausschließende Bestätigung des Testaments zu erblicken sein (vgl. § 2078 Rdn. 80; § 2079 Rdn. 30). Ist ein zur Zeit des Erbfalls vorhandener Pflichtteilsberechtigter unabsichtlich übergangen, so kann er nach §§ 2079, 2281 Abs. 1 die Verfügung von Todes wegen anfechten und sich damit das volle gesetzliche Erbrecht verschaffen.

II. Voraussetzungen für das Bestehen des Anspruchs auf den vollen Pflichtteil **12**

Der Anspruch auf den vollen Pflichtteil nach § 2303 besteht nur, wenn der Berechtigte vollständig von der Erbfolge ausgeschlossen ist. Voraussetzung für diesen Anspruch ist daher, daß der Pflichtteilsberechtigte durch Verfügung von Todes wegen von der Erbfolge ausgeschlossen worden ist. Und zwar von jeder, nicht bloß von der gesetzlichen Erbfolge, sei es positiv durch die Zuwendung des ganzen Nachlasses an andere als Erben, sei es negativ durch die Anordnung, daß er nicht Erbe sein solle (§ 1938). Ein Pflichtteilsanspruch nach § 2303 besteht nicht, wenn der Erblasser den an sich Pflichtteilsberechtigten als Erben eingesetzt und bestimmt hat, er solle, falls er das ihm Zugewandte ausschlage, von der gesetzlichen Erbfolge ausgeschlossen sein. Es kann aber ein Anspruch nach § 2306 bestehen (*Planck/Greiff* § 2303 Anm. 3).

Die Testierfreiheit gibt dem Erblasser nicht die Möglichkeit zu bestimmen, nach welcher Rechtsordnung sich die Erbfolge und die erbrechtlichen Ansprüche richten sollen. Er kann daher Pflichtteilsansprüche, die nach deutschem Recht bestehen, nicht dadurch vermeiden, daß er eine ausländische Rechtsordnung als maßgebend bezeichnet, die solche Ansprüche nicht kennt (BGH LM EGBGB Art. 24 Nr. 2; dazu vor § 2064 Rdn. 1).

13 Die §§ 2305, 2306 regeln den Fall, daß dem Berechtigten ein Erbteil hinterlassen ist, der als solcher oder infolge der damit verbundenen Beschwerungen im Werte hinter dem dem Berechtigten sonst zustehenden Pflichtteilsanspruch zurückbleibt. § 2307 regelt den Fall, daß dem Pflichtteilsberechtigten ein Vermächtnis zugewandt ist.

14 **III. Der Pflichtteilsanspruch**

Der ausgeschlossene Pflichtteilsberechtigte erwirbt mit dem Erbfall als Nachlaßgläubiger (§ 1967 Rdn. 17) den ordentlichen Pflichtteilsanspruch auf eine der Hälfte seines gesetzlichen Erbteils gleichkommende Geldsumme als persönlichen Anspruch gegen den Erben (§ 2317).

15 Falls der Erblasser mit dem hinterbliebenen Ehegatten im **Güterstand der Zugewinngemeinschaft** gelebt hat, kann es mit Rücksicht auf § 1371 zunächst ungewiß sein, wie hoch sich der Pflichtteil der Pflichtteilsberechtigten beläuft. Wenn der überlebende Ehegatte die gesetzliche Erbfolge oder eine Zuwendung von Todes wegen, Erbeinsetzung oder Vermächtnis annimmt, berechnen sich die Pflichtteilsquoten unter Berücksichtigung des nach § 1371 Abs. 1 um $^1/_4$ erhöhten gesetzlichen Erbteils des Ehegatten. Die Pflichtteile der Abkömmlinge betragen dann zusammen nur $^1/_4$ gegenüber sonst $^3/_8$, die der Eltern zusammen nur $^1/_8$ gegenüber sonst $^1/_4$ des Nachlasses. Ebenso BGH **37** 58 mit Anm. LM BGB § 2303 Nr. 2; Anm. *Bosch*, FamRZ **62** 372; OLG Hamburg, FamRZ **61** 318; *Lange*, § 39 IV 3 Anm. 3; *von Lübtow* I 616; *Bartholomeyczik* § 48 a IV; *Erman/Bartholomeyczik* § 2303 Rdn. 7; *Palandt/Keidel*, § 2303 Anm. 3 b aa; *Palandt/Diederichsen*, § 1371 Anm. 2, 4 A; *Staudinger/Ferid*, § 2303 Rdn. 42 e; *Gernhuber*, Familienrecht § 37 I 3.

Der Ansicht von *Bärmann* AcP 157, 209 und *Rittner*, DNotZ **57** 483, 487 (ähnlich *Krüger/Breetzke/Nowack* § 1371 Anm. 1), daß die pflichtteilsberechtigten Verwandten nur dann schlechter gestellt werden, wenn der überlebende Ehegatte gesetzlicher Erbe, und nicht auch dann, wenn er Testamentserbe geworden sei oder ein Vermächtnis angenommen habe, kann nicht zugestimmt werden. § 1371 Abs. 1 bestimmt ganz allgemein, daß sich der gesetzliche Erbteil des überlebenden Ehegatten um $^1/_4$ erhöht (vgl. oben Rdn. 8). Das hat zur Folge, daß der gesetzliche Erbteil der übrigen Pflichtteilsberechtigten gleichfalls allgemein zusammen um $^1/_4$ und ihre Pflichtteilsquote zusammen um $^1/_8$ geringer ist als die normale Quote. In dem Ausnahmefall des § 1371 Abs. 2, wenn der überlebende Ehegatte nach § 2303 pflichtteilsberechtigt ist oder falls er die Erbschaft oder die Zuwendung ausgeschlagen hat, steht ihm nur der normale kleine Pflichtteil zu, so daß auch die gesetzlichen Erbteile und die Pflichtteile der übrigen Pflichtteilsberechtigten unverändert bleiben.

Es bleibt daher solange, bis der überlebende Ehegatte die gesetzliche Erbfolge oder die Zuwendung angenommen oder ausgeschlagen hat, ungewiß, wie hoch die Pflichtteilsquote der Abkömmlinge oder Eltern ist. Wenn der überlebende Ehegatte als Erbe berufen ist, klärt sich die Ungewißheit spätestens mit dem Ablauf der sechswöchigen Ausschlagungsfrist nach § 1944 Abs. 1, in besonderen Fällen nach Ablauf der nach § 1944 Abs. 3 sechs Monate betragenden Ausschlagungsfrist. Falls ihm nur ein Vermächtnis zugewandt ist, besteht keine Ausschlagungsfrist. In diesem Fall muß § 2307 Abs. 2 entsprechend angewandt werden, damit es den Erben möglich ist zu klären, in welchem Umfang Pflichtteilsansprüche bestehen. Der Erbe kann den Ehegatten zur Erklärung über die Annahme des Vermächtnisses auch dann auffordern, wenn nicht er, sondern ein anderer Vermächtnisnehmer mit dem Vermächtnis zugunsten des Ehegatten beschwert ist (§ 2307 Rdn. 16).

Bei Vor- und Nacherbfolge kann der Pflichtteilsberechtigte bis zum Eintritt des 16
Nacherbfalls nur den Vorerben, nicht auch gleichzeitig den Nacherben belangen (RG **113** 50).

Daneben steht ihm nach §§ 2325—2331 der Ergänzungsanspruch zu, soweit der Nachlaß innerhalb der letzten 10 Jahre vor dem Erbfall durch Schenkungen vermindert worden ist.

Ist der Pflichtteilsberechtigte als Erbe eingesetzt, so vermindert sich der Pflichtteilsanspruch, soweit er als Erbe bedacht ist (§ 2305). Entsprechend beim Vermächtnis, wenn es nicht ausgeschlagen wird, § 2307 Abs. 1. Beschränkungen und Beschwerungen des (gegen die Vermutung des § 2304 zugewendeten) Pflichterbteils werden nach § 2306 ohne weiteres hinfällig.

Der Pflichtteil ist regelmäßig nicht selbst Erbteil, sondern bemißt sich nur wirt- 17
schaftlich und ziffernmäßig nach der Hälfte des Wertes des gesetzlichen Erbteils. Dieser „Erbteil" ist identisch mit dem ganzen Nachlaß, wenn der Pflichtteilsberechtigte der einzige gesetzliche Erbe sein würde. Bei der Berechnung des Pflichtteils ist zunächst die Quote, zu der der Berechtigte als gesetzlicher Erbe berufen sein würde, festzustellen. Dabei sind die im § 2310 angeordneten Besonderheiten zu beachten. Berechnungsgrundsätze §§ 2311 ff. Und zwar ist der Erbteil zugrunde zu legen, der dem betreffenden Pflichtteilsberechtigten gebührt hätte, wenn er im Augenblicke des Erbfalls aus eigenem Rechte gesetzlicher Erbe des betreffenden Erblassers geworden wäre, sei es auch, daß ihm vorgehende Pflichtteilsberechtigte erst nach dem Erbfall weggefallen sind (vgl. aber auch §§ 2309, 2310). Falls der Ehegatte zugleich erbberechtigter Verwandter ist, bemißt sich sein Pflichtteil doch nur nach dem Erbteil, der ihm als Ehegatte anfallen würde. Über die Besonderheiten nach § 12 HöfeOBrZ, wenn ein Hof den Gegenstand des Nachlasses bildet vgl. BGH **25,** 289, 290. Über die Aufwertung des Pflichtteilsanspruchs § 2317 Rdn. 9.

§ 2404

Die Zuwendung des Pflichtteils ist im Zweifel nicht als Erbeinsetzung anzusehen.

E I 1977 II 2170; M **5** 391; P **5** 499, 500.

Zuwendung des Pflichtteils

Übersicht

Neueres Schrifttum:
Ferid, Die Pflichtteilszuwendung insbesondere bei Zugewinn„gemeinschaft", NJW 60 121; *Bohnen,* Zugewinngemeinschaft und pflichtteilsgleiche Zuwendungen, NJW 70 1531.

I. Erbeinsetzung und Pflichtteilszuwendung 1

Nach der in dieser Vorschrift enthaltenen Auslegungsregel verschafft die Zuwendung des Pflichtteils dem Bedachten im Zweifel nicht die Erbenstellung (§ 2087), sondern nur ein Forderungsrecht gegen den Nachlaß (§ 2317). Doch kann die Würdigung des besonderen Falles auch zu dem entgegengesetzten Ergebnis führen: Beschränkung des Erbteils auf die Höhe des Pflichtteils (München JFG **14** 76; RG WarnRspr 1933 Nr. 181).

2 Den Beweis, daß Erbeinsetzung gewollt sei, hat zu führen, wer daraus Rechte herleitet, z. B. der Gläubiger, der den Pflichtteilsberechtigten wegen einer Nachlaßverbindlichkeit in Anspruch nimmt.

3 **II. Auslegung im Sinne einer Verweisung auf den Pflichtteil oder der Zuwendung eines Vermächtnisses**

1. Allgemeine Fälle

Wenn es sich entsprechend der Auslegungsregel bei der Zuwendung des Pflichtteils nicht um eine Erbeinsetzung handelt, ergibt sich die weitere Frage, ob der Erblasser mit dieser Bestimmung den Pflichtteilsberechtigten nur auf seinen Pflichtteil verwiesen hat oder ob er ihm damit einen seinem Pflichtteil entsprechenden Betrag als Vermächtnis zugewandt hat. Darüber, ob das eine oder das andere anzunehmen ist, sagt das Gesetz nichts. Was gewollt ist, muß durch Auslegung des Testaments ermittelt werden.

Wichtig ist die Feststellung allgemein für die Frage der Verjährung. Wenn der Pflichtteilsberechtigte nur auf den Pflichtteil verwiesen ist, gilt nach § 2332 die dreijährige Verjährungsfrist. Dagegen verjährt sein Anspruch nach §§ 195, 198 in 30 Jahren, wenn ihm ein dem Pflichtteil entsprechender Betrag als Vermächtnis zugewandt ist. Das Vermächtnis kann nach §§ 2176, 2180 durch Erklärung gegenüber dem Beschwerten ausgeschlagen werden. Auf den Pflichtteilsanspruch kann der Berechtigte nur durch Vertrag mit dem Erben verzichten. Zu beachten ist, daß auch das Pflichtteilsvermächtnis mit Rücksicht auf die schutzwürdigen Interessen des Berechtigten weitgehend nach den für den Pflichtteil geltenden Regeln behandelt wird (vgl. darüber *Ferid* NJW **60** 121, 124 f).

4 Ob das eine oder das andere gewollt ist, hängt davon ab, ob der Erblasser dem Pflichtteilsberechtigten etwas zuwenden oder ihn nur von allem ausschließen wollte, auf das er keinen unentziehbaren gesetzlichen Anspruch hat. Haben Eltern ein Kind für den Fall, daß es die von ihnen mit Bezug auf seinen Erbteil getroffene Regelung nicht anerkennen würde, auf den Pflichtteil „beschränkt", so liegt es nahe, darin nur die Verweisung auf den gesetzlichen Pflichtteilsanspruch zu finden (RG **113** 237; Dresden OLG **44** 106; BayObLGZ **59,** 199, 205). Anderseits hat RG **129** 239 in einer letztwilligen Verfügung, laut der ein Ehemann seine Frau auf den „Pflichtteil im Sinne des § 2304" setzte und ihr „außerdem" ein Vermächtnis in Höhe des Betrags ihres gesetzlichen Pflichtteils hinterließ, eine einheitliche Einsetzung der Frau als Vermächtnisnehmerin auf den doppelten Pflichtteilsbetrag, also auf den Wert ihres gesetzlichen Erbteils gefunden (vgl. auch RG HRR **32** 958).

5 Die Anordnung eines Vermächtnisses wird anzunehmen sein, wenn der Erblasser besondere Bestimmungen über die Erfüllung des Anspruchs getroffen hat, aus denen folgt, daß das Pflichtteilsrecht nicht angewandt werden soll. Ein Vermächtnis ist daher anzunehmen, wenn der Erblasser bestimmt hat, daß der Berechtigte in Höhe des Pflichtteils Wertpapiere erhalten soll, wenn er die Leistung nur bestimmten Miterben auferlegt oder besondere Bestimmungen für den Zeitpunkt der Fälligkeit getroffen hat.

6 Nur der Ausspruch der gesetzlichen Rechtsfolge und keine selbständige Verfügung ist anzunehmen, soweit der Erblasser in einer Verfügung seine Ehefrau auf den Pflichtteil verweist, nachdem er in derselben Verfügung eine andere Person zum Alleinerben eingesetzt hat. Die Verweisung der Ehefrau auf den Pflichtteil ist nur dann

eine ihrer Art nach selbständige Verfügung, wenn der Erblasser diesen Erfolg unabhängig von der Berufung des Alleinerben wollte (RG DR **41** 1000).

Auch die Einsetzung des Pflichtteilsberechtigten zum „Erben" schließt die Annahme nicht aus, daß er gleichwohl nur ein Forderungsrecht haben soll, falls dies nach den zu § 2084 Rdn. 1 ff dargelegten Auslegungsgrundsätzen als der wahre, wenngleich unvollkommen ausgedrückte Wille des Erblassers ermittelt werden kann (RG WarnRspr 1913 Nr. 428; 1914 Nr. 220; HRR **28** 962). **7**

2. Besonderheiten für den Ehegatten, der im Güterstand der Zugewinngemeinschaft gelebt hat **8**

Falls der Pflichtteilsberechtigte ein Ehegatte ist, der mit dem Erblasser im Güterstand der Zugewinngemeinschaft gelebt hat, hängt auch die Höhe des von dem überlebenden Ehegatten zu beanspruchenden Betrages davon ab, ob die Bestimmung in dem einen oder anderen Sinne auszulegen ist. Ist sie nur eine Verweisung auf den Pflichtteil, dann hat der Überlebende nur den normalen, kleinen Pflichtteil zu fordern, der sich nach der sich aus § 1931 ergebenden Erbquote berechnet. Daneben steht ihm nach § 1371 Abs. 2 der Anspruch auf Ausgleich des Zugewinns nach den güterrechtlichen Vorschriften zu (§ 2303 Rdn. 8).

Falls ihm ein Vermächtnis in Höhe des Pflichtteils zugewandt ist, kann es zweifelhaft sein, ob der Erblasser damit den kleinen oder den nach § 1371 Abs. 1 erhöhten Pflichtteil gemeint hat. Im letzteren Falle kann der Ehegatte den güterrechtlichen Zugewinnausgleich nur verlangen, wenn er den als Vermächtnis zugewandten Pflichtteil ausschlägt. Er kann dann den normalen kleinen Pflichtteil nach § 2307 dennoch fordern.

Falls der überlebende Ehegatte das Vermächtnis annimmt, kann er, auch wenn ihm damit nur der normale kleine Pflichtteil zugewandt ist, grundsätzlich nach §§ 1371 Abs. 1, 2307 Abs. 1 Satz 2 die Erhöhung des Vermächtnisses auf den Wert des großen Pflichtteils verlangen.

Falls die Verfügung vor dem 1. Juli 1958 getroffen ist, kann in aller Regel angenommen werden, daß der Erblasser nur den normalen kleinen Pflichtteil zuwenden wollte (a A wohl *Ferid* NJW **60** 126; im Ergebnis wie hier *Staudinger/Ferid* § 2304 Rdn. 74). Die Verfügung ist jedoch nach § 2078 Abs. 2 anfechtbar, da der Erblasser als selbstverständlich angenommen hat, daß der Bedachte aus seinem Nachlaß nicht mehr als den zugewandten Betrag des kleinen Pflichtteils erhalten werde, während er tatsächlich dessen Erhöhung auf den großen Pflichtteil beanspruchen kann. **9**

Falls die Bestimmung nach dem 30. Juni 1958 getroffen worden ist, muß durch Auslegung ermittelt werden, ob der Erblasser den kleinen oder den großen Pflichtteil zuwenden wollte. Obwohl der normale Pflichtteil der kleine ist, kann der Erblasser doch mit Rücksicht auf § 1371 an den erhöhten großen gedacht haben. Falls sich ergibt, daß der Erblasser nur den kleinen Pflichtteil zuwenden wollte, ist anzunehmen, daß die Zuwendung unter der stillschweigenden Bedingung gemacht worden ist, daß ihre Ergänzung auf den großen Pflichtteil nicht gefordert wird. Eine solche Bedingung ist zulässig (vgl. darüber § 2307 Rdn. 5, 15). Der Bedachte kann dann, wenn er die Zuwendung annimmt, keine Ergänzung fordern. Er kann jedoch den Anspruch auf güterrechtlichen Ausgleich des Zugewinns geltend machen. *Staudinger/Ferid* § 2304 Rdn. 76 weist mit Recht darauf hin, daß es sinnwidrig wäre, dem Ehegatten in diesem Fall den güterrechtlichen Zugewinnausgleichsanspruch zu versagen, da er sich diesen immer dadurch verschaffen kann, daß er das Vermächtnis ausschlägt und dann einen dem Vermächtnis entsprechenden Betrag als Pflichtteil fordert (vgl. auch *Ferid* NJW **60** 126). Anders ist es, wenn dem überlebenden Ehegatten ein Gegenstand als Vermächtnis zugewandt ist, des- **10** sen Wert dem Wert seines normalen kleinen Pflichtteils entspricht. Falls der Ehegatte in diesem Fall den güterrechtlichen Zugewinnausgleichsanspruch geltend machen will, muß er das ihm zugewandte Vermächtnis ausschlagen. Er kann dann neben dem güterrechtlichen Zugewinnausgleichsanspruch den normalen kleinen Pflichtteil in Geld fordern. Wenn sich nicht feststellen läßt, wie die Verfügung auszulegen ist, gereicht das an sich dem Bedachten zum Nachteil. Er kann dann nur den Betrag des normalen, kleinen Pflichtteils als Vermächtnis beanspruchen. Praktisch wirkt es sich, abgesehen von der Verjährungsfrist (§ 2332 Rdn. 1, 18), aber doch so aus, als wenn ihm der große Pflichtteil zugewandt ist. Er kann nach § 2307 Abs. 1 Satz 2 die Ergänzung auf den großen Pflichtteil beanspruchen. Daß die Zuwendung an die auflösende Bedingung, daß der Pflichtteilsrest nicht gefordert werde, geknüpft ist, läßt sich in diesem Fall nicht feststellen. Auch kann die Zuwendung nicht angefochten werden, denn wenn nicht festgestellt werden kann, ob der Erblasser den großen oder den kleinen Pflichtteil zuwenden wollte, läßt sich auch nicht feststellen, daß er sich irrte, als er die Bestimmung traf.

§ 2305

Ist einem Pflichtteilsberechtigten ein Erbteil hinterlassen, der geringer ist als die Hälfte des gesetzlichen Erbteils, so kann der Pflichtteilsberechtigte von dem Miterben als Pflichtteil den Wert des an der Hälfte fehlenden Teiles verlangen.

E I 1979 II 2171; M **5** 391, 392; P **5** 500—503.

Pflichtteilsrestanspruch

Übersicht

1 **I. Anspruchsvoraussetzungen**

Vorausgesetzt ist, daß der Pflichtteilsberechtigte durch Verfügung von Todes wegen oder kraft der insoweit unberührt gebliebenen gesetzlichen Erbfolge zwar als Erbe berufen, gleichwohl aber im Pflichtteil geschmälert ist, sei es, daß er ausdrücklich auf weniger als die Hälfte des gesetzlicher Erbteils eingesetzt ist oder daß ihm infolge der sonstigen Vergebungen des Nachlasses nicht diese Hälfte verbleibt.

2 Falls der Pflichtteilsberechtigte durch Zuweisung einzelner Nachlaßgegenstände zum Erben eingesetzt ist, ist die Größe des ihm hinterlassenen Erbteils aus dem Verhältnis des Wertes der ihm zugesprochenen Gegenstände zum Wert des Gesamtnachlasses zu ermitteln. Ist er als Vermächtnisnehmer bedacht, so gilt § 2307, im Falle der Beeinträchtigung des hinterlassenen Erbteils durch Beschränkungen und Beschwerungen § 2306.

3 Es ist nicht möglich, einen Pflichtteilsberechtigten zu einer geringeren als der seinem Pflichtteil entsprechenden Quote unter der Bedingung als Erbe einzusetzen, daß er den Pflichtteilsrestanspruch nach § 2305 nicht geltend macht. Durch diese Bedingung würde der Pflichtteil weiter verkürzt, als es nach dem Gesetz zulässig ist, denn der Pflichtteilsberechtigte könnte sich nicht dadurch, daß er die Erbschaft ausschlägt, den Anspruch auf den vollen Pflichtteil verschaffen. Auch bei einer in dieser Weise bedingten Zuwendung ist er zunächst als Erbe berufen. Er ist nicht durch Verfügung von Todes

wegen von der Erbfolge ausgeschlossen, wie es § 2303 für das Bestehen des Anspruchs auf den vollen Pflichtteil voraussetzt. Die Bedingung wirkt sich nach § 2103 im Sinne der bedingten Anordnung einer Nacherbschaft aus. Diese ist nach § 2306 Abs. 1 Satz 1 dann nicht wirksam, wenn der Pflichtteilsberechtigte zu einer solchen Quote als Erbe eingesetzt ist, daß ihm ein Pflichtteilsrestanspruch nach § 2305 zusteht (vgl. hierzu § 2306 Rdn. 15).

II. Rechtsnatur des Anspruchs 4

Der Bedachte bleibt Erbe zu dem ihm zugewendeten Bruchteil der Erbschaft. Daneben steht ihm, insoweit als Nachlaßgläubiger, der Geldanspruch des § 2317 auf den Fehlbetrag zu, der sich als Unterschied zwischen dem Schätzungswerte des ihm ausgesetzten und der Hälfte des gesetzlichen Erbteils ergibt.

Auf diesen Geldanspruch bleibt er, anders als in den Fällen des § 2306 Abs. 1 5
Satz 2, auch dann beschränkt, wenn er als Erbe ausschlagen sollte (BGH LM BGB § 2325 Nr. 9; RG **93** 9; **113** 48). Namentlich ist er in diesem Falle nicht berechtigt, etwa den vollen gesetzlichen Erbteil (§ 1948 Rdn. 2, 4) oder auch nur den vollen Pflichtteilsanspruch geltend zu machen. Der Grund für diese Regelung besteht darin, daß der zum Erben berufene Pflichtteilsberechtigte grundsätzlich keinen Pflichtteilsanspruch hat. Er kann sich diesen, von dem Ausnahmefall des § 2306 Abs. 1 Satz 2 abgesehen, nicht dadurch verschaffen, daß er den Erbteil ausschlägt.

Der Pflichtteilsrestanspruch ist der gewöhnliche, allerdings nur in begrenzter Höhe zustehende Pflichtteilsanspruch. Daraus hat RG **93** 9 geschlossen, daß der Pflichtteilsberechtigte, der den hinterlassenen Erbteil ausgeschlagen hat, in erster Linie nach § 2306 Abs. 1 Satz 2 auf den vollen Pflichtteil klagen und für den Fall, daß § 2306 Abs. 1 Satz 1 anzunehmen ist, den Pflichtteilsrestanspruch geltend machen kann.

Vom Pflichtteilsrestanspruch zu unterscheiden ist der Pflichtteilsergänzungsan- 6
spruch, der in den §§ 2325—2331 geregelt ist. Von einer Ergänzung des Pflichtteils im technischen Sinn spricht das Gesetz nur, wenn der Pflichtteilsanspruch selbst durch Schenkungen unter Lebenden beeinträchtigt worden ist.

III. Anspruch des Ehegatten, der mit dem Erblasser im Güterstand der Zugewinngemeinschaft gelebt hat 7

Der pflichtteilsberechtigte Ehegatte, der mit dem Erblasser im Güterstand der Zugewinngemeinschaft gelebt hat, ist nicht auf den Pflichtteilsrestanspruch beschränkt; er kann sich den Anspruch auf den vollen Pflichtteil nach § 1371 Abs. 3 dadurch verschaffen, daß er die Erbschaft ausschlägt. Ihm steht dann zwar nur der nach §§ 1931, 2303 zu berechnende, normale oder kleine Pflichtteil zu; daneben hat er aber Anspruch auf güterrechtlichen Ausgleich des Zugewinns. Wenn er die Erbschaft nicht ausschlägt, ist nach § 1371 Abs. 1 für die Berechnung eines ihm zustehenden Pflichtteilsrestanspruchs der große Pflichtteil maßgebend, dessen Quote nach dem um 1/4 erhöhten gesetzlichen Erbteil des Ehegatten errechnet wird. Vgl. § 2303 Rdn. 8, 15.

Zweifelhaft kann es sein, ob der Erblasser den überlebenden Ehegatten unter 8
der Bedingung als Erben einsetzen kann, daß dieser den ihm an sich nach § 2305 zustehenden Pflichtteilsrestanspruch nicht geltend macht. Anders als in den gewöhnlichen Fällen (Rdn. 3) könnte man eine solche Bedingung uneingeschränkt für zulässig halten, wenn der überlebende Ehegatte mit dem Erblasser im Güterstand der Zugewinngemeinschaft gelebt hat. Er würde damit in seinem unentziehbaren Recht auf den normalen Pflichtteil nicht beeinträchtigt werden. Denn nach § 1371 Abs. 3 kann er diesen auch verlangen, wenn er als Erbe berufen worden ist und die Erbschaft ausgeschlagen hat.

Der Sinn des § 1371 Abs. 3 ist es aber nicht, insoweit ein Sonderpflichtteilsrecht für den Pflichtteilsberechtigten zu schaffen. § 1371 will dessen Stellung nicht verschlechtern. Sein einziger Zweck ist der zu ermöglichen, daß der überlebende Ehegatte erbrechtlich für den güterrechtlichen Anspruch auf Ausgleich des Zugewinns abgefunden werden kann.

§ 1371 eröffnet zwei Wege. Der Erblasser kann den Ehegatten auf den kleinen Pflichtteil verweisen. Dann hat dieser das Recht, daneben einen etwa bestehenden güterrechtlichen Anspruch auf Ausgleich des Zugewinns geltend zu machen. Der Anspruch auf den kleinen Pflichtteil und auf den güterrechtlichen Ausgleich des Zugewinns kann dem Ehegatten nicht genommen werden. Der Anspruch auf güterrechtlichen Ausgleich des Zugewinns steht ihm aber nur zu, wenn er weder als Erbe noch als Vermächtnisnehmer etwas aus dem Nachlaß des Erblassers erhält.

Da es dem Erblasser erlaubt ist, seinen Ehegatten dadurch, daß er ihn von der Erbfolge ausschließt und ihm auch kein Vermächtnis zuwendet, auf den kleinen Pflichtteil und einen daneben etwa bestehenden Anspruch auf güterrechtlichen Ausgleich des Zugewinns zu verweisen, muß es ihm auch gestattet sein, seinem Ehegatten die Wahl zu lassen, ob er diese Ansprüche geltend machen oder sich mit einer Berufung als Erbe zu einer Quote begnügen will, die zwischen der Quote des normalen und der des erhöhten Pflichtteils liegt. Das kann in der Weise geschehen, daß der Erblasser seinen Ehegatten zu einer entsprechenden Quote als Erbe einsetzt unter der Bedingung, daß dieser keinen auf den erhöhten Pflichtteil zielenden Restanspruch geltend macht. Nimmt der Ehegatte die Erbschaft an, dann verzichtet er damit auf den erhöhten Pflichtteilsrestanspruch. Er kann nur einen auf den Wert des kleinen Pflichtteils gerichteten Pflichtteilsrestanspruch geltend machen. Schlägt er aus, dann kann er den normalen kleinen Pflichtteil und güterrechtlichen Ausgleich des Zugewinns nach § 1371 Abs. 2, 3 fordern.

9 **IV. Haftung der Miterben**

Auch der Pflichtteilsrestanspruch begründet eine Nachlaßverbindlichkeit und ist gemäß § 2046 bei der Auseinandersetzung zu erledigen, an der ja der Pflichtteilsberechtigte als Miterbe gleichfalls teilnimmt. Nach § 2063 Abs. 2 können die Miterben sich hinsichtlich dieses Anspruchs auf ihre beschränkte Haftung auch dann noch berufen, wenn sie den anderen Nachlaßgläubigern gegenüber unbeschränkt haftbar geworden sind. Der Miterbe, der selbst pflichtteilsberechtigt ist, kann nach § 2319 die Befriedigung des Pflichtteilsrestanspruchs insoweit verweigern, daß ihm sein eigener Pflichtteil verbleibt.

§ 2306

Ist ein als Erbe berufener Pflichtteilsberechtigter durch die Einsetzung eines Nacherben, die Ernennung eines Testamentsvollstreckers oder eine Teilungsanordnung beschränkt oder ist er mit einem Vermächtnis oder einer Auflage beschwert, so gilt die Beschränkung oder die Beschwerung als nicht angeordnet, wenn der ihm hinterlassene Erbteil die Hälfte des gesetzlichen Erbteils nicht übersteigt. Ist der hinterlassene Erbteil größer, so kann der Pflichtteilsberechtigte den Pflichtteil verlangen, wenn er den Erbteil ausschlägt; die Ausschlagungsfrist beginnt erst, wenn der Pflichtteilsberechtigte von der Beschränkung oder der Beschwerung Kenntnis erlangt.

Einer Beschränkung der Erbeinsetzung steht es gleich, wenn der Pflichtteilsberechtigte als Nacherbe eingesetzt ist.

E I 1981 Abs. 1 Satz 1, Abs. 2, 2034 Abs. 1 II 2172; M **5** 394—399, 504, 505; P **5** 506—510, 514—516, 627; **6** 354.

Fortfall von Beschränkungen und Beschwerungen

Übersicht

I. Gemeinsame Voraussetzungen der in § 2306 geregelten Fälle 1

1. Berufung des Pflichtteilsberechtigten als Erbe

Wie im Falle des § 2305 ist vorausgesetzt, daß der Pflichtteilsberechtigte als Erbe berufen ist. Seine Berufung kann auch hier entweder auf Verfügung von Todes wegen oder darauf beruhen, daß insoweit gesetzliche Erbfolge eintritt (RG Recht **24** Nr. 1002). Ist er mit einem Vermächtnis bedacht, so gilt § 2307.

2. Der Wert des hinterlassenen Erbteils 2

Die Beschränkungen und Beschwerungen des dem Pflichtteilsberechtigten ausgesetzten Erbteils werden vom Gesetz verschieden behandelt, je nachdem dieser Erbteil, d. h. die Erbquote größer als der Wert der Hälfte des gesetzlichen Erbteils ist oder diesen Wert nicht übersteigt, ihr gleichkommt oder dahinter zurückbleibt. Bei der Ermittlung dieses Wertverhältnisses bleiben die auf dem Erbteil ruhenden Beschränkungen und Beschwerungen außer Betracht (BGH **19** 309, 310; RG **93** 8; SeuffArch **74** Nr. 107; JW **25** 359 Nr. 12; HRR **39** 369; RFH **3** 63). Für den Ehegatten, der mit dem Erblasser im Güterstand der Zugewinngemeinschaft gelebt hat, ist der nach § 1371 Abs. 1 um $^1/_4$ erhöhte gesetzliche Erbteil maßgebend (§ 2303 Rdn. 8).

Wenn Anrechnungen (§ 2315) und Ausgleichungen (§ 2316) nicht in Betracht kommen, kommt es für die in § 2306 getroffene Unterscheidung nur darauf an, zu welcher Quote der Pflichtteilsberechtigte als Erbe berufen ist (Quotentheorie), ob diese kleiner oder gleich der Pflichtteilsquote oder ob sie größer ist (Abs. 1 Satz 2).

3. Die Wertberechnung im Falle der Anrechnung und Ausgleichung 3

Das Gesetz hat nur den Regelfall, daß sich der Pflichtteil schlechthin nach § 2303 Abs. 1 Satz 2 berechnet, im Auge. Ist der Pflichtteil, weil eine Anrechnung (§ 2315) oder Ausgleichung (§ 2316) oder beides stattzufinden hat, größer oder geringer als die Hälfte des gesetzlichen Erbteils, so ist an deren Stelle der rechnerische Betrag des Pflichtteils in dem Sinne maßgebend, daß der Wert, den der Berechtigte unter Berücksichtigung der Anrechnung und Ausgleichung als Pflichtteil erhalten würde, zu vergleichen ist mit dem

Rohwert des hinterlassenen Erbteils (Werttheorie). Jedoch bleiben auch in diesem Fall die auf dem Erbteil lastenden Beschränkungen und Beschwerungen außer Betracht. Sie dürfen auch hier nicht als wertmindernd berücksichtigt werden (RG **93** 3; **113** 48; Recht **25** Nr. 462; *Staudinger/Ferid* § 2303 Rdn. 44; § 2315 Rdn. 78—80; vgl. auch BayObLG MDR **68** 762; aA Breslau HRR **40** 654, das auch in diesen Fällen dem Gesetzeswortlaut entsprechend nur darauf abstellt, ob der hinterlassene Erbteil quotenmäßig die Hälfte des gesetzlichen Erbteils übersteigt. Ebenso *Männer* Recht **19** 367; *Natter* JZ **55** 138).

4 **4. Die in Betracht kommenden Beschränkungen**

Als Beschränkungen kommen nur in Betracht:

a) Die Einsetzung eines Nacherben. Der Pflichtteilsberechtigte ist als Vorerbe, nach ihm ist ein Nacherbe eingesetzt (§ 2100). So insbesondere, wenn der überlebende Ehegatte als Vorerbe, die Kinder als Nacherben berufen sind. Dagegen kommt § 2306 nicht in Frage, wenn die Kinder durch gemeinschaftliches Testament nach dem Überlebenden schlechthin als Erben des gesamten beiderseitigen Nachlasses berufen und damit zugleich von der Erbfolge in den Nachlaß des Zuerstverstorbenen ausgeschlossen sind. Aus diesem Nachlasse sogleich den Pflichtteil zu fordern, bleibt ihnen unverwehrt (§ 2269 Rdn. 31). Den Fall, daß der Pflichtteilsberechtigte selbst als Nacherbe eingesetzt ist, behandelt Abs. 2 (Rdn. 29—33).

5 **b) Die Ernennung eines Testamentvollstreckers.** Sie beschränkt den Erben sowohl in der Richtung der §§ 2203, 2204 als insbesondere dadurch, daß er über einen der Verwaltung des Testamentsvollstreckers unterliegenden Gegenstand nicht verfügen kann (§ 2211).

6 **c) Teilungsanordnungen** (§ 2048 Rdn. 1—5). Hierzu gehört auch die Anordnung, der Pflichtteilsberechtigte habe sich Zuwendungen unter Lebenden anrechnen zu lassen, deren Kürzung er nach den Grundsätzen der §§ 2315, 2316 nicht zu dulden braucht (RG **67** 309; **113** 46). Dagegen soll nach RG LZ **32** 1050, wenn die Zuweisung bestimmter Nachlaßgegenstände die über eine bloße Teilungsanordnung hinausgehende (gemäß § 2087 Rdn. 7—13 mögliche) Bedeutung hat, den Erbteil des so Bedachten zu bestimmen, Abs. 1 Satz 1 unanwendbar sein. Das erscheint bedenklich. Gerade sofern und weil die Anführung der Gegenstände „zunächst und hauptsächlich" die Bedeutung der Erbteilsbestimmung hat, kann die in dieser Anführung nebenbei liegende Teilungsanordnung als nicht angeordnet gelten, ohne daß deshalb auch die Erbteilsbestimmung hinfällig werden müßte. Teilungsanordnungen, die den Pflichtteilsberechtigten nur Rechte einräumen, beschränken den Pflichtteil nicht und fallen daher auch nicht unter die Vorschrift des § 2306.

7 **5. Von § 2306 nicht betroffene Beschränkungen und Anordnungen**

Die Aufzählung der für den Pflichtteilsberechtigten nicht verbindlichen Beschränkungen ist erschöpfend. Es werden deshalb von § 2306 nicht betroffen:

8 **a) Die familienrechtlichen Anordnungen.** Hierzu gehört z. B. Bestimmung des Pflichtteils zum Vorbehaltsgut § 1418 oder Ausschluß des elterlichen Verwaltungsrechts § 1638 u. dgl. (Rdn. 2 vor § 1937).

9 **b) Die Erbeinsetzung des Pflichtteilsberechtigten unter einer aufschiebenden Bedingung und Ersatzberufung des Pflichtteilsberechtigten.** Für den maßgebenden Zeitpunkt des Erbfalls (§ 2317) ist der so Bedachte jedenfalls ausgeschlossen. Ob ihm auch nur die Nacherbenstellung gemäß § 2105 zukommt, bleibt ungewiß. Er ist deshalb auch nicht im Sinne von Abs. 2, d. h. unbedingt als Nacherbe eingesetzt (aM *Kipp* 8. Bearb.

§ 132 Anm. 11). Daraus folgt, daß er sogleich den Pflichtteil fordern kann, ohne zur Ausschlagung genötigt zu sein (*Strohbal* I 420 Anm. 19; *Planck/Greiff*, § 2306 Anm. 2 a; *Palandt/Keidel* § 2306 Anm. 2 b; *Kipp/Coing*, § 10 I 5; *Erman/Bartholomeyczik*, § 2306 Rdn. 7; *Soergel/Dieckmann* § 2306 Rdn. 1; *von Lübtow*, I 578). Nimmt er aber nach Eintritt der Bedingung den Erbteil an, so versteht sich von selbst, daß er sich den bereits empfangenen Pflichtteil hierauf anrechnen zu lassen oder ihn zurückzugeben hat. Dasselbe gilt, wenn der Pflichtteilsberechtigte nur zum Ersatzerben berufen ist (§ 2096).

6. Beschränkungen anstatt einer Pflichtteilsentziehung **10**

War der Erblasser nach §§ 2333 ff zur Entziehung des Pflichtteils berechtigt, hat er aber statt dessen in den Formen des § 2306 Beschränkungen und Beschwerungen des Pflichtteilsberechtigten angeordnet, oder hat er unter den Voraussetzungen des § 2338 in guter Absicht verfügt, so kann sich der Bedachte hiervon nicht durch Berufung auf § 2306 befreien.

7. Weggefallene Beschränkungen und teilweiser Erbverzicht **11**

Beschränkungen usw., die schon vor dem Erbfall oder durch Ausschlagung des Bedachten mit Wirkung auf die Zeit des Erbfalls weggefallen sind (§§ 1953 Abs. 1, 2180 Abs. 3), kommen überhaupt nicht in Betracht. Der nachträgliche Wegfall kann aber den Pflichtteilserben berechtigen, gemäß § 2308 die Ausschlagung des Erbteils anzufechten. Ist er unbeschränkt und unbeschwert gerade auf den Pflichtteil als Erbe eingesetzt, so kann er nicht ausschlagen und statt dessen den Pflichtteilsanspruch als Nachlaßgläubiger geltend machen (§ 2305 Rdn. 5).

Beschränkungen und Beschwerungen, denen der Pflichtteilsberechtigte durch einen zulässigen teilweisen Erbverzicht zugestimmt hat (§ 2346 Rdn. 21—24) kommen gleichfalls nicht in Betracht.

II. Erbteil gleich oder geringer als der Pflichtteil (Abs. 1 Satz 1) **12**

1. Pflichtteilsberechtigter ist nur als Erbe berufen

Ist der ausgesetzte Erbteil geringer als der Pflichtteil oder gleich dem Pflichtteil, so fallen die der Erbeinsetzung hinzugefügten Beschränkungen und Beschwerungen im Verhältnis zu dem Pflichtteilsberechtigten kraft Gesetzes weg (RG JW **11** 370). Die Beschränkungen und Beschwerungen fallen auch gegen den Willen des Pflichtteilsberechtigten fort. Begünstigt wird dadurch aber nur der pflichtteilsberechtigte Erbe. Schlägt dieser aus und fällt sein Erbteil an eine nicht pflichtteilsberechtigte Person, dann gilt § 2306 nicht. Nach der Ausnahmevorschrift des § 2311 Abs. 1 Satz 2 behält der überlebende Ehegatte den Voraus auch dann, wenn die auf dem Erbteil der Abkömmlinge oder Eltern ruhenden Beschwerungen und Beschränkungen nach § 2306 fortfallen.

Die in § 2306 genannten Beschränkungen und Beschwerungen werden grundsätzlich nicht im ganzen, sondern nur hinsichtlich des Erbteils des Pflichtteilsberechtigten unwirksam. Der Erbteil der Miterben bleibt, wenn sie auch auf diesem ruhen, weiter belastet. Die nach § 2306 Abs. 1 Satz 1 eintretende Unwirksamkeit einer Verfügung kann aber nach § 2085 zur Folge haben, daß auch andere Verfügungen unwirksam werden. So kann insbesondere die Unwirksamkeit einer Teilungsanordnung bewirken, daß auch weitere Teilungsanordnungen unwirksam sind. **13**

Aus Satz 1 ergibt sich, daß der Testamentsvollstrecker gegenüber dem pflichtteilsberechtigten Miterben, dem diese Bestimmung zustatten kommt, keine Befugnisse hat. Dieser kann gegen den Testamentsvollstrecker auf Unterlassung der beeinträchti- **14** genden Verfügungen klagen. Er macht damit keinen Pflichtteilsanspruch geltend. § 2213 Abs. 1 Satz 3 steht daher seiner Klage nicht entgegen. Anderseits ist der Testamentsvollstrecker diesem Miterben gegenüber auch nicht nach § 2216 verpflichtet, den Nachlaß zu verwalten. Falls er aber den Nachlaß auch für diesen Miterben verwaltet, obwohl ihm bekannt ist, daß er dazu nicht berechtigt ist, haftet er nach den Grundsätzen der Geschäftsführung ohne Auftrag (vgl. *Planck/Greiff* § 2306 Anm. 3 a).

15 Die Beschränkungen und Beschwerungen sollen dagegen nicht ohne weiteres fortfallen, wenn der Erblasser den Pflichtteilsberechtigten ausdrücklich vor die Wahl gestellt hatte, unter gewissen Beschränkungen oder Beschwerungen Pflichtteilserbe oder nur gewöhnlicher Pflichtteilsgläubiger zu werden. Schlägt er in diesem Falle nicht rechtzeitig aus, so soll er, obwohl nur Pflichtteilserbe, auch an die hinzugefügten Beschränkungen gebunden bleiben (so RG WarnRspr **1913** Nr. 250. Ebenso *Oertmann* ZBlFG **15** 365; *Planck/Greiff* § 2306 Anm. 3 e am Ende; *Staudinger/Ferid* § 2306 Rdn. 3, 53). Diese Auffassung beachtet nicht, daß die nach gemeinem Recht zulässige cautela Socini in dem zwingenden Recht des § 2306 Abs. 1 Satz 1 eine Schranke findet (ebenso *von Lübtow* I 577). Für die besonderen Verhältnisse des pflichtteilsberechtigten Ehegatten, der im Güterstand der Zugewinngemeinschaft gelebt hat, vgl. unten Rdn. 38. Von diesem Falle abgesehen, bleibt ihm, wenn der Erbteil noch hinter dem Pflichtteil zurückbleibt, der Pflichtteilsrestanspruch nach § 2305. Auch wenn er den Erbteil ausschlägt, hat er nur diesen Anspruch, nicht den Anspruch auf den vollen Pflichtteil (RG **93** 3; **113** 48). Schlägt er aus, so kommt dem nach § 2161 nachrückenden Beschwerten § 2322 zugute.

16 Die Beschränkungen usw., z. B. eine Teilungsanordnung, daß sich der Pflichtteilsberechtigte eine unter Lebenden empfangene Zuwendung auf den Pflichtteil anrechnen zu lassen habe, sind auch dann zu streichen, wenn der Pflichtteilsberechtigte nicht als Erbe berufen, sondern von der Erbfolge ausgeschlossen und dadurch lediglich Nachlaßgläubiger auf den Pflichtteilsanspruch geworden ist (RG **67** 309).

17 **2. Dem Pflichtteilsberechtigten ist neben dem Erbteil ein Vermächtnis zugewandt**

Der Fall, daß dem Pflichtteilsberechtigten neben seinem Erbteil ein Vermächtnis zugewandt ist, bietet keine Besonderheiten, wenn er dieses ausschlägt. Nimmt er das Vermächtnis an, dann gelten die Beschränkungen und Beschwerungen nur dann als nicht angeordnet, wenn der Wert des Erbteils und der Wert des Vermächtnisses zusammen den Wert des Pflichtteils nicht übersteigen. In diesem Fall gilt die Werttheorie, wobei auch hier Beschränkungen und Beschwerungen, die auf dem Erbteil oder dem Vermächtnis ruhen, außer Betracht bleiben (*Johannsen*, WM **70** 234). Diese Rechtsfolge soll nach § 2306 Abs. 1 Satz 1 nur eintreten, wenn der Pflichtteilsberechtigte nicht mehr als seinen Pflichtteil bekommt. Daß der Wert des Vermächtnisses hierbei zu berücksichtigen ist, folgt aus § 2307 Abs. 1 Satz 2, der bestimmt, daß der Wert eines angenommenen Vermächtnisses auf den Pflichtteil anzurechnen ist (§ 2307 Rdn. 8; Neustadt NJW **57** 1523).

18 **III. Erbteil größer als der Pflichtteil (Abs. 1 Satz 2)**

Ist der Erbteil größer als der Pflichtteil (Abs. 1 Satz 2), so hat der Erbe das Wahlrecht. Er kann entweder den Erbteil ausschlagen und sich hierdurch von allen Beschränkungen usw. befreien. Dann hat er nur den Anspruch auf den vollen Pflichtteil nach §§ 2303, 2317, dessen Geltendmachung bis zur Ausschlagung ausgeschlossen ist (RG JW **31** 1354). Er kann auch die Erbschaft annehmen und sich damit den ihm auferlegten Beschränkungen usw. auf die Gefahr hin unterwerfen, daß ihm daraus eine Beeinträchtigung im Pflichtteil erwächst, gegen die er sich nur im Rahmen der §§ 2318 ff schützen kann.

Die Regelung entspricht dem Sachstande, wie wenn der Erblasser mit der gemeinrechtlichen cautela Socini verfügt hätte. Auch heute noch kann der Erblasser in entsprechender Weise verfügen, auch außerhalb des eigentlichen Pflichtteilsrechts. So kann er anordnen, daß ein Abkömmling die Verwaltung seines Anteils an der fortgesetzten Gütergemeinschaft durch einen Dritten zu dulden habe, widrigenfalls sein Anteil auf die Hälfte herabgesetzt sein solle (§ 1512); eine solche Anordnung hat zwar keine dingliche Wirkung, nötigt aber den Abkömmling, wenn er sich nicht mit der Hälfte begnügen will, ihr nachzukommen (RG LZ **15** 1657). Vgl. auch über die Verwirkungsklausel § 2074 Rdn. 5—18. Anfechtung der Ausschlagung § 2308. Verhältnis zu § 2338 dort Rdn. 8. 19

Die Ausschlagung des Erbteils ist auch erforderlich, wenn bei der westfälischen Gütergemeinschaft ein Kind gegenüber einer letztwilligen Verfügung des überlebenden Ehegatten den Anspruch auf den Wert des Schicht- und Pflichtteils nach § 10 Abs. 4 des Pr. Ges. v. 16. 4. 1860 (s. § 2303 Rdn. 2) geltend machen will (RG **162** 377 = DR 40 803 mit Anm. *Vogels*). 20

Der Erbteil des ausschlagenden Pflichtteilsberechtigten fällt nach § 1953 rückwirkend auf die Zeit des Erbfalls demjenigen an, der berufen gewesen wäre, wenn der Ausschlagende zur Zeit des Erbfalls nicht gelebt hätte. Der danach als Erbe Berufene bleibt in der Regel mit den Beschränkungen und Beschwerungen belastet (§§ 2161, 2192). Der an die Stelle des Pflichtteilsberechtigten eintretende gesetzliche Erbe trägt nach § 2320 die Pflichtteilslast. Um diese decken zu können, kann er nach § 2322 die auf dem Erbteil ruhenden Vermächtnisse und Auflagen soweit kürzen, daß ihm der Betrag zur Befriedigung des Pflichtteilsberechtigten verbleibt. 21

IV. Die Ausschlagungsfrist 22

Sie beginnt regelmäßig mit Kenntnis von dem Erbanfall und dem Grunde der Berufung und nicht vor Verkündung der die Erbeinsetzung enthaltenden Verfügung von Todes wegen (§ 1944 Rdn. 2—21). Diese allgemeinen Voraussetzungen müssen auch gegeben sein, damit die Frist gegen den Pflichtteilserben zu laufen beginnt (RG **59** 341; WarnRspr **1914** Nr. 26).

Fällt bei ihm mit der Kenntnis von jenen Umständen die Kenntnis von der Beschränkung oder Beschwerung nicht zusammen, so wird zu seinen Gunsten der Fristbeginn hinausgeschoben, bis er die Beschränkung oder Beschwerung erfährt. Die Unkenntnis, die den Fristbeginn hinausschiebt, kann auch auf einer irrigen rechtlichen Beurteilung beruhen. Sie fehlt, wenn der Pflichtteilsberechtigte aus Gründen, die nicht von vornherein von der Hand zu weisen sind, das ihn belastende Testament für unwirksam hält. Die Kenntnis braucht nicht schon dadurch gewonnen zu sein, daß in einem Rechtsstreit ein Urteil des Landgerichts ergangen ist, in dem die Verfügung für wirksam erklärt wurde oder daß ein Rechtsanwalt sie für wirksam hält. Denn der Pflichtteilsberechtigte braucht sich diese Ansicht nicht zu eigen gemacht zu haben, und fahrlässige Unkenntnis steht der Kenntnis nicht gleich (BGH LM BGB § 2306 Nr. 4). 23

Daraus, daß ihm das Gesetz je nach der Größe des Erbteils zwei verschiedenartige Rechtsbehelfe an die Hand gibt, folgt ferner, daß ihm die Frist auch nicht eher laufen kann, als bis er davon Kenntnis erlangt, daß ihm mehr als die Hälfte des gesetzlichen Erbteils hinterlassen ist.

Für Abkömmlinge und Eltern kann sich, wenn der Erblasser mit dem überlebenden Ehegatten im **Güterstand der Zugewinngemeinschaft** gelebt hat, dadurch eine Un- 24 klarheit über das Verhältnis des Wertes des ihnen zugewandten Erbteils zu ihrem Pflichtteilsanspruch ergeben, daß auch dem überlebenden Ehegatten eine Zuwendung gemacht oder daß er als gesetzlicher Erbe berufen ist. Nimmt dieser die Erbschaft oder die Zuwendung an, dann haben Eltern und Abkömmlinge nach § 1371 Abs. 1 jeweils zusammen nur einen gegenüber dem normalen um 1/8 geringeren Pflichtteil zu beanspruchen. Schlägt der überlebende Ehegatte aus, dann steht ihnen der normale Pflichtteil zu. Wenn der hinterlassene Erbteil größer ist als der den Eltern oder Abkömmlingen mit Rücksicht auf § 1371 Abs. 1 zustehende geringere Pflichtteil, jedoch nicht größer als ihr normaler Pflichtteil, kommt es für die Frage, ob ein Fall des § 2306 Abs. 1 Satz 1 oder Satz 2 vorliegt, darauf an, ob der überlebende Ehegatte die Zuwendung angenommen hat. In diesem Fall kann daher die Ausschlagungsfrist für die Pflichtteilsberechtigten erst beginnen, wenn der überlebende Ehegatte sich entschieden hat, unter Umständen erst, wenn er die Erbschaft nach § 1944 nicht mehr ausschlagen kann. Wenn dem überlebenden Ehegatten ein Vermächtnis zugewandt ist, können die Miterben ihm nach dem entsprechend anzuwendenden § 2307 Abs. 2 eine Frist für die Erklärung, ob er die Zuwendung annimmt, auch dann setzen, wenn nicht sie, sondern ein anderer Vermächtnisnehmer mit diesem Vermächtnis beschwert ist (§ 2303 Rdn. 15, § 2307 Rdn. 16).

25 Ist der Pflichtteilsberechtigte zwar als Erbe, aber auf Summen oder einzelne Gegenstände eingesetzt (§ 2087 Rdn. 7 ff), so beginnt die Frist erst, wenn er das Wertverhältnis der Zuwendung zum ganzen Nachlaß und damit den auf ihn entfallenen Bruchteil der Erbschaft zu übersehen vermag (RG **113** 47 f).

26 Ist der Pflichtteilserbe unmittelbar auf einen Bruchteil eingesetzt, so ist, von der oben Rdn. 23 erwähnten Ausnahme abgesehen, mit der Kenntnis dieses Bruchteils in der Regel auch die Kenntnis davon gegeben, ob der hinterlassene Erbteil die Hälfte des gesetzlichen Erbteils übersteigt; auf die Kenntnis vom Bestande des Nachlasses kommt es dann nicht an.

27 Von dieser Regel ist aber weiter für die Fälle eine Ausnahme zu machen, in denen bei der Berechnung des Pflichtteils Anrechnungs- oder Ausgleichungspflichten zu berücksichtigen sind (Rdn. 3). In diesen Fällen beginnt die Ausschlagungsfrist erst, wenn der Pflichtteilserbe weiß, ob sein Erbteil den ihm bei Berücksichtigung der gesetzlichen Anrechnungs- oder Ausgleichungspflichten zukommenden Pflichtteilsbetrag übersteigt (RG **113** 45; BayObLGZ **59** 77). Diese Ausnahme gilt aber nur, wenn tatsächlich eine Anrechnungs- oder Ausgleichungspflicht besteht. Der Beginn des Laufs der Frist wird nicht schon deswegen hinausgeschoben, weil der Erbe Zweifel über das Bestehen dieser Pflichten hat (BayObLGZ **59** 77).

28 Hat der Pflichtteilsberechtigte die Erbschaft in Unkenntnis der Beschränkungen und Beschwerungen angenommen und sich dadurch seines Rechts, die Erbschaft auszuschlagen, begeben, so kann er die Annahmeerklärung nach den allgemeinen Vorschriften der §§ 119 ff anfechten (vgl. § 2308 Rdn. 3).

29 **V. Als Nacherbe eingesetzter Pflichtteilsberechtigter**

1. Nacherbteil gleich oder kleiner als der Pflichtteil

Die Einsetzung als Nacherbe wird wie eine Beschränkung behandelt. Auch hier kommt es, sofern nicht Anrechnungen und Ausgleichungen (vgl. oben Rdn. 3) angeordnet sind, für die Entscheidung, ob ein Fall des § 2306 Abs. 1 Satz 1 oder Satz 2 vorliegt, darauf an, ob die Nacherbeinsetzung zu einer Quote erfolgt ist, die größer als die halbe Quote der ihm als gesetzlichen Erben zustehenden Quote ist oder ob sie diese nicht übersteigt (Quotentheorie). Etwaige weitere Beschränkungen und Beschwerungen, die dem Nacherben auferlegt sind, werden auch hier nicht berücksichtigt. Unerheblich ist auch, ob sich der Wert des Nachlasses dadurch verändert, daß der Vorerbe Verfügungen über Nachlaßgegenstände trifft (Schleswig, NJW **61** 1929). Ist der Pflichtteilsberechtigte zu einer Quote als Nacherbe berufen, die nicht größer ist als die Hälfte seiner gesetzlichen Erbquote, dann gelten nach Satz 1 alle ihm auferlegten Beschränkungen als nicht angeordnet. Das hat zur Folge, daß er in Höhe dieser Quote unbelastet und unbeschwerter Vollerbe ist. Die Vorerbschaft gilt insoweit als nicht angeordnet.

2. Nacherbteil größer als der Pflichtteil 30

Ist der Nacherbteil größer als der Pflichtteil, so hat er gemäß Rdn. 18 das Wahlrecht, ob er die ihm angetragene Nacherbschaft annehmen oder ob er sie ausschlagen und statt dessen den Pflichtteil fordern will.

Zur Erklärung hierüber ist er jedoch grundsätzlich nicht vor Eintritt der Nach- 31 erbfolge verpflichtet (§ 2142 Rdn. 4, 6). Auch dieser Zeitpunkt setzt die Frist nicht in Lauf, solange er nicht Kenntnis von der in seiner Nacherbeinsetzung liegenden Beschränkung erhalten hat (RG **59** 345). Freilich läuft ihm unabhängig hiervon die dreijährige Verjährungsfrist des Pflichtteilsanspruchs aus § 2332 Abs. 2, 3. Er ist also, wenn er sich den Pflichtteilsanspruch sichern will, der wiederum von der vorgängigen Ausschlagung der Nacherbschaft abhängig ist, schließlich doch genötigt, von der in § 2142 Abs. 1 ihm nur wahlweise nachgelassenen Ausschlagung unter Umständen bereits vor Eintritt der Nacherbfolge Gebrauch zu machen (RG aaO).

Schlägt der Pflichtteilsberechtigte aus, so verbleibt die Erbschaft nach § 2142 32 Abs. 2 dem Vorerben, soweit nicht der Erblasser etwas anderes bestimmt hat. Ob dadurch, daß der Pflichtteilsberechtigte ausschlägt, auch eine weitere Nacherbeneinsetzung unwirksam wird, bestimmt sich nach dem Willen des Erblassers (RG WarnRspr **1913** Nr. 241; Karlsruhe JFG **1** 154).

Falls der Nacherbe nicht ausschlägt, steht ihm kein Pflichtteilsanspruch zu. In 33 einem solchen Fall, in dem das Gericht den Vorerben zu Unrecht zur Zahlung des Pflichtteils verurteilt hatte, so daß der Vorerbe leisten mußte, hat das Oberlandesgericht Breslau entschieden, daß der Pflichtteilsberechtigte gegen Treu und Glauben verstößt, wenn er dennoch später sein Nacherbenrecht geltend macht. Er muß sich vielmehr so behandeln lassen, als habe er die Erbschaft ausgeschlagen (DR **43** 91).

VI. Erbeinsetzung des Ehegatten, der mit dem Erblasser im Güterstand der Zugewinngemeinschaft gelebt hat 34

Wenn der hinterbliebene als Erbe eingesetzte Ehegatte mit dem Erblasser im Güterstand der Zugewinngemeinschaft gelebt hat, kommt es für die Rechtsfolgen des § 2306 darauf an, ob der ihm zugewandte Erbteil größer ist als der Wert der Hälfte des nach § 1371 Abs. 1 um 1/4 erhöhten gesetzlichen Erbteils. Wenn das Testament des Erblassers vor dem 1. Juli 1958 errichtet worden ist, können sich somit andere Rechtsfolgen ergeben, als der Erblasser es sich vorgestellt hatte. Hat der Erblasser seine Ehefrau und drei seiner Kinder zu gleichen Teilen als Erben eingesetzt und dem vierten Kind ein Vermächtnis im Werte von 20% des Nachlasses zugewandt, dann wären Ehegatte und Kinder, wenn der Erbfall vor dem 1. Juli 1958 eingetreten wäre, an dem Nachlaß wertmäßig gleichmäßig beteiligt gewesen. Wenn der Erbfall nach dem 30. Juni 1958 eintritt, lastet das Vermächtnis nach § 2306 Abs. 1 Satz 1 nicht mehr auf dem Erbteil des überlebenden Ehegatten. Die als Erben berufenen Kinder können das Testament nicht wegen des Irrtums des Erblassers über die Auswirkung seiner Verfügung anfechten. Diese Anfechtung würde ihnen nicht unmittelbar zustatten kommen, da sie bei der dann eintretenden gesetzlichen Erbfolge mit Rücksicht auf das erhöhte Erbrecht des überlebenden Ehegatten nur zu je 1/8 als Erben berufen wären. Sind die Erben mit dem Vermächtnis als Gesamtschuldner beschwert, dann können sie das jetzt auf ihren Erbteilen allein lastende Vermächtnis insoweit anfechten, als sie durch dessen Erfüllung weniger an Werten erhalten würden, als das mit dem Vermächtnis bedachte Kind. Das Ergebnis wäre, daß der überlebende Ehegatte 1/4 = 4/16 des Wertes und die Kinder je 3/16 des Wertes des Nachlasses erhalten. Würde das Vermächtnis auf eine unteilbare Leistung gerichtet sein, dann könnte überhaupt nicht angefochten werden. In dem Regelfall des § 2148 wäre das Vermächtnis, soweit der Erbteil des überlebenden Ehegatten beschwert ist, unwirksam. Das Vermächtnis, mit dem die als Erben berufenen Kinder beschwert sind, bleibt gültig (vgl. § 2085 Rdn. 7). Sie können auch nicht anfechten, und es ergibt sich, daß der überlebende Ehegatte 1/4, die als Erben berufenen Kinder je 1/5 und das mit dem Vermächtnis bedachte Kind 3/20 des Wertes des Nachlasses erhalten.

35 Falls der hinterbliebene Ehegatte nach § 2306 Abs. 1 Satz 2 ausschlägt, kann er den normalen kleinen Pflichtteil verlangen (§ 2303 Rdn. 8). Wenn kein Anspruch auf güterrechtlichen Ausgleich des Zugewinns besteht, bringt daher die Ausschlagung nach § 2306 Abs. 1 Satz 2 nur Vorteile, wenn die auf dem Erbteil lastenden Beschränkungen und Beschwerungen so groß sind, daß sie den Erbteil auch noch beeinträchtigen, soweit dieser den Wert des kleinen Pflichtteils nicht übersteigt.

36 Wenn der Erbteil des Ehegatten beschränkt oder beschwert ist, kann dieser sich besser stehen, wenn die ihm zugewandte Erbquote nicht größer als die Quote des großen Pflichtteils ist. In diesem Falle würden die Beschränkungen und Beschwerungen als nicht angeordnet gelten, und es würde ein Pflichtteilsrestanspruch nach § 2305 auf die Wertdifferenz zwischen dem Wert des großen Pflichtteils und dem Wert des zugewandten Erbteils bestehen. Der Ehegatte würde den Wert des großen Pflichtteils unbeschränkt und unbeschwert erhalten. Ist die Erbquote auch nur um ein Geringes größer als die Quote des großen Pflichtteils, dann muß der Ehegatte entweder ausschlagen und sich mit dem kleinen Pflichtteil begnügen, oder er muß die Beschränkungen und Beschwerungen im vollen Umfang tragen. Es ist ihm nicht möglich, sich einen dem Wert seines großen Pflichtteils entsprechenden Teil des Wertes des Nachlasses zu verschaffen, wenn der Wert des zugewandten Erbteils infolge der darauf ruhenden Beschränkungen und Beschwerungen geringer ist als der Wert des großen Pflichtteils.

Beispiel: Wert des Nachlasses 16 000.

Erster Fall:

Überlebender Ehegatte und Bruder des Erblassers (die einzigen lebenden Verwandten) sind zu je 1/2 als Erben eingesetzt. Der Ehegatte ist mit einem Vermächtnis von 3000 beschwert. Nimmt er an, dann erhält er 8000 — 3000 = 5000. Schlägt er aus, so erhält er den normalen Pflichtteil mit 4000.

Zweiter Fall:

Der überlebende Ehegatte ist zu 3/8 (1/8 weniger als im Falle 1), der Bruder zu 5/8 als Erbe eingesetzt. Der überlebende Ehegatte hat nicht mehr als den großen Pflichtteil erhalten. Das Vermächtnis gilt nach § 2306 Abs. 1 Satz 1 als gestrichen. Er erhält 6000, also 1000 mehr als in dem Fall, in dem er zu einer um 1/8 höheren Quote als Erbe berufen war.

37 Diese sich aus dem Gesetz ergebende, an sich unbegründete Rechtsfolge wird durch einen neben dem kleinen Pflichtteil etwa bestehenden Anspruch auf güterrechtlichen Ausgleich des Zugewinns ausgeglichen. Sie wirkt sich wirtschaftlich nicht aus, wenn der Nachlaß des Erblassers, je nachdem der überlebende Ehegatte pflichtteilsberechtigt ist, neben Verwandten der ersten oder zweiten Ordnung zu mindestens 2/7 = 28,57% oder 1/3 = 33 1/3% aus auszugleichendem, also zur Hälfte dem überlebenden

Ehegatten zustehendem (§ 1378) Zugewinn besteht. In diesen Fällen verschaffen normaler kleiner Pflichtteil und güterrechtlicher Anspruch auf Ausgleich des Zugewinns an Werten mindestens ebensoviel, als es dem Wert des großen Pflichtteils entspricht.

Der Erblasser kann den überlebenden Ehegatten zu einer Quote, die größer als **38**
die Hälfte des normalen gesetzlichen Erbteils, aber geringer als die Hälfte des nach § 1371 Abs. 1 erhöhten Erbteils ist, unter der Bedingung als Erbe einsetzen, daß der Ehegatte die von ihm auf den Erbteil gelegten Beschwerungen und Beschränkungen trägt. Den Wert des kleinen Pflichtteils kann der überlebende Ehegatte sich stets dadurch verschaffen, daß er die Erbschaft ausschlägt. Der Erblasser kann ihn auch dadurch, daß er ihm überhaupt nichts zuwendet, auf diesen Wert beschränken. Dann muß es dem Erblasser auch gestattet sein, den überlebenden Ehegatten unter der Bedingung, daß dieser die angeordneten Beschränkungen und Beschwerungen trägt, zu einer den kleinen Pflichtteil übersteigenden Quote als Erbe einzusetzen (vgl. § 2305 Rdn. 8).

§ 2307

Ist ein Pflichtteilsberechtigter mit einem Vermächtnisse bedacht, so kann er den Pflichtteil verlangen, wenn er das Vermächtnis ausschlägt. Schlägt er nicht aus, so steht ihm ein Recht auf den Pflichtteil nicht zu, soweit der Wert des Vermächtnisses reicht; bei der Berechnung des Wertes bleiben Beschränkungen und Beschwerungen der im § 2306 bezeichneten Art außer Betracht.

Der mit dem Vermächtnisse beschwerte Erbe kann den Pflichtteilsberechtigten unter Bestimmung einer angemessenen Frist zur Erklärung über die Annahme des Vermächtnisses auffordern. Mit dem Ablaufe der Frist gilt das Vermächtnis als ausgeschlagen, wenn nicht vorher die Annahme erklärt wird.

E I 1980, 1982 II 2173; M **5** 392—394, 399—401; P **5** 503—506, 510, 511.

Pflichtteil und Vermächtnis

Übersicht

I. Allgemeines **1**

§ 2307 bezieht sich auf die Fälle, in denen ein Anspruch auf den vollen Pflichtteil nach §§ 2303, 2317 besteht. Der Pflichtteilsberechtigte ist nicht genötigt, sich wegen seines Pflichtteilsanspruchs durch ein Vermächtnis abfinden zu lassen, gleichviel ob es im Wert dem Pflichtteil gleichkommt oder ihn übersteigt oder dahinter zurückbleibt (§ 2306 Rdn. 12, 18). Doch kann er den Pflichtteilsanspruch erst geltend machen (RG JW **31** 1354), wenn er das Vermächtnis ausgeschlagen hat (§ 2180).

2 **II. Der Anspruch auf den Pflichtteil**

1. Bei Ausschlagung des Vermächtnisses

Der Pflichtteilsberechtigte kann, falls er das Vermächtnis ausschlägt, den Pflichtteilsanspruch in voller Höhe geltend machen, wie wenn ihm nichts zugewendet wäre. Die Pflichtteilslast trifft denjenigen, dem die Ausschlagung zustatten kommt, §§ 2321 ff. Anfechtung der Ausschlagung § 2308.

3 **2. Bei Annahme des Vermächtnisses**

Wenn der Pflichtteilsberechtigte das Vermächtnis annimmt, hat er, falls das Vermächtnis im Wert hinter dem Wert des Pflichtteilsanspruchs zurückbleibt, einen Pflichtteilsrestanspruch. Ebenso wie im Falle des § 2305 neben dem Erbteil (§ 2305 Rdn. 4) kann er neben dem Vermächtnis nach § 2317 den Geldbetrag fordern, um den das Vermächtnis im Wert hinter dem Pflichtteil zurückbleibt.

4 Falls der Erblasser angeordnet hat, daß der Pflichtteilsberechtigte sich einen ihm vermachten Gegenstand mit einem bestimmten Wert auf seinen Pflichtteil anrechnen lassen soll, hat die Anrechnung, falls der Pflichtteilsberechtigte das Vermächtnis annimmt, mit diesem Wert zu erfolgen (München HRR **42** 61). Soweit der Wert des vermachten Gegenstandes höher als der vom Erblasser bestimmte Anrechnungsbetrag ist, enthält die Bestimmung eine weitere Begünstigung des Pflichtteilsberechtigten, die der Erblasser ohne weiteres treffen kann. Falls der wahre Wert hinter dem Anrechnungsbetrag zurückbleibt, wird dadurch praktisch der Pflichtteil des Berechtigten verkürzt. Aber auch dagegen bestehen keine Bedenken, da, wie in Rdn. 7 näher ausgeführt ist, auch Belastungen und Beschwerungen, die auf dem Vermächtnis ruhen, bestehen bleiben und dazu führen können, daß der Pflichtteil verkürzt wird. Die Bestimmung des Erblassers über den Anrechnungsbetrag ist dagegen nicht maßgebend für die nach § 2311 vorzunehmende Berechnung des Pflichtteils selbst. Hier ist von den wahren Nachlaßwerten auszugehen.

5 Der Erblasser kann dem Pflichtteilsberechtigten das Vermächtnis demnach auch mit der Maßgabe zuwenden, daß damit der ganze Pflichtteilsanspruch abgegolten sein soll. Darin liegt keine unzulässige Verkürzung des Pflichtteils, da es dem Bedachten unbenommen bleibt, das Vermächtnis auszuschlagen und den vollen Pflichtteil zu fordern. Nimmt er das Vermächtnis an, dann kann er keine Pflichtteilsansprüche mehr geltend machen.

6 Wenn dem Pflichtteilsberechtigten der Nießbrauch an Gegenständen zugewandt ist, ist dessen Kapitalwert zu berechnen und auf den Pflichtteil anzurechnen.

Insoweit er sich das Vermächtnis auf den Pflichtteil anrechnen zu lassen hat, steht es nach KO § 226 Abs. 3 dem Pflichtteilsrechte gleich (vgl. auch VerglO § 113 Nr. 7).

Eine Anfechtung des Testaments kann nicht darauf gestützt werden, daß das hinterlassene Vermächtnis den Pflichtteil nicht deckt (KGJ **29** A 201).

Die Annahme des Vermächtnisses kann der Pflichtteilsberechtigte nur nach den allgemeinen Grundsätzen der §§ 119 ff anfechten.

7 **III. Auf dem Vermächtnis ruhende Beschränkungen und Beschwerungen**

Beim Vermächtnis sind Beschränkungen im Sinne von § 2306 Rdn. 4—6 denkbar. Entsprechend der Nacherbeinsetzung kann ein Nachvermächtnis nach § 2191 angeordnet werden. Ein Testamentsvollstrecker kann ernannt werden, um den Gegenstand des Vermächtnisses zu verwalten (§§ 2211, 2212) oder um die dem Vermächtnisnehmer auferlegten Beschwerungen auszuführen (§ 2223). Auch Teilungsanordnungen können in Frage kommen, ebenso Beschwerungen in Form von Untervermächtnissen und dem

Vermächtnisnehmer gemachten Auflagen (§§ 2147, 2192). Alle derartigen Beschränkungen und Beschwerungen bleiben, wenn der Pflichtteilsberechtigte nicht ausschlägt, abweichend von § 2306 Abs. 1 Satz 1 auch dann für ihn bindend, wenn der Wert des Vermächtnisses den Pflichtteil nicht erreicht. Trotzdem darf er die hieraus sich ergebenden Einbußen vom Werte des Vermächtnisses nicht absetzen. Er kann insoweit auch vom Erben keine Vervollständigung mit Hilfe des Pflichtteilsanspruchs verlangen. Er geht unter Umständen leer aus, wenn ihm nach Erfüllung der auf dem Vermächtnis liegenden Beschwerungen nichts übrigbleibt (§ 2187).

IV. Befristete und bedingte Vermächtnisse 8

Befristungen und Bedingungen der Vermächtniszuwendung gehören nicht zu den „Beschränkungen und Beschwerungen" im Sinne des Gesetzes (§ 2306 Rdn. 9), soweit damit nicht ein Nachvermächtnis nach § 2191 angeordnet ist. Der Pflichtteilsberechtigte muß nach Satz 1 auch solche Vermächtnisse ausschlagen, wenn er den vollen Pflichtteil verlangen will. Ist das Vermächtnis aufschiebend befristet oder bedingt (§ 2177), so kann er zwar nicht vor dem Eintritte der Bedingung oder des Termins zur Erklärung nach Abs. 2 aufgefordert werden. Will er jedoch nicht ausschlagen, sondern sich vorbehalten, neben dem Vermächtnis den Anspruch auf Vervollständigung des Pflichtteils zu erheben (Rdn. 3), so kann er durch die Rücksicht auf die dreijährige Verjährungsfrist (§ 2332 Abs. 3) genötigt sein, noch vor Eintritt der Bedingung oder des Termins die Annahme des noch schwebenden Vermächtnisses zu erklären und damit die Gefahr der völligen Vereitelung desselben zu übernehmen.

V. Ersatzvermächtnisnehmer 9

Der Pflichtteilsberechtigte kann den Pflichtteil sofort verlangen, wenn er nur als Ersatzvermächtnisnehmer bedacht und der zunächst Bedachte noch nicht weggefallen ist. Wird die Ersatzberufung später wirksam, so muß das auf den Pflichtteil Geleistete insoweit zurückgewährt werden, als der Wert des Vermächtnisses den Pflichtteil deckt. Die Rückgewähr hat nicht zu erfolgen, wenn der Pflichtteilsberechtigte das Vermächtnis ausschlägt.

VI. Fristbestimmung zur Annahme des Vermächtnisses (Abs. 2 Satz 1) 10

Da beim Vermächtnis keine gesetzliche Ausschlagungsfrist läuft (§ 2180 Rdn. 2), darf der beschwerte Erbe — nicht ein etwa beschwerter Vermächtnisnehmer —, um sich Gewißheit darüber zu verschaffen, ob er das Vermächtnis oder den Pflichtteil zu leisten hat, dem Bedachten eine angemessene Frist zur Erklärung setzen. Eine Form ist hierfür nicht vorgeschrieben. Mehrere Erben können die Frist nur gemeinschaftlich setzen. Sie ist nicht angemessen, wenn sie früher abläuft als eine Inventarfrist, die dem Erben selbst gemäß § 1994 auf Antrag des Pflichtteilsberechtigten bestimmt worden ist (RG Recht **08** Nr. 350). Fristsetzung bei aufschiebend befristeten und bedingten Vermächtnissen Rdn. 8.

VII. Wirkung des Fristablaufs 11

Der Fristablauf gilt als Ausschlagung. Der Pflichtteilsberechtigte kann nach Ablauf der Frist, ohne daß die Ausschlagung gemäß § 2180 dem Beschwerten gegenüber erklärt worden ist, den vollen Pflichtteilsanspruch geltend machen (Rdn. 1). Ob darin, daß der Pflichtteilsanspruch gegen den Erben geltend gemacht wird — zumal wenn der Erbe mit dem Beschwerten identisch ist — zugleich die Ausschlagung enthalten ist, ist Tatfrage. Will der Bedachte das Vermächtnis fordern, so hat er zu beweisen, daß er noch vor Ablauf der gesetzten (angemessenen) Frist angenommen hat.

12 **VIII. Pflichtteilsberechtigter als Erbe und Vermächtnisnehmer**

Ist der Pflichtteilsberechtigte sowohl als Erbe eingesetzt wie als Vermächtnisnehmer bedacht, so hat er sich, wenn er das Vermächtnis nicht ausschlägt, jedenfalls dessen Wert auf den Pflichtteil anrechnen zu lassen. Sei es, daß er den die Hälfte des gesetzlichen Erbteils übersteigenden Erbteil ausschlägt (§ 2306 Abs. 1 Satz 2) und nur den reinen Pflichtteilsanspruch erhebt. Sei es auch, daß er neben dem zu geringen Erbteil (§ 2306 Abs. 1 Satz 1) bloß den Pflichtteilsrestanspruch geltend macht, auf den dann der Wert des Vermächtnisses anzurechnen ist. Nicht anders ist es, wenn der Pflichtteilsberechtigte den zu geringen Erbteil ausgeschlagen hat. Auch dann steht ihm nur der Pflichtteilsrestanspruch nach § 2305 zu. Auf diesen ist der Wert des Vermächtnisses anzurechnen.

13 Ist der Wert des Vermächtnisses größer als der nach § 2305 bestehende Pflichtteilsrestanspruch, dann bleiben, falls der Pflichtteilsberechtigte das Vermächtnis annimmt, obwohl der Erbteil selbst geringer als die Hälfte des gesetzlichen Erbteils ist, die auf diesem lastenden Beschränkungen und Beschwerungen bestehen. Denn der Erbe hat insgesamt an Zuwendungen durch den Erblasser mehr als den Pflichtteil erhalten (§ 2306 Rdn. 17; Neustadt NJW **57** 1523).

14 **IX. Vermächtnis zugunsten des Ehegatten, der mit dem Erblasser im Güterstand der Zugewinngemeinschaft gelebt hat**

1. Alleinige Zuwendung eines Vermächtnisses

Der nicht als Erbe berufene Ehegatte, der mit dem Erblasser bei dessen Tod im Güterstand der Zugewinngemeinschaft gelebt hat, kann, wenn er das Vermächtnis ausschlägt, nach § 2307 nur den normalen, nach §§ 1371 Abs. 2, 2303, 1931 zu errechnenden Pflichtteil verlangen (§ 2303 Rdn. 8). Falls er das Vermächtnis annimmt, steht ihm nach § 1371 Abs. 1 ein Anspruch auf den großen Pflichtteil zu. Er kann dann, wenn das Vermächtnis im Wert hinter dem großen Pflichtteil zurückbleibt, nach §§ 1371 Abs. 1, 2307, 2317 den Betrag verlangen, um den das Vermächtnis im Wert hinter dem großen Pflichtteil zurückbleibt. Er muß aber in diesem Fall die auf dem Vermächtnis lastenden Beschränkungen und Beschwerungen nach § 2307 Abs. 1 Satz 2 tragen. Da er sich von diesen nur dadurch befreien kann, daß er das Vermächtnis ausschlägt, und da er dann nur den Anspruch auf den normalen, kleinen Pflichtteil hat, ist es — sofern kein auszugleichender Zugewinn vorhanden ist — für ihn wirtschaftlich nur dann vorteilhaft, das Vermächtnis auszuschlagen, wenn die darauf lastenden Beschränkungen und Beschwerungen so groß sind, daß das Vermächtnis dadurch weniger als der kleine, normale Pflichtteil wert ist.

15 Der Erblasser kann auch hier, wie allgemein (oben Rdn. 5), das Vermächtnis mit der Maßgabe zuwenden, daß mit dessen Annahme jeder Pflichtteilsanspruch des Ehegatten abgegolten sein soll. Darin liegt, wie in Rdn. 5 ausgeführt worden ist, keine Beeinträchtigung des normalen Pflichtteils. Der sich aus § 1371 Abs. 1 ergebende Anspruch auf den erhöhten Pflichtteil ist aber nur ein Anspruch, der durch anders lautende Verfügungen des Erblassers beschränkt oder entzogen werden kann (§ 2305 Rdn. 8).

16 § 2307 Abs. 2 ist in diesem Falle entsprechend anzuwenden, wenn nicht der Erbe, sondern ein anderer Vermächtnisnehmer mit dem dem Ehegatten zugewandten Vermächtnis beschwert ist. Der Erbe hätte, wenn ihm das Recht der Fristsetzung nicht zugebilligt würde, keine Möglichkeit, sich über den Umfang der ihn treffenden Pflichtteilslast Klarheit zu verschaffen. Denn nach § 1371 Abs. 1 hängt davon, ob der Ehegatte das Vermächtnis annimmt, nicht nur die Höhe seines Pflichtteilsanspruchs, sondern auch die Höhe des Pflichtteilsanspruchs anderer Pflichtteilsberechtigter ab. Nimmt er

das Vermächtnis an, so ist für die Berechnung des Pflichtteils der anderen Berechtigten von dem um 1/4 erhöhten gesetzlichen Erbrecht des Ehegatten auszugehen, anderenfalls gelten die normalen Quoten.

2. Erbeinsetzung und Zuwendung eines Vermächtnisses 17

Der als Erbe berufene Ehegatte, dem ein Vermächtnis zugewandt ist, kann die Ergänzung des von ihm angenommenen Vermächtnisses auf den Wert des vollen Pflichtteils auch dann verlangen, wenn er die Erbschaft, gleichgültig zu welcher Quote er berufen war, ausgeschlagen hat. Durch die Ausschlagung verliert er nach § 1371 Abs. 3 nicht seinen Pflichtteilsanspruch. Würde er auch das Vermächtnis ausschlagen, dann hätte er nur den Anspruch auf den normalen, kleinen Pflichtteil. Nimmt er aber das Vermächtnis an, dann bemißt sich sein Pflichtteilsanspruch nach dem nach § 1371 Abs. 1 erhöhten gesetzlichen Erbteil. Er kann diesen Anspruch geltend machen, und darauf ist der Wert des angenommenen Vermächtnisses anzurechnen.

§ 2308

Hat ein Pflichtteilsberechtigter, der als Erbe oder als Vermächtnisnehmer in der im § 2306 bezeichneten Art beschränkt oder beschwert ist, die Erbschaft oder das Vermächtnis ausgeschlagen, so kann er die Ausschlagung anfechten, wenn die Beschränkung oder die Beschwerung zur Zeit der Ausschlagung weggefallen und der Wegfall ihm nicht bekannt war.

Auf die Anfechtung der Ausschlagung eines Vermächtnisses finden die für die Anfechtung der Ausschlagung einer Erbschaft geltenden Vorschriften entsprechende Anwendung. Die Anfechtung erfolgt durch Erklärung gegenüber dem Beschwerten.

E I 2040 Abs. 1 II 2174; M **5** 510—512; P **5** 631; **6** 319, 320, 328.

Anfechtung der Ausschlagung

Übersicht

I. Anfechtungsgrund 1

Die Kenntnis des Pflichtteilsberechtigten von den dem Erbteil oder dem Vermächtnis beigefügten Beschränkungen und Beschwerungen ist für die Ausübung des durch §§ 2306, 2307 ihm verliehenen Wahlrechts so wesentlich (so auch § 2306, Rdn. 23, 28), daß ihm das Gesetz gestattet, die Ausschlagung anzufechten nicht bloß unter den allgemeinen Voraussetzungen der §§ 119 ff, sondern schon auf Grund der Tatsache, daß die Beschränkungen usw. zur Zeit der Ausschlagung weggefallen und der Wegfall ihm nicht bekannt war. Für beides ist der Anfechtende beweispflichtig. Es ist nicht erforderlich, daß der Anfechtende durch die Unkenntnis zur Annahme bestimmt worden ist. Angefochten werden kann, wenn auch nur eine von mehreren Beschränkungen oder Beschwerungen weggefallen ist.

II. Form und Frist der Anfechtung 2

Die Anfechtung muß in der Frist des § 1954 erfolgen. Die Anfechtung der Ausschlagung einer Erbschaft hat nach §§ 1955, 1945 durch Erklärung gegenüber dem

Nachlaßgericht in öffentlich beglaubigter Form zu geschehen. Sie gilt nach § 1957 Abs. 1 zugleich als Annahme des Erbteils und hat demgemäß den Verlust des Pflichtteilsanspruchs zur Folge. Daraus folgt aber nicht, daß die Anfechtung als Verzicht auf den Pflichtteil aufzufassen wäre und vormundschaftsgerichtliche Genehmigung nach § 1822 Nr. 2 erforderte. Vielmehr handelt es sich sachlich nur um eine andere Form der Annahme, zu der keine vormundschaftsgerichtliche Genehmigung nötig ist. *Planck/Greiff* § 2308 Anm. 1 c nimmt an, daß die vormundschaftsgerichtliche Genehmigung erforderlich ist, wenn zur Zeit der Ausschlagung, ohne daß der gesetzliche Vertreter dies wußte, nicht alle auf den Erbteil gelegten Beschränkungen und Beschwerungen weggefallen waren, da in diesem Fall durch die Ausschlagung ein Pflichtteilsanspruch begründet worden ist.

Auch wenn die Ehegatten in Gütergemeinschaft leben, bedarf ein Ehegatte, um anzufechten, in keinem Fall der Zustimmung des anderen Ehegatten (§§ 1432, 1455; vgl. auch die bis zum 1. Juli 1958 in Kraft gewesenen §§ 1453 Abs. 1, 1519 Abs. 2, 1549).

3 **III. Anfechtung der Annahme**

§ 2308 spricht nur von Anfechtung der Ausschlagung. Ob auch eine irrtümlich, d. h. in Unkenntnis angeordneter Beschränkungen usw. erklärte Annahme anfechtbar sei, ist nach § 119 zu bejahen. Die Unkenntnis einer Beschränkung oder Beschwerung ist bei der Erklärung, eine Erbschaft anzunehmen, ebenso zu behandeln wie der Irrtum über eine verkehrswesentliche Eigenschaft einer Sache nach § 119 Abs. 2. Das folgt, wie *Planck/Greiff* § 2308 Anm. 3 zutreffend dargelegt hat, aus § 2306 Abs. 1 Halbs. 2. Entsprechendes gilt für die Erklärung der Annahme eines Vermächtnisses. Die Wesentlichkeit eines Irrtums über das Bestehen der Beschränkungen und Beschwerungen folgt hier aus § 2307 Abs. 1 Halbs. 2 (*Planck/Greiff* aaO). *Kipp/Coing* § 10 III läßt im Gegensatz zu *Kipp* 8. Bearb. § 132 III a. E. die Anfechtung in analoger Anwendung des § 2308 zu.

Jedenfalls ist die Anfechtung sowohl der Ausschlagung als der Annahme ausgeschlossen, wenn sich der Bedachte nur über die Tragweite der Beschränkungen usw. und den wirtschaftlichen Wert der Zuwendung getäuscht hat (vgl. RG **103** 21 sowie § 1954 Rdn. 3).

4 **IV. Maßgebender Zeitpunkt für den Wegfall**

Maßgebend für den Wegfall der Beschränkung usw. selbst und der Kenntnis hiervon ist die Zeit der Ausschlagung. Ist sie erst nach dieser Zeit, z. B. durch Ausschlagung eines Bedachten, Erbunwürdigkeit, weggefallen, so ist die Anfechtung nicht gegeben, obschon der Wegfall nach §§ 1953 Abs. 2, 2344 Abs. 2 auf die Zeit des Erbfalls zurückdatiert wird.

5 **V. Anfechtung der Ausschlagung von Vermächtnissen**

Für die Anfechtung der Vermächtnisausschlagung gelten sonst keine besonderen Bestimmungen. Die entsprechende Übernahme der für die Erbschaftsausschlagung geltenden Vorschriften ergibt Unanwendbarkeit der §§ 1955 und 1957 Abs. 2, da an Stelle des Nachlaßgerichts der Beschwerte tritt. Die Anfechtung bedarf deshalb auch keiner Form. Anfechtbar ist auch die nach § 2307 Abs. 2 Satz 2 durch Verstreichenlassen der Frist fingierte Ausschlagung.

Vererblichkeit des Anfechtungsrechts § 2317 Rdn. 14.

§ 2309

Entferntere Abkömmlinge und die Eltern des Erblassers sind insoweit nicht pflichtteilsberechtigt, als ein Abkömmling, der sie im Falle der gesetzlichen Erbfolge ausschließen würde, den Pflichtteil verlangen kann oder das ihm Hinterlassene annimmt.

E I 1983 II 2175; M **5** 401—403; P **5** 511—513.

Pflichtteilsrecht entfernter Abkömmlinge und der Eltern

Übersicht

I. Bedeutung der Vorschrift 1

§ 2309 begrenzt den Kreis der nach §§ 2303, 2305, 2306, 2307 an sich pflichtteilsberechtigten Angehörigen. Das selbständige Pflichtteilsrecht des Ehegatten wird von dieser Vorschrift nicht berührt. Von den Eltern und Angehörigen sind nach dieser Bestimmung nur diejenigen pflichtteilsberechtigt, die bei Eintritt der gesetzlichen Erbfolge als gesetzliche Erben berufen wären. Leitender Gedanke der Bestimmung ist: „Demselben Stamme darf nicht zweimal ein Pflichtteil gewährt werden" (Mot. **5** 401; Prot. **5** 512). Jedoch befreit die Auszahlung des Pflichtteils an ein unberechtigtes Stammesmitglied nicht von der Verpflichtung, an den Berechtigten zu zahlen (RG **93** 193). Es kommt dem Erben und nicht dem entfernter Berechtigten zugute, wenn der Nächstberechtigte von seinem Pflichtteilsrecht nicht oder nicht rechtzeitig Gebrauch macht.

Der entfernter Verwandte kann, wenn er nicht durch einen näher Verwandten 2
ausgeschlossen wird, nur dann pflichtteilsberechtigt werden, wenn ihm nach den allgemeinen Bestimmungen ein Pflichtteilsrecht in irgendeiner Form zusteht. Voraussetzung ist daher, daß er an sich unmittelbar zur gesetzlichen Erbfolge als Abkömmling oder Elternteil berufen wäre, aber im Einzelfall durch Verfügung von Todes wegen von der Erbschaft ausgeschlossen ist (§ 2303) oder daß er, weil ihm ein zu geringer Erbteil oder ein zu geringes Vermächtnis zugewandt ist, einen Pflichtteilsrestanspruch hat (§§ 2305, 2307 Abs. 1 Satz 2), oder daß er den hinterlassenen größeren, aber mit Beschränkungen oder mit Beschwerungen versehenen Erbteil oder das Vermächtnis ausgeschlagen hat (§§ 2306 Abs. 1 Satz 2, 2307 Abs. 1 Satz 1).

Dem entfernter Verwandten steht, wenn er auf diese Weise pflichtteilsberechtigt ist, nur der eigene in seiner Person begründete Pflichtteilsanspruch zu. Ein zwischen dem nicht pflichtteilsberechtigten näheren Abkömmling und dem Erben ergangenes rechtskräftiges Urteil oder ein zwischen diesen über den Pflichtteil geschlossener Vergleich hat daher auf das Pflichtteilsrecht des entfernteren Abkömmlings keinen Einfluß (RG **93** 193).

II. Ausschluß durch Näherberechtigte 3

Die Pflichtteilsberechtigung der entfernter Berechtigten wird grundsätzlich durch diejenige des näher Berechtigten ausgeschlossen. Wer näher und wer entfernter als Berechtigter in Betracht kommt, bestimmt sich nach den allgemeinen in §§ 1924 Abs. 2, 1930, 1924, 1925 enthaltenen Regeln. Danach werden Eltern grundsätzlich durch Abkömmlinge und entferntere Abkömmlinge durch ihre mit dem Erblasser verwandten Eltern oder Voreltern insoweit ausgeschlossen, als diese näher Verwandten den Pflichtteil verlangen können oder das ihnen Hinterlassene annehmen. Die entfernter Verwandten sind demnach nicht pflichtteilsberechtigt, wenn der hiernach für ihren Ausschluß in Frage kommende näher Verwandte pflichtteilsberechtigt ist. Dabei ist es unerheblich, ob dem näher Verwandten der volle Pflichtteilsanspruch nach § 2317 oder nur ein Pflichtteilsrestanspruch nach §§ 2305, 2307 Abs. 1 Satz 2 zusteht.

4 **III. Pflichtteilsrecht entfernter Berechtigter. Gründe für den Wegfall des Rechts der näher Verwandten**

Ein Pflichtteil des entfernter Verwandten kommt nur in Frage, wenn das Erb- oder Pflichtteilsrecht des ihm vorgehenden weggefallen ist. Es ist nicht vorausgesetzt, daß der vorgehende Verwandte ausdrücklich oder stillschweigend von der gesetzlichen Erbfolge ausgeschlossen wäre (§ 1938). Im Gegenteil würde ihm gerade durch die Ausschließung ein Pflichtteilsanspruch erwachsen (§ 2303). Ob im übrigen der Nachlaß, gegen den der Pflichtteilsanspruch zusteht, nach der gesetzlichen oder der gewillkürten Erbfolge vererbt wird, ist ohne Bedeutung.

5 Der Nachrückende ist nur insoweit pflichtteilsberechtigt, als der ihm Vorgehende den Pflichtteil nicht verlangen kann. Der Fall, daß dieser bereits vor dem Erblasser verstorben war, ist hierbei gänzlich auszuscheiden, da der Verstorbene nach § 1923 Abs. 1 nicht Erbe werden und daher auch keinen Pflichtteilsanspruch erwerben konnte. Es kommen vielmehr nur folgende vier Wegfallsgründe in Betracht.

6 **1. Ausschlagung**

Bildet sie die gesetzliche Voraussetzung für die Geltendmachung seines Pflichtteilsrechts (§§ 2306 Abs. 1 Satz 2, 2307 Abs. 1 Satz 1), so kann der ausschlagende näher Verwandte in diesem Falle den Pflichtteil fordern. Ein Pflichtteilsrecht des entfernter Verwandten kommt insoweit nicht in Frage.

7 Hat dagegen der näher Verwandte ausgeschlagen, ohne daß hierdurch der Pflichtteilsanspruch (ganz oder zum Teil) für ihn ausgelöst worden wäre, so ist, da er insoweit den Pflichtteil nicht verlangen kann, der gemäß § 1953 Abs. 2 (s. auch § 2069) nachrückende entfernter Berechtigte nicht gehindert, seinerseits den Pflichtteil zu fordern. Das trifft zu, wenn der näher Verwandte ausgeschlagen hat, sei es den zu geringen Erbteil (§ 2305 Rdn. 5) oder den beschränkten oder beschwerten zu geringen oder dem Pflichtteil gleichkommenden Erbteil (§ 2306 Rdn. 15) oder endlich den unbeschränkten oder unbeschwerten den Pflichtteil übersteigenden Erbteil.

8 **2. Erbunwürdigkeit**

Ist der Nächstberechtigte für erbunwürdig erklärt, so gilt er als bereits vor dem Erbfall verstorben. Er kann selbstverständlich den Pflichtteil nicht verlangen (§ 2344). Dagegen ist der Nachrückende daran nicht gehindert. Steht dem Verlangen des Nächstberechtigten die Einrede aus § 2345 Abs. 2 entgegen, so ist vorerst ungewiß, ob er den Pflichtteilsanspruch hat. Erst wenn der Erbe von der Einrede wirksam Gebrauch gemacht hat, ist sein Verlangen hinfällig.

9 **3. Erbverzicht**

Hat der Nächstberechtigte auf das gesetzliche Erbrecht verzichtet und gilt der Verzicht gemäß der Vermutung des § 2350 Abs. 2 nicht zugunsten der Eltern des Erblassers, so bleibt ihm, wenn sonst ein Elternteil nachrücken würde, das gesetzliche

Erbrecht gewahrt. Unter diesen Umständen kann daher, falls die Voraussetzungen der §§ 2303, 2305, 2306, 2307 insoweit gegeben sind, für ihn auch ein Pflichtteilsanspruch entstehen. Pflichtteilsansprüche der Eltern können deshalb nicht in Frage kommen.

Beschränkte sich der Verzicht des Nächstberechtigten, sein gesetzliches Erbrecht unberührt lassend, auf das Pflichtteilsrecht (§ 2346 Abs. 2), so wird er gegenstandslos, wenn es demnächst wirklich zur gesetzlichen Erbfolge kommt. War jedoch der Nächstberechtigte bei Eintritt des Erbfalls tatsächlich auf den Pflichtteil gewiesen (Rdn. 3), so kann er kraft seines Verzichts den Pflichtteil nicht verlangen, und der nachrückende entfernter Berechtigte kann deshalb seinerseits den Pflichtteil fordern. 10

Erstreckt sich der Erbverzicht des Nächstberechtigten nach der Vermutung des § 2349 zugleich auf seine Abkömmlinge, so ist damit sowohl sein eigenes wie das Pflichtteilsrecht der Abkömmlinge ausgeschlossen (§ 2346 Rdn. 16), während dasjenige der nachrückenden Eltern unberührt bleibt. 11

Hat endlich der an sich Nächstberechtigte nur für seine Person, aber schlechthin, sei es auf das gesetzliche Erbrecht oder auf das Pflichtteilsrecht verzichtet, so kann er keinesfalls den Pflichtteil verlangen, und eben deshalb steht der Pflichtteilsanspruch nunmehr dem nachrückenden Abkömmling oder Elternteil zu. 12

4. Entziehung des Pflichtteils und Beschränkung in guter Absicht 13

Dadurch, daß einem Abkömmling nach § 2333 der Pflichtteilsanspruch entzogen wird, verliert dieser seinen Pflichtteilsanspruch. Entferntere Abkömmlinge oder Eltern werden dadurch nicht gehindert, ihrerseits den Pflichtteil zu fordern.

Die Beschränkung des Pflichtteilsrechts in guter Absicht (§ 2338) läßt einen Pflichtteilsanspruch weder auf seiten des in dieser Weise Beschränkten noch der entfernter Berechtigten entstehen. 14

Beginn der Verjährungsfrist § 2332.

IV. Umfang des Pflichtteilsrechts des entfernter Berechtigten 15

Der entfernter Berechtigte ist niemals in höherem Umfange pflichtteilsberechtigt, als es der an sich Nächstberechtigte gewesen wäre. Er muß sich deshalb auf seinen Pflichtteil anrechnen lassen, was der an sich Nächstberechtigte darauf verlangen konnte, auch wenn dieser von seinem Recht, so insbesondere auf Vervollständigung des Pflichtteils nach § 2305, 2307 Abs. 1 Satz 2, keinen Gebrauch gemacht hat.

Er muß sich aber auch schlechthin anrechnen lassen, was der an sich Nächstberechtigte als ihm hinterlassen angenommen hat. Die allgemeine Fassung berechtigt nicht, nach der Art der Hinterlassung von Todes wegen oder nach den verschiedenen Wegfallsgründen (Rdn. 6—13) zu unterscheiden. Waren derartige Zuwendungen mit Beschränkungen oder Beschwerungen verbunden, so ist der hierdurch verminderte Wert durch Schätzung zu ermitteln. Eine Streichung der Beschränkungen nach der Sondervorschrift des § 2306 Abs. 1 Satz 1 kommt hier nicht in Frage. Anrechnung von Vorempfängen auf den Pflichtteil §§ 2315 Rdn. 17—22, 2316 Rdn. 19 ff. (Näheres über vielfach widerstreitende Meinungen zu § 2309 bei *Planck/Greiff.*) 16

§ 2310

Bei der Feststellung des für die Berechnung des Pflichtteils maßgebenden Erbteils werden diejenigen mitgezählt, welche durch letztwillige Verfügung von der Erbfolge ausgeschlossen sind oder die Erbschaft ausgeschlagen haben oder für erbunwürdig er-

klärt sind. Wer durch Erbverzicht von der gesetzlichen Erbfolge ausgeschlossen ist, wird nicht mitgezählt.

E I 1984 II 2176; M 5 403, 405; P 5 513, 514, 516—518.

Feststellung des maßgebenden Erbteils

Übersicht

1 **I. Ausschließung, Ausschlagung, Erbunwürdigkeit**

Für die Berechnung des Pflichtteils als Hälfte des Wertes des gesetzlichen Erbteils (§ 2303 Rdn. 14) ist derjenige Erbteil maßgebend, der auf den betreffenden Pflichtteilsberechtigten entfallen wäre, wenn es ohne Rücksicht auf die tatsächlich erfolgte Ausschließung (§§ 2303 Rdn. 12, 2333), Ausschlagung (§§ 1953, 2306 Rdn. 18) oder Erbunwürdigkeitserklärung (§ 2344) zur regelmäßigen gesetzlichen Erbfolge aller im Einzelfall berufenen gesetzlichen Erben gekommen wäre. Mitgezählt wird auch der bei wirklich eingetretener gesetzlicher Erbfolge nach § 1938 Ausgeschlossene. Der Ausschlagende wird mitgezählt ohne Rücksicht darauf, ob er, wie im Falle des § 2306 Abs. 1 Satz 2, pflichtteilsberechtigt geworden ist oder dieses Recht eingebüßt hat. Nur der Verzichtende ist und bleibt auch bei dieser bloß fiktiven Erbfolge ausgeschlossen, wie wenn er zur Zeit des Erbfalls nicht mehr lebte (Rdn. 5). Dies hat zur Folge, daß der Wegfall eines Erben durch Ausschließung usw. den Divisor nicht vermindert, also den Erbteil und damit den Pflichtteil der übrigen nicht vergrößert, daß vielmehr die Ausschließung usw. lediglich dem Erben zustatten kommt.

2 Rücken gemäß § 2309 entferntere Abkömmlinge des Erblassers als Pflichtteilsberechtigte ein, so versteht sich schon nach dem Grundsatze des § 1924 Abs. 2 von selbst, daß der weggefallene nähere Abkömmling und der Stamm der an seine Stelle tretenden entfernteren Abkömmlinge nicht zweimal gezählt werden.

3 Auch sonst ist vorausgesetzt, daß eine gesetzliche Erbfolge der mehreren in Betracht kommenden Pflichtteilsberechtigten nebeneinander überhaupt möglich ist. Stünde den Eltern wegen des Vorhandenseins wenigstens eines pflichtteilsberechtigten Abkömmlings kein gesetzliches Erbrecht zu (§ 1930), so haben sie auch kein Pflichtteilsrecht (§ 2309). Erst wenn sämtliche Abkömmlinge durch Ausschlagung, wirksame Entziehung des Pflichtteils, Erbunwürdigkeit oder Erbverzicht weggefallen sind, kommt ein gesetzliches, aber zugleich auch ausschließliches gesetzliches Erbrecht und demgemäß auch Pflichtteilsrecht der Eltern in Frage. Daneben auch die weggefallenen Abkömmlinge mitzuzählen, ist begrifflich unmöglich.

4 Treffen nach den Grundsätzen der gesetzlichen Erbfolge (§§ 1925, 1931) die Eltern oder der überlebende Ehegatte des Erblassers mit anderen Verwandten zusammen, die als gesetzliche, wenn auch nicht als pflichtteilsberechtigte Erben in Betracht kommen oder kommen würden, so bestimmt sich der Pflichtteil des Elternteils oder Ehegatten wiederum so, als kämen neben ihnen die mitzählenden ausgeschlossenen usw. Verwandten wirklich zur gesetzlichen Erbfolge. Der (kleine — § 1371) Pflichtteil des Ehegatten bleibt mithin $1/2$ von $1/4 = 1/8$ des Nachlasses, auch wenn an Stelle des ausschlagenden Kindes nunmehr die Eltern des Erblassers (mit je $1/8$) pflichtteilsberechtigt werden, obgleich der Ehegatte gemäß § 1931 neben den Eltern an sich zu $1/2$ von $1/2 = 1/4$ pflichtteilsberechtigt wäre.

II. Erbverzicht 5

Im Falle des Erbverzichts, dem in der Regel eine anderweite Abfindung aus dem Vermögen des Erblassers zugrunde liegt, bleibt es auch für die Berechnung des Pflichtteils bei dem Grundsatze des § 2346 Abs. 1 Satz 2 (§ 2346 Rdn. 15). Und zwar gleichviel, ob der Verzicht gegen oder ohne Entgelt erklärt war. Der Verzichtende wird jedoch gezählt, vermindert somit den Pflichtteil der übrigen Berechtigten, wenn sein Verzicht gemäß § 2346 Abs. 2 auf das Pflichtteilsrecht beschränkt war. Daß neben ihm die an seine Stelle tretenden Abkömmlinge nicht noch besonders gezählt werden, ist selbstverständlich. — Ebenso § 2316 Rdn. 9. Soweit die Erbteile wegen der zu erwartenden Geburt eines Miterben usw. nicht bestimmbar sind (§ 2043), muß vorerst auch die Feststellung des Pflichtteils unterbleiben.

§ 2311

Der Berechnung des Pflichtteils wird der Bestand und der Wert des Nachlasses zur Zeit des Erbfalls zugrunde gelegt. Bei der Berechnung des Pflichtteils eines Abkömmlings und der Eltern des Erblassers bleibt der dem überlebenden Ehegatten gebührende Voraus außer Ansatz.

Der Wert ist, soweit erforderlich, durch Schätzung zu ermitteln. Eine vom Erblasser getroffene Wertbestimmung ist nicht maßgebend.

E I 1985, 1986 Abs. 1, 2, 1987; II 2177; M **5** 405—407, 409; P **5** 518.

Feststellung des Nachlaßwerts

Übersicht

Neueres Schrifttum:

Gast, Berücksichtigung der Einkommensteuer des Erben bei der Pflichtteilsberechnung? NJW **59** 2100; *Kohler,* Pflichtteil und Preisstopp, NJW **51** 548; *Siebert,* Gesellschaftsvertragliche Abfindungsklauseln und Pflichtteilsrecht, NJW **60** 1033; *Tiedau,* Gesellschaftsvertrag und neueheliches Güterrecht unter besonderer Berücksichtigung gesellschaftsrechtlicher Abfindungsklauseln, MDR **59** 253; *Sudhoff,* Gesellschaftsrechtliche Abfindungsklauseln bei Errechnung des Pflichtteils- und Zugewinnanspruchs, NJW **61** 801; Betrieb **65** 655; *Sudhoff,* Pflichtteilsanspruch und Buchwertabfindung, Betrieb **73** 53, dazu *Heinrich, Blunck, Sudhoff,* Betrieb **73** 103, 1005, 1006; *Goroncy,* Bewertung und Pflichtteilsberechnung bei gesellschaftsvertraglichen Abfindungsklauseln, NJW **62** 1895; *Ott,* Pflichtteilsrecht bei Ausschluß gesetzlicher Erbfolge in Personengesellschaften, BWNotZ **73** 54; *Sudhoff,* Die Ertragssteuern bei der Berechnung des Pflichtteilsanspruchs, NJW **63** 421; *Nirk,* Die Bewertung von Aktien bei Pflichtteilsansprüchen, NJW **62** 2185; *Veith,* Die Bewertung von zum Börsenhandel zugelassenen Aktien bei Pflichtteilsansprüchen, NJW **63** 1521; *Staudenmaier,* Abzug des Voraus bei der Pflichtteilsberechnung, DNotZ **65** 68; *Miehle,* Gesellschaftsvertrag und Pflichtteil, BWNotZ **65** 44; *Zimmermann,* Pflichtteilsrecht und Zugewinnausgleich bei Unternehmer und Gesellschafternachfolge, BB **69** 965; *Stötter,* Pflichtteil und Zugewinnausgleich bei Gesellschafternachfolge, Betrieb **70** 573; *Wieser,* Betriebsübergabe und Anspruch auf Pflichtteil und Zugewinnausgleich, MitBayNot **72** 102; *Kapp,* Latente Ertragssteuerbelastung und Pflichtteilsberechnung, BB **72** 829; *Sudhoff,* Die Berechnung des Auseinandersetzungsguthabens bei Personengesellschaften, Zs. f. Unternehmens- und Gesellschaftsrecht **72** 157 ff; *Ulmer*, Gesellschafternachfolge und Erbrecht, Zs. f. Unternehmens- und Gesellschaftsrecht **72** 195 ff, 234 ff); *Breidenbach*, Unternehmensbewertung. Der Liquidationswert als Wertuntergrenze, Betrieb **74** 104; *Däubler*, Die Vererbung des Geschäftsanteils bei der GmbH, 1965; *Wiedemann*, Die Übertragung und Vererbung von Mitgliedschaftsrechten bei Handelsgesellschaften, 1965.

1 **I. Maßgebender Zeitpunkt für die Wertermittlung**

Für die Wertermittlung ist wie beim Inventar (§ 2001) der Bestand zur Zeit des Erbfalls maßgebend. Spätere Wertsteigerungen kommen dem Pflichtteilsberechtigten nicht zugute. Ebenso ändern spätere erhebliche Wertminderungen nichts am Betrage des ermittelten Pflichtteils (RG JW **10** 238), doch kann der Erbe nach allgemeinen Grundsätzen die beschränkte Haftung geltend machen. Dagegen nimmt der als Erbe eingesetzte Pflichtteilsberechtigte an den Wertveränderungen des Nachlasses teil.

Der Zeitpunkt des Erbfalls ist auch dann maßgebend, wenn der Erblasser für tot erklärt und als Todeszeit ein Zeitpunkt festgestellt worden ist, der schon viele Jahre zurückliegt. Wenn der Nachlaß in der Zwischenzeit erhebliche Einbußen erlitten hat, kann das im Vertragshilfeverfahren berücksichtigt werden oder den die Pflichtteilslast Tragenden eine Einrede nach § 242 gegenüber den Pflichtteilsberechtigten geben (BGH Urt. v. 7. 6. 1961 V ZR 111/60).

Wenn das Vermögen des Erblassers von Kriegs- oder ähnlichen Schäden betroffen ist und dafür nach dem Erbfall gemäß § 232 Abs. 2 LAG in der Person des Erben Lastenausgleichsansprüche entstanden sind, sind diese als Ersatzvorteile (Surrogate) anzusehen und bei der Bewertung des Nachlasses zu berücksichtigen. Dabei ist als Ausgleichsleistung auch der Zinszuschlag nach § 250 Abs. 3 LAG zu berücksichtigen. Der Pflichtteilsberechtigte ist an ihnen, falls ungedeckte Nachlaßverbindlichkeiten nicht vorhanden sind, zu einem seiner Pflichtteilsquote entsprechenden Teil beteiligt (BGH LM BGB § 2041 Nr. 3; vgl. auch § 2164 Nr. 1).

2 **II. Dem Erblasser angefallene Erbschaften und Vermächtnisse**

Ob eine dem Erblasser angefallene Erbschaft oder ein ihm angefallenes Vermächtnis endgültig dem Nachlaß zugeführt oder durch Ausschlagung (§§ 1952, 2180 Abs. 3) aus ihm ausgeschieden werden soll, hängt von der freien, durch den Pflichtteilsberechtigten nicht angreifbaren Entschließung des Erben ab (aM *Planck/Greiff* Anm. 2 b a, wonach durch willkürliche Ausschlagung des Erben der Pflichtteil nicht soll verkürzt werden können).

3 **III. Verbindlichkeiten**

Der für die Berechnung des Pflichtteils maßgebliche Bestand des Nachlasses ergibt sich nach Abzug der Nachlaßverbindlichkeiten von den Aktiven des Nachlasses. Rechtsverhältnisse, die infolge des Erbganges durch Vereinigung von Recht und Verbindlichkeit erloschen sind, gelten hierbei entsprechend den §§ 1976, 2143, 2377 u. a. als nicht erloschen (KG OLG **30** 234).

4 Die Nachlaßverbindlichkeiten sind nur in dem Umfange anzusetzen, wie wenn es zur reinen gesetzlichen Erbfolge gekommen wäre. Danach sind zwar allgemeine, zur Feststellung und Sicherung des Nachlasses aufgewendete oder noch aufzuwendende Kosten unter die Passiven einzustellen, so die Kosten der Nachlaßverwaltung (RG JW **06** 114; Kiel OLG **40** 152), die Kosten der Sicherung des Nachlasses nach § 1960, der

Ermittlung der Nachlaßgläubiger und der Inventarerrichtung (§§ 1993, 2314 Abs. 2). Ferner gehören dazu die Kosten, die aufgewandt worden sind, um den Bestand und den Wert des Nachlasses zu ermitteln, z. B. die Kosten für Sachverständigengutachten und für etwaige zu diesem Zweck geführte Rechtsstreitigkeiten.

1. Abzuziehende Nachlaßverbindlichkeiten 5

Bei den nach dem 20. Juni 1948 eingetretenen Erbfällen ist die nach dem Lastenausgleichsgesetz v. 14. 8. 1952, BGBl. I 446, zu zahlende Vermögensabgabe eine Nachlaßverbindlichkeit, die bei der Berechnung des Pflichtteils mit dem für den Zeitpunkt des Erbfalls maßgebenden Zeitwert des § 77 LAG anzusetzen ist (BGH **14** 368 mit Anm. LM BGB § 2311 Nr. 3; dazu auch *Gast* NJW **52** 2100; aA Berücksichtigung des Ablösungswerts nach § 199 LAG: Karlsruhe DNotZ; **54** 146 *Mohrbutter* und *Gewehr* MDR **53** 405).

Bei Erbfällen, die vor dem 21. 6. 1948, aber zu einer Zeit eingetreten sind, als das spätere Entstehen einer Lastenausgleichsverbindlichkeit bereits als eine politische und wirtschaftliche Notwendigkeit angesehen wurde, kann dies als ein den inneren Wert mindernder Umstand berücksichtigt werden (BGH Urt. v. 27. 9. 1961 V ZR 15/60).

Ebenso ist eine noch nicht abgelöste Hypothekengewinnabgabe nicht mit dem Ablösungsbetrag, sondern mit dem zu errechnenden Kapitalwert als Nachlaßverbindlichkeit anzusetzen (LM BGB § 2329 Nr. 5/6).

Zu den Nachlaßverbindlichkeiten gehören ferner alle rückständigen Steuerschulden, gleich ob es sich um Besitz-, Verkehrs- oder Realsteuern handelt. Sie sind abzuziehen, soweit sie zu Lasten des Erblassers entstanden sind, und zwar unabhängig davon, ob die Steuer bereits fällig ist oder schon veranlagt war.

Wenn der Erblasser mit dem überlebenden Ehegatten bei seinem Tode im Güterstand der Zugewinngemeinschaft gelebt hat und dieser weder Erbe wird noch ein ihm zugewandtes Vermächtnis angenommen hat, ist auch die etwa bestehende Forderung auf den Zugewinnausgleich eine Nachlaßverbindlichkeit, die bei der Berechnung des Pflichtteils des überlebenden Ehegatten und bei der Berechnung des Pflichtteils der übrigen Pflichtteilsberechtigten abgezogen werden muß (BGH **37** 58 mit Anm. LM BGB § 2303 Nr. 2).

Abzuziehen als reine Nachlaßverbindlichkeit ist auch die Abfindung eines nicht- 6
ehelichen Kindes mit dem Pflichtteilsbetrage nach § 1712 a. F. (RG **90** 202); ebenso ist ein nach § 1934 d bestehender Anspruch auf vorzeitigen Erbausgleich eine Nachlaßverbindlichkeit. Pflichtteilsansprüche selbst sind nicht abzuziehen (vgl. Rdn. 8).

2. Außer Betracht bleibende Nachlaß- und andere Verbindlichkeiten 7

Die durch Errichtung der Verfügung von Todes wegen, Bestellung eines Testamentsvollstreckers (aM Hamburg SeuffArch. **62** Nr. 42) usw. verursachten Kosten bleiben grundsätzlich außer Betracht. Ebenso die Kosten der Nachlaßverteilung, die den einzelnen Erben treffende Erbschaftsteuer (wegen der inzwischen aufgehobenen Nachlaßsteuer vgl. ErbschaftsteuerG v. 10. 9. 1919, RGBl. 1543, § 17 Abs. 4) und die lediglich auf Anerkenntnis der Erben beruhenden Schulden.

Vermächtnisse und Auflagen, einschließlich der Ansprüche auf den Dreißigsten 8
(§ 1969 Rdn. 9) stehen, und zwar nicht bloß im Konkurse (KO § 226 Nr. 5), dem Pflichtteilsanspruch nach. Sie kommen deshalb bei der Berechnung des Pflichtteils nicht in Frage (s. aber § 2318 Rdn. 1—3).

Pflichtteilsansprüche selbst kommen nicht in Abzug, da sie einen Nachlaßüberschuß voraussetzen.

9 **IV. Der Voraus (§ 1932)**

Gegenüber den pflichtteilsberechtigten Eltern und Abkömmlingen wird der überlebende Ehegatte dadurch begünstigt, daß die zum Voraus gehörigen Haushaltungsgegenstände usw. von vornherein aus den Aktiven des Nachlasses ausscheiden. Der Pflichtteil der Abkömmlinge und Eltern ist somit nur von dem übrigen Nachlaß zu berechnen. Er kann daher gegenstandslos sein, wenn der Nachlaß nur aus Hausratsgegenständen besteht.

10 Die Bestimmung will nur den Ehegatten vor den Eltern und Abkömmlingen des Erblassers begünstigen, nicht den eingesetzten Erben. Sie ist daher nur anzuwenden, wenn der Voraus dem Ehegatten gebührt. Dies trifft nach § 1932 nur dann zu, wenn der Ehegatte neben Verwandten der ersten oder zweiten Ordnung oder neben Großeltern gesetzlicher Erbe geworden ist; der Fall, daß die in § 1932 angeführten Gegenstände um deswillen an ihn gelangen, weil er durch Verfügung von Todes wegen zum Alleinerben eingesetzt ist, gehört darum nicht hierher (§ 1932 Rdn. 2, 3; aM Kassel Recht **25** Nr. 463). Ebensowenig „gebührt" der Voraus dem Ehegatten, wenn er ihm entzogen oder wenn der Ehegatte für erbunwürdig erklärt ist. Dagegen gebührt er ihm auch dann, wenn er demnächst ausgeschlagen wird.

11 Der Voraus hat nicht selbst auch Pflichtteilseigenschaft. Vielmehr werden bei Ermittlung des Pflichtteils des Ehegatten die zum Voraus gehörenden Gegenstände zusammen mit den übrigen Nachlaßgegenständen unter die Nachlaßaktiven eingestellt.

12 Nach der vor dem 1. Juli 1958 geltenden Fassung der §§ 1932, 2311 stand dem überlebenden Ehegatten als gesetzlichem Erben neben Verwandten der ersten Ordnung kein Anspruch auf den Voraus zu. Bei Erbfällen, die vor diesem Zeitpunkt eingetreten sind, kommt daher bei der Ermittlung des Pflichtteils von Abkömmlingen ein Voraus nicht in Betracht. Nur wenn der Erbfall nach dem 30. Juni 1958 eingetreten ist, müssen auch bei der Ermittlung des Pflichtteils der Abkömmlinge diejenigen Gegenstände vom Bestand des Nachlasses abgezogen werden, die dem Ehegatten nach § 1932 als Voraus gebühren (vgl. darüber § 1932 Rdn. 1, 8).

13 **V. Feststellung des Nachlaßwertes**

1. Wertermittlung durch Schätzung

Die Ermittlung erfolgt soweit erforderlich durch Schätzung, z. B. nicht bei Wertpapieren mit Börsenkurs, wohl aber bei einem Hause ohne Rücksicht auf den später in der Zwangsversteigerung ermittelten Erlös (RG JW **10** 238). Zu den Aktiven eines Nachlasses gehört auch der good will eines zum Nachlaß gehörenden Unternehmens. Dessen Wert kann nur geschätzt werden. Die in der Tatsacheninstanz nach § 2311 Abs. 2 vorgenommene Schätzung kann vom Revisionsgericht nur beschränkt nachgeprüft werden (BGH Urt. v. 1. 7. 1959 V ZR 117/58; über die Schätzung nach § 287 ZPO und deren Nachprüfung im Revisionsrechtszug vgl. BGH RzW **60** 123, 124).

14 Maßgebend ist im allgemeinen der gemeine Wert (BayObLG OLG **44** 105), nicht schlechthin der bei einem Verkauf erzielte Erlös (RG JW **10** 238). Der gemeine Wert ist der Wert, den der Nachlaßgegenstand in der Hand jedes Erben haben würde. Im allgemeinen deckt er sich mit dem Verkaufswert. Ein Liebhaberwert, den der Nachlaßgegenstand für einen bestimmten Erben hat, kommt nie in Betracht. Solange es sich nur darum handelt, die Höhe des Pflichtteilsanspruchs zu ermitteln, kann der Pflichtteilsberechtigte nicht den Verkauf oder die Zwangsversteigerung der Nachlaßgegenstände verlangen (RG **72** 381).

Die Ermittlung des gemeinen Werts eines Grundstücks ist nicht immer einfach. Eine exakte Ermittlung des Verkaufswerts von individuell bebauten Grundstücken ist erfahrungsgemäß in aller Regel überhaupt nicht möglich. Bei der Ermittlung des Wertes müssen der Sachwert und der Ertragswert berücksichtigt werden. Der gemeine Wert wird oft in der Mitte zwischen beiden liegen. Er kann aber im Einzelfall näher am Sachwert oder näher am Ertragswert liegen. Die Ermittlung des Wertes ist Aufgabe des Tatrichters. Im Revisionsrechtszug kann nur geprüft werden, ob ihr rechtsfehlerhafte Erwägungen zugrunde liegen und ob bei der Schätzung gegen die Denkgesetze oder Erfahrungssätze verstoßen ist (BGH LM BGB § 2311 Nr. 5).

Der gemeine Wert eines Grundstücks kann zur Zeit des Erbfalls infolge außergewöhnlicher Umstände, z. B. wegen der politischen Verhältnisse, besonders niedrig oder auch besonders hoch sein. Dennoch ist grundsätzlich der Nachlaßgegenstand mit diesem im Zeitpunkt des Erbfalls gegebenen Wert bei der Berechnung des Pflichtteils zu berücksichtigen. Der wahre innere Wert ist in einem solchen Fall nur dann zugrunde zu legen, wenn für einen mit den Verhältnissen auf dem Grundstücksmarkt vertrauten objektiven Beobachter erkennbar ist, daß die Verhältnisse sich alsbald ändern und daß es sich nur um eine kurzfristige Preisänderung handelt (BGH LM BGB § 2311 Nr. 6).

Bei einem Landgut ist im Falle des § 2312 der Ertragswert maßgebend. Diese **15**
Vorschrift steht dem nicht entgegen, daß der Ertragswert auch in anderen Fällen berücksichtigt wird, z. B. bei der Schätzung eines Landguts für die Inflationszeit mit ihren unverhältnismäßig niedrigen Verkaufspreisen (RG LZ **26** 1132). Auch sonst kann für die Inflationszeit außer dem Verkaufswert auch der innere Wert in Betracht kommen (RG JR **27** Nr. 1119).

Der innere und nicht der Verkaufswert ist auch maßgebend, soweit für Nach- **16**
laßgegenstände gesetzliche Höchstpreise bestehen, die hinter dem wahren inneren Wert zurückbleiben. Um diesen zu ermitteln, ist bei einem Grundstück sowohl der Ertragswert als auch der Gebäude- oder Sachwert in Rechnung zu stellen, wie er sich unter Berücksichtigung des Baukostenindex und der durch das Alter und den Zustand des Gebäudes bedingten Abschreibungen ergibt (BGH **13** 45 mit Anm. *Ascher*, LM BGB § 2311 Nr. 2; dazu auch *Groebe*, NJW **57** 1457; *Potthoff*, NJW **58** 2044; *Siebert*, NJW **60** 1033). Zu beachten ist, daß das Bestehen von Stopppreisen sich wertmindernd auch auf den wahren inneren Wert auswirken kann.

Es ist nicht üblich, als inneren Wert einfach den Mittelwert zwischen Ertrags- **17**
und Sachwert anzunehmen. Aus Rechtsgründen kann nicht beanstandet werden, wenn bei der Ermittlung des inneren Wertes eines Grundstücks mit Mietwohnungen von dem Ertragswert ausgegangen und der innere Wert als etwas darüber liegend angenommen wird, weil der Sachwert des Grundstücks höher ist. Ebenso kann aus Rechtsgründen nicht beanstandet werden, wenn bei der Ermittlung des wahren inneren Wertes eines Einfamilienhauses und eines für den eigenen Betrieb des Eigentümers bestimmten Geschäftshauses von dem Sachwert ausgegangen wird (BGH Urt. v. 10. 3. 1956 IV ZR 99/56; zur Frage der Berechnung des inneren Wertes von Grundstücken und Gebäuden vgl. *Krieger*, Der Grundstückswert S. 20 ff; *Albert*, Die Schätzung der Grund- und Gebäudewerte 4. Aufl. S. 15; *Weil*, Grundstücksschätzung 5. Aufl. S. 57). Schwarzmarkt- und Wucherpreise bleiben unberücksichtigt. Als innerer Wert kann in der Regel nur ein Betrag angenommen werden, der unter normalen wirtschaftlichen Verhältnissen bei einem Verkauf voraussichtlich erzielt würde, wenn keine Höchstpreise bestünden. Danach kann nicht berücksichtigt werden, daß infolge einer Geldentwertung Käufer, um ihr Geld anzulegen, bereit gewesen wären, höhere Preise zu zahlen und damit auf eine angemessene Verzinsung des Kaufpreises zu verzichten (BGH LM BGB § 2311 Nr. 4; dazu *Potthoff*, NJW **58** 2044 und *Siebert*, NJW **60** 1033).

Für Heimstätten im Sinne des Reichsheimstättengesetzes gilt nach §§ 25 und 40 AVRHG eine Sondererbfolge. Um den Erben des Heimstätters den Besitz an der

Heimstätte nicht zu gefährden, bestimmt § 36 AVRHG, daß bei der Errechnung des Pflichtteils die Heimstätte nur mit ihrem Anrechnungswert in Ansatz zu bringen ist. Dieser kann weit unter dem Verkehrswert liegen. Dieser Umstand gestattet es jedoch nicht, bei der Berechnung des Pflichtteils von dem Verkehrswert auszugehen. Jedoch werden in solchen Fällen regelmäßig die Voraussetzungen für eine Erhöhung des Anrechnungswertes nach § 10 Abs. 1 AVRHG gegeben sein. Der Heimstätter muß sich dann gegenüber dem Pflichtteilsberechtigten so behandeln lassen, als wäre auf Grund des § 10 AVRHG ein angemessener Entgeltbetrag eingetragen. Dieser ist bei der Pflichtteilsberechnung zugrunde zu legen (BGH LM BGB § 2311 Nr. 9).

18 Gegenstände, die dem alsbaldigen Verbrauch dienen, wie z. B. Warenbestände eines Handelsunternehmens, werden in der Regel nur mit dem Verkaufswert bemessen werden können (*Ascher* LM BGB § 2311 Nr. 3).

19 Soweit der Pflichtteilsanspruch den Unterschiedsbetrag betrifft, der sich bei Berücksichtigung des inneren Werts der Nachlaßgegenstände und des Verkaufswerts nach den gesetzlichen Höchstpreisen ergibt, kann der Erbe unter Umständen die Zahlung nach § 242 verweigern. Dieses Recht hat er, wenn er den Pflichtteilsanspruch nicht aus seinem Barvermögen befriedigen kann und wenn ihm auch nicht zuzumuten ist, sich die dazu erforderlichen Mittel durch Veräußerung anderer nicht preisgebundener Gegenstände zu beschaffen (BGH **13** 48 mit Anm. *Ascher* LM BGB § 2311 Nr. 2, dazu *Groebe* NJW **57** 1457; *Potthoff* NJW **58** 2044; *Siebert* NJW **60** 1033).

20 Eine wirtschaftliche Einheit, z. B. ein gewerbliches Unternehmen, kann einen anderen Wert haben als die einzelnen Gegenstände. Dann entscheidet der Wert der wirtschaftlichen Einheit (Gesamtwert), und zwar nicht nur, wenn er höher ist als der Wert der einzelnen Gegenstände (BayObLGZ NF 22 A 188: Konzessionsapotheke), sondern auch, wenn bei Einstellung des Unternehmens, das der Erbe fortsetzt, und Verkauf der dem Betriebe gewidmeten Gegenstände mehr herausgekommen wäre, als das Unternehmen zur Zeit des Erbfalls wert war (Liquidationswert). Das gilt auch, wenn das Unternehmen zur Zeit des Erbfalls keine Erträge abwirft und dies voraussichtlich auch in absehbarer Zeit nicht geschehen wird. Ob der Unternehmer das Unternehmen fortführen oder ob er den Liquidationswert realisieren will, obliegt seiner unternehmerischen Entscheidung. Führt er den Betrieb fort, obwohl der Gesamtwert unter den Liquidationswert abgesunken ist, dann wird die Liquidationsbewertung nicht wirksam. Es ist dann auch im Rahmen der Rechtsbeziehungen des Unternehmers zu Dritten, insbesondere zu den Pflichtteilsberechtigten nicht gerechtfertigt, den Liquidationswert der Berechnung der Pflichtteilsansprüche zugrunde zu legen. Es muß vielmehr auch in diesem Fall von dem zu schätzenden Gesamtwert des Unternehmens ausgegangen werden. Anders kann es sein, wenn ein unrentables, liquidationsreifes Unternehmen aus wirtschaftlich nicht vertretbaren Gründen weitergeführt wird und dadurch dem Pflichtteilsberechtigten der Anteil an der Differenz zwischen dem Gesamtwert und einem über ihm liegenden Liquidationswert entgeht (BGH LM BGB § 2311 Nr. 10; dazu *Breidenbach*, Betrieb **74** 104). Sachverständige und auch die Richter der Tatsacheninstanz können nach eigenem Ermessen entscheiden, welche Bewertungsmethode sie anwenden wollen (BGH LM BGB § 2311 Nr. 5). Rechtlich ist keine bestimmte Methode vorgeschrieben. Rechtsfehlerhaft ist es aber, wenn nur die einzelnen Wirtschaftsgüter des Unternehmens und nicht das Unternehmen als Einheit bewertet werden (BGH LM BGB § 2311 Nr. 7, 10). Entschließt sich der Erbe, das Unternehmen zu veräußern oder den Betrieb stillzulegen, dann ist die auf einen Veräußerungsgewinn nach § 16 EStG entfallende Ertragssteuer als solche keine Nachlaßverbindlichkeit, die gemäß § 2313 BGB bei der Berechnung des Pflichtteils zu berücksichtigen wäre. Sie kann nicht als eine bedingte oder zweifelhafte

Verbindlichkeit im Sinne von § 2313 angesehen werden. Denn weder eine Unterbilanzierung oder eine Wertsteigerung des Geschäftsgrundstücks noch der Erbfall haben bereits die Entstehung der Ertragsteuer begründet. Diese knüpft allein an den Tatbestand der Betriebsveräußerung oder Betriebsaufgabe an und bemißt sich nach dem zu diesem Zeitpunkt bestehenden Wertunterschied. Jedoch kann bei der Unternehmensbewertung in einem solchen Fall als Wertfaktor berücksichtigt werden, daß auf Grund des Vorhandenseins stiller Reserven diese Steuer ausgelöst wird (BGH LM BGB § 2311 Nr. 7; dazu *Kapp*, BB **72** 829). Als Nachlaßverbindlichkeit ist die nach § 16 EStG anfallende Ertragsteuer zu berücksichtigen, wenn die Veräußerung des Unternehmens ihren Grund nicht in einer freien Willensentschließung des Erben hatte, sondern durch den Erbfall, Anordnungen des Erblassers, Notwendigkeit der Erbauseinandersetzung, Unmöglichkeit, den Betrieb fortzuführen, usw. geboten war (BGH aaO).

Wenn ein Landgut zu bewerten ist, kann sich, je nachdem, ob das Gut als solches bewertet wird oder, falls eine Parzellierung möglich ist, durch Zusammenrechnen der bei einer Parzellierung zu erzielenden Erlöse ein unterschiedlicher Wert ergeben. Die zweite Form der Bewertung ist nur zulässig, wenn der Erbe zur Zeit des Erbfalls eine Parzellierung plante. Aber auch wenn das Gut als solches zu bewerten ist, kann sich die Möglichkeit einer Parzellierung und der Veräußerung einzelner Parzellen als Bauland mehr oder weniger wertsteigernd auswirken. Über die Grundsätze, die bei der Bewertung eines solchen Gutes zu beachten sind, vgl. BGH LM BGB § 2311 Nr. 4. Ungewisse Rechte usw. § 2313.

Schwierig ist es, die Beteiligung an einer Handelsgesellschaft zu bewerten, **21**
wenn in dem Gesellschaftsvertrag vorgesehen ist, daß die Gesellschaft mit den übrigen Gesellschaftern fortgesetzt wird. Wenn in dem Gesellschaftsvertrag bestimmt ist, daß der Anteil des Verstorbenen den verbliebenen Gesellschaftern anwächst und kein Anspruch auf ein Abfindungsguthaben besteht, gehört die Beteiligung an dem Unternehmen nicht zum Nachlaß. Sie kann deswegen auch bei der Berechnung des Pflichtteils nicht berücksichtigt werden. Es kann nur in Betracht kommen, daß der Erblasser dadurch, daß er eine solche Vereinbarung in dem Gesellschaftsvertrag getroffen hat, den übrigen Gesellschaftern eine Schenkung gemacht hat, die Pflichtteilsergänzungsansprüche nach § 2325 begründet (BGH WM **71** 1338). Wenn in dem Gesellschaftsvertrag vorgesehen ist, daß der ausscheidende Gesellschafter nicht den Anspruch nach § 738 hat, sondern mit einem geringeren Betrag abgefunden wird, sind zu unterscheiden der Vollwert der Beteiligung, d. h. die Bewertung der Beteiligung unter Berücksichtigung der stillen Reserven und des good will, der Buchwert und der Abfindungswert nach den Bestimmungen des Gesellschaftsvertrages. *Sudhoff*, NJW **61** 801 und *Goronce*, NJW **62** 1895 wollen einen bedingten oder Zwischenwert der Beteiligung für den Zeitpunkt des Erbfalls ermitteln. Das ist der Wert, der sich ergibt, wenn die Chancen, den Vollwert zu realisieren, und die Gefahr, daß nur der Buchwert verwirklicht werden kann, geschätzt und bei der Bewertung des Erbteils in Rechnung gestellt werden. Diese Art der Bewertung dürfte in der überwiegenden Mehrzahl der Fälle praktisch nicht durchführbar sein oder zu mehr oder minder willkürlichen Ergebnissen führen (über die zu diesem Problem vertretenen unterschiedlichen Auffassungen s. *Ulmer*, Zs. f. Unternehmens- und Gesellschaftsrecht **72** 338 ff).

Nach § 2311 ist der Vollwert für die Bemessung des Pflichtteils maßgebend. Es ist aber zu bedenken, daß der Erbe oft nicht in der Lage ist, den vollen Wert zu realisieren oder den Pflichtteil in voller Höhe durch Verwertung anderer Nachlaßgegenstände zu befriedigen. Wenn der Erbe selbst pflichtteilsberechtigt ist, kann in solchen Fällen eine Stundung des Pflichtteilsanspruchs nach § 2331 a in Betracht kommen. Wenn die Voraussetzungen dafür nicht gegeben sind, kann nach § 242 ein vorübergehendes Leistungsverweigerungsrecht gegeben sein (dagegen *Zimmermann,* BB **69** 968 und *Ulmer,* Zs. f. Unternehmensund Gesellschaftsrecht **72** 342). Es liegt ähnlich wie in dem Fall BGH **13** 45 betreffend den Stopppreis und inneren Wert eines Grundstücks bei der Berechnung des Pflichtteils (vgl. Rdn. 19). Das Gericht hat hier weitgehende Möglichkeiten zu gestalten. Es kann insbesondere entscheiden, daß der Erbe aus den laufenden Geschäftserträgen Abträge auf die noch offene Pflichtteilsforderung zu leisten hat und daß er diese daraus zu verzinsen hat.

Der volle Anspruch wird fällig, wenn die Realisierung des vollen Wertes durch Verschulden des Erben nicht mehr möglich ist, z. B. seine privaten Gläubiger pfänden seine Beteiligung und kündigen.

Das vorläufige Leistungsverweigerungsrecht kann aber auch zu einem endgültigen werden, z. B. wenn ein Nachlaßgläubiger die Beteiligung pfändet und kündigt oder wenn er, der Erbe, die Beteiligung selbst kündigt, weil er auf andere Weise eine Nachlaßverbindlichkeit erfüllen kann. Dasselbe gilt auch dann, wenn der Erbe kraft seiner Befugnis aus § 139 Abs. 2 HGB ausscheidet oder wenn er sich überhaupt in angemessener Zeit nach Annahme der Erbschaft entschließt, aus der Gesellschaft auszuscheiden, und wenn infolgedessen nur der Abfindungswert realisiert werden kann. Der Pflichtteilsberechtigte kann mit Rücksicht auf die persönliche Haftung des Erben diesen nicht zwingen, in der Gesellschaft zu bleiben.

22 Soweit Aktien zu bewerten sind, ist grundsätzlich der Börsenkurs am Tage des Erbfalls maßgebend, weil erfahrungsgemäß der Börsenkurs auf längere Sicht nach der Ertragsentwicklung der Gesellschaft ausgerichtet ist und deswegen den inneren Wert der Aktie zum Ausdruck bringt, der auch durch eine Veräußerung der Aktien realisiert werden kann.

Eine Korrektur ist vorzunehmen, insoweit sich ergibt, daß dieser Grundsatz nicht durchgreift. Anhaltspunkte dafür gibt die Kursentwicklung während eines längeren Zeitraums vor und nach dem Erbfall. Diese Entwicklung kann auch erkennbar machen, daß der Kurs zur Zeit des Erbfalls manipuliert worden ist oder daß andere mit dem inneren Wert der Aktien nicht zusammenhängende Umstände maßgebend für den Kurs gewesen sind.

Die Erfahrung trifft auch dann häufig nicht zu, wenn es sich um einzelne Aktien handelt, die im übrigen in festen Händen sind und daher an der Börse nicht gehandelt werden. In solchen Fällen kann es sein, daß der Börsenkurswert nicht zu realisieren ist, da kein Interesse für diese Aktien besteht.

Besonders schwierig liegen die Dinge, wenn der Erblasser ein Aktienpaket in Händen hatte, das eine maßgebende Beteiligung darstellt. Hier ist zu dem Kurswert in aller Regel ein Paketzuschlag zu machen. Bei einem Paket, das weniger als 25 % der Aktien des Unternehmens enthält, muß der Wert dieses Pakets geschätzt werden, es kommt dabei auf die Verhältnisse des Unternehmens an. (Dazu *Nirk,* NJW **62** 2185; dagegen für eine stärkere Berücksichtigung des Kurswertes *Veith,* NJW **63** 1521.)

23 **2. Vom Erblasser getroffene Wertbestimmungen**

Die vom Erblasser getroffenen Wertbestimmungen sind als Teilungsanordnungen maßgebend (§ 2048), jedoch nur insoweit, als sie den Berechtigten nicht im Pflichtteil verkürzen (vgl. auch § 2316 Rdn. 16). Abs. 2 Satz 2 bestimmt daher, daß eine vom Erblasser getroffene Wertbestimmung nicht zu berücksichtigen ist. Der Pflichtteilsberechtigte muß sie sich aber unbeschränkt gefallen lassen, soweit sie an Stelle gänzlicher Entziehung des Pflichtteils (§ 2333) angeordnet sind.

Besondere Wertberechnung bei Vorempfängnissen (§§ 2315, 2316) und zur Ergänzung verpflichtenden Schenkungen (§§ 2325, 2328). Auskunftspflicht des Erben § 2314. Pflichtteilsberechnung bei fortgesetzter Gütergemeinschaft § 1511.

VI. Umstellung 24

Daraus, daß der Bestand und der Wert des Nachlasses zur Zeit des Erbfalls maßgebend sind, folgt, daß bei Erbfällen, die vor dem 21. Juni 1948 eingetreten sind, der Pflichtteilsanspruch in Reichsmark zu ermitteln ist. Die Aktiven des Nachlasses sind in Reichsmark zu schätzen, und die Nachlaßverbindlichkeiten sind mit ihrem vollen Reichsmarkbetrag in Ansatz zu bringen. Der Umstand, daß sie etwa später im Verhältnis 10 : 1 umgestellt sind, kann zu keiner anderen Beurteilung führen. Falls der Nachlaß nach der auf Reichsmarkgrundlage anzustellenden Berechnung überschuldet ist, besteht kein Pflichtteilsanspruch. Das gilt, da der Pflichtteilsberechtigte von später eingetretenen Wertveränderungen nicht betroffen wird, auch, wenn sich die Verhältnisse durch die Währungsumstellung geändert haben (BGH **7** 138). Der Pflichtteilsanspruch ist nach § 18 Abs. 1 Nr. 3 UmstG im Verhältnis 1 : 1 auf DM umgestellt (vgl. darüber § 2317 Rdn. 10—13).

Soweit nach § 2313 bei der Wertermittlung Rechte und Verbindlichkeiten außer 25
Ansatz geblieben sind, kann sich später eine Erhöhung des Pflichtteilsanspruchs ergeben. Traten die für die Bemessung dieses Anspruchs maßgebenden Umstände erst nach der Währungsreform ein, so ist dieser Anspruch als DM-Anspruch entstanden.

§ 2312

Hat der Erblasser angeordnet oder ist nach § 2049 anzunehmen, daß einer von mehreren Erben das Recht haben soll, ein zum Nachlasse gehörendes Landgut zu dem Ertragswerte zu übernehmen, so ist, wenn von dem Rechte Gebrauch gemacht wird, der Ertragswert auch für die Berechnung des Pflichtteils maßgebend. Hat der Erblasser einen anderen Übernahmepreis bestimmt, so ist dieser maßgebend, wenn er den Ertragswert erreicht und den Schätzungswert nicht übersteigt.

Hinterläßt der Erblasser nur einen Erben, so kann er anordnen, daß der Berechnung des Pflichtteils der Ertragswert oder ein nach Abs. 1 Satz 2 bestimmter Wert zugrunde gelegt werden soll.

Diese Vorschriften finden nur Anwendung, wenn der Erbe, der das Landgut erwirbt, zu den im § 2303 bezeichneten pflichtteilsberechtigten Personen gehört.

P **6** 330—335, 448—450.

Übernahme eines Landguts zum Ertragswert

Neueres Schrifttum:
Röll, Bestimmungen über die Berechnung des Pflichtteils nach dem Ertragswert in Verfügungen von Todes wegen und in Übergabeverträgen, BayNotV **62** 1; *Haegele,* Landgut und Ertragswert im bürgerlichen Recht, BWNotZ **73** 34, 49.

I. Zweck der Vorschrift 1

Die Vorschriften dienen dazu, dem Übernehmer eines Landguts, falls er selbst zu den pflichtteilsberechtigten Personen gehört (Abs. 3), auch hinsichtlich der Pflichtteilslast dadurch Erleichterung zu verschaffen, daß sich die sonstigen Pflichtteilsberechtigten auf der Grundlage des Ertragswerts (§ 2049 Rdn. 4—6) statt, wie sie nach § 2311 verlangen könnten, des Schätzungswerts auf ihren Pflichtteil abfinden lassen müssen. Dies gilt jedoch nur, wenn es wirklich zu der vom Erblasser beabsichtigten Gutsübernahme kommt, nicht also, wenn das Gut vorher an einen Fremden veräußert wird. Der Anerbe ist nur als Berechtigter gedacht. Hätte ihn der Erblasser zur Übernahme verpflichtet, so läge hierin eine Beschränkung, von der er sich gemäß § 2306 Rdn. 18 durch Ausschlagung befreien dürfte, um den nach dem Schätzungswert zu bemessenden Pflichtteil zu fordern.

Die Vorschriften enthalten eine erhebliche Bevorzugung des Erben, der das Gut übernimmt, gegenüber den sonstigen Pflichtteilsberechtigten. In Anbetracht der gegenüber den zur Zeit ihres Inkrafttretens bestehenden veränderten wirtschaftlichen Verhältnisse kann sie nur noch angewandt werden, wenn sie tatsächlich ihrem Zweck dient, der Übernehmer oder einer seiner Abkömmlinge das Grundstück selbst bewirtschaften und darin mindestens teilweise eine Existenzgrundlage finden will. Sie ist daher nicht abzuwenden, wenn der Erbe nicht in der Lage oder nicht gewillt ist, das Gut zu bewirtschaften, und wenn auch seine Abkömmlinge dafür nicht in Frage kommen, so daß das Gut auf unabsehbare Zeit verpachtet wird (a. A. BGH LM BGB § 2312 Nr. 2; dazu *Johannsen*, WM **73** 539; vgl. auch Stuttgart, NJW **67** 2410). Eine andere Bewertung kommt nicht schon deswegen in Frage, weil der Verkehrswert im Zuge allgemeiner Landknappheit und Bodenspekulation erheblich gestiegen ist. Sie kommt gleichfalls allein nicht aus dem Grunde in Betracht, weil das Gebiet im Flächennutzungsplan der Gemeinde als Wohngebiet ausgewiesen ist (§ 5 BBauG). Der Bundesgerichtshof, der sich zu diesen Grundsätzen bekannt hat, hat jedoch ausgeführt, eine andere Beurteilung wäre möglicherweise gerechtfertigt, wenn Anzeichen dafür vorliegen, daß der Erbe das Landgut in absehbarer Zeit anderen als landwirtschaftlichen Zwecken zuführen will (BGH Urt. v. 12.7.74 IV ZR 19/73).

Ein Anspruch des Pflichtteilsberechtigten auf Ausgleich gegen den begünstigten Erben kann nach § 242 bestehen, wenn dieser das Landgut oder wesentliche Teile davon in verhältnismäßig kurzer Zeit nach dem Erbfall zum Verkehrswert veräußert. Welcher Zeitraum dafür in Frage kommt, kann nicht allgemein gesagt werden. In der Regel dürften in Anlehnung an die für den Pflichtteilsanspruch geltende Verjährungsfrist (§ 2332) drei Jahre nach dem Erbfall in Betracht zu ziehen sein. Einen entsprechenden Anspruch der Miterben gegen den Hoferben sieht § 13 Abs. 1 HöfeO der Britischen Zone für einen allerdings wesentlich längeren Zeitraum von 15 Jahren vor.

2 **II. Begriff Landgut**

Der im BGB nicht definierte Begriff „Landgut" setzt eine Besitzung voraus, die eine zum selbständigen Betrieb der Landwirtschaft einschließlich der Viehzucht und der Forstwirtschaft geeignete und bestimmte Wirtschaftseinheit darstellt und mit den nötigen Wohn- und Wirtschaftsgebäuden versehen ist (BGH RGRK 11. Aufl. § 98 Anm. 10; *Staudinger/Coing*, § 98 Rdn. 6; *Planck/Strecker*, § 98 Anm. 3 a; *Palandt/Danckelmann*, § 98 Anm. 3). Sie muß eine gewisse Größe erreichen und für den Inhaber eine selbständige Nahrungsquelle darstellen (BGH LM BGB § 2329 Nr. 5/6; Urt. v. 12.7.74 IV ZR 19/73). Im Gegensatz zu dieser Entscheidung und zu dem Urteil vom 8. 4. 1968 III ZR 49/66 und auch zu OLG Oldenburg, RdL **62** 40 fordert OLG Stuttgart, MDR **65** 488 eine solche Größe und Einrichtung des Besitztums, daß sie dem Gutsübernehmer eine Existenzgrundlage bietet. Wenn das nicht zutrifft, fehle der gesetzgeberische Grund für die Bevorzugung des Gutsübernehmers gegenüber den anderen Pflichtteilsberechtigten. § 2312 ist nicht anzuwenden, wenn Nachlaßgegenstand nicht das Landgut selbst, sondern dem Erblasser daran nur das Miteigentum zu einem Bruchteil zustand (BGH NJW **73** 995).

III. Bestimmung eines anderen Übernahmepreises durch den Erblasser 3

Bei der Bestimmung eines anderen Übernahmepreises würde ein Herabgehen unter den Ertragswert die übrigen Pflichtteilsberechtigten, ein Überschreiten des Schätzungswerts dagegen den übernehmenden Anerben benachteiligen. Eine solche Bestimmung ist daher für die Pflichtteilsberechnung (nur für diese: KG HRR **30** Nr. 1111) nicht maßgebend; sie kann aber unter Umständen durch Auslegung auf das zulässige Maß zurückgeführt werden.

IV. Alleinerbe als Übernehmer 4

Ist nur ein Erbe eingesetzt, so gelten für Berechnung des Pflichtteils sonstiger Berechtigter die gleichen Grundsätze, wie sie Abs. 1 für den Fall der Berufung mehrerer Erben aufstellt. Auch der Alleinerbe muß zu den Pflichtteilsberechtigten gehören und muß als Erbe mit dem Grundstück bedacht sein; dieses darf also nicht Gegenstand eines Vermächtnisses sein. Die Anordnung nach Abs. 2 braucht vom Erblasser nicht mit ausdrücklichen Worten getroffen zu sein; es genügt, wenn er seinen Willen im Testament in irgendeiner Weise zu erkennen gegeben hat. Das Testament kann dann in der Weise ergänzend ausgelegt werden (BGH DNotZ **66** 239 = MDR **65** 642; LM BGB § 2312 Nr. 2).

V. Absatz 3 5

Dem fremden Erben gegenüber gilt immer der Schätzungswert nach § 2311. — Anerbenrecht nach Landesgesetz Art. 64 EG.

§ 2313

Bei der Feststellung des Wertes des Nachlasses bleiben Rechte und Verbindlichkeiten, die von einer aufschiebenden Bedingung abhängig sind, außer Ansatz. Rechte und Verbindlichkeiten, die von einer auflösenden Bedingung abhängig sind, kommen als unbedingte in Ansatz. Tritt die Bedingung ein, so hat die der veränderten Rechtslage entsprechende Ausgleichung zu erfolgen.

Für ungewisse oder unsichere Rechte sowie für zweifelhafte Verbindlichkeiten gilt das gleiche wie für Rechte und Verbindlichkeiten, die von einer aufschiebenden Bedingung abhängig sind. Der Erbe ist dem Pflichtteilsberechtigten gegenüber verpflichtet, für die Feststellung eines ungewissen und für die Verfolgung eines unsicheren Rechtes zu sorgen, soweit es einer ordnungsmäßigen Verwaltung entspricht.

E I 1986 Abs. 3, 4; II 2178; M **5** 407—409; P **5** 518.

Bedingte und ungewisse Rechte und Verbindlichkeiten

I. Bedingte Rechte und Verbindlichkeiten 1

Bei der Schätzung des Wertes von bedingten Rechten und Verbindlichkeiten ist auf die größere oder geringere Wahrscheinlichkeit des Eintritts der Bedingung keine Rücksicht zu nehmen. Vielmehr kommen sie vorläufig, je nachdem, ob sie aufschiebend oder auflösend bedingt sind, entweder gar nicht oder voll unter den Aktiven in Ansatz. Ebenso für die auflösende Bedingung KO § 66, VerglO § 31, anders für die aufschiebende bei der Abschlagsverteilung im Konkurs KO §§ 154, 168 Nr. 2.

II. Ausgleichung 2

Der Eintritt der aufschiebenden Bedingung bei Rechten, der auflösenden bei Verbindlichkeiten erhöht nachträglich den Anspruch des Pflichtteilsberechtigten. Der umgekehrte Fall vermindert den Anspruch und verpflichtet zur Rückzahlung des zuviel Empfangenen. Der Anspruch bestimmt sich nicht nach den Vorschriften über die Herausgabe einer ungerechtfertigten Bereicherung, sondern nach den allgemeinen Grundsätzen über bedingte Verpflichtungen (§ 159). Sicherheitsleistung (KO § 67) kann weder vom Erben noch vom Pflichtteilsberechtigten verlangt werden. Doch sind gegebenenfalls Arrest und Schadensersatzanspruch aus § 160 zulässig.

3 **III. Ungewisse und unsichere Rechte, zweifelhafte Verbindlichkeiten (Abs. 2)**

Ein Recht ist ungewiß, wenn sein Bestand oder die Person des Berechtigten ungewiß ist. Es ist unsicher, wenn seine wirtschaftliche Verwertbarkeit zweifelhaft ist (RG **83** 253; WarnRspr. **19** 13 Nr. 251; Nürnberg, FamRZ **66** 512 betreffend den good will eines Handwerksbetriebs).

4 Eine Verbindlichkeit ist zweifelhaft, wenn es zweifelhaft ist, ob sie rechtlich besteht oder ob sie tatsächlich verwirklicht werden kann (BGH **3** 394). Danach sind zweifelhafte Verbindlichkeiten alle vom Erben bestrittenen Nachlaßverbindlichkeiten, auch wenn sie schon klageweise geltend gemacht worden sind (RG Gruchot **50** 1014), und Bürgschaften und Pfandrechte für fremde Schulden (RG SeuffArch. **68** Nr. 129).

5 Ungewisse und unsichere Rechte sowie zweifelhafte Verbindlichkeiten nebst den Kosten darüber geführter Prozesse (RG JW **06** 114) bleiben zunächst ganz außer Ansatz. Hierzu gehören auch dingliche Rechte und Belastungen, künftige Rückgriffsansprüche oder Verbindlichkeiten (RG WarnRspr. **19** 13 Nr. 251), regelmäßig auch ein vom Erblasser erworbenes, gemäß § 2108 Abs. 2 auf die Erben übergegangenes Nacherbenrecht als bis zum Eintritt des Nacherbfalls unsicheres Recht (RG **83** 253).

6 Eine an sich unbestrittene Verbindlichkeit ist als zweifelhafte zu behandeln, wenn der Erblasser gegen den Gläubiger eine Forderung hatte, die als ungewisse außer Ansatz bleiben muß, und wenn Verbindlichkeit und Forderung aus einer einheitlichen Geschäftsverbindung herrühren, in deren Rahmen die gegenseitigen Forderungen und Verbindlichkeiten von Zeit zu Zeit miteinander verrechnet wurden. In diesem Falle wäre es dem Pflichtteilsberechtigten gegenüber unbillig, wenn die Verbindlichkeit als bestehend berücksichtigt, die Forderung aber, mit der sie an sich zu verrechnen wäre, unberücksichtigt bliebe (BGH **7** 141). Berücksichtigt werden kann die Verbindlichkeit nur insoweit, als sie den Betrag des ihr gegenüberstehenden ungewissen Rechts übersteigt. Entsprechendes gilt, um eine unbillige Benachteiligung der Erben zu vermeiden, wenn in diesem Fall einer an sich unbestrittenen zum Nachlaß gehörenden Forderung eine zweifelhafte Nachlaßverbindlichkeit gegenübersteht.

7 Als zweifelhafte Verbindlichkeit hat der Bundesgerichtshof in einem Urteil v. 22. 11. 1951 die nach § 1 des Gesetzes zur Sicherung von Forderungen für den Lastenausgleich v. 2. 9. 1948 entstandene Umstellungsgrundschuld angesehen (BGH **3** 394).

8 Keine unsicheren Rechte oder zweifelhaften Verbindlichkeiten sind **Rechte auf wiederkehrende Leistungen,** wiederkehrende Hebungen, Renten (RG **72** 381) u. dgl., deren Kapitalwert sich nach allgemeinen Grundsätzen schätzen läßt. Ebensowenig **befristete Rechte und Verbindlichkeiten,** bei deren Bewertung evtl. der Zwischenzins in Betracht kommt (vgl. auch KO §§ 65, 70, VerglO § 30). **Öffentliche Abgaben** sind, auch wenn sie noch nicht durch einen Abgabebescheid festgesetzt sind, doch keine zweifelhaften Verbindlichkeiten, wenn sie nach dem Gesetz geschuldet werden und alle tatsächlichen Grundlagen für ihre Bemessung feststehen, so daß ihre Höhe nach dem Gesetz errechnet werden kann (BGH **14** 369 für die Abgabeschuld nach dem Lastenausgleichsgesetz v. 14. 8. 1952, BGBl. I 446, mit Anm. LM BGB § 2311 Nr. 3).

Wenn der Erbe ein zum Nachlaß gehörendes Unternehmen veräußert oder den Gewerbebetrieb aufgibt, ist die auf den Veräußerungsgewinn nach § 16 EStG entfallende Ertragssteuer keine Nachlaßverbindlichkeit, die gemäß § 2313 bei der Berechnung des Pflichtteils zu berücksichtigen wäre (BGH LM BGB § 2311 Nr. 7; § 2311 Rdn. 20).

IV. Maßgebender Zeitpunkt 9

Nach dem in § 2311 aufgestellten Grundsatz kommt es nicht darauf an, ob das Recht oder die Verbindlichkeit im Zeitpunkt des Erbfalls bedingt, ungewiß oder unsicher war. Mit Rücksicht auf die in § 2313 bestimmte Ausgleichspflicht muß aber, auch wenn die Voraussetzungen zur Zeit des Erbfalls vorlagen, stets geprüft werden, ob sie auch noch in dem Augenblick vorliegen, in dem der Pflichtteilsanspruch geltend gemacht wird (BGH **3** 394).

V. Ordnungsmäßige Verwaltung wie § 2038 Rdn. 4. 10

§ 2314

Ist der Pflichtteilsberechtigte nicht Erbe, so hat ihm der Erbe auf Verlangen über den Bestand des Nachlasses Auskunft zu erteilen. Der Pflichtteilsberechtigte kann verlangen, daß er bei der Aufnahme des ihm nach § 260 vorzulegenden Verzeichnisses der Nachlaßgegenstände zugezogen und daß der Wert der Nachlaßgegenstände ermittelt wird. Er kann auch verlangen, daß das Verzeichnis durch die zuständige Behörde oder durch einen zuständigen Beamten oder Notar aufgenommen wird.

Die Kosten fallen dem Nachlasse zur Last.

E I 1988 Abs. 1 II 2179; M **5** 409, 410; P **5** 519—521.

Auskunftspflicht des Erben

Übersicht

Neueres Schrifttum:

Kuchinke, Klage des Pflichtteilsberechtigten gegen den Erben auf Auskunft und Leistung des Offenbarungseids, NJW **57** 1175; *Bink*, Das Verfahren nach § 2314 BGB und die Kosten dieses Verfahrens, JurBüro **63** 281; *Gudian*, § 2314 und der pflichtteilsberechtigte Miterbe, JZ **67** 591; *Coing, Kempfler*, Der Auskunftsanspruch des Pflichtteilsberechtigten im Falle der Pflichtteilsergänzung, NJW **70** 729, 1533; *Speckmann*, Der Anspruch des Miterben auf Auskunft über den Bestand des Nachlasses, NJW **73** 1869.

I. Auskunftsberechtigter 1

Der Auskunftsanspruch steht den Personen zu, die nach §§ 2303, 2309 pflichtteilsberechtigt sind, weil der Erblasser sie von der gesetzlichen Erbfolge ausgeschlossen hat, oder die die Erbschaft nach § 2306 Abs. 1 Satz 2 ausgeschlagen haben und deswegen pflichtteilsberechtigt sind. Da der Anspruch dem Pflichtteilsberechtigten Klarheit darüber verschaffen soll, ob und in welcher Höhe ihm ein Anspruch auf den Pflichtteil zusteht, hängt er nicht von dem tatsächlichen Bestehen dieses Anspruchs ab. Der Erbe muß daher auch Auskunft erteilen, wenn kein aktiver Nachlaß vorhanden ist.

2 Der Erbe kann dem Verlangen auf Auskunft nicht dadurch entgehen, daß er dem Pflichtteilsberechtigten die Erfüllung des Pflichtteilsanspruchs anbietet und, wenn dieser die Annahme ablehnt, den Betrag hinterlegt. Solange der Pflichtteilsberechtigte im unklaren über die Höhe des Anspruchs ist, besteht die Pflicht, Auskunft zu erteilen, ohne Rücksicht darauf, ob der Pflichtteilsberechtigte ganz oder teilweise befriedigt ist. Der Auskunftsanspruch besteht nur dann nicht mehr, wenn der Pflichtteilsberechtigte die angebotene Leistung als Erfüllung des ganzen Anspruchs angenommen hat oder wenn sich ergibt, daß er wegen des Pflichtteilsanspruchs voll befriedigt ist oder daß ihm ein solcher nicht mehr zusteht. Bringt der Erbe während des Rechtsstreits über den Auskunftsanspruch nicht den Nachweis, daß er bereits Auskunft erteilt hat, sondern den Nachweis, daß er den Pflichtteilsanspruch in voller Höhe erfüllt hat, dann hat er damit die geforderte Auskunft geleistet. Der Pflichtteilsberechtigte muß nunmehr den Rechtsstreit in der Hauptsache für erledigt erklären.

3 Der Pflichtteilsberechtigte, der nicht Erbe ist, kann Auskunft auch dann verlangen, wenn ihm ein Vermächtnis zugewandt ist. Er braucht nicht zuvor zu erklären, ob er das Vermächtnis ausschlägt (BGH **28** 177). Grundsätzlich steht ihm der Auskunftsanspruch auch dann zu, wenn er das Vermächtnis annimmt. Dadurch, daß er das Vermächtnis annimmt, verliert er sein Pflichtteilsrecht nicht, er behält den Pflichtteilsrestanspruch. Auskunft nach § 2314 kann er nur dann nicht mehr verlangen, wenn das angenommene Vermächtnis so groß ist, daß ihm kein Pflichtteilsrestanspruch verbleibt. Das würde zutreffen, wenn der Erblasser ihm den Pflichtteil als Vermächtnis zugewandt hätte. In diesem Fall ist aber anzunehmen, daß ihm mit einem solchen Vermächtnis zugleich ein dem Inhalt des § 2314 entsprechender Auskunftsanspruch zugewandt ist (RG **129** 239).

4 Nach dem Wortlaut des Gesetzes hat nur der Pflichtteilsberechtigte, der Nichterbe ist, den Auskunftsanspruch. Daraus hat BGH **18** 70 mit Anm. LM § 2287 Nr. 4 (ebenso RG **84** 204, 206; **73** 369, 371) geschlossen, daß ihm der Auskunftsanspruch nicht zusteht, wenn er Miterbe ist. Aber auch in diesem Fall kann ein berechtigtes Interesse des Pflichtteilsberechtigten auf Auskunft bestehen. Er ist ohnedem oft nicht in der Lage, seine Ansprüche durchzusetzen. Deswegen wird im rechtswissenschaftlichen Schrifttum gefordert, § 2314 dahin zu berichtigen, daß auch dem pflichtteilsberechtigten Miterben dieser Anspruch zusteht (*Gudian*, JZ **67** 591 ff; *Coing*, NJW **70** 729 ff; *von Lübtow* I 584 f). Die Rechtsprechung bejaht nach Treu und Glauben ganz allgemein einen Auskunftsanspruch bei denjenigen Rechtsverhältnissen, deren Wesen es mit sich bringt, daß der Berechtigte entschuldbarerweise über das Bestehen und den Umfang seines Rechts im ungewissen ist, während der Verpflichtete die Auskunft unschwer erteilen kann, wobei die Ungewißheit aus dem besonderen Wesen des Rechtsverhältnisses herrühren muß (BGH LM BGB § 2329 Nr. 5/6; RGZ **108** 7; **126** 123; **158** 379; RG JW **35** 506; RG DR **42** 729; vgl. auch BGH **55** 378 mit Anm. LM BGB § 2314 Nr. 6; BGH **58** 237 mit Anm. LM BGB § 2314 Nr. 7). *Lange*, § 39 XI 5 will auch für den pflichtteilsberechtigten Erben einen Auskunftsanspruch aus der Treupflicht der Miterben ableiten. Diese Auffassung wird geteilt. Auch dem pflichtteilsberechtigten Erben steht ein Auskunftsanspruch gegen die Miterben zu, wenn er ohne sein Verschulden nicht in der Lage ist, sich die erforderlichen Kenntnisse für die Durchsetzung seines Anspruchs zu verschaffen, und wenn dem auf Auskunft in Anspruch Genommenen billigerweise zugemutet werden kann, die Auskunft zu erteilen (KG MDR **73** 500).

Wenn dem Pflichtteilsberechtigten ein Vermächtnis zugewandt ist, kann ihm der Anspruch auf Auskunft zugleich mitvermacht worden sein (§ 2174 Rdn. 14 und oben Rdn. 3).

Das Verlangen der Auskunftserteilung ist nötigenfalls im Klagewege zu stellen. **5**
Nach § 254 ZPO kann damit die Klage auf Zahlung des Pflichtteils verbunden werden (vgl. dazu *Kuchinke* NJW **57** 1175). Von mehreren Pflichtteilsberechtigten kann jeder das Verlangen selbständig stellen.

Der Pflichtteilsberechtigte braucht nur zu beweisen, daß er zu den an sich nach **6**
§§ 2303, 2309 pflichtteilsberechtigten Personen gehört. Der auskunftspflichtige Erbe muß beweisen, daß er bereits Auskunft erteilt hat oder daß der Pflichtteilsberechtigte wegen seines Pflichtteilsanspruchs bereits ganz befriedigt worden ist. Mit diesem Nachweis erteilt er zugleich die geforderte Auskunft.

II. Inhalt der Auskunftspflicht **7**

1. Bestandsverzeichnis

Aus der Auskunftspflicht des Erben folgt nach § 260, daß er auf Verlangen ein Verzeichnis des Bestandes vorzulegen und gegebenenfalls den Offenbarungseid zu leisten hat. Der „Bestand", für den Begriff und maßgebender Zeitpunkt aus § 2311 (daselbst Rdn. 1) zu entnehmen sind, ergibt sich aus einem Vergleich der Aktiven und Passiven des Nachlasses. Das Verzeichnis hat deshalb nicht nur die Aktiven (so Hamburg OLG **14** 283; *Planck/Greiff* Anm. 2), sondern auch die Passiven aufzuführen (BGH **33** 379; BGH LM BGB § 260 Nr. 1; RG **129** 240; Hamburg JW **39** 155). Es hat sich auch auf die bedingten, ungewissen und unsicheren Rechte und Verbindlichkeiten (§ 2313) und unter Umständen auch auf einen zweiten Nachlaß zu erstrecken, an dem die den Pflichtteil schuldenden Erben als Erbeserben beteiligt sind (RG **72** 380). Ebenso gehören in das Verzeichnis die möglicherweise zum Voraus gehörigen Gegenstände, solange unter den Beteiligten noch nicht feststeht, daß sie gemäß § 2311 (daselbst Rdn. 9) außer Ansatz zu bleiben haben (RG **62** 110). In das Verzeichnis sind auch diejenigen Gegenstände aufzunehmen, die der Erblasser nur in Besitz hatte. Die darauf gerichteten Herausgabeansprüche Dritter sind unter den Verbindlichkeiten aufzuführen (BGH LM BGB § 260 Nr. 1).

2. Auskunft über Ausgleichsposten und Zuwendungen **8**

Neben dieser den greifbaren (effektiven oder realen) Nachlaß betreffenden Auskunftspflicht besteht für den Erben unter Umständen noch eine sich auf die entsprechende Anwendbarkeit der §§ 2057, 2314 gründende Pflicht zur Auskunft über Faktoren des rechnungsmäßigen Bestandes, nämlich über die nach § 2316 Rdn. 2, 3 als Ausgleichungsposten in Betracht kommenden Zuwendungen, die fiktiven Nachlaßwerte, und soweit Pflichtteilsergänzungsansprüche nach § 2325 in Betracht kommen, auch die Schenkungen (BGH **33** 373 mit Anm. *Mattern*, LM BGB § 2314 Nr. 4; RG **73** 369; WarnRspr. **1912** Nr. 173; **1933** Nr. 64; *Staudinger/Ferid* § 2314 Rdn. 19, 23, 24; *Palandt/Keidel, § 2314 Anm. 1 b aa; Erman/Bartholomeyczik*, § 2314 Rdr. 3; *Bartholomeyczik*, § 48 I 6; *Soergel/Dieckmann* § 2314 Rdn. 3; *von Lübtow* I 585). Bei Schenkungen besteht die Pflicht, Auskunft zu erteilen, schon dann, wenn eine Veräußerung unter Umständen erfolgt ist, die die Annahme nahelegen, daß entgegen der Formulierung eines Kaufvertrags in Wirklichkeit wenigstens zum Teil eine Schenkung vorliegt (BGH LM BGB § 2314 Nr. 5;

FamRZ **65** 135). Dabei hat der zur Auskunft Verpflichtete auch die Schenkungen anzugeben, die nach seiner Meinung einer sittlichen Pflicht oder einer auf den Anstand zu nehmenden Rücksicht entsprochen haben (§ 2330). Denn er muß den Pflichtteilsberechtigten in die Lage versetzen, dieses selbst zu überprüfen (BGH LM BGB § 2314 Nr. 5; Hamburg, MDR **56** 169; *Staudinger/Ferid*, § 2314 Rdr. 24: *Erman/Bartholomeyczik*, § 2314 Rdn. 3; *Soergel/Dieckmann* § 2314 Rdn. 3; *Palandt/Keidel*, § 2330 Anm. 1). Mit Rücksicht auf den Zweck des Auskunftsanspruchs sind für ihn gegenständlich nicht enge, sondern weite Grenzen zu ziehen (BGH Urt. v. 27. 11. 1967 III ZR 142/65). Ein Erbe, von dem nichts weiter als Auskunft über den Bestand des Nachlasses verlangt wird, kann aber abwarten, ob in diesen Beziehungen an ihn ein besonderes Verlangen gestellt wird (RG WarnRspr. **1913** Nr. 378).

9 **3. Ergänzung des Verzeichnisses**

Ist ein Verzeichnis, das auf diesen Namen Anspruch hat, einmal vorgelegt, so kann wegen angeblicher Mängel nicht dessen Ergänzung oder Vorlegung eines neuen Verzeichnisses verlangt werden. Die Mängel sind vielmehr im Verfahren der eidesstattlichen Bekräftigung des Verzeichnisses oder im Prozeß über den Hauptanspruch auf den Pflichtteil zu erörtern (KG OLG **23** 1; Dresden SächsArch. für Rechtspflege 07 499; **13** 252).

10 Anders ist es, wenn der Auskunftspflichtige einen bestimmten aus einer Mehrheit von Gegenständen bestehenden Vermögensteil, der festgestelltermaßen zum Nachlaß gehört, überhaupt nicht berücksichtigt und ganz ausgelassen hat, da er irrig annahm, dieser gehöre nicht zum Nachlaß. Es fehlt dann hinsichtlich dieses Vermögensteils noch an einem Nachlaßverzeichnis. Eine Ergänzung des mitgeteilten Bestandsverzeichnisses kann ferner verlangt werden, wenn der Auskunftspflichtige eine unbestimmte Mehrheit von Sachen auf Grund eines Rechtsirrtums nicht aufgeführt hat, z. B. die Sachen, an denen nach Auffassung der Auskunftspflichtigen der Erblasser kein Eigentum, sondern nur den Besitz hatte (BGH LM BGB § 260 Nr. 1). Die Klage auf Ergänzung des Verzeichnisses kann nur Erfolg haben, wenn in dem darüber geführten Rechtsstreit nachgewiesen wird, daß der irrtümlich nicht verzeichnete aus einer Mehrheit von Gegenständen bestehende Vermögensteil zum Nachlaß gehört oder entgegen der Auffassung des Erben doch Eigentum des Erblassers war. Desgleichen kann eine Ergänzung gefordert werden, wenn das Verzeichnis überhaupt keine Angaben über die fiktiven Nachlaßwerte oder die erfolgten Schenkungen enthält (BGH Urt. v. 27. 11. 1967 III ZR 142/65).

11 **4. Auskunft über die die Größe der Pflichtteilsquote bedingenden Umstände**

§ 2314 soll den Pflichtteilsberechtigten, der nicht Erbe ist, in die Lage versetzen, sich die notwendigen Kenntnisse zu verschaffen, um über den Umfang seines Rechts Klarheit zu gewinnen. Nach dem bis zum 1. Juli 1958 geltenden Recht reichte die Bestimmung hierzu aus. Bei Erbfällen, die nach dem 30. Juni 1958 eintreten, kann, wenn der Erblasser verheiratet war, auch Ungewißheit über die Höhe der Pflichtteilsquote bestehen. Falls der Erblasser im **Güterstand der Zugewinngemeinschaft** gelebt hat, hängt die Größe des gesetzlichen Erbteils und damit auch die Pflichtteilsquote der übrigen Pflichtteilsberechtigten nach § 1371 Abs. 1 davon ab, ob der überlebende Ehegatte entweder Erbe geworden ist, ein ihm zugewandtes Vermächtnis angenommen hat, oder ob er gleichfalls nur seinen Pflichtteil zu beanspruchen hat. In den beiden ersten Fällen ist der gesetzliche Erbteil des überlebenden Ehegatten um ein Viertel erhöht, die gesetzlichen Erbteile der übrigen Pflichtteilsberechtigten sind entsprechend geringer.

Damit pflichtteilsberechtigte Abkömmlinge und Eltern in der Lage sind, ihre 12
Rechte geltend zu machen, können sie in entsprechender Anwendung des § 2314 von den Erben auch darüber Auskunft verlangen, ob der Erblasser mit seinem Ehegatten im Güterstand der Zugewinngemeinschaft gelebt hat und ob der Ehegatte ein ihm zugewandtes Vermächtnis angenommen oder ausgeschlagen hat. Der Erbe ist verpflichtet, hierauf eine bestimmte Antwort zu geben. Es genügt nicht, daß er angibt, der Ehegatte habe noch keine Erklärung abgegeben. Der Erbe wird daher durch das Auskunftsverlangen des Pflichtteilsberechtigten unter Umständen verpflichtet, dem Ehegatten nach § 2307 Abs. 2 eine Frist für die Erklärung über die Annahme des Vermächtnisses zu setzen. Diese Vorschrift ist unter diesen Umständen auch entsprechend anzuwenden, wenn mit dem dem Ehegatten zugewandten Vermächtnis kein Erbe, sondern ein anderer Vermächtnisnehmer beschwert ist, da der Erbe auf andere Weise keine Klarheit über die Höhe der ihn treffenden Pflichtteilslast gewinnen und auch seiner dem Pflichtteilsberechtigten gegenüber bestehenden Auskunftspflicht nicht nachkommen kann.

III. Anspruchsgegner 13

Die Pflicht, Auskunft zu erteilen, obliegt grundsätzlich dem Erben. Sie ist, obwohl sie der Vorbereitung eines Anspruchs gegen den Nachlaß dient, keine eigentliche Nachlaßverbindlichkeit. Beim Vorhandensein mehrerer Erben kann daher der einzelne nicht gemäß § 2058, wohl aber gemäß § 431 in Anspruch genommen werden. Ist bei einer Mehrheit von Erben das Bestandsverzeichnis, durch dessen Vorlegung über den Bestand des Nachlasses Auskunft erteilt werden soll, von einem Miterben zugleich im Auftrage der übrigen aufgestellt worden, so müssen diese sich einen Mangel der erforderlichen Sorgfalt bei jenem, dem sie die Aufstellung des Verzeichnisses ohne eigene Nachprüfung überlassen haben, im Sinne des § 260 Abs. 2 als einen eigenen Mangel der Sorgfalt anrechnen lassen (RG **129** 240).

Als nur vom Auskunftspflichtigen persönlich, nicht aus seinem Vermögen erfüllbar fällt der Anspruch im Nachlaßkonkurse nicht unter die Konkursforderungen; er kann vielmehr auch während des Konkurses gegen den Erben persönlich verfolgt werden (RG BayZ **20** 78). Bei der Nachlaßverwaltung besteht die Auskunftspflicht des Erben neben der des Nachlaßverwalters nach § 2012 Abs. 1 Satz 2 (Celle MDR **60** 402). RG **50** 225 läßt mit Rücksicht auf § 2213 Abs. 1 Satz 3 den Anspruch nicht zu gegen den Testamentsvollstrecker (dagegen *Strohal* I § 52 A 3). Schon auf Grund § 2215 ist der Erbe regelmäßig in der Lage, auch ohne den Testamentsvollstrecker dem Verlangen zu genügen.

Wenn es sich um den Pflichtteilsergänzungsanspruch handelt, ist der Erbe zu- 14
weilen selbst nicht in der Lage, die erforderlichen Auskünfte zu geben. In diesen Fällen richtet sich der Anspruch gegen den Beschenkten, und zwar ohne Rücksicht darauf, ob der Ergänzungsanspruch nach § 2329 gegen ihn oder ob er nur gegen den Erben besteht. Dadurch, daß der Beschenkte das Geschenk entgegengenommen hat, ist hinsichtlich von Ergänzungsansprüchen Pflichtteilsberechtigter auch ein Rechtsverhältnis zwischen diesen und dem Beschenkten zustande gekommen, aus dem Ansprüche nach § 2329 erwachsen können. Auf dieses Rechtsverhältnis gründet sich auch der Auskunftsanspruch. In der Rechtsprechung und im rechtswissenschaftlichen Schrifttum ist er für den Fall bejaht worden, daß dem Pflichtteilsberechtigten ein Anspruch gegen den Beschenkten nach § 2329 zusteht. Dieser Anspruch steht sowohl dem Pflichtteilsberechtigten zu, der Nichterbe ist (BGH **55** 378 mit Anm. LM BGB § 2314 Nr. 6), wie auch dem, der selbst Erbe ist. In letzterem Fall besteht jedoch kein Anspruch nach § 2314, sondern er besteht nach Treu und Glauben, wenn der Berechtigte in entschuldbarer Unkenntnis über das Bestehen oder den Umfang des Anspruches ist und deshalb auf die Auskunft des Ver-

pflichteten angewiesen ist, der dadurch nicht unbillig belastet wird (BGH **61** 180 mit Anm. LM BGB § 2314 Nr. 8; Celle, NJW **66** 1663 will in diesen Fällen § 2314 entsprechend anwenden).

15 **IV. Recht auf Anwesenheit bei der Bestandsaufnahme (Abs. 1 Satz 2)**

Der Pflichtteilsberechtigte hat, wie im Falle des § 2121 Abs. 2, das Recht, bei der Aufnahme des Verzeichnisses anwesend zu sein. Das Recht umfaßt auch die Zulassung eines Vertreters oder eines Beistandes (KG JW **26** 723). Der Erbe braucht dem Verlangen, ein Bestandsverzeichnis im Beisein des Pflichtteilsberechtigten aufzunehmen, nicht zu entsprechen, wenn bereits ein gemäß §§ 1960, 1993 ff, 2121 oder 2215 ordnungsgemäß durch die zuständige Behörde, den zuständigen Beamten oder Notar aufgenommenes Verzeichnis vorhanden ist, das alle in Betracht kommenden Gruppen von Nachlaßwerten enthält. Sind darin die fiktiven Nachlaßwerte nicht enthalten, so kann insoweit nur eine ergänzende Auskunft verlangt werden.

16 **V. Ermittlung des Wertes**

Die Wertermittlung, geboten durch § 2303 Abs. 1 Satz 2, geschieht nur auf Grund besonderen Verlangens. Dem Bestandsverzeichnis (Rdn. 7) brauchen Wertangaben nicht beigefügt zu werden. Wenn der Pflichtteilsberechtigte es verlangt und eine zuverlässige Bewertung ohne dem nicht möglich ist, hat der Erbe den Wert durch einen geeigneten Sachverständigen auf Kosten des Nachlasses feststellen zu lassen (BGH NJW **75**, 258; Schleswig NJW **72** 586; KG OLGZ **69** 254; München, NJW **74**, 2094; OLG **8** 28; Dresden, SächsArch. **16** 69; *Palandt/Keidel*, § 2314 Anm. 1 a aa; *Soergel/Dieckmann* § 2314 Rdn. 3, 9, *Staudinger/Ferid*, § 2314 Rdn. 39; *Blunck*, NJW **71** 516; a. A. Hamm, NJW **69** 433; Oldenburg, NJW **74**, 2093; *Erman/Bartholomeyczik*, § 2314 Rdn. 5).

17 Zum Zwecke der Wertermittlung kann nach § 809 Vorzeigung der Sachen beansprucht werden, zur Ermittlung des Geschäftswerts eines vom Erblasser betriebenen Unternehmens unter Umständen auch neben einer auf den Todestag abgeschlossenen Bilanz die Vorlegung der Bilanzen und der Gewinn- und Verlustrechnungen früherer Jahre (RG WarnRspr. **1918** Nr. 229), nicht dagegen noch besondere Bewertungsunterlagen über die Schutzrechte und Fabrikationsgeheimnisse des Unternehmens, da deren Wert sich bereits im Ertragswert des Unternehmens ausdrückt (BGH LM BGB § 260 Nr. 1). Ebenso kann die Vorlage von Belegen verlangt werden, wenn land- und forstwirtschaftlich genutzte Güter zum Nachlaß gehören, deren Wert nicht ohne Kenntnis der Belege ermittelt werden kann (BGH **33** 373 mit Anm. *Mattern*, LM BGB § 2314 Nr. 4). Dagegen kann der Pflichtteilsberechtigte nicht die Vorlage solcher Gutachten über den Wert des verschenkten Gegenstandes verlangen, die der Erblasser selbst oder auch der Erbe für ihren privaten Gebrauch eingeholt haben. Es kann dem Erben nicht zugemutet werden, daß diese Gutachten, die er möglicherweise nicht billigt, gegen ihn verwandt werden (BGH FamRZ **65** 135).

18 Der Pflichtteilsberechtigte kann, falls zum Nachlaß Anteile einer Gesellschaft mit beschränkter Haftung gehören, auch die Mitteilung derjenigen Unterlagen fordern, deren Kenntnis notwendig ist, um die Anteile zu bewerten. Wenn es sich um Anteile an einer Einmann-GmbH handelt, kann der Pflichtteilsberechtigte ein Verzeichnis über die Vermögensbestandteile der Gesellschaft verlangen (BGH Urt. v. 25. 2. 1954 IV ZR 171/53).

19 Auch wenn Grund zu der Annahme besteht, daß ein sich als entgeltlich darstellender Vertrag (in dem Falle RG WannRspr. **1933** Nr. 64 ein solcher, durch den der Erblasser seine Beteiligung an offenen Handelsgesellschaften gegen eine lebenslängliche Rente aufgegeben hatte) eine verschleierte, von der Auskunftspflicht (Rdn. 8) betroffene

Schenkung enthalte, kann die Verpflichtung zur Vorlegung von Bilanzen u. dgl. gegeben sein.

VI. Amtliche Bestandsaufnahme (Abs. 1 Satz 3) 20

Der Berechtigte kann sich mit einem ihm mitgeteilten privatschriftlichen Verzeichnis begnügen, verzichtet aber durch Stillschweigen noch nicht auf das Recht, amtliche Aufnahme (wie § 2121 Abs. 3) zu verlangen (RG **72** 384). Dieses Recht steht nicht in einem Wahlverhältnis zu dem dem Pflichtteilsberechtigten nach Satz 2 zustehenden Anspruch, bei der Aufnahme eines vom Erben selbst aufzustellenden Verzeichnisses zugezogen zu werden. Es kann daher auch noch ausgeübt werden, wenn der Pflichtteilsberechtigte vorher auf ein von dem Erben privat zu erstellendes Verzeichnis geklagt hatte. Anders wäre es, wenn er auf die Aufnahme eines amtlichen Verzeichnisses verzichtet hätte oder wenn das Verlangen nach den besonderen Umständen des Falles mit Rücksicht auf das bereits vorgelegte private Verzeichnis rechtsmißbräuchlich wäre. Ein solcher Verzicht kann aber nur bei einer Sachlage angenommen werden, die über den Willen des Berechtigten keinen Zweifel läßt. Um einen Rechtsmißbrauch annehmen zu können, müssen besondere Umstände hinzukommen. Die Tatsache allein, daß ein privates Verzeichnis vorgelegt worden, daß inzwischen längere Zeit verstrichen ist und daß der Bestand des Nachlasses sich erheblich verändert hat, genügen dazu nicht. Es kann auch nach Treu und Glauben geboten sein, das Verlangen auf amtliche Verzeichnung des Nachlasses auf einen bestimmten Teil seines Bestandes zu beschränken, sofern dabei gewährleistet bleibt, daß das private und amtliche Verzeichnis zusammen eine klare, übersichtliche und vollständige Verzeichnung des Gesamtnachlasses ergeben, die den berechtigten Ansprüchen des Pflichtteilsberechtigten voll genügt (BGH **33** 373).

Der Pflichtteilsberechtigte braucht sich auch, solange er ein amtliches Verzeichnis verlangen kann, nicht darauf verweisen zu lassen, daß er die Bekräftigung des von dem Erben selbst aufgestellten Verzeichnisses durch eine eidesstattliche Versicherung fordern kann (RG DJ **40** 1248). Auch dieses Verlangen ist, nötigenfalls im Klagewege, gegenüber dem Erben zu stellen, der seinerseits die amtliche Aufnahme zu veranlassen hat; unmittelbar beim Nachlaßgericht kann ein Pflichtteilsberechtigter, der nicht Erbe ist, die Aufnahme nicht beantragen (KGJ **27** A 51). 21

Auch das amtliche Verzeichnis muß die in Rdn. 7, 8 angeführten Angaben über die Nachlaßverbindlichkeiten und die fiktiven Aktiva des Nachlasses enthalten (BGH **33** 373).

VII. Kosten 22

Die Kosten, und zwar einschließlich derjenigen der Zuziehung, der Wertermittlung, der amtlichen Aufnahme, jedoch ausschließlich der Abnahme der eidesstattlichen Versicherung (§ 261 Abs. 3) gehören zu den Nachlaßverbindlichkeiten und sind gemäß § 2311 mit zu berücksichtigen. — Gebühr für die amtliche Aufnahme KostO § 52.

VIII. Erlaß der Auskunftspflicht durch den Erben oder durch Verzicht des Berechtigten 23

Der Erblasser kann dem Erben die Auskunftspflicht nicht wirksam erlassen, soweit er nicht gemäß §§ 2333 ff einem Pflichtteilsberechtigten gegenüber berechtigt ist, diesem den Pflichtteil zu entziehen. Ein vertragsmäßiger Verzicht gegenüber dem Erblasser erfordert, weil er eine Minderung des Pflichtteilsrechts enthält, die Form des § 2348. Gegenüber dem Erben ist er an keine Form gebunden.

24 **IX. Inventarfrist und Inventar nach §§ 1993 ff**

Unabhängig von § 2314 kann der Pflichtteilsberechtigte in seiner Eigenschaft als Nachlaßgläubiger nach § 1994 dem Erben eine Inventarfrist setzen lassen und von ihm gemäß § 2006 (FGG § 79) die Abgabe einer eidesstattlichen Versicherung verlangen. Dies Verlangen kann jedoch nicht in der Weise durchgeführt werden, daß der Erbe zur Errichtung des Inventars oder seiner eidesstattlichen Bekräftigung durch Urteil gezwungen wird; vielmehr besteht die Folge der Nichterfüllung des Verlangens nach den §§ 1994, 2006 lediglich in der unbeschränkten Haftung des Erben (§ 2006 Rdn. 1, 11).

25 Hat dieser schon ein Inventar nach den §§ 1993 ff errichtet, so kann er den Pflichtteilsberechtigten, der Auskunftserteilung aus § 2314 verlangt, darauf verweisen (dazu oben Rdn. 15); unter Umständen kann auch der Pflichtteilsberechtigte seinerseits dieses Inventar als eine ihm persönlich erteilte Auskunft im Sinne des § 2314 gelten lassen und es zur Grundlage für den ihm unter den Voraussetzungen des § 260 Abs. 2, 3 zustehenden Anspruch auf Abgabe der eidesstattlichen Versicherung nehmen (RG **129** 240). Neben der Inventarerrichtung kommen in diesen Fällen hinsichtlich der Pflicht des Erben zur Auskunft über den effektiven Bestand des Nachlasses (Rdn. 7) nur noch Ansprüche auf Wertermittlung (Rdn. 16—19) in Frage. Der Eintritt unbeschränkter Haftung nach § 2005 erledigt nicht auch die Auskunftspflicht des Erben.

26 **X. Verjährung**

Für den Auskunftsanspruch ist keine besondere Verjährung vorgeschrieben. Es gilt daher für ihn die allgemeine dreißigjährige Verjährungsfrist des § 195. Da er rechtlich nur ein Hilfsanspruch ist, der nur dazu dienen soll, den Pflichtteilsanspruch zu verwirklichen, kann dem Verlangen auf Auskunft mit dem Einwand begegnet werden, daß der Pflichtteilsanspruch verjährt sei. Wenn der Erbe sich auf die Verjährung des Pflichtteilsanspruchs berufen kann und beruft, besteht kein Raum für den Auskunftsanspruch (im Ergebnis ebenso BGH **33** 373 mit Anm. *Mattern*, LM BGB § 2314 Nr. 4; Zweibrücken, FamRZ **69** 230; *von Lübtow* I 586; wegen einer möglicherweise abweichenden Ansicht in BGH Urt. v. 23. 1. 1969 III ZR 170/66, vgl. WM **70** 116).

§ 2315

Der Pflichtteilsberechtigte hat sich auf den Pflichtteil anrechnen zu lassen, was ihm von dem Erblasser durch Rechtsgeschäft unter Lebenden mit der Bestimmung zugewendet worden ist, daß es auf den Pflichtteil angerechnet werden soll.

Der Wert der Zuwendung wird bei der Bestimmung des Pflichtteils dem Nachlasse hinzugerechnet. Der Wert bestimmt sich nach der Zeit, zu welcher die Zuwendung erfolgt ist.

Ist der Pflichtteilsberechtigte ein Abkömmling des Erblassers, so findet die Vorschrift des § 2051 Abs. 1 entsprechende Anwendung.

E I 1989 Abs. 1 Nr. 2, Abs. 2—4, 1990 Abs. 1 II 2180; M **5** 410—414; P **5** 521—523; **6** 102, 103; KB 322.

Anrechnung von Zuwendungen auf den Pflichtteil

Übersicht

I. Allgemeine Bedeutung der §§ 2315, 2316 1

Nach § 2311 ist für die Berechnung des Pflichtteils der Bestand des Nachlasses zur Zeit des Erbfalls zugrunde zu legen. Zuwendungen, die der Erblasser dem Pflichtteilsberechtigten oder anderen bereits zu Lebzeiten gemacht hat, können danach bei der Bemessung des Pflichtteilsanspruchs grundsätzlich nicht berücksichtigt werden. Hiervon machen die §§ 2315 und 2316 eine Ausnahme.

§ 2315 ordnet die Berechnung und Verrechnung des Pflichtteils eines Abkömmlings, Elternteils oder Ehegatten auch für den Fall, daß er der einzige nächste gesetzliche Erbe sein würde, mit Rücksicht auf gewisse ihm unter Lebenden auf den Pflichtteil gemachte Zuwendungen.

§ 2316 beschäftigt sich mit dem Pflichtteil eines Abkömmlings, neben dem noch wenigstens ein anderer Abkömmling vorhanden ist, mit Rücksicht auf auszugleichende Zuwendungen. § 2316 Abs. 4 handelt von der Möglichkeit, daß die Zuwendung sowohl auf den Pflichtteil wie (als Ausgleichungsposten) auf den Erbteil anzurechnen ist.

II. Die Anrechnung auf den Pflichtteil 2

Die Anrechnung auf den Pflichtteil geschieht in der Weise, daß von dem nach Abs. 2 berechneten Pflichtteil der Wert der Zuwendung mit demselben Betrage gekürzt wird, zu dem er dem Nachlaß hinzugerechnet war (s. Rdn. 11, 12). Der Pflichtteilsberechtigte kann infolgedessen mit seinem Anspruch leer ausgehen (RG **58** 61), hat aber niemals herauszuzahlen.

§ 2315 gilt auch dann, wenn dem nichtehelichen Kind oder dessen Vater der Erbersatzanspruch entzogen worden ist. Denn beide, Kinder und Vater, sind auch in diesem Fall pflichtteilsberechtigt (§ 2338 a Satz 1). Nach § 1934 d Abs. 4 Satz 3 gilt er entsprechend, wenn ein angebahnter vorzeitiger Erbausgleich nicht zustande gekommen ist und der Vater dem Kind Zahlungen im Hinblick auf den Erbausgleich geleistet und nicht zurückgefordert hat.

III. Zuwendung 3

Zum Begriff der Zuwendung vgl. § 2050 Rdn. 2, 14—17. Die in § 2050 Abs. 1 besonders behandelte Ausstattung des Kindes kann auch insoweit Zuwendung sein, als sie das den Vermögensverhältnissen entsprechende Maß nicht übersteigt und deshalb nicht als Schenkung gilt (§ 1624).

Im Gegensatz zu der von *Planck/Greiff* § 2315 Anm. 3 a und *Staudinger/Ferid* 4
§ 2315 Rdn. 24 vertretenen Ansicht sind als Zuwendungen auch bloße Schenkungsversprechen anzusehen. *Planck/Greiff* gründet seine Ansicht darauf, daß der versprochene Gegenstand noch zum Nachlaß gehört und daher bei der Wertermittlung ohnehin zu berücksichtigen sei, so daß der Wert des Versprechens nicht nochmals dem Nachlaß hinzugerechnet werden könne. Demgegenüber ist zu beachten, daß das Schenkungsver-

sprechen bei der Ermittlung des Nachlaßwertes als Nachlaßverbindlichkeit zu berücksichtigen ist, so daß, um die dadurch bewirkte Wertminderung auszugleichen, das Versprechen als Zuwendung behandelt werden muß. Ebenso ist das Versprechen, eine nicht zum Nachlaß gehörige Sache zu schenken, als Zuwendung zu berücksichtigen, denn auf jeden Fall ist der Nachlaß mit einer Verbindlichkeit beschwert.

5 **IV. Rechtsgeschäft unter Lebenden**

Die Zuwendung mit der Bestimmung der Anrechnung muß durch Rechtsgeschäft unter Lebenden vermittelt sein. Danach ist ausgeschlossen, daß die Anrechnung auf den Pflichtteil wirksam durch Verfügung von Todes wegen angeordnet werden kann (RG **67** 307; JR **27** Nr. 1121). Im übrigen kommen Rechtsgeschäfte jeder Art, auch Verträge zugunsten Dritter in Frage (§ 328). Geschieht die Zuwendung ohne den Willen des Pflichtteilsberechtigten (z. B. durch Bezahlung seiner Schulden), so ist § 516 Abs. 2 entsprechend anwendbar.

6 **V. Bestimmung des Erblassers über die Anrechnung**

1. Bestimmung bei der Zuwendung

Die Zuwendung muß mit der Bestimmung geschehen, daß sie auf den Pflichtteil angerechnet werden soll. Die Bestimmung ist eine gegenüber dem Empfänger der Zuwendung abzugebende Willenserklärung, die diesem nicht bloß zugehen (§ 130), sondern auch zu seinem Bewußtsein gebracht werden muß. Mit dem sich hieraus ergebenden Erfordernis, daß die Umstände das Bewußtsein des Empfängers von der Anrechnungspflicht in ihrer Richtung auf den Pflichtteil außer Zweifel stellen müssen, kann die Bestimmung auch stillschweigend erklärt werden (RG SeuffArch. **76** Nr. 57).

7 In der Anordnung der Anrechnung auf den Erbteil ist sie nicht ohne weiteres enthalten; nur besondere Umstände können im Einzelfall zu der Annahme führen, daß eine solche Anordnung, über ihren nächstliegenden Sinn (§§ 2055, 2316 Abs. 1) hinausgehend, unmittelbar auf eine pflichtteilsrechtliche Wirkung abziele und daß dies dem Empfänger bewußt geworden sei (RG SeuffArch **76** Nr. 57; Recht **04** Nr. 1312; JW **25** 2124 Nr. 13).

Die Bestimmung setzt nicht notwendig voraus, daß der Erblasser von vornherein die Absicht hat, den Empfänger der Zuwendung auf den Pflichtteil zu setzen. Sie hat vielmehr auch dann Sinn und Berechtigung, wenn er sich dadurch nur diese Möglichkeit offenhalten will (RG Recht **21** Nr. 149). Bestimmung, Zuwendung und Rechtsgeschäft (Rdn. 5) werden regelmäßig zeitlich zusammentreffen („mit der Bestimmung"). Es genügt jedoch, wenn die Bestimmung der Zuwendung vorangeht, aber in Hinblick auf die bevorstehende Zuwendung getroffen wird.

8 **2. Bestimmung nach der Zuwendung**

Dagegen bindet die nachträgliche Bestimmung den Empfänger selbst dann nicht, wenn er sich (formlos) damit einverstanden erklärt hätte (RG SeuffArch. **76** Nr. 57). Hat der einzige Abkömmling A aus dem 300 betragenden Vermögen des Erblassers E eine mit Anrechnungspflicht nicht beschwerte Zuwendung von 100 erhalten und beträgt infolgedessen der Nachlaß des E nur noch 200, so gebührt ihm als Pflichtteil $1/2 = 100$. Er bekommt danach unter Lebenden und von Todes wegen zusammen 200. Soll er sich jedoch die vorempfangenen 100 auf den Pflichtteil anrechnen lassen, so beträgt der Pflichtteil nur $\frac{200 + 100}{2} - 100 = 50$. Er bekommt dann zusammen nur 150. Die (wie hier vorausgesetzt) nachträglich auferlegte und übernommene Anrechnungspflicht verkürzt deshalb unter allen Umständen den Pflichtteil des A und enthält somit einen Erbverzicht, der nach §§ 2346 Abs. 2, 2348 öffentlich beurkundet werden muß (RG **71** 136).

Der gleiche Erfolg tritt zwar auch dann ein, wenn die Anrechnungsbestimmung **9** sogleich mit der Zuwendung verbunden wird. Allein in diesem Falle ist die Bestimmung des Zuwendenden das Entscheidende. Die Zuwendung erhält damit eine besondere rechtliche Beschaffenheit, und nur so, wie sie beschaffen ist, also als auf den Pflichtteil anzurechnen, kann sie der Pflichtteilsberechtigte annehmen oder ablehnen. Sein Widerspruch gegen die Bestimmung wäre, wenn er trotzdem annimmt, unwirksam. Die Annahme in Unkenntnis der Bestimmung hätte Nichtigkeit der Zuwendung zur Folge und würde den Bereicherungsanspruch des Erblassers oder des Nachlasses aus § 812 entstehen lassen.

Im übrigen ist der Erblasser nicht gehindert, dem zum Erben eingesetzten **10** Pflichtteilsberechtigten die Anrechnung von Zuwendungen letztwillig zur Pflicht zu machen, soweit hierdurch nicht eine Schmälerung seines Pflichtteils eintritt (§§ 2050 Rdn. 14, 2306 Rdn. 6).

VI. Hinzurechnung (Abs. 2 Satz 1) **11**

Der Wert der Zuwendung erhöht, wiewohl nur rechnungsmäßig und nur im Verhältnis zu demjenigen Pflichtteilsberechtigten, welcher die Zuwendung empfangen hat, den nach § 2311 zugrunde zu legenden Wert des Gesamtnachlasses (anders bei § 2316, wo es sich um Berücksichtigung der Ausgleichungspflicht und im Falle des Abs. 4 zugleich um Anrechnung auf den Pflichtteil bei einer Mehrheit von pflichtteilsberechtigten Abkömmlingen handelt, vgl. auch §§ 2325, 2327). Die Erb- oder Pflichtteile anderer Beteiligter werden hiervon grundsätzlich nicht berührt.

Kommen verschiedene lediglich auf den Pflichtteil anzurechnende Zuwendun- **12** gen an verschiedene Pflichtteilsberechtigte in Frage, so ist der Berechnung eines jeden Pflichtteils auch ein verschiedener Gesamtbestand des Nachlasses zugrunde zu legen. Haben z. B. an derartigen Zuwendungen empfangen bei einem Nachlaßreinbestand von 2000 der überlebende Ehegatte E 200, der Abkömmling A 500, so ist der Pflichtteil des E von 2200, des A von 2500 fiktivem Nachlaßbestand zu berechnen. Dafür spricht auch die Entstehungsgeschichte des Gesetzes. Vgl. darüber *Planck/Greiff* § 2315 Anm. 6.

VII. Bestimmung des Wertes der Zuwendung (Abs. 2) **13**

1. Maßgebender Zeitpunkt

Für die Wertbestimmung ist die Zeit der Leistung, nicht wie in § 2311 des Erbfalls maßgebend. Spätere Veränderungen des Sachwerts und selbst der Untergang der zugewendeten Sache sind unbeachtlich.

2. Zuwendungen in der Inflationszeit. Einfluß der Geldentwertung **14**

Fällt eine anzurechnende Zuwendung in die Zeit vor der Inflation, der Erbfall in die Inflationszeit, so ist für die Frage, mit welchem Werte die Zuwendung anzurechnen ist, in erster Linie der in seinen Verfügungen von Todes wegen niedergelegte Wille des Erblassers maßgebend. Ist ein solcher Wille nicht feststellbar, so muß der Wert des Nachlasses gemäß § 2311 für die Zeit des Erbfalls in Papiermark geschätzt und der sich nach der Zuwendungszeit bestimmende Wert der Zuwendung, um die Zusammenrechnung der beiden Werte zu ermöglichen, für die Zeit des Erbfalls in Papiermark umgerechnet werden; die so in Papiermark errechnete Pflichtteilsforderung ist dann gemäß § 2317 Rdn. 9 aufzuwerten (RG JW **27** Nr. 1120).

Entsprechend ist auch der ständige Kaufkraftschwund der D-Mark zu berücksichtigen (s. auch *Medicus*, DB **74** 764). Es ist festzustellen, welchen Wert die Zuwendung zu der Zeit hatte, als sie gemacht wurde. Dann ist umzurechnen, welcher DM-Betrag diesem Wert im Zeitpunkt des Erbfalls entsprach. Dafür kann entsprechend den in BGH NJW **74** 137 enthaltenen Ausführungen auch hier von dem in dem statistischen Jahrbuch der Bundesrepublik Deutschland enthaltenen Preisindex für die Lebenshaltung in langjähriger Übersicht ausgegangen werden. Der für die Zeit der Zuwendung ermittelte D-Mark-Betrag ist mit dem für die Zeit des Erbfalls geltenden Index zu multiplizieren, und das Produkt ist durch den für die Zeit der Zuwendung geltenden Index zu dividieren. Das ergibt den Anrechnungswert, mit dem die Zuwendung dem Wert des Nachlasses zuzurechnen und dann auf den Pflichtteil anzurechnen ist.

15 **3. Bestimmung des Anrechnungswertes durch den Erblasser**

Hat der Erblasser bei der Anrechnungsbestimmung (Rdn. 6 ff) den anzurechnenden Wert festgesetzt, und zwar auf einen hinter dem wirklichen Werte zurückbleibenden Betrag, so ist diese Festsetzung maßgebend (soweit von der Geldentwertung betroffen, in dem für die Zeit des Erbfalls umzurechnenden Betrage). Sind dadurch andere Pflichtteilsberechtigte benachteiligt, so kann ihnen der Ergänzungsanspruch nach § 2325 zustehen.

Die Festsetzung eines zu hohen, den Empfänger im Pflichtteil benachteiligenden Wertes kann nur als Erbverzicht zur Geltung kommen (Rdn. 8).

16 **4. Einfluß der Währungsreform**

Schwierigkeiten können sich, wenn der Erbfall nach der Währungsreform eingetreten ist, bezüglich derjenigen Zuwendungen ergeben, die vor dem 21. Juni 1948 gemacht sind. Grundsätzlich ist der Wert der Zuwendung in der damals geltenden Reichsmarkwährung zu ermitteln. Der festgestellte Reichsmarkbetrag muß entsprechend dem in § 2 WährG enthaltenen Gedanken als DM-Betrag dem Nachlaß hinzugerechnet werden. Von dieser Summe ist der Pflichtteil zu berechnen, der dann wiederum um den in Deutsche Mark ausgedrückten Betrag der Zuwendung zu kürzen ist (BGH Urt. v. 19. 10. 1955 IV ZR 42/55).

Unbilligkeiten können sich ergeben, wenn nicht Sachwerte, sondern Reichsmarkbeträge zugewandt waren. In solchen Fällen wird notfalls im Wege der ergänzenden Testamentsauslegung festzustellen sein, ob die Zuwendung mit einem anderen als ihrem in Deutscher Mark ausgedrückten Nennbetrag anzurechnen ist.

17 **VIII. Anrechnungspflicht für nachrückende Abkömmlinge (Abs. 3)**

Die Anrechnungspflicht trifft auch den nachrückenden Abkömmling, der an Stelle des nächstberechtigten, aber weggefallenen Abkömmlings pflichtteilsberechtigt geworden ist. Jener muß sich auf seinen Pflichtteil die dem weggefallenen Abkömmling gemachten Zuwendungen anrechnen lassen. Die auf diese Weise von der Anrechnungspflicht Betroffenen können Geschwister oder Abkömmlinge des weggefallenen pflichtteilsberechtigten Abkömmlings sein.

18 Falls der anrechnungspflichtige Abkömmling vor dem Erblasser verstorben ist, muß der an seine Stelle tretende Abkömmling die jenem gemachten Zuwendungen sich ebenso anrechnen lassen wie dieser es müßte, wenn er den Erbfall erlebt hätte und pflichtteilsberechtigt geworden wäre. Es kommt nicht darauf an, ob er den Weggefallenen beerbt hat oder selbst in den Genuß der Zuwendung gelangt ist. Nichts Besonderes gilt, wenn der an die Stelle des Weggefallenen Tretende dessen Abkömmling ist. Ist er dagegen ein mit dem Weggefallenen in der Seitenlinie verwandter Abkömmling des Erblassers, so ist § 1935 entsprechend anzuwenden. Danach ist der ursprüngliche Pflichtteil, der sich ergeben würde, wenn der Vorgehende nicht weggefallen wäre, und der endgültige nach dem Wegfall sich ergebende Pflichtteil zu berechnen. Der ursprüngliche Pflichtteil muß dem Berechtigten verbleiben. Er wird durch die Anrechnung der dem Weggefallenen gemachten Zuwendungen nicht beeinträchtigt. Anderseits mindern Zuwendungen, die dem Pflichtteilsberechtigten selbst gemacht sind, nicht den Teil des Pflichtteils, den er durch den Wegfall des ihm Vorgehenden erhält.

Falls der vorgehende Abkömmling als Pflichtteilsberechtigter dadurch weggefallen ist, daß er durch letztwillige Verfügung von der Erbfolge ausgeschlossen und ihm dabei der Pflichtteil entzogen ist, daß er den Erbteil ausgeschlagen hat oder für erbunwürdig erklärt ist, ist Abs. 3 nur anwendbar, wenn an Stelle des Weggefallenen ein Abkömmling von ihm tritt. Die Geschwister des Weggefallenen brauchen sich die diesem gemachten Zuwendungen nicht auf ihren Pflichtteil anrechnen zu lassen, da dieser nach § 2310 durch den Wegfall des neben ihnen Pflichtteilsberechtigten in seiner Höhe überhaupt nicht berührt wird. 19

Abs. 3 ist nicht anzuwenden, wenn an die Stelle des weggefallenen Abkömmlings die Eltern des Erblassers pflichtteilsberechtigt werden. Aus § 2309 ist aber herzuleiten, daß die Zuwendungen praktisch auch auf ihren Pflichtteil anzurechnen sind (vgl. darüber unten Rdn. 23). 20

Was in den Anm. zu § 2051 von der Ausgleichungspflicht gesagt ist, gilt hier von der Anrechnungspflicht. 21

Die entsprechende Anwendung ist auch dann geboten, wenn ein Fremder als Erbe eingesetzt und der nachrückende Abkömmling der einzige in Betracht kommende Pflichtteilsberechtigte ist. Der Erblasser kann die Anwendung des § 2051 dadurch ausschließen, daß er die Anrechnung dem Empfänger der Zuwendung nur für seine Person zur Pflicht macht. Der Nachrückende ist hierfür beweispflichtig. 22

IX. Verhältnis zu § 2309. Nachrücken der Eltern des Erblassers 23

Zu beachten ist, daß der entferntere Abkömmling nach § 2309 Rdn. 5 ff insoweit nicht pflichtteilsberechtigt ist, als der vorgehende Berechtigte den Pflichtteil verlangen kann oder das ihm Hinterlassene annimmt. Nun kann zwar der Empfänger der anzurechnenden Zuwendung, soweit sie anzurechnen ist, den Pflichtteil „nicht verlangen". Aber doch nur deshalb nicht, wei er durch den Voremptang hierauf schon bei Lebzeiten abgefunden worden ist, ohne daß ihm die einmal empfangene Zuwendung wieder entzogen werden kann. Mit *Planck/Greiff* Anm. 8 b muß eine derartige Vorausgewährung dem Hinterlassenen gleichgestellt werden. Die Annahme der Zuwendung als „des Hinterlassenen" läßt es deshalb insoweit überhaupt nicht zum Nachrücken entfernterer Pflichtteilsberechtigter kommen. Soweit dennoch die Eltern des Erblassers nachrücken, z. B. wegen Erbunwürdigkeit des einzigen Abkömmlings, der durch anzurechnende Zuwendungen bereits teilweise auf den Pflichtteil abgefunden ist, haben sie praktisch die Anrechnungspflicht ebenfalls gegen sich gelten zu lassen. Zwar nicht auf Grund von § 2315 Abs. 3, der nur auf Abkömmlinge berechnet ist. Wohl aber auf Grund von § 2309, der ein Pflichtteilsrecht der Eltern nur insoweit entstehen läßt, als der weggefallene Abkömmling nicht schon unter Lebenden hierauf abgefunden war. Ist er schon vor dem Erblasser verstorben, so hat sich damit die Anrechnungspflicht überhaupt erledigt. Die Eltern können dann kraft eigenen Rechts ihren vollen Pflichtteil fordern (§ 2309 Rdn. 5).

24 **X. Anwendung für die §§ 2303, 2305—2307**

Nach der Absicht des Gesetzgebers soll im Falle der Anrechnung der nach § 2315 zu berechnende Pflichtteilsanspruch derjenige sein, der allein dem Pflichtteilsberechtigten zusteht. Nicht den in § 2303 Abs. 1 Satz 2 genannten normalen Pflichtteilsanspruch, sondern den sich aus § 2315 ergebenden wirklichen kann der Berechtigte gegen den Erben geltend machen.

25 Entsprechend muß auch in §§ 2305 und 2306 auf das Verhältnis des hinterlassenen Erbteils zu dem Wert des nach § 2315 zu berechnenden Pflichtteilsanspruchs abgestellt werden. Denn allein darauf kommt es an, ob und wie weit dieser Anspruch durch die Erbeinsetzung gedeckt ist. Der Berechtigte hat daher nach § 2305 nur insoweit einen Pflichtteilsrestanspruch, als der Wert des ihm Zugewandten den ihm nach § 2315 zustehenden wirklichen Pflichtteilsanspruch nicht deckt. Nur wenn der Wert des hinterlassenen Erbteils diesen Anspruch nicht übersteigt, fallen die auf dem Erbteil ruhenden Beschränkungen und Beschwerungen nach § 2306 Abs. 1 Satz 1 fort. Schlägt der Pflichtteilsberechtigte den ihm hinterlassenen Erbteil nach § 2306 Abs. 1 Satz 2 aus, dann kann er den ihm nach § 2315 zustehenden Pflichtteilsanspruch nur geltend machen, wenn der Wert des beschwerten Erbteils größer war als dieser Anspruch. Für § 2307 kommt es gleichfalls auf das Verhältnis des Wertes des Vermächtnisses zu dem sich nach § 2315 ergebenden Anspruch an.

26 **XI. Anrechnung auf Zugewinnausgleichsforderung und Pflichtteil des Ehegatten**

Falls ein Erblasser, der mit seinem Ehegatten im Güterstand der Zugewinngemeinschaft gelebt hat, bestimmt hat, eine von ihm gemachte Zuwendung solle nach § 1380 auf die Zugewinnausgleichsforderung und auch auf den Pflichtteil angerechnet werden, ist zu beachten, daß sie nicht doppelt angerechnet werden darf. Soweit der Wert der Zuwendung durch die Anrechnung auf die Ausgleichsforderung verbraucht ist, kann er nicht mehr auf den Pflichtteil angerechnet werden. Die Zugewinnausgleichsforderung beträgt die Hälfte des auszugleichenden Zugewinns (§ 1378 Abs. 1). Der Wert der Zuwendung muß, um die Ausgleichsforderung nach § 1380 durch eine Anrechnung in Fortfall zu bringen, mindestens so groß wie der auszugleichende Zugewinn sein. Eine Anrechnung auf den Pflichtteil ist daher nur insoweit möglich, als der Wert der Zuwendung den auszugleichenden Zugewinn übersteigt. Für die Berechnung der Zugewinnausgleichsforderung und des Pflichtteils sind für den Fall, daß der Ehegatte als gesetzlicher Erbe neben Abkömmlingen berufen wäre, folgende Formeln anzuwenden, wenn bezeichnet wird:

Auszugleichender Zugewinn des Erblassers . . .	Az
Ausgleichsforderung	Af
Reinnachlaß einschließlich des auszugleichenden Zugewinns vor Abzug der Ausgleichsforderung	Rn
Pflichtteil	Pf
Zuwendung	Zw
Belastung der Erben	Be
Gesamterwerb des Ehegatten	Ge

27 Bei Anrechnung nur auf die Ausgleichsforderung:

$$Af_1 = \frac{Az + Zw}{2} - Zw = \frac{Az - Zw}{2}$$

Eine Ausgleichsforderung besteht nicht mehr, wenn Zw gleich oder größer als Az ist. Sie ist dann durch die Zuwendung abgegolten. Falls Zw größer als Az ist, wird Af_1 negativ. Das ist bedeutsam, wenn die Zuwendung auch noch auf den Pflichtteil anzurechnen ist (vgl. Rdn. 29). Wenn sie nur auf die Ausgleichsforderung anzurechnen ist, kann diese im ungünstigsten Fall durch die Anrechnung entfallen. Der überlebende Ehegatte ist nicht verpflichtet, die empfangene Zuwendung ganz oder teilweise zurückzuzahlen.

Bei der Berechnung des Pflichtteils muß nach § 2311 von Rn noch die Ausgleichsforderung als Nachlaßverbindlichkeit abgerechnet werden. Dadurch, daß die Zuwendung auf die Ausgleichsforderung angerechnet wird, wird diese geringer, der Pflichtteil wird, da nur die tatsächlich von den Erben zu befriedigende Ausgleichsforderung von Rn abzuziehen ist, um $\frac{Zw}{16}$ größer sein, als er wäre, wenn der Erblasser die Anrechnung nicht angeordnet hätte. Demnach ist

$$\begin{aligned} Pf_1 &= \frac{1}{8}\left(Rn - \frac{Az - Zw}{2}\right) \\ &= \frac{1}{8}\left(Rn + \frac{Zw - Az}{2}\right) \\ Be_1 &= Af_1 + Pf_1 \\ Ge_1 &= Af_1 + Pf_1 + Zw. \end{aligned}$$

Bei Anrechnung nur auf den Pflichtteil: 28

$$\begin{aligned} Af_2 &= \frac{Az}{2} \\ Pf_2 &= \frac{1}{8}\left(Rn + Zw - \frac{Az}{2}\right) - Zw \\ Be_2 &= Af_2 + Pf_2 \\ Ge_2 & \quad Af_2 + Pf_2 + Zw. \end{aligned}$$

Bei Anrechnung auf Ausgleichsforderung und Pflichtteil: 29

In diesem Fall darf die Zuwendung (Zw) nicht zweimal abgezogen werden, sondern insgesamt nur einmal. Be_3 ist die Summe von Af_1 und Pf_1. Von dieser Summe ist Zw nicht mehr abzuziehen, da dieser Wert bereits in der Formel für Af_1 abgezogen ist. Sofern Zw größer ist als Az, ergibt sich für Af_1 ein negativer Wert, der auf Pf_1 anzurechnen ist. An sich wäre von der Formel für Pf_2 auszugehen; jedoch darf bei dieser Formel in der Klammer nicht Zw, sondern nur $\frac{Zw}{2}$ hinzugerechnet werden, da $\frac{Zw}{2}$ für den überlebenden Ehegatten bereits als auszugleichender Zugewinn in

Rechnung gestellt worden ist, so daß hiervon nicht nochmals die Pflichtteilsquote beansprucht werden kann. Dann entspricht der Minuend der Formel für Pf_2 der Formel für Pf_1. Demnach beträgt

$$Be_3 = \frac{Az - Zw}{2} + \frac{1}{8}\left(Rn + \frac{Zw - Az}{2}\right)$$
$$Ge_3 = Be_3 + Zw.$$

30 Die Bestimmung des Erblassers über die Anrechnung auf Ausgleichsforderung und Zuwendung bezweckt, den Ehegatten, soweit es die Größe der Zuwendung erlaubt, wirtschaftlich nicht besser zu stellen, als er stehen würde, wenn die Zuwendung nicht gemacht, sondern als auszugleichender Zugewinn im Nachlaß verblieben wäre. Dieses Ergebnis kann nur erreicht werden, wenn die Zuwendung nicht größer gewesen ist als Ausgleichsforderung und Pflichtteil sein würden, wenn sie nicht gemacht wäre, sondern als auszugleichender Zugewinn im Nachlaß verblieben wäre.

In diesem Fall wäre

$$Af_4 = \frac{Az + Zw}{2}$$
$$Pf_4 = \frac{1}{8}\left(Rn + Zw - \frac{Az + Zw}{2}\right) = \frac{1}{8}\left(Rn + \frac{Zw - Az}{2}\right)$$
$$Ge_4 = Af_4 + Pf_4$$

Es muß also sein

$$Ge_3 = Ge_4$$
$$\frac{Az - Zw}{2} + \frac{1}{8}\left(Rn + \frac{Zw - Az}{2}\right) + Zw = \frac{Az + Zw}{2} + \frac{1}{8}\left(Rn + \frac{Zw - Az}{2}\right)$$
$$0 = 0.$$

31 Entsprechende Formeln gelten, wenn der Ehegatte gesetzlicher Erbe neben Verwandter der zweiten Ordnung wäre, nur ist dann der Divisor für Pf nicht -1/8, sondern -1/4.

32 Wenn der Erblasser die Anrechnung der Zuwendung auf Pflichtteil und Ausgleichsforderung angeordnet hat, ist es praktisch, zunächst Ausgleichsforderung und Pflichtteil für den Fall auszurechnen, daß die Zuwendung noch als auszugleichender Zugewinn im Nachlaß verblieben wäre, also Af_4 und Pf_4 nach den oben Rdn. 30 mitgeteilten Formeln. Ist die Zuwendung gleich oder größer als die Summe dieser Beträge, dann ist der Ehegatte durch die Zuwendung voll abgefunden. Ihm steht keine Ausgleichsforderung und kein Pflichtteil mehr zu.

33 Nur wenn die Zuwendung geringer ist, dann ist es notwendig, Be_3 nach der Formel Rdn. 29 auszurechnen. Nur dann ergibt sich für Be_3 ein positiver Wert, den der Ehegatte noch als Ausgleichsforderung und Pflichtteil zu beanspruchen hat.

Falls die Pflichtteilslast nach §§ 2320, 2321 ein einzelner Miterbe oder ein Vermächtnisnehmer ganz oder zum Teil zu tragen hat, ist es notwendig, die Höhe von Pflichtteil und Ausgleichsforderung gesondert zu berechnen. In diesem Fall muß die Zuwendung in der Reihenfolge auf Ausgleichsforderung und Pflichtteil angerechnet werden, die der Erblasser bestimmt hat. 34

Hat der Erblasser bestimmt, daß die Zuwendung zunächst auf die Ausgleichsforderung anzurechnen sei, ist eine Anrechnung auf den Pflichtteil nicht möglich, wenn die Zuwendung gleich oder kleiner als Az ist. Sie wird dann bereits verbraucht, um die Ausgleichsforderung abzudecken. Ausgleichsforderung und Pflichtteil sind in diesem Falle nach den Formeln Rdn. 27 zu berechnen. 35

Ist Zw größer als Az, dann ist die Ausgleichsforderung durch die Anrechnung abgedeckt, und der Betrag, der gemäß Rdn. 29 nach der Formel für Be_3 zu berechnen ist, ist die Höhe des noch geschuldeten Pflichtteils. 36

Hat der Erblasser bestimmt, daß die Zuwendung zunächst auf den Pflichtteil und dann erst auf die Ausgleichsforderung anzurechnen sei, dann ist eine Anrechnung auf die Ausgleichsforderung nicht möglich, wenn Zw gleich oder kleiner als 37

$$\frac{1}{8}\left(Rn + \frac{Zw - Az}{2}\right)$$

ist, da sie dann bereits verbraucht wird, um den Pflichtteil abzudecken. In diesem Fall sind Ausgleichsforderung und Pflichtteil nach den Rdn. 28 mitgeteilten Formeln zu berechnen.

Ist die Zuwendung größer als 38

$$\frac{1}{8}\left(Rn + \frac{Zw - Az}{2}\right)$$

dann ist der Pflichtteil durch die Anrechnung abgedeckt, und der Betrag, der gemäß Rdn. 29 nach der Formel für Be_3 zu berechnen ist, ist die Höhe der noch geschuldeten Ausgleichsforderung.

Wenn der Erblasser die Reihenfolge der Anrechnung nicht bestimmt hat und die Zuwendung geringer ist als die Summe von Af_4 und Pf_4 (Rdn. 30), dann muß der Betrag, der gemäß Rdn. 29 nach der Formel für Be_3 zu berechnen ist, im Verhältnis von Af_4 zu Pf_4 auf Ausgleichsforderung und Pflichtteil verteilt werden. 39

§ 2316

Der Pflichtteil eines Abkömmlings bestimmt sich, wenn mehrere Abkömmlinge vorhanden sind und unter ihnen im Falle der gesetzlichen Erbfolge eine Zuwendung des Erblassers oder Leistungen der in § 2057a bezeichneten Art zur Ausgleichung zu bringen sein würden, nach demjenigen, was auf den gesetzlichen Erbteil unter Berücksichtigung der Ausgleichungspflichten bei der Teilung entfallen würde. Ein Abkömmling, der durch Erbverzicht von der gesetzlichen Erbfolge ausgeschlossen ist, bleibt bei der Berechnung außer Betracht.

Ist der Pflichtteilsberechtigte Erbe und beträgt der Pflichtteil nach Abs. 1 mehr als der Wert des hinterlassenen Erbteils, so kann der Pflichtteilsberechtigte von den Miterben den Mehrbetrag als Pflichtteil verlangen, auch wenn der hinterlassene Erbteil die Hälfte des gesetzlichen Erbteils erreicht oder übersteigt.

Eine Zuwendung der im § 2050 Abs. 1 bezeichneten Art kann der Erblasser nicht zum Nachteil eines Pflichtteilsberechtigten von der Berücksichtigung ausschließen.

Ist eine nach Abs. 1 zu berücksichtigende Zuwendung zugleich nach § 2315 auf den Pflichtteil anzurechnen, so kommt sie auf diesen nur mit der Hälfte des Wertes zur Anrechnung.

E I 1989 Abs. 1 Nr. 3, Abs. 4, 1990 Abs. 2 II 2181; M **5** 410—416; P **5** 521—525, 892; **6** 102, 103, 320, 351; KB 323 ff.

Ausgleichungspflicht

Übersicht

1 **I. Voraussetzungen des Abs. 1**

Es handelt sich um die Berechnung des Pflichtteils eines Abkömmlings neben einem oder mehreren Abkömmlingen, nicht wie in § 2315 (dort Rdn. 1) des Pflichtteilsberechtigten schlechthin, und zwar um die nähere Bestimmung des nach § 2303 Rdn. 17 hierfür maßgebenden gesetzlichen Erbteils. Die anderen — näheren oder entfernteren — Abkömmlinge (§ 2309) müssen vorhanden sein, d. h. zur Zeit des Erbfalls gelebt haben. Ob sie, allein oder neben Fremden, Erben oder Pflichtteilsberechtigte geworden sind, ist gleichgültig, wofern sie nur gemäß § 2310 „mitgezählt werden". Nur der Verzichtende und der Erbunfähige bleiben außer Betracht (Rdn. 9). Pflichtteilsberechtigter Abkömmling des Vaters sind auch dessen nichteheliche Kinder, gleich ob sie das volle Erbrecht oder nur einen Erbersatzanspruch haben (§ 2338 a Satz 2). Sie werden bei der Ausgleichung, der Berechnung des Pflichtteils und der Anrechnung auf diesen ebenso wie andere Abkömmlinge behandelt.

2 **II. Ausgleichungspflicht**

Die Bestimmungen über die Pflicht zur Ausgleichung von Zuwendungen im Falle der gesetzlichen Erbfolge sind in den §§ 2050 ff enthalten. Der Erbe, der durch die Zuwendung mehr erhalten hat, als ihm bei der Auseinandersetzung zukommen würde, braucht weder den Mehrbetrag herauszuzahlen (§ 2056) noch den Pflichtteil zu zahlen, wenn die Zuwendung das einzige, rechnungsmäßige Aktivum des Nachlasses ist. Er könnte gegebenenfalls nur mit dem Pflichtteilsergänzungsanspruch aus §§ 2325 ff belangt werden (RG 77 282).

3 **III. Auskunftspflicht**

In entsprechender Anwendung des § 2057 ist der Erbe zur Auskunft über auszugleichende Zuwendungen auch dann verpflichtet, wenn ihm der Pflichtteilsberechtigte nicht als Miterbe, sondern nur als Pflichtteilsgläubiger gegenübersteht (BGH **33** 379; Urt. v. 24. 9. 1953 IV ZR 37/53; s. dazu § 2314 Rdn. 8). Diese Auskunft hat sich auf eine Ausstattung zu erstrecken, deren Ausgleichung ihm zum Nachteil des Pflichtteilsberechtigten (Abs. 3) vom Erblasser erlassen worden ist (RG WarnRspr. **1912** Nr. 173).

IV. Berechnung des Pflichtteils 4

1. Hinzurechnung des Werts der Zuwendungen

Auch wenn es nicht zur gesetzlichen Erbfolge und damit zur Durchführung der Ausgleichung kommt, wird doch die Ausgleichungspflicht rechnungsmäßig berücksichtigt. Die Hälfte des auf dieser Grundlage ermittelten gesetzlichen Erbteils bildet den Pflichtteil. Dabei ist festzuhalten, daß die Ausgleichung nur unter den Abkömmlingen und nur innerhalb des auf sie entfallenden Nachlaßanteils stattfindet.

Dem Wert des Nachlasses, der den Abkömmlingen einschließlich derjenigen zu- 5
kommen würde, die gemäß § 2310 bei der Berechnung des Pflichtteils mitzuzählen sind, sind die Werte sämtlicher Zuwendungen, die bei der gesetzlichen Erbfolge auszugleichen wären, hinzuzurechnen (§ 2055 Abs. 1 Satz 2). Falls bei der gesetzlichen Erbfolge nur Abkömmlinge Erben würden, wäre der Wert der Zuwendungen zu dem Wert des Gesamtnachlasses hinzuzurechnen.

Nach § 2057 a besteht eine besondere Ausgleichspflicht, wenn ein Abkömmling durch Mitarbeit im Haushalt, Beruf oder Geschäft des Erblassers während längerer Zeit, durch erhebliche Geldleistungen oder in anderer Weise in besonderem Maße dazu beigetragen hat, daß das Vermögen des Erblassers erhalten oder vermehrt wurde. Dasselbe gilt, wenn ein Abkömmling den Erblasser unter Verzicht auf eigenes berufliches Einkommen längere Zeit gepflegt hat. In diesen Fällen ist ein Ausgleichungsbetrag festzusetzen. Die Ausgleichung wird in der Weise vorgenommen, daß dieser Betrag von dem Wert des Nachlasses, der auf die Abkömmlinge entfällt (s. unten Rdn. 6), abgezogen wird. Nach diesem so verminderten Nachlaß berechnet sich der Wert der Anteile der Abkömmlinge. Dem Teil, der auf den ausgleichsberechtigten Abkömmling entfällt, wird der Ausgleichsbetrag hinzugerechnet. Die Hälfte dieser Summe ist dessen Pflichtteil. Eine Anrechnung auf den Pflichtteil nach Absatz 4 kann in diesen Fällen nicht in Betracht kommen, da der nach § 2057 a begünstigte Abkömmling nichts empfangen hat, was angerechnet werden könnte. *Beispiel:* Wert des Nachlasses 20 000 DM. Gesetzliche Erben sind die Ehefrau zu 1/2 und 4 Kinder A, B, C und D zu je 1/8. D hat für den Erblasser Leistungen erbracht, für die ein Ausgleichungsbetrag von 2000 DM anzusetzen sind. Für die Berechnung des Erbteils der Abkömmlinge ist von einem Nachlaß von 10 000 DM — 2000 DM = 8000 DM auszugehen. Der Erbteil der überlebenden Ehefrau beträgt 10 000 DM, der von A, B und C je 2000 DM. D erhält 2000 DM + 2000 DM (Ausgleichsbetrag) = 4000 DM. Sein Pflichtteil beträgt 2000 DM.

Falls neben den Abkömmlingen auch der überlebende Ehegatte des Erblassers 6
zur gesetzlichen Erbfolge gelangen würde, wäre der Wert der Zuwendungen, da der Erbteil des Ehegatten 1/4 oder nach § 1371 1/2, nach § 1931 Abs. 4 eventuell auch 1/3 beträgt, nur dem Werte von 3/4 oder 1/2 oder 2/3 des Nachlasses hinzuzurechnen. Erb- und Pflichtteil des überlebenden Ehegatten werden sonach durch die Bestimmungen des § 2316 nicht beeinflußt.

Beispiel: Der Wert des Nachlasses beträgt 2 000 DM. Gesetzliche Erben sind die überlebende Ehefrau E zu 1/4 (da Gütertrennung und § 1371 Abs. 1 nicht zutrifft) und die Abkömmlinge A, B und C gleichfalls zu je 1/4. A hat eine auszugleichende Zuwendung in Höhe von 1 250 DM, C eine solche in Höhe von 250 DM erhalten. Der gesetzliche Erbteil der Ehefrau beträgt dann 500 DM, ihr Pflichtteil 250 DM. Der gesetzliche

Erbteil der Abkömmlinge beträgt (1500 + 1250 + 250) : 3 = 1000 DM. Da A bereits mehr als diesen Betrag, nämlich 1250 DM auszugleichende Zuwendung empfangen hat, greift § 2056 durch (RG WarnRspr **1913** Nr. 252). A ist abgefunden. Er hat weder Erb- noch Pflichtteilsansprüche. Der gesetzliche Erbteil von B und C beläuft sich auf (1500 + 250) : 2 = 875 DM. B erhält diesen Betrag. C muß sich darauf 250 DM anrechnen lassen und erhält 625 DM. Entsprechend beträgt der Pflichtteilsanspruch des B 437,50 DM und der des C 312,50 DM.

7 **2. Bewertung der Zuwendungen**

Sind bei einem während der Inflationszeit erfolgten Erbfall Zuwendungen aus der Zeit vor der Inflation zu berücksichtigen, so gilt für die Wertberechnung Entsprechendes wie nach § 2315 Rdn. 14 (RG JR **27** Nr. 1120). Der Kaufkraftschwund ist hier ebenso wie bei § 2315 zu berücksichtigen. Dazu siehe § 2315 Rdn. 14.

8 Maßgebend für die Bemessung des Wertes der Zuwendung ist nach § 2055 Abs. 2 die Zeit, zu der die Zuwendung erfolgte. Bei Erbfällen, die nach dem Stichtag der Währungsreform eingetreten sind, gilt für die Berücksichtigung von Zuwendungen, die vor dem Stichtag der Währungsreform gemacht sind, das in § 2315 Rdn. 16 Ausgeführte (BGH Urt. v. 19. 10. 1955 IV ZR 42/55).

9 **V. Erbverzicht (Abs. 1 Satz 2)**

Im Falle des Erbverzichts wird der Verzichtende nach § 2310 Rdn. 5 nicht mitgezählt, wenn sich der Verzicht auf das gesetzliche Erbrecht erstreckte. In diesem Falle kommt eine Hinzurechnung der ihm gemachten Zuwendungen zum Nachlaß ebensowenig in Frage, wie wenn er vor dem Erblasser gestorben wäre. Dasselbe gilt von den Abkömmlingen des Verzichtenden, wenn der Verzicht nach § 2349 auch für sie wirksam ist. War er dagegen auf die Person des Verzichtenden beschränkt, so sind die nachrükkenden Abkömmlinge gemäß § 2051 Rdn. 2 an seiner Stelle zur Ausgleichung verpflichtet. Auf dieser Grundlage ist mithin auch ihr Pflichtteil zu berechnen.

10 Hatte der Verzicht nur den Pflichtteil zum Gegenstande (§ 2346 Rdn. 18), so wird der Verzichtende mitgezählt (§ 2310 Rdn. 5). Kommt auch sein eigener Pflichtteil nicht mehr in Betracht, so ist doch derjenige der übrigen Abkömmlinge nach Ausgleichungsgrundsätzen (Rdn. 4—8), und zwar unter Einbeziehung des Verzichtenden zu berechnen. Rücken infolge des Pflichtteilsverzichts entferntere oder gleich nahe Abkömmlinge nach, so berechnet sich ihr Pflichtteil ebenfalls auf Grund des § 2051 (vgl. das. Rdn. 2).

11 **VI. Pflichtteil des überlebenden Ehegatten**

Die Berechnung des Pflichtteils des überlebenden Ehegatten wird, wenn er neben Abkömmlingen als Pflichtteilsberechtigter in Betracht kommt, wie bereits in Rdn. 6 ausgeführt, durch § 2316 nicht berührt. Die den Abkömmlingen gemachten Schenkungen sind aber nach § 2325 auch für den Pflichtteil des überlebenden Ehegatten bedeutsam, da sich für ihn ein Anspruch auf Pflichtteilsergänzung ergeben kann.

12 **VII. Verhältnis des § 2316 zu § 2309**

Ergibt die nach § 2316 durchzuführende Berechnung, daß ein Abkömmling wegen der ihm gemachten auszugleichenden Zuwendungen keinen Pflichtteil mehr fordern kann, dann werden dadurch auch dessen entferntere Abkömmlinge nicht pflichtteilsberechtigt. Vielmehr ist der Abkömmling, der die Zuwendung empfangen hat, rechtlich so zu behandeln, wie nach § 2309 ein Abkömmling, der das ihm Hinterlassene angenommen hat (ebenso *Planck/Greiff* § 2316 Anm. 5).

Aus § 2309 und auch aus § 2051 Abs. 1 ergibt sich weiter, daß einem Abkömm- **13**
ling, der an Stelle eines weggefallenen Abkömmlings pflichtteilsberechtigt geworden ist, nur der für den Weggefallenen nach § 2316 zu errechnende Pflichtteilsbetrag zusteht.

Ist an die Stelle des Weggefallenen ein Abkömmling des Erblassers getreten, **14**
der nur Seitenverwandter des Weggefallenen ist, dann führt der Wegfall zu einer Erhöhung des Pflichtteils des nunmehr Pflichtteilsberechtigten. § 1935 ist in diesem Fall entsprechend anzuwenden. Dem an die Stelle des Weggefallenen getretenen Abkömmling muß trotz der ihn treffenden Ausgleichspflicht des Weggefallenen ein Pflichtteil in der Höhe verbleiben, wie er ihm ohne die durch Wegfall eingetretene Veränderung zustehen würde (vgl. § 2315 Rdn. 18).

VIII. Mehrbetrag des Pflichtteils (Abs. 2) **15**

Die Hinzurechnung der Vorempfänge erhöht rechnungsmäßig den Bestand des Nachlaßanteils der Abkömmlinge und kann, verglichen mit dem reinen Nachlaß, auf Kosten des Erben als des Pflichtteilsschuldners zu einer Vergrößerung des einen oder des anderen Pflichtteils führen. Diese Vergrößerung soll dem Pflichtteilsberechtigten auch dann zustatten kommen, wenn er selbst als Erbe eingesetzt ist. In diesem Falle könnte er nach dem Wortlaute des § 2305 mit dem Pflichtteilsanspruche Vervollständigung des zu niedrig bemessenen Pflichtteils nur nach dem Reinbestand des Nachlasses fordern. Und auch dieser Anspruch wäre ausgeschlossen, wenn er auf einen Bruchteil des (reinen) Nachlasses eingesetzt ist, der der Hälfte seines gesetzlichen Erbteils gleichkommt oder sie übersteigt. Abs. 2 sichert dem Pflichtteilserben in beiden Fällen das Recht, seinem Anspruch auf Vervollständigung die in Abs. 1 angeordnete fiktive Wertberechnung zugrunde zu legen. So könnte, wenn in dem Beispiel Rdn. 6 von den drei auf je $1/8$ pflichtteilsberechtigten Abkömmlingen B auf $1/5$ (also genügend hoch), C auf $1/20$ (also zu niedrig) eingesetzt wäre, bei einem Reinbestande von 2000 der mit 400 Erbteil bedachte B überhaupt nichts, der mit 100 bedachte C nur den Unterschied zwischen $1/20$ und $1/8 = 3/40$ oder 150 zur Vervollständigung fordern. Nach Ausgleichungsgrundsätzen kann aber B zu 400 noch $37^1/_2 = 437^1/_2$, C zu 100 noch $212^1/_2 = 312^1/_2$ verlangen (Rdn. 6).

IX. Ausgleich von Ausstattungen (Abs. 3) **16**

Die Bezugnahme auf § 2050 Abs. 1 schließt zugleich den nur als Ergänzung hierzu dienenden Abs. 2 in sich. Der Erblasser kann einem Abkömmling, den er mit einer Ausstattung (§ 2050 Abs. 1) oder solchen Zuschüssen oder Aufwendungen für die Vorbildung bedacht hat, welche das seinen Vermögensverhältnissen entsprechende Maß übersteigen (§ 2050 Abs. 2), die Ausgleichungspflicht sogleich bei der Zuwendung oder nachträglich durch Verfügung von Todes wegen (§ 2050 Rdn. 8) erlassen. Der Erlaß ist jedoch unwirksam, soweit er anderen Pflichtteilsberechtigten zum Nachteil gereicht. Diese Unwirksamkeit folgt schon aus allgemeinen Grundsätzen, wonach die Bevorzugung eines Abkömmlings in dem Pflichtteilsrecht der übrigen ihre Grenze findet (Prot. 5 892). Die in § 2050 Abs. 1 aufgeführten Zuwendungen sind also bei der Berechnung des Pflichtteils eines Abkömmlings nach § 2316 stets dem Werte des Nachlasses hinzuzuzählen, also auch dann, wenn der Erblasser angeordnet hat, ihre Ausgleichung solle nicht erfolgen. Ob sie weiter auch auf den Pflichtteil anzurechnen sind, hängt davon ab, ob der Erblasser nach § 2315 eine dahingehende Bestimmung getroffen hat.

17 **X. Verzicht auf die aus der Ausgleichung erwachsenen Rechte**

Haben die übrigen Abkömmlinge dadurch, daß der Erblasser bei der Zuwendung die Ausgleichung angeordnet hat (§ 2050 Abs. 3), einmal das Recht erlangt, Ausgleichung zu fordern und damit ihren Pflichtteil entsprechend zu erhöhen, so können sie sich dieses Rechtes nur in der Form des Erbverzichts (§ 2346 Abs. 2) begeben. Soweit es sich bei den unter Erlassung der Ausgleichungspflicht gemachten Zuwendungen um Schenkungen handelt, ist auch der Pflichtteilsergänzungsanspruch nach §§ 2325 ff gegeben.

18 **XI. Nachträgliche Anordnung der Ausgleichung**

Darüber, daß umgekehrt zum Nachteil des betreffenden Pflichtteilsberechtigten ihm die Ausgleichungspflicht nicht nachträglich auferlegt werden kann, es sei denn, daß er sich durch Erbverzichtsvertrag hiermit einverstanden erklärt hat, vgl. RG **67** 309; **71** 135; SeuffArch. **76** Nr. 57

19 **XII. Zusammentreffen von Ausgleichungspflicht und Anrechnungspflicht (Abs. 4)**

1. Allgemeiner Grundsatz

Abs. 4 regelt den Fall, daß die Ausgleichungspflicht nach Abs. 1 und die Anrechnungspflicht nach § 2315 zusammentreffen, daß der Pflichtteil infolge einer auszugleichenden Zuwendung nach § 2316 Abs. 1 berechnet worden ist und daß der Erblasser bestimmt hat, die Zuwendung solle auf den Pflichtteil angerechnet werden. Durch Halbierung des nach Ausgleichungsgrundsätzen ermittelten gesetzlichen Erbteils (Beispiel Rdn. 6) ist dem Pflichtteilsberechtigten die eine Werthälfte der Zuwendung bereits auf den Pflichtteil angerechnet. Es versteht sich deshalb von selbst und wird durch Abs. 4 nur klargestellt, daß für nochmalige Anrechnung derselben Zuwendung auf den Pflichtteil nur die andere Hälfte übrigbleibt. Die durchgeführte Anrechnung ergibt mithin, da eine Herauszahlung niemals in Frage kommen kann (§ 2315 Rdn. 2), in dem Beispiel Rdn. 6 für A 0 — 625 = 0, für B 437 1/2 — 0 = 437 1/2, für C 312 1/2 — 125 = 187 1/2 als endgültigen Pflichtteil.

20 **2. Zusammentreffen von pflichtteilsberechtigten Abkömmlingen mit dem Ehegatten des Erblassers**

a) Ausgleichung und Anrechnung allein unter den Abkömmlingen. Diese Berechnungsweise ist auch festzuhalten, wenn, wie in unserm Beispiel (Rdn. 6), auf einen Nachlaß von 2000 sowohl Abkömmlinge als der überlebende Ehegatte E pflichtteilsberechtigt sind. Zwar sind die Zuwendungen, die auf den Pflichtteil anzurechnen sind, nach der Regel des § 2315 Rdn. 11, 12 dem Gesamtnachlaß (2000) hinzuzurechnen, während dieselben Zuwendungen in ihrer Eigenschaft als Ausgleichungsposten gemäß § 2055 Rdn. 3 nur zu der auf die Abkömmlinge entfallenden Sondermasse (1500) hinzutreten. Eine Lösung dieses vom Gesetz nicht beachteten Widerspruchs ist unmöglich. Man wird sich deshalb entweder für die eine oder andere Berechnungsweise zu entscheiden haben. Diese Entscheidung kann, da das Gesetz eine Ausgleichung unter anderen Erben als Abkömmlingen schlechterdings nicht kennt (§§ 2050 ff, 2055), nur dahin gehen, daß die auszugleichende Zuwendung auch insoweit, als sie zugleich auf den Pflichtteil anzurechnen ist, immer nur der Sondererbmasse der Abkömmlinge hinzugerechnet werden darf.

b) Nebeneinander von Ausgleichsposten und nur auf den Pflichtteil anzurechnenden Zuwendungen 21

Anders ist es, wenn es sich nebeneinander um Ausgleichungsposten im Sinne von § 2050 und um Zuwendungen handelt, die lediglich auf den Pflichtteil anzurechnen sind (§ 2315 Abs. 1). In diesem Fall besteht kein Hindernis, die letzteren dem Gesamtnachlaß hinzuzählen, von dem so ermittelten Bestande die Sondererbmasse der Abkömmlinge abzuzweigen, dieser die reinen Ausgleichungsposten hinzuzufügen, danach für beide Gruppen gesondert die gesetzlichen Erbteile, die Pflichtteile und die hierauf anzurechnenden Vorempfänge einzustellen und hiernach den endgültigen Pflichtteil zu bestimmen.

Beispiel:

Der Reinnachlaß beträgt 2000 DM.

Es bedeutet:

A Z = auszugleichende Zuwendungen

P Z = nur auf den Pflichtteil anzurechnende Zuwendungen

A P Z = auszugleichende und auf den Pflichtteil anzurechnende Zuwendungen

Es haben erhalten:

Der überlebende Ehegatte E: 200 P Z, die drei Abkömmlinge A: 1250 A Z + 300 PZ, B: 450 PZ und C: 250 A PZ + 50 PZ.

Für jeden einzelnen Beteiligten beläuft sich der für ihn in Betracht kommende rechnungsmäßige Gesamtbestand des Nachlasses auf den Reinnachlaß von 2000 DM zuzüglich der ihm gemachten nur auf den Pflichtteil anzurechnenden Zuwendungen P Z (vgl. § 2315 Rdn. 11, 12). Er beträgt mithin für

E 2000 + 200 = 2200
A 2000 + 300 = 2300
B 2000 + 450 = 2450
C 2000 + 50 = 2050

Hiervon kommen 3/4 (im Falle des § 1371 Abs. 1 1/2) als Sondermasse der drei Abkömmlinge für die nur unter ihnen vorzunehmende Ausgleichung in Betracht. Diese Quote ist für jeden Abkömmling von dem für ihn maßgebenden, soeben ermittelten Gesamtbestand des Nachlasses zu berechnen. Die Sondermasse der Abkömmlinge ist sonach einzusetzen für A mit 1725, für B mit 1837,50 und für C mit 1537,50. Jeder dieser drei Sondermassen sind wiederum die allen Abkömmlingen gemachten, bloß auszugleichenden Zuwendungen (A Z) und ebenso auch die sowohl auszugleichenden als auch auf den Pflichtteil anzurechnenden Zuwendungen (A P Z) hinzuzurechnen.

Danach bestimmt sich z. B. der gesetzliche Erbteil des C auf 1/3 von 1537,50 + 1250 (A Z des A) + 250 (A P Z des C) = 3037,50 : 3 = 1012,50. Hiervon ist die dem C gemachte auszugleichende und auf den Pflichtteil anzurechnende Zuwendung von 250 (A P Z) abzuziehen. Somit ergibt sich ein gesetzlicher Erbteil des C von 762,50 DM.

Der Pflichtteil des C beläuft sich auf die Hälfte des eben errechneten Betrages = 381,25 abzüglich der noch auf seinen Pflichtteil anzurechnenden Beträge. Das sind die Hälfte der gemachten auszugleichenden und auf den Pflichtteil anzurechnenden Zuwendungen (§ 2316 Abs. 4, dazu Rdn. 4) und die ihm gemachte, auf den Pflichtteil anzurechnende Zuwendung, somit $381{,}25 - \left[\frac{250}{2}\,(\text{A P Z}) + 50\,(\text{P Z})\right] = 206{,}25$.

3. Besonderheiten. Auskunft 22

Handelt es sich nur um auszugleichende und zugleich anzurechnende Zuwendungen (zap) und kommen bloß Abkömmlinge in Frage, so ist rechnerisch das Ergebnis dasselbe, wenn man den Pflichtteil sogleich von dem um die Hinzurechnungen vermehrten Nachlaß berechnet und hiervon die betreffende Zuwendung in voller Höhe absetzt. Vielfach abweichende Berechnungsmethoden, s. bei *Planck/Greiff* Anm. 8 a und b, auch *Maenner*, Recht **21** 145.

Auskunftspflicht der Beteiligten in entsprechender Anwendung des § 2057 (oben Rdn. 3). Zuwendungen aus dem Gesamtgute § 2331.

§ 2317

Der Anspruch auf den Pflichtteil entsteht mit dem Erbfalle.
Der Anspruch ist vererblich und übertragbar.

E I 1992 II 2182; M **5** 417—419; P **5** 525—527.

Pflichtteilsanspruch

Übersicht

1 **I. Rechtsnatur des Anspruchs**

1. Nachlaßverbindlichkeit

Der Pflichtteilsanspruch (vgl. Rdn. 7 vor § 2303) erwächst aus dem Pflichtteilsrecht (Rdn. 6 vor § 2303, unten Rdn. 21; BGH **28** 177). Er begründet eine Nachlaßverbindlichkeit (§ 1967 Rdn. 17). Der Erbe (§ 2303 Rdn. 14) haftet dafür nach allgemeinen Grundsätzen. Vom Pflichtteil kann begriffsmäßig nicht die Rede sein, wenn der Nachlaß von vornherein überschuldet ist.

2 Der Anspruch folgt im Range erst hinter den sonstigen Nachlaßverbindlichkeiten, jedoch vor Vermächtnissen und Auflagen (§§ 1973 Rdn. 12, 1974 Rdn. 12—14, 1991 Rdn. 9, 10). Er wird durch das Aufgebot nicht betroffen (§ 1972, s. aber § 2060 Rdn. 8) und kann nur gegen den Erben oder den Miterben (§ 2305 Rdn. 9), nicht gegen den Testamentsvollstrecker geltend gemacht werden (§ 2213 Rdn. 9, aber auch ZPO § 748 Abs. 3). Für ihn gilt der Gerichtsstand der Erbschaft (ZPO § 27).

3 **2. Entstehung des Anspruchs**

Der Anspruch entsteht mit dem Erbfall (§ 1922) unmittelbar kraft Gesetzes. Daraus wurde unter der Herrschaft des ErbschaftssteuerG v. 3. 6. 1906, RGBl 654, § 1, logisch zutreffend gefolgert, daß er der Erbschaftsteuer auch dann unterliege, wenn er gar nicht geltend gemacht werde (RG **77** 238); anders ist die Rechtslage nach ErbschaftsteuerG v. 10. 9. 1919, RGBl. 1543, § 20 Nr. 1, 7, und v. 22. 8. 1925, RGBl. I 320, § 2 Abs. 1 Nr. 1, Abs. 2 Nr. 4. Unverändert ErbschaftsteuerG i. d. F. v. 30. 6. 1951, BGBl. I 764, und v. 1. 4. 1959, BGBl. I 188.

4 Auch in den Fällen der §§ 2306 Abs. 1 Satz 2, 2307 Abs. 1 Satz 1 hängt die Entstehung des Anspruchs nicht von der Ausschlagung des Erbteils oder des Vermächtnisses ab. Bis zur Ausschlagung steht jedoch dem Pflichtteilsberechtigten die Einwendung

einer die Geltendmachung zur Zeit hindernden Tatsache entgegen (§ 2332 Abs. 1; RG JW **31** 1354).

Der Anspruch entsteht überhaupt nicht im Falle eines mit dem Erblasser abgeschlossenen Erbverzichtsvertrags (§ 2346).

3. Geltendmachung, Erlaß des Anspruchs, Verzicht 5

Für die Geltendmachung des Pflichtteilsanspruchs gelten die allgemeinen Vorschriften des Rechtes der Schuldverhältnisse. Der Anspruch unterliegt als eine reine Geldforderung (RG **104** 196; **116** 7) den allgemeinen schuldrechtlichen Vorschriften, so auch hinsichtlich des Verzuges und der Verzinslichkeit, die demgemäß erst bei Verzug oder Rechtshängigkeit eintritt (BGH LM BGB § 2314 Nr. 2; RG LZ **15** 223; BayObLGZ NF **31** 70).

Ist der Anspruch einmal entstanden, dann kann er nicht, wie das Vermächtnis 6 (§ 2176), einseitig ausgeschlagen werden. Wohl aber kann die Pflichtteilsschuld dem Erben durch formlosen Vertrag erlassen werden (§ 397; RG JW **28** 907). Ein solcher Erlaß liegt aber regelmäßig noch nicht in der Anerkennung der Rechtswirksamkeit eines den Pflichtteilsberechtigten von der Erbfolge ausschließenden Testaments, aus dem ihm gerade der Pflichtteilsanspruch erwachsen ist (RG Recht **13** Nr. 532). Er ist jedenfalls dann zu verneinen, wenn die Anerkennung nur gegenüber dem Nachlaßgericht erklärt und von diesem nicht an den Erben weitergegeben, deshalb vom Erben auch nicht angenommen worden ist (RG Recht **23** Nr. 329).

Ein Ehegatte, der in Gütergemeinschaft lebt, das Gesamtgut aber nicht oder 7 nicht allein verwaltet, bedarf zu Verzicht oder Erlaß nicht der Zustimmung des anderen Ehegatten (§§ 1432, 1455). Auch die Ehefrau bedurfte hierzu nach dem vor dem 1. April 1953 und 1. Juli 1958 geltenden Recht nicht der Zustimmung des Mannes (die damals geltenden §§ 1406 Nr. 1, 1453, 1519, 1549), wohl aber bedürfen Eltern und Vormund der vormundschaftsgerichtlichen Genehmigung (§§ 1822 Nr. 2, 1643 Abs. 2; RG JW **28** 907 Nr. 23).

Ein Vertrag, durch den ein von dem Erben über den Tod des Erblassers in Un- 8 kenntnis gehaltener Pflichtteilsberechtigter gegenüber dem Erben auf den Pflichtteil verzichtet, ist wegen fehlender Willenseinigung nichtig (RG **93** 297; 11. Aufl.; §§ 154 Anm. 1, 312 Anm. 1).

II. Aufwertung und Umstellung 9

1. Aufwertung

Als ein reiner Geldsummenanspruch (kein sog. Wertanspruch in dem insbesondere von *Mügel*, Aufwertungsrecht 5. Aufl. S. 320 vertretenen Sinn) ist der Pflichtteilsanspruch, wenn der Erbfall in der Zeit vor Einführung der neuen Reichsmark eingetreten ist, als eine Markforderung entstanden. Diese ist nach § 242 (9. Aufl. Anm. 5 d γ) aufzuwerten; dabei sind zur Herbeiführung eines billigen Ausgleichs zwischen den beiderseitigen Belangen alle Umstände des Falles, namentlich der Umstand zu berücksichtigen, inwieweit sich der Erbe den Wert des Nachlasses erhalten hat (RG **116** 5; JR **27** Nr. 1119, 1120; BayObLGZ NF **24** A 256, auch **25** A 85).

Die Berufung des Erben darauf, daß, wenn der Pflichtteilsberechtigte alsbald nach dem Erbfall befriedigt worden wäre, das Geld in seinen Händen verbraucht oder entwertet sein würde, hat das Reichsgericht (RG JW **27** 1470; 1835 Nr. 14) nicht als erheblich angesehen, weil es mit § 242 unvereinbar sei, daß der Erbe durch die bloße Unterlassung rechtzeitiger Zahlung seine Schuld zu einem Teile sollte herabmindern können, zu dem ihm der Wert des Nachlasses verblieben sei.

Ob eine in entwertetem Gelde, wenn auch vor Mitte August 1922 (RG **113** 136), auf eine Pflichtteilsschuld geleistete Zahlung noch als Vollzahlung oder nur als eine durch einen Aufwertungsanspruch auszugleichende Teilzahlung zu gelten hat, hängt, wie die gleiche Frage bei der Auszahlung von Markvermächtnissen (§ 2174 Rdn. 45), von den nach Treu und Glauben zu beurteilenden Umständen des Falles ab.

Das Aufwertungsgesetz v. 16.7.1925, RGBl. I 117 (§§ 62, 63 Abs. 2 Nr. 2, § 10 Abs. 1 Nr. 2) setzt der Aufwertung von Pflichtteilsansprüchen grundsätzlich keine Schranke. Es gilt auch für das Eingreifen dieses Gesetzes hier dasselbe, was (nach § 2174 Rdn. 46) bei Markforderungen aus Vermächtnissen Rechtens ist.

10 **2. Umstellung**

a) Umstellungsverhältnis

Der Pflichtteilsanspruch ist nach § 18 Abs. 1 Nr. 3 UmstG im Verhältnis 1 : 1 auf Deutsche Mark umgestellt. Er konnte, da er ein reiner Geldsummenanspruch ist, vor der Währungsreform durch Zahlung seines Reichsmark-Nennbetrages oder durch Hinterlegung unter Verzicht auf das Recht zur Rücknahme nach §§ 372, 376, 378 getilgt werden (BGH **5** 18). Schuldtilgende Wirkung hat die Zahlung des Reichsmark-Nennbetrages jedoch nicht gehabt, wenn sie oder die Hinterlegung des Reichsmarkbetrages in einer gegen Treu und Glauben verstoßenden Weise zur Unzeit erfolgt ist. Das wäre z. B. bei Zahlungen unmittelbar vor der Währungsreform der Fall (*Harmening/Duden,* Umstellungsgesetz § 13 Anm. 34 Abs. 4 a. E.; *Duden* DRZ **48** 338; *von Caemmerer* SJZ **50** 12).

11 Der Erbe kann sich auf die schuldtilgende Wirkung einer Hinterlegung nicht berufen, wenn der Pflichtteilsberechtigte dadurch in Annahmeverzug geraten ist, daß er einen ihm vom Erben als Erfüllung angebotenen Betrag zu einer Zeit zurückwies, bevor der Erbe dem nach § 2314 gestellten Verlangen auf Auskunft über den Bestand des Nachlasses entsprochen hatte (BGH LM BGB § 2314 Nr. 2). Die Hinterlegung hat keine schuldtilgende Wirkung, wenn der Pflichtteilsberechtigte einen als Abfindung für den Pflichtteilsanspruch angebotenen Betrag zurückgewiesen hat. Dadurch ist der Pflichtteilsberechtigte nicht in Verzug der Annahme des ihm geschuldeten Pflichtteils gekommen (BGH aaO).

Ist der vor dem 21. Juni 1948 entstandene Anspruch nicht vorher getilgt worden, dann ist die Umstellung im Verhältnis 1 : 1 erfolgt ohne Rücksicht darauf, welche Wertveränderungen der Nachlaß durch die Währungsreform erfahren hat, und auch ohne Rücksicht darauf, wie sich die Umstellung des Anspruchs auf den Nachlaß auswirkt.

12 **b) Vertragshilfe.** Die Erben können, wenn sich für sie Schwierigkeiten aus der Umstellung ergeben, richterliche Vertragshilfe nach dem Vertragshilfegesetz v. 26. 3. 1952, BGBl. I 198, in Anspruch nehmen. Jeder Miterbe ist nach § 2038 Abs. 1 Satz 2 Halbs. 2 allein berechtigt, den Antrag zu stellen (BGH LM VHG § 1 Nr. 13). Der Pflichtteilsanspruch kann im Vertragshilfeverfahren gestundet oder herabgesetzt werden, wenn und soweit die fristgemäße oder volle Leistung dem Schuldner bei gerechter Abwägung der Interessen und der Lage beider Teile nicht zugemutet werden kann. Danach ist für die Frage, ob und wie weit Vertragshilfe zu gewähren ist, in erster Linie maßgebend, ob der Wert, den der Nachlaß zur Zeit des Erbfalls hatte, so erheblich gemindert ist, daß es dem Beschwerten nicht zugemutet werden kann, die im Verhältnis 1 : 1 in DM umgestellte Forderung in voller Höhe zu begleichen. Auch bei dieser „korrigierenden Vertragshilfe" können aber unter Umständen die persönlichen Verhältnisse der Beteiligten, insbesondere ihre Vermögens- und Einkommensverhältnisse mitzuberück-

sichtigen sein (BGH LM VHG § 1 Nr. 1; dazu Anmerkung *Duden* JZ **54** 390; aA Stuttgart NJW **52** 1219). Die Vertragshilfe wird nach §§ 7 ff VHG in einem besonderen Verfahren durch das Gericht gewährt, bei dem der Schuldner seinen allgemeinen Gerichtsstand hat. Mit Einverständnis des Gläubigers kann sie nach § 11 Abs. 4 VHG in einem anhängigen Rechtsstreit auch durch das Prozeßgericht gewährt werden.

Aus § 242 kann der Erbe nur Rechte herleiten, soweit er sich auf einen Tatbestand beruft, der im Vertragshilferecht nicht geregelt ist, oder soweit er Rechte in Anspruch ninmt, die über die im Vertragshilferecht gegebenen Möglichkeiten hinausgehen (BGH **2** 150; **8** 347; LM BGB § 242 A Nr. 13). **13**

III. Vererblichkeit und Übertragbarkeit des Anspruchs (Abs. 2) **14**

Der einmal entstandene Anspruch ist vererblich und übertragbar gemäß §§ 398 ff. Auch im Falle des § 2306 Abs. 1 Satz 2 ist der Pflichtteilsanspruch zusammen mit dem Ausschlagungsrecht vererblich; dagegen ist er in diesem Falle, solange die Ausschlagung noch aussteht, nicht übertragbar, da er von dem als höchstpersönliches Recht des Erben (§ 2033 Rdn. 12; § 1952 Rdn. 8) nicht übertragbaren Recht zur Ausschlagung des Erbteils nicht getrennt werden kann. § 2317 ist nach § 1934 b Abs. 2 Satz 1 auf den Erbersatzanspruch entsprechend anzuwenden. Er gilt auch für einen Pflichtteilsanspruch im Falle des § 2338 a.

War der Pflichtteilsberechtigte als Nacherbe eingesetzt (§ 2306 Abs. 2) und ist **15**
er vor Eintritt des Nacherbfalls gestorben, ohne das Ausschlagungsrecht verloren zu haben, so geht zwar sein Pflichtteilsanspruch auf seinen Erben über. Dieser ist aber nur dann in der Lage, die Ausschlagung nachzuholen und den Pflichtteilsanspruch geltend zu machen, wenn ihm auch die Nacherbschaft anfällt, von deren Ausschlagung diese Geltendmachung abhängt. Geht die Nacherbschaft gemäß § 2108 Abs. 2 nach dem Willen des Erblassers auf einen Dritten als Ersatznacherben über, so ist ihre Ausschlagung durch den Erben des Pflichtteilsberechtigten nicht möglich. Dieser soll deshalb nach RG JW **31** 1354 außerstande sein, sich den Pflichtteilsanspruch zu verschaffen. Dem kann nicht zugestimmt werden. Entscheidend ist, daß der Pflichtteilsberechtigte auch in diesem Fall ohne Ausschlagung nicht Nacherbe geworden ist. Ihm und damit seinen Erben steht damit der Pflichtteilsanspruch zu.

Die Befugnis zur Ausschlagung eines Vermächtnisses und Geltendmachung des **16**
Pflichtteils nach § 2307 steht auch einem von Todes wegen oder unter Lebenden eintretenden Erwerber des Vermächtnisses zu, der damit nur eine Forderung durch eine andere ersetzt.

IV. Pfändbarkeit des Anspruchs. § 852 Abs. 1 ZPO **17**

Der Abtretung steht trotz § 400 nicht entgegen, daß der Pflichtteilsanspruch nach ZPO § 852 nur pfändbar ist, wenn er durch Vertrag anerkannt oder rechtshängig geworden ist (RG SeuffArch. **68** Nr. 130). Nur unter dieser Voraussetzung ist gegen den Anspruch eine Aufrechnung zulässig (§ 394) und gehört er auch zur Konkursmasse (KO § 1).

Der Grund für die durch § 852 Abs. 1 ZPO ausgesprochene Beschränkung be- **18**
steht darin, daß der Anspruch in familienrechtlichen Beziehungen wurzelt. Er soll daher nicht gegen den Willen des Berechtigten geltend gemacht werden können. § 852 Abs. 1 ZPO kann deswegen nicht mehr durchgreifen, wenn der Berechtigte den Anspruch abgetreten hat.

Unzulässig ist es, die Pfändung für den Fall auszusprechen, daß der Anspruch **19**
anerkannt oder rechtshängig wird (KG JW **35** 3486). Gegen eine dem Verbot des § 852

ZPO zuwider ausgesprochene Pfändung ist mit der Erinnerung nach § 766 ZPO vorzugehen. Pfändbar ist ein dem Pflichtteilsberechtigten zugewandtes Vermächtnis, und zwar auch soweit es nach § 2307 den Pflichtteilsanspruch deckt (BayObLG OLG **16** 41).

20 Zur Annahme einer vertraglichen Anerkennung im Sinne dieser Voraussetzung genügt es, wenn der Pflichtteilsberechtigte und der Erbe, sei es auch nur durch schlüssige Handlungen (z. B. auf seiten des Pflichtteilsberechtigten Abtretung, auf seiten des Erben Hinterlegung) darüber einverstanden sind, daß der Pflichtteilsanspruch besteht und geltend gemacht werden solle (Karlsruhe HRR **30** 1164). Verjährung § 2332. Ein vom Vorerben abgegebenes Anerkenntnis wirkt ohne Rücksicht, ob es vor oder nach dem Eintritt der Verjährung abgegeben worden ist, auch gegenüber dem Nacherben (BGH LM BGB § 2113 Nr. 13 mit Anm. *Waltjen*, NJW **73** 2061).

21 **V. Pflichtteilsrecht**

Von dem Pflichtteilsanspruch ist das Pflichtteilsrecht als die Quelle, aus der jener Anspruch unter gewissen Voraussetzungen entsteht, zu unterscheiden. Dieses Recht äußert schon bei Lebzeiten des Erblassers rechtliche Wirkungen (RG **92** 1; BGH **28** 177; Rdn. 6 vor § 2303; oben Rdn. 1). Es schränkt seine Testierfreiheit zugunsten seiner Abkömmlinge, seiner Eltern und seines Ehegatten ein. Eine Ausnahme von der ihm kraft des Pflichtteilsrechts obliegenden Hinterlassungspflicht bestimmen die §§ 2333 ff. Das dort geordnete „Recht zur Entziehung des Pflichtteils" (§§ 2335 Abs. 2, 2337), durch dessen Ausübung er sich gegenüber dem Pflichtteilsberechtigten seine volle und unbeschränkte Testierfreiheit verschafft, ist ein gegenwärtiges sog. Recht des rechtlichen Könnens und kann daher auch bei Lebzeiten des Erblassers Gegenstand einer Feststellungsklage sein (RG **92** 1). Auch nach dem Erbfall erschöpfen sich die Wirkungen des Pflichtteilsrechts nicht in dem Pflichtteilsanspruch (vgl. §§ 2306 Rdn. 12 ff, 2318 Abs. 2 u. 3, 2319).

§ 2318

Der Erbe kann die Erfüllung eines ihm auferlegten Vermächtnisses so weit verweigern, daß die Pflichtteilslast von ihm und dem Vermächtnisnehmer verhältnismäßig getragen wird. Das gleiche gilt von einer Auflage.

Einem pflichtteilsberechtigten Vermächtnisnehmer gegenüber ist die Kürzung nur so weit zulässig, daß ihm der Pflichtteil verbleibt.

Ist der Erbe selbst pflichtteilsberechtigt, so kann er wegen der Pflichtteilslast das Vermächtnis und die Auflage so weit kürzen, daß ihm sein eigener Pflichtteil verbleibt.

E I 1993 II 2183; M **5** 420, 421; P **5** 546—548.

Abwälzen der Pflichtteilslast auf Vermächtnisse und Auflagen

Übersicht

I. Kürzung von Vermächtnissen und Auflagen im allgemeinen (Abs. 1) 1

1. Letztwillig angeordnete Vermächtnisse

Die Verbindlichkeit zur Leistung des Pflichtteils trifft grundsätzlich den Erben. Hiervon kann ihn auch der Erblasser nicht befreien. Das Gesetz gewährt ihm jedoch im Verhältnis zu Vermächtnisnehmern und Auflagebeteiligten einen Ausgleich dafür, daß der Pflichtteil nach dem Reinbestande des Nachlasses und ohne Rücksicht auf die hiervon noch zu entrichtenden Vermächtnisse und Auflagen berechnet wird (§ 2311 Rdn. 8). Der Erbe darf auch sie zur Tragung der Pflichtteilslast mit heranziehen, indem er den Betrag des Vermächtnisses usw. verhältnismäßig, d. h. um so viel kürzt, als es dem Werte des Vermächtnisses usw. im Verhältnis zum Reinbestande des Nachlasses entspricht.

Beispiel: 500 Vermächtnis : 2000 Nachlaß = 1 : 4. Daher trägt von 400 Pflichtteil der Vermächtnisnehmer 100, sein Vermächtnis kürzt sich von 500 auf 400, er kann sich aber dafür gegebenenfalls durch verhältnismäßige Kürzung ihm etwa auferlegter Beschwerungen erholen (§ 2188).

2. Gesetzliche Vermächtnisse 2

Die Pflichtteilslast ist auch von den sog. gesetzlichen Vermächtnissen mitzutragen, so vom Recht auf den Dreißigsten (§ 1969), dagegen nicht von dem bloß auf den Erbteil des künftigen Kindes gelegten Unterhaltsanspruch der Mutter aus § 1963.

Der Voraus (§ 1932) kann nicht zur Deckung des Pflichtteils der Abkömmlinge 3 und der Eltern herangezogen werden, da er bei Berechnung des Pflichtteils bereits voll abgezogen ist (§ 2311 Rdn. 9).

3. Allgemeine Bedeutung der Bestimmung 4

Abs. 1 enthält nur ergänzendes Recht. Der Erblasser kann zugunsten des Erben wie der Vermächtnisnehmer usw. hiervon abweichende Anordnungen treffen (§ 2324), auch unter mehreren Vermächtnissen usw. das eine oder das andere davon befreien, die Last mitzutragen (§ 2189).

Gegenüber dem Vermächtnisanspruch ist es Einrede, wenn der Erbe Kürzung 5 auf Grund der Pflichtteilslast verlangt. Für deren Voraussetzungen ist er beweispflichtig.

Ein im Sinne des § 2079 übergangener Pflichtteilsberechtigter bleibt, wenn er 6 von seinem Anfechtungsrecht keinen Gebrauch macht, pflichtteilsberechtigt. Der Erbe hat das Recht zur Verteilung der Pflichtteilslast nach Maßgabe der §§ 2318 ff auch dann, wenn ein solcher Pflichtteilsberechtigter den Pflichtteilsanspruch geltend macht (RG WarnRspr. **1927** Nr. 35).

II. Kürzung gegenüber pflichtteilsberechtigten Vermächtnisnehmern (Abs. 2) 7

Der Abs. 2 enthält eine zwingende Vorschrift, durch die das Kürzungsrecht des Erben eingeschränkt wird. Der Erbe kann das Vermächtnis gemäß Abs. 1 nur bis auf den Betrag des dem Bedachten gebührenden Pflichtteils herabdrücken. Er muß es voll entrichten, wenn dem pflichtteilsberechtigten Vermächtnisnehmer damit nicht mehr als sein Pflichtteil zugewendet ist (§ 2307). Dagegen kann er sich gemäß Abs. 1 wegen der hierdurch eintretenden Erhöhung seiner Pflichtteilslast an anderen ihm etwa auferlegten Vermächtnissen usw. schadlos halten.

Ist der pflichtteilsberechtigte Vermächtnisnehmer der Ehegatte, der mit dem Erblasser bei dessen Tod im **Güterstand der Zugewinngemeinschaft** gelebt hat, dann ist die

Kürzung nur so weit zulässig, daß diesem der nach §§ 1371, 2303, 1932 erhöhte oder große Pflichtteil verbleibt.

Bei den anderen pflichtteilsberechtigten Vermächtnisnehmern (Abkömmlingen und Eltern) kommt es darauf an, ob der Erblasser bei seinem Tode mit dem überlebenden Ehegatten im Güterstand der Zugewinngemeinschaft gelebt hat. Trifft das zu, und ist der überlebende Ehegatte als Erbe berufen, oder hat er ein ihm zugewandtes Vermächtnis angenommen, dann berechnet sich die Pflichtteilsquote des Vermächtnisnehmers nach dem gemäß § 1371 Abs. 1 um 1/4 geminderten gesetzlichen Erbteil der Abkömmlinge oder Eltern (§ 2303 Rdn. 15). Für den Fall, daß der Ehegatte das Vermächtnis ausgeschlagen oder nur den kleinen Pflichtteil als Vermächtnis zugewandt erhalten hat und daneben den güterrechtlichen Zugewinnausgleich fordert, vgl. unten Rdn. 10 a. E.

8 **III. Kürzung durch den pflichtteilsberechtigten Erben (Abs. 3)**

Abs. 3 enthält ebenso wie Abs. 2 eine zwingende Vorschrift. Sie erweitert das Kürzungsrecht des Erben. Ihre Fassung ist im Hinblick auf § 2306 wenig geglückt. Übersteigt der Erbteil des selbst pflichtteilsberechtigten Erben nicht seinen Pflichtteil, so hat er Vermächtnisse und Auflagen überhaupt nicht zu tragen. Sie gelten als nicht angeordnet (§ 2306 Rdn. 12). Ist sein Erbteil größer und hat er nicht ausgeschlagen (§ 2306 Rdn. 18), so hat er damit auch die Verpflichtung zur Entrichtung der Vermächtnisse usw. selbst auf Kosten des eigenen Pflichtteils übernommen (KG OLG **14** 308). Er kann mithin auf die Bedachten die Pflichtteilslast nur insoweit übertragen, als es sich um Befriedigung dritter Pflichtteilsberechtigter handelt. Der eigene Pflichtteil verbleibt ihm zwar nur in dem durch die Vermächtnisse usw. bereits geminderten Umfange, weitere Beeinträchtigungen, die ihm aus der Befriedigung dritter Pflichtteilsberechtigter entstehen würden, braucht er jedoch (dies ist die Bedeutung der vorliegenden Vorschrift) nicht zu dulden. Er kann vielmehr die daraus entstehende Pflichtteilslast vollständig auf die Vermächtnisse usw. abwälzen. Nötigenfalls darf er auch das Vermächtnis eines Pflichtteilsberechtigten über die Grenze des Abs. 2 hinaus mit heranziehen, da das eigene Pflichtteilsrecht des Erben vor demjenigen des Vermächtnisnehmers jedenfalls den Vortritt hat.

9 Obwohl die Absätze 2 und 3 zwingende Rechtssätze enthalten, ist doch der Erblasser in einem Fall des § 2306 Abs. 1 Satz 2 befugt, den dem Pflichtteilsberechtigten hinterlassenen Erbteil voll zu belasten. Er kann daher auch bestimmen, daß dieser Erbe nicht berechtigt sein soll, Vermächtnisse und Auflagen wegen des Pflichtteilsanspruchs anderer zu kürzen. Darin liegt ein weiteres Vermächtnis zugunsten derjenigen, die sich sonst eine Kürzung gefallen lassen müßten (ebenso *Kipp/Coing* § 12 II 2 d; *Planck/Greiff § 2318 Anm. 5*).

In Abs. 3 ist ein Alleinerbe vorausgesetzt, beim Vorhandensein mehrerer Erben s. § 2319. Besondere Gestaltungen der Pflichtteilslast in §§ 2320—2323.

10 Ist der Erbe der Ehegatte des Erblassers, der mit diesem bei dessen Tode im **Güterstand der Zugewinngemeinschaft** gelebt hat, dann verbleibt ihm der nach §§ 1371, 2303, 1932 erhöhte oder große Pflichtteil. Hat der Erblasser in einem Fall des § 2306 Abs. 1 Satz 2 bestimmt, daß der Ehegatte als Erbe nicht berechtigt sein soll, die ihm auferlegten Vermächtnisse und Auflagen wegen des Pflichtteilsanspruchs anderer zu kürzen, und schlägt der Ehegatte deswegen aus, dann steht ihm nach § 1371 Abs. 2 nur der normale kleine Pflichtteil zu (§ 2303 Rdn. 8).

Ist der Erbe ein Abkömmling oder Elternteil des Erblassers, dann kommt es für die Höhe seiner Pflichtteilsquote darauf an, ob der Erblasser bei seinem Tode mit dem überlebenden Ehegatten im Güterstand der Zugewinngemeinschaft gelebt hat und ob dieser ein ihm vom Erblasser zugewandtes Vermächtnis angenommen hat. In diesem Fall berechnet sich die Pflichtteilsquote des Abkömmlings oder Elternteils nach dem nach § 1371 Abs. 1 um 1/4 verminderten gesetzlichen Erbteil der Abkömmlinge oder Eltern (§ 2303 Rdn. 15; oben Rdn. 7).

Der gesetzliche Erbteil und damit auch die Pflichtteilsquote der übrigen gesetzlichen Erben mindert sich nicht, wenn der Ehegatte das Vermächtnis ausgeschlagen hat. Dasselbe gilt, wenn er ein Geldvermächtnis im Betrage seines kleinen, normalen Pflichtteils angenommen hat und daneben den güterrechtlichen Ausgleich des Zugewinns fordert (§ 2304 Rdn. 8).

§ 2319

Ist einer von mehreren Erben selbst pflichtteilsberechtigt, so kann er nach der Teilung die Befriedigung eines anderen Pflichtteilsberechtigten so weit verweigern, daß ihm sein eigener Pflichtteil verbleibt. Für den Ausfall haften die übrigen Erben.

E II 2184; P 5 546—548.

Haftung des pflichtteilsberechtigten Erben für Pflichtteilsansprüche

I. Leistungsverweigerungsrecht nach Satz 1 1

Ebenso wie § 2318 Abs. 3 beruht diese Bestimmung auf dem Gedanken, daß der pflichtteilsberechtigte Erbe nicht gezwungen werden soll, den ihm gebührenden Pflichtteilsbetrag zur Erfüllung von Vermächtnissen, Auflagen oder Pflichtteilsansprüchen anderer Personen zu verwenden. Handelt es sich um mehrere Erben, so werden die Pflichtteilsansprüche gleich anderen Nachlaßverbindlichkeiten regelmäßig im Laufe der Auseinandersetzung befriedigt (§ 2046 Rdn. 1). Bis zur Teilung ist der einzelne Miterbe durch § 2059 geschützt. Nach der Teilung haftet er gegenüber dem noch unbefriedigten Pflichtteilsgläubiger grundsätzlich als Gesamtschuldner, jedoch in den Fällen der §§ 2060, 2061 nur für den seinem Erbteil entsprechenden Teil des Anspruchs. Das Gesetz gewährt dem selbst pflichtteilsberechtigten Miterben eine in § 2318 Abs. 3 auch dem Alleinerben eingeräumte zerstörende Einrede, durch die er sich vom Pflichtteilsanspruch insoweit freimacht, als er im eigenen Pflichtteil verkürzt würde. Diese Einrede, für die der Miterbe beweispflichtig ist, steht ihm auch zu, wenn er unbeschränkt haftet, da hiervon der Pflichtteilsanspruch selbst in seinem Inhalt betroffen wird. § 2319 regelt nicht die Verteilung der Pflichtteilslast unter die Miterben, sondern der Haftung gegenüber dem Pflichtteilsberechtigten.

Dem Erben steht, wenn sein Erbteil mit Vermächtnissen und Auflagen be- 2
schwert ist, neben dem Recht, die Beschwerungen nach § 2318 Abs. 3 zu kürzen, auch die Einrede gegen den Pflichtteilsberechtigten nach § 2319 Satz 1 zu. Dabei kann der Miterbe im Verhältnis zu dem Pflichtteilsberechtigten beanspruchen, daß ihm ein dem vollen Pflichtteilsbetrag gleichkommender Wert des Nachlasses verbleibt. Er ist nach § 2306 Abs. 1 Satz 2 nur den Vermächtnisnehmern gegenüber verpflichtet, ihre Forderung selbst auf Kosten seines eigenen Pflichtteils zu befriedigen (ebenso *Planck/Greiff* § 2319 Anm. 1).

§ 1371 ist zu beachten, wenn der Erblasser bei seinem Tode mit dem überleben- 3
den Ehegatten im **Güterstand der Zugewinngemeinschaft** gelebt hat. Ist dieser als Erbe berufen, dann kann er nach § 2319 die Befriedigung der anderen Pflichtteilsberechtigten so weit verweigern, daß ihm der große, um 1/8 erhöhte Pflichtteil verbleibt.

Das Ausmaß, in dem die anderen pflichtteilsberechtigten Erben die Befriedigung verweigern dürfen, hängt davon ab, ob der Erblasser im Güterstand der Zugewinngemeinschaft gelebt hat und ob dieser Güterstand durch den Tod des Erblassers aufgelöst worden ist. Falls der überlebende Ehegatte nach der erbrechtlichen Lösung (§ 1371 Abs. 1) abgefunden ist (der überlebende Ehegatte ist als Erbe berufen oder er hat ein ihm vom Erblasser zugewandtes Vermächtnis angenommen), berechnet sich die Pflichtteilsquote der übrigen Pflichtteilsberechtigten nach ihrem gemäß § 1371 Abs. 1 geringeren gesetzlichen Erbteil (§ 2303 Rdn. 15). Die Pflichtteilsquote aller Beteiligten ist nach dem normalen gesetzlichen Erbteil zu berechnen, wenn der Ehegatte nicht Erbe geworden ist und auch kein Vermächtnis angenommen hat, oder wenn das angenommene Vermächtnis nur ein Geldbetrag in Höhe des normalen kleinen Pflichtteils ist und der Ehegatte daneben den güterrechtlichen Zugewinnausgleich beansprucht (§ 2304 Rdn. 8).

4 **II. Ausfallhaftung der übrigen Miterben nach Satz 2**

Der oder die übrigen nichtpflichtteilsberechtigten Erben haften für den Ausfall gemäß §§ 421, 426, 2058, 2060 ff. Der Erblasser kann zwar im Verhältnis dieser Erben zueinander die Pflichtteilslast regeln (§ 2324), sie aber nicht ganz hiervon befreien.

Wenn ein pflichtteilsberechtigter Erbe von einem Nichtpflichtteilsberechtigten auf Ausgleich in Anspruch genommen wird, weil dieser einen Pflichtteilsanspruch befriedigt hat, greift Satz 1 ebenfalls durch. Er gibt sowohl gegenüber dem Anspruch aus § 426 Abs. 1 als auch gegenüber dem aus Abs. 2 eine Einrede (*Kipp/Coing*, § 12 I 4; *Palandt/Keidel*, § 2319 Anm. 2; *Erman/Bartholomeyczik*, § 2319 Rdn. 2). Entsprechendes gilt beim Pflichtteilsergänzungsanspruch.

5 **III. Erbfolge bei nichtehelicher Abstammung**

Nach § 1934 b Abs. 2 gilt § 2319 entsprechend für die Befriedigung des Erbersatzanspruchs. Nach § 2338 a gilt er auch für einen Pflichtteilsberechtigten, dem der Erblasser den Erbersatzanspruch entzogen hat.

§ 2320

Wer an Stelle des Pflichtteilsberechtigten gesetzlicher Erbe wird, hat im Verhältnisse zu Miterben die Pflichtteilslast und, wenn der Pflichtteilsberechtigte ein ihm zugewendetes Vermächtnis annimmt, das Vermächtnis in Höhe des erlangten Vorteils zu tragen.

Das gleiche gilt im Zweifel von demjenigen, welchem der Erblasser den Erbteil des Pflichtteilsberechtigten durch Verfügung von Todes wegen zugewendet hat.

E I 1995, 1996 Abs. 1 II 2185; M 5 421—424; P 5 548—550.

Pflichtteilslast des an Stelle des Pflichtteilsberechtigten Erbenden

Übersicht

I. Eintritt des gesetzlichen Erben an die Stelle des Pflichtteilsberechtigten (Abs. 1) 1

1. Allgemeines

Aus § 426 folgt, daß mehrere Erben die Pflichtteilslast im Verhältnis zueinander regelmäßig nach dem Verhältnis ihrer Erbteile zu tragen haben. Hiervon macht § 2320 eine Ausnahme.

Als gesetzlicher Erbe an Stelle des Pflichtteilsberechtigten — aber so, daß letzte- 2
rem der Pflichtteilsanspruch verbleibt — kommt in Betracht, wer infolge Ausschließung des Pflichtteilsberechtigten von der Erbfolge (§ 1938) oder infolge einer gemäß § 2306 Abs. 1 Satz 2 erfolgenden Ausschlagung nachrückt.

Ferner kommt auch derjenige in Betracht, der bereits Erbe war, dessen Erbteil aber infolge des Wegfalls des Pflichtteilsberechtigten erhöht wird (§ 1935 Rdn. 1, 2; RG WarnRspr. **1918** Nr. 77).

Abs. 1 enthält nur dispositives Recht (§ 2324 Rdn. 1; RG JW **38** 2143 Nr. 18 = 3
DJ **38** 1037 mit Anm. *Vogels*).

2. Übernahme der Pflichtteilslast 4

Wer an Stelle des Pflichtteilsberechtigten gesetzlicher Erbe wird, übernimmt damit (§ 1967) nach außen die Haftung für den Pflichtteilsanspruch als Nachlaßverbindlichkeit. Da aber dieselbe Tatsache, welche den Pflichtteilsanspruch erzeugt, ihm den Vorteil der Erbenstellung verschafft, entspricht es der Billigkeit, daß er auch im Innenverhältnis zu den Miterben die Pflichtteilslast allein trägt.

Die Pflichtteils- oder Vermächtnislast trifft ihn jedoch nur in Höhe des erlang- 5
ten Vorteils. Der Ersatzmann genießt im Gegensatz zu dem weggefallenen Pflichtteilsberechtigten nicht die Vorteile des § 2306 Abs. 1 Satz 1. Dagegen kommt ihm § 2322 zustatten. Ein Vorteil liegt auch darin, daß z. B. der überlebende Ehegatte statt neben Abkömmlingen nunmehr neben Eltern usw. erbt und deshalb sowohl durch Erhöhung des Erbteils als durch den Anspruch auf den größeren Voraus begünstigt wird (§§ 1931, 1932; *Erman/Bartholomeyczik*, § 2320 Rdn. 1; *Staudinger/Ferid*, § 2320 Rdn. 18; *Lange*, § 39 VIII 5 Anm. 4; *Soergel/Dieckmann*, § 2320 Rdn. 1, 2; aA *Kipp/Coing*, § 12 Anm. 10). Wertmindernd kommen die mit der Erbenstellung überkommenen Beschwerungen, insbesondere die Haftung für sonstige Pflichtteilsansprüche in Betracht.

3. Übernahme der Vermächtnislast 6

Ob das Vermächtnis dem Pflichtteilsberechtigten zur Abfindung auf den Pflichtteil (§ 2307) oder trotz wirksamer Entziehung des Pflichtteils, also ohne Hinterlassungspflicht zugewendet ist, macht keinen Unterschied.

II. Zuwendung des Erbteils des Pflichtteilsberechtigten an einen Dritten (Abs. 2) 7

Der Grundsatz des Abs. 1 wird im Wege gesetzlicher Auslegungsregel auf die gewillkürte Erbfolge ausgedehnt, auch hier ohne Unterschied, ob der vom Erblasser Begünstigte durch die Verfügung von Todes wegen überhaupt erst Erbe wird oder nur eine Erhöhung seines gesetzlichen Erbteils erfährt (RG WarnRspr. **1918** Nr. 77).

Er gilt auch, wenn der Begünstigte mit dem Pflichtteilsberechtigten zusammen 8
auf einen Erbteil eingesetzt ist und sein Anteil dadurch größer wird, daß ihm der Anteil des Pflichtteilsberechtigten nach § 2094 anwächst, oder wenn der Begünstigte nach § 2096 als Ersatzerbe an Stelle des Pflichtteilsberechtigten erbberechtigt wird (*Palandt/*

Keidel, § 2320 Anm. 1; *Erman/Bartholomeyczik*, § 2320 Rdn. 1; *Staudinger/Ferid*, § 2320 Rdn. 13).

9 Im übrigen braucht die Zuwendung nicht gerade als „Erbteil" des Pflichtteilsberechtigten bezeichnet zu werden, wenn sonst die Absicht erhellt, den an Stelle des Ausgeschlossenen oder Ausschlagenden Berufenen in gleicher Weise zu bedenken. Hat der Erblasser zwei eheliche und drei vor dem 1. 7. 1949 geborene, daher gesetzlich nicht erbberechtigte nichteheliche Kinder zu je 1/6 und die beiden Kinder des dritten ehelichen Kindes zu je 1/12 eingesetzt, dem nicht bedachten dritten ehelichen Kind ein Vermächtnis zugewandt, das dieses unter Berufung auf seinen Pflichtteilsanspruch ausschlägt, dann ist nach der Regel des § 2320 im Zweifel anzunehmen, daß diese Pflichtteilslast auch von den miterbenden nichtehelichen Kindern mitzutragen ist (RG DR **41** 441).

10 Nach § 2324 kann der Erblasser abweichende Anordnungen treffen, insbesondere die Pflichtteilslast auch den Miterben auferlegen. Der Erbteil im Sinne dieser Bestimmung ist der gesetzliche Erbteil.

11 III. Pflichtteilsberechtigter Ehegatte bei Auflösung der Zugewinngemeinschaft durch den Tod des Erblassers

Schwierig ist die Rechtslage, wenn der Pflichtteilsberechtigte der Ehegatte des Erblassers ist, der mit diesem bei dessen Tod im Güterstand der Zugewinngemeinschaft gelebt hat. Wenn dem Ehegatten kein Vermächtnis zugewandt worden ist oder wenn er das ihm zugewandte Vermächtnis ausgeschlagen hat, ist auch sein Pflichtteil nach § 1371 Abs. 2 nur der normale, nicht erhöhte. Ihm entspricht der normale, nicht erhöhte Erbteil. Dieser kann daher auch allein der Erbteil im Sinne des § 2320 sein.

Beispiel:

Der Erblasser war in zweiter Ehe verheiratet. Er hinterläßt seine Witwe und zwei Kinder. Er hat es bei der gesetzlichen Erbfolge bewenden lassen, aber bestimmt, falls seine Ehefrau wegfalle, solle an ihrer Stelle ihr Sohn aus erster Ehe erben. Würde die Witwe erben, wäre sie zu 1/2 berufen (§ 1371 Abs. 1). Sie schlägt aus, ihr Sohn aus erster Ehe erbt dann nur ein Viertel. Ferner muß er im Zweifel nach § 2320 Abs. 2 den Pflichtteil seiner Mutter mit 1/8 tragen. Falls kein auszugleichender Zugewinn vorhanden ist, bekommt er dann nur 1/8 des Nachlasses. Ist solcher vorhanden, mindert sich dieses Achtel noch um 1/16 des auszugleichenden Zugewinns.

12 Nimmt der Ehegatte ein ihm zugewandtes Vermächtnis an, dann ist Erbteil im Sinne des § 2320 Abs. 2 der nach § 1371 Abs. 1 erhöhte gesetzliche Erbteil. Denn dem Ehegatten steht in diesem Fall u. U. ein Anspruch auf Ergänzung des Vermächtnisses auf den Wert des großen Pflichtteils zu, und der etwaige Anspruch auf güterrechtlichen Ausgleich des Zugewinns ist durch das Vermächtnis und den Pflichtteilsrestanspruch abgegolten.

Beispiel:

Der Erblasser hinterläßt seinen Ehegatten und drei Kinder. Er setzt jedes Kind zu 1/4 und einen Dritten gleichfalls zu 1/4 als Erben ein. Dem Ehegatten vermacht er 1000. Dieser nimmt das Vermächtnis an. Auszugehen ist von dem erhöhten gesetzlichen Erbteil des Ehegatten, der 1/2 beträgt. Demnach hat der Erblasser den Erbteil des Ehegatten dem Dritten zur Hälfte und jedem Kind zu je 1/6 zugewandt. Das Vermächtnis ist daher in Höhe des erlangten Vorteils von dem Dritten zur Hälfte und zur anderen Hälfte von den Kindern zu gleichen Teilen zu tragen. In entsprechendem Verhältnis müssen sie auch einen etwaigen Pflichtteilsrestanspruch tragen.

Normalerweise können die Miterben sich dadurch, daß an die Stelle eines Weggefallenen ein Ersatzerbe tritt, nie schlechter stehen. Dafür sorgt § 2320. Wenn aber an die Stelle eines Ehegatten ein Ersatzerbe tritt, kann es anders sein, da dadurch nicht nur der Pflichtteilsanspruch dieses Ehegatten, sondern auch der Anspruch auf güterrechtlichen Ausgleich des Zugewinns ausgelöst sein kann. Für diesen haftet der Ersatzerbe nur entsprechend seiner Erbquote. Wenn der Erblasser diese weitere Benachteiligung der Miterben ausschließen will, muß er dem Ersatzerben zugunsten der anderen Miterben ein Vermächtnis auferlegen, durch das dieser verpflichtet wird, die etwaige Ausgleichsforderung allein zu tragen. **13**

IV. Erbfolge bei nichtehelicher Abstammung **14**

Nach § 1934 b Abs. 2 gilt § 2320 entsprechend für die Befriedigung des Erbersatzanspruchs. Nach § 2338 a gilt er auch für einen Pflichtteilsberechtigten, dem der Erblasser den Erbersatzanspruch entzogen hat.

§ 2321

Schlägt der Pflichtteilsberechtigte ein ihm zugewendetes Vermächtnis aus, so hat im Verhältnisse der Erben und der Vermächtnisnehmer zueinander derjenige, welchem die Ausschlagung zustatten kommt, die Pflichtteilslast in Höhe des erlangten Vorteils zu tragen.

E I 1996 Abs. 1 II 2186; M **5** 422, 423; P **5** 550, 551.

Ausschlagung eines Vermächtnisses durch den Pflichtteilsberechtigten

Schlägt der Pflichtteilsberechtigte das Vermächtnis aus und fordert er dafür gemäß § 2307 den Pflichtteil, so entspricht es der Billigkeit, daß die Pflichtteilslast, zu deren Erfüllung das Vermächtnis bestimmt war, hiermit auch dann verbunden bleibt, wenn es einem anderen (Ersatzbedachten, Anwachsungsberechtigten) anfällt, oder daß die Pflichtteilslast von dem getragen wird, der durch die Ausschlagung befreit und somit um den Wert des Vermächtnisses bereichert wird (dem beschwerten Erben, RG WarnRspr. **1914** Nr. 168, oder Vermächtnisnehmer). Dies alles nur in Höhe des durch die Ausschlagung erlangten Vorteils (§ 2320 Rdn. 5). Dieser besteht, wenn der Wert des Vermächtnisses größer oder gleich dem Wert des Pflichtteils ist, in der Höhe des ausgeschlagenen Vermächtnisses. Ist er geringer, dann ergibt sich die Höhe des Vorteils aus einem Vergleich der Rechtslage vor und nach der Ausschlagung des Vermächtnisses (*Staudinger/Ferid*, § 2321 Rdn. 15; *Palandt/Keidel*, § 2321 Anm. 3). **1**

Zwar steht der Pflichtteilsanspruch selbst nur gegen die Erben zu. Der Leistende hat aber einen schuldrechtlichen Ausgleichungsanspruch gegen denjenigen, welchem das ausgeschlagene Vermächtnis zustatten gekommen ist (Kürzungsrecht desselben § 2322), und darf, soweit dieser reicht oder soweit er selbst der Gewinnende ist, andere Vermächtnisnehmer nicht gemäß § 2318 zur Pflichtteilslast heranziehen (§ 2323). **2**

War mit dem ausgeschlagenen (Unter-)Vermächtnis ein anderer Vermächtnisnehmer beschwert, so kann er diesen, schon bevor er den Pflichtteil auszahlt, durch Zurückbehaltung des Hauptvermächtnisses zur Erstattung nötigen (§ 273).

Abweichende Anordnungen des Erblassers § 2324. Nach § 1934 b Abs. 2 gilt § 2321 entsprechend für die Befriedigung des Erbersatzanspruchs. Nach § 2338 a gilt die Bestimmung auch für einen Pflichtteilsberechtigten, dem der Erblasser den Erbersatzanspruch entzogen hat.

§ 2322

Ist eine von dem Pflichtteilsberechtigten ausgeschlagene Erbschaft oder ein von ihm ausgeschlagenes Vermächtnis mit einem Vermächtnis oder einer Auflage beschwert, so kann derjenige, welchem die Ausschlagung zustatten kommt, das Vermächtnis oder die Auflage so weit kürzen, daß ihm der zur Deckung der Pflichtteilslast erforderliche Betrag verbleibt.

E I 1996 Abs. 2 II 2187; M 5 423, 424; P 5 549—551.

Kürzung von Vermächtnissen und Auflagen

Übersicht

1 I. Voraussetzungen des Kürzungsrechts und Grundgedanke der Vorschrift

Die Vorschrift knüpft an §§ 2320, 2321 an, wonach die Pflichtteilslast von dem an Stelle des ausschlagenden Pflichtteilsberechtigten nachrückenden Erben oder von dem durch Ausschlagung des Vermächtnisses Gewinnenden zu tragen ist.

Waren die ausgeschlagenen Zuwendungen selbst wieder mit Vermächtnissen oder Auflagen beschwert, so gehen außer der Pflichtteilslast nach §§ 2161, 2192 auch diese Beschwerungen auf den Nachrückenden oder Gewinnenden über.

Bezüglich der Beschwerungen ist der Nachrückende als Erbe durch §§ 1935, 2095 und 1922, als Vermächtnisnehmer durch §§ 2159, 2187 dagegen geschützt, auf mehr als den Betrag der Zuwendung in Anspruch genommen zu werden.

2 § 2322 gibt nur dann ein Kürzungsrecht, wenn der Wert desjenigen, was der Nachberufene durch die Ausschlagung erlangt hat, geringer ist als der Betrag der auf dem Erlangten ruhenden Pflichtteilslast und der Beschwerungen. Der Nachberufene hat in erster Linie die Pflichtteilsansprüche zu erfüllen. Falls das Erlangte nicht ausreicht, um außer diesen Ansprüchen auch die auf dem Erlangten ruhenden Vermächtnisse und Auflagen zu erfüllen, kann er diese kürzen, und zwar um den Betrag, um den die Summe aus dem Betrag des Pflichtteilsanspruchs und dem Betrag des Wertes der Vermächtnisse und Auflagen den Wert des Erlangten übersteigt. Falls daher das Erlangte ausreicht, um die Pflichtteilslast und die Beschwerungen zu decken, hat der Nachberufene sie voll zu tragen, auch wenn das ihm Angefallene dadurch ganz aufgezehrt wird. Eine Kürzung nach § 2322 setzt somit immer voraus, daß dem Kürzungsberechtigten von der Zuwendung selbst nichts verbleibt.

3 § 2322 beruht auf dem Grundsatz, daß der Nachberufene, falls es erforderlich ist, den gesamten ihm angefallenen Nachlaß zur Verfügung stellen muß, um den Pflichtteilsberechtigten zu befriedigen. Soweit der Nachlaß dazu nicht ausreicht, muß sich zwar der Vermächtnisnehmer einen Eingriff in sein Recht gefallen lassen. Die Befriedigung des Pflichtteilsanspruchs soll aber nach dem Willen des Gesetzgebers nicht in der Weise geschehen, daß das Vermächtnis beeinträchtigt wird, obwohl dem Erben selbst etwas aus dem Nachlaß verbleibt. Das führt dazu, daß §§ 1089, 1087 in folgendem Fall nicht angewandt werden können. Der Erblasser hat seine Tochter als Alleinerbin eingesetzt und seiner Ehefrau den Nießbrauch am Nachlaß vermacht. Die eingesetzte Erbin schlägt aus und verlangt den Pflichtteil. Die Erbschaft fällt den Enkelkindern an. Diese haben den nach § 2306 Abs. 1 Satz 2 entstandenen Pflichtteilsanspruch ihrer Mut-

ter zu erfüllen. Sie können dazu aber nicht unter Berufung auf §§ 1089, 1087 Nachlaßgegenstände verwerten, an denen der Witwe des Erblassers der Nießbrauch einzuräumen ist. Denn das würde praktisch zu einer Kürzung des der Witwe zugewandten Vermächtnisses führen, obwohl den Erben das Nachlaßvermögen, nachdem der Nießbrauch beendet ist, verbleiben würde, soweit es nicht für die Befriedigung der Nachlaßverbindlichkeiten verwandt werden mußte. Eine solche Kürzung widerspräche nicht nur dem Willen des Erblassers, sondern auch dem in § 2322 zum Ausdruck gelangten Grundsatz (BGH **19** 309; dazu Anm. LM BGB § 2322 Nr. 1; unberechtigt die Kritik von *Natter* JZ **56** 284; vgl. dazu die oben genannte Anm. am Ende).

Das Kürzungsrecht verbleibt dem Bedachten wie im Falle des § 2319 Rdn. 1, **4**
auch wenn er sonst unbeschränkt haften sollte. Der verkürzte Vermächtnisnehmer ist gemäß § 2188 auch seinerseits wieder zur Kürzung berechtigt. Der Erblasser kann abweichende Anordnungen treffen (§ 2324), auch durch Begünstigung eines einzelnen Vermächtnisses das Kürzungsrecht des Erben usw. entsprechend einschränken (§ 2189).

II. Kürzung des Voraus des überlebenden Ehegatten **5**

Da nach § 1932 auf den Voraus des überlebenden Ehegatten die für Vermächtnisse geltenden Vorschriften anzuwenden sind, wäre dieser grundsätzlich gleichfalls zu kürzen. Da aber nach § 2311 Abs. 1 Satz 2 bei der Berechnung des Pflichtteils der Abkömmlinge und der Eltern der dem überlebenden Ehegatten gebührende Voraus außer Ansatz bleibt, kann der Voraus wegen der Pflichtteilslast der Eltern nicht gekürzt werden (vgl. auch § 2318 Rdn. 3). Anders ist es, wenn und soweit dadurch, daß der Pflichtteilsberechtigte den ihm zugewandten Erbteil ausschlägt, das Recht auf den Voraus erst begründet wird.

III. Kürzung bei Ansprüchen auf unteilbare Leistungen **6**

Eine eigentliche Kürzung des Vermächtnisanspruchs ist nur möglich, wenn der Anspruch aus dem Vermächtnis auf eine teilbare Leistung geht. Richtet er sich auf eine unteilbare Leistung, z. B. auf die Einräumung des Nießbrauchs am Nachlaß, dann ist der Wert des Vermächtnisses zu schätzen. Der Nachberufene kann dann von dem Vermächtnisnehmer nur fordern, daß ihm gegen die Erfüllung des Vermächtnisses ein Betrag gezahlt wird, der dem Unterschiedsbetrag zwischen dem Wert des Vermächtnisses zuzüglich des Pflichtteilsanspruchs und dem Wert des ihm Zugewandten entspricht. Weigert sich der Vermächtnisnehmer, diesen Betrag zu zahlen, dann kann der Nachberufene die Erfüllung des Vermächtnisses verweigern. Er muß aber an Stelle dessen dem Vermächtnisnehmer einen Betrag zahlen, der dem Wert des Vermächtnisses unter Abzug des sonst von dem Vermächtnisnehmer zu erstattenden Betrages entspricht (BGH **19** 309; dazu Anm. LM BGB § 2322 Nr. 1).

§ 2323

Der Erbe kann die Erfüllung eines Vermächtnisses oder einer Auflage auf Grund des § 2318 Abs. 1 insoweit nicht verweigern, als er die Pflichtteilslast nach den §§ 2320 bis 2322 nicht zu tragen hat.

E I 1997 II 2188; M **5** 424; P **5** 551.

Kürzung von Vermächtnissen und Auflagen (§ 2318)

Die (nach § 2324 abänderungsfähige) Vorschrift dient dem Vermächtnisnehmer und Auflagebeteiligten als Mittel, den Beschwerten dazu zu zwingen, von den Befugnissen der §§ 2320—2322 zur Abwälzung der Pflichtteilslast auch wirklich Gebrauch zu machen. Sie erläutert § 2318 Abs. 1 und gibt zu erkennen, daß der Erbe die Pflichtteilslast nur insoweit verhältnismäßig auf den Vermächtnisnehmer oder den durch eine Auflage Begünstigten abwälzen kann, als sie ihn sonst treffen würde.

Daraus, daß § 2323 nur auf § 2318 Abs. 1 verweist, folgt nicht, daß der selbst pflichtteilsberechtigte Erbe das ihm nach § 2318 Abs. 3 zustehende Kürzungsrecht auch ausüben kann, soweit die Pflichtteilslast nach §§ 2320—2322 einen anderen trifft. Das ergibt sich schon daraus, daß das Kürzungsrecht nach § 2318 Abs. 1—3 an sich schon nur insoweit besteht, als den Erben die Pflichtteilslast trifft (im Ergebnis ebenso *Planck/Greiff* § 2323 Anm. 2; *Kipp/Coing* § 12 bei Anm. 9; KG OLG **14** 308.

§ 2324

Der Erblasser kann durch Verfügung von Todes wegen die Pflichtteilslast im Verhältnisse der Erben zueinander einzelnen Erben auferlegen und von den Vorschriften des § 2318 Abs. 1 und der §§ 2320 bis 2323 abweichende Anordnungen treffen.

E I 1994 Satz 2, 1998 II 2189; M **5** 421, 424; P **5** 548, 551.

Abweichende Anordnungen des Erblassers über die Pflichtteilslast

1 **I. Abweichende Anordnungen**

Dem Erblasser ist jede anderweite Regelung der Pflichtteilslast gestattet, durch die er nicht in das eigene Pflichtteilsrecht des Erben (§§ 2318 Abs. 3, 2319) oder des Vermächtnisnehmers (§ 2318 Abs. 2) eingreift. Innerhalb dieses Rahmens kann er das Recht des Erben zur verhältnismäßigen Kürzung der Vermächtnisse und Auflagen nicht nur erweitern oder beschränken, sondern auch ausschließen.

2 Eine solche Anordnung braucht, wie auch sonst letztwillige Bestimmungen, nicht ausdrücklich getroffen zu werden (§ 2084 Rdn. 6 ff). So genügt es, wenn sich aus dem Zusammenhange des Testaments, nötigenfalls unter Mitberücksichtigung von Umständen außerhalb des Testaments, als der Wille des Erblassers erkennen läßt: Nachlaßverbindlichkeiten irgendwelcher, auch unvorhergesehener Art sollten im Verhältnis zwischen einem Vermächtnisnehmer und dem Erben nicht zu einer Kürzung der Zuwendung an jenen führen, sondern zu Lasten des diesem verbleibenden Nachlasses gehen. Es ist dann unerheblich, ob der Erblasser um das Pflichtteilsrecht einer von ihm übergangenen Person gewußt und an die Möglichkeit einer Geltendmachung des Pflichtteilsanspruchs durch sie gedacht hat oder nicht (RG WarnRspr. **1927** Nr. 35).

Dem wirklichen oder mutmaßlichen Willen des Erblassers kann es ferner entsprechen, daß im Innenverhältnis der Miterben die Pflichtteilslast einem anderen als demjenigen Erben zur Last fällt, der sie nach den gesetzlichen Vorschriften an sich zu tragen hat (RG JW **38** 2143; DNotZ **38** 252).

3 **II. Die Rechtswirkungen abweichender Anordnungen**

Die Pflichtteilsschuld mehrerer Erben ist nach außen immer eine gemeinschaftliche und grundsätzlich gesamtschuldnerische Verbindlichkeit gemäß §§ 2058 ff. Nur im Verhältnis zueinander kann sie der Erblasser damit verschieden beschweren (§ 2046 Abs. 2) und dadurch gegenseitige schuldrechtliche Ausgleichungsansprüche unter ihnen begründen. § 2189 gestattet ihm, auch einem einzelnen Vermächtnisnehmer die Pflichtteilslast aufzuerlegen. Doch bleibt der Pflichtteilsberechtigte mit seinem Anspruch in jedem Falle an den Erben gewiesen (§ 2303 Rdn. 14).

§ 2325

Hat der Erblasser einem Dritten eine Schenkung gemacht, so kann der Pflichtteilsberechtigte als Ergänzung des Pflichtteils den Betrag verlangen, um den sich der Pflichtteil erhöht, wenn der verschenkte Gegenstand dem Nachlasse hinzugerechnet wird.

Eine verbrauchbare Sache kommt mit dem Werte in Ansatz, den sie zur Zeit der Schenkung hatte. Ein anderer Gegenstand kommt mit dem Werte in Ansatz, den er zur Zeit des Erbfalls hat; hatte er zur Zeit der Schenkung einen geringeren Wert, so wird nur dieser in Ansatz gebracht.

Die Schenkung bleibt unberücksichtigt, wenn zur Zeit des Erbfalls zehn Jahre seit der Leistung des verschenkten Gegenstandes verstrichen sind; ist die Schenkung an den Ehegatten des Erblassers erfolgt, so beginnt die Frist nicht vor der Auflösung der Ehe.

E I 2009, 2010; II 2190; Reichstagsvorlage 2298; M **5** 581—588; P **6** 104, 105.

Pflichtteilsergänzungsanspruch

Übersicht

Neueres Schrifttum:

Schopp, Die Pflichtteilsergänzung, Rpfleger **56** 119; *Kraker*, Pflichtteilsergänzung durch verbilligte Grundstücksabgabe, BWNotZ **66** 37; *Sudhoff*, Vorweggenommene Erbfolge und Pflichtteilsanspruch, Betrieb **71** 225; *Wieser*, Zum Pflichtteilsrecht des nichtehelichen Kindes, BayNotZ 70 135; *Haegele*, Zum Pflichtteilsergänzungsanspruch, BWNotZ **72** 69; *Reinicke*, Die Voraussetzungen des Pflichtteilsergänzungsanspruchs, NJW **73** 597; *Peters*, Pflichtteilsergänzungsansprüche wegen Schenkungen des Erblassers an seinen Ehegatten, FamRZ **73** 169.

I. Zweck der Bestimmung **1**

§ 2325 soll den Pflichtteilsberechtigten dagegen schützen, daß der Erblasser sein Recht durch Schenkungen unter Lebenden vereitelt. Einen derartigen Schutz enthielt bereits das römische Recht. Er bestand ferner auch im gemeinen, preußischen und sächsischen Recht. Sie gaben dem Pflichtteilsberechtigten Anfechtungs- und Widerrufsrechte gegenüber dem Beschenkten.

Das Bürgerliche Gesetzbuch hat sich dem System des code civile Artikel 920 ff **2**
angeschlossen und dem Pflichtteilsberechtigten wegen der Schenkungen grundsätzlich

einen Anspruch gegen den Erben gewährt. Dieses System ist einfacher und dadurch innerlich gerechtfertigt, daß die Benachteiligung des Pflichtteilsberechtigten in erster Linie durch die Handlung des Erblassers eingetreten ist, für die der Erbe als dessen Gesamtrechtsnachfolger einstehen muß. Nur insoweit der Erbe nicht haftbar gemacht werden kann, ist es berechtigt, dem Pflichtteilsberechtigten einen Anspruch gegen den Beschenkten zu geben (§ 2329).

3 **II. Das Wesen des Pflichtteilsergänzungsanspruchs**

1. Rechtsnatur des Anspruchs

Bei dem Pflichtteilsergänzungsanspruch handelt es sich nicht um den Pflichtteilsanspruch, der, wie es für die §§ 2315, 2316 zutrifft, nur von der allgemeinen Regel abweichend berechnet wird. Es ist vielmehr ein Anspruch, der dem Berechtigten neben seinem Pflichtteilsanspruch zusteht. Er ist auch nicht zu verwechseln mit dem Anspruch auf Vervollständigung des Pflichtteils aus §§ 2305, 2307, dem Pflichtteilsrestanspruch. Er kann auch neben diesem bestehen, wie § 2326 zeigt (§ 2326 Rdn. 1).

Grundsätzlich unterliegt er den Vorschriften über den (ordentlichen) Pflichtteilsanspruch (RG LZ **25** 1071), so auch bezüglich der Auskunftspflicht über die in Betracht kommenden Schenkungen gemäß § 2314 (vgl. § 2314 Rdn. 8; BGH **33** 378; LM BGB § 2314 Nr. 5; BGH FamRZ **65** 135; RG **73** 369; *Planck/Greiff,* § 2325 Anm. 5; *Palandt/Keidel,* § 2325 Anm. 1 a; *Erman/Bartholomeyczik,* § 2314 Rdn. 3; *Bartholomeyczik,* § 48 I 6; *Kipp/Coing,* § 13 X; *Staudinger/Ferid,* § 2314 Rdn. 24; *Soergel/Dieckmann,* § 2314 Rdn. 3; § 2325 Rdn. 1; *von Lübtow* I, 596), des Zeitpunkts seiner Entstehung, seiner Vererblichkeit, Übertragbarkeit und Pfändbarkeit (§ 2317, § 852 ZPO). Die Entziehung des Pflichtteils und der Verzicht auf den Pflichtteil ergreift auch den Ergänzungsanspruch. Ein Pflichtteilsergänzungsanspruch kann aber auch bestehen, wenn ein Pflichtteilsanspruch überhaupt nicht besteht, weil der Erblasser kein Vermögen hinterlassen hat.

4 **2. Der Anspruchsinhaber**

Der Anspruch setzt nicht voraus, daß der Berechtigte von der Erbfolge ausgeschlossen ist. Auch der Alleinerbe hat diesen Anspruch, wenn der Wert des Nachlasses geringer ist, als der Wert der Hälfte des gesetzlichen Erbteils, wenn das Geschenk sich noch im Nachlaß befinden würde (BGH **18** 177; LM BGB § 2325 Nr. 2; RG **58** 124, 126; **80** 135; *von Lübtow* I, 593). Der Anspruch kann dem als Erben Berufenen auch dann zustehen, wenn er die Erbschaft ausgeschlagen hat, wodurch sich allerdings der Anspruch um den in § 2326 Satz 2 bezeichneten Mehrwert mindern kann (BGH LM BGB § 2325 Nr. 9; *Johannsen,* WM 1970, 236).

5 Nach der bislang herrschenden Lehre (*Crome* V, 486 Anm. 19; *Dernburg/Engelmann* V, 338; *Endemann* III, 2, 1245; *Staudinger/Ferid,* § 2325 Rdn. 29; *Erman/Bartholomeyczik,* Vorbemerkung zu § 2325 Rdn. 2 c; *von Lübtow* I, 592), die sich auf die Motive des Gesetzes (Mot. **5** 458, 586) stützen kann, besteht der Anspruch gleichgültig, ob der Berechtigte bereits zur Zeit dieser Verkürzung vorhanden und pflichtteilsberechtigt war oder ob er es erst später geworden ist. Im Gegensatz hierzu hat der Bundesgerichtshof die Vorschrift dahin ausgelegt, daß sie Pflichtteilsergänzungsansprüche nur bezüglich solcher Schenkungen auslöst, die zu einer Zeit gemacht worden sind, als das rechtliche Verhältnis, das den Pflichtteilsanspruch begründet oder aus dem der Pflichtteilsberechtigte hervorgegangen ist, schon bestand (BGH **59** 210 mit Anm. LM BGB § 2325 Nr. 8; zustimmend *Palandt/Keidel,* § 2325 Anm. 5; *Kühne,* JR **73** 288; ablehnend *Bosch,* FamRZ **73** 90 und *Reinicke,* NJW **73** 597). Der Entscheidung ist zuzustimmen. Der

Wortlaut des Gesetzes erlaubt diese Auslegung. Sie wird gerechtfertigt durch die seit dem Inkrafttreten des BGB veränderten sozialen Verhältnisse, die es erlauben, auch den Empfänger des Geschenks stärker zu schützen und ihn, wenn der Anspruch sich nach § 2329 gegen ihn richtet, nicht unvorhersehbaren Ansprüchen auszusetzen. Auch werden dadurch Unbilligkeiten ausgeschlossen (vgl. die Anmerkung LM BGB § 2325 Nr. 8). Abkömmlinge, die aus derselben Ehe des Erblassers stammen (also vollbürtige Geschwister), haben grundsätzlich dieselben Pflichtteilsrechte. Für sie werden daher Pflichtteilsergänzungsansprüche begründet durch Schenkungen, die der Erblasser vorgenommen hat, nachdem er die Ehe, aus der sie hervorgegangen sind, geschlossen hat, ohne Rücksicht darauf, ob der betreffende Abkömmling zu der Zeit, als die Schenkung vorgenommen wurde, bereits vorhanden oder auch nur erzeugt war. Maßgebend ist für alle der Zeitpunkt, in dem die Ehe geschlossen oder ein eventuell früher liegender Zeitpunkt, in dem ein durch die Eheschließung legitimiertes Kind erzeugt worden ist. Adoptivkinder können Pflichtteilsergänzungsansprüche nur auf solche Schenkungen gründen, die der Elternteil nach der Adoption gemacht hat, und nichteheliche Kinder nur auf solche, die ihre Eltern gemacht haben, nachdem sie bereits erzeugt waren, ein Ehegatte nur auf solche, die der Erblasser gemacht hat, nachdem er die Ehe mit ihm geschlossen hat.

3. Der Erbe als Anspruchsgegner **6**

Der Anspruch steht nach § 2303 Rdn. 14, 16 regelmäßig gegen den Erben und nur ausnahmsweise gegen den Beschenkten zu (§ 2329). Er dient dazu, den Berechtigten gegen Verkürzungen eines Pflichtteils unter Lebenden zu schützen. Da der Anspruch eine Nachlaßverbindlichkeit ist, entfällt er, wenn der Erbe nicht unbeschränkt haftet und er wegen Fehlens eines Bruttonachlasses dem Anspruch die Dürftigkeitseinrede nach § 1990 entgegensetzen kann (BGH LM BGB § 2325 Nr. 2, 6). Gegen einen selbst pflichtteilsberechtigten Erben kann der Anspruch nach § 2328 insoweit nicht durchgesetzt werden, als seine Befriedigung dazu führen würde, daß dem Erben weniger verbleibt, als was ihm selbst als Pflichtteil und Pflichtteilsergänzung zusteht. Der Erbe ist nur verpflichtet, den Ergänzungsberechtigten mit denjenigen Beträgen zu befriedigen, die ihm vom Nachlaß oder etwa erhaltenen Schenkungen verbleiben, nachdem sein eigener ordentlicher Pflichtteil und überdies der Betrag, den er selbst als Ergänzung seines Pflichtteils zu fordern berechtigt sein würde, vollständig gedeckt ist (BGH Urt. v. 27. 11. 1967 III ZR 142/65).

III. Schenkungen **7**

1. Rechtsgültigkeit der Schenkung

Liegt nur der Tatbestand der §§ 2325 ff vor, so kommt eine Nichtigkeit des Schenkungsvertrags wegen Verstoßes gegen die guten Sitten (§ 138) nicht in Frage. Es greifen hier die gleichen Grundsätze Platz, wie sie für die Fälle der Anfechtung wegen Täuschung oder Drohung (RG **72** 218; **83** 112) und wegen Verstoßes gegen KO § 31 Nr. 1 oder AnfG § 3 Nr. 1 (RG **69** 143; **74** 226) aufgestellt sind. Beim Hinzutreten weiterer Umstände kann auch eine den §§ 2325 ff unterliegende Schenkung gegen die guten Sitten verstoßen (RG 2. 2. 1925 IV 531/24).

2. In Betracht kommende Arten von Schenkungen **8**

Der Anspruch wird durch Schenkungen jeder Art begründet ohne Rücksicht auf den Betrag und darauf, ob sie aus dem Stammvermögen oder aus laufenden Einkünften oder ob sie in Benachteiligungsabsicht (§ 2287) gemacht sind (*Strohbal* I, 507; *Staudin-*

ger/Ferid, § 2325 Rdn. 29; *Erman/Bartholomeyczik* vor § 2325 Rdn. 2 c; *von Lübtow* I, 592). Schenkungen, die nach § 138 oder aus anderem Grunde nichtig sind, begründen keine Ergänzungsansprüche. Der Anspruch des Pflichtteilsberechtigten geht daher weiter als der des Vertragserben, der durch Schenkungen benachteiligt ist.

9 Der Begriff der Schenkung ergibt sich aus §§ 516 Abs. 1, 517 (BGH **59** 132 mit Anm. LM BGB § 2325 Nr. 7; BGH LM BGB § 2325 Nr. 1; 5; § 2332 Nr. 3; BGH WM **73** 1340). Danach muß es sich um ein Rechtsgeschäft gehandelt haben, durch das der Empfänger objektiv aus dem Vermögen des Erblassers bereichert worden ist. Ferner ist erforderlich, daß Empfänger und Erblasser sich über die Unentgeltlichkeit der Zuwendung einig gewesen sind. Es steht daher weitgehend im Belieben des an diesem Rechtsgeschäft Beteiligten, zu bestimmen, ob eine Vermögenstransaktion eine Schenkung sein soll oder nicht.

Der Dispositionsbefugnis der Beteiligten sind jedoch zwei Grenzen gezogen, von denen die erste sich aus der Natur der Sache selbst ergibt. Eine Schenkung kann nicht aus dem Grunde verneint werden, weil die Parteien etwas als Gegenleistung gelten lassen wollen oder angesehen haben, das objektiv keine solche ist (RG HRR **34** Nr. 1441). So wäre es z. B., wenn der Empfänger als „Gegenleistung" eine Leistung erbringt, die er dem „Schenkenden" aus anderem Rechtsgrund ohnehin schon zu dieser Zeit zu erbringen hatte und auch erbracht hätte.

Schließlich kann durch eine willkürliche Bemessung von Leistung und Gegenleistung die Rechtsfolge des § 2325 nicht ausgeschlossen werden. Das den Beteiligten zustehende freie Bewertungsrecht kommt dann nicht in Betracht, wenn die Vertragsparteien Leistung und Gegenleistung willkürlich bewertet haben, insbesondere wenn ihre Bewertung jeglicher sachlichen Grundlage, die sie rechtfertigen könnte, entbehrt (BGH LM § 2325 Nr. 1; 2; § 2332 Nr. 3; BGH FamRZ **61** 274). Eine willkürliche Bemessung von Leistung und Gegenleistung soll nach BGH Urt. v. 26. 10. 1967 III ZR 107/65 nur dann anzunehmen sein, wenn die Parteien aus besonderen Gründen eine Schenkung umgehen wollten. Dieser Erwägung kommt jedoch praktisch keine Bedeutung zu, da in Fällen der hier in Betracht kommenden Art in aller Regel der in Anspruch Genommene beweisen muß, daß die Beteiligten sich der teilweisen Unentgeltlichkeit der Zuwendung nicht bewußt waren (vgl. unten Rdn. 23). Eine Schenkung ist auch das bloße Schenkungsversprechen. Falls das Versprechen schon zu Lebzeiten des Erblassers erfüllt worden ist, besteht die Schenkung in dem geleisteten Gegenstand. Über das zur Zeit des Erbfalls noch nicht erfüllte Schenkungsversprechen vergleiche unten Rdn. 18.

10 Für die Frage, ob und inwieweit in einem gegenseitigen Vertrag eine Schenkung enthalten ist, kommt es nicht auf die Verhältnisse zur Zeit des Erbfalls (Rdn. 22), sondern zur Zeit der Schenkung an (RG JW **16** 1117). Auch gewagte Rechtsgeschäfte, wie z. B. ein Leibrentenkauf, die sich zum Nachteil des Nachlasses ausgewirkt haben, sind daher keine Schenkungen, wenn sie diese Eigenschaft nicht schon von vornherein hatten.

11 Unter Umständen kann eine Schenkung auch in der Begründung der Gütergemeinschaft gefunden werden (RG **87** 301). Auch die gemischte Schenkung (11. Aufl. § 516 Anm. 23—25, RG WarnRspr. **1908** Nr. 205), die das Maß übersteigende Ausstattung (§ 1624 Abs. 1) und die durch Leistung unter Lebenden vollzogene Schenkung von Todes wegen gehören hierher (§ 2301 Abs. 2). Ebenso die Zuwendung an eine damit erst begründete Stiftung. Grundsätzlich auch die belohnende Schenkung (RG LZ **18** 1076; JW **31** 1356).

12 Eine Schenkung kann auch vorliegen, wenn in dem Gesellschaftsvertrag einer offenen Handelsgesellschaft, zu der der Erblasser gehörte, vorgesehen ist, daß die Gesellschaft nach dem Tode des Erblassers mit einem von mehreren Erben fortgesetzt werden soll. Die Schenkung besteht in dem Wert der Beteiligung als solcher, nicht in dem nach dem Erbfall aus ihr gezogenen Gewinn. Dieser ist aber bedeutsam für die Bewertung der Beteiligung (RG **171** 353).

Eine Schenkung kann ferner darin bestehen, daß der Erblasser zugunsten eines anderen eine Lebensversicherung abgeschlossen hat. Geschenkt sind dann die tatsächlich gezahlten Prämien, nicht die Versicherungssumme (BGH **7** 142f; RG **128** 190). Nach § 2 Abs. 1 Nr. 3 ErbschaftsteuerG i. d. F. v. 1. 4. 1959, BGBl. I 188, gilt dagegen die Versicherungssumme als von Todes wegen erworben. **13**

Nur Anstands- usw. Schenkungen sind ausgenommen (§ 2330).

3. Der beschenkte Dritte **14**

Es kann ein Fremder, aber auch ein anderer Pflichtteilsberechtigter (Ehegatten in Abs. 3) sein (RG **69** 390). Die Leistung eines vorzeitigen Erbausgleichs an ein nichteheliches Kind nach § 1934 d ist kein Geschenk im Sinne des § 2325. Pflichtteilsergänzungsansprüche bestehen daher in diesem Fall auch dann nicht, wenn das nichteheliche Kind dadurch mehr erhält, als den anderen Pflichtteilsberechtigten als Pflichtteil verbleibt, wenn das als vorzeitiger Erbausgleich Geleistete dem Vermögen des Erblassers hinzugerechnet wird (*Erman/Bartholomeyczik*, § 2325 Rdn. 1; *Damrau*, FamRZ **69** 589; *Palandt/Keidel*, § 2325 Anm. 2; *Johannsen*, Sonderbeilage 3 zu WM **70** 17). Ob eine Abfindung für einen Erb- und Pflichtteilsverzicht als unentgeltliche Leistung des Erblassers an den Verzichtenden angesehen werden kann, ist bestritten, vgl. hierzu *Speckmann*, NJW **70** 117; *Staudinger/Ferid*, § 2325 Rdn. 6; *Coing*, NJW **67** 1778; § 2346 Rdn. 2. Hat der Ergänzungskläger auch selbst ein Geschenk erhalten, so gilt § 2327.

IV. Ausgleich der Schenkungen **15**

1. Ausgleich im allgemeinen

Der Ausgleich erfolgt auf Grund einer fiktiven Berechnung des Nachlasses, indem der verschenkte Gegenstand, d. h. der durch Schätzung ermittelte Wertbetrag der Schenkung ohne Abzüge (vgl. aber § 2329 Rdn. 12) dem nach § 2311 maßgebenden Bestand, und zwar im Falle des § 2315 (vgl. dort Rdn. 11) des Gesamtnachlasses hinzugerechnet, nicht auch tatsächlich zugeführt wird. Der sich hiernach herausstellende Mehrbetrag des Pflichtteils bildet, verglichen mit dem reinen Pflichtteil, die dem Berechtigten unmittelbar zukommende (RG JW **11** 996 Nr. 43) „Ergänzung".

2. Auf den Pflichtteilsanspruch anzurechnende und auszugleichende Zuwendungen **16**

Ausgleichspflichtige Zuwendungen im Sinne des § 2050 kommen nur in Betracht, soweit es sich bei ihnen um Schenkungen handelt. Auch sie können, ebenso wie andere auf den Pflichtteil anzurechnende Zuwendungen, keine Ergänzungsansprüche begründen, soweit sie schon nach §§ 2315, 2316 bei der Berechnung des ordentlichen Pflichtteils nach §§ 2315, 2316 berücksichtigt und durch den vorhandenen Nachlaß gedeckt sind. Das ergibt bereits die Fassung des § 2325 Abs. 1 (*Staudinger/Ferid*, § 2325 Rdn. 18). Soweit Letzteres nicht der Fall ist, hat der Empfänger der Zuwendung für den Ausfall nach § 2329 als Beschenkter zu haften.

Das gilt auch dann, wenn der Empfänger der auszugleichenden Schenkung ein Abkömmling und Miterbe ist, für den sie nach § 2056 bei der Erbauseinandersetzung nicht zu berücksichtigen ist, weil er durch die Schenkung bereits mehr erhalten hat, als ihm bei der Auseinandersetzung zukommen würde. Dennoch ist die Schenkung bei der Berechnung des Pflichtteilsergänzungsanspruchs gegen einen dritten Erben voll zu berücksichtigen. Besteht gegen diesen kein Pflichtteilsergänzungsanspruch, weil dieser zur Ergänzung des Pflichtteils nicht verpflichtet ist, dann besteht der Anspruch nach § 2329 gegen den Beschenkten. Ebenso besteht er gegen diesen, wenn ein gegen ihn als Erbe gerichteter Anspruch mit Rücksicht auf § 2056 nicht besteht. Der Erblasser kann, soweit es sich um Pflichtteilsergänzungsansprüche handelt, das Recht der pflichtteilsberechtigten Abkömmlinge nicht dadurch verkürzen, daß er einem anderen Abkömmling Vermögensgegenstände in solchem Werte schenkt, daß dieser damit mehr erhält, als was ihm bei der gesetzlichen Erbfolge unter Berücksichtigung der Ausgleichspflicht zukommen würde. Falls in RG 77 282 ein anderer Standpunkt vertreten sein sollte, könnte dem nicht gefolgt werden (wie hier auch *Staudinger/Ferid, § 2316 Rdn. 61).*

In den Fällen der §§ 2316, 2050 kann der pflichtteilsberechtigte Ehegatte einen Ergänzungsanspruch auf die nur unter den Abkömmlingen ausgleichspflichtigen Zuwendungen, soweit es sich bei ihnen um Schenkungen handelt, stützen. Wegen der Anrechnung auszugleichender Zuwendungen, die der Ergänzungsberechtigte empfangen hat, auf diesen Anspruch siehe § 2327 Rdn. 4.

17 **3. Fehlen eines greifbaren Nachlasses**

Ist ein greifbarer Nachlaß nicht vorhanden, so berechnet sich der Ergänzungsanspruch lediglich nach dem Betrage der Schenkung. Für einen Ergänzungsanspruch, auch in der Richtung gegen den Beschenkten, ist überhaupt kein Raum, wenn der Nachlaß selbst bei Hinzurechnung des verschenkten Gegenstandes nicht aktiv wird (RG LZ **28** 53; s. oben Rdn. 6).

18 **4. Schenkungsversprechen**

Auch das Schenkungsversprechen ist Schenkung im Sinne von Abs. 1. Ist es noch nicht erfüllt, so ist es — wenn die Fälligkeit hinausgeschoben ist, zum Zeitwerte (§ 2313 Rdn. 8) — ein Passivum, und es wird, wenn der Ergänzungsanspruch erhoben wird (für die fiktive Berechnung), zugleich ein Aktivum des Nachlasses (RG LZ **28** 53). Das Schenkungsversprechen wird also praktisch bei der Berechnung des Pflichtteils nicht berücksichtigt. Dennoch ist die Unterscheidung zwischen Pflichtteil und Ergänzung wegen der §§ 2326 und 2327 bedeutsam. Gegenüber dem Empfänger des Schenkungsversprechens kann der Erbe Erfüllung nur verweigern, soweit er selbst pflichtteilsberechtigt ist (§ 2328).

19 **V. Bewertung der Schenkungen**

1. Verbrauchbare Sachen § 92

Auch wenn der Erblasser versprochen hatte, verbrauchbare Sachen zu leisten, und dieses Versprechen noch nicht zu seinen Lebzeiten erfüllt hat, ist der Wert der geschenkten Sachen zur Zeit ihrer Hingabe maßgebend. Nur um diesen Wert ist das Vermögen des Erblassers durch die Schenkung geschmälert, und nur insoweit ist der Ergänzungsanspruch innerlich gerechtfertigt (aA die 9. Auflage Anm. 4. Wie hier *Planck/Greiff* § 2325 Anm. 3 a; *Kipp/Coing* § 13 III).

20 Ebenso wie im Falle des § 2315 Abs. 2 können sich auch hier Schwierigkeiten ergeben, wenn die Zuwendung verbrauchbarer Sachen vor dem 21. Juni 1948 und der Erbfall nach dem 20. Juni 1948 eingetreten ist. Soweit es sich dabei nicht um Geld handelt, ist der in Reichsmark ermittelte Wert der Zuwendung nach dem in § 2 WährG zum Ausdruck gelangten, der Währungsumstellung zugrunde liegenden Gedanken im gleichen Nennwert als DM-Betrag dem Wert des Gesamtnachlasses hinzuzurechnen (KG NJW **74**, 2131). Wenn ein Geldbetrag zugewandt wurde, würde diese Berechnung unter Umständen nicht zu einem Ausgleich, den das Gesetz allein bezweckt, sondern zu einer Bevorzugung des Pflichtteilsberechtigten unter Benachteiligung der Erben führen, die auch nicht im Wege der Vertragshilfe ausgeglichen werden kann. Um dieses zu vermeiden, kommt nur der innere, durch die Kaufkraft ausgedrückte wirkliche Wert, den das Geldgeschenk im Zeitpunkt der Leistung hatte, in Betracht. Nur dieser Wert ist dann in seinem DM-Nennbetrag dem Nachlaß hinzuzurechnen.

Der Kaufkraftschwund der D-Mark ist hier, anders als im Falle der Anrechnung auf den Pflichtteil nach §§ 2315, 2316 (vgl. § 2315 Rdn. 14), nicht zu berücksichtigen. Das folgt aus der unterschiedlichen Bewertungsvorschrift für verbrauchbare und nicht verbrauchbare Sachen. Auch handelt es sich hier nicht darum, daß ein früher empfangener Wert auf den erst später zur Zeit des Erbfalls entstehenden Pflichtteilsanspruch anzurechnen ist, sondern es kommt nur darauf an, in welchem Ausmaß kraft der früher empfangenen Zuwendung mit dem Erbfall Ansprüche entstehen.

2. Schenkweiser Erlaß einer Schuld **21**

Handelt es sich um den schenkungsweisen Erlaß einer Schuld, so kommt nach der Natur der Sache ebenfalls nur die Zeit der Schenkung in Betracht (RG 80 137). Fällt eine hierher gehörige Schenkung in die Zeit vor der Inflation, der Erbfall dagegen in die Inflationszeit, so gilt für die Umrechnung des nach der Zeit der Schenkung anzusetzenden Wertes Entsprechendes wie nach § 2315 Rdn. 14.

3. Andere Gegenstände (Abs. 2 Satz 2) **22**

Andere Gegenstände als verbrauchbare Sachen sind mit dem Wert in Ansatz zu bringen, den sie zur Zeit des Erbfalls hatten. Hatten sie aber zur Zeit der Schenkung einen geringeren Wert, so ist nur dieser anzusetzen. Diese Vorschrift entspricht der Regel des § 2311. Der Gesetzgeber ist dabei als selbstverständlich davon ausgegangen, daß der Wert des Geschenkes zu den beiden in Betracht kommenden Zeitpunkten mit demselben Wertmesser gemessen wird. Der Wertmesser D-Mark ist angesichts des andauernden Kaufkraftschwundes nicht mehr konstant. Deswegen muß auch hier, soweit der Wertvergleich anzustellen ist, der Kaufkraftschwund des Geldes ebenso wie in den Fällen der §§ 2315—2316 nach den in § 2315 Rdn. 14 angegebenen Regeln berücksichtigt werden (s. auch *Medicus,* DB 74 764). Nur dann, wenn der so umgerechnete Wert im Zeitpunkt der Schenkung geringer ist als der Wert im Zeitpunkt des Erbfalls, ist jener (der umgerechnete) zugrunde zu legen. Die Gefahr der Wertverringerung oder des Untergangs der Sache in der Zeit zwischen Schenkung und Erbfall hat der Ergänzungsberechtigte zu tragen, selbst dann, wenn der Beschenkte daran Schuld trüge. Doch tritt in den Fällen des § 281 an Stelle des geschenkten Gegenstandes der Ersatz oder Ersatzanspruch. Andererseits kommt (zufolge Halbs. 2 der vorliegenden Vorschrift) eine bis zum Erbfall eingetretene echte Wertsteigerung dem Ergänzungsberechtigten nicht zugute. Wertschwankungen in der Zwischenzeit bleiben ganz außer Betracht. Ob sich der geschenkte Gegenstand noch im Vermögen des Beschenkten befindet, ist im Verhältnis zum Erben gleichgültig. Falls der geschenkte Gegenstand von dem Beschenkten vor dem Erbfall veräußert ist, kommt es nicht darauf an, ob der Beschenkte ein Entgelt dafür erhalten hat, sondern allein darauf, ob er zur Zeit des Erbfalls überhaupt noch vorhanden war und welchen Wert er in diesem Zeitpunkt hatte.

Besondere Schwierigkeiten können auftauchen, wenn es sich bei der Zuwendung um eine gemischte Schenkung handelt. Ist Gegenstand der Schenkung ein Landgut, dann kann nach §§ 2312, 2049 BGB bei der Berechnung des Pflichtteilsergänzungsanspruchs, und zwar sowohl des Anspruchs, der sich gegen den Erben richtet, als auch des gegen den Beschenkten gerichteten, der Ertragswert für die Berechnung des Wertes des geschenkten Gegenstandes maßgebend sein. Voraussetzung dafür ist, daß das Landgut einem Abkömmling geschenkt worden ist. Nicht notwendig ist, daß dieser im konkreten

Falle pflichtteilsberechtigt ist. Das Landgut ist dann nach § 2049 Abs. 1 im Zweifel nur mit dem Ertragswert anzusetzen (BGH LM BGB § 2329 Nr. 4; Urt. v. 12.7.74 IV ZR 19/73). Zu Unrecht ist in dem BGH LM BGB § 2329 Nr. 5/6 entschiedenen Fall § 2049 Abs. 1 nicht angewandt worden, vgl. dazu *Johannsen*, WM **70** 237.

Über den Begriff „Landgut" vgl. § 2312 Rdn. 2.

Falls der Erblasser ein Grundstück verschenkt hat zu einer Zeit, als noch Stopppreise galten, ist bei der Bewertung dieser Schenkung für die Berechnung des Pflichtteilsergänzungsanspruchs anders als für die Berechnung des Pflichtteilsanspruchs nicht von dem wahren inneren Wert auszugehen. Denn es ist zu berücksichtigen, daß das Grundstück unter der Geltung des Preisstopps weggegeben wurde. Deswegen kann bei der Bewertung nur von der nach dem damals geltenden Recht als angemessen erachteten Gegenleistung für die Übertragung des Grundstücks ausgegangen werden. Daß bei der Berechnung des Pflichtteils von dem wahren inneren Wert auszugehen ist, hat seinen Grund darin, daß das Grundstück normalerweise von den Erben nicht veräußert wird (BGH Urt. v. 8. 4. 1968 III ZR 49/66).

Werden bei der Veräußerung einer landwirtschaftlichen Besitzung für den Veräußerer Altenteilsleistungen des Erwerbers vereinbart, so sind für die Frage, ob und inwieweit eine gemischte Schenkung vorliegt, die aus der Besitzung zu bewirkenden Naturalleistungen mit ihrem Verkehrswert in Ansatz zu bringen und nicht nur mit dem für den Leistenden selbst entstandenen Kosten (BGH LM BGB § 2325 Nr. 1).

Soweit die Gegenleistung in der Einräumung eines Nießbrauchs oder in regelmäßig wiederkehrenden Leistungen besteht, ist der Kapitalwert der Leistung zu berechnen. Dabei ist für die Berechnung von der Lebenserwartung des Berechtigten zur Zeit des Vertragsschlusses auszugehen. Anhaltspunkte für die Ermittlung dieser Lebenserwartung geben § 24 KostO und § 14 des Bewertungsgesetzes (BGH Urt. v. 8. 4. 1968 III ZR 49/66).

23 **VI. Beweislast**

Beweispflichtig für den behaupteten Umfang der Schenkung und die behauptete Werthöhe ist der Ergänzungskläger. Wendet der Erbe gegenüber der auf den Wert zur Zeit des Erbfalls abgestellten Ergänzungsklage ein, der Wert sei zur Zeit der Schenkung geringer gewesen, so liegt ihm der Beweis ob (BGH WM **63** 290). Über den Umfang der Begründungspflicht bei einer den Ergänzungsanspruch vorbereitenden Feststellungsklage vgl. RG JW **16** 675.

Bei gemischten Schenkungen kann ein auffallendes grobes Mißverhältnis zwischen Leistung und Gegenleistung bestehen, ohne daß von einer willkürlichen Bemessung der Leistungen (oben Rdn. 9) gesprochen werden kann. Ein solches Mißverhältnis legt den Schluß nahe, daß die Beteiligten wenigstens teilweise eine Schenkung vereinbart haben (BGH Urt. v. 11. 2. 1965 III ZR 193/63). Der BGH erleichtert den dem Pflichtteilsberechtigten obliegenden Beweis für die teilweise Unentgeltlichkeit der Zuwendung dadurch, daß er es für berechtigt erklärt, in solchen Fällen nach der Lebenserfahrung davon auszugehen, daß die Parteien dieses Mißverhältnis erkannt haben und daß sie sich in Wahrheit über die unentgeltliche Zuwendung derjenigen Bereicherung einig waren, die sich bei einer verständigen und nach den Umständen vertretbaren Bewertung der beiderseitigen Leistungen ergeben hätte. Soweit in dem LM BGB § 2325 Nr. 1 und FamRZ **64** 429 veröffentlichten Entscheidungen des V. Zivilsenats andere Beweisanforderungen für das Vorliegen einer Schenkung im Sinne des § 2325 gestellt worden sind, hält der für die Erbstreitigkeiten jetzt zuständige IV. Zivilsenat daran, wie er ausdrücklich hervorgehoben hat, nicht fest (BGH **59** 132 mit Anm. LM BGB § 2325 Nr. 7).

Zuständiges Gericht ZPO § 27.

VII. Die zehnjährige Ausschlußfrist 24

(Berechnung §§ 187, 188). Sie beginnt auch beim Schenkungsversprechen erst mit Leistung des Gegenstandes. Dazu ist mehr erforderlich als im Falle des § 528 Abs. 2 für die Bewirkung der versprochenen Leistung. § 2325 schützt den Pflichtteilsberechtigten. Der geschenkte Gegenstand muß aus dem Vermögen des Erblassers ausgeschieden und voll in das des Beschenkten eingegangen sein. Erst wenn der Rechtsübergang in dieser Weise vollzogen ist, beginnt die Frist zu laufen. Bei der Übereignung eines Grundstücks also erst in dem Augenblick, in dem der Erwerber als Eigentümer im Grundbuch eingetragen ist (Hamm, NJW **69** 2148). Nach BGH NJW **74,** 2319 ist der Gegenstand i. S. des Abs. frühestens geleistet, wenn zum Vollzug der Schenkung eine Handlung vorgenommen ist, die die Rechtsübertragung unmittelbar zum Gegenstand hat, und die so betroffen ist, daß danach der Rechtsübergang von selbst ohne Hinzutun einer der an dem Rechtsgeschäft beteiligten Personen eintreten kann. Ein Grundstück ist danach keinesfalls geleitet, solange es nicht einmal dem Erwerber aufgelassen ist (siehe auch Schleswig, NJW **75,** 315). Nach anderer Ansicht soll der Zeitpunkt maßgebend sein, in dem der Schenker alles getan hat, was von seiner Seite für den Erwerb des geleisteten Gegenstandes zu tun war (BGH NJW **70** 1638 mit Anmerkung *Speckmann;* zustimmend *Palandt/Keidel,* § 2325 Anm. 5; *Haegele,* BWNotZ **72** 70; gegen BGH *Reuter,* JuS **71** 289). Daß ein Schenkungsversprechen, das möglicherweise dieser Schenkung zugrunde gelegen hat, schon vorher geheilt ist, steht dem nicht entgegen. Die Zeit, zu der ein Schenkungsversprechen erteilt worden ist, ist für den Lauf der Frist des § 2325 ohne Bedeutung. Hier kommt es allein auf den Vollzug der Schenkung an.

Die Frist gilt nicht für die dem Ergänzungskläger selbst zugewendeten Schenkungen (§ 2327 Rdn. 2), kommt aber auch dem Beschenkten zugute, wenn er gemäß § 2329 an Stelle des Erben belangt wird (RG **81** 204).

VIII. Schenkungen an den Ehegatten 25

Alle Schenkungen an den Ehegatten sind ohne zeitliche Beschränkung anrechnungspflichtig. Das gilt nicht, wenn die Ehe vor dem Tode des Erblassers aufgelöst war, sei es durch Tod des anderen Eheteils, durch Scheidung, Aufhebung oder dadurch, daß der Erblasser, nachdem sein Ehegatte für tot erklärt worden war, wieder geheiratet hat (§§ 28, 29, 38, 41 EheG). In diesem Fall beginnt die Ausschlußfrist hinsichtlich der früheren Schenkungen mit der Auflösung der Ehe.

IX. Anspruch des Ehegatten, der mit dem Erblasser bei dessen Tod im Güterstand der Zugewinngemeinschaft gelebt hat 26

Falls der Pflichtteilsergänzungsanspruch von einem Ehegatten geltend gemacht wird, der mit dem Erblasser bei dessen Tod im Güterstand der Zugewinngemeinschaft gelebt hat, ist zu beachten, daß, falls güterrechtlicher Zugewinnausgleich beansprucht werden kann und wird, die Hälfte des Wertes der Schenkung dem Ehegatten bereits über den Zugewinnausgleichsanspruch zugute kommt (§ 1375 Abs. 2 Nr. 1). Dennoch muß bei der Berechnung des Pflichtteilsergänzungsanspruchs das Geschenk mit dem vollen und nicht nur mit der Hälfte seines Wertes eingesetzt werden, da die Ausgleichsforderung als Nachlaßverbindlichkeit voll in Abzug gebracht werden muß.

Beispiel:

Der Ehegatte würde als gesetzlicher Erbe neben Abkömmlingen berufen sein.
Normale Pflichtteilsquote $^1/_8$,
Nachlaßwert 10 000 (alles auszugleichender Zugewinn),
Wert der Schenkung 2000.

Wäre die Schenkung nicht erfolgt, dann würde der Nachlaß 12 000 betragen. Die Ausgleichsforderung würde dann 6000 und der Pflichtteil 750 betragen. Soviel muß der Ehegatte im Falle der Schenkung bei Berücksichtigung des Pflichtteilsergänzungsanspruchs erhalten.

Er hat nach §§ 1375, 1378 einen Zugewinnausgleichsanspruch in Höhe von

(10 000 + 2000) : 2	= 6000
Sein Pflichtteil beträgt (10 000 — 6000) : 8	= 500
Der Pflichtteilsergänzungsanspruch beträgt (10 000 — 6000 + 2000) : 8 — 500	= 250
insgesamt	6750

27 Die Ausgleichsforderung ist auch dann in der vollen errechneten Höhe bei der Berechnung des Pflichtteilsergänzungsanspruchs in Ansatz zu bringen, wenn sie nach § 1378 Abs. 2 begrenzt ist, weil sie durch das vorhandene Vermögen nicht voll gedeckt wird. Würde sie in diesem Fall nur mit dem nach § 1378 Abs. 2 begrenzten Wert eingesetzt, dann würde der beschenkte Dritte zu hoch in Anspruch genommen, wenn er nach § 1390 für die ungedeckte Ausgleichsforderung und nach § 2329 für den Pflichtteilsergänzungsanspruch haftet, und der überlebende Ehegatte würde zu viel erhalten.

Beispiel:

Auszugehen ist von denselben Verhältnissen wie im Beispiel Rdn. 26.
Nur beträgt diesmal der Wert des Nachlasses 2000,
der Wert der Schenkung 10 000.
Die Zugewinnausgleichsforderung errechnet sich wiederum auf 6000.

Sie ist gegen die Erben nach § 1378 Abs. 2 begrenzt auf	2000
Der Beschenkte kann evtl. nach § 1390 in Anspruch genommen werden für	4000
Pflichtteil wegen Überschuldung des Nachlasses	0
Pflichtteilsergänzungsanspruch gegen den Beschenkten nach § 2329: Zu dem Wert des Nachlasses ist der Wert der Schenkung hinzuzurechnen und davon die volle Ausgleichsforderung abzuziehen, oder es ist von dem Wert des Geschenkes die Ausgleichsforderung in der Höhe abzuziehen, als sie durch den Nachlaß nicht gedeckt wird, also (2000 + 10 000 — 6000) : 8 = (10 000 — 4000) : 8	= 750
	6750

28 Falls der Ehegatte ein ihm zugewandtes Vermächtnis annimmt, berechnet sich der ihm zustehende Pflichtteil nach dem nach § 1371 Abs. 1 erhöhten gesetzlichen Erbteil. Das gilt auch für die Berechnung des Pflichtteilergänzungsanspruchs.

Beispiel:

Auszugehen ist von den Verhältnissen wie im Beispiel Rdn. 26.
Pflichtteilsquote 1/4,
Anspruch auf güterrechtlichen Zugewinnausgleich besteht nicht (§ 1371 Abs. 2).

Der Pflichtteil beträgt 10 000 : 4	= 2500
Der Pflichtteilsergänzungsanspruch (10 000 + 2000) : 4 — 2500	= 500
	3000

§ 2326

Der Pflichtteilsberechtigte kann die Ergänzung des Pflichtteils auch dann verlangen, wenn ihm die Hälfte des gesetzlichen Erbteils hinterlassen ist. Ist dem Pflichtteilsberechtigten mehr als die Hälfte hinterlassen, so ist der Anspruch ausgeschlossen, soweit der Wert des mehr Hinterlassenen reicht.

E I 2011 II 2191; M 5 461; P 5 589.

Pflichtteilsergänzungsanspruch des als Erbe berufenen Berechtigten

I. Zuwendung der Hälfte des gesetzlichen Erbteils (Satz 1) 1

Der Ergänzungsanspruch steht auch dann zu, wenn der Pflichtteilsberechtigte wegen des ordentlichen, nach dem Reinbestande des Nachlasses gemäß § 2303 berechneten Pflichtteils durch die Erbeinsetzung gedeckt ist und erst infolge der Hinzurechnung des Geschenks (§ 2325 Rdn. 15—17) sich eine Erhöhung des Pflichtteils herausstellt. So namentlich, wenn sich erst hierdurch der Nullbestand des reinen Nachlasses in einen Aktivbestand verwandelt (§ 2325 Rdn. 17). Der Pflichtteilsergänzungsanspruch steht dem Pflichtteilsberechtigten auch zu, wenn er den ihm zugewandten, die Hälfte des den gesetzlichen nicht übersteigenden Erbteil ausgeschlagen hat (*Planck/Greiff* § 2326 Anm. 1), so daß ihm der ordentliche Pflichtteilsanspruch selbst nicht, sondern allenfalls ein Pflichtteilsrestanspruch (§ 2305) zusteht.

II. Zuwendung von mehr als der Hälfte des gesetzlichen Erbteils (Satz 2) 2

Ist dem Pflichtteilsberechtigten, der auch als Alleinerbe berufen sein kann, mehr als die Hälfte des gesetzlichen Erbteils hinterlassen, so erwirbt er durch eine gemäß § 2306 Abs. 1 Satz 2 erfolgende Ausschlagung den ordentlichen Pflichtteilsanspruch und zugleich den Ergänzungsanspruch.

Der Pflichtteilsberechtigte kann den Ergänzungsanspruch auch geltend machen, 3 wenn er den ordentlichen Pflichtteilsanspruch nicht hat, sei es, weil der ihm hinterlassene Erbteil frei von Beschränkungen oder Beschwerungen ist und deswegen nach § 2306 Abs. 1 Satz 2 kein Pflichtteilsanspruch durch die Ausschlagung begründet wird oder weil er die Erbschaft trotz Beschränkungen oder Beschwerungen annimmt. Er muß sich dann jedoch das Hinterlassene auf diesen Anspruch anrechnen lassen, soweit es den Betrag des ordentlichen, nach dem wirklichen Nachlaßbestande berechneten Pflichtteils übersteigt, und hat keinen Anspruch auf Ergänzung, wenn er dafür bereits durch das mehr Zugewendete gedeckt ist oder gedeckt wäre, wenn er die Erbschaft nicht ausgeschlagen hätte. Dasselbe gilt nach § 2307 Abs. 1, wenn er mit einem Vermächtnis bedacht ist.

Die Beschränkungen oder Beschwerungen, mit denen ihm der größere Erbteil 4 oder das größere Vermächtnis hinterlassen ist, haben entsprechend § 2307 Rdn. 7 außer Betracht zu bleiben, wenn es sich um Ermittlung des Wertes des Hinterlassenen handelt. Mit *Strohal* bei *Planck* 3. Aufl. Anm. 4 und anderen dort Angeführten (aA *Planck/Greiff* Anm. 4) wird jedoch dem Ergänzungsberechtigten aus § 119 das Recht zustehen, die Annahme anzufechten, wenn er die beschränkte oder beschwerte Zuwendung, Erbteil oder Vermächtnis, in Unkenntnis von der Schenkung angenommen hatte.

Ob der Pflichtteilsberechtigte gewillkürter oder gesetzlicher Erbe geworden ist, 5 macht wie für § 2325 (RG **58** 126) so auch für § 2326 keinen Unterschied.

Die Vorschrift des Satzes 2 begründet keine bloße Einrede, sondern sie schließt 6 den Pflichtteilsergänzungsanspruch aus und ist daher gegebenenfalls auch von Amts wegen zu berücksichtigen.

§ 2327

Hat der Pflichtteilsberechtigte selbst ein Geschenk von dem Erblasser erhalten, so ist das Geschenk in gleicher Weise wie das dem Dritten gemachte Geschenk dem Nachlasse hinzuzurechnen und zugleich dem Pflichtteilsberechtigten auf die Ergänzung anzurechnen. Ein nach § 2315 anzurechnendes Geschenk ist auf den Gesamtbetrag des Pflichtteils und der Ergänzung anzurechnen.

Ist der Pflichtteilsberechtigte ein Abkömmling des Erblassers, so findet die Vorschrift des § 2051 Abs. 1 entsprechende Anwendung.

E I 2012 II 2192; M **5** 462, 463; P **5** 589; **6** 104, 105.

Anrechnung der dem Pflichtteilsberechtigten gemachten Geschenke

1 **I. Allgemeine Voraussetzung**

Vorausgesetzt ist, daß neben dem als Ergänzungskläger gedachten selbst beschenkten Pflichtteilsberechtigten noch ein anderer vom Erblasser Beschenkter in Betracht kommt, der ein Fremder (§ 2329) oder Miterbe oder gleichfalls Pflichtteilsberechtigter sein kann. Besonderheit beim Berliner Testament, § 2269; KG OLGZ **74**, 257).

2 **II. Hinzurechnung zum Nachlaß und Anrechnung auf die Ergänzung (Abs. 1 Satz 1)**

Wenn das dem Pflichtteilsberechtigten gemachte Geschenk in gleicher Weise dem Nachlasse hinzuzurechnen ist wie das dem anderen gemachte, so wird damit nur auf Abs. 2 des § 2325 Bezug genommen, der je nach der Art des Schenkungsgegenstandes über den für den Wertansatz maßgebenden Zeitpunkt bestimmt. Nicht aber kommt dem selbst beschenkten Ergänzungskläger auch die zehnjährige Ausschlußfrist des Abs. 3 zugute, er hat sich vielmehr die ihm selbst oder seinem Vorfahren gemachten Geschenke ohne zeitliche Beschränkung anrechnen zu lassen (BGH LM § 2327 Nr. 1; RG **69** 389; KG NJW **74**, 2131).

Schenkungen, die der Erblasser dem Ehegatten des Pflichtteilsberechtigten gemacht hat, sind diesem nicht anzurechnen. In einem solchen Fall ist jedoch zu prüfen, ob die Schenkung an den Ehegatten nicht im Auftrag des Pflichtteilsberechtigten erfolgt ist und ob der Erblasser auf einen dadurch für ihn gegen den Pflichtteilsberechtigten begründeten Anspruch auf Ersatz seiner Aufwendungen nach § 670 verzichtet hat. Dieser Verzicht könnte eine unentgeltliche Zuwendung an den Pflichtteilsberechtigten darstellen, dessen Wert anzurechnen wäre (BGH LM BGB § 2327 Nr. 1).

3 Die Schenkungen werden dem Gesamtnachlaß hinzugerechnet. Danach bestimmt sich der dem Betreffenden im ganzen gebührende Pflichtteil. Der Unterschied zwischen diesem und dem ordentlichen Pflichtteil ist der Betrag der Ergänzung. Nur auf diese Ergänzung, nicht auf den Pflichtteil hat sich der Pflichtteilsberechtigte die selbst empfangene Schenkung anrechnen zu lassen. Soweit sie den Ergänzungsbetrag übersteigt, bleibt sie ganz außer Betracht (s. jedoch Rdn. 5).

4 Soweit die mehreren Geschenke zugleich auszugleichende Zuwendungen darstellen (§ 2050) und deshalb bereits bei Berechnung des ordentlichen Pflichtteils eines Abkömmlings berücksichtigt sind (§ 2316 Rdn. 4, 5), scheiden sie völlig aus und kommen für die Ergänzung nicht mehr in Frage, vgl. auch RG **77** 284 und § 2325 Rdn. 16. Wenn aber diejenigen Abkömmlinge, die eine Ausstattung erhalten haben, die nach § 1624 nicht als Schenkung gilt und daher auch keinen Pflichtteilsergänzungsanspruch begründet, selbst einen Pflichtteilsergänzungsanspruch geltend machen wegen Zuwendungen, die der Erblasser anderen Personen gemacht hat, dann müssen sie sich auf den Wert die-

ses Anspruchs dennoch den Wert der selbst empfangenen Ausstattung anrechnen lassen (BGH LM BGB § 2325 Nr. 5; siehe auch RG 77 282). Der Pflichtteilsergänzungsanspruch erhöht nur den Wert des in dem betreffenden Fall bestehenden Pflichtteilsanspruchs. Die Summe dieses Pflichtteilsanspruchs und des Pflichtteilsergänzungsanspruchs kann aber niemals größer sein als der Pflichtteilsanspruch gewesen wäre, wenn das zur Ergänzung führende Geschenk im Nachlaß verblieben wäre (siehe dazu *Johannsen*, WM 70 239).

III. Anrechnung auf Pflichtteil und Ergänzung (Abs. 1 Satz 2) 5

Nur wenn der Erblasser gemäß § 2315 Abs. 1 Anrechnung des Geschenks auf den Pflichtteil angeordnet hatte, muß sich der Ergänzungsberechtigte (entgegen Rdn. 3) die selbst empfangene Schenkung auf den gesamten Betrag von Pflichtteil und Ergänzung, und zwar zunächst auf den Pflichtteilsanspruch, soweit sie mehr beträgt als dieser, auch auf die Ergänzung anrechnen lassen. Für die Wertbestimmung ist in diesem Falle nicht § 2325 Abs. 2, sondern nach § 2315 Rdn. 13 immer nur die Zeit der Schenkung maßgebend.

Soweit der Ergänzungsanspruch gegen den Beschenkten geltend gemacht wird, hat die Anrechnung auch dann zu erfolgen, wenn die Erben unter sich rechtsgeschäftlich eine Ausgleichung von vornherein bei der Berechnung ihrer jeweiligen Pflichtteilsansprüche ausgeschlossen haben (BGH Urt. v. 2. 11. 1966 V ZR 205/63). Wenn jedoch einer der an der Vereinbarung beteiligten Erben als Beschenkter in Anspruch genommen wird, ist es eine Frage der Auslegung, ob auch in diesem Fall die Vorempfänge bei der Berechnung des Ergänzungsanspruchs ausgeschlossen sein sollen.

Der Pflichtteilsberechtigte, der den Beschenkten auf Ergänzung in Anspruch nimmt, hat diesem auf Verlangen mitzuteilen, ob und welche Geschenke er selbst von dem Erblasser erhalten hat. Wenn es nach der Lebenserfahrung nicht unwahrscheinlich ist, daß der Pflichtteilsberechtigte von dem Erblasser etwas geschenkt erhalten hat, kann der auf Ergänzung in Anspruch Genommene daher in dem deswegen anhängigen Rechtsstreit die Vernehmung des Pflichtteilsberechtigten über ihm zuteil gewordene Zuwendungen verlangen. Darin liegt kein unzulässiger Ausforschungsbeweis (BGH LM BGB § 2329 Nr. 5/6).

IV. Pflichtteilsberechtigter Abkömmling (Abs. 2) 6

Übereinstimmend mit § 2315 Abs. 3 (Näheres dort Rdn. 17—22) hat sich der in das Pflichtteilsrecht nachrückende Abkömmling auch bezüglich der seinem Vorfahren gemachten Schenkungen so behandeln zu lassen, wie wenn er selbst der Beschenkte wäre.

§ 2328

Ist der Erbe selbst pflichtteilsberechtigt, so kann er die Ergänzung des Pflichtteils so weit verweigern, daß ihm sein eigener Pflichtteil mit Einschluß dessen verbleibt, was ihm zur Ergänzung des Pflichtteils gebühren würde.

E I 2013 II 2193; M **5** 463—466; P **5** 589—591; **6** 105, 106.

Pflichtteilsergänzungsanspruch gegen den selbst pflichtteilsberechtigten Erben

Aus den allgemeinen, nach § 2325 Rdn. 3 auch hier anwendbaren Vorschriften 1
über die Pflichtteilslast folgt, daß der pflichtteilsberechtigte Erbe die Last auch insoweit

auf Vermächtnisnehmer und Auflagebeteiligte abwälzen darf, als sie durch die Ergänzungspflicht gesteigert ist (§ 2318).

2 Entsprechend dem § 2319 ist ihm, und zwar gleichviel ob er Miterbe oder Alleinerbe ist, jedoch nur gegenüber dem Ergänzungsanspruch, ein im Wege der Einrede verfolgbares Verweigerungsrecht beigelegt, durch das er sich im Genuß des eigenen nach Ergänzungsgrundsätzen ihm selbst gebührenden Pflichtteils erhalten kann. Für den Ausfall haftet dem Ergänzungsberechtigten, soweit er sich nicht an andere Erben halten kann, nach den Grundsätzen des § 2329 der Beschenkte, und zwar auch dann, wenn er mit dem Erben wiederum identisch ist. Gegenüber dem Pflichtteilsanspruch selbst ist, abgesehen von § 2319, kein Leistungsverweigerungsrecht gegeben.

3 *Beispiel:*

Der Nachlaß beträgt 2000 DM. Der Erblasser hat einem Dritten eine Schenkung von 6000 DM gemacht. Er hat zwei Söhne, A und B hinterlassen, von denen er A als Alleinerben eingesetzt hat. Der Pflichtteil des B beträgt 500 DM, sein Ergänzungsanspruch 1500 DM. Obwohl A als Pflichtteil und Ergänzung auch 2000 DM gebühren würden, muß er den Pflichtteilsanspruch des B mit 500 DM befriedigen. B muß sich wegen 1500 DM, A wegen 500 DM an den Beschenkten halten.

§ 2329

Soweit der Erbe zur Ergänzung des Pflichtteils nicht verpflichtet ist, kann der Pflichtteilsberechtigte von dem Beschenkten die Herausgabe des Geschenkes zum Zwecke der Befriedigung wegen des fehlenden Betrags nach den Vorschriften über die Herausgabe einer ungerechtfertigten Bereicherung fordern. Ist der Pflichtteilsberechtigte der alleinige Erbe, so steht ihm das gleiche Recht zu.

Der Beschenkte kann die Herausgabe durch Zahlung des fehlenden Betrags abwenden.

Unter mehreren Beschenkten haftet der früher Beschenkte nur insoweit, als der später Beschenkte nicht verpflichtet ist.

E I 2014—2016 II 2194; M **5** 466—468; P **5** 592—595.

Haftung des Beschenkten für den Ergänzungsanspruch

Übersicht

Neueres Schrifttum:

Blunck, Der Pflichtteilsergänzungsanspruch gegen den mit einer Heimstätte Beschenkten, MDR 72 998.

I. Der zur Ergänzung nicht verpflichtete Erbe 1

Soweit der Erbe zur Ergänzung nicht verpflichtet ist, tritt aushilfsweise die Haftung des Beschenkten ein. Ist der Beschenkte Miterbe des Ergänzungsberechtigten, so haftet er jedenfalls als Beschenkter, soweit er nicht schon als Erbe verpflichtet ist (s. auch Rdn. 15—18). Der Erbe ist von vornherein nicht zur Ergänzung verpflichtet,

wenn der Nachlaß mit Null aufgeht oder überschuldet ist (§§ 2311 Rdn. 1 ff, 2325 Rdn. 17; BGH LM BGB § 2325 Nr. 2; BGH FamRZ **68** 150; BGH NJW **74** 1327; *Planck/Greiff*, § 2329 Anm. 1 a; *Staudinger/Ferid*, § 2329 Rdn. 7; *von Lübtow* I, 597; RGZ **80** 135, 137),

oder wenn und soweit er, sei es auch infolge von Wertveränderungen des Nachlasses, den entstandenen Ergänzungsanspruch nach den Grundsätzen der beschränkten Haftung (§§ 1975 ff, insbesondere §§ 1991 Abs. 4, 1992) nicht zu erfüllen braucht, ja sogar nicht erfüllen darf (RG **58** 127; **80** 135, 136; *Kipp/Coing*, § 13 VI 2; *Planck/Greiff*, § 2329 Anm. 1 a; *Staudinger/Ferid*, § 2329 Rdn. 5; *Erman/Bartholomeyczik*, § 2329 Anm. 1; *Lange*, § 39 IX 3 a; *Soergel/Dieckmann*, § 2329 Rdn. 1; *von Lübtow* I, 597),

soweit er nach § 2328 die Ergänzung verweigern kann.

Dagegen kann der Ergänzungsberechtigte Ausfälle, die er infolge Zahlungsunfähigkeit des unbeschränkt haftenden Erben erleidet, nicht gegen den Beschenkten geltend machen (*Strohhal* I, 516; *Bartholomeyczik*, § 47 V 2; *Erman/Bartholomeyczik*, § 2329 Rdn. 1; *Soergel/Dieckmann*, § 2329 Rdn. 1; *Lange*, § 29 IX 3 a; *von Lübtow* I 597; aA *Kipp/Coing*, § 13 VI 2; *Staudinger/Ferid*, § 2329 Rdn. 8; *Palandt/Keidel*, § 2329 Anm. 3). 2

Diese Befreiungsgründe schließen es jedoch nicht aus, den als Erbe zur Ergänzung nicht verpflichteten Erben nunmehr persönlich in seiner Eigenschaft als Beschenkter in Anspruch zu nehmen (BGH LM BGB § 2325 Nr. 2; BGH FamRZ **68** 150; RG JW **12** 913 Nr. 11). Wegen der verschiedenen Rechtsfolgen muß streng geschieden werden, ob der Beklagte als Erbe oder als Beschenkter in Anspruch genommen wird. Als Erbe ist er auf einen entsprechenden Antrag nur unter Vorbehalt der beschränkten Haftung (§ 780 ZPO) zu verurteilen. 3

II. Der Anspruch gegen den Beschenkten 4

1. Allgemeine Rechtsnatur

Der Ergänzungsanspruch wird dadurch, daß er gegen den Beschenkten verfolgt wird, nicht in seinem Grunde, sondern nur nach Art und Umfang der Haftung verändert (BGH NJW **64** 1323; **74** 1327; RG **58** 128). Die Normen des Pflichtteilsrechts sind auf ihn auch in diesem Falle anwendbar, soweit dies mit den sich aus der Richtung des Anspruchs gegen den Beschenkten ergebenden Eigentümlichkeiten vereinbar ist (RG **73** 370 f; LZ **25** 1071; SeuffArch. **88** Nr. 147, beide betr. Anwendbarkeit des § 2306). Namentlich braucht der Beschenkte ebenso wie der Erbe (§ 2325 Rdn. 24) eine länger als zehn Jahre zurückliegende Schenkung nicht herauszugeben (RG **81** 204).

Die Bestimmung des § 2317 über den Zeitpunkt der Entstehung, die Vererblichkeit und Übertragbarkeit des Anspruchs und § 852 Abs. 1 ZPO sind auf den Anspruch gegen den Beschenkten anzuwenden. Die strafweise Entziehung des Pflichtteils und der Verzicht auf den Pflichtteil ergreifen auch den Anspruch gegen den Beschenkten. Ferner hat der Beschenkte das Recht, den Anspruch wegen Pflichtteilsunwürdigkeit nach § 2345 anzufechten. 5

6 Auch der gegen den Beschenkten gerichtete Anspruch kann nach § 27 ZPO vor dem Gericht geltend gemacht werden, bei dem der Erblasser zur Zeit seines Todes seinen allgemeinen Gerichtsstand hatte.

7 **2. Inhalt des Anspruchs**

a) Duldung der Zwangsvollstreckung. Der Anspruch geht an sich auf Geld, auf den fehlenden Betrag, dessen Höhe sich nach §§ 2325—2327 unter Abzug des vom Erben Erlangten oder zu Erlangenden berechnet (BGH LM BGB § 2325 Nr. 2). Er ist aber kein Zahlungsanspruch. Denn der Beschenkte ist nur verpflichtet, das Geschenk zum Zwecke der Befriedigung nach den Grundsätzen der ungerechtfertigten Bereicherung herauszugeben. Das geschieht in der Weise, daß er die Zwangsvollstreckung in den geschenkten Gegenstand wegen des Ergänzungsanspruchs dulden muß. So muß auch der Antrag und die Verurteilung lauten (BGH LM § 2325 Nr. 2; *Kipp/Coing,* § 13 VI 3; *Staudinger/Ferid,* § 2329 Rdn. 28, 29; *Soergel/Dieckmann,* § 2324 Rdn. 5; *Lange,* § 39 XI 3 b; *Planck/Greiff,* § 2329 Anm. 3 c). Nur wenn Geld geschenkt war, sind Herausgabe und Zahlung dasselbe.

8 Handelt es sich um ein noch nicht erfülltes Schenkungsversprechen, so ist der Schenkungsanspruch herauszugeben.

9 **b) Minderung der Bereicherung durch Kosten und Aufwendungen.** Soweit die Bereicherung durch Kosten des Schenkungsaktes oder Aufwendungen auf den geschenkten Gegenstand gemindert ist (vgl. Rdn. 12), ist auch dies bei der Verurteilung zu berücksichtigen. Der Beschenkte kann sich wegen dieser Kosten und Aufwendungen aus dem bei der Zwangsvollstreckung erzielten Erlös vorweg befriedigen. Nur wenn Geld geschenkt war, sind Herausgabe und Zahlung dasselbe.

10 **c) Auskunftsanspruch.** Der Pflichtteilsberechtigte hat nach § 2314 (dort Rdn. 8) gegen den Erben einen Anspruch auf Auskunft über die von dem Erblasser gemachten Schenkungen. Der Erbe wird oft nicht in der Lage sein, genügende Auskünfte zu geben. Der Pflichtteilsberechtigte kann in solchen Fällen Auskunft von dem Beschenkten verlangen. Denn auch dieser haftet subsidiär für den Pflichtteilsergeänzungsanspruch (BGH **55** 378 mit Anm. LM § 2314 Nr. 6; aA BGH **18** 70, wo der Anspruch nur nach § 260 Abs. 1 gewährt wird, wenn ein Inbegriff von Sachen herauszugeben ist). Der Auskunftsanspruch gegen den Beschenkten steht nicht nur dem von der Erbfolge ausgeschlossenen, sondern auch dem Pflichtteilsberechtigten zu, der Erbe ist. Er gründet sich dann auf § 242. Voraussetzung für das Bestehen dieses Anspruchs ist, daß gewisse Anhaltspunkte dafür dargetan sind, daß der auf Auskunft in Anspruch Genommene eine Zuwendung erhalten hat, die wenigstens teilweise unentgeltlich ist, und daß der pflichtteilsberechtigte Erbe sich die erforderlichen Kenntnisse nicht selbst beschaffen kann, während es dem in Anspruch Genommenen zuzumuten ist, sie zu erteilen (BGH **61** 180; Celle, NJW **66** 1663; *Lange,* § 39 XI 5; *Coing,* NJW **70** 729, 734; *Bartholomeyczik,* § 48 I 7; *Staudinger/Ferid,* § 2329 Rdn. 38; *Palandt/Keidel,* § 2329 Anm. 2; siehe auch § 2314 Rdn. 4 wegen des Auskunftsanspruchs des pflichtteilsberechtigten Erben nach § 2314).

11 **d) Behandlung im Konkurs des Beschenkten.** Im Konkurs des Beschenkten hat der Pflichtteilsberechtigte kein Recht auf abgesonderte Befriedigung aus den geschenkten Gegenständen. Die Bereicherung des Beschenkten ist vielmehr in Geld zu beziffern. Der Pflichtteilsberechtigte erhält hiervon, falls dieser Betrag geringer ist als sein Ergänzungsanspruch, andernfalls von diesem die Konkursdividende. Im letzteren Fall kann er sich überhaupt nicht, im ersten nur wegen des Unterschiedes zwischen dem Betrag sei-

nes Ergänzungsanspruchs und der in Geld bezifferten Bereicherung nach Abs. 3 an einen früher Beschenkten halten.

III. Anwendung der Bereicherungsvorschriften 12

Wegen der Anwendung der Vorschriften über die Herausgabe einer ungerechtfertigten Bereicherung vgl. § 1973 Rdn. 13ff. Die Bereicherung wird durch die dem Beschenkten entstandenen Kosten des Schenkungsakts (RG WarnRspr. **1908** Nr. 205) und durch Aufwendungen, die der Beschenkte gemacht hat, um das Geschenk zu erhalten oder dessen Wert zu steigern, vermindert.

Von der Rechtshängigkeit oder von dem Augenblick an, in dem der Beschenkte 13 den Mangel des rechtlichen Grundes erfährt, haftet er nicht mehr nach Bereicherungsrecht, sondern nach den allgemeinen Vorschriften. Zur Kenntnis vom Mangel des rechtlichen Grundes (§ 819 Abs. 1) gehört regelmäßig Kenntnis vom Stande des Nachlasses und der Ergänzungsbedürftigkeit des Pflichtteils im Sinne von § 2325 ff. Doch kann die Kenntnis auch schon zur Zeit der Schenkung gegeben sein, wenn dem Empfänger eine damit verbundene Benachteiligungsabsicht des Erblassers bekannt war (vgl. auch §§ 818 Abs. 2, 826).

Der fernere Empfänger, dem die Schenkung unentgeltlich zugewendet ist, haf- 14 tet nach § 822.

IV. Pflichtteilsberechtigter als alleiniger Erbe (Abs. 1 Satz 2) 15

Ist der Pflichtteilsberechtigte der alleinige Erbe, so kommt von vornherein nur der Ergänzungsanspruch gegen den Beschenkten in Frage. Unerheblich ist, ob der Pflichtteilsberechtigte durch gesetzliche Erbfolge oder auf Grund letztwilliger Verfügung zur Erbfolge berufen ist. Er kann den Beschenkten wegen des Betrages in Anspruch nehmen, in dessen Höhe die Pflichtteilsergänzung, die ihm gebührt, durch den Wert des Nachlasses nicht gedeckt wird. Ebenso wie bei § 2326 Satz 2 sind bei der Berechnung des Nachlaßwerts die darauf ruhenden Beschränkungen und Beschwerungen unberücksichtigt zu lassen.

Er kann sein Recht, wenn es sich um ein Schenkungsversprechen handelt, auch 16 durch Verweigerung der Leistung ausüben.

Wegen seines Rechts, Auskunft von dem Beschenkten über die ihm zuteil gewordenen Zuwendungen zu erlangen, siehe Rdn. 10.

Der Pflichtteilsberechtigte, welcher der alleinige Erbe ist, ist zur Geltendma- 17 chung des Ergänzungsanspruchs gegen den Beschenkten auch dann befugt, wenn die Verfügung über den Nachlaß infolge der Eröffnung des Nachlaßkonkurses dem Konkursverwalter zusteht. Jener Anspruch und ein nach KO § 32 bestehender Anfechtungsanspruch sind keine Gesamtgläubigerforderungen, sondern sie stehen in dem Verhältnis zueinander, daß mit der Durchführung der Anfechtung und in dem Maße dieser Durchführung die Bereicherung des Beschenkten und damit nach Rdn. 12—14 eine Voraussetzung für die Verpflichtung zur Pflichtteilsergänzung fortfällt (RG LZ **28** 53).

Ein dem Falle, daß der ergänzungsberechtigte Pflichtteilsberechtigte alleiniger 18 Erbe ist, entsprechender Tatbestand kann auch bei einer Erbenmehrheit vorliegen (wie in dem Falle RG LZ **28** 53, in dem die Kinder und der Ehegatte des Erblassers die gesetzlichen Erben des durch die Schenkung an einen Fremden geminderten Nachlasses geworden waren).

19 **V. Abwendung der Herausgabe (Abs. 2)**

Sie erfolgt durch freiwillige Zahlung des fehlenden Betrags (Rdn. 7), also nicht wie nach §§ 1973 Rdn. 21, 1992 Rdn. 12 des Wertes der von der Zwangsvollstreckung bedrohten oder ergriffenen Schenkungsgegenstände.

20 **VI. Reihenfolge der Haftung mehrerer Beschenkter (Abs. 3)**

Der zuletzt Beschenkte haftet zuerst. Die Reihenfolge richtet sich nach dem Zeitpunkt, in dem der geschenkte Gegenstand jeweils geleistet, die Schenkung vollzogen worden ist. Auf die etwa früher liegenden Zeitpunkte, zu denen diese Schenkungen versprochen worden sind, kommt es nicht an (Hamm, NJW **69** 2148).

Nur soweit der zuletzt Bedachte nicht verpflichtet ist (nicht auch soweit er nicht zahlungsfähig), kann der nächste früher Beschenkte herangezogen werden. Der Anspruch gegen den früher Beschenkten geht nicht etwa dahin, die Zwangsvollstreckung in das ihm gemachte Geschenk insoweit zu dulden, als die Zwangsvollstreckung wegen des Ergänzungsanspruchs in die dem später Beschenkten zugewandten Gegenstände nicht zur Befriedigung geführt hat. Er geht vielmehr dahin, die Zwangsvollstreckung in das Geschenk wegen derjenigen Forderung zu dulden, die sich aus der Differenz zwischen dem Pflichtteilsergänzungsanspruch und der bei dem später Beschenkten durch das Geschenk im maßgeblichen Zeitpunkt noch vorhandenen Bereicherung ergibt.

21 Maßgeblicher Zeitpunkt ist derjenige, in dem der Anspruch gegen den später Beschenkten rechtshängig wird oder in dem dieser von dem Ergänzungsanspruch Kenntnis erlangt.

22 Auch der gegen den früher Beschenkten gerichtete Anspruch ist bereits mit dem Erbfall entstanden. Er ist von dem genannten maßgeblichen Zeitpunkt an kein künftiger oder bedingter mehr. Obwohl sofort gegen die später und früher Beschenkten auf Leistung geklagt werden kann, ist es doch mit Rücksicht auf die Schwierigkeit, den Anspruch gegen den früher Beschenkten zu beziffern, möglich, gegen den später Beschenkten auf Leistung und gegen den früher Beschenkten zunächst auf Feststellung seiner Verpflichtung zu klagen (BGH **17** 336 mit Anm. LM BGB § 2329 Nr. 1).

23 Die Verpflichtung erlischt insbesondere durch Wegfall der Bereicherung vor Eintritt der Rechtshängigkeit oder vor Kenntnis gemäß §§ 818 Abs. 4, 819. Oder durch Fristablauf, während sich ein früher beschenkter Ehegatte hierauf nicht beziehen darf (§ 2325 Rdn. 25).

24 **VII. Beweislast. Verjährung**

Der Ergänzungskläger hat die Schenkung und ferner zu beweisen, daß oder inwieweit der Erbe nicht verpflichtet ist (BGH LM BGB § 2325 Nr. 2). Diese Beweislast trifft ihn auch dann, wenn er den Erben selbst in der Eigenschaft des Beschenkten in Anspruch nimmt (RG **80** 136).

Ist der Pflichtteilsberechtigte der alleinige Erbe (Rdn. 15—18), so hat er zur Berechnung des ihm gebührenden Betrags den Bestand des Nachlasses darzulegen (RG **84** 207). Dazu gehört auch die Angabe dessen, was der pflichtteilsberechtigte Erbe selbst an Geschenken von dem Erblasser erhalten hat (BGH LM BGB § 2329 Nr. 5/6; dazu § 2327 Rdn. 5).

Der Beklagte ist dafür beweispflichtig, daß er nicht bereichert oder daß ein zunächst haftender später Beschenkter vorhanden ist.

Daß dieser nicht verpflichtet sei, ist Replik des Klägers.

Von mehreren Pflichtteilsberechtigten kann jeder klagen. Soweit der Beschenkte an den Kläger herausgibt, mindert sich seine Bereicherung.

Verjährung § 2332 Abs. 2. Wird der vom Erblasser selbst Beschenkte zunächst nach § 2325 in Anspruch genommen und dann, nachdem er die Erschöpfungseinrede aus § 1990 geltend gemacht hat (oben Rdn. 1), nach § 2329 als Beschenkter, dann unterbricht die auf § 2325 gestützte Klage auch die Verjährung des auf § 2329 gestützten Anspruchs. Das folgt daraus, daß sich beide Ansprüche nur nach Art und Umfang der Haftung, nicht aber dem Grunde nach unterscheiden. Es handelt sich darum auch nicht um eine Klageänderung (BGH NJW **74** 1327). Die auf § 2325 gestützte, gegen den Erben gerichtete Klage kann dagegen die Verjährung des Anspruchs aus § 2329, der sich gegen einen dritten Beschenkten richtet, nicht unterbrechen.

§ 2330

Die Vorschriften der §§ 2325 bis 2329 finden keine Anwendung auf Schenkungen, durch die einer sittlichen Pflicht oder einer auf den Anstand zu nehmenden Rücksicht entsprochen wird.

E I 2018 II 2195; M **5** 469; P **5** 596.

Anstandsschenkungen

Keinen Pflichtteilsergänzungsanspruch begründen Schenkungen, durch die **1** einer sittlichen Pflicht oder einer auf den Anstand zu nehmenden Rücksicht entsprochen worden ist. Ob es sich um eine solche Anstandsschenkung handelt, ist nach den Umständen des jeweiligen Einzelfalles unter Berücksichtigung der Vermögenslage und der Lebensstellung der Beteiligten, des Gewichts der zu belohnenden Leistung des Beschenkten und der unter den Beteiligten bestehenden persönlichen Beziehungen zu entscheiden. Es ist zu fragen, ob nach den Umständen des Einzelfalls unter Zugrundelegung eines objektiven Maßstabs die Schenkung sittlich geboten und gerechtfertigt war. Wenn eine Schenkung das durch eine sittliche Pflicht oder den Anstand gebotene Maß übersteigt, ist sie mit dem Mehrbetrag bei der Pflichtteilsergänzung zu berücksichtigen (BGH LM BGB § 2330 Nr. 2). Eine Schenkung, durch die der Schenker sich für geleistete Dienste erkenntlich zeigen will, belohnende Schenkung, kann ganz oder teilweise unter § 2330 und die entsprechenden Vorschriften fallen; sie braucht es aber nicht (§ 2325 Rdn. 11). Unter Umständen kann einer sittlichen Pflicht auch eine größere Schenkung entsprechen, selbst eine solche, die den Nachlaß im wesentlichen erschöpft. Das zeigt der Fall Celle HRR **34** Nr. 942.

Im Geltungsbereich der Höfeordnung der früheren britischen Zone können Zu- **2** wendungen an ein weichendes Kind anläßlich der Übergabe eines Hofes Schenkungen sein, durch die einer sittlichen Pflicht entsprochen wird (BGH Urt. v. 6. 3. 1952 IV ZR 18/51). Um eine Anstandsschenkung handelt es sich, wenn ein begüterter Gewerbetreibender zugunsten seiner unversorgten Ehefrau eine Lebensversicherung abschließt (Braunschweig, FamRZ **63** 376).

Die Beweislast dafür, daß oder inwieweit es sich um eine Anstandsschenkung **3** usw. handelt, trifft den, der sich darauf beruft (BGH Urt. v. 11. 2. 65 III ZR 193/63; 20. 4. 66 III ZR 139/64; RG LZ **18** 1076).

Über die Auskunftspflicht siehe § 2314 Rdn. 8.

§ 2331

Eine Zuwendung, die aus dem Gesamtgute der Gütergemeinschaft erfolgt, gilt als von jedem der Ehegatten zur Hälfte gemacht. Die Zuwendung gilt jedoch, wenn sie an einen Abkömmling, der nur von einem der Ehegatten abstammt, oder an eine Person, von der nur einer der Ehegatten abstammt, erfolgt oder wenn einer der Ehegatten wegen der Zuwendung zu dem Gesamtgut Ersatz zu leisten hat, als von diesem Ehegatten gemacht.

Diese Vorschriften sind auf eine Zuwendung aus dem Gesamtgute der fortgesetzten Gütergemeinschaft entsprechend anzuwenden.

E I 1991, 2017 II 2196; M **5** 416, 468; P **5** 525, 596.

1 Die Vorschrift ist durch das Gleichberechtigungsgesetz v. 18. 6. 1957, BGBl I 609, neu gefaßt. Nach der ursprünglichen, vor dem 1. Juli 1958 geltenden Fassung gilt Entsprechendes für Zuwendungen, die aus dem Gesamtgut der allgemeinen Gütergemeinschaft, der Errungenschaftsgemeinschaft oder der Fahrnisgemeinschaft erfolgt waren. Für die allgemeine Gütergemeinschaft gilt nach Art. 8 I Nr. 6 des Gleichberechtigungsgesetzes das Recht der Gütergemeinschaft. Soweit die Ehegatten am 1. Juli 1958 im Güterstand der Errungenschafts- oder Fahrnisgemeinschaft des BGB gelebt haben, bleiben, sofern die Ehegatten nichts anderes vereinbaren, die Vorschriften, die vor dem 1. April 1953 für diese Güterstände gegolten haben, nach Art. 8 I Nr. 7 des Gleichberechtigungsgesetzes maßgebend.

2 Vgl.Rdn. 1—4 zu § 2054, mit dem die Vorschrift, bis auf den die Eltern eines Ehegatten betreffenden Zusatz in Abs. 1, wörtlich übereinstimmt. Sie bezieht sich sowohl auf den ordentlichen wie auf den Pflichtteilsergänzungsanspruch (RG **94** 265).

§ 2331 a

Ist der Erbe selbst pflichtteilsberechtigt, so kann er Stundung des Pflichtteilsanspruchs verlangen, wenn die sofortige Erfüllung des gesamten Anspruchs den Erben wegen der Art der Nachlaßgegenstände ungewöhnlich hart treffen, insbesondere wenn sie ihn zur Aufgabe seiner Familienwohnung oder zur Veräußerung eines Wirtschaftsguts zwingen würde, das für den Erben und seine Familie die wirtschaftliche Lebensgrundlage bildet. Stundung kann nur verlangt werden, soweit sie dem Pflichtteilsberechtigten bei Abwägung der Interessen beider Teile zugemutet werden kann.

Für die Entscheidung über eine Stundung ist, wenn der Anspruch nicht bestritten wird, das Nachlaßgericht zuständig. § 1382 Abs. 2 bis 6 gilt entsprechend; an die Stelle des Vormundschaftsgerichts tritt das Nachlaßgericht.

Stundung des Pflichtteilsanspruchs

Übersicht

I. Allgemeines 1

Die Vorschrift ist gemäß Art. 1 Nr. 92 Nichtehelichengesetz mit Wirkung vom 1. Juli 1970 in das Gesetz eingefügt. Sie wird ergänzt durch den gleichfalls durch das Nichtehelichengesetz eingefügten § 83 a FGG. Das bisherige Recht kannte keine entsprechende Vorschrift. Dadurch, daß Pflichtteilsberechtigte ihre Ansprüche durchsetzen, besteht die Gefahr, daß bei einer Zwangsvollstreckung in den Nachlaß dieser erhebliche Verluste erleidet, insbesondere daß zum Nachlaß gehörige Wirtschaftseinheiten, Handelsunternehmungen usw., in ihrem Bestand gefährdet werden. Diese Gefahr besteht in besonderem Maße, wenn pflichtteilsberechtigte nichteheliche Kinder vorhanden sind. Um ihr vorzubeugen, hat der Gesetzgeber die Möglichkeit einer Stundung eingeräumt. Sie besteht ebenso für den Erbersatzanspruch nach §§ 1934 a, 1934 b Abs. 2. Vgl. dazu Bundestagsdrucksache V/2370 S. 98.

II. Voraussetzungen für die Stundung 2

1. Verlangen des selbst pflichtteilsberechtigten Erben

Die Stundung kann nur der Erbe verlangen, der selbst nach §§ 2303, 2309 pflichtteilsberechtigt ist. Erben, die nicht selbst pflichtteilsberechtigt sind, genießen diesen Schutz nicht. Daher können, wenn von mehreren Miterben ein Teil pflichtteilsberechtigt und andere nicht pflichtteilsberechtigt sind, nur jene die Stundung beantragen. Wird sie ihnen gewährt, dann kommt sie den anderen grundsätzlich nicht zugute. Anders ist es, solange der Nachlaß noch nicht geteilt ist und keiner der Erben unbeschränkt haftet. In diesem Fall können die Miterben nach § 2059 Abs. 1 nicht mit ihrem Privatvermögen für die Erfüllung des Pflichtteilsanspruches in Anspruch genommen werden. Die Vollstreckung wegen dieser Ansprüche kann sich praktisch nur gegen den Nachlaß richten. Damit kommt eine gewährte Stundung im Ergebnis allen Miterben zugute (*Erman/Bartholomeyczik,* § 2331 a Rdn. 3, 4; *Palandt/Keidel,* § 2331 a Anm. 2). Solange einem Miterben Stundung gewährt ist, kann der Pflichtteilsberechtigte in diesem Falle die Befriedigung seines Anspruchs auch nicht dadurch verlangen, daß er den Anteil eines anderen Miterben am Nachlaß pfändet, sich überweisen läßt und dann die Auseinandersetzung betreibt.

Die nicht pflichtteilsberechtigten Erben können auch nicht für den pflichtteilsberechtigten die Stundung beantragen, desgleichen nicht der Testamentsvollstrecker, wohl aber der Konkursverwalter im Falle des Nachlaßkonkurses, der Nachlaßverwalter, § 1984, und der Nachlaßpfleger, §§ 1960, 1961 (*Palandt/Keidel,* § 2331 a Anm. 2; *Erman/Bartholomeyczik,* § 2331 a Rdn. 3; *Odersky,* § 2331 a Anm. III 1).

2. Voraussetzungen für die Stundung 3

a) Sachliche Voraussetzungen. Die Stundung kann verlangt werden, wenn die sofortige Erfüllung des gesamten Anspruchs den Erben wegen der Art der Nachlaßgegenstände besonders hart treffen würde. Damit verlangt das Gesetz in diesem Fall mehr, als für die Stundung der Zugewinnausgleichsforderung nach § 1382 Abs. 1 und für die des Anspruchs auf vorzeitigen Erbausgleich nach § 1934 d Abs. 5 gefordert wird. In diesen Fällen genügt es, daß die sofortige Zahlung den Schuldner besonders hart treffen würde. Hier muß die Härte sich aus der Art der Nachlaßgegenstände ergeben. Das Gesetz nennt als Beispiele, daß die Erfüllung des gesamten Anspruchs den Erben zur Aufgabe seiner Familienwohnung oder zur Veräußerung eines Wirtschaftsguts zwingen würde, das für den Erben und seine Familie die wirtschaftliche Lebensgrundlage bildet. Der Erbe muß genötigt sein, für die Erfüllung des gesamten Anspruchs auf einen Nachlaßgegenstand zurückzugreifen, dessen Verlust ihn besonders hart trifft (*Palandt/Keidel,*

§ 2331 a Anm. 2; *Erman/Bartholomeyczik,* 2331 a Rdn. 4). Die Stundung ist daher nicht zu gewähren, wenn genügend Geld im Nachlaß vorhanden ist oder auch Nachlaßkonten zur Verfügung stehen. Der Erbe kann dann nicht geltend machen, daß er dadurch hohe Zinseinbußen erleidet. Anders wäre es, wenn dieses Kapital benötigt wird, um ein zum Nachlaß gehöriges Unternehmen des Erblassers, das die Existenzgrundlage für den Erben sein soll, zu betreiben, und wenn dadurch, daß das Kapital für die Befriedigung des Pflichtteilsanspruchs herangezogen wird, zu besorgen ist, daß das Unternehmen illiquide wird und dadurch dem Erben verlorengehen kann.

Wertpapiere, die sich im Nachlaß befinden, muß der Erbe notfalls zur Befriedigung des Anspruchs veräußern. Er kann nicht geltend machen, daß er wegen eines zur Zeit niedrigen Kurses dadurch Einbußen erleidet (vgl. amtliche Begründung BT-Drucksache V 2370 S. 99).

4 Wirtschaftsgut im Sinne dieser Vorschrift sind das vom Erben bewohnte Eigenheim oder die Eigentumswohnung, gewerbliche Unternehmungen, landwirtschaftliche Besitzungen, Mietshäuser und auch Anteile und Beteiligungen an Handelsgesellschaften, die für den Erben und seine Familie die wirtschaftliche Lebensgrundlage bilden. Soweit sie das nicht tun, muß der Erbe sie für die Befriedigung des Pflichtteilsanspruchs heranziehen. Wenn zum Nachlaß mehrere Wirtschaftsgüter dieser Art gehören, kann dem Erben zugemutet werden, eines oder auch mehrere davon zu veräußern, wenn die Erträge der übrigen ausreichen, um seinen und seiner Familie Lebensunterhalt zu bestreiten (*Palandt/Keidel,* § 2331 a Anm. 2 b; *Erman/Bartholomeyczik,* § 2331 a Rdn. 3).

5 Stundung kann nicht beansprucht werden, wenn die Befriedigung des Anspruchs aus dem Nachlaß nicht erforderlich ist, weil der Erbe genügend eigene Mittel besitzt, mit denen er den Anspruch befriedigen kann (*Erman/Bartholomeyczik,* § 2331 a Rdn. 4).

6 **b) Zumutbarkeit (Satz 2).** Auch bei Vorliegen dieser Voraussetzungen kann Stundung nach Abs. 2 nur verlangt werden, soweit sie dem Pflichtteilsberechtigten bei Abwägung der Interessen beider Teile zugemutet werden kann. Es ist dies eine weitere Anspruchsvoraussetzung (aA wohl *Erman/Bartholomeyczik,* § 2331 a Rdn. 5, nachdem das Stundungsbegehren in diesem Fall ausnahmsweise unbegründet sein soll). Es kommt darauf an, ob dem Pflichtteilsberechtigten zugemutet werden kann, mit der Erfüllung seines ganzen oder eines Teils seines Anspruchs zu warten. Dabei ist das Interesse des Erben an der Stundung gebührend zu berücksichtigen. Auf seiten des Pflichtteilsberechtigten sind seine und seiner Familie Bedürfnisse in Rechnung zu stellen. Eine Stundung wird nicht angebracht sein, wenn ein bedürftiger Pflichtteilsberechtigter die Mittel benötigt, um eine Existenzgrundlage für sich und seine Familie aufzubauen, oder wenn er durch den Tod des Erblassers seine Unterhaltsansprüche verloren hat und er die Mittel aus dem Pflichtteil für seinen Unterhalt, insbesondere zur Bestreitung der Kosten für die Vollendung seiner Ausbildung benötigt (*Erman/Bartholomeyczik,* § 2331 a Rdn. 5; *Lutter,* Das Erbrecht des nichtehelichen Kindes S. 48). Zu berücksichtigen ist auch, ob und wieweit der Erbe sich bemüht hat, Mittel für die Befriedigung des Anspruchs zu beschaffen. Gegen die Stundung spricht, wenn der Erbe es darauf angelegt hat, den Pflichtteilsberechtigten um sein Recht zu bringen.

7 **III. Entscheidung über die Stundung (Abs. 2)**

1. Zuständigkeit

Wenn der Anspruch selbst nicht bestritten ist, entscheidet über die Stundung nach Abs. 2 das nach § 73 FGG örtlich zuständige Nachlaßgericht und dort nach § 3 Nr. 2 c RpflG der Rechtspfleger (dazu *Bosch,* FamRZ 72 174). Das Prozeßgericht entscheidet, wenn der Anspruch bestritten und deswegen ein Rechtsstreit anhängig ist (§ 1382 Abs. 5). Die Stundung kann nicht mehr begehrt werden, wenn dieses rechtskräftig entschieden und der Erbe es unterlassen hat, einen Stundungsantrag zu stellen; es sei denn, daß die Gründe für den Antrag erst später entstanden sind (*Erman/Bartholomeyczik*, 2331 a Rdn. 7; *Palandt/Keidel*, § 2331 a Anm. 3 b; *Odersky*, § 2331 a Anm. V 1).

2. Das Verfahren vor dem Nachlaßgericht 8

Das Nachlaßgericht entscheidet auf Antrag. Dieser kann unbefristet gestellt und jederzeit zurückgenommen werden. Nach § 83 a, 53 a FGG soll das Gericht mit den Beteiligten mündlich verhandeln und darauf hinwirken, daß sie sich gütlich einigen. Kommt eine Einigung zustande, dann ist hierüber eine Niederschrift aufzunehmen. Dafür sind die Vorschriften, die für den Vergleich in bürgerlichen Rechtsstreitigkeiten gelten, entsprechend anzuwenden. Kommt keine Einigung zustande, dann trifft das Nachlaßgericht die Entscheidung in Form einer Verfügung. Wenn ein Bedürfnis besteht, kann auch eine einstweilige Anordnung getroffen werden, die nur zusammen mit der Endentscheidung angefochten werden kann. Gegen diese findet die sofortige Beschwerde (Erinnerung) nach § 60 Abs. 1 Nr. 6 FGG, § 11 Abs. 1 Satz 2, Abs. 2 RpflG statt. Die Entscheidung des Beschwerdegerichts ist mit der weiteren Beschwerde nach §§ 27, 29 FGG anfechtbar.

3. Inhalt der Entscheidung 9

Er ergibt sich aus § 1382 Abs. 2 bis 4, die entsprechend anzuwenden sind. Das Nachlaßgericht kann den Anspruch ganz oder teilweise stunden. Die gestundete Forderung ist zu verzinsen. Auf Antrag kann das Nachlaßgericht anordnen, daß der Erbe für die gestundete Forderung Sicherheit zu leisten hat. Über die Höhe der Verzinsung und über Art und Umfang der Sicherheitsleistung entscheidet das Nachlaßgericht nach billigem Ermessen. Auf Antrag des Pflichtteilsberechtigten kann das Gericht nach §§ 83 a, 53 a FGG auch die Verpflichtung des Erben zur Zahlung des Pflichtteils aussprechen. Dadurch erlangt der Pflichtteilsberechtigte für seine Forderung einen vollstreckbaren Titel. Die rechtskräftigen Entscheidungen, die Vergleiche und auch die einstweiligen Anordnungen werden nach den Vorschriften der Zivilprozeßordnung vollstreckt.

IV. Nachträgliche Änderung der Entscheidung 10

Nach dem entsprechend anzuwendenden § 1382 Abs. 6 kann das Nachlaßgericht eine rechtskräftige Entscheidung auf Antrag aufheben oder ändern, wenn sich die Verhältnisse nach der Entscheidung wesentlich geändert haben. Das gilt auch für Entscheidungen, die das Prozeßgericht im Zusammenhang mit einem Rechtsstreit über den Pflichtteilsanspruch getroffen hat, und für vergleichsweise getroffene Vereinbarungen. Die Änderungsverfügung ist mit den in Rdn. 8 angegebenen Rechtsmitteln anfechtbar.

V. Anwendung auf vor dem 1. Juli 1970 eingetretene Erbfälle 11

Bestritten ist, ob die Vorschrift auch für Pflichtteilsansprüche gilt, die durch vor dem Inkrafttreten des Nichtehelichengesetzes, dem 1. Juli 1970, eingetretene Erbfälle ausgelöst sind. Aus Art. 12 § 10 Abs. 1 Nichtehelichengesetz wird gefolgert, daß sie für diese Erbfälle nicht gelten (*Palandt/Keidel*, § 2331 a Anm. 5; *Erman/Bartholomeyczik*, § 2331 a Rdn. 10). § 2331 a ist allerdings eine Vorschrift des materiellen Rechts. Mit Recht regt aber *Bosch*, FamRZ **72** 174 an, den Anwendungsbereich der Bestimmung nicht in dieser Weise einzuengen, sondern sie auf alle Erbfälle anzuwenden. Art. 12 § 10 Abs. 1 Nichtehelichengesetz bezieht sich hauptsächlich auf die Erbfolge und die Ausgestaltung des Erbrechts bei nichtehelicher Abstammung. Es ist nicht notwendig, ihn auch auf § 2331 a zu erstrecken.

§ 2332

Der Pflichtteilsanspruch verjährt in drei Jahren von dem Zeitpunkt an, in welchem der Pflichtteilsberechtigte von dem Eintritte des Erbfalls und von der ihn beeinträchtigenden Verfügung Kenntnis erlangt, ohne Rücksicht auf diese Kenntnis in dreißig Jahren von dem Eintritte des Erbfalls an.

Der nach § 2329 dem Pflichtteilsberechtigten gegen den Beschenkten zustehende Anspruch verjährt in drei Jahren von dem Eintritte des Erbfalls an.

Die Verjährung wird nicht dadurch gehemmt, daß die Ansprüche erst nach der Ausschlagung der Erbschaft oder eines Vermächtnisses geltend gemacht werden können.

E I 1999 II 2197; M **5** 425—428; P **5** 551, 593, 594.

Verjährung des Pflichtteilsanspruchs

Übersicht

Neueres Schrifttum:

Donau, Verjährungsunterbrechung bei Vor- und Nacherbschaft, MDR **58** 735; *Pentz*, Unterbricht eine vor der Erbausschlagung erhobene Klage die Verjährung des Pflichtteilsanspruchs?, NJW **66** 1647.

1 **I. Allgemeines**

Die Verjährung sowohl des ordentlichen als auch das Pflichtteilsergänzungsanspruchs ist in drei Jahren beendet. Um einen Pflichtteilsanspruch handelt es sich auch, wenn der Erblasser bestimmt hat, daß der Erbe unter bestimmten Voraussetzungen nur den Pflichtteil erhalten soll, oder wenn er ihn ausdrücklich auf den Pflichtteil gesetzt hat. Anders ist es, wenn der Erblasser den Erben auf einen seinem Pflichtteil entsprechenden Bruchteil zum Erben eingesetzt oder ihm ein Vermächtnis in Höhe des Pflichtteils zugewandt hat. Es handelt sich dann um den Erbauseinandersetzungs- oder Vermächtnisanspruch, der nicht nach § 2332 verjährt. Die für den Pflichtteilsanspruch geltende Verjährungsvorschrift ist nicht anzuwenden, wenn die Beteiligten sich über diesen Anspruch verglichen haben, der Pflichtteilsberechtigte zur Abgeltung seiner Ansprüche einen zum Nachlaß gehörigen Gegenstand erhalten hat und von ihm jetzt Ansprüche wegen Mängel dieser Sachen geltend gemacht werden. Für diese Ansprüche gilt nach § 493 die Vorschrift des § 477 über die Verjährung von Gewährleistungsansprüchen (BGH NJW **74** 363).

2 Die Verjährung beginnt, soweit der Anspruch gegen den Erben zusteht (§§ 2303, 2305—2307, 2316 Abs. 2, 2325—2328), mit der Kenntnis des Pflichtteilsberechtigten vom Erbfall und von der ihn beeinträchtigenden Verfügung.

II. Kenntnis von dem Eintritt des Erbfalls 3

Kenntnis von dem Eintritt des Erbfalls ist nach § 1922 die Kenntnis vom Tode des Erblassers. Sie ist auch dann maßgeblich, wenn eine Vor- und Nacherbschaft angeordnet ist. Auch wenn der Anspruch gegen den Nacherben geltend gemacht wird, ist allein auf die Kenntnis von dem Tode des Erblassers, nicht aber auf die Kenntnis von dem Eintritt des Nacherbfalls abzustellen. Gegen den Vorerben und gegen den Nacherben besteht ein einheitlicher Anspruch, der nach § 2317 Abs. 1 mit dem Erbfall entstanden ist und der sich gegen den jeweiligen Herrn des Nachlasses richtet. Schuldner des Anspruchs ist zunächst der Vorerbe und nach Eintritt des Nacherbfalls der Nacherbe. Gegen beide kann nur eine einheitliche Verjährungsfrist laufen. Es ist undenkbar, daß der Anspruch dem Vorerben gegenüber verjährt, dem Nacherben gegenüber dagegen noch nicht verjährt ist (LM BGB § 2113 Nr. 13; *Staudinger/Ferid*, § 2332 Rdn. 2; *Erman/Bartholomeyczik*, § 2332 Rdn. 2; *Palandt/Keidel*, § 2332 Anm. 3). Die durch die vor Eintritt des Nacherbfalls durch die Verjährung begründete Einrede kann auch von den Nacherben geltend gemacht werden (aA *Ottow*, MDR **57** 211; dagegen zutreffend *Donau*, MDR **58** 134). Wegen der Wirkung eines die Verjährung unterbrechenden vom Vorerben abgegebenen Erkenntnisses gegen den Nacherben siehe unten Rdn. 16.

III. Kenntnis von der beeinträchtigenden Verfügung 4

1. Die beeinträchtigende Verfügung

Mit der „Verfügung" ist zunächst gemeint die den Berechtigten von der Erbfolge ausschließende oder sonst beeinträchtigende Verfügung von Todes wegen. Eine den Pflichtteilsberechtigten im Sinne dieser Vorschrift in seiner Rechtsstellung beeinträchtigende Verfügung von Todes wegen liegt immer dann vor, wenn die Verfügung einen nach §§ 2303, 2305, 2306 Abs. 1 Satz 2 oder Abs. 2, § 2316 Abs. 2 oder § 2307 einen Pflichtteilsanspruch begründenden Inhalt hat, mag dieser kraft Gesetzes bestehende Pflichtteilsanspruch auch in der Verfügung ausdrücklich anerkannt sein (RG **113** 234). Beim Pflichtteilsanspruch eines Abkömmlings aus § 2316 Abs. 2 gegen seine Miterben handelt es sich also um eine Verfügung von Todes wegen, durch die dem Abkömmling zwar ein die Hälfte des gesetzlichen Erbteils erreichender oder übersteigender Erbteil hinterlassen, aber weniger als die Hälfte desjenigen zugewendet wird, was auf seinen gesetzlichen Erbteil unter Berücksichtigung der Ausgleichungspflicht (§§ 2050 ff) bei der Teilung des Nachlasses entfallen würde (RG **135** 231).

Die Kenntnis von der beeinträchtigenden Verfügung muß nicht notwendig 5
durch deren amtliche Verkündung erlangt sein. Umgekehrt kann trotz Verkündung Unkenntnis vorliegen. Die Vorschrift des § 1944 Abs. 2, wonach die Frist nicht vor amtlicher Verkündung der letztwilligen Verfügung zu laufen beginnt, ist nicht entsprechend anwendbar (RG **66** 30).

Die Kenntnis des Pflichtteilsberechtigten muß sich auf den für ihn wesentli- 6
chen, seine Beeinträchtigung ergebenden Inhalt der Verfügung (RG 70 362) sowie auf ihre Rechtswirksamkeit erstrecken. Hieran fehlt es z. B., solange er die Unterschrift des Erblassers unter dem ihn von der Erbfolge ausschließenden Testament für unecht hält; die Kenntnis ist in dieser Hinsicht, wie auch sonst (§ 1944 Rdn. 9, 10, § 2082 Rdn. 5 ff) mit zuverlässigem Erfahren der in Betracht kommenden Umstände erlangt (RG **115** 27; **135** 236).

Es ist nicht erforderlich, daß der Berechtigte die Verfügung in allen Einzelhei- 7
ten prüft und rechtlich zutreffend beurteilt. Er muß nur erkannt haben, daß er durch die Verfügung von der Erbfolge ausgeschlossen oder sonst in seinem Pflichtteil beein-

trächtigt ist. Es genügt nicht, daß er nur von der Tatsache, daß eine Verfügung besteht, Kenntnis hat und aus dem Verhalten der sonst Beteiligten schließen kann, daß das Testament möglicherweise einen ihn beeinträchtigenden Inhalt hat. Die dadurch etwa begründeten Vermutungen können nicht einer Kenntnis gleichgesetzt werden. Fahrlässige Unkenntnis ist nicht dasselbe wie Kenntnis (BGH LM BGB § 2332 Nr. 1). Anders ist es, wenn der Berechtigte sich bewußt der Kenntnis des Testaments verschlossen hat, um den Beginn der Verjährungsfrist hinauszuzögern. Die erforderliche Kenntnis kann auch dann fehlen, wenn berechtigte Zweifel an der Wirksamkeit der Verfügung nur auf rechtlicher Beurteilung ihres Inhalts beruhen (RG **140** 75). Hat der Pflichtteilsberechtigte die letztwillige Verfügung zutreffend für gültig angesehen, so wird die damit in Lauf gesetzte Frist nicht dadurch gehemmt oder unterbrochen, daß er anderen Sinnes wird und die Verfügung später fehlsam für unwirksam hält (BGH Urt. v. 14. 11. 1973 IV ZR 13/72).

8 Auf die Kenntnis vom Stande des Nachlasses und der sich daraus ergebenden Beeinträchtigung des Pflichtteilsrechts kommt es für den Beginn der Frist nicht an (RG **104** 195). Es ist Sache des Pflichtteilsberechtigten, dem der Erbfall und die ihn beeinträchtigende Verfügung bekanntgeworden sind, sich rechtzeitig innerhalb der Verjährungsfrist über alle für die Pflichtteilsfrage in Betracht kommenden Verhältnisse, insbesondere auch über den Bestand und den Wert der Nachlaßmasse, und zwar im Falle des § 2316 nicht nur des reinen Nachlasses, sondern auch der Vorempfänge, die dem Nachlaß bei der Bestimmung des Pflichtteils eines Abkömmlings hinzuzurechnen sind, zu unterrichten (RG **135** 231).

9 Anders ist es, wenn zu den Erben oder Vermächtnisnehmern der Ehegatte des Erblassers gehört, der mit diesem bei dessen Tode im **Güterstand der Zugewinngemeinschaft** gelebt hat. Davon, ob dieser Ehegatte die Erbschaft oder das Vermächtnis annimmt, hängt die Höhe der Pflichtteilsquote ab. Sie ist im Falle der Annahme mit Rücksicht auf den dann maßgeblichen nach § 1371 Abs. 1 erhöhten gesetzlichen Erbteil des Ehegatten entsprechend geringer (§ 2303 Rdn. 15). Die Pflichtteilsberechtigten können daher keine Kenntnis von dem wirklichen Ausmaß der sie beeinträchtigenden Verfügung haben, solange nicht entschieden ist, ob der Ehegatte die Zuwendung angenommen hat. Wenn dem Pflichtteilsberechtigten eine Zuwendung gemacht ist, kann es u. U. von der Annahme der dem Ehegatten gemachten Zuwendung abhängen, ob jener überhaupt durch die Verfügung beeinträchtigt ist. Deswegen kann die Verjährung nicht beginnen, solange dem Pflichtteilsberechtigten unbekannt ist, ob der Ehegatte die Zuwendung angenommen hat. Falls der Ehegatte als Erbe eingesetzt ist, wird die Unkenntnis in der Regel durch das Ende der Ausschlagsfrist nach § 1944 schnell behoben sein. Für die Ausschlagung eines dem Ehegatten zugewandten Vermächtnisses besteht keine Ausschlagungsfrist. Die für den Erben als Träger der Pflichtteilslast bestehende Unsicherheit kann dadurch behoben werden, daß dieser den Ehegatten in entsprechender Anwendung des § 2307 Abs. 2 unter Bestimmung einer Frist auffordert, sich über die Annahme des Vermächtnisses zu erklären (§ 2307 Rdn. 16), und daß er sodann dem Pflichtteilsberechtigten die Entscheidung des Ehegatten mitteilt.

10 **IV. Den Pflichtteilsergänzungsanspruch begründende Schenkungen**

In zweiter Linie muß unter der „Verfügung" auch eine den Pflichtteilsanspruch begründende Schenkung des Erblassers verstanden werden. Demgemäß ist, soweit es sich um den nach §§ 2325—2328 gegen den Erben zu richtenden Ergänzungsanspruch handelt (anders nach Abs. 2 für den Anspruch aus § 2329 gegen den Beschenkten), zum Beginn der Verjährung auch (oder, wenn keine beeinträchtigende Verfügung von Todes wegen vorliegt, nur) Kenntnis von jener Verfügung zu fordern. Die Verjährung des Pflichtteils- und des Pflichtteilsergänzungsanspruchs beginnt, wenn der Pflichtteilsberechtigte zunächst Kenntnis von der Schenkung und später erst Kenntnis von der ihn beeinträchtigenden Verfügung erlangt, einheitlich mit der letzten Kenntnis. Es laufen dann nicht zwei gesonderte Fristen (BGH LM BGB § 2332 Nr. 4). Für den Pflichtteilsanspruch beginnt die Frist allerdings in jedem Falle mit der Kenntnis der beeinträchtigenden Verfügung, ohne Rücksicht darauf, ob der Pflichtteilsberechtigte Kenntnis von ihn weiter benachteiligenden Schenkungen hat. Erlangt er später Kenntnis von solchen, dann wird erst dadurch die Frist für die Verjährung des Pflichtteilsergänzungsanspruches in Lauf gesetzt. Innerhalb dieser Frist kann dieser Anspruch auch dann geltend gemacht werden, wenn der gewöhnliche Pflichtteilsanspruch oder der Pflichtteilsrestanspruch (§ 2305) bereits verjährt ist.

Der Pflichtteilsergänzungsanspruch verjährt nicht, solange der Berechtigte die Schenkung zwar tatsächlich kennt, sie aber rechtsirrig aus nicht von der Hand zu weisenden Gründen für rechtsunwirksam hält (BGH LM BGB § 2332 Nr. 3).

Kenntnis von der Beeinträchtigung durch die Verfügung ist auch hier nicht erforderlich; vielmehr ist es Sache des Pflichtteilsberechtigten, sich innerhalb der Verjährungsfrist darüber zu unterrichten, ob die ihm ihrem Inhalte nach bekannt gewordene Verfügung des Erblassers eine Schenkung enthält und welchen Wert das Geschenkte in dem nach § 2325 Abs. 2 maßgebenden Zeitpunkt hatte (RG **135** 231).

V. Besondere Fälle 11

Gegen eine pflichtteilsberechtigte Ehefrau lief die Verjährung auch dann, wenn sie nach den vor dem 1. April 1953 und 1. Juli 1958 geltenden güterrechtlichen Vorschriften zur Verfügung über den Pflichtteilsanspruch und zur Klageerhebung nicht befugt war (RG JW **10** 820 Nr. 44).

Wird durch ein von Ehegatten errichtetes gemeinschaftliches Testament oder 12
durch eine von ihnen gemeinschaftlich vorgenommene Schenkung ein pflichtteilsberechtigter Abkömmling beeinträchtigt, so entsteht der Pflichtteilsanspruch hinsichtlich des Nachlasses des Erstverstorbenen im allgemeinen schon mit dessen Tode (§ 2317 Abs. 1). Haben die Ehegatten aber in westfälischer Gütergemeinschaft gelebt, so ist der Anspruch dadurch bedingt, daß das Gesamtgut nicht während der fortgesetzten Gütergemeinschaft eine Vermehrung erfährt, durch die die Pflichtteilsverletzung wieder ausgeglichen wird; die Verjährung beginnt deshalb nicht vor dem Tode des letztlebenden Ehegatten (RG JW **11** 996).

VI. Allgemeine Vorschriften über die Verjährung 13

Im übrigen gelten die allgemeinen Verjährungsgrundsätze, so insbesondere § 207 (Vollendung der Verjährung gegen den noch nicht angenommenen, unvertretenen oder in Konkurs geratenen Nachlaß). Die Vereinbarung, die Berechnung des Pflichtteils solle bis nach beendeter Liquidation des Nachlasses ausgesetzt bleiben, ist Stundung nach § 202.

Wenn der Pflichtteilsberechtigte den Erben, der vom Erblasser ein Geschenk erhalten hat, in seiner Eigenschaft als Beschenkter mit einer Klage auf Ergänzung des Pflichtteils in Anspruch nimmt, dann unterbricht diese Klage in Höhe des geltend gemachten Anspruchs auch die Verjährung des Pflichtteilsanspruchs. Der Erbe kann seinen Anspruch, den er zunächst auf § 2329 gegründet hat, später auf die allgemeinen Vorschriften über das Pflichtteilsrecht gründen. Das folgt daraus, daß mit dem Pflichtteilsergänzungsanspruch der Pflichtteil als solcher nur in anderer Höhe und Ausdehnung geltend gemacht wird (BGH Urt. v. 12. 7. 1974 IV ZR 19/73). Dasselbe gilt, wenn gegen den Erben wegen eines Geschenks, das der Erblasser einem Dritten gemacht hat, der Pflichtteilsergänzungsanspruch nach § 2325 geltend gemacht wird.

14 Durch die Klage des Pflichtteilsberechtigten auf Auskunferteilung (§ 2314) wird die Verjährung des Pflichtteilsanspruchs nicht gemäß § 209 unterbrochen, da dieser Anspruch durch jene Klage nicht rechtshängig wird (BGH Urt. v. 14. 11. 1973 IV ZR 13/72; RG **115** 27; Köln, JR **58** 223). Ebenso wird die Frist durch eine Klage auf Herausgabe der Erbschaft nach § 2018 nicht unterbrochen (Urt. v. 10. 4. 1963 V ZR 43/61). Das kann bedeutsam sein für Pflichtteilsrest- und Ergänzungsansprüche. Dasselbe gilt hinsichtlich einer auf ein vermeintliches Erbrecht gestützten Klage auf Berichtigung des Grundbuchs (BGH Urt. v. 19. 9. 1966 III ZR 139/63). Sie wird auch nicht durch eine gegen den Testamentsvollstrecker gerichtete Klage oder ein von ihm abgegebenes Anerkenntnis unterbrochen (BGH **51** 125).

Unterbrochen wird die Verjährung durch eine Stufenklage nach § 254 ZPO. Jedoch dann nicht, wenn es sich um eine unklare Klage handelt, neben der Auskunft wird Zahlung eines Betrages als Zugewinnausgleich oder Pflichtteil verlangt (Düsseldorf, MDR **67** 657; *Palandt/Keidel*, § 2332 Anm. 3).

15 Dagegen kann in dem Verhalten des Erben, der auf das Verlangen des Pflichtteilsberechtigten diesem gemäß § 2314 über den Bestand des Nachlasses Auskunft erteilt oder gemäß § 1994 mit § 1967 Abs. 2 (§ 2314 Rdn. 24) dem Nachlaßgericht ein Inventar einreicht und in dem einen oder andern Falle gar noch dem weiteren Verlangen des Pflichtteilsberechtigten auf Abgabe einer eidesstattlichen Versicherung gemäß § 260 oder § 2006 entspricht, eine nach § 208 zur Unterbrechung der Verjährung geeignete Anerkennung des Pflichtteilsanspruchs dem Grunde nach gefunden werden. Es ist dann Tatfrage, ob diese Anerkennung sich auf den Pflichtteilsanspruch im ganzen bezieht oder ob sie, bei Unvollständigkeit des aufgestellten Verzeichnisses, nur den Anspruch auf denjenigen Pflichtteilsbetrag deckt, welcher sich aus dem Verzeichnis entnehmen läßt (RG **113** 234; über die Anerkennung des Pflichtteilsanspruchs s. auch RG WarnRspr. **1937** Nr. 134; Zweibrücken, FamRZ **69** 230).

16 Wie sich aus § 222 Abs. 2 ergibt, ist auch ein nach der Vollendung der Verjährung erteiltes vertragliches Schuldanerkenntnis oder der in Kenntnis der Verjährung erklärte Verzicht auf die Einrede der Verjährung wirksam (BGH LM BGB § 2113 Nr. 13; BGH VersR **62** 809; RG **78** 130; WarnRspr. **33** Nr. 146). Ein solches vom Vorerben abgegebenes Anerkenntnis wirkt auch gegenüber dem Nacherben (BGH LM BGB § 2113 Nr. 13).

Die durch das Anerkenntnis eintretende Unterbrechung der Verjährung nach § 208 wirkt auch gegenüber dem Nacherben, falls der Vorerbe das Anerkenntnis abgegeben und der Nacherbfall vor Ablauf der dann nach § 217 neu in Lauf gesetzten Verjährungsfrist eingetreten ist. Es kommt nicht darauf an, ob der Nacherbe dem Anerkenntnis zugestimmt hat (aA *Donau* MDR **58** 735; oben Rdn. 3). Dagegen werden durch das Anerkenntnis des Vorerben die zur Zeit der Abgabe des Anerkenntnisses bestehenden Einwendungen gegenüber dem Pflichtteilsanspruch für den Nacherben nicht abgeschnitten.

17 Durch die gegen den Vorerben gerichtete Klage wird die Verjährung nach § 209 gleichfalls mit Wirkung gegenüber dem Nacherben unterbrochen, wenn der Nacherbfall nach Rechtshängigkeit eintritt. Der Pflichtteilsanspruch wird jedoch nach § 326 ZPO durch ein allein gegen den Vorerben ergangenes rechtskräftiges Urteil nicht mit Wirkung gegenüber dem Nacherben rechtskräftig festgestellt, da das Urteil nicht gegen den Nacherben wirkt. Gegenüber dem Nacherben kann daher die 30jährige Verjährungsfrist des § 218 nur laufen, wenn der Pflichtteilsberechtigte auch gegen diesen auf Feststellung seines Anspruchs geklagt hat (vgl. auch *Donau* MDR **58** 735).

VII. Die dreißigjährige Verjährungsfrist 18

Der Pflichtteilsanspruch verjährt ohne Rücksicht auf die in Rdn. 6—9 erörterte Kenntnis in der regelmäßigen dreißigjährigen Verjährungsfrist des § 195. Diese Frist kommt auch dem zugute, der auf einen dem Pflichtteil entsprechenden Bruchteil der Erbschaft als Erbe oder auf den Pflichtteilsbetrag als Vermächtnisnehmer eingesetzt ist. Wer sich auf eine solche testamentarische Anordnung stützt, erhebt nicht den gesetzlichen Pflichtteils-, sondern einen Erbauseinandersetzungs- oder Vermächtnisanspruch (RG **113** 237; JW **27** 1206 Nr. 21; HRR **32** 958; vgl. § 2304 Rdn. 3).

VIII. Verjährung gegen den Beschenkten (Abs. 2) 19

Der gegen den Beschenkten nach § 2329 bestehende Anspruch verjährt ohne Rücksicht auf die Kenntnis in drei Jahren von dem Eintritt des Erbfalls an. Das gilt auch, wenn dieser Anspruch gegen den Erben in seiner Eigenschaft als Beschenkter geltend gemacht wird (BGH LM BGB § 2325 Nr. 6 — III. Zivilsenat — für den Anspruch gegen den Alleinerben als Beschenkten. Der V. Zivilsenat hat die Frage aufgeworfen, jedoch nicht entschieden, ob sich in einem solchen Fall die Verjährung des Anspruchs aus § 2329 nicht auch nach der für den Gläubiger günstigeren Vorschrift des § 2332 Abs. 1 richtet (BGH LM BGB § 2332 Nr. 3).

IX. Ausschlagung der Erbschaft als Anspruchsvoraussetzung (Abs. 3) 20

Hängt die Geltendmachung des nach § 2317 Abs. 1 mit dem Erbfall entstehenden Pflichtteilsanspruchs von vorgängiger Ausschlagung des dem Pflichtteilsberechtigten zugewendeten Erbteils oder Vermächtnisses ab (§§ 2306 Rdn. 18, 2307 Rdn. 1, 2317 Rdn. 4; 1371 Abs. 3), so wird die Verjährung durch die Hinausschiebung der Ausschlagung nicht gehemmt. Mit dieser Vorschrift wird dem Umstande Rechnung getragen, daß der Berechtigte sich den Anspruch durch eine in seinem Belieben stehende Willenserklärung jederzeit verschaffen kann (vgl. §§ 199, 200).

Freilich kann danach der zum Erben eingesetzte Pflichtteilsberechtigte mit 21
Rücksicht auf die drohende Pflichtteilsverjährung genötigt sein, die Ausschlagung schon zu einem Zeitpunkte zu erklären, wo mangels Verkündung der ihn berufenden Verfügung (§ 1944 Rdn. 4, 5) oder wegen Fehlens der Kenntnis von der Beschränkung oder der Beschwerung oder von der Größe des ihm hinterlassenen Erbteils (§ 2306 Rdn. 31) oder weil der Fall der Nacherbfolge noch nicht eingetreten ist (§ 2142 Rdn. 4, 6), die Ausschlagungsfrist gegen ihn noch gar nicht zu laufen begonnen hatte (RG **59** 346).

Die Verjährung wird nicht dadurch unterbrochen, daß der Berechtigte, bevor 22
er die Erbschaft ausgeschlagen hat, einen Pflichtteilsanspruch gerichtlich geltend gemacht hat und mit dieser Klage abgewiesen worden ist (*Zitelmann* ArchBürgR **29** 165). Sie unterbricht dagegen die Verjährung, wenn die Ausschlagung vor der letzten mündlichen Verhandlung erklärt worden ist (*Pentz,* NJW **66** 1647; *Erman/Bartholomeyczik,* § 2332 Rdn. 3).

Entsteht der Pflichtteilsanspruch entfernterer Abkömmlinge oder der Eltern erst 23
mit dem Wegfall des nächststehenden Abkömmlings (§ 2309 Rdn. 4 ff), so entspricht es dem Grundgedanken des Abs. 1, daß die Verjährung erst beginnt, wenn der nachrükkende Berechtigte auch von jenem Wegfall Kenntnis erlangt hat. Beruht der Wegfall auf Entziehung des Pflichtteils, so läuft die Verjährung nicht, solange der Nachrückende die Entziehungsgründe des § 2333 als nicht vorhanden angesehen hat (RG JW **12** 70; WarnRspr. **1913** Nr. 253).

§ 2333

Der Erblasser kann einem Abkömmlinge den Pflichtteil entziehen:

1. wenn der Abkömmling dem Erblasser, dem Ehegatten oder einem anderen Abkömmlinge des Erblassers nach dem Leben trachtet;

2. wenn der Abkömmling sich einer vorsätzlichen körperlichen Mißhandlung des Erblassers oder des Ehegatten des Erblassers schuldig macht, im Falle der Mißhandlung des Ehegatten jedoch nur, wenn der Abkömmling von diesem abstammt;

3. wenn der Abkömmling sich eines Verbrechens oder eines schweren vorsätzlichen Vergehens gegen den Erblasser oder dessen Ehegatten schuldig macht;

4. wenn der Abkömmling die ihm dem Erblasser gegenüber gesetzlich obliegende Unterhaltspflicht böswillig verletzt;

5. wenn der Abkömmling einen ehrlosen oder unsittlichen Lebenswandel wider den Willen des Erblassers führt.

E I 2000 Satz 1, 2001 II 2198; M **5** 428—437; P **5** 551—565, 649; **6** 320, 321.

Pflichtteilsentziehung gegenüber Abkömmlingen

Übersicht

Neueres Schrifttum:

Pakuscher, Zur Problematik der Pflichtteilsentziehung, JR **60** 51; *Firsching*, Berechtigung zur Entziehung des Pflichtteils nach § 2333 Nr. 2, 3 BGB, JR **60** 129.

1 **I. Allgemeines**

Die §§ 2333, 2334 und 2335 treffen Bestimmungen über die Entziehung des Pflichtteils, und zwar § 2333 gegenüber Abkömmlingen, § 2334 gegenüber den Eltern und § 2335 gegenüber dem Ehegatten des Erblassers. Im Volksmund wird häufig von **Enterbung** gesprochen. Darum handelt es sich in den genannten Paragraphen streng genommen nicht. Denn dem Erblasser steht es ohnehin frei, seine Verwandten ohne Angabe von Gründen von der Erbfolge auszuschließen. Falls aber in einer letztwilligen Verfügung angeordnet ist, daß eine bestimmte Person aus bestimmten dort angegebenen Gründen „enterbt" werde, wird in der Regel angenommen werden können, daß ihr damit der Pflichtteil entzogen werden soll (Hamm NJW **72** 2132; *Planck/Greiff* § 2333 Anm. 1).

2 Die **Entziehung** des Pflichtteils kann eine vollständige oder teilweise sein, auch in der Zuwendung des Pflichtteils unter sonst unzulässigen Beschränkungen und Beschwerungen bestehen (§ 2306).

Die **Entziehungsgründe** sind erschöpfend geregelt, entsprechende Anwendung auf andere Tatbestände ist nicht gestattet (BGH NJW **74** 1084; RG **168** 41; *Planck/Greiff*, § 2333 Anm. 2; *Palandt/ Keidel*, § 2333 Anm. 2; *Erman/Bartholomeyczik*, § 2333 Rdn. 2; *Staudinger/Ferid*, 2333 Rdn. 4; *von Lübtow*, I, 605).

3 Die Entziehungsgründe setzen **Verschulden** und deshalb auch Zurechnungsfähigkeit des Täters voraus. Das gilt auch für den Entziehungsgrund nach Nr. 5. In der 9. Aufl. (Anm. 1) war im Gegensatz zu den früheren Auflagen im Anschluß an *von Stak-*

kelberg JW **38** 2940 die Ansicht vertreten worden, daß mit Rücksicht auf den die deutsche Rechtsordnung beherrschenden Gemeinschaftsgedanken der Entziehungsgrund unter Nr. 5 kein Verschulden fordere. Diese Auffassung kann nicht geteilt werden. Die Entziehung des Pflichtteils hat den Charakter einer Strafe. Sie ist daher in allen Fällen nur gerechtfertigt, wenn den Betroffenen ein Verschulden trifft (im Ergebnis ebenso RG LZ **18** 694; WarnRspr. 1942 Nr. 53; Düsseldorf NJW **68** 944; *Planck/ Greiff* § 2333 Anm. 2; *Kipp/Coing* § 14 I 5).

Das Recht, den Pflichtteil zu entziehen, kann Gegenstand einer **Feststellungsklage** sein (BGH NJW **74** 1084; RG **92** 1; § 2317 Rdn. 21). 4

II. Die Entziehungsgründe 5

1. Lebensnachstellung (Nr. 1)

Es genügt jede Art von Lebensnachstellung, sei es auch in Form der Anstiftung oder Beihilfe oder bloß vorbereitender Handlungen. Unter Umständen kann sogar wissentliches Geschehenlassen genügen. Darauf, ob der Erblasser sich mit Lebensnachstellung bedroht gefühlt hat, kommt es nicht an, sondern nur darauf, daß der Pflichtteilsberechtigte den ernsthaften Willen gehabt hat, den Tod herbeizuführen.

2. Vorsätzliche körperliche Mißhandlung (Nr. 2) 6

Gemeint ist die vorsätzliche körperliche Mißhandlung eines leiblichen Eltern- oder Vorelternteils — nicht der Stiefeltern —. Der Begriff Mißhandlung ist derselbe wie in § 223 StGB. Sie besteht in einer üblen, unangemessenen Einwirkung auf den Körper des anderen, die dessen körperliches Wohlbefinden mehr als bloß unerheblich beeinträchtigt (BGH FamRZ **61** 437; RG JW **13** 207). Eine darüber hinausgehende besondere Schwere der Mißhandlung, eine Böslichkeit oder eine gewisse Dauer des Verhaltens wird nicht verlangt, auch nicht die Verletzung der Pietät oder Kindesliebe (*Erman/Bartholomeyczik*, § 2333 Rdn. 4; aA *Firsching*, JR **60** 130). In besonderen Fällen kann auch seelische Grausamkeit genügen, wenn dadurch auf die körperliche Gesundheit des Erblassers nachteilig eingewirkt werden soll und eingewirkt wird (*Firsching* aaO). **Notwehr** schließt ein „sich schuldig machen" aus (§ 227, StGB § 53). Der Erbe ist deshalb nach § 2336 Abs. 3 auch dafür beweispflichtig, daß der vom Pflichtteilsberechtigten behauptete Stand der Notwehr nicht vorgelegen habe (RG WarnRspr. **1913** Nr. 402; BGH Urt. v. 30. 3. 1960 V ZR 38/59; vgl. dazu auch BGH LM BGB § 2294 Nr. 1). Auch im Falle der Überschreitung der Notwehr (StGB § 53 Abs. 3) kann das Verschulden zu verneinen sein (BGH LM BGB § 2294 Nr. 1).

3. Verbrechen oder Vergehen gegen den Erblasser oder seinen Ehegatten (Nr. 3) 7

In Betracht kommt ein Verbrechen oder Vergehen im Sinne von StGB § 1, wenn es gegen den Erblasser oder seinen Ehegatten (als Verletzte) gerichtet ist. Anders als bei Nr. 2 ist nicht gefordert, daß der Abkömmling von dem Ehegatten des Erblassers abstammt. Es berechtigen daher auch Verfehlungen gegenüber dem Stiefvater oder der Stiefmutter zur Entziehung des Pflichtteils.

Es kann sich dabei um Angriffe gegen die Person als auch um solche gegen das Eigentum des Erblassers oder seines Ehegatten handeln. Jedoch müssen bei letzteren die Angriffe derart sein, daß durch sie nicht nur das Eigentum und das Vermögen des Erblassers oder seiner Ehefrau in mehr oder weniger schwerer Weise geschädigt wird, sondern sie müssen darüber hinaus nach der Natur der Verfehlung und der Art und Weise, wie sie begangen worden ist, eine grobe Mißachtung des Eltern-Kind-Verhältnisses zum Ausdruck bringen und deswegen eine besondere Kränkung des Erblassers bedeuten (BGH NJW **74** 1084).

8 Ob das vorsätzliche Vergehen als ein schweres aufzufassen sei, ist nach Lage des Einzelfalles zu beurteilen. Dabei kann die eigene verwerfliche Lebensführung des Erblassers als die Tat des mißratenen Abkömmlings mildernd in Betracht kommen (RG JW **29** 2707). Die Beurteilung hat auch nicht allein nach der objektiven Schwere der begangenen Tat und nach dem subjektiven Grad der Verantwortlichkeit des Täters im strafrechtlichen Sinne zu erfolgen, sondern es sind alle Begleitumstände, die Beweggründe und der Anlaß der Tat mit zu berücksichtigen. Der Bundesgerichtshof hat ausgesprochen, eine 16jährige Tochter brauche dadurch, daß sie ihren Vater im Herbst 1939 angezeigt hat, ausländische Sender gehört und staatsfeindliche Äußerungen gemacht zu haben, kein schweres Vergehen begangen zu haben, wenn sie sich zur Zeit der Anzeige in einer besonderen seelischen Notlage befunden und zu der Anzeige dadurch veranlaßt worden ist, daß ihr Vater sie unmittelbar zuvor schwer mißhandelt und entwürdigend behandelt hat (BGH Urt. v. 13.11. 1957 IV ZR 218/57). Auch eine vereinzelte grobe Beleidigung stellt im allgemeinen noch kein schweres Vergehen dar (RG JW **29** 2707; WarnRspr. 1917 Nr. 26). Wenn Erblasser und Pflichtteilsberechtigter in einem harten wirtschaftlichen Wettbewerb stehen, berechtigen einzelne Verstöße, die die Grenzen des Erlaubten überschreiten und die aus dem Zusammenhang genommen, für sich bewertet ernst zu nehmen wären, noch nicht dazu, den Pflichtteil zu entziehen (BGH Urt. v. 1. 3. 1974 IV ZR 58/72 = NJW **74** 1084.

Daß eine strafgerichtliche Verurteilung stattgefunden habe, wird nicht gefordert.

9 **4. Böswillige Verletzung der Unterhaltspflicht (Nr. 4)**

In Betracht kommt nur böswillige Verletzung der Unterhaltspflicht, die dem Abkömmling gesetzlich obliegt (§§ 1601 ff). Sie setzt nicht bloß eigenes Leistungsvermögen ohne Gefährdung des eigenen standesmäßigen Unterhalts, sondern auch Kenntnis von der Bedürftigkeit und geflissentliche Vorenthaltung des Unterhalts aus verwerflicher Gesinnung voraus. Eine Verletzung der Unterhaltspflicht liegt auch vor, wenn der Abkömmling dem kranken Erblasser nicht die genügende Unterstützung und Pflege hat zuteil werden lassen. Darauf, daß er es unterlassen hat, die Pflege selbst zu übernehmen, kann die Entziehung nicht gestützt werden, wenn ausreichende Geldmittel für die Pflege bereitgestellt worden sind. Ein Entziehungsgrund ist auch nicht gegeben, wenn der Abkömmling irrig annahm, nicht unterhaltspflichtig zu sein. Die Entziehung kann auch nicht darauf gestützt werden, daß der Abkömmling seiner Mutter (der Ehefrau des Erblassers) gegenüber die Unterhaltspflicht verletzt hat. Es kann darin aber mit Rücksicht auf § 170 b StGB ein Entziehungsgrund nach Nr. 3 bestehen.

10 **5. Ehrloser oder unsittlicher Lebenswandel (Nr. 5)**

Entziehungsgrund ist ein ehrloser und unsittlicher Lebenswandel (zu unterscheiden von einzelnen nicht auf einem festgewurzelten Hange beruhenden Handlungen: RG **168** 42; LZ **23** 449), wenn er, und zwar noch zur Zeit der die Entziehung anordnenden Verfügung (RG **77** 162), wider den Willen des Erblassers geführt wird; vgl. auch § 2336 Rdn. 7—10. In Betracht kommen z. B. gewerbsmäßige Unzucht, Kuppelei, gewerbsmäßiger Wucher, gewerbsmäßiges Glücksspiel, unsinniges Schuldenmachen, fortgesetzter Ehebruch, Landstreichen, unverbesserliche Rauschgift- oder Trunksucht. Die Frage, ob der Geschlechtsverkehr mit dem Verlobten den Vorwurf eines unsittlichen Lebenswandels begründet, kann nicht allgemein beantwortet werden. Es kommt dabei auf die Umstände des einzelnen Falles an (vgl. BGHSt **6** 46 ff). In aller Regel dürfte es zu verneinen sein.

Auch in diesen Fällen ist Verschulden Voraussetzung (oben Rdn. 3). Für einen Fall, in dem der Pflichtteil entzogen wurde, weil der Sohn infolge Trunksucht das landwirtschaftliche Anwesen der Mutter heruntergewirtschaftet hatte, so daß es verkauft werden mußte (BGH Urt. v. 25. 10. 1972 IV ZR 235/69, dazu *Johannsen, WM* 73 543). Auf krankhafter Veranlagung beruhende Rauschgift- oder Trunksucht berechtigt daher nicht, den Pflichtteil zu entziehen. Ebenso ist der Grund bei verminderter Zurechnungsfähigkeit nicht gegeben (Düsseldorf, NJW **68** 944).

Daß der Erblasser abgemahnt habe, ist nicht erforderlich. Sein eigener Lebens- **11**
wandel ist aber von Bedeutung (RG JW **29** 2707). Da die Bestimmung dem Schutz der Familienehre dient und diejenigen ausschließen soll, die den guten Namen der Familie untergraben oder sich durch ihren unsittlichen Lebenswandel von dem Familienband gelöst haben, müssen bei der Entscheidung, ob der Abkömmling einen ehrlosen oder unsittlichen Lebenswandel geführt hat, die persönlichen Lebenskreise des Erblassers, die dort bestehenden Ehrbegriffe und Rücksichten auf die öffentliche Meinung und die Lebensführung in der Familie überhaupt mitberücksichtigt werden (RG WarnRspr. **1942** Nr. 53).

Daraus folgt aber nicht, daß der Abkömmling sich einem ehrlosen oder unsittli- **12**
chen Lebenswandel gegen den Willen des Erblassers, der selbst einen tadelfreien Lebenswandel führt, hingeben kann, weil sonst in der Familie eine leichte Ehr- und Moralauffassung herrscht. Die allgemeinen Ehr- und Sittengesetze sind in jedem Fall maßgebend, wenn der Erblasser sie für sich und seine Abkömmlinge als verbindlich betrachtet.

Strengere Anforderungen können zu stellen sein, wenn sie in den Lebenskreisen **13**
des Erblassers allgemein gefordert werden und keine überholte, der Sittenordnung selbst widersprechende Beschränkung der persönlichen Freiheit bedeuten.

Ist das allgemeine und das für den Lebenskreis des Erblassers geltende Ehrund **14**
Sittengesetz nicht verletzt, dann kann die Entziehung des Pflichtteils nicht darauf gegründet werden, daß der Abkömmling allein nach dem subjektiven Empfinden des Erblassers einen unsittlichen oder ehrlosen Lebenswandel geführt hat (RG WarnRspr. **1942** Nr. 53). Nach RG WarnRspr. **1931** Nr. 199 reicht es zur Annahme eines unsittlichen Lebenswandels nicht aus, wenn eine jahrelang ihrem Beruf ordnungsmäßig nachgehende Angestellte mit zwei Männern zu verschiedenen Zeiten nach längerer Bekanntschaft geschlechtlich verkehrt hat; vgl. anderseits über fortgesetztes ehebrecherisches Verhalten als unsittlichen Lebenswandel RG JW **14** 1081 und WarnRspr. **1933** Nr. 152; über langdauerndes geschlechtliches Zusammenleben einer Verlobten mit ihrem späteren Manne RG LZ **23** 396; BGH LM BGB § 1621 Nr. 1; über Verschwendungssucht, die an sich nur zur Beschränkung des Pflichtteils gemäß § 2338 berechtigt, RG LZ **18** 694.

Bei der Feststellung, ob der Abkömmling einen ehrlosen oder unsittlichen Le- **15**
benswandel geführt hat, dürfen einzelne Handlungen des pflichtteilsberechtigten Abkömmlings, die dieser erst nach der Errichtung des die Pflichtteilsentziehung enthaltenden Testaments begangen hat und die von dem Erblasser bei seiner Verfügung nicht ins Auge gefaßt werden konnten, nicht mitgewürdigt werden. Die Prüfung hat sich auf den Tatbestand zu beschränken, der zur Zeit der Testamentserrichtung abgeschlossen vorlag, der dem Erblasser den Anlaß zur Pflichtteilsentziehung gegeben hat (RG **168** 43). Die Verfehlungen berechtigen zugleich zum Rücktritt vom Erbvertrage (§ 2294) und zur Aufhebung einer gegenseitigen Verfügung nach § 2271 Abs. 2.

§ 2334

Der Erblasser kann dem Vater den Pflichtteil entziehen, wenn dieser sich einer der im § 2333 Nr. 1, 3, 4 bezeichneten Verfehlungen schuldig macht. Das gleiche Recht steht

dem Erblasser der Mutter gegenüber zu, wenn diese sich einer solchen Verfehlung schuldig macht.

E I 2003 II 2199; M 5 442; P 5 579.

Pflichtteilsentziehung gegenüber Eltern

Die Entziehung des Pflichtteils gegenüber einem Elternteil ist nur wegen Lebensnachstellung (§ 2333 Nr. 1), Verbrechen und Vergehen (Nr. 3) und Verletzung der Unterhaltspflicht gegen den Erblasser (Nr. 4), also nicht auch wegen Mißhandlung (Nr. 2; vgl. auch § 1631 Abs. 2), soweit sie nicht unter Nr. 3 fällt, und wegen schlechten Lebenswandels (Nr. 5) zulässig. Die Unterhaltspflicht kann auch durch schwere Vernachlässigung der Erziehung und Ausbildung verletzt sein (§ 1610 Abs. 2). Straflosigkeit der Eltern gemäß StGB §§ 247 Abs. 2, 289 Abs. 4 ist unerheblich. Der Pflichtteil kann nur dem schuldigen, nicht auch dem anderen Elternteil entzogen werden.

§ 2335

Der Erblasser kann dem Ehegatten den Pflichtteil entziehen, wenn der Ehegatte sich einer Verfehlung schuldig macht, die den Erblasser berechtigt, auf Scheidung zu klagen; dies gilt auch, wenn der Erblasser das Recht auf Scheidung durch Fristablauf verloren hat.

E I 2005 II 2200; M 5 444, 445; P 5 580.

Pflichtteilsentziehung gegenüber dem Ehegatten

1 **I. Die Entziehungsgründe**

Die Entziehung des Pflichtteils gegenüber dem Ehegatten setzt eine schuldhafte Verletzung der ehelichen Pflichten (Eheverfehlung) voraus. Die Fälle der Scheidung wegen Verschuldens waren in §§ 1565 bis 1568 geregelt, die durch EheG 38 § 84, EheG (1946) § 78 aufgehoben worden sind. Während die §§ 1933, 2077 Abs. 1 durch die §§ 27, 28 der 1. DV vom 27. 7. 1938, RGBl I, 923, geändert worden sind, ist § 2335 zunächst nicht geändert worden. Die Bestimmung ist übersehen worden. Erst durch das Familienrechtsänderungsgesetz vom 11. 8. 1964 (BGBl. I 1221) ist auch diese Bestimmung geändert und der jetzt geltenden Gesetzeslage angepaßt worden.

2 Die Scheidungsgründe der §§ 44, 45, 46, 48, die kein Verschulden voraussetzen, kommen nicht in Betracht. Das alleinige oder überwiegende Verschulden des klagenden Ehegatten an der Ehezerrüttung ist jedoch nur Voraussetzung des Widerspruchsrechtes des beklagten Ehegatten, kein Merkmal des Scheidungstatbestandes. Hat der klagende Ehegatte die Zerrüttung der Ehe allein oder überwiegend verschuldet, so wird in aller Regel eine Eheverfehlung im Sinne der §§ 42, 43 EheG vorliegen, so daß sich das Entziehungsrecht des anderen Ehegatten aus einer dieser Vorschriften ergeben wird.

3 Die Scheidungsklage braucht nicht, wie in den Fällen der §§ 1933, 2077, bereits erhoben zu sein. Der Richter, der über die Rechtmäßigkeit der Entziehung des Pflichtteils zu entscheiden hat muß, wenn der Erblasser gestorben ist, bevor das anhängige Scheidungsverfahren beendet war, sich vollständig an die Stelle des Scheidungsrichters versetzen. Als Scheidungsgrund sind jedoch nur die angegebenen Entziehungsgründe und als maßgebender Zeitpunkt für die Frage nach der Berechtigung des Scheidungsbegehrens ist der Tag der Errichtung der letztwilligen Verfügung so zu berücksichtigen, als wäre er der Tag der letzten mündlichen Verhandlung im Scheidungsstreit. Die Be-

weislast hat nach § 2336 Abs. 3 derjenige, der die Entziehung geltend macht. Sonst ist das für die Scheidung geltende Recht uneingeschränkt anzuwenden. Der Richter hat also zu prüfen, ob diese Gründe zur Scheidung aus Verschulden geführt hätten. Wenn die Entziehung auf eine Verfehlung nach § 43 EheG gegründet wird, ist daher auch zu prüfen, ob Satz 2 dieser Bestimmung durchgreift. Trifft das zu, dann ist die Entziehung nicht gerechtfertigt, da der Erblasser aus diesem Grunde nicht berechtigt ist, auf Scheidung zu klagen (BGH Urt. v. 21. 12. 1973 IV ZR 204/72 = FamRZ **74** 181). Wegen der Beweislast in diesen Fällen § 2336 Rdn. 6. Unerheblich ist es, ob auch eine Widerklage des überlebenden Ehegatten Erfolg gehabt hätte (RG **168** 34).

II. Kein Erlöschen durch Fristablauf (Abs. 2) **4**

Das Recht zur Entziehung erlischt nicht durch Fristablauf (EheG § 50, der an die Stelle des § 1571 getreten ist), auch nicht durch Verwirkung des Scheidungsrechts nach ZPO § 616 (KG JW **31** 1379), wohl aber durch Verzeihung (§ 2337, EheG § 49; RG DR **42** 337). Hat der Erblasser die Verfehlung des Ehegatten nicht als ehezerstörend empfunden, so ist ein Scheidungsrecht von vornherein nicht gegeben (EheG § 49; vgl. auch RG WarnRspr. **38** Nr. 50). Daß auch der Erblasser dem Ehegatten einen Scheidungsgrund gegeben hat, beseitigt sein Entziehungsrecht nicht.

§ 2336

Die Entziehung des Pflichtteils erfolgt durch letztwillige Verfügung.

Der Grund der Entziehung muß zur Zeit der Errichtung bestehen und in der Verfügung angegeben werden.

Der Beweis des Grundes liegt demjenigen ob, welcher die Entziehung geltend macht.

Im Falle des § 2333 Nr. 5 ist die Entziehung unwirksam, wenn sich der Abkömmling zur Zeit des Erbfalls von dem ehrlosen oder unsittlichen Lebenswandel dauernd abgewendet hat.

E I 2000 Satz 2, 2006—2008 II 2201; M **5** 430, 447—449; P **5** 552, 553, 580, 581; **6** 321, 328.

Pflichtteilsentziehung. Angabe des Grundes. Beweis

Übersicht

Neueres Schrifttum:

Göppinger, Beweislastfragen bei Entziehung des Pflichtteils des Ehegatten (§ 2335, 2336 Abs. 3 BGB) und bei Ehescheidung wegen Eheverfehlung, FamRZ **63** 412.

1 **I. Entziehung des Pflichtteils durch letztwillige Verfügung (Abs. 1)**

1. Inhalt der Erklärung

Die Entziehung des Pflichtteils umfaßt auch den Pflichtteilsergänzungsanspruch (§ 2325 Rdn. 4). Regelmäßig enthält die Pflichtteilsentziehung zugleich die Kundgebung, der Betreffende solle überhaupt nichts aus dem Nachlaß erhalten, also von der Erbfolge ausgeschlossen sein und deshalb, auch wenn der Entziehungsgrund nicht Stich hält, nach § 2303 keinesfalls mehr als den Pflichtteil erhalten. Umgekehrt enthält die Ausschließung von der gesetzlichen Erbfolge nicht ohne weiteres auch die Entziehung des Pflichtteils. Im übrigen kann diese sowohl ausdrücklich als stillschweigend erklärt, unter den Voraussetzungen des § 2078 auch angefochten werden, und zwar mit dem Erfolge, daß der Enterbte den vollen gesetzlichen Erbteil erhält, wenn der Erblasser ihm diesen ohne den Irrtum belassen haben würde.

2 **2. Form der Erklärung**

Als letztwillige Verfügung (§ 1937) kann die Entziehung in allen Formen des Testaments und, wiewohl nur als einseitige Verfügung, gemäß § 2299 im Erbvertrag ausgesprochen werden, auch wenn dieser gemäß § 2276 Abs. 2 ohne Wahrung der Testamentsform abgeschlossen wird. Eine vertragsmäßig getroffene Entziehung ist als solche unwirksam, jedoch nach § 140 in eine einseitige umzudeuten (BGH FamRZ **61** 437). Die in einem gemeinschaftlichen Testament ausgesprochene Pflichtteilsentziehung ist nicht wechselbezüglich (§ 2270 Abs. 3).

3 **II. Bestehen des Entziehungsgrundes zur Zeit der Testamentserrichtung und Angabe in der Verfügung (Abs. 2)**

1. Bestehen des Entziehungsgrundes zur Zeit der Testamentserrichtung

Der Grund der Entziehung besteht zur Zeit der Errichtung auch dann, wenn die Tatsachen der §§ 2333 Nr. 1—4, 2334, 2335 der Vergangenheit angehören. Sie müßten denn nach § 2337 bereits verziehen sein. Nur der schlechte Lebenswandel muß bis dahin und im Sinne des Abs. 4 sogar bis zum Erbfall angedauert haben.

4 Keinesfalls kann der Erblasser bedingungsweise für den Fall etwa künftig eintretender Tatbestände die Entziehung anordnen. Er kann deswegen auch einem Abkömmling, der zur Zeit der Testamentserrichtung noch nicht geboren ist, nicht den Pflichtteil entziehen. Wohl aber kann er die Entziehung des Pflichtteils für den Fall aussprechen, daß ein bestimmter Tatbestand, der einen Entziehungsgrund enthält, zur Zeit der Testamentserrichtung bereits besteht. Ist der Grund für die Pflichtteilsentziehung schon gegeben, so kann der Erblasser die wirkliche Entziehung von ferneren Bedingungen abhängig machen.

5 **2. Angabe des Grundes in der Verfügung**

Die Angabe des Grundes erfordert nicht notwendig nähere Darlegung der einzelnen Tatumstände, muß aber erkennen lassen, auf welchen der verschiedenen im Gesetz angegebenen Entziehungsgründe sich der Erblasser stützen will (BGH Urt. v. 21. 6. 1957 IV ZR 64/57). Dazu kann der Erblasser in der Verfügung auch auf andere Akten verweisen, wenn sich aus diesen der Entziehungsgrund eindeutig und ohne Schwierigkeiten entnehmen läßt (RG **168** 34 für die Bezugnahme auf Ehescheidungsakten). Der Gebrauch der Worte des Gesetzes genügt jedenfalls bei § 2333 Nr. 5 (RG **95** 24; dazu *Kipp* JW **19** 503; RG **168** 43). Jede substantiierte Bezeichnung des Grundes genügt, wenn durch Testamentsauslegung zweifelsfrei festgestellt werden kann, aus welchen der im Gesetz angeführten Gründe der Pflichtteil entzogen worden ist. Hat der Erblasser den Pflichtteil wegen falscher Anschuldigung wider besseren Wissens entzogen, dann ist es nicht ausgeschlossen, darin auch eine Entziehung wegen bedingt vorsätzlicher falscher Anschuldigung zu sehen (BGH LM BGB § 2336 Nr. 1).

III. Beweislast für das Bestehen des Grundes (Abs. 3) 6

Die Beweislast (über deren Umfang bei behaupteter Notwehr vgl. § 2333 Rdn. 6) trifft regelmäßig den *Erben*, im Falle des § 2329 den Beschenkten. Die Führung des Beweises kann aber auch von den gemäß §§ 2318 ff zur Tragung der Pflichtteilslast herangezogenen Vermächtnisnehmern und Auflagebeteiligten übernommen werden. Für die Feststellung, ob der Grund vor der Testamentserrichtung bestanden hat, können nach dem Grundsatze der freien Beweiswürdigung auch nach der Testamentserrichtung eingetretene Tatsachen berücksichtigt werden (*Planck/Greiff* Anm. 2 a; RG DR **39** 382). Dagegen müssen Tatsachen, die in keinem Zusammenhang mit den in der Verfügung angegebenen Entziehungsgründen stehen und daher nicht geeignet sind, den Beweis für das Bestehen dieser Gründe zu stützen, bei der Entscheidung vollständig unbeachtet bleiben, auch wenn sie selbst einen Entziehungsgrund abgeben sollten (RG **168** 42). Der mißlungene Beweis des in der letztwilligen Verfügung angegebenen Grundes kann nicht durch den Nachweis eines andern, nicht angegebenen Grundes ersetzt werden. Ist der vom Erblasser angegebene Entziehungsgrund bewiesen, so kann der Pflichtteilsberechtigte nicht mit dem Einwand gehört werden, der wirkliche Beweggrund der Entziehung sei ein anderer gewesen (*Reichel* AcP **138** 212 Anm. 14).

Für den Entziehungsgrund des § 2335 ist die Beweislast dieselbe wie im Ehescheidungsrechtsstreit. Wenn die Pflichtteilsentziehung auf eine Eheverfehlung nach § 43 EheG gestützt wird, muß der Erbe beweisen, daß der pflichtteilsberechtigte Ehegatte sich einer Verfehlung schuldig gemacht hat, die als schwere Eheverfehlung anzusehen ist. Dazu gehört auch der Beweis, daß der Pflichtteilsberechtigte schuldhaft und rechtswidrig gehandelt hat. Dagegen muß der Pflichtteilsberechtigte beweisen, daß der Erblasser die Scheidung wegen dieser ihm vorgeworfenen Verfehlung nach § 43 Satz 2 EheG nicht verlangen konnte. Er trägt die Beweislast für das entsprechende Verhalten des Erblassers. Gelingt ihm dieser Beweis nicht, dann ist die Pflichtteilsentziehung berechtigt (BGH Urt. v. 21. 12. 1973 IV ZR 204/72 = FamRZ **74** 181 = NJW **74** 696).

IV. Dauernde Abkehr von dem schlechten Lebenswandel (Abs. 4) 7

Dauernde Abwendung vom schlechten Lebenswandel macht die darauf gestützte Entziehung von selbst hinfällig, wenn sie nur bis zum Erbfall eingetreten ist. Sie muß eine gewisse Zeit schon angedauert haben und die Besorgnis künftiger Rückfälle auszuschließen geeignet sein.

Soweit außereheliche Beziehungen den Tatbestand des § 2333 Nr. 5 erfüllen, bedeutet es eine Abkehr von dem unsittlichen Lebenswandel, wenn die betreffenden Personen heiraten (RG **168** 39). Eine Abkehr von einem unsittlichen Lebenswandel hat der Bundesgerichtshof auch angenommen, wenn die Verlobten zwar ihre geschlechtlichen Beziehungen fortsetzen, nachdem daraus ein Kind hervorgegangen war, die Heirat aber nur hinausgeschoben werden mußte, da die Eltern der Braut sich ihr widersetzten (BGH LM BGB § 1621 Nr. 1). Ähnlich § 2338 Rdn. 13. 8

Auch in diesem Falle verbleibt dem Enterbten im Zweifel (Rdn. 1) nur der Pflichtteil. Falls der Erblasser irrig einen nicht vorhandenen Entziehungsgrund angenommen hat, kann die nach § 2078 Abs. 2 zulässige Testamentsanfechtung auch dazu führen, daß der Pflichtteilsberechtigte seinen vollen gesetzlichen Erbteil erhält. Zum gleichen Erfolg kann die Anfechtung führen, wenn der Erblasser durch die irrige Er- 9 wartung, der Abkömmling werde seinen ehrlosen oder unsittlichen Lebenswandel nicht aufgeben, zu der Verfügung bestimmt worden ist.

10 Den Beweis für die Besserung hat der „enterbte" Abkömmling zu führen (RG 77 163). Die Entziehung entfällt nicht dadurch, daß der Abkömmling sich nach dem Tode des Erblassers gebessert hat (RG Recht **10** Nr. 732).

11 **V. Entsprechende Anwendung**

Die entsprechende Anwendung des § 2336 erfolgt bei der Ausschließung der fortgesetzten Gütergemeinschaft § 1509 und der Entziehung des Anteils am Gesamtgute § 1513, auch PrAGBGB Art. 59 § 7. Aufhebung der im gemeinschaftlichen Testament oder im Erbvertrag gemachten Zuwendungen §§ 2271 Rdn. 36—38, 2297 Rdn. 3, 4.

§ 2337

Das Recht zur Entziehung des Pflichtteils erlischt durch Verzeihung. Eine Verfügung, durch die der Erblasser die Entziehung angeordnet hat, wird durch die Verzeihung unwirksam.

E I 2004 II 2202; M **5** 443, 444; P **5** 579, 580.

Verzeihung

1 **I. Verzeihung**

Die Verzeihung ist kein Rechtsgeschäft, keine empfangsbedürftige Willenserklärung, sondern (wie in den Fällen der §§ 532, 2343, EheG § 49) nur die Kundgebung der Gesinnung, durch die Verfehlungen nach §§ 2333 ff nicht mehr gekränkt zu sein und aus ihnen nichts mehr herleiten zu wollen (BGH NJW **74** 1084). Sie setzt volle Kenntnis des Sachverhalts voraus, muß vom Erblasser selbst, nicht von dem nach §§ 2333 Nr. 1—3, 2334 etwa betroffenen Ehegatten oder Abkömmling ausgehen und kann auch bedingt, jedoch nicht im voraus für künftige Verfehlungen erklärt werden. Nicht erforderlich ist, daß der Erblasser sich der nach § 2337 eintretenden Wirkungen bewußt gewesen ist. Auch ist nicht notwendig, daß die einem Eltern-Kind-Verhältnis entsprechenden liebevollen Beziehungen wiederhergestellt sind (BGH LM BGB § 2337 Nr. 1). Jedoch ist in den Fällen, in denen es zu keiner echten Aussöhnung gekommen ist, zu prüfen, ob der Erblasser schon vollständig verzeihen wollte oder ob bei ihm nur der Wunsch bestand und Ausdruck gefunden hat, zu einer Aussöhnung zu kommen, und daß er für diesen Fall die bisherigen Verfehlungen verzeihen wollte. Wenn ein zwischen dem Erblasser und dem Pflichtteilsberechtigten anhängiger Rechtsstreit in der Hoffnung auf eine künftige Aussöhnung durch Vergleich beendet worden ist, würde der Erblasser allerdings arglistig handeln, wenn er kurze Zeit danach, ohne daß es zu neuen, vom Erblasser nicht veranlaßten Unzuträglichkeiten gekommen ist, die von dem Vergleich erfaßten Vorfälle zum Anlaß nimmt, dem Pflichtteilsberechtigten deswegen den Pflichtteil zu entziehen (BGH Urt. v. 21. 12. 1973 IV ZR 58/72 = NJW **74** 1084: Der Erblasser erhob eine Klage auf Feststellung, daß er berechtigt sei, dem Pflichtteilsberechtigten den Pflichtteil zu entziehen). Eine Verzeihung unter Vorbehalt ist regelmäßig keine Verzeihung. Die Beweislast trifft den Enterbten.

2 **II. Unwirksamkeit der Entziehung**

Die Verzeihung schließt nicht nur eine künftige Entziehung des Pflichtteils aus, sondern macht auch eine bereits angeordnete Entziehung unmittelbar kraft Gesetzes unwirksam, läßt aber die Erbeinsetzung eines Dritten regelmäßig unberührt (§ 2085; SächsOLG **34** 231). Der Berechtigte erlangt durch die Verzeihung regelmäßig nur den Anspruch auf den Pflichtteil.

Falls aber die Verfügung, durch die er von der Erbfolge ausgeschlossen ist, wegen ihres Zusammenhangs mit der Verfügung, durch die dem Berechtigten der Pflichtteil entzogen worden war, gleichfalls unwirksam wird (§ 2085), kann der Berechtigte auf Grund eines früher errichteten Testaments, das allein durch die unwirksame Verfügung widerrufen war, oder als gesetzlicher Erbe zur Erbschaft berufen sein. **3**

§ 2085 ist auch dann anwendbar, wenn die Verfügung, durch die der Pflichtteil entzogen worden ist, von Anfang an unwirksam war, weil ein Pflichtteilentziehungsgrund nicht bestanden hat (Hamm FamRZ **72** 661 mit Anm. *Bosch*). das gilt nicht, wenn nur der Beweis dafür, daß die vom Erblasser angegebenen Gründe vorgelegen haben, nicht erbracht ist. In diesem Fall könnte die Verfügung, durch die der Pflichtteilsberechtigte enterbt worden ist, nur wegen Irrtums angefochten werden. Dafür, daß der Erblasser sich in einem Irrtum befunden hat, wäre der Pflichtteilsberechtigte beweispflichtig. Den Gegenbeweis wird er jedoch in solchen Fällen nicht führen können.

Unter Umständen kann auch eine Testamentsanfechtung auf die Verzeihung gegründet werden, wenn der Erblasser zu der Verfügung durch die irrige Annahme bestimmt worden ist, er werde dem Pflichtteilsberechtigten die Verfehlungen nie verzeihen (§ 2078 Abs. 2). **4**

Auch ohne Verzeihung kann die Entziehung gemäß §§ 2253 ff widerrufen und, solange Verzeihung nicht gewährt ist, durch Widerruf des Widerrufs nach § 2257 wieder in Kraft gesetzt werden. **5**

§ 2338

Hat sich ein Abkömmling in solchem Maße der Verschwendung ergeben oder ist er in solchem Maße überschuldet, daß sein späterer Erwerb erheblich gefährdet wird, so kann der Erblasser das Pflichtteilsrecht des Abkömmlinges durch die Anordnung beschränken, daß nach dem Tode des Abkömmlinges dessen gesetzliche Erben das ihm Hinterlassene oder den ihm gebührenden Pflichtteil als Nacherben oder als Vermächtnisnehmer nach dem Verhältnis ihrer gesetzlichen Erbteile erhalten sollen. Der Erblasser kann auch für die Lebenszeit des Abkömmlinges die Verwaltung einem Testamentsvollstrecker übertragen; der Abkömmling hat in einem solchen Falle Anspruch auf den jährlichen Reinertrag.

Auf Anordnungen dieser Art finden die Vorschriften des § 2336 Abs. 1 bis 3 entsprechende Anwendung. Die Anordnungen sind unwirksam, wenn zur Zeit des Erbfalls der Abkömmling sich dauernd von dem verschwenderischen Leben abgewendet hat oder die den Grund der Anordnung bildende Überschuldung nicht mehr besteht.

E I 2002 Abs. 1, 3 II 2203; M **5** 437—442; P **5** 565—579; **6** 356, 357.

Pflichtteilsbeschränkung in guter Absicht

Übersicht

Neueres Schrifttum:
Haefele, § 2338 — Beschränkung des Pflichtteils in guter Absicht, BWNotZ **57** 49; *Klug*, Die Beschränkung in guter Absicht, § 2338 BGB (und das Pflichtteilsrecht) §§ 2305—2307 BGB, RhNK **71** 169.

1 **I. Pflichtteilsbeschränkung gegenüber Abkömmlingen. Gründe für die Beschränkung**

Die Pflichtteilsbeschränkung in guter Absicht ist nur gegenüber Abkömmlingen, nicht auch Eltern und Ehegatten zulässig. Sie ist nicht Entziehung, vielmehr Zuwendung des Pflichtteils verbunden mit fürsorgenden Maßnahmen für den Abkömmling und seine Familie.

2 Vorausgesetzt ist **Verschwendung** (Begriff 11. Aufl. § 6 Anm. 3), und zwar ohne Rücksicht auf etwaige Gefahr des Notstandes und darauf, ob sie zur Entmündigung geführt hat, oder **Überschuldung,** und zwar in so hohem Maße, daß der spätere Erwerb erheblich gefährdet ist, d. h., es muß die Besorgnis begründet sein, das aus irgendwelchen Erwerbsquellen, insbesondere durch die Erbschaft selbst ihm zufließende Vermögen werde gleichfalls verschwendet oder von den Gläubigern beschlagnahmt werden. Diese Besorgnis wird durch das Bestehen der Entmündigung nicht notwendig ausgeschlossen.

3 **II. Beschränkung zugunsten der gesetzlichen Erben des Abkömmlings**

Die Beschränkung ist nur zugunsten der gesetzlichen Erben des Abkömmlings zur Zeit seines Todes gestattet und nur so, daß sie nach Verhältnis ihrer gesetzlichen Erbteile bedacht werden (§ 2066). Dies trifft auch dann zu, wenn die Abkömmlinge zwar durch Verfügung von Todes wegen, aber im Sinne von § 2052 als Erben berufen sind. Eine nähere Bezeichnung der Erben ist unschädlich, wenn sie sich beim Tode des Abkömmlings als seine gesetzlichen Erben erweisen.

4 Erfolgt die Zuwendung an Fremde oder nach anderen Erbquoten, so ist die Anordnung unwirksam (§ 2306 Rdn. 12), oder sie berechtigt den Abkömmling, den Erbteil auszuschlagen und den Pflichtteil ohne Beschränkungen zu verlangen (§ 2306 Rdn. 18). Der Erblasser ist jedoch nicht gehindert, die Berufung auf die Erben der ersten Ordnung zu beschränken (Prot. 5, 573); auch einzelne von ihnen auszuschließen, denen gegenüber er zur Entziehung des Pflichtteils berechtigt ist. Der Fiskus zählt auch hier nicht zu den gesetzlichen Erben (§§ 2104, 2149).

5 Falls der Abkömmling keine Leibeserben hinterläßt, ist der Fall der Nacherbfolge nicht eingetreten. Das ihm Hinterlassene fällt dann als Teil seines Vermögens an die von ihm eingesetzten Erben oder zusammen mit seinem Nachlaß an den Fiskus, wenn er keine Verfügung von Todes wegen hinterlassen hat. Entsprechendes gilt, wenn der Erblasser nur die Erben der ersten Ordnung berufen hat und solche beim Tode des Abkömmlings nicht vorhanden sind.

6 **III. Einsetzung der gesetzlichen Erben als Nacherben oder Nachvermächtnisnehmer**

Nacherbeinsetzung der gesetzlichen Erben setzt voraus, daß der Abkömmling zunächst als Vorerbe berufen ist (§ 2100). Die ihn als Vorerben treffenden Beschränkungen ergeben sich aus §§ 2112 ff. Unwirksamkeit wegen Zeitablaufs ist mit Rücksicht auf §§ 2109 Nr. 1, 2163 Nr. 1, 2210 ausgeschlossen.

7 Über §§ 2115 und 2214 hinaus entzieht § 863 ZPO auch die Nutzungen des Pflichtteils der Pfändung. Diese sind unpfändbar, soweit sie erforderlich sind, um den eigenen standesgemäßen Unterhalt des Pflichtteilsberechtigten zu bestreiten und um die

ihm obliegenden Unterhaltsverpflichtungen gegenüber seinem Ehegatten, seinem früheren Ehegatten oder seinen Verwandten zu erfüllen. Der Pfändungsschutz besteht jedoch nicht gegenüber den Ansprüchen der Nachlaßgläubiger oder solcher Gläubiger, deren Recht auch den Nacherben oder dem Testamentsvollstrecker gegenüber wirksam ist.

Ist dem Abkömmling unter den hier fraglichen Beschränkungen ein **Erbteil** hinterlassen, der **größer ist als der Pflichtteil,** so bleibt er, wie bei jeder andern dem § 2306 entsprechenden Beschränkung oder Beschwerung, jedenfalls daran gebunden, wenn er nicht ausschlägt (KG RJA **15** 194). Schlägt er aus, so erwirbt er zwar gemäß § 2306 Abs. 1 Satz 2 den Pflichtteilsanspruch, aber vom Beweis der Tatsache der Verschwendung oder Überschuldung hängt ferner ab, ob er diesen Pflichtteil nur mit den Beschränkungen des § 2338 (unter Verwandlung der Nacherbeinsetzung in eine dem Nachvermächtnis ähnliche Beschwerung) oder ob er ihn unbeschränkt erhält (RG **85** 347; SeuffArch **62** Nr. 188). Keinesfalls werden die an Stelle des ausschlagenden Abkömmlings nachrückenden Erben von den angeordneten Beschränkungen betroffen (KGJ **40** 63). **8**

Dasselbe gilt nach § 2307 Abs. 1, wenn dem Abkömmling ein — den Pflichtteil erfüllendes oder übersteigendes — **Vermächtnis zugewendet,** aber **mit** einem **Nachvermächtnis** (§ 2191) zugunsten der gesetzlichen Erben beschwert ist.

Ist er gerade **auf den Pflichtteil als Erbe berufen,** so muß er sich gegen die Regel des § 2306 Abs. 1 Satz 1 die aus § 2338 begründete Beschränkung gefallen lassen.

Ist er **weder als Erbe noch als Vermächtnisnehmer** bedacht, sondern nur auf den Pflichtteilsanspruch verwiesen, so sind seine gesetzlichen Erben gleich Nachvermächtnisnehmern zu behandeln. Vererblichkeit des Nacherbenrechts kann, wie im Falle des § 2104, nicht in Frage kommen (§ 2108 Rdn. 4).

IV. Übertragung der Verwaltung auf einen Testamentsvollstrecker **9**

Die Übertragung der Verwaltung auf einen Testamentsvollstrecker (§§ 2209, 2210) entzieht dem Abkömmling nach § 2211 jedes Verfügungsrecht und schließt zugleich gemäß § 2214 seine Gläubiger vom Zugriff auf den Pflichtteil aus, beschränkt diese auch nach Maßgabe des § 863 ZPO im Zugriff auf den Reinertrag (vgl. Rdn. 7). Eine Verpflichtung des Testamentsvollstreckers, dem Erben Nachlaßgegenstände herauszugeben, wie sie § 2217 vorsieht, kommt hier nicht in Betracht. Sie kann mit der Nacherbeinsetzung verbunden (§ 2222), aber ebenso dinglich wirksam auch für sich allein angeordnet werden.

Beschränkende Anordnungen anderer Art braucht sich der Abkömmling wegen Verschwendung oder Überschuldung nicht gefallen zu lassen, insbesondere nicht eine Schmälerung des Pflichtteilsbetrags (RG Recht **14** Nr. 645). Desgleichen nicht eine Anordnung, die dem Testamentsvollstrecker auch die Verwaltung des Reinertrags des dem Abkömmling Hinterlassenen, sei es von vornherein und unbedingt, sei es von einem gewissen Zeitpunkt ab oder unter gewissen Voraussetzungen (Abtretung oder Pfändung des Hinterlassenen) zum Zwecke der Naturalverpflegung des Abkömmlings überträgt. **10**

Eine andere Frage ist es, ob eine solche Beschränkung des Bedachten in der Verfügung über die Erträgnisse an sich zulässig ist. Dies bejaht RG WarnRspr. **1919** Nr. 71, indem es annimmt, die Beschränkung sei kein selbständiges rechtsgeschäftliches Veräußerungsverbot im Sinne des § 137 Satz 1, sondern die gesetzliche Rechtsfolge der dem Testamentsvollstrecker eingeräumten Machtbefugnisse und daher ein nach Maßgabe der §§ 2211, 135 kraft Gesetzes eintretendes Veräußerungsverbot (zustimmend *Er-* **11** *man/Bartholomeyczik* § 2328 Rdn. 4 gegen die Anwendbarkeit des § 135 RG **87** 432; *Palandt/Keidel* § 2338 Anm. 2; 11. Aufl. § 2211 Anm. 3).

12 **V. Art und Weise der Anordnung**

Die Anordnung erfolgt durch letztwillige Verfügung, die die Angabe des Grundes (Verschwendung oder Überschuldung) enthalten muß. Gegenüber dem Anspruch auf unbeschränkte Gewährung des Pflichtteils hat der Erbe, im Falle des § 2329 der Beschenkte die Anordnung selbst und ihre Voraussetzungen zu beweisen.

13 **VI. Unwirksamwerden der Anordnung**

Die Anordnung wird unwirksam bei dauernder Abwendung usw. wie im Falle des § 2336 Rdn. 7—10. Gleichgültig ist, ob sich der Abkömmling unter dem Zwange äußerer Verhältnisse oder aus eigener besserer Einsicht heraus abgewendet hat. Die von selbst eintretende Unwirksamkeit der Beschränkung kann von jedermann, so auch von den Gläubigern des Abkömmlings geltend gemacht werden.

14 Eine erst **nach dem Erbfall eingetretene Besserung** des Abkömmlings ist auf die Anordnungen des Erblassers ohne Einfluß, falls er nicht selbst für diesen Fall den Wegfall der Beschränkung angeordnet hat (*Planck/Greiff* Anm. 5). Das Nachlaßgericht ist nicht befugt, den Wegfall der Beschränkung anzuordnen, insbesondere die Verwaltungsbefugnis des Testamentsvollstreckers aufzuheben. Ebenso KG DR **42** 1190. Dort wird weiter bemerkt, falls der Testamentsvollstrecker sein Amt niedergelegt hat, könne allerdings das Nachlaßgericht erwägen, ob ein neuer Testamentsvollstrecker gemäß § 2200 Abs. 1 BGB ernannt werden solle).

15 Falls die Voraussetzungen für die Beschränkungen nach dem Erbfall weggefallen sind, ist zu prüfen, ob die Auslegung des Testaments, notfalls die ergänzende Auslegung ergibt, daß der Erblasser die Beschränkungen für diesen Fall nicht mehr gewollt hat. Eine dahingehende Auslegung ist allerdings nicht möglich, wenn das Testament insoweit nur die bloße Anordnung enthält, daß der Nachlaß für die Lebenszeit des Abkömmlings durch einen Testamentsvollstrecker verwaltet werden und nach dem Tode des Abkömmlings dessen gesetzlichen Erben als Nacherben anfallen soll (KG DR **42** 1190).

16 Beschränkungsrecht aus § 2338 im Falle des Erbvertrags § 2289 Abs. 2, des gemeinschaftlichen Testaments § 2271 Abs. 3, für den Anteil des Abkömmlings bei der fortgesetzten Gütergemeinschaft § 1513 Abs. 2.

§ 2338 a

Pflichtteilsberechtigt ist ein Abkömmling oder der Vater des Erblassers auch dann, wenn ihm der Erbersatzanspruch durch Verfügung von Todes wegen entzogen worden ist. Im Sinne der Vorschriften dieses Abschnitts steht der Erbersatzanspruch dem gesetzlichen Erbteil gleich.

Übersicht

Neueres Schrifttum:
Wieser, Zum Pflichtteilsrecht des nichtehelichen Kindes, Mitteilungen des Bayerischen Notarvereins 70 135.

Die Bestimmung ist durch Art. I Nr. 93 Nichtehelichengesetz mit Wirkung vom 1.7. 1970 (Art. 12 § 27 Nichtehelichengesetz) in das Gesetz eingefügt.

I. Allgemeines 1

Die Bestimmung enthält eine notwendige, aber selbstverständliche Ergänzung zu § 2303. Art. 1 Nr. 3 Nichtehelichengesetz hat § 1589 Abs. 2 aF gestrichen. Zwischen dem nichtehelichen Kind und seinem Erzeuger sowie dessen Verwandten besteht dasselbe Verwandtschaftsverhältnis wie zwischen diesem und ehelichen Abkömmlingen. Daraus folgt, daß das nichteheliche Kind zu den gesetzlichen Erben der ersten Ordnung seines Vaters und dessen Eltern nach § 1924 gehört. Es ist daher auch pflichtteilsberechtigt nach § 2303, wenn es durch Verfügung von Todes wegen von der Erbfolge ausgeschlossen ist. Entsprechendes gilt nach § 1925 für das Erbrecht des Vaters beim Tode des nichtehelichen Kindes oder eines Kindes des nichtehelichen Kindes. Da aber dem nichtehelichen Kind und seinem Vater unter den Voraussetzungen des § 1934 a nur ein Erbersatzanspruch zusteht, stellt § 2338 a klar, daß das nichteheliche Kind oder sein Vater auch dann pflichtteilsberechtigt ist, wenn ihm der Erbersatzanspruch durch Verfügung von Todes wegen entzogen worden ist.

II. Die Entziehung des Erbersatzanspruchs 2

Sie geschieht durch Verfügung von Todes wegen, braucht jedoch nicht ausdrücklich ausgesprochen zu sein. Sie kann sich daraus ergeben, daß der Erblasser den Nachlaß restlos an andere vergibt und den Inhaber des Erbersatzanspruchs völlig übergeht. Ein so gefaßtes Testament wird in der Regel dahin auszulegen sein, daß der Erbersatzanspruch entzogen worden ist (Stuttgart, FamRZ **74** 471; *Palandt/Keidel*, § 2338 a Anm. 2 b; *Odersky*, § 2338 a Anm. I 2; aA *Kumme*, ZBl JR **73** 13). Die Klausel, der Ersatzberechtigte, das nichteheliche Kind oder dessen Vater, werde enterbt, bedeutet regelmäßig, daß der Betreffende überhaupt nicht am Nachlaß beteiligt sein soll. Sie schließt die Entziehung des Erbrechts, des Erbersatzanspruchs und des Pflichtteils ein.

III. Der Pflichtteil 3

1. Nach dem vor dem 1. Juli 1970 geltenden Recht

Der Vater des nichtehelichen Kindes hatte bei dessen Tod kein gesetzliches Erbrecht und auch keinen Pflichtteilsanspruch. Ebenso standen dem nichtehelichen Kind diese Ansprüche nach dem Tode des Vaters nicht zu. Es war dies eine Folge der in § 1589 Abs. 2 a.F. enthaltenen gesetzlichen Fiktion, nach der der Vater und das nichteheliche Kind als nicht verwandt galten. Demzufolge blieb der Unterhaltsanspruch des nichtehelichen Kindes nach dem Tode des Vaters bestehen. Der Erbe des Vaters war jedoch nach § 1712 Abs. 2 a.F. berechtigt, das nichteheliche Kind für seinen Unterhalt mit dem Betrag abzufinden, der ihm als Pflichtteil gebühren würde, wenn es ehelich wäre.

2. Nach dem seit dem 1. Juli 1970 geltenden Recht 4

Das nichteheliche Kind und sein Vater sind jetzt miteinander verwandt wie bei ehelicher Abstammung. Es besteht danach auch in ihrem Verhältnis zueinander das gesetzliche Erbrecht nach §§ 1924, 1925 und das Pflichtteilsrecht nach §§ 2303, 2309. Das volle Erbrecht steht dem nichtehelichen Kind und seinen Abkömmlingen nach § 1934 a Abs. 1 nur zu, wenn beim Tode des Vaters oder eines väterlichen Verwandten keine ehelichen Abkömmlinge und kein Ehegatte des Erblassers als gesetzlicher Erbe berufen ist. Andernfalls gehören sie nicht zu den Miterben. Ihnen steht nur ein Erbersatzanspruch zu. Das ist ein Geldanspruch in Höhe des Wertes ihres gesetzlichen Erbteils, den die Erben zu befriedigen haben (§ 1934 a Rdn. 2). Entsprechendes gilt nach § 1934 a Abs. 2 für das Erbrecht des Vaters und seiner Abkömmlinge beim Tode des nichtehelichen Kindes. Ihnen steht nur ein Erbersatzanspruch zu, wenn sie neben der Mutter und ihren Abkömmlingen als gesetzliche Erben berufen sind (§ 1934 a Rdn. 3). Nach § 1934 a Abs. 3 steht dem Vater des nichtehelichen Kindes und seinen Verwandten beim Tode des nichtehelichen Kindes sowie beim Tode des Kindes eines nichtehelichen Kindes der Erbersatzanspruch zu, wenn sie neben dem Ehegatten des Erblassers als gesetzlicher Erbe berufen sind (§ 1934 a Rdn. 4).

Der Pflichtteilsanspruch, der dem Vater oder dem nichtehelichen Kinde beim Tode des Vaters oder eines väterlichen Großelternteils nach §§ 2338 a, 2303 zusteht, wenn den Berechtigten der Erbersatzanspruch entzogen worden ist, wird oft die Hälfte des Erbersatzanspruchs betragen. Jedoch ist das nicht immer der Fall, denn die Vorschrift für die Bemessung der Höhe des Erbersatzanspruchs, § 1934 b Abs. 1 und die für die Bemessung des Pflichtteils, § 2311 stimmen nicht völlig überein (*Odersky*, § 2338 a Anm. III, 1: *Erman/Bartholomeyczik*, § 2338 a Rdn. 3; *Palandt/Keidel*, § 2338 a Anm. 2 b).

5 **IV. Übergangsrecht**

Nur das alte Recht gilt für Erbfälle, die vor dem 1. Juli 1970 eingetreten sind (Art. 12 § 10 Abs. 1 Nichtehelichengesetz), und ferner nach Art. 12 § 10 Abs. 2 für die erbrechtlichen Verhältnisse eines vor dem 1. Juli 1949 geborenen nichtehelichen Kindes und seiner Abkömmlinge zu dem Vater und dessen Verwandten. Ist der Vater der Erblasser und war er bei seinem Tode dem nichtehelichen Kind unterhaltspflichtig, dann behält das Kind den Unterhaltsanspruch gegen die Erben. Jedoch können diese das Kind nach dem bisher geltenden § 1712 Abs. 2 auch jetzt noch wegen seines Unterhaltsanspruchs abfinden (vgl. oben Rdn. 4).

SECHSTER ABSCHNITT

Erbunwürdigkeit

Vorbemerkungen

Vor § 2339

Sinn dieser Vorschriften ist es, dagegen Vorsorge zu treffen, daß ein künftiger Erbe oder Inhaber erbrechtlicher Ansprüche es unternimmt, den Erbfall vorzeitig herbeizuführen oder den Erblasser daran zu hindern, von der gesetzlichen oder angeordneten Erbfolge durch Verfügung von Todes wegen in bestimmter Weise abzuweichen. 1

Das BGB kennt **keine allgemeine Erbunwürdigkeit,** sondern nur eine solche gegenüber einem bestimmten Erblasser und auch nur bei Angriffen gegen dessen Leben, Testierfähigkeit oder Testierfreiheit. Dem Unwürdigen wird nicht nur, worauf die §§ 2339—2344 abgestellt sind, ein Erwerb als Erbe, sondern nach § 2345 auch ein Anspruch als Vermächtnisnehmer oder Pflichtteilsberechtigter entzogen. Der Erbunwürdige ist daher nicht ohne weiteres erbunfähig.

Zur Geltendmachung der Erbunwürdigkeit bedarf es in allen Fällen einer **Anfechtungsklage** (§§ 2340, 2342), die zu erheben nur bestimmte Personen befugt sind (§ 2341). Das Anfechtungsrecht erlischt bei Verzeihung (§ 2243). Die erfolgreich durchgeführte Anfechtung wirkt absolut, die Erbunwürdigkeit jedoch nur relativ gegenüber einem bestimmten Erblasser, dem gegenüber der Bedachte und Pflichtteilsberechtigte sich vergangen hat (*Erman/Bartholomeyczik* Vorbem. Rdn. 3). Soll ein Vermächtnisnehmer oder Pflichtteilsberechtigter für erbunwürdig erklärt werden, genügt ihm gegenüber die formlose Anfechtungserklärung (vgl. Rdn. 1 zu § 2345). 2

Die Vorschriften gelten nach § 1506 Satz 2 auch für die fortgesetzte Gütergemeinschaft. Auch ältere Unwürdigkeitsgründe sind nach ihnen zu beurteilen, wenn der Erblasser nach dem 31. 12. 1899 verstorben ist (EG Art. 213). Zur entsprechenden Anwendung beim vorzeitigen Erbausgleich nach § 1934 vgl. Rdn. 5 zu § 1934 d sowie dazu *Kumme* ZBlJR 74 22 ff. Zwischen testamentarischer und gesetzlicher Erbfolge wird nicht unterschieden (*Palandt/Keidel* vor § 2339 Anm. 1). 3

§ 2339

Erbunwürdig ist:

1. **wer den Erblasser vorsätzlich und widerrechtlich getötet oder zu töten versucht oder in einen Zustand versetzt hat, infolgedessen der Erblasser bis zu seinem Tode unfähig war, eine Verfügung von Todes wegen zu errichten oder aufzuheben;**
2. **wer den Erblasser vorsätzlich und widerrechtlich verhindert hat, eine Verfügung von Todes wegen zu errichten oder aufzuheben;**
3. **wer den Erblasser durch arglistige Täuschung oder widerrechtlich durch Drohung bestimmt hat, eine Verfügung von Todes wegen zu errichten oder aufzuheben;**

4. **wer sich in Ansehung einer Verfügung des Erblassers von Todes wegen einer nach den Vorschriften der §§ 267 bis 274 des Strafgesetzbuchs strafbaren Handlung schuldig gemacht hat.**

Die Erbunwürdigkeit tritt in den Fällen des Abs. 1 Nr. 3, 4 nicht ein, wenn vor dem Eintritte des Erbfalls die Verfügung, zu deren Errichtung der Erblasser bestimmt oder in Ansehung deren die strafbare Handlung begangen worden ist, unwirksam geworden ist, oder die Verfügung, zu deren Aufhebung er bestimmt worden ist, unwirksam geworden sein würde.

E I 2045 II 2204; M **5** 517—520; P **5** 634—642; KB 325.

Neueres Schrifttum:

Hempel, Erbunwürdigkeit, Diss. Köln 1969; *Johannsen*, Die Rechtsprechung des BGH auf dem Gebiete des Erbrechts, Erbunwürdigkeit, WM **72** 1047; *Röwer*, Das Verschweigen der ehelichen Untreue als Fall der Erbunwürdigkeit, FamRZ **60** 15; *Speckmann*, Erbunwürdigkeit bei Testamentsfälschung im Sinne des Erblasserwillens, JuS **71** 235; *Weimar*, Die Erbunwürdigkeit, MDR **62** 633.

Voraussetzungen der Erbunwürdigkeit

Übersicht

1 **I. Erbunwürdigkeitsgründe (Abs. 1)**

1. Allgemeines

Wie die Entziehungsgründe des § 2333 sind auch die Erbunwürdigkeitsfälle erschöpfend geregelt worden. Eine entsprechende Anwendung ist nicht möglich, da die Rechtsfolgen der Erbunwürdigkeit im wesentlichen Strafcharakter haben (vgl. *Bartholomeyczik*, Erbrecht, 9. Aufl., S. 27; dazu *Fabricius* FamRZ **65** 462). Sie umfassen nur ganz bestimmte Verfehlungen, die sich gegen den Erblasser unmittelbar (Abs. 1 Nr. 1—3) oder gegen eine Verfügung des Erblassers von Todes wegen (Abs. 1 Nr. 4) richten (s. auch Rdn. 1 vor § 2339). Ehrloses Verhalten schlechthin, insbesondere auch ein *asozialer Lebenswandel* begründet *keine* Erbunwürdigkeit; es gibt dem Erblasser allenfalls das Recht, dem Erben den Pflichtteil zu entziehen (§§ 2333, 2334; vgl. *Vogels* DR **41** 2450).

2 Die Erbunwürdigkeitsgründe umfassen alle Formen der Teilnahme (StGB §§ 47 ff). Versuch genügt nur im Falle Nr. 1. Strafgerichtliche Verurteilung ist nicht erforderlich. Jedoch muß eine — vorsätzlich begangene — strafbare Handlung der in Abs. 1 Nr. 1—4 näher umschriebenen Art vorliegen (vgl. Abs. 2). An einer solchen fehlt es, wenn Rechtfertigungs- oder Schuldausschließungsgründe gegeben sind. Dasselbe gilt für Strafbefreiungsgründe, z. B. für den Rücktritt vom Versuch (§ 46 StGB).

3 **2. Angriffe gegen Leib und Leben des Erblassers (Abs. 1 Nr. 1)**

Tötung im Sinne von StGB §§ 211—215, ebenso vorsätzliche Tötung im Zweikampf (§§ 206, 207), nicht aber Tötung des Einwilligenden (§ 216), der dem Verzeihenden nach § 2343 gleichzustellen ist. Notwehr schließt die Widerrechtlichkeit aus. Der

Erfolg, den Erblasser *testierunfähig* zu machen, braucht auch im dritten Falle der Nr. 1 nicht bezweckt zu sein, es genügt, daß er z. B. im Falle schwerer Körperverletzung in Siechtum verfällt. Der Vorerbe ist nicht Erblasser, seine Tötung durch den Nacherben macht diesen nicht erbunwürdig. Ist für den Fall, daß der Vorerbe heiratet, die Ehefrau als Nacherbin eingesetzt und tötet sie ihren Ehemann vorsätzlich, z. B. durch Verbringung in ein KZ-Lager in Erwartung der Tötung, so scheidet sie als Nacherbin aus, weil sie sich in entsprechender Anwendung des § 162 Abs. 2 BGB nicht auf den Eintritt der Nacherbfolge berufen darf (BGH NJW **68** 2051 = MDR **68** 826 = LM § 2339 Nr. 2). Ob das auch gilt, wenn der böswillige Nacherbe zu den gesetzlichen Erben des Vorerben gehört, erscheint zweifelhaft. Jedenfalls kann der Nacherbe den Vorerben hinsichtlich seines freien Vermögens nicht beerben, da der Vorerbe insoweit einem Erblasser i. S. des § 2339 gleichzustellen ist.

3. Verhinderung, eine Verfügung von Todes wegen zu errichten oder aufzuheben (Abs. 1 Nr. 2) 4

Die **Verhinderung** setzt voraus, daß der Erblasser einen bestimmten Errichtungs- oder Aufhebungsakt beabsichtigt, ihn aber infolge der auf ihn — gleichviel mit welchen Mitteln — ausgeübten Einwirkung unterlassen hat. Versuch oder nur vorübergehende Einwirkung genügt nicht. Eine etwaige Unwirksamkeit des beabsichtigten Aktes, z. B. wegen Entmündigung (§ 2229 Abs. 3) oder infolge Bindung an ein gemeinschaftliches Testament (§ 2271), ist bedeutungslos. Die Verhinderung kann auch durch Ausnutzung der Willensschwäche oder des testierwilligen Erblassers einer Zwangslage erfolgen (BGH FamRZ **65** 495, 496).

4. Bestimmung des Erblassers zur Errichtung oder Aufhebung einer Verfügung von Todes wegen durch Täuschung oder Drohung (Abs. 1 Nr. 3) 5

Täuschung und Drohung § 123. Der letzteren steht unmittelbare Gewaltanwendung gleich. Daneben bleibt die (weniger weittragende) Anfechtung aus § 2078 Abs. 2 unberührt (RG **59** 33; BGH FamRZ **68** 153). Hypnose ist keine Drohung. Der Hypnotiseur kann aber nach Abs. 1 Nr. 1 erbunwürdig sein, wenn der hypnotische Zustand bis zum Tode des Erblassers gedauert hat. Das in der Hypnose errichtete Testament ist nach § 2229 Abs. 4 nichtig.

Täuschung ist angenommen worden, wenn eine Frau den Erblasser zur Heirat 6
und zugleich zur Erbeinsetzung bestimmt und hierbei verschwiegen hat, daß sie mit einem anderen ein unsittliches Verhältnis unterhielt und fortsetzen wollte (RG JW **12** 871[32]), oder wenn eine Ehefrau ein ehebrecherisches Verhältnis verschwiegen hat (OLG Nürnberg MDR **58** 692). Es handelt sich hierbei um Fälle der Täuschung durch Unterlassen. Sie setzen eine Rechtspflicht zur Aufklärung voraus. Diese kann bei länger zurückliegenden Vorgängen entfallen (vgl. *Röwer* FamRZ **60** 15). Erbunwürdig ist ein Ehegatte, der ein fortdauerndes ehewidriges Verhältnis verschweigt, obwohl er weiß, daß der andere Ehegatte im Vertrauen auf die Beteuerung seiner ehelichen Treue ein Testament zu seinen Gunsten errichtet (BGH **49** 155 = NJW **68** 642 = LM § 2339 Nr. 1 mit Anm. von *Kreft*). Das gilt jedenfalls beim Vorliegen gravierender Umstände (vgl. *Kreft* aaO). Sind solche Umstände gegeben, dann ist es grundsätzlich auch unerheblich, ob der Ehegatte etwa mit Rücksicht auf seinen erkrankten Partner geschwiegen hat, um ihn nicht zu verletzen oder zu beunruhigen oder um den Bestand der Ehe nicht zu gefährden (vgl. *Johannsen* aaO).

7 Täuschung und Drohung müssen den Erblasser bestimmt haben, eine *Verfügung von Todes wegen* zu errichten oder aufzuheben. Die Behauptung, der Erblasser sei durch Drohung gezwungen worden, einen *Kindesannahmevertrag* zu schließen, der ein gesetzliches Erbrecht begründe (§ 1757 Abs. 1), reicht daher nicht aus; es können dann unter Umständen aber die Voraussetzungen des Abs. 1 Nr. 2 gegeben sein (OLG Köln NJW **51** 158 Nr. 15).

8 **5. Urkundenfälschung (Abs. 1 Nr. 4)**

Urkundenfälschung, insbesondere auch fälschliche Anfertigung einer angeblichen Verfügung und Beseitigung von Urkunden, vor oder nach dem Erbfalle, wie z. B. die fälschliche Anfertigung von zwei Testamenten nach dem Tode des Erblassers (OLG Stuttgart Rpfleger **56** 160). Doch soll nach allgemeiner Meinung auch die Fälschung die Natur einer Verfehlung gegen den Erblasser haben. Erbunwürdigkeit tritt deshalb nach der Ansicht des Reichsgerichts nicht ein, wenn der Fälscher durch die Fälschung den wahren letzten Willen des Erblassers zu verwirklichen bestrebt war (RG **72** 207; **81** 413; *Kipp/Coing* 12. Bearb. § 85 II 4, wenn nachgewiesen sei, daß der Erblasser das von ihm errichtete formungültige Testament tatsächlich für gültig gehalten habe; *aM Planck/Greiff* Anm. 2 d; *Palandt/Keidel* 33. Aufl. Anm. 2 d; *Bartholomeyczik* § 5 II 3 d; *Staudinger/Ferid* Rdn. 47). Die *Beweislast* dafür, daß die in Ansehung der Urkunde begangene strafbare Handlung *keine* Verfehlung gegen den Erblasser bedeutet, soll der Fälscher oder Unterdrücker der Urkunde haben (RG **81** 413). Die Rechtsprechung des Reichsgerichts ist jedoch bedenklich. Jede Fälschungshandlung ist ein unerlaubter Eingriff in den Testiervorgang und insoweit — mindestens in der Form — eine Verfehlung gegen den Erblasser. Es ist auch zu beachten, daß die Verfehlungen nach Abs. 1 Nr. 4 sich nur mittelbar gegen den Erblasser, unmittelbar jedoch nach dem Gesetzeswortlaut („in Ansehung. . .") gegen die Verfügung von Todes wegen als solche richten. Das letztere bedeutet jedoch nicht, daß kein Fall des § 2339 Abs. 1 Nr. 4 vorliege, wenn keine Verfügung von Todes wegen besteht, ihre Einrichtung vielmehr nur vorgetäuscht wird, um dadurch andere inhaltlich unrichtige Urkunden zu erwirken (so OLG Celle v. 16. 1. 1958 — 10 Wx 13/57 — bei Hoffolgezeugnis und Grundbucheintragung auf Grund einer mittels eidesstattlicher Versicherung vorgetäuschten letztwilligen Verfügung). Es ist überspitzt, wenn dieser *einheitliche* Lebensvorgang dahin zergliedert wird, eine intellektuelle Urkundenfälschung (StGB § 271) sei nur hinsichtlich des Hoffolgezeugnisses und der Grundbucheintragung, jedoch nicht „in Ansehung einer Verfügung des Erblassers von Todes wegen" begangen worden. Diesen Erwägungen ist der BGH in Abweichung von RG **72** 207 in NJW **70** 197 gefolgt. Danach hat die Fälschung eines Testaments die Erbunwürdigkeit auch dann zur Folge, wenn der Fälscher damit möglicherweise den wahren letzten Willen des Erblassers verwirklicht. Vgl. dazu auch OLG Celle NdsRpfl. **72** 238; *Johannsen* WM **72** 1048; *Bartholomeyczik* § 5 II 3 d; aA *Speckmann* JuS **71** 235.

Bei Nr. 4 genügt Versuch nicht (§ 267 Abs. 2 n. F. StGB)

9 **II. Unschädlichkeit der mit Erbunwürdigkeit bedrohten Handlungen (Abs. 2)**

Die mit Erbunwürdigkeit bedrohten Handlungen sind *praktisch unschädlich*, wenn a) die erzwungene, erschlichene oder verfälschte Verfügung, sei es von Anfang an wegen Formmangels unwirksam war, sei es vor dem Erbfalle (durch Widerruf, Wegfall des Bedachten usw., Zeitablauf im Falle des § 2252) unwirksam geworden ist oder wenn b) die infolge von Täuschung oder Drohung aufgehobene oder vermöge einer Urkundenfälschung nur angeblich aufgehobene Verfügung aus gleichen Gründen schon ohnedies unwirksam wäre oder geworden wäre. In allen diesen Fällen tritt nach dem Wortlaut und Sinne des Abs. 2 keine Erbunwürdigkeit ein. Zur Frage, ob Erbunwürdigkeit dagegen auch dann besteht, wenn eine nach § 2339 Abs. 1 Nr. 3 oder 4 zustandegekommene letztwillige Verfügung von Anfang an — insbesondere wegen Formmangels — nichtig ist, vgl. LG Ravensburg NJW **55** 795 mit abl. Anm. von *Bartholomeyczik*.

§ 2340

Die Erbunwürdigkeit wird durch Anfechtung des Erbschaftserwerbs geltend gemacht.

Die Anfechtung ist erst nach dem Anfalle der Erbschaft zulässig. Einem Nacherben gegenüber kann die Anfechtung erfolgen, sobald die Erbschaft dem Vorerben angefallen ist.

Die Anfechtung kann nur innerhalb der im § 2082 bestimmten Fristen erfolgen.

E I 2046 Abs. 1, 2, 4—6 II 2205; M **5** 520, 521; P **5** 642, 643, 645; **6** 357.

Anfechtung des Erbschaftserwerbs

Übersicht

I. Allgemeines (Abs. 1) 1

Die Erbunwürdigkeit tritt nicht kraft Gesetzes, sondern erst nach rechtskräftig durchgeführter Anfechtung (§ 2342) mit der Wirkung des § 2344 Abs. 1 ein. Der Erbunwürdige selbst kann somit, da er nicht anfechtungsberechtigt ist (§ 2341), die Unwürdigkeit niemals geltend machen.

II. Zeitpunkt der Anfechtung (Abs. 2 Satz 1) 2

Anfall der Erbschaft § 1942 Rdn. 12. Hängt der Anfall an den Erbunwürdigen davon ab, daß ein ihm vorgehender Berufener ausschlägt oder aus anderen Gründen wegfällt, so ist die Anfechtung nicht vor dem Wegfalle zulässig. Behauptet dagegen der nach § 2341 Anfechtungsberechtigte, daß sämtliche vor ihm Berufenen erbunwürdig seien, so darf er sich vorläufig — ob mit Recht, wird das Urteil ergeben — auf den Standpunkt des § 2344 Abs. 2 stellen und die Anfechtungsklage gleichzeitig gegen die mehreren auch bloß nacheinander berufenen Erbunwürdigen erheben (aM *Planck/Greiff* Anm. 2). Auch für die Ausübung des Anfechtungsrechts aus §§ 2078 ff hat er in diesem Falle sogleich als Anfechtungsberechtigter zu gelten (§ 2080 Anm. 6 ff), wenn auch der Erfolg dieser Anfechtung davon abhängt, daß er die Erbunwürdigkeitserklärung der vorgehenden Berechtigten durch Urteil herbeiführt (§ 2342). Die Anfechtung aus § 2340 ist niemals vor dem Erbfalle, wohl aber gegen die Erben des Unwürdigen zulässig.

III. Anfechtung gegen Nacherben (Abs. 2 Satz 2) 3

Dem **Nacherben** gegenüber braucht der Anfall der Nacherbschaft (§ 2139) nicht abgewartet zu werden. Die Klage kann, auch gegen mehrere nacheinander oder nur bedingt berufene unwürdige Nacherben zugleich, schon nach Anfall an den Vorerben, regelmäßig also schon nach dem Erbfalle erhoben werden (vgl. auch § 2142).

IV. Anfechtungsfrist (Abs. 3) 4

Die Anfechtungsfrist beträgt gemäß § 2082 ein Jahr nach erlangter Kenntnis vom Erbunwürdigkeitsgrunde. Gegenüber dem unwürdigen Nacherben (Rdn. 3) beginnt sie jedoch erst mit Anfall der Nacherbschaft. Es gelten die Verjährungsgrundsätze der §§ 203, 206, 207. Mit Ablauf von 30 Jahren seit dem Erbfalle ist die Anfechtung ausgeschlossen.

5 *Kenntnis* hat der Anfechtungsberechtigte nur, wenn er von den Anfechtungstatsachen in *zuverlässiger* Weise erfahren hat (§ 2082 Rdn. 5; OLG München MDR **57** 612 = DNotZ **58** 322 Nr. 11 [L]). Eine bloße Vermutung setzt die Anfechtungsfrist nicht in Lauf (OLG Celle NdsRpfl. **72** 239). Es genügt auch nicht, wenn der Anfechtungsberechtigte nur persönlich von dem Erbunwürdigkeitsgrunde überzeugt ist, ohne daß dies sachlich begründet und beweisbar ist (aM OLG Frankfurt NJW **47/48** 228).

§ 2341

Anfechtungsberechtigt ist jeder, dem der Wegfall des Erbunwürdigen, sei es auch nur bei dem Wegfall eines anderen, zustatten kommt.

E I 2046 Abs. 3 II 2206; M **5** 521; P **5** 642—645.

Die Anfechtungsberechtigten

1 **Anfechtungsberechtigt** ist, abweichend von § 2080 Abs. 1, der auch nur *mittelbar, bedingt* oder erst *an späterer Stelle* am Wegfalle des Erbunwürdigen Interessierte. So insbesondere auch der Vorerbe gegenüber dem Nacherben (§ 2142 Rdn. 7), der Nacherbe gegenüber dem Vorerben (§ 2102), endlich immer der Fiskus (§ 1936). Der Erfolg der Anfechtung braucht nicht dem Anfechtenden selbst die Erbenstellung usw. zu verschaffen, er kann vielmehr nach § 2344 Abs. 2 auch einem anderen zugute kommen. Der selbst erbunwürdige Berechtigte ist von der Anfechtung nicht ausgeschlossen, solange der auch gegen ihn gerichteten Klage (§ 2340 Rdn. 2) nicht rechtskräftig stattgegeben ist (§ 2342 Abs. 2). Sind *mehrere* Anfechtungsberechtigte vorhanden, so kann jeder allein, unabhängig von dem anderen, das Anfechtungsrecht ausüben (*Staudinger/Ferid* Rdn. 9).

2 Das Anfechtungsrecht ist als solches *weder übertragbar noch pfändbar.* Es ist jedoch als Vermögensrecht vererblich (vgl. auch § 2080 Rdn. 8). Ebenso steht es gegen die Erben des Unwürdigen zu.

§ 2342

Die Anfechtung erfolgt durch Erhebung der Anfechtungsklage. Die Klage ist darauf zu richten, daß der Erbe für erbunwürdig erklärt wird.

Die Wirkung der Anfechtung tritt erst mit der Rechtskraft des Urteils ein.

E I 2047 II 2207; M **5** 521, 522; P **5** 645.

Anfechtungsklage

1 **I. Zu Abs. 1 Satz 1**

Die **Anfechtungsklage** muß die Anfechtung gerade wegen Erbunwürdigkeit, zum Unterschiede von der Anfechtung letztwilliger Verfügungen, und das Verlangen auf Feststellung (Rdn. 2) deutlich zum Ausdruck bringen (RG JW **10** 23[37]); sie ist gegen den erbunwürdigen Erben oder seine Erben, nicht auch gegen den Erwerber eines Erbteils (§ 2033) oder den Erbschaftskäufer zu richten, gegebenenfalls auch als *Widerklage* gemäß ZPO § 280. Die Anfechtung kann aber nur durch Klage, nicht mittels Einrede oder etwa im Erbscheinsverfahren erklärt werden (LG Hamburg DR **41** 2449 Nr. 14; BayObLG Rpfleger **73** 431). Jedoch genügt die gewöhnliche, auch in der Form der Einrede geltend zu machende Anfechtung nach § 143 Abs. 1 gegenüber dem Vermächtnis- oder Pflichtteilsanspruch des Unwürdigen (§ 2345). Die Klagerhebung durch den Nächstberufenen bedeutet nicht notwendig, wie im Falle des § 1957 Abs. 1, zugleich die Annahme der Erbschaft.

II. Zu Abs. 1 Satz 2 2

Die **Erbunwürdigkeitserklärung** ist Feststellung nach ZPO § 256 (aM *Palandt/Keidel* 33. Aufl. Anm. 1: Rechtsgestaltungsklage). Deshalb ist es auch zulässig, die Klage im Gerichtsstande der Erbschaft zu erheben (ZPO § 27).

III. Zu Abs. 2 3

Die **Wirkung** der erfolgreichen Klage (§ 2344) äußert sich mit der Rechtskraft ebenso wie der Wegfall des Erben durch Ausschlagung gegenüber allen nach § 2341 Anfechtungsberechtigten. Dagegen schafft die Klagabweisung nur Recht unter den Parteien. Die *Urteilsform* ist unentbehrlich und kann nicht durch öffentliche Urkunde nach ZPO § 794 Nr. 5 ersetzt werden (RJA **7** 185). Vermöge der rückbeziehenden Wirkung des § 2344 Abs. 1 kann der im Falle der Erbunwürdigkeit nachrückende Erbe mit der Anfechtungsklage auch den Erbschaftsanspruch aus den §§ 2018 ff verbinden (vgl. auch § 2340 Rdn. 2; aM *Planck/Greiff* Anm. 3; wie hier *Kipp/Coing* § 85 Anm. 20; *Palandt/Keidel* Anm. 1).

IV. Streitwert 4

Früher wurde angenommen, daß sich der Streitwert der Erbunwürdigkeitsklage allein nach dem Interesse des Klägers an der Besserstellung richte, die sich für ihn aus der Erbunwürdigkeit ergibt; so BGH LM § 3 ZPO Nr. 16 = MDR **59** 922. Nunmehr ist diese Ansicht vom BGH aufgegeben worden; vgl. NJW **70** 197. Danach bestimmt sich der Streitwert und der Rechtsmittelwert nach der Beteiligung des Beklagten am Nachlaß. Die Entscheidung des OLG Nürnberg Rpfleger **63** 219, wonach sich die Klage auf Feststellung der Erbunwürdigkeit des als Alleinerben eingesetzten Beklagten nach dem Wert des Gesamtnachlasses richtet, dürfte nunmehr gleichfalls überholt sein.

§ 2343

Die Anfechtung ist ausgeschlossen, wenn der Erblasser dem Erbunwürdigen verziehen hat.

E I 2050 II 2208; M **5** 524, 525; P **5** 649.

Verzeihung

I. Verzeihung 1

Vgl. § 2337 Rdn. 1; BGH FamRZ **61** 437. Gegenstand der Verzeihung können alle Handlungen sein, die in § 2339 Abs. 1 aufgeführt sind, auch ein Mordversuch, selbst eine Tötung, wenn z. B. der tödlich Verletzte vor seinem Tode noch die Verzeihung ausspricht (*Planck/Greiff* Anm. 1; vgl. BG Halle NJ **58** 145). Verzeihung gegenüber dem Erbunwürdigen setzt in der Regel die *Kenntnis* des Erbunwürdigkeitsgrundes voraus.

Bei Verfehlungen, die der Bedachte *nach dem Tode* des Erblassers begangen hat, kann jedoch u. U. darauf abgestellt werden, ob der Erblasser bei entsprechender Kenntnis die Verzeihung ausgesprochen hätte (vgl. OLG Stuttgart Rpfleger **56** 160). Der Erbunwürdige hat die Verzeihung zu *beweisen*. Die Verzeihung wirkt auch wegen des Vermächtnis- und Pflichtteilsanspruchs § 2345.

2 **II. Verzicht**

Der Anfechtungsberechtigte kann auch durch Vertrag mit dem Erbunwürdigen auf die Anfechtung verzichten. Nach Mot. **5** 525 soll sich allein nach den Vorschriften über den Erbschaftsanspruch bestimmen, inwieweit ein vertragsmäßiger Anspruch den Berechtigten binde, da diesem dinglichen Anspruch Einwendungen aus einem obligatorischen Recht entgegengesetzt werden könnten. Danach könnte trotz des Verzichts zunächst die Anfechtungsklage erhoben und der Erbe für unwürdig erklärt werden (§ 2342 Abs. 1). Der Erbe könnte erst, wenn später der Erbschaftsanspruch erhoben wird, einwenden, der Anfechtungsberechtigte habe verzichtet. Es bestehen aber keine zwingenden Gründe, dem Verzichtsvertrage — unbeschadet des § 138 — eine stärkere Wirkung zu versagen. Regelmäßig ist daher schon die Anfechtungsklage des Verzichtenden abzuweisen (*Planck/Greiff* Anm. 2; vgl. auch *Staudinger/Ferid* Rdn. 9, 10).

3 Der Verzicht des nächsten Anfechtungsberechtigten greift dem etwa später Berechtigten nicht vor.

§ 2344

Ist ein Erbe für erbunwürdig erklärt, so gilt der Anfall an ihn als nicht erfolgt.

Die Erbschaft fällt demjenigen an, welcher berufen sein würde, wenn der Erbunwürdige zur Zeit des Erbfalls nicht gelebt hätte; der Anfall gilt als mit dem Eintritte des Erbfalls erfolgt.

E I 1972, 2048 Abs. 1 II 2209; M **5** 376, 522, 523; P **5** 483, 647—649.

Wirkung der Unwürdigkeitserklärung

1 Die Wirkungen der Erbunwürdigkeitserklärung sind die gleichen wie diejenigen der Ausschlagung. Es ist deshalb auf die wörtlich übereinstimmenden Vorschriften des § 1953 Abs. 1 u. 2 (Rdn. 1—4) zu verweisen. Gleich dem Ausschlagenden wird auch der Unwürdige bei der Berechnung des Pflichtteils mitgezählt (§ 2310). Der erfolgreiche Anfechtungskläger kann, wenn im gegebenen Falle in der Klagerhebung keine Annahme zu finden ist (§ 2342 Rdn. 1), auch jetzt noch die Erbschaft ausschlagen. Ist der *Nacherbe* schon vor dem Eintritte der Nacherbfolge für unwürdig erklärt worden (§ 2340 Rdn. 3), so fällt ihm die Erbschaft nicht mehr gemäß § 2139 an. Das Nacherbrecht kann dann auch nicht mehr auf seine Erben übergehen (vgl. sonst § 2108 Rdn. 5); die Erbschaft verbleibt vielmehr nach § 2142 Rdn. 7 endgültig dem Vorerben. Über die Rechtsfolgen der Erbunwürdigkeitserklärung eines Vorerben auf den Erbteilungsvertrag mit dem Nacherben vgl. BGH WM **68** 476.

2 Mit dem Wegfalle des Erbunwürdigen werden auch *Rechtsgeschäfte unwirksam,* die von ihm oder ihm gegenüber in bezug auf die Erbschaft vorgenommen worden sind. Dritte sind (abweichend vom Falle der Ausschlagung) nicht geschützt, soweit sie sich nicht auf gutgläubigen Erwerb oder Erbschein berufen können (vgl. § 1959 Rdn. 11). Der Erbunwürdige haftet nach §§ 2018, 819 BGB nicht für Nachlaßverbindlichkeiten (vgl. dazu *Staudinger/Ferid* Rdn. 8, 9). Hat der Nachlaßschuldner an den Erbunwürdigen

geleistet, so wird er unter den Voraussetzungen des § 407 frei; er ist durch die §§ 2266 ff geschützt; vgl. *Palandt/Keidel* Anm. 1.

Bei *Zugewinngemeinschaft* erhält der erbunwürdige Ehegatte den Anspruch auf Ausgleich des Zugewinns § 1371 ii, dessen Erfüllung jedoch bei grober Unbilligkeit verweigert werden kann, § 1381 Abs. 1 (vgl. *Palandt/Keidel* Anm. 2).

§ 2345

Hat sich ein Vermächtnisnehmer einer der im § 2339 Abs. 1 bezeichneten Verfehlungen schuldig gemacht, so ist der Anspruch aus dem Vermächtnis anfechtbar. Die Vorschriften der §§ 2082, 2083, des § 2339 Abs. 2 und der §§ 2341, 2343 finden Anwendung.

Das gleiche gilt für einen Pflichtteilsanspruch, wenn der Pflichtteilsberechtigte sich einer solchen Verfehlung schuldig gemacht hat.

E I 1874, 2049 II 2210; M **5** 189, 523, 524; P **5** 220, 649; **6** 321.

Neueres Schrifttum:
Raape, Die Einrede der Erbunwürdigkeit aus § 2345 II usw. in Festschrift Karl Haff 1950, 317.

Unwürdigkeit bei Vermächtnis und Pflichtteil

I. Vermächtnis- und Pflichtteilsunwürdigkeit (Abs. 1) 1

Hierzu bedarf es zwar auch der Anfechtung durch den nach § 2341 Berechtigten, in der Regel durch den Erben oder sonstigen Beschwerten, also auch durch den Vermächtnisnehmer (vgl. OLG Celle NdsRpfl. **72** 238), nicht aber förmlicher Klage nach § 2342. Es genügt vielmehr die Anfechtungserklärung gegenüber dem Unwürdigen nach § 143 Abs. 4. Ist der Bedachte zugleich Erbe (Vorausvermächtnis) oder ist der Pflichtteilserbe zugleich nach § 2305 auf Vervollständigung des Pflichtteils berechtigt, so ist in dem Sachgesuch nach § 2342 Rdn. 1 regelmäßig auch die Anfechtung des Vermächtnis- und Pflichtteilserwerbs enthalten. Auch hier gelten die Ausschlußfristen des § 2082. Im Wege der Einrede kann die Leistung des Vermächtnisses oder Pflichtteils zeitlich unbeschränkt verweigert werden (§ 2083). Der Anfechtungsgrund wird gemäß § 2339 Abs. 2 und durch Verzeihung nach § 2343 hinfällig. Als Vermächtnis kommen auch das Schenkungsversprechen von Todes wegen (§ 2301 Abs. 1), der Voraus (§ 1932) und der Dreißigste in Betracht (§ 1969). Über Vermächtnisunwürdigkeit wegen Widerrechtlichkeit der Drohung vgl. BayObLG **60** 497; wegen Fälschungsverbrechen s. OLG Celle NdsRpfl. **72** 238.

Für eine Tat des Vermächtnisnehmers gegen den Erben gilt § 2345 nicht (BGH FamRZ **62** 256, 257).

II. Zu Abs. 2 2

Der **Pflichtteilsanspruch** umfaßt auch den Pflichtteilsergänzungsanspruch (§ 2325 Rdn. 1 ff) sowie den Anspruch nach § 2338 a und den Erbersatzanspruch nach §§ 1934 a, 1934 b Abs. 2 Satz 1. Ist er gegen den Beschenkten gerichtet (§ 2329), so ist auch dieser anfechtungsberechtigt. Ebenso der gemäß den §§ 2318 ff zur Tragung der Pflichtteilslast verpflichtete Dritte. Ist gegenüber dem Pflichtteilsberechtigten wirksam angefochten worden, dann können entferntere Abkömmlinge oder Eltern, die bisher durch den Unwürdigen ausgeschlossen waren, den Pflichtteil verlangen (§ 2309). Das gilt auch dann, wenn die Anfechtungsfrist verstrichen war und der Erbe das Anfechtungsrecht nur im Wege der Einrede (§ 2083) geltend gemacht hat (*Raape* aaO S. 322).

SIEBENTER ABSCHNITT

Erbverzicht

1 **I. Gesetzesübersicht**

Das Gesetz regelt in dem vorliegenden Abschnitt den Verzicht auf das gesetzliche Erbrecht (§ 2346 Abs. 1, §§ 2349, 2350), den Verzicht auf das Pflichtteilsrecht (§ 2346 Abs. 2) und dessen Aufhebung (§ 2351) sowie den Verzicht auf Zuwendungen von Todes wegen (§ 2352). Die §§ 2347, 2348 enthalten Bestimmungen über die persönlichen und formellen Voraussetzungen für einen solchen Verzicht.

Entsprechend anzuwenden beim Verzicht eines Abkömmlings auf seinen Anteil am Gesamtgute der fortgesetzten Gütergemeinschaft § 1517 Abs. 2. Beurteilung eines vor 1. Januar 1900 errichteten Erbverzichts und eines vorher geschlossenen aufhebenden Vertrags (§ 2351) nach älterem Recht EG Art. 217.

2 **II. Rechtliche Natur des Erbverzichts**

Während der Erbvertrag einen erbrechtlichen Erwerb begründet, schließt der Erbverzicht einen solchen, der sonst auf Grund des Gesetzes oder einer Verfügung von Todes wegen eintreten würde, im voraus aus (§§ 2346, 2352), und zwar vermöge eines vor dem Erbfall zwischen dem Erblasser und dem künftigen Erben usw. abgeschlossenen Vertrags.

3 Der Vertrag hat, da er unmittelbar eine Änderung der erbrechtlichen Verhältnisse bewirkt, erbrechtlichen Charakter. Er ist kein Erbvertrag.

Nach seinem Inhalt ist er sowohl von der Ausschlagung der Erbschaft oder eines Vermächtnisses als auch von dem nach § 312 Abs. 2 zwischen künftigen gesetzlichen Erben über den gesetzlichen Erbteil oder den Pflichtteil geschlossenen Vertrag zu unterscheiden. Die Ausschlagung ist erst nach dem Erbfall möglich. Sie beseitigt rückwirkend das Erbrecht oder den Vermächtnisanspruch, während der Erbverzicht vor dem Erbfall mit dem Erblasser selbst (anders: der Vertrag nach § 312 Abs. 2) geschlossen sein muß und diese Rechte überhaupt nicht erst entstehen läßt.

Neueres Schrifttum:

Baumgaertel, Die Wirkung des Erbverzichts auf Abkömmlinge, DNotZ **59** 63; *Coing*, Zur Lehre vom teilweisen Erbverzicht, JZ **60** 209; *Lange*, Der entgeltliche Erbverzicht, in Festschrift für Nottarp 1961; *Faßbender*, Erbverzicht, RhNK **62** 602; *Larenz*, Erbverzicht als abstraktes Rechtsgeschäft, JhJ **81** 2; *Damrau*, Der Erbverzicht als Mittel zweckmäßiger Vorsorge für den Todesfall, 1966; *Ackermann*, Zum KostO-Geschäftswert bei Erbverzicht, Pflichtteilsverzicht, Anerbenverzicht, Vermächtnisverzicht, JVBl **67** 221; *Haegele*, Inhalt und wirtschaftliche Bedeutung des Erb-(Pflichtteils-) Verzichts, DRpfleger **68** 247; *Degenhart*, Erbverzicht und Abfindungsvereinbarung, DRpfleger **69** 145; *Fette*, Die Zulässigkeit eines gegenständlich beschränkten Pflichtteilsverzichts, NJW **70** 743; *Speckmann*, Der Erbverzicht als „Gegenleistung" in Abfindungsverträgen, NJW **70** 117; *Regler*, Erbverzicht von Vorfahren oder Ehegatten mit Wirkung für deren Abkömmlinge?, DNotZ **70** 646; *Haegele*, Rechtsfragen zum Erbverzicht, BWNotZ **71** 36; *Schramm*, Abfindung für den Erbverzicht = Schenkung im Sinne von § 2325 BGB?, BWNotZ **71** 162.

§ 2346

Verwandte sowie der Ehegatte des Erblassers können durch Vertrag mit dem Erblasser auf ihr gesetzliches Erbrecht verzichten. Der Verzichtende ist von der gesetzlichen Erbfolge ausgeschlossen, wie wenn er zur Zeit des Erbfalls nicht mehr lebte; er hat kein Pflichtteilsrecht.

Der Verzicht kann auf das Pflichtteilsrecht beschränkt werden.

E I 1972, 2019 II 2211; M **5** 376, 472, 473; P **5** 483, 598, 599.

Verzicht der Verwandten oder des Ehegatten des Erblassers auf das gesetzliche Erbrecht

Übersicht

I. Rechtsnatur und Wesen des Erbverzichts 1

1. Allgemeines

Der Erbverzicht ist ein abstraktes, unmittelbar den Verlust des Erbrechts bewirkendes Rechtsgeschäft (BGH **37** 319, 327; RG LZ **32** 102; *Larenz* JhJ **81** 1). Er ist keine Verfügung von Todes wegen und insbesondere kein Erbvertrag. Vgl. weiter Rdn. 2—4 vor § 2346. Sonstige Vertragsbeziehungen beurteilen sich nach dem Grundrechtsgeschäft.

Im übrigen gelten für den Erbverzicht mit den aus §§ 2347, 2348 sich ergebenden Besonderheiten die allgemeinen Vertragsgrundsätze. So wegen der Anfechtbarkeit nicht die §§ 2281, 2078, sondern die §§ 119, 123. Auch ein bedingter Erbverzicht ist daher möglich (Frankfurt DNotZ **52** 488). Falls bei einem auflösend bedingten Erbverzicht die Bedingung nach dem Erbfall eintritt, wird der verzichtende Nacherbe (BayObLG NJW **58** 344). Umgekehrt ist er Vorerbe, wenn bei dem aufschiebend bedingten Erbverzicht die Bedingung nach dem Erbfall eintritt.

Unentgeltlicher Verzicht ist nicht Schenkung (§ 517), unterliegt deshalb auch nicht der Gläubigeranfechtung.

2. Der schuldrechtliche auf Erklärung des Erbverzichts gerichtete Vertrag 2

Der Erbverzicht ist seinem Wesen nach kein gegenseitiger Vertrag im Sinne des § 320. Es ist aber möglich, ihn zum Gegenstand eines solchen Vertrages zu machen, in dem die gesetzlichen Erben oder Erbanwärter im Sinne des § 2352 sich verpflichten, einen solchen Verzicht zu erklären. Dabei kann diese Verpflichtung gegen ein Entgelt, eine Abfindung übernommen werden. Die Zahlung der Abfindung und die Erklärung des Erbverzichts sind dann Leistungen, die in Erfüllung dieses schuldrechtlichen Vertrags bewirkt werden (*Bartholomeyczik*, Lehrbuch § 5 4 a; *Erman/Bartholomeyczik*, vor § 2346 Rdn. 4; *Larenz*, JhJ **81** 12; *Lange*, Festschrift Nottarp, 129 ff; Lehrbuch § 7 V c; *Staudinger/Ferid* vor § 2346 Rdn. 64, 76; *von Lübtow* I 535; *Mattern*, Anm. LM BGB

§ 2271 Nr. 13). Der Bundesgerichtshof hat die Frage nach der rechtlichen Möglichkeit eines solchen Vertrags nicht abschließend entschieden. Er hat jedoch deutlich zu erkennen gegeben, daß er geneigt ist, sie zu bejahen (BGH **37** 319, 327 mit Anm. *Mattern* aaO). Dieser Vertrag verstößt nicht gegen § 312 oder gegen § 310. Er muß jedoch, um gültig zu sein, in der Form des § 2348 geschlossen, also notariell beurkundet werden. Diese Vorschrift ist auf ihn entsprechend anzuwenden, da die Bestimmung andernfalls umgangen und dem Verzichtenden der Schutz versagt bliebe, der ihm durch den Beurkundungszwang zuteil werden soll (KG MDR **74** 46; *Johannsen,* WM **72** 1049; *Bartholomeyczik,* § 5 4 b; *Staudinger/Ferid,* vor § 2346 Rdn. 65; *von Lübtow* I, 536; aA *Lange,* § 7 I 4 b; dahingestellt in BGH **37** 319, 327). Wird der Verzicht in Vollzug eines formlos geschlossenen Grundvertrags erklärt, dann wird dadurch der Formmangel in entsprechender Anwendung der §§ 313 Satz 2, 518 Abs. 2, 766 Satz 2, 2301 Abs. 2 geheilt (*Bartholomeyczik,* aaO; *von Lübtow,* aaO). Die Vertragschließenden können sich bei Abschluß dieses Vertrages durch einen Bevollmächtigten vertreten lassen. § 2347 Abs. 2 Satz 1 steht dem nicht entgegen (BGH **37** 319, 327).

3 Auf diesen schuldrechtlichen Vertrag finden die Vorschriften der §§ 320 ff über gegenseitige Verträge Anwendung (*Bartholomeyczik,* aaO; *Lange,* § 7 V c). Tritt der Erblasser nach § 326 zurück, nachdem er den Verzicht bereits erklärt hat, dann geht der Anspruch auf Rückgewähr dahin, mit ihm einen Aufhebungsvertrag nach § 2351 zu schließen. Hierauf ist der Anspruch gleichfalls gerichtet, wenn der Erblasser den von ihm erklärten Verzicht nach § 812 kondizieren kann. Rücktritt und Kondition kann nur der Erblasser verlangen. Nach Eintritt des Erbfalls sind sie nicht mehr möglich. Der Verzicht kann jetzt nicht mehr nach § 2351 aufgehoben werden. Die mit dem Erbfall eingetretenen erbrechtlichen Folgen, die auch die Interessen Dritter, der Nachlaßgläubiger, berühren, lassen sich nicht nach Bereicherungsrecht ausräumen. Der Ausgleich muß jetzt in der Weise vollzogen werden, daß der Verzichtende den Anspruch auf das Entgelt als Nachlaßverbindlichkeit geltend machen kann (*Lange,* § 7 V c). Der hiergegen erhobene Einwand, der Verzicht setze dann den Anspruch durch, der nicht rechtswirksam vereinbart worden sei (*Damrau,* Der Erbverzicht als Mittel zweckmäßiger Vorsorge für den Todesfall S. 106), ist an sich berechtigt. Jedoch handelt der Erbe, nachdem der Verzicht unwiderruflich wirksam geworden ist, arglistig, wenn er sich gegenüber dem Anspruch des Verzichtenden auf die ihm versprochene Leistung auf die Nichtigkeit der Abrede beruft. Ebenso kann die Erfüllung des obligatorischen Vertrages, d. h. die Erklärung des Erbverzichts, aus diesen Gründen nur bis zum Tode des Erblassers erfolgen. Mit dessen Ableben wird sie unmöglich (BGH **37** 319, 327).

4 Die Verpflichtung, einen Erbverzicht zu erklären, kann auch zugunsten eines Dritten eingegangen werden und dann, wenn er noch nicht zu Lebzeiten des Erblassers erklärt worden ist, noch Wirkungen nach seinem Tode entfalten. Dafür, ob der schuldrechtliche Vertrag ein Vertrag zugunsten eines Dritten ist, kommt es auf den Vertragszweck an. Verpflichtet sich der in einem gemeinschaftlichen Testament berufene Schlußerbe zu einem solchen Verzicht oder verpflichtet sich der durch Erbvertrag vertraglich Bedachte dazu, dann ist der Zweck des Vertrages in der Regel der, dem Erblasser die Testierfreiheit im Rahmen des Verzichts wieder zu verschaffen. Ein Vertrag zugunsten eines Dritten liegt nicht vor. Dieser Zweck kann nach dem Tode des Erblassers nicht mehr erreicht werden. Die Erfüllung ist daher unmöglich geworden. Ein Vertrag zugunsten Dritter kann aber in Betracht kommen, wenn ein Verzicht zugunsten eines anderen vereinbart ist oder wenn es sich um einen Verzicht auf das Nacherbrecht oder auf den Pflichtteil handelt. In diesem Fall kann es sein, daß der Vertrag zugunsten des anderen, des Vorerben oder desjenigen vereinbart worden ist, der den Pflichtteil zu erfüllen hat. Stirbt der Erblasser dann, bevor der Vertragsgegner den Verzicht erklärt hat, dann kann dieser verpflichtet sein, das ihm Zugewandte auszuschlagen oder auf seinen Pflichtteilsanspruch zu verzichten.

3. Der bedingte Erbverzicht 5

Ein Erbverzicht, der gegen das formlos erklärte Versprechen einer Abfindung erklärt worden ist, beruht auf einem solchen obligatorischen Grundgeschäft, dessen Form durch die Erklärung des Verzichts geheilt worden ist. Die Verknüpfung von Abfindungsversprechen und Abfindung mit dem Erbverzicht kann aber auch enger sein. So ist es möglich, den Erbverzicht bedingt für den Fall der Zahlung einer Abfindung zu erklären. Der Erbanwärter hat dann zwar keinen Anspruch auf Zahlung der Abfindung. Sein Verzicht wird aber nur wirksam, wenn die Abfindung gezahlt ist (*von Lübtow I*, 537). In den früheren Auflagen ist die Ansicht vertreten worden, der Verzicht sei, wenn er gegen eine Abfindung ausgesprochen wird, regelmäßig durch die Abfindung mindestens stillschweigend bedingt. An dieser Auffassung kann nicht festgehalten werden. *Damrau*, Der Erbverzicht als Mittel zweckmäßiger Vorsorge für den Todesfall, S. 92 ff, hat gegen sie durchgreifende Bedenken vorgebracht. Ein von der Gültigkeit des Abfindungsversprechens bedingter Erbverzicht kann nur angenommen werden, wenn eine solche Bedingung dem Vertrag zu entnehmen ist (*Larenz*, JhJ **81** 16; *Strohbal*, I, 539; *Kipp/Coing*, § 82 II 3 a; *Staudinger/Ferid*, vor § 2346 Rdn. 80; *Erman/Bartholomeyczik*, vor § 2346 Rdn. 4; *Lange* in Festschrift für Nottarp, S. 124; Lehrbuch, § 7 V b; *Damrau*, aaO, S. 94). Die beim Vertragsschluß gegebenen Umstände werden allerdings häufig ein Bedingungsverhältnis wahrscheinlich machen (*Staudinger/Ferid*, vor § 2346 Rdn. 81). Wenn das Abfindungsversprechen mit in die Urkunde aufgenommen worden ist, die die Erklärung des Erbverzichts enthält, wird die Nichtigkeit des Abfindungsversprechens die Nichtigkeit des Erbverzichts nach § 139 BGB zur Folge haben (*Kipp/Coing*, § 82 II 3 b; *von Lübtow* I, 535; *Erman/Bartholomeyczik*, vor § 2346 Rdn. 4; *Staudinger/Ferid*, vor § 2346, Rdn. 91; *Planck/Greiff*, vor § 2346 Anm. 4; *Kipp/Coing*, § 82 II 2 b; *Damrau* aaO S. 99).

Ist das Abfindungsversprechen aus irgendeinem Grunde nichtig und wird der 6
Verzicht davon in seiner Wirksamkeit nicht berührt, dann kann der verzichtende Erbanwärter den Verzicht nach § 812 kondizieren. Nicht nur bei Verzicht des Pflichtteilsberechtigten und des durch Erbvertrag Bedachten, sondern in allen Fällen bedeutet der Verzicht eine Verbesserung der Rechtsstellung des Erblassers, die als Bereicherung im Sinne des § 812 anzusehen ist (*Lange*, § 7 V b). Der Verzichtende kann von dem Erblasser verlangen, daß der von ihm erklärte Verzicht durch Abschluß eines Vertrages nach § 2351 wieder aufgehoben wird (gegen einen Anspruch nach § 812: *Bartholomeyczik*, vor § 2346 Rdn. 5; *von Lübtow* I, 538; *Damrau*, aaO S. 99 ff). Wegen der Rechtslage nach dem Tode des Erblassers siehe oben Rdn. 3. Andere nehmen hier eine Gesetzeslücke an. Sie wird geschlossen, indem dem Verzichtenden in entsprechender Anwendung der §§ 2281, 2078 ein Anfechtungsrecht wegen Irrtums im Beweggrund gegeben wird (so *Strohbal* I, 539 f; dagegen *Planck/Greiff*, vor § 2346 Anm. 4; *Palandt/Keidel*, vor § 2346 Anm. 2 b; *Staudinger/Ferid*, vor § 2346 Rdn. 96; *von Lübtow* I, 538). *Larenz* (JhJ **81** 18) gibt dem Verzichtenden in entsprechender Anwendung des § 2295 ein Recht zum Rücktritt. Er ist dem Erblasser gegenüber in der Form des § 2296 zu erklären und nach seinem Tode in entsprechender Anwendung des § 1945 gegenüber dem Nachlaßgericht. Wieder andere nehmen einen Ausgleich nach der Lehre über das Fehlen oder den Fortfall der Geschäftsgrundlage vor (*Erman/Bartholomeyczik*, vor § 2346 Rdn. 6, 7; anders *Bartholomeyczik*, Lehrbuch, § 5 I 4 c dd). Der Verzichtende soll wegen des Fehlens der Geschäftsgrundlage mit dem Einwand der unzulässigen Rechtsausübung oder mit einer

Anfechtungserklärung, die sich aus § 242 herleitet, gegenüber dem Erblasser oder nach dessen Tod gegenüber denjenigen, die bei Gültigkeit des Verzichts Erben werden, den Verzichtsvertrag ex tunc mit Wirkung gegen jedermann beseitigen können (*Damrau* aaO S. 122). Eine Vertragsergänzung nach § 242 nimmt *von Lübtow* I 539 in diesen Fällen vor. Er stellt darauf ab, was die Parteien richtigerweise vereinbart haben würden, wenn sie die fraglichen Umstände bei Abschluß des Vertrages in Betracht gezogen hätten. Entsprechen dem Zweck des Erbverzichts habe der Richter ihm ergänzend eine aufschiebende Bedingung hinzuzufügen. Ein Erbverzicht ist also bei Nichtigkeit der Abfindungsvereinbarung danach nicht erklärt.

Sind infolge der Aufwertungsgesetzgebung die Grundlagen des gegen eine Abfindung abgeschlossenen Erbverzichtsvertrags weggefallen, so kann die Folge nur die sein, daß der Verzichtende an dem Vertrage nach Treu und Glauben nicht mehr festgehalten werden kann und daß ihm, wenn über den Nachlaß wirksam verfügt ist, ein Pflichtteilsanspruch zusteht (RG SeuffArch **90** Nr. 152).

7 **II. Erklärung des Erbverzichts**

1. Erklärung durch Verwandte oder Ehegatten des Erblassers

Als Regel ist behandelt der Verzicht der Verwandten und des Ehegatten auf das gesetzliche Erbrecht (oder auf Bruchteile desselben; über die Möglichkeit der Umdeutung eines — unzulässigen — Verzichts auf einen realen Teil der Erbschaft in einen Verzicht auf einen Bruchteil s. KG JFG **15** 98).

Verzicht auf letztwillige Zuwendungen § 2352.

Der Fiskus kann auf sein gesetzliches Erbrecht ebensowenig verzichten, wie er ausschlagen oder davon ausgeschlossen werden kann (§§ 1942, 1938).

Der Verzicht ist wirksam, auch wenn er vor Begründung des betreffenden Verwandtschafts- usw. Verhältnisse, aber im Hinblick darauf oder durch Ehevertrag erklärt ist. Annahmevertrag § 1767 Abs. 1.

8 **2. Erklärung gegenüber dem Erblasser**

Nur der mit dem Erblasser geschlossene Vertrag ist Erbverzicht im Sinne des Gesetzes (RG **63** 428). Die nach dem Erbfall dem Vorerben gegenüber abgegebene Erklärung des Nacherben, zu seinen Gunsten auf das Nacherbrecht zu verzichten, ist daher kein Erbverzicht, sondern eine Übertragung der Nacherbenanwartschaft (RG DNotZ **42** 145). Der Verzicht auf eine bereits angefallene Erbschaft hat, soweit er nicht Verfügung über den Erbteil ist (§ 2033), nur schuldrechtliche Wirkung. Über Ausschlagung zugunsten eines Dritten vgl. § 1947 Rdn. 2—5. Auch der unter künftigen gesetzlichen Erben (RG **98** 330) gemäß § 312 Abs. 2 vereinbarte Verzicht begründet bloß schuldrechtliche Beziehungen.

9 **3. Auslegungsfragen**

Ein Vertrag, durch den ein Elternteil die Wirtschaft einem Kinde überträgt, wogegen dieses sich wegen seines künftigen Erbteils für abgefunden erklärt, ist nicht ohne weiteres als Erbverzicht anzusehen, der dazu führen müßte, daß das Kind bei späterem Vermögenserwerb des Übertragenden leer ausgeht; es kommt darauf an, ob sich der Erbverzicht, wenn er nicht ausdrücklich erklärt ist, aus dem ganzen Inhalt des Abfindungsvertrags mit Zuverlässigkeit ergibt (RG LZ **32** 102).

10 Unter Umständen können die Erklärungen, die in einem von Ehegatten mit einem ihrer Kinder abgeschlossenen Erbvertrag abgegeben sind, auch als Verzicht des Schlußerben auf seinen Pflichtteil und als Annahme dieses Verzichts durch die Erblasser

aufgefaßt werden, wenn der Erbvertrag dahin geht, daß die Ehegatten sich gegenseitig als Alleinerben und das am Vertrag beteiligte Kind als Schlußerben einsetzen, während den anderen Kindern Vermächtnisse für den Fall zugewandt werden, daß sie keine Pflichtteilsansprüche geltend machen. Die Annahme des Verzichts liegt dann in der Einsetzung des Verzichtenden als Schlußerben (BGH **22** 364).

Ein Irrtum über die Grundlagen der gemeinsamen Berechnung der Abfindung von der Art, wie in dem Falle RG Recht **13** Nr. 2885, kann die Anfechtung des Grundrechtsgeschäfts und auf diesem Wege auch die Unwirksamkeit oder die Rückforderung des Verzichts begründen. **11**

Eine nach § 312 nichtige Ubertragung des in einem gemeinschaftlichen Testament einem Abkömmling zugewandten Erbteils an seine als Miterben berufenen Geschwister zu Lebzeiten des Erblassers kann in einen Erbverzicht zugunsten des Erblassers dieser Geschwister umgedeutet werden, wenn der Erblasser den Erklärungen zugestimmt hat und diese den hierfür bestehenden Formvorschriften genügen. Verzichtet ein Abkömmling infolge vollständiger Abfindung auf einen ihm zugewandten Erbteil, dann besteht eine tatsächliche Vermutung dafür, daß seine Abkömmlinge für diesen Fall nicht als Ersatzbedachte berufen sind (LM BGB § 140 Nr. 9). **12**

§ 2346 behandelt nur den Verzicht auf das gesetzliche Erbrecht, § 2352 den auf eine Berufung durch eine früher errichtete Verfügung von Todes wegen. Die Erklärung, „auf Erb- und Pflichtteilsansprüche gegen den Nachlaß des Erblassers für jetzt und alle Zukunft zu verzichten", kann dahin auszulegen sein, daß der Verzicht den gänzlichen Wegfall der künftigen Erbenstellung bedeuten soll, also ein Verzicht auf das gesetzliche Erbrecht und auf das Erbrecht aus etwa bestehenden Verfügungen von Todes wegen (BGH Urt. v. 19. Januar 1972 IV ZR 1208/68 = WM **72** 313). Ein Verzicht auf etwa künftige folgende Berufungen ist nicht möglich. Das Gesetz sieht einen solchen nicht vor, und es stünde ihm auch § 2302 entgegen. **13**

III. Rechtswirkungen des Erbverzichts **14**

Der Erbverzicht bezieht sich nur auf den Erbfall derjenigen Person, mit der der Verzichtende den Verzichtsvertrag geschlossen hat. Im Geltungsbereich des Höferechts der britischen Zone ist daher ein Verzichtsvertrag dahin, daß der Verzichtende ein für allemal von der Hoferbfolge ausgeschlossen wird, nicht möglich (Celle RdL **57** 322).

Der Erbverzicht hat unmittelbar den **gänzlichen Wegfall des Erbberechtigten** zur Folge, gleich dem schon vor dem Erbfall eingetretenen Tode oder der Ausschließung (§§ 1923, 1938). Erhöhung seines Erbteils gemäß § 1935 kann nicht mehr in Frage kommen. Er wird, wenn ein fremder Pflichtteil zu berechnen ist, weder bei Feststellung des dafür maßgebenden Erbteils (§ 2310 Rdn. 5) noch wegen etwaiger Ausgleichungsposten mitgezählt (§ 2316 Rdn. 9). Die für den Erbverzicht erhaltene Abfindung käme auch von vornherein nicht als ausgleichungspflichtiger Vorempfang in Betracht. **15**

Der Verzicht auf den gesetzlichen Erbteil ergreift zwar an sich auch den Pflichtteil als die Werthälfte eben jenes Erbteils. Es steht aber nichts entgegen, den Verzicht auf den gesetzlichen Erbteil zu beschränken und (für den Fall letztwilliger Ausschließung von der Erbfolge) den Pflichtteil vorzubehalten. **16**

Der Verzicht auf eine letztwillige Zuwendung (§ 2352) enthält nicht notwendig auch den Verzicht auf das gesetzliche Erbrecht und umgekehrt. Der gegenseitige Verzicht von Eheleuten auf das gesetzliche Erbrecht schließt daher nicht aus, daß sie einander, auch in derselben oder in einer später errichteten Urkunde, letztwillig bedenken (BGH **30** 261, 267; RG LZ **19** 594). Ebenso hindert ein Verzicht nach § 2352 den Erblas- **17** ser nicht, dem Verzichtenden in einer späteren letztwilligen Verfügung die Zuwendung, auf die dieser verzichtet hatte, in derselben Weise wieder zu machen.

18 **IV. Beschränkung des Verzichts auf den Pflichtteil (Abs. 2)**

Die Beschränkung des Verzichts auf den Pflichtteil, und zwar einschließlich des Pflichtteilsergänzungsanspruchs (§ 2325 Rdn. 4), beläßt dem Verzichtenden für den Fall, daß es zur gesetzlichen Erbfolge kommt, den vollen gesetzlicher Erbteil. Der Erblasser erlangt durch den Vertrag die Möglichkeit, über den gesetzlichen Erbteil des Verfügenden in vollem Umfang letztwillig zu verfügen. Da der Verzicht sich auch auf den Pflichtteilsergänzungsanspruch erstreckt, braucht er auch bei Schenkungen unter Lebenden keine Rücksicht mehr auf das Pflichtteilsrecht des Verzichtenden zu nehmen.

19 Über die Wirkung des so beschränkten Verzichts auf die Berechnung der übrigen Pflichtteile vgl. §§ 2310 Rdn. 5, 2316 Rdn. 10. Auch die Verminderung des Pflichtteils infolge der Anerkennung einer erst nachträglich angeordneten Ausgleichungspflicht (§ 2050 Rdn. 19) kann nur durch formgerechten Erbverzicht herbeigeführt werden (RG **71** 133). Verzicht auf bereits entstandene Pflichtteilsansprüche § 2317 Rdn. 6. Verzicht auf den Pflichtteil bei Lebzeiten des Erblassers ist gegenüber seinen Verwandten oder seinem Ehegatten, auch wenn sie als Testamentserben berufen sind, nach § 312 Abs. 2 zulässig (RG **98** 330), hat aber nur schuldrechtliche Wirkung.

20 **V. Beschränkung des Verzichts auf den Erbersatzanspruch**

§ 2346 Abs. 2 gilt nach § 1934 b Abs. 2 Satz 1 sinngemäß für den Erbersatzanspruch. Der durch nichteheliche Abstammung mit dem Erblasser verwandte Pflichtteilsberechtigte, der auf sein gesetzliches Erbrecht verzichtet hat, hat damit auch auf einen ihm etwa zustehenden Erbersatzanspruch und auf sein Pflichtteilsrecht verzichtet. Er kann den Verzicht auf den Erbersatzanspruch beschränken. Dann steht ihm weder dieser Anspruch noch der an dessen Stelle tretende Pflichtteilsanspruch zu. Der Pflichtteilsberechtigte kann sich aber bei dem Verzicht sein Pflichtteilsrecht vorbehalten (*Odersky*, § 1934 b Anm. II 14). Dagegen ist der Verzichtende gesetzlicher Erbe, wenn beim Tode des Erblassers die Voraussetzungen, unter denen der Erbe nach § 1934 a nur einen Erbersatzanspruch hat, nicht gegeben sind. Teilweiser Verzicht ist möglich (*Palandt/Keidel*, § 2246 Anm. 3 a).

21 **VI. Teilweiser Erbverzicht**

Eine Bestimmung darüber, ob außer dem Erbverzicht auf den Pflichtteil (Abs. 2) und dem Erbverzicht zugunsten eines anderen (§ 2350) ein teilweiser Erbverzicht möglich ist, ist im Gesetz nicht enthalten. Grundsätzlich bestehen keine Bedenken gegen die Zulässigkeit eines teilweisen Erbverzichts. Auch der Bundesgerichtshof geht in BGH LM BGB § 2271 Nr. 7 davon aus, daß ein teilweiser Erbverzicht zulässig sei.

22 Der Erbverzicht enthält eine Verfügung über das Erbrecht. Wegen des im Erbrecht bestehenden Typenzwangs ist daher ein teilweiser Erbverzicht nur zulässig, wenn dadurch keine erbrechtliche Lage geschaffen wird, die mit den zwingenden Normen des Erbrechts unvereinbar ist. Es kann daher kein Verzicht auf das Erbrecht an bestimmten Gegenständen erklärt werden (KG JFG **15** 98 Nr. 31).

23 Unbedenklich ist ein Verzicht auf einen Bruchteil der Erbschaft oder dahin, daß der Verzichtende erst von einem bestimmten Zeitpunkt an Erbe sein will oder nach einer bestimmten Zeit aufhören will, Erbe zu sein. Ferner kann der Verzichtende durch Erbverzicht seine Zustimmung dazu erteilen, daß sein Erbteil durch die Ernennung eines

Testamentsvollstreckers, der seinen Erbteil zu verwalten hat, oder eine Teilungsanordnung beschränkt wird. Dasselbe gilt für die Zustimmung, den Erbteil mit Vermächtnissen und Auflagen zu belasten (vgl. *Coing* JZ **60** 209).

Infolge dieses Erbverzichts greift für diese Beschränkungen und Beschwerungen § 2306 nicht durch. Ein teilweiser Erbverzicht kann insbesondere notwendig sein, wenn der durch gemeinschaftliches Testament gebundene überlebende Ehegatte oder der durch einen Erbvertrag Gebundene die von ihm getroffene Verfügung ändern will.

Ebenso kann auf den Pflichtteil teilweise verzichtet werden. Dieser Verzicht **24** kann auch gegenständlich beschränkt sein, indem der Pflichtteilsberechtigte sich damit einverstanden erklärt, daß bestimmte Nachlaßgegenstände bei der Berechnung des Pflichtteils außer Betracht bleiben oder daß er sich mit einer bestimmten, in dem Verzicht niedergelegten Weise mit der Berechnung seines Pflichtteils einverstanden erklärt (*Damrau*, Erbverzicht.... S. 74, 81; *Fette*, NJW **70** 743; siehe auch *Haegele*, BWNotZ **71** 40; *Palandt/Keidel*, § 2346 Anm. 3; *Erman/Bartholomeyczik*, § 2346 Rdn. 4). Dadurch kann es dem Erben erleichtert werden, ein zum Nachlaß gehörendes Handelsgeschäft nach dem Tode des Erblassers weiter zu führen. Einer Handelsgesellschaft, an der der Erblasser beteiligt war, kann in dieser Weise geholfen werden, die Mittel für die Abfindung des Pflichtteilsberechtigten bereitzustellen.

VII. Besonderheiten **25**

1. Verzicht beim Güterstand der Zugewinngemeinschaft

Der Ehegatte, der auf sein Erbrecht verzichtet hat und dem auch kein Vermächtnis zugewandt worden ist, hat keine Pflichtteilsansprüche, jedoch verbleibt ihm der Anspruch auf güterrechtlichen Ausgleich des Zugewinns, §§ 1371 Abs. 2, 1373 und 1390. Auf diesen Anspruch kann, solange der Güterstand besteht, nach § 1378 Abs. 3 nicht verzichtet werden. Eine Ausnahme gilt für den Verzicht, der im Zusammenhang mit einer Scheidungsvereinbarung erklärt ist, die in einem anhängigen Ehescheidungsverfahren getroffen worden ist (BGH **54** 38 mit Anm. LM BGB § 1378 Nr. 3; LM BGB § 1378 Nr. 4). Auch wenn der Verzicht vor dem 1. Juli 1958 vereinbart worden ist und der Erbfall nach diesem Zeitpunkt eingetreten ist, besteht nur der Anspruch auf güterrechtlichen Ausgleich des Zugewinns und nicht daneben noch der Anspruch auf den kleinen Pflichtteil (*Staudinger/Ferid*, § 2346 Rdn. 26/27; *Palandt/Keidel*, § 2346 Anm. 4; siehe auch *Bärmann*, AcP **157** 189; *Schramm*, BWNotZ **66** 30). Hat der Ehegatte nur auf das Pflichtteilsrecht verzichtet und wird er Erbe oder nimmt er ein ihm angefallenes Vermächtnis an, dann kann er sich nicht auf die §§ 2306 Abs. 1 Satz 1, 2318 Abs. 2, 2319, 2328 berufen. Er kann auch, obwohl er keinen Anspruch auf güterrechtlichen Ausgleich des Zugewinns hat, keine auf den Pflichtteil, den großen oder kleinen zielenden Ansprüche nach §§ 2305, 2307 geltend machen. Pflichtteilsergänzungsansprüche gegen den Beschenkten nach § 2326 stehen ihm nicht zu. Anspruch auf güterrechtlichen Zugewinnausgleich hat er nach § 2371 Abs. 2, wenn der Erblasser ihn enterbt oder er das ihm Zugewandte ausschlägt (*Staudinger/Ferid*, § 2346 Rdn. 35; *Palandt/Keidel*, § 2346 Anm. 4).

2. Höferecht **26**

Der Hoferbe kann auf sein Hoferbrecht verzichten. Das geltende Recht kennt keinen Erbverzicht auf einen bestimmten Hof. Der Verzicht bezieht sich daher immer nur auf die Hoferbfolge nach dem Hofeigentümer, mit dem der Erbverzichtsvertrag geschlossen worden ist (*Palandt/Keidel*, § 2346 Anm. 5). Der Erbverzicht kann auf das hoffreie Vermögen beschränkt werden (BGH LM HöfeO § 7 Nr. 4).

§ 2347

Zu dem Erbverzicht ist, wenn der Verzichtende unter Vormundschaft steht, die Genehmigung des Vormundschaftsgerichts erforderlich; steht er unter elterlicher Gewalt, so gilt das gleiche, sofern nicht der Vertrag unter Ehegatten oder unter Verlobten geschlossen wird.

Der Erblasser kann den Vertrag nur persönlich schließen; ist er in der Geschäftsfähigkeit beschränkt, so bedarf er nicht der Zustimmung seines gesetzlichen Vertreters. Ist der Erblasser geschäftsunfähig, so kann der Vertrag durch den gesetzlichen Vertreter geschlossen werden; die Genehmigung des Vormundschaftsgerichts ist in gleichem Umfange wie nach Abs. 1 erforderlich.

E I 2020 Abs. 1 II 2212; M **5** 474, 475; P **5** 599—603; KB 325.

Voraussetzungen auf seiten der Vertragschließenden

1 **I. Auf seiten des Verzichtenden**

Es muß denselben Erfordernissen genügt sein, wie sie § 2290 Abs. 3 für den bloß vertragschließenden Teil bei Aufhebung des Erbvertrags aufstellt. Vgl. dort 11. Aufl. Anm. 6, 7. Stellvertretung ist zulässig. Der Minderjährige und der unter Vormundschaft Stehende können den Verzicht, vertreten durch ihren gesetzlichen Vertreter, erklären. Etwaige Mängel werden durch nachträgliche Genehmigung des Verzichtenden (§ 108 Abs. 3) oder durch nachträgliche Einholung der notwendigen vormundschaftsgerichtlichen Genehmigung geheilt, sofern sie bis zum Tode des Erblassers erklärt und wirksam geworden sind. Eine Heilung nach dem Tode des Erblassers ist, wie sich aus § 2347 Abs. 2 Halbsatz 1 ergibt, nicht möglich. Die fehlende vormundschaftsgerichtliche Genehmigung kann daher dann nicht mehr nachgeholt werden (BGH Beschl. v. 8. 11. 1965 III ZB 9/65).

2 Abs. 1 ist nicht entsprechend auf einen schuldrechtlichen Vertrag anzuwenden, durch den der Vormund oder elterliche Gewalthaber mit dem Großvater des Abkömmlings im Namen des Minderjährigen ein Rechtsgeschäft schließt, das sich wirtschaftlich nachteilig für den späteren Pflichtteilsanspruch des Minderjährigen auswirken kann. In einem Fall hatte der durch seinen Vater vertretene Minderjährige, der der einzige lebende Abkömmling seines Großvaters mütterlicherseits war, von diesem ein Grundstück erworben und sich dabei verpflichtet, die auf dem Grundstück ruhenden Lasten zu übernehmen, für die Großeltern und später für seinen Vater und dessen künftige Ehefrau (seine zukünftige Stiefmutter) einen Nießbrauch an dem Grundstück einzuräumen. Dieser Vertrag bedürfte auch dann keiner vormundschaftsgerichtlichen Genehmigung, wenn das Grundstück den wesentlichen Teil des Vermögens des Großvaters ausgemacht hätte (BGH **24** 372 mit Anm. LM BGB § 1643 Nr. 3).

3 **II. Auf seiten des Erblassers**

Auf seiten des Erblassers ist, wenn er unbeschränkt geschäftsfähig oder in der Geschäftsfähigkeit beschränkt ist (ebenso wie beim Erbvertrag, § 2274), persönliches Handeln unerläßlich (München JFG **17** 181). Das gilt auch, wenn der Erbverzicht im Rahmen eines gerichtlichen Vergleichs erklärt wird (BGH FamRZ **66** 28 bejaht die Möglichkeit jedenfalls, soweit kein Anwaltszwang besteht). Soweit eine Vertretung durch Anwälte geboten ist, muß der Verzicht von dem Anwalt und dem Erblasser erklärt werden (BayObLG NJW **65** 1276).

Der einem geschäftsfähigen Erblasser bestellte Gebrechlichkeitspfleger (§ 1910 Anm.) kann für den Pflegling auch dann keinen Erbverzichtsvertrag abschließen, wenn dieser infolge seiner Gebrechlichkeit seinen Willen nicht in der vorgeschriebenen Form auszudrücken vermag (RG HRR **29** 1651; Kassel JW **31** 1383).

Daß der beschränkt geschäftsfähige Erblasser (§§ 106, 114) ohne Zustimmung des gesetzlichen Vertreters den Verzicht entgegennehmen kann, entspricht dem § 107 und den §§ 2229 Abs. 2, 2253 Abs. 2, 2290 Abs. 2, weicht aber ab von § 2275 Abs. 2. **4**

Dagegen ist (abweichend von § 2275 Abs. 1) im Falle der Geschäftsunfähigkeit des Erblassers (§ 104) seine Vertretung durch den gesetzlichen Vertreter nach allgemeinen Grundsätzen zulässig; der Vertreter bedarf wiederum, gleichviel ob Vormund oder Gewalthaber (außer wenn es sich um Ehegatten oder Verlobte handelt), der Genehmigung des Vormundschaftsgerichts. **5**

Die Ehefrau bedurfte schon vor dem 1. April 1953 nicht der Zustimmung des Mannes.

Alles dies gilt nur vom Erbverzicht selbst, nicht von dem damit etwa verbundenen Rechtsgeschäft (§ 2346 Rdn. 2), das nach seiner besonderen Natur (Abfindungsvertrag usw.) zu beurteilen ist. **6**

Bei einem schuldrechtlichen auf die Erklärung eines Erbverzichts gerichteten Vertrags, der gleichfalls der Formvorschrift des § 2348 unterliegt (§ 2346 Rdn. 2), können die Vertragschließenden sich durch einen Bevollmächtigten vertreten lassen (BGH **37** 319, 328 mit Anm. *Mattern,* LM § 2271 Nr. 13).

III. Stillschweigender Erbverzicht **7**

Ein Erb- und Pflichtteilsverzicht kann auch stillschweigend in einem Erbvertrag erklärt werden. Das hat der Bundesgerichtshof für einen Fall angenommen, in dem Ehegatten einen Erbvertrag mit ihrer Tochter geschlossen hatten, in dem sie sich gegenseitig zu Alleinerben und die Tochter als Schlußerbin einsetzten, während sie ihren anderen Kindern für den Fall, daß diese keine Pflichtteilsansprüche nach dem Tode des zuerst Versterbenden geltend machen würden, Vermächtnisse zuwandten. Der Bundesgerichtshof hat ausgeführt, in einem solchen Fall sei zu erwägen, ob die Schlußerbin nicht auf ihren Pflichtteil habe verzichten sollen und daß sie einen solchen Verzicht bei Abschluß des Erbvertrags stillschweigend erklärt habe (BGH **22** 364, 369 mit Anm. LM BGB § 2348 Nr. 1).

§ 2348

Der Erbverzichtsvertrag bedarf der notariellen Beurkundung.

E I 2020 Abs. 1 II 2313; M **5** 473, 474; P **5** 599—601.

Beurkundung

Nicht nur die Erklärung des Verzichtenden, sondern die beider Teile muß amtlich beurkundet sein. Ihre gleichzeitige Anwesenheit vor dem Notar ist nicht erforderlich. Jedoch muß der Vertrag vor dem Tode des Erblassers zustande gekommen sein (§ 152; vgl. § 2347 Rdn. 1). Die Form richtet sich nach § 1 ff BeurG. **1**

Der Erbverzicht kann auch im Rahmen eines Prozeßvergleichs erklärt werden (§ 2347 Rdn. 3). Der nach den Vorschriften der Zivilprozeßordnung abgeschlossene Vergleich ersetzt jede für das Rechtsgeschäft vorgesehene Beurkundungsform, einschließlich der gleichzeitigen und in Anwesenheit beider Teile vor der Urkundsperson abzugebenden Erklärung. Dabei kann der Prozeßvergleich über den Rahmen des Streitgegenstandes hinausgehen und auch vor dem beauftragten Richter geschlossen werden (BGH **14** 381, 386). **2**

3 Ein mit dem Erbverzicht etwa verbundener anderer Vertrag unterliegt den hierfür geltenden besonderen Vorschriften. Inwieweit die Nichtigkeit des einen auch die Nichtigkeit des damit verbundenen anderen Vertrags zur Folge hat, ist nach § 139 zu beurteilen.

Der schuldrechtliche auf einen Erbverzicht gerichtete Vertrag unterliegt gleichfalls der Formvorschrift des § 2348 (dazu § 2346 Rdn. 2 mit weiteren Hinweisen).

4 Die Heilung eines privatschriftlichen Grundstückskaufvertrags, die nach § 313 mit der Auflassung und Eintragung eintritt, macht einen in den Vertrag aufgenommenen Erbverzicht nicht formgültig (KG JFG **7** 133). Dasselbe gilt, wenn die einen Erbverzicht enthaltende Abschichtung von Kindern, die unter früherem Landesrecht eingekindschaftet waren, durch privatschriftliche Zuweisung von Grundstücken erfolgt (BayObLG JFG **7** 112, 117).

§ 2349

Verzichtet ein Abkömmling oder ein Seitenverwandter des Erblassers auf das gesetzliche Erbrecht, so erstreckt sich die Wirkung des Verzichts auf seine Abkömmlinge, sofern nicht ein anderes bestimmt wird.

E I 2023 II 2214; M **5** 480—483; P **5** 604—609; **6** 321.

Erstreckung der Verzichtswirkungen auf Abkömmlinge

Neueres Schrifttum:

Baumgärtel, Die Wirkung des Erbverzichts auf Abkömmlinge, DNotZ **59** 63; *Regler*, Erbverzicht von Vorfahren oder Ehegatten mit Wirkung für deren Abkömmlinge?, DNotZ **70** 646.

1 Der Verzicht eines Abkömmlings oder Seitenverwandten, nicht also auch des Vorfahren oder Ehegatten des Erblassers erstreckt sich auf die Abkömmlinge des Verzichtenden, die bereits vorhandenen wie die künftigen, auch wenn er nicht in ihrem Namen oder in ihrer gesetzlichen Vertretung (§ 2347) erklärt ist. Der ganze Stamm des Verzichtenden wird dadurch ausgeschlossen (RG **61** 16), auch wenn die Abkömmlinge nicht seine Erben werden.

2 Die Vorschrift ist jedoch nachgiebiger Art. Sie betrifft nur das gesetzliche Erbrecht und ist ebenso anzuwenden, wenn der Verzicht nach § 2346 Abs. 2 auf das Pflichtteilsrecht beschränkt worden ist. Der Erblasser kann Abkömmlinge, auf die sich der Verzicht erstreckt, gleichwohl letztwillig bedenken (KG JFG **23** 255). Der nach § 2352 erklärte Verzicht auf letztwillige Zuwendungen ist mithin für die Abkömmlinge nicht verbindlich (KGJ **34** A 111; JFG **20** 161; Stuttgart NJW **58** 347; vgl. auch § 2352 Rdn. 6—8).

3 § 2349 enthält keine Auslegungsregel, sondern einen ergänzenden Rechtssatz. Ein abweichender Wille muß in dem Erbverzichtsvertrag zum Ausdruck gelangt sein. Will der Verzichtende den Verzicht erst nachträglich auf seine Person beschränken, so muß der Verzicht nach § 2351, insoweit er sich auf die Abkömmlinge erstreckt, aufgehoben werden.

§ 2350

Verzichtet jemand zugunsten eines anderen auf das gesetzliche Erbrecht, so ist im Zweifel anzunehmen, daß der Verzicht nur für den Fall gelten soll, daß der andere Erbe wird.

Verzichtet ein Abkömmling des Erblassers auf das gesetzliche Erbrecht, so ist im Zweifel anzunehmen, daß der Verzicht nur zugunsten der anderen Abkömmlinge und des Ehegatten des Erblassers gelten soll.

E I 2022 II 2215; M **5** 477—480; P **5** 603, 604.

Verzicht zugunsten eines anderen

Übersicht

I. Verzicht zugunsten eines anderen im allgemeinen 1

Der relative Verzicht eines zur gesetzlichen Erbfolge Berechtigten zugunsten eines anderen gesetzlichen Erben kommt dem anderen vermöge des Wegfalls des Verzichtenden (§ 2346 Rdn. 15) gemäß §§ 1930 oder 1935 unmittelbar zugute, wenn es bei der gesetzlichen Erbfolge bleibt. Ist der andere ein Fremder, so bedarf es, um ihn zum Erben zu machen, noch der Erbeinsetzung. Unter Umständen aber und wenn zugleich die Form des § 2276 beachtet ist, kann sich diese Erbeinsetzung als eine vertragsmäßige schon mit dem Abschluß des Erbverzichtsvertrags vollziehen. Die Begünstigung des anderen braucht nicht ausdrücklich erklärt zu sein.

Dem Erbe werdenden anderen muß nicht notwendig der volle und unbeschwerte Erbteil des Verzichtenden anfallen (vgl. München JFG **15** 364). Ob dies Voraussetzung des Erbverzichts ist oder ob das Erbewerden zu einem geringeren Anteil oder unter Beschränkungen und Beschwerungen genügt, ist Auslegungsfrage. Unter Umständen ist der Verzicht nur zum Teil wirksam. 2

Ist der Verzicht zugunsten mehrerer Personen erklärt, so tritt im Zweifel seine Unwirksamkeit erst ein, wenn alle weggefallen sind. Dies gilt insbesondere auch im Falle des Abs. 2, so daß, wenn zugunsten der andern Abkömmlinge des Erblassers verzichtet und bei seinem Tode nur noch einer von ihnen vorhanden ist, im Zweifel diesem der Verzicht in vollem Umfange zugute kommt (RG LZ **26** 1006). 3

Ist der Verzicht auf den Pflichtteil beschränkt, so kann er, da der Verzichtende trotzdem mitgezählt wird, andern Pflichtteilsberechtigten nicht zugute kommen (§ 2310 Rdn. 5). Ein solcher zugunsten des Erben erklärter Verzicht wird von Abs. 1 überhaupt nicht getroffen. 4

II. Verzicht eines Abkömmlings zugunsten anderer Abkömmlinge oder des Ehegatten des Erblassers (Abs. 2) 5

Der Erbverzicht eines Abkömmlings gilt als stillschweigend bedingt dadurch, daß der freiwerdende gesetzliche Erbteil sich innerhalb der ersten Ordnung (§ 1924) oder zugunsten eines Elternteils (auch Stiefelternteils) des Verzichtenden vererbt. Er ist im Zweifel unwirksam, wenn Verwandte späterer Ordnungen oder der Fiskus zur Erbfolge kommen würden. Die Einsetzung eines Fremden zum Alleinerben schließt zwar den Verzichtenden zugleich von der Erbfolge endgültig aus, er behält aber im Zweifel wenigstens den Pflichtteil (§ 2346 Rdn. 16).

Nicht ausdrücklich geregelt ist der Fall, daß der Verzicht nur zugunsten eines von mehreren gesetzlichen Erben erklärt worden ist. Das Kammergericht hat früher angenommen, daß sich der Verzicht nur auf denjenigen auswirkt, zu dessen Gunsten er erfolgt ist, und daß der Verzichtende im übrigen Erbe bleibt. Der Erblasser hinterläßt 6 seine Witwe, einen Sohn und mehrere Geschwister. Der Sohn hat zugunsten der Witwe verzichtet. Diese und der Sohn sollen dann je zu 1/2 Erbe werden. Die Geschwister des Erblassers kommen nicht zum Zuge (KG OLG **46** 240).

Diese Rechtsprechung hat das Kammergericht aufgegeben und nunmehr angenommen, daß der zugunsten eines anderen erklärte Verzicht unter der Voraussetzung, daß dieser kraft Gesetzes oder durch Verfügung von Todes wegen Erbe wird, ganz allgemein bewirkt, daß demjenigen, zu dessen Gunsten der Verzicht erklärt ist, der volle Erbteil des Verzichtenden zufällt. Die Witwe würde also in dem erwähnten Fall Alleinerbin geworden sein (KG DNotZ **42** 148). Dieser Ansicht ist zuzustimmen. Sie entspricht den Vorstellungen der Beteiligten und auch dem Sinn des Gesetzes.

7 Hamm (Rpfleger **52** 89) hat § 2350 Abs. 2 in einem Fall entsprechend angewandt, in dem in einem Adoptionsvertrag im Sinne des § 1767 das Erbrecht des adoptierten Kindes nach dem zuerst versterbenden Ehegatten ausgeschlossen und bestimmt war, daß das Kind das volle Erbrecht erst nach dem zuletzt versterbenden Ehegatten erhalten solle. Zutreffend ist angenommen, daß der zuerst verstorbene Ehemann von seiner Witwe als Alleinerbin und nicht auch von seinen Geschwistern beerbt worden ist.

8 **III. Beweislast**

Im Falle des Abs. 1 hat zur Unwirksamkeit seines Verzichts der Verzichtende zu beweisen, daß er nur zugunsten eines anderen verzichtet habe und daß dieser nicht Erbe geworden sei. Dafür, daß ein solcher sowie der nach Abs. 2 erklärte Verzicht gleichwohl als unbedingter gewollt sei, ist (Auslegungsregel) beweispflichtig, wer hieraus Rechte für sich ableitet. § 2350 handelt nur vom gesetzlichen Erbrecht, Verzicht auf letztwillige Zuwendungen § 2352 Rdn. 1.

§ 2351

Auf einen Vertrag, durch den ein Erbverzicht aufgehoben wird, findet die Vorschrift des § 2348 und in Ansehung des Erblassers auch die Vorschrift des § 2347 Abs. 2 Anwendung.

E I 2020 Abs. 2 II 2216; M **5** 476; P **5** 599, 600; **6** 322, 329, 330.

Aufhebung des Erbverzichts

Die Aufhebung des Erbverzichts, auch des Verzichts auf letztwillige Zuwendungen nach § 2352 ist selbstverständlich nur bis zum Tode des Erblassers möglich. Die Verweisung auf § 2348 schreibt hierfür notarielle Beurkundung, die auf § 2347 Abs. 2 für den Erblasser das gleiche vor wie beim Abschluß des Erbverzichtsvertrags. Für den durch die Aufhebung bloß gewinnenden Verzichtenden gilt, wenn er in der Geschäftsfähigkeit beschränkt ist, lediglich § 107. Durch die Aufhebung wird der vor Abgabe des Erbverzichts vorhanden gewesene Zustand wiederhergestellt. Der Verzichtende kann zwar auch ohne Aufhebung des Verzichts letztwillig wirksam bedacht, aber nur kraft der Aufhebung wieder gesetzlicher Erbe oder Pflichtteilsberechtigter werden. Der Einfluß der Aufhebung auf die mit dem Erbverzicht verbundenen Abfindungs- usw. Verträge beurteilt sich nach allgemeinen Grundsätzen. Eine für den Verzicht gezahlte Abfindung kann nach § 812 Abs. 1 Satz 2 zurückgefordert werden. Die Aufhebung des Erbverzichts schließt die Aufhebung des Rechtsgeschäfts, auf Grund dessen der Verzicht erklärt und die Abfindung gezahlt worden ist, ein. Damit ist der rechtliche Grund für die Zahlung der Abfindung entfallen (*Ermann/Bartholomeyczik*, § 2351 Rdn. 3).

§ 2352

Wer durch Testament als Erbe eingesetzt oder mit einem Vermächtnisse bedacht ist, kann durch Vertrag mit dem Erblasser auf die Zuwendung verzichten. Das gleiche gilt für eine Zuwendung, die in einem Erbvertrag einem Dritten gemacht ist. Die Vorschriften der §§ 2347, 2348 finden Anwendung.

E I 2024 II 2217; M **5** 483, 484; P **5** 408, 609, 610; **6** 100.

Verzicht auf letztwillige Zuwendungen

Übersicht

Neueres Schrifttum:
Baumgärtel, Die Wirkung des Erbverzichts auf Abkömmlinge, DNotZ **59** 66.

I. Verzicht auf testamentarische Zuwendungen 1

Der Verzicht auf letztwillige Zuwendungen läßt die betreffenden Verfügungen an sich bestehen, entkleidet sie aber der Wirkung, indem er, wie vorzeitiger Tod des Bedachten, den Anfall der Zuwendung an ihn von vornherein ausschließt.

Praktische Bedeutung hat dieser Erbverzicht nur in den Fällen, in denen es dem 2
Erblasser nicht mehr möglich ist, die die Zuwendung anordnende letztwillige Verfügung zu widerrufen, z. B., weil der Erblasser entmündigt ist, oder in den Fällen, in denen er von einem Erbvertrag, in dem eine Zuwendung für einen Dritten angeordnet ist, nicht zurücktreten kann. Bei einem *gemeinschaftlichen Testament* besteht für den überlebenden Ehegatten die Möglichkeit, sich durch Abschluß eines Erbverzichtsvertrags mit den durch seine wechselbezügliche Verfügung bedachten Personen von seiner gemäß § 2271 (vgl. dort Rdn. 12-19) eingetretenen Bindung zu befreien (RG WarnRspr. **1918** Nr. 124; vgl. § 2271 Rdn. 21), ohne das ihm Zugewandte ausschlagen zu müssen.

Für die Auslegung der Erklärung „auf Erb- und Pflichtteilsrechte gegen den Nachlaß des Erblassers für jetzt und alle Zukunft zu verzichten" vgl. § 2346 Rdn. 13.

II. Verzicht auf Zuwendungen durch Erbvertrag 3

1. Zuwendungen an den anderen Vertragschließenden

Soweit Zuwendungen im Erbvertrag an den anderen Vertragschließenden gemacht sind, können sie nur in den Formen der §§ 2290—2292 aufgehoben werden (vgl. KG JW **38** 2746; Celle, NJW **59** 1923; *Erman/Bartholomeyczik,* § 2352 Rdn. 2).

Einseitige, bloß bei Gelegenheit des Erbvertrags getroffene Verfügungen stehen dagegen nach § 2299 den testamentarischen gleich und werden deshalb durch Satz 1 mitgetroffen.

2. Vertragsmäßige Zuwendungen an Dritte (Satz 2) 4

Sie können ebenfalls gemäß §§ 2290—2292, aber auch unbeschadet der Fortdauer des Erbvertrags und ohne Zuziehung des anderen Vertragschließenden durch Vertrag des Erblassers unmittelbar mit dem bedachten Dritten außer Wirksamkeit gesetzt werden. So auch im Falle des § 2280 durch Vertrag des überlebenden Ehegatten mit dem

Dritten (KG RJA **15** 180). Ein solcher Verzicht ist erforderlich, wenn der Erblasser von dem Erbvertrag nicht zurücktreten und der Vertrag nicht mehr aufgehoben werden kann, da der andere Vertragschließende verstorben ist (§ 2290 Abs. 1 Satz 2).

Das BayObLG (BayObLGZ NF **24** A 232 = JFG **3** 166) und auch Celle NJW **59** 1923 sprechen in einem solchen Falle dem zum Erben des Überlebenden eingesetzten Sohne eines der beiden vertragschließenden Ehegatten wegen seiner Teilnahme am Vertragsschluß die Eigenschaft eines Dritten ab. Der Sohn ist in diesem Fall Vertragschließender, soweit es sich um den Erbvertrag als Vertrag zwischen dem Überlebenden und dem Sohn handelt; soweit aber der Erbvertrag als Vertrag zwischen den Ehegatten über die Zuwendung an den Sohn in Betracht kommt, ist dieser Dritter. Das genügt, damit § 2352 Satz 2 angewandt werden kann. Anderenfalls könnte der überlebende Ehegatte seine Testierfreiheit nicht zurückerlangen, da der Erbvertrag wegen des Todes des anderen Ehegatten, der auch Vertragschließender ist, nach § 2290 Abs. 1 Satz 2 nicht mehr aufgehoben werden kann (s. *Endemann* JW **25** 2791). Mit Recht vertritt das BayObLG in BayObLGZ **65** 188 den Standpunkt, daß der in dem Erbvertrag Bedachte dann Dritter im Sinne des § 2352 ist, wenn an dem Vertrag mehr als zwei Personen beteiligt sind (ebenso *Palandt/Keidel,* § 2352 Anm. 1). Das BayObLG hat die Sache wegen der abweichenden Ansicht des Oberlandesgerichts Celle dem Bundesgerichtshof vorgelegt. Dieser hat die Rechtsfrage in dem darauf ergangenen Beschluß vom 8. 11. 1965 III ZB 9/65 jedoch nicht entschieden.

5 **III. Anwendung der §§ 2347, 2348**

Nach § 2347 gelten gleiche sachliche, nach § 2348 gleiche Formerfordernisse wie für den Verzicht auf das gesetzliche Erbrecht nach § 2346.

6 **IV. Bedeutung des Verzichts eines Abkömmlings für seine Abkömmlinge**

Der Erbverzicht kann auch in einem Prozeßvergleich vereinbart werden. Die Form des Prozeßvergleichs ersetzt dann die nach § 2348 vorgeschriebene Beurkundung (BGH FamRZ **60** 28; § 2347 Rdn. 3; § 2348 Rdn. 2). Durch die Prozeßbevollmächtigten allein kann der Erbverzicht wegen § 2347 Abs. 2 Satz 1 nicht erklärt werden.

Die ergänzende Vorschrift des § 2349 ist nicht erwähnt. Sie ist daher auf den Verzicht auf eine durch letztwillige Verfügung angeordnete Zuwendung nicht anzuwenden. Das im Testament vorgesehene Ersatzerbrecht von Abkömmlingen wird daher durch den Verzicht des zunächst berufenen Elternteils der Abkömmlinge nicht berührt (BGH Beschl. v. 8. 11. 1965 III ZB 9/65; KGJ **34** A 108; **53** 37; Stuttgart NJW **58** 347; Düsseldorf DNotZ **74,** 367).

7 Auch die Auslegungsregel des § 2069 wird als solche weder durch einen Verzicht auf das testamentarische noch durch einen solchen auf das gesetzliche Erbrecht berührt.

An die Stelle eines durch Testament bedachten, nachträglich weggefallenen Abkömmlings des Erblassers treten daher nach der Auslegungsregel des § 2069 ersatzweise seine Abkömmlinge auch dann, wenn der Weggefallene zugleich mit Wirkung für sie auf das gesetzliche Erbrecht verzichtet hatte. Denn der Verzicht kann nach § 2349 für die Abkömmlinge des Verzichtenden nicht weiter reichen, als er es für den Verzichtenden selbst tut. Anders wäre es, wenn der Ersatzberufene selbst auf sein Erbrecht verzichtet hätte (vgl. KG DNotZ **42** 305 mit einer Begründung, die teilweise der in HRR **39** 1163 veröffentlichten Entscheidung widerspricht).

Falls der Abkömmling als Testamentserbe berufen ist, berührt ein von ihm später erklärter Verzicht auf das gesetzliche Erbrecht, der sich nach § 2349 auf seine Abkömmlinge erstreckt, deren Ersatzberufung als Testamentserben nach § 2069 gleichfalls nicht.

Dasselbe gilt grundsätzlich, wenn der Abkömmling nicht nur mit Wirkung auf seine Abkömmlinge auf das gesetzliche Erbrecht, sondern auch auf die testamentarische Zuwendung verzichtet hat (aA *Palandt/Keidel* § 2352 Anm. 1). In diesem Fall ist jedoch zu prüfen, ob nicht ein der Auslegungsregel des § 2069 entgegenstehender Wille des Erblassers festgestellt werden kann (vgl. § 2069 Rdn. 6). Eine solche Feststellung kann auch im Wege einer ergänzenden Testamentsauslegung getroffen werden. **8**

Wenn der Verzicht gegen eine vollständige Abfindung erklärt worden ist, besteht eine tatsächliche Vermutung dafür, daß die Abkömmlinge des Verzichtenden für diesen Fall nicht als Ersatzbedachte berufen sind. § 2069 wird damit für diese Fälle auch ausgeschaltet, wenn ein dieser Vorschrift entgegenstehender Wille des Erblassers nicht festgestellt werden kann (BGH LM BGB § 140 Nr. 9; KG JFG **20** 160; *Staudinger/Seybold*, §§ 2068 bis 2070 Rdn. 6; *Baumgärtel*, DNotZ **59** 68; *Palandt/Keidel*, § 2352 Anm. 1; *Erman/Bartholomeyczik*, § 2352 Rdn. 3). Falls der Verzichtende in einem gemeinschaftlichen Testament als Schlußerbe, und zwar als alleiniger Vollerbe berufen ist, ist zu beachten, daß er oder seine Abkömmlinge nach dem dem Testament zugrunde liegenden Willen beider Ehegatten das ganze Vermögen des Längstlebenden nach dessen Tode erhalten soll. Eine auch im Sinne des Erstverstorbenen vollständige Abfindung für das Erbrecht des in dieser Weise bedachten Stammes wird daher nur möglich sein, wenn der zur Abfindung gezahlte Betrag nicht aus dem Vermögen des Erblassers entnommen wird.

V. Anwendung des § 2351 **9**

§ 2351 handelt von jeder Form des Erbverzichts und gilt deshalb auch für die Aufhebung des Verzichts auf letztwillige Zuwendungen.

ACHTER ABSCHNITT

Erbschein

Neueres Schrifttum:

Asbeck, Testamentseröffnung und Erbscheinserteilung beim „Berliner Testament" mit „Wiederverheiratungsklausel", MDR **59** 897; *Deubner,* Das Erbscheinserteilungsverfahren, JuS **61** 34; *Firsching,* Aktuelle Fragen des Erbscheinsrechts, DNotZ **60** 565, 640; *Häußermann,* Zuständigkeit für Erbscheine an Heimatvertriebene, BWNotZ **59** 273; *Hoffmann,* Der unrichtige Erbschein, JuS **68** 228; *Johannsen,* Die Rechtsprechung des BGH auf dem Gebiete des Erbrechts, Der Erbschein, WM **72** 1050; *Kumme,* Der Erbersatzanspruch des nichtehelichen Kindes im Erbscheinsverfahren, ZBlJR **72** 256; *Pernutz,* Das Erbscheinverfahren im interlokalen Privatrecht, MDR **63** 713; *derselbe,* Die erbrechtlichen Bestimmungen im neuen Familiengesetzbuch der DDR, NJW **66** 530; *Tröster,* Eheliches Güterrecht und Erbscheinsverfahren, Rpfleger **60** 38; *derselbe,* Das Güterrechtsstatut von Vertriebenen und Flüchtlingen und sein Nachweis im Erbscheinsverfahren, Rpfleger **62** 253; *Weimar,* Fragen aus dem Recht des Erbscheins, MDR **58** 832.

Weiteres Schrifttum in Anm. 24 vor § 2353 der 11. Auflage.

Vorbemerkungen

Vor § 2353

Übersicht

1 **I. Gliederung des Achten Abschnitts:**

1. Erbschein (Begriff und Inhalt), §§ 2353, 2364;
2. Inhalt des Antrags, §§ 2354 bis 2356;
3. Prüfung des Antrags, §§ 2358 bis 2360;
4. Behandlung unrichtiger Erbscheine, §§ 2361, 2362, 2370 Abs. 2;
5. Wirkungen des Erbscheins, §§ 2365 bis 2367;
6. Besondere Erbzeugnisse:
   a) Gemeinschaftlicher Erbschein, § 2357;
   b) Erbschein des Vorerben, § 2363;
   c) Testamentsvollstreckerzeugnis, § 2368;
   d) Inlandsbeschränkter Erbschein, § 2369;
7. Unrichtige Todeserklärung, § 2370.

2 **II. Allgemeines**

Der Erbschein hat sich aus den Erbbescheinigungen des preußischen Rechts (Gesetz vom 12. März 1869 betr. die gerichtlichen Erbbescheinigungen) und ähnlichen Einrichtungen anderer deutscher Länder entwickelt. Er ist also erst neueren Ursprungs (vgl. im einzelnen zur geschichtlichen Entwicklung *Bartholomeyczik*, Erbeinsetzung, andere Zuwendungen und Erbschein S. 251—256).

Der Erbschein ist ein *Zeugnis des Nachlaßgerichts*, das dem — gesetzlichen oder gewillkürten — Erben auf Antrag über die erbrechtlichen Verhältnisse, insbesondere über sein Erbrecht und — bei mehreren Erben — über die Größe seines Erbteils erteilt wird (§ 2353). Er soll in möglichst klarer Weise den Erben bezeichnen, den Umfang seines Erbrechts aufzeigen und etwa vom Erblasser angeordnete Beschränkungen erkennen lassen. In einem Erbschein ist kein Raum für „Maßgaben", Empfehlungen, Anregungen o. ä., auch nicht in der Form von „Anheimgaben" (OLG Schleswig SchlHA **58** 353; *Keidel* JZ **59** 440). Eine gegenständliche Beschränkung des Erbscheins für Lastenausgleichszwecke ist unzulässig (OLG Hamm NJW **68** 1682). Vgl. dazu § 2369 Rdn. 9.

III. Arten des Erbscheins 3

1. Der **Alleinerbschein,** § 2353 Fall 1;

2. Der **Teilerbschein,** § 2353 Fall 2; er kann auch auf Antrag eines Miterben über den Erbteil eines anderen erteilt werden (OLG München JFG **23** 334 = HRR **42** 840; *Greiser* DFG **36** 192; *Hense* DNotZ **52** 205). Vgl. im übrigen, insbesondere zum *Mindestteilerbschein* § 2353 Rdn. 19. Hat ein Erbe zunächst einen Teilerbschein erwirkt und stellt sich später heraus, daß er Alleinerbe ist, so kann er entweder einen weiteren Teilerbschein über den restlichen Erbanteil oder einen Vollerbschein über sein Alleinerbrecht beantragen. Im 2. Falle darf der Teilerbschein nicht eingezogen werden (AG Berlin-Schöneberg Rpfleger **70** 342).

3. Der **gemeinschaftliche Erbschein,** § 2357, wenn mehrere Erben vorhanden sind. Er ist auf Antrag aller oder jedes einzelnen der Miterben zu erteilen. Er weist das Erbrecht aller Miterben und die Größe ihrer Erbteile aus, ohne etwaige Ausgleichsrechte und -pflichten zu berücksichtigen; er betrifft also die Erbfolge in den *ganzen* Nachlaß.

4. Der **Gruppenerbschein.** Er faßt mehrere Teilerbscheine in einer Urkunde zusammen (KGJ **41** 90; KG HRR **35** Nr. 1321), setzt jedoch voraus, daß alle aufgeführten Miterben ihn beantragen und die erforderlichen Erklärungen abgeben.

5. Der **gemeinschaftliche Teilerbschein.** Er weist — wie der Gruppenerbschein — nicht alle Miterben, sondern nur mehrere von ihnen aus. Er kann jedoch auf Antrag eines einzelnen der in ihm genannten Miterben ausgestellt werden (KG JFG **13** 41; OLG München JFG **15** 354; KG HRR **35** Nr. 1321; aM KGJ **41** 90; *Planck/Greiff* § 2357 Anm. 1).

6. Der **Sammelerbschein** (auch vereinigter oder zusammengefaßter Erbschein genannt). Er faßt die Erbscheine über Erbfälle nach mehreren Erblassern, die sich nacheinander beerbt haben, in einer Urkunde zusammen (KGJ **44** 99). Er kann nur ausgestellt werden, wenn dasselbe Nachlaßgericht (§ 2353 Rdn. 1—3) zuständig ist, auch alle einzelnen Erbscheine zu erteilen (BayObLG **51** 695).

7. Der **inlandsbeschränkte (gegenständlich beschränkte) Erbschein,** § 2369. Er setzt voraus, daß kein deutsches Nachlaßgericht zuständig ist, den Erbschein zu erteilen, und daß sich im Inlande Nachlaßgegenstände befinden.

Im übrigen sind nach dem Recht des BGB gegenständlich beschränkte Erbscheine grundsätzlich ausgeschlossen. Das BGB und auch die Rückerstattungsgesetze kennen insbesondere keinen Erbschein, der seinem Inhalt und seiner Wirkung nach nur auf Rückerstattungsansprüche beschränkt ist (BGH **1** 15). Für Lastenausgleichszwecke vgl. OLG Hamm NJW **68** 1682, ferner § 2369 Rdn. 9. Für die Zulässigkeit gegenständlich beschränkter Erbscheine auch bei inländischer Erbschaft BayObLG RJA **13** 16; *Endemann* JW **33** 2068 Anm. zu Nr. 7; vgl. auch *Beck* DNotZ **51** 504.

8. Das **Hoffolgezeugnis** nach § 18 Abs. 2 Satz 3 Höfeordnung v. 24. 4. 1947 (BrZ). Das Zeugnis ist ein *Erbschein* über die Hoferbfolge, also über die Sondererbfolge in das hofgebundene Vermögen (den Hof, HöfeO §§ 1—3) nach Höferecht. Von ihm zu *unterscheiden* ist

a) der Erbschein über den *Gesamtnachlaß*, zu dem ein Hof gehört,

b) der Erbschein über das hoffreie Vermögen.

Vgl. im einzelnen Rdn. 15 ff.

4 **IV. Sonstige erbrechtliche Ausweise**

1. Das Testamentsvollstreckerzeugnis (§ 2368). Die Vorschriften über den Erbschein sind mit einigen Abweichungen entsprechend anzuwenden.

2. Das Zeugnis über die *Fortsetzung der Gütergemeinschaft* (§ 1507). Über sein Verhältnis zum Erbschein vgl. *Conrades* Recht 1900, 528 ff; s. ferner KGJ **45** 246.

3. Der *Ausweis über die Rechtsnachfolge* an einzelnen Gegenständen *für das Grundbuchamt* nach GBO §§ 36, 37.

4. Die *Bescheinigung über die Rechtsnachfolge* in eine Buchforderung nach *RSchuldbG* v. 31. 5. 1910 § 16 (vgl. KGJ **45** 154 und 312).

5. *Folgezeugnis des Fideikommißgerichts* gemäß VO v. 20. 3. 1939 (RGBl. I 509) § 39.

5 **V. Wirkung des Erbscheins**

Dem Erbschein kommt im Verkehr mit Dritten eine besondere Beweiskraft und öffentlicher Glaube zu. Er schafft eine — widerlegbare — *Rechtsvermutung*, daß sein Inhalt richtig und vollständig ist (§ 2365). Der *gutgläubige Dritte* wird außerdem — ähnlich wie beim Grundbuch — geschützt, wenn er von dem im Erbschein Bezeichneten rechtsgeschäftlich erwirbt oder an ihn leistet (§§ 2366, 2367). Der Erbschein stellt andererseits jedoch keine für das Wiederaufnahmeverfahren bedeutsame Urkunde i. S. des § 580 Nr. 7 b ZPO dar (SchlHOLG SchlHA **52** 95). Die *Wohnungsbehörden* können sich im allgemeinen auf die Richtigkeit eines ihnen vorgelegten Erbscheins verlassen (BVerwG ZMR **59** 114). Zur Frage der materiellen Rechtskraft des Erbscheins s. Rdn. 9.

6 **VI. Voraussetzungen der Erbscheinserteilung**

Die **Erteilung** des Erbscheins setzt einen Antrag (§ 2353 Rdn. 6—9) voraus, für den bestimmte Erfordernisse bestehen (§§ 2354—2356). Der Erbscheinsantrag muß den Erblasser und das beanspruchte Erbrecht genau bezeichnen. Ist er mangelhaft, so darf er nicht sofort zurückgewiesen werden; um den Mangel zu beheben, ist vielmehr eine Zwischenverfügung zu erlassen (KG DNotZ **55** 408).

7 **VII. Das Erteilungsverfahren**

Die Erteilung des Erbscheines ist Sache des Nachlaßgerichts (§ 2353). Seine sachliche und örtliche Zuständigkeit bestimmt sich nach den §§ 72, 73 FGG. Hiernach sind — vorbehaltlich der durch Art. 147 EGBGB aufrechterhaltenen landesgesetzlichen Vorschriften — allgemein bestimmte Amtsgerichte zuständig.

Das Nachlaßgericht muß *von Amts wegen* ermitteln (§ 2358 Rdn. 1—5) und darf den Erbschein nur erteilen, wenn es die erforderlichen *Tatsachen „für festgestellt* erachtet" (§ 2359).

Über die *Selbständigkeit* des Nachlaßgerichts *gegenüber* dem *Prozeßgericht* vgl. § 2359 Rdn. 3, 4; über das Verhältnis zum *Grundbuchrichter* vgl. die zu § 2365 Rdn. 8 genannten Erläuterungswerke zur GBO und Entscheidungen, ferner *Kipp/Coing* 12. Bearb. § 103 I mit Anm. 5, 6.

Einzelheiten des Verfahrens sind teils im FGG, teils in den §§ 2360 ff geregelt. 8
Beschwerde kann bereits gegen *Vorbescheide* des Nachlaßgerichts eingelegt werden (RG **137** 226; BGH **20** 255). Dabei ist davon auszugehen, daß solche Bescheide nur zulässig sind, wenn nach der Sach- und Rechtslage ausnahmsweise eine Vorklärung der Frage geboten erscheint, ob ein bestimmter Erbschein zu erteilen ist oder nicht. (vgl. *Firsching* NJW **55** 1540 gegen KG NJW **55** 1072 m. Anm. *Baur*). Wird gegen die Erteilung eines Erbscheines Beschwerde mit dem Ziel der Einziehung eingelegt, weil der Erbschein abweichend vom Antrag erteilt worden ist, so ist in der Regel anzunehmen, daß der Beschwerdeführer zugleich die Anweisung an das Amtsgericht erstrebt, einen seinem Antrage entsprechenden Erbschein zu erteilen (KG OLGZ **71** 215).

VIII. Materielle Rechtskraft 9

Eine materielle Rechtskraft kommt den Entscheidungen im Erbscheinsverfahren nicht zu, da sie an der Erbfolge sachlich nichts ändern können (KG JFG **14** 286 = JW **36** 3486[73]; KG JFG **18** 170 = JW **38** 2831[14]; BayObLG **52** 293; **53** 264; KG NJW **55** 1074; vgl. auch § 2359 Rdn. 12). Der Erbschein bindet daher auch den *Prozeßrichter* nicht, sondern bietet nur eine — allerdings wesentliche — Beweiserleichterung (§ 2365). Selbst der *Grundbuchrichter*, für den der Erbschein nach § 35 GBO im Hinblick auf das Bestehen des Erbrechts in dem ausgewiesenen Umfang volle Beweiskraft besitzt, hat alle Tatsachen von Amts wegen zu beachten, welche die Unrichtigkeit des Erbscheins begründen (so *Güthe/Triebel* GBO § 35 Anm. 17; vgl. jedoch § 2365 Rdn. 8 zu OLG Celle NdsRpfl. **58** 140; ferner *Palandt/Keidel* Anm. 5 Überbl. vor § 2353). Vgl. zu allem *Bokelmann* Rpfleger **71** 337.

Die Vorlage eines Erbscheins zur Grundberichtigung ist auch dann erforderlich, wenn eine über den Tod hinaus gehende Vollmacht vorliegt, LG Heidelberg NJW **73** 1088.

IX. Übergangsrecht 10

Es gilt auch für den Erbschein der Grundsatz des EG Art. 213. Ist der Erblasser vor dem Inkrafttreten des BGB (1. 1. 1900) gestorben, so bleiben die früheren Gesetze maßgebend (vgl. KGJ **23** 217; **24** 225; **35** 119; **36** 119; OLG **1** 33; **3** 122; **5** 236; **6** 318, 319; BayObLG **2** 87; *du Chesne Gruchot* **45** 49; *Josef Gruchot* **47** 346). Bei einem gemeinschaftlichen Testament ist der Erbschein nach dem zweiten Erbfalle nach neuem Recht zu erteilen, wenn der eine Ehegatte vor und der andere nach dem Inkrafttreten des BGB gestorben ist (OLG **2** 378).

X. Zwischenstaatliches Privatrecht 11

Die Vorschriften über den Erbschein sind nur anwendbar, wenn die Beerbung sich nach den deutschen Gesetzen bestimmt (s. EG Art. 24 ff). Jedoch greift ergänzend § 2369 ein. Zur Frage der Rückverweisung nach französischem internationalem Privatrecht OLG Köln NJW **55** 755; vgl. auch § 2353 Rdn. 14, § 2369 Rdn. 1. Zur Beerbung *holländischer* Staatsangehöriger mit letztem Wohnsitz in Deutschland LG Koblenz JZ **59** 316 mit Anm. von *Drobnig*. Zur Behandlung deutscher Erblasser mit unbeweglichem Nachlaß in *Österreich* BayObLG NJW **60** 775; vgl. § 2353 Rdn. 14, ferner *Pinckernelle/Spreen*, Das internationale Nachlaßverfahrensrecht, DNotZ **67** 195; *Preetz*, Zur Frage der Erteilung von gegenständlich beschränkten Erbscheinen für in Deutschland belegene Nachlaßgegenstände schwedischer Erblasser, SchlHA **60** 332; Zuständigkeit deutscher Nachlaßgerichte bei einem im Sudetengebiet verstorbenen Deutschen, BayObLG NJW **61** 1969 = DNotZ **62** 199.

12 Für die Erteilung von Erbscheinen auf Antrag Vertriebener zum Zwecke des *Lastenausgleichs* hält der BGH (NJW **72** 945 mit Anm. von *Johannsen* in LM § 2369 Nr. 1) die Nachlaßgerichte der Bundesrepublik Deutschland nicht für zuständig, wenn der Ausgleichsanspruch dadurch entstanden ist, daß der Antragssteller an einem ererbten, im Ausland belegenen Wirtschaftsgut Schaden erlitten hat; ebenso OLG Celle Rpfleger **71** 318; BayObLG **56** 119; vgl. dazu *Johannsen* WM **72** 1051; aA KG NJW **54** 1331, ferner **62** 258. — Die abweichende Ansicht in der 11. Auflage wird aufgegeben.

13 **XI. Interlokales Privatrecht**

Bei der Frage, in welchem Umfange Gerichte der Bundesrepublik Deutschland einen Erbschein nach einem Erblasser erteilen können, der seinen letzten Wohnsitz in der DDR oder Ost-Berlin hatte, ist das Zuständigkeitsgesetz v. 7. 8. 1952 (BGBl. I 407) nicht anwendbar.

§ 73 FGG knüpft in erster Linie an den Wohnsitz bzw. Aufenthalt, in zweiter Linie an die Staatsangehörigkeit an. Die „Normalsituation“ (BGH **7** 218, 220) bezog sich auf ein einheitliches Reichsgebiet. Da diese einheitliche Verfahrensordnung und die Ausübung einer auf einheitlicher Rechtsordnung beruhenden Gerichtsgewalt nicht mehr besteht, hält der BGH in **52** 129, 130 = JZ **69** 658 mit Anm. von *Wengler* S. 663 eine *unmittelbare Anwendung* des *§ 73 FGG nicht* mehr für möglich, *wohl* aber eine *entsprechende* Anwendung des § 73 Abs. 3 FGG. Danach kann ein Gericht der Bundesrepublik Deutschland einen gegenständlich beschränkten Erbschein in Ansehung aller in der Bundesrepublik Deutschland befindlichen Gegenstände ausstellen. Befinden sich die Gegenstände nicht in der Bundesrepublik Deutschland, so ist die Erteilung eines Erbscheines durch ein Nachlaßgericht der Bundesrepublik Deutschland nicht möglich, selbst wenn das staatliche Notariat der DDR einen solchen verweigert (BGH **52** 123 = WM **69** 819 = LM FGG § 73 Nr. 2 mit Anm. von *Pagendarm;* OLG Hamm OLGZ **72** 352; BayObLG **72** 86. Anderer Ansicht war das KG (OLGZ **66** 499), das auch hier die Zuständigkeit des AG Berlin-Schöneberg annahm. In NJW **69** 2101 hat das KG seine Ansicht aufgegeben und sich der Ansicht des BGH (**52** 129) angeschlossen. Das KG (NJW **69** 2101; **70** 390) hält die Erteilung eines Erbscheines aber dann für möglich, wenn sich in der Bundesrepublik Deutschland zwar keine Nachlaßgegenstände befinden, der Erbe aber ein Zeugnis über sein Erbrecht zur Wahrnehmung seiner Rechte in der Bundesrepublik Deutschland benötigt. Vgl. dazu *Geimer* DNotZ **70** 679.

Hilfsgerichtsstand für Notstände stets nach § 73 Abs. 2 FGG AG Berlin-Schöneberg (KG OLGZ **66** 499); vgl. dazu auch *Jansen* FGG Rdn. 37 ff zu § 73.

Über das Verfahren in der DDR und die Anerkennung dort ausgestellter Erbscheine vgl. *Pernutz* MDR **63** 713; NJW **66** 530; *Schrodt/Krone/Ullrich* NJ **66** 299, 303.

Ein zuständiges Nachlaßgericht der Bundesrepublik Deutschland kann nach Ansicht des KG auch dann noch einen Erbschein erteilen, wenn bereits ein Erbschein eines Nachlaßgerichts der DDR vorliegt (KG NJW **69** 2101).

In der DDR obliegt die Erbscheinserteilung, nachdem alle Angelegenheiten, für welche bisher gemäß FGG § 72 die Amtsgerichte als Nachlaßgerichte zuständig waren, auf die Staatlichen Notariate übertragen worden sind, gemäß VO v. 15. 10. 1952 (GBl. f. d. sowj. Zone 1067) und VO v. 21. 11. 1952 (VOBl. Groß-Berlin-Ost I 565) nunmehr den Staatlichen Notariaten. Dies muß entgegen KG West NJW **53** 947 grundsätzlich auch dann gelten, wenn der Erbschein für westdeutsche Rechtsverhältnisse bestimmt ist (LG München NJW **54** 646). Weigert sich die nach §73 Abs. 1 FGG örtlich zuständige Behörde der DDR aus unsachlichen oder willkürlichen Gründen, insbesondere aus politischen Erwägungen, den beantragten Erbschein zu erteilen, oder ist aus gleichen Gründen nicht zu erwarten, daß sie einem ordnungsmäßigen Antrag entsprechen wird, so geht die Zuständigkeit allerdings, weil eine zur Erbscheinserteilung bereite Stelle fehlt, nach §73 Abs. 2 FGG in Verbindung mit §14 der VO v. 31. 5. 1934 (RGBl. I 472) und den Anordnungen der All. Kdtr. Berlin v. 16. 2. und 3. 3. 1949 auf das Amtsgericht *Berlin-Schöneberg* über. Im allgemeinen sind Gerichte der Bundesrepublik Deutschland nicht zuständig, wenn der Erblasser seinen Wohnsitz in der DDR gehabt hat (s. o.). Die Gerichte der Bundesrepublik Deutschland sind jedoch in einem solchen Fall entsprechend §73 Abs. 3 FGG befugt, einen auf Nachlaßgegenstände in der Bundesrepublik Deutschland beschränkten Erbschein zu erteilen, wenn ein Erbschein in der DDR nicht ausgestellt oder ein dort ausgestellter Erbschein aus Gründen des „ordre public" in der Bundesrepublik Deutschland nicht anerkannt wird (*Johannsen* aaO); vgl. aber KG NJW **69** 2101; **70** 390).

XII. Landwirtschaftsrecht 14

1. Erbhofrecht

Soweit für die Erteilung eines Erbscheins auf den zeitlichen und örtlichen Anwendungsbereich des RErbhG zurückzugreifen ist, wird für den früheren Rechtszustand auf die Behandlung der einschlägigen Fragen in der 9. Auflage verwiesen (vgl. 9. Aufl. §2353 Anm. 7, §2355 Anm. 3 a. E., §2358 Anm. 3, §2366 Anm. 6 Abs. 2, §2369 Anm. 3). Zur Zuständigkeit der Landwirtschaftsgerichte insoweit vgl. OLG Hamm RdL **51** 73.

2. Höferecht 15

Vgl. auch Rdn. 3h. Nach §18 Abs. 2 HöfeO (BrZ) ist für die Ausstellung eines Erbscheins das Landwirtschaftsgericht *zuständig*, wenn zu dem Nachlaß ein Hof (§1 HöfeO) gehört (OLG Celle NdsRpfl. **49** 180). Auch die Erteilung eines Erbscheins für einen verwaisten Hof ist ausschließlich Sache der Landwirtschaftsgerichte (bestr.; vgl. einerseits OGH RdL **50** 144, andererseits OLG Celle NdsRpfl. **50** 37). Voraussetzung für die Zuständigkeit der Landwirtschaftsgerichte der britischen Zone ist die Belegenheit des Hofes, der zum Nachlaß gehört, in der britischen Zone (BGH **9** 270).

In dem Erbschein ist der Hoferbe als solcher aufzuführen. Nach §18 Abs. 2 **16** Satz 3 HöfeO ist auf Antrag eines Beteiligten lediglich die Hoferbfolge zu bescheinigen *(Hoffolgezeugnis)*. Den Antrag kann nur stellen, wer die Stellung als Hoferbe für sich selbst beansprucht (OGH **3** 173). Im Hoffolgezeugnis ist auch eine etwaige Beschränkung des Hoferben durch das Verwaltungs- und Nutznießungsrecht der Witwe oder eines anderen anzugeben (OLG Celle MDR **49** 165; NdsRpfl. **55** 189). Das Grundbuchamt kann von der Witwe ein Hoffolgezeugnis verlangen, auch wenn der Hofeigentümer ein notarielles Testament hinterlassen hat, sofern die Wirtschaftsfähigkeit der Witwe und die Kinderlosigkeit des Erblassers nicht beim Grundbuchamt offenkundig sind (OLG Oldenburg NJW **58** 554).

Das Verfahren zur Ausstellung des Erbscheins (Hoffolgezeugnisses) auf Grund **17** des §18 Abs. 2 HöfeO unterscheidet sich nicht von einem anderen Verfahren nach der Verfahrensordnung für Landwirtschaftssachen (LVO). Über den Antrag auf Ausstellung ist durch begründeten Beschluß zu entscheiden. In dem Beschluß ist der zu erteilende Erbschein (Hoffolgezeugnis) seinem Inhalt nach festzulegen. In dem Erbscheins- oder Hoffolgezeugnisverfahren ist grundsätzlich nur zu prüfen, wer Erbe geworden ist (über den Umfang der Prüfungspflicht im Gegensatz zum gewöhnlichen Erbscheinsverfahren nach dem BGB vgl. *Wöhrmann* RdL **50** 136). Auf Vermächtnisse ist nur insoweit einzugehen, als sie die Hoffolge selbst beeinflussen (OLG Celle NdsRpfl. **55** 189). Der Erbschein (Hoffolgezeugnis) selbst kann dem Antragsteller erst nach Rechtskraft des Beschlusses erteilt werden, mit dem über den Erteilungsantrag entschieden wird (BGH NJW **53** 700 = LM HöfeO § 18 Nr. 1). Über den Wegfall des Rechtsschutzbedürfnisses für ein Erbschein- und Hoffolgezeugnisverfahren, wenn ein Antrag auf Feststellung des Hoferben vorliegt, vgl. OLG Celle RdL **55** 143. Ist ein Erbschein (Hoffolgezeugnis) über einen Nachlaß, zu dem ein Hof gehört, erteilt worden, ohne daß vorher ein Erbscheinsverfahren nach den Vorschriften der LVO durchgeführt und ohne daß rechtskräftig über die Erteilung des Erbscheins (Hoffolgezeugnisses) beschlossen war, so ist der Erbschein (Hoffolgezeugnis) mangels der erforderlichen formellen Rechtsgrundlage einzuziehen (BGH DNotZ **54** 213 mit zust. Anm. von *Rötelmann*).

Die Länder können nach LwVG v. 21.7. 1953 § 20 Abs. 3 bestimmen, daß die Entscheidung über die Erteilung, Einziehung und Kraftloserklärung eines Erbscheines ohne Zuziehung von Beisitzern erfolgen kann und daß insoweit die Vorschriften der LwVG §§ 14 Abs. 2, 21, 22 und 30 keine Anwendung finden. Von dieser Ermächtigung haben Niedersachsen durch Art. II AGLwVG v. 19. 12. 1955 (GVBl. 291) sowie NordRh.Westf. durch §§ 2, 3 AGLwVG v. 20. 12. 1960 (GVBl. 462) Gebrauch gemacht. In diesen Ländern gelten für die Anfechtbarkeit der Erteilung von Erbscheinen und Hoffolgezeugnissen die allgemeinen Bestimmungen des BGB und FGG (vgl. *Palandt/Keidel* Anm. 8).

18 Zur *Beschwerde* gegen die Erteilung eines Hoffolgezeugnisses vgl. *Wöhrmann* RdL **56** 269; OLG Celle DNotZ **56** 434 = RdL **56** 145; OLG Oldenburg DNotZ **57** 21 mit Anm. von *Keidel;* OLG Braunschweig RdL **58** 123; BGH RdL **58** 39. Wer nur möglicherweise als weiterer Hoferbe nach dem Hofvorerben in Betracht kommt, hat keine feste Anwartschaft auf die Hofnachfolge; er hat daher kein Beschwerderecht, wenn die von ihm beantragte Einziehung des Hoffolgezeugnisses abgelehnt wird (BGH RdL **52** 26; vgl. ferner BGH RdL **72** 242; OLG Celle NdsRpfl. **71** 203; *Palandt/Keidel* Überblick vor § 2353 Anm. 8).

19 Das Landwirtschaftsgericht kann auch einen auf das hoffreie Vermögen des Erblassers beschränkten Erbschein ausstellen (OLG Köln RdL **53** 281; OLG Hamm JMBlNRW **53** 52; OLG Düsseldorf JMBlNRW **53** 274; LG Köln DNotZ **59** 492 mit kritischer Anm. von *Hense* = RdL **59** 180; vgl. auch *Hense* DNotZ **52** 205; **55** 370, der jedoch das Nachlaßgericht für zuständig hält; ebenso *Kipp/Coing* 11. Bearb. § 128 V 3; OLG Hamburg NJW **58** 554 = MDR **58** 247 = RdL **58** 184 mit abl. Anm. von *Wöhrmann.* Wie hier auch *Staudinger/Firsching* Anm. 18 vor § 2353; ferner auch *Erman/Bartholomeyczik* Rdn. 5).

20 Für die Ausstellung und Einziehung eines *Testamentsvollstreckerzeugnisses* ist, auch wenn zum Nachlaß ein Hof gehört, das *Nachlaßgericht* zuständig (OLG Oldenburg RdL **53** 281 = DRspr. II [282] 80 c; aM OLG Hamm NJW **53** 1759 für den Fall, daß der Nachlaß im wesentlichen aus einem Hof besteht). Vgl. auch § 2368 Rdn. 2.

21 Über die Voraussetzungen der „Erteilung von Erbscheinen über landwirtschaftliche Besitzungen in der Ostzone und den Ostgebieten" vgl. *Wulff* RdL **53** 173. Nach einer Entscheidung des Amtsgerichts Berlin-Schöneberg (JR **60** 103) ist bei geregeltem Nachlaß im Sinne des Art. II Abs. 2 Satz 1 KRG 45 ein Hoffolgezeugnis auch für einen „Erbhof" jenseits der Oder-Neiße-Linie zu erteilen. Diese Entscheidung wird durch die neuere Rechtsprechung, vor allem des BGH in Bd. **52** 129 (vgl. dazu Rdn. 13) überholt sein.

XIII. Recht der Wiedergutmachung 22

1. Rückerstattung

Die Rückerstattungsgesetze kennen keinen Erbschein, der seinem Inhalt und seiner Wirkung nach auf Rückerstattungsansprüche beschränkt ist. Soweit ein Erbschein nur für Zwecke eines Rückerstattungsverfahrens gebraucht wird, genießt seine Erteilung kostenrechtliche Vorteile. Seine unbeschränkte Wirkung büßt er hierdurch jedoch nicht ein (BGH **1** 15). Dennoch macht der vom Nachlaßgericht auf den Erbschein gesetzte — unrichtige — Vermerk „nur gültig für das Rückerstattungsverfahren" den Erbschein nicht ungültig (BayObLG NJW **52** 825; **53** 144). Nach OLG Hamm NJW **54** 1731 Nr. 13 kann ein von der Rückerstattungsbehörde verlangter gegenständlich beschränkter Erbschein erteilt werden, wenn sich im Inlande Gegenstände befinden, die dem Erblasser ohne die Entziehungsmaßnahme zur Zeit des Erbfalls gehört hätten und wenn der Erbe deren Rückerstattung begehrt (vgl. auch OLG Bamberg JZ **51** 510 mit abl. Anm. von *Aubin;* ferner OLG *Oldenburg* NdsRpfl. **55** 53). Wird von einem Erbschein, der für Zwecke des Rückerstattungsverfahrens beantragt worden ist und der daher kostenrechtliche Vorteile genießt, späterhin auch anderweitiger Gebrauch gemacht, so wird die volle *Gebühr* nacherhoben (KostO § 107 Abs. 3; vgl. dazu *Palandt/Keidel* Überbl. vor § 2353 Anm. 6).

Die gesetzliche Todesvermutung des Art. 43 REG (BrZ), Art. 51 REG (AmZ), Art. 44 REAO (Berl.) ist im Erbscheinsverfahren nicht anzuwenden. Auch wenn der Erbschein für Zwecke eines Rückerstattungsverfahrens beantragt wird, ist die Vorlage von Sterbeurkunden, Todeserklärungsbeschlüssen oder sonstigen Beweismitteln nicht entbehrlich (BGH **1** 9; OLG Frankfurt MDR **52** 491; aM *Werner* JZ **51** 140; OLG Hamm DNotZ **50** 180; vgl. ferner NJW **53** 144 Nr. 8). Gleichwohl muß ein Erbschein nicht schon deshalb als unrichtig eingezogen werden, weil er auf die Todesvermutung der Rückerstattungsvorschriften gestützt ist; das allein braucht die Überzeugung, daß er richtig ist, nicht zu erschüttern (BayObLG **52** 163 = NJW **53** 144 Nr. 8).

Zum *Beschwerderecht* der Nachfolgeorganisation für Rückerstattungsansprüche im Erbscheinserteilungsverfahren s. § 2359 Rdn. 6.

2. Entschädigung 23

§ 86 Abs. 2 des Bundesergänzungsgesetzes zur Entschädigung für Opfer der nat.-soz. Verfolgung (BErgG) v. 18. 9. 1953 ordnete an, daß das Nachlaßgericht auf Antrag des Erben einen „Erbschein für den Entschädigungsanspruch" zu erteilen hat, wenn die Entschädigungsorgane dies verlangen. Der Erbschein nach § 86 Abs. 2 BErgG ist ein *persönlich* beschränkter Erbschein für ein bestimmtes Verfahren (*Henrichs* NJW **54** 1715), jedoch kein gegenständlich beschränkter Erbschein entsprechend der Vorschrift des § 2369 BGB und der Regelung für den hoffreien Nachlaß im Bereich der HöfeO (BrZ) (aM *Pehe* JR **54** 57; s. auch *Palandt/Keidel* § 2369 Anm. 2 c). Für die Erteilung eines solchen Erbscheins ist die Todesvermutung des § 86 Abs. 1 BErgG maßgebend (§ 86 Abs. 2 Satz 2 BErgG). Nach der neuen Fassung des Bundesentschädigungsgesetzes v. 29. 6. 1956 (BEG) ist der *Nachweis* der Erbberechtigung und damit das Erbscheinsverfahren *erleichtert.* Nach § 181 BEG, der § 86 Abs. 2—4 BErgG entspricht, soll im Entschädigungsverfahren von der Vorlage eines Erbscheins abgesehen werden, wenn die Erbberechtigung auch anderweitig nachweisbar ist. Die Erteilung des Erbscheins für den Entschädigungsanspruch einschl. des vorausgegangenen Verfahrens ist grundsätzlich *gebührenfrei* (BEG § 181 Abs. 3 Satz 1). Für einen solchen Erbschein braucht weder eine Sterbeurkunde noch ein rechtskräftiger Todeserklärungsbeschluß vorgelegt zu werden (LG Hamburg JR **57** 266 mit Anm. von *Pehe* sowie *Palandt/Keidel* Überblick vor § 2353

Anm. 6). Zur Frage der Erbscheinserteilung in Entschädigungssachen vgl. ferner *Schoeneich* NJW **55** 741 II. Zuständig ist das Amtsgericht, in dessen Bezirk die untere Entschädigungsbehörde oder Feststellungsbehörde ihren Sitz hat (OLG Hamm JMBlNRW **57** 161; OLG Düsseldorf ebenda S. 202).

§ 2353

Das Nachlaßgericht hat dem Erben auf Antrag ein Zeugnis über sein Erbrecht und, wenn er nur zu einem Teile der Erbschaft berufen ist, über die Größe des Erbteils zu erteilen (Erbschein).

E I 2068, 2078 II 2218; M **5** 558, 559, 574; P **5** 670—679, 691.

Erteilung des Erbscheins

Übersicht

1 **I. Das Nachlaßgericht**

FGG §§ 72 ff in Verbindung mit der VO v. 31. 5. 1934 (RGBl. I 472) und v. 10. 6. 1936 (RGBl. I 488; vgl. auch Einl. Rdn. 4 Abs. 1 zu diesem Buche, ferner § 1960 Rdn. 10—14), KonsGG v. 7. 4. 1900 (RGBl. 213) § 7. Das Rechtspflegergesetz hat in § 3 Abs. 1 Nr. 2 b die amtsrichterlichen Geschäfte in Nachlaß- und Teilungssachen im allgemeinen dem *Rechtspfleger* übertragen. Ausnahmen für die Erteilung und Einziehung von Erbscheinen enthält § 13 Nr. 5 und 6 aaO. Vgl. hierzu auch LG München NJW **59** 300 = DNotZ **59** 265. Zuständig ist der Richter vor allem, sofern der Erblasser eine Verfügung von Todes wegen hinterläßt oder ein beschränkter Erbschein erteilt werden soll (§ 16 Abs. 1 Nr. 6 RPflG). Zur Neufassung des RpflG vgl. *Habscheid* NJW **70** 1775.

Die örtliche Zuständigkeit — § 73 FGG — ergibt sich in der Regel aus der Sterbeurkunde (vgl. KG JR **73** 115). Örtliche Unzuständigkeit des Gerichts macht den von ihm erteilten Erbschein nicht unwirksam (FGG § 7). Die Unzuständigkeit kann aber von jedem Beteiligten im Beschwerdewege gerügt werden; der Erbschein ist dann ohne Rücksicht auf seine inhaltliche Richtigkeit von demjenigen Gericht, das ihn erteilt hat, entsprechend § 2361 einzuziehen (KGJ **53** 88; OLG Köln JMBlNRW **57** 15; vgl. auch § 2361 Rdn. 3). Das Beschwerdegericht ist nicht befugt, selhst einen Erbschein zu erteilen (RJA **16** S. 40 u. 66). Die Bestimmungen über die örtliche Zuständigkeit des Nachlaßgerichts gelten unabhängig davon, ob auf den Erbfall deutsches oder fremdes Recht anzuwenden ist (KG OLGZ **69** 285).

2 Das Nachlaßgericht kann ein *anderes Amtsgericht* ersuchen, den Antragsteller über die zur Begründung des Antrags nach § 2354 oder § 2355 anzugebenden tatsächlichen Verhältnisse zu vernehmen und ihm die in § 2356 Abs. 2 vorgeschriebene eidesstattliche Versicherung abzunehmen (RG **95** 286), ihm auch aufzugeben, die in § 2356 Abs. 1 bestimmten Urkunden beizubringen (KGJ **44** 102). Einem anderen Gericht kann das Nachlaßgericht es aber *nicht* übertragen, im Wege *der Rechtshilfe* den Erbschein selbst zu erteilen. Bittet der Antragsteller, den beim unzuständigen Gericht eingereichten Erbscheinsantrag an das zuständige Gericht abzugeben, so hat das Gericht hierüber

nach pflichtmäßigem Ermessen zu befinden; die *Verweisung* muß nicht etwa deshalb abgelehnt werden, weil sie im Gesetz nicht geregelt ist (OLG Hamm DNotZ **53** 203). Ein Amtsgericht, dessen örtliche Unzuständigkeit als Nachlaßgericht zutage liegt, wird nicht dadurch im Sinne von FGG § 5 mit einer Erbscheinssache „befaßt", daß es als *Urkundsgericht* einen bei ihm angebrachten Antrag auf Erteilung eines Erbscheins beurkundet (OLG Schleswig SchlHA **58** 334).

Zur Zuständigkeit des Amtsgerichts *Berlin-Schöneberg* vgl. Rdn. 13 vor § 2353. Die Befugnis des Amtsgerichts *Berlin-Schöneberg*, eine Nachlaßsache mit bindender Wirkung an ein anderes Amtsgericht abzugeben, besteht auch dann, wenn es bereits in der Sache oder in einer anderen Nachlaßangelegenheit desselben Erblassers tätig geworden ist (KG Rpfleger **60** 58 mit Anm. von *Keidel* = NJW **60** 538; vgl. auch KG OLGZ **66** 127; *Jansen* FGG § 73 Rdn. 19).

Das Nachlaßgericht, nicht das Anerbengericht war auch für die Erteilung eines 3
Erbscheins oder einer erbscheinsähnlichen Bescheinigung in den *erbhofrechtlichen Fällen* zuständig (Anm. 7 in der 9. Aufl.). Nach § 18 Abs. 2 der *Höfeordnung* v. 24. 4. 1947 sind nunmehr aber im Bereich der früheren britischen Zone die zu Art. VI 15 MRVO Nr. 84 genannten Gerichte (im 1. Rechtszuge das Amtsgericht als *Landwirtschaftsgericht*) auch zuständig zu entscheiden, wer kraft Gesetzes oder kraft Verfügung von Todes wegen Hoferbe eines Hofes geworden ist, und einen Erbschein auszustellen (vgl. im übrigen Rdn. 14 ff vor § 2353). Zum Erbschein über das zum Nachlaß gehörende hoffreie Vermögen ist neuerdings das OLG Hamburg (NJW **58** 554 = MDR **58** 247 = RdL **58** 184 mit abl. Anm. von *Wöhrmann*) für die Zuständigkeit des *Nachlaßgerichts* eingetreten (aM LG Köln DNotZ **59** 492 mit krit. Anm. von *Hense;* vgl. im einzelnen Rdn. 19 vor § 2353, ferner *Erman/Bartholomeyczik* Rdn. 5).

Über die Zuständigkeit bei Erbscheinsanträgen von *Heimatvertriebenen* vgl. OLG Hamm DNotZ **58** 322 Nr. 16 (Leitsatz) = JMBlNRW **57** 259; ferner *Häußermann* BWNotZ **59** 273; *Keidel* JZ **59** 440. Das OLG Hamm hält aaO in entsprechender Anwendung des § 73 Abs. 3 FGG für die Erteilung des von einem Vertriebenen beantragten Erbscheins nach einem ausländischen Erblasser das Nachlaßgericht für zuständig, in dessen Bezirk das *Ausgleichsamt* seinen Sitz hat.

II. Der Erbe 4

Nur dem Erben im Sinne von § 1922 Abs. 1 darf der Erbschein erteilt werden, gleichviel ob er durch Gesetz, Testament oder Erbvertrag berufen worden ist, nicht also dem Erwerber des Erbteils im Sinne von § 2033. Ein an sich nicht unzulässiger Zusatz über die Veräußerung des Erbteils nimmt an den Rechtswirkungen des Erbscheins nicht teil (RG **64** 173). Ebensowenig darf dem Erbschaftskäufer (aM *Endemann* JW **10** 89), dem nur forderungsberechtigten Vermächtnisnehmer und dem Pflichtteilsberechtigten ein Erbschein erteilt werden. Er darf ferner dem Ersatzerben nicht vor Anfall der Erbschaft, dem Nacherben nicht vor Eintritt der Nacherbfolge (§ 2139; vgl. auch § 2363), dem Vorerben oder auf den Vorerben nicht mehr nach Eintritt des Nacherbfolgefalls ausgestellt werden (ZBlFG **20** 262; HRR **32** Nr. 12). Der Nacherbe kann vor Eintritt des Nacherbfalls auch nicht beantragen, einen Erbschein zugunsten des Vorerben zu erteilen; seine Befugnisse beschränken sich vielmehr darauf, die Einziehung eines unrichtigen Erbscheins zu betreiben, insbesondere eines solchen, der entgegen § 2363 Abs. 1 erteilt worden ist (BayObLG **48/51** 561). Vgl. aber auch § 2363 Rdn. 3 a. E. zu OLG Oldenburg NdsRpfl. **58** 154; ferner *Keidel* DNotZ **58** 267. Auf einen Verschollenen kann ein Erbschein erteilt werden, wenn bewiesen ist, daß dieser beim Erbfall noch gelebt hat (OLG Karlsruhe DNotZ **53** 427 = NJW **53** 1303; OLG Frankfurt Rpfleger **53** 36).

5 Der Kreis der Personen, denen der Erbschein zu erteilen ist, ist weiter als der Kreis der Antragsberechtigten; s. hierüber Rdn. 7.

6 **III. Der Antrag**

Der Antrag (**Erfordernisse** §§ 2354—2356) ist formfrei (vgl. LG Wuppertal Rpfleger **72** 100); er ist auf einen *bestimmten Inhalt* des Erbscheins zu richten (KGJ **42** 128; BayObLG **19** A 207). Er muß den Erblasser und das beanspruchte Erbrecht genau bezeichnen. Er muß angeben, ob das Erbrecht auf Grund Gesetzes oder Testaments beansprucht wird (BayObLGZ **73** 28; auch **65** 212; **67** 139; **71** 34/43). Aus dem Antrage muß hervorgehen, ob ein unbeschränkter oder gegenständlich beschränkter Erbschein begehrt wird (OLG Hamm NJW **68** 1682). Ist er mangelhaft, so darf er nicht sofort zurückgewiesen werden; vielmehr ist zunächst eine *Zwischenverfügung* zu erlassen, um den Mangel zu beheben (KG DNotZ **55** 408). Bei nicht behebbaren Mängeln ist der Antrag abzulehnen (vgl. *Firsching* DNotZ **60** 569; OLG Stuttgart BWNotZ **62** 70). *Haupt- und Hilfsanträge* dürfen unter der doppelten Voraussetzung miteinander verbunden werden, daß jeder der Anträge für sich das mit ihm beanspruchte Erbrecht bestimmt bezeichnet und daß die Reihenfolge, in der die Anträge zu prüfen und zu bescheiden sind, dem Nachlaßgerichte vom Antragsteller bestimmt vorgeschrieben wird (RG **156** 172 gegen JFG **3** 155 und die 9. Auflage). Ein Antrag, der sowohl den Erfordernissen des § 2354 als auch denen des § 2355 entspricht, braucht bei Zweifeln über die Gültigkeit der Verfügung von Todes wegen keine Angabe darüber zu enthalten, ob die Erteilung des Erbscheins auf Grund gesetzlicher Erbfolge oder auf Grund der Verfügung von Todes wegen beantragt wird, falls der Inhalt des Erbscheins in beiden Fällen übereinstimmen würde (JFG **5** 184; vgl. Rdn. 15; BayObLGZ **73** 28, 29; OLG Hamm OLGZ **67** 71). Der Erbschein darf grundsätzlich nicht mit einem vom Antrage abweichenden Inhalt erteilt werden (OLG Hamm Rpfleger **68** 357). Vgl. auch OLGZ **67** 71 zu der Frage, ob auf Grund eines auf gesetzliche Erbfolge gestützten Antrages ein Erbschein auf Grund Testaments erteilt werden darf. Über die „reformatio in peius" im Erbscheinsverfahren vgl. OLG Hamm JMBlNRW **67** 160. Antragstellung durch einen Bevollmächtigten ist zulässig (RJA **17** 68).

7 **Antragsberechtigt** ist der Erbe (Rdn. 4), Allein- oder Miterbe, nachdem ihm die Erbschaft angefallen ist — er gibt damit zugleich die Annahme der Erbschaft zu erkennen (§ 1943) —, der Fiskus erst, nachdem die Feststellung gemäß den §§ 1964 ff getroffen ist. An Stelle des verstorbenen Erben sind die Erbeserben, bei einer Mehrheit solcher ist jeder von ihnen ohne Mitwirkung der andern (RJA **13** 84) und im Falle des § 2033 ist der Rechtsnachfolger des Miterben berechtigt, die Erteilung des Erbscheins zu beantragen, jedoch nur *auf den Namen dessen, der unmittelbar Erbe geworden ist* (RG **64** 173; OLG **44** 106). Die gleiche Befugnis muß wegen des immer vorhandenen Bedürfnisses, einen Erbausweis vorzulegen, auch dem Testamentsvollstrecker (trotz und neben dem Antragsrecht aus § 2368, KGJ **22** A 56; vgl. OLG Oldenburg Rpfleger **65** 305), dem Nachlaß- und Nachlaßkonkursverwalter, dem Abwesenheits- und dem nach FGG § 88 bestellten Auseinandersetzungspfleger (RJA **13** 198; **16** 63; vgl. ferner KG JR **67** 26) und dem Erbschaftskäufer zustehen (vgl. RG **164** 238). Das Gesetz spricht ihnen das *Antragsrecht* jedenfalls nicht ab. In den Fällen der §§ 792, 896 ZPO kann die Erteilung des Erbscheins auch vom *Gläubiger des Erben* beantragt werden, wenn er den Vollstreckungstitel vorlegt (LG Flensburg JurBüro **68** 558). War dem Erben schon ein Erbschein erteilt, so haben die Genannten auf eine weitere Ausfertigung Anspruch (FGG § 85, Einsicht und Abschrift § 78). Zur Zwangsversteigerung zwecks Aufhebung einer Erbengemeinschaft vgl. OLG Hamm MDR **60** 1018.

Ferner sind antragsberechtigt: Vermächtnisnehmer, Pflichtteilsberechtigte, Auflagenbegünstigte.

Nicht *antragsberechtigt* ist dagegen der Nachlaßpfleger (§ 1960), da er keinen bestimmten Erben zu vertreten hat (RJA **10** 277; BayObLG **32** 552), ferner nicht der Erwerber einzelner Nachlaßgegenstände (LG München DNotZ **50** 33 für den Käufer eines Nachlaßgrundstücks). Daher kann auch derjenige, den der Erbe bevollmächtigt hat, ein Nachlaßgrundstück an sich selbst aufzulassen, keinen Erbschein — auch keinen auf den Namen des Erben — beantragen (OLG Celle JR **48** 317). Auch das Finanzamt hat kein Antragsrecht (RJA **15** 14). **8**

Ist ein Erbschein bestimmten Inhalts erteilt worden, so steht das dem Antrage eines anderen, einen Erbschein abweichenden Inhalts zu erteilen, nicht entgegen. Wird dem neuen Antrage entsprochen, so ist es Sache des Nachlaßgerichts, den früheren unrichtigen Erbschein einzuziehen oder für kraftlos zu erklären (KGJ **48** 105; s. aber auch über den Fall, daß der neue Erbschein bei einem anderen Nachlaßgericht als demjenigen beantragt wird, welches den früheren Erbschein erteilt hat, KGJ **44** 105). **9**

IV. Das Zeugnis über das Erbrecht (Alleinerbschein) **10**

Das Zeugnis über das Erbrecht des Erben bestätigt die Tatsache der Gesamtrechtsnachfolge oder der Erbfolge in den Hof (Rdn. 25). Das BGB läßt einen auf einzelne zur Erbschaft gehörige Gegenstände *beschränkten Erbschein* grundsätzlich nur im Falle des § 2369 zu (OLG **4** 397; **6** 315; **7** 446; **21** 351; JFGErg **18** 180; BGH **1** 15; vgl. *Palandt/Keidel* § 2369 Anm. 2 b und c).

Hiervon ging auch das PrGKG v. 28.10. 1922 aus, indem es in § 78 Abs. 5, 6 den Fällen, daß der Erbschein nur zur Verfügung über einen einzelnen Gegenstand gebraucht und zu diesem Zwecke dem Grundbuchamt oder einer andern öffentlichen Behörde übersandt werden soll, durch besondere kostenrechtliche Vorschriften Rechnung trug. Die KostO v. 25. 11. 1935 enthielt keine derartigen Vorschriften. Sie stand aber ersichtlich ebenfalls auf dem Standpunkt, daß ein gegenständlich beschränkter Erbschein nur im Falle des § 2369 erteilt werden konnte, da sie in § 99 Abs. 2 Satz 3 nur diesen Fall erwähnte. Das gleiche gilt nunmehr auch für die KostO v. 26.7. 1957 (s. § 107 Abs. 2 Satz 3 daselbst; *Lauterbach/Hartmann* Kostengesetze 17. Aufl. KostO § 107 Anm. 2; vgl. auch JFGErg **18** 177). **11**

Dagegen standen das frühere BayObLG (**2** 191; **14** 74 = RJA **13** 16) und die dort angeführten bayerischen Vorschriften auf dem Standpunkt, daß ein gegenständlich beschränkter Erbschein allgemein erteilt werden darf (ebenso *Endemann* JW **33** 2068 zu 7; *Planck/Greiff* Vorbem. 6); in BayObLG **18** A 225 wird aber in Übereinstimmung mit den früheren Entscheidungen hervorgehoben, daß auch ein gegenständlich beschränkter Erbschein das Erbrecht bezeugt und daher nicht für Gegenstände erteilt werden kann, die der Erbe aus dem Nachlaß durch Erbauseinandersetzung oder als Vorausvermächtnis erlangt hat. Vgl. nunmehr die neuere Rechtsprechung in BGH **52** 123 = JZ **69** 658 mit Anm. von *Wengler*, wonach einem Erblasser, der in der DDR seinen letzten Wohnsitz hatte, in entsprechender Anwendung des § 73 Abs. 3 FGG nur in Ansehung aller in der Bundesrepublik Deutschland befindlichen Gegenstände ein beschränkter Erbschein ausgestellt werden kann (s. auch Rdn. 13 vor § 2353). **12**

Über die Zulässigkeit eines Erbscheins über *hoffreies Vermögen* s. Rdn. 15 ff vor § 2353. **13**

Der Erbschein über den *inländischen Immobiliarnachlaß* eines Erblassers, der auf Grund einer Rückverweisung gemäß Art. 27 EGBGB nach deutschem Recht als Erbsta- **14** tut ausgestellt worden ist, ist rechtlich kein beschränkter Erbschein im Sinne des § 2369, sondern ein Erbschein nach § 2353 (OLG Köln NJW **55** 755, vgl. auch § 2369 Rdn. 1).

Hinterläßt ein deutscher Erblasser außer seinem in Deutschland befindlichen Vermögen unbewegliche Vermögenschaften in Österreich, so ist die Erbfolge, im besonderen auch die Auslegung eines Testaments, für jede der beiden Nachlaßmassen (Nachlaß in *Deutschland* und Nachlaß in *Österreich*) gesondert zu beurteilen. In diesem Falle kann über die Erbfolge des in Deutschland befindlichen Vermögens ein allgemeiner Erbschein nach § 2353 erteilt werden; im Erbschein muß aber zum Ausdruck kommen, daß er sich nicht auf die unbeweglichen Vermögenschaften in Österreich erstreckt (BayObLG NJW **60** 775).

15 Im übrigen *gehören nicht in das Zeugnis:* Angaben über den Umfang des Nachlasses, auch nicht über Beschwerungen des Erben durch Vermächtnisse (BayObLG **32** 552; KG DFG **41** 27 = HRR **41** Nr. 327 zum Nießbrauch der Witwe am Erbteil des Sohnes und zum Ausschluß der Auseinandersetzung), Auflagen, Pflichtteilsansprüche, Teilungsanordnungen, da sie das Erbrecht selbst unberührt lassen, oder über das Ergebnis der Erbauseinandersetzung (BayObLG **18** A 225), ebensowenig Entscheidungsgründe. Auch der Berufungsgrund der Erben ist regelmäßig nicht mit in den Erbschein aufzunehmen (KG DFG **41** 27 = HRR **41** Nr. 327; so auch schon RJA **16** 45 und 217), falls die Angabe nicht erforderlich ist, um — bei der Berufung auf mehrere Bruchteile aus verschiedenen Gründen (§ 1951 Rdn. 7) — den Umfang des Erbrechts zu bezeichnen. Dagegen sind Beschränkungen aufzunehmen, die, wie die Anordnung der Nacherbfolge oder die Ernennung eines Testamentsvollstreckers (§§ 2363, 2364), das Wesen des Erbrechts verändern. Zur Frage, ob ein Ersatzanspruch nach § 1934 a zu erwähnen ist, vgl. *Kumme* ZBlJR **72** 259; aA *Palandt/Keidel* Anm. 4 a.

16 Im *einzelnen* hat das Zeugnis, wofür keine bundesrechtlichen Formvorschriften bestehen, Namen und Zeit des Todes des Erblassers sowie Namen und Wohnort der Erben so genau zu bezeichnen, daß Verwechslungen ausgeschlossen sind. Es sind die Bruchteile, Vorausvermächtnisse des Alleinvorerben (KG JFG **21** 122), Beschränkungen durch Testamentsvollstrecker und Nacherbschaft, auch Verwaltung und Nutznießung des überlebenden Ehegatten anzugeben (vgl. *Erman/Bartholomeyczik* Rdn. 10). Alternative Angabe (Gesetz oder Testament) ist nicht unstatthaft, wenn bei zweifelhafter Gültigkeit des Testaments der Erbe durch das Gesetz in demselben Umfange wie durch das Testament berufen worden ist (OLG **35** 379; JFG **3** 158; **5** 184). Im Testament enthaltene Vermächtnisanordnungen, Auflagen, Teilungsanordnungen u. a., die in den Erbschein nicht aufzunehmen sind, schließen die erforderliche Übereinstimmung der beiden Berufungen nicht aus; anders ist es jedoch, wenn eine Nacherbfolge oder eine Testamentsvollstreckung angeordnet worden ist (JFG **5** 187; HRR **33** Nr. 1492). In dem einem Nacherben erteilten Erbschein ist auch der Tag anzugeben, an dem ihm die Erbschaft angefallen ist (RJA **16** 44). Als Verfügungsausweis muß das Zeugnis ganz aus sich verständlich sein; die Bezugnahme auf Urkunden ist unzulässig (RJA **17** 56).

17 **V. Der Teilerbschein**

Sind **mehrere Erben** vorhanden, so kann der Erbschein nach § 2357 als gemeinschaftlicher, aber auch, und zwar auch neben dem gemeinschaftlichen, nur für einen einzelnen und allein zu benennenden Miterben erteilt werden. In beiden Fällen ist die **Größe des Erbteils,** d. h. (abgesehen von den für das Höferecht geltenden Besonderheiten, Rdn. 25) des dem Erben anfallenden *Bruchteils* der Erbschaft anzugeben, wozu unter Umständen vorher noch der Wert einzelner dem Erben zugewendeter Gegenstände bestimmt werden muß (§ 2087 Rdn. 13; OLG **18** 368). Die Angabe des durch Berufung zur Zeit des Erbfalls angefallenen Erbteils genügt, auch wenn eine Erhöhung nach §§ 1935, 2094 noch möglich ist. Solange wegen der zu erwartenden Geburt eines Miterben oder aus einem der anderen in § 2043 angegebenen Gründe der Kreis der Miterben noch nicht als geschlossen feststeht, darf kein gemeinschaftlicher Erbschein erteilt werden.

Teilerbscheine können nach KGJ **42** 128 in der Form erteilt werden, daß den **18** von der Ungewißheit der Größe ihrer Erbteile betroffenen Erben bezeugt wird, ihr Erbteil sei noch unbestimmt, z. B. weil infolge Schwangerschaft der Witwe noch Personen geboren werden könnten, die neben ihnen zu gleichen Teilen erbberechtigt sein würden; ist die Ungewißheit beseitigt, so ist ein solcher Erbschein wieder einzuziehen. Auch wenn die Größe eines Erbteils wegen unüberwindlicher Beweisschwierigkeiten nicht festgestellt werden kann, sich z. B. im Falle einer Zwillingsgeburt die für die Größe eines Erbteils maßgebende Erstgeburt eines bestimmten Kindes nicht feststellen läßt, ist nach JFG **10** 75 die Erteilung eines Erbscheins zulässig, der die bestehenden Zweifel offen läßt. Zur Frage des Teilerbscheins bei *fortgesetzter Gütergemeinschaft* vgl. *Müller* FamRZ **56** 339.

Unter Umständen, z. B. wenn sich nicht ermitteln läßt, ob alle neben einem Mit- **19** erben berufenen Erbanwärter den Erbfall erlebt haben, kann dem Miterben auf Antrag auch ein Teilerbschein über einen Mindesterbteil erteilt werden (JFG **1** 176 gegen RJA **11** 14). Ob ein solcher *Mindestteilerbschein*, wenn ein Miterbe *verschollen* ist, regelmäßig der Bestellung eines Abwesenheitspflegers für den Verschollenen und der Erteilung eines gemeinschaftlichen Erbscheins vorzuziehen ist (so LG Aachen JR **51** 733 unter Hinweis auf KG JFG **13** 43 sowie BayObLGZ **60** 478), ist allerdings zweifelhaft (vgl. auch *Scholz* JR **51** 591). Für den Fall des Vorhandenseins eines nichtehelichen Kindes vor Feststellung der Vaterschaft s. *Firsching* DNotZ **70** 522).

Auf Antrag eines Miterben kann ein Teilerbschein auch nur über das Erbrecht **20** eines *anderen* Miterben erteilt werden (OLG München HRR **42** 840).

VI. Die Erteilung **21**

Der Erbschein wird erteilt, indem dem Antragsteller oder dem von ihm bestimmten Dritten, der auch eine Behörde sein kann, oder an einen von mehreren Antragstellern (*Palandt/Keidel* Anm. 6 a) das Zeugnis ausgehändigt wird, und zwar nach Maßgabe des Landesrechts in Urschrift oder in Ausfertigung. Es genügt nicht, wenn der Beschluß, der die Erteilung anordnet, bekanntgegeben oder eine Ausfertigung dieses Beschlusses zugestellt wird (so auch BayObLG JZ **60** 490 = NJW **60** 1722; aA teilweise *Firsching* DNotZ **60** 573). Ebenfalls genügt nicht die Übersendung einer Abschrift an das Finanzamt nach RAGO § 189 a, § 12 ErbStDV (BayObLG **60** 270) oder Mitteilung an das Grundbuchamt nach § 83 GBO. — Zu der Frage der Erteilung vgl. *Jansen* FGG Rdn. 8 § 84. Über den Meinungsstreit betr. die Anwendbarkeit des § 16 FGG auf den Erbschein vgl. *Schlegelberger*, FGG 7. Aufl. § 84 Anm. 8; ferner *Jansen* FGG § 84 Rdn. 10. Über die *Amtspflicht*, einen Erbschein auszuhändigen BGH 1. 4. 1957 III ZR 233/55 = WM **57** 1165. Zur *Beschwerde* vgl. § 2359 Rdn. 6 ff. Die Beschwerde gegen die Erteilung eines Erbscheins mit dem Ziele, ihn einzuziehen, steht auch demjenigen zu, auf dessen Antrag der Erbschein erteilt worden ist (KG NJW **60** 1158). Das Beschwerdegericht darf nicht selbst einen Erbschein erteilen, sondern kann nur Erteilung durch das Nachlaßgericht anordnen (OLG Celle NdsRpfl. **64** 132). Bei Erteilung eines neuen Erbscheins ist das Nachlaßgericht an die der Einziehung des alten zugrundeliegende Beurteilung des Erbfalles nicht gebunden (BayObLG JR **62** 61 = BayObLG **61** 200).

22 Die *Kosten* des Erbscheins trägt der Antragsteller (KostO § 2 Nr. 1); außerdem haftet der Vollstreckungsschuldner (das. § 3 Nr. 4). Sie sind keine Nachlaßverbindlichkeit. Zur „Kostentragungspflicht für einen zur Löschung einer Hypothek erforderlichen Erbschein" vgl. *Gregor* NJW **60** 1286. Beschwerdewert, wenn Grundstücke zum Nachlaß gehören, § 19 KO n. F. (s. *Palandt/Keidel* Überbl. vor § 2353 Anm. 5 a).

23 *Gebühr* für die Erteilung eines Erbscheins KostO § 107. Über die „Erteilung" des Erbscheins im kostenrechtlichen Sinne s. JFGErg **17** 117. Mitteilung des Erbscheins an das Finanzamt RAbgO § 189 a.

24 **VII. Der Vorbescheid**

Eine Ankündigung des Nachlaßgerichts an die Beteiligten, es beabsichtige, binnen bestimmter Frist einen Erbschein näher bezeichneten Inhalts zu erteilen, ist eine beschwerdefähige Verfügung; sie ist auch — anders als im Verfahren der vormundschaftsgerichtlichen Genehmigung (BayObLG DNotZ **58** 542 mit Anm. von *Baur*) — zulässig. Der Erlaß eines solchen Vorbescheids ist jedoch nur in Ausnahmefällen vertretbar (BGH **20** 255 = LM BGB § 2353 Nr. 2 mit ausführlicher Anmerkung von *Johannsen* = NJW **56** 987 = Rpfleger **56** 233 mit Anm. von *Haegele* = DNotZ **57** 545 mit Anm. von *v. Schack* = JZ **56** 452; aA KG NJW **55** 1072 Nr. 10 mit zust. Anm. von *Baur*, dagegen bereits *Firsching* NJW **55** 1540 mit weiteren Nachweisen; s. auch § 2359 Rdn. 8, insbesondere zur Beschwerde). Der Vorbescheid muß begründet werden (LG Mannheim NJW **72** 1429). Auf Beschwerde gegen den Vorbescheid kann das Beschwerdegericht das Amtsgericht nur anweisen, einen anders lautenden Erbschein zu erteilen, wenn dem Amtsgericht bereits ein derartiger Antrag vorliegt (OLG Hamm OLGZ **70** 117). Nach Erteilung des Erbscheins kann die Beschwerde gegen den Vorbescheid nur mit dem Ziele der Einziehung des Erbscheins weiterverfolgt werden (OLG Karlsruhe FamRZ **70** 255).

25 **VIII. Zugehörigkeit eines Hofes zum Nachlaß**

Vgl. insoweit wegen des früheren *Erbhofrechts* Anm. 7 der 9. Aufl. und im übrigen Rdn. 15 ff vor § 2353.

§ 2354

Wer die Erteilung des Erbscheins als gesetzlicher Erbe beantragt, hat anzugeben:

1. **die Zeit des Todes des Erblassers;**
2. **das Verhältnis, auf dem sein Erbrecht beruht;**
3. **ob und welche Personen vorhanden sind oder vorhanden waren, durch die er von der Erbfolge ausgeschlossen oder sein Erbteil gemindert werden würde;**
4. **ob und welche Verfügungen des Erblassers von Todes wegen vorhanden sind;**
5. **ob ein Rechtsstreit über sein Erbrecht anhängig ist.**

Ist eine Person weggefallen, durch die der Antragsteller von der Erbfolge ausgeschlossen oder sein Erbteil gemindert werden würde, so hat der Antragsteller anzugeben, in welcher Weise die Person weggefallen ist.

E I 2069 II 2219; M **5** 559, 560; P **5** 679; **6** 357.

Der Antrag bei gesetzlicher Erbfolge

1 **I. Allgemeines**

Gesetzliche Erbfolge vgl. §§ 1924 ff. Zur Erbscheinserteilung bei gewillkürter Erbfolge s. § 2355. Die nach § 2354 oder § 2355 erforderlichen Angaben brauchen nicht schon in dem Antrage auf Erteilung des Erbscheins enthalten zu sein; fehlen sie, so hat das Nachlaßgericht nach § 2358 zu veranlassen, daß sie nachgebracht werden (RG **95** 287), geeignetenfalls im Wege der Rechtshilfe (§ 2353 Rdn. 2). Der Erbscheinsantrag muß den Erblasser und das beanspruchte Erbrecht genau bezeichnen. Ist er mangelhaft, so darf er nicht sofort zurückgewiesen werden. Das Nachlaßgericht hat vielmehr eine Zwischenverfügung zu erlassen, um den Mangel zu beheben (KG DNotZ **55** 408). Ist der Erbe selbst der Antragsteller, so liegt die Annahme der Erbschaft regelmäßig schon im Antrage. Ein Antrag mit Vorbehalt der Ausschlagung ist unstatthaft. Andere Antragsberechtigte (§ 2353 Rdn. 7) haben die Annahme zu beweisen (§ 1943 Rdn. 1 ff; vgl. auch § 2357 Rdn. 6). Über die erforderlichen Angaben bei einem auf Entschädigungsansprüche beschränkten Erbschein KG OLGZ **66** 612 = Rpfleger **67** 412 mit Anm. von *Haegele*.

II. Vorgeschriebene Angaben 2

Zu Nr. 1: *Zeit des Todes* so genau, wie zur Beurteilung der Erbfolge erforderlich. Todeserklärung VerschG § 9, Vermutung gleichzeitigen Todes § 11 (bisher BGB §§ 18, 20). Vgl. wegen der Todesvermutung auch § 2356 Rdn. 1.

Zu Nr. 2: *Verwandtschaftsverhältnis* §§ 1924—1930, eheliches Verhältnis § 1931. 3
Fiskus § 1936. Zum Nachweis bei Namensänderungen infolge Heirat vgl. § 2356 Rdn. 5, insbesondere OLG Oldenburg DNotZ **56** 566 = NJW **57** 144. In Zweifelsfällen ist auch die *Staatsangehörigkeit* des Erblassers nachzuweisen (EG Art. 24 ff; s. BGH DNotZ **63** 315); gegebenenfalls ist sie von Amts wegen festzustellen (BayObLG **65** 380). Es sind auch Angaben über den Güterstand zu machen (vgl. *Tröster* Rpfleger **60** 39).

Zu Nr. 3: Wegen § 1930 haben die Verwandten der ersten und ferneren Ord- 4
nungen, wegen der §§ 1931, 1932 hat der Ehegatte darzulegen, daß ihnen vorgehende oder neben ihnen berechtigte Erben entweder *nie vorhanden* waren oder daß und wie (Abs. 2) solche Personen vor oder nach Eintritt der Erbfolge *weggefallen* sind (OLG Köln DNotZ **59** 213 = MDR **59** 585; OLG Celle JR **62** 101; über die zulässigen Beweismittel OLG Düsseldorf MDR **61** 242). Wegfallsgründe § 1935 Rdn. 2. Auch die Weggefallenen und deren Verwandtschaftsverhältnis sind näher zu bezeichnen. Der Erbscheinsantrag braucht jedoch nicht unter allen Umständen Angaben darüber zu enthalten, welche Verwandten zur Zeit des Erbfalls nicht oder nicht mehr vorhanden waren (LG Hamburg DNotZ **58** 98). Eine Versicherung, daß die Geburt eines Miterben nicht zu erwarten sei (§ 2043), braucht nicht verlangt zu werden. Entfernte Möglichkeiten (Vorhandensein etwaiger unehelicher Kinder einer verheirateten Frau) sind ohne besonderen Anlaß nicht in Betracht zu ziehen (KGJ **39** A 92). Jedoch ist bei der Angabe der Personen gemäß Nr. 3 die Erbfolge zwischen dem nichtehelichen Kind und seinem Vater zu beachten (*Schramm* BWNotZ **70** 10). Ein vorzeitiger Erbausgleich nach §§ 1934 d, 1934 e schließt eine Erbfolge nicht zwingend aus, wenn das nichteheliche Kind vom Vater adoptiert oder legitimiert war (*Jäger* FamRZ **71** 504, 508; ferner auch *Kumme* ZBlJR **74** 22, 24).

Zu Nr. 4: *Verfügungen von Todes wegen* (§ 1937) sind, soweit vorhanden, nicht 5
bloß anzugeben, sondern auch vorzulegen, obwohl das letztere in § 2356 nur für die Urkunden vorgeschrieben ist, auf denen das Erbrecht beruht. Das gilt auch für ein Testament, das noch vorhanden, aber nach § 2258 Abs. 1 infolge Widerspruchs mit dem späteren Testament aufgehoben worden ist (vgl. RG DR **42** 1140 Nr. 6, wo die Frage jedoch dahingestellt geblieben ist). Ohne Einsicht und Prüfung der vorhandenen Verfügungen, gleichviel welchen Inhalts, kann der Nachlaßrichter das gesetzliche Erbrecht nach der verneinenden Seite, daß ihm Verfügungen von Todes wegen nicht entgegenstehen,

nicht für festgestellt erachten (§ 2359). Noch vorhandene, aber gemäß §§ 2255, 2256 zweifellos widerrufene Urkunden stehen den nicht vorhandenen gleich. Ergibt eine vorhandene Verfügung den Ausschluß der gesetzlichen Erbfolge und wird deren Unwirksamkeit behauptet, so ist auch dies darzulegen (Abs. 2). Zur Frage, in welchem Umfange der Inhalt eines verlorenen Testaments feststehen muß, vgl. OLG Celle MDR **62** 410 = NdsRpfl. **62** 202.

6 **Zu Nr. 5:** Im Falle des *Rechtsstreits* Gehör des Gegners (§ 2360 Abs. 1). Anhängigkeit: ZPO §§ 263 Abs. 1, 281 (vgl. HRR **37** Nr. 637).

§ 2355

Wer die Erteilung des Erbscheins auf Grund einer Verfügung von Todes wegen beantragt, hat die Verfügung zu bezeichnen, auf der sein Erbrecht beruht, anzugeben, ob und welche sonstigen Verfügungen des Erblassers von Todes wegen vorhanden sind, und die im § 2354 Abs. 1 Nr. 1, 5, Abs. 2 vorgeschriebenen Angaben zu machen.

E I 2078 II 2220; M **5** 558, 573, 574; P **5** 671, 681, 691.

Der Antrag auf Grund einer Verfügung von Todes wegen

1 **I. Gewillkürte Erbfolge**

Die betreffende *Verfügung von Todes wegen* (§ 1937) ist zu bezeichnen und nach § 2356 vorzulegen. S. auch § 2360 Abs. 2, 3. Erst nach Eröffnung (§ 2260) kann der Schein erteilt werden.

2 Ob die **sonstigen Verfügungen** auf das Erbrecht des Antragstellers von Einfluß sind und welchen sonstigen Inhalt sie haben, ist gleichgültig.

3 **II. Vorgeschriebene Angaben**

§ 2354 Nr. 1: Zeit des Todes, Nr. 5: etwa anhängiger Rechtsstreit. Abs. 2: Darlegung, inwiefern dem Erbrecht des Antragstellers entgegenstehende oder es schmälernde Berufene weggefallen sind (der vor dem Ersatzerben zunächst Berufene, Miterben, Nacherben). Nr. 3 ist nicht mit angezogen. Der Antragsteller braucht deshalb nicht anzugeben, ob und welche Personen vorhanden sind oder waren, die z. B. als stillschweigend mitberufene Abkömmlinge eines Abkömmlings des Erblassers (§ 2069) möglicherweise sein Erbrecht schmälern könnten, sondern nur, daß und in welcher Weise die vorhandenen oder vorhanden gewesenen, vor oder neben ihm eingesetzten Personen weggefallen sind. Hält das Nachlaßgericht nach der ersten Richtung eine Feststellung für erforderlich, so hat es gemäß § 2358 von Amts wegen Ermittlungen anzustellen (KGJ **39** A 95). Die Angaben haben sich auch nicht auf die Personen der gesetzlichen Erben (abgesehen von §§ 2066 ff), Pflichtteilsberechtigten oder der übrigen Erben zu erstrecken, sofern kein gemeinschaftlicher Erbschein nach § 2357 verlangt wird.

4 Wird nach Eintritt der *Nacherbfolge* ein neuer Erbschein beantragt, so bedarf es nicht unter allen Umständen einer neuen förmlichen Erbausweiserklärung (KGJ **46** 146).

§ 2356

Der Antragsteller hat die Richtigkeit der in Gemäßheit des § 2354 Abs. 1 Nr. 1, 2, Abs. 2 gemachten Angaben durch öffentliche Urkunden nachzuweisen und im Falle des § 2355 die Urkunde vorzulegen, auf der sein Erbrecht beruht. Sind die Urkunden nicht

oder nur mit unverhältnismäßigen Schwierigkeiten zu beschaffen, so genügt die Angabe anderer Beweismittel.

Zum Nachweise, daß der Erblasser zur Zeit seines Todes im Güterstand der Zugewinngemeinschaft gelebt hat, und in Ansehung der übrigen nach den §§ 2354, 2355 erforderlichen Angaben hat der Antragsteller vor Gericht oder vor einem Notar an Eides Statt zu versichern, daß ihm nichts bekannt sei, was der Richtigkeit seiner Angaben entgegensteht. Das Nachlaßgericht kann die Versicherung erlassen, wenn es sie für nicht erforderlich erachtet.

Diese Vorschriften finden keine Anwendung, soweit die Tatsachen bei dem Nachlaßgericht offenkundig sind.

E I 2070, 2078 Abs. 3 II 2221; M **5** 560—562; P **5** 679, 682, 691.

Schrifttum:
Pehe, Über Urkunden in Erbscheinsverfahren, JR **55** 134.

Die Nachweispflicht des Antragstellers

Übersicht

Vorbemerkung

Das Gleichberechtigungsgesetz vom 18. 6. 1957 (BGBl. I 609) hat mit Wirkung vom 1. 7. 1958 im Hinblick auf die Neuregelung des Güterstandes der Zugewinngemeinschaft im 2. Absatz den ersten Halbsatz hinzugefügt.

Durch Art. 3 Nr. 1 des Gesetzes zur Änderung des RechtspflG, des BeurkundungsG und zur Umwandlung des Offenbarungseides in eine eidesstattliche Versicherung vom 27. 6. 1970 (BGBl. 911) — in Kraft ab 1. 1. 1970 — ist in § 56 Abs. 3 BeurkG ausdrücklich klargestellt worden, daß die Zuständigkeit des Nachlaßrichters für die Abnahme der Versicherung an Eides Statt neben dem Notar aufrechterhalten bleibt (vgl. dazu BT-Drucksache VI/874 S. 5; sowie Zimmermann Rpfleger **70** 194, 197; OLG Frankfurt Rpfleger **70** 206; auch OLG Celle MDR **70** 930).

I. Nachweis durch öffentliche Urkunden (Abs. 1 Satz 1 Halbs. 1) 1

Nachweis durch öffentliche Urkunden: ZPO § 415; auch *ausländische* öffentliche Urkunden: HRR **35** Nr. 1024. Für § 2354 Abs. 1 Nr. 1 (Zeit des Todes) Sterbeurkunde, *Todeserklärung* oder Todeszeitfeststellung (VerschG v. 15. 1. 1951 §§ 1 ff, wegen des Zeitpunkts §§ 9 Abs. 2, 3, 23, 44; vgl. auch Buch für Todeserklärungen beim Standesamt I in Berlin (West) PStG i. d. F. v. 8. 8. 1957 § 40). Die Todeserklärung begründet die Vermutung, daß der Verschollene in dem im Beschluß festgestellten Zeitpunkt gestorben ist (VerschG § 9 Abs. 1; entsprechend für die Todeszeitfeststellung VerschG § 44 Abs. 2). Die Vermutung kann jedoch im Erbscheinsverfahren durch jedes Beweismittel widerlegt werden (OLG Hamburg NJW **52** 147[15]; BayObLG **53** 120; *Czapski* NJW **52** 770; aM *Arnold* MDR **50** 331, 679; **51** 278; vgl. auch LG Paderborn MDR **55** 366 für den Fall, daß kein Berichtigungsverfahren nach VerschG § 33 a mehr möglich ist).

Für Nr. 2 (Verwandtschafts- usw. -verhältnis) *Geburtsurkunden; Heiratsurkunden,* wenn das Erbrecht auf dem ehelichen Verhältnis beruht; für die ältere Zeit (vor 1876) kirchliche Zeugnisse, Legitimationsurkunden u. dgl. Durch Geburtsurkunden ist auch das Vorhandensein der die Verwandtschaft mit dem Erblasser vermittelnden *Zwischenpersonen* nachzuweisen. Zum Nachweis der Abstammung eines vorehelich geborenen Abkömmlings im Erbscheinsverfahren, wenn die Geburtsurkunde nur unter Schwierigkeiten zu beschaffen ist, s. OLG Hamm JMBlNRW **64** 134 (vgl. Rdn. 7).

Nach Erteilung des Erbscheins können die überreichten *Urkunden zurückverlangt* werden. Es sind dann aber vollständige oder auszugsweise beglaubigte Abschriften zurückzubehalten, soweit dies nicht nach Lage des Falles entbehrlich ist (RJA **15** 283).

2 *Geburtsbescheinigungen mit begrenzter Gültigkeitsbestimmung* (z. B. „gültig nur zum Zwecke der Taufe") reichen zum urkundlichen Nachweis im Sinne von Satz 1 nicht aus (RJA **15** 290); sie können aber, z. B. wenn das Standesamt im abgetretenen Gebiete liegt und neue Urkunden von dort nur mit unverhältnismäßigen Schwierigkeiten (Rdn. 11) zu beschaffen sind, als „andere Beweismittel" im Sinne von Satz 2 in Betracht kommen. Gleiches gilt von der *Sterbenachricht des Zentral-Nachweise-Amtes* in Berlin über einen Kriegsteilnehmer (KGJ **49** 75).

3 Durch die dem Personenstandsgesetz von **1875** nach der VO v. 14. 2. 1924 (RGBl. I 116) eingefügten §§ 15 a—15 c waren als neue standesamtliche Urkunden die *kurzen Geburts-, Heirats- und Todesscheine* zugelassen. Sie bewiesen, daß die Geburt, die Eheschließung oder der Sterbefall im Register beurkundet war. Die gleiche Beweiskraft hatten nach § 15 a Abs. 2 Eintragungen in ein *Familienstammbuch*, wenn sie den für den Schein vorgesehenen Inhalt hatten und mit der Unterschrift und dem Siegel des Standesbeamten versehen waren. Hiernach kam den standesamtlichen Scheinen und Eintragungen in das Familienstammbuch hinsichtlich der in ihnen angeführten Personenstandstatsachen wenigstens eine mittelbare Beweiskraft zu. Demzufolge waren die *Todesscheine* regelmäßig geeignet, die Zeit des Todes des Erblassers (§ 2354 Nr. 1) oder solcher Personen, durch welche der Antragsteller von der Erbfolge ausgeschlossen oder sein Erbteil gemindert werden würde (§ 2354 Abs. 1 Nr. 3, Abs. 2), gemäß § 2356 Satz 1 nachzuweisen (KG JR **27** Nr. 137 a, womit ältere Entscheidungen desselben Gerichts, insbesondere KGJ **53** 86 überholt waren). Entsprechendes trifft für den Nachweis eines ehelichen Verhältnisses (§ 2354 Nr. 2) durch den *Heiratsschein* zu. Dagegen waren die *Geburtsscheine* zum Nachweis eines Abstammungsverhältnisses (§ 2354 Nr. 2) nicht verwertbar, da sie nach § 15 b aaO nur die Namen des Kindes sowie den Ort und Tag seiner Geburt enthielten (KG JR **27** Nr. 137 b). Ebensowenig waren früher die Eintragungen der Kinder in den vor dem 1. 7. 1938 ausgestellten *Familienstammbüchern* zum Nachweis eines Abstammungsverhältnisses verwertbar (KG JFG **15** 52; **20** 34 = DRW **39** 1391[13]; Erste AusfVO zum PStG 1937 v. 19. 5. 1938 § 107 Abs. 2; anders nach § 107 Abs. 1 aaO für die neuen Familienstammbücher). § 107 Abs. 2 aaO ist jedoch durch Art. II Nr. 12 der 4. AVO zum PStG v. 27. 9. 1944 (RGBl. I 219) geändert worden. Die Beweiskraft der Eintragungen in einem solchen Familienstammbuch erstreckte sich danach, wenn sie mit Unterschrift und Dienstsiegel des Standesbeamten versehen sind, im Sinne der §§ 60, 66 PStG 1937 auch auf solche näheren Angaben über die Heirat, die Geburt oder den Tod, die sich aus dem inneren und äußeren Zusammenhang des ordnungsgemäß geführten Familienstammbuchs ergeben. *Ahnenpässe* haben nicht die den Personenstandsurkunden zukommende Beweiskraft (s. aber Rdn. 10).

Das Personenstandsgesetz i. d. F. v. 8. 8. **1957** (BGBl. I 1125) regelt die Beweiskraft der Personenstandsbücher und -urkunden in Anlehnung an das PStG 1937 gleichfalls in den §§ 60—66. Nach PStG 1957 § 61 a stellt der Standesbeamte auf Grund seiner Personenstandsbücher folgende *Personenstandsurkunden* aus: 1. beglaubigte Abschriften, 2. Geburtsscheine, 3. Geburts-, Heirats- und Sterbeurkunden, 4. Auszüge aus dem Familienbuch. Die Personenstandsurkunden haben dieselbe Beweiskraft wie die Personenstandsbücher (§ 66). Die Vorschriften über Beweiskraft und Benutzung der Bücher in den §§ 60—66 PStG 1957 gelten nach § 61 der AusfVO v. 12. 8. 1957 (BGBl. I 1139) auch für die vom 1. Januar 1876 an geführten Standesregister und die im Lande Baden-Württemberg geführten Familienregister; für den seit dem 1. Juli 1938 geführten Zweiten Teil des Blattes im Familienbuch gelten die früheren Vorschriften. Über die Anlegung eines *Familienbuches* für *Vertriebene* vgl. Rdn. 11. Die Eintragung des Namens der Eltern eines Ehegatten im Familienbuch (§ 12 Abs. 2 Nr. 2 PStG) beweist die Abstammung des Ehegatten (KG MDR **71** 583 = FamRZ **71** 432).

Eine *Eheschließung* kann im Erbscheinsverfahren nicht durch die Sterbeurkunde **4**
des einen Ehegatten oder durch die Geburtsurkunde eines Kindes, sondern nur durch die *Heiratsurkunde* bewiesen werden (KG HRR **42** 718; KG FamRZ **71** 432).

Verheiratete Miterbinnen brauchen zur Erteilung eines Erbscheins im allgemei- **5**
nen keine Heiratsurkunden vorzulegen. Nach den §§ 2356 Abs. 1, 2354 Abs. 1 Nr. 2 müssen sie nur das Verhältnis, auf dem ihr Erbrecht beruht, durch öffentliche Urkunde nachweisen. Insoweit ist die bloße Namensänderung einer Erbin infolge Heirat belanglos. Das Nachlaßgericht kann daher auch der verheirateten Miterbin nicht androhen, es werde den Erbscheinsantrag abweisen, wenn die Heiratsurkunde nicht vorgelegt werde. Es muß notfalls zur Frage der Personengleichheit von Amts wegen ermitteln (§ 2258; KG JFG **21** 120; LG Braunschweig DRZ **48** 395; OLG Oldenburg DNotZ **56** 566 = NJW **57** 144; zustimmend *Ripfel* DRZ **49** 89 und *Boos* NJW **49** 335; aM *Boehmer* DRZ **48** 395; AG Delmenhorst NJW **56** 1443).

Zweifel, ob die standesamtlichen Urkunden und demgemäß auch schon die stan- **6**
desamtlichen Eintragungen richtig sind, braucht der Nachlaßrichter nicht selbst aufzuklären. Wenn die Erteilung des Erbscheins hiervon abhängig ist, kann er die Beteiligten auf das Berichtigungsverfahren (PStG 1957 §§ 46 ff) verweisen. Es verletzt die staatliche Zuständigkeitsabgrenzung, wenn man (mit OLG Hamm JMBlNRW **53** 18) dem Nachlaßrichter eine Aufklärungspflicht auferlegt. Das Nachlaßgericht sollte sich — auch bei offenbarer Unrichtigkeit — nicht über den Inhalt standesamtlicher Urkunden hinwegsetzen, sondern ihre Berichtigung abwarten (für weitergehende Bindung *Arnold* MDR **50** 331 = DRspr. I [174] 20 d).

Beruht das Erbrecht auf *ehelicher Abstammung*, so braucht außer der *Geburtsur-* **7**
kunde nicht noch die Heiratsurkunde der Eltern vorgelegt zu werden, da das Geburtenbuch (ebenso wie das Geburtsregister nach aPStG § 22 Nr. 5, KGJ **36** A 97) auch zur Beurkundung der (ehelichen oder nichtehelichen) Abstammung bestimmt ist (nPStG §§ 21 Nr. 1, 62 Nr. 3, 60; *Brandis/Maßfeller* PStG 532; aM *Emig* PStG 151). Zum Nachweise der Abstammung eines vorehelich geborenen Kindes OLG Hamm JMBlNRW **64** 134. Über öffentliche Urkunden zum Nachweise der nichtehelichen Verwandtschaft zwischen Vater und Kind vgl. *Palandt/Keidel* Anm. 1 a; sowie *Schramm* BWNotZ **70** 9; auch *Bosch* FamRZ **72** 179.

Hängt das in Anspruch genommene Erbrecht davon ab, daß *Zwischenpersonen* **8**
wieder *weggefallen* sind (§ 2354 Abs. 2), so ist je nachdem der Wegfall durch Sterbeurkunden (oder Todesscheine), Todeserklärungen, durch Vorlegung der sie ausschließenden Verfügung von Todes wegen (§ 1938), der Erbverzichtsurkunde (§ 2346), der Ausschlagungserklärung (§ 1945), des rechtskräftigen die Erbunwürdigkeit aussprechenden Urteils (§ 2342) oder des Scheidungs- oder Aufhebungsurteils darzutun. Wie die durch die Todeserklärung begründete Todesvermutung des § 9 VerschG (RJA **13** 97), so gilt auch die Lebensvermutung des § 10 für das Erbscheinsverfahren (RJA **13** 211; KG DNotZ **57** 156). Todeserklärung ist entbehrlich, wenn das Gericht aus anderen Um-

ständen die Überzeugung vom Wegfall eines Verschollenen gewinnt (RJA **9** 84; vgl. VerschG § 1 Abs. 2, §§ 39 ff). Soweit sich die betreffenden Urkunden schon in der Hand des Nachlaßgerichts, sei es auch einer anderen Geschäftsabteilung desselben Gerichts befinden, genügt es, hierauf zu verweisen (OLG **44** 106: Bezugnahme auf das bei demselben Gericht aufbewahrte standesamtliche Nebenregister, wenn die in Betracht kommenden Daten so genau angegeben werden, daß die Urkunden ohne weiteres zu ermitteln sind). Es kann aber auch eine Bezugnahme auf andere Akten, insbesondere auf Erbscheinsakten anderer Gerichte zugelassen werden (OLG Köln DNotZ **59** 213 = MDR **59** 585).

9 **II. Vorlage der Verfügung von Todes wegen (Abs. 1 Satz 1 Halbs. 2)**

Die die Erbeinsetzung enthaltende Verfügung von Todes wegen muß sich nach §§ 2259—2261 ohnedies schon in der Verwahrung des Nachlaßgerichts befinden. Ob und inwieweit der Erbscheinsrichter den Nachweis der Echtheit des *eigenhändigen Testaments* erfordern will, steht nach § 2359 in seinem pflichtmäßigen Ermessen, s. jedoch §§ 2360 Abs. 2, 2368 Abs. 2. Der Antragsteller muß auch ein Testament vorlegen, das noch vorhanden, aber nach § 2258 Abs. 1 infolge Widerspruchs mit dem späteren Testament aufgehoben worden ist (vgl. § 2254 Rdn. 5).

10 **III. Angabe anderer Beweismittel (Abs. 1 Satz 2)**

Im Gebrauche anderer Beweismittel (Zeugen; Sachverständige, z. B. Genealogen; Privaturkunden, z. B. Familienstammbäume, Ahnenpässe) sind dem Gericht *keine Schranken* gezogen (vgl. *Palandt/Keidel* Anm. 3; *Erman/Bartholomeyczik* Rdn. 4). Auch der Inhalt wirksam gebliebener, aber verlorengegangener Verfügungen von Todes wegen (Rdn. 13) kann auf diesem Wege festgestellt werden (§ 2255 Rdn. 13; RJA **11** 181; vgl. auch § 2231 Rdn. 6 a. E.).

11 Unter *unverhältnismäßigen Schwierigkeiten* sind solche jeglicher Art zu verstehen, deren Überwindung dem Antragsteller nicht zugemutet werden kann. Dies kann auch dann angenommen werden, wenn die *Kosten,* um eine Urkunde, insbesondere aus dem Ausland, zu beschaffen, gegenüber den unter gewöhnlichen Umständen aufzuwendenden Kosten unverhältnismäßig hoch sind und einen erheblichen Teil des Nachlasses oder des in Betracht kommenden Erbteils verzehren würden (JFG **1** 178). Das Nachlaßgericht mißbraucht die Vorschrift des § 2356 Abs. 1 Satz 2 nicht, wenn es bei *verschollenen Personen,* deren Namen und Geburtsdaten bekannt sind, im Erbscheinsverfahren verlangt, daß ein Todeserklärungsbeschluß vorgelegt werde. Bei dem gleichen Tatbestand kann es auch ablehnen, ein Erbenaufgebot nach § 2358 Abs. 2 zu erlassen (OLG Hamburg NJW **53** 627 mit abl. Anm. von *Mannheimer* = DNotZ **53** 331). Es erscheint bedenklich, eidesstattliche Versicherungen Dritter zuzulassen, die nicht als Zeugen vernommen werden können (so OLG Düsseldorf MDR **61** 242; dagegen *Erman/Bartholomeyczik* Rdn. 4).

Vertriebene, die nicht die erforderlichen standesamtlichen Urkunden vorlegen können, müssen in der Regel gemäß PStG 1957 § 15 a ein *Familienbuch* anlegen lassen, um ihre Erbberechtigung nach § 2356 nachzuweisen (vgl. LG Lübeck SchlHA **71** 94). Seit der Novelle 1957 zum PStG, deren Zweck es ist, Vertriebene wieder mit ordnungsmäßigen Personenstandsunterlagen auszustatten, besteht kein Anlaß mehr, insoweit eidesstattliche Versicherungen als Ersatz für Personenstandsurkunden zuzulassen. Die Anlegung eines Familienbuches ist nicht unverhältnismäßig schwierig im Sinne von § 2356 Abs. 1 Satz 2 (OLG Bremen 23. 6. 1960 I W 117/60 = JR **60** 422). Vgl. im übrigen zum PStG 1957 oben Rdn. 3 Abs. 2.

IV. Eidesstattliche Versicherung (Abs. 2) 12

Die eidesstattliche Versicherung ist zum Nachweise, daß der Erblasser zur Zeit des Todes im Güterstand der Zugewinngemeinschaft gelebt hat, und für die übrigen nach den §§ 2354, 2355 erforderlichen Angaben vorgesehen. Die neue Fassung beruht auf dem Gleichberechtigungsgesetz vom 18.6. 1957 (BGBl. I 609), die seit 1.7. 1958 gilt. Dieser Nachweis ist wegen des erhöhten gesetzlichen Erbteils des überlebenden Ehegatten nach § 1371 Abs. 1 notwendig. Er erübrigt sich, wenn es sich *nicht* um die *gesetzliche* Erbfolge handelt; dann gilt § 2358 (vgl. KG FamRZ **61** 447). Das Nachlaßgericht darf deshalb den Erbschein nicht schon allein auf Grund der Angaben des Antragstellers erteilen, auch wenn er sie sämtlich eidesstattlich versichert und sie uneingeschränkt glaubhaft erscheinen (KGJ **36** A 115; vgl. auch BGH **8** 188 zu den §§ 22, 23 Wertpapierbereinigungsgesetz). Die eidesstattliche Versicherung betrifft zumeist die Negative (Nichtvorhandensein gleich oder besser berechtigter Erben, entgegenstehender Verfügungen von Todes wegen, Nichtanhängigsein eines Rechtsstreites), legt dem zu ihr Verpflichteten nicht, wie ZPO § 459 (in der bis zum 31. 12. 1933 gültig gewesenen Fassung), eine besondere Prüfungs- und Erkundigungspflicht auf (RGSt **39** 226; vgl. auch München DNotZ **37** 702), kann aber nach Lage des Falles auch auf bestimmte einzelne Tatsachen abgestellt werden. Es genügt die Bezugnahme auf ein Schriftstück, in dem die Angaben der §§ 2354, 2355 enthalten sind (§§ 38, 9 Abs. 1 BeurkG). Es genügt auch die Vorlage einer beglaubigten Abschrift der Erbscheinsverhandlung, in der die eidesstattliche Versicherung enthalten ist (LG Berlin DNotZ **68** 51).

Die eidesstattliche Versicherung ist vom *Antragsteller*, auch wenn er mit dem 13 Erben nicht identisch ist (§ 2353 Rdn. 7), insbesondere auch vom Gläubiger des Erben oder vom gesetzlichen Vertreter des Antragstellers abzugeben, kann dagegen nicht von einem Bevollmächtigten oder gar von einem Unterbevollmächtigten abgegeben werden (RJA **13** 199; DNotZ **37** 702; KG JR **53** 307); unter Umständen kann aber die Erklärung eines solchen dem Nachlaßgericht Anlaß geben, dem Erben die Versicherung zu erlassen (RJA **17** 68). Statt des gesetzlichen Vertreters kann der Erbe selbst, wenn er eidesmündig ist (ZPO § 344 Abs. 2), zur eidesstattlichen Versicherung zugelassen werden (hM).

Trotz der Generalklausel des § 56 Abs. 4 BeurkG ist die *bisherige Zuständigkeit* des *Gerichts* in § 2356 zur Abnahme der eidesstattlichen Versicherung *nicht beseitigt* (vgl. Vorbemerkung). Die eidesstattliche Versicherung kann vor jedem Amtsgericht abgegeben werden (*Winkler* Rpfleger **71** 346; auch Rechtshilferichter OLG Celle MDR **70** 930; SchlHOLG SchlHA **71** 17; nur Zuständigkeit des Nachlaßgerichts, *Weber* DRiZ **70** 47; *Erman/Bartholomeyczik* Rdn. 5).

Die örtliche Zuständigkeit von *Gericht oder Notar* — zwischen denen auch im 14 Falle des Art. 141 EG dem Antragsteller die Wahl bleibt — und die Form der Beurkundung bestimmen sich nach Landesrecht, da es sich hierbei nicht um die Beurkundung von Rechtsgeschäften nach FGG § 167 ff handelt (ZBlFG **20** 337; JFG **15** 143). Auch nach Inkrafttreten des Beurkundungsgesetzes mit Wirkung v. 1. 1. 1970 ist das Nachlaßgericht im Erbscheinsverfahren zur Abnahme der in § 2356 Abs. 2 S. 1 vorgesehenen eidesstattlichen Versicherung und zur Aufnahme einer Niederschrift hierüber zuständig. Es kann ein anderes Gericht hierum ersuchen (OLG Celle MDR **70** 930; OLG Frankfurt NJW **70** 1050 = Rpfleger **70** 206; OLG Schleswig SchlHA **71** 17). Die Amtsgerichte sind insoweit zur Rechtshilfe verpflichtet. Über die Frage, ob die eidesstattliche Versicherung auch vor einem deutschen Konsul abgegeben werden kann, s. *Féaux de la Croix* DJ **37** 112. Darüber, daß die eidesstattliche Versicherung auch von einem notary public in den USA beurkundet werden kann, vgl. LG Mainz NJW **58** 1496.

15 **Zu Abs. 2 Satz 2: Erlaß der Versicherung** nach Ermessen des Nachlaßrichters (vgl. DRW **39** 1951[7]); deshalb auch kein Beschwerderecht aus FGG § 20 gegen die Abforderung (aM JFG **12** 207 sowie *Erman/Bartholomeyczik* Rdn. 6), sofern nicht das Gericht seine Befugnis übersehen hat, die eidesstattliche Versicherung gegebenenfalls zu erlassen (OLG Köln DNotZ **59** 213 = MDR **59** 585). Ist eine Versicherung an Eides Statt zum Teil unrichtig, so kann das Nachlaßgericht die Abgabe einer neuen Versicherung grundsätzlich nicht verlangen, wenn keine berechtigten Bedenken in einem für die Entscheidung wesentlichen Punkt ausgeräumt werden sollen (OLG Köln aaO). Wird nach Wegfall der Testamentsvollstreckung die Erteilung eines der veränderten Sachlage entsprechenden Erbscheins beantragt, so bedarf es nur unter besonderen Umständen einer erneuten eidesstattlichen Versicherung, auch wenn der Antragsteller ein anderer ist als bei dem früher erteilten Erbschein (KG OLGZ **67** 247).

Vgl. auch § 2357 Abs. 4.

16 **V. Offenkundige Tatsachen (Abs. 3)**

Offenkundigkeit (ZPO § 291): Offenkundig sind solche Tatsachen, die nach allgemeinen Erfahrungssätzen feststehen (Ableben überalter Personen), oder dem Nachlaßgericht sonst amtlich bekannt sind (BayObLG **14** 55). Mehr als die auf Grund zugelassener Beweismittel oder der Offenkundigkeit gebildete *Überzeugung des Gerichts* von der Richtigkeit der erheblichen Tatsachen ist nicht erforderlich (JW **30** 270[1]): Verschiedenheit der Schreibweise eines Namens). Die Tatsache, daß die erste Ehefrau vor der Wiederverheiratung des Erblassers weggefallen ist, will KG JW **35** 1885[88] nicht als offenkundig gelten lassen.

17 **VI. Besonderheiten des Landwirtschafts- und des Wiedergutmachungsrechts**

Vgl. vor § 2353 Rdn. 14—21 zum Landwirtschaftsrecht, Rdn. 22 zum Rückerstattungsrecht und Rdn. 23 zum Entschädigungsrecht.

§ 2357

Sind mehrere Erben vorhanden, so ist auf Antrag ein gemeinschaftlicher Erbschein zu erteilen. Der Antrag kann von jedem der Erben gestellt werden.

In dem Antrage sind die Erben und ihre Erbteile anzugeben.

Wird der Antrag nicht von allen Erben gestellt, so hat er die Angabe zu enthalten, daß die übrigen Erben die Erbschaft angenommen haben. Die Vorschriften des § 2356 gelten auch für die sich auf die übrigen Erben beziehenden Angaben des Antragstellers.

Die Versicherung an Eides Statt ist von allen Erben abzugeben, sofern nicht das Nachlaßgericht die Versicherung eines oder einiger von ihnen für ausreichend erachtet.

E II 2222; P **5** 678, 679.

Der gemeinschaftliche Erbschein

Übersicht

1 **I. Voraussetzungen (Abs. 1)**

Wird der gemeinschaftliche Erbschein von sämtlichen Miterben, zu denen aber der Nacherbe neben dem Vorerben nicht gehört, oder für sie von einem nach § 2353 Rdn. 7 f Antragsberechtigten beantragt, so gelten bezüglich aller Erben die Bestimmungen der

§§ 2354—2356 mit den Besonderheiten der Abs. 2 bis 4. Der *einzelne Miterbe* hat die Wahl, sich den Erbschein nur für seine Person und nur über seinen Erbteil (§ 2353 Rdn. 17 ff; *Teilerbschein*) oder als *gemeinschaftlichen* über den ganzen Nachlaß erteilen zu lassen; er muß aber in diesem Falle auch die sonst den Miterben obliegenden Angaben und Beweise erbringen (Rdn. 8).

Zulässig ist auch die Erteilung eines *gemeinschaftlichen Teilerbscheins* über die Erbteile eines Teiles der Erben, und zwar auch auf Antrag eines einzelnen Miterben (so KG JFG **13** 40 und DFG **40** 26 = HRR **40** Nr. 413 unter Aufgabe seiner früheren Rechtsprechung RJA **11** 14 und KGJ **41** 90; ebenso München JFG **15** 353; aM die 8. Auflage). **2**

Ein Erbschein nach *mehreren Erblassern* ist nur in der Weise möglich, daß mehrere Einzelzeugnisse über verschiedene Erbfälle in einer Urkunde zusammengefaßt werden (KGJ **44** 99; vgl. aber über die Möglichkeit, in einer Bescheinigung nach GBO § 36 mehrere Erbfälle zu bezeugen, HRR **38** Nr. 1185). **3**

Zum Erbschein über *hoffreies Vermögen* im Gebiet des Höferechts vgl. Rdn. 19 vor § 2353. **4**

II. Inhalt des Antrags (Abs. 2) **5**

Angabe der Erben und ihrer Erbteile: Kennt der Antragsteller nicht alle *Erben*, so kann mit einer öffentlichen Aufforderung nach § 2358 Abs. 2 geholfen werden. Die Angabe der *Erbteile* erfordert die bestimmte Bezeichnung der in Anspruch genommenen Bruchteile (RJA **9** 6) ohne Rücksicht auf etwaige Ausgleichsposten. Soweit sie auch nur bei einem Miterben nicht bestimmbar sind (so im Falle des § 2043 der Kinder neben der Witwe), ist die Erteilung des *gemeinschaftlichen Erbscheins* über „ihre Erbteile" ausgeschlossen; vgl. aber § 2353 Rdn. 17 ff. Stirbt der Vater eines nichtehelichen Kindes vor Feststellung der Vaterschaft ohne Hinterlassung einer Ehefrau und ehelicher Abkömmlinge sowie auch ohne Testament, so kann das Nachlaßgericht für die sonstigen gesetzlichen Erben Erbscheine bis zur Feststellung der Vaterschaft *nicht* erteilen (*Knur* Betrieb **70** 1061).

III. Antrag einzelner Erben (Abs. 3) **6**

Die **Annahme der Erbschaft** (§ 1943 Rdn. 1 ff) wird vom Antragsteller schon durch den Antrag erklärt. Bezüglich der übrigen Erben hat er sie darzulegen und nach § 2356 nachzuweisen. Fehlt eine ausdrückliche Annahmeerklärung, so ist der Fristbeginn, d. h. der Zeitpunkt der erlangten Kenntnis von dem Anfalle und dem Grunde der Berufung (§ 1944 Rdn. 2 ff), und der Ablauf der Ausschlagungsfrist für jeden der beteiligten Erben nachzuweisen (*Firsching* DNotZ **60** 569). Alle Nachweise sind grundsätzlich durch öffentliche Urkunden und Versicherung an Eides Statt zu führen (§ 2356). Die Nachweispflicht obliegt auch dem Antragsteller, der nicht selbst Erbe ist (z. B. dem Testamentsvollstrecker, Gläubiger). Über Schwierigkeiten, wenn es sich um Erben unbekannten Aufenthalts handelt, vgl. OLG **21** 349 sowie LG Aachen JR **51** 733.

Ist ein Miterbe *verschollen*, so kann ein gemeinschaftlicher Erbschein nur ausgestellt werden, wenn feststeht, daß der Verschollene zur Zeit des Erbfalles gelebt hat oder wenn für diesen Zeitpunkt eine Lebensvermutung (VerschG § 10) bestand (LG Münster MDR **47** 199; OLG Oldenburg NdsRpfl. **52** 53). **7**

IV. Eidesstattliche Versicherung (Abs. 4) **8**

Die eidesstattliche Versicherung ist grundsätzlich von allen Erben abzugeben, auch wenn nur einer von ihnen den gemeinschaftlichen Erbschein beantragt. Die Verpflichtung der übrigen, hierdurch zur Erteilung des Erbscheins „mitzuwirken", ergibt sich aus § 2038 (aM *Strohal* II § 67 Anm. 24). Sie können, soweit sie nicht Gründe zur Verweigerung der Versicherung beibringen, im Klagewege dazu angehalten werden, wenn auch die Versicherung selbst nicht erzwungen werden kann. Ob und inwieweit sich der Nachlaßrichter an der Versicherung eines oder mehrerer Erben genügen lassen oder ob er sie ganz erlassen will, steht in seinem pflichtmäßigen Ermessen (§§ 2356 Rdn. 15, 2359; vgl. LG Koblenz Rpfleger **70** 171).

§ 2358

Das Nachlaßgericht hat unter Benutzung der von dem Antragsteller angegebenen Beweismittel von Amts wegen die zur Feststellung der Tatsachen erforderlichen Ermittelungen zu veranstalten und die geeignet erscheinenden Beweise aufzunehmen.

Das Nachlaßgericht kann eine öffentliche Aufforderung zur Anmeldung der anderen Personen zustehenden Erbrechte erlassen; die Art der Bekanntmachung und die Dauer der Anmeldungsfrist bestimmen sich nach den für das Aufgebotsverfahren geltenden Vorschriften.

E I 2071 Abs. 1 Satz 2, 2072, 2078 Abs. 3 II 2223; M **5** 562, 563, 574; P **5** 679—683.

Tätigkeit des Nachlaßgerichts

Übersicht

1 **I. Ermittlung von Amts wegen (Abs. 1)**

Offizialtätigkeit des Nachlaßgerichts gemäß FGG §§ 12, 15 (RG **95** 287; **99** 87 Abs. 2). Es ist nicht auf die angebotenen Beweismittel beschränkt (KG DJ **36** 1696; BayObLG **51** 690; OLG Frankfurt NJW **53** 507). Im Erbscheinsverfahren gibt es — wie allgemein im Gebiet der freiwilligen Gerichtsbarkeit, von besonderen im Gesetz begründeten Ausnahmen abgesehen — keine Beweislast (OLG Hamm DNotZ **50** 43; Neustadt FamRZ **61** 541 mit Anm. von *Lutter* S. 543; LG Hildesheim MDR **62** 56). Die Ermittlungen haben sich nicht nur auf das Vorhandensein, sondern gegebenenfalls auch auf die Echtheit, den Sinn und die Wirksamkeit getroffener Verfügungen von Todes wegen, ferner auf die Rechtzeitigkeit der Ausschlagung (JW **37** 44[28]), die Gebundenheit durch Erb- oder Ehevertrag (RJA **12** 17) oder gemeinschaftliches Testament (JFG **14** 288 = DJ **36** 1696 mit Anm. von *Vogels*), die Begründetheit einer Testamentsanfechtung (JFG **13** 280), das etwaige Vorhandensein näherer Verwandter des Erblassers (DNotZ **37** 702), die Staatsangehörigkeit des Erblassers (KG JR **51** 762), etwaige Namensänderungen wegen Heirat (OLG Oldenburg DNotZ **56** 566 = NJW **57** 144; vgl. auch § 2356 Rdn. 5), bei Ehegatten auf den Güterstand (LG Hildesheim MDR **62** 56), gegebenenfalls auch auf die Testierfähigkeit (OLG Hamm JMBlNRW **64** 196; MDR **67** 496) usw. zu erstrecken. Hierbei sind alle Erkenntnismöglichkeiten auszuschöpfen (BayObLG **48/51** 598). Ersatzberechtigte braucht das Nachlaßgericht nicht zu ermitteln (*Schramm* BWNotZ **70** 17). Über den Umfang der Ermittlungen zur Frage der Testierfähigkeit des Erblassers s. OLG Hamm JMBlNRW **64** 196.

2 Ob ein *Testament vernichtet* worden ist, braucht im Erbscheinsverfahren nicht vom Antragsteller bewiesen zu werden. Der durch Testament zum Erben Eingesetzte, der durch Vernichtung oder Unterdrückung eines weiteren Testaments die Aufklärung über dessen Inhalt erschwert oder unmöglich macht, muß die Zweifel, die bei der Feststellung des Testamentsinhalts nicht ausgeräumt werden können, gegen sich gelten las-

sen (KG OLGZ **67** 74, 79). Im Erbscheinsverfahren, das dem Gebiet der freiwilligen Gerichtsbarkeit angehört, gibt es — abgesehen von besonderen im Gesetz begründeten Ausnahmen — *keine Beweislast.* Der Antragsteller ist zwar für die in § 2354 Abs. 1 Nr. 1 und 2 sowie Abs. 2 angeführten Tatsachen beweispflichtig. Im übrigen hat jedoch das Nachlaßgericht den Sachverhalt nach § 2358 in Verbindung mit FGG § 12 von Amts wegen zu ermitteln (OLG Hamm DNotZ **50** 43). Zur Frage einer Feststellungslast („materieller Beweislast") *Palandt/Keidel* Anm. 1; OLG Hamm OLGZ **67** 74 und OLG Stuttgart Die Justiz **67** 150.

Nach BayObLG (RJA **17** 72) hat das Nachlaßgericht die erforderlichen Ermittlungen auch dann selbst anzustellen, wenn ein Rechtsstreit über das Erbrecht anhängig ist, während das Kammergericht (RJA **9** 75; OLG **34** 318; **40** 155) das Nachlaßgericht für befugt erachtet, das Erbscheinsverfahren bis zur Entscheidung eines schon anhängigen Erbrechtsstreits *auszusetzen* (so nunmehr auch BayObLGZ **69** 184 für das Beschwerdeverfahren). Die zweite Auffassung verdient auf Grund der Entstehungsgeschichte des § 2360 und aus Zweckmäßigkeitsgründen den Vorzug. Keinesfalls darf der Antragsteller zur Entscheidung streitiger Tat- oder Rechtsfragen auf den Weg eines erst anhängig zu machenden Rechtsstreits verwiesen werden (KGJ **35** A 110; OLG **46** 245). Zur Bedeutung eines vorliegenden rechtskräftigen Urteils § 2359 Rdn. 3. **3**

Anerkennung des Erbrechts durch die Beteiligten enthebt das Gericht nicht der Pflicht zu eigener Prüfung (KGJ **34** A 112). Erklärungen der Miterben im Erbscheinsverfahren geben dem Nachlaßrichter nur einen Anhalt für die Ermittlung der Wahrheit, die ihm von Amts wegen obliegt. Vertreten die Miterben eine Ansicht, die das Testament antastet, auf das der Erbscheinsantrag sich stützt, so liegt darin allein noch keine *Anfechtung* des Testaments (RG DR **41** 263[4]). **4**

Gehör der Beteiligten § 2360. Parteistellung im Sinne der ZPO haben sie nicht; trotz der Bezugnahme des § 15 FGG auf die Vorschriften der ZPO über den Zeugenbeweis sind deshalb die §§ 357, 397 ZPO auf Beweiserhebungen im Erbscheinsverfahren nicht anwendbar; es liegt im pflichtmäßigen Ermessen des Nachlaßgerichts, ob und inwieweit es Beteiligte zu Beweiserhebungen zuziehen oder sie vom Ergebnis der Erhebungen verständigen will (BayObLG **32** 383; BayObLG **48/51** 417; aA OLG Potsdam NJ **47** 161 und *Fenner* NJ **47** 162). Als Zeugen können der Antragssteller oder die am Verfahren materiell Beteiligten nicht vernommen werden (OLG Hamm Rpfleger **56** 243; JMBlNRW **63** 120). *Die eidliche Vernehmung* des Antragstellers und der sonstigen Beteiligten ist auch im Bereich der freiwilligen Gerichtsbarkeit zulässig (*Kühn* SJZ **49** Sp. 581; aA *Jansen* FGG § 15 Rdn. 78). Das gilt insbesondere, wenn keine anderen Beweismittel vorhanden sind und eine gewisse Wahrscheinlichkeit für die zu erweisende Tatsache besteht (BayObLG **52** 102; **53** 5; *Palandt/Keidel* Anm. 1; *Keidel* JZ **54** 564; *Barnstedt* DNotZ **58** 470; *Schlegelberger* FGG 7. Aufl. § 15 Anm. 27; *Keidel* FGG 7. Aufl. § 15 Anm. 10 a; aM BGHSt **5** 111 für das Verfahren vor den Niedersächsischen Sonderhilfsausschüssen nach dem Nds. Personenschadengesetz v. 22. 9. 1948; ferner BGHSt **10** 272 für das Verfahren zur Hausratsverteilung nach der Ehescheidung; dem BGH (eidliche Vernehmung ausgeschlossen) folgen *Jansen* aaO; OLG Hamm JMBlNRW **63** 120; OLG Düsseldorf WM **63** 678; *Vogel* JR **49** 432). Gegen die Vornahme von Ermittlungen gibt es keine Beschwerde aus FGG § 19. **5**

II. Öffentliche Aufforderung (Abs. 2) **6**

Öffentliche Aufforderung entsprechend den Aufgebotsvorschriften, ZPO §§ 948 bis 950, wenngleich ohne Androhung von Rechtsnachteilen, nach dem Ermessen des Gerichts, so insbesondere wenn das Vorhandensein besser berechtigter Erben (Kinder aus einer bestimmten Ehe) wahrscheinlich ist (vgl. KG Rpfleger **70** 339). Die Verschweigung der Erbrechte im Aufforderungsverfahren hat zwar nicht ihren Verlust, wohl aber zur Folge, daß sie bei der Ausstellung des Erbscheins — vorbehaltlich einer etwaigen späteren Feststellung — nicht berücksichtigt werden (Mot. **5** 563; RJA **9** 84; DRW **40** 198[10] = JFG **20** 387, DNotZ **51** 525; SchlHOLG SchlHA **65** 279; aM *Planck/Greiff* Anm. 8; *Matthießen* ZBlFG **6** 389). Ist ein Besserberechtigter verschollen und nach Angabe des Antragstellers gestorben, so kann das Nachlaßgericht verlangen, daß eine Todeserklärung beigebracht wird, falls ihre Beschaffung nicht unverhältnismäßig schwierig ist (§ 2356 Rdn. 8, 11); es ist in solchem Falle nicht verpflichtet, statt der Auflage eine öffentliche Aufforderung zu erlassen (RJA **13** 97; vgl. auch OLG Hamburg NJW **53** 627[13] mit abl. Anm. von *Mannheimer*). Die Anmeldung seitens eines Abwesenheitspflegers reicht zur Erhaltung des Erbrechts nicht aus (SchlHOLG SchlHA **65** 279, 280).

§ 2359

Der Erbschein ist nur zu erteilen, wenn das Nachlaßgericht die zur Begründung des Antrags erforderlichen Tatsachen für festgestellt erachtet.

E I 2071 Abs. 1 Satz 2, 2078 Abs. 3 II 2224; M **5** 562, 574; P **5** 679, 682, 691.

Erteilung des Erbscheins

Übersicht

1 **I. Nicht zu prüfende Umstände**

Das Nachlaßgericht hat, abgesehen von den Fällen der §§ 792, 896 ZPO (§ 2353 Rdn. 7), nicht zu prüfen, aus welchem Grunde und zu welchem Zwecke die Erteilung eines Erbscheins beantragt wird, sondern es hat gemäß §§ 2353, 2359 den Erbschein zu erteilen, wenn die Voraussetzungen der §§ 2354—2357 erfüllt sind und es die zur Begründung des Antrages erforderlichen Tatsachen für festgestellt erachtet; es darf deshalb dem Erben die Erteilung auch nicht mit der Begründung verweigern, daß er keines Erbscheins bedürfe (JFG **3** 146).

2 **II. Feststellung des Erbrechts**

1. Tätigkeit des Nachlaßgerichts

Das Gericht entscheidet nach Abschluß der Ermittlungen (§ 2358) nach freier Überzeugung (ZPO § 286), welche Tatsachen es für festgestellt erachtet. Beweisregeln insbesondere auch wegen des Urkundenbeweises (ZPO §§ 415 ff) bestehen nicht. Eine Begründung ist nicht vorgeschrieben. Aus den festgestellten oder offenkundigen Tatsachen hat das Nachlaßgericht selbständig im bejahenden oder verneinenden Sinne bestimmte Schlußfolgerungen zu dem mit dem Antrage geltend gemachten Erbrecht zu ziehen. Der Erbschein ist entweder so, wie er beantragt ist, zu erteilen, oder zu verweigern. Er darf nicht mit einem anderen Inhalt erteilt werden, als beantragt worden ist (RG **156** 180; KGJ **42** 128; BayObLG **19** A 207; KG HRR **33** Nr. 1492; JFG **14** 78).

2. Selbständigkeit des Nachlaßgerichts 3

Die *Selbständigkeit*, mit der das Nachlaßgericht im allgemeinen über die Begründetheit des Antrags befindet, gilt auch *gegenüber* einem *Vergleich*, den mehrere Erbansprecher über die Erbfolge geschlossen haben (JFG **6** 165; BayObLG **29** 209, 211; **66** 236), oder einer sonstigen Vereinbarung der Beteiligten (HRR **32** Nr. 16), *grundsätzlich auch gegenüber* einem im Erbrechtsstreit ergangenen *rechtskräftigen Urteil*. Ist durch das Urteil das Erbrecht des Antragstellers festgestellt worden, so ist das Nachlaßgericht, wenn nach seiner Auffassung von der Sach- und Rechtslage der unterlegene Prozeßgegner oder ein Dritter der wahre Erbe ist, nicht gezwungen, den Antragsteller mit der Wirkung der §§ 2365—2367, welche über die Rechtskraft unter den Prozeßparteien hinausreicht, als Erben auszuweisen. Anderseits darf das Nachlaßgericht, falls durch das rechtskräftige Urteil das Erbrecht eines andern gegen den Antragsteller festgestellt ist, diesem den Erbschein auch dann nicht erteilen, wenn es ihn für den wahren Erben hält. Denn sonst könnte der andere sofort im Prozeßwege, gestützt auf die Rechtskraft des Urteils, die Herausgabe des Erbscheins an das Nachlaßgericht erzwingen und dadurch dessen Kraftlosigkeit herbeiführen (§ 2362 Rdn. 1). Es liegt, trotz der grundsätzlichen Unabhängigkeit des Nachlaßgerichts vom Prozeßgerichte, nicht im Sinne des Gesetzes, einen Erbschein unter solchen Umständen zu erteilen. Die Frage ist umstritten. Bis zur 4. Auflage ist in diesem Werke mit der damals herrschenden Meinung schlechthin gesagt worden, das zwischen mehreren Erbansprechern ergangene rechtskräftige Urteil binde das Nachlaßgericht formell nicht (wie hier *Kipp* § 62 I 7 und *Herold/Eichler* ZBlFG **20** 206 sowie *Warneyer* § 2359 I. Für noch weitergehende Bindung des Nachlaßgerichts insb. *Kuttner* JheringsJ **59** 393 und **61** 107; *Schlegelberger* FGG § 12 Anm. 17; *Endemann* III § 146 V; neuerdings auch *Kipp/Coing* § 128 II 3 mit Anm. 41). Vgl. zum neuesten Stande des Meinungsstreits *Staudinger/Firsching* § 2360 Anm. 8, 9; ferner *Jansen* FGG § 12 Rdn. 18 ff.

Wegen der Bindung des Nachlaßgerichts an rechtskräftige Urteile wird man unterscheiden müssen, ob der Antragsteller in dem Rechtsstreit Sieger oder Unterlegener war. Ist das Erbrecht des Antragstellers anerkannt worden, so kann das Nachlaßgericht trotzdem einem Dritten, den es für den Erben hält, den Erbschein erteilen, nicht aber der unterlegenen Partei. Ist der Antragsteller unterlegen, so darf das Nachlaßgericht ihm in keinem Fall den Erbschein erteilen (vgl. *Erman/Bartholomeyczik* Rdn. 5; *Palandt/Keidel* Anm. 1; *Staudinger/Firsching* Rdn. 9 zu § 2360).

Es besteht jedoch keine Bindung, wenn der Unterlegene wegen nachträglich begründeter, dem Prozeßrichter unbekannter Umstände sich gegenüber der Ausnutzung des rechtskräftigen Urteils auf den Einwand der unzulässigen Rechtsausübung berufen kann (BGH NJW **51** 759).

Zum Einfluß eines anhängigen Rechtsstreits vgl. §§ 2358 Rdn. 3, 2360 Rdn. 1. 4

3. Besonderes 5

Bloße *Anfechtbarkeit* einer Verfügung von Todes wegen hindert die Erteilung des Erbscheins nicht (aM *Strohal* II § 67 Anm. 17). Ist jedoch die Anfechtung gemäß § 2081 erklärt worden, so hat sich das Nachlaßgericht auch über ihren Erfolg schlüssig zu machen (KGJ **38** A 118; s. auch § 2358 Rdn. 1). Das gleiche gilt für die Berechtigung einer Ehescheidungsklage in den Fällen der §§ 1933, 2077 Rdn. 7 ff. Bei Erbunwürdigkeit wirkt die Anfechtung erst mit der Rechtskraft des Urteils (§ 2342 Abs. 2). Zur Beweislast des Anfechtenden s. BayObLG NJW **63** 159. Im Erbschein ist die Größe des Erbteils (§§ 2353 Rdn. 17, 2357 Rdn. 5) anzugeben. Im übrigen vgl. wegen des Inhalts des Zeugnisses § 2353 Rdn. 10—16.

6 III. Beschwerde

1. Allgemeines

Vgl. §2361 Rdn. 11 f zur Beschwerde, insbesondere zum *Beschwerderecht* im allgemeinen; s. auch *Palandt/Keidel* Anm. 6 c zu § 2353. Zur Zulässigkeit der weiteren Beschwerde und zur Beschwerdebefugnis eines nach § 1960 Abs. 2 bestellten *Nachlaßpflegers* vgl. OLG Celle JR **50** 58: Hiernach liegt nicht nur die Führung von Prozessen über das Erbrecht, sondern auch die Vertretung im Erbscheinsverfahren, insbesondere die Einlegung der Beschwerde oder weiteren Beschwerde gegen eine im Erbscheinsverfahren ergangene Entscheidung des Nachlaß- oder Beschwerdegerichts außerhalb der Vertretungsmacht des Nachlaßpflegers (unter Hinweis auf KGJ **41** A 94, 96). Zum Beschwerderecht einer Nachfolgeorganisation bei *Rückerstattungsansprüchen* OLG Hamburg MDR **54** 683. Über die Anforderungen an die Überprüfungspflicht des Beschwerdegerichts bei Anfechtung eines Erbscheinsbewilligungsbeschlusses s. BayObLGZ **70** 105.

Für die Beschwerde sind folgende Fälle zu unterscheiden: Das Nachlaßgericht hat

a) es abgelehnt, einen Erbschein zu erteilen,
b) angekündigt, es werde den beantragten Erbschein erlassen,
c) angeordnet, den Erbschein zu erteilen,
d) den Erbschein erteilt,
e) den Erbschein eingezogen.

7 2. Ablehnung (a)

Gegen die Verfügung, welche es ablehnt, einen Erbschein zu erteilen, gibt es die gewöhnliche, an keine Frist gebundene Beschwerde nach FGG §§ 19, 20. Sie steht im Falle des § 2357, wenn auch jeder Miterbe die Erteilung eines gemeinschaftlichen Erbscheins beantragen kann, gemäß FGG § 20 Abs. 2 doch nur dem Antragsteller zu (OLG **40** 155 Anm. 1 c; JFG **13** 348). Der Vermächtnisnehmer als solcher hat kein Beschwerderecht (JFG **15** 246). Das Nachlaßgericht kann einer Beschwerde gegen seine ablehnende Verfügung selbst abhelfen (FGG § 18 Abs. 1; vgl. hierzu vor allem *Jansen* FGG § 20 Rdn. 53).

8 3. Ankündigung (b)

Die Ankündigung **(Vorbescheid)** des Nachlaßgerichts, es werde, falls kein Rechtsmittel eingelegt wird, einen Erbschein bestimmten Inhalts erteilen, ist beschwerdefähig (KG NJW **55** 1072[10] im Anschluß an RG **137** 222; vgl. auch BayObLG **33** 334). Sie ist auch zulässig. Ein solcher Vorbescheid ist sachdienlich, da ein unrichtiger Erbschein beträchtlichen Schaden anrichten kann. Zwingende gesetzliche Vorschriften stehen dem Vorbescheid nicht entgegen (vgl. im einzelnen BGH **20** 255 = LM BGB § 2353 Nr. 2 mit eingehender Anm. von *Johannsen* = NJW **56** 987 = JZ **56** 452 = Rpfleger **56** 233 mit Anm. von *Haegele* = DNotZ **57** 545 mit Anm. von *v. Schack*, ferner OLG Hamm NJW **56** 808; *Firsching* NJW **55** 1540; auch § 2353 Rdn. 24; aM KG aaO mit zustimmender Anm. von *Baur*). Der Ausweg, in „besonders zweifelhaften Fällen" zunächst die Erteilung des Erbscheins anzuordnen, jedoch „durch eine zeitliche Verschiebungin der Zustellung der Verfügung an den Erbprätendenten und den Antragsteller dem Gericht Gelegenheit zu geben", die Vollziehung nach FGG § 24 Abs. 2 auszusetzen (so *Baur* aaO), wäre bedenklicher. Der Antragsteller hat Anspruch darauf, daß eine Entscheidung, die das Gericht getroffen hat, ihm auch alsbald mitgeteilt wird. Der Vorbescheid muß begründet werden (LG Mannheim NJW **72** 1429). Einer Beschwerde gegen einen Vorbescheid kann das Nachlaßgericht selbst abhelfen, FGG § 18 Abs. 1. Es kann ihn aufheben oder inhaltlich ändern, ebenso das Beschwerdegericht. Wird der Vorbescheid aufgehoben, kann der Antrag auf Erteilung des Erbscheins vom Beschwerdegericht abgewiesen werden. Jedoch kann das Beschwerdegericht auch das Amtsgericht anweisen, einen anderslautenden Erbschein zu erteilen, wenn ein derartiger Antrag bereits beim Amtsgericht gestellt war (OLG Hamm OLGZ **70** 117; vgl. Rdn. 24 zu § 2353).

4. Anordnung (c) 9

Die bloße Anordnung, daß ein Erbschein erteilt werde, berührt zunächst nur den inneren Geschäftsbetrieb des Nachlaßgerichts. Daher ist der Erbschein noch nicht erteilt, wenn der Beschluß, welcher die Erteilung anordnet, bekanntgegeben, insbesondere eine Ausfertigung dieses Beschlusses zugestellt, sondern erst dann, wenn dem Antragsteller die Urschrift oder eine Ausfertigung des Erbscheins selbst ausgehändigt worden ist (§ 2353 Rdn. 21); die Ausfertigung des Anordnungsbeschlusses nimmt, selbst wenn sie den Inhalt des späteren Erbscheins vollständig wiedergibt, auch nicht am Schutze des guten Glaubens (§§ 2366, 2367) teil (BayObLG NJW **60** 1722 = JZ **60** 490). Gleichwohl hat die Rechtsprechung die Beschwerde mit dem Ziele zugelassen, die Anordnung aufzuheben oder zu ändern, solange der Erbschein nicht erteilt worden ist (BayObLG **19** A 209, 213; JFG **13** 354; *Keidel* FGG 7. Aufl. § 20 Anm. 5 B c; vgl. auch Rdn. 10). Das Nachlaßgericht kann auch in diesem Falle noch selbst abhelfen, FGG § 18 Abs. 1.

5. Erteilung (d) 10

Ist der Erbschein erteilt, d. h. ordnungsgemäß dem Antragsteller oder sonstigen Empfangsberechtigten ausgehändigt worden (§ 2353 Rdn. 21), so kann das Nachlaßgericht (FGG § 18 Abs. 1) oder das Beschwerdegericht ihn nicht einfach durch Beschluß aufheben oder inhaltlich ändern. Die Beschwerde kann nur das Ziel haben, das *Nachlaßgericht anzuweisen,* den angefochtenen Erbschein *einzuziehen* oder für *kraftlos zu erklären,* § 2361 (RG **61** 273; BayObLG **19** A 207; **33** 201; HRR **35** Nr. 1171; für das Hoffolgezeugnis: OLG Oldenburg DNotZ **57** 21 mit Anm. von *Keidel;* KG OLGZ **71** 215; dazu Bonnet JR **72** 229). Ein Antrag, einen erteilten Erbschein zu ändern, kann aber vielfach dahin ausgelegt werden, den Erbschein einzuziehen und einen neuen Erbschein mit dem angegebenen Inhalt auszustellen (RJA **7** 24; **17** 57; JFG **10** 76; vgl. auch JW **36** 2752[55]; ferner *Jansen* FGG § 20 Rdn. 54).

6. Einziehung (e) 11

Ist der Erbschein eingezogen worden, so entfällt die Möglichkeit, gegen den Beschluß, der die Einziehung angeordnet hat, Beschwerde einzulegen (BayObLG **20** A 212). Im übrigen vgl. § 2361 Rdn. 11, 12; auch *Jansen* FGG § 84 Rdn. 21.

IV. Bindung an frühere Entscheidungen im Erbscheinsverfahren 12

Zur Bindung des Nachlaßgerichts an die Rechtsauffassung des Landgerichts im Erbscheinsverfahren: Hat das Nachlaßgericht einen Erbscheinsantrag abgelehnt und ist es auf Beschwerde durch das Landgericht angewiesen worden, den Erbschein zu erteilen, so ist es grundsätzlich an die Rechtsauffassung des Landgerichts gebunden. Auch das Landgericht ist daran gebunden. Nur ausnahmsweise besteht *keine* Bindung, wenn sich nachträglich der Sachverhalt, welcher der Entscheidung des Landgerichts zugrunde lag, oder das von ihm angewandte Recht in einem für die Entscheidung maßgeblichen Punkte geändert hat (KG JFG **20** 203 = DR **39** 1959). Nachlaß- und Beschwerdegericht würden jedoch in einem neuen, von Amts wegen einzuleitenden Verfahren auf Einziehung des Erbscheins (§ 2361) nicht gebunden sein, da Entscheidungen im Erbscheinsverfahren keine materielle Rechtskraft haben (KG JFG **14** 286; KG NJW **55** 1074). Das Kammergericht hat in der letztgenannten Entscheidung zutreffend angenommen, daß der Beschluß des BGH v. 28. 10. 1954 IV ZB 48/54 nicht entgegenstehe. Dort hat der BGH ausgesprochen: Hat im Verfahren der freiwilligen Gerichtsbarkeit das Landgericht auf die Beschwerde eines Beteiligten eine Entscheidung des Amtsgerichts aufgehoben und die Sache zur erneuten Entscheidung an das Amtsgericht zurückverwiesen und hat keiner der Beteiligten Beschwerde gegen den zurückweisenden Beschluß eingelegt, so sind in dem weiteren Verfahren nicht nur das Amtsgericht und das Landgericht, sondern auch das Oberlandesgericht an die Rechtsauffassung gebunden, auf welcher der zurückliegende Beschluß beruht (NJW **55** 21[6]). Das *Einziehungsverfahren* ist jedoch gegenüber der Erbscheinserteilung ein *neues* Verfahren.

§ 2360

Ist ein Rechtsstreit über das Erbrecht anhängig, so soll vor der Erteilung des Erbscheins der Gegner des Antragstellers gehört werden.

Ist die Verfügung, auf der das Erbrecht beruht, nicht in einer dem Nachlaßgerichte vorliegenden öffentlichen Urkunde enthalten, so soll vor der Erteilung des Erbscheins derjenige über die Gültigkeit der Verfügung gehört werden, welcher im Falle der Unwirksamkeit der Verfügung Erbe sein würde.

Die Anhörung ist nicht erforderlich, wenn sie untunlich ist.

E I 2071 Abs. 2, 2078 Abs. 3 II 2225; M **5** 562, 574; P **5** 679—682, 691.

Anhören Dritter

1 **I. Zu Abs. 1**

Anhängigkeit eines Rechtsstreits über das *Erbrecht* (Erbschaftsanspruch, Feststellungsklage, Erbunwürdigkeitsklage, auch Streitigkeiten über den Personenstand als unmittelbare Voraussetzungen des Erbrechts) schließt die Erteilung des Erbscheins nicht aus. Erlangt aber das Nachlaßgericht aus dem Antrage (§ 2354 Nr. 5) oder sonst hiervon Kenntnis, so *„soll"* es den Gegner des Antragstellers vorher mündlich oder schriftlich *hören*. Die Verletzung des rechtlichen Gehörs rechtfertigt keine Einziehung des Erbscheins (BGH NJW **63** 1972). Zweckmäßig wird das Nachlaßgericht neben der Anhörung auch die Prozeßakten beiziehen. Hält es auch unter Berücksichtigung der Prozeßergebnisse den Sachverhalt im Sinne des § 2359 für festgestellt, so hat es trotz des schwebenden Rechtsstreits über den Antrag zu entscheiden; andernfalls kann es das Erbscheinsverfahren aussetzen (§ 2358 Rdn. 3). Dagegen kann der Rechtsstreit nicht bis zur Erledigung des Erbscheinsverfahren ausgesetzt werden (OLG Nürnberg BayJMBl. **59** 19; *Palandt/Keidel* Anm. 1). Nachlaßverwaltung und Nachlaßkonkurs sind kein Hindernis, dem Erben (auch auf Antrag des Verwalters, § 2353 Rdn. 7) den Erbschein zu erteilen. Der Prozeßrichter ist nicht ermächtigt, dem Nachlaßgericht die Erteilung, d. h. Aushändigung des Erbscheins (§ 2353 Rdn. 21), durch einstweilige Verfügung zu untersagen.

2 **II. Zu Abs. 2**

Ist die nach § 2346 vorzulegende **Verfügung von Todes wegen** ein *eigenhändiges Testament* (§§ 2231 Nr. 2; 2247) oder *Not- oder Seetestament* gemäß §§ 2250, 2251 oder *Wehrmachts-Nottestament* (9. Aufl. TestG § 27 Anm. 4 a), so „soll", auch wenn wegen der Echtheit und Wirksamkeit keine Zweifel bestehen, das Nachlaßgericht die Beteiligten *hören*, die ohne die Verfügung als in früheren Verfügungen eingesetzte oder als gesetzliche Erben berufen wären. Dasselbe gilt, wenn die errichtete — öffentliche oder nichtöffentliche — Verfügung untergegangen oder verloren ist und ihr Inhalt nur durch andere Beweismittel festgestellt werden kann (§ 2356 Rdn. 10 f). Bei Vorliegen eines Erbvertrages oder eines öffentlichen Testaments ist hingegen vor Erteilung des Erbscheins die Anhörung der gesetzlichen Erben nicht unbedingt erforderlich (KG NJW **63** 880; *Haegele* Rpfleger **64** 80 Anm. zu BGH Rpfleger **64** 77; aA OLG Köln NJW **62** 1727, 1728). Zur Frage des nachträglichen Gehörs vgl. BVerfGE **9** 89, 95.

III. Zu Abs. 3 3

Es ist nicht nur dann **untunlich,** alle oder einzelne Beteiligte **anzuhören,** wenn das unausführbar, sondern auch wenn das unverhältnismäßig schwierig ist oder mit erheblichen Verzögerungen und unverhältnismäßigen Kosten verbunden wäre (OLG **34** 317; vgl. §§ 2200 Abs. 2, 2216 Rdn. 18, 2356 Rdn. 10 f). Das Nachlaßgericht entscheidet hierüber nach pflichtmäßigem Ermessen. Nichtanhörung des Erben ist verfassungsgemäß (KG NJW **63** 880 im Anschluß an BVerfGE **9** 89, 95 gegen OLG Köln NJW **62** 1728). Die Tatsache, daß zahlreiche oder weit entfernt wohnende Personen als gesetzliche Erben in Betracht kommen, reicht zur Angabe der Untunlichkeit nicht aus (BayObLG **60** 434). Es ist keine Verletzung des rechtlichen Gehörs, wenn die Anhörung gesetzlicher Erben, die in der DDR wohnen und für die Nachteile entstehen können, als untunlich unterbleibt (*Palandt/Keidel* Anm. 2).

§ 2361

Ergibt sich, daß der erteilte Erbschein unrichtig ist, so hat ihn das Nachlaßgericht einzuziehen. Mit der Einziehung wird der Erbschein kraftlos.

Kann der Erbschein nicht sofort erlangt werden, so hat ihn das Nachlaßgericht durch Beschluß für kraftlos zu erklären. Der Beschluß ist nach den für die öffentliche Zustellung einer Ladung geltenden Vorschriften der Zivilprozeßordnung bekanntzumachen. Mit dem Ablauf eines Monats nach der letzten Einrückung des Beschlusses in die öffentlichen Blätter wird die Kraftloserklärung wirksam.

Das Nachlaßgericht kann von Amts wegen über die Richtigkeit eines erteilten Erbscheins Ermittelungen veranstalten.

E I 2073, 2078 Abs. 3 II 2226; M **5** 563, 564; P **5** 683.

Einziehung; Kraftloserklärung

Übersicht

I. Der unrichtige Erbschein 1

Die Unrichtigkeit des Erbscheins kann sich durch den Ausgang eines über das Erbrecht geführten Rechtsstreits oder durch neue dem Nachlaßgericht bekannt werdende Tatsachen (Ausschlagung eines Miterben gegenüber der nach § 2357 Rdn. 6 als bewiesen angesehenen Annahme, RJA **12** 203, erfolgreiche Anfechtung, Erbunwürdigkeitserklärung, Eintritt der Nacherbfolge, KGJ **48** 112, usw.) oder dadurch ergeben, daß das Gericht aus tatsächlichen oder Rechtsgründen zu einer abweichenden Auffassung kommt. So, wenn es den Nachweis des früher angenommenen Erbrechts jetzt nicht mehr als geführt erachtet (OLG **37** 256). Das trifft nicht nur dann zu, wenn nach seiner neu gewonnenen Überzeugung das bescheinigte Erbrecht nicht besteht, sondern schon dann, wenn die nach § 2359 erforderliche Überzeugung des Gerichts erschüttert ist (BayObLG **48/51** 412; NJW **53** 144 Nr. 8) und es wegen des Erbrechts nunmehr ein non liquet annimmt (BGH WM **69** 664). Das gilt auch dann, wenn der Erbschein auf Grund einer denkgesetzlich möglichen Auslegung eines Testaments erteilt und von allen Beteiligten widerspruchslos hingenommen worden ist. Hierbei besteht auch keine zeitliche Schranke für die nachlaßgerichtliche Kontrolle (BGH **47** 58 = LM § 2361 Nr. 5 mit Anm. von *Johannsen;* BayObLG NJW **66** 1680 = BayObLG **66** 223 gegen OLG Schleswig SchlHA **64** 259). Bloße Zweifel, die an den Nachweis des Erbrechts auftauchen, reichen im allgemeinen nicht aus. Daher kann eine Einziehung beim Bestehen erheblicher Bedenken gegen die Richtigkeit gerechtfertigt sein (BayObLG NJW **63** 158), dagegen nicht schon bei möglicher Unrichtigkeit (KG JuS **63** 247; OLG Karlsruhe MDR **69** 223). Zur Einziehung des Erbscheins bei falscher eidesstattlicher Versicherung vgl. auch OLG Hamm OLGZ **67** 74, 77. Entscheidend ist, ob die vom Nachlaßgericht unter Verwendung aller zur Verfügung stehenden Erkenntnismittel zu treffenden Feststellungen die Annahme rechtfertigen, daß das bescheinigte Erbrecht nicht mehr als nachgewiesen anzusehen ist (OLG Hamm JMBlNRW **56** 246). Auch der Fall gehört hierher, daß die beschränkenden Angaben der §§ 2363, 2364 (OLG **32** 81; **35** 367; KG HRR **29** Nr. 208) oder nach früherem Recht die Aufführung des Anerben nach ErbhRVO § 15 Abs. 1 (JW **36** 3403[18]) zu Unrecht unterblieben oder inhaltlich unrichtig sind oder geworden sind. In allen solchen Fällen sachlicher Unrichtigkeit, ebenso bei Unverständlichkeit und inneren Widersprüchen (KGJ **34** A 227; **42** 220; RJA **17** 56), kann der Erbschein nicht geändert oder ergänzt, er kann vielmehr nur eingezogen oder für kraftlos erklärt und es kann gegebenenfalls ein neuer Erbschein erteilt werden (RG **61** 277; BayObLG **14** 144; **24** A 299 = JW **26** 823[1]; JW **36** 3403[18]; OLG Celle NdsRpfl. **55** 189 mit Nachw.; für die Frage des Erbscheins bei Nacherbschaft s. LG Mannheim MDR **61** 58). Ein zweifelhafter Erbschein ist erst nach gründlicher Aufklärung des Sachverhalts einzuziehen; daß ein unrichtiger Erbschein damit bis zur endgültigen Klärung in Kraft bleibt, ist in Kauf zu nehmen (BGH **40** 54 = WM **63** 1010 = LM § 2361 Nr. 1 mit Anm. von *Piepenbrock*). Veräußerung des Erbteils nach § 2033 macht den Erbschein nicht unrichtig (RG **64** 173). Hierher gehört der Fall, daß nach Erteilung eines vorläufigen gemeinschaftlichen Erbscheins, in dem die Erbteile noch nicht angegeben worden sind, die Größe der Erbteile festgestellt wird. Der Erbschein muß dann eingezogen und es muß ein endgültiger gemeinschaftlicher Erbschein erteilt werden (OLG Hamm Rpfleger **69** 299). Einziehung kommt auch in Betracht, wenn sich keine Urschrift oder Ausfertigung des Erbscheins in Verkehr befindet (BayObLG DNotZ **62** 199). Eine vorläufige Einziehung gibt es nicht (KG NJW **63** 880). Über die Möglichkeit der Ausschaltung von Unrichtigkeiten durch Vorprüfung unter Beteiligung der Betroffenen s. BGH **20** 255 = LM § 2053 Nr. 2 mit Anm. von *Johannsen.* Eine falsche eidesstattliche Versicherung, die im Inhalt des Erbscheins keinen Ausdruck gefunden hat, macht den Erbschein noch nicht unrichtig (OLG Hamm NJW **67** 1138).

2 *Schreib-* oder *Rechenfehler* und ähnliche *offenbare Unrichtigkeiten* können auf dem Erbschein selbst und den erteilten Ausfertigungen berichtigt werden, da der Grundsatz des § 319 ZPO ebenmäßig für das Gebiet der freiwilligen Gerichtsbarkeit gilt

(BayObLG **24** A 149; KG DFG **37** 87; *Höver* DFG **36** 31; auch OLG Celle NdsRpfl. **55** 189). Eine Berichtigung oder Ergänzung des Erbscheins ist hingegen zulässig, wenn es sich um die Beseitigung unzulässiger oder die Aufnahme vorgeschriebener Zusätze handelt, die den sachlichen Inhalt des Erbscheins unberührt lassen und an dem öffentlichen Glauben nicht teilnehmen (KG OLGZ **66** 612 mit Anm. von *Haegele* Rpfleger **67** 413).

Bei Erteilung eines Erbscheines nach dem Längstlebenden auf Grund eines gemeinschaftlichen Testaments kann nachgeprüft werden, ob der nach dem vorverstorbenen Ehegatten erteilte Erbschein richtig ist (OLG Frankfurt Rpfleger **72** 56). Wenn ein Erbschein zwar das Erbrecht richtig bezeugt, aber *ohne Antrag* oder *abweichend vom Antrage erteilt* ist, so ist § 2361 entsprechend anzuwenden, es sei denn, daß der Antragsberechtigte oder auch nur einer von mehreren die Erteilung genehmigt hat (RJA **14** S. 268 u. 272; **17** S. 56, 58; JFG **14** 78; OLG München HRR **42** 752; BayObLG **48/51** 561). Das gleiche gilt für ein Testamentsvollstreckerzeugnis, das vom Antrage abweicht (OLG München HRR **42** Nr. 752), ferner wenn der Antragsteller nicht antragsberechtigt war, z. B. für den Nacherben vor dem Eintritt des Nacherbfalls (§ 2139; BayObLG **48/51** 561).

Einziehung ist auch dann erforderlich, wenn der Erbschein — obgleich sachlich richtig — unter Gesetzesverstoß in einem unzulässigen Verfahren erteilt worden ist (OLG Frankfurt OLGZ **68** 110) — so bei Erteilung durch ein örtlich unzuständiges Gericht; in solchen Fällen hat die Einziehung nicht nur auf Beschwerde, sondern auch dann zu erfolgen, wenn der Mangel nicht gerügt worden ist (OLG Köln JMBlNRW **57** 15; vgl. auch § 2353 Rdn. 1). Über den Fall, daß eines von mehreren in derselben Urkunde zusammengefaßten Zeugnissen (§ 2357 Rdn. 3) unzulässigerweise erteilt oder unrichtig ist, vgl. KGJ **50** 96. War der Rechtspfleger zur Erteilung eines Erbscheins funktionell unzuständig, so muß der von ihm erteilte Erbschein — ohne Rücksicht auf dessen sachliche Richtigkeit — eingezogen werden (LG Koblenz DNotZ **69** 431). **3**

Ist die Erbscheinsverhandlung von einem nicht mit Rechtspflegeraufgaben betrauten Beamten beurkundet worden, so liegt ein unzulässiges Verfahren vor, das die Einziehung des Erbscheins erforderlich macht (OLG Frankfurt NJW **68** 1289).

Zur Einziehung des Erbscheins eines *Kriegsvermißten*, wenn nicht nachgewiesen wird, daß für ihn im Zeitpunkt des Erbfalls eine Lebensvermutung bestand, vgl. OLG Frankfurt Rpfleger **53** 36 mit Hinweisen auf OLG Oldenburg NdsRpfl. **52** 53; OLG Frankfurt Rpfleger **52** 339 und BGH **5** 240. **4**

Zur Frage der unrichtigen Beurteilung des Erbrechtsstatuts und der Staatsangehörigkeit emigrierter rassisch Verfolgter BVerfGE **23** 98; dazu *Genzel* JZ **69** 98.

Ein entgegen BGH **52** 123 (gegenständlich beschränkter Erbschein für Erblasser mit letztem Wohnsitz in der DDR) erteilter *unbeschränkter* Erbschein muß als unrichtig eingezogen werden (OLG Hamm OLGZ **72** 352).

II. Das zuständige Nachlaßgericht **5**

Gemeint ist in Rdn. 1 das Nachlaßgericht, das den Erbschein erteilt hat. Die Einziehung steht deshalb einem anderen Nachlaßgericht nicht zu, auch wenn es sich mit Recht zur Erteilung für zuständig hält. Dies gilt sowohl dann, wenn mehrere Gerichte als Nachlaßgericht örtlich zuständig sind, insbesondere wegen eines doppelten Wohnsitzes des Erblassers, als auch dann, wenn der Erbschein von einem örtlich unzuständigen Gericht (§ 2353 Rdn. 1) erteilt worden ist (KGJ **44** 104; **53** 88). Jedoch kann das Amtsgericht Berlin-Schöneberg, wenn es als zentrales Nachlaßgericht örtlich zuständig ist, die Entscheidung über die Einziehung eines von ihm erteilten Erbscheines auf ein anderes

Gericht übertragen (KG Rpfleger **66** 208). Die Einziehung ist auch dann Sache des Nachlaßgerichts, wenn die Erteilung vom Beschwerdegericht (§ 2359 Rdn. 2) angeordnet worden war; das Beschwerdegericht (Rdn. 11) ist nie befugt, den Erbschein selbst einzuziehen; es muß die Ausführung dem Nachlaßgericht überlassen (RJA **16** S. 43 u. 66; BayObLG **54** 71; OLG Celle NdsRpfl. **55** 189). Zur Frage, welches Gericht zur Einziehung eines vom staatlichen Notariat der DDR erteilten Erbscheins zuständig ist, vgl. *Wengler* JZ **69** 666 Anm. 6, aber auch KG OLGZ **67** 356 = NJW **68** 1055.

6 **III. Folge der Einziehung (Abs. 1 Satz 2)**

Die Einziehung geschieht von Amts wegen. Sie kann von einem Erben auch dann beantragt oder angeregt werden, wenn die Erteilung seinem Antrage entsprach (BayObLG **31** 174). Eine zeitliche Begrenzung für die Einziehung besteht nicht (BGH **47** 58; BayObLG **66** 51, 233; aA SchlHOLG SchlHA **64** 259 mit Anm. von *Scheying* 260). Die Beschwerde gegen die Ablehnung der Einziehung steht jedoch dem Anregenden nur zu, wenn seine Rechte durch die Verfügung beeinträchtigt werden (vgl. BGH LM LVO § 23 Nr. 7 betr. Hoffolgezeugnis). **Zwangsmittel** FGG § 33 i. d. F. des Art. 4 der VO v. 5. 8. 1935 (RGBl. I 1065). Die Einziehung ist vollzogen, wenn das Gericht den tatsächlichen Besitz des ausgehändigten Erbscheins (§ 2353 Rdn. 6) oder, bei einer Aushändigung in mehreren Ausfertigungen, den Besitz an sämtlichen Scheinen wiedererlangt hat, wobei Veränderungen an der bei den Gerichtsakten befindlichen Urschrift des Erbscheins für die Einziehung ohne Bedeutung sind (OLG Oldenburg DNotZ **58** 263 mit eingehender Anm. von *Keidel* = NdsRpfl. **58** 154). Die bloße Einforderung genügt nicht. Schon die Tatsache der Einziehung macht den Schein **kraftlos,** d. h., sie entzieht ihm endgültig die Wirkungen der §§ 2365 ff, auch wenn er etwa versehentlich wieder in Verkehr gesetzt, sogar wenn er vom Nachlaßgericht selbst wieder ausgehändigt würde, weil die Einziehung als ungerechtfertigt erkannt worden war. Hier bleibt nur Erteilung eines neuen Erbscheins übrig.

7 **IV. Kraftloserklärung (Abs. 2)**

1. Beschluß

Die Kraftloserklärung durch Beschluß setzt voraus, daß ein unrichtiger Erbschein (Rdn. 1) nicht sofort erlangt werden kann.

Der **Beschluß** ist dem Antragsteller (§ 2353 Rdn. 7) gemäß FGG § 16 bekanntzumachen und wird ihm sowie dem hiervon unterrichteten Dritten gegenüber schon hierdurch wirksam (§ 2366 Rdn. 10).

8 **2. Bekanntmachung (Abs. 2 Satz 2)**

Es gelten die Vorschriften für die öffentliche Ladung der ZPO §§ 204—206.

9 **3. Wirksamwerden (Abs. 2 Satz 3)**

Die Wirksamkeit der Kraftloserklärung tritt nach Ablauf eines Monats (ZPO § 206) vom Ausgabetage des am spätesten erschienen öffentlichen Blattes ab gerechnet *gegen jedermann* ein. Der Erbschein verliert damit schlechthin den öffentlichen Glauben der §§ 2365—2367. Der neue richtige Erbschein kann schon erteilt werden, ohne den Fristablauf abzuwarten (vgl. § 2353 Rdn. 9). Daneben bleibt die Einziehungspflicht bestehen. Ähnlich Kraftloserklärung einer Vollmacht § 176.

10 **V. Nachprüfung erteilter Erbscheine (Abs. 3)**

Die **Ermittlungspflicht** des Nachlaßgerichts (§ 2358 Rdn. 1 ff) dauert auch fort, wenn der Erbschein erteilt ist (KGJ **36** A 114; JFG **5** 171 Abs. 2). Zur *Änderungsbefugnis* *des Amtsgerichts* im Erbscheinsverfahren s. OLG Hamm JMBlNRW **59** 176. Zur *Bindung an Vorentscheidungen* des Nachlaß- und des Beschwerdegerichts vgl. § 2359 Rdn. 12.

VI. Rechtsmittel 11

Beschwerde nach FGG §§ 19, 20 ist **zulässig** sowohl gegen die die Einziehung anordnende (OLG Hamm DNotZ **51** 41/42; BayObLG **52** 164) als gegen die den Antrag auf Einziehung ablehnende Verfügung, im letzteren Falle auch dann, wenn sich die Beschwerde gegen die im Erbschein bezeugte Erbenstellung des Antragstellers wendet (BGH **30** 261 = NJW **59** 1730 mit Anm. von *Bärmann* NJW **60** 142 = MDR **59** 744 = Rpfleger **59** 376 mit krit. Anm. von *Haegele*). Vgl. ferner *Bonnet* zur Zulässigkeit der Beschwerde JR **72** 229; *Johannsen* WM **72** 1052. Insbesondere ist der wirkliche Erbe nicht auf die Klage aus § 2362 beschränkt (RG **61** 273). Dagegen gibt es keine Beschwerde gegen den Beschluß, durch den ein Erbschein für kraftlos erklärt wird (FGG § 84), es sei denn, daß die Kraftloserklärung insofern an einem Mangel leidet, als sie nicht öffentlich bekanntgemacht worden ist (BayObLG **58** 364 = MDR **59** 400). Sie ist gleichfalls ausgeschlossen, wenn die Einziehung des Erbscheins vollzogen ist (BayObLGZ **57** 292, 302; *Keidel* DNotZ **58** 266; JZ **59** 440). Der eingezogene und der für kraftlos erklärte Erbschein können nicht wieder in Kraft gesetzt werden. Eine Beschwerde, welche dieses Ziel verfolgt, kann jedoch als Antrag behandelt werden, einen neuen Erbschein zu erteilen, der inhaltlich mit dem früheren übereinstimmt (vgl. § 2359 Rdn. 3; JFG **10** 77 u. 79; s. auch KG DNotZ **55** 156 und OLG Oldenburg DNotZ **55** 158 mit eingehender Anm. *Keidel* aaO S. 160, 164; BayObLGZ **59** 199, 203). Entsprechendes gilt, wenn die vom Landgericht auf Beschwerde beschlossene Einziehung vom Nachlaßgericht durchgeführt worden ist, für die weitere Beschwerde (OLG Oldenburg NdsRpfl. **48** 151; BayObLG **51** 416; **53** 197). Zur **Beschwerdefrist** vgl.OLG Neustadt NJW **58** 836 = DNotZ **58** 601: Das Recht der einfachen Beschwerde wird in Erbscheinssachen nicht durch Fristablauf, etwa wegen Rechtsmißbrauchs oder Verwirkung, ausgeschlossen.

Beschwerdebefugnis. Die Beschwerde steht dem Antragsteller des eingezogenen 12
Erbscheins oder seinem Erben zu (KG DRW **39** 1951[7]), nach neuerer Rechtsprechung aber auch *allen* sonstigen *Antragsberechtigten* (BGH **30** 220 = NJW **59** 1729 im Anschluß an KG DNotZ **55** 156 und *Keidel* ebenda S. 160; aM OLG Bremen Rpfleger **56** 195 mit abl. Anm. von *Keidel*). Zu dem Antrage, einen Erbschein einzuziehen, berechtigt eine Rechtsstellung, die dem Gebiet des Erbrechts angehört, nicht schon ein rechtliches oder wirtschaftliches Interesse des Antragstellers (BayObLG JW **35** 1189[2]). Auch wer im Erbschein als Erbe oder Nacherbe bezeichnet ist, kann geltend machen, daß er nicht Erbe oder Nacherbe sei (OLG München JFG **13** 351). Aber auch der *Nachlaßgläubiger*, der einen vollstreckbaren Titel besitzt, kann im Wege der Beschwerde die Einziehung eines Erbscheins betreiben, der auf Antrag eines andern erteilt worden ist (OLG München JFG **23** 154 mit Hinweis auf KGJ **49** 83; BayObLG **34** 406 = JW **35** 1189; JFG **15** 248). Dagegen ist an dem Verfahren über die Einziehung eines Erbscheins nicht beteiligt und daher auch nicht beschwerdeberechtigt, wer von einer durch den Erbschein ausgewiesenen Person einen Nachlaßgegenstand erworben hat (BayObLG **66** 49). Kein Beschwerderecht der *Erbschaftssteuerbehörde* RG RJA **15** 14. Zur Beschwerdebefugnis eines *Nachlaßpflegers* und bei *Rückerstattungs*ansprüchen vgl. § 2359 Rdn. 6. Zur Beschwerdebefugnis des *Testamentsvollstreckers* OLG Oldenburg Rpfleger **65** 305.

Die Beschwerde gegen die Erteilung eines Erbscheins mit dem Ziele, ihn einzuziehen, steht auch demjenigen zu, auf dessen Antrag der Erbschein erteilt worden ist (KG NJW **60** 1158; s. auch Rdn. 6). Eine Beschwerdebefugnis gegen die Einziehung kann nur aus der Entscheidungsformel, nicht aus den Gründen hergeleitet werden (KG OLGZ **66** 74). Zur Berechnung des *Beschwerdewertes* KG NJW **67** 1970.

13 **VII. Rückerstattung**

Die in den Rückerstattungsgesetzen geschaffene *Todesvermutung* (Art. 43 REG BrZ; entsprechend Art. 51 REG AmZ) ist im Erbscheinsverfahren nicht anwendbar (BGH **1** 13; BayObLG NJW **53** 1448; beide mit Nachweisen über abweichende Meinungen). Gleichwohl muß ein Erbschein nicht schon deshalb als unrichtig eingezogen werden, weil er auf die Todesvermutung der Rückerstattungsvorschriften gestützt ist; hierdurch allein braucht die Überzeugung, daß er richtig ist, noch nicht erschüttert zu werden (BayObLG **52** 163 = NJW **53** 1448; vgl. auch Rdn. 1).

Der vom Nachlaßgericht auf den Erbschein gesetzte *Vermerk* „Nur gültig für das Rückerstattungsverfahren" oder „Nur für Zwecke der Rückerstattung" macht den Erbschein nicht ungültig (BayObLG **52** 67 = NJW **52** 825; BayObLG **52** 163 = NJW **53** 1448).

Vgl. auch Rdn. 22 vor § 2353.

14 **VIII. Höferecht**

Vgl. Rdn. 15—21 vor § 2353. Zum Recht der Beschwerde gegen die Ablehnung der Einziehung eines *Hoffolgezeugnisses* vgl. BGH RdL **52** 26. Zur Einziehung eines Hoffolgezeugnisses ist das Nachlaßgericht zuständig (BayObLG **67** 138; aA AG Osterode NdsRpfl. **65** 269, das für Niedersachsen den Landwirtschaftsrichter am Amtsgericht für zuständig hält).

15 **IX. Kosten**

Zur Kostentragungs- und Kostenerstattungspflicht im Erbscheinseinziehungsverfahren gemäß BayAGBGB Art. 131 vgl. BayObLG **54** 128.

§ 2362

Der wirkliche Erbe kann von dem Besitzer eines unrichtigen Erbscheins die Herausgabe an das Nachlaßgericht verlangen.

Derjenige, welchem ein unrichtiger Erbschein erteilt worden ist, hat dem wirklichen Erben über den Bestand der Erbschaft und über den Verbleib der Erbschaftsgegenstände Auskunft zu erteilen.

E I 2074 II 2227 Abs. 1, 2; M **5** 564, 565; P **5** 683; **6** 357, 358.

Ansprüche des wirklichen Erben

1 **I. Der wirkliche Erbe,** dem der Nacherbe, der Testamentsvollstrecker und der irrtümlich für tot Erklärte gleichgestellt sind (§§ 2363 Abs. 2, 2364 Abs. 2, 2370 Abs. 2), hat neben dem Rechte, die Einziehung zu beantragen (§ 2361 Rdn. 6, 12), den durch Klage verfolgbaren **Anspruch auf Herausgabe des unrichtigen Erbscheins** an *das Nachlaßgericht.* Die Klage steht zu **gegen** den **Besitzer** des Erbscheins, auch des schon für kraftlos erklärten Erbscheins, mag er den Besitzer selbst oder einen Dritten als Erben ausweisen. Auch mittelbarer Besitz genügt (§ 868). Der falsche Erbe ist ohne Besitz und nicht schon deshalb allein, weil ihm der unrichtige Erbschein erteilt worden ist, verklagbar. Jede Unrichtigkeit im Sinne von § 2361 Rdn. 1 ff, auch Unvollständigkeit genügt

zur Klagebegründung. Erst mit der Herausgabe an das Nachlaßgericht, die als Einziehung wirkt, wird der Erbschein kraftlos (§ 2361 Rdn. 6). Der Kläger hat sein Erbrecht, die Unrichtigkeit des Erbscheins und den Besitz des Beklagten zu beweisen (*Erman/Bartholomeyczik* Rdn. 3). Der *Gerichtsstand* des § 27 ZPO gilt nicht. Der *Streitwert* der Herausgabeklage bemißt sich nach dem Interesse des Klägers, die gemäß den §§ 2365—2367 drohenden Nachteile zu verhüten (RG JW **11** 813).

II. Die Auskunftspflicht obliegt, abweichend von Abs. 1, nicht dem Besitzer des Erbscheins als solchem, sondern dem oder den mehreren Personen, die darin fälschlich als Erben ausgewiesen werden. Der Erbe oder Miterbe, dessen Erbrecht nur dem Umfange nach im Erbschein unrichtig bezeichnet wird, ist deshalb allein dem wirklichen Erben oder Miterben nicht auskunftspflichtig. Wohl aber trifft die Auskunftspflicht auch den Gläubiger des (falschen) Erben und die sonstigen nach § 2353 Rdn. 7 Antragsberechtigten, die sich den falschen Erbschein haben erteilen lassen und dadurch gleichfalls in die Lage gekommen sind, über den Nachlaß zu verfügen, gleichviel ob sie davon Gebrauch gemacht haben oder nicht. Vorlegung eines Bestandsverzeichnisses und Offenbarungseid § 260. Gleiche Pflichten treffen den Erbschaftsbesitzer § 2027. **2**

§ 2363

In dem Erbscheine, der einem Vorerben erteilt wird, ist anzugeben, daß eine Nacherbfolge angeordnet ist, unter welchen Voraussetzungen sie eintritt und wer der Nacherbe ist. Hat der Erblasser den Nacherben auf dasjenige eingesetzt, was von der Erbschaft bei dem Eintritte der Nacherbfolge übrig sein wird, oder hat er bestimmt, daß der Vorerbe zur freien Verfügung über die Erbschaft berechtigt sein soll, so ist auch dies anzugeben.

Dem Nacherben steht das im § 2362 Abs. 1 bestimmte Recht zu.

E I 2075 II 2228 Abs. 1, 3; M **5** 565, 566; P **5** 683, 684.

Schrifttum:
Bab, Erbschein nach dem erstverstorbenen zugunsten des überlebenden Ehegatten auf Grund eines gemeinschaftlichen Testaments, JR **52** 468; *Backs,* Testamentarische Beschränkungen des Erben im Erbschein, DFG **40** 49; **Guggumos,** Ersatznacherbe und Erbschein, DFG **37** 233; *Schmidt,* Die Nachfolge in das Anwartschaftsrecht des Nacherben und die Erteilung eines Erbscheins nach Eintritt der Nacherbenbestellung, BWNotZ **66** 139.

Erbschein des Vorerben

Übersicht

I. Zum Inhalt des Erbscheins (Abs. 1) **1**

1. Anordnung der Nacherbfolge

Der Erbschein des Vorerben muß zum Schutze der Rechte des Nacherben erkennen lassen, daß die aus den §§ 2112 ff ersichtlichen Beschränkungen in der Verfügung über Erbschaftsgegenstände bestehen oder – im Interesse des Vorerben – daß und inwieweit sie kraft letztwilliger Anordnung nicht bestehen. Dagegen beweist der Erbschein in der Hand des Vorerben nicht, daß sein Verfügungsrecht noch fortbesteht, d. h., daß es nicht durch Eintritt der Nacherbfolge (§ 2139) oder schon vorher durch Entziehung der Verwaltung (§ 2129) erloschen ist.

2 Eine vom Erblasser angeordnete Nacherbfolge ist im Erbschein nicht mit zu vermerken, wenn feststeht, daß die dafür gesetzte *Bedingung* nicht oder nicht mehr eintreten kann (OLG Celle NdsRpfl. **55** 189).

3 Hat sich die Nacherbfolge durch Zeitablauf (§ 2109) oder durch Wegfall des Nacherben (§ 2108 Rdn. 4) ganz erledigt oder ist der Nacherbfall eingetreten, so ist der Erbschein unrichtig geworden (§ 2361 Rdn. 1; vgl. auch § 2365 Rdn. 5 a. E.). Maßgebend für die nach Abs. 1 Satz 1 erforderlichen Angaben ist nicht die Rechtslage zur Zeit des Erbfalles, sondern die zur Zeit der Erteilung des Erbscheins (DRZ **29** Nr. 136; JFG **18** 223). Der Nacherbe hat auf Erteilung eines eigenen Erbscheins erst nach Eintritt der Nacherbfolge Anspruch (§ 2353 Rdn. 4, § 2365 Rdn. 5 a. E.). Der Nacherbe hat vor Eintritt der Nacherbfolge auch *kein Beschwerderecht*, wenn ein dem Vorerben erteilter Erbschein eingezogen wird, der die Anordnung der Nacherbschaft angibt; denn durch eine solche Einziehung wird kein Recht des Nacherben beeinträchtigt (OLG Oldenburg NdsRpfl. **58** 154 = DNotZ **58** 263 mit eingehender Anm. von *Keidel* S. 265).

4 Bei einer *Amtspflichtverletzung* wegen Nichterwähnens einer Nacherbfolge in einem dem Vorerben erteilten Erbschein kann der Nacherbe Einziehung beantragen (*Palandt/Keidel* Anm. 1 a) und schon vor dem Eintritt der Nacherbfolge aus § 839, GG Art. 34 auf Feststellung der Ersatzpflicht des Staates für den Schaden klagen, der ihm infolge unwirtschaftlicher Verwaltung der Erbmasse durch den Vorerben erwachsen ist und in Zukunft noch erwachsen wird (RG **139** 343 zu WeimVerf Art. 131). Der Nacherbe kann auch die Einziehung anregen, wenn er zu Unrecht als Nacherbe aufgeführt ist oder die Nacherbfolge unrichtig bezeichnet ist (LG Mannheim MDR **61** 58).

5 Zur entsprechenden Anwendung der §§ 2363, 2364 auf das letztwillig verfügte *Verwaltungs-* und *Nutznießungsrecht* der Witwe eines Hofeigentümers beim *Hoffolgezeugnis* (Erbschein) nach HöfeO § 18 Abs. 2 vgl. Rdn. 16 vor § 2353; OLG Celle MDR **49** 165.

6 **2. Voraussetzungen der Nacherbfolge**

Die Voraussetzungen der Nacherbfolge ergeben sich aus den §§ 2103–2107, 2109.

7 **3. Angabe des Nacherben**

Die Bezeichnung des Nacherben, auch des Ersatznacherben (vgl. LG Saarbrücken SaarRuStZ **56** 38), mag er ausdrücklich oder stillschweigend, § 2069, berufen worden sein (RG **142** 171; BayObLG **60** 410) hat, wenn sie keine namentliche sein kann (§§ 2101, 2104), nach anderen Merkmalen (künftige Nachkommenschaft des X) so genau wie möglich zu geschehen (RJA **11** 280). Es ist statthaft, einen solchen Erbschein durch namentliche Anführung der Nacherben später zu ergänzen. Sofern ein von der Regel des § 2108 Abs. 2 Satz 1 abweichender Wille des Erblassers vorliegt, ist im Erbschein zu vermerken, daß die Nacherbenanwartschaft nicht auf die Erben des Nacherben übergeht; fehlt ein solcher Vermerk, so bedeutet die Fassung des Erbscheins, daß die *Anwartschaft vererblich* ist (RG **154** 330). Vgl. hierzu auch *Guggumos* DFG **37** 233 ff sowie RG **145** 316; OLG Köln NJW **55** 634, 635. Im Erbschein ist der Zeitpunkt des Nacherbfalles anzugeben (BayObLG **65** 465).

8 Auch wenn der Nacherbe sein *Anwartschaftsrecht veräußert* hat (§ 2108 Rdn. 13), ist im Erbschein nicht der Erwerber, sondern der Nacherbe anzugeben (s. § 2353 Rdn. 4; ebenso *Kipp/Coing* 11. Bearb. § 50 I 3 b; auch *Palandt/Keidel* 34. Aufl. Anm. 1 b, bb; aM KG DRW **39** 1085[28] = JFG **20** 21). Ist gemäß § 2222 für den Nacherben ein *Testamentsvollstrecker* ernannt worden, so ist zur Sicherung des Rechtsverkehrs mit dem Vorerben diese Ernennung, unter Hinweis auf ihre begrenzte Zweckbestimmung, mit

anzugeben (RJA **12** 121; vgl. *Palandt/Keidel* aaO). Die Angabe der Anteile der Nacherben gehört nicht in den dem Vorerben zu erteilenden Erbschein (OLG **32** 81).

Die Feststellung der Nacherben für den Nacherbenvermerk bestimmt sich nicht nach der Ausnahmeregelung der §§ 2354–2356, sondern nach der grundsätzlichen Regelung des § 2358 (FGG § 12). Das Nachlaßgericht hat daher die Nacherben von Amts wegen zu ermitteln (OLG Frankfurt NJW **53** 507). **9**

4. Befreiung des Vorerben (Abs. 1 Satz 2) **10**

Die **Befreiung des Vorerben von Beschränkungen** seines Verfügungsrechts ist nicht nur dann anzugeben, wenn der Erblasser sie mit den in § 2137 behandelten oder sonstigen Ausdrücken im vollen Umfange des § 2136 angeordnet hat, sondern gemäß dem Zwecke des Erbscheins, als Verfügungsausweis zu dienen, auch dann, wenn es sich nur um die Befreiung von einzelnen gesetzlichen Beschränkungen handelt; wird das nicht angegeben, so ist der Erbschein unrichtig (RJA **12** 204; **16** 62). Auch die Zuwendung eines Nachlaßgegenstandes an den Vorerben als Vorausvermächtnis ist, wenn nicht die Vermutung des § 2110 Abs. 2 widerlegt ist, im Erbschein anzugeben (DRW **40** 455[20] = HRR **40** 539; BayObLG **65** 465; ferner KG JFG **21** 122. Bei *Erman/Bartholomeyczik* Rdn. 5 wird dies wegen der Unübersichtlichkeit des Erbscheins für bedenklich gehalten). Dagegen gehört die in § 2136 auch zugelassene Befreiung von gesetzlichen *Verpflichtungen* gegenüber dem Nacherben nicht in den Erbschein (OLG **34** 290; RJA **16** 62). Entsprechend bei der Eintragung des Vorerben im Grundbuche GBO § 51. Maßgebender Zeitpunkt für die erforderlichen Angaben der Beschränkungen ist nicht der Erbfall, sondern die Erteilung des Erbscheins (KG JFG **18** 223; s. auch Rdn. 3). Kann die Erbfolge nicht mehr eintreten, so entfällt der Vermerk (OLG Celle NdsRpfl. **55** 189).

II. Herausgabe eines unrichtigen Erbscheins (Abs. 2) **11**

Der Herausgabeanspruch des § 2362 Abs. 1 – daneben das Recht, Einziehung nach § 2361 zu betreiben – steht dem Nacherben gegen jeden Besitzer des unrichtigen Erbscheins zu, also, wenn darin Unrichtigkeiten im Sinne des ersten Absatzes enthalten sind, auch gegen den Vorerben, und zwar schon *vor Eintritt der Nacherbfolge*. Dagegen ist er zu dem Verlangen auf *Auskunftserteilung* nach § 2362 Abs. 2 erst *nach* dem Eintritt der Nacherbfolge, gegenüber dem Vorerben übrigens schon nach § 2130 Abs. 2 berechtigt.

§ 2364

Hat der Erblasser einen Testamentsvollstrecker ernannt, so ist die Ernennung in dem Erbschein anzugeben.

Dem Testamentsvollstrecker steht das im § 2362 Abs. 1 bestimmte Recht zu.

E I 2075 Abs. 2, 3 II 2228 Abs. 2, 3; M **5** 566; P **5** 683.

Testamentsvollstrecker und Erbschein

I. Angabe im Erbschein (Abs. 1) **1**

Nur die Ernennung des Testamentsvollstreckers (§§ 2197 ff), nicht auch sein Name oder etwaige Anordnungen, die ihn in der Verwaltung beschränken oder befreien (§ 2368 Rdn. 3 f), sind im Erbschein anzugeben (OLG **40** 155 Rdn. 1 f). Auch der *Nacherbentestamentsvollstrecker* (§ 2222) muß angegeben werden (KGJ **43** 92). Über die Aufnahme des Testamentsvollstreckervermerks in einem gegenständlich beschränkten Erbschein nach § 2368 OLG Frankfurt DNotZ **72** 543.

2 Die Angabe hat *zu unterbleiben*, wenn der Testamentsvollstrecker den Erben (oder den Erbeserben, KGJ **46** 141) nicht beschränkt, so in den Fällen der §§ 2208 Abs. 2, 2223, ferner, wenn es sich um den nur für einen Miterben auszustellenden Erbschein handelt, dessen Erbteil von der Bestellung des Testamentsvollstreckers nicht betroffen wird (RJA **12** 120; OLG **44** 107); dagegen nicht in dem Falle des § 2222, in dem die Testamentsvollstreckung die Art der Beschränkung des Vorerben durch das Nacherbenrecht beeinflußt (§ 2363 Rdn. 8). Die Ernennung ist ferner *nicht anzugeben*, wenn sie nach § 2201 unwirksam oder zur Zeit der Erteilung des Erbscheins, z. B. durch Ablehnung des Amtes oder durch Eintritt einer auflösenden Bedingung, bereits hinfällig geworden ist (KGJ **48** 143 gegen RJA **8** 35). Dasselbe gilt, wenn die Ernennung, z. B. wegen einer aufschiebenden Bedingung, noch nicht wirksam geworden ist und ihre Aufnahme in den Erbschein das einstweilen unbeschränkte Verfügungsrecht des Erben ins Ungewisse stellen würde (JFG **10** 72). Vgl. auch GBO § 52.

3 Das dem Testamentsvollstrecker selbst zu erteilende Zeugnis behandelt § 2368.

4 **II. Herausgabe eines unrichtigen Erbscheins (Abs. 2)**

Der Testamentsvollstrecker kann – neben dem Rechte, Einziehung nach § 2361 zu beantragen (BayObLG **13** 743; RJA **16** 244) – Herausgabe des Erbscheins an das Nachlaßgericht sowohl vom Erben verlangen, wenn darin die Ernennung des Testamentsvollstreckers nicht angegeben ist oder sonstige Unrichtigkeiten enthalten sind, als auch von jedem dritten Besitzer des unrichtigen Erbscheins. Zur Unrichtigkeit des Erbscheins bei Fortfall der Testamentsvollstreckung s. KGJ **50** 104; keine Unrichtigkeit wegen Personenwechsels des Testamentsvollstreckers (*Erman/Bartholomeyczik* Rdn. 3). Als Ausfluß seines Verwaltungsrechts gebührt dem Testamentsvollstrecker in diesem Falle auch das Recht auf Auskunftserteilung aus § 2362 Abs. 2. Wegen des Rechts des Testamentsvollstreckers, selbständig die Erteilung des Erbscheins zu beantragen, vgl. § 2353 Rdn. 7.

§ 2365

Es wird vermutet, daß demjenigen, welcher in dem Erbschein als Erbe bezeichnet ist, das in dem Erbschein angegebene Erbrecht zustehe und daß er nicht durch andere als die angegebenen Anordnungen beschränkt sei.

E I 2076 II 2229; M **5** 567, 568; P **5** 683.

Beweiswirkung des Erbscheins (Vermutung)

Übersicht

1 **I. Allgemeines**

Die durch den Erbschein begründete **Vermutung** ist durch alle Beweismittel widerlegbar (ZPO § 292 in entsprechender Anwendung); der Gegenbeweis kann unter Umständen demselben Beweis- und Tatsachenstoff, der schon bei der Erteilung des Erbscheins vorgelegen hat, entnommen werden (RG **92** 71; DR **42** 977[7]; OLG Nürnberg WM **62** 1200). Die Vermutung hängt von der Erteilung ab, d. h. regelmäßig von der Aushändigung des Erbscheins an den Antragsteller (§ 2353 Rdn. 21; BayObLG **60** 192 =

NJW **60** 1722), auch wenn ihm nur mittelbarer Besitz daran verschafft wird (§ 868). Doch ist die Fortdauer der Vermutung von der Fortdauer des Besitzes oder auch nur vom Vorhandensein des Erbscheins nicht abhängig.

Die Vermutung des § 2365 und der sich darauf gründende Schutz des § 2366 besteht unabhängig davon, ob der Erbschein bei Abschluß des Rechtsgeschäfts vorgelegt wird oder ob dem Beteiligten überhaupt das Vorhandensein eines Erbscheines bekannt ist. Sie *erlischt* erst mit der Einziehung oder Kraftloserklärung (§ 2361), denen die Herausgabe an das Nachlaßgericht gleichsteht (§ 2362 Rdn. 1), oder dadurch, daß von einem wenn auch unzuständigen Nachlaßgericht (§ 2353 Rdn. 1) ein zweiter widersprechender Erbschein erteilt wird. Eine Vermutung hebt dann die andere auf (BGH **33** 314 = NJW **61** 605; einschränkend *Lindacher* DNotZ **70** 93; aA *Lange* Lehrbuch § 41 II 5 b N 9). Zur Frage einer Widerlegung der Vermutung durch das gleiche Beweismaterial, das bereits bei Schaffung der die Rechtsvermutung begründenden Urkunde vorgelegen hat, s. OLG Nürnberg WM **62** 1200. **2**

Öffentlicher Glaube des Erbscheins §§ 2366, 2367. **3**

II. Vermutung für das Erbrecht (Halbs. 1) **4**

Die Vermutung hat, wie bei der Eintragung im Grundbuche (§ 891), unmittelbar das **Erbrecht** des oder der mehreren im Erbschein bezeichneten Erben, insbesondere auch die Größe des Erbteils (§ 2353 Rdn. 17), nicht die zugrunde liegenden Tatsachen zum Gegenstande (RG WarnRspr. **13** Nr. 300; RG DR **44/45** 339[15]). Sie wirkt sowohl *für* den Erben, wenn er das Erbrecht selbst, insbesondere mit dem Erbschaftsanspruch, oder einzelne zum Nachlaß gehörende Ansprüche geltend macht, als auch *gegen* ihn, wenn er wegen Nachlaßverbindlichkeiten belangt wird. Doch braucht der Erbe den Nachweis seines Erbrechts gegenüber den Nachlaßschuldnern nicht durch Erbschein zu führen; diese dürfen die Zahlung auch nicht verweigern, bis er den Erbschein vorlegt (RG **54** 343; WarnRspr. **08** Nr. 75; § 2367 Rdn. 2). Anderseits soll nach RG (IV. ZS) WarnRspr. **13** Nr. 300 (durch Urteil v. 21. 1. 1944 VI 107/43 = DR **44/45** 399[15] erneut ausdrücklich bestätigt) der auftretende Kläger, der im Erbrechtsstreit gegenüber dem Erbscheinserben als gesetzlicher Erbe auftritt, seiner Pflicht zur Führung des Gegenbeweises dadurch genügen, daß er nach den allgemeinen Grundsätzen, welche die Beweislastverteilung bei der Erbschaftsklage regeln, die Tatsachen für sein gesetzliches Erbrecht beweist, während der Beklagte die zur Ausschließung dieses Erbrechts dienenden Tatsachen, deshalb auch die streitige Echtheit eines vorhandenen Privattestaments soll beweisen müssen (zustimmend *Kipp* § 63 Anm. 4 und dort Angeführte; auch *Kipp/Coing* 12. Bearb. § 103 Anm. 4; LG Hagen NJW **66** 1660; ferner *Staudinger/Firsching* Rdn. 25). Dagegen hat RG (V. ZS) **92** 71 den für die Rechtsvermutung des § 891 (s. dort Rdn. 21 ff) ständig angenommenen Satz auch für § 2365 anerkannt, es gehöre zur Führung des Gegenbeweises, jede Möglichkeit auszuräumen, daß das beurkundete Recht entstanden sei. Auch von diesem Standpunkt aus ist aber (mit RG 27. 4. 1925 IV 518/24) anzuerkennen, daß der Prozeßrichter gegenüber dem Erbschein freie Hand hat, wenn es sich um die Auslegung eines in seiner Echtheit nicht bestrittenen Testaments handelt (BGH **47** 67).

Gemäß § 857 erstreckt sich die Vermutung auch darauf, daß der Erbe an den Nachlaßsachen Besitz erlangt habe und daß ihm deshalb die Besitzschutzmittel zur Seite stehen. Er wird aber mit der Erteilung des Scheines allein nicht schon Erbschaftsbesitzer im gesetzlichen Sinne des § 2018 (s. dort Rdn. 4–6). Der einem Vorerben erteilte Erbschein, der gemäß § 2363 die Nacherben benennt, bezeugt nicht mit den Wirkungen der §§ 2365–2367, wer Nacherbe ist; diese Wirkungen kommen nur einem Erbschein zu, der **5** den Nacherben nach Eintritt der Nacherbfolge erteilt wird (§ 2353 Rdn. 4; JFG **6** 135; OLG München HRR **38** Nr. 315).

6 **III. Vermutung für das Fehlen weitergehender Beschränkungen (Halbs. 2)**

Inhalt und Umfang des Erbrechts werden sowohl nach der positiven als nach der negativen Seite bezeugt, *positiv* dahin, daß es überhaupt und zugleich, daß es mit den angegebenen Beschränkungen besteht, *negativ* dahin, daß sonstige Beschränkungen nicht angeordnet worden sind.

7 Als mögliche *Beschränkungen* des Erben kommen jedoch nur in Frage: Anordnung einer Nacherbfolge und Ernennung eines Testamentsvollstreckers gemäß §§ 2363, 2364, nicht auch Teilungsanordnungen; diese begründen nur schuldrechtliche Verpflichtungen zwischen den Erben (§ 2048 Rdn. 4). Ebensowenig befaßt sich die Vermutung mit Umständen, die nicht auf Anordnung des Erblassers beruhen, wie etwaige Nachlaßverwaltung oder Nachlaßkonkurs oder Entziehung der Verwaltung nach § 2129 (vgl. *Erman/Bartholomeyczik* Rdn. 3 c).

8 **IV. Besonderes**

Nachweis der Erbfolge durch Erbschein nach GBO §§ 35, 36; FGG § 107 Abs. 2. Über die Grenzen der dem Grundbuchrichter (oder Schiffsregisterrichter) gegenüber dem Inhalte des Erbscheins obliegenden Prüfung vgl. *Güthe/Triebel* GBO § 35 Anm. 17 sowie KG JFG **18** 42; KGJ **45** A 252; s. auch *Henke/Mönch/Horber* GBO § 35 Anm. 3 Cc; *Meikel/Imhof/Riedel* GBO 5. Aufl. § 35 Anm. 39, 40; *Thieme* GBO 4. Aufl. § 35 Anm. 2 Abs. 4; *Haegele* Rpfleger **51** 547. Bedenklich ist die vom OLG Frankfurt vertretene Meinung, das Grundbuchamt könne einen Erbschein deshalb als unrichtig zurückweisen, weil seine Erteilung gefestigter Rechtsauffassung widerspreche (Rpfleger **53** 36). Ist die Auslegung eines Testamentes, in dem einem Dritten die Auswahl des Nacherben überlassen ist, zweifelhaft und hängt die Gültigkeit des Testamentes von dieser Auslegung ab, so ist der Grundbuchrichter nach Ansicht des OLG Celle dagegen nicht befugt, das Testament anders auszulegen, als es der Nachlaßrichter bei der Erteilung des Erbscheins getan hat (NdsRpfl. **58** 140). Das ist billigenswert. Vgl. auch *Staudinger/Firsching* Rdn. 17, 18; dazu ferner OLG Hamm NJW **69** 798; OLG Celle NJW **61** 562, besonders zu der Frage, unter welchen Voraussetzungen das Grundbuchamt die Vorlage eines Erbscheines verlangen kann.

Wohnungsbehörden dürfen denjenigen als Verfügungsberechtigten nach § 14 WBewG ansehen, der durch einen Erbschein ausgewiesen ist (BVerwG ZMR **59** 114). Die Vermutung des § 2365 gilt auch für *Steuerbehörden* (BFH DWW **63** 29; *Palandt/Keidel* Anm. 3).

9 Ein nach dem 1. Weltkriege in den an Polen abgetretenen Gebieten von einem *polnischen Gericht*, sei es auch im Einklang mit den dort gültig gebliebenen Vorschriften des BGB, erteilter Erbschein genügte nicht zum Nachweise der Erbfolge (JFG **17** 342).

Zum Nachweise der Wirksamkeit eines in New York errichteten Testaments eines amerikanischen Staatsangehörigen genügt im *Rückerstattungsverfahren* die Vorlage einer beglaubigten Abschrift des Testaments, aus der hervorgeht, daß dieses Testament bei einem US-Gericht zum „probate" vorgelegen hat (OLG München WM **67** 812).

10 Zum *Streitwert:* Der Erbschein begründet nur eine Rechtsvermutung und kann wirtschaftlich fast ohne Wert sein. In einem Rechtsstreit, der das Erbscheinsverfahren, z. B. mit einem Antrag auf Abgabe einer eidesstattlichen Versicherung, nur vorbereiten soll, ist daher in der Regel ein geringer Streitwert festzusetzen (BGH 8. 7. 1954 IV ZR 210/53). Die Gebühren eines Rechtsanwalts, der einen Miterben in einem Erbscheins-

verfahren vertritt, richten sich nicht gemäß § 9 Abs. 1 BRAGebO nach dem für die Berechnung der Gerichtsgebühren festgesetzten Wert. Das wäre, wenn Erbscheinserteilung beantragt wird, der reine Wert des gesamten inländischen Nachlasses. Der Gegenstand der Anwaltstätigkeit entspricht vielmehr nur dem materiellen Interesse des Vertretenen an der Erteilung des Erbscheins, grundsätzlich also nur dem Werte des vom Vertretenen beanspruchten Erbteils (BGH LM BRAGebO § 9 Nr. 1).

§ 2366

Erwirbt jemand von demjenigen, welcher in einem Erbschein als Erbe bezeichnet ist, durch Rechtsgeschäft einen Erbschaftsgegenstand, ein Recht an einem solchen Gegenstand oder die Befreiung von einem zur Erbschaft gehörenden Rechte, so gilt zu seinen Gunsten der Inhalt des Erbscheins, soweit die Vermutung des § 2365 reicht, als richtig, es sei denn, daß er die Unrichtigkeit kennt oder weiß, daß das Nachlaßgericht die Rückgabe des Erbscheins wegen Unrichtigkeit verlangt hat.

E I 2077 II 2230; M **5** 569–572; P **5** 684–686; **6** 222.

Öffentlicher Glaube beim Erwerb vom Erbscheinserben

Übersicht

I. Allgemeines 1

§ 2366 behandelt den **öffentlichen Glauben** des Erbscheins, entsprechend dem Inhalte des Grundbuchs § 892, soweit es sich um den **Erwerb** von dem durch Erbschein ausgewiesenen Erben handelt (Leistung an den Erben § 2367). Entscheidend ist lediglich, ob zur Zeit des Erwerbs ein solcher Erbschein erteilt ist und noch gilt. Es kommen nicht in Betracht: Der bereits eingezogene oder für kraftlos erklärte Erbschein, auch nicht die Ausfertigung eines Beschlusses, der lediglich die Anordnung enthält, ein Erbschein solle erteilt werden (BayObLG **60** 192 = NJW **60** 1722). Es ist nicht erforderlich, daß der Erbe den Erbschein bei Abschluß des Geschäfts besitzt oder vorlegt oder daß er oder der Erwerber auch nur davon Kenntnis hat (RG ZBlFG **8** 327; BGH **33** 317). Wenn es sich auch um den Erwerb eines Grundstücks handelt, genügt es für einen gutgläubigen Erwerb, wenn der Erbschein z. Zt. der Umschreibung im Grundbuch vorliegt; es ist also nicht erforderlich, daß er schon bei Abschluß des Kaufvertrages vorgelegen hat (BGH WM **71** 54). Bei Eintragung einer Auflassungsvormerkung auf Grund einer Bewilligung des im Erbschein als Erben Ausgewiesenen kommt es auf diesen Eintragungszeitpunkt an. Der Erwerber erlangt das Eigentum an dem Grundstück auch dann gutgläubig, wenn im Zeitpunkt seiner Eintragung als Eigentümer der Erbschein bereits als unrichtig eingezogen war (BGH **57** 341 = WM **72** 190). Ebensowenig ist zwischen entgeltlichem und unentgeltlichem Erwerb unterschieden; doch haftet letzterenfalls der Erwerber dem wirklichen Erben nach den §§ 816, 822 auf Bereicherung.

Um die schwer wiedergutzumachenden Schäden zu vermeiden, die sich aus dem öffentlichen Glauben des Erbscheins im Falle der Unrichtigkeit für den wirklichen Berechtigten ergeben können, sind die Gerichte dazu übergegangen, den Inhalt des zu erteilenden Erbscheins den betroffenen Personen durch Mitteilung der Ausstellungsanordnung oder durch Vorbescheid rechtzeitig bekannt zu geben, um ihnen die Möglichkeit der Beschwerde zu eröffnen. Dagegen ist nichts einzuwenden (vgl. BGH **20** 255; § 2359 Rdn. 8 mit weiteren Nachweisen).

2 **II. Erwerb durch Rechtsgeschäft**

Der Erwerb muß **durch dingliches Rechtsgeschäft** (Rdn. 7 vor § 104), einseitiges oder zweiseitiges, vermittelt worden sein. Demnach scheidet der Erwerb unmittelbar kraft Gesetzes (so § 412), insbesondere durch Erbgang, aus, mag er sich auch auf Grund einer Verfügung von Todes wegen, im Wege der Zwangsvollstreckung oder des Arrestes vollziehen, soweit es sich dabei nicht gemäß ZPO §§ 894, 897 um die durch Urteil erzwungene Erfüllung eines Rechtsgeschäfts handelt. Über verfügende Rechtsgeschäfte anderer Art als Erwerbsgeschäfte s. § 2367 Rdn. 5. Der dem Erbscheinserben aus dem Rechtsgeschäfte zufließende Erwerb (die Gegenleistung) wird als dinglicher Ersatz nach §§ 2019 Rdn. 3, 2111 Rdn. 3–11 Bestandteil der Erbschaft, soweit er mit Mitteln der Erbschaft gemacht worden ist. Im übrigen haftet der falsche Erbscheinserbe nach § 816 auf Bereicherung. Das zwischen ihm und einem Dritten ergehende Urteil wirkt weder für noch gegen den wirklichen Erben.

3 **III. Erbschaftsgegenstand**

Erbschaftsgegenstand, Sache oder Recht (§ 90) einschließlich der Ersatzstücke (Surrogate) nach § 2019 Rdn. 1–3, im Gegensatze zu der Erbschaft als Ganzem (§§ 2030, 2371 ff) oder zum Erbteile. Der Erbschein schützt mithin den nicht, der einen Erbteil auf Grund des § 2033 Abs. 1 erwirbt. Zugleich kommt zum Ausdruck („Erbschaftsgegenstand, zur Erbschaft gehörendes Recht"), daß sich der Erwerb auf der Grundlage des dem Erbscheinserben vermeintlich zustehenden Erbrechts vollzogen haben muß. Der gute Glaube an den Inhalt des Erbscheins schützt auch den Erwerber von Sachen nicht, die der durch den Erbschein ausgewiesene Erbe als angeblich zum Nachlaß gehörig, in Wirklichkeit jedoch ohne Berechtigung veräußert. Jedoch können Veräußerungen solcher Art den Schutz der §§ 932 ff genießen.

4 **IV. Recht an einem Erbschaftsgegenstand**

In Betracht kommen z. B. Dienstbarkeiten, Hypotheken, Grundschulden, Pfandrechte.

5 **V. Befreiung von Rechten**

Gemeint sind Rechte dinglicher oder persönlicher Art, sofern sie dem Erben als solchem, auch als Erbschaftssurrogate, zustehen (Löschungsbewilligungen, Erlaß, befreiende Schuldübernahme).

6 **VI. Schutzwirkung des Erbscheins**

Die Schutzwirkung des Erbscheins reicht so weit wie die Vermutung des § 2365, nicht weiter. Danach hat die Veräußerung, welche der falsche, aber durch einen noch geltenden Erbschein ausgewiesene Erbe vorgenommen hat, die gleiche Wirkung, wie wenn sie der wahre Erbe bewirkt hätte. Ebenso sind die Veräußerungen des wirklichen Erben, dem ein unbeschränkter Erbschein erteilt worden ist, voll wirksam, auch wenn er in Wahrheit durch Anordnung einer Nacherbfolge oder Ernennung eines Testamentsvollstreckers beschränkt war. Keinen öffentlichen Glauben genießt die Ausfertigung des Anordnungsbeschlusses, auch wenn dieser den Inhalt des Erbscheins vollständig wiedergibt (BayObLGZ **60** 192).

Dagegen bietet der Erbschein *keine Gewähr* dafür, daß der Erbe nicht in anderer Weise (durch Nachlaßverwaltung, Nachlaßkonkurs, Entziehung der Verwaltung nach § 2129) beschränkt oder daß sein Vorerbenrecht nicht inzwischen durch Eintritt der Nacherbfolge erloschen ist (s. jedoch § 2140), auch nicht dafür, daß er gemäß § 2361 nicht für kraftlos erklärt worden ist. Angaben, die nicht in den Erbschein gehören (§ 2353 Rdn. 15), genießen den öffentlichen Glauben überhaupt nicht. **7**

Der Schutz tritt nur *zugunsten des Erwerbers* ein, nicht zugunsten des oder der vermeintlichen Erben, also nicht auch wegen der Verfügungen, die vermeintliche Miterben untereinander über Erbschaftsgegenstände getroffen haben. Anderseits wirkt der unrichtige Erbschein auch nicht zuungunsten des Erwerbers, wenn er z. B. nachweist, daß die im Erbschein angegebenen Beschränkungen des Erben tatsächlich nicht bestehen. **8**

Bei mehreren einander widersprechenden Erbscheinen entfällt für jeden Erbschein, soweit ein Widerspruch besteht, nicht nur die Vermutung für seine Richtigkeit, sondern auch die Wirkung des öffentlichen Glaubens (BGH **33** 314 mit Anm. von *Piepenbrock* in LM Nr. 1; vgl. dazu *Lindacher* DNotZ **70** 99). Liegen zwei widersprüchliche Erbscheine aus der Bundesrepublik Deutschland und der DDR vor, so ist dem ersteren der Vorzug zu geben (*Ferid/Firsching* Intern. Erbrecht, Deutschland, DDR Grdz. E Rdn. 37). In allen diesen Fällen wird jedoch mit der Wiedereinziehung des ihm entgegenstehenden Scheines der auf Grund des anderen Erbscheins vollzogene Erwerb wirksam. **9**

VII. Kenntnis der Unrichtigkeit **10**

Nur der redliche Erwerb wird geschützt. Er setzt das Bewußtsein voraus, einen Erbschaftsgegenstand zu erwerben (*Wiegand* JuS **72** 87, 89; **72** 336; aA *Vennemann* JuS **72** 335).

Der Schutz des Erbscheins versagt, wenn dem Erwerber Kenntnis der Unrichtigkeit (§ 2361 Rdn. 1) nachgewiesen wird. Hierzu genügt jedoch nicht Kennenmüssen (§ 122 Abs. 2) oder Kenntnis von einzelnen Tatsachen, die das bezeugte Erbrecht aufzuheben oder einzuschränken geeignet sind, wenn der Erwerber dadurch nicht die Überzeugung gewonnen hat, daß der Erbschein unrichtig ist. Er braucht deshalb nicht gutgläubig im Sinne von § 932 Abs. 2 zu sein. Zweifel, selbst ein auf grober Fahrlässigkeit beruhendes Nichterkennen der Unrichtigkeit, begründen keine Kenntnis. *Kenntnis der Anfechtbarkeit* steht nach § 142 Abs. 2 der Kenntnis der Nichtigkeit gleich. Entscheidend ist der *Zeitpunkt* der Vollendung des betreffenden Rechtsgeschäfts (BGH WM **71** 54). Kenntnis der Verurteilung zur Herausgabe (§ 2362 Abs. 1) oder Anfechtbarkeit des Testaments macht aber bösgläubig (*Palandt/Keidel* Anm. 2). Grundsätzlich kommt es auf die Kenntnis des *Vertreters* an, ausnahmsweise genügt diejenige des Vertretenen (§ 166). Durch einstweilige Anordnungen im FGG-Verfahren kann die Gefahr gutgläubigen Dritterwerbs und befreiender Leistung an den Erbscheinserben nicht ausgeschlossen werden (BayObLG NJW **63** 159).

VIII. Kenntnis vom Rückgabeverlangen des Nachlaßgerichts **11**

Wer weiß, daß das Nachlaßgericht die Rückgabe des Erbscheins wegen Unrichtigkeit verlangt hat, kann sich nicht auf die Schutzwirkung des Erbscheins berufen, gleichviel ob der Erbschein unrichtig und ob das Verlangen des Nachlaßgerichts gerechtfertigt ist. Das gleiche gilt, wenn der Erwerber von der rechtskräftigen Verurteilung zur Herausgabe an das Nachlaßgericht erfährt (§ 2362 Abs. 1). Dagegen ist die Kenntnis davon unschädlich, daß die Klage auf Herausgabe erst erhoben ist.

12 **IX. Verhältnis zum öffentlichen Glauben des Grundbuchs**

Soweit Grundstücke in Frage stehen und der Erbe im Grundbuch eingetragen ist, ist der öffentliche Glaube des Grundbuchs (§ 892) für den grundbuchmäßigen Erwerb auch dann maßgebend, wenn das Grundbuch und der Erbschein verschiedene Personen als Erben ausweisen. Bei Widerspruch von Erbschein und Grundbucheintrag geht letzterer dem Erbschein vor (*Erman/Bartholomeyczik* Rdn. 7). War der Erblasser noch eingetragen, so ist der Erwerber hinsichtlich des Verfügungsrechts des Veräußerers durch den Erbschein geschützt (BGH **57** 341 mit Anm. von *Mattern* in LM Nr. 2 = NJW **72** 434). Daneben kommt der öffentliche Glaube des Grundbuchs dem Erwerber insofern zustatten, als das Grundstück als zur Erbschaft gehörend gilt (*Kuntze* JR **72** 202). Doch verliert der Erbschein damit im übrigen, also bei Verfügungen über bewegliche Sachen, über Forderungen und sonstige zum Nachlasse gehörige, nicht im Grundbuch eingetragene Rechte nicht seine Schutzwirkung. Inwieweit die Kenntnis von der (richtigen) Eintragung im Grundbuch oder von einem dort eingetragenen (begründeten) Widerspruch der Kenntnis von der Unrichtigkeit des Erbscheins gleichsteht (Rdn. 10), ist Tatfrage.

§ 2367

Die Vorschriften des § 2366 finden entsprechende Anwendung, wenn an denjenigen, welcher in einem Erbschein als Erbe bezeichnet ist, auf Grund eines zur Erbschaft gehörenden Rechtes eine Leistung bewirkt oder wenn zwischen ihm und einem anderen in Ansehung eines solchen Rechtes ein nicht unter die Vorschrift des § 2366 fallendes Rechtsgeschäft vorgenommen wird, das eine Verfügung über das Recht enthält.

E I 2077 II 2231; M **5** 569–572; P **5** 685–687, 728, 729.

Sonstige Rechtsgeschäfte mit dem Erbscheinserben

Übersicht

1 **I. Allgemeines**

§ 2367 behandelt den **öffentlichen Glauben** des Erbscheins, entsprechend beim Grundbuche § 893, wenn es sich um Leistungen an den Erben oder um andere als Erwerbsgeschäfte handelt.

2 **II. Leistungen an den Erbscheinserben (Halbs. 1)**

Der gutgläubige Nachlaßschuldner wird durch Leistung an den Erbscheinserben (§ 241) auch dann befreit, wenn dieser sich nicht als wirklicher Erbe erweist oder wenn der Erbe infolge bestehender, aber im Erbscheine nicht angegebener Beschränkungen (§ 2366 Rdn. 6–8) nicht wirksam annehmen konnte. Der Schuldner ist jedoch nicht berechtigt, die Leistung von der Vorlage eines Erbscheins abhängig zu machen (§ 2365 Rdn. 4; Ausnahme bei einer Nachlaßhypothek, wenn der Erbe nicht als Gläubiger eingetragen ist, gemäß § 1144 in Verb. mit GBO § 35 Abs. 1; s. auch ZPO § 94).

3 Ob die Leistung an den Erbscheinserben persönlich oder so bewirkt wird, daß sie der Gläubiger als erfolgt gelten lassen muß (§§ 182 ff, 1375, 1443), ist gleichgültig. Hinterlegung steht der Leistung gleich (§ 378). Auch insoweit treten die mit der Leistung an den Berechtigten verknüpften Wirkungen ein, als dadurch kraft Gesetzes (§§ 268,

426, 774, 1143, 1163, 1177) die dem wirklichen Erben zustehende Forderung auf den Leistenden übergeht. Zur Erbschaft gehören auch die Rechte, welche infolge dinglicher Ersetzung Bestandteile der Erbschaft geworden sind (§§ 2019 Rdn. 1–3, 2111 Rdn. 3 bis 11).

Der falsche Erbe haftet dem wirklichen Erben nach § 816 Abs. 2 auf Bereicherung. **4**

III. Nicht unter § 2366 fallende Verfügungsgeschäfte (Halbs. 2) **5**

Als nicht auf Erwerb abzielende *Verfügungsgeschäfte*, zweiseitige oder einseitige, die der Erbscheinserbe gegenüber einem Dritten oder dieser gegen den Erbscheinserben vornimmt, kommen in Betracht: Aufrechnung, Anbieten der Leistung, Kündigung (vgl. *Hoffmann* JuS **68** 228, 229 mit Erl. 2), Vorrangseinräumung, Erklärungen an Behörden usw. Verfügung ist auch die Eintragung einer Vormerkung im Grundbuch. Hat jemand, der in einem Erbschein zu Unrecht als Erbe bezeichnet worden ist, eine *Auflassungsvormerkung* bewilligt, dann kann diese sogar gutgläubig mit der Folge erworben werden, daß der gute Glaube auch für den späteren Erwerb des dinglichen Rechts maßgebend ist (BGH **57** 341 mit Anm. von *Mattern* LM § 2366 Nr. 2; dazu *Kuntze* JR **72** 201; vgl. § 2366 Rdn. 12). Dagegen kann der Erbscheinserbe niemals den wirklichen Erben nur *schuldrechtlich*, so auch nicht durch Abschluß von Mietverträgen über ein Nachlaßgrundstück verpflichten, ebensowenig durch Führung eines Rechtsstreits über zur Erbschaft gehörende Rechte.

§ 2368

Einem Testamentsvollstrecker hat das Nachlaßgericht auf Antrag ein Zeugnis über die Ernennung zu erteilen. Ist der Testamentsvollstrecker in der Verwaltung des Nachlasses beschränkt oder hat der Erblasser angeordnet, daß der Testamentsvollstrecker in der Eingehung von Verbindlichkeiten für den Nachlaß nicht beschränkt sein soll, so ist dies in dem Zeugnis anzugeben.

Ist die Ernennung nicht in einer dem Nachlaßgerichte vorliegenden öffentlichen Urkunde enthalten, so soll vor der Erteilung des Zeugnisses der Erbe, wenn tunlich, über die Gültigkeit der Ernennung gehört werden.

Die Vorschriften über den Erbschein finden auf das Zeugnis entsprechende Anwendung; mit der Beendigung des Amtes des Testamentsvollstreckers wird das Zeugnis kraftlos.

E II 2233; M **5** 222; P **5** 253–255, 688–691.

Schrifttum:
Haegele, Testamentsvollstreckerzeugnis und Erbschein, Just. **57** 99, 128; *derselbe*, Der Testamentsvollstrecker 4. Aufl. 1973.

Testamentsvollstreckerzeugnis

Übersicht

1 **I. Erteilung (Abs. 1 Satz 1)**

Das Testamentsvollstreckerzeugnis wird dem Testamentsvollstrecker für seine Person erteilt, und zwar auf Antrag. Der Antrag ist vom Testamentsvollstrecker zu stellen oder vom Nachlaßgläubiger (s. Rdn. 12). Zuständig für die Erteilung ist der Nachlaßrichter, nicht der Rechtspfleger (§ 16 Nr. 6 RPflG). Das Zeugnis bekundet, abweichend von dem für den Erben erteilten Erbschein, nicht nur die Tatsache der Ernennung (§ 2364 Rdn. 1), sondern hat auch seine Person *namentlich* zu bezeichnen. Auf das Zeugnis hat nicht allein der verwaltende, sondern jeder Testamentsvollstrecker Anspruch, sobald er das Amt angenommen hat, also auch in den Fällen der §§ 2208, 2222, 2223.

2 Auch wenn zum Nachlaß ein Hof gehört, für den *Höferecht* gilt, ist nicht das Landwirtschaftsgericht, sondern das *Nachlaßgericht* zuständig, das Testamentsvollstreckerzeugnis zu erteilen (OLG Oldenburg NdsRpfl **53** 196 = RdL **53** 281; *Lange/Wulff* HöfeO 4. Aufl. S. 378 unter Nr. 259a; aM OLG Hamm NJW **53** 1759 = JMBlNRW **53** 137; BGH **58** 105 mit Anm. von *Grell* LM § 18 HöfeO Nr. 9). Vgl. auch Rdn. 20 vor § 2353.

3 **II. Verwaltungsbeschränkung und -erweiterung (Abs. 1 Satz 2)**

Als Verwaltungsbeschränkungen kommen alle von der Regel der §§ 2203–2206 abweichenden Anordnungen in Betracht, soweit sie für den rechtsgeschäftlichen Verkehr des Testamentsvollstreckers mit Dritten erheblich sind (RJA 7 24; vgl. auch JW **38** 2476[15]); insbesondere also Beschränkungen aus den §§ 2208, 2209, 2222, 2223 und Anordnungen für die Amtsführung mehrerer Testamentsvollstrecker, § 2224 Abs. 1; aber auch Anordnungen über die Fortdauer der Verwaltung nach § 2210 Rdn. 2 oder über deren zeitliche Begrenzung sind anzugeben (OLG **40** 158; KG NJW **64** 1905). Bei Testamentsvollstreckung für den Vor- und Nacherbenfall ist ein einheitliches Testamentsvollstreckerzeugnis zu erteilen (BayObLG NJW **59** 1920 = DNotZ **60** 430).

4 **Befreiungen** in der Eingehung von **Verbindlichkeiten** §§ 2207, 2209 Rdn. 6.

5 **III. Anhören des Erben (Abs. 2)**

Der Nachweis der Ernennung durch öffentliche Urkunde ist in den bei § 2360 Rdn. 2 erwähnten Fällen nicht möglich. Er erledigt sich, wenn das Gericht nach § 2200 selbst die Ernennung vornimmt. Zur Erteilung eines Testamentsvollstreckerzeugnisses auf Grund eines *ausländischen* (englischen) Privattestaments: JW **36** 1154[43].

6 **Gehör des Erben,** Untunlichkeit wie § 2360 Rdn. 2, 3. Verletzung des Grundsatzes des rechtlichen Gehörs rechtfertigt für sich allein keine Einziehung des Testamentsvollstreckerzeugnisses (BGH NJW **63** 1972 f).

7 **IV. Anwendung der Erbscheinsregeln (Abs. 3 Halbs. 1)**

Die entsprechende Anwendung der **Vorschriften über den Erbschein** ergibt: Die Größe des betreffenden Erbteils ist anzugeben, wenn der Testamentsvollstrecker nur einem von mehreren Erben bestellt ist (§ 2353). Im übrigen ist die Person des Erben gleichgültig; die Angabe hierüber ist, um Verwechslungen mit dem Erbschein zu verhüten, sogar eher zu vermeiden (so auch *Erman/Bartholomeyczik* Rdn. 3). Die in den §§ 2354–2356 vorgeschriebenen Angaben und Nachweise liegen dem Testamentsvollstrecker nur insoweit ob, als davon die Gültigkeit seiner Ernennung abhängt. Jeder der mehreren Testamentsvollstrecker kann das Zeugnis für sich allein (wiewohl unter Aufführung auch der übrigen zur Führung des Amtes Mitberechtigten, § 2224) als auch als gemeinschaftliches beantragen, hat aber dann die Annahme des Amtes durch die übrigen nachzuweisen (§ 2357). Zur Ermittlungs- und Prüfungspflicht des Nachlaßgerichts vgl. §§ 2358, 2359, insbesondere, wenn ein Wechsel in der Person des Testamentsvollstreckers eintritt (§ 2361 Abs. 3). Der Gegner ist zu hören, nach Befinden auch der streitende Erbansprecher, wenn ein Rechtsstreit über die Gültigkeit der Ernennung anhängig ist (§ 2360).

Das Zeugnis ist *einzuziehen,* wenn sich ergibt, daß eine wirksame Anordnung oder Annahme des Amtes nicht vorliegt oder der Inhalt des Zeugnisses sonst unrichtig ist, § 2361 (RJA **10** 121; **16** 67; Beschwerde gegen die Erteilung mit dem Ziel auf Einziehung: JW **28** 1943[3]). Ebenso wie ein Erbschein kann ein Testamentsvollstreckerzeugnis nur entsprechend dem gestellten Antrag erteilt werden; *weicht es vom Antrage ab,* so ist es selbst dann einzuziehen, wenn es richtig ist, es sei denn, der Antragsteller habe es nachträglich genehmigt (OLG München HRR **42** 752; vgl. auch § 2361 Rdn. 2). Klagerecht des Erben oder des wirklichen Testamentsvollstreckers auf Herausgabe des unrichtigen Zeugnisses und Auskunftspflicht: § 2362. Zur Frage der Einziehung BGH **40** 54 = LM § 2361 Nr. 4 mit Anm. von *Piepenbrock* = NJW **63** 1972; teilweise abweichend KG NJW **63** 766; OLG Köln NJW **62** 1727; LG Mannheim MDR **60** 843; BayObLG **56** 379. **8**

Beweiskraft und öffentlicher Glaube des Zeugnisses §§ 2365–2367 (so für den Fall, daß eine von § 2224 Abs. 1 Satz 2 abweichende Anordnung des Erblassers im Zeugnisse nicht angegeben ist, OLG **34** 319). Gegenständlich beschränktes Zeugnis nach § 2369 (KGJ **36** A 112; JW **36** 1154[43]). **9**

V. Kraftloswerden bei Amtsende (Abs. 3 Halbs. 2) **10**

Mit der Beendigung des Amtes (§§ 2225—2227) wird das Zeugnis *von selbst* kraftlos (RG WarnRspr. **10** Nr. 426). Eine Einziehung im gesetzlichen Sinne, nämlich mit der Wirkung, daß das Zeugnis dadurch kraftlos wird, ist in diesem Falle demgemäß nicht möglich (RJA **5** 37; **16** 66). Trotzdem besteht eine Amtspflicht des Nachlaßgerichts, das Zeugnis zu den Akten zu ziehen oder auf ihm zu vermerken, daß und seit wann das Amt des Testamentsvollstreckers erloschen ist (JFG **16** 299; s. auch OLG München NJW **51** 74 mit Nachw.; ferner KG NJW **64** 1905). Eine Berichtigung des Zeugnisses ist grundsätzlich unzulässig (LG Mannheim MDR **60** 843). Vgl. jedoch zur Berichtigung bei Wechsel eines von mehreren Testamentsvollstreckern KGJ **28** A 201.

Die Vorlegung des Zeugnisses bietet Dritten keine Gewähr dafür, daß die Befugnisse des Testamentsvollstreckers noch fortbestehen. Sie sind nur gemäß § 2218 Rdn. 11 geschützt. Jedoch können sie sich insoweit auf den öffentlichen Glauben des Zeugnisses berufen, als es keine Beschränkung der Amtsdauer des Testamentsvollstreckers enthält, die auf einer Anordnung des Erblassers beruht (§ 2365 Rdn. 6; RG **83** 352). Kein Recht des Dritten, den Nachweis des Amtes gerade durch das Zeugnis zu verlangen (RG **100** 282 und JW **10** 802[9]); hierzu auch BGH WM **61** 479 (Legitimation des Testamentsvollstreckers gegenüber Banken); s. aber ZPO § 94 (§ 2365 Rdn. 4; § 2367 Rdn. 2). Über die Haftung des Testamentsvollstreckers, falls er eine von ihm erteilte Vollmacht nebst dem Testamentsvollstreckerzeugnis bei Beendigung des Amtes in den Händen des Bevollmächtigten läßt, s. § 2225 Rdn. 7. **11**

Ein Testamentsvollstreckerzeugnis kann noch *nach* der *Beendigung* des Amtes des Testamentsvollstreckers in der Weise erteilt werden, daß die Beendigung des Amtes in dem Zeugnis vermerkt wird (KG NJW **64** 1905).

VI. Besonderes **12**

Antragsrecht des Gläubigers auf Erteilung des Zeugnisses ZPO §§ 792, 896; Recht auf Akteneinsicht und Ausfertigung FGG §§ 78, 85, G. v. 30. 9. 1936 (RGBl. I 853); GBO

§ 35 Abs. 2 (hierzu RG HRR **33** Nr. 138). Zur *Bindung des Grundbuchamts* an den Inhalt des Testamentsvollstreckerzeugnisses, auch wenn es das zugrundeliegende Testament anders als das Nachlaßgericht auslegt, LG Bückeburg MDR **57** 559. Vgl. auch über die Stellung des Grundbuchrichters im allgemeinen § 2365 Rdn. 8. Gebühr für das Zeugnis KostO § 109 Abs. 1 Nr. 2 (früher § 101 Abs. 1 Nr. 2; vgl. hierzu DRpfl. **39** Nr. 158). Über das Recht des Testamentsvollstreckers, die Erteilung des *Erbscheins* zu beantragen, s. § 2353 Rdn. 7.

13 Das Nachlaßgericht darf kein Zeugnis darüber erteilen, daß die in einem Erbschein aufgeführte Anordnung einer Testamentsvollstreckung, z. B. durch Ablehnung des ernannten Vollstreckers, fortgefallen ist (RJA **16** 53).

§ 2369

Gehören zu einer Erbschaft, für die es an einem zur Erteilung des Erbscheins zuständigen deutschen Nachlaßgerichte fehlt, Gegenstände, die sich im Inlande befinden, so kann die Erteilung eines Erbscheins für diese Gegenstände verlangt werden.

Ein Gegenstand, für den von einer deutschen Behörde ein zur Eintragung des Berechtigten bestimmtes Buch oder Register geführt wird, gilt als im Inlande befindlich. Ein Anspruch gilt als im Inlande befindlich, wenn für die Klage ein deutsches Gericht zuständig ist.

E I 2079 II 2234; M **5** 574, 575; P **5** 691–696; **6** 21.

Schrifttum:

Bonfils, Gesetzliche Erbfolge, Erbrecht des Staates und Testierfreiheit im Erbrecht der UdSSR, der osteuropäischen Länder und der DDR, Diss. Göttingen 1969; *Firsching*, Die Behandlung der Nachlässe österreichischer Erblasser durch deutsche Gerichte, DNotZ **63** 329 (dazu BGH **50** 63); *Greif*, Der Nießbrauch des überlebenden Ehegatten nach schweizerischem, italienischem und französischem Recht im Erbschein nach § 2369 BGB, MDR **65** 447; *Johannsen*, Zur Frage der Erteilung von gegenständlich beschränkten Erbscheinen für in Deutschland belegene Nachlaßgegenstände schwedischer Erblasser, SchlHA **60** 332; *Karle*, Behandlung von Ausländernachlässen und Erteilung von Erbscheinen mit Auslandsberührung durch das Nachlaßgericht, Just **66** 107; *Strauss*, Israelisches Erbrecht in der Praxis deutscher Wiedergutmachungsbehörden und Gerichte, JR **63** 205. – Weitere Literaturangaben über Auslandsrecht s. bei *Palandt/Keidel* § 2369. Im übrigen wird auf das vor § 2353 angegebene Schrifttum verwiesen.

Inlandsbeschränkter Erbschein

Übersicht

1 **I. Zu Abs. 1**

1. Voraussetzungen

Ein inlandsbeschränkter (gegenständlich beschränkter) Erbschein (s. auch Rdn. 3 Nr. 7 vor § 2353) kann unter der Voraussetzung verlangt werden, daß nach materiellem Recht ein ordentlicher Erbschein durch die inländischen Gerichte nicht erteilt werden kann (oder daß die Zuständigkeit eines deutschen Nachlaßgerichts nicht festzustellen ist, JW **33** 2068[7]). Jene Voraussetzung trifft zu, wenn der Erblasser ein Ausländer war und gemäß einem Staatsvertrag oder EG Art. 25 nach ausländischem Rechte beerbt wird (JFG **8** 116; **10** 81; s. ferner *Aubin* JZ **51** 511; vgl. für *niederländisches* Recht OLG Düsseldorf NJW **63** 2227; für *amerikanisches* Recht OLG Frankfurt DNotZ **72** 543. Jedoch ist der Erbschein über den inländischen Immobiliarnachlaß eines Erblassers, der auf Grund einer Rückverweisung gemäß EGBGB Art. 27 nach deutschem Recht als Erbstatut erteilt worden ist, rechtlich kein beschränkter Erbschein im Sinne des § 2369, sondern ein Erbschein nach § 2353 (so schon KG JFG **16** 23 = JW **37** 2527[23] mit zustimmender Anm. von *Lewald;* vgl. auch *Guggumos* DFG **38,** 28). Denn die Rückverweisung schafft hinsichtlich des inländischen Immobiliarnachlasses ein besonderes Erbstatut, nach welchem die Erbfolge insoweit in sachlicher wie förmlicher Hinsicht uneingeschränkt nach deutschem Recht zu beurteilen ist (OLG Köln NJW **55** 755; dort ist auch zutreffend dargelegt worden, daß die Entscheidung BGH **1** 9 mit ihren allgemeinen Bemerkungen über den Inhalt der Erbscheine (S. 15) diesem Schluß, der auf den Besonderheiten der Rückverweisung beruhe, nicht entgegenstehe). Darauf, ob der Erblasser zur Zeit seines Todes seinen Wohnsitz oder seinen Aufenthalt im Inlande oder im Auslande hatte, kommt es nur insofern an, als sich die örtliche Zuständigkeit des Gerichts, das den beschränkten Erbschein zu erteilen hat, im ersten Falle nach FGG § 73 Abs. 1, im zweiten Falle nach FGG § 73 Abs. 3 bestimmt (KGJ **36** A 102; RJA **11** 182; **13** 216; **17** 53; vgl. ferner KG OLGZ **69** 285; Rpfleger **71** 256).

Auch beim beschränkten Erbschein für *im Inlande befindliche Nachlaßgegenstände* (Sachen oder Rechte, § 90) handelt es sich um die *Bezeugung eines Erbrechts,* d. h. einer Gesamtnachfolge, für deren Voraussetzungen das betreffende ausländische Recht maßgebend ist (KGJ **36** A 109; RJA **17** 53; JFG **15** 78). Wegen der formellen Voraussetzungen für die Erteilung des Erbscheins gilt aber das deutsche Recht (§§ 2353 ff). Ob das für die Beerbung maßgebende ausländische Recht die Einrichtung des Erbscheins kennt, ist unerheblich (RJA **12** 210; DRW **40** 802[19] = DJ **40** 552). Als *Inland* kann auch ein Konsularbezirk in Betracht kommen (KonsGG v. 7. 4. 1900 § 26). 2

2. Inhalt des beschränkten Erbscheins 3

Die allgemeine Angabe, daß der Erbschein für den „im Inlande befindlichen Nachlaß" erteilt werde, genügt. Es ist sogar bedenklich, die inländischen Nachlaßgegenstände einzeln aufzuführen. Denn die rechtliche Zugehörigkeit der Gegenstände zum Nachlaß und das Verfügungsrecht des Erben über sie kann im Erbschein ohnehin nicht bezeugt werden. Der inlandsbeschränkte Erbschein wirkt vielmehr – wenn auch mit der ihm eigenen Beschränkung – wie ein gewöhnlicher Erbschein. Er weist nur das Erbrecht aus. Die unverbindliche Angabe einzelner Nachlaßgegenstände könnte leicht dazu führen, dem Erbschein auch insoweit Bedeutung beizumessen und im Rechtsverkehr irrezuführen (wie hier *Bartholomeyczik* aaO **42** 314 [s. 11. Aufl. Anm. 24 vor § 2353]; derselbe, Erbrecht 9. Aufl. S. 197; *Palandt/Keidel* Anm. 3; aM *Planck/Greiff* Anm. 6). Jedoch ist anzugeben, nach welchem Recht sich die Erbfolge beurteilt (OLG Düsseldorf NJW **63** 2227; *Firsching* DNotZ **60** 642; *Greif* MDR **65** 447). Das gilt aber nicht bei Erteilung eines beschränkten Erbscheins nach einem in der DDR wohnhaften Erblasser (LG Berlin Rpfleger **71** 317, 318). Der Antragsteller muß allerdings darlegen, daß sich im Inlande Nachlaßgegenstände befinden. Das setzt § 2369 Abs. 1 voraus.

II. Zu Abs. 2 Satz 1 4

Behördlich gebuchte Gegenstände, so insbesondere in Grundbuch, Schiffsregister, Reichs- und Staatsschuldbuch, Patentrolle, Musterregister, Handelsregister.

III. Zu Abs. 2 Satz 2 5

Die Vorschrift betrifft vermögensrechtliche **Ansprüche,** für deren Verfolgung nach ZPO §§ 12 ff, nicht bloß § 23, ein **deutsches Gericht** zuständig ist.

6 IV. Einzelfragen

Die Ausnahmevorschrift gestattet nicht, den gegenständlich beschränkten Erbschein über eine Erbfolge nach dem allgemeinen bürgerlichen Recht auch ohne die besonderen Voraussetzungen des § 2369 zu erteilen (§ 2353 Rdn. 10), wohl aber ist sie auf das *Testamentsvollstreckerzeugnis* (§ 2368) entsprechend anwendbar (JFG **15** 81).

7 Zum *interlokalen Privatrecht* vgl. Rdn. 13 vor § 2353. Zum *Höferecht* vgl. Rdn. 15 ff ebenda. Zum Erbschein im Rahmen der *Wiedergutmachung* (Rückerstattung, Entschädigung) vgl. Rdn. 22, 23 ebenda. Erbscheine nach Erblassern, die in der DDR oder in Berlin-Ost ihren letzten Wohnsitz hatten, können in entsprechender Anwendung des § 73 Abs. 3 FGG von dem Nachlaßgericht der Bundesrepublik Deutschland erteilt werden, wenn sich hier ein Vermögensgegenstand befindet (BGH **52** 123 mit Anm. von *Wengler* JZ **69** 663; aA KG NJW **69** 2101, **70** 390; hiernach soll die Zuständigkeit des AG Berlin-Schöneberg auch gegeben sein, wenn der Erbe zur Geltendmachung von Rechten in der Bundesrepublik ein Zeugnis über sein Erbrecht benötigt. Im übrigen vgl. Rdn. 13 vor § 2353).

8 Über Einzelfragen zum Nachlaßabkommen zwischen dem Deutschen Reich und der Republik *Österreich* v. 5. 2. 1927 (RGBl. II 505) vgl. RG **167** 383; KG DJ **40** 552; KG DNotZ **53** 406. Zur Anwendung des § 2369 auf Erbfälle mit *englischem* oder *amerikanischem* Erbstatut vgl. *Erman/Bartholomeyczik* Rdn. 5.

9 Die Erteilung gegenständlich beschränkter Erbscheine für *Lastenausgleichszwecke* ist im allgemeinen unzulässig (OLG Hamm NJW **68** 1682 = OLGZ **68** 460; Rpfleger **71** 218).

Nach BGH NJW **72** 945 mit Anm. von *Johannsen* LM Nr. 1 sind Nachlaßgerichte der Bundesrepublik Deutschland für die Erteilung von Erbscheinen zum Zwecke des Lastenausgleichs nicht zuständig, wenn der Ausgleichsanspruch dadurch entstanden ist, daß der Antragsteller an einem ererbten, im Ausland belegenen Wirtschaftsgut einen Schaden erlitten hat. Hat jedoch bereits der Erblasser den Schaden erlitten und ist er vor dem 1. 4. 1952 im Ausland verstorben, so ist für das Verlangen des Erben nach Erteilung eines Erbscheins § 73 Abs. 3 FGG entsprechend anzuwenden. Danach ist das Amtsgericht zuständig, in dessen Bezirk das zuständige Ausgleichsamt seinen Sitz hat (KG DNotZ **54** 607; OLG Hamm JMBlNRW **57** 259 = DNotZ **58** 322 Nr. 16). Vgl. ferner Einl. zu diesem Buche Rdn. 10 a. E. mit Hinweis auf LG Mannheim RdschLA **59** 10 = DNotZ **59** 609. Über die Frage, ob der Erbschein für das Entschädigungsverfahren ein persönlich beschränkter ist, vgl. bei *Palandt/Keidel* Rdn. 2 c aa mit Nachweisen.

10 Ist der Erblasser ein nach ausländischem Recht beerbter Ausländer und soll für seinen inländischen Nachlaß ein beschränkter Erbschein nach § 2369 beantragt werden, so ist das deutsche Gericht auch zur *Testamentseröffnung* zuständig (LG LübeckSchlHA **58** 334 = DNotZ **59** 264).

11 *Gebühr*, für die Erteilung des beschränkten Erbscheins KostO § 107 Abs. 2 Satz 3; vgl. BayObLG **54,** 175. Über die Gebührenfreiheit bei Erbscheinen für Entschädigungsansprüche BEG § 181 Abs. 3 mit KO § 107 a; bei Erbscheinen für Lastenausgleichszwecke § 317 Abs. 2 LAG; bei Erbscheinen für Rückstattung § 7 a Abs. 3 BRückEG.

§ 2370

Hat eine Person, die für tot erklärt oder deren Todeszeit nach den Vorschriften des Verschollenheitsgesetzes festgestellt ist, den Zeitpunkt überlebt, der als Zeitpunkt ihres Todes gilt, oder ist sie vor diesem Zeitpunkte gestorben, so gilt derjenige, welcher auf

Grund der Todeserklärung oder der Feststellung der Todeszeit Erbe sein würde, in Ansehung der in den §§ 2366, 2367 bezeichneten Rechtsgeschäfte zugunsten des Dritten auch ohne Erteilung eines Erbscheins als Erbe, es sei denn, daß der Dritte die Unrichtigkeit der Todeserklärung oder der Feststellung der Todeszeit kennt oder weiß, daß sie aufgehoben worden sind.

Ist ein Erbschein erteilt worden, so stehen demjenigen, der für tot erklärt oder dessen Todeszeit nach den Vorschriften des Verschollenheitsgesetzes festgestellt ist, wenn er noch lebt, die im § 2362 bestimmten Rechte zu. Die gleichen Rechte hat eine Person, deren Tod ohne Todeserklärung oder Feststellung der Todeszeit mit Unrecht angenommen worden ist.

E I 2089, 2090 II 2335; M 5 597—600; P 5 725, 726.

Unrichtige Todeserklärung oder Todeszeitfeststellung

Übersicht

I. Allgemeines 1

§ 2370 ist durch den Ersten Teil Art. 5 Nr. 11 GesEinhG v. 5. 3. 1953 (BGBl I 33) neu gefaßt worden. Hierbei sind die Fälle, in denen der Tod und der Zeitpunkt des Todes gemäß VerschG §§ 39 ff durch gerichtliche Entscheidung festgestellt worden ist, einbezogen und den früher in § 2370 allein geregelten Fällen der Todeserklärung gleichgestellt worden. Die nachfolgenden *Ausführungen zur Todeserklärung* gelten daher *für* die *Todeszeitfeststellung entsprechend.*

II. Zu Abs. 1 2

1. Der vermeintliche Erbe

Ist jemand **auf Grund einer Todeserklärung** (VerschG § 9, früher BGB § 18) **vermeintlicher Erbe** des für tot Erklärten geworden, so bleiben *auch ohne Erteilung eines Erbscheins* die von ihm oder ihm gegenüber vorgenommenen Rechtsgeschäfte der in den §§ 2366, 2367 bezeichneten Art *zugunsten des gutgläubigen Dritten* wirksam, und zwar sowohl gegenüber dem irrig für tot Erklärten, in dessen Vermögen zur Zeit der Vornahme des Rechtsgeschäfts überhaupt keine Erbfolge eröffnet war, als auch gegenüber demjenigen, welcher nach dem ermittelten wirklichen – früheren oder späteren – Zeitpunkte des Todes des Erblassers in Wahrheit schon zur Zeit der Vornahme des Rechtsgeschäfts sein gesetzlicher oder gewillkürter Erbe geworden war. Die Schutzwirkung tritt nur ein, wenn der als Erbe Aufgetretene unter der Voraussetzung der Richtigkeit des in der Todeserklärung angenommenen Todestags auch wirklich Erbe des für tot Erklärten geworden wäre. Eine Vermutung, daß dem so sei, würde nur durch wirklich erteilten Erbschein begründet (§ 2365).

2. Kenntnis der Unrichtigkeit 3

Kenntnis erfordert, wie im Falle des § 2366 Rdn. 10, *positives Wissen* von der Unrichtigkeit der Todeserklärung, also davon, daß der für tot Erklärte noch gelebt hat oder zu welchem anderen Zeitpunkt er gestorben ist. Die Kenntnis von Tatsachen, aus denen die Unrichtigkeit zu folgern ist, genügt nicht (*Staudinger/Firsching* Rdn. 4).

4 3. **Aufhebung der Todeserklärung oder Todeszeitfeststellung**

Aufhebung der Todeserklärung infolge der **Anfechtungsklage** mit Rechtskraft des darauf ergehenden Urteils: ZPO § 976 Abs. 3. Kenntnis davon, daß die Klage erhoben worden ist, ist unschädlich. Die Todeserklärung wird erst mit der Rechtskraft des sie aussprechenden Beschlusses wirksam (§§ 29, 49 Abs. 1); eine Aufhebungsklage kommt nur noch gegenüber den vor Inkrafttreten des Gesetzes ergangenen Ausschlußurteilen in Betracht (§ 48 Abs. 1 b). Der Kenntnis von der Aufhebung der Todeserklärung zufolge Anfechtungsklage steht nach § 49 Abs. 2 die Kenntnis von der **Aufhebung nach den §§ 30–33** gleich.

5 **III. Zu Abs. 2**

Zu Abs. 2 Satz 1: Dem **fälschlich für tot Erklärten** steht gegen den Erbschaftsbesitzer nach den §§ 2031, 2027 der Anspruch auf Herausgabe seines Vermögens und Auskunftserteilung zu. Die Pflicht zur Auskunft und zur Herausgabe des Erbscheins liegt nach § 2362 auch dem Besitzer des unrichtigen Erbscheins ob. Nicht minder ist das vermeintliche Nachlaßgericht das den unrichtigen Erbschein erteilt hat, nach § 2361 zur Einziehung verpflichtet.

6 **Zu Abs. 2 Satz 2:** Die Vorschrift entspricht § 2031 Abs. 2.

NEUNTER ABSCHNITT

Erbschaftskauf

Der Erbschaftskauf, dessen Grundsätze auch für Veräußerungsgeschäfte anderer Art gelten (§ 2385), betrifft nicht das Erbrecht, sondern nur die Erbschaftsgegenstände und deren Ersatzstücke (Surrogate) nach dem Bestande zur Zeit des Kaufes (§ 2374). Er begründet deshalb – wenigstens auf der Aktivseite der Erbschaft – keine Gesamtnachfolge, macht aber den Käufer neben dem gleichfalls forthaftenden Verkäufer in jedem Falle für die Nachlaßverbindlichkeiten haftbar (§§ 2382–2384). *Im allgemeinen* gelten die *Kaufgrundsätze;* sie sind aber wegen der erbrechtlichen Natur des Geschäfts durch eine Anzahl besonderer Vorschriften ergänzt worden. § 2371 fordert für den Kauf notarielle Beurkundung. 1

Der Erbschaftskauf kommt als Veräußerungsgeschäft eines *Alleinerben* verhältnismäßig selten vor. Erbteilsverkäufe einzelner *Miterben,* auf welche die Vorschriften der §§ 2371 ff nach § 1922 Abs. 2 anzuwenden sind, gibt es jedoch häufiger. 2

§ 2371

Ein Vertrag, durch den der Erbe die ihm angefallene Erbschaft verkauft, bedarf der notariellen Beurkundung.

E II 448; M **2** 352–354; P **2** 114, 115; **5** 444.

Schrifttum:
Habscheid, Zur Heilung formnichtiger Erbteilskaufverträge, FamRZ **68** 13; *Haegele,* Rechtsfragen zu Erbschaftskauf und Erbteilsübertragung, BWNotZ **71** 129; **72** 1; *Johannsen,* Die Rechtsprechung des BGH auf dem Gebiet des Erbrechts, Erbschaftskauf, WM **72** 1053; *Patschke,* Erbteilsübernahme durch den Miterben, NJW **55** 444; *Schlüter,* Durchbrechung des Abstraktionsprinzips über § 139 BGB und Heilung eines formnichtigen Erbteilkaufs durch Erfüllung, JuS **69** 10.

Form des Vertrages

Übersicht

I. Wesen des Erbschaftskaufs 1

Der Erbschaftskauf ist Kauf im Sinne der §§ 433 ff (gegenseitiger Vertrag im Sinne der §§ 320 ff; vgl. RG WarnRspr. **33** Nr. 163; vgl. auch RG **101** 192), somit *schuldrechtliches Geschäft.* Er untersteht auch dann den besonderen hierfür gegebenen Vorschriften, wenn er in die Form des *Vergleichs* gekleidet wird (RG JW **10** 998[3]).

Der Erbschaftskauf wirkt nicht dinglich. Ein Miterbe kann aber den von ihm verkauften Nachlaßanteil, mag er seinen ganzen Erbteil oder nur einen Bruchteil davon darstellen, gemäß § 2033 Abs. 1 mit dinglicher Wirkung auf den Käufer übertragen; es ist Auslegungsfrage, ob der als Verkauf bezeichnete Vertrag zugleich die dingliche 2

Übertragung enthält (RG **137** 173; WarnRspr. **15** Nr. 264; ferner BGH FamRZ **67** 465). Davon bleibt der Grundsatz unberührt, daß der Verkauf eines Erbteils auch dann der Form des § 2371 bedarf, wenn sogleich die dingliche Übertragung in der Form des § 2033 Abs. 1 vorgenommen wird (RG **137** 171).

3 Der Alleinerbe kann die Erbschaft nicht als Ganzes unmittelbar auf den Käufer als Gesamtnachfolger übertragen; er ist vielmehr als Verkäufer verpflichtet, die einzelnen zur Erbschaft gehörigen Sachen und Rechte oder, bei Verkauf eines Bruchteils der Erbschaft, Nachlaßgegenstände im Werte des verkauften Bruchteils (RG WarnRspr. **17** Nr. 183) nach den für diese Gegenstände geltenden besonderen Vorschriften auf den Käufer als Einzelnachfolger so zu übertragen, daß dieser sie hat, wie wenn er an Stelle des Verkäufers Erbe geworden wäre. Entsprechendes gilt, wenn ein Miterbe bei schon geteiltem Nachlaß noch einen Erbschaftskauf abschließt (RG **134** 296).

4 Genehmigung des Erbschaftskaufs durch das Vormundschaftsgericht ist nach §§ 1822 Nr. 1, 1643 erforderlich.

5 **II. Die angefallene Erbschaft**

Gegenstand des Kaufes ist die angefallene Erbschaft als Vermögensinbegriff oder der Anteil eines Miterben (§ 1922 Abs. 2) im ganzen oder nach Bruchteilen, nicht aber das Erbrecht selbst. Ein Alleinerbe kann seine Erbschaft nicht als Ganzes übertragen (BGH JZ **67** 607 = WM **67** 978). Ein Erbanspruch auf Bestandteile des Nachlasses ist vor der Teilung gesetzlich nicht gegeben und deshalb bis dahin auch kein möglicher Gegenstand des Verkaufs (RG **61** 76). Zum Anfall der Erbschaft s. § 1942. Der Kauf ist nichtig, wenn er über den Nachlaß eines noch lebenden Dritten geschlossen wird und die Ausnahme des § 312 Abs. 2 nicht Platz greift. Ist der Erbfall eingetreten, so kann auch die dem Verkäufer noch nicht angefallene Erbschaft, insbesondere die Nacherbschaft bedingungsweise (für den Fall des Anfalls), es kann sogar die einem Dritten angefallene Erbschaft vom Nichterben unter Einhaltung der Form wirksam verkauft werden (§§ 434, 2376). Um den Verkauf einer Erbschaft kann es sich jedenfalls, soweit die Haftung für Nachlaßverbindlichkeiten i. S. der §§ 2382, 2383 und die Auslösung des Vorkaufsrechts der Miterben (§ 2034) in Frage steht, bei Anwendung der Grundsätze zur Vermögensübernahme gemäß § 419 auch dann handeln, wenn die Miterben ein Grundstück verkaufen, das den ganzen oder nahezu den ganzen Nachlaß darstellt (BGH LM § 2382 BGB Nr. 2 = WM **65** 343; vgl. auch § 2382 Rdn. 1).

6 **III. Notarielle Beurkundung**

Die Vorschrift ist durch § 56 Abs. 1 BeurkG mit Wirkung vom 1. 7. 1970 der Neuordnung des Beurkundungswesens angepaßt worden (Streichung der Wörter „gerichtlichen oder“). Der Erbschaftskauf kann nunmehr nur noch in *notarieller Form* beurkundet werden.

Vgl. §§ 128, 152, Nichtigkeit wegen Nichtbeobachtung der Form, § 125. Der Formzwang erstreckt sich, bei Strafe der Nichtigkeit des Vertrags, auf alle Vertragsabreden, auch Nebenabreden (BGH FamRZ **67** 465), nicht bloß auf das eigentliche Veräußerungsgeschäft (OLG Schleswig SchlHA **54** 54). Nebenabreden, die nicht in der Form des § 2371 vereinbart worden sind, sind nichtig (BGH aaO; auch WM **69** 592). Nur soweit solche Abreden im Vertrage einigermaßen Ausdruck gefunden haben, können sie beachtet werden, selbst wenn ihre Auslegung nur unter Hinzunahme anderer, formloser Nebenabreden gelingt (RG JW **10** 998[3]).

7 Ein *Vergleich unter Erbschaftsbewerbern,* durch den sie die Erbschaft ohne Rücksicht darauf, wem von ihnen sie ganz oder teilweise angefallen sei, untereinander nach

Anteilen verteilen, kommt darauf hinaus, daß die einen sich für den Fall, daß sie Erben sein sollten, zur Veräußerung von Bruchteilen der Erbschaft an die andern für den Fall verpflichten, daß diese (überhaupt oder zu dem betreffenden Teile) nicht Erben sein sollten. Auch ein solcher Vertrag unterliegt deshalb als auf eine Erbschaftsveräußerung gerichtet dem Formzwange (RG **72** 210; JW **05** 721[12]; WarnRspr. **19** Nr. 23; **39** Nr. 46). Das gleiche gilt, wenn bei einem Streite zwischen Erbschaftsbewerbern über die Gültigkeit eines Testaments der eine dem andern gegenüber die Gültigkeit oder die Nichtigkeit durch Vertrag anerkennt (RG **72** 209; s. aber auch WarnRspr. **09** Nr. 512), nicht aber für einen Erbauseinandersetzungsvertrag, wenn über Bestehen und Umfang des Erbrechts der Beteiligten kein Streit besteht (RG 6. 8. 1936 IV 84/36).

Der Mangel der Form kann nicht (was RG **79** 240 dahingestellt läßt) durch Übertragung des Erbteils gemäß § 2033 Abs. 1 geheilt werden; § 313 Satz 2 oder GmbHG § 15 Abs. 4 sind nicht entsprechend anwendbar (RG **129** 123; **137** 175; HRR **34** Nr. 1035; BGH WM **67** 639; aber *Habscheid* FamRZ **68** 13; *Schlüter* JuS **69** 10). Der Formmangel eines Kaufvertrages über einen Anteil eines Miterben am Nachlaß wird durch ein formgerechtes Erfüllungsgeschäft nicht geheilt (BGH NJW **67** 1128 = LM Nr. 2; DNotZ **71** 37). Doch liegt in der Übertragung des Erbteils meist eine formgerechte Wiederholung des Kaufgeschäfts. Ähnlich verhält es sich, wenn zwar der Erbteilsverkauf und die Übertragung notariell beurkundet waren, nicht aber wichtige weitere Abreden, ohne die der Kaufvertrag nicht gelten sollte. Auch hier vermag die formgültige Übertragung die dem Grundgeschäft anhaftenden Mängel nicht zu heilen (BGH WM **70** 1319). Unter Umständen kann ein, z. B. wegen unrichtiger Preisangabe, nichtiger Erbschaftskauf gemäß § 140 in eine Erbauseinandersetzung umgedeutet werden; dies gilt auch dann, wenn die Erbauseinandersetzung wegen Zugehörigkeit eines Grundstücks zum Nachlaß nach § 313 nichtig war, dieser Mangel aber durch die in den Vertragserklärungen enthaltene Auflassung und die Eintragung im Grundbuch geheilt wurde (RG **129** 122; zu vgl. mit HRR **34** Nr. 1035). Anders ist es jedoch beim Erbteilskauf; hier ist in entsprechender Anwendung des in § 313 Satz 2 enthaltenen Rechtsgedankens Heilung anzunehmen (vgl. *Lange* AcP **144** 161; vor allem *Habscheid* FamRZ **68** 13; *Schlüter* JuS **69** 10; dagegen BGH NJW **67** 1128; *Staudinger/Ferid* § 2371 Rdn. 30). Die Formvorschrift gilt nicht für Erbschaften, die vor dem 1. 1. 1900 angefallen sind (RG **73** 291). **8**

Zur Frage, ob der vorkaufsberechtigte Miterbe Arglist einwenden kann, wenn der Miterbe, der seinen Erbanteil verkauft hat, und sein Käufer sich auf die Formungültigkeit des Kaufvertrags berufen, vgl. RG **170** 203; das Reichsgericht hat dort die insbesondere nach RG **157** 209 entstandene Rechtsfrage aus tatsächlichen Gründen dahingestellt gelassen. Die Frage wird aber, wenn man die Formvorschriften mit Hilfe des § 242 nicht zu sehr aufweichen will, regelmäßig zu verneinen sein. Vgl. zur Frage der Arglist auch BGH FamRZ **67** 465, 469. **9**

Der notariellen Beurkundung bedarf auch der schuldrechtliche Vertrag über die **Aufhebung** eines Erbschaftskaufs und die Rückübertragung der Erbanteile (OLG Schleswig SchlHA **57** 181). Ein bindendes notarielles Angebot, einen Erbanteil zu übertragen, kann nicht durch Vormerkung gesichert werden, *Jahr* JuS **63** 229; *Michaeli* ebenda 231. **10**

§ 2372

Die Vorteile, welche sich aus dem Wegfall eines Vermächtnisses oder einer Auflage oder aus der Ausgleichungspflicht eines Miterben ergeben, gebühren dem Käufer.

E I 488 Abs. 3 II 450 Abs. 2; M **2** 355; P **2** 112, 113.

Vorteile, die dem Käufer gebühren

1 I. Ergänzende Vorschrift. Der **Wegfall von Vermächtnissen und Auflagen** kommt dem Käufer als Gegenstück für die Erfüllung der Nachlaßverbindlichkeiten zugute, die ihm durch § 2382 auferlegt wird. § 2376 ergibt dasselbe beim Wegfall der Nacherbschaft.

2 II. **Ausgleichspflicht:** §§ 2050 ff. Die daraus hervorgehende Erhöhung des gesetzlichen Erbteils gebührt dem Käufer, wie ihm der Verkäufer nach § 2376 auch dafür haftet, daß infolge der Ausgleichung der Erbteil nicht gemindert wird.

§ 2373

Ein Erbteil, der dem Verkäufer nach dem Abschlusse des Kaufes durch Nacherbfolge oder infolge des Wegfalls eines Miterben anfällt, sowie ein dem Verkäufer zugewendetes Vorausvermächtnis ist im Zweifel nicht als mitverkauft anzusehen. Das gleiche gilt von Familienpapieren und Familienbildern.

E I 488 Abs. 2 II 450 Abs. 1, 3; M **2** 354, 355; P **2** 112—114.

Umfang des Verkaufs

1 **I. Zu Satz 1**

Auslegungsregeln, z. T. abweichend von der Nacherbfolge § 2110. Vorausgesetzt ist Verkauf des **Erbteils** durch einen Miterben, dem durch **Nacherbfolge** oder **Wegfall eines Miterben** (§§ 1935, 2094 ff) ein weiterer Erbteil anfällt.

2 **Vorausvermächtnis** § 2150, das auch im „Voraus" bestehen kann, § 1932. Doch haftet nach § 2376 der Verkäufer für das Nichtvorhandensein auch eines solchen Vermächtnisses.

3 **II. Zu Satz 2**

Familienpapiere („Urkunden rechtlicher Art, Personenstandsatteste, Korrespondenzen, Tagebücher, Familiennotizen usw. ", Prot. **2** 114) **und Familienbilder** gelten ebenfalls *im Zweifel* nicht als mitverkauft, gleichviel ob sie Vermögenswert haben oder nicht (vgl. § 2047 Rdn. 4). Die Regel gilt beim Verkaufe sowohl des Erbteils als der ganzen Erbschaft.

§ 2374

Der Verkäufer ist verpflichtet, dem Käufer die zur Zeit des Verkaufs vorhandenen Erbschaftsgegenstände mit Einschluß dessen herauszugeben, was er vor dem Verkauf auf Grund eines zur Erbschaft gehörenden Rechtes oder als Ersatz für die Zerstörung, Beschädigung oder Entziehung eines Erbschaftsgegenstandes oder durch ein Rechtsgeschäft erlangt hat, das sich auf die Erbschaft bezog.

E I 489, 490, 491 Abs. 1 II 451 Abs. 1; M **2** 356–358; P **2** 115–121, 126; **6** 182.

Herausgabepflicht des Verkäufers

Übersicht

I. Allgemeines 1

1. Gegenstand der Herausgabepflicht

Gegenstand der Herausgabepflicht ist nicht wie im Falle der §§ 2018 Rdn. 10, 2130 die Erbschaft als Ganzes, sondern sind die **einzelnen Erbschaftsgegenstände,** Sachen oder Rechte (§ 90). Nach der Natur dieser Gegenstände bestimmt sich gemäß § 433 Abs. 1 die Pflicht zur Übergabe, Auflassung und Übertragung. Hat ein Ehegatte, der im Güterstande der Zugewinngemeinschaft lebt, sein Erbrecht nach dem erstverstorbenen Ehegatten verkauft, so gilt § 1371 Abs. 1. Es entsteht kein Anspruch auf Zugewinnausgleich nach §§ 1372 – 1390 (*Staudinger/Ferid* Rdn. 15).

2. Maßgebender Zeitpunkt 2

Maßgebend ist jedoch nicht die Zeit des Erbfalls, sondern die Zeit des Verkaufs. Zur Verschaffung schon vorher veräußerter, wenn auch bei Dritten noch vorhandener Gegenstände ist der Verkäufer überhaupt nicht, zur Ersatzleistung nur im Rahmen des § 2375 verpflichtet. Anderseits gehören zur Erbschaft und sind deshalb mit herauszugeben *auch nach dem Erbfalle vom Erben als solchem erworbene Rechte,* wie z. B. Ansprüche gegen den Testamentsvollstrecker, Nachlaßpfleger, gegen Miterben (Ausgleichspflicht), aus der Geschäftsführung (§ 1959), ferner der Erbschaftsanspruch (§§ 2018 ff), der Anspruch gegen den Vorerben (§ 2130) und die nach § 857 erlangten Besitzrechte.

3. **Sonstige Pflichten des Verkäufers** ergeben sich aus allgemeinen Kauf- und 3
Vertragsgrundsätzen, so insbesondere aus § 260 die Pflicht, ein Verzeichnis vorzulegen und unter den Voraussetzungen des § 260 Abs. 2 den Offenbarungseid zu leisten.

4. Erwerb vom Nichterben 4

Der vom *Scheinerben* kaufende Erwerber ist nach § 2030 dem Erbschaftsanspruch des wahren Erben ausgesetzt. Auch eine Genehmigung durch letzteren macht den Verkauf nicht nach § 185 wirksam, da es sich hierbei (abgesehen von der Veräußerung eines Erbteils nach § 2033) nicht um eine Verfügung handelt. Im übrigen ist der Käufer für den unter dem Titel des Erbschaftskaufs vom *Nichterben* abgeleiteten Erwerb nicht durch §§ 932 ff, sondern nur, wenn ein Erbschein erteilt ist, nach den §§ 2366, 2367 oder durch den öffentlichen Glauben des Grundbuchs geschützt.

II. Herausgabe von Ersatzstücken 5

Auch die Ersatzstücke (Surrogate) der Erbschaft sind herauszugeben, falls sie zur Zeit des Verkaufs noch beim Erben vorhanden sind (Rdn. 2). Es gelten hierfür die gleichen Grundsätze wie für die Erbengemeinschaft (vgl. § 2041). Danach ist auch in Natur (s. aber § 2375 Rdn. 2) herauszugeben, was der Erbe mit Mitteln der Erbschaft, aber für sich erworben hat (§§ 2019 Rdn. 3, 2111 Rdn. 4). Er kann die Herausgabe andererseits nicht durch den Nachweis abwenden, daß er den Ersatz aus eigenen Mitteln beschafft habe. Die Nutzungen verbleiben dem Verkäufer (§ 2379).

Handelt es sich um den durch Verfügung nach § 2033 vollzogenen *Verkauf* 6
eines Erbteils, so erlangt der Käufer, indem er die Rechtsstellung des Miterben erwirbt, vermöge der dinglichen Wirkung der Ersetzung (Surrogation) gemäß § 2041 dadurch unmittelbar die Verfügung auch über die Ersatzstücke der Erbschaft. Soweit die Auseinandersetzung durchgeführt und damit die Erbengemeinschaft aufgehoben worden ist, bestimmt sich auch hier die Herausgabepflicht nach § 2374.

§ 2375

Hat der Verkäufer vor dem Verkauf einen Erbschaftsgegenstand verbraucht, unentgeltlich veräußert oder unentgeltlich belastet, so ist er verpflichtet, dem Käufer den Wert des verbrauchten oder veräußerten Gegenstandes, im Falle der Belastung die Wertminderung zu ersetzen. Die Ersatzpflicht tritt nicht ein, wenn der Käufer den Verbrauch oder die unentgeltliche Verfügung bei dem Abschlusse des Kaufes kennt.

Im übrigen kann der Käufer wegen Verschlechterung, Unterganges oder einer aus einem anderen Grunde eingetretenen Unmöglichkeit der Herausgabe eines Erbschaftsgegenstandes nicht Ersatz verlangen.

E I 491 II 451 Abs. 2; M **2** 357, 358; P **2** 115—120, 126.

Wertersatzpflicht des Verkäufers

1 **I. Zu Abs. 1 Satz 1**

In der Zeit vom Anfall **bis zum Verkauf der Erbschaft** ist der Erbe in der Verfügung über die Erbschaft unbeschränkt (Abs. 2). Gleichwohl gewährt Abs. 1, wenn es nachmals zum Verkaufe kommt, dem Käufer auch für früher vorgenommene unentgeltliche Verminderungen im Wege ergänzender Bestimmung einen Ausgleich. Der Verkäufer des Erbteils haftet hierfür zu dem entsprechenden Teile.

2 Zu den **verbrauchten** Sachen (§ 92) gehört ausgegebenes Erbschaftsgeld, auch wenn es z. B. erst durch Verkauf von Nachlaßgegenständen an deren Stelle getreten wäre, soweit damit nicht Ersatzstücke für den Nachlaß erlangt sind (§ 2374 Rdn. 5). *Verbrauch* durch Verbindung, Vermischung, Verarbeitung §§ 946 ff. Verbraucht ist auch eine Nachlaßforderung, deren Aufrechnung der Erbe mit seiner eigenen Schuld an den Nachlaßschuldner vornimmt oder geschehen läßt.

3 **Unentgeltliche Veräußerungen** sind nicht nur Schenkungen, vgl. § 2113 Rdn. 17 ff. **Unentgeltliche Belastung** liegt auch dann vor, wenn der Erbe für seine eigene Schuld eine Hypothek oder ein Pfandrecht an einem Erbschaftsgegenstande bestellt, da ein hierfür empfangener Gegenwert jedenfalls nicht Surrogat des Nachlasses wird.

4 Für den **Wertersatz,** dessen Höhe der Käufer zu beweisen hat, ist der Zeitpunkt des Verbrauchs usw. maßgebend. Es ist kein Grund erfindlich, warum Wertveränderungen bis zum Kaufschluß je nachdem zum Vorteil, namentlich aber auch zum Nachteil des Verkäufers gehen sollten. Er kann der minder weit gehenden Ersatzforderung auch durch das Mehr, nämlich die Wiederherstellung des vorigen Standes, begegnen. Im Falle des § 2385 Abs. 2 besteht keine Ersatzpflicht.

5 **II. Zu Abs. 1 Satz 2**

Für die **Kenntnis des Käufers** ist der Verkäufer beweispflichtig. Kennenmüssen (§ 122 Abs. 2) genügt nicht.

6 **III. Zu Abs. 2**

Vom Verkaufsabschlusse ab haftet der Verkäufer nach allgemeinen Grundsätzen.

§ 2376

Die Verpflichtung des Verkäufers zur Gewährleistung wegen eines Mangels im Rechte beschränkt sich auf die Haftung dafür, daß ihm das Erbrecht zusteht, daß es nicht durch das Recht eines Nacherben oder durch die Ernennung eines Testamentsvollstrek-

kers beschränkt ist, daß nicht Vermächtnisse, Auflagen, Pflichtteilslasten, Ausgleichungspflichten oder Teilungsanordnungen bestehen und daß nicht unbeschränkte Haftung gegenüber den Nachlaßgläubigern oder einzelnen von ihnen eingetreten ist.

Fehler einer zur Erbschaft gehörenden Sache hat der Verkäufer nicht zu vertreten.

E I 492, 493 II 452; M **2** 358, 359; P **2** 121, 122; **6** 322, 324.

Gewährleistungspflicht des Verkäufers

I. Gewährleistung wegen eines Mangels im Rechte (Abs. 1) 1

Allgemeine Voraussetzung der Gewährleistung für Rechtsmängel ist, daß der Käufer den Mangel bei Abschluß des Kaufes nicht kennt (§ 439 Abs. 1). Erlaß der Haftung ist nichtig, wenn der Mangel arglistig verschwiegen worden ist (§ 443). Da die Erbschaft als Inbegriff den Gegenstand des Kaufes bildet, *haftet der Verkäufer nicht* für Rechtsmängel der einzelnen zur Erbschaft gehörigen Gegenstände nach den §§ 434—439, wenn er die Haftung nicht vertragsmäßig übernommen hat. Ob dies durch einen Verkauf nach einem Verzeichnis geschehen sei, ist Tatfrage. Der Verkäufer haftet insbesondere auch nicht für die Zugehörigkeit der Gegenstände zur Erbschaft, sondern nur dafür, daß sie, falls sie zum Vermögen des Erblassers gehörten, durch Erbfolge auf ihn übergegangen sind oder daß er in Erbeneigenschaft daran Rechte erlangt hat. Für den Mangel ist der Käufer beweispflichtig (§ 442).

Die *Haftung* verpflichtet den Verkäufer, wenn er nicht Erbe ist, dem Käufer 2
vom wahren Erben die Erbschaft oder den veräußerten Erbteil (§ 2033) zu verschaffen, die vorhandenen Beschränkungen oder Beschwerungen zu beseitigen. Die *Rechte* des *Käufers* bestimmen sich gemäß § 440 Abs. 1 nach den §§ 320—327. Sein *Schadenersatzanspruch* ist wegen einzelner beweglicher Sachen oder Rechte an solchen Sachen von den Voraussetzungen der §§ 440 Abs. 2—4, 441 abhängig. Ist ein Erbteil verkauft, so haftet der Verkäufer nur nach dem Verhältnis dieses Erbteils. Keine Haftung des Schenkers § 2385 Rdn. 4.

Haftung **für das Bestehen des Erbrechts,** im Falle des § 2033 des Miterben- 3
rechts, beim Verkauf einer Nacherbschaft vor Eintritt der Nacherbfolge für die Berufung zum Nacherben (§ 2371 Rdn. 5).

Beschränkungen durch das Recht eines **Nacherben** §§ 2112 ff, durch Ernennung 4
eines **Testamentsvollstreckers** §§ 2203 ff. Dagegen besteht keine Haftung dafür, daß nicht Nachlaßverwaltung angeordnet oder Nachlaßkonkurs eröffnet ist, es sei denn, daß arglistiges Verschweigen vorliegt.

Vermächtnisse einschließlich der gesetzlichen Vermächtnisse des Voraus § 1932, 5
des Dreißigsten § 1969, nicht aber des Unterhaltsanspruchs aus § 1963 (Rdn. 7 ebenda). **Auflagen, Pflichtteilslasten** gehören nicht zu den nach § 2378 (vgl. aber § 2382 Rdn. 3) vom Käufer zu erfüllenden Nachlaßverbindlichkeiten. **Ausgleichspflichten** § 2372 Rdn. 2. **Teilungsanordnungen** § 2048.

Unbeschränkte Haftung § 2383 Rdn. 11. 6

II. Gewährleistung wegen eines Sachmangels (Abs. 2) 7

Der Verkäufer haftet nicht — entsprechend den §§ 459 ff — für Sachmängel, da Kaufgegenstand ein Sachinbegriff ist. Ausnahmen gelten lediglich bei arglistigem Verschweigen von Mängeln (vgl. *Staudinger/Ferid* Rdn. 8) und bei Zusicherung bestimmter Eigenschaften einer zur Erbschaft gehörenden Sache (vgl. *Planck/Greiff* § 2376 Anm. 14).

§ 2377

Die infolge des Erbfalls durch Vereinigung von Recht und Verbindlichkeit oder von Recht und Belastung erloschenen Rechtsverhältnisse gelten im Verhältnisse zwischen dem Käufer und dem Verkäufer als nicht erloschen. Erforderlichenfalls ist ein solches Rechtsverhältnis wiederherzustellen.

E I 499 II 453; M **2** 365; P **2** 129.

Durch Vereinigung erloschene Rechtsverhältnisse

1 **I. Zu Satz 1**

Die **Vereinigung von Recht und Verbindlichkeit** oder **von Recht und Belastung** ist in Wahrheit eingetreten und wirkt auch nach dem Verkaufe gegen Dritte (hierdurch befreite Bürgen, erloschene Pfandrechte) voll. Sie „gilt" nur im Verhältnis der Vertragsgegner nicht als eingetreten (so auch § 1991 Rdn. 6, 7), so daß der verkaufende Erbe je nachdem wieder als Nachlaßgläubiger gegen den Käufer auftreten kann (§ 2378), sich aber von ihm auch als Nachlaßschuldner behandeln lassen muß.

2 Im Falle des *Verkaufs eines Erbteils* (§ 2033) kommt es nach § 2032 (Rdn. 6) nicht zur Konfusion oder Konsolidation. Daß sich der Erwerber des Erbteils eine Schuld des verkaufenden Miterben an den Nachlaß bei der Auseinandersetzung mit den übrigen Miterben auf den gekauften Erbteil anrechnen lassen muß, folgt aus § 2042 Abs. 2 in Verbindung mit §§ 756, 755 Abs. 2 (RG **78** 273; § 2042 Rdn. 26 f).

3 **II. Zu Satz 2**

Wiederherstellung insbesondere erloschener Nebenrechte, wie Bürgschaft, Pfand, Hypothek.

§ 2378

Der Käufer ist dem Verkäufer gegenüber verpflichtet, die Nachlaßverbindlichkeiten zu erfüllen, soweit nicht der Verkäufer nach § 2376 dafür haftet, daß sie nicht bestehen.

Hat der Verkäufer vor dem Verkauf eine Nachlaßverbindlichkeit erfüllt, so kann er von dem Käufer Ersatz verlangen.

E I 495 II 454; M **2** 360, 361; P **2** 122—124.

Erfüllung von Nachlaßverbindlichkeiten

1 **I. Nach dem Verkauf (Abs. 1)**

§ 2378 regelt nur die **Haftung gegenüber dem Verkäufer.** Wegen der Haftung gegenüber den Nachlaßgläubigern vgl. die §§ 2382, 2383.

2 Die Verpflichtung, die **Nachlaßverbindlichkeiten zu erfüllen,** auch soweit sie erst nach dem Erbfalle entstanden sind (§ 1967), wirkt, wenn sie nicht besonders vereinbart wird, nicht als förmliche Schuldübernahme nach den §§ 414 ff, da auch der Verkäufer nach wie vor Schuldner bleibt (§ 2382 Rdn. 1). Auch § 416 ist deshalb nicht ohne weiteres anwendbar. Doch ist entsprechend § 415 Abs. 3 der Käufer zur rechtzeitigen Befriedigung der Nachlaßgläubiger, gegebenenfalls zum Schadenersatz an den Verkäufer verpflichtet, aber nur im Rahmen der beschränkten Haftung, wenn er nicht die unbeschränkte Haftung des Verkäufers gekannt hat (§ 2376 Rdn. 1, 6). Der Verkäufer kann

seine Leistungen an den Käufer nicht davon abhängig machen, daß er Zug um Zug von der Haftung für die Nachlaßverbindlichkeiten befreit wird; auch dem Wiederverkäufer einer Erbschaft (§ 2385 Rdn. 1) steht ein solches Recht gegenüber dem Wiederkäufer nicht zu (RG **101** 185).

Vermächtnisse, Auflagen und Pflichtteilslasten bleiben im Verhältnis der Vertragsgegner auf dem Verkäufer liegen, es sei denn, daß der Käufer ihr Vorhandensein gekannt hat (§ 2376; RG HRR **30** Nr. 2021). Soweit der Verkäufer dafür einzustehen hat, kann er auch nicht nach Abs. 2 Ersatz verlangen. Die Ausgleichspflicht ist keine Nachlaßverbindlichkeit. **3**

II. Vor dem Verkauf (Abs. 2) **4**

Der **Ersatzanspruch des Verkäufers** folgt aus der Unterstellung, daß schon mit dem Erbfalle eine Gesamtnachfolge des Käufers in die Nachlaßverbindlichkeiten stattgefunden habe. Der Erfüllung steht gleich: Leistung an Erfüllungs Statt (§ 364), Hinterlegung (§ 378) und Aufrechnung einer Eigenforderung des verkaufenden Erben gegen den Nachlaßgläubiger (§ 389).

III. Sonstiges **5**

Beim *Verkauf eines Erbteils* geht im Umfange des § 2376 die gesamtschuldnerische Haftung aus den §§ 2058 ff auf den Käufer über. Über die Befreiung hiervon bei Ausübung des Vorkaufsrechts § 2036 Rdn. 1.

Sonstige Pflichten des Käufers, wie Zahlung des Kaufpreises, Abnahmepflicht (§ 433 Abs. 2), Kosten (§§ 448, 449), Zinspflicht (§ 452), ergeben sich aus den allgemeinen Kaufvorschriften. **6**

§ 2379

Dem Verkäufer verbleiben die auf die Zeit vor dem Verkaufe fallenden Nutzungen. Er trägt für diese Zeit die Lasten, mit Einschluß der Zinsen der Nachlaßverbindlichkeiten. Den Käufer treffen jedoch die von der Erbschaft zu entrichtenden Abgaben sowie die außerordentlichen Lasten, welche als auf den Stammwert der Erbschaftsgegenstände gelegt anzusehen sind.

E I 495 II 455; M **2** 360, 361; P **2** 120—123.

Nutzungen, Lasten

I. Zu Satz 1 **1**

Daß die **Nutzungen** (§§ 99—101) **dem Verkäufer verbleiben,** enthält eine Minderung der ihm durch die §§ 2374, 2375 auferlegten Herausgabe- und Ersatzpflicht.

II. Zu Satz 2 **2**

Lasten (§ 103) **und Zinsen** bleiben auf dem Verkäufer, obwohl sie als Nachlaßverbindlichkeiten gemäß § 2378 vom Käufer zu tragen wären.

III. Zu Satz 3 **3**

Abgaben (insbesondere Erbschaftsteuer; sie ist keine eigentliche Nachlaßverbindlichkeit und, soweit der Nachlaß mithaftet, zugleich eine außerordentliche Last, RG **172** 149 f) und **außerordentliche Lasten** § 2126 Rdn. 2. Die Vorschrift enthält keine Auslegungsregel, sondern nachgiebiges Recht (RG JW **10** 998[3]).

4 **IV. Verkauf eines Erbteils**

Beim Verkauf eines Erbteils gehen Nutzungen und Lasten in dem als Ergebnis der Auseinandersetzung ermittelten Überschuß unter (§ 2047 Rdn. 1). Für die Anwendung des § 2379 bleibt deshalb regelmäßig kein Raum. Doch bleiben vor Kaufschluß bereits verteilte Reinerträge (§ 2038 Rdn. 12) dem Verkäufer.

§ 2380

Der Käufer trägt von dem Abschlusse des Kaufes an die Gefahr des zufälligen Unterganges und einer zufälligen Verschlechterung der Erbschaftsgegenstände. Von diesem Zeitpunkt an gebühren ihm die Nutzungen und trägt er die Lasten.

E I 494, 495 Satz 1, II 456; M **2** 359, 360; P **2** 122, 123.

Übergang der Gefahr, der Nutzungen und Lasten

1 Die Vorschrift weicht von § 446 Abs. 1 nur insoweit ab, als nicht der Zeitpunkt der Übergabe, sondern derjenige des Kaufabschlusses maßgebend ist.

§ 2381

Der Käufer hat dem Verkäufer die notwendigen Verwendungen zu ersetzen, die der Verkäufer vor dem Verkauf auf die Erbschaft gemacht hat.

Für andere vor dem Verkaufe gemachte Aufwendungen hat der Käufer insoweit Ersatz zu leisten, als durch sie der Wert der Erbschaft zur Zeit des Verkaufs erhöht ist.

E I 496 II 457; M **2** 361, 362; P **2** 124—126; **6** 182.

Verwendungen vor dem Verkauf

1 **I. Zu Abs. 1**

Ergänzende Vorschrift. Zu den **notwendigen Verwendungen** (§ 994 Rdn. 20—25) gehören auch die gewöhnlichen Erhaltungskosten. Auch diese sind dem Verkäufer, obwohl ihm die Nutzungen verbleiben (§ 2379), zu ersetzen, da die Bestimmung des § 994 Abs. 1 Satz 2 auf den Erbschaftskauf nicht übertragbar ist. Für die Notwendigkeit ist der Zeitpunkt der Verwendung maßgebend. Der Anspruch besteht auch, wenn die Sache zur Zeit des Kaufabschlusses untergegangen oder verschlechtert ist. Die gewöhnlichen Lasten (vgl. § 995 Rdn. 2, 3) treffen nach § 2379 Rdn. 2 den Verkäufer.

2 **II. Zu Abs. 2**

Ein Ersatzanspruch wegen anderer, d. h. nützlicher Verwendungen besteht übereinstimmend mit § 996 nur, wenn der Wert der Erbschaft noch *zur Zeit des Verkaufs* durch sie erhöht wird. Nach diesem Zeitpunkt gemachte Verwendungen kann der Verkäufer nach Maßgabe des § 450 ersetzt verlangen. Verwendungen auf die Erbschaft durch Erfüllung von Nachlaßverbindlichkeiten (§ 2022 Abs. 2) begründen den Ersatzanspruch des Verkäufers nach § 2378 Abs. 2. Aufwendungen, um Nutzungen zu gewinnen, trägt der Verkäufer als Nutzungsberechtigter (§ 2379 Rdn. 1).

3 **III. Verkauf eines Erbteils**

Beim Verkauf eines Erbteils kommen Ersatzansprüche des verkaufenden Miterben gegen die übrigen Erben in Frage. Sie können vom Verkäufer gleich einem gewöhnlichen Nachlaßgläubiger gegen die Erbengemeinschaft, darunter auch den Erbteilskäufer, verfolgt werden. Da solche Ersatzansprüche nicht zum Erbteil gehören, gelten sie ohne besondere Abrede nicht als mitverkauft. Ist der Erbteil erst nach der Auseinandersetzung verkauft, so gilt die Regel des Abs. 2.

§ 2382

Der Käufer haftet von dem Abschlusse des Kaufes an den Nachlaßgläubigern, unbeschadet der Fortdauer der Haftung des Verkäufers. Dies gilt auch von den Verbindlichkeiten, zu deren Erfüllung der Käufer dem Verkäufer gegenüber nach den §§ 2378, 2379 nicht verpflichtet ist.

Die Haftung des Käufers den Gläubigern gegenüber kann nicht durch Vereinbarung zwischen dem Käufer und dem Verkäufer ausgeschlossen oder beschränkt werden.

E I 497 II 458; M **2** 362, 363; P **2** 126, 127.

Haftung des Käufers gegenüber Nachlaßgläubigern

I. Zu Abs. 1 Satz 1 1

Der **Käufer** wird *nicht Gesamtnachfolger* des Erblassers (Rdn. 1 vor § 2371); er **haftet** aber vom Kaufabschluß an, wie beim Kauf eines Vermögens (§ 419), **für alle Nachlaßverbindlichkeiten** *neben dem verkaufenden Erben* als Gesamtschuldner (§§ 421 ff), soweit dieser nicht durch förmliche Schuldübernahme gemäß den §§ 414 ff hiervon befreit ist (KGJ **52** 60: Haftung für die dem Nachlaßpfleger festgesetzte Vergütung). Nachlaßverbindlichkeiten sind nur solche Verbindlichkeiten, die auch unter § 1967 fallen, also Verbindlichkeiten, die ein Gläubiger im Außenverhältnis gegen den Nachlaß erworben hat. Im Gegensatz hierzu stehen die Forderungen aus dem Innenverhältnis der Erbengemeinschaft, z. B. die Ansprüche eines Miterben auf eine seiner Erbquote entsprechende Beteiligung an den Nachlaßerträgen; für diese haftet der Erbschaftskäufer nicht (BGH 30. 4. 1970 II ZR 176/68). Dagegen hat der Erbschaftskäufer jedenfalls aus entsprechender Anwendung von § 2382 für die Erfüllung eines Anspruchs auf Übereignung eines Nachlaßgrundstücks einzutreten, der im Zusammenhang mit einem Erbauseinandersetzungsvertrag begründet worden ist (BGH **38** 187 = NJW **63** 345 = WM **63** 194 = LM § 2382 Nr. 1 mit Anm. von *Mattern*).

Die Haftung gegenüber den Nachlaßgläubigern aus § 2382 setzt voraus, daß der Erbschaftskäufer, wenn nicht die Erbschaft oder der Erbschaftsanteil als Ganzes ausdrücklich den Gegenstand der Übernahme bildet, doch weiß, es handele sich um die ganze Erbschaft oder nahezu die ganze Erbschaft oder den ganzen oder nahezu den ganzen Erbanteil des Veräußerers, oder daß er zumindest die Verhältnisse kennt, aus denen sich dies ergibt (BGH MDR **65** 469 = LM Nr. 2 = WM **65** 343).

Für den *Kreis der Nachlaßgläubiger* kommt keine andere Begrenzung in Frage, 2
als sie für das Erbrecht überhaupt im Anschluß an § 1967 in Rechtsprechung und Rechtslehre erörtert worden ist; dies gilt auch für Verbindlichkeiten aus einem vom Erben als solchem vorgenommenen Rechtsgeschäft (RG **112** 129; § 1967 Rdn. 12). Der Käufer haftet nicht, wenn der Verkäufer nicht Erbe war. Beschränkung der Haftung § 2383.

II. Zu Abs. 1 Satz 2 3

Der Käufer haftet im Außenverhältnis unbeschränkbar (Abs. 2) *auch für Vermächtnisse, Auflagen, Pflichtteilslasten* (§§ 2378, 2376), auch für Verbindlichkeiten, die von den Erben begründet und in ordnungsmäßiger Verwaltung übergegangen sind (BGH **38** 193; **32** 64), sowie für die gewöhnlichen *Lasten* und die *Zinsen* der Nachlaßverbindlichkeiten (§ 2379).

4 **III. Zu Abs. 2**

Die Vorschrift regelt die **Unwirksamkeit abweichender Vereinbarung** gegenüber den Nachlaßgläubigern (entsprechend § 419 Abs. 3). Wegen dieser Folgen muß der von der Rechtsprechung für § 419 entwickelte Grundsatz, der Erwerber eines einzelnen Gegenstandes könne nur dann als Vermögensübernehmer behandelt werden, wenn ihm die Verhältnisse des Veräußerers bekannt gewesen seien (RG **134** 125; **154** 375; **160** 14) hier entsprechend gelten (RG **171** 192).

5 **IV. Lastenausgleich**

Nach LAG § 60 kann auf gemeinsamen Antrag der Beteiligten unter bestimmten Voraussetzungen die Schuldübernahme genehmigt werden, wenn der Erwerber beim Erbschaftskauf die Abgabeschuld des Veräußerers übernommen hat oder übernimmt.

6 **V. Sonderfälle**

Bei *Verkauf* und Übertragung eines **Erbteils** (§ 2371 Rdn. 2) tritt der Käufer gemäß §§ 2058—2063 in die Gesamthaftung der Miterben ein (RG **60** 131; vgl. auch BGH **38** 187 mit Anm. von *Mattern* in LM Nr. 1 = NJW **63** 345). Rechtsnachfolger des Verkäufers im Sinne von ZPO § 325 ist er auch dann nicht, wenn er diesem gegenüber nach § 2378 verpflichtet ist, die ausgeklagte Nachlaßverbindlichkeit zu erfüllen (RG HRR **30** Nr. 2021). Zur Frage der Heilung eines Formmangels bei Erbteilskäufen vgl. BGH NJW **67** 1128; § 2371 Rdn. 8. Zum Erlöschen der Haftung des Erbteilskäufers infolge Ausübung des *Vorkaufsrechts* vgl. § 2036 Rdn. 1, 2. Vereinigen sich infolge rechtsgeschäftlichen Erwerbs Nacherbenrecht und Vorerbschaft in einer Person, so wird damit ein an den Eintritt des Nacherbfalles geknüpftes Vermächtnis noch nicht fällig. Die Haftung des Käufers aus einer mit einem Vermächtnis belasteten Nacherbschaft entsteht daher erst mit dem Eintritt des Nacherbfalles (LG Heilbronn NJW **56** 513).

§ 2383

Für die Haftung des Käufers gelten die Vorschriften über die Beschränkung der Haftung des Erben. Er haftet unbeschränkt, soweit der Verkäufer zur Zeit des Verkaufs unbeschränkt haftet. Beschränkt sich die Haftung des Käufers auf die Erbschaft, so gelten seine Ansprüche aus dem Kaufe als zur Erbschaft gehörend.

Die Errichtung des Inventars durch den Verkäufer oder den Käufer kommt auch dem anderen Teile zustatten, es sei denn, daß dieser unbeschränkt haftet.

E I 498 II 459; M **2** 363—365; P **2** 127—129.

Haftungsbeschränkung

Übersicht

I. Beschränkte Haftung des Käufers (Abs. 1 Satz 1) 1

1. Allgemeines

Die **Haftung des Käufers** besteht neben dem Verkäufer als Gesamtschuldner (§ 2382 Rdn. 1). Beide können selbständig, jeder für sich und grundsätzlich ohne Wirkung für oder gegen den anderen, das **Recht der beschränkten Haftung** geltend machen oder des Rechts verlustig gehen (Vorbemerkungen vor § 1967).

2. Aufgebot der Nachlaßgläubiger (§§ 1970—1973) 2

Sowohl der Verkäufer wie der Käufer sind antragsberechtigt; das vor oder nach Kaufschluß erwirkte Ausschlußurteil kommt auch dem anderen Teil zugute (ZPO § 1000). Für das Verweigerungsrecht (§ 1973 Abs. 1) auch des Verkäufers ist der jeweilige Umfang des nunmehr in der Hand des Käufers befindlichen Nachlasses maßgebend. Die *Bereicherung* (§ 1973 Rdn. 13 ff) kann auf seiten des Verkäufers nur im Kaufpreis, in gezogenen Nutzungen (§ 2379), Verwendungsansprüchen, soweit sie nicht zum Ausgleich der Verwendungen dienen (§ 2381), und im Verbrauch ohne Ersatzpflicht bestehen (§ 2375 Rdn. 4; vgl. auch *Staudinger/Ferid* Rdn. 18). Auf seiten des Käufers mindert der gezahlte oder geschuldete Kaufpreis den Betrag seiner Bereicherung.

3. Ablauf der Fünfjahresfrist (§ 1974) 3

Rechtzeitige Geltendmachung der Forderung gegenüber dem Verkäufer wirkt, wenn sie vor Kaufabschluß erfolgt, auch gegen den Käufer. Nach Kaufabschluß wirkt sie nur gegen den, demgegenüber sie vorgenommen wird.

4. Nachlaßkonkurs (§§ 1975 ff) 4

Nach Kaufschluß kann formell („in Ansehung des Verfahrens") nur der Käufer, niemals der Verkäufer Gemeinschuldner werden; nur unter besonderen Voraussetzungen ist auch der Verkäufer antragsberechtigt (KO § 232 Abs. 1, 2). Der Konkurs ergreift jedoch den gesamten Nachlaß (s. auch Rdn. 12), somit auch die noch in der Hand des Verkäufers befindlichen Nachlaßgegenstände (KO §§ 1, 118); auch die von dem oder gegen den Verkäufer vorgenommenen Rechtshandlungen sind nach KO §§ 7, 8 unwirksam. Auch ihm gegenüber dauern die Wirkungen der §§ 1976, 1977 fort (Konfusion, Aufrechnung), ebenso seine Verantwortung gegenüber den Nachlaßgläubigern aus §§ 1978—1980 neben derjenigen des Käufers, die mit Kaufschluß beginnt. Unter Umständen kann schon die Tatsache des Verkaufs die Verantwortung des Verkäufers aus § 1978, zugleich für Verschleuderungen des Käufers begründen. Während der Dauer des Nachlaßkonkurses sind beide durch ZPO §§ 784, 785 gegen Inanspruchnahme ihres eigenen Vermögens geschützt.

5. Nachlaßvergleichsverfahren 5

Der Käufer ist berechtigt, den Antrag auf Eröffnung des Verfahrens zu stellen, der Verkäufer nur unter den besonderen Voraussetzungen des § 232 Abs. 2 KO (VerglO § 113 Nr. 1). Vergleichsschuldner ist der Käufer oder der Verkäufer, je nachdem ob der eine oder der andere den Antrag gestellt hat; die Vorschrift des § 232 Abs. 1 KO ist, soweit sie zur Folge hat, daß nur der Käufer Gemeinschuldner werden kann (s. Rdn. 4), auf das Vergleichsverfahren nicht zu übertragen. Der Antrag kann auch vom Käufer nicht mehr gestellt werden, wenn der Verkäufer unbeschränkt haftet, gleichviel ob dessen unbeschränkte Haftung schon vor Kaufabschluß (Abs. 1 Satz 2) oder erst nachher eingetreten ist (VerglO § 113 Nr. 3).

6 **6. Nachlaßverwaltung (§§ 1975 ff)**

Ihre Anordnung zu beantragen steht dem Käufer unbeschränkt zu. Das gleiche Recht muß auch dem Verkäufer, und zwar nicht nur soweit er Nachlaßgläubiger sein sollte (§ 1981 Rdn. 11), sondern auch, wiewohl unter entsprechender Einschränkung gemäß KO § 232 Abs. 2, als Mittel zugestanden werden, sich die durch das Verhalten oder die Vermögenslage des Käufers gefährdete beschränkte Haftung für die Nachlaßverbindlichkeiten zu sichern, die er auch weiter zu vertreten hat. Im übrigen gilt das in Rdn. 4 Gesagte. Ein Verkauf der Erbschaft durch den Konkurs- oder Nachlaßverwalter ist nicht Erbschaftskauf im Sinne des § 2371, sondern nach allgemeinen Kaufgrundsätzen zu beurteilen.

7 **7. Unzulänglichkeitseinrede (§§ 1990—1992)**

Sie steht dem Verkäufer wie dem Käufer zu. Doch können sich beide nur durch Herausgabe des eigentlichen Nachlasses (§ 1990 Rdn. 16), der Verkäufer also nicht durch Herausgabe des Kaufpreises oder der ihm sonst gegen den Käufer zustehenden Ansprüche befreien. Ebensowenig kann der Käufer den gezahlten Kaufpreis als Aufwendung in Rechnung stellen. Das Einlösungsrecht steht beiden zu (§ 1992 Rdn. 12).

8 **8. Inventarerrichtung (§§ 1993 ff)**

Die Inventarfrist kann auch nach Kaufschluß sowohl dem Erben wie dem Käufer gesetzt werden. Abgesehen von Abs. 2 bestimmen sich Fristenlauf, Versäumnisfolge, Nachteile mangelhafter Errichtung, Eidesverweigerung jedem Teile gegenüber durchaus selbständig. Ebenso wirkt der Mangel des Vorbehalts im Urteile nur gegen den Verurteilten (ZPO § 780).

9 **9. Aufschiebende Einreden (§§ 2014, 2015, ZPO § 782)**

Sie stehen beiden Teilen zu; die Frist läuft auch für den Käufer von der Annahme der Erbschaft ab und endet mit der Inventarerrichtung, gleichviel von wem sie ausgeht. Der Antrag des einen auf Erlaß des Aufgebots kommt auch dem anderen zustatten (ZPO § 1000).

10 **10. Verkauf eines Erbteils**

Ist der Erbteil gemäß § 2033 vom Verkäufer dem Käufer übertragen worden, so gelten für beide, als wenn sie Miterben wären, die Grundsätze der §§ 2058—2062. Der beschränkt haftende Verkäufer kann jedoch, da er keinen Anteil mehr am Nachlasse hat, bis zur Teilung jede Befriedigung aus seinem Vermögen verweigern (§ 2059 Abs. 1). Nach Ausübung des Vorkaufsrechts wird der Käufer gemäß § 2036 von jeder Haftung frei.

11 **II. Unbeschränkte Haftung des Käufers (Abs. 1 Satz 2)**

Unbeschränkte Haftung des Verkäufers zur Zeit des Kaufschlusses läßt auch den Käufer, unbeschadet seiner Ersatzansprüche gegen den Verkäufer aus § 2376, den Gläubigern gegenüber unbeschränkt haftbar werden. Dagegen berührt es den Käufer nicht, wenn die unbeschränkte Haftung des Verkäufers erst nach Kaufschluß eintritt (s. aber auch Rdn. 5).

12 **III. Ansprüche des Käufers aus dem Kauf (Abs. 1 Satz 3)**

Ansprüche des Käufers gegen den Verkäufer (§§ 2374—2377) begründen an sich Eigenverbindlichkeiten des letzteren, können aber entsprechend § 1978 Rdn. 13 während der Dauer der Nachlaßverwaltung oder des Nachlaßkonkurses nur vom Verwalter gegen den Verkäufer geltend gemacht werden, wenn dieser beschränkt haftet. Wegen der Besonderheiten beim Kauf eines Erbteils vgl. *Staudinger/Ferid* Rdn. 33 ff.

IV. Wirkungen der Inventarerrichtung (Abs. 2) 13

Inventar s. Rdn. 8. Vorausgesetzt ist ordnungsmäßige Errichtung. Das „ungetreue Inventar" (§ 2005) läßt nicht nur den Errichtenden, sondern, wenn inzwischen die auch ihm gesetzte Inventarfrist verstrichen ist, auch den anderen Teil die beschränkte Haftung verlieren.

§ 2384

Der Verkäufer ist den Nachlaßgläubigern gegenüber verpflichtet, den Verkauf der Erbschaft und den Namen des Käufers unverzüglich dem Nachlaßgericht anzuzeigen. Die Anzeige des Verkäufers wird durch die Anzeige des Käufers ersetzt.

Das Nachlaßgericht hat die Einsicht der Anzeige jedem zu gestatten, der ein rechtliches Interesse glaubhaft macht.

E II 460; P 2 129.

Anzeige vom Verkauf

I. Anzeigepflicht des Verkäufers entsprechend der des Vorerben bei Eintritt der 1
Nacherbfolge. Vgl. § 2146.

II. Zum **rechtlichen Interesse** im allgemeinen BGH 4 324. 2

III. *Gebühr* für die Entgegennahme der Anzeige KostO §§ 112 Abs. 1 Nr. 7, 3
115.

§ 2385

Die Vorschriften über den Erbschaftskauf finden entsprechende Anwendung auf den Kauf einer von dem Verkäufer durch Vertrag erworbenen Erbschaft sowie auf andere Verträge, die auf die Veräußerung einer dem Veräußerer angefallenen oder anderweit von ihm erworbenen Erbschaft gerichtet sind.

Im Falle einer Schenkung ist der Schenker nicht verpflichtet, für die vor der Schenkung verbrauchten oder unentgeltlich veräußerten Erbschaftsgegenstände oder für eine vor der Schenkung unentgeltlich vorgenommene Belastung dieser Gegenstände Ersatz zu leisten. Die im § 2376 bestimmte Verpflichtung zur Gewährleistung wegen eines Mangels im Rechte trifft den Schenker nicht; hat der Schenker den Mangel arglistig verschwiegen, so ist er verpflichtet, dem Beschenkten den daraus entstehenden Schaden zu ersetzen.

Urkundlich unter Unserer Höchsteigenhändigen Unterschrift und beigedrucktem Kaiserlichen Insiegel.

Gegeben Neues Palais, den 18. August 1896.

(L. S.)

Wilhelm.
Fürst zu Hohenlohe.

Weiterverkauf; sonstige Veräußerungsverträge

1 **I. Entsprechende Anwendung der Vorschriften über den Erbschaftskauf**

1. Zu Abs. 1 Halbs. 1

Durch **Weiterverkauf der Erbschaft** oder Weiterveräußerung (Rdn. 2) entstehen unmittelbare Rechtsbeziehungen nur zwischen dem jeweiligen Verkäufer und Käufer. Der Umfang der Herausgabepflicht einschließlich der Ersatzstücke bestimmt sich nach der Zeit des zweiten und folgenden Verkaufs (§ 2374 Rdn. 2), doch haftet der spätere Verkäufer auch für Wertminderungen des Nachlasses durch seine Rechtsvorgänger (§ 2375) und neben der Gewährleistung des § 2376 zugleich dafür, daß sein eigenes Recht an der Erbschaft frei von Mängeln ist. Die weiterverkaufte Erbschaft ist schon mit dem Abschlusse des betreffenden Vertrages *durch Vertrag erworben,* auch wenn er einen gemäß § 2033 noch zu übertragenden Erbteil zum Gegenstande hat. War der erste Vertrag durch Herausgabe der Erbschaftsgegenstände noch nicht erfüllt, so ist der spätere Verkäufer seinem Abkäufer gleichwohl selbst herausgabepflichtig, wenn nicht gewollt ist, daß er sich hiervon durch Abtretung des Herausgabeanspruchs an den vorgehenden Verkäufer befreien darf. Den Nachlaßgläubigern werden und bleiben gemäß den §§ 2382, 2383 neben dem Erben auch alle späteren Erwerber der Erbschaft gesamtschuldnerisch verhaftet (vgl. auch KO § 233). Die von einem Miterben einem Dritten unter Freistellung von den Beschränkungen des § 181 unwiderruflich erteilte Vollmacht zur Verfügung über seinen Erbteil kann nicht in einen Erbschaftskauf umgedeutet werden (BGH WM **60** 551).

2 **2. Zu Abs. 1 Halbs. 2**

Andere Veräußerungsverträge sind Tausch, Hingabe an Erfüllungs Statt, Schenkung (Abs. 2), Vergleich, insbesondere wenn er unter *streitenden Erbschaftsbewerbern* über die Überlassung der Erbschaft an den in Wahrheit nicht Erbberechtigten geschlossen wird, vgl. § 2371 Rdn. 7; RG **72** 209; **171** 366. Auch eine Vereinbarung, die der Erbe des Verfolgten und der erbverdrängte Abkömmling des Verfolgten miteinander treffen und in der sie zur Regelung der aus REGamZ Art. 79 entstehenden Fragen bestimmen, daß ihnen die *Rückerstattungsansprüche aus dem Nachlaß des Verfolgten* je zur Hälfte zustehen sollen, ist nach § 2385 entsprechend den Bestimmungen über den Erbschaftskauf zu behandeln (Oberstes Rückerstattungsgericht Nürnberg 19. 11. 1957 ORG III 629 — Fall Nr. 1521 — WM IV B **58** 81). Das gleiche gilt für einen Vertrag, durch den ein Erbschaftskauf rückgängig gemacht wird (SchlHOLG SchlHA **57** 181; dagegen *Erman/Bartholomeyczik* Rdn. 1). Alle diese Verträge unterliegen dem Formzwang nach § 2371 in der Fassung des § 56 Abs. 1 BeurkG. Nicht anwendbar sind über § 2385 die Vorschriften über den Erbschaftskauf bei solchen Verträgen, die ausschließlich eine Vermögenssicherung zum Gegenstande haben, wie Verpfändung und Sicherungsübereignung, weiter auch nicht Erbauseinandersetzungsverträge (*Staudinger/Ferid* Rdn. 12).

3 Verzichtet ein Kind, das für den Fall, daß der überlebende Elternteil heiratet, als Nacherbe nach diesem eingesetzt worden ist, bevor der Nacherbfall eintritt, durch Vertrag mit diesem Elternteil zu dessen Gunsten, so überträgt es damit seine *Nacherbanwartschaft* auf den Elternteil; der Vertrag bedarf der Form der §§ 2033 Abs. 1, 2371, 2385. Ist ein solcher Verzichtsvertrag wegen des Verhaltens eines Teiles sittenwidrig und richtet sich die Sittenwidrigkeit gegen den anderen Teil, so ist nach ständiger Rechtsprechung auch das dingliche Erfüllungsgeschäft nichtig (RG 17. 6. 1941 VII 119/40 = RG DNotZ **42** 145).

II. Sonderregelung bei Schenkung (Abs. 2) 4

1. Zu Abs. 2 Satz 1

Beschränkte Verpflichtung des Schenkers gegenüber § 2375.

Bloße Beurkundung des Schenkungsversprechens nach § 518 Abs. 1 genügt nicht, der Mangel wird auch nicht nach Abs. 2 durch Herausgabe der Erbschaftsgegenstände geheilt, da sich hierin die Leistung des Schenkers einer Erbschaft nicht erschöpft, wohl aber, wenn ein Erbteil verschenkt worden ist, durch Verfügung gemäß § 2033 Abs. 1. Wird die Schenkung nach §§ 812 oder 531, 527, 528 zurückgefordert, so liegt dem Schenker die Verpflichtung ob, den Beschenkten von den auf ihn übergegangenen Verpflichtungen, insbesondere von der Haftung für die Nachlaßverbindlichkeiten, wieder zu befreien.

2. Zu Abs. 2 Satz 2 5

Der zweite Halbsatz regelt die **Haftung für Arglist** (RG **55** 214) entsprechend § 523 Abs. 1. Auch die Schenkung der Erbschaft erfordert nach § 2371 Beurkundung der beiderseitigen Willenserklärungen.